社会教育・生涯学習辞典

社会教育・生涯学習辞典編集委員会 [編]

朝倉書店

刊行にあたって

　「社会教育」に加えて「生涯学習」という新しい用語が普及し，人々の学ぶ場所が学校だけでなく，年齢もまた子どもや若者だけに限定されないことが，当然のこととして理解されるようになった．また学校に関しても，家庭や地域社会における子どもの体験の必要性が自覚され，家庭教育や社会教育との連携が盛んに論議されている．このような時代の変化を受け，この領域にかかわり関心をもつ幅広い人々を対象にして刊行されたこの辞典は，社会教育および生涯学習に関する日本で初めての「辞典」である．

　この辞典が目ざしているのは，これまで社会教育の実践および研究として蓄積されてきた経験や知識を深めることを基本にしながら，生涯学習の広がりに目を向け従来は取り上げられることがあまりなかった用語を集約し教育的な意味を確定することによって，社会に幅広く存在する「学び」の関係者が共有できるツールを提供することである．

　日本では社会における教育は「社会教育」と呼ばれ，地域が抱える様々な課題の解決とかかわった日常的な学習活動として展開してきた．またこうした住民による取り組みを支える条件をつくるために，公民館や図書館，博物館などの社会教育施設およびその運営にかかわる組織や職員の制度が整備されている．こうした日常の生活的諸実践と結びついた住民ないしは市民の学習は，NPOの制度化によってさらに発展しようとしている．

　また国際的な広がりを背景に日本でも論議が始まった「生涯学習」は，こうした社会における学習の広がりをさらに積極的に受け止め重視しようとする考えである．国際社会では「成人教育」や「継続教育」「ノンフォーマル教育」「リカレント教育」あるいは「自己決定学習」「省察的学習」「自己教育」など多様な用語が使われるようになっている．このように新しい用語が増えるという事実は，現実社会の中に対象となる教育関連の領域が拡張したことを表している．

　用語の拡張はまた，関係する実践の場の拡大をも意味している．社会には社会教育行政のかかわる公民館や図書館，博物館など社会教育施設のほかに，大学や職業訓練機関，企業，農業改良普及センター，福祉施設，医療・健康機関，NPOなど，様々な形で展開する教育・学習の場が存在する．そしてこれらの場には，社会教育主事や公民館主事，司書，学芸員などの社会教育関係職員のほかに，教師，指導員，企業の教育担当者，キャリアカウンセラー，福祉職員，改良普及員，看護師，保健師などの教育・学習への支援を職務の一部にもつ専門職員が配置されている．OJTやNPOなどは専門職員としての位置づけをもたなくても，実質的

な教育・学習の当事者が存在する場である．この辞典は社会の中で様々な形で教育的支援にかかわっている，これらの職員および実践者，研究者を対象に刊行される．

　広範囲に広がる教育・学習の場で多様に展開する実践は，内容や方法，指導の考え方や方法などにおいて，子どものそれに比べ多様であり学習の場に規定される度合いが強いとされるため，成人教育の統一的な理解は困難であるといわれてきた．しかし近年の成人の学習に関する研究の発展を受けて，それぞれの学習の場に縛られた社会教育，成人教育の諸領域を横断的に捉え，一体的に理解することができるようになってきている．本辞典はこのような国際的な成人教育研究の成果を踏まえて，上記の教育・学習への支援に携わる人々と自ら学習に取り組んでいる人々および研究に従事する人々に，それぞれの活動の背景や方法，制度などの理解に必要な手立てを提供することを目的にしている．

　この辞典がこれらの広範囲に及ぶ関係者に普及し，また公民館，図書館，大学などの公共機関にも配置されることによって，一般の市民や学生・院生などの学習や研究の手助けとなることは，編集執筆にかかわった者一同の願いである．

　東日本大震災をきっかけにして，持続可能な社会の必要性が切実に自覚されるようになり，また人々の絆の大切さが改めて見直されている．国際的な経済バランスの崩壊を背景に高まりをみせている国内の排外意識も，日本の民主主義の今後の発展に深刻な影を落としている．山積する課題を前にして，人々が学習によって本来の能力を発揮できるようになり，課題解決の当事者としての意識を確立していくことは，この辞典の編集，執筆にかかわった者が共有する考えであり願いである．この辞典が国際的な視野から日本の社会教育と生涯学習の現状を照らし，そこにかかわる者によりよい実践の手掛かりを提供することを通じて，今後の生涯学習社会の発展の一助となれば幸いである．

　この辞典編集の企画が持ち上がったのは2002年，それから編集の方針や項目と執筆者の選定を終えて，実際の執筆にかかったのは2006年のことであった．最初から数えれば10年の歳月が経ち，執筆を開始してからでもすでに6年の時間が経過した．この間に教育基本法をはじめとする法制度の改変があり，何よりも2011年3月11日に発生した東日本大震災とその後の福島第一原子力発電所の破壊という未曾有の事件が起きた．時代の変化はあまりに急であり，私たちの地道な作業を軽々と追い越すものであった．変化に追いつくことができず，本来収録すべきいくつもの項目を積み残すことになったことは残念なことだが，これがきっかけになって次のさらに充実した辞典が編まれることを期待している．

　なお，辞典の編集にあたって原則においたのは，次の事柄である．
(1)日本で，「社会教育」という用語を用いて発展してきた，社会問題や地域課題の解決とかかわった教育・学習を基本とし，主要な用語の意味を深め確定する．
(2)高等教育や職業訓練，企業，農業，福祉，医療・健康，NPOなど，社会の多様な領域に存在する教育・学習の広がりを前提に，できるだけ幅広い領域から用語を選定して意味

を確定する．

(3) 国際的な視点を重視し，日本の社会教育・生涯学習を世界的な動向の中に位置づけて理解できるようにする．その一部として，国際的な成人教育研究の成果を積極的に盛り込む．

(4) 実践的な場面で役に立つように，学習過程や学習方法，組織，運営にかかわる項目を充実させるとともに，課題になっている点も示す．

(5) 外国に向けて文章を書く場合の手助けになるように，収録したすべての項目に目安となる英語表記を付す．

　企画から刊行に至る辞典づくり10年の歳月は短い道程ではなかった．この間，320人を超える執筆陣の中には物故された方もある．諸般の事情で刊行が予想以上に遅れたことをお詫びしなければならない．また編集・執筆に携わっていただいた各位以外に，少なからざる方々のご協力を得たことに感謝申し上げる．

　最後に近年，出版事情が厳しさを増す中で，このような大掛かりな辞典の出版を引き受けてくださった朝倉書店と，特に編集実務のすべてを担当された編集部に，心からの御礼を申し上げたい．

2012年10月

社会教育・生涯学習辞典編集幹事会

小林文人
新保敦子
末本　誠
辻　　浩
手打明敏
長澤成次
矢口悦子

社会教育・生涯学習辞典編集委員会

朝岡　幸彦 （環境教育）	東京農工大学農学研究院教授
上田　幸夫 （公民館，職員）	日本体育大学体育学部教授
尾崎　正峰 （スポーツ・社会体育）	一橋大学大学院社会学研究科教授
小池　源吾 （高等教育）	広島大学名誉教授
国生　　寿 （政策，行政）	同志社大学名誉教授
小林　　繁 （障害をもつ人）	明治大学文学部教授
○小林　文人 （全体統括，自治体関連）	東京学芸大学名誉教授
○新保　敦子 （東アジア，マイノリティ）	早稲田大学教育・総合科学学術院教授
○末本　　誠 （学習・方法論，労働，文化，国際）	神戸大学大学院人間発達環境学研究科教授
高橋　　満 （公共性，NPO）	東北大学大学院教育学研究科教授
瀧端真理子 （博物館）	追手門学院大学心理学部教授
田中　萬年 （職業，労働）	職業能力開発総合大学校名誉教授
谷　　和明 （社会文化）	東京外国語大学留学生日本語教育センター教授
○辻　　　浩 （福祉，保健，看護）	日本社会事業大学社会福祉学部教授
○手打　明敏 （農村）	筑波大学人間系教授
○長澤　成次 （法制，行財政）	千葉大学教育学部教授
中村　誠司 （地域・習俗，沖縄）	名桜大学国際学群教授
野元　弘幸 （多文化共生，識字）	首都大学東京都市教養学部准教授
平沢　安政 （人権，マイノリティ）	大阪大学大学院人間科学研究科教授
朴木佳緒留 （ジェンダー，労働）	神戸大学大学院人間発達環境学研究科教授
星山　幸男 （地域）	東北福祉大学総合福祉学部教授
堀　　薫夫 （高齢者）	大阪教育大学教育学部教授
前平　泰志 （国際）	京都大学大学院教育学研究科教授
牧野　　篤 （東アジア）	東京大学大学院教育学研究科教授
増山　　均 （子ども，学校外教育）	早稲田大学文学学術院教授
松田　武雄 （歴史）	名古屋大学大学院教育発達科学研究科教授
宮﨑　隆志 （協同）	北海道大学大学院教育学研究院教授
三輪　建二 （学習・方法論）	お茶の水女子大学文教育学部教授
○矢口　悦子 （女性，青年）	東洋大学文学部教授
山口源治郎 （図書館）	東京学芸大学教育学部教授

五十音順，○は編集幹事，（　）内は主な担当分野・領域．

執筆者（五十音順）

赤尾　勝己	関西大学	
朝岡　幸彦	東京農工大学	
浅川　道雄	NPO法人非行克服支援センター	
朝倉　征夫	早稲田大学名誉教授	
浅野かおる	福島大学	
浅野　俊和	中部学院大学	
浅野　平八	日本大学	
安達　正嗣	高崎健康福祉大学	
アーデル・アミン・サーレ	カイロ大学（エジプト）	
姉崎　洋一	北海道大学	
阿比留久美	早稲田大学	
天野かおり	尚絅大学	
新井　吾朗	職業能力開発総合大学校	
新井　茂光	元デイセンターさくら	
荒井　浩道	駒澤大学	
荒井　文昭	首都大学東京	
荒井　容子	法政大学	
新谷　周平	千葉大学	
安藤　耕己	山形大学	
安藤　聡彦	埼玉大学	
安藤　義道	前農業者大学校	
李　　正連	東京大学	
飯田　優美	京都女子大学	
飯塚　哲子	首都大学東京	
生田　周二	奈良教育大学	
石井山竜平	東北大学	
石田源次郎	前広島市植物公園	
石飛　和彦	天理大学	
石原　剛志	静岡大学	
石元　清英	関西大学	

板本　洋子	NPO法人全国地域結婚支援センター	
伊藤　長和	山東工商学院（中国）	
伊藤　純郎	筑波大学	
伊東　秀明	横浜市中区役所	
稲場　圭信	大阪大学	
井上　　敏	桃山学院大学	
井村　礼恵	鶴川女子短期大学	
入江　直子	神奈川大学	
岩佐　克彦	日本体育大学女子短期大学部	
岩佐　卓也	神戸大学	
岩﨑　正吾	早稲田大学	
岩槻　知也	京都女子大学	
岩橋　恵子	志學館大学	
植上　一希	福岡大学	
上杉　孝實	京都大学名誉教授	
上田　孝典	筑波大学	
上田　幸夫	日本体育大学	
上地　武昭	沖縄大学	
上野　景三	佐賀大学	
上野　昌之	埼玉学園大学	
上原　直人	名古屋工業大学	
上村千賀子	群馬大学名誉教授	
内海　和雄	広島経済大学	
打越　雅祥	和光大学	
内田　和浩	北海学園大学	
内田　純一	高知大学	
宇野　　豪	広島修道大学名誉教授	
江頭　晃子	NPO法人市民活動サポートセンターアンティ多摩	
遠藤知恵子	北翔大学名誉教授	

遠藤　由美	日本福祉大学	
王　　国輝	遼寧師範大學（中国）	
大木　栄一	東京大学	
大串　隆吉	東京都立大学・首都大学東京名誉教授	
大嶋　貴明	宮城県美術館	
大島　英樹	立正大学	
太田　政男	大東文化大学	
太田　美幸	立教大学	
大高　研道	聖学院大学	
大谷　　杏	早稲田大学博士課程	
大槻　宏樹	早稲田大学名誉教授	
大坪　正一	弘前大学	
大橋　謙策	日本社会事業大学	
大原　一興	横浜国立大学	
大前　哲彦	大阪音楽大学	
大森　　享	北海道教育大学釧路校	
岡　　幸江	九州大学	
岡田　洋司	愛知学泉大学	
小川　　崇	新潟中央短期大学	
小川　　史	上田女子短期大学	
小木美代子	日本福祉大学名誉教授	
奥田　泰弘	元中央大学	
奥林　康司	大阪国際大学	
小栗　有子	鹿児島大学	
小黒　浩司	作新学院大学	
尾崎　正峰	一橋大学	
小田　利勝	神戸大学	
小野田正利	大阪大学	
小原　哲郎	職業能力開発総合大学校	

執筆者

貝塚　　　健	石橋財団ブリヂストン美術館
梶野　光信	東京都教育庁
片岡　弘勝	奈良教育大学
片岡　　　了	早稲田大学
加藤　幸雄	日本福祉大学
加藤　暢夫	子ども家庭相談所ポンペミンタル
金子　　　淳	静岡大学
兼松　忠雄	国立市教育委員会
川喜田好恵	大阪府男女共同参画青少年センター
川崎　良孝	京都大学
川原健太郎	早稲田大学
韓　　　民	中国教育部国家教育発展研究センター（中国）
神田　嘉延	南九州大学
菊池　　　滉	前国分寺市立恋ヶ窪公民館
北川　　　香	ロンドン大学教育研究所（イギリス）
北口　末広	近畿大学
木下　武男	昭和女子大学
木下　巨一	飯田市公民館
木全　力夫	創価大学
木見尻哲生	愛知大学
金　　　侖貞	首都大学東京
木村　　　純	北海道大学
木村　涼子	大阪大学
裘　　　暁蘭	上海社会科学院（中国）
草野　滋之	千葉工業大学
葛原　生子	広島県立生涯学習センター
久保田治助	鹿児島大学
倉知　典弘	吉備国際大学
倉持　伸江	東京学芸大学
黒柳　修一	大東文化大学
桑原　一司	広島市安佐動物公園
小池　源吾	広島大学名誉教授
国生　　　寿	同志社大学名誉教授
小林　　　繁	明治大学
小林　伸行	京都大学
小林　文人	東京学芸大学名誉教授
小林　平造	学びと文化・地域生活研究所
小林　真理	東京大学
佐伯　知子	大阪総合保育大学
酒井　　　朗	大妻女子大学
境野　健兒	福島大学
坂上　康博	一橋大学
坂内　夏子	早稲田大学
酒川　玲子	日本図書館協会
左口　眞朗	桜花学園大学
佐久間孝正	東京女子大学名誉教授
佐久間大輔	大阪市立自然史博物館
櫻井　常矢	高崎経済大学
酒見　友樹	日本労働者協同組合連合会センター事業団
酒匂　一雄	福島大学名誉教授
笹井　宏益	国立教育政策研究所
笹川　孝一	法政大学
佐々木光郎	静岡英和学院大学
佐々木保孝	天理大学
佐藤　一子	法政大学
佐藤　三三	弘前大学名誉教授
佐藤　　　進	前香川大学
佐藤（森尾）晴香	株式会社アップルファーム
猿山　隆子	京都大学博士後期課程
志々田まなみ	広島経済大学
篠原由美子	松本大学松商短期大学部
島田　修一	中央大学名誉教授
志村　ゆず	名城大学
下村美恵子	むさしのヒューマン・ネットワークセンター
新海　英行	名古屋柳城短期大学
新藤　浩伸	東京大学
新保　敦子	早稲田大学
末崎　雅美	九州大谷短期大学
末本　　　誠	神戸大学
杉野　聖子	江戸川大学総合福祉専門学校
鈴木　敏正	北海道大学名誉教授
鈴木　眞理	青山学院大学
関　　　春南	一橋大学名誉教授
関上　　　哲	富士見丘学園
添田　祥史	北海道教育大学釧路校
成　　　玖美	名古屋市立大学
平良　研一	沖縄大学名誉教授
高鍬　裕樹	大阪教育大学
高橋　正教	至学館大学
高橋　　　満	東北大学
瀧端真理子	追手門学院大学
竹峰誠一郎	三重大学
立柳　　　聡	福島県立医科大学
立田　慶裕	国立教育政策研究所
田中　萬年	職業能力開発総合大学校名誉教授
田中　孝男	九州大学
田中　治彦	上智大学
田中　秀樹	広島大学
田中　雅文	日本女子大学
谷　　　和明	東京外国語大学
多仁　照廣	敦賀短期大学
谷口　雄治	職業能力開発総合大学校
玉井　康之	北海道教育大学釧路校
田村　佳子	愛知県立大学
千野　陽一	東京農工大学名誉教授
千葉　悦子	福島大学
趙　　　楊	名古屋大学博士課程
辻　　　智子	東海大学
辻　　　浩	日本社会事業大学
津田　英二	神戸大学

執筆者

鄭　　任智	早稲田大学	
手打　明敏	筑波大学	
常葉-布施 美穂	恵泉女学園大学	
徳永　　功	前国立市公民館	
豊田　明子	同朋大学	
内藤　和美	群馬パース大学	
名賀　　亨	華頂短期大学	
長岡智寿子	法政大学	
中川恵里子	千葉市青葉看護専門学校	
長澤　成次	千葉大学	
中澤　智恵	東京学芸大学	
中嶋佐恵子	姫路獨協大学	
中島　　純	新潟経営大学	
永田　香織	中央大学	
長田　謙一	首都大学東京	
中田スウラ	福島大学	
中村　誠司	名桜大学	
中山　弘之	愛知学泉短期大学	
梨本雄太郎	宮城教育大学	
新妻　二男	岩手大学	
西　源二郎	東京都葛西臨海水族園	
西原亜矢子	新潟大学	
西村いつき	兵庫県農政環境部	
西村　文夫	元終末期を考える市民の会	
二宮　厚美	神戸大学	
魯　　在化	聖潔大学校（韓国）	
野井　真吾	日本体育大学	
野口　　緑	尼崎市役所	
野崎　志帆	甲南女子大学	
野田　　恵	東京農工大学	
野村　　卓	北海道教育大学釧路校	
野元　弘幸	首都大学東京	
萩原建次郎	駒澤大学	
畑　　　潤	都留文科大学	
服部　　朗	愛知学院大学	

浜田　弘明	桜美林大学	
林　　美輝	龍谷大学	
春口　明朗	明治大学	
比嘉　佑典	東洋大学名誉教授	
肥後　耕生	公州大学校（韓国）	
久田　邦明	神奈川大学	
平河　勝美	京都市立看護短期大学	
平川　景子	明治大学	
平沢　安政	大阪大学	
廣瀬　隆人	宇都宮大学	
廣森　直子	青森県立保健大学	
福井　庸子	大東文化大学	
福嶋　　順	天理大学	
福島　正樹	長野県立歴史館	
藤岡　貞彦	一橋大学名誉教授	
藤田　昇治	弘前大学	
藤村　好美	群馬県立女子大学	
藤原　正範	鈴鹿医療科学大学	
藤原　瑞穂	神戸学院大学	
降旗　信一	東京農工大学	
帆足　哲哉	立正大学	
朴木佳緒留	神戸大学	
星野　修美	魚沼市中央公民館	
星山　幸男	東北福祉大学	
細山　俊男	所沢市生涯学習推進センター	
佛木　　完	（財）日本青年館	
堀　　薫夫	大阪教育大学	
前田　章夫	仏教大学	
前田　耕司	早稲田大学	
前田　　稔	東京学芸大学	
前野　育三	関西学院大学名誉教授	
前平　泰志	京都大学	
槇石多希子	仙台白百合女子大学	
牧野　　篤	東京大学	
増山　　均	早稲田大学	
益川　浩一	岐阜大学	
松尾　哲矢	立教大学	

松岡　広路	神戸大学	
松下　　拡	飯田女子短期大学	
松田　武雄	名古屋大学	
松波めぐみ	（財）世界人権問題研究センター	
松本　　大	弘前大学	
眞部　岳英	法務省矯正研修所	
間野　百子	宇都宮共和大学	
丸山　啓史	京都教育大学	
水谷　　正	三重県公民館連絡協議会	
水野　篤夫	（公財）京都市ユースサービス協会	
宮城　能彦	沖縄大学	
宮坂　広作	元東京大学	
宮﨑　隆志	北海道大学	
宮島　　敏	（社福）浴風会	
宮前　耕史	北海道教育大学釧路校	
三輪　建二	お茶の水女子大学	
村上　英己	（公社）全国公民館連合会	
村上　博光	大阪教育大学名誉教授	
村上　正直	大阪大学	
村田　晶子	早稲田大学	
室　　俊司	元立教大学	
望月　　彰	愛知県立大学	
森　　　実	大阪教育大学	
森部　英生	高崎健康福祉大学	
森本　　扶	埼玉大学	
森山　沾一	福岡県立大学	
矢口　悦子	東洋大学	
矢口　徹也	早稲田大学	
矢久保　学	松本市役所	
安川由貴子	京都聖母女学院短期大学	
柳沢　昌一	福井大学	
矢野　　泉	横浜国立大学	
山口源治郎	東京学芸大学	
山口　　眞	前流通経済大学	

山﨑	功	前昭島市教育委員会	山野	晴雄	慶應義塾大学	米村	健司	早稲田大学
山嵜	雅子	立教大学	山本	健慈	和歌山大学	米山	光儀	慶應義塾大学
山﨑由可里		和歌山大学	山本	珠美	香川大学	林	世堯	名古屋大学博士課程
山下	雅彦	東海大学	山本	悠三	東京家政大学	若園雄志郎		北海道大学
山城	千秋	熊本大学	湯原	悦子	日本福祉大学	若月	憲夫	（株）乃村工藝社
山住	勝広	関西大学	横山	悦生	名古屋大学	脇谷	邦子	同志社大学
山田	定市	北海道大学名誉教授	吉田	正純	立命館大学	和田	岳	大阪市立自然史博物館
山田麻紗子		日本福祉大学	吉富啓一郎		県立広島女子大学名誉教授	渡辺	幸倫	相模女子大学
山田	昌弘	中央大学						
山田	正行	大阪教育大学	依田	有弘	千葉大学名誉教授	渡邊	洋子	京都大学

[英語表記・校閲]

岩本	陽児	和光大学
曽我	邦子	前神戸海星女子学院大学

凡　　　　例

1. 配列順序
(1) 五十音順に配列した．
(2) 長音は配列のうえでは無視した．
(3) 濁音，半濁音は相当する清音として扱った．ただし，この基準により同音となるときは，清音，濁音，半濁音の順とした．
(4) 拗音，促音は1つの固有音として扱った．
(5) 同音の漢字は字画数の少ないほうを先に置いた．
(6) 外国人名はファーストネームによった．
(7) ローマ字は次の表音による．そのうえで，上記の基準を適用した．

A	a	エー	H	h	エイチ	O	o	オー	V	v	ブイ
B	b	ビー	I	i	アイ	P	p	ピー	W	w	ダブリュー
C	c	シー	J	j	ジェイ	Q	q	キュー	X	x	エックス
D	d	ディー	K	k	ケー	R	r	アール	Y	y	ワイ
E	e	イー	L	l	エル	S	s	エス	Z	z	ゼット
F	f	エフ	M	m	エム	T	t	ティー			
G	g	ジー	N	n	エヌ	U	u	ユー			

ただし，慣用読みされる項目はその読みにしたがって配列した（JIS→ジス，など）．

2. 項目名
(1) 項目名はゴチックで示し，次に外国語を付した（次項3. を参照）．
(2) 主に国が限られている用語は，日本語末尾の（　）内に国名を略記した（米，英，仏，独，中国など）．
(3) 特に地域が限られている用語は，日本語末尾の（　）内に地域名を付した（沖縄）．

3. 項目名に付帯する外国語表記
(1) 特に表記のない場合は英語を表す．英語以外の外国語がある場合には，原綴の前に国名を略記した（仏，独，伊など）．
(2) 英語表記はアメリカ英語を優先させた．
(3) 日本独自の用語についてはローマ字のイタリック表記とし，必要に応じて（　）内に英語の説明を付した．また人名は姓を先に記した．
(4) 冠詞は原則として省いたので，英文中に用いる場合には適宜補う必要がある．

4. 記　号
(1) 見出し語の次にある⇨は，矢印の示す項目に解説が与えられていることを示す（見よ項目）．
(2) 文末（解説文中）にある⇨は，矢印の示す項目を参照することが望ましい，関連する項目である．
(3) 解説文中の用語の左肩にある＊は，その語が項目として解説されていることを示す．
(4) ＊の付されているカタカナの人名は，原綴が項目に表記されているため解説文中では省略した．

5. 索　引
(1) 巻末に索引を付し，欧文索引，和文索引について，それぞれアルファベット順および五十音順に並べ，そのページを示した．
(2) 項目名として採用されている用語のページは太字で示した．

あ

IFEL（教育指導者講習） Institiute for Educational Leadership

1948（昭和23）年9月から1952（昭和27）年3月まで8期にわたり，文部省およびCIE（Civil Information and Educational Section, GHQ民間情報教育部）の共催で教育関係専門家の養成を目的として開催された講習会である．IFEL自体は学校教育や教育行政も含めた教育全般にわたる指導者講習会の総称であり，*社会教育に関連するものとしては青少年指導，成人教育，*通信教育，公開講座，*図書館学の各講座が開催された．このうち，最も注目されるのは青少年指導の講習会であり，合計4期にわたって開催され，延べ1315人が参加している．ここでは，*青年団などの青少年団体を民主化する手段として*グループワークの指導法が講習された．グループワークはその後戦後の社会教育に大きな影響力をもつ．また，IFELにおける人的交流がその後，*日本社会教育学会や*中央青少年団体連絡協議会の結成の1つの契機となっている．

(田中治彦)

〔文献〕1）田中治彦：IFEL・青少年指導者講習会とその影響に関する研究，岡山大学教育学部研究集録第95-96号，1994.；2）国立教育研究所編：近代教育百年史 社会教育（2），国立教育研究所，1974.

IMADR ⇨反差別国際運動

ILO（国際労働機関） International Labour Organization

1919年に国際連盟とともに誕生し，国際労働基準制定とその推進等の活動を行う国際機関．新世紀に向けた「労働における基本的原則及び権利に関する宣言」（1998年）では，①結社の自由および団体交渉権の効果的な承認，②あらゆる形態の強制労働の禁止，③児童労働の実効的な廃止，④雇用および*職業における*差別の排除の4項目を改めて確認した．組織は，総会，理事会，事務局からなる．総会および理事会は，政府・労働者・使用者の各代表を2対1対1で構成しており，各代表個別に発言・投票権がある．総会では，国際労働基準としての条約と勧告に関する採択を行う．条約は批准されない限りその国で効力を発せず，批准を前提としない勧告は指針として受け容れられる．*社会教育との関連では，「有給教育休暇に関する条約」（140号条約，1974年；日本未批准）や「人的資源開発」（195号勧告，2004年）等の条約・勧告が採択されている．

⇨職業訓練に関する勧告　　　　(谷口雄治)

〔文献〕1）日本ILO協会編：ILOのあらまし，日本ILO協会，2005.

IOC　⇨国際オリンピック委員会

ICAE　⇨国際成人教育協議会

ICOM　⇨国際博物館会議

IT講習 IT (infomation technology) course

現代の情報化社会を背景として，国の特例交付金をもとにコンピューターを無償配置し操作技術の学習を進めるなど，政府によって行われたIT革命対応の全国的規模の施策．*公民館など*社会教育施設や，学校などで実施された．職員の増加がほとんどない中で民間のパソコンスクールへの委託が多くみられた．

〔政策〕政府は，20世紀末の情報通信技術の急速な発展を，「IT (information technology) 革命」という用語で捉え，政策の重要な柱の1つとした．*文部科学省（当時文部省）もこれに対応する生涯学習分野の施策として，2000年11月の*生涯学習審議会答申「新しい情報通信技術を活用した生涯学習の推進方策について」をもとに，IT講習として情報リテラシー教育の推進を進めることとした．

〔展開〕IT講習の具体的な施策については，予算が増加されたり，高齢者に至るまでコンピューター操作技術に対する学習欲求がかなり高いことなどにより，急速に講座が普及することとなった．社会教育施設での受講者数は，およそ7500施設で，受講者数180万人に至るとみられている（全体では2万2000施設，390万人，2002年3月までの見込み）．

〔課題〕IT講習そのものに，文部科学省主導の教育内容の誘導になるのではという疑問や，急速な業務導入や外部講師の不足などで職員の負担が大きくなる，また既存のプログラムが実施しにくくなるという問題も発生した．他方で，IT技術の習得によっ

て，市民の間の交流の場が広がり，インターネットによる自主的な学習の場が拡大する可能性が期待されている．しかし，せっかくの技術の習得がインターネット（メール，ホームページ）の利用による市民間の*コミュニケーションの拡大に必ずしも結びついていないという実態もある． （岩佐克彦）

〔文献〕1）ポストIT講習．社会教育，2002年3月号特集．；2）IT学習をどうするか．社会教育，2000年10月号特集．；3）「IT革命」のゆくえ．月刊社会教育，2001年8月号特集．

アイデンティティ　identity

社会的な関係性の中での自我の斉一性と統合性を顕す概念．米国の精神分析学・発達心理学者*エリクソンが，*青年期の発達段階をアイデンティティの危機として概念化し，ライフサイクルをアイデンティティの継起的な危機と成長の過程と捉える視点を提起して以来，人間の心理的・社会的な理解にとって重要な鍵概念となっている．

〔エリクソンのアイデンティティ概念〕エリクソンがアイデンティティという概念を用いたのは1945年 *The Psychoanalytic Study of Child* 誌に掲載された米国先住民の子育てをめぐる文化人類学的研究（'Childhood and Tradition in Two American Indian'）においてである．この論文において部族における集団的アイデンティティとして提起されたこの概念は，以後の一連の著作（『幼児期と社会』，1950年；『青年ルター』，1958年；『アイデンティティとライフサイクル』，1959年[1]；『アイデンティティ―青年と危機―』，1968年[2]）を通じて，自我と社会の内的関係性を捉える鍵概念として，また，とりわけ青年期における自我の形成と深くかかわる概念として再定義されていく．この時代の世界的な青年の異議申し立ての運動の高まりともかかわって，その動きを読み解く鍵概念として，単に発達研究にとどまらず広い関心を集めることになる．エリクソンは，『青年ルター』の中で青年期のアイデンティティの危機にかかわって次のようにそれを定義している．「この危機は，ライフサイクルの中で1人ひとりの青年が，幼児期において有効であった適応の遺物と予期された成人期への希望から，自らに対して中心的なパースペクティヴと方向性を作り上げなければならない時期に生ずる．青年は，これまでの自己像と自らの研ぎ澄まされた知覚によって自覚される，*他者による自分への判断や，こうあって欲しいという期待との間に，何らかの意味ある類似性を見いださなければならない」[3]．アイデンティティは自分自身の過去と将来の時間軸，そして自分自身の重要な他者や*コミュニティとの関係性の双方において一定の動的なバランスを実現する自我の働きをさしている．

〔社会理論・学習理論におけるアイデンティティ概念〕アイデンティティの概念は，人と社会にかかわる学的研究の根本的な枠組みと方法の問題をめぐる論争とも深くかかわっている．一方で，自然科学をモデルとして，人と社会を「客体」「物」として，操作的に研究することが科学としての人間研究・社会研究であると捉える伝統が存在するが，他方，社会的行為と組織化の主体としての人とその共同性への学的研究への企投にも長い歴史をもっている．社会的な主体としての人間を理解する上でアイデンティティ概念は欠くことのできない基本概念となっている．*ハーバーマス，ギデンス（Giddens, A.）らの社会理論，レイブ（Lave, J.）や*ウェンガーらの学習理論においてもアイデンティティ概念はその理論的構成の中で重要な支柱となっている．

〔*社会教育研究・生涯学習研究とアイデンティティ概念〕エリクソンのアイデンティティ概念はライフサイクル論とともに，生涯発達と生涯学習の研究，そしてまた生涯学習計画や政策においても基本的枠組みとして援用されてきている．一方，社会教育実践研究・学習過程研究において，実践の主体，学習の主体の自己形成過程を跡づける上での中心概念として，エリクソンのもう1つの鍵概念である相互性概念とともに，重要な視点となっている．

⇨エリクソン，エリク　　　　　　　（柳沢昌一）

〔文献〕1）Erikson, E. H.：*Identity: and Life Cycle*（小此木啓吾訳：自我同一性，誠信書房，1973）．；2）Erikson, E. H.：*Identity:Youth and Crisis*, 1970（岩瀬庸理訳：アイデンティティ，金沢文庫，1973）．；3）Erikson, E. H.：*Young and Luther*, p.14, 1958.；4）柳沢昌一：アイデンティティ・相互性の視点．成人の学習と生涯学習の組織化（日本社会教育学会編），東洋館出版社，2003．

アイヌ　the Ainu(s), Ainu people

北海道を中心に居住する*先住民族で，約3万人弱．

〔文化と歴史〕*生活圏は，もともと南は東北地方北部，北は樺太，東は南千島におよび，サケ・マス，クマ・シカなどの狩猟・漁撈や交易により生活を成り立たせ，コタンという集落を形成していた．アイヌ文様やムックリなどの口琴楽器の文化を有している．アイヌ語起源の日本語には，シシャモ，ラッコ，アシカ，トド，トナカイなどとともに，ナイ（沢の意）・ベツ（川の意）で終る北海道・東北地方の地名

があげられる．特に北海道の地名の多くはアイヌ語に由来する．

1872（明治5）年開拓史の設置以降，狩猟・サケ漁の規制，農業の奨励，日本語の奨励など同化の対象となり，保護区への居住を強制された．1899（明治32）年北海道旧土人保護法制定によりその施策が合法化され，戦後1997（平成9）年「アイヌ文化の振興並びにアイヌの伝統等に関する*知識の普及及び啓発に関する法律」（アイヌ文化振興法）が制定されるまで続いた．同年，札幌地裁「二風谷ダム判決」は，アイヌ民族を先住民族と初めて認定した．2008年6月6日，国会で「アイヌ民族を先住民族とすることを求める決議」が全会一致で可決された．

〔学習活動〕アイヌ文化振興・研究推進機構主催「アイヌ文化フェスティバル」と北海道ウタリ協会主催「アイヌ民族文化祭」のほか，地域の活動および施設として下記を例示できる．

　アイヌ語教室：旭川，帯広，登別，千歳など北海
　　道14地区．
　アイヌ語ラジオ講座：1998年より毎週土曜日，アイヌ語に触れ，学習する機会を提供．
　生活館：地域住民の学習活動の拠点，*生活文化の向上および社会福祉の振興に寄与．
　平取町立二風谷アイヌ文化博物館，アイヌ民族博物館（白老町）．
　塘路（とうろ）口琴研究会「あそう会」：口琴楽器の演奏と世界口琴大会への参加．

〔課題〕文化的*アイデンティティの根源であるアイヌ語とアイヌ文化の伝承が大きな課題である．現在，上記の学習活動と並行してアイヌ語辞書の作成やユーカラの編集などが実施されている．基本的な問題として，アイヌ文化振興法は，民族問題を文化・教育問題に押し込めているという批判がある．

（生田周二）

〔文献〕1）萱野茂：萱野茂―アイヌの里二風谷に生きて―，日本図書センター，2005．；2）知里むつみ：日本の先住民族アイヌを知ろう（全2巻），汐文社，2009．

アイヌ新法　⇨先住民族

IUCN　⇨自然保護

アウェアネス　awareness

〔概念・定義〕「認識，自覚，気づき，意識性」など多義的に訳出される概念である．医療・看護，社会学の領域では，患者が周囲の人たちとの継続的関係を通して自らの疾病に関する「事実を認識すること」や「終末認識」などの意味で用いられている．

米国の医療社会学者グレイザー（Glaser, B. G.）とストラウス（Strauss, A. L.）の定義によれば，「アウェアネス」は，情報を中心とした意識的行為であり，*他者との相互作用を通して，相手の真意などを察する側面を有し，人間が行動する際に求められる認識，判断を含む知的な行為のことをさす．

〔日本における展開と課題〕日本においても，終末期医療における患者や家族に対する告知の是非やその方法，告知後の心理的ケアのあり方などが論議されるようになり，厚生省が1987年に「末期医療に関するケアの在り方の検討会」を発足させた．同検討会の報告書には，告知時の要件として，「告知の目的がはっきりしていること，患者に受容能力があること，医師と患者・家族の間に十分な信頼関係があること，告知後の患者の身体面および精神面でのケアと支援ができること」の4点が明記され，医療現場での実践を促進させる契機となった．

終末期医療・看護の現場におけるアウェアネスは，末期患者のみならず，その家族や医療・看護に従事するスタッフにもかかわる概念である．アウェアネスには，「死にゆく人」が残された時間をよりよく生きるためには，周囲の人たちが，臨床的にアプローチすることの重要性が示されている．　（間野百子）

⇨終末期宣言

〔文献〕1）グレイザー，B. G., ストラウス，A. L.（木下康仁訳）：死のアウェアネス理論と看護―死の認識と終末期ケア―，医学書院，1988．；2）厚生省末期医療に関するケアの在り方の検討会：末期医療に関するケアの在り方の検討会報告書，1988．

アウトリーチ　outreach

学習施設や*教育機関を利用して学ぶことができない人々のために，個別指導，*出前講座，*遠隔教育などの手段によって学習活動を可能とするための支援をいう．

〔概観〕アウトリーチの対象となるのは，主として成人である．たとえば，育児・介護・家事仕事で家庭や居住地域を離れられない人，*職業や社会的活動で時間的な自由度の低い人，精神的・身体的な障害のためにきめ細かな教育が必要な人などである．一方，労働階級，失業者，高齢者，少数民族，あるいは学校教育を十分に受けられなかった人々の中には，学習に対して積極的な取組みができない層が含まれる．これらの人々には特別な配慮に基づく学習支援が必要であり，それもアウトリーチの重要な視点である．

〔歴史〕アウトリーチという用語は，1960～70年代に欧米を中心として広く普及することとなった．これには次の背景がある．この時期に行われた調査研究の結果によると，多くの成人教育事業は高学歴層に利用されており，学校教育を十分に受けてこなかった人々を（そのような層こそ成人教育を受ける必要があるにもかかわらず）排除する傾向にあることが判明した．そこで，これまで成人教育に参加してこなかった人々，特に社会的・経済的な不利益層に対し，アウトリーチのプログラムを提供することが重要な課題とされるようになったのである．それ以来，様々な形態が生み出され，メディアの発達もその傾向を後押しすることとなった．

〔形態〕オスボーン（Osborn, M.）によると，アウトリーチの形態は大きく2つに分けることができる．もっとも，実際のアウトリーチプログラムとしては，両者の組合せによって構成されるものも少なくない．

第1に，地域*コミュニティにおける活動である．そこでは，個人個人に働きかける場合，地域の集団・*ネットワークを通して勧誘する場合がある．いずれにしても，職場や近隣地域で組織化を図るものである．第2に，全国レベルの遠隔教育によるもので，各種メディアや印刷物を用いて行われる．こちらの場合でも，効果を高めるための補強手段として，地域単位の学習集団を組織する．地域に学習センターを設置しながら実施されている*放送大学などがこれに相当する．

〔課題〕アウトリーチを普及させ，効果的に*実践するために，次のような課題がある．

第1に，不利な学習条件をもった人々を対象にするのであるから，参加と継続をどのように奨励できるかという点が重要である．適切な助言や相談を行うスタッフの配置，仲間同士で励まし合うための共同的な関係の醸成などが必要となる．第2に，IT技術や各種メディアを活用し，空間や時間に制約されない学習システムを開発することが求められる．第3に，学習機会の提供側が一方的に届けるのではなく，学習者自身が企画に参加することや，学習者による*評価（フィードバック）の仕組みを構築することが大切である．　　　　　　　　　　（田中雅文）

⇨出前講座，遠隔教育，忘れられた人々

〔文献〕1）佐々木正治：生涯教育政策の展開とアウトリーチ．日本社会教育学会紀要，No.18, 15-22, 日本社会教育学会，1982.；2）Osborn, M.：Student Outreach. *International Encyclopedia of Adult Education and Training* (Tuijnman, A. C. ed.), pp. 583-586, Pergamon Press, 1996.

アーカイブズ　archives

〔概観〕2つの意味がある．第1に，記録や資料などをひとまとめにして保存すること，あるいはそうしてまとめられた資料群＝記録史料のことを意味する．第2に，そうした資料群の保存施設や保存機関のことをいう．

〔記録史料〕第1の意味のアーカイブズ＝記録史料は，「個人または組織がその活動の中で作成または収受し蓄積した記録のうち，組織運営上，研究上，その他さまざまな利用価値ゆえに永続的に保存されるもの」で，それはさらに「組織内記録」すなわち母体となる組織から保存機関が継続的に移管を受ける母体組織自身の記録史料と，保存機関が母体組織外の組織から収集する記録史料に分けられる．これらの記録史料は，2つの側面からその価値が計られる．①地域の「記憶」としての価値，②組織体の「記憶」としての価値，である．①は*文化遺産，文化財という観点からの価値で，*博物館資料や*図書館資料とも密接な関係にある．②の組織内記録は，国および地方公共団体の設置する施設にあっては，行政の説明責任を果たすための史料であり，また記録史料を新たな組織体活動のための情報資源として活用することも重要である．これらの組織内史料は，「現用文書」「半現用文書」「非現用文書」に分けられ，保存施設が母体組織との関係でどのように位置づけられているかによって，扱う記録の範囲が異なる．

〔記録保存機関〕第2の意味のアーカイブズは，特に国・地方公共団体のような公的機関の作成した記録・公文書，あるいは文化遺産としての古文書・記録などを保存する施設としての公文書館，*文書館のことをさすことが多いが，企業や民間機関などの記録を保存する施設についてもいう．日本においては，記録史料を含む「資料」の保存機関は4種類に分けられる．①公文書館法の適用を受ける施設で，国および地方公共団体が条例によって設立する「公文書館（こうぶんしょかん）」，②公文書館法の適用範囲ではないが，組織の記録保存，長期的利用提供を目的とする「文書館（ぶんしょかん）」（企業，大学のアーカイブズはここに属する），③組織の文書であってもその組織とは別の場所で記録が保存される場合，代表的には江戸時代の庄屋文書などの古文書等を保存する「文書館（もんじょかん）」，④その他，*図書館，*博物館，資料館などの類縁機関，の4つである．このうち，①は公文書館法に基づく機関，④は*図書館法，*博物館法等に基づく社会教育機関という法的位置づけを有しているが，②③も

含め，資料・史料を保存し活用する機関として，社会教育機関や生涯学習機関としての役割，国民主権の知る権利を保障する機関，文化遺産を後世に伝える機関としての役割など，複数の機能を統一的に位置づけることが必要である． (福島正樹)

〔文献〕1）小川千代子ほか編：アーカイブ事典，大阪大学出版会，2003.；2）国文学研究資料館編：アーカイブズの科学（上・下），柏書房，2003.

アカウンタビリティ accountability

元来，予算・会計に関する責任を意味する政治・経済用語．一般的には，ある組織において権限ある者が自分のしたこと，あるいはすることを怠ったことが招いた結果について，合理的な説明を行う責務をいう．個人の資質・モラルにかかわるレスポンシビリティに対して，システム・仕組み・組織にかかわる概念である．

教育分野では，小・中・高等学校における学校評価や教員評価，大学や*社会教育関連施設の外部評価などで，その施策を正当化する言葉として使用されている．そこでは，「説明責任」以上に「教育の効果や結果についての責任」と解され，「問責権」「結果責任」等をめぐり多くの論議がある．

教育消費者への個別対応や制度運営の改善にとどまらず，教育の社会的*公共性を構築していくための筋道として，「参加」「自治」「協同」「創造」を伴った教育実践の充実が合わせて求められる．

(内田純一)

〔文献〕1）R・F・エルモア著（神山正弘訳）：現代アメリカの学校改革，同時代社，2006.

アクアビクス aquabics

「アクア（aqua，水）」と「*エアロビクス（aerobics）」とを組み合わせた造語であり，水中で行う有酸素運動のことをいう．水中エクササイズ，アクアエクササイズ，アクアサイズ等とも呼ばれる．アクアビクスの基本動作には，ウォーキング，ジャンピング，スクワット，腕の開閉等があり，いずれの動作も一見激しい運動にはみえないものの，水の抵抗，浮力，水圧，水温等，陸上にはない制約によって少しの運動でもエネルギー消費が大きいという特徴がある．また，陸上での運動に比べて，腰や膝等にかかる身体的負担が少ないことから，障害者や高齢者の運動やリハビリとして行われることも多く，比較的「誰でも」ができるという点では*生涯スポーツに適した種目の1つともいえよう．なお，アクアビクスの源流は，エアロビクス同様，1960年代の米国にあり，日本には1980年代になって水中版エアロビクスとして紹介された． (野井真吾)

⇨エアロビクス

〔文献〕1）北川薫：健康運動プログラムの基礎―陸上運動と水中運動からの科学的アプローチ―，市村出版，2005.

アクションリサーチ action research

*実践に参与しつつ進められる社会的実践に関する調査研究．実践の外部に立って，観察者・傍観者の視点から進められる調査研究に対して行為の内部から継続的に進められる点に特徴をもつ．

〔概要〕1946年のレヴィン（Lewin, K.）の論文'Action Research and Minority Problems'がその起点である[1]．レヴィンはアクションリサーチを「多様な形態の社会的なアクションの条件と効果に関する比較研究」であるとともに，そうした「社会的アクションを導く研究」であり，「計画・行為の実践・その行為の結果に関する事実の発見からなる円環の積み重ねからなる螺旋的なステップ」を通して進められると述べている．

こうした実践に関与しつつ進められる研究は社会学・心理学や政治学・教育学をはじめ社会・文化にかかわる諸領域において多様な形で進められてきている．社会学におけるエスノグラフィー，経営学におけるアージリス（Argyris, C.）らのアクションセオリー，教育学における*フレイレらの取組み等を代表的なものとしてあげることができる．

〔戦後日本の社会教育研究とアクションリサーチ〕

第2次世界大戦後日本の*社会教育研究においては，*宮原誠一が社会教育研究・とりわけ学習と実践の過程にかかわる研究の核心としてアクションリサーチの重要性を提起し実践研究を進めてきた．群馬県島村の総合教育計画にかかわる実践と研究はその代表的なものである．その後も社会教育実践分析・学習過程研究・実践の内在的な省察研究として発展してきている．学校教育・教師教育の分野においても佐藤学・秋田喜代美らのアクションリサーチ研究，志水宏吉らのエスノグラフィー研究等が進められている． (柳沢昌一)

〔文献〕1）Lewin, K.：Action Research and Minority Problems. *Journal & Social Issues*, **2**(4), 34-46, 1946.；2）佐伯胖編：教育実践と心理学の間で，東京大学出版会，1998.；3）秋田喜代美ほか編：教育研究のメソドロジー，東京大学出版会，2005.

字公民館（沖縄） ⇨沖縄の公民館，集落公民館

字（集落）誌づくり writing activities of Aza (community) histories

〔概観〕字とは，日本一般にはムラ・集落・部落，沖縄ではシマ社会・行政区ともいい，最小の地域社会をさす．沖縄戦を経験し地域激変と多くの資料を失った沖縄では，戦後各地で失われた郷土を記録し集落誌につながる資料収集の思いが切実であった．字誌づくりの萌芽は早く1950年代にみられる（国頭村奥，八重山川平）が，字誌の出版が本格化するのは1970年代後半以降である．宮古・八重山地方ではやや早く1970年代前半に出版が続いた．1980年代（61点），1990年代（65点），2000～03年（25点）と字誌出版の隆盛期が続く．沖縄県において2003年末までに「狭義の字誌」は211点刊行された．地域的には，本島北部・中部・南部・八重山・宮古の順に多い．字に関する諸テーマ，記念誌・郷友会誌等や外来者・自治体による地域史（広義の字誌）は502点を数える．合計713点を集落数と対比してみると8割近く集落が何らかの字誌づくりに取り組んでいることになる．その後，この数値はさらに増加傾向にある．

〔展開〕字誌を狭く規定すると，①字の住民と出身者（歴史研究では素人集団）が主体となり，字の公的事業（予算・組織など）として取り組む最小の地域史誌．②その目的は，よりよい地域の将来を願って，はるか昔の祖先から現代の自分たちが生きてきた歴史と現在の姿を次世代に伝える（託す）こと．③内容は，その字（地域）のあらゆる事象を取り上げ記録する．④方法は，文書資料が極めて限られているので，聞き書きを多く含む伝承や記憶・*体験の記録を重視する．⑤編集委員会は原則として字住民および出身者（郷友会員）で構成．以前は地元の郷土史家・学校教員経験者が個人のライフワークとして取り組む事例が多かったが，1980年代以降，字誌づくりの普及とともに複数人（多いところは数十人）で編集委員会を組織するのが一般的である．⑥成果は，本の形で印刷・出版する．100ページ程度から1000ページを超えるものまで多様．近年は複数巻を出版する字誌が増えている．

〔課題〕字誌づくりは，参加する個人においては*生涯学習の，字としては*社会教育・*地域文化活動の優れた面をもつ．集落独自の字誌づくりが集落の自治・共同にとって固有の意義をもつことは明らかであり，今後さらに質的な深化をみせることが期待される．また字誌づくりは沖縄県に特長的だが，鹿児島県奄美諸島（集落誌），滋賀県，群馬県，北海道東部（学校記念誌）等でも地域的に多くの成果が刊行されている．相互の研究交流を進めていくことも課題であろう． （中村誠司）

⇨地域学，集落公民館

〔文献〕1）名護市史編さん室発行：字誌づくり入門，名護市教育委員会，1989．；2）中村誠司：沖縄の字誌づくり．東アジア社会教育研究（東京・沖縄・東アジア社会教育研究会（TOAFAEC）），第10号，2005．

アジア南太平洋成人教育協会（ASPBAE）
Asian South Pacific Bureau of Adult Education

1965年にオーストラリアのクリス・デューク（Chris Duke），日本の駒田錦一らが設立した，*ユネスコBレベル*NGOで，*国際成人教育協議会（ICAE）の地域組織．*識字，女性，平和，環境の課題，リーダー研修，政策形成等で役割を果たしている．地域は，インド，ネパール等の南アジア，タイ，フィリピン等の東南アジア，日本，韓国，中国等の東北アジア，オセアニアと，広い．文化圏や産業構造，国家と*NPOの協力関係等による課題の*差異から，1991～93年に4回開かれた日韓社会教育セミナーを基礎に，シンガポール，マカオ，香港，台湾，中国，韓国，日本による東アジア成人教育フォーラム（East Asian Forum for Adult Education）が，1993年以来，セミナーを開いている．ASPBAEは歴史的に，ドイツ成人教育協会からの資金に依存してきたので，日本や韓国等の政府・NGOによる財政基盤強化も課題となっている． （笹川孝一）

〔文献〕1）黄宗建・小林文人・伊藤長和編：韓国の社会教育・生涯学習，pp.312-333，エイデル研究所，2006．

アジェンダ21 Agenda 21

〔概要〕*地球サミットで採択された文書の1つであり，持続可能な開発を達成するために世界が協力して取り組むべき行動計画を具体的に記したものである．本文は，前文と4つのセクション（セクション1：社会的・経済的側面，セクション2：開発資源の保護と管理，セクション3：主たるグループの役割強化，セクション4：実施手段）より構成され，全40章，英文にて500頁に及ぶ．各章には，複数のプログラム分野と，プログラムごとに行動の基礎，目標，行動，実施手段が記述されている．

〔特徴〕特徴は，環境と開発の問題を統合的に取り組む視点にあり，天然資源の保護と利用のあり方や，

人間の健康に危害を与える有毒化学物質の管理，さらには，*貧困，人口，生産と消費，急速な都市化などの問題を扱い，解決の実施手段として経済援助，貿易，技術移転，融資の方策に言及している．また，持続可能な開発の実現に向けた主要な担い手として，女性（第24章），子ども・青年（第25章），先住民（第26章），非政府組織（第27章），地方公共団体（第28章），労働者・*労働組合（第29章），産業界（第30章），科学・技術界（第31章），農民（第32章）の各々の役割についても詳述する．教育に関しては，「第36章 教育，意識啓発及び訓練の推進」の中で，持続可能な開発の達成のためには，*フォーマル教育のみならず*ノンフォーマル教育の重要性が説かれている．

〔動向〕アジェンダ21は，国連に設置された持続可能な開発委員会（Commission on Sustainable Development：CSD）によってその実施状況が監視されている．アジェンダ21は，基本的に国連，国際機関，国がなすべき行動計画を定めたものであり，国によって国レベルの行動計画21や地方版のローカルアジェンダを策定している．日本では，国の環境基本計画がそれにあたるもので，地方公共団体においても，環境基本計画をローカルアジェンダに読み替えている場合が多い．　　　　　　　（小栗有子）

〔文献〕1）環境庁外務省監訳：アジェンダ21実施計画（'97），エネルギージャーナル社，1997.；2）内藤正明・加藤三郎編：持続可能な社会システム（岩波講座地球環境学10），岩波書店，1999．

アソシアシオン（仏）　英 association, 仏 association

フランスにおいて，利益配分以外の目的で結成され，*知識や活動を永続的に共有するために結ばれる合意に基づく非営利組合・結社．

フランス革命後，国家に対峙する近代的個人を絶対的な前提として，中間団体は長らく否認されていた．だが一方，個人と個人の要求に基づく社会的結合の志向も発展した．アソシアシオンは，そうした自由で平等な諸個人の自発的な合意に基づいて形成される組織であり，1901年のアソシアシオン法で承認された．そしてフランスの*社会教育は，このアソシアシオンを結成することを通して個々人が共通の教育・文化要求を充足していく過程として定着した．さらにそれを国家的に制度保障する形で発展させてきた．この制度化の実現により1970年代以降アソシアシオン数は急増し，今日もなお増え続けている．2007年現在110万あり，2人に1人が何らかの形でその活動にかかわっている．そしてそのうち6割以上が，教育・文化・余暇・スポーツ活動領域である．だが近年の*地方分権改革下において，アソシアシオンの分散化や競合化が進み，予算獲得のための地方自治体の下請けなど経営運営が重視され，創造性・闘士性（ミリタンティズム）が希薄になっているといった批判もある．　　　　　　　　　　　　（岩橋恵子）

⇒フランスの生涯教育・生涯学習，知識の相互交換ネットワーク

〔文献〕1）新海英行・牧野篤編：現代世界の生涯学習，大学教育出版，2002．

アソシエーション　association

地縁的共同体である*コミュニティに対して，アソシエーションとは，特定の目的を達成するために自発的に結合し形成する集団類型をいう．

〔歴史〕この観念の語源は，特定の聖人に庇護された相互扶助的な信徒集団の名称にさかのぼる．具体的には，教会，*労働組合，学校，営利団体，国家などである．しかし，一般には，人々の関係が，地縁・血縁ではなく，選択的な縁によって結ばれる機能的な集団をさす．アソシエーションは，各国の状況に応じて多様性をもつ．フランスではその結成は，宗教的・政治的権力から長い間結社をつくることは禁止されてきたが，空想的社会主義者にも大きな影響を与えた．米国では，トクヴィル（Tocqueville, A. de）がみたように，民主制と合議制がつくる*公共空間が民主主義を支える基盤としてこうしたボランタリーアソシエーションが機能していた．弱体化しつつあるとはいえ，そのアソシエーションの基盤は*NPOや*市民運動組織としていまだ米国の民主主義を支える力となっている．

〔課題〕社会の発展に伴ってコミュニティが拡大し，機能分化するとともに，アソシエーションの多元化・巨大化，官僚制化が進むが，他方では，本来の平等主義，自発的参加，民主的な手続き等を特徴とするアソシエーションは*市民社会にとって重要な要素である．この点，日本の特徴は，欧米諸国の「古くからの民主主義国」や旧社会主義国である「脱権威主義諸国」と比較しても，何らかの組織に参加する比率の低さであり，後者並みの水準にとどまっているといわれる点に留意する必要がある．特に，宗教団体，文化団体，スポーツ団体，労働組合への参加は異常な低さといわれている．つまり，アソシエーションを通しての人々の「公共」へのコミットメントが低く，自己中心主義が圧倒的であること，そ

れにもかかわらず「私」=*自己実現への欲求の実現の度合いもまた貧弱なものにとどまる．生活世界の貧困さが垣間みられるという． (高橋　満)
⇨コミュニティ

〔文献〕1）山口定：市民社会論―遺産と新展開―，有斐閣，2004.；2）佐藤慶幸：NPOと市民社会―アソシエーション論の可能性―，有斐閣，2002.

遊び　play

善悪や効用に捉われず，心身に開放感・癒しをもたらす自発的で楽しい活動．人間の本質を遊ぶ存在（ホモ・ルーデンス）だとして，「まじめ」との対立を超えてあらゆる文化の中に「遊び」をみたオランダの歴史家ホイジンガ（Huizinga, J.）と，彼を批判的に継承し，4つの要素（競争・偶然・模擬・めまい）をあげて「人間はなぜ遊ぶのか」に迫ったフランスの批評家カイヨワ（Caillois, R.）の考察は，今日でも輝きを失っていない．

〔成人の遊び〕大人の遊びは，子どもの遊びに比べ，余暇やストレス解消，趣味やレジャーといったイメージと強く結びついている．現代日本では，長時間労働，新たな*貧困と格差の広がり，*消費主義的な余暇市場への依存などが人間的な遊びの実現を遠ざけている．豊かな余暇と遊びの創出は，高齢化と生涯学習の時代の重要な課題といえよう．

〔子どもと遊び〕子どもにとっての遊びは，彼らの生活と成長・発達にとって格別の意味をもつ．これまで，人類学・民俗学・社会学・発達心理学・*社会教育学，さらには子どもの文化や権利の観点などから様々な研究が蓄積されてきた．子どもの遊びは「発達の源泉」（ヴィゴツキー『思考と言語』）であるとしても，遊びの効用を表面的にすくいとったり，教育や訓練に直結させて理解・利用することは避けなければならない．遊びの本質は自発性と自己目的性，なかんずくそれ自体の「面白さ」にあるからである．遊びの定義はむずかしいといわれるが，『梁塵秘抄』に「遊びをせんとや生まれけむ」「遊ぶ子供の声聞けば我が身さへこそゆるがるれ」と歌われたような，その全存在をかけて遊びの面白さを追求する子どもの心の躍動の解明が中心テーマとなる．城丸章夫の指摘のように，遊びは面白さや有用性（役に立つ，立たない）において学習や仕事と区別される．「遊び」（文化）と「あそび」（行為）を区別し，遊びにおける人間的交わり，子ども相互の働きかけに注目する視点も欠かせない．

〔遊びの変貌〕戦後，子どもの遊び世界は大きく変容してきた．まず1960年代末から70年代初めにかけて，高度経済成長を背景に「遊ばない」「遊べない」子どもの増加が問題となった．地域開発やクルマ社会，テレビの影響，大量消費，受験競争の激化と学習塾・おけいこごとの日常化などによって，遊びを成り立たせていた「時間」「空間」「仲間」が奪われ，外遊びや集団遊びが衰退したのである．勉強だけでなく，遊びや仕事も合わせての「生活からの落ちこぼれ」が懸念された．

続く変化は，1980年代から90年代にかけて，コンピューターゲームが爆発的に浸透したことによる．さらに，21世紀に入り，「ケータイ」（携帯電話）やインターネットなどの便利な*ニューメディアが，子どもたちの間にも必須アイテムとして日常化し，これらが遊び世界や人間関係を質的に変えた．「バーチャルリアリティ」（仮想現実）の拡大や*コミュニケーション能力の不全が指摘され，遊び方の変化にとどまらない「子ども時代の危機」が叫ばれるようになった．

〔遊びの再生〕「遊びに師なし」といわれるように，教授的な指導は遊びになじまない．しかし，遊び文化の継承が弱まった現在，自然に遊びが再生するのを待つのは楽天的すぎる．そうした自覚のもとで，1960年代から*子ども劇場，*児童館，*学童保育，*子ども会・少年団，子ども祭り，ひまわり学校・青空学校，*子ども文庫，*プレイパークなどの諸運動の中で，地域から子どもの遊び世界と自治を豊かにする*実践が取り組まれてきた．今日，子どもの野性を呼び戻すような生活のあり方の問い直し，権利としての遊びの復権と発展（*子どもの権利条約第31条）が強く求められる．また，最近の脳科学の研究をも踏まえて，乳幼児期からの「じゃれつき遊び」や日常生活での遊び込みの重要性が強調されている． (山下雅彦)

〔文献〕1）ロジェ・カイヨワ（多田道太郎・塚崎幹夫訳）：遊びと人間，講談社，1990.；2）城丸章夫：幼児のあそびと仕事，草土文化，1981.

新しい公民館像をめざして　⇨三多摩テーゼ

新しい社会運動　⇨社会文化運動（独）

アドボカシー　advocacy

〔概念〕権利擁護と訳す．特に意思を表明することが困難と見なされる人たちが，その困難を原因として権利侵害されることから守る行為について用いら

れることが多い．市民が自発的に*他者の権利擁護を試みる市民アドボカシー，特定の集団のために権利擁護を行うシステムアドボカシー，個人に対する権利侵害を防ごうとする個人アドボカシー，自らの権利擁護のために活動するセルフアドボカシーなどがある．

〔歴史と動向〕*障害にかかわる領域では，セルフアドボカシーが活発に展開している．他者の代弁による権利擁護より前に，自分たちの行為によって自らを権利擁護しようとする，学習活動を伴う取組みである．1960年代にスウェーデンで，知的障害者自身による討論の場が開かれたのが始まりとされ，1970年代以降には米国などでも大規模な組織化が行われていく．日本には1990年頃に紹介され，全日本*手をつなぐ育成会などの支援によって全国的に広がりをみせた．知的障害者本人が運営し自らを権利擁護する組織を*ピープルファースト，本人の会などともいう．そのほかに，個人アドボカシーとしては1999年に成立した成年後見制度，システムアドボカシーとしては暴行などの権利侵害に取り組む裁判闘争などがある．

〔課題〕障害者の権利侵害はいまだに数多くあるため，様々な形態のアドボカシーが有機的にかかわりながら権利侵害を防いでいくことが必要である．ただし，権利擁護のための代弁のつもりが，本人の意思を軽視した形で権利侵害につながりえることにも注意しなければならない．障害者の自律に向けた学習プロセスとしてのセルフアドボカシーを中心として，市民や専門家がどのようにかかわっていくかが問われている．

(津田英二)

〔文献〕1) 松友了編：知的障害者の人権, 明石書店, 1999．; 2) 橋本義郎：権利と行為の社会学, エルビス社, 1996．

アートマネージメント　arts management

字義どおりには芸術に関する管理・経営をいい，アートの「もの（作品）」「人（作者・享受者・スタッフ等）」「資金」「情報」「施設」，さらには「政策」「*評価」など全般にわたって一般企業経営の考え方と方法・手法を導入するもの．

〔成立〕芸術が社会の中の作者―享受者の区別に基づいたコミュニカティブなかかわりの中に成立する限り，元来そこには両者をつなぐ機能が潜在するが，それは，演劇や音楽の公演・*美術館・画商や美術展覧会・映画撮影および上映などを通して近代の芸術成立の不可欠の要素となる．しかし，営利的文化産業に組み込まれない非営利的芸術活動のマネージメントの重要性が自覚されるのは，1965年代半ば以降，特に1980年代以降欧米の芸術文化振興政策や非営利芸術組織新展開のもとにおいてである．企業，自治体や国家（特に英米ではアーツカウンシルや全米芸術基金，NEA：National Endowment for the Arts）などが助成金等を通して非営利の芸術活動の支援を本格化したことで，芸術活動側の経営的自覚が求められるようになった．

〔内容〕アートマネージメントは，アートの制作・公開・享受の財政・人・情報・組織等の環境を整え運営する活動として，文化諸施設はもちろん各種アートプロジェクトから国際展などにまで至る芸術諸企画の不可欠の活動となった．その一方，各種*アウトリーチ活動や*コミュニティアート育成などを通して，「芸術圏外」の人々の「参加」の仕組みを地域に創出するなど「*文化権」を保障する活動ともなって，いまやそれ自体が，社会の中の芸術のあり方を自覚し新たな*公共性に向けてつくりかえる営みという性格をも備えている．日本では1990年芸術文化振興基金発足に呼応して欧米から導入され，*企業メセナ活動による講座をも介し，アート*NPOが各地に生まれ多くの大学に関連学科等もつくられ，広く社会的に定着するに至っている．

(長田謙一)

〔文献〕1) 野田邦広：イベント創造の時代—自治体と市民によるアートマネージメント—, 丸善, 2001．

アニマトゥール（仏）　英 animater, 仏 animateur

教育，文化，スポーツおよび社会活動の活性化（アニマシオン）のため，フランスで*職業として確立されつつある指導員の呼称．

〔定義・概況〕ラテン語のアニマ（魂・生命）に由来し，アニマシオンは魂・生命を生き生きさせること，アニマトゥールはそうした活動を推進する人を意味し，集団的で非指示的な活動をその特徴とする．近年，社会問題の深刻化への対応のために社会活動に重点がおかれ，その職業カテゴリーは「社会的労働者」に分類されるようになった．依然曖昧な性格をもっていることから確定的な統計はないが，アニマトゥール職に就く者は12万人とも33万人ともいわれる．また*ボランティアとしてのアニマトゥールはそれ以上の数にのぼる．

〔歴史〕もともと*民衆教育*アソシアシオンのボランティアとしてあったアニマトゥールの活動が，職業として出現し始めたのは1950年代末である．

当時急速に増大していた中間層の*余暇活動へのニーズの広がりによって，民衆教育アソシアシオンは職業的な対応が求められていた．他方，国家プランの一環として全国に余暇活動のための施設が建設され，そこに配置される職員が不可欠となっていた．したがってその後，職業化の推進のためアニマトゥール資格の整備と養成制度の推進，そして身分保障の確立のための措置が講じられてきた．1988年にアニマトゥールの身分保障のための全国労働協約が締結され，1997年には地方公務員アニマトゥール制度が実施されるに至った．

〔課題〕臨時職など不安定労働が増加していることや，労働協約がいまだ一部のアソシアシオンにしか適用されていない状況がある．またアニマトゥール職の代表機関が依然未確立であるばかりでなく，資格免状があまりに多岐にわたりアニマトゥールの性格を曖昧にしているなど，多くの課題が残されている．

(岩橋恵子)

〔文献〕1) ジュヌヴィエーヴ・プジョル，ジャン＝マリー・ミニョン著 (岩橋恵子監訳)：アニマトゥール―フランスの社会教育・生涯学習の担い手たち―，明石書店，2008．

アビリンピック　Abilympics

アビリティ (ability：*能力) とオリンピック (olympics) とを合わせた造語で，「全国障害者技能競技大会」の愛称である．これは，国内の15歳以上の*障害をもつ人が，*技能の日本一を競う大会で，日頃職場などで培った技能を競うことにより，障害者に対する社会の理解と認識を高め，その*職業能力の向上と社会参加の促進を図ることなどを目的として，1972年に第1回大会が千葉県で開催された．第1回大会では，建具や時計修理，ラジオ修理など15職種が実施されたが，障害をもつ人の就労動向の変化に伴い，近年では，CADやデータベース，ホームページ，コンピュータープログラミングといったIT関連を加えた職種が実施されてきている．2010年度の横浜大会では22種目が実施されたが，知的障害者の競技には喫茶サービスが入っている．これは，2002年の熊本大会で参考競技として採用され，2004年宮城大会から正式種目となったもので，これによって障害をもつ人の新たな職種として「*喫茶コーナー」の全国的な広がりが期待されている．

(兼松忠雄)

〔文献〕1) 第32回全国障害者技能大会・障害者ワークフェア2010報告書，(独) 高齢・障害者雇用支援機構．；2) 全国特別支援学校知的障害教育校長会キャリアトレーニング編集委員会編：接客サービス編，ジアース教育社，2010．

アファーマティブアクション　affirmative action

日本語では「*差別解消措置」「積極的改善措置」などと記される．これは結果としての平等を目ざし，雇用・高等教育へのアクセスの拡大などを含んだ，少数民族や女性といった社会的・文化的マイノリティの権利を，一定の優遇措置を通じてマジョリティの権利と同等に実現することを目的とするものである．

これを米国で導入したのは主に過去の黒人差別への補償という意味合いがあった．しかし，その処遇があまりに手厚く，優遇措置を受けられない層から逆差別であるという批判を生んだことでも知られている．日本では一般的にアファーマティブアクションによる利点よりも問題点が強調される傾向にあり，差別是正の方策として適用するのには消極的である．しかしながら，逆差別が生じるほどの積極的な差別是正を行ってこなかった日本では有効性があると考えられ，*多文化・多民族共生の社会を展望する中では検討の価値がある措置である．

(朝倉征夫・若園雄志郎)

〔文献〕1) 田村哲樹・金井篤子編：ポジティブ・アクションの可能性，ナカニシヤ出版，2007．；2) 東京女性財団編：諸外国のアファーマティブ・アクション法制，東京女性財団，1996．

アフリカの生涯学習・成人教育　adult education and lifelong learning in Sub-Sahara Africa

〔概観〕サハラ以南アフリカ (Sub-Sahara Africa；以下，アフリカ) の多くは植民地経験をもち，独立以来約半世紀のうちに，学校教育と成人教育 (成人学習を含む) の整備や拡充を行ってきた．だがいまもLDCs (least developed countries) の多くがアフリカにあるように，政治的不安定や*貧困，非識字 (illiteracy) 等の問題を抱える国が少なくない．加えて，社会的，文化的多様性もあることから，生涯学習や成人教育をどのように実現していくかが問われているといえる．

〔歴史・動向〕植民地化される以前から，アフリカには*インフォーマル教育，いわゆる伝統的・習俗的教育があり，*コミュニティ (community) の維持や連帯を主な目的として，慣習や*知識の伝達，*人格教育，家族・コミュニティへの帰属意識の涵養等がコミュニティの中で行われてきた．また，イスラム教が浸透していた地域ではコーラン学校もあり，

そこではコーランやアラビア語の読み書き等が教育されていた.

その後, 植民地時代頃には, *フォーマル教育, いわゆる西洋型の学校教育が導入された. だが, 一部の人たちしかその教育を受けられず, 成人教育もあまりなされなかったために, 教育格差 (educational gap) が著しく, 非識字者も多かった. そのため, ほとんどのアフリカ諸国は独立を果たした後, 教育格差, 高い非識字率, 人的資源の不足等の解決に向け, 学校教育や成人教育の整備, 拡充を始めた. 1960年代後半には, 後にアフリカ識字成人教育協会 (African Association for Literacy and Adult Education) となるアフリカ成人教育協会 (African Adult Education Association) も創立されている.

ただし, 政治的不安定や国家財政の逼迫等のために, 成人教育よりも学校教育の整備, 拡充を優先させた国は多い. そして, 成人教育は読み書きのための*識字教育だとし, 開発 (development) をその直接的な目的とする傾向も強かった. 例外的に, 成人教育に早くから着目していたタンザニアでも, 社会主義や独立独行 (self-reliance) 等, 開発に向けての方針を表明したアルーシャ宣言 (Arusha Declaration) の後, 1970年を成人教育年 (Adult Education Year) とし, その翌年からアルーシャ宣言の内容・方針に則した識字キャンペーン (literacy campaign) を展開している.

だが, 1980年代の深刻な経済危機や, *グローバリゼーションの進展等によって, 現在もなお, 政治的, 経済的問題や, 非識字, 初等教育の普及の問題等を抱える国は少なくない. この一方で, 高学歴化や教育産業の繁栄等もおこっており, 教育格差が拡大してきている. このようななかで, 生涯学習や*学習社会の推進を公約している国もあり, それをどのように実現していくのかが問われているといえよう.

〔内容〕アフリカ諸国では, 開発を成人教育の目的とする傾向や, 成人教育を識字教育や再教育 (remedial education) と同一視する傾向が根強いこと等が, 指摘されている. とはいえ, 近年ではいわゆる3Rs (読み書き計算) にとどまらず, *職業教育, *労働者教育, *継続教育, *通信教育等, 幅広い内容の成人教育が提供されてきている.

〔課題〕ほとんどのアフリカ諸国は, 経済的な問題から, 海外からの援助がなければ生涯学習や成人教育の拡充や改善がむずかしい状況にある. だがその一方で, 海外援助への依存が増すことや, 援助側の政治的な影響力を懸念する見方も出てきている. また, 多様な民族, 宗教, 文化等が存在することから, 生涯学習や成人教育は, 多様な学習者, 学習ニーズ, 状況等にどのように対応していくかが課題だと指摘されている.
(飯田優美)
⇨イスラムの成人教育

奄美の社会教育 social education (adult and community education) in Amami Islands

第2次世界大戦後に米軍の占領統治下におかれた奄美群島では, 1950年8月に全市町村に成人教育主事が配置され, *公民館主事は市町村必置とされた. これは宣撫工作的な側面をもったとはいえ戦後社会教育史の注目すべき事実である. また, 1946年2月に結成された名瀬市連合*青年団, その全島組織としての奄美連合青年団は, 沖縄の*祖国復帰運動の先駆となる奄美の復帰運動の中心的な担い手となった. 復帰後は, 奄美地区*総合社会教育研究会が開かれ, 過疎化の進む離島で産業振興による*地域づくり, それを主体的に担う住民形成を目ざしてきた (1992年以降は大島地区生涯学習推進大会). 住民自身の手で地域をおこすという点では, 与論町が1984年4月に*自治公民館制度を発足させ, 区長制度を廃止して自治公民館での学びと「結い」(集落の*労働や生活における共同作業ないし共同することや自治そのものを意味する), そして独自の民俗や文化を地域おこしの土台として位置づけてきた. 喜界, 知名, 与論など"島の図書館"が充実, 鹿児島大学の*大学開放では, 大学院奄美サテライト教室や鹿児島大学与論活性化センターの設置, 多様な公開講座の実施等と豊富である.
(小林平造)
⇨祖国復帰運動 (沖縄), 沖縄県青年団協議会, 自治公民館

〔文献〕1) 古賀皓生ほか：戦後初期奄美の社会教育の構造と特質. 地方社会教育史の研究 (日本社会教育学会年報第25集), pp.95-107, 東洋館出版社, 1981.；2) 川添正人ほか：社会教育の展開と地域創造―九州からの提言― (小林文人ほか), pp.173-189, 東洋館出版社, 1996.；3) 小林平造ほか：自治公民館制度と生涯教育計画の研究―与論町の自治公民館制度を中心にして―. TOAFAEC・東アジア社会教育研究, No.2, pp.71-88.

アメリカ教育使節団 United States Education Mission to Japan

〔定義〕占領下日本において, 連合国軍総司令部 (General Headquarters：GHQ) の要請に基づき, 日本の教育制度の再建とその民主的発展のために, 米国政府によって日本へ派遣された教育の専門家集団

をさす．使節団は，1946（昭和21）年3月（第1次）と1950（昭和25）年8月（第2次）の2度にわたって来日し，それぞれ報告書を提出した．

〔第1次使節団と報告書〕特に，日本の戦後教育改革に大きな影響を与えたのが第1次報告書であり，報告書の作成にあたっては，総司令部の民間情報教育局（Civil Information and Education Section：CIE）と連携を図り，南原繁を委員長とする日本側教育家委員会とも討議が行われた．報告書は，米国自由主義の理念を中心に据えて，教育近代化のための諸原則を示すとともに，実際に解決すべき諸問題について具体的な提言を行った．報告書は，「日本の教育の目的及び内容」「国語の改革」「初等及び中等学校の教育行政」「教授法と教師養成教育」「成人教育」「高等教育」の全6章からなるが，戦後社会教育改革との関連でいえば，「成人教育」において，日本の民主化に果たす成人教育の重要性や*公立図書館や*博物館の充実と役割が説かれ，「高等教育」において，成人への学習機会の拡大という観点から，*大学開放，*大学公開講座の重要性が説かれている．報告書で提言されていることは，国語のローマ字化を除けば，そのほとんどが実施に移されており，戦後日本の教育改革に大きな影響を与えた歴史的文書といえる．

〔第2次使節団〕第1次使節団が勧告した事項の進行と成果を検討することが主な任務で派遣された．その報告書の中で「極東において共産主義に対抗する最大の武器の1つは，日本の啓発された選挙民である」と述べられているように，占領期末期における対日政策の転換を反映するものとなっていたともされている． （上原直人）

〔文献〕1）村井実全訳解説：アメリカ教育使節団報告書，講談社，1979．；2）久保義三：対日占領政策と戦後教育改革，三省堂，1984．

アメリカの生涯学習 lifelong learning in the USA

〔概要〕生涯学習とは，教育および学習活動を人の生涯にわたる営みと捉え，そうした営みが当人の自発的な意志に基づいて，いつでも，どこでも実現できるように，公的に保障しようという理念を謳ったものである．しかし，生涯学習のそうした考え方を世界の国々がどのように*受容していったかをみると，それぞれの国の事情と相まって，決して一様ではない．特に，学校教育が既に高い発達段階にある国々にあっては，生涯学習は，青少年教育よりも，むしろ，学校教育を終えた後の成人教育をどうするかという問題として捉えられがちであった．米国も，例外ではない．

〔米国における生涯学習の諸相〕米国における成人教育事業はたくさん誕生したが，それらは，計画的に出現してきたわけではない．政府や*労働組合など，単一の機関が統制または指導力を発揮することはなかったし，特定の教義に導かれたわけでもない．その意味において，米国の成人教育は，自由と多様性に富む．だが，その強みは，同時に，混沌という弱点にも通じる．だから，個々の事業は相互に関連性を欠き，図案のないモザイクのごとき状況を余儀なくされている．混沌になにがしかの秩序を与え，体系化しようとする努力は，米国成人教育協会の結成以来，幾度となく試みられたけれども，さしたる成果をおさめることなく，現在に至っている．ちなみに，『成人・継続教育ハンドブック』（1989年）では，成人教育を提供する主要な機関として，公立学校，4年制カレッジ・ユニバーシティ，*コミュニティカレッジ，協同拡張事業，軍隊，更生・矯正施設，*図書館と*博物館，政府・行政機関，宗教機関，個人経営の学校，企業の11種を羅列し，解説がほどこされている．

かつて，フランス人トクヴィル（Tocqueville, A. de）が自著の中で賞揚した*アソシアシオンは，たしかに米国成人教育の特質として看過するわけにはいかない．それでも，20世紀に入ってからの動向としては，大学および高等教育が成人教育に果たしてきた役割には目ざましいものがある．1920年代末に，個人所得，企業の生産性，国家の経済という観点から，職業能力開発の重要性が論じられてからというもの，大学と高等教育への期待は増大し続けてきた．*クレジットコースに対するノンクレジットコースの拡大，1960年代における*壁のない大学やウィークエンドカレッジ，1980年代の継続教育ユニット（continuing education unit），企業立大学の出現，そして1990年代のヴァーチャルユニバーシティなど，斬新なスキームは枚挙にいとまがない．1976年に*生涯学習法（米）が高等教育法（1965年）の修正法として成立したのも，こうした事情と無関係ではない．

〔課題〕とはいえ，本来，学習者の自発性に依拠すべき生涯学習が，資格社会を生き延びるための具と化し，強制的な教育（mandatory education）に堕していないかという問題提起に，どれだけの人が真摯に耳を傾けただろうか．あるいは，継続専門教育を

希求し，その機会を享受しうる人々と，職にあぶれ，不遇を託つことを余儀なくされている非識字者たちとの格差は，依然として正されてはいない．有効な手だてを，成人教育はいまだ見いだせないでいる．そうした問題を解決しようとすると，連邦と州，地方自治体，あるいは行政，民間，第三セクターは，相互にどのような役割を分担し，*協働しうるのかという，旧くて新しい問題に逢着することになる．

⇨生涯学習法　　　　　　　　　　　（小池源吾）

〔文献〕1) Merriam, S. B. and Cunningham, P. M., ed.: Handbook of Adult and Continuing Education, Josssey-Bass Publishers, 1989.; 2) ド.トクヴィル, A.（松本礼二訳）：アメリカのデモクラシー，岩波書店，2005.; 3) 遠藤克弥：最新アメリカの生涯学習，川島書店，1993.; 4) 新海英行・牧野篤編著：現代世界の生涯学習，大学教育出版，2002.

REB　⇨SLE

アルブマール報告書（英）Albemarle Committee Report

英国にてアルブマール公爵未亡人（Countess of Albemarle）が座長となった教育大臣任命の*ユースワークに関する委員会（アルブマール委員会）が1959年にまとめ1960年に刊行した報告書．*ユースサービスの目的を「仲間づくり」「教育訓練」「挑戦」の3つに整理し，10ヵ年計画を提言した．内容は，施設計画策定，常勤ユースリーダーの倍増，緊急指導者養成コースの設置，ユースリーダーの専門性の確立，非常勤リーダーの研修制度の整備，実験的事業や調査の実施など，① 専門ユースリーダー養成制度の確立，② 魅力的なユースセンターづくり，③ 財政支出の増加の提言である．アルブマール委員会は，ユースリーダーのための合同調整委員会（Joint Negotiating Committee for Youth Leaders：JNC）を1960年に設置し，1987年以降は，Joint Negotiating Committee for Youth and Community Workers として*専門職養成にかかわってきた．同報告提言は，1960年代に*実践されたが，青少年の独自性を*遊びや*レクリエーションに見いだす一方で，青少年を自立的存在と見なさず，社会から隔離するとの批判もあった．　　　　　（姉崎洋一）

〔文献〕1) 田中治彦：学校外教育論，学陽書房，1988 および 1991 補訂版．; 2) National Youth Agency: What is the Youth Service?, Leicester, 1998.; 3) Smith, M.: Developing Youth Work: Informal education mutual aid, and popular practice, Open University Press, 1988.

アルマアタ宣言　Declaration of Alma Ata

1978年，旧ソ連のアルマアタで開催された*WHO（世界保健機関）プライマリヘルスケア（Primary Health Care）国際会議で採択された宣言．「西暦2000年までにすべての人に健康を」という目標を定め，人類の健康状態を改善させるために必要なすべての要素を地域レベルで統合する包括的医療を掲げた．

以降，人びとの健康に関して先進国と発展途上国間の政治的，経済的，社会的不均衡に注目し，個人の生活習慣の改善による健康の実現が重要視されるようになってきた．政府は国民に対して適切な健康政策・社会政策を提供する義務があるとしながら，この段階ではまだ，健康管理は個人の責任に委ねる，という位置づけが色濃く残っている．その後，個人，家族，地域と政治が一体となり公衆衛生の視点から健康を捉え保障していこうとするオタワ宣言，*ヘルスプロモーション活動へとつながることとなる．

（飯塚哲子）

〔文献〕1) 山本幹夫編監訳，島内憲夫編訳：21世紀の健康戦略，垣内出版，1990.

アンティゴニッシュ運動（カナダ）　Antigonish Movement（in Canada）

〔概観〕カナダ・ノバスコシア州のアンティゴニッシュに位置する聖フランシス・ザビエル大学（StFX）拡張教育部によって支援された地域経済発展運動．特にノバスコシア北西地域の*貧困化した漁民・農民・労働者の生活改善手段としての*協同組合組織に関する教育と設立のプログラムをさす．カトリック教会組織に依拠した社会運動という面をもつ．

〔展開〕ウィスコンシン大学の大学拡張の取組みに刺激を受けたStFX教授のトンプキンス（Thompkins, J.）が，英国の*労働者教育協会，デンマークの国民高等学校，スウェーデンの*スタディサークル，農村貧困問題の解決に取り組むスコットランドとアイルランドの大学の*実践などに学んで，"Knowledge for the People"（1921年）を著し，地域住民の生活向上に果たす大学の役割等を主張した．第1次世界大戦後の不況と沿海地区漁村の疲弊に対し，協同組合の組織化を中心とした地域経済発展が官民あげて模索される中で，1930年にはStFXに拡張教育部が開設され，コーディ（Coady, M.）を中心に漁民の組織化が図られた．身近な経済問題を主題とするマスミーティング（Mass Meeting）が開催された後に地域ごとのスタディクラブ（Study Club）が組織

され，これらの学習活動が協同組合・信用組合の組織化につながっていった．

〔意義〕マルクス主義とは一線を画する運動であるが，社会変革を志向する成人教育実践として批判的教育学の系譜に位置づけられる．第2次世界大戦後は後退局面を迎えるが，1959年に設立されたコーディ国際研究所（Coady International Institute）では，アンティゴニッシュ運動の*経験をアジアやアフリカ等の*地域づくりに活かすべくリーダー養成プログラムを展開している． （宮﨑隆志）

〔文献〕1) Alexander, Anne: *The Antigonish Movement*, Tep (Tront), 1997.; 2) 佐々木徹郎：コミュニティ・デベロプメントの研究，御茶ノ水書房，1982.

アンドラゴジー　andragogy

〔概念〕成人教育学，もしくは成人の特性を活かした教育学を意味する．米国の成人教育学者*ノールズは，アンドラゴジーを「成人の学習を支援する技術（art）と科学（science）」と定義している．単に成人を対象とした教育であれば，青少年を対象とした教育の方法や目標をそのまま成人に適用してしまうことになりかねない．子ども教育学は，ペダゴジー（pedagogy）と呼ばれる．アンドラゴジーの語源は，ギリシャ語のaner（成人）とagogus（指導）の合成語で，ペダゴジーの語源は，paid（子ども）とagogus（指導）の合成語だとされている．両者が合わさって生涯教育学を構成するといえよう．

〔歴史的背景〕ヨーロッパでアンドラゴジーに相当するアンドラゴーギク（andragogik）なる語が初めて用いられたのは1833年だとされている．米国ではアンドラゴジー概念は，1926年に*リンデマンが用いたのが最初とされているが，その後ノールズが1968年にこの語のリバイバルを提起し，1970年に『成人教育の現代的実践』においてその体系化をするまで，この語はほとんど用いられてこなかった．ヨーロッパのアンドラゴーギク論が教育原論的色彩が濃いのに対し，ノールズらの米国アンドラゴジー論は，原論から内容・方法論までを幅広く扱っている．ノールズのアンドラゴジー論は，リンデマンと*デューイの教育・経験論，人間主義的心理学・経営学，発達心理学などを，その基盤においている．

〔内容〕ノールズが提起したアンドラゴジー論の柱は，成人への学習支援においては，① 成人の自己主導的・*自己決定的（self-directing）な自己概念を踏まえた学習支援が望ましい，② 成人の*経験は学習への貴重な資源となる，③ 学習へのレディネス（準備状態）は，社会的発達課題や社会的役割を軸に生じることが多い，④ 学習への方向づけはより即時的で，問題解決中心・課題達成中心の学習内容編成が好ましい，⑤ 学習への動機づけでは，内面的なものが重要となる，の5点であった．晩年には，⑥ 学習に着手する前に，なぜそれを学ぶのかを知る必要性がある，という点も加えられた．彼はこれらの視点を，成人学習サイクルの中に組み込み，① 教育的な雰囲気づくり，② 援助者と学習者の相互的計画，③ 学習ニーズの診断，④ 学習目標・方向性の設定，⑤ *学習プログラムの計画，⑥ 学習活動の実施，⑦ 学習プログラムの*評価というアンドラゴジーのプロセスモデルを示した．

ノールズの論で特に注目されるのが，成人学習の特性としての*自己決定学習である．成人の自発性と生活経験を組み込んだ学習支援論こそが，彼のアンドラゴジー論の中核にあるといえる．

〔課題〕ノールズのアンドラゴジー論に対しては，多くの疑問・批判も出された．たとえば，これは教育論なのか学習論なのかという疑問，成人の特性といっても成人前期の者と高齢期の者とでは特性が異なるのではないかという疑問，自己決定学習は成人学習の実態なのか目標なのかという疑問など．しかし，アンドラゴジー論が，成人教育を1つの独自性を有する「学」へと体系化した点は評価されるべきであろう． （堀　薫夫）

⇨ノールズ

〔文献〕1) ノールズ，マルカム（堀薫夫・三輪建二監訳）：成人教育の現代的実践，鳳書房，2002.; 2) 堀薫夫：アンドラゴジーと人的能力開発論．成人の学習（日本社会教育学会年報第48集）（日本社会教育学会編），東洋館出版社，2004.; 3) 池田秀男：社会教育の理論構造：M. ノールズのアンドラゴジィ・モデルの研究．日本社会教育学会紀要，No. 15, 56-63, 1979.

アンペイドワーク　unpaid work

国連などの定義によれば，貨幣評価の対象となってきた雇用労働など「フォーマルセクター」に対し，アンペイドワークとは「インフォーマルセクター」の一部と「家事労働」および「*ボランティア活動」をいう．

〔歴史〕第2波*フェミニズムでは，ラディカルフェミニズムの家父長制概念によって男女間の権力関係と*性別役割分業の告発が進み，マルクス主義フェミニズムは家父長制と資本制を独立した2つのシステムとみることにより市場以外に経済領域が存在することを明らかにした．当初アンペイドワークは先進工業国の女性が担ってきた家事労働と育児・介

護の問題として捉えられたが，1970年代以降第三世界における女性のサブシステンス（生存維持）労働の評価に向かった．さらにアンペイドワークの評価について，「*女性差別撤廃条約」は「家族の福祉及び社会の発展に対する従来完全には認められていなかった女子の大きな貢献」を評価し，「家族的責任条約」が育児や介護を担う男女労働者の差別的取扱いを禁ずるなど，国際的な合意が形成された（いずれも日本批准）．日本では，第4回世界女性会議で採択された「行動綱領」を受けて1997年に経済企画庁が「無償労働の貨幣評価について」調査を行ったが，家事労働の評価が働く女性の平均賃金を上回ったことについて「女性の主婦業への固定化に利用される」「家事は尊いからお金で計るべきでない」などの誤解が生じた．近年では，これまでアンペイドワークで担われてきたケア労働を外部化する＝自分でケアしない権利とともに，自分でケアする権利＝育児・介護休業などが展望され，また*グローバリゼーションによる女性のケア労働の移動に関心が高まっている．

〔課題〕アンペイドワークを担う人々と，*社会教育・生涯学習において女性問題を学ぶ人々は重なっており，また学習にかかわる労働の一部は住民組織や*NPOの中のボランティア活動によって支えられている．このことから，*ジェンダー分析の指標としてアンペイドワークを意識し，何がアンペイドワークで担われているか，そこにはジェンダーの偏りがないかを点検する視点が求められている．

（平川景子）

⇨ジェンダー，性別役割分業

〔文献〕1) 川崎賢子・中村洋一編：アンペイド・ワークとは何か，藤原書店，2000.；2) 足立眞理子・伊田久美子・木村涼子・熊安貴美江編：フェミニスト・ポリティクスの新展開——労働・ケア・グローバリゼーション——，明石書店，2007.

い

ESL（第2言語としての英語）　English as a Second Language

英語を母語としない生徒への英語教育．日本でもようやく注目されている「JSL（Japanese as a second language）としての日本語」の英語版である．第2次世界大戦以降，英国には以前の連邦国であるカリブ海諸国やインド亜大陸から多くの移民労働者が入国した．その多くが，英語が母語でなかったり，現地語とまじった英語であったために，学校では原学級からの「取り出し」や原学級でのメイン以外の教員のつく「引っ付き」指導により，母語に次ぐ第2言語習得としての英語教育を重視した．学校にも移民労働者の子どもに英語を教えるために特別教員が配置され，これを定めた法律条項11に従って，S.11ティーチャー（セクションイレブン教員）と呼ばれた．その後，英国では1976年に3度目の「人種関係法」が出され，マイノリティをマジョリティと区別して扱うことが禁じられたので，「取り出し」による英語教育は少なくなり，メインストリームでの「引っ付き指導」に代わり，かつ近年は，人の移動が増すにつれて，必ずしも英語が第2言語とは限らない現実を反映し，「追加言語としての英語」（English as an additional language）に変わってきている．

（佐久間孝正）

〔文献〕1) 真田信治・庄司博史編：日本の多言語社会，岩波書店，2005.

ESD　⇨持続可能な開発のための教育

イギリス成人継続教育全国協議会
⇨NIACE

イギリスの成人教育・生涯学習　adult education and lifelong learning in the U.K.

〔歴史〕マンスブリッジ（Mansbridge, A.）は，大学拡張運動の中産階級偏重を批判して，1903年に人民に高等教育を促進する教育組織*労働者教育協会

(WEA)を創設した．1908年以降，WEAは大学との提携路線により大学*チュートリアルクラスを開設した．WEAと大学による成人教育実践は，英国の成人教育をリベラルでボランタリーなものとする「伝統」となった．第1次世界大戦末，再建省下成人教育委員会による1919年最終報告は，国民の生涯にわたる教育の必要性を説いた．また成人教育の民間努力を認め，LEA（Local Education Authority, 地方教育当局）による公的補助の一層の整備を提案した．その到達点が大学，WEAを責任団体とする1924年の成人教育規程であった．大戦間期の大衆*社会化状況は人々の学習要求を多様化し，短期の職業的実用的レクリエーション的な系統を広げた．また，実務的なスキルが求められた*労働組合教育については労働組合会議（TUC: Trade Union Congress）が自ら組織していった結果，WEAはこの分野での主導権を失った．20世紀前半にみられた労働者階級教育をめぐるWEAと*労働学校運動との「対抗関係」はしだいに薄れ，1964年TUCによって運動の統合をみる．1944年教育法では成人教育を含む「*継続教育」規定が盛り込まれた．第2次世界大戦後，英国成人教育の基本構図は，WEAなど民間のボランタリーな事業，大学*構外教育事業，LEAによる事業，官民のパートナーシップで構成された．1950年代の技術革新に伴い，成人教育は試練にさらされた．1960年代には高等教育の整備が進む一方，経済成長下進んだ地域の疲弊を克服する発展計画が教育優先地域の指定により教育水準を引き上げる努力を進めた．1973年のラッセルレポートは社会的不利益層のための成人教育の課題を提起した．関連して，1978年「北の*ラスキンカレッジ」，ノーザンカレッジが4つの自治体によって設立され，労働組合活動家や地域活動家の養成に貢献してきた．

〔動向〕長期の経済的苦境を背景に誕生した1979年の保守党サッチャー（Thatcher, M. H.）政権は，産業の民営化，*規制緩和策を次々に断行し，LEAの権限縮小に伴う事業の後退，大学補助金の削減による構外部の縮小または廃止を招いた．1988年教育法では責任団体規定を解消した．1992年継続教育高等教育法は，国家的優先事業をスケジュール2事業として推進し，従来の*資格や学位などに結びつかない事業を不要不急の扱いにした結果，LEAの事業や社会的使命に根ざした大学構外事業が大きな制約を受けた．しかし，*EU統合の進展により国境を超えての資金や教育行政以外の分野からの補助金事業を活用する形での地域連携事業が，失業対策や疲弊地域の再生事業と結びついて展開された．これら実践を通じて新しいリベラルな教育アプローチが数々追求された．地域発展から地域変革を意識的に追求する実践は，北アイルランドにおいてはアルスターピープルズカレッジ（1983年）によって担われてきた．また，1970年代以降，女性の学習実践や学習困難な人々への*学習権保障の取組みが発展した．

〔法制〕20世紀末前後から21世紀を展望する生涯学習政策が提起され，2000年の学習スキル法の成立で，懸案となっていたスケジュール2と非スケジュール2事業の区分が廃止された．

〔課題〕参加の拡張を打ち出した英国成人教育・生涯学習政策は，「個人学習口座」（既に廃止），「人々への投資家」促進，学習企業の奨励，「産業のための大学」の推進，生涯学習週間の設定，LEAによる成人学習事業への支援，労働組合教育プログラムへの補助金制度の拡充など目ざましい．リベラルな成人教育と職業的資格直結型の教育との対等な*評価，教育と訓練との関係などをめぐって，従来の2項対立的な関係を超える成人教育実践の蓄積による深化が認められる．しかし，政策の重点は，経済のグローバル化を背景に，個人の発達よりも国際競争力の強化に偏りがちの傾向をみせている．　　　（左口眞朗）

〔文献〕1）Tight, M.: *Key Concepts in Adult Education and Training*, second ed., Routledge, 2002.

意識化　conscientization

〔学習支援のキーワード〕*フレイレの*解放の教育・課題提起教育（problem posing education）を理解する上で，「意識化」は，「*対話」（dialogue），「文化行動」（cultural action）とともになくてはならないキーワードの1つである．「意識化」は，一般には単に「気づく」「意識する」という意味であるが，フレイレは，社会的または構造的に*抑圧されている人々が，その解放過程全体において，自覚的に，自己の認識と行為を変化させていくプロセスと再概念化した．「自覚化」と訳される場合もある．体験・省察を機軸とする「*ワークショップ」や「参加体験型学習」の基本原理の1つであり，現在，この言葉は，教育・学習支援に関連する多様な領域で用いられている．

〔大衆操作批判と人間への深い信頼〕フレイレが「意識化」を強調した背景には，大衆を無知なるものとして扱い，彼らを扇動することによって社会を変

えようとする「大衆操作」への強い抵抗・批判がある．「大衆操作」は，抑圧構造を維持しようとする立場だけではなく，解放を標榜する立場においてさえもみられる．フレイレは，「第三世界（発展途上国および搾取されている集団の象徴）」の*貧困・隷属状況を事例に，当事者の社会運動・集合行動においては当事者自らが主体化することこそが重要であると説いた．その根幹には，大衆（＝被抑圧者）は，自らの歴史的・社会的位置および問題状況をすでに知っているという人間への深い信頼がある．それゆえ，彼のいう課題提起教育は，被抑圧者に未知なるものを植え付けるのではなく，彼らがすでに知っていることをさらに言葉によって強く意識するのを助けることが目的とされる．また，フレイレは，「意識化」の具体的なプロセスを，「半能動的（semi-intransitive）意識」状況から「批判に欠く未熟な能動（naive-transitive）意識」「批判的な能動（critical-transitive）意識」へと移行するものと説明したが，それは，無知な人間に特定の価値や意識を植え付けようとする啓蒙的な発想を厳しく批判する意図があってのことである（もっとも，この説明は，晩年の著作『希望の教育学』で彼自身が反省するように，「意識化」が心理的なもの，または，段階的な変化の過程であるとの誤解を招く原因ともなった）．

〔解放のための文化行動との弁証法的関係〕フレイレのいう「意識化」は，人間の単なる認識内容の変化ではなく，「解放のための文化行動」を伴った人間の総合的な変化をさす．「意識化」と「文化行動」の関係は，「文化行動」の中で「意識化」が起こり，「意識化」とともに「文化行動」が生起するという弁証法的な関係にある．それゆえ，状況への関与もなく，心理主義または理知主義的に何らかの問題への認識や意識が高まることを一定の目標にする*実践とは，根本的に異なる．

〔エンパワーメント過程としての意識化〕「意識化」は，現象として現れる社会的な課題や問題をめぐる認識と行為の変化だけではなく，学習者を取り巻く社会の多様な次元（国際関係・国内・地域内・家庭・学校・組織）における自らの位置とそれへの関与をめぐる認識と行為の変化も含む．「世界とともに，世界の中に存在する人間」としての行動の創出と立場の自覚化が重視された概念である．それゆえ，心理主義的な文脈で用いられる「意識変容」（consciousness-transformation）や，価値軸の定まった実践で用いられる「意識高揚」（consciousness-raising）などの類似概念との混同は避けなくてはならない．「意識化」プロセスは，むしろ，参加・批判を機軸に据えた「*エンパワーメント」プロセスに近似したものということができる．　　　　（松岡広路）

〔文献〕1）フレイレ，P.（小沢有作ほか訳）：被抑圧者の教育学，亜紀書房，1979.；2）フレイレ，P.（里見実訳）：希望の教育学，太郎次郎社，2001.

意識変容の学習（変容的学習）　transformative learning

学習ニーズや関心を支える価値観や信念の批判的省察（ふりかえり）と，価値観・信念の変容を伴う学習．*アンドラゴジーが個人主義的，ニーズ充足主義的で，学習ニーズや関心を形成する社会的背景を十分に考慮してこなかったのではないかという問題提起として生まれた．

〔メジローとフレイレ〕*メジローは意識変容の学習を，*経験の解釈の仕方を形成する信念を批判的に自己吟味する学習と捉える．人間は意味パースペクティブ（meaning perspective）というレンズを用いて世の中をみており，意味パースペクティブは中立的であるとはいいがたい．混乱的なジレンマ（親しい人の死，転職，病気など）を体験し，意味パースペクティブ（信念，価値観，感情を含むもの）を自己吟味し，前提の批判的な*評価を行い，異なった選択肢を探究し，新しい行動計画を策定することを通して，既存の意味パースペクティブから人々を*解放する学習が，意識変容の学習の根幹をなすとする．

*フレイレは，成人の学習と社会変化とを密接に結びつけようとする．*知識注入的な「銀行型教育」から，教育者と学生とが*対話を行い，生活の社会的文化的な背景から導き出される生成的テーマを学習する「課題提起型教育」へと転換することを通して，学習者も教育者もともに，生活の変革・解放へと向かうようになる，というものである．

〔クラントン〕クラントン（Cranton, P.）は，メジローの理論を尊重しつつも，その理論が哲学的であることから，成人教育実践に具体的に翻案した学習プロセス論を展開する．彼女は意識変容の学習を「自己を批判的にふり返ろうとするプロセスであり，人々の世界観の基礎をなす前提や価値観を問い直すプロセス」[1]と定義する．通常の学習では，これまでの前提や価値観が問われることは少ないが，病気，転職，退職，死別，転居，離婚などの人生上の危機により，これまで自明とされてきた前提の修正が迫られるようになると，これまでの前提とその源に対

する批判的省察（critical reflection）が行われる．前提とその源の批判的省察を経て，新しい価値観を選択し，これまでのパースペクティブに統合し，行動に移すことによって，意識変容の学習のサイクルが終わる．

クラントンは，前提や価値観を批判的に省察する学習を経由せずに新しい価値観を身につけることは困難であると述べる．というのは，子どもの学習は新たに「形をつくること」（forming）を重視するのに対して，既にでき上がった価値観を身につける成人の学習は，いままで身につけてきたものの「形を変えること＝変容すること」（transforming）に重点が置かれるからである．また，価値観や前提の省察は，価値観を形成してきた社会的背景・文脈への気づきと省察を伴うものである．*成人学習者は，これまでの価値観・信念・前提の社会的背景について批判的省察を行い，代替となる新しい価値観との比較考察をしながら，意識変容の学習を展開していくことになる．

〔留意点〕意識変容の学習は，*ノールズのアンドラゴジーの考え方が個人主義的で，ニーズ充足主義的であること，学習ニーズや関心の社会的背景を考慮に入れてこなかったことに対する批判から生まれた考え方である．とはいえ，これまでの価値観・信念の批判的な省察と代替となる価値観・信念との比較検討，新しい価値観・信念の獲得と自らのパースペクティブへの再統合という学習プロセスを経由することから，性急な変容を，学習者自身も*成人教育者も求めないほうがよいと考えられる．性急かつ一方的な変容，学習者自身が主体的に進めようとしない変容は意識変容の学習とはいえず，教化（インドクトリネーション）と同義語になりかねないからである．意識変容の学習は，これまでに身につけた価値観や信念を全面的に否定する学習ではなく，価値観や信念の視野や範囲を拡大する学習であると考えるならば，一方的な教化の危険性は減少するだろう．

（三輪建二）

〔文献〕1）クラントン，P.（入江直子ほか訳）：おとなの学びを拓く，鳳書房，1999．；2）メリアム，S., カファレラ，R.（立田慶裕・三輪建二監訳）：成人期の学習，鳳書房，2005．；3）メジロー，J.（金澤睦・三輪建二監訳）：おとなの学びと変容，鳳書房，2012．

いじめ bullying

ある人間関係の中で特定の人を精神的・身体的に痛めつけること．かつての軍隊における内務班での初年兵いじめや職場内でのいじめもあるが，今日，特に社会問題となっているのが1985年頃から続発し自殺者も生んでいる子どものいじめである．

いじめは子どもの社会的発達の未成熟，ゆとりのない現代生活や競争主義の教育によって広がっているイライラやムカツキ，不安や抑圧感が背景にあると考えられ，*不登校の増加や学級崩壊とのかかわりでも把握する必要がある．この問題は，被害者・加害者だけでなく同調者・傍観者・無関心者の存在を含んで構造的に把握されなければならない．被害・加害の立場の逆転や「ネットいじめ」も含んでみえにくくなっているといわれる今日のいじめは，子ども社会内部での自傷行為であり，1人ひとりの子どもの不安や人間的な関係づくりへの欲求の「表現」であると捉え，それに寄り添い，安心と*共生の仲間づくりをする中で克服されるべきである．

（山下雅彦）

〔文献〕1）森田洋司・清水賢二：新訂版 いじめ―教室の病い―，金子書房，1994．；2）教育科学研究会・村山士郎・久冨善之編：いじめ自殺―6つの事件と子ども・学校のいま―，国土社，1994．

移住労働者条約 Convention on the Protection of the Rights of All Migrant Workers and Members of their Families

「すべての移住労働者及びその家族構成員の権利保護に関する国際条約」の略称．1990年に国連総会が採択し，2003年に発効．締約国数は42ヵ国（2009年10月末現在）で，日本は未批准．前文と9部構成の本文93ヵ条からなる．条約は，移住労働者等を，主に，①すべての移住労働者・その家族構成員，②正規の移住労働者・その家族構成員，③特定のカテゴリーの移住労働者・その家族構成員の3種に分けて，それぞれに保障される権利を列挙している．実施措置には，報告制度，国家通報制度および個人通報制度があり，その運用を「移住労働者に関する委員会」に委ねる．同委員会は2005年に活動を開始した．

移住労働者等は受入国で脆弱な立場に置かれることも多く，条約が，すべての生活分野にわたる包括的な権利保障を行った意義は大きい．しかし，それゆえに，受入国の義務が過大であるとみられることなどから，受入国側の反発を招いた．締約国の中に日本を含め欧米の先進諸国が含まれていない．

（村上正直）

イスラムの成人教育　adult education in the Islamic World

〔概観〕「イスラム世界」は，広大な地域に広がり，民族や言語が多様であることから，その社会体制，経済状況，労働事情，教育水準等を一概に論ずることはできない．一般的には，イスラム圏では*成人教育が宗教と文化そのものに内包される形で原初的な形態をなしてきたこと，また近代においてほとんどのイスラム諸国が長期にわたって植民地化され，公教育としての成人教育の展開が大きく立ち遅れ，多くの課題を抱えていることを指摘できよう．成人教育・生涯学習に関する実態把握はさほど行われておらず，「イスラムの成人教育」の全貌を掴むことは極めて困難な状況であって，今後の研究調査が待たれるところである．

〔イスラム社会〕アッラー（神）が預言者ムハンマドに天使を通して啓示した最初の言葉は「読め，あなたの主は…筆によって（書くことを）教えられた御方，人間に未知のことを教えられた御方である（コーラン凝血の章3～5節）」であり，ムハンマドのハディース（伝承）には「学問の追求は，すべての男女の信者に課せられた義務である」とある．すべての人類は無知のまま生まれたとされているため，生涯教育はムスリム（イスラム教徒）にとって義務の1つであり，いわゆる「成人教育」「成人の学習」はこの時点で始まったといっても過言ではない．コーランとハディースに基づく教育理念において，*知識を深く学びとることが高く*評価され，それを広めることは，ムスリムにとって生涯の義務であり，学習者は預言者に次ぐ地位を与えられている．

イスラムの宗教的・政治的体制が整備されるに伴い，読み書きできる者は「書記」として大いに必要とされるようになった．ムハンマドは624年以降の戦争で捕虜にした非ムスリムたちをメディナに連れ戻り，創設したクッターブ学習塾（kataba：[書く]に由来する言葉）で文字の読み書きを教える教師として働かせた．7世紀末以降，イスラム世界にはクッターブとその教師が増え続け，「近代教育」が成立するまでは，クッターブが主に初等教育を担っていた．カイロ，ダマスカス，マグリブ，アンダルシアなどに大規模なクッターブが設立され，教師や生徒はスルタンの援助を受け，主としてコーランが，そしてハディース，詩，文法が教授された．クッターブはやがて「児童のコーラン学校」と「大人の読み書き学習」という2つの機能を潜在的に担うようになった．今日でも，イスラムの国々において，どの村落にも3～4のクッターブがあり，2つの機能を担いつつ，男女を問わず広く活用されている．

〔モスクの機能〕成人教育の最初の施設は，弟子たちを教育するためにムハンマドによって設けられた．これが最初のモスクで，教友たちとともにメディナに建設された．イスラム圏が拡大するにつれて，いかなる地方にも礼拝の場として「ジャーミー（会衆モスクの意）」が設立された．初期イスラム時代から，モスクの中で「ハルカ」と呼ばれる学習会が開かれた．そのハルカは，教師を囲んで学ぶ者の集団をさし，ここから，講義・学科目・課程などを表すようになり，イスラム世界では共通してみられる成人教育の形態となった．

またモスクにおいては，毎週金曜日の集団礼拝では，礼拝前に宗教のみならず政治，経済，社会的な講義が行われ，人々を啓蒙する．礼拝後，時事課題や地域の諸問題についての学習会および*カウンセリングが行われることも多い．モスクの役割はそれのみにとどまらず，*識字教育の場としても活用されている．モスクは，現代においても，教育の場としての本来の機能を保持し続け，成人教育において中心的な役割を果たしている．その活動はいかなる国家行政や教育制度の国にあっても共通している．国家として成人教育への取組みが実施されない場合，モスクがその役割を果たすと考えられる．

〔マドラサ（学院）と図書館〕歴史的にみると，時代が下るにつれてモスクで教授される学問の内容は多様化し，その結果としてモスクにおける信仰と教育の均衡が失われる危険性が生じた．この状況を打開する対策は，① カイロのアズハル会衆モスク（972年創設）に代表されるような教育に特化したモスクを設けること．そして，② 独立した教育専門施設を設立すること．これによって10世紀末からイラク，エジプト，シリアなどに生まれたのがマドラサ（学院）である．

モスクにもマドラサにも，*図書館が併設され，教師と礼拝を呼びかける者が任用されていた．マドラサには講義室および学生用の宿舎に当たるものが付設され，コーラン，ハディース，イスラム法やアラブ文法学などの高等な学習が行われた．さらに，12, 13世紀頃には医学・科学などの科目が設置された．マドラサに階層差別，年齢制限はなく，*基礎教育を提供すると同時に宗教教育も行うことを目的としていた．

〔識字教育・職業教育〕以上のようなイスラム独自の伝統的な成人教育の歴史とともに，近現代のイス

ラム諸国にある程度共通する問題として公教育制度の未整備状況があった．長期にわたる植民地化，その後の政治腐敗や内外戦争，社会的混乱や＊貧困，そして文化的な停滞等は，教育の面でも多大な遅れをもたらし，そのことは，アラビア語圏に限っても33％（2005年現在）にも及ぶ非識字率に現れている．イスラム世界の成人教育は，特に「識字教育」と「＊職業教育」としての役割を担わされている．これは，現代の大きな社会的関心事であり，その対策は国家の優先課題ともなっている．

〔地域の現状と課題〕クッターブやモスクやマドラサのほか，現在の成人教育の場として地域社会に根強く活動しているのは，日本の「＊公民館」に当たる民間系「ダール・アル・モナサバート」（集会所）である．そこでは文字学習，葬式・結婚式などの行事，仲裁，＊職業訓練，女性支援などの活動が行われている．また，普及しつつある各＊NGOが所在する地域においては福祉事業，職業訓練，啓蒙活動などの活動が広がっている．さらに，青年を対象にスポーツと文化の面で大いに活躍している政府系「ユースセンター」がアラビア語圏に普及し，＊生涯教育に大きく貢献している．

イスラム初期に生まれた成人教育の概念は，中世に博愛主義的文明を創造した最初のムスリムたちによって実行され，同時期のヨーロッパ文明に影響を与えた．組織化されたこれらの施設は現在でもほとんどのムスリム社会に受け継がれ，それぞれの地域社会の中で固有の展開をみせている．しかし，これらの社会的基盤と関連をもちつつ，さらに公教育としての成人教育・生涯教育制度の整備をどのように実現していくか，多くの課題を残している．

（アーデル・アミン・サーレ）

⇨アフリカの生涯学習・成人教育

〔文献〕1）三田了一訳・注解：聖クルアーン―日亜対訳・注解―，日本ムスリム協会，1983．；2）歴史教育者協議会編：あたらしい歴史教育シリーズ―世界の教科書を読む―，大月書店，1994．

委託学級　charter class

自治体が策定した要項の範囲内で自治体以外の組織に実施が委託される＊社会教育の学級事業．

〔概観〕住民組織への委託が最初であったが，1996年の文部省調査で＊民間営利社会教育事業者への委託，その後＊NPO法人等への委託データも示され，委託の意味が変わりつつある．

「社会教育調査報告書」（2005年10月調査，＊文部科学省）では，「＊学級・講座」を「一定期間にわたって，組織的・継続的に行われる学習形態」とひとくくりにし，「＊家庭教育学級」についてのみ内数を出しているが委託状況は示していない．したがってここでは「委託学級」については「委託学級・講座」として論を進めることとする．

委託学級・講座のデータが「社会教育調査報告書」に出たのは1996年からである．2005年調査では新たに非営利社会教育事業者への委託状況も加えられている．それによると都道府県を含む＊教育委員会および＊公民館における学級・講座の「全部委託」「一部委託」のトータルでは営利社会教育事業者への委託は170教育委員会（2816件），303公民館（2076件），非営利社会教育事業者への委託は251教育委員会（5795件），307公民館（2571件）である．

〔歴史・動向〕第2次世界大戦後の社会教育で「学級」と呼ばれたものには社会学級，＊青年学級，＊婦人学級，家庭教育学級などがある．いま統計に現れるのは家庭教育学級のみであるが，歴史的に婦人学級の果たした役割は大きい．1956年の文部省婦人学級委嘱要項によると，1県5学級ずつ・実施機関は市町村教委・30時間以上・1万円補助ということであった．しかし1960年代頃から話合いを中心とする＊共同学習方式では解決できない学習課題が多くなるにつれ，成人学校が台頭してくる．このような中で取り組まれたのが婦人学級の市民組織委託であった．1958年に枚方市で地域婦人会等へ委託されたのが最初といわれている．内容は15人以上・年10回以上・自主運営で，年度当初に計画書・予算書，年度末に報告書・決算書を提出するという条件であり，1975年相模原市では公民館事業として，希望者誰でもが応募可・20人以上・20時間以上というものであった．しかし地域婦人会の衰退，自立的学習活動の活発化などで婦人学級の役割は低下した．

「住民組織への委託」と次元の異なるものとして現れたのが営利社会教育事業者への委託である．1984年＊臨時教育審議会設置以降の教育改革により，生涯学習政策展開の一環として「民間活力」の活用が推奨された．これと同時進行した自治体行財政改革のもとでの＊社会教育職員の非専門職化，短期異動，非常勤化が，民間営利社会教育事業者への学級・講座委託を生み出したといえる．

〔課題〕文部省が学級補助金を計上し，都道府県教委を通して市町村教委に実施を委嘱する方式は，戦後改革当初は啓発的意味があった．しかし文部省の要項を前提にしては学習内容の多様化に応じきれない．その壁を打破すべく自治体独自の取組みとして

委託学級が試みられた．これは文部省要項の枠を乗り超え，学習主体の形成という積極面をもっていた．一方，カルチャー産業への委託は学習者を受身の消費者とする．とりわけ自前の教育事業を実施する使命をもっている公民館にも委託化の動向がみられることは，住民と職員が協力して学級・講座をつくるという"苦労"の"放棄"にもつながる深刻な問題である．しかしひとくちに委託といっても*カルチャーセンターへの委託とNPO法人への委託では意味が違ってくる．市民との*協働が叫ばれる中，住民の学ぶ権利を保障するという観点から委託学級・講座の今後の課題を捉える必要がある．（佐藤　進）

⇨学級・講座，婦人学級

〔文献〕1）国立教育研究所編：日本近代教育百年史　第八巻社会教育2，pp.1077-1098, 1129-1143, 1185-1197, 教育研究振興会，1974.；2) 文部省：平成8年度社会教育調査報告書, pp.24-27, 66-69, 90-93, 大蔵省印刷局，1998.；3）文部科学省：平成17年度社会教育調査報告書, pp.11, 28-35, 88-95, 独立行政法人国立印刷局，2006.

イタリアの生涯教育　lifelong education in Italy
〔歴史〕イタリアでは，正規の学校教育を補完し，一般民衆の生活・文化の向上を図る*民衆教育（educazione popolare）の用語が1950年代頃まで普及しており，1908年に成立したイタリア民衆教育連合（Unione italiana dell'educazione popolare）においては，民衆教育の範疇に学校支援，*学童保育，*職業教育，幼児教育，民衆文化が含まれていた．初等教育の普及が困難であったイタリアでは，この連合に加盟，連帯する各界の組織をはじめとして自主的な諸団体の活動が民衆教育の内実を担ってきた．やがて1960年代頃より成人教育（educazione degli adulti），ついで生涯教育の用語が定着して今日に至る．

1973年，労働運動の要求により*有給教育休暇制度とそれに伴う中学校卒業資格取得のための無償の成人教育コース（「150時間コース」と呼ばれる）が実現し，イタリア成人教育制度に画期をもたらした．
〔概観〕1999年の法律第9号により18歳までの教育・*職業訓練の義務が導入されることになったのを受けて，5歳ないしは6歳から始まる学校教育第1サイクル（小学校5年間と中学校3年間）を終えた後，第2サイクルにおいて高校教育，職業訓練，労働の場における見習いのいずれかを少なくとも18歳まで受けられるよう制度化されている．15歳以上では学校と労働の場の相互の行き来が可能となり，企業，第3セクター等との連携が予定されている．

また1997年の公教育省令第455号により国立の地域生涯教育センター（Centro territoriale permanente：CTP）が制度化され，小・中学校卒業資格を付与するコース，職業訓練コース，文化的教養を醸成するコース，外国人のためのイタリア語コース等が15歳以上のすべての人に無償で開かれている．150時間コースは，このセンターのコースに組み込まれることになった．

職業教育・訓練については1999年の法律第144号により，高校卒業後の高等技術教育・訓練（Istruzione e formazione tecnica superiore：IFTS）が制度化され，各州が大学，高校，州立職業訓練センター，企業の参加を得て職業教育・訓練コースを組織することが定められている．

そのほかに，各市町村による独自の教育・*文化活動，*民衆大学・高齢者大学をはじめとする非営利でボランタリーな組織の学習・文化・スポーツ等の活動が幅広く展開している．
〔論点〕イタリアでは，歴史的に*識字率の低さと失業率の高さが，1980年代後半以降は国外からの移民の急増が，問題となってきた．1990年代後半以降の改革は，*EU連合の動向に押されながら，これらに対応するものである．

職業訓練については，以前は主に州立の職業訓練センターで行われていたのが，国立の小・中学校を拠点とする地域生涯教育センターにも位置づけられ，高等技術教育・訓練のコースが州，大学，高校（多くは国立），企業の連携によって組織されることになった．18歳までの教育制度とそれに続く成人教育制度の双方において教育，訓練，労働の統合と，国，州，民間の連携を図ろうとしているところが注目される．
〔課題〕歴史的に生涯教育の内実を担い，制度改革に影響を与えてきた労働運動，教育運動団体等のボランタリーな諸団体の活動を踏まえ，これらを含めた*ネットワークを形成しながら，*学習権の拡大，学習権と*労働権の統一的保障を進めていくことが求められている．　　　　　　　　　　（中嶋佐恵子）

〔文献〕1）新海英行ほか編：現代世界の生涯学習，pp.261-272, 大学教育出版，2002.；2) 佐藤一子：イタリア学習社会の歴史像―社会連帯にねざす生涯学習の協働―，東京大学出版会，2010.

移動図書館　bookmobile/mobile library
〔概要〕*図書館から遠く離れた地域の住民や，病院や施設に入っていて図書館に来館できない人たち

のために自動車などに本を積んで届ける図書館サービスのこと．自動車の利用が多いことから，自動車図書館，自動車文庫，ブックモビル（BM）などとも呼ばれるが，かつて1962年から1981年にかけて巡回していた広島県立図書館の「ひまわり号」は船に本を積んで離島をまわる移動図書館船であった．

〔歴史〕日本における最初の移動図書館は1948（昭和23）年7月に高知県立図書館が始めた「自動車文庫」であり，次いで同年12月には鹿児島県立図書館が開始した．さらに翌年8月には千葉県立図書館が進駐軍から払い下げを受けた四輪駆動車を改良した「訪問図書館ひかり号」の運行を開始したことにより，移動図書館のブームが起こり，茨城県，徳島県，栃木県など全国の県立図書館に波及していった．さらに1950（昭和25）年に公布された*図書館法第3条において「自動車文庫」が明記されたことにより市区立図書館にも拡大していった．中でも1965（昭和40）年に東京・日野市立図書館が旧来の閉鎖的な図書館イメージを打破するために，建物をつくらず移動図書館からスタートして驚異的な利用を引き出したこともあり，以降は全国の中小図書館にも広がった．

〔現状〕移動図書館は，住民の身近なところまで出かけていって図書館の働きを知らせるPR効果とともに，図書館システムの形成を促進する上でも重要な役割をもっている．近年，県立図書館においては，県内図書館間の協力業務のための協力車に転換され，また市町村図書館においても，分館・分室の設置が進んだことや自治体の財政難の影響で，移動図書館を廃止するところも相次いでいる．しかし建物の代替という機能に代わり，病院や保育園，高齢者施設，さらには外出困難な人たちの自宅などへの訪問サービスを通じて，利用者層の拡大とサービスの深化を図る役割に移行する動きも進んできている．

(前田章夫)

〔文献〕1) 前川恒雄：移動図書館ひまわり号, 筑摩書房, 1988.

伊藤 寿朗 Ito, Toshiro

1947-1991．横浜市に生まれる．*市民運動論的博物館学研究の第一人者．わが国の*博物館を歴史的，社会的観点から位置づけ，その社会的役割と可能性について理論化を試み，*地域博物館論，第三世代博物館論など，新たな博物館観を世に広めた．博物館を地域志向型，中央志向型，観光志向型の3つの型に類型化し，機能を調査研究，収集保管，公開教育の3つとした．

法政大学社会学部在学中，鶴田総一郎（当時非常勤講師）に博物館学を学び，法政大学博物館研究会を結成．大学卒業後の1970年，博物館問題研究会を設立し，以後，研究会活動の中心的存在として活躍した．野間教育研究所兼任所員を務めながら，永く在野で研究生活を送ったが，1988年4月に東京学芸大学に新設された博物館学教室の初代専任教員（助教授）として着任．1991年にがんのため44歳で没．

(浜田弘明)

〔文献〕1) 伊藤寿朗：市民の中の博物館, 吉川弘文館, 1993.；2) 君塚仁彦：病床の傍らで聞いたこと—伊藤寿朗先生と『博物館基本文献集』—（博物館基本文献集別巻）, 296-298, 大空社, 1991.

稲垣 稔 ⇨全村学校

いなみ野学園 Inamino Gakuen（school for the senior citizens）

1969年，兵庫県加古川市に開設された日本初の行政主導の*老人大学である．学園は，高齢者が恵まれた自然環境の中で，仲間づくりの輪を広げながら新しい*教養を身につけ充実した生活を創造し，地域社会活動の指導的人材を養成するため，高齢者学習の施設としてつくられた．県立農業短期大学の旧校舎を活用して開校され，広大な敷地と校舎をもつ．おおむね60歳以上を対象とし，修業年限は4年である．健康福祉科，文化科，園芸科，陶芸科の4学科がある．この他に，2年制の地域活動指導者養成講座や*放送大学などがある．

このいなみ野学園の創設には，福智盛が深くかかわっている．福智はいなみ野学園について，教養を重視し，生活や生産に関する学科に重点を置いた．そして，*高齢者教育を単なる娯楽中心とせず，*産業教育的発想を用いて高齢者の生涯教育を展開しようとした．その構想は，①入学資格は県に在住する60歳以上で，学習意欲のある人，②修業年限は1ヵ月，③講義は週1回とし，午前は一般教養，午後は専門学科とするものであった．カリキュラムの内容は，高齢者の意識の変革について，変転極まりない現代社会に適応して生きていくために不可欠であり，そのために「教養講座」を置き，全員必修とし，多様な専門科目を配置し，各種クラブ活動を奨励した．それは，教育の本来的機能として，高齢者の第2の*能力の開発に着目したからである．

学園の運営は，「公益財団法人兵庫県生きがい創造協会」が県の補助を受けて実施している．講義ならびに実習指導には，専任職員のほか，大学教授等

多数の有識者，著名人が講師に委嘱されている．
(久保田治助)

〔文献〕1) 福智盛：老人大学の MECCA　いなみ野学園，ミネルヴァ書房，1990.

異年齢集団　group of multi-aged children

異年齢で構成される自治的な子ども集団．

〔前近代から近代へ〕*柳田國男が『こども風土記』で描写したように，前近代の地域には「子ども組」と呼ばれるそのような集団が存在した．後続する14, 5歳以降の「*若者組」ほど組織的ではなかったが，日常的な*遊び仲間を母体として，小正月の行事や祭りなどを担った．通常，ガキ大将が年少の子たちの面倒をみながら統率した．

明治期，就学が督促され近代学校が民衆の子どもの生活と人格形成に比重を増してくる過程で，地域の子ども集団は悪弊の温床として非教育的と見なされることも多かった．しかし，その影響力は無視できないものがあり，夏休みの地域単位の*子ども会など，様々に利用された．今日も続く登下校班は，その名残りといえよう．学級は同年齢集団で編成されるが，学校行事によっては異年齢の交流が取り入れられることがある．

〔戦後の実践の中で〕異年齢集団の教育力を生かし，子どもの豊かな人格形成を図るため，第2次世界大戦後，地域子ども会が全国的に育成された．1960年代以降，高度経済成長による子どもの生活環境の激変は，*子ども劇場・*学童保育・*子ども文庫・自主的子ども組織・子ども祭り・*プレイパーク（冒険遊び場）など，様々な子育て・文化運動を生み出し発展させる契機となったが，これらの*実践の多くが異年齢集団を育てることを大切にしている．

〔課題〕子ども集団が自然発生的には育ちにくい今日，男女を含む異年齢の子どもの仲間づくりを，親・青年・地域住民の協力で広げることは重要な課題である．異年齢集団は，年少者と年長者の間に生まれる，あこがれといたわり，当てにする（される）関係を通して，子ども時代に必要な自立のためのかけがえのない「*居場所」となりうる．　(山下雅彦)

⇨子ども会

〔文献〕1) 鈴木道太：いたずら時代の人間形成，新評論，1969.；2) 早川たかし：明日の遊び考，久山社，2000.

居場所　a place of one's own

〔概観〕人が安心していられるところのこと．「いるところ」「いどころ」という，もとの意味が変化した言葉で，自分1人だけの居場所のこともあるし，*他者と交流する居場所のこともある．伝統社会や近代社会と違って，1人ひとりの帰属や役割が曖昧になった高度経済成長期の後の時期に使われるようになった．

〔歴史〕教育関係者の間では，1980年代以降，子どもや若者が自分の存在感を実感できない状態を表現する言葉として注目されるようになった．最初は*不登校の子どもの支援者の間で使われたが，1992年，文部省委嘱の学校不適応対策調査研究協力者会議の報告書で「児童生徒の『心の居場所』づくり」の必要が提起されて広く知られるようになった．その後，居場所を必要とするのは特定の子どもだけではないという認識が広がり，1990年代後半には青少年施設や青少年育成活動で居場所づくりの事業や活動が始まった．また，*文部科学省は，*学校週5日制完全実施（2002年）に対応する放課後対策事業の1つとして「*子どもの居場所づくり」のために，地域子ども教室推進事業（2004年）を始めた．

〔内容〕居場所とは「ありのままの自分を丸ごと受け入れてくれる人間関係や空間」と理解することができる．その意味で，学校教育や*社会教育における組織的な教育活動の手前に位置する，自尊感情や自己肯定感の充足に着目した活動である．ただし，このような理解は「居場所がない」と訴える子どもや若者への説明であり，第三者のための説明とはいえない．全能感に満たされる人間関係や空間など，ありえないからである．このように考えると，これとは別に，「子どもや若者が大人になる準備をするための人間関係や空間」という，通過儀礼（成人儀礼）とかかわる，もう1つの理解が求められることがわかる．

居場所づくりは，不登校や*ひきこもり支援の*市民活動，学校の養護教諭やスクールカウンセラーの活動など，極めて広い分野で行われている．また，*子ども文庫活動，学習塾，駄菓子屋などの多彩な活動を視野に入れることもできる．その中で，社会教育・生涯学習の関心からみて注目されるのは，住民による地域活動としての居場所づくりである．このような活動は，1960年代半ばに始まる，団体育成と非行対策の青少年育成活動の限界を乗り越えようとするものである．これには歴史的系譜を辿ることができる．道祖神や地蔵盆の年中行事で子どもたちがつくる小屋，天神講などの集まり，若者仲間の若者宿などである．地域社会の暮らしの知恵が生み出したこれら伝統社会の居場所は，生活共同体とし

ての地域社会が崩壊するとともに消滅していった．地域活動としての居場所づくりは，これを引き継ぐものである．

〔課題〕居場所は，子どもや若者だけのものではない．地域の茶の間，まちの縁側，コミュニティカフェなどの，子どもから高齢者まで幅広い世代が寄り集う，地域の居場所と呼ぶことのできる活動が全国各地に生まれている．これらの活動は，*公共空間としての住民施設の原型を想像させるものである．

居場所を主題とする著書や論文に共通するのは学校モデルの教育への問いかけである．この点をみると，居場所とは，教育改革の理念としての生涯学習について考えるための手がかりとなる言葉である．

(久田邦明)

〔文献〕1) 久田邦明編著：子どもと若者の居場所，萌文社，2000.；2) 田中治彦編著：子ども・若者の居場所の構想，学陽書房，2001.；3) 住田正樹・南博文編：子どもたちの「居場所」と対人的世界の現在，九州大学出版会，2003.；4) 田中治彦・萩原建次郎編著：若者の居場所と参加―ユースワークが築く新たな社会―，東洋館出版社，2012.

伊波普猷　Iha, Fuyu

1876-1947．沖縄県出身の啓蒙思想家，「沖縄学」の創始者．代表作の『古琉球』『校訂 おもろさうし』『をなり神の島』をはじめ，歴史，言語，民俗，宗教など多岐に及ぶ沖縄研究の体系は「沖縄学」と呼ばれ，伊波は「沖縄学の父」とも称される．琉球藩那覇西村に生まれ，1891年沖縄尋常中学校に入学する．5年生のとき，児玉喜八校長の沖縄に対する*差別に抗議して排斥運動を起こし退学処分となる．1896年に上京し，第三高等学校を経て，東京帝国大学で言語学を専攻する．1906年卒業後，沖縄に帰郷．古文献，民俗資料の収集に尽力する傍ら，琉球処分以降，*同化政策で劣性とされた沖縄の自信と個性を回復する啓蒙活動にも力を入れる．「日琉同祖論」はその探究の1つである．1910年からは沖縄県立図書館の初代館長を務め，また子どもの情操教育を図るために自宅で「子供の会」を組織し，講話による*郷土教育活動を続けた．1924年に図書館長を辞任し再び上京，以後在野の学者として最後まで沖縄研究に没頭した．享年71歳．その業績を顕彰して伊波普猷賞（沖縄タイムス社）が設けられ，琉球大学附属図書館内に伊波普猷文庫が残されている．

(山城千秋)

〔文献〕1) 服部四郎・仲宗根政善・外間守善編集：伊波普猷全集（全11巻），平凡社，1974-76.

異文化間教育　intercultural/cross cultural education

〔定義〕2つ以上の文化の狭間で生きる人の人間形成や発達の過程など，何らかの意味で異文化接触とかかわりをもつ教育の事実や事象，またそのような接触・相互作用を想定して行われる意図的・実践的教育活動を包摂する概念である．

〔目的〕近年の国際化，グローバル化の進行によりモノや情報，人の移動が盛んになり，その結果異文化接触の機会が増えたことは，教育に対しても様々な影響を与えている．人間の文化的形成にかかわる諸問題を理論的・実証的に究明し，新しい時代に適した教育のあり方を考える知見や資料を得るため，異文化間教育にかかわる研究が日本において1980年代頃から開始された．

〔内容〕異文化間教育の研究対象となるのは，主に難民を含む移民，海外・帰国子女，留学生や外国人労働者を含む在留民，また少数民族などのマイノリティ（権力的少数派）の青少年であるが，同時にその社会の主流を占めるマジョリティ（権力的多数派）の青少年も含む．また研究領域としては，海外帰国児童生徒教育，外国人児童生徒教育，留学生教育，*多文化教育，*国際理解教育，異文化理解教育，外国語教育，異文化間コミュニケーションなどの教育事象・理念の領域に及び，研究主題も適応，*アイデンティティ，言語，リテラシー，コミュニケーション，関係性，発達・成長，*カウンセリング，文化，資質・*能力，人間観，制度・政策など多岐にわたる．

〔課題〕今後，異文化間教育研究を学問として体系化するためには，上記のように多様な研究領域に共通する枠組みや方法論の形成などが課題となっている．

(野崎志帆)

〔文献〕1) 佐藤郡衛：改訂新版　国際化と教育―異文化間教育学の視点から―，放送大学教育振興会，2003.

意味パースペクティブ　⇒意識変容の学習（変容的学習）

移民と出稼ぎ　immigrant and migrant work

海外への*労働を目的とした移住者，移住民をさす．一般に「移民」とは入移民（immigration），出移民（emigration）の両義を含むが，わが国では後者を意味している場合が多い．日本から海外への本格的な移民は，1885（明治18）年のハワイに始まり，米国西海岸やカナダ，1930年代になるとブラジル，

ボリビアなどの南米や南洋諸島へと拡大した．日本からの出移民は，広島，熊本，沖縄，鹿児島などの西南県が多く，過剰人口問題が主な要因であった．出稼ぎ移民による送金は，経済的に困窮した農村や留守家族を救済し，学校や公共施設建設などへの貢献は大きかった．

　移民県の1つである沖縄は他府県と比べて歴史や文化，風俗，習慣が異なったことから，日系社会で劣等視された．そのため小学校教育，*社会教育を通じて移民，出稼ぎ人の素質向上をめざす教育が図られた．第2次世界大戦後の高度経済成長により日本からの移民は著しく減少したが，1990年の出入国管理法の改正以降，南米日系人による日本への出稼ぎが激増した．そのため日系人子弟の教育保障のために，日系人教員の採用や補習教室，*NPO等による*不就学児童生徒への学習支援や教育活動が進められている．
　　　　　　　　　　　　　　　　　　（山城千秋）
　⇨労働，ニューカマー

〔文献〕1) 沖縄県教育委員会：移民（沖縄県史7），図書刊行会，1974.；2) 日本社会教育学会：社会的排除と社会教育，東洋館出版社，2006.

EU（欧州連合）　European Union

〔概要〕欧州の統合を進め経済・通貨統合，共通外交安全保障政策，司法協力などを行う国家連合体として，欧州共同体を基礎に1993年のマーストリヒト条約により発足した．各国首脳で構成される欧州理事会，閣僚理事会，欧州委員会，欧州議会，欧州裁判所などにより運営される．本部はブリュッセル．1998年に欧州中央銀行が設立され，2002年には英国，デンマーク，スウェーデンを除く12ヵ国で単一通貨ユーロの流通が開始された．2004年に新たに10ヵ国が加盟し，拡大EUは25ヵ国となった．

〔生涯学習事業〕欧州委員会は1995年，白書「Teaching and Learning : Towards the Learning Society」（*学習社会に向けての教えと学び）において，連合全体の発展と個人の*自己実現のためには教育と訓練が要となる学習社会を構築せねばならないと説いた．翌年1996年を「The European Year of Lifelong Learning」とし，*職業資格制度開発，*教育機関と経済界の連携，継続職業訓練促進等，生涯学習を雇用政策の一環と位置づけた．生涯学習がより広義に定義されたのは2000年のリスボン欧州理事会においてである．「成長し続ける経済，豊富な雇用機会，社会包含（social inclusion）を実現する世界で最も競争力・活力に溢れた知識経済社会の構築」を今後10年間の使命とし，その手段としての教育訓練の充実が強調された．その具体案を「A Memorandum on Lifelong Learning」として作成し，これをもとに2002年，新生涯学習政策は「Making an European Area of Lifelong Learning a Reality」としてまとめられた．その中心目標は，*自己啓発，活力ある市民（active citizenship），社会包含，雇用実現性（employability）である．実施プログラムには，「レオナルドダヴィンチ（多様な種類，レベルの*職業訓練を提供）」や「エラスムスムンダス（高等教育機関間の交換留学）」等がある．

〔重点課題〕現在EUで重点的に取り組まれているのは資格枠組み，EQF（European Qualification Framework）の開発である．国により差のある資格制度を統一することで，EU市民が雇用，勉学のためにEU内を円滑に移動できることを目ざす．
　　　　　　　　　　　　　　　　　　（北川　香）

〔文献〕1) CEC：A Memorandum on Lifelong Learning：Commission Staff Working Paper, 2000.（http://europe.eu.int/comm/education/life/index. html）.；2) CEC：Making a European Area of Lifelong Learning a Reality：Communication from the Commission, 2001.（http://www.bologna-berlin2003. dc/pdf/MitteilungEng. pdf）.；3) European Commission：Lifelong Learning Policy, 2009.（http://ec.europa.eu/education/lifelong-learning-policy/doc28_en.htm）.

eラーニング　e-learning

　広義にはコンピュータや通信*ネットワーク等の情報技術を利用した学習，狭義にはインターネットを利用してオンラインで教材の配信やテスト等を行うWBT（web based training）による学習のこと．

〔概観〕インターネット技術が可能にした非同期の双方向*コミュニケーションの登場は，*遠隔教育が長年希求してきた学習，すなわち時空間的な制約がなく，かつ個別のニーズにも柔軟に対応できる学習に新しい地平を開いた．eラーニングの特性を活かせば，学習者は世界中どこにいても，都合のよい時間に学習進度やニーズに応じたデジタル教材を*教育機関のサーバーからダウンロードし，学ぶことが可能となる．また，電子メールや電子掲示板，チャット等を用いて，教師や学習仲間との質疑応答や討論といった対話的な学習にも参加できる．今日，あらゆる教育分野においてeラーニングの導入が試みられているが，特に学位や*資格の取得をめざす高等教育や企業内教育での活用がめざましい．バーチャルユニバーシティ（virtual university）はその代表的事例である．

〔研究課題〕eラーニングは，従来の対面型教育で

用いる教材をそっくりそのままデジタル化し，配信しさえすれば事足りるというわけではない．eラーニングの特性を十分に活かした教育を提供するためには，教育内容の専門家である教師以外にも，Web上での学習に適した教材づくりや学習コースのデザインを行うインストラクショナルデザイナー（instructional designer）や，遠隔学習者ならではの学習不安を取り除く学習相談を行う*チューター（tutor），*メンター（mentor）など，複数の学習支援者が必要不可欠となる．彼らの専門的力量を支えるeラーニングの学習理論研究は，緒についたばかりであり，その開発が急がれる．　　（志々田まなみ）
　⇨遠隔教育
　〔文献〕1）鄭仁星・久保田賢一編著，羅𩛰柱・寺嶋浩介著：遠隔教育とeラーニング，北大路書房，2006．

イリイチ，イヴァン　Illich, Ivan

1926-2002．オーストリア・ウィーンでユダヤ人の母とクロアチア人の父の間に生まれる．イリッチともいう（こちらが本来の発音に近い）．文明批評家・教育思想家．
〔略歴〕1941年ナチスから逃れイタリアに移り，グレゴリオ大学等で神学・哲学を学び，帰国後ザルツブルグ大学で歴史学の博士号取得．1951年渡米し，ニューヨークで助任司祭，プエルトリコ・サンタマリア大学副学長を歴任．辞職後1961年メキシコに渡り，クエルナバカにてCIDOC（Centro Intercultural de Documentací，国際文化資料センター）の設立に参加，多彩な近代文明批評の活動と，第三世界の現実に根ざしたセミナー活動を展開（～1976年）．2002年ドイツで死去，76歳．
〔著作〕初期の著作は『脱学校の社会』（原題"Deschooling Society"）をはじめ，教育・医療・交通などの近代産業社会の「制度化」を批判した（『オルターナティヴズ』『脱学校化の可能性』（共著），『コンヴィヴィアリティのための道具』『脱病院化社会』など）．1980年代以降は『ジェンダー』をはじめ，家族・教育・技術・開発などを支える価値・精神の歴史研究を数多く残した（『シャドウ・ワーク』『ABC』（共著）など）．
〔思想と教育への影響〕「脱学校化社会」論は，義務的な学校制度が自律的に学ぶ力を奪い，学校なしに学ぶことができない人間（homo educandus）を生み出す点を批判し，反学校論等の支柱の1つとなった．その代替案としての「ラーニングウェブ」は，社会全体の「学校化」に代わる学びの*ネットワークとして，生涯学習論の展開にも影響を与えた．「コンヴィヴィアリティ」（*共生の感覚）を育むための，ヴァナキュラー（非市場的・土着的）な活動・価値の歴史的考察は，根深く産業化した現代文明への批評として読み直されている．　　（吉田正純）
　〔文献〕1）イリッチ，I．（東　洋・小澤周三訳）：脱学校の社会，東京創元社，1977．；2）イリイチ，I．著，ケイリー，D．編（高島和哉訳）：生きる意味―「システム」・「責任」・「生命」への批判―，藤原書店，2005．

インクルージョン　inclusion

〔概念と動向〕排除（exclusion）の対義語で，包含あるいは包摂と訳される．エスニシティ，*障害，*ジェンダーなど，階級構造あるいは経済的*貧困のみによっては説明できない社会的排除（社会関係の剥奪，権利や制度の享受からの排除などをさす）が問題にされるようになり，社会政策の理念として登場した．教育の領域では，1994年に*ユネスコで採択されたサラマンカ宣言が転機となった．
　そこでは「特別な教育ニーズを有する人びとは，そのニーズに見合った教育を行えるような子ども中心の普通学校にアクセスしなければならない．インクルーシヴな方向性をもつ普通学校こそが，差別的な態度とたたかい，喜んで受け入れられる地域を創り，インクルーシヴな社会を建設し，万人のための教育を達成するための最も効果的な手段である」と述べられている．日本では，こうした世界的な流れを受け，2006年に*学校教育法改正により*特別支援教育の考え方と制度が導入された．障害の程度等に応じ特別の場で指導を行う特殊教育から，通常学級で学ぶ障害をもつ児童生徒に対しても1人ひとりの教育的ニーズに応じて適切な教育的支援を行う特別支援教育に転換するというものである．
〔課題〕*インテグレーション概念が障害と健常の二項対立的把握であったのに対して，インクルージョン概念は，問題の多元的把握を示唆している．サラマンカ宣言では，障害児だけでなく，僻地に住む子どもやストリートチルドレンなど，教育を受ける機会から排除されている子ども全体を対象として差別と闘う学校をつくろうと呼びかけている．日本の状況に照らせば，障害のほかに，引きこもりや*不登校，児童虐待，外国籍・無国籍などの子どもの社会的排除とかかわる問題にどう取り組むかが課題となっている．　　（津田英二）
　〔文献〕1）ダニエルズ，H．，ガーナー，P．編（中村満紀男・窪田眞二監訳）：世界のインクルーシブ教育，明石書店，2006．；2）岩田正美：社会的排除，有斐閣，2008．

インストラクター　instructor

　学習の支援者であるスタッフの中でも特に特定の技能やスポーツの指導・研修を行う専門家の総称.「生涯学習インストラクター」「*レクリエーションインストラクター」「自然体験活動インストラクター」など, 分野ごとに各団体により独自の*資格制度が設けられている.「インストラクター」の法制度上の明確な定義は存在しないため社会教育・生涯学習現場におけるその位置づけや求められる力量, 認定・登録の基準は多様化している. インストラクターは, 家庭や地域社会における教育力の充実や多様な学習要求への対応といった社会教育・生涯学習政策の方向と, 近年の資格取得ブームともいわれる個人の志向とを背景に近年増加しているが, 学習や発達の過程における「インストラクション」の意味を踏まえ, その位置づけを検討する必要がある.

（降旗信一）

〔文献〕1）日本社会教育学会編：学びあうコミュニティを培う―社会教育が提案する新しい専門職像―, 東洋館出版社, 2009.

インターネットと人権　⇨個人情報の保護

インタープリター　museum interpreter

　自然公園や*自然保護区のビジターセンターや自然科学系*博物館などで館内*展示や屋外のネイチャートレイル（*自然観察路）において解説業務にあたる職員や*ボランティアなどの職種である. 本来は「通訳者」や「翻訳家」という意味だが, 国立公園制度の発達した米国では, 展示や自然物の背景にあるメッセージや意味を伝える技法をインタープリテーションと呼び, インタープリテーションを行う人, すなわち解説員をインタープリターと呼んできた. 今日では日本国内でも解説員をこの名称で呼ぶ施設が増えている. インタープリターは, これまで自然や展示物からのメッセージを学習者に伝えるという一方向型の*コミュニケーションの支援者だったが, 今日の*社会教育・生涯学習においては地域の自然, 文化, 歴史, 産業などの主体的な学びの支援者として, 学習者からの自然や地域への働きかけを促進するとともに, 学習者間の相互の学びの支援者としての役割も期待されている.　（降旗信一）

〔文献〕1）キャサリーン・レニエ, ロン・ジューマン, マイケル・グロス：インタープリテーション入門―自然解説技術ハンドブック―, 小学館, 1994.

インターンシップ　internship

〔概要〕米国で1960年代に発達したコーオプ教育（co-operative education）が普及する過程で生じた生徒や学生が行う就業体験等をさす. コーオプ教育は学問と*職業の融合カリキュラムの形成を目的として, 専門分野の学習とそれに関連した就業経験を在学中に交互に受けさせるプログラムであり, 大学が企業の協力を得て管理運営する. それに対し, インターンシップは企業等が独自に運営する.

　日本ではバブル経済崩壊後の経済不況の打開策として, 1997年に文部, 通産, 労働の3省連絡会より「インターンシップの推進に当たっての基本的考え方」が提起され, 新しい産業構造に対応する人材育成を目的として導入された. その定義は「学生が在学中に自らの専攻, 将来のキャリアに関連した就業体験を行うこと」とされている. 他方, 大学等の*教育機関では, インターンシップは学生の就職活動支援あるいは学問と実務を結合する教育として理解されている. 企業では, 採用を前提におく場合と次世代の人材育成を目的とする場合があり, その態様はまちまちである.

〔課題〕日本のインターンシップは大学等の教育内容の理解の促進, 社会経験, 人材育成, 採用など, 複数の目的の下に実施され, 大学等の教育機関が主導する場合と企業等の事業所が主導する場合, また単位を付与するインターンシップとそうでないものがあり, その形態は多様である. これらの違いは, 職業体験を教育的側面から捉えるのか, あるいは就職機会の1つとして捉えるのかの違いによるが, 実施主体である大学等の教育機関と企業, *NPO, *NGO, 行政の機関連携は一部に優れた事例があるものの, 全般的には*成熟しているとはいいがたい. 若者の職業意識の形成, また学校から実社会へのスムーズな移行に向けて, 職業体験の何が, いかなる事由により教育的価値があるのか, その理論的, 実践的な解明と地域共同の手法の開拓はなお課題として残されている.　（朴木佳緒留）

〔文献〕1）古閑博美：インターンシップ, 学文社, 2001.

インテグレーション　integration

〔概念〕*ノーマライゼーションの形態として, 障害者と健常者が同じ場所と時間を共有できるようにする取組みの総称であり, 一般に「統合」と訳される. そこには, 障害者が健常者とは別の場所で異なる人生のコースを歩まなければならないのは*差別の一形態だとする思想が根底にある. 学校教育をは

じめ地域生活，職場，交通，*社会教育施設などでもインテグレーションが目ざされたが，近年では*インクルージョンの考え方が主流となってきている．

〔動向〕インテグレーションに関する日本での主要な論点は，*統合教育をめぐるものであった．1979年，都道府県に必要な養護学校を設置する義務を課す政策（養護学校義務化）を契機として，障害児を通常学級で学ばせる運動などにより，その後，統合教育の考え方は全国的な広がりをみせた．しかし，当時の文部省は障害児教育の基本は養護学校にあるという姿勢を崩さず，統合教育への制度的保障は不足していた．他方，この間国際的には統合教育を求める声が大きくなり，1993年の国連総会決議「障害者機会均等実現に関する基準原則」では「障害のある子ども，青年，成人の，統合された環境での*教育の機会均等」が原則とされた．米国では，コミュニティインテグレーションという概念がしばしば用いられる．たとえば1999年のオルムステッド最高裁判決では，州が入所施設でのサービスに特化し，在宅障害者支援によるコミュニティインテグレーションのための施策を怠った場合，米国人障害者法（Americans with Disabilities Act）に違反するという判断が下された．

〔課題〕インテグレーションは，*障害と健常とを二項対立的に捉える傾向が強いため，多元的把握を示唆にするインクルージョン概念に併呑された感があるが，同時に二項対立的な把握のほうが有効である場合もある．そうした点で，インテグレーションとインクルージョンの関係をどう整理していくかが問われている．　　　　　　　　　　　（津田英二）

〔文献〕1）堀正嗣：障害児教育のパラダイム転換，柘植書房，1994．

インドアゲーム　indoor game

屋内運動場などインドアで行う競技のことをいう．代表的な種目としては，バスケットボール，バレーボールなどがある．広義に屋内で行う遊戯をさす場合もある．アウトドアゲームに対する語である．たとえば，バスケットボールは，ネイスミス（Naismith, J.）が1891年，米国マサチューセッツ州スプリングフィールドの*YMCA訓練学校で，冬季のトレーニング用に考案したものであり，当初から米国各地で広く行われた．また，接触プレーが多いため怪我をしやすく，運動量も多いバスケットボールに対して，1895年，米国のYMCAのモーガン（Morgan, W. G.）が，バレーボールを誰にでも気軽に楽しめるスポーツ種目として考案した．このように自然発生的ではなく最初からインドアでのスポーツとして人為的に考案されたものもあれば，ユニホックのように屋外でのスポーツを雨天や冬季にも楽しめるように屋内で行えるように工夫した種目もある．　　　　　　　　　　　　　　　　　（松尾哲矢）

〔文献〕1）日本レクリエーション協会：インドアスポーツベスト・7，日本レクリエーション協会，1990．

インフォーマル教育　informal education

〔概観〕もともと，フォーマル教育以外の教育をさすものとされてきたが，1960年代後半以降，学校型教育以外で組織化された教育活動を*ノンフォーマル教育というようになってからは，それとも異なる非制度的・非構造的な教育を「インフォーマル（非定型的）教育」と呼ぶ．日本の*社会教育では，国および地方公共団体の基本的役割は「すべての国民がみずから実際生活に即する文化的教養を高めるための環境を醸成」することとされてきた．この「環境醸成」の活動がノンフォーマル（不定型的）教育だとするならば，「自ら…高める」活動（*自己教育・*相互教育＝広義の自己教育活動）はインフォーマル教育である．社会教育・生涯学習の実際においては，学習者が小集団で自主的・主体的に学び合うような学習活動を推進する教育が典型的なものである．

なお，旧来の学校教育や社会教育の枠では位置づけきれない学習活動として，多様な社会的生活活動に付随的な学習（incidental learning）も注目されてきた．環境保全や福祉活動，あるいは仕事づくりや*地域づくりなどの社会的実践にかかわる組織的活動は教育を直接的な目的としないが，それらの組織を発展させるためには学習活動が不可欠であることが理解されてきている．*NPO・労働者協同組合などの非営利・協同組織では，そうした学習が組織の存立基盤にかかわるものとなってきている．最近では，企業や行政組織を含めた諸組織を一般に「学習組織」として考えたり，学校などの既存の教育制度を「学習共同体」として捉え直したりすることが提案されるようになり，そうした学習を意識的に発展させるような教育的活動も重視されてきている．

〔経過と内容〕インフォーマル教育の本質は，学習者自身によって自由に組織化された教育活動であるということにある．具体的には地域住民の社会的生活の中に多様に存在するが，その基本的かつ普遍的なあり方は「自己教育活動」である．それは，地域住民が，①まわりの世界を捉え直し，②自分の力を

見直し信頼して，③ともに新しい世界を創造していく諸活動の全体にわたっている．これらのうち①は，1950年代の*共同学習運動や生活記録学習をはじめとする*小集団学習・サークル活動，②は1960年代からの*自分史・*生活史学習に始まり，たまり場での学び合い，*自己表現的活動を展開するグループ活動として取り組まれてきたものである．これらに対して③は社会的実践を伴うもので，今日では付随的学習の範囲を越えて，その独自の意義が認められてきた．たとえば，NPOなどの住民諸協同組織によって組織化されてきているインフォーマルな教育活動の中からは，より組織的なノンフォーマル教育といえるようなものも生まれている．

〔課題〕自己教育活動としてのインフォーマル教育は，あらゆる教育活動の基本におかれるべきものである．しかし，それらは小規模で，きわめて多様な形で，相互に関連がないような状態に置かれている．したがって，それらの安定的・持続的発展のためには，行政や中間的支援組織によってそれぞれの活動を支援するだけでなく，それらを*ネットワーク化し，組織化していく必要が生まれる．インフォーマル教育の固有の意義を発揮していくためにも，課題別，地域別，そして総合的なネットワークを発展させつつ，ノンフォーマル教育やフォーマル教育との連携を進めていくことが基本的な課題となる．

⇨ノンフォーマル教育　　　　　（鈴木敏正）

〔文献〕1）鈴木敏正：自己教育の論理―主体形成の時代に―，筑波書房，1992.；2）鈴木敏正：新版　生涯学習の教育学―学習ネットワークから地域生涯教育計画へ―，北樹出版，2008.

インフォームドコンセント　informed consent

人間である患者の生命，価値観を中心とした患者の権利に基づき，患者が十分な説明を受けた上で納得して治療方針に対し同意または拒否することができるという考え方．

ドイツナチスが行った非人道的な人体実験の反省（1946年「ニュルンベルグ綱領」）から，第2次世界大戦後，患者の人権を保障しようとする動向が国際的に展開され，インフォームドコンセントという概念が提唱，欧米を中心に広がりをみせた．

1964年世界医師会は「ヘルシンキ宣言」において「ヒトを対象とする医学研究の倫理的原則」としてインフォームドコンセントの原則を採択し，1995年6月には厚生省による「インフォームドコンセントの在り方に関する検討会」が開かれ，医療の枠を超え，人権，生命倫理の視点を包括し広く議論された．

何より患者の選択権を重要視する，というインフォームドコンセントは，自らの生き方を主体的に捉え選択する自己形成の過程といえよう．　（飯塚哲子）

〔文献〕1）木村利人・掛江直子・河原直人編：いのちのバイオエシックス，コロナ社，2009.；2）水野肇：インフォームド・コンセント，中央公論新社，1999.

う

ウィーン宣言 Vienna Declaration and Programme of Action

1993年にウィーンで開催された「世界人権会議」が採択した「ウィーン宣言及び行動計画」をいう．第1部39項目の宣言と第2部100項目の行動計画からなる．宣言は，人権・基本的自由の保護・促進が政府の第一義的責任であり，国連の優先的目的であること，またすべての人権・基本的自由が普遍的であり，不可分かつ相互依存的であることなど，人権・基本的自由に関する現時点における国際社会の認識を再確認するとともに，女性，少数者，先住民，児童，難民・避難民，移住労働者などの特に脆弱な立場にある者の権利を列挙している．また，*人権教育や*国内人権機関，*NGOの重要性を強調している．行動計画は，「国際連合システム内の人権に関する調整の増進」「平等，尊厳及び寛容」「協力，発展及び人権の強化」「人権教育」「実施及び監視の方法」および「世界人権会議のフォローアップ」の各項目のもとで，国連や各国，NGOなどの行動方針を詳細に定めている．今後国際的な視点にたって人権教育を進める際に，この宣言の内容を十分に留意する必要がある． (村上正直)

上原専祿 Uehara, Senroku

1899-1975．京都市に生まれる．第2次世界大戦後，「民族の独立と平和」「世界史像」「国民形成の教育」および「国民文化」等の理論枠組みに大きな影響を与えた歴史学者，思想家．

敗戦後，東京産業大学（後の一橋大学）学長を務め，大学基準協会役員として「一般教育」理念の創造に関与した．後，一橋大学教授，1955〜61年国民文化会議会長，1957〜64年国民教育研究所運営委員長（後，研究会議長）を務めた．1969年，妻の死を「生命の蔑視による被殺」と捉えた後，「生者」がその主観の中で「死者」の無念の想念と*対話し「死者のメディア」となって行動する主体性を提起した．

「地域-日本-世界の現実を串刺しにする把握」「地域の地方化」への警告と「価値概念としての地域」「課題化的認識」「生活現実の歴史化的認識」等の理論提起は，「地域と教育」論，*社会教育における学習論に多大な影響を与えた． (片岡弘勝)

〔文献〕1) 上原弘江編：上原専祿著作集，評論社，1987〜．

ウエルネス wellness

一般には，「健康（health）」とほぼ同じ意味で用いられることが多いが，厳密には，個人個人が置かれている状況や環境の中で，もっている潜在能力を最大限に引き出すことを目ざした総合的な働きかけのことをいう．1950年代後半に米国の医師で，公衆衛生学者でもあったダン（Dunn, H. L.）が主張した考え方で，その著書 *High Level Wellness* (1961年) はウエルネスについて書かれた最初の出版物である．その後，1970年代の米国では全米ウエルネス協会を中心にウエルネス運動が急速に発展していったが，その背景には国民医療費の急増という米国国内の事情があったともいわれる．日本には1980年代になってから紹介され，厚生労働省所管の特定公益増進法人「日本ウエルネス協会」が，前身の「健康生活推進協会」から改称したのは1985年であった． (野井真吾)

⇒ヘルスプロモーション，フィットネス

〔文献〕1) 野崎康明：ウエルネスと理論実践，メイツ出版，2001.；2) Kickbusch, I.（島内憲夫編訳）：21世紀の健康戦略3 ヘルスプロモーション—戦略・活動・研究政策—，垣内出版，1992.

ウェンガー，エティエンヌ Wenger, Etienne

1952-．スイスに生まれ，米国で活動．学習と*コミュニティのプロセス・*実践・理論にかかわる研究者・コンサルタント．レイブ（Lave, J.）との共著 *Situated Learning* (1991)[1] における，学習をコミュニティへの参加のプロセスとそれに伴う*アイデンティティの変容過程として捉える「正統的周辺参加」論は，学習理論に大きな転換を求めるものとなる．その後の著書 *Communities of Practice* (1999年)，*Cultivating Communities of Practice* (2002年)[2] によってコミュニティの発展プロセスとそこでの学習過程，そしてそれを支える*コーディネーターの働きを解明するフレームを提起し，企業における組織学習，*NPOや市民の活動や成人の学習，そしてまた学校を含めた多様な学習組織の取組みにも影響を与えている． (柳沢昌一)

〔文献〕1) レイヴ, J., ウェンガー, E.（佐伯胖訳）：状況に埋め込まれた学習—正統的周辺参加—，産業図書，1993.；2) ウ

ェンガー, E. ら（野村恭彦監修, 櫻井祐子訳）：コミュニティ・オブ・プラクティス―ナレッジ社会の新たな知識形態の実践―, 翔泳社, 2002.

碓井正久　Usui, Masahisa

1922-2004. 横浜に生まれる. 比較成人教育史研究など, 日本における社会教育の研究と実践の発展に貢献した.

〔略歴〕1949（昭和24）年東京帝国大学文学部哲学科（教育学専修）を卒業後, 1956（昭和31）年より東京大学教育学部専任講師に着任. 助教授, 教授を歴任して1983年に退官. その後は日本大学文理学部教授として研究, 教育に従事した. この間, 多くの研究者を育てる傍ら, *日本社会教育学会理事・会長（3期）を担当した. 2004（平成16）年, 82歳で逝去.

〔研究業績〕研究は広範囲に及んでいるが, 比較成人教育史・社会教育史研究, 成人教育学, および*地域教育計画論に大別することができる. 碓井は, 成人教育史研究に造詣が深く, 欧米の成人教育史研究と日本の社会教育史研究をそれぞれ進める傍ら, 両者を統合する独自の視点を開拓するなど, 社会教育史研究・比較成人教育史研究に新しい視点を提示した. 成人教育の領域では, 児童の教育学とは観点を異にする成人教育研究の必要性を提唱し, この分野の開拓者となった. 当初は教育心理学的方法からの成人学習論研究だったが, 英国やドイツなど欧米における成人教育研究の影響を受け, *成人学習者の研究や, 成人教育・社会教育の方法論および内容論をまとめた. さらに, その地域教育計画論も, 行政学等の一領域としてではなく成人教育学や社会教育実践を踏まえた社会教育・地域教育計画論になっている. これらの研究は,『碓井正久教育論集Ⅰ・Ⅱ』として刊行されている.

碓井は歌人（アララギ派）でもあり, 学徒動員期の体験を詠った『雲の色しづまるとき』などの歌集が刊行されている.　　　　　　　　（三輪建二）

〔文献〕1）碓井正久：碓井正久教育論集Ⅰ：社会教育の教育学, 碓井正久教育論集Ⅱ：生涯学習と地域教育計画, 国土社, 1994.；2）碓井正久編：社会教育の方法（日本の社会教育第7集）, 東洋館出版社, 1973.

うたごえ運動　Utagoé movement

うたごえ運動とは, 第2次世界大戦後の日本において展開された, 地域・職場・学校・農村等のサークルを基盤とした, 主として青年たちによる合唱運動である.

〔歴史〕この運動の源流は, 戦前のプロレタリア音楽運動（1928～33年）に求めることができる. この運動の中心的担い手の1人であった声楽家・関鑑子を指導者に迎え, 青年共産同盟の青年たちを中心に, 1948年2月に結成された中央合唱団により, 運動の普及が図られた. 当初は, 政治的な闘争や労働運動と結びつきながら, 歌を青年の間に広げていくという性格が強かった. その後, しだいに地域・職場のサークル活動と結びつきながら, 大衆的な音楽文化運動として発展していった. 1953年11月には, 第1回日本のうたごえ祭典が開催され, 以後, 毎年こうした全国のうたごえサークルの活動を結集した合唱祭典が, 現在に至るまで続けられている.

〔普及の要因・意義〕第1には, 運動を通じて広がり「隠れたベストセラー」といわれた『青年歌集』の曲目が, 大衆的な性格をもっていたことである. 歌集には, 日本やロシア・ソビエトをはじめとする世界各国の民謡・歌曲が豊富に収録されていた. また, 専門音楽家や青年自身の手による創作曲が数多くつくられ, 当時の青年にとって親しみやすい歌曲も含まれていた. 第2には,「うたごえは平和の力」というスローガンに示されているように, 当時の最も大きな社会問題の1つであった「平和」をテーマにした歌が多く取り上げられたことである. 少年・少女期に過酷な戦争を体験し, 平和の尊さを実感していた青年たちの心を, これらの歌は強く捉えた.

しかし, 高度経済成長を経て, 青年をとりまく社会・文化状況が大きく変容し, この運動も新たな課題に直面している. 高齢者・*障害者の合唱活動の広がり, 親子文化運動や平和運動との結びつき, 団塊世代の音楽活動への参加等の様々な動きと連携しつつ, 新たな発展が模索されている.　　（草野滋之）

〔文献〕1）井上頼豊編：うたごえよ翼ひろげて, 新日本出版社, 1978.；2）関鑑子追想集編集委員会編：大きな紅ばら, 音楽センター, 1981.

内なる国際化　internal and internalized internationalization

「内なる」には, 二重の意味がある. 1つは文字どおり日本国外に対する日本国内の意味, もう1つは, 人間の身体的外部に対して内部, すなわち心なり精神という意味である. 今日, 先進国を中心に国際化が著しい. *グローバリゼーションによる人の移動の活発化, 他国との相互交流の深化により, 世界的に国家間の交流が進行している. このような世界的状況の中で, 日本国内の国際化を進めるのが前者のいう意味での国際化である. 他方, 国内に外国人が

増え，国際化が客観的には進行しても，心がナショナリスティックであり，*排外主義的なことはよくある．その場合は，心を開き，外国人への誤解を解き，精神の国際化を図る必要がある．こうした意味での国際化は，後者の意味での国際化である．日本でも21世紀にふさわしい，多文化理解，多民族*共生による国際化を推進するには，物流の交換だけではなく，同時に心や精神もまた新世紀を迎えて，多様な文化の理解を通した「内なる国際化」が求められている．　　　　　　　　　　　（佐久間孝正）

〔文献〕1) 佐々木高明：多文化の時代を生きる，小学館，2000.；2) 佐久間孝正：外国人の子どもの不就学，勁草書房，2011.；3) 榎井緑・阿久沢麻里子：「内なる国際化」の新たな課題—地域で暮らす「外国人」たちと識字の問題—．国際識字10年と日本の識字問題，東洋館出版社，1991.；4) 佐久間孝正：多文化社会におけるマイノリティの人権と教育，日本社会教育学編講座現代社会教育の理論Ⅱ pp. 78-94, 東洋館出版社，2004.

ウーマンリブ　women's liberation movement

1960年代後半に米国で生まれ，1970年代前半にかけて欧米など先進国で展開された女性解放運動で，「女らしさ」という社会規範に囚われている女性自身の意識の*解放を目ざした．

〔誕生・展開〕1960年代の黒人解放を目ざす公民権運動やベトナム反戦運動などに参加していた女子学生たちが，運動の中での女性の*抑圧に目を向けるようになり，自分たちの抑圧の*経験は個人的なことがらではなく，社会的な問題であると告発したことから始まった．「個人的なことは政治的である」というスローガンのもとで，制度が平等になっていても実質的に女性の抑圧をつくり出しているものとして，女性自身の「女らしさの囚われ」が問題とされた．女性たちが自らの経験を語り合う中で，自らの行動や身体を束縛している社会規範や価値観を探り，そこからの自己解放を目ざす*実践として，*CR (consciosness raising) が盛んに取り組まれた．そして同時期に，フリーダン (Friedan, B.) が『女らしさの神話』(1963年，邦訳『新しい女性の創造』) で告発した，主婦が感じている虚しさや不安感といった「名前のない問題」に共感した中産階級の女性たちが，NOW (National Organization for Women, 全米女性機構，1966年設立) を中心に進めた運動と重なって，「第2波*フェミニズム運動」として展開していった．

〔日本のウーマンリブ〕日本でも，1960年代後半からの社会運動や学生運動に参加した女性たちが運動の中の女性の抑圧に気づき，女性解放を目ざすグループを結成し，1970年10月21日にグループが集まって女性だけのデモを初めて行った．その中心的メンバーであった田中美津は，1972年『いのちの女たちへ—とり乱しウーマンリブ論』を著し，グループの拠点として「リブ新宿センター」を開設したが，同センターは1975年以降，閉鎖された．日本のウーマンリブは，「国際女性年」以降の動きには直接的にはつながっていない．　　　　　　　　　（入江直子）

〔文献〕1) 江原由美子：女性解放という思想，勁草書房，1985.

運動会（地域）　athletic meeting (in community)

学校や地域，職場などで，参加者が一定のプログラムに則って，全体としてまとまりをもって競技や身体的ゲーム，演技を行う行事のこと．日本で最初の運動会は1874（明治7）年3月，東京築地の海軍兵学寮（のちの海軍兵学校）において英国人教官の指導のもとに開かれた「競闘遊戯会」だといわれている．1885（明治18）年，初代文部大臣である森有礼は学校における児童生徒の体位向上と規律訓練を目的として運動会を強く奨励し，全国各地で運動会が開催されるようになる．昭和の戦時下，次第に戦意昂揚，思想統合の手段となる．戦後，一時停止後，1949（昭和24）年頃から復活し，学校，地域，職場等で開催されている．運動会は，*自己表現の機会であり，祭りやハレの場の役割を果たしつつ参加者の一体感や学校，地域，職場の*アイデンティティを醸成する機会となりうる．しかし一方で運動が不得手な人も参加し，自己表現と社会的承認を可能とする場の設定が重要である．　　　　　（松尾哲矢）

〔文献〕1) 吉見俊哉ほか：運動会と日本近代，青弓社，1999.

運動部活動　extra curricular school sport

学校教育の教科外活動の1つの領域であり，本来児童・生徒・学生が自主的に行うスポーツ種目のサークルである．

〔歴史〕運動部活動の世界史的源流は，19世紀の英国のパブリックスクールである．19世紀末の各国の近代公教育制度の確立に従って，教科体育とともに世界中に普及した．日本へのスポーツの導入は明治期以前も多少はあったが，主要には文明開化以降である．特に大学，旧制高校での導入，普及が中心であった．1894〜95年の日清戦争から1904〜05年の日露戦争の勝利による日本の大国化，帝国化の中で，ナショナリズムは急速に強められ，スポーツも

武士道的ナショナリズムと結合した．戦時中は将校が学校に配属され，軍隊的な部活動の運営方法を導入した．

〔部活動の役割〕戦後は新制の中学校，高等学校で積極的にスポーツが取り入れられた．自主的な運動部活動には学校側も非介入を原則としたから一部には戦前，戦中の軍国主義的な残滓もあった．しかし，学校の運動部活動は国民へのスポーツ普及の最大の場となった．選手養成の点でも中軸となり，戦後の日本の国際的な競技力の低下に伴い，禁止されていた小・中学校レベルの対外試合の基準が拡大されてきた．

〔部活動の問題点〕1980 年辺りからの中学校，高等学校の荒れ以降，生徒管理の一環として，「週 6～7 日部活」「部活漬け」が普及した．*いじめ，上下関係の強化，体罰，教員の高齢化，土日出勤，低手当等々いろいろな問題点も発生した．高校への部活推薦入学も絡み，一部には親の過熱化も激しくなった．1989 年の学習指導要領で「クラブ活動の部活動による代替」も認められ，公立中学校ではクラブ活動を英語などの時間に振り分け，部活動が*評価の対象となった．この結果，部活動が実質全員加入制へ移行した地域も多かった．それは自主活動であるはずの部活動を窮屈なものにした．

〔部活動は学校教育の一部〕日本の部活動は学校教育の一部として発展してきた．学校スリム化の一環に，地域への委譲を主張する意見もあるが，地域での受け皿（施設，指導者など）がない現状では，あまり進展していない．部活動を学校の機能の一部と認め，教師への犠牲に依存するのではなく，十分な保障を整える必要がある． （内海和雄）

〔文献〕1) 内海和雄：部活動改革―生徒主体への道―, 不昧堂出版, 1998.

え

ARCI（伊） 伊 Associazione Ricreativa Culturale Italiana

1957 年にフィレンツェで結成されたイタリア文化レクリエーション協会は，ARCI（アルチ）と通称される．19 世紀に生まれイタリアの成人教育の一端を担ってきた相互扶助組織，文化・*レクリエーション・スポーツのサークル，それらの拠点となった*人民の家を結ぶ全国組織として誕生した．レジスタンスの伝統を引き継ぎ，反ファシズムと民主主義を共通の旗印としている．

その後，ARCI NOVA（新アルチ）となり，ARCI-Nuova Associazione（新しい結社-アルチ）を経て，2006 年 2 月の全国大会でアルチ協会（Associazione ARCI）となった．

アルチ協会は，個人加盟と団体加盟による社会進歩のための全国団体として，教育・文化・福祉・環境・*消費者運動，等の各種団体を擁し，地域での市民参加と連帯を促進している． （中嶋佐恵子）

⇨人民の家

〔文献〕1) 佐藤一子：イタリア文化運動通信―ARCI・市民の担う文化プログラム―, 合同出版, 1984.

エアロビクス aerobics

有酸素運動とその運動プログラムの総称のことであり，1967 年に米国の運動生理学者のクーパー（Cooper, K. H.）によって宇宙飛行士用のトレーニングプログラムとして考案された運動処方理論のことをいう．その定義は，「十分に長い時間をかけて心臓や肺の働きを刺激し，身体内部に有益な効果を生み出すことのできる運動」とされ，歩行，ランニング，サイクリング，水泳，自転車こぎ，その場かけ足などが，その種目としてあげられる．クーパーは，これらの運動種目の運動強度，運動時間，運動頻度の 3 つの条件を勘案して点数化し，それをもとに 1 週間の達成目標を設定した．その後，1970 年にはソーレンセン（Sorensen, J.）によりダンスの要素を加えた「エアロビックダンス」も考案された．日本に

エアロビクスが紹介されたのは1981年のことで，「朝日エアロビックセミナー」のためにクーパーが来日講演したのが最初といわれている．　　（野井真吾）

〔文献〕1) Cooper, K.H.（広田公一ほか訳）：エアロビクス—新しい健康づくりのプログラム—，ベースボール・マガジン社，1972．

エイサー　Eisa-dance in Okinawa

沖縄で旧盆の時期に踊られる盆踊り．盆は，13日が迎え日（ウンケー），14日が中日，15日が送り日（ウークイ）となっており，この3日間の夜に招来された祖霊を供養し，それを送るために踊るのがエイサーである．

エイサーは，各集落の*青年会が盆の芸能として戦前から継承してきた．かつては念仏歌が主流であったが，第2次世界大戦後の1956年にコザ市（現沖縄市）主催の全島エイサーコンクールを契機に，踊りや衣装の工夫，流行歌の導入などによってエイサーの多様化が進んだ．

エイサーは，先代のわざを厳密に踏襲するものではなく，現役青年会による創意工夫が肯定される青年の芸能であり，そのためエイサーを始めることで青年会が新たに組織され，地域活動に取り組む例もある．八重山の旧盆では，青年会を中心に「アンガマ」が踊られているが，青年会活動の1つである点は，エイサーと共通している．　（山城千秋）

〔文献〕1) 沖縄市企画部平和文化振興課：エイサー360度—歴史と現在—，那覇出版社，1998．2) 宜保榮次郎：エイサー—沖縄の盆踊り—，那覇出版社，1997．

エイジズム　ageism

〔定義と概念〕字義は「年齢差別」だが現実には高齢者差別をさすことが多い．欧米では，セクシズム（sexism，男女差別），*レイシズム（人種・民族差別）に並ぶ三大差別の1つと見なされ，日本でも，2001年に閣議決定された高齢社会対策大綱で，「旧来の画一的な高齢者像の見直し」が基本姿勢とされるに至っている．1969年に，高齢者への*偏見や差別を批判する*バトラーによって提唱された．その後，エイジズム概念の体系化を試みたパルモア（Palmore, E.B.）によって，「ある年齢集団に対する否定的もしくは肯定的偏見または差別」と再定義されたが，老人虐待，老人蔑視，病気を年齢のせいにする医師のサボタージュ，年齢による雇用差別など，高齢者に特化して用いられることが多い．

〔運動の展開とNPO〕欧米では，アンチエイジズム（Anti-Ageism，エイジズムに抗する施策・活動）は，*AARP（旧「全米退職者協会」，米国），グレイパンサー（Gray Panthers, 米国）などの*NPOを中心に展開されている．その内容は，エイジズムの調査・告発，議会でのロビー活動のほか，子ども・市民への教育プログラムの提供や高齢者の*エンパワーメント支援を含む多様なものとなっている．欧米の年齢差別禁止に関する法制度の充実は，NPOによる*市民活動の成果ということができる．

〔学習支援の課題〕日本においても欧米のようなNPOの拡張・育成は期待されるところであるが，アンチエイジズムを実質化していくには，高齢世代のエンパワーメント支援だけではなく，若年世代が加齢の意味を知るエイジング教育，高齢者サービス従事者等の*専門職への教育も必要となる．あらゆる人々が，年齢主義に抗する活動や運動を理解し，その主体となりうる学習（アンチエイジズム学習）を，「高齢者」という枠組みを超えたところで，いかに生涯学習の基幹に位置づけるかが課題である．

（松岡広路）

〔文献〕1) パルモア, E.B.（鈴木研一訳）：エイジズム，明石書店，2002．

エイジング（老化，加齢，老い）　aging, age-

〔概念〕人間が生物的完成体にある程度達した後に起こる比較的規則的な変化で，外的事象や*認知症などの病気による変化とは区別される．発達（development）が人間の誕生から*成熟に向かう前進的・展開的概念であるのに対し，エイジングは，むしろ老いや死に向かう収斂的概念だといえる．

エイジング概念は，その用いられる領域によって若干意味合いが異なる．まず「加齢」という中性的な意味であるが，人口学や社会学などの領域では，この意味で用いられることが多い．「老化」「老い」は，人生後半部の生理的機能の低下の側面に注目したもので，医学や生物学などの領域では，この意味で用いられる．第3の「高齢化」は，中高年層を集団として捉えたときにこの意味で使われる．また加齢に伴う*経験を意味する場合，「高齢者問題」というニュアンスで使われることもある．最後に，ポジティブなニュアンスをこめた「熟成」「円熟」という意味で使われることもある．ワインやチーズを発酵させてまろやかな味を出させることもエイジングなのである．今日では美容などの領域でアンチエイジング（抗加齢）なる語が用いられることがあるが，一方で，ポジティブエイジングやアクティブエイジ

ングなど，エイジングのポジティブな面を強調した語も使われていることに留意する必要がある．

〔歴史的背景〕もともと人生の後半部を形容する語としては，老衰（senescence, senility）や老いといった語が用いられていたが，これらの語の中にはネガティブなニュアンスがこめられていることがある．そこで，人生後半の変化のプロセスと経験を，バイアスを捨てて自然な人間的なものとしてみつめようという姿勢とともに，エイジングなる語が，米国老年学会設立時（1940年代半ば）あたりから用いられ始めたのである．そこには，白髪が出たり入れ歯を使ったりすることを，ネガティブに捉えるのではなく，自然な人間的現象として捉えようとする姿勢がある．

〔実践〕高齢者やエイジングプロセスに対する正しい理解を深めることをねらいとする教育を，エイジング教育（aging education）という．学校教育の場で教科の内外で実施される場合もあるし，高齢者にかかわる*専門職教育の場で実施される場合もある．またエイジング現象の理解に関する学習の支援をしていくことも，エイジングと教育を結ぶ重要な視点である．

〔課題〕生涯学習や*高齢者教育の支援においては，老化の防止といった視点でのみ中高年層の学習を捉えるのではなく，エイジングに内在するポジティブな側面を実生活の中から引き出すことが重要となる．年をとったがゆえにみえてくる知見（エイジングの知恵）を活性化できる学習支援が必要なのである．一方で，エイジングが生体にネガティブに作用する部分に対しては，補助や緩和を図っていかねばならない． （堀　薫夫）

⇨高齢者・老人

〔文献〕1）堀薫夫：教育老年学の構想，学文社，1999.；2）堀薫夫編：教育老年学の展開，学文社，2006.；3）フリーダン，ベティ（山本博子・寺澤恵美子訳）：老いの泉（上）（下），西村書店，1995.

エイジングクイズ　aging quiz

パルモア（Palmore, E. B.）が1977年に開発したクイズで，高齢者やエイジングに関する25個の設問に対する正誤を問うたものである．このクイズが作成された背景には，高齢者とエイジングに対する人々の正しい理解を促し，ひいては社会の側のエイジングへのステレオタイプの是正につなげようとした彼の企図があった．しかし正誤法で行う簡便な手法に対してはその後批判も出され，パルモア自身もその修正版を作成している．このクイズは他の文化圏にも普及し，1978年には前田大作らにより，その日本語版が作成されている．高齢者とエイジングへの理解を深めるため，高齢者関連のセミナーなどで用いられることがある．

エイジングクイズの項目には，ネガティブバイアスとポジティブバイアスの双方の項目が含まれており，これによりエイジングを過度に美化するような*偏見もチェックされる．内容的には，生理的・心理的・社会行動的側面に加えて，社会的事実に関する項目が含まれている． （堀　薫夫）

〔文献〕1）Palmore, E. B.：*The Facts on Aging Quiz* (2nd ed.), Springer, 1998.；2）堀薫夫：教育老年学の構想，学文社，1999.；3）小田利勝：高齢化社会に関する事実誤認：「高齢化社会クイズ」第4版による分析．老年社会科学，16(2)，125-135, 1995.

エイズ患者（HIV感染者）　AIDS patient (HIV carrier)

エイズ（AIDS，後天性免疫不全症候群）とは，HIV（ヒト免疫不全ウイルス）に感染後，10年以上の潜伏期を経て徐々に免疫力が低下し，そのために発症する様々な病気の総称である．HIV感染者が発症するとエイズ患者となる（すべてのHIV感染者が発症するわけではない）．2008年11月までに，国内のHIV感染者とエイズ患者数の合計は1万5000人（薬害患者除く）となっている．

HIVの主な感染経路は性的接触，輸血（血液製剤含む），母子感染であり，通常の生活において感染の可能性はほとんどない．しかし男性同性愛者の病気という偏ったイメージと彼らへの*偏見なども絡み，社会における*差別はなお厳しい．感染者・患者に対する診療拒否，地域や職場でのプライバシー侵害，解雇などが絶えないことから，病気をまわりに隠している人が多く，深刻な社会的排除が起きている．

*社会教育において，HIV・エイズおよび感染者・患者に対する正しい理解を普及させることは急務である．当事者の声に耳を傾け，エイズや*性教育にかかわる民間団体や専門家とも協力し，感染予防だけでなく人権問題として，また性を捉え直す視点からの学習・*実践が求められている． （松波めぐみ）

〔文献〕1）五島真理為・尾藤りつ子：エイズをどう教えるか，解放出版社，2002.；2）北山翔子：エイズ・STDと性の教育，十月舎，2002.

AARP（旧全米退職者協会） American Association of Retired Persons

AARP（現正式名称）は，高齢者も「サービスの受け手ではなく，与え手になろう」（to serve, not to be served）という理念のもとに1958年に設立された超党派の非営利団体である．現在では，全米最大規模に発展し，その会員数は50歳以上の米国人の半数に該当する約4000万人に達している．

設立当初は，退職高齢者を組織化することにより，集団医療保険への加入をはじめとする社会保障制度の改善や雇用における年齢差別の撤廃など，高齢者の権利擁護運動や制度改革を推進してきた．近年は，高齢者の若年世代への社会貢献を目的とする世代間交流事業の推進，*老年学研究の進展，会員による*ボランティア活動の発展などにも力を注ぎ，高齢者の権利のみを主張する圧力団体というイメージからの脱却に努めている． （間野百子）

⇨エイジズム

〔文献〕1）日本労働者協同組合連合会：AARPの挑戦—アメリカの巨大高齢者NPO—，シーアンドシー出版，1997.；2）http://www.aarp.org/aarp/about_aarp/（2012年1月）．

ASIHVIF（国際ライフヒストリー成人教育研究協議会） Association Internationale d'Histoires de Vie en Formation

フランス語圏を中心にした，*ライフヒストリーの成人教育への応用に関する*実践と研究を目的とする国際的な研究組織．ピノー（Pineau, G.），ドミニセ（Dominicé, P.）らを中心として，1990年に設立された．ライフヒストリーを成人の*自己教育として実践的に研究する*アクションリサーチの方法として位置づけた活発な理論研究を展開し，メンバーらによる書物が「ライフヒストリーシリーズ」としてパリのラルマッタン社から，多数，出版されている．また，大学や企業，*職業訓練，*職業紹介の機関など幅広い領域で，この方法を用いた実践を行う実践者を糾合した研究集会の開催を通して，通常はそれぞれの実践現場の個別性に支配され，共通の実践であるという認識の薄い成人教育の関係者に，「伴走者」という理解を広めることや，「エコ教育（*環境教育）」という新しい課題の存在を提起している． （末本　誠）

〔文献〕1）社会教育推進全国協議会編：国際形成生活史憲章．社会教育・生涯学習ハンドブック（第7版），pp.221-223，エイデル研究所，2005.

ASPBAE ⇨アジア南太平洋成人教育協議会

ALA図書館の権利宣言 ALA Library Bill of Rights

知的自由の促進と擁護に関する米国図書館協会（American Library Association：ALA）の基本方針．「図書館憲章」「図書館の権利章典」「図書館の権利に関する宣言」とも訳される．

〔内容〕冒頭ですべての図書館を情報や思想の広場であると宣言した上で，以下の6ヵ条を展開する．第1条では，*コミュニティのすべての人々の関心，情報，啓蒙に役立つように図書およびその他の図書館資源を提供すべきことを定め，さらに創作者の生まれ，経歴，見解を理由とした排除を禁止している．第2条では，あらゆる観点の資料や情報の提供義務と，党派や主義への不賛成を理由とした資料除去の禁止を，第3条では，情報提供と啓蒙という図書館の責任に伴う検閲拒否を，第4条では，表現の自由や思想へのフリーアクセスの制限へ抵抗する者への協力を示している．第5条では，利用に関する個人の権利に対して，生まれ，年齢，経歴，見解により拒否や制限をすることの禁止を，第6条は，*展示空間や集会室の利用について，信条や所属関係にかかわりなく公平な基準で提供する義務を定めている．

〔改正〕ナチスの焚書の衝撃と，ノーベル賞作家スタインベック（Steinbeck, J. E.）の『怒りの葡萄』を図書館から排除することが続出したのをきっかけに，宣言は1939年6月19日に初めての採択がなされた．その後，1944年，1948年，1961年，1967年，最後は1980年1月23日に改正されている．

たとえば，1948年の改正では「*公立図書館」が「すべての図書館」として拡大明記された．1961年の改正では利用者の*差別問題に言及し，1967年の改正で「年齢」と「見解」を利用者の権利保障に加えている．1980年の改正では，「開かれた思想の広場」としてあらゆる思想や表現が自由であるとする図書館の役割を規定した．近年は，図書館内の情報化の変化が検討課題になっている． （前田　稔）

⇨図書館の自由

〔文献〕1）アメリカ図書館協会知的自由部編纂（川崎良孝ほか訳）：図書館の原則改訂3版—図書館における知的自由マニュアル（第8版）—，日本図書館協会，2010.；2）上田伸治：アメリカで裁かれた本—公立学校と図書館における本を読む自由—，大学教育出版，2008.

エクステンション　extension

〔語義と背景〕日本では一般に，大学などの*教育機関が（地域）社会に対して教育機能を拡張し，*学習プログラムや施設・設備，豊富な人的・物的リソースなどを広く開放することをさす．このような目的で大学などに附設された施設は，エクステンションセンターなどと呼ばれる．このエクステンションの発想は，19世紀半ば以降，英国のケンブリッジ・オックスフォード両大学を中心に広がった大学拡張運動（university extension）に由来する．両大学は，労働者階級の教育要求に対し，特別講義やクラス指導（*チュートリアルクラス）などの教授活動を提供し，社会的ニーズに応えようとした．他方，エクステンションは，ヨーロッパや北米を中心に18世紀以降に展開されてきた農業技術普及運動（agricultural extension）をも意味し，農業技術を基盤として，生活技術，一般教養，*余暇活動など幅広いプログラムを地元住民に提供する成人教育部門を総称するものでもある．米国の州立大学の多くがこの部門を附設し，地元住民に対して科学と教育と日常生活の効果的な結合を目ざす教育事業を行っている．

〔事例〕イリノイ州立大学エクステンションは，「あなたの大学への玄関口」との謳い文句で，州内の102のカウンティ（郡）すべての住民に対し，*アウトリーチ（出前事業）による学習機会を提供する．同大学の農業実験ステーションと連携して各地の農業研究・教育センターを*ネットワーク化し，先端的な農業技術・*知識へのアクセスを可能にしているほか，多様で実用的な教育プログラム（健康，食の管理・安全，環境，食品生産と市場システム，青少年・家族・*コミュニティの福祉向上にかかわる内容）と学習サポート体制を用意している．また実習*ワークショップ，屋外学習，インターネットでの個別指導など，学習者とテーマに応じた学習方法が工夫され，毎年250万人以上が受講している．

（渡邊洋子）

〔文献〕1) Wenley, R. M.：*The University extention movement in Scotland*, Kessinger Publishing, 2008.

エコツーリズム　⇨グリーンツーリズム

エコハウス　eco-house

エコロジーハウスの略．住宅を通して環境負荷を低減し，地球環境の保全および周辺環境との親和性，居住環境の健康や快適性を追求した住宅のことである．このため周辺の自然環境に対して有害物質の排出を低減させ，自然エネルギーを積極的に利用し，過剰な設備投資を行わないことを特徴とする．これらはエコツーリズムにおける環境学習プログラムに積極的に取り込まれ，里山での自然や社会との持続的なかかわりを通して地域固有の価値観の共有を促進することが期待されている．また都市部と農村部の相互理解を進める*グリーンツーリズムやソフトツーリズムとの親和性も高く，農家の体験民宿や地産地消を推進し，都市部から自給自足や田舎暮らしを希望する人々にとって注目を集めている．

しかし，エコハウス推進のための各種技術の導入や普及は，画一的でマニュアル的な「環境にやさしい住宅」づくりに陥り，新たな開発を生み出す可能性をもっている．

（野村　卓）

〔文献〕1) 小林光：エコハウス私論，槵舎，2007.；2) 松岡浩正・中野博：環境のことを考えた私たちの家造り，竹内書店新社，2001.

エコマネー　eco-money

地域内でのみ流通する擬似通貨として始まり，近年では，新たな*コミュニティを構築するためのコミュニティマネーと考えられる．エコマネーは，1998年に加藤敏春が「環境，介護，福祉，コミュニティ，文化などに関する多様でソフトな情報を媒介する21世紀のマネーである」と述べたことに始まる．当初は，法定通貨との互換性は極力もたない通貨であり，その意味でサービスに特化した互酬機能を有する通貨であった．都市化の進行により地域内の人間関係が希薄化したことに由来する問題が増えるにつれ，人々は人と人の関係を醸成するための*コミュニケーションツールとして使用するようになった．地域通貨は，本来不足する法定通貨を経済的に補完するものとして18世紀ヨーロッパで登場し，世界各地で経済活動などに積極的に利用された通貨である．最近ではまちおこしなどの一環として使用されることが多く，日本ではエコマネーと地域通貨を区別せずに使用しているケースも多い．全国での地域通貨やエコマネーの実践事例数は652件と報告されている（2009年2月24日徳留佳之のデータ参考）．

（関上　哲）

〔文献〕1) 加藤敏春：エコマネー，日本経済評論社，2000.；2) 加藤敏春：エコマネーの新世紀，勁草書房，2001.；3) 西部忠：地域通貨と地域自治，公人の友社，2003.

エコミュージアム 英 ecomuseum,仏 écomusée

ある一定の地域全体で*博物館活動を行っていくこと．すなわち，地域に点在する有形無形の文化財や史跡，自然環境，産業遺産など，地域の様々な資産を統合的にあるがままにあるいはより良い状態に保全し，住民自ら調査研究し，保存しかつ*展示，学習していくこととなる．フランス語で命名された言葉（écomusée）の英語訳（ecomuseum）として世界に普及している言葉だが，日本では「地域まるごと博物館」「生活・環境博物館」などとも呼ばれることもある．

〔歴史・動向〕1960年代末頃，世界各地で同時多発的に試みられ始めていた，博物館が単独に立地する閉ざされた殿堂としての建物ではなく，地域コミュニティと深いかかわりをもつことを基本理念とする活動に対して，これからの博物館の方向性を示す1つのあり方として 1971 年，*国際博物館会議（ICOM）ディレクターであったドヴァリーン（de Varine, H.）によって命名された．1971 年フランスで大会の行われた同会議の席上で，翌年の国連人間環境会議を見据えて，エコロジーとミュージアムを組み合わせた言葉として，当時のフランス環境大臣により公に提唱された言葉である．前ディレクターであったリヴィエール（Rivière, G. H.）がフランス国内において熱心にこの構想の実現に取り組み，現在ではその名称を使っているものが 40 ヵ所程度，全世界でも数百ヵ所はあるとされ，1990 年代以降，英語圏や東欧，アジアにも広がりをみせ，再び注目され活発になってきている．

〔基本概念〕地域住民の意志と力により，生きた博物館として地域を学習・保全し，そして地域を自ら運営していく活動といってもよい．博物館施設にこだわらないため，組織実体のない活動を自称するものもあり，定義や概念が混乱しているのが実情でもある．

従来の一般的な博物館とエコミュージアムとを比較した文献[1]によると，博物館活動の3つの要素，つまり活動の行われる場・容器・構造（スケルトン），活動の対象・内容，それにかかわる人間・博物館活動の主体と客体，のそれぞれは，以下のように違う．つまり，従来型の博物館＝〈建物〉＋〈収集品〉＋〈専門家＋公衆〉であるのに対し，エコミュージアム＝〈領域〉＋〈遺産＋記憶〉＋〈住民〉すなわち，従来の博物館の建物ではなく，ある一定の地域の領域において，地域に点在する遺産や無形の記憶を対象とし，一般の博物館内部の*学芸員と公衆の両者の役目をエコミュージアムでは地域住民が担うというものである．エコミュージアムの特徴は，地域環境を統合的に対象とすることにより総合的，学際的であること，それに加えて，地域住民が互いに教える役割にも教わる立場にもなる学び合いの場として機能すること，またエコシステムの一員として博物館活動の中に組み込まれていることにある．つまり，地域で博物館活動を進めることと住民自ら地域の*生活文化を豊かにすることと目的を1つにしようとするものである．

〔課題〕エコミュージアムという言葉は定義づけがむずかしく，地域の形態に応じて実に様々な活動であるため，誤解されることも多い．活動する地域の事情によっては重点を置くところが異なり，博物館関係者の不在のもと，*地域づくりと同様に捉えられていることも少なくない．しかし，根幹となる理念は博物館学にあり生涯学習の場づくりという本来の機能がさらに重要視されることこそ当面の課題でありかつ今後のエコミュージアムの好ましい展開といえる．　　　　　　　　　　　　　　（大原一興）

〔文献〕1) Rivard, René：*Opening up the museum or Toward a new museology : ecomuseums and "open" museums*, 1984.；2) Davis, Peter: *Ecomuseums -a sense of place-*, Leicester University Press, 1999.；3) Varine-Bohan, Hugues de.：*L'Initiative communautaire : Recherche et expérimentation*, Mâcon, Ed. W; Savigny-le-Temple, MNES, 1991.；4) 大原一興：エコミュージアムへの旅，鹿島出版会，1999.；5) Unesco：Images of the ecomuseum, *Museum*, **148**, 182-244, 1985.

SST（生活技能訓練） Social Skills Training

行動療法から発展した生活訓練の方法である．とりわけ近年，障害者リハビリテーションの様々な分野でSSTへの関心が高まってきており，トータルな社会生活の保障および*QOL（生活の質）を向上するための有効な方法であることが確認されている．その中でもとりわけ，*障害ゆえに円滑な対人関係を保てず自立した生活を営む際に様々な困難をもつ精神障害者の社会復帰を促す上で，SSTは大きな役割を果たしているといわれている．地域社会での生活を想定して自分の気持を*他者にきちんと伝えることを目的に，具体的な状況設定に基づいてロールプレイング方式が用いられるなどの特徴をもつ．取り扱われる課題や内容は極めて具体的で，実際的なものであるが，そこでのポイントは*コミュニケーション能力の回復と養成にある．その点で，地域での精神障害をもつ人の学習支援という面から

＊社会教育の役割が問われているといえる．

(小林　繁)

〔文献〕1) 浦河べてるの家：べてるの家の「非」援助論，医学書院，2002．

SLE（豊かな環境体験）Significant Life Experiences

〔概観〕SLE は 1980 年，ターナー（Tanner, T.）により発表され，その後米国を中心に主に＊環境教育分野において蓄積されてきた環境体験学習過程論である．初期の SLE の基本原理は「環境的行動（responsible environmental behavior：REB）をとる人々は，その人格形成過程において特定の体験の影響を受けており，その体験の多くは，野外で家族や少人数の友人と過ごすこと，学校や団体での自然体験活動など，いずれも自然（環境）体験に関係するものである」というものだったが，近年，この SLE を「過去の体験との関係を踏まえて，現在の自己の行動や生活様式を＊意識化する＊学習プログラム」として再構築しようとする試みが始まっている．

〔手法〕SLE 学習の方法は，① 予備調査（調査手順の確立，分類区分の設定，調査用紙の設計），② ＊ワークショップ調査（回答者による「環境的行動（SLE）」および「環境体験（REB）」の記述，グループ討議による回答者の記憶の確認と修正，回答者による分類区分の選択），③ 比較調査，④ ＊自分史の作成または相互インタビュー，の 4 段階に分けられる．予備調査ではまず，数人の学習者が，自身の環境的行動，環境体験について，ラベル紙に記入後，討議をしながら分類区分を抽出する．ワークショップ調査では「現在行っている環境的行動（REB）」を最も顕著と思われるものとして 3 点以内でラベル紙に記入する．さらに「その行動に影響を与えた過去の体験（SLE）」を同様に記入する．いずれの場合も記入の後，小グループでの討議を行いながら記憶の確認や修正を行う．記入後，予備調査で抽出された分類区分に従い各自のラベルを分類し，全員の分類の結果を共有する．比較調査では，この方法を別の属性をもつ集団に対しても実施し，その結果を相互に比較する．さらには，その結果に基づき学習者が自分史を作成することや，相互にインタビューをしあうことで，その特徴を把握する．

(降旗信一)

〔文献〕1) 降旗信一：自然体験学習の学びのプロセスを探る─SLE（シグニフィカントライフエクスペリエンシス）論─．自然体験学習論（降旗信一・朝岡幸彦編），pp. 42-59，高文堂出版社，2006．

ADL（日常生活活動）activities of daily living

1 人ひとりの人間が生活するために行う，基本的でかつ各人に共通して繰り返される一連の身体活動群をいう．ADL の範囲は，食事，排泄，整容など身のまわりの活動（self-care）が含まれる．この概念は 1945 年に米国のディーヴァー（Deaver, G. G.）とブラウン（Brown, M. E.）によって提唱され，「生命」の視点が支配的であった医学の世界に，「生活」の視点を導入する発端となった．関連概念として，個人生活と社会生活の間に位置し，家庭や家族の機能を維持するために必要な生活関連の応用動作があり，手段的 ADL（instrumental ADL：IADL），生活関連動作（activities parallel to daily living：APDL）などと呼ぶ．これらは，高齢者や障害者への教育の基盤となる，日常生活面での自立度を捉える上で重要となる．

(藤原瑞穂)

〔文献〕1) 上田敏：リハビリテーション医学の世界，三輪書店，1998．；2) 千野直一・安藤徳彦：ADL・IADL・QOL，金原出版，2004．

NIACE（イギリス成人継続教育全国協議会）National Institute of Adult Continuing Education in England and Wales

英国における成人教育・継続教育全般にかかわる情報提供と研究を推進する民間の全国組織である．イングランドとウェールズを直接の対象とし，スコットランド，北アイルランドに関しては類似機関との連携を図っている．いわゆる社会的企業の 1 つである．チャリティつき有限保証責任会社の形態をとり，構成する団体会員は 500 余である．

年報（year book）を毎年刊行しており，成人教育，継続教育，高等教育機関や諸団体の所在地等基礎情報が得られる．また，春秋 2 回発行の研究紀要（Studies in the Education of Adults）をはじめとした研究の推進，出版部門による関連文献の頒布を通じて，英国および連携をしている世界各地の研究者や＊実践家に最新の情報を提供し続けている．＊日本社会教育学会も＊ネットワークのメンバーとして紹介されている．イングランドではレスター，ウェールズではカーデフに本部が置かれている．

(矢口悦子)

〔文献〕1) NIACE：*Adult Learning Yearbook*, niace, 毎年度．

NGO　Non-Governmental Organization

政府以外の組織（非政府組織）であり，営利を目的とせず，公益性のある事業活動を行う組織をさす．

「グリーンピース」や「国境なき医師団」など平和・人権擁護，環境保護，国際援助等の分野で，国際的に活動する団体から対象地域に密着した草の根活動を展開するものまであるが，慣習的に国際的に活動する団体を*NGOと呼ぶ場合が多い．*NPO (non-profit organization, 非営利組織) という表現との使い分けは曖昧である．「民間団体の中で，営利目的ではなく社会的な事業を行っているもの」という非営利性を強調した表現がNPOであり，「社会的な非営利事業の中で，政府・行政ではなく市民によって行われているもの」という非政府性を強調した表現がNGOであるなど，その視点によって捉え方が異なってくる．そのため，国際的にはNGOとして認知され，かつ国内法上はNPO（特定非営利活動法人）として扱われる場合などがある．

（櫻井常矢）

〔文献〕1) 西川潤・佐藤幸男：NPO/NGOと国際協力，ミネルヴァ書房，2002.

NPM New Public Management

1980年代半ば以降において，英国やニュージーランドなど，アングロサクソン系諸国における公共経営改革の現場で形成された，公共部門の効率化，活性化を目的としたマネジメント論．民間企業における経営管理の理念・考え方を可能な限り適応することが基本原理であり，① 業績・成果主義，② 市場メカニズムの活用，③ 顧客主義，④ 組織のフラット化，がその主たる構成原理である．

日本では，バブル崩壊後の財政悪化を背景に，1990年代半ば頃からいくつかの自治体で先導的に取り組まれていたが，近年では政府レベルでも，経済財政諮問会議「今後の経済財政運営及び経済社会の構造改革に関する基本方針（骨太方針）」（2001年6月）でNPMに基づく改革の必要性が打ち出されるなど，その考え方は，分権改革以降の国による地方制度改革の基本方針に組み込まれてきている．

NPM型改革を実施している自治体では，① 行政サービスの市場化・外注化，② 改革実現に向けての行政組織内における首長リーダーシップの確立，③ その地域浸透に向けての住民の行政とのつながり方の再構築，という方針をもつ点でおおむね共通している．その観点から*社会教育教育行政をめぐっては，教育行政から一般行政部門への移管や，施設の地域委託が検討されてきている．　（石井山竜平）

〔文献〕1) 大住荘四郎：パブリック・マネジメント，日本評論社，2002.

NPO（民間非営利組織） Non Profit Organization

〔定義〕営利を主要な目的とせず，私的な利益や行政の行う公的利益のために活動したり，支援する組織という．日本では，1998年に非営利活動促進法が制定され，そこでは「不特定かつ多数のものの利益の増進に寄与することを目的とする」17の活動領域が示されている．また，営利活動，宗教活動，政治活動を行わない等の制限が加えられている．

米国の著名なNPO研究者である*サラモンは，次のような内包を示している．① 正式の組織（formal organisation）であること，② 非政府組織であること（nongovernmental），③ 利益を配分しないこと（nonprofit-distributing），④ 自己統治（self-governing），⑤ 自発的であること（voluntary），さらに，⑥ 非宗教組織であること，⑦ 非政党団体であること，などである．これは国際的な比較調査を実施するための操作概念であり，米国の税制度を前提とした便宜的定義であり，ヨーロッパで一般的な*協同組合や共済組合が排除されることへの批判がある．*サードセクターという広がりの中で各組織をみていく必要がある．

〔経緯〕NPOなどの市民による公共的な活動は，これまで人々の生活を支える仕組みや活動をつくる枠組みであった国民国家という体制の限界の中でより積極的な役割が求められている．その背景として，① 国家的サービスの画一性や非効率性などが「政府の失敗」の1つとして指摘される．しかし，社会保障制度などをつくる制度的連帯による保障は否定されるべきではない．② この国家による制度的連帯によっては権利として保障されないが，われわれが生活する上で不可欠な公共財が必要とされる．それは，制度により排除される人たちへのサービスであったり，愛情，尊敬，帰属観などの人間的な質を伴ったサービスである．③ 平和や環境に象徴される，国家という枠組みがあるゆえに起こり，国家を超える社会的な問題の解決が求められているということ．特に，WTOや*世界銀行などの介入を通してつくられる*貧困などの問題に対抗して，人道，発展，持続可能性などの価値を強調した活動が展開されることの意義は大きい．つまり，NPOは，国家や市場ではない，多様で，新しい社会的価値を生み出す活動でもある．

〔課題〕NPOというと，政府から独立している組織，営利を目的としていない組織であると即断しがちであるが，実態としては，政府設立による依存性

の強い組織，特定の企業や産業の利害を背景とした組織があるのも事実であり，これに対して，近年では，市民による，市民のための組織という概念の内包を端的に示すものとして，「*市民社会組織」や「市民セクター組織」などの用語が使われることも多い．

(高橋　満)

〔文献〕1) サラモン，L. M.（入山映訳）：米国の「非営利セクター」入門，ダイヤモンド社，1994.；2) 佐藤慶幸：NPOと市民社会—アソシエーション論の可能性—，有斐閣，2002．

NPO支援センター　support center for non-profit organizations

〔概観〕*NPO（民間非営利組織）や*市民活動，活動をする個人を支援し，常設の事務所があり，支援に応じられる職員がいる施設や機能の総称．その機能から，インターミディアリー（仲介者・中間支援組織），基盤的組織，インキュベーター（孵卵器），などといわれることもある．全国で300前後のセンターがあり，市民活動センター，サポートセンター，*ネットワークセンターなどという名称のほかに，個別の団体名でありながら，同上の機能をもつNPOもある．

〔経緯〕1965年に設立された大阪ボランティア協会（社会福祉法人），1972年市民活動サービスコーナー（東京都），1988年まちづくり情報センター・かながわ（NPO法人）などが草の根的存在である．多くは，*特定非営利活動促進法制定の1998年と前後して，支援対象が広域的（都道府県・政令指定都市）センターの設置から始まり，後に区市域での設置が活発化し，都市部に多い．設置主体は行政，民間団体，*社会福祉協議会など多様だが，既存の公共施設を行政が転用してセンターを設置する場合が多い．運営は公民ともにあるが，既存の市民団体や地域内の団体を組織して行政が運営委託するなどして，公営から民営に切り替えていくところもある．

〔目的〕目的は設置主体やセンター設立の経緯により異なるが，概して「*市民社会の構築」「活動の支援と情報交流」「セクター間のネットワーク」「NPO活動基盤の強化」「NPOの育成」「まちづくりの担い手としての支援」などが多くみられる．環境・基盤整備などを掲げるところと，支援する事業自体を目的とするセンターがある．

〔事業〕事業として展開されているのは資金提供・助成，マネジメント支援，情報・人材支援，組織化への支援，*アドボカシー，コーディネート事業などである．相談などのシンクタンク的な役割を果たすアパートの一室にある機能型センターから，*公民館より充実した会議室や印刷室などをあわせもちNPOへの事務局機能や施設設備の提供を主にしている施設もある．団体等への直接支援事業を展開するところが多く，NPOの社会的基盤整備のための事業を担える財政力をもっているセンターは少ないのが現状である．

(江頭晃子)

〔文献〕1) 佐藤一子編：NPOの教育力—生涯学習と市民的公共性—，東京大学出版会，2004．

FAO（国際連合食糧農業機関）　Food and Agriculture Organization of the United Nations

1945年創立．以来，世界中の*貧困と飢餓の根絶，食料安全保障の達成，栄養と生活水準の向上，農業生産性の向上などを目的としてきた国際連合機関．主な活動は*知識や情報の開示であるが，特に貧困や飢餓が多く集中する途上国の農村地域では，地域開発と飢餓削減に向けた活動も行っている．近年では，持続可能な開発や食料安全保障といった観点から，*基礎教育，栄養教育（nutrition education），農村地域での女児や女性の教育，環境と生活のための生涯教育など，教育にも注目している．

一方，世界人口の増加や環境や資源の問題，貿易自由化による経済や農作物のグローバル化の中で，持続可能な食料安全保障は大きな課題となってきている．そして貿易の自由化を基礎とした国際市場経済か，あるいは地域に根ざした食料を育て，国内の食料自給を優先するのかの選択は，生涯教育の目的や方向性等にも大きな影響を及ぼすと考えられる．

(飯田優美)

〔文献〕1) FAOのHP（http://www.fao.org）．

MINOM（新博物館学のための国際運動）

英 International Movement for the New Museology, 仏 Movement International pour la Nouvelle Muséologie

*国際博物館会議（ICOM）の連携組織の1つで，新博物館学の考え方に基づく理論と*実践を追究している運動的な委員会．1983年にロンドンでICOM会議が行われたときに産声をあげたが，同じICOMの委員会であるICOFOM（International Committee for Museology, 博物館学委員会）のメンバーの中から芽生えつつある新しい理念の博物館学についての議論を深めるために結成されたものである．主として社会や文化の時代的な変化に積極的にかかわり，地域コミュニティにおける*アイデンテ

ィティ形成や発展の道具としての博物館学のあり方を模索している．学際的な協力関係やユーザーと専門家との*協働を求めて活動を行っている．1984年ケベック（カナダ）で第1回目，以来，2007年にリスボン（ポルトガル）で第12回目の*ワークショップを行い，社会の変化や時代に応じた検討を行ってきている．
（大原一興）

〔文献〕1) Paula Assunção dos Santos, Judite Primo：*Sociomuseology IV*, Edições Universitárias Lusófonas, 2010.

ME化　micro-electronification

産業の各分野にコンピューター制御の機器が入り込み，生産やサービスの提供が自動化されるようになった現象．事務的業務では，OA（office automation）化といわれる．

現在では個々の機器や端末が独自に機能するだけでなく，お互いに連結し，それぞれが必要とする情報を共有することで，さらに高効率に生産やサービス提供が行われるようになっている．これをIT（information technology）化と呼んでいる．このように新たに開発された技術を生産活動の全般に取り入れ，生産方式を大きく革新していくことを技術革新と呼ぶ．

ME化により省力化，品質の均質化が図られるようになると，技能不用論が高まった．機械に素材をセットしてボタンを押せばだれでも均質な生産活動ができるため，旧来の技能を長期間かけて教育し，維持する必要はないという論である．すなわち技能軽視，技術偏重の論である．しかし近年，技術の過信を原因とした事故の多発や国内の高い人件費をきらい国外に工場を移したものの高品質な製品開発を再現できないことなどを契機として，日本の技能者の高い技能があるからこそ生産が維持されていたことと，その技能の伝承が見直されている．
（新井吾朗）

M字型曲線　M-line curve

〔概観〕縦軸に労働力率（15歳以上人口に占める労働力人口の割合），横軸に5歳ごとの年齢階級をとった折れ線グラフ（年齢階級別労働力率）では，日本の場合，男性では台形を描くのに対し，女性は25～29歳と45～49歳を左右のピークとするM字を形成する．この曲線をM字型曲線という．女性にだけ現れるM字の谷は，子育て期に女性が離職していることを示している．欧米では1980年代以降M字は消失し，「労働力の女性化」といわれる事態が進行したのに対し，今日もM字を形成するのは韓国と日本であるといわれている．日本では，M字型の底は1979年に25～29歳から30～34歳に，2008年に35～39歳に移動し，その底の値は1979年の47.5％から2008年は64.9％に上昇している．また，大学・大学院卒業者については，卒業後すぐの有業率が高く，結婚・出産・育児を機に労働市場から退出しその後も復帰しないことを示す「きりん型カーブ」となるが，近年，傾きの急降下が弱まっているとされる．

M字型曲線は生物学的な性差ではなく，社会的・文化的につくられた性差（*ジェンダー）を示すものである．社会的な要因としては都市化・核家族化・通勤時間の長さがM字の谷を深くしている，すなわち女性の離職を余儀なくしているとされるが，一方では有配偶・核家族女性の有業率が高い地域もあり，必ずしも特定できない．国や自治体の政策の影響，「子育ては女性の役割」とする*性別役割分業意識，企業の育児休業制度の不備などの問題が指摘されている．

〔課題〕意識調査では離職の理由に結婚と育児があげられることが多いが，実は女性の就業希望率を加えた「潜在的有業率」のグラフではM字の谷がほぼ消失する．このことから離職は女性自身の〈自由な選択〉ではなく家族の事情によるものであり，「女性の就業希望は育児期も含めかなり高い」とされる．

M字型を示す就業生活の中断により女性の正規労働の勤続年数が短くなり，平均賃金が男性の6割，パートを含めると同5割に引き下げられてきた．また，かつて子育て後の再就職（M字の右の山）は多くの場合「子どもが学校から帰る時間まで働く」パート労働とされた．パートで働く場合，本人の所得税の非課税限度額であり，夫の所得税・住民税の配偶者控除の適用範囲であり，企業の配偶者手当の支給規準となってきた「103万円の壁」や，年収130万円以下の場合は国民年金・介護保険の保険料の支払いが免除される「第3号被保険者」制度により，夫の扶養の範囲内の働き方に抑制されてきた．こうした問題に対し「家族的責任条約（*ILO156号，日本批准）」では，育児・介護を担う男女労働者の不利益とならない制度，世帯単位でなく個人単位の社会保障制度が求められている．

近年，パート・派遣・アルバイトなど非正規雇用が女性労働者の5割に及んでおり，若年世代（M字の左の山）から女性の非正規化が指摘されている．

非正規雇用は不安定な有期雇用を余儀なくさせられ，また賃金は同じ仕事をしている正規職員に比べ極端に低く抑えられており，均等待遇が実現していない．さらに非正規労働者は育児休業など休暇制度の対象外とされ，女性が働き続けることが一層困難になっている．*男女雇用機会均等法の改正（2006年）では間接差別が禁止されたが，パート労働に対する間接差別の禁止が明示されていないなど，実効性に強い批判がある．

〔実践〕1970年代以降，都市部の*社会教育において，M字型曲線に象徴されるような女性の生き方と社会問題を統合して捉える*女性問題学習が取り組まれてきた．たとえば，国立市公民館の保育室活動では，M字の谷間にいる女性たちが，子どもを抱え孤立しがちな状況の中で保育室に子どもをあずける営みを通して，「子育ては母親の役割」と思い込んできた自分の意識を問い直していった．近年，*ボランティアやケアワークを含む女性の*労働と，そこにおける差別の構造を*意識化する学びが注目されている．国や自治体においてはM字型曲線について「少子化対策」として解決を目ざす政策が少なくないが，これらの実践の蓄積からは，性別役割分業批判の視点と女性の自己変革と社会変革を目ざす営みが，M字型曲線の変更を迫るものと考えられる．

（平川景子）

⇨ジェンダー，女性問題学習，性別役割分業

〔文献〕1) 久場嬉子編：経済学とジェンダー，明石書店，2002.；2) 竹中恵美子：家事労働（アンペイド・ワーク）論，明石書店，2011.

エラスムス計画　Erasmus Project (the European Community Action Scheme for the Mobitity of University Students)

1987年に開始されたEC加盟国間での人物交流協力計画．1995年以降は，*EUの総合的な教育プログラムである*ソクラテス計画の中で高等教育行動計画として位置づけられている．エラスムス計画はヨーロッパ市民の育成と職業能力の向上を目ざし，高等教育機関の活動の刷新と学生・教職員の交流・流動化の促進を目的としている．2000年から2006年の第2次ソクラテス計画のもとでのエラスムスの事業は，学生交流，教員交流，教育課程の共同開発，欧州大学間単位互換制度などである．1987年の開始から2006年までに120万人以上の学生がエラスムス計画に参加した．また，ヨーロッパ以外の学生との交流を通じて高等教育機関間の連携を強化することを目的としたエラスムス・ムンデュス計画（Erasmus Mundus, 2004～08年）も実施されている．

（田村佳子）

⇨ソクラテス計画

〔文献〕1) Tight, M. ed.：*International Relations: International Perspectives on Higher Education Research Vol. 3*, Elsevier. B.V., 2005.

エリクソン，エリク　Erikson, Erik H.

1902-1994．ドイツのカールスルーエに生まれる．*アイデンティティ，ライフサイクルをはじめ人間の生涯にわたる成長を捉える概念を提起した米国の精神分析学者．ギムナジウム卒業後の放浪の後A.フロイト（Freud, A.）らがウィーンに設立した学校の教師となる．A.フロイトに教育分析を受け精神分析の*資格を与えられる．その後ナチスの侵攻を逃れて米国にわたり，子どもの精神分析に携わる．1940年代，フロイトの心理・性的な理論に対して心理社会的成長過程に焦点を当てる発達段階論とアイデンティティの概念を提起し，以後*青年期・成人期・老年期の生涯にわたる成長過程にかかわる心理歴史的な研究を進める．日本の*社会教育・成人教育研究にも影響を与えてきている．

（柳沢昌一）

⇨アイデンティティ

〔文献〕1) Erikson, E. H.：*The Life Cycle Completed*, W. W. Norton, 1985（村瀬孝雄・近藤邦夫訳：ライフサイクル―その完結―，みすず書房，1989.）；2) Erikson, E. H.：*A Way of Looking at Things: Selected Papers from 1930 to 1980* (Schlein ed.), W. W. Norton, 1987.

エルダーホステル　Elderhostel (hostel for elderly people)

〔歴史〕1975年に米国で始まった高齢者のための教育運動．ヨーロッパの*ユースホステル運動と北欧の国民高等学校（folk high school）をヒントに構想されたもので，当初の基本的なプログラムは，60歳以上の成人を対象に，大学での1週間の講義を提供し，参加者は大学寮などに宿泊しながらこれを受講するというものである（対象年齢は後に55歳以上に改められた）．ニューハンプシャー州の5つの大学で始められ，1980年にはすべての州で同様のプログラムが開催されるに至る．1981年には海外プログラムが始まり，主に現地の自然や文化，歴史等に重点をおいた講座が提供されている．2008年現在米国のエルダーホステルでは，年間約8000のプログラムに，15.5万人以上が参加しており，海外プログラムも90ヵ国以上で実施されるなど，米国で最

大の成人教育機関の1つである．日本においても米国の*実践に触発された市民の活動として，1988年より高齢者を対象に国内・海外における旅と学習を組み合わせたプログラムを提供する実践が，*NPO法人によって担われてきた例がある．

〔理念と特徴〕その教育理念は，ひきこもる高齢者という社会通念に挑戦し，高齢期を新しい人生へ乗り出す機会と捉え，行動し社会参加する高齢者像を提起する．教育内容はステレオタイプ的な高齢者問題よりも，教養科目を中心に学問的水準を保つことを意識して編成されており，スポーツや野外活動なども含めた多様な学習機会が提供されている．参加に際して学歴や*資格を問わずすべての高齢者に高等教育へのアクセスを開いたこと，単位認定を行わず学習それ自体を目的とした場を提供するものであることも特徴である． （福嶋　順）

〔文献〕1) ミルズ，ユージン S.（豊後レイコほか訳）：エルダーホステル物語，エトレ出版，1995.

エンカウンターグループ　encounter group

米国の臨床心理学者ロジャース（Rogers, C.）が1960年代半ばに開発した「クライエント中心療法」と呼ばれる*カウンセリング理論を健常者向けに発展させたグループカウンセリングの一種である．「エンカウンター」とは，グループへの参加により，自己や*他者との「出会い」が生じることを意味する．

エンカウンターグループの目的は，参加者の心理的成長，個人間の*コミュニケーションおよび対人関係の発展と改善にある．参加人数や時間制限，規則の有無などにより，構成法と非構成法に分けられ，それぞれ「構成的グループエンカウンター」「ベーシックエンカウンターグループ」と呼ばれている．前者では，*ファシリテーターの指示に従って参加者が課題に取り組むのに対して，後者では，参加者が自発的に話し合いを進めていく．

日本では，國分康孝が1970年代に「構成的グループエンカウンター」を開発し，現在では，*看護教育や学校教育の現場にも取り入れられている．

⇨カウンセリング　　　　　　　　（間野百子）

〔文献〕1) 國分康孝・國分久子・片野智治編：構成的グループ・エンカウンターと教育分析，誠信書房，2006.

遠隔教育　distance education

〔定義〕遠隔教育とは教える場所から離れたところで起こる計画的な学習を成立させるために，授業計画や教授法，*コミュニケーション方法，組織運営等において特別な準備を要する教育的な営みである．遠隔教育では，教師や*教育機関よりも，むしろ学習者にとって都合のよい時間や場所等の条件下で学習を提供することが重要視される．

〔歴史・動向〕遠隔教育は，時空間的な学習障害を克服する情報通信技術の進歩に伴って発展した．遠隔教育の第1世代である*通信教育の誕生は，19世紀末における郵便の普及が契機となった．1960年代後半には，ラジオ，テレビ等の放送メディアによる第2世代の遠隔教育が出現する．1980年代に配備された通信衛星システムは，学習者や教師が同時に*対話できる第3世代の遠隔教育を生んだ．さらに，1990年代に登場したインターネットは，*e ラーニングや WBT（web based training）と呼ばれる新たな第4世代の遠隔教育を可能にした．ここでは，学習者が自分の学習進度や必要に応じて教育機関のサーバーに蓄積されたデジタル教材をダウンロードし，学習する．電子メールやチャット，電子掲示板等を用いて，質疑応答や討論などの双方向コミュニケーションをとることもできる．この e ラーニングを遠隔高等教育に援用したのが，バーチャルユニバーシティ（virtual university）であり，物理的なキャンパスをもたずネット上のみで正規の高等教育課程を配信する機関が1990年代後半頃から登場している．これら技術革新によって物理的な学習上の障害は徐々に克服されつつある．しかし，遠隔教育のための学習支援論は十分に開発されているとはいいがたく，今後の重要な課題である．

⇨通信教育，e ラーニング　　　（志々田まなみ）

〔文献〕1) ムーア，M.G., カースリー，G.；遠隔教育―生涯学習社会への挑戦―，海文堂，2004.

園芸療法　horticultural therapy

植物の栽培や手入れにかかわる活動を通じて，対象者の身体的・心理的・社会的状態を向上させる方法である．園芸は大昔から行われている営みであるが，「療法」といわれるようになってきたのは，第2次世界大戦やベトナム戦争からの帰還兵，退役軍人などのリハビリテーションに園芸を用い効果が得られたことで*作業療法として結びつき，園芸療法の基礎理論や実践方法が障害者を対象に研究されるようになってきたのが始まりである．

園芸療法では，園芸活動（栽培と手入れにかかわる活動）そのものやガーデニングの結果得られる五感の刺激，園芸を媒体にして培われた人間関係が，

心身の状態を改善する．高齢者の孤独感や生きがいの再発見，創造的な表現による欲求不満状態の改善などに効果がある．日本には，園芸療法に関する団体や園芸療法士の制度もある．

(志村ゆず)

〔文献〕1) 日本園芸療法普及協会：園芸療法の資格と仕事の本―園芸療法テキスト基礎編―，草土出版，2004．

演劇教育学　theatre education study

〔定義〕演劇と教育とのかかわりを追求する学問分野である．

〔歴史〕演劇と教育との関係を広くみた場合，その歴史はきわめて古く，幅広い．そこには，悲劇が人間の精神的基層に及ぼす影響を捉えたアリストテレス（Aristotle）から，演劇を通して現代社会の疎外状況を人々に認識させようとしたブレヒト（Brecht, B.），日本では，俳優の演技のあり方を人間の一生の姿の洞察に基づいて確立した世阿弥から，祝祭的な演劇を教育に導入しようとした坪内逍遥までが含まれるだろう．演劇教育学はこうした歴史的背景を視野に入れて考える必要がある．

〔研究領域〕だが，通常「演劇教育学」という場合，それはより一般的な概念的分類に従って考えられる．演劇教育は，たとえばドイツでは Theater Pädagogik，米国では theatre education として定着しており，それぞれに研究分野が存在しているが，日本では演劇教育が「学」として確立しているとはいいがたい．ただ，そこで論じられる内容はいずれもほぼ共通している．その領域は，大きく分けて次の4つにまとめられる．第1に，専門的な演劇の*技能を身につけるための教育，第2に，演劇活動をすることに含まれる教育的意義，第3に，演劇を観ることの教育性，第4に，生活における演劇的行為の意味，である．*社会教育研究において主に論じられるのは第2と第3の領域であり，第1の領域は俳優養成の文脈で，第4の領域は社会学的に，それぞれ論じられることが多い．

〔社会教育と演劇〕社会教育の文脈で演劇を捉えた場合，「公共劇」を主張*実践した坪内逍遥，現代パフォーマンス理論にも通じる，生活の中での演劇行為を論じた*春山作樹，戦時下において演劇の政治生活的意味を考察した*宮原誠一などは今後再検討されるべきであろう．近年の身体論の動向や演劇*ワークショップの広がりなどを考えると，社会教育の視点からの演劇教育学の確立が急がれる．

(小川　史)

〔文献〕1) 冨田博之：演劇教育，国土社，1993．；2) 逍遥協会編：逍遥選集（第九巻），春陽堂，1926．

エンゼルプラン・新エンゼルプラン
Angel Plan, the New Angel Plan (in Japan)

少子化や労働力対策としての国家プロジェクト．名目上は，ゴールドプランや*障害者プランと並ぶ弱者対策の3プランの1つである．「エンゼルプランプレリュード」（1992（平成4）年度）に端を発し，本格的にスタートするのは，1994（平成6）年12月に文部・厚生・労働・建設各省の4大臣合意によって，「今後の*子育て支援のための施策の基本的方向」が策定されてからである．そこでは，まず，「当面の緊急保育対策等を推進するための基本的考え方（緊急保育対策等5ヵ年事業）」が示され，低年齢児受け入れ保育所の倍増，延長・一時保育の拡充，地域子育て支援センターの設置などの数値目標が設定された．続いて1999年12月に大蔵，文部，厚生，労働，建設，自治各省の6大臣合意による「重点的に推進すべき少子化対策の具体的計画」（新エンゼルプラン）が策定され，エンゼルプランの一層の拡充と仕事と子育ての両立支援が図られたが，いずれも保育対策に終始したもので，子どもの側に立った施策というよりは，働く若い母親や経済活性化視点の子育て支援にとどまっている．しかし，次のステップの*次世代育成支援対策推進法の策定やその具体化（「地域行動計画」），青少年育成施策大綱，子ども・子育て新システムへ導いた意義は大きい．

(小木美代子)

〔文献〕1) 小木美代子："子育て・子育ち支援"取り組みの流れ．月刊社会教育，2004年3月号．；2) 垣内国光：エンゼルプラン，新エンゼルプランの内容．子育て支援の現在，ミネルヴァ書房，2002．

エンパワーメント　empowerment

〔概観〕女性，有色人種，マイノリティなど，歴史的・構造的に劣位に置かれてきた社会的カテゴリーに属する人々が，劣位に置かれたがゆえに開発発揮を阻まれてきた個人の力を回復し（power-to），連帯・*協働して（power-within），自分たちを*抑圧してきた社会構造を変革していく（power-with）過程．ここにおける力とは，*他者を支配するために行使する力ではなく，自立や向上のために発揮しうる能力（何かをすることができるようにする力）である．また，個人の自尊心や自信や*自己決定能力や問題解決能力から，社会的カテゴリーとしての法的，政治的，経済的，社会的影響力までを広く含む．個人の力から社会的な力へというダイナミックな展

開が含意されている点が重要である.

〔歴史〕1970年代初頭に米国で台頭した変革思想の中で生成した概念.

＊ソーシャルワーク分野では，1970年代後半から米国で，不利な状態に置かれたり，抑圧されたりしている集団に対応する社会福祉の実践目標として，エンパワーメント概念が普及し，社会から否定的評価を受け，備わっている力を発揮できない「力の欠乏状態」にある人々が，集団の中あるいはワーカーとの協働作業を通じて対処能力をつけていく過程やメカニズムを重視したエンパワーメントアプローチが採られるようになった.

男女平等分野では，第2回国連＊世界女性会議（1980年）の頃から，開発途上国の女性たちの運動の中でエンパワーメント概念が活用されるようになった．すなわち，意思決定過程への参加も社会的影響力もなかった女性たちが，＊ネットワークをつくって社会，政治，経済の変化の担い手となっていく過程が重視され，それを促進する運動形態，後には政策手法が創出されていった．具体的には，国連や＊NGOによる，開発と＊ジェンダー（途上国の持続可能な開発にジェンダー平等の視点から多面的・学際的に取り組むアプローチ）の取組みにエンパワーメントアプローチが導入されていった．エンパワーメントは，第4回国連世界女性会議（＊北京世界女性会議，1995年）で採択された「北京宣言および行動綱領」に採用されることによって，政府，民間を問わず，国際的活動の中で公式に認知され，概念の活用と取組みが前進することとなった.

〔社会教育，生涯学習における展開〕女性運動，開発論の中で先行して用いられ，「北京宣言および行動綱領」を通じて普及したエンパワーメントの概念は，日本の＊社会教育，＊生涯学習の研究と実践にも有用な視角，概念として受け容れられていった．地域住民自身が何のために何をどのように学習するのかにかかわっていくような主体的な学習実践を通じて，生活や＊労働のあり方を問い直し，自分の力を見直し信頼し，自己変革を遂げていく過程とそれを促進するような教育実践をさす「主体形成」の概念や，1人ひとりが自分の問題に気づき，人とつながって豊かな人間関係を築きながら，自分の生き方を変え，問題を乗り越える力をつけていくことを旨とする社会教育における「学び」の概念，あるいは「自分とまわりを変えながら社会に参画していく力の形成」がエンパワーメントという語と対応づけられた．そして「学習者のエンパワーメントに向けた学習」という課題が設定され，その実践として，学習者が学習プロセスを自分たちで決めていくようになることを企図する「自己決定（型）学習」や，学習者が，自分の前提や価値観を批判的に振りかえるプロセスを踏む「＊意識変容の学習」が重視されるようになった.

（内藤和美）

〔文献〕1）日本女子社会教育会編：社会教育指導者のエンパワーメントに向けて，日本女子社会教育会，2000.

お

老い　⇨エイジング

OECD（経済協力開発機構）　Organization for Economic Cooperation and Development

冷戦を背景に，ヨーロッパと米国の資本主義諸国の経済協力を強化のため，①経済成長，②開発援助，③貿易拡大を目的に1961年に欧州経済協力機構を改組し設立．現在加盟国は30ヵ国．日本は1964年に加盟．閣僚理事会が年1回開催される．本部はパリ．近年は教育・科学技術政策，環境政策などを重視している．教育関連事業は，各国の政策課題の分析調査を行う「*教育委員会」（Directorate for Education），教育改革のための調査研究を行う「教育研究革新センター」（Centre for Educational Research and Innovation：CERI）に分割される．1996年「Lifelong Learning for All」（すべての人のための生涯学習）で急激な社会変化に対応するための生涯学習の必要性を強調し，以来その普及を目ざし数々の調査研究を実施している．近年の報告書には，生涯学習活動を持続可能で公平な*人材開発へと導くための包括的アプローチの提案や，公共・民間両部門の経済・財政問題の検証および戦略提言等がある．2000年より国際学力調査（Programme for International Student Assessment：PISA）を実施している．
（北川　香）

〔文献〕1）OECD：*Lifelong Learning for All*, OECD, Paris, 1996.；2）OECD：*Where are the Resources for Lifelong Learning?*, OECD, Paris, 2000.

おいたち学習　⇨生活史学習

欧州連合　⇨EU

大牟羅良　⇨生活改善運動

公の施設　public facility

〔概観〕「公の施設」とは，*地方自治法第244条で「普通地方公共団体は，住民の福祉を増進する目的をもってその利用に供するための施設（これを公の施設という．）を設けるものとする」とされた建造物をいう．法第244条の2では「普通地方公共団体は，法律又はこれに基づく政令に特別の定めがあるものを除くほか，公の施設の設置及びその管理に関する事項は，条例でこれを定めなければならない」と規定している．2003年6月の地方自治法改正によって，それまでは「公の施設」の管理業務を委託するには，委託先が公共団体・公共的団体や第3セクターに限られていたが，民間事業者も含む地方公共団体（都道府県・市町村等）が指定するものに管理委託できる*指定管理者制度が導入された．

〔社会教育施設〕*社会教育施設である*公民館・*図書館・*博物館や*青少年教育施設・女性教育施設なども，地方公共団体によって設置された施設であれば，「公の施設」に位置づけられる．しかし，公民館・図書館・博物館等個別法（*社会教育法・*図書館法・*博物館法等）や条例で規定されている社会教育施設は，*教育機関でありかつ社会教育施設である．したがって，「専属の物的施設および人的施設を備え，かつ，管理者の管理の下に自らの意思をもって継続的に事業の運営を行う機関」（1957年文部省初等中等局長回答より）として，他の「公の施設」とは性格的に異なる施設といえよう．

〔課題〕現在，各地で公民館・図書館・博物館等の社会教育施設にも，他の「公の施設」と同様に指定管理者制度が導入されつつある．教育機関の独自性を法解釈から制度的に主張するだけでなく，「条例で定める」とされている「公の施設」全体のあり方について，「*住民自治」の視点から捉え直していく必要があるだろう．
（内田和浩）

〔文献〕1）小林真理編：指定管理者制度—文化的公共性を支えるのは誰か—，時事通信出版局，2006．

沖縄県青年団協議会　Okinawa Seinendan (youth group) Council

沖縄県下の市町村青年団の協議会組織．略称沖青協．第2次世界大戦後の青年団運動は，沖縄戦で焦土と化した郷土復興のため各地で青年団が自主的に結成されたことに始まり，1948年12月には青年団の連合体として沖縄青年連合会（沖青連）が発足した．米軍統治下時代に発足した沖青連は，祖国日本との分断の中，いち早く祖国復帰を訴え，1957年に

沖青連主催による第1回祖国復帰促進県民大会を開催し，復帰運動の先導的役割を担った．翌年には，*祖国復帰運動の推進母体となるために初めて名称に「県」を入れた沖縄県青年団協議会へと改称した．

県内最大の青年組織として活動する沖青協は，復帰運動をはじめ，村おこし運動や平和運動，産業開発青年隊運動などに取り組んできた．1981年には，青年団の活動拠点として沖縄県*青年会館を建設した．今日では青年団最大の祭りとなる青年ふるさと*エイサー祭りや県青年大会，*青年問題研究集会などを主催し，伝統文化の継承や青年相互の交流と組織強化を図っている．　　　　　　　（山城千秋）

⇨エイサー

〔文献〕1）沖縄県青年団協議会：十周年記念沖縄県青年団史，1960．；2）山城千秋：沖縄の「シマ社会」と青年会活動，エイデル研究所，2007．

沖縄の公民館　Kominkan in Okinawa

〔概観〕沖縄の公民館は，公立公民館と集落（字）公民館に区分されるが，一般には生活に身近な*集落公民館をさすことが多い．2011年現在，県教育庁の統計によると，公立公民館95館（中央公民館30，地区館・分館65），集落公民館966館が設置されている．

〔集落（字）公民館〕沖縄の基礎的生活単位である集落（字）が設置，運営する公民館．*社会教育法では*公民館類似施設に相当し，字公民館や*自治公民館，部落公民館とも称される．公民館の歴史は，古くは間切（現在の町・村に該当）内の各村（現在の字）を管理した村屋にさかのぼる．第2次世界大戦後は，いち早く村屋（公民館）が再建され，戦後復興の原動力となった．区長あるいは自治会長が公民館長を兼ねている場合が多いが，八重山諸島などでは，公民館長の名称が定着している．そのほかに書記や会計を配置するのが一般的であるが，その勤務形態や職員配置，運営組織は地域によって異なる．沖縄の集落公民館も日本の自治組織と同様に行政の末端組織としての役割を担いつつも，一方で班や各団体，農事組合などによる自治的機能と，祭祀や民俗芸能を伝承する文化的機能をあわせもつことが特徴である．

〔公立公民館〕戦後の米軍統治下の沖縄では，日本の「公民館の設置・運営について」（1946年）よりも7年遅れて，1953年に*琉球政府の中央教育委員会が「公民館設置奨励について」を議決し，1957年には「公民館設置規定」が制定された．また1958年制定の「社会教育法」では，教育区公民館に対する政府の補助，援助が明文化された．しかし，政府や市町村の財政難によって，公立公民館が実現されることはなく，集落公民館がその役割を担った．1969年になると，祖国復帰を控えて「公民館の施設，設備補助金の交付に関する規則」が制定され，翌年にようやく国や琉球政府の援助を受けて読谷村中央公民館が設置され，県内初の公立公民館となった．

〔課題〕復帰以降は，各市町村に公立公民館が建設されるようになったが，集落公民館に比べて著しく少ない．また沖縄の公民館活動を牽引してきた集落公民館と，復帰後に普及した公立公民館との連携強化や公民館職員の*専門職性などが積年の課題となっている．　　　　　　　　　　　　　　（山城千秋）

⇨集落公民館，自治公民館

〔文献〕1）小林文人・平良研一：民衆と社会教育，エイデル研究所，1988．；2）小林文人・島袋正敏：おきなわの社会教育，エイデル研究所，2002．；3）日本公民館学会：公民館・コミュニティ施設ハンドブック，エイデル研究所，2006．

沖縄婦人連合会　Okinawa Women's Association

沖縄婦人連合会は，1948（昭和23）年12月15日に，第2次世界大戦後の市町村レベルの*婦人会を結集して結成されたものである．敗戦の中から「新しい沖縄建設に一丸となって立ち上がろう」というスローガンを掲げて出発した．

婦人会綱領では（私ども沖縄婦人は）「世界人としての自覚のもとに*教養を高め子女の教育に努める」「郷土の発展と生活の向上をめざす」「民主社会の建設に婦人の総意と総力を結集する」とあり，これらを掲げて活動・運動を展開した．婦人大会の開催，手工芸品*展示即売会，赤ちゃんコンクール，婦人の主張大会，法律相談所開設，子宮がん検診事業，婦人週間の開催，食料問題・*消費者運動，民法改正・母子福祉法の制定運動，売春防止法制定運動，*新生活運動，青少年の教育，交通安全運動等，戦後の苦境から今日に至るまで一貫して精力的な活動を展開している．本土復帰に伴い現在は，沖縄県婦人連合会と称している．　　　　（比嘉佑典）

〔文献〕1）比嘉佑典：沖縄の婦人会，ひるぎ社，1992．

OJT　On-the-Job Training

〔語義〕仕事の中での*能力形成．仕事を離れて，教育訓練のための場で行われる能力形成（⇨ OffJT）の対概念．内部労働市場論（個々の企業内部で反復

継続される雇用関係を問題にする労働経済論）の観点から注目され，一般に広まった．雇用労働そのものとは区別される従来の意味での*職業訓練に対して，雇用労働自体が能力形成の過程でもあることに光をあて，明確に意義づけたものである．

〔現状〕西欧的な意味で，雇用と区別される職業訓練が十分発達していないわが国では，仕事の*経験を通して仕事の能力がつくられるのはむしろ一般的なことであった．第2次世界大戦後に推進された監督者訓練（TWI：training within industry）も仕事の現場での能力形成の展開を助けるものであった．こうした実態の中で提起されたOJTという捉え方と意味づけは，戦後復興から高度経済成長へと経済的な成功を収めたわが国の人材育成のあり方に，いわばお墨つきを与える呼び名と受け止められ，急速に普及した．

〔課題〕だが，わが国に一般的なOJTは，いうなれば主たるものは仕事でありその背後で能力形成の効果も上がっているという，能力形成としては明示的な制度化を伴わない，目的意識の不十分なものが多い．今日ではより自覚的なOJTを追求する企業も現れてきているが，能力形成の目標像，期間，指導態勢，処遇に至るまで，能力形成としてより組織立ったOJTの普及が今後の課題である．また，仕事の能力は単に現場の仕事経験によってだけでは十分なものとならない．とりわけ技術的に高度化した条件の下での仕事では，*労働とは区別される能力形成過程（⇨OffJT）とOJTとは相互補完する関係にあって初めて仕事の能力を高めていくことができる．こうした様々なOffJTによって計画的に補っていくことも組織的OJTの今日的重要課題である．
　⇨OffJT　　　　　　　　　　　（小原哲郎）

〔文献〕1）小池和男編著：現代の人材形成，ミネルヴァ書房，1986.；2）小池和男：日本の熟練，有斐閣，1981.

オーストラリアスポーツ委員会（ASC）
Australian Sports Commission

　オーストラリアにおけるスポーツ政策の策定から実施に至るまでを統轄する組織．略称ASC.「スポーツ天国」とも評されるオーストラリアであるが，連邦政府によるスポーツ政策の開始は1970年代以降と非常に遅かった．そのため，オーストラリアにおけるスポーツ振興を進めるための組織としてASCが設立されたのは，1985年になってからであった．競技力向上に関する組織であるオーストラリア・スポーツインスティテュート（Australian Institute of Sport．略称AIS）は，これに先立つ1981年に設立されていたが，1989年，AISがASCに統合され，ASCがオーストラリアのスポーツ政策を統轄する組織となった．ASCは，設立以来，地域のクラブの育成，*障害をもつ人々のスポーツ参加プログラムなど，人々のスポーツ活動を促進する施策を積極的に展開している．
　　　　　　　　　　　　　　　　　（尾崎正峰）

〔文献〕1）尾崎正峰：オーストラリアのスポーツ政策研究の現状と課題．一橋論叢，日本評論社，2004.2.

オーストラリアの生涯教育・生涯学習
lifelong education and learning in Australia

〔概観〕オーストラリアでは生涯教育・生涯学習を規定する法的な枠組みやガイドラインは存在しない．成人教育や*継続教育，*コミュニティ教育が生涯教育・生涯学習として地域に根ざしており，各州や各地域の価値基準に基づいて独自の教育活動が展開されている．特にオーストラリアの成人教育は無認定でリベラルな非職業的教育活動を中心とする英国の成人教育の影響を強く受けながら発展してきた．具体的には大学の構外教育部や*労働者教育協会（WEA）のような民間団体などで行われる成人教育を主な事業としてきた．

　その一方で，広大な国土に散在する*成人学習者の問題に加えて，1970年代の後半より進められている多文化主義政策という文脈の中で急増する非英語圏出身者の*識字問題を抱えて，オーストラリアは各州が独自の取組みを行い，個々の地域の実情に応じた学習形態として生涯学習を発達させてきた．すなわち，これまでの*労働組合教育や大学の*構外教育事業に加えて，大学における*パートタイム学習や*遠隔教育および*放送大学（open learning）における公開学習など成人学習者支援のためのプログラムや地域密着型の技術継続教育カレッジ（Technical and Further Education：TAFE）で提供される*職業訓練教育，成人基礎教育および高等教育への準備プログラム，さらに地域の*学習文化活動の担い手としての近隣ハウス（Neighbourhood House）等によるコミュニティ開発教育など多様な学習形態のプログラムが地域を基盤に組織する生涯学習として位置づいている．

〔地域主導の成人コミュニティ教育〕ビクトリア州には大小の成人教育機関が混在しており，州内の成人に生涯教育への参加の機会を保障している．その1つが1947年に創設された成人教育協議会（Council of Adult Education：CAE）であり，メルボルン

の学習センターを拠点にして5万6000人（約75％が女性）の受講者と120人の常勤のスタッフを擁し，全豪で最大規模の生涯学習を提供している．そしてそのコースの内容も第2言語としての英語教育（English as a second language：*ESL），成人識字基礎教育，英語以外の諸言語教育（languages other than English：LOTE），アボリジニ・プログラム，コンピューター学習，人文科学系の学習，創作芸術と広範囲に及んでいる．

もう1つは，ビクトリア州の成人コミュニティ継続教育局（Adult, Community and Further Education Board：ACFE）の認可・助成を受けて1973年に設立された近隣ハウスやコミュニティハウスなど成人コミュニティ教育センターである．500ほどある施設においては多文化主義のもとに民族や学歴，性，収入，宗教，家族構成等による不利益を被ることなく，地域のすべての人々に学習の機会が開かれている．また，社会的弱者を含む地域住民全体が自らの生活の場である地域社会の発展のために地域の学習要求に応じて効果的なサービスが提供できるように学習者自らが中心となって施設の管理・運営に主体的に参画している点が特徴的である．

〔多文化社会の成人移民の教育・学習〕今日，全豪の成人人口の15％が非英語圏出身者といわれている．オーストラリアでは，第2次世界大戦により増え続ける非英語系の移民や難民の識字問題に対応するため1947年に成人移民教育プログラム（Adult Migrant Education Program：AMEP）の実施を決めた．ビクトリア州へは1951年に導入され，成人多文化教育サービス（Adult Multicultural Education Service：AMES）として発展し，今日に至っている．連邦政府が基金の供出とガイドラインの策定を行い，州がスタッフを提供し，計画の実施を行うというシステムである．州内26の学習センターを通して非英語系の成人移民に対して最大510時間の英語の識字教育が無償で提供されている．移住学習者はこうしたサービスによって，職業訓練や継続学習に向けての準備教育も含めて*自己実現や社会的自立のための学習の機会を与えられる．また近年，一部のセンターではイスラム系移民のためにセンター内にモスク（礼拝室）を設置するなど学習者の権利としての文化・宗教の尊重を基軸とする*多文化共生の視点からの取組みもみられる．　　（前田耕司）

〔文献〕1) Tennant, M.：Issues in Australian Adult and Social Education. *Higher Education* (Hokkaido Univ.), No. 1, 287-288, 1996.；2) Tennant, M. (ed.)：*Adult and Continuing Education in Australia: Issues and Practices*, pp. 3-225, Routledge, 1991.；3) 前田耕司：多文化社会における成人移民教育と識字問題―オーストラリアの場合―．国際識字10年と日本の識字問題（日本の社会教育第35集）（日本社会教育学会編），東洋館出版社，p. 120, 1991.

小尾範治　Obi, Hanji

1885（明治18)-1964（昭和39）．山梨県に生まれる．東京帝国大学哲学科卒業後，小樽高等商業学校教授等を経て，1924年6月文部省*普通学務局第四課長に着任し，同年12月同局社会教育課長に就任．その後，社会教育局成人教育課長（1929年），青年教育課長（1932年）等を歴任し，文部省*社会教育行政の拡充・整備に中心的役割を果たした．小尾は，社会教育行政官であるだけでなく，当時の代表的な社会教育論者でもあった．その論は，教育の自由，機会均等，科学性，合理性等を理念的には承認しつつも，具体論としては，中等教育の代位としての社会教育組織化（*青年訓練所等），産業や家庭生活の国家統制へと連なる科学性や合理性の主張等を展開しており，教化総動員，国民精神総動員体制を推進する社会教育論へと包摂されていった．ここには，戦前期社会教育行政論における内在的矛盾の一端が表れているといえる．　　（中山弘之）

〔文献〕1) 小尾範治：社会教育思潮，南光社，1927.；2) 小尾範治：社会教育の展望，青年教育普及会，1932.

オフザジョブトレーニング　⇨ OffJT

OffJT　Off-the-Job Training

〔語義〕仕事（職務）を離れた訓練．*OJT（仕事，職務に就きながらの訓練）の対語．労働省『民間教育訓練実態調査』の1982（昭和57）年版ではOJTに相対するものとして「集合教育訓練」の語が用いられていたが，1984（昭和59）年版からはそれに代わって「OffJT」の語が使われるようになった．

欧米では*職業訓練といえば仕事（職務）とは区別して行われるものという理解が既に支配的であったので，仕事の中で*能力形成されることが注目されたときOJTの語が生まれたが，取り立ててOffJTという名称は使われなかったのだと考えられる．それに対して職業訓練といえばOJTすなわち仕事の中での訓練が一般的であるわが国では，かえって仕事（職務）とは別に行われる職業訓練をさすOffJTという略語がOJTの対として使われるようになったのである．

OffJTは，狭い意味では*企業内教育訓練として

OJTの対をなす研修等をさすが,企業外の*公共職業訓練施設や民間*教育機関における訓練コース等の研修機会も含まれる.最も広い意味では,*養成訓練や転職訓練を含めて仕事(職務)とは区別して行われる職業訓練全体がOffJTだと考えられる.

〔課題〕OffJTは仕事の場を離れ,能力形成を目的として行われる点でOJTとは対照的な性格をもつ.すなわちOJTでは学びにくい「作業の裏づけとなる理論的*知識や原理的理解」を学ぶのに適している.また,多かれ少なかれ特殊な性質をもつ実際の仕事に対して,OffJTの実習では「標準的な,あるいはオーソドックスな作業方法」を習得することができる.これらの面は職業能力の基礎としてわが国の企業現場でもその重要性が認識されてきており,「*技術・*技能の空洞化」「2007年問題」などが喧伝される製造業を中心に,OJTを補うべきOffJTの展開が求められている. (小原哲郎)

⇨ OJT

〔文献〕1)明治大学企業内教育研究会編:人材活用と企業内教育,日本経済評論社,2000.;2)能力開発研究センター在職者訓練研究室:高度熟練技能とOJTを支援するOffJT,調査研究報告書110号,職業能力開発綜合大学校能力開発研究センター,2003.

オープンカレッジ open college

〔概観〕一般に,公開講座等の市民を対象とした*大学開放の名称として用いられることが多いが,近年その中でも特に知的障害のある成人を対象とした,大学における生涯学習機会の提供をさすようになってきた.このような*障害者に理解可能な内容と方法で学習を提供するために,さまざまな工夫がなされる.社会福祉・社会教育・障害児教育をはじめとしたいろいろな領域の教員や学生,地域住民がかかわって組織化される場合が多く,こうした人が障害者とのかかわりから障害をはじめ様々なことを学ぶという意味で*相互教育的な取組みということができる.

〔成立と理念〕1995年に東京学芸大学で,知的障害のある成人を対象とした公開講座「自分を知り,社会を学ぶ」が開講されたのが先駆けである.この講座は「養護学校進路指導研究会」が企画母体となっており,理念的には養護学校卒業後の継続的な学習機会保障という意味合いが強く,実践的には学校教員の専門的なスキルを生かしたきめ細かな*学習プログラムが特徴である.1998年には,大阪府立大学で知的障害のある成人を対象としたオープンカレッジが実施された.同年に全国オープン・カレッジ研究協議会が発足するなど,全国的なオープンカレッジの展開を目ざす動きがあり,短期間に多数の大学で同様の事業が開催されるようになっていった.

このオープンカレッジ運動は,主として知的障害のある人たちへの生涯学習の場の保障を理念としており,それを通して,①*学習権の保障,②発達の保障,③大学の役割の変革・創造が目ざされる.高等教育から最も排除されてきたといえる知的障害者に対する大学での学習機会の提供は,知的障害者が大学のもつ知的・人的資源に触れる機会であると同時に,大学にとっても従来の研究・教育機能を変革する契機として捉えられる.神戸大学でも2003年から知的障害のある成人を対象にした公開講座を実施しており,①学習機会の提供,②学生の教育,③大学の変容の3点を理念として掲げている.このように知的障害のある成人を対象として大学が直接事業を展開する例は,海外にもある.たとえば英国の*オープンユニバーシティは,セルフアドボカシー運動のリーダー養成に取り組んでいるし,また韓国の梨花女子大学では大学開放の一貫として「発達障害者地域社会生活アカデミー」が開催されるなどしている.

〔論点と課題〕知的障害のある成人への学習機会の提供というだけであれば,大学が事業を主催する必然的な理由を説明することはできない.たとえば,社会教育や養護学校等で行われている障害者青年学級と比べてどのような特性があるのかということを明確にしなければならない.その1つは,専門的な*知識を理解可能な形にかみ砕き,知的障害のある学習者にとって意味ある学習となるように工夫しなければならないところに,オープンカレッジの特別な意義を見いだすことができよう.多くの場合,学習内容の専門家,学習コーディネーターとしての指導者や学生などとの*協働によって,学習内容や方法の様々な工夫が行われている.こうした工夫を洗練させながら知の協働の意義を深めていくことが,発展の鍵を握っているといえる.また,知的障害のある人たちが大学の資源に接するということが,障害当事者個人にとって,そして同時に大学や社会にとってどのような意味をもつのかということを追究することもできよう. (津田英二)

〔文献〕1)建部久美子編著・安原佳子著:知的障害者と生涯教育の保障,明石書店,2001.;2)松矢勝宏監修・養護学校進路指導研究会編:大学で学ぶ知的障害者,大揚社,2004.

オープンスペース　open space

公開されている空間のことで，都市計画では公園，緑地，運動場，墓地などの公共用の土地（自由地）を意味するが，建築計画では学校の学年共用学習スペース，あるいは公共建築の自由利用スペースを意味する．

*社会教育施設にあっては，予約なく，無料で，自由に使える空間がオープンスペースである．社会教育施設の敷地内で建物を除いた空間は，ほぼオープンスペースとなる．広場，運動場，自転車置き場，駐車場，野外ステージ，災害時避難場所などで，住民の様々な地域活動を誘発する場所となる．

建物内の自由利用スペースもオープンスペースといえる．ホール，ロビー，娯楽室，休憩室，サロン，*ギャラリー，*フリースペースなどの名称がつけられている．この自由利用スペースの全体に対する面積構成比率が施設の雰囲気を決める．また自由利用スペース利用者にどの程度の自由度を許容するか，その制御方法が施設運営の課題となる．

（浅野平八）

〔文献〕1）浅野平八：地域集会施設の計画と設計，理工学社，1995．

オープンユニバーシティ　open university

放送と通信を中心的な教育手段とする正規の高等教育機関．「公開大学」と訳されることもある．1971年，教育へのアクセス拡大を目的とする*オープンラーニングの潮流の中，英国で開学したのを始まりとする．

オープンユニバーシティでは，大学の専任スタッフによって開発された独自の教材やカリキュラムによって，質の高い学習機会が提供されている．大学院レベルの学位取得や，他大学との単位互換も可能である．一方で，入学に際し学歴などが問われないため，あらゆる人が時間や場所を選ばず学ぶことができる．

こうした特性から，オープンユニバーシティは幅広い層の学習者を獲得することに成功しており，欧米のみならずアジアやアフリカなどで国際的な展開をみせている．日本では，類似する機関として，*放送大学をあげることができる．　　（佐伯知子）

〔文献〕1）スティーブンス，M.D.（渡邊洋子訳）：イギリス成人教育の展開，明石書店，2000．

オープンラーニング　open learning

学習手段として放送や通信を積極的に活用する中で，あらゆる学習者が，いつ・どこで・何を・どのように学ぶかを，おのおののニーズや置かれている状況に応じて柔軟に選択できるよう目ざした学習のあり方．類義語として遠隔学習や*eラーニングがあげられるが，オープンラーニングを定義するには，学習手段の特殊性よりむしろ，教育へのアクセス拡大や学習者中心の学びといった志向性に目を向けることが重要である．その意味で，より包括的な言葉だといえよう．

オープンラーニングという概念の確立は，20世紀後半の英国における，成人一般に高等教育機会を広げようとする動き（*オープンユニバーシティの展開など）と軌を一にしている．その後，次第に*職業教育・訓練的な要素を強める中，ヨーロッパ諸国を中心に国際的にも認知された言葉となっている．

（佐伯知子）

〔文献〕1）マイケル・D・スティーブンス（渡邊洋子訳）：イギリス成人教育の展開，明石書店，2000．

親方　master/boss

徒弟に*技能を伝え，生活を保障しつつ一人前の*職人に育て上げる役割をもった棟梁などをさす．親方という言葉そのものは，「親の側」あるいは「親代わり」の意味で平安時代の文献にもみられる古い言葉で，職人や奉公人などの主人，様々な頭目の呼称，村の名主地主の呼称と，近世までに多くの分野で幅広く使われた．明治の近代化以後も一般に使われていたが，戦後は，次第に相撲の親方など特殊な使用例に限られるようになっている．

（小原哲郎）

〔文献〕1）斎藤隆介：職人衆昔ばなし，文藝春秋，1967．；2）斎藤隆介：続職人衆昔ばなし，文藝春秋，1968．

親子映画運動　Movement for Promoting Child-Parnet Cinema-viewing

映画人と親と教師・教職員組合とが中心となる，地域の子育て・文化運動の1つ．

1950年代から60年代にかけて，いくつかの地域で「よい映画を見る会」運動や教職員組合が中心となった自主上映運動，教師と父母が映画館主を組織してすぐれた作品を鑑賞する運動などがあった．「俗悪・退廃」という批判を受けざるをえないような文化状況の中で，共同映画株式会社の埼玉出張所が「子どもたちに愛と希望を与える映画を親子そろっ

て観賞し話し合おう」という取組みを始め，1966年に大宮市子ども会連盟主催の「第1回夏休み親と子の名画劇場」として『せむしの仔馬』を上映した．この年，埼玉県春日部市で，共同映画の呼びかけに応え教師と父母が中心となり「親と子の良い映画を見る会」が結成され，親子映画第1作である『竜の子太郎』が上映された．この運動は，その後急速に全国各地に広がり，多くの*住民運動が停滞気味になっていく1970年代も，親子文化運動の1つとして大きなうねりをつくっていた．父母と教師・教職員組合が共同して運動を担ってきたという貴重な足跡をもち，今日も東京都や埼玉県など，限られているが持続されている． （畑　潤）

⇨学校外教育

〔文献〕1）親子映画東京連絡会編：親子映画の本，合同出版，1979．

おやこ劇場　⇨子ども劇場

親子読書運動　Movement for Promoting Child-Parent Reading

子が本を読むのを親が聞く，親が子どもに読む，親子で同じ本を読むなど，親子で本を読もうという家庭読書を軸にした教育文化運動．

〔歴史〕高度経済成長期に商業主義が蔓延し，ストーリー漫画の流行や児童雑誌の低俗化に心を痛めた母親たちが悪書追放運動に乗り出す一方で，子どもたちによい読書環境をという願いが親子読書運動につながっていった．椋鳩十の提唱した「母と子の20分間読書」（1960年）運動に端を発し，各地の創意工夫も加えて，全国に波及していった．一方，石井桃子の『子どもの図書館』（岩波書店，1965年）に感動した人々によって，全国各地で*子ども文庫が誕生していった．そんな中で，1967年，斎藤尚吾が，①*文化遺産の継承，②親と子の人間的つながり，③家庭・地域の文化の健全性の回復・創造を目ざして，「日本親子読書センター」を設立した．また，1970年には全国の読書グループや子ども文庫の連携・交流を目ざして，「親子読書地域文庫全国連絡会」が発足した．機関紙『子どもと読書』（岩崎書店）を刊行し，全国交流集会の開催など，継続的な普及活動を展開し，今日に至っている．

〔成果〕個人的な営みである家庭読書から始まった親子読書運動であるが，よりよい子育て環境や，子どもたちのよりよい読書環境の整備を目ざして，*図書館づくり運動や*地域づくり運動にまで発展していった．運動の中で多くの母親たちが全国的な組織とかかわりをもち，交流や連携を通じて，政治や社会とかかわりをもち始め，主体的に学び，視野を広げていった意義は大きい．一方で，親と子が本を通して1つの世界を共有しあい，成長しあうという「親子読書」のスタイルは，現在では組織的・集団的に取り組まれている例はあまりない．個別の家庭内での個人的な営みに戻っているようである．

（脇谷邦子）

〔文献〕1）清水達郎：親子読書運動—その理念と歩み—，国土社，1987．

オルタナティブスクール　alternative school

伝統的な学校とは異なる独自の教育内容や形態の学校の総称である．*フリースクール，オープンスクール，*チャータースクールなどが該当する．1960年代後半から公民権運動の隆盛とともに米国で始まった．学級の自由な選択，少人数教育，子どもの自由や自主性を尊重するなどの特徴をもつ．日本では，1980年代から*不登校問題の深刻化に伴いフリースクールに注目が集まった．*中央教育審議会答申「新しい時代の義務教育を創造する」（2005年10月）においても，フリースクール等の学習を就学義務の履行とする仕組みづくりの検討が求められている．フリースクールは，*社会教育・*生涯学習の分野において，子ども・若者の*居場所の1つとして注目されている．不登校等の子どもの学びの場として，人間関係の構築による心の居場所や物理的居場所としての役割が期待される． （川原健太郎）

〔文献〕1）永田佳之：オルタナティブ教育—国際比較に見る21世紀の学校づくり—，新評論，2005．

音楽のまちづくり　community development by music undertakings

*臨時教育審議会第3次答申（1987年）では「生涯学習のまちづくり」が提唱され，*地域文化活動の振興で地域を活性化させようとする方向が打ち出された．音楽の分野では「音楽文化の振興のための学習環境の整備等に関する法律」（1994年）などが制定され，音楽学習の整備等の事業や伝統音楽，特色ある音楽文化の振興などが目ざされている．楽器生産など音楽産業が盛んな自治体，伝統音楽をもつ自治体，著名な音楽家を生み出した自治体などだけではなく，若者の参加するまちづくりを組織化しようとする自治体などが，住民の音楽活動を中核に*地域づくりやまちおこしをしようとする試みを

行っている．しかし，「オペラのまちづくり」のように，その自治体にある専門音楽施設を生かしたもの，音楽施設をつくったことによって始まった事業など，音楽イベントを中心とした事業が多く，*社会教育の活動というよりもその自治体の*文化行政によるものが多い．　　　　　　　　　（大坪正一）

⇨文化行政

〔文献〕1）根本昭：日本の文化政策，勁草書房，2001．

オンザジョブトレーニング　⇨OJT

オンブズパーソン　ombudsperson

〔定義〕オンブズパーソンという呼称は，オンブズマン（ombudsman）から派生した．オンブズマンはもともとスウェーデン語で，通常「行政監査専門員」と訳されている．議会または首長の任命による公的第三者機関として行政に対する住民の苦情を受け付け，行政が適正に職務を行っているかどうかを調査したり，監視したりする役割を担ってきた．日本では一般に行政に対峙する*市民活動としてオンブズマンを捉える傾向が強いので，その点にやや違いがある．

〔歴史〕オンブズマン制度は約200年の歴史をもっているが，世界中で広く活用されるようになったのは1970年代以降のことである．現在，労働基準，行政施策，医療過誤，障害者の権利，男女平等，子どもの権利など，幅広い課題にかかわって各種のオンブズマン制度が機能している．差別的な言語表現の是正を求める近年の動きの中で，英語圏においてombudsperson（オンブズパーソン）という言葉がつくり出され，日本でも広く使われるようになった．

〔事例〕子どもの人権オンブズパーソン条例を1998年に全国で初めて制定した兵庫県川西市では，オンブズパーソンを「子どもの利益の擁護者・代弁者」「公的良心の喚起者」と位置づけ，①子どもの人権侵害の救済に関すること，②子どもの人権の擁護と人権侵害の防止に関すること，③必要な制度の改善などを市長などに提言すること，をその職務として規定している．弁護士や臨床心理士などの専門家が子どもの人権オンブズパーソンを務めているが，「子どもの立場になって子どもに関する問題の解決を支援する公的第三者機関です．子どもも，おとなも，ひろく市民が活用できます．もちろん秘密はかたく守ります」と子どもの最善の利益を実現していく存在であることをわかりやすく説明し，制度の積極的な活用を呼びかけている．

オンブズパーソンにはこれ以外にも川崎市人権オンブズパーソン（2001年6月）など様々なものがあり，またオンブズマン（例：札幌市オンブズマン），オンブズ（例：市民オンブズ鳥取），オンブッド（例：越前市男女平等オンブッド）などの名称で，数多くの組織が同様の活動を行っている．　　（平沢安政）

〔文献〕1）川西市子どもの人権オンブズパーソン事務局編：ハンドブック子どもの人権オンブズパーソン，明石書店，2001．

か

海外職業訓練協会 Overseas Vocational Training Association

日本の民間企業等が海外の現地従業員に対して行う職業訓練を援助することを目的に設立された*財団法人．寄付行為によれば，次の事業を行うこととされている．民間企業等が行う，① 海外職業訓練の企画推進のために必要な人材を育成すること．② 外国人研修生の国内受け入れ研修に対する援助を行うこと．③ 海外職業訓練の企画推進のために必要な訓練教材・訓練技法を開発すること．④ 海外職業訓練の企画推進のために必要な情報資料等を収集し提供すること．⑤ 海外職業訓練の企画推進のために必要な国際協力を行うこと．⑥ 国内受け入れ研修を受講する外国人研修生とわが国地域社会や家庭との交流を図ること．
（新井吾朗）

外国人技能実習制度 Technical Intern Training Program for Foreign Workers

1993（平成5）年に創設され，外国人研修制度による1年間の研修期間中に一定の*能力を習得したことを条件に正式な雇用契約を締結した上で，さらに2年間の実習を継続できる制度．

もともと，出入国管理および難民認定法に定められる在留資格「研修」で外国人を日本に受け入れ，1年以内の期間にわが国の産業・職業上の技術，技能，*知識の習得を支援する外国人研修制度があった．この制度では元来，国際的な企業の現地法人従業員やわが国の公的機関が国際協力の一環として研修生を受け入れることが中心だった．しかしその後，「研修」の在留資格で様々な形態で外国人を研修生として受け入れるようになり，制度の運用が多様化した．これに対応するため1990（平成2）年に在留資格「研修」の上陸審査基準が制定され，これが契機となり，わが国の中小企業が有する技能の研修を目的とした外国人研修制度が本格化した．

研修生にとっては，技術，*技能，知識を習得するメリットがある一方，研修生を受け入れる企業としては，外国企業との関係強化，経営の国際化，実際の業務を担う労働力として期待できるメリットがあり，この制度が維持されていた．しかし在留資格上，研修期間は1年間，研修中は残業もできない等の制約があり，中小の受入れ企業としては受入れに困難を伴っていた．そこで外国人技能実習制度を創設し，1年間の外国人研修制度と2年間の外国人技能実習制度を組み合わせて，最長3年間，実際の仕事をしながら研修・実習を実施できるようにしたのである．
（新井吾朗）

外国人花嫁 immigrant-bride from Asian countries

「嫁不足」といわれた農山村の男性とのお見合いで日本に嫁いだ「アジアの女性」を象徴的に語る言葉．1985年，東北の過疎に悩む町が地元男性とフィリピン人女性との「お見合い」を実行，同じ悩みをもつ行政や未婚男性がこれに関心をよせフィリピンから韓国，中国へとアジア人女性との結婚は急速に各地に広まった．

この「国際結婚」は仲介業者との提携による行政主導型と，業者の独身男性直接募集型と2つのルートがあった．いずれも高額の斡旋料と約1週間の日程で男性が相手国へ渡航，現地で結婚を決定するシステムが特徴．農村の結婚難という緊急性から，その合理性，高い成婚率が注目され，他方，日本とアジアの経済格差の有効性が背景にあり，アジア人女性の「人身売買」という社会非難に加えて相手国からの批判や取締りも免れなかった．それでもなお，いまに至るまで外国人花嫁の来日は続き，東北では100人近いアジア人女性が暮らす町村もある．この間，暮しや文化の情報提供，*識字学習の機会，など「多文化社会」を目ざす支援を行った自治体も多い．なお，都会でもこうした斡旋業者によるアジア人女性との結婚も多い．
（板本洋子）

〔文献〕1）佐藤隆生：農村と国際結婚，日本評論社，1998.

外国籍市民 ⇨在日外国人

介護予防 prevention measures against nursing care

〔概観〕高齢者が要介護状態にならず，自立した生活を送ることができるようにすることの総称である．介護予防にかかわる事業は，2000年の介護保険制度の導入に伴って関心を集めるようになったが，2006年の介護保険法の改正において重要な課題と

なった．

〔歴史〕介護保険制度の発足と同時に検討され，2001年に始まった「介護予防・地域支え合い事業」では，高齢者が社会参加し孤独感の解消と生きがいの創出を目ざす「介護予防・生きがい活動支援事業」が提案され，転倒骨折予防教室，日常生活関連動作訓練，痴呆介護教室，地域住民グループ支援事業などを内容とする「介護予防事業」が展開された．それに加えて2003年には，食の*自立支援事業，*認知症高齢者家族やすらぎ支援事業，高齢者住宅等安心確保事業がスタートした．

2006年の介護保険法の改正では，新予防給付が設定され，在宅訪問型，施設通所型，地域密着型の介護予防サービスが導入された．それと同時に，介護予防に関する情報の提供，運動器の機能向上，栄養改善，口腔機能の向上を目ざす地域支援事業も導入された．このような介護予防事業は，要介護状態の悪化を防ぎ，高齢者ができるだけ長く自立生活を送るために必要であるが，比較的軽度の困難を抱える人へのサービスの水準を低下させるのではないかと危惧されている．

〔課題〕介護保険法の改正によって導入された介護予防事業は，自立生活のために健康状態と生活技術の維持を目ざすものであり，自分一人であるいは家族だけで生活を支えるという発想に住民を追い込む可能性がある．困難を抱えた人が地域に参加し，人との交流を絶やさず，生きがいをもって暮らすことができるようにするために，*社会教育の活動として介護予防に取り組む必要がある．　　　（辻　浩）

〔文献〕1）大田仁史：介護予防，荘道社，2003.；2）福祉村編：介護予防の時代とこれからのデイサービス，筒井書房，2004.

回想法　life review/reminiscence therapy

主に高齢者を対象に，質の高い聞き手との交流によって過去のできごとを思い起こし，その内容を共有することによって，認知機能やうつの改善，対人関係の質の向上，人生の再発見などを目ざす方法である．

〔回想法の起源〕1963年の*バトラーの「ライフレビュー（人生の回顧）」の概念の提唱によれば，高齢者が人生を振り返るということは自然で普遍的な行為である．死が近づくにつれ，自然発生的にライフレビューが行われることは重要であり，それにより老年期の発達課題である人生の統合に至る．一方，統合に至らずに発達的危機として絶望感に陥ることもある．ライフレビューは，自分ひとりで行う場合には，回想に伴う感情に個人差があり，必ずしも治療的であるとはいえない．療法として用いるには，訓練された聞き手によりライフレビューが促進され，過去の認識が再構成され，心身の安定に至ることが大切である．

〔実践としての回想法〕バトラーのライフレビューの概念が先駆けとなり，老人病院や老人施設における回想法の*実践が欧米で展開されるようになった．現在では多様なバリエーションの回想法が開発されている．日本で主に実践されているのは，グループ回想法であり，7〜8人の参加者と聞き手2〜3人の集団療法で実施し，高齢者の語りを共有しながら，1時間程度のセッションを行うものである．テーマが設定され音楽，道具，写真などが用いられることもある．これらは，老人施設におけるアクティビティとして実施されることが従来から多く，*レクリエーションとしての意味が強い．現在では健康高齢者の活動の中で実施されたり，高齢者と若者の世代間交流の題材として行われるようにもなってきた．一方，ライフレビューセラピーという個人療法として実施する回想法もある．それは個別的に行うものであり，発達的段階に沿って*ライフヒストリーを傾聴することで，聞き手との関係構築と心理的安定を目ざす援助方法である．　　　（志村ゆず）

⇒バトラー，ライフヒストリー

〔文献〕1）堀薫夫編：教育老年学の展開，学文社，2006.；2）野村豊子：回想法とライフレヴュー——その理論と技法——，中央法規出版，1998.；3）志村ゆず他：写真でみせる回想法，弘文堂，2004.

ガイダンス　guidance

教育場面における学習指導以外の指導を意味する用語．

〔由来〕元来，米国において1930年代に生まれた概念であるが，日本では，1946年の第1次*アメリカ教育使節団報告書でその意義が説かれ，「新教育」下での生活指導として全国の小・中学校等に広がっていった．戦後間もない頃の日本の学校における生活指導は，子どもたちが新しい社会に適応しうまく生活できるような指導であったが，1950年代に入り，教師たちが民主的な社会づくりと並行しながら進められるべきであるとして，民間教育研究団体によってそのあり方が問い直されていった．

〔現状〕米国で近年，知られるようになったものとして，キャリアガイダンスがある．米国では，キャリアカウンセラーが，ミドルスクールの段階から，

子どもたちが将来どのような仕事に就きたいのかを明確にしながら，個々の子どもが各々の目標に向けてどのように勉強していけばよいかを指導し，目的志向的（object-oriented）な子どもを育成している．

日本でこれに類することは，中学校や高等学校で「進路指導」としてなされているが，往々に「進学指導」に傾きがちである．ガイダンスは，指導者が被指導者の望ましいあり方を提示することにかかわる行為であるため，その場面や対象は多岐にわたり，*企業社会や*社会教育，*生涯学習の場面でもなされうる．往々に，指導者側から一方的に伝達されるガイダンスも見受けられるが，できるかぎり被指導者の置かれている生活状況や心理状態を配慮した上でなされることが望ましい． （赤尾勝己）

〔文献〕1）村井実全訳解説：アメリカ教育施設団報告書，講談社，1979．；2）小谷英文編著：ガイダンスとカウンセリング，北樹出版，1993．；3）柴山茂夫・甲村和三編：キャリア・ガイダンス，学術図書出版社，2003.

ガイドヘルパー　transport-aid supporter

*障害をもつ人の生活的自立と社会参加を援助するためのガイドヘルプサービスを行うヘルパーである．

〔目的〕日常の買い物や通院，役所での用事などに加え，特に障害をもつ人の学習・*文化活動への参加を保障するという点から，このサービスへのニーズは高い．筆者らの調査でも，一般市民向けの講座等に参加したくても1人で会場まで行くことができないため参加できない，それゆえ「会場まで連れて行ってくれる人をつけてもらえれば，税金が高くてもいい」といった切実な声が出されていた．しかしながら多くの自治体では，ガイドヘルパーの派遣を身体障害，その中でも視覚障害などに限定したり，利用回数や利用目的を制限しているのが現状である．

〔先進的取組み〕このような中で，近年知的障害をもつ人のニーズに応える取組みも，大阪市や枚方市を先駆として広がってきている．そこで注目されるのは，サービスの利用範囲をたとえば1日の中でヘルパーの仕事が終えることが可能な外出とするなど，柔軟な運用ができるようにしているという点である．特に大阪市の場合には，宿泊を伴う旅行もガイドヘルプサービスの対象としているなど，多様な文化的要求に応える形での先進的な取組みがなされている点は特筆される．なお同市での調査によると，知的障害をもつ人のガイドヘルパー利用の60％余が*レクリエーションや買い物などに当てられている．

〔今後の課題〕今後は精神障害も含めすべての障害をもつ人の*学習権を保障する上でこうしたサービスの拡充が求められると同時に，この制度が十分に機能するには，ガイドヘルパーの養成も不可欠である．その際，具体的な介護等の技術だけではなく，人権，福祉，心理など障害をもつ人の基礎的理解を図る*学習プログラムも必要となることから，*社会教育の役割が期待される． （小林　繁）

〔文献〕1）野村敬子：はじめて学ぶガイドヘルプ，みらい，2006.

開発教育　development education

〔定義〕日本における開発教育は当初，南北問題や国際協力を理解するための教育活動として始まった．その後，国内においても外国人労働者の問題や*グローバリゼーションに伴う様々な影響が明らかになり，また環境，人権，多文化など他のグローバルな課題との密接な関連性が指摘されるにつれて，開発教育はその内容や方法の範囲を広げてきた．現在では開発教育協会は「開発教育は，開発をめぐる様々な問題を理解し，望ましい開発のあり方を考え，ともに生きることのできる公正な地球社会づくりに参加することをねらいとした教育活動である」と説明し，具体的な学習目標として「文化の多様性の理解」「*貧困や格差の理解」「地球的諸課題の密接な関連性の理解」「自分と世界とのつながりの理解」「問題解決に向けて参加する*能力と態度」の5点をあげている．

〔歴史〕開発教育は，南北問題が世界的な課題となった1960年代に欧米諸国の国際協力*NGOの間から提唱された．当初は国際協力NGOがその支持者に対して第三世界の現実を知らせたり，国際協力のための募金キャンペーンとして展開されていた．1970年に国連総会で採択された「第2次国連開発の10年計画」以降，開発教育は国連や先進工業諸国において南北問題や開発問題の体系的な理解を促す教育活動として発展する．

日本では1979年に東京で「開発教育シンポジウム」が開催され，1982年には日本における開発教育推進の母体として開発教育協議会（現（特活）開発教育協会）が結成された．開発教育協会は毎年全国研究集会を開催して開発教育の普及に努めた．1989年に文部省の学習指導要領が改訂された頃から学校現場にも普及し始めた．1990年代には「地域の国際化」が叫ばれるようになり，地域国際化協会（*国際

交流協会等）でも開発教育に取り組むところが増えた．2002年度からは公立学校において「*総合的な学習の時間」が導入され，学校と国際協力NGOと国際交流協会などが連携する形で開発教育が*実践されている．

〔内容と方法〕開発教育が取り上げている内容は，子ども，文化，食，環境，貿易，貧困，*識字，難民，国際協力，*ジェンダー，在住外国人，まちづくり，など多岐にわたる．開発教育は地球的な課題への人々の参加を促す学習活動であるために，参加型学習と呼ばれる手法とそれらを使った教材に特色がある．それらは，ロールプレイ，ディベート，ランキング，フォトランゲージ，シミュレーションなどの手法である．また，発表，*対話，実習，見学，調査，スタディツアー，ワークキャンプといった学習活動も広く採用される．

〔課題〕開発教育の課題の第1は，グローバリゼーションのもとで日本の各地域に起きている個別の課題を明らかにして，それらを学習課題として明らかにすることである．第2は，開発教育を学校で推進するために，学校と地域とNGOと行政機関との「学びの*ネットワーク」を各地域につくっていくことである．第3に，2005年から始まった「国連・*持続可能な開発のための教育の10年」の運動を推進することである．第4は，いわゆる「途上国」の現場で行われる参加型開発におけるPRA（参加型農村調査法）やPLA（参加型学習行動法）と呼ばれる参加型学習の手法と日本の開発教育の手法や教材とを交流する教育協力の活動の展開である．

(田中治彦)

〔文献〕1) 開発教育協会：開発教育キーワード51，開発教育協会，2002.；2) 開発教育協会：参加型学習で世界を感じる―開発教育実践ハンドブック―，開発教育協会，2003.；3) 田中治彦：国際協力と開発教育，明石書店，2008.

回復的司法　restorative justice

〔概観〕犯罪を主として国家と犯罪者（手続き的には国家と被疑者・被告人）との関係としてみるのではなく，加害者と被害者との関係で捉え，したがって，犯罪の処理も，被害者と加害者との関係回復に重点を置くべきだという考え方に立脚した司法（広義）のあり方をいう．関係回復の手段としては，被害者と加害者の*対話が重視される．修復的司法または関係修復的司法など，様々な語が用いられ，まだ日本語が固まっていないが，いずれの語を用いるかによって，内容の理解に*差異があるわけではない．

〔歴史〕1970年代に米国やカナダで，自然発生的に始まったものをゼア（Zehr, H.）が1985年の論文の中で，restorative justiceと呼び，その特徴を整理した．一方，ニュージーランドでは，先住民マオリの犯罪解決方法に学んだ家族集団会議が生まれた．オーストラリアやニュージーランドでは，家族集団会議による方式をリアルジャスティス（real justice）と呼び，広く*実践されている．回復的司法は，ヨーロッパ諸国でも広く行われ，刑事司法や少年司法の改革の1つの方向を代表しているということができよう．

〔日本での実践〕日本では，回復的司法を実施する法律はないが，被害者と加害者の対話を通じての関係回復は，*保護観察や少年司法にかかわる機関によって検討が進められている．また，被害者と加害者の対話を仲介するための*NPOなどの組織も設立され，活動している．このようなNPOとして，日本で最も古い歴史をもつ千葉の「被害者加害者対話の会運営センター」では，対話の進行役として，センターの研修プログラムによって研修を受けた*ボランティアが活躍しており，被害者と加害者との関係回復に寄与するとともに，市民の司法への関心を高めるという観点からも注目すべき役割を演じている．

(前野育三)

〔文献〕1) ハワード・ゼア（西村春夫ほか監訳）：修復的司法とは何か―応報から関係修復へ―，新泉社，2003.；2) 藤岡淳子編：被害者と加害者の対話による回復を求めて―修復的司法におけるVOMを考える―，誠信書房，2005.

下位文化　⇨サブカルチャー

解放　emancipation

〔概要〕部落・女性解放，障害者自立生活運動などの構造的な*差別に抗する当事者運動とそれにかかわる教育実践のキーワード．一般には，生活のあらゆる次元（政治的・文化的・経済的・身体的など）における束縛から解き放たれることを意味するが，*社会教育・生涯学習支援の文脈においては，「解き放たれる」という受身ではなく，「みずから*抑圧状況を変革し，みずからの社会的・歴史的位置を是正する」という主体的な行為をさすことが多い．

〔歴史と成果〕「人の世に熱あれ人間に光あれ」と構造差別からの解放を最も高らかに謳った*水平社宣言（1922年）は，近代日本の解放運動史の金字塔である．「特殊部落民（*被差別部落出身者）」の自尊感情の高揚と解放運動のための団結を機軸とする

この宣言は，今日の*エンパワーメント実践の本質を見据えていたといえる．また，*解放の教育のパイオニアである*フレイレも，抑圧構造を打破するのは，被抑圧者自身であり抑圧者ではない，という立場をとり，被抑圧者の「*意識化」を支援する実践として「課題提起教育」を提唱した．こうした解放を志向する運動・教育実践は，実際に社会の慣習や制度を変革し，結果として，人権を大切にする，人間らしい社会の仕組みづくりに貢献してきただけでなく，マイノリティの重要性を社会に刻印してきた．

〔課題と展望〕現代は，しかし，フーコー(Foucault, M.)のいうように，権力が人間の「生」に浸透し，誰にどのように管理・抑圧されているかが不明瞭な社会であり，二項対立的に「抑圧者―被抑圧者」を措定する方法論には限界がある．解放を進めるための当事者の学習（エンパワーメント実践）と*偏見や差別をめぐる非当事者の教育に分化された実態をいかに統合するのかが課題となっている．それは，*イリイチのいう「自立共生」(conviviliality)の場をいかに解放の文脈に定置しうるのかという問いでもある． (松岡広路)

〔文献〕1) 松岡広路：生涯学習論の探究，学文社，2006.

解放会館 ⇨人権文化センター

解放の教育　liberating education

〔歴史〕アジア，アフリカ，ラテンアメリカの第三世界および先進諸国における被抑圧民衆による民衆運動，社会運動と強く結びつきながら，人間の解放という視点から教育実践の創造を試みるのが「解放の教育」である．戦後世界において，「人間の解放」が自覚されてくるのは1960年代以降で，第三世界を中心に民族解放，貧困や抑圧，差別，低開発からの解放を求める運動の中で繰り広げられる豊かな民衆文化・*民衆教育の実践から学び，近代教育の枠組みや学校・成人教育のありさまを根本から見直す取組みとして展開される．日本において*部落解放運動の中から生まれた「解放教育」もこうした文脈に位置づけることができる．

〔方法論〕「解放の教育」の特徴はその方法論にある．*フレイレの教育論の強い影響を受けたその方法は，まず，教育は人間の支配や抑圧のためではなく，解放のためにあり，したがって，価値中立の立場はとらない．社会的弱者や被抑圧者の立場に立って，具体的な社会変革の実践や運動にかかわる中で，社会変革の主体形成を目ざす．その際に，権威主義や教条主義は否定され，徹底した民主的な手続きと自由で対等な個人の協同の営みから，活動が組織化される．

〔民衆教育の発展〕「解放の教育」の広がりと深まりに学びながら，それを受け継ぎ発展させているのが「民衆教育」(popular education)である．とりわけ，ラテンアメリカにおける「民衆教育」は，民衆公教育など新しい概念を生みながら発展してきており，解放の教育の典型として位置づけられる．一方，先進諸国においては，米国の批判的教育学の実践にみられるように，マイノリティの差別からの解放，労働者の組織化などを支える教育として自覚されてきている． (野元弘幸)

〔文献〕1) Ira Shor and Paulo Freire: *Pedagogy for Liberation: Dialogues on trnasforming education*, Bergin & Garrey Pub., 1987.

カウンセリング　counseling

〔定義〕カウンセリングという言葉の意味は相談することであり，心理・社会的な未解決の問題をかかえる人（クライアント）に対して，カウンセラーが*コミュニケーションを通した心理的相互作用によって，その問題を解決していくことを支援する行為，方法，過程，関係を意味する．「個人との持続的・直接的接触によって，その個人を援助して行動・態度の変容を図ること」(ロジャーズ, Rogers, C. R.)，「カウンセラーがクライアントの悩みを共感的に理解し，*受容的な態度によって接することにより，クライアントの*自己実現の可能性を十分にひき出すこと」（河合隼雄）とも定義される．

〔役割〕カウンセリングの主なねらいは，クライアントが自ら成長，適応，発達しようとするのを援助することにある．カウンセリングはカウンセラーとクライアントとの*対話のプロセスであり，その過程の中で，クライアントはいままで気づかなかった自分に気づき，自ら積極的に考え，選択し，実行する．カウンセラーとして重要なことは，共感的理解，受容，感情の反射，言い換え，質問，支持などによってクライアントと人間関係をつくり，問題を捉え，適切な処置をすることである．カウンセラーは，指示的な助言なしにクライアントが自らの問題に気づき，自分で自分の問題を解決できるよう援助する．

〔活用〕生涯学習の分野では，カウンセリング関係の講座は，アサーティブトレーニング，*ピアカウンセリングなど，様々なものが行われており，人気がある．また，キャリアカウンセリングなども注目

を集めている．さらに，*社会教育・生涯学習関係職員にも，*カウンセリングマインドが求められるという議論もある．カウンセリングマインドとは，カウンセラーのクライアントに対する，あたたかい信頼関係に満ちた人間関係をつくる心構えや心情，精神のことである．
(倉持伸江)

〔文献〕1) 全日本社会教育連合会編：生涯学習時代の学習相談―気づきとカウンセリング・マインド〈特集〉―. 社会教育, **47** (8), 7-49, 1992.

カウンセリングマインド counseling mind

〔概観〕カウンセラーとしての心構えや心情，精神をいう．具体的には臨床心理学者のロジャーズ (Rogers, C. R., 1902-1987) が相談にくる人の自力での問題解決を重視したカウンセラーの基本的態度として掲げた「① 自己一致，② 無条件の肯定的配慮，③ 共感的理解」をさしている場合が多い．

〔学習支援〕*社会教育・生涯学習の場面で，成人教育の指導者，*ファシリテーター，*コーディネーターなどの心構えや留意点として，「傾聴」や「*受容」「共感」をみることができるのは，この影響を受けたものと考えられる．成人教育や学習相談とカウンセリングは区別されるべきではあるが，今日では，学習支援者の基本的な姿勢として，カウンセラーのような配慮が求められるようになった（なお，この言葉は学術用語ではなく和製英語である）．
(廣瀬隆人)

〔文献〕1) ロジャーズ, C.R. (保坂亨・諸富祥彦訳)：クライアント中心療法 (ロジャーズ主要著作集2), 岩崎学術出版社, 2005.

学芸員 curator

〔概観〕*博物館活動の中核を担う*専門職員の一般的名称．*博物館法では，「学芸員は，*博物館資料の収集，保管，*展示及び調査研究その他これと関連する事業についての専門的事項をつかさどる」（博物館法第4条4項）と位置づけられている．したがって，学芸員はそれぞれの専門分野における高度な*知識と研究遂行能力をもっている必要がある．同時に，それを展示や普及教育活動に展開していく*能力，特に高い*コミュニケーション能力が求められる．博物館の運営方針および将来計画もまた学芸員が担うべきであり，博物館の運営のあらゆる側面に目を配る必要がある．

学芸員を名乗るには，学芸員資格をもっている必要があり，この*資格がない場合，博物館において学芸員に相当する仕事をしていても学芸員補としか名乗れない．ただし，学芸員資格は，学芸員の専門性についても，実際の博物館運営においても，必要な能力や知識を保証するものではない．その意味では，単なる形式にすぎず，学芸員の採用時に学芸員資格の有無を問題にしない博物館も多い．

〔現状〕博物館の中には，専門職としての学芸員を配置せず，学校教員などを配置し，数年ごとに異動させている場合がある．しかし，高い専門性が要求される学芸員の仕事に必ずしも適したやり方とはいえないだろう．また，長期的な視野に立っての博物館運営を行う上でも支障をきたす．

学芸員が博物館運営の全般に目を配るとしても，多様な側面をもつ博物館の運営は，学芸員だけではできない．学芸員が，調査研究，資料の収集保管，普及教育といった本来の職務をきちんと果たしていくには，学芸員以外の職員の存在が不可欠なのである．その中には，事務職員，技術職員，警備員以外にも，教育の専門家，*司書，コンピューター関連技術者，広報担当者などの学芸員以外の専門性の高い職員が含まれる．こうした専門家集団が連携して，初めて博物館がスムーズに運営される．

しかし，博物館に十分な人員が配置されていることはほとんどなく，多くの場合，学芸員が博物館の様々な業務を負担せざるをえない．この状況にある学芸員をさして，俗に"雑芸員"などと呼ぶ．学芸員の仕事の負担が過大になる中で，学芸員本来の職務，特に調査研究や資料の収集保管に十分な時間がかけられない状況が生まれる．さらに博物館の運営方針や将来像についての十分な議論ができていない場合も多い．

博物館や学芸員個人によっても違いはあるものの，学芸員の日常の中では，一般に展示を含めた普及教育事業にかかる時間が極めて多い．博物館の*評価が問題とされる中で，市民に評価されやすい普及教育事業のウェイトはどんどん大きくなっている．また，それに関連しての広報関連業務も増加している．これもまた，博物館活動の基礎をなす調査研究と，資料の収集・保管にかける時間を減少させている．

〔課題〕博物館の日常業務や普及教育事業にばかりに追われ，調査研究や資料の収集保管という博物館活動の基礎をなす職務が十分に果たせないという状況は，長期的にみれば博物館の機能を低下させるだろう．これは，研究者というスタンスをベースにしている学芸員個人にとっては，研究者としての立場

の存続の危機でもある．学芸員と研究者のどちらを選ぶかという決断を日々迫られているに等しい．優秀な研究者ほど，学芸員をやめて研究者の道を選ぶことだろう．優秀な研究者を失っていくことは博物館の弱体化につながるとの認識のもと，学芸員の待遇の改善を図り，研究者として学芸員を続けられる体制を整える必要がある．

　*指定管理者制度が導入されて以来，日本各地の*公立博物館の運営が指定管理者に任されるようになってきている．学芸員に関しては，出向等という形で，公務員の身分のままである場合が多いが，中には指定管理者が学芸員を雇うケースも出てきている．博物館を指定管理者が運営する問題点としては，数年単位で指定管理者が変わることによって，博物館の方針が頻繁に変わる点や，長期的な視野に立った運営が行われない点がある．学芸員を含めて博物館職員が入れ替わるとしたなら，こうした懸念は一層強まることになる． 　　　　　（和田　岳）

〔文献〕1）那須孝悌：学芸員の地位向上と処遇改善．博物館研究，**34**（10），4-9, 1999.；2）徳島博物館研究会編：地域に生きる博物館，325pp., 教育出版センター，2002.

学社融合　⇨学社連携

学社連携　partnership of the school and social education（adult and community education）

〔定義〕学校教育と*社会教育の連携協力を積極的に推進するという考え方で，近年はさらに一歩進めて相互の独自な機能を生かしつつ有機的に協力する学社融合がいわれている．

〔社会教育の要請〕学校教育と社会教育の関係については，*教育基本法第12条第2項，*社会教育法第3条で社会教育のための学校の施設の利用が謳われ，具体的には社会教育法第6章，*学校教育法第85条の規定がある．しかし，教員の負担過重や責任問題等から必ずしも積極的に行われていたわけではなく，特に，日本教職員組合の「教職員の労働時間と賃金のあり方」（1970年）では，教育の質の向上のために学校教育の本務とは認めにくい課外クラブを社会教育に移管することを主張して，教員の学校外活動への関心を希薄化する結果を招いた．本務に邁進するという趣旨は大切であるが，教育という総合的な機能からみて，学校内に限定される教育活動には，一定の限界がある．*社会教育審議会建議「在学青少年に対する社会教育の在り方について―家庭教育，学校教育と社会教育との連携」（1974年）で

も，サブタイトルの示すようにその重要性とそれぞれの役割分担を強調しつつ，*少年自然の家等での林間学校，臨海学校等での連携協力を指摘している．

〔学校への地域の意見の反映〕学社連携が特に強調されるようになるのは，1980年代後半の*臨時教育審議会以降で，ゆとり教育，総合学習，地域教育力が叫ばれる中，家庭・学校・地域のそれぞれの役割を踏まえて，地域住民の学校教育への参加の促進が求められるようになった．学社連携推進会議や地域子ども教室推進事業等が積極的に実施され，制度的にも，地域住民が学校教育に参加する*学校評議員や学校運営協議会等の方策もとられるようになった．また，2001年法改正では社会教育法第3条に第2項（現行はほぼ第3項）が追加され，国・地方公共団体の任務が国民の自己学習のための環境醸成だけでなく，学校教育との連携の確保，家庭教育の向上をも目ざすようになり，また，学校教育法でも体験活動等における*社会教育関係団体や関係機関との連携の配慮も追加された（学校教育法第18条の2）．

　　　　　　　　　　　　　　　　　（国生　寿）

⇨学校評議員，コミュニティスクール

〔文献〕1）日高幸男・福留強編：学社連携の理念と方法，全日本社会教育連合会，1996.

学習過程（学習プロセス）　learning process

　教育者と学習者，および学習者同士で相互主体的に*知識や*技能の伝達，認識の発展や変容が進むプロセス（過程）のことである．

〔課題解決から課題設定へ〕*社会教育・生涯学習の研究および*実践では，社会の変化に応じる社会的諸問題を，あるいは年齢に対応する発達課題を学習課題とし，その学習課題の解決のための学習が展開されてきた．時代状況や社会状況に応じて学習課題は多様に変化したが，社会構造から導き出された社会的諸問題や発達課題を学習課題とし，その学習課題の「解決」のために学習を進めるという基本構造は同じだったといえる．

　学ぶべき学習課題があることは共通理解になっている．しかし，その学習課題をどの程度学習者自身が，日常生活の中から自分たちで導き出し，自らの学習課題として「設定」（setting）してきたかをめぐっては見解が分かれる．学習プロセス論はこの点で，学習者が，混沌とした現実の中から問題を感じ取り，時間をかけながら実態調査をし，そこから学習課題を「設定」（松下拡，*ショーン）すること，また*社会教育職員などの学習支援者が学習者の学

習課題の設定プロセスに相互主体的にかかわることを重視する．学習課題論から学習プロセス論への転換はまず，学習課題の「設定」プロセスをめぐって論じられている．

〔学習展開のプロセス〕学習プロセス論は，学習課題の設定から出発し，学習の相互主体的な展開のプロセス，および学習支援者の支援プロセスにも注目する．学習課題を「解決」（solving）することができたのかというよりは，解決に向けての相互主体的な学習の展開プロセスに注目し，学習者相互，学習者と学習支援者相互の*自己決定的な学習プロセス，意識変容プロセス，省察プロセスが組み入れられる視点を強調している． （三輪建二）

〔文献〕1）日本社会教育学会編：成人の学習（日本の社会教育第48集），東洋館出版社，2004．；2）ショーン，D.（柳沢昌一・三輪建二監訳）：省察的実践とは何か，鳳書房，2007．

学習記録　learing record

学習の過程を詳細に記録したもの，または学習の成果を記録したもの．前者は，学校教育では授業記録というが，*社会教育や成人教育の場合には，1980年代以降になって学習者，講師，助言者の発言を逐一記録するなど詳細な学習過程の記録を，*実践記録とは区別して*学習記録というようになった．その背景には*学習の構造化，学習過程の組織化，職員の専門性，専門的力量形成などに関する科学的研究の中で，教授・学習過程のより詳細な事実の把握として学習記録づくりとそれに基づく実践的研究が行われてきたということがある．後者は，文部省*生涯学習審議会答申「学習の成果を幅広く生かす」（1999年）で提唱されている「生涯学習記録票」などに示されている．つまり受講した講座名，その期日など学習活動歴などを各自が記録し*キャリア開発に活用し，また社会的な*評価，認証としても活用しようというものである． （木全力夫）

〔文献〕1）日本社会教育学会編：成人の学習，東洋館出版社，2004．

学習契約（ラーニングコントラクト）　learning contract

*ノールズが提唱した成人教育の方法．学習契約においては，学習経験の計画が，（成人）学習者と学習支援者との相互協力関係によって進められる．同一の学習内容を学習する際に，多様な社会的背景をもつ学習者が，異なった学習方法を組み合わせ，支援者との契約関係のもとに，学習を進めていくのである．学習契約は，①学習ニーズの診断，②学習目標の設定，③活用する学習資源と学習方法の明確化，④学習の成果を示すもの（evidence）の明確化，⑤学習成果の評価法の明確化，⑥助言者との契約の再検討，⑦学習契約の実施，⑧学習の評価という手順で進められる．

この手法の利点は，社会的背景や関心，生活経験，余暇時間などが異なる*成人学習者に対して有効な学習支援法だという点である．学習者の自発性を尊重しつつ，全体としてゆるやかな構造を有しているという特徴もある． （堀　薫夫）

⇨ノールズ

〔文献〕1）ノールズ，マルカム（堀薫夫・三輪建二監訳）：成人教育の現代的実践，鳳書房，2002．；2）Knowles, M. S.: *Using Learning Contracts*, Jossey-Bass, 1986.；3）社会教育基礎理論研究会編：学習・教育の認識論（叢書 生涯学習Ⅷ），雄松堂出版，1991．

学習契約書（米）　learning contract paper (in US)

成人期の発達特性として，自己主導性（self-direction, self-directedness）に注目することによって，*ノールズが提唱したのが自己主導的学習論である．したがって自己主導的学習では，学習の計画から，実施，*評価に至る全過程が，学習者の主体性と責任でもって展開される．*成人教育者は，あくまでそれを支援するという立場をとる．

自己主導的学習（self-directed learning）を*実践するにあたって，依拠すべき学習計画が，ここでいうところの学習契約書にほかならない．一般に，契約とは，本来*他者との間で交わすものであるが，学習者が，企図する学習について自身と約束を取り交わすところに自己主導的学習ならではの特徴がある．そのため，学習契約書には，学習のねらい，学習の方法・形態，使用する教材，学習成果の評価法などの欄が設けられており，可能なかぎり具体的に記載することが学習者に求められる． （小池源吾）

⇨自己決定学習

〔文献〕1）Knowles, M. S.: *Self-Directed Learning: A Guide for Learners and Teachers*, New York, Cambridge, pp. 26-28, The Adult Education Company, 1975.

学習権　right to education

人が学ぶことを権利と捉える思想，またはその権利．生存権や*環境権などと並んで，「現代的人権」の一部をなす．

〔概観〕学習することを権利とする思想は，国際社

会では環境問題の解決や*貧困，*抑圧に抗する民衆の*エンパワーメントに関する議論と結びついて展開している．*ユネスコの「学習権宣言」(1985年)は，そうした学習権思想の背景を知る上で重要な意味をもつ．

　日本では，歴史学者の家永三郎による提訴から始まったいわゆる家永教科書裁判における「国民の教育権」に関する論議の中から，学習権論議が生まれた．国民の教育権論では，教育権は国民の一部である子どもの権利とされたが，保護者の位置にある親にも同じく国民として学ぶ権利があるとする観点から範囲を拡大し，その保障を*社会教育の役割として理解しようとする，「国民の学習権」論が成立した．

〔歴史〕学習することを権利と捉える思想は，*市民社会の成立期に生まれた教育権の系に位置している．封建制の下での民衆の無権利状態や，社会的不公正に対する異議申し立てとして展開したフランス革命の中では，不正や抑圧を支える要因が民衆の無知にあるとする考えから，科学的な*知識を真理として国民に広く普及する教育に期待が集まった．また国民に真理を知らせ，自らが権利の主体であることを理解せしめる教育は，重要な国民の権利の一部と考えられた．19世紀に入り資本主義社会が発展する過程では，教育権は労働者や民衆による資本主義の矛盾と闘う社会運動の中で，改めて労働者の諸権利の一部として自覚されるようになった．現代は，国際的な視野から改めて「万人の教育に対する権利」が論議され，その中核的な権利に学習権が位置づいている．

〔内容〕「学習権宣言」は，学習権の内容を「読み書きの権利であり，問い続け，深く考える権利であり，想像し創造する権利であり，自分自身の世界を読み取り，歴史を綴る権利であり，個人的・集団的力量を発達させる権利である」(国民教育研究所訳)としている．権利の内容を説明するこの一節は，同時に「学習」についての説明にもなっている．したがってこの趣旨からすれば，学習とはすべての人間が個人または集団として，現代社会の抱える様々な問題の解決主体としての自己の役割を自覚し，そのための具体的な*能力を獲得できることを意味する．単なる知識の獲得だけではなく，自ら進んで読んだり書いたりすることを通して，現実世界の意味を問い，その問いに自ら答えまたその意味を表現しようとすることを重視している点が重要である．

〔課題〕1995年に出されたフランクフルト宣言は，10年前の「学習権宣言」以来の国際社会の学習保障にかかわる現状が一向に改善されていないという観点から，その具体化の必要を提起している．学習権を思想として重視するだけではなく，具体的な生活にかかわる権利の一部として保障することが，ますます求められる時代になっている．日本でも多民族・多文化社会が拡大したことによって，学習権を「国民」に限定して捉える「国民の学習権」は既に時代の要請にあわなくなっている．国籍のいかんを問わず日本に住むすべての人々が，学ぶ権利を実質的に保障される必要に直面している．また国際的には，「万人の教育に対する権利」を保障するための貢献が問われている．
　　　　　　　　　　　　　　　　(末本　誠)

〔文献〕1) 小川利夫：社会教育と国民の学習権，勁草書房，1973．

学習サークル（スウェーデン）　⇨スタディサークル

学習社会　learning society
〔概念〕学習社会という概念は，learning societyの翻訳語であるが，一般的には，人々が学習活動を学校教育終了後も積極的に継続する社会をさして用いられる．生涯学習社会という，学歴社会に対置される形で，行政主導で用いられてきた概念とは異なる．

〔歴史〕learninng societyは，米国の法学者でシカゴ大学の総長を*経験したハッチンス(Hutchins, R. M.)の著作"*The Learning Society*"(1968年)において登場してきてきたものだといわれる．その概念には「すべての成人男女に，いつでも定時制の成人教育を提供するだけでなく，学習，達成，人間的になることを目的とし，あらゆる制度がその目的の実現を志向するように価値の転換に成功した社会」[1)]という定義が与えられているが，含みをもった表現が用いられ，多様な解釈も成り立つ．1965年の*ユネスコにおける生涯教育という教育改革の理念の提起と相前後して，いくつもの教育改革の方向づけを含む議論が提起されており，このlearning societyもその1つと捉えることができるが，教育のあり方のみならず，社会のあり方をも展望した議論として意味がある．

　learning societyは，ユネスコに設置された教育開発国際委員会の報告書"*Learning to Be*"(1973年)(委員長・フランスの元首相・文相*フォールの名前をとって『フォール報告』ともいわれる)[2)]や，米国のカーネギー高等教育委員会の報告書"*Toward a*

Learning Society"(1973年)でも，目ざすべき社会として位置づけられている．

日本においては，1981年の*中央教育審議会答申「生涯教育について」が「生涯教育の意義」の項で，学歴社会批判に続けて「今後，このような傾向を改め，広く社会全体が生涯教育の考え方に立って，人々の生涯を通ずる自己向上の努力を尊び，それを正当に*評価する，いわゆる学習社会の方向を目ざすことが望まれる」としている．それに先立ち，いくつかの「学習社会」という語を含んだタイトルの書籍が出版され，学習社会という概念の紹介が始まっているが，定着・確定した概念になっていないこともあって「いわゆる」という表現が用いられていると考えることが妥当であろう．

〔方向〕ハッチンスの描く learning society は，たとえば「人間は本性として生涯にわたり学習を続けることができるはずである」とか「経験がなくては理解できず，経験が豊富になるほど，理解力は増すものだ」という表現にみられる，人間への信頼・期待や楽観的な見方に基づく理想社会であると考えられる．自律的で積極的で束縛を受けない自由な学習者を前提とする議論であるが，そのような学習者を生み出すような社会への変革がどのようにしたら可能であるかについての有効な方策は，概念が登場してから40年になる現在においても未確立である．このことは，現在の社会が到底「学習社会」とはいえない状況にあることをも示している．　　(鈴木眞理)

〔文献〕1) 新井郁男編集・解説(新井郁男訳)：ラーニング・ソサエティ．ラーニング・ソサエティ(現代のエスプリ No. 143)，至文堂，1979．；2) 国立教育研究所内フォール報告書検討委員会訳：未来の学習，第一法規出版，1975．；3) 新井郁男：学習社会論(教育学大全集8)，第一法規出版，1982．

学習する組織　learning organization

狭義には，米国のセンゲ(Senge, P.)らが企業における組織改革の指針として提示した考え方である．センゲは，組織は学習する個人を通してのみ学習するようになるとし，組織が学習する組織へと転換するプロセスを5つのディシプリンを用いて説明している．特に「システム思考」が基本で，細部から全体へ，受け身の存在から現状改革の主体へ，現状への対応から未来を切り拓く存在へと認識を新たにすることがなければ，他の4つのディシプリン(自己マスタリー，メンタルモデル，共有ビジョン，チーム学習)も水泡に帰すると主張する．

広義には，企業に限定されず「学習グループ」「*学級・講座」さらには「学習機関・施設」が，それぞれに社会構造や権力構造を内包しつつも，参加者相互の主体的な学習活動により構造そのものを転換していくプロセスをもつ存在として，あるいは転換プロセスの成果として，学習する組織という名称が用いられる．　　(三輪建二)

〔文献〕1) センゲ，P.(守部信之ほか訳)：最強組織の法則，徳間書店，1995．；2) 中村香：学習する組織とは何か，鳳書房，2011．

学習センター　⇨放送大学

学習の構造化　structuring of learning

様々な目的・内容・方法をとって展開している学習活動を相互に関連づけ，組織化する*実践．

〔経過〕生涯教育や生涯学習の政策では，生涯にわたる学習の垂直的統合と，学校とそれ以外の場における学習の水平的統合が基本的課題とされてきた．

実際の学習活動の中で「学習の構造化」という言葉が使用されるようになったのは，1960年代の*農民大学運動においてである．「*信濃生産大学」は，1950年代の*小集団学習，特に*共同学習運動の限界を乗り越えて農村の学習活動を推進すべく，サークル・セミナー・生産大学という学習の「三重構造」を提起した．

都市における学習の構造化は，東京都三多摩地区の*公民館活動から提起された．最初の提起は「*公民館三階建論」であったが，それは国立市公民館実践で展開されて広まり，いわゆる「*三多摩テーゼ」(1974年)における公民館の「4つの役割」(たまり場，集団活動，私の大学，文化創造のひろば)に集約された．農村公民館の事例としては，*健康学習を中軸にした長野県松川町の「学習の構造化」(講座と地域集会と小集団学習)などが注目される．

〔課題〕「学習の構造化」という用語は，それがまさに必要とされる生涯学習時代に入って，あまり使用されなくなってきている．克服すべき課題は，①生涯学習政策が進める体系化やシステム化との違いを明確にして，「学習の構造化」の意義を明らかにすること，②学習構造の形式的・形態的理解を乗り越えて，実践論として展開すること，③系統的な学習と小集団的・たまり場的な学習を媒介する学習実践(特に「*地域づくり学習」)を位置づけ，理論的・実践的に発展させることである．　　(鈴木敏正)

〔文献〕1) 鈴木敏正：生涯学習の構造化―地域創造教育総論―，北樹出版，2001．；2) 鈴木敏正：現代教育計画論への道程，大月書店，2008．

学習プログラム　learning program

〔概要〕学習者の学ぶ内容を数回に分けて順序よく配列したもの．*社会教育や*生涯学習の領域では，学校教育のようにカリキュラムという言葉を使わずに，プログラムを使うことが多い．それは，学校のように学年単位で子どもたちが学ぶ内容が決められるというよりも，*公民館等では数ヵ月や10回以内で終わる学級や講座が多いことによる．

〔一般的方法〕公民館等の生涯学習関連施設における学習プログラムの作成にあたり，事前に職員が参加する人々の学習ニーズを調査した上で，学習プログラムを組むことが望ましいという考えが一般化している．これは住民の学習ニーズに基づいた学習プログラムの作成を意味し，米国の*ノールズらが唱えた理論に依拠しており，米国の成人教育界での通説でもあった．

〔新しい理論〕これに対して，1990年代中頃になって，学習者のニーズに加えてプログラムを計画する人々の人間観，社会観，世界観などが重要であり，「プログラムを計画することは世界をつくること」（planning program is making the world）とする理論が，セルベロ（Cervero, R. M.），ウィルソン（Wilson, A. L.）らによって提起されている．そこでよりよい学習プログラムをつくるためには，プログラムにかかわる利害関係者（stakeholder）間の協議がなされることが必要であるとされている．これから，「市民参加」の進展の中で，職員と市民が協議しながら，あるいは*NPOや*NGOと生涯学習関連施設が*協働しながら学習プログラムをつくっていく方向性が出ているが，協議を通した学習プログラムの作成といった視点は重要であろう．　　　　（赤尾勝己）

〔文献〕1）Cervero, R. M., Wilson, A. L.：*Planning Responsibly for Adult Education*, Jossey-Bass Publishers, 1994.；2）Caffarella, R. S.：*Planning Programs for Adult Learners*,（2nd edition）, Jossey-Bass Publishers, 2002.；3）赤尾勝己：社会教育における学級・講座プログラム計画理論に関する研究動向．関西大学文学論集，**56**（1），2006.

学習文化　learning culture

社会集団の文化を，構成員の学習や発達の環境，条件という視点で捉えた概念．文化が集団の生活様式の総体だとすれば，学習文化とは集団の学習様式の総体として定義される．それは，学習動機，学習時期，学習過程（方法），学習環境（場所），学習成果にかかわる諸要因の総体であり，構造的には全社会的環境，地域的環境，組織，個人の相互作用により規定される．

学習文化は，センゲ（Senge, P. M.）らの「*学習する組織」論の立場から，*自己決定学習を可能とする環境の形成，とりわけ「学習する組織」の実現という実践的関心からテーマ化されてきたものであり，企業文化の改革として論じられることが多い．その場合，構成員全員が学習資源としての情報を共有できる対等な*コミュニケーション，参加型の組織構造，それを可能にする態度，価値観，行動様式などが学習文化の主要課題とされる．　　（谷　和明）

〔文献〕1）ピーター・センゲほか（柴田昌治監訳）：フィールドブック学習する組織「5つの能力」―企業変革を進める最強ツール―，日本経済新聞社，2003.

各種学校　vocational school

*学校教育法第1条は，幼稚園，小学校，中学校，高等学校，中等教育学校，特別支援学校，大学，高等専門学校をこの法律でいう学校と規定し，学校教育法に定められた細かな規程は主としてこれら学校に限って適用されることを明らかにしている．各種学校とは，これら以外のもので学校教育に類する教育を行うもので，他の法律に特別の規程があるもの（*職業能力開発総合大学校などのような学校教育法以外の法律によって設置されている学校）および専修学校以外をいう（同法第134条）．

〔概要〕各種学校は学校の目的も規定されず，各種学校規程が定められてはいるが法令で規定されるのは必要最小限のものに限られ，教育内容などを学校の自由に任せる方針でつくられている学校である．

各種学校は1条校では覆いきれない多様な国民の教育要求に広く自由に応えることのできる教育施設として，*資格等取得やその他の専門的技能のための*職業教育，あるいは一定の専門的技能を高めるための教育，予備校などの補習教育等の多様な教育要求に応えて発展してきた．1975年には学校数7956校，在学者数120万5318人となっていた．

〔現状〕1975年の学校教育法改正で専修学校制度が創設され，各種学校のうち制度的に整ったものを専修学校として整備発展を図ることになった．これ以降各種学校はその役割を大幅に専修学校に譲り，2011年には1060校，12万2636人になっている（「学校基本調査」）．2011年度入学者数は，専修学校の31万2371人に対し，5万5533人である．このうち，予備校，自動車学校，外国人学校等3万7473人，外国語学校等を含む文化・教養関係6600人，商業実務関係4810人，准看護師の養成を中心とする医療関係4322人，和洋裁，料理等の家政関係2111人等と

なっている．また6677人は就業しているものが占めていて，小規模となったとはいえ，国民の生涯教育機関としての意義は今後とも重視されるべきだろう．

(依田有弘)

〔文献〕1) 倉内史郎・神山順一・関口義：各種学校（専修学校）カリキュラムの研究, 野間教育研究所, 1977.；2) 土方苑子編：各種学校の歴史的研究, 東京大学出版会, 2008.

学術情報システム　Science Information System

広義には学術情報を円滑に流通させるためのシステム一般をいうが，わが国においては，1980年の学術審議会答申「今後における学術情報システムの在り方について」で構想され構築された学術情報の流通体制のことをいう．学術情報の多量化と多様化を背景に，①1次情報の収集と提供，②情報検索システムの確立，③データベース形成の促進，などを目的としてネットワークシステムの充実が図られた．

学術情報システムの中枢としての役割は，国立情報学研究所（National Institute of Informatics：NII）が担っている．主要なサービスとしては，全国の大学図書館等で所蔵している図書・雑誌情報が検索できる「Webcat Plus」，論文情報の検索システム「CiNii」，科研費（日本学術振興会）の採択課題や成果概要を示す「KAKEN」などがあり，それらを横断検索できるシステムとして，学術コンテンツポータル「GeNii」がある．

(高鍬裕樹)

〔文献〕1) 科学技術・学術審議会学術分科会研究環境基盤部会学術情報基盤作業部会：学術情報基盤の今後の在り方について―報告―, 2006.

拡張的学習　expansive learning

ヘルシンキ大学のエンゲストローム（Engeström, Y.）によって提唱された，社会的な実践活動の新たなパターンを創造するための協働学習の理論[1,2]．

拡張的学習は，仕事や組織の*実践の中で，人々が現状の矛盾に出会いながら，対象との継続的な*対話を進め，活動の新たなツールやモデル，コンセプトやビジョンを*協働で生みだすことによって，制度的な境界を超えた自らの生活世界や未来を実現していくことをいう．ロンドン大学のヤング（Young, M. F. D.）がいうように，それは，「産業社会」の学習を超え，学びの必要性を生じさせる問題の根源を問う，「*学習社会」における社会的参加の学習を明らかにするものである．また，それは，複数の相異なる諸活動を網の目状につなげる*ネットワーク形成への学習を明らかにしている．

(山住勝広)

〔文献〕1) エンゲストローム, Y. (山住勝広ほか訳)：拡張による学習, 新曜社, 1999.；2) 山住勝広・エンゲストローム, Y. 共編：ノットワーキング, 新曜社, 2008.

学童保育　after-school care

〔概要〕共働きや一人親家庭の子ども（主に小学生低学年）の放課後や休暇中の生活を継続的に保障し，同時に親の働く権利と家族の生活を守ることを目的としてつくられた施設．働くことと子育てを両立させたいというニーズの高まりとともに，近年，年々増加しており，2011年5月現在全国に2万204ヵ所．入所児童数は80万人を超えている（全国学童保育連絡協議会調べ）．運営主体は多様で，公立公営，*社会福祉協議会，地域運営委員会，父母会などがある．国による呼称は「放課後児童クラブ」．

〔経緯〕1940年代後半から民間で始まり，関係者によって新設，増設，改良改善の運動，そして自治体の施策と国の制度確立を求める運動が長年続けられてきた．その結果，1976年には厚生省による同事業への助成が開始され，1991年には同事業単独の補助制度がつくられた．そして1997年6月には「放課後児童健全育成事業」という名称で，*児童福祉法ならびに*社会福祉法に位置づく事業として法制化された（法制化施行は1998年4月）．

〔近年の動向〕近年自治体が学校の余裕教室などを活用して行う，通称「全児童対策事業」や，国の「*放課後子どもプラン」における「放課後子ども教室」との関係が問われている．また，2007年に厚労省から「放課後児童クラブガイドライン」が発表されたことを受け，各自治体のガイドラインづくりが進みつつある．働く親をもつ子どもの家庭に代わる生活の場づくりと，子どもが安心して遊べる環境づくりとの違いや共通点を明確にし，施設や指導員の位置づけや制度的・財政的保障などの問題を検討することが今後求められている．

(森本 扶)

〔文献〕1) 全国学童保育連絡協議会編：学童保育, 自治体研究社, 1989.；2) 児童館・学童保育21世紀委員会：21世紀の児童館・学童保育, 萌文社, 1994-2006.

学徒の対外競技基準　standard for inter-varsity games

スポーツを通じてすべての学生・生徒の心身の健全な発育・発達を図る上で*障害になっていると見なされた対外試合を，年齢に応じて制限し，教育的

に行われることをねらいとし，1948年3月文部省から「学徒の対外試合について」という通牒の形で出された基準．

　第2次世界大戦後の文部省は，「*アメリカ教育使節団報告書」や「新教育指針」に基づき，学生・生徒のスポーツの民主的あり方を模索していた．学徒の対外競技基準はこの象徴ともいうべきものである．たとえば，小学校では校内競技だけ，中学校では宿泊を要しない小範囲，高等学校では全国大会は年1回とされた．その後，スポーツ界の国際復帰・1952年のヘルシンキオリンピック大会参加を契機に，高まってきた競技団体の基準緩和要求に押されて，緩和の一途をたどり，現在では，中学生でも国際試合に参加しているように，基準はなきに等しいものとなっている．しかしこの基準は，青少年のスポーツのあり方を考える上で，いまでも立ち戻らねばならない論点を含んでいる．　　　（関　春南）

〔文献〕1）関春南：戦後日本のスポーツ政策―その構造と展開―, pp.89-93, 大修館書店, 1997.

学博連携 ⇨ミュージアムエクステンション

隠れたカリキュラム　hidden curriculum
〔概観〕公的カリキュラムではない，慣行，習慣，言語表象，雰囲気などの黙示的メッセージとして提示されるものの総体をさし，暗黙のうちに生徒に一定の価値や態度，合意を形成するシステムのこと．男女平等を阻害する要因として，1970年代に欧米で指摘され，日本では1980年代より教育社会学の領域で注目された．学校教育について問題視される場合が多いが，成人の学習においてもみられる現象である．

〔内容〕学校には明示されてはいないが，「従うべきもの」とされている一定の「ルール」がある．生徒はそのルールに従い，学校文化に適応していくうちに，そこに含まれている一定の観念や価値観を学び取ってしまう．あたかもカリキュラムに従って学習するように，潜在的に伝達されるものについて無意識のうちに学び取り，結果として，性別文化やセクシズムが維持される．性による学力の*差異を検討する中で，学校が伝達する「知識体系」（公的カリキュラム）より，さらに重要なものとして*知識の伝達過程と伝達のされ方があることがわかり，「隠れたカリキュラム」と命名された．性別役割分担を承認，助長するような教師の発言や男女別名簿や体操服，制服，男女に対する異なる評価基準などが問題とされてきた．一般に，女子は「隠れたカリキュラム」の存在により，学習意欲などを冷却する場合が多いこと，理系に進学する女子が少ないことなどが指摘されている．成人の学習や働く場においても同様な現象があり，間接差別として理解されている．すなわち，明示された差別的制度がなくても，女性の昇任を歓迎しない雰囲気がある場合には，女性の昇進意欲は減退し，結果として男女間の地位の格差が維持，再生産される．これらの問題を解決するためには，すべての人が*ジェンダーに敏感になる必要があり，意識啓発やジェンダー問題学習が求められている．　　　　　　　　（朴木佳緒留）

〔文献〕1）マリー・デュリュ＝ベラ：娘の学校, 藤原書店, 1993.

カーサ・デル・ポポロ ⇨人民の家

家事審判・調停　determination proceedings, conciliation proceedings for domestic relation cases
　家庭に関する事件について，*家庭裁判所で行う審判および調停をいう．家事審判は，甲類，乙類に分類されている．甲類は，養子縁組，氏の変更など国家の後見的作用として，重要な身分行為の許可，認証または権利義務の付与，剥奪などを行うものである．乙類は，親権者変更など一般に当事者の協議によって解決することが望ましいとされている事項である．先に調停の手続きで進め，成立しなかったときに審判手続きに移る形になっている．家事調停は，親族とこれに準ずる身分関係（事実婚，内縁関係，婚約関係も含む）のある者の間に争いがあるものを対象とし，話し合いによる解決を目ざす．裁判官，男女1人ずつの調停委員が担当し，当事者双方から直接話を聞き，法的社会的に妥当な解決案を示す．双方が合意すると成立する．

　地域や親族間のつながりが薄くなり自力での解決力の低下，法的社会的に妥当な手続きや解決を望む声の高まりなどを背景に家事審判・調停の果たす役割は増加している．　　　　　　（山田麻紗子）

〔文献〕1）石塚章夫代表著：新しい家庭裁判所をめざして, 株式会社ルック, 2000.

過疎・過密　depopulation, overpopulation
〔概観〕「過疎」とは地方農山漁村において，とくに青年層を中心とする人口の大量かつ急激な流出のため，地域社会の生産・運営・機能が著しく低下する状態をいう．一方，大都市においては，青年層を主

とする急激な人口の大量流入によって，都市の社会・生活事情が悪化する状態を「過密」という．「過疎」と「過密」は対義語．

〔経過〕1950年代半ば以降，日本は重化学工業を重点的に育成することで経済の高度成長を実現する一方，農林漁業の解体が進むことによって農工間の不均等発展，つまり太平洋ベルト地帯の大都市を中心とする工業地域と地方農山漁村の間に，賃金をはじめ教育・医療・福祉・文化など社会生活のあらゆる面で地域格差を発生させた．これは産業構造に規定された構造的な格差であり，農山漁村民の生活の貧困化を招くとともに，地域資源管理の弱体化を伴い，人間―自然の総体にかかわる現代的貧困化に至っている．

1960年代の地方からの人口流出は，西日本においては中国・四国・九州の山村地域に顕著で，東日本においては豪雪山村および北海道で著しい．「過疎」の用語は，1966年の経済審議会・地域部会において初めて使われ，以後ジャーナリズムにおいて広く普及する．

「過疎」「過密」現象が日本で大きな社会問題となったのは1970年代である．1960～70年代は，戦後日本の社会・経済・文化・環境をはじめとする大変動期であり，日本全体が農村（ムラ）的社会から都市化社会へと大きく変貌した．

〔政策〕過疎問題の深刻化に対応して，国政レベルでは各時期10年間の時限立法「過疎対策法」を制定し，市町村自治体の人口減少率と財政力指数を基準に「過疎地域指定」を行い，人口減少抑止と地域振興を目的に過疎対策を講じてきた．1970年の最初の過疎対策法「過疎地域対策緊急措置法」（～1980年）以降現行の第4次「過疎地域自立促進特別措置法」（2000～2010年）に至る．

大都市では，住宅・道路・上下水道・学校等の社会資本の整備が追いつかず，生活環境破壊や公害を含め様々な都市問題が発生した．

〔課題〕1980年代以降顕著となった日本の家族・地域社会の変貌は人口構成の変化を伴い，高齢社会化・少子化の傾向が強くなった．過疎化・高齢社会化は，中山間地域においては著しく，国土交通省の試算では，全国で7878集落が*限界集落に分類され，うち423集落は10年以内に消滅すると予測される．また，2000年の国勢調査データに基づき，国立社会保障・人口問題研究所が2003年12月に推計した全国市区町村（3245自治体）の推計人口結果によると，2030年には，1/3以上の自治体が人口規模5000人未満になり，2025年から2030年にかけては9割以上の自治体で人口が減少するという．21世紀の新たな人口現象を抱えて地域格差＝過疎・過密問題は引き続き日本の基本問題であり続ける．

地域に基盤をおく社会教育活動や関連する住民運動も，過疎・過密問題に集約される地域変貌と課題に対応して，新しく脱皮し変革していく課題に迫られている．

(中村誠司)

⇨限界集落

〔文献〕1) 中国新聞社：中国山地（上・下），未来社，1968.；2) 結城清吾：過疎・過密，三一書房，1970.；3) 大野晃：山村環境社会学序説，農山漁村文化協会，2005.

家族療法 family therapy

家族の一員に生じた心の健康に関する問題を，家族の成員の相互作用の観点から考え，家族関係の調整を行う心理療法．1950年代以降，欧米で次々と家族療法理論が提唱されたが，現在では家族を1つのまとまりとして捉えるシステム理論が主流となっている．専門家である治療者の援助を受けながら，家族が，家族全体，夫婦，親子，きょうだい間の意識的，無意識的*コミュニケーションの過程におけるゆがみを自律的に改善し，家族関係を再構成することによって問題の解決を目ざす．*不登校や*ひきこもり，*家庭内暴力など児童・青年が発する問題をはじめ，*DV（ドメスティックバイオレンス）やアルコール依存症，高齢者虐待などにも適用されている．心理療法を行うだけでなく，家族が社会的組織とつながりをもてるよう援助するため，*専門職同士の*協働や*ネットワーク形成も課題となろう．

(西原亜矢子)

〔文献〕1) 後藤雅博：家族心理教育から地域精神保健福祉まで―システム・家族・コミュニティを診る―，金剛出版，2012.

片山　潜 Katayama, Sen

1895-1933. 岡山県の津山に生まれる．本名は藪木菅太郎．印刷工をしながら勉学に志し，やがて米国に渡り，グリンネル大学，イェール大学を卒業．この間に社会主義に関心をもち，帰国してわが国の*労働組合指導者の草分けとなる．『労働世界』を創刊し主筆となり，労働組合期成会を組織し，労働組合運動に貢献した．

「*工場法」案が政府から出されると，未就学児の学習指導に関して法案のあいまいさを突き，「法案第12条の規定は是を強制的となし雇主をして其執

行の責を負はしむるにあらずんば到底其完全の施行を望むべからず」と修正案を出した．片山らの要求は一時は案文化されたが，成立した法には規定されなかった．片山らの主張は「工場法」により児童の義務教育の実質的な保障を強力に推進したといえる．また，労働者の教育にも実践的に関与し，多くの労働者を育てた．

　後，ソヴィエトに渡り，国際共産主義運動の指導者となる．
　　　　　　　　　　　　　　　　　（田中萬年）
〔文献〕1) 隅谷三喜男：片山潜，東京大学出版会，2000.

学級・講座　class, course

〔語義・概念〕*社会教育法の第22条に，*公民館の行うべき事業として掲げられたことから，戦後かなりの期間この2つは公民館の花形事業として盛んに実施された．学級のほうは，青年・婦人・成人などの対象別に行われたが，特に*青年学級は1953（昭和28）年に「*青年学級振興法」が制定されたとき，第22条の第1号に特掲された．条文の上では，青年学級こそが公民館の実施すべき最重要の事業のようにみえ，事実重点事業として実施された．講座のほうは「定期講座」（同条第2号）と表記されている．学級・講座ともに社会教育法上ではなんの説明もなく，概念は明瞭でない．ただし，戦前の社会教育で既にこれらの言葉が用いられており，社会教育法はそれを継承していると思われる．大正期に文部省が，官営軍需工場で「労働者輔導学級」を開設し，また直轄学校に命じて民衆対象の公開講座を催させた．これらは英国の*労働者教育協会（WEA）の*チュートリアルクラスや大学の拡張講義を模倣したものである．そうした歴史的背景からもわかるように，学級・講座は学校教育にルーツをもつものである．学級とは，本来学校で担任教員のもと同じ教室で同時に学習する児童・生徒の一団を意味し，社会教育で用いる場合は，上記の児童・生徒が勤労青年や成人に，また教室が学校以外の施設をも含むものへと変わったにすぎない．事実，青年学級は教育行政当局によって実施され，中学校の教室を夜間借用し，中学校教員が指導に当たるというケースもしばしばあった．高校進学率がまだ低かった時代に，高校に代わる安上がりの勤労青年教育の場として青年学級が期待されたのであり，それ故に日本*青年団協議会はその法制化に反対し，学校教育もどきではない，自主的な学習活動としての*共同学習に取り組んだのであった．定期講座のほうは戦後啓蒙主義の風潮の中で，やや程度の高い学習の機会を提供し，かなりの人気を得ることができた．

〔変容・過程〕高度経済成長に伴う日本社会の急激な変貌によって，学級・講座は大きな影響を受けた．まず学級については，都市化，農村からの人口流出の結果，青年が減少して青年団が消滅または衰退し，それによって支えられていた青年学級が不振となり，やがて廃止された．農村の女性は農業外の仕事に就きながら農作業を行ったり，夫が出稼ぎに出たりして極めて繁忙となり，*婦人学級に出席することが困難になった．嫁・姑問題のような近代化をテーマとする伝統的な学習内容では，テレビの魅力に抗しえず，婦人学級・若嫁学級も衰退していった．都市に住みついた青年たちの孤独・不安に対応すべく，*社会教育行政当局は「都市型青年学級」を考案したが，その内容は社交・*レクリエーションを中心とするものであり，かつてのように近代的市民としての主体形成を目ざすものではなかった．また，経済的・時間的に余裕がもてるようになった都市アッパーミドル層の主婦を主なターゲットとして，いわゆる*カルチャーセンター的な講座が*民間教育産業・行政によって開設され，*教養・趣味を中心に程度の高い教育の機会を提供するようになった．また，各大学が大学拡張センターを設けるなど組織的な*大学成人教育に取り組むようになり，正規学生とともに成人が聴講生として授業に参加したり，公開講座に参加するようになった．

〔課題〕青年学級の後身というべき青年サークルは，公共的課題の解決のための学習や自己の生き方の探求から遠いところで*余暇活動を楽しんでいる．正規社員になれずパートタイマー・*フリーターとしての不安定な生活をしいられるといった格差社会の問題に立ち向かわずに，である．主婦や退職した高齢者たちを魅きつけている「程度の高い」講座の内容も，問題意識の質が高いとはいえない．自己充足，*自己実現の喜びは与えられるとしても，21世紀初頭の危機に満ちた時代が要請する諸課題に対峙しえていない．
　　　　　　　　　　　　　　　　　（宮坂広作）
⇨青年学級，青年学級振興法，婦人学級，大学公開講座
〔文献〕1) 碓井正久編：社会教育の学級・講座，亜紀書房，1977.；2) 宮坂広作：生涯学習の創造，明石書店，2002.

学区　school district

〔定義〕一般的には，学校が存在している地域（地区）をさす言葉であるが，大別すると2つの意味に用いられている．1つは教育行政の基礎単位として

の学区であり，わが国の場合おおむね地方行政単位である市町村や都道府県と重なっている．他の1つは，児童・生徒の通学上の便宜を考慮して設定された地理的範域であり，通学区および通学区域の意味で用いられる．わが国で学校・学区制という場合，通常，通学区・通学区制を意味している．

〔歴史と動向〕わが国の通学区は，公立小中学校については，特に法制度として定められてはいないが，「*学校教育法施行令」（第5条）で，1つの市町村に複数の学校が設置されている場合，各学校ごとに通学区域を市町村*教育委員会が定めることになっている．公立高校については，「地方教育行政の組織及び運営に関する法律」（第50条）で都道府県教育委員会が通学区域を定めることになっていたが，現在（2001年以降）では，50条は全面削除となり，通学区域の指定は都道府県教育委員会の裁量に委ねられている．

本来，小中学校の通学区域の指定は児童・生徒の*学習権の保障を考慮してなされるものであり，また高校においては「高等学校の教育の普及及びその機会均等を図るため」（地教行法）のものであった．しかし，小中学校の場合，現在では（1997年通知「通学区域制度の弾力的運用について」以降），通学区域の一層の弾力化と学校選択の拡大が政策的に推進されている．また，高校においては，1960年代以降の後期中等教育の多様化政策によって通学区域の拡大（中学区，大学区制）が推し進められ，現在では教育委員会の裁量制の導入で全県一区の学区制も出現するに至っている．

〔課題〕今日，地方自治体の再編（「平成の大合併」）が推し進められる中で，小中学校の統廃合，さらには高校再編という名の高校統廃合も急展開しており，通学区制の意義である教育格差の是正は空洞化している状況にある． （新妻二男）

〔文献〕1）千葉正士：学区制度の研究，勁草書房，1962.；2）三上和夫：学区制度と住民の権利，大月書店，1988.

学校外教育　out-of-school education

〔概要〕学校外における在学青少年の学習と発達を目ざす諸活動を総称し，*地域の教育力に注目しつつそれらが学校教育とは独自の教育的価値をもつことを示す用語である．

〔歴史・動向〕第2次世界大戦の前後を通じてこの領域は一般的には学校教育の補足・延長として捉えられてきたが，1970年代以降，地域環境の変貌，学習塾の氾濫，テレビ視聴時間の増加などによって，子どもの発達を支える学校外生活の衰弱，*遊び空間・時間・仲間の喪失が顕著になる中で，青少年団体活動，地域子ども会，*児童館，*学童保育，*子ども劇場，地域スポーツ活動など在学青少年のための様々な実践活動に注目が集まった．1971年に*社会教育審議会答申は，幼少期からの各年代における社会教育の必要性を指摘し，1974年の社会教育審議会建議において「在学青少年の社会教育」が強調され，学校教育と*家庭教育・社会教育の連携とともに学校の部活動や夏季休業中の林間・臨海学校などを社会教育活動として扱うことなどが提起された．同時期，日本教職員組合も「教職員の労働時間と賃金のあり方」を検討し，教師の多忙化の中で，学校の教育課程外の活動は社会教育へ移管すべきであるとし，学校教育と社会教育の連携・結合問題を提起する．その後『続・日本の教育をどう改めるべきか』（教育制度検討委員会報告，勁草書房，1973年）において，地域における子どもの生活と活動が衰弱している問題に対処するために，学校の教育内容編成に関連する改革として，権利としての「学校外教育」の必要性を掲げ，父母・住民の*自己教育運動を発展させて地域の教育力の復活・強化を目ざすことを提起した．既に1960年代の末から70年代の初頭にかけて，父母・住民主体の地域教育文化活動が全国的な広がりをみせていたが，そうした実践・運動と国の政策動向，教職員組合運動などの提起を背景にしつつ，*日本社会教育学会は1975年から2年間にわたり「子どもの学校外教育」を宿題研究とし，1978年に『地域の子どもと学校外教育』（酒匂一雄編）が出版された．

〔課題〕「学校外教育」の用語は，1990年代以降はあまり使用されなくなり，「子どもの*居場所」「子育て・子育ち」「子ども支援」「青少年の参画」「*社会文化アニマシオン」など独自の表現が模索されている．その理由は，①かつて「学校外教育」の用語で総称していた地域・学校外実践が，社会教育の分野のみならず福祉・文化・メディア・司法・環境の分野へ，「教育」をはるかに超えた領域に広がったこと，②*子どもの権利条約の採択（1989年）と批准（1994年）に伴い地域・自治体・国際交流へと広がる青少年・市民主体の参加・参画実践が高揚したこと，③青少年・市民主体の取組みは，教育行政の枠にとどまらず，縦割り行政の谷間にある問題や，法や制度から抜け落ちた青少年の切実な問題を総合的に課題化したことなどにある．1990年代以降の課題の広がりと多様な取組みは，その外延と内包において，

「学校外教育」という用語では総括しきれない状況を生み出した．「学校外教育」という用語には歴史的限界があるが，子どもの*学習権と父母・住民の*教育権の保障という視点に立って教育の概念そのものを深化させ，教育改革の方向性を問い直す上で重要な役割を有している．　　　　　（増山 均）

〔文献〕1）酒匂一雄編：地域の子どもと学校外教育（日本の社会教育第22集），東洋館出版社，1976．；2）田中治彦：学校外教育論，学陽書房，1988．；3）増山均：子ども研究と社会教育，青木書店，1989．

学校開放　school extention

学校のもつ教育・研究機能やその成果が，正規の教育課程として行われる教育活動以外に，国民に広く活用されることを目ざした教育活動．*社会教育の重要な活動分野の1つ．

〔意義〕一般的には，公開講座や授業公開等の「機能開放」と校庭や体育館，図書室や実習室等の施設・設備を開放する「施設開放」とに大別される．近年は，学校の管理・運営を子ども，保護者，地域住民の積極的な参加を得て行うことを旨とする「*開かれた学校」づくりの広がりによって，用語の拡散がみられるが，「学校づくり」と「*地域づくり」を表裏一体のものとした社会教育活動の本来的な意味での充実・発展が望まれる．

〔歴史と特色〕学校における公開講義の必要性は，18世紀フランスのコンドルセ（Condorcet, J. A. N. C.）による教育計画にもみられるが，先駆的*実践は，1873年に英国のケンブリッジ大学が始めた「知の普及」機能としての大学拡張事業である．わが国でも大正期になって公開講座や夏期公開講座などが帝国大学を中心に開催された．戦後は，*社会教育法第48条，*学校教育法第69条に拠って，小学校から大学に至るすべての学校に「社会教育のための講座の開設」が求められた．2003年度「開かれた大学づくりに関する調査」（文部科学省）によると，公開講座大学数は644機関，1万8669講座に及んでいる．「施設開放」は，社会教育法第44～47条，学校教育法第85条に基づき進められる．とりわけ，*スポーツ振興法（1961年）および学校体育施設開放事業（1976年）の支援によって，学校体育施設は，地域生涯スポーツ活動の重要な拠点となっている．

また，施設面での改善工夫も進んでおり，1980年代初めの学校公園（神戸市）に加え，少子化に伴う余裕教室の増加等を背景に，地域交流棟（聖籠町），コミュニティルーム（習志野市）といった地域の共用スペースが生み出されてきている．そこでは，活動と施設とが一体となった「開かれた学校づくり」が展開してきている．　　　　　（内田純一）

〔文献〕1）長澤悟監修：学校づくりの軌跡，ボイックス，1999．；2）岸裕司：学校開放でまち育て，学芸出版社，2008．

学校教育法　School Education Act

〔概要〕1947年に制定された，憲法および*教育基本法の理念を受けて，六・三・三・四制をはじめとする学校教育の体系とそれらの基本的構造を定めている法律である．学校の設置・認可，管理と経費負担，教職員の種類と職務，教育目標と入学・卒業，児童・生徒の教育措置・懲戒などを定めている．また政令としての同法施行令が，就学義務と認可・届け出事項について，*文部科学省令である同法施行規則が，児童・生徒の処遇，学校内部の組織編制，教科などについて規定している．

学校教育法は，現在に至るまで多くの改正がなされ，1961年には高等専門学校が，1975年には専修学校の規定が加わった．また構造改革特別区域法により，私立学校を設置する学校法人とは別に，株式会社である学校設置会社も学校設立が可能となった．

2007年には新教育基本法下で全面的な改正が行われ，教育目標が見直され，学校管理体制の強化と教職員間の階層化のために副校長・主幹教諭・指導教諭の新設，学校評価および学校運営情報の提供義務による学校の説明責任などが盛り込まれた．

〔社会教育との関連〕*社会教育のために「学校教育上支障のない限り，学校には，社会教育に関する施設を附置し，又は学校の施設を社会教育その他公共のために，利用させることができる」（第137条）．このため，いくつかの地域では，学校内に*公民館の分館が設置されたり，また社会教育の場として特別教室や，休日や夜間において社会体育の場として体育館や校庭が「*学校開放」として利用されている．　　　　　（小野田正利）

〔文献〕1）市川須美子他編：教育小六法，学陽書房，各年度版．；2）鈴木勲編：逐条学校教育法（第7次改訂版），学陽書房，2009．

学校司書　school librarian

教諭以外の*学校図書館職員の総称．

〔定義〕*司書教諭とは異なり，現行の法令上に規定がない．雇用の形態，呼称，勤務の形態，*資格要件等は，自治体によって（または学校によって）様々であり，1人が複数校を兼務する例もある．

〔歴史的な展開〕*学校図書館法が成立する以前か

ら，学校図書館の実務担当として臨時の事務職員が置かれる場合があった．法制定後も司書教諭を当分の間置かなくてもよいとされて任命が進まなかったため，事務職員は私費等の不安定な身分で雇用されることが続いた．しかし，1960年の文部省（当時）が教育費の税外負担の解消を通達したことをきっかけに正規化されるケースもでてきた．また，1980年代頃から自治体が司書資格や司書教諭資格を要件にして採用を行ったり，学校司書が新たに司書資格を取得したりする例も増えてきた．常駐する職員が図書館サービスを行うことによって，学校図書館が機能し，子どもの*読書活動や教育課程の展開に貢献する．こうした理解が進み1990年代からは全国的に「学校図書館に人を置く運動」が広がり小中学校への配置が増えてきた．ただし，臨時的な任用が多く，仕事の質や量，雇用面で多くの課題が残されている．

〔現況〕*文部科学省は一貫して学校図書館事務職員として扱ってきたが，2005年以降の「学校図書館の現状に関する調査」では「学校図書館担当職員」の呼称で配置校数を調査している．2010年5月現在の配置校数の割合は，小学校44.8％，中学校46.2％，高等学校69.4％であり，常勤職員数に対する非常勤職員数の割合は，小学校3.6倍，中学校2.6倍，高等学校0.27倍となっている． （篠原由美子）

⇨司書教諭

〔文献〕1）塩見昇：学校図書館職員論，教育史料出版会，2000.；2）土居陽子・塩見昇：学校司書の教育実践，青木書店，1988.

学校週5日制　five-day school week

学校において1週間のうち2日を休みにすること．日本では土日と認識されているが，欧米諸国ではすべてが土日とは限らない．

〔導入の経過と動因〕日本では，1992年9月から月に1回，1995年から月に2回という形で段階的に導入され，2002年度から完全学校週5日制が実施されている．欧米諸国では，ほぼ週5日制が実施されている国が多く，日本は遅れての実施ということになった．

1996年の*中央教育審議会答申では，子どもたちに「ゆとり」を確保する中で，学校・家庭・地域社会が相互に連携しつつ，子どもたちに生活体験，社会体験，自然体験など様々な活動を*経験させ，自ら学び考える力や豊かな人間性など「生きる力」を育むためとして学校週5日制の完全実施の意義を強調していた．

しかし，学校5日制の導入については，このような教育的な意味や必要に先立って，労働時間短縮という社会的な圧力が存在しており，そのことがその後の問題にも影響を及ぼしているという事情をみておく必要がある．労働時間短縮という課題の第1は，経済・*労働をめぐる国際的な状況の中で，特に米国との貿易摩擦問題から日本の労働者の「働き過ぎ」に対する批判が強まり，労働時間短縮への圧力が強まったことに主として連動している．第2は，教職員の労働時間短縮問題である．日本教職員組合は，1972年には学校5日制を教職員の週休2日制とセットで実現しようとする方針を掲げた．この点については，組合の内外でも教職員の週休2日制を認めつつも児童生徒の週5日制と連動させるのは教育的ではないと批判も行われた．

〔現状と課題〕学校5日制の導入にあたっては，様々な懸念，批判が存在した．第1は，5日制のもとで教育課程がスムーズに運営できるのかということであった．折しも「ゆとり教育」を謳い，教育内容を大幅に削減した新しい学習指導要領（1998年，1989年告示）が軌を一にして実施されることになり，5日制に適合する教育課程が展開されるはずだった．しかし，実際には教科時数の確保のために学校行事等が削られたり，教職員の多忙化が進むなどの問題が出ている．高校の必修科目を未履修のまま生徒を卒業させるという問題も5日制のために教育課程の編成が窮屈になったことにあるという指摘もある．

第2は，そのこととも関係して子どもたちの学力が低下するのではないかということであった．このことについては，5日制の実施後，*OECD（経済協力開発機構）の調査などで日本の子どもたちの学力が低下したことが報道されているが，国別にみても学校の授業日数との相関は認められず，5日制の責任であるとはいえない．しかし，家庭や学校外の学習の比重の拡大に伴う「落ちこぼれ」の増加と学力格差の拡大は重大である．

第3は，家庭における生活と学習の問題である．家庭で家族とともに豊かな時間を過ごすことは，子どもの発達において重要である．しかし，現実には親の労働時間短縮は実現せず，不安定就労のもとでかえって拡大する傾向もある．また「格差社会」化の中で*貧困層が増え家庭の崩壊現象もみられる．

第4は，地域社会における子どもの豊かな生活を保障する課題である．当初は，学校に代わる「受け

皿」として議論される傾きがあり，実際に行政的な条件整備は遅れていた．しかし，地域社会は子どもの発達にとって本来重要な役割をもつものとして捉えかえされ，*社会教育，社会福祉など地域の総力をあげて子どもの生活，集団，*文化活動，学習等を保障する取組みも増えつつある．*不登校の子どもたちの地域の*居場所づくりも課題である．

(太田政男)

〔文献〕1)佐藤一子：子どもが育つ地域社会，東京大学出版会，2002.；2)少年少女組織を育てる全国センター編：学校五日制なにが問題か．青木書店，1992.

学校図書館 school library

初等学校，中等学校に設置され，児童・生徒，教職員を利用対象にする図書館．

〔定義〕わが国では，*学校図書館法第2条で，学校図書館とは，小学校，中学校，中等教育学校，高等学校（特別支援学校の小学部，中学部，高等部を含む）において，「図書，視覚聴覚教育の資料その他学校教育に必要な資料（以下「*図書館資料」という．）を収集し，整理し，及び保存し，これを児童又は生徒及び教員の利用に供することによって，学校の教育課程の展開に寄与するとともに，児童又は生徒の健全な*教養を育成することを目的として設けられる学校の設備をいう」と定義されている．

〔歴史的展開と学校図書館の意義〕学校図書館の起源は，一般には学校が制度化され普通教育が行われるようになった19世紀半ば頃とされる．もっともこの時期の学校図書館は図書を備えた施設としての性格が強く，教育活動と結びつけられた学校図書館の理念は，19世紀末から20世紀初頭の新教育の台頭を待たなければならなかった．*デューイは，『学校と社会』(1899)で子どもの実践的学習を進展させ，普遍化させる場として図書室を構想した．日本では大正期に私立学校や師範学校付属校で新しい教育が試みられた際，教科書以外の図書や参考書を利用したり自由読書をしたりするために図書室が設けられた．太平洋戦争後の占領期には学校図書館が制度化され，米国の指導によってカリキュラムに結びつけられた学校図書館の理念が導入された．その後，知育偏重の時代を背景に学校図書館の理念の実現は一時停滞したが，1980年代以降*学校司書による充実した学校図書館活動が報告されはじめ，ようやく教育に資する学校図書館の可能性が認識されるようになってきた．

〔地域開放〕法的根拠は，*教育基本法，*学校教育法，*社会教育法などのほか，学校図書館法第4条の「他の学校の学校図書館，*図書館，*博物館，*公民館等と緊密に連絡し，及び協力すること」「学校図書館は，その目的を達成するのに支障のない限度において，一般公衆に利用させることができる」にある．*文部科学省の2010（平成22）年5月現在の調査によれば，小学校の開放が一番多く，全小学校数の13.1%にあたる2771校が開放している．ねらいや方法は，自治体によって異なる．学校5日制への対処や地域支援による子どもの育成をねらいとして当該校の児童・生徒を主たる利用者としたもの，図書館資料の利用を主眼にして利用対象を住民にまで広げたものなど多様である．開館時間の設定，施設や資料の準備，職員の配置について，開放用に特別に対応する場合と児童・生徒と同様に対応する場合とがある．地域開放の意義は，学校の閉鎖性を解き地域全体で子どもを育成していくこと，学校の施設・資源を開かれた生涯学習機関として地域住民のために活用していくことなどにある．特に学校図書館の場合，単なる施設の開放ではなく図書館機能の開放であるから，この機能を十分に生かしたものでありたい．ただし，本来必要な公共図書館の整備充実を学校図書館の地域開放で補おうとするケースや，「地域開放」の結論ありきで計画性やコストパフォーマンスに欠けるケースなど問題が指摘される例もある．開放に当たっては，開放に伴う児童・生徒の安全確保や校内のプライバシー保持など学校の危機管理に対する十分な配慮が必要である．

〔課題〕適切なメディアの選択，必要な情報の入手と有効な活用など，現代社会ではコンピューターにとどまらない情報活用能力，情報リテラシーの涵養が求められている．その統合的な機関として学校図書館の役割が期待される．

(篠原由美子)

⇒学校司書，学校図書館法，司書教諭

〔文献〕1)塩見昇：教育としての学校図書館，青木書店，1983.；2)全国学校図書館協議会編：学校図書館の地域開放，全国学校図書館協議会，1981.

学校図書館憲章 School Library Charter

*全国学校図書館協議会が制定した学校図書館についての憲章．

〔概要〕*学校図書館に携わる者にとっては行動綱領として，また学校図書館に関係するすべての人にとっては学校図書館の権利宣言としての性格をもつものとして企図され策定されている．

〔作成の経緯〕設立当初から関係が深かった深川恒

喜（元文部省官僚・当時東京学芸大学教授）が1971年同協議会の講演で「学校図書館の行動綱領」を提唱したいきさつがあった．このときには賛否両論があり，制定に至らなかったが，1989年第40回総会で設立40周年記念事業の1つとして作成されることが決議された．1991年5月22日に行われた第42回総会で採択され，関連条文の一部修正の後，同年10月，*読書週間を期して解説つきで公表された．
〔内容と特徴〕前文と6つの項目（理念，機能，職員，資料，施設，運営）から構成されている．1987年の*臨時教育審議会答申と同様の時代認識で，前文の冒頭で，「わが国は，生涯学習社会，国際化社会，高度情報社会，個性重視社会への変革を迫られている」と述べている．今後の教育は，自学学習能力の育成と，思考力を育成し自己変革を促す機能を有する読書教育の推進を使命とすべきであり，そのための学校図書館の役割を強調している．「総合的な図書館奉仕」（total library service）という理念を導入して，他館種の図書館や関係機関と*ネットワークを形成して活動する項目を入れているが，これは1980年のユネスコ学校図書館メディア奉仕宣言を反映したものである． （篠原由美子）
⇨全国学校図書館協議会
〔文献〕1）全国学校図書館協議会：学校図書館憲章解説，全国学校図書館協議会，1991．；2）黒沢浩：「学校図書館憲章」の制定経過．学校図書館，No.493, 51-52, 1991．

学校図書館法 School Library Act
　*学校図書館の発達と学校教育の充実を図って定められた法律．
〔概要〕1953年8月8日に制定（法律第185号），1954年4月1日から施行された．この法律が制定される以前の1947年に発令された*学校教育法施行規則第1条で，既に「学校には…図書館又は図書室…を設けなければならない」と規定されていたが，その徹底と充実が求められ，単独法の成立につながった．
〔内容〕法制定時には3章あったが，その後第2章，第3章が削除されたため現行の法律は7条のみで構成されている．学校図書館の目的は第2条の「児童又は生徒及び教員の利用に供することによって，学校の教育課程の展開に寄与するとともに，児童又は生徒の健全な*教養を育成すること」である．設置が義務づけられている．
〔学校図書館法改正運動〕*学校図書館法改正運動は法成立直後から起こった．最も大きな原因は，職員の規定にある．第5条で「専門的職務を掌らせるため」に配置しなければならないと規定されている*司書教諭は，当初求められていた免許制の教員ではなかった．また，附則2項では「司書教諭を置かないことができる」とされたため任命が進まず，法規定のない*学校司書が様々な条件で勤務することとなった．改正運動は，*全国学校図書館協議会や教職員組合を中心に行われたが，関係者の間に立場や学校図書館職員観の違いがあり，統一した運動にはならなかった．1997年に法改正が行われ，2003年4月以降は12学級以上の学校で司書教諭が必置となった．ただし，専任で担当する職員の規定が行われていないため根本的な解決には至っていない．
⇨学校司書，司書教諭 （篠原由美子）
〔文献〕1）平原春好責任編集：教育基本法制コンメンタール（日本現代教育基本文献叢書31），日本図書センター，2002．；2）全国学校図書館協議会編：学校図書館法改正，全国学校図書館協議会，1983．

学校の森づくり movement of creating a wooded space in the school compound
　子どもの全人格的な発達，教育と自然の*共生，学校と地域の結合等の教育理念に根ざして，人工的施設としての学校の一角に自然の森をつくろうとする実験的な運動．1980年代後半，主として新潟県長岡市，小千谷市等の小学校において先駆的に始められた．いわゆる環境緑化，自然再生の課題を超えて，現代の荒廃した学校教育の改革志向をもつ点に大きな特徴がある．狭い空間の森づくりは，森林学の知見（宮脇昭ら）に基づき，基礎（マウンド）づくり，表土，樹種選択，配置構成，植樹，植栽後管理等を専門的に配意し，同時に専門家に任せるのでなく，子どもと教師，父母や地域住民の参加によって取り組まれてきた．地域に*開かれた学校づくりを目ざした新潟県聖籠町では，施設面では学校に地域交流ゾーンを設け，学校の森と隣接して*公立図書館を設置し，*住民参加による地域の森づくりを進めてきた．森づくりの発想は，各地に平和の森，病院の森等を含めて，住民参加による地域の森づくりの視点をもつことによって，社会教育・生涯学習の観点からも注目すべき実践となっている． （小林文人）
〔文献〕1）山之内義一郎：森をつくった校長，春秋社，2001．

学校評議員 school board
〔定義〕小・中学校，高校において「校長の求めに応じ，学校運営に関し意見を述べることができる」（*学校教育法施行規則第23条の3第2項，現行第

49条，第2項）ものとして，2000年から学校教育施行規則に規定された委員制度．校長の推薦により設置者（*教育委員会）が委嘱し，学校に地域等の意見を反映する道が開かれた．

〔沿革〕*社会教育では，*社会教育委員等を通じて地域住民の意見を行政や施設運営に生かすことは普通のことである．しかし，学校教育にはそれに類する制度はなく，せいぜい*PTAが圧力団体的な役割を担っていただけだった．*学校週5日制がいわれだした1990年代から*地域の教育力，地域の人材活用が強調されるようになり，*中央教育審議会答申「今後の地方教育行政の在り方について」（1998年）では，地域住民の学校運営への参画，地域への説明責任，自己評価のために，学校評議員制度が提言された．これを受けて，学校教育法施行規則が改正され（2000年），設置者の定めるところにより，学校評議員を置くことができるようになった．

〔地域住民の意見の反映〕住民の意見が学校運営に反映されうるようになったことは画期的なことである．ただ，その職務が校長に対する意見・助言に過ぎず，また，委員選任が「当該小学校職員以外の者」（同第3項，中・高校は準用）というだけで，地域を条件にするわけでもなく，中途半端なものになっている．しかし，現実には，委員は，保護者，自治会，*社会教育関係団体，社会福祉施設・団体，企業関係者，同窓会関係者が多くを占めており，地域の意見は活かされているといえよう．

〔学校運営協議会〕2004年には，学校の「運営に関して協議する機関として」学校運営協議会が設置できるようになった（*地方教育行政法第47条の5）．単なる助言機関ではなく協議機関として，校長はカリキュラムや学校運営方針について承認を得なければならず，また，職員の任免等について意見を述べることができ，これらの意見を教育委員会は尊重することになっている．委員選出についても地域の住民，保護者等から委嘱されるなど，地域の視点が明確である．*コミュニティスクールと呼ばれるにふさわしい積極的な制度といえよう．　　（国生　寿）

⇨コミュニティスクール，公民館運営審議会，利用者（団体）懇談会

家庭教育　home education

親またはこれに準ずる者が，子に対して行う教育である．

〔概念〕*教育基本法第7条において，「家庭教育及び勤労の場所その他社会において行われる教育は，国及び地方公共団体によって奨励されなければならない」と規定されていたことから，*社会教育が概念上家庭教育を含むのかどうかについて，異なる解釈があった．2006年に改正された教育基本法では，新設の第10条において，国及び地方公共団体の役割として家庭教育の支援が規定された．

*社会教育行政においては，親などが行う家庭教育についての学習を成人教育の一環として扱い，*家庭教育学級等が開設されてきた．子どもを育てる親に対する教育という意味では，両親教育としたほうが適切であったといえるが，社会教育行政上は，両者とも家庭教育と呼称され，婦人教育（女性教育）の重要な一分野として位置づけられてきた．

〔施策の経緯〕国による家庭教育振興施策は第2次世界大戦前より存在していたが，戦後の施策としては，1961年に，文部省が社会教育局に婦人教育課を新設し，分課規定で「家庭教育」を位置づけたことを起点とする．1964年には，家庭教育学級の国庫補助開設を全国的に促進した．1971年の*社会教育審議会答申や1974年の同審議会建議において，乳幼児期における家庭教育の重要性が指摘されると，乳幼児学級の開設補助（1979年，家庭教育学級へ統合）が開始された．その後さらに，明日の親のための学級，働く親のための学級，思春期セミナー等の家庭教育学級のほか，家庭教育相談や地域交流事業，指導者研修・リーダー養成等，多様な事業が行われるようになった．

1998年の*生涯学習審議会答申や2000年の同審議会社会教育分科審議会報告が，家庭の教育力を充実させる必要性を指摘し，2001年に*社会教育法が一部改正され，社会教育が家庭教育の向上に資するよう位置づけられた．2006年には教育基本法が改正され，家庭教育に関して社会教育への社会的要請が強まるとともに，私的営為に対する公的介入との問題認識が弱められつつある．　（中澤智恵）

〔文献〕1）木全力夫：家庭教育と社会教育行政．現代家族と社会教育（日本社会教育学会編），東洋館出版社，1998．；2）家庭教育に関する主な答申・建議集（家庭教育関係基礎資料集Ⅰ），国立教育会館社会教育研修所，1999．

家庭教育学級　Home Education Study Class for Parents

文部省により，1964年度から両親の家庭教育に関する学習機会の拡充を目的として開設された学級．

〔経緯〕戦後，文部省は，1945年「社会教育ノ振興ニ関スル件」において家庭教育の振興施策を取り上げた．家庭教育に関する講習会や母親学級の開設を

求め，家庭教育指定市町村を設置した．国は，1961年文部省内に家庭教育・婦人教育担当の婦人教育課を設置し，1962年度より家庭教育振興費を計上，「家庭教育資料」を作成，社会教育指導者の手引きとした．1964年度，家庭教育学級の開設費が交付された．それは，当初公立小学校区数の31％に当たる8134学級を予算化し，主に，中学校までの児童生徒の親（実質的には母親）を対象として，小中学校，*公民館などの*社会教育施設で開設された．開設の目的は，民主主義の導入によって行きすぎた家庭内の民主化が両親の責任をあいまいにしたことを正す，「戦後のひずみ」（『文部時報』1964年3月号）の解決に置かれていた．

1966年に*全日本社会教育連合会より発行された『家庭教育学級の開設と運営』（藤原英夫・塩ハマ子編）では，家庭教育学級の位置づけについて，「教育基本法第七条第一項に規定する国や地方公共団体の家庭教育に関する奨励方法としては，家庭という私的生活の中で行なわれる教育を画一的に一定の方向に拘束することを避け，家庭教育上両親等が注意しなければならない共通の問題について学習する機会」[3]をつくる，とあり，私教育に対する公のかかわりについて，一定留保が示されていた．学習の内容としては，「子どもの心身の発達と家庭生活」「我が子の心を知る」「子どもの家庭外での生活について」などが例示されている．

このほか，1975年から小学校入学以前の子どもをもつ親を対象として「乳幼児学級」，1981年から子どもをもつ前の親を対象とした「明日の親のための学級」，1986年から「働く親のための学級」，1989年から「思春期セミナー」が開設されている．

今日，家庭教育をめぐる政策は急速に展開している．1947年に成立した教育基本法では，家庭教育に関して，第7条（社会教育）において，「1 家庭教育及び勤労の場所その他社会において行われる教育は，国及び地方公共団体によって奨励されなければならない」と規定されただけであった．それは，家庭教育への国家権力の介入は回避しなければならないという理由からであった．これに対して，2001年の*社会教育法改正時には戦後初めて「家庭教育」が条文に位置づけられ，2006年に改正された*教育基本法では，第10条（家庭教育）に，「1 父母その他の保護者は，子の教育について第一義的責任を有するものであって，生活のために必要な習慣を身に付けさせるとともに，自立心を育成し，心身の調和のとれた発達を図るよう努めるものとする．2 国及び地方公共団体は，家庭教育の自主性を尊重しつつ，保護者に対する学習の機会及び情報の提供その他の家庭教育を支援するために必要な施策を講ずるよう努めなければならない」と規定され，家庭でのしつけのあり方などに記述が及んだ．さらに，第13条において，学校，家庭および地域住民等の相互の連携協力が求められている．

〔課題〕両親や保護者に子どもたちを育てる力をつけることは大変重要な課題である．しかし，それは，国によって奨励されることによって可能かといえば，ことはそう単純ではない．そもそも「育児の力」とはどのようなものであり，それはどのようにすると身につけることができるのかという直接的な問題から，私領域への権力の介入の問題，公的セクターの縮小による「格差」の拡大の問題等，多様な角度からの検討が必要であろう．　　　　　　（村田晶子）

〔文献〕1）千野陽一編：資料集成　現代日本女性の主体形成　全9巻，ドメス出版，1996.；2）村田晶子：女性問題学習の研究，未來社，2006.；3）藤原英夫・塩ハマ子編：家庭教育学級の開設と運営，全日本社会教育連合会，p.45, 1966.

家庭教育支援　support for home education

少子化の進展による家庭の教育力の低下，児童虐待や*少年非行の深刻化，子どもの基本的生活習慣の乱れといった問題認識から打ち出された家庭教育への支援．1998年の*中央教育審議会答申や同年の*生涯学習審議会答申において，家庭の教育力を充実させる必要性が指摘され，2001年には*社会教育法が改正された．これ以降の家庭教育支援は，従来社会教育が行ってきた両親教育としての家庭教育に接続しつつも，少子化対策の側面をあわせもっていることから，新たな動きといえる．

*文部科学省は，2002年に今後の家庭教育支援の充実についての懇談会がまとめた「『社会の宝』として子どもを育てよう！（報告）」を受けて，学習を希望する親だけでなくすべての親を対象とし，社会全体によって家庭教育を支援することを，基本的な方針として掲げている．家庭教育学習の拠点としての*公民館の重要性を指摘し，父親の家庭教育への参加，*社会教育行政と*子育て支援団体との連携を課題としている．　　　　　　　　　　（中澤智恵）

〔文献〕1）国立女性教育会館編：次世代育成と公民館—これからの家庭教育・子育て支援をすすめるために—，国立印刷局，2004.；2）村田晶子：女性問題学習の研究，未來社，2006.

家庭裁判所　Family Court, Juvenile Court

「家庭に光を，少年に愛を」を標語として1949（昭和24）年1月に創設された，家庭の紛争や少年の非行問題を専門に扱う裁判所．2011（平成23）年現在，都道府県庁所在地と函館，旭川，釧路の計50ヵ所に本庁，203ヵ所に支部，77ヵ所に家事事件だけを扱う出張所が置かれている．

家庭裁判所が扱うのは，家事事件（離婚，扶養，遺産分割のような夫婦・親族間の紛争や，未成年者の養子縁組，後見人の選任などの事件），*人事訴訟事件（離婚，認知，離縁などの訴えに係る訴訟），および，少年事件（罪を犯した少年や罪を犯すおそれのある少年などの事件）である．これらの事件の解決には，法的な観点だけでなく，家庭の安定や少年の成長発達を図るという観点が必要であり，家庭裁判所では，それにふさわしい体制と手続きで事件を扱うことを理念としている．また，問題の解決に民間人の知恵と*経験を生かすため，家事事件では調停委員と参与員の制度が，人事訴訟事件では参与員の制度がある．

(服部　朗)

〔文献〕1) 藤原正範：少年事件に取り組む―家裁調査官の現場から―, 岩波新書, 2006.

家庭裁判所調査官　Family Court Provation/Investigation Officer

家庭の紛争や*少年非行について，事実関係や背景，関係者の状況などを調査するとともに，紛争の当事者や少年・親に働きかけを行うため，家庭裁判所に配置されている特別職の国家公務員．

家庭裁判所の扱う家事事件や少年事件は，家族の関係の不調や感情的な対立を背景としていることが多いため，心理学，社会学，教育学などの専門的知識や技法を用いて事実関係や背景を明らかにした上で，問題の解決方法を考える必要がある．このため，家庭裁判所調査官は，裁判官から命令を受けて調査を開始する．調査の結果は裁判官に報告され，事件の解決のために活用される．調査の過程は，単に調べるという作業だけでなく，家族や少年に助言を与え，関係を調整するなど，紛争の当事者や少年・親への能動的な働きかけの過程でもあり，この側面における家庭裁判所調査官の役割も大きい．

(服部　朗)

〔文献〕1) 法学書院編集部編：家裁調査官の仕事がわかる本（改訂第3版）, 法学書院, 2010.

家庭内暴力　domestic violence

家庭の中で生じる暴力のことであり，子ども*虐待，*DV（ドメスティックバイオレンス），障害者，*高齢者虐待などが含まれる．また日本では，思春期の子どもがその親に対してふるう暴力に対して「家庭内暴力」という用語を使う場合も多い．

日本では，2000年代前半にかけて家庭内暴力に関する法が相次いで施行された（2000年に「児童虐待の防止に関する法律」，2001年に「配偶者からの暴力の防止及び保護に関する法律」，2006年に「高齢者虐待の防止，高齢者の養護者に対する支援等に関する法律」，2011年に「障害者虐待の防止，障害者の養護者に対する支援等に関する法律」）．

家庭内暴力の防止，対応は簡単ではない．家族の中という閉じられた空間・関係の中で行われる暴力であるため，総じて発見がむずかしく，対応も困難を極めることが多い．家族が問題を抱え込んだ結果，殺人にまで発展するケースもある．家庭内暴力は社会で取り組むべき問題と捉え，できるだけ早い段階で専門家に相談することが重要である．

(湯原悦子)

〔文献〕1) 岩井宜子：ファミリー・バイオレンス, 尚学社, 2008.

加藤完治　Kato, Kanji

1884-1967．旧平戸藩士加藤佐太郎の長男として東京本所区に生まれる．農本主義者・教育者・満州の開拓移民指導者として農民の父ともいわれた．

〔経歴〕1906年東京帝国大学工科大学応用化学科に入学．3年間休学して農科大学に編入．1911年卒業して内務省地方局に勤務し，帝国農会嘱託として中小農保護政策調査事務に当たるが，問題と職務のずれに疑問を感じ退職．1913年先輩であり，校長であった*山崎延吉の勧めで，愛知県安城農林学校に教諭として勤務，農の実技を身につける．金沢第四高等学校時代にはキリスト教に傾斜し，洗礼も受けたクリスチャンであったが，この頃から筧克彦の説く日本精神や古神道の考えに傾倒し，大和心・大和魂という言葉を生涯使い続ける．

〔日本国民高等学校の創設〕その後，デンマーク国民高等学校に習い，1915年設立の山形自治講習所の所長となり，農村中堅青年育成の道に入った．1922年から1年4ヵ月のヨーロッパ視察を経て，1926年には自らも茨城県友部町（現笠間市）に日本国民高等学校（現日本農業実践学園）を創設．「本校の理想とする農村中堅人物とはまず農業農村を熱愛し

…*労働を忌避して農村を脱走する如き人物であってはならぬ」の教育は，昭和初期*農山漁村経済更正運動下で注目されることとなり，1934年以降各府県設置の農民道場（修練農場）の契機となる．

〔満蒙開拓青少年義勇軍の設立〕1937年に日本国民高等学校は茨城県内原町（現水戸市）へ移転した．満州事変が始まると関東軍の東宮鉄男と満州移民を進め，*満蒙開拓青少年義勇軍の設立に関与，1938年に同訓練所を開設して，翌年同所長兼任となった．このような経緯から第2次世界大戦後公職追放となり，1946年には福島県の甲子高原に弟子たちと入植，白河報徳開拓農業協同組合をつくり自らその組合長となった．1952年に追放解除されると翌年には，日本高等国民学校（日本国民高等学校を改称）の校長に復帰，後に名誉校長となる．1967年死去．

(安藤義道)

〔文献〕1) 中村香:加藤完治の世界・満州開拓の軌跡, pp.39, 325, 不二出版, 1984.

カナダの成人教育・生涯学習 adult education, lifelong learning in Canada

〔概要〕カナダでは連邦国家創設以来，教育は州の管轄事項とされてきたため，成人教育についても州ごとの独立性が強く，フランス語圏と英語圏との違いも大きい．現在一般に大学，*コミュニティカレッジがフォーマルな教育機会を提供し，*教育委員会や公的支援を受けた非営利団体，民間営利企業も事業を行っている．*コミュニティセンター等の地域の教育・福祉施設や教会も施設提供や市民講師と連携した講座を実施し，自治体とその関連機関，様々な*市民活動団体も個別のテーマで各種事業を展開している．トロント成人学生協会など個別事業を超えた学習者団体による，*学習権拡充の運動も生まれてきている．

〔歴史〕カナダの成人教育は英国，米国の影響を受けて発達してきたが，独自に展開された特徴的な成人教育運動も少なくない．フィッツパトリック（Fitzpatrick, A.）が木材切り出し現場で働く労働者の文化的環境の乏しさを憂えて1898年に始めたリーディングキャンプは，炭鉱，鉄道建設現場に広がり，労働者とともに働きながら夜間に労働者たちの学習を支援する「労働者教師」の制度を確立しながら，フロンティア・カレッジという*成人基礎教育運動に発展していく．この運動は現在，農村季節労働者，都市の*貧困層，障害者等に対象を変更して継続されている．1920年代末，セント・フランシス・イグザビア大学拡張部の指導教授になったコーディ（Coady, M.）がノヴァ・スコシア州の半農半漁の貧村で展開した*アンティゴニッシュ運動は，「スタディクラブ」という学習方法で人々の主体性を育て，恐慌下，海産物加工工場の経営などの*協同組合運動を生み出し，第2次世界大戦後，第3世界の国々から注目された．

成人教育の全国組織は1935年に英語圏でカナダ成人教育協会（Canadian Association for Adult Education：CAAE）が，またこの支援のもとにフランス語圏で1946年に同名の協会（ICEA）が結成された．前者は国営ラジオ放送局（CBC）と協力して農村での市民意識を高めるべく，放送，テキスト，地域での小集団討議を組み合わせた*実践，ナショナル・ファーム・ラジオ・フォーラムを1930年代後半から展開し，その後都市でも類似の実践，市民フォーラムを展開．また公・私様々な関係機関・団体を緩やかに結びつけて展開する討議運動，ジョイント・プランニング・コミッションも，成人教育事業として1940年代後半から1950年代にかけて実践した．

1960年代に各州で設置が始まるコミュニティカレッジは，連邦政府の人的投資政策としての職業技術教育・成人基礎教育施策とつながり，1970年代の連邦政策撤退後もこの分野の一端を担ってきた．1970年代にはまた*フレイレの思想やラテンアメリカの*民衆教育運動に影響を受けた*識字教育等の成人教育運動も生まれた．

国際的な活動への関心は古くから強く，海外支援のほか，第2回*ユネスコ国際成人教育会議はCAAE第2代事務局長キッド（Kidd, R.）を議長としてモントリオールで1960年に開催された．1973年結成された*国際成人教育協議会（ICAE）も同じくキッドが初代事務局長となり，その事務所は2002年までトロントに置かれた．

〔学会〕1981年にカナダ成人教育学会が発足し，歴史等カナダ独自の研究も深められてきたが，2005年には同学会をあげて編纂・発行に取り組んだ『成人教育国際百科事典』が公刊された．カナダでは1990年代後半以降，*新自由主義政策の下，成人教育支援政策が後退し，英語圏のCAAEの終結等，様々な運動組織が消滅してしまったが，同学会はこうした状況下，連邦予算からの成人識字教育費大幅削減の撤回を首相に申し入れるなど（2006年10月），政策に対する社会的・批判的役割も積極的に担っている．

(荒井容子)

〔文献〕1) Selman, G., *et al.* : *The Foundation of Adult Education in Canada*, (second edition), Thompson Education Publishing, 1998. ; 2) 荒井容子：カナダの成人識字教育者たち，月刊社会教育，2006.

壁のない大学　university without walls

成人など非伝統的学生に高等教育への門戸を広げることを目的とした学位取得プログラムの名称で，米国を中心に広く定着をみている．「壁のない大学」の特徴は，教師と学生の1対1の関係における活動を基本に，学生自身が自らの学習ニーズに合わせて学位取得の計画を主導的に策定するところにある．その起源は，1971年，*大学コンソーシアムであった「実験大学連合」(Union for Experimenting College and Universities) が，学位授与機関として認定され，そこでのプログラムが「壁のない大学」と呼ばれたことに由来する．補助金配分のむずかしさ等を理由にコンソーシアムは1982年に解散したが，現在は，実験大学連合の直接的な流れをくんだ「ユニオンインスティチュート・アンド・ユニバーシティ」(Union Institute & University) をはじめ，多くの大学で「壁のない大学」と銘打った学習者中心の学位取得プログラムが実施されている．

(佐々木保孝)

〔文献〕1) Union for Experimenting College and Universities : *The University without walls; a first report*, Union for Experimenting College and Univesities, 1972.

鎌倉アカデミア　*Kamakura Academia*

〔概観〕第2次世界大戦敗戦の翌年 (1946年) から4年半にわたり，新しい教育を追求し，寺子屋大学を標榜する自由で闊達な相互啓発と人間交流の場をつくり出した*各種学校．1946 (昭和21) 年5月鎌倉文化会を設立母体に，私立学校令のもと，「鎌倉大学校」の名称で開校．鎌倉市材木座の光明寺を仮校舎に，産業科，文学科，演劇科を擁して，独自の学園建設と大学昇格を目ざした．教授陣に，三枝博音，林達夫，村山知義，服部之總，菅井準一，遠藤慎吾，三上次男，吉野秀雄らを連ね，民主主義の精神のもと，科学的な思考と自主性を重視する高いレベルの教育を展開し，男女共学，自治会活動，学生立ち会いの入学試験などの試みを打ち出した．1948 (昭和23) 年に映画科を新設．他方，学校経営は困難を極めた．開校直前の金融緊急措置令による資金凍結の影響で，校舎等の建設計画は立ち消え，やがて創立委員も経営から退いた．1948年には社寺法の改正に伴い，光明寺から横浜市戸塚区小菅谷の旧海軍燃料廠へ移転．その際「大学校」名の返上を迫られ，鎌倉アカデミアと改称した．財政難の中，1950 (昭和25) 年9月閉校に至った．

〔評価と意義〕敗戦直後，各地に生まれた民間からの学問や教育を追求する動きに位置づけられる．戦後大学史においては，学生の主体性を重んじた教育と民主的な学校運営が，*社会教育や生涯学習の観点からは，学生と教授の密接な知的交流を生んだ*塾風教育と文化運動としての側面が注目され，折々の教育課題に即して再評価が繰り返されてきた．地域においては，1970年代半ばの「鎌倉・市民アカデミア」の誕生にも影響を与えた．その精神と教育実践は，関係者や学園に関心をもつ者により，様々な文化的活動へ有形無形に引き継がれている．2代目校長の三枝博音をはじめ教授たちの教育思想，学園が学生の人間形成に与えた影響，それらの継承と発展など，この遺産が時代を超えて問いかけるものは少なくない．

(山嵜雅子)

〔文献〕1) 高瀬善夫：鎌倉アカデミア断章―野散の大学―，毎日新聞社，1980.；2) 平田恵美編：青春・鎌倉アカデミア―「鎌倉大学」の人々―(鎌倉近代史資料第12集)，鎌倉市教育委員会・鎌倉市中央図書館，1997.

カミングアウト　coming-out

自らが (社会的に*差別を受ける恐れがある) マイノリティであることを*他者に表明すること．カムアウトともいう．

この語はもともと，性的マイノリティの権利獲得運動において用いられた「coming out of the closet」，つまり「狭くて暗いクローゼット (社会の差別偏見に*抑圧されている状況の比喩) から明るく広い社会に出ていく」という表現に由来し，やがて他のマイノリティにも転用された．疾患などの特徴や民族などの属性を，社会的に (あるいは個別の関係の中で) 自ら表明することもカミングアウトと呼ぶ．

カミングアウトは，マイノリティを不可視化する社会のあり方を告発する行為であると同時に，当人自身が否定的な*アイデンティティをもっていたことを主体的に捉え返し，他者と新しく肯定的な関係を築こうとするプロセスだといえる．

*社会教育において人権課題を学ぶ際，マイノリティがなぜカミングアウトしにくい状況に置かれているのかを考え，その原因である社会構造や規範について問い直すことや，信頼しあえる関係づくりをすることなどが重要であろう．

(松波めぐみ)

〔文献〕1) 池田久美子：先生のレズビアン宣言―つながるためのカミングアウト―，かもがわ出版，1998.；2) 尾辻かな子：

カミングアウト―自分らしさを見つける旅―, 講談社, 2005.; 3) 砂川秀樹, RYOJI：カミングアウトレターズ, 太郎次郎社エディタス, 2007.

ガールスカウト　Girl Scouts

英国に始まる女子の青少年教育活動であり，*グループワーク，野外活動を特色とする世界的な運動である．

〔ガールガイド〕*ボーイスカウトを始めたベーデン＝パウエル（Baden-Powell, P.）と妹のアグネス（Baden-Powell, Agnes）によって，1910年にガールガイド（Girl Guides）として英国で発足した．教会の宗教的影響力低下への危惧，青少年教育の*生活課題と余暇への対応が背景にあり，当初はヴィクトリア朝の女性観を反映して「大英帝国の母」として資質の養成が求められた．その後，パウエルの妻オレブ（Baden-Powel, Olave）が指導者となり，第1次世界大戦を経て，より行動的な女性像がモデルとなった．1912年に米国のロー（Low, J. G.）がこれにならってガールスカウト（Girl Scouts）運動を開始し，ガールガイド・ガールスカウト世界連盟が結成された．2003年現在で，144の国と地域が加盟し，メンバー数は1000万人を超えている．

〔日本への導入〕日本のガールガイド運動は，1920年に英国国教会系（日本聖公会）の東京の香蘭女学校で女子補導会として始められた．その後，1923年に，日本独自のガールガイド組織として日本女子補導団が設立され，東京（香蘭，東京女学館），大阪（プール女学校），神戸（松蔭高等女学校），盛岡，草津，長野，沼津，日光，大宮，福島，大連，長春に団が結成されるが，活動の中心は聖公会系の教会，女学校，幼稚園であった．

〔ガールスカウト日本連盟〕戦時中に活動を停止した日本女子補導団は，戦後米国式にガールスカウトとして活動を再開した．CIE（Civil Information and Education, GHQ民間情報教育局）の青少年教育担当のダーギン（Durgin, R. L.），タイパー（Typer, D. M.）は，ガールスカウトをボーイスカウトとともに青少年教育のモデルとして重視した．そのために，米国のガールスカウト連盟の理事を講師に招いて全国各地でガールスカウト講習と青少年指導者講習会を開催した．1949年にはガールスカウト日本連盟が結成され，ボーイスカウトとともに，そのグループワーク，*野外教育の方法は多方面に普及した．1999年，運動の現代化のために「やくそく」と「おきて」が改訂され，*体験学習，国際交流の充実が図られている．

（矢口徹也）

〔文献〕ガールスカウト日本連盟：ガール・スカウト半世紀の歩み, 1971.; 2) 矢口徹也：女子補導団, 成文堂, 2008.

カルチャーセンター　center for cultural activities

〔定義〕生活の高度化，余暇の増大，女性の社会的進出等を背景に，1970年代後半以降盛んになった，主として女性を対象に，出版，放送，新聞社や百貨店等の民間の教育文化産業が実施している生涯学習機関をさす．1990年代まで増加傾向にあったが，不況の長期化のもと近年伸び悩んでいる．その講座内容は，歴史，文学，芸術，書画，工芸，茶・華道等の趣味，*教養，文化，娯楽的活動が多い．

〔文部行政への位置づけ〕*文部科学省では従来，塾やカルチャーセンター等の教育産業に対して消極的な姿勢をとってきた．*臨時教育審議会以来の生涯学習体制の整備に伴って，各種機関との総合的な*ネットワーク形成の必要性が求められ，*民間教育産業や塾等が無視できなくなり，「*生涯学習の振興のための施策の推進体制等の整備に関する法律（生涯学習振興整備法）」の制定ともあいまって積極的姿勢が示され，1995年には*公民館の営利事業への開放についての通知を出すに至っている．「教育行政機関と民間教育事業との連携の促進について」（同連携方策に関する調査研究協力者会議報告，1998年）では，これらの連携事業についての様々な事例をあげている．

〔実態〕『平成14年度社会教育調査報告書』は「カルチャーセンター調査」を抄録しているが，それによると，事業所数693，その内訳は専業者136，新聞158，放送68，百貨店・量販店74，金融・交通系機関7，その他250となっている．その講座数約13万8000，受講個人会員数は207万人（男36万，女171万）で，延べ受講者数は745万人に達する．これは*教育委員会の*学級・講座受講者824万人と遜色ないが，公民館の受講者1063万人には遠く及ばない．公的事業は必要課題や現代的課題，カルチャーセンターは趣味・*文化活動というような棲み分け論がいわれるが，カルチャーセンターの都市地域への偏在という条件のほかに，このような参加者数の実態からも，一概に容認できることではないであろう．

（国生　寿）

⇒民間営利社会教育事業者

〔文献〕1) 日本社会教育学会編：生涯教育政策と社会教育（日本の社会教育第30集），東洋館出版社, 1986.; 2) 日本公民館学会編：公民館コミュニティ施設・ハンドブック, エイデル研

究所, 2006.

加齢　⇨エイジング

過労死　death from overwork

長時間*労働や仕事のしすぎにより，疲れの回復しないまま慢性的な疲労状態が続くという蓄積疲労によって健康障害を起こし，それが原因となって死亡に至る状態になった場合についていわれることである．一般に，脳出血，クモ膜下出血，急性心不全，虚血性心疾患などの脳や心臓の疾患が過労死に当たる．

これまでの厚生労働省の労災認定基準（発症前おおむね1週間以内という短期的な業務の加重性判断に重点を置いていた）では，脳・心臓疾患の労災認定申請のうち，過労死と認められるのは1割程度であったが，2001年12月の認定基準の改正で発症前6ヵ月間の長期間にわたる疲労の蓄積も考慮されるようになった．また，近年，過労死は40, 50歳代～30歳代にまで広がった．働きすぎにより体調を崩したり，過労死に至るのは，もともと真面目で責任感の強い人が多い．　　　　　　　　　（大木栄一）

〔文献〕1) 厚生労働省：過労死 Q & A, 労働調査会, 2004.

川本宇之助　Kawamoto, Unosuke

1888-1960．兵庫県武庫郡精道村（現芦屋市）に生まれる．*障害児教育，特に盲・聾教育に携わったが，*社会教育においても重要な役割を果たした．1915年に東京帝国大学哲学科を卒業した後，翌年から東京市教育課に勤務し，*夜学校の調査や勤労青年の教育・指導に従事した．1920年に文部省*普通学務局第四課調査係長に就任した．特に盲・聾教育と*図書館に関する事務に携わり，新たに開設された図書館教習所主任となった．

1922年から1924年まで盲・聾教育の在外研究員として欧米諸国へ派遣され，併せて成人教育の施設も調査した．帰国後は，東京盲学校・東京聾唖学校教諭に就任した．その後，海外調査の成果を含めて『社会教育の体系と施設経営』(1931年) を著し，「自由意志に基づく*自己教育」としての社会教育本質論を展開して，戦後の社会教育理論の礎を築いた．第2次世界大戦後，教育刷新委員会の委員として，*教育基本法第7条（社会教育）が条文化されるのに貢献した．　　　　　　　　　（松田武雄）

〔文献〕1) 松田武雄：近代日本社会教育の成立，九州大学出版会, 2004.

感化救済事業　correctional salvation work

〔概念〕日露戦争後の帝国主義形成期において，篤志家を中心とする従来の慈善事業では対処しきれなくなった*貧困や失業などの問題の解決および社会運動の予防を目的とし，天皇制下の家族国家主義的共同体的な性格をもって，半官半民により組織化された事業．道徳的な影響力を及ぼすという意味で用いられる感化事業の「感化」の考え方を救済事業全般に取り入れ，勤倹で質素倹約に励み，生産性の向上や軍事力強化に寄与する良民の育成事業である．この事業の中央組織は，1908年の感化救済事業講習会最終日に創立された中央慈善協会である．中央慈善協会は，民間の自発的団体としての慈善事業の組織化を装いつつ，幹事には内務官僚が半数を占めるなど翼賛的団体であった．感化救済の名称は，1908年の感化法改正による感化事業の全国的な展開，および内務省主催「感化救済事業講習会」の開催など行政主導の*防貧と教化の重視を象徴するものであり，社会事業史において，1910年代後半までの時期を感化救済事業期という．また，欧米における社会保障制度の確立を含めた社会改良とは異なり，国民の精神的統合によって国家の救済制度に頼らない勤勉な良民育成を目ざしたという意味において，同時期に展開された，自助心や公共心，共同心などに基づく地方体制づくりである*地方改良運動と親和性をもつ．

〔特徴〕感化救済事業の特徴は，帝国主義形成期における貧困や失業などの諸問題を社会問題として捉えるのではなく，国民個人の「*能力」や精神力の問題として捉え，救済の精神性や教化性を強調し，道徳や教育的な観点から対応にあたる点にある．これを端的に示したのが，内務官僚井上友一の「夫れ救貧は末にして防貧は本なり．防貧は末にして*風化は源なり」(『救済制度要義』，1909年) であり，救貧よりも防貧，さらに風化の強調と国民の権利性の否定であった．　　　　　　　　　　（山﨑由可里）

〔文献〕1) 小川利夫：教育福祉の基本問題，勁草書房，1985.；2) 池本美和子：感化救済事業―日本における社会事業形成の基点―, 社会福祉学, 37(1), 1996.

感化教育　reform education

〔定義・語源〕現在，*自立支援と呼ばれる，不良児に対する社会福祉援助の前身となる言葉である．感化教育 → *教護 → 自立支援と変遷した．感化という言葉は，1880年，霊南坂教会の牧師小崎弘道が「懲矯院ヲ設ケザル可ラザルノ議」(『六合雑誌』) と題す

る論文により懲矯院設立計画を発表したが，その翌年開催された発会式で，施設の名称を懲矯院から感化院に改めたことに起源がある．感化という言葉は「為説道義，以感化之」（後漢書・陳禅）を出典とし，指導者の人格的影響により相手の変化を促すという道徳教育的な思想が内包される．

〔歴史〕感化院は，1883年の池上雪枝設立による施設を嚆矢とする．その後全国各地に広がり，1900年に感化法が公布された．刑法施行（不良青少年を収容する懲治場の廃止）に伴う1908年の感化法改正後，全国道府県に最低1ヵ所の感化院が設立された．1899年に誕生した留岡幸助の家庭学校はキリスト教主義による私立感化院であるが，その*実践が全国の感化教育をリードする役割を果たした．

〔理論〕留岡は，感化教育を「普通の児童と同じからず，道徳上種々の異状を呈し，或は偽はり，或は盗み，或は乱暴を為す等，世の常ならざる行為に出づる児童の為めに施こす所の教育」とし，「矯正訓誨」を目的とした．そのために不良少年を「愛情温かなる家庭」（家族制度）の中で処遇することが必要であるとした．家庭学校という名称は「家庭にして学校，学校にして家庭たるべき」という考えに由来する．留岡は，感化教育の柱を宗教教育，実物教育，体育，*職業教育などに置き，天然の感化力にも着目した．感化教育という言葉は現在使われなくなったが，不良児に対する自立支援の実践者の中では，留岡の感化教育思想はいまだその生命力を保っている．

（藤原正範）

〔文献〕1）矯正協会編：少年矯正の近代的展開，pp. 94-98，矯正協会，1984.；2）留岡幸助：家庭学校（The Family School），同志社大学人文科学研究所「留岡幸助著作集第1巻」，pp. 572-624，同朋舎，1978．

環境基本計画 ⇨環境基本法

環境基本法 Basic Environmental Act

環境省が所管となり1993年11月に成立した，地球規模の環境問題，都市型公害問題，生活型公害問題に対し，環境保全対策を示した法律．

〔背景〕1950年代からの4大公害訴訟から成立した「公害対策基本法」が前身といわれている．その後，公害問題の深刻化とともに同法に書かれた「経済調和条項」の削除や，環境庁の設置，「自然環境保全法」の成立などが行われ，環境問題の基本となる法律の制定が求められた．また，国際的にも，1972年の「国連人間環境会議」以来，地球環境の危機が認識され，1992年の「環境と開発に関する国連会議」の開催等，国際的な環境保全の動きも影響している．

〔内容〕第1章の総則では，この法律の目的（第1条）として，国や地方公共団体，事業者や国民に対して，環境保全についての基本となる事項を遵守して，国民の健康で文化的な生活を確保することを求めている．続いて，第1章では目的を達成するための基本理念（「環境の恵沢の享受と継承」「環境への負荷の少ない持続的発展が可能な社会の構築」「国際的協調による地球環境保全の積極的推進」）を定めている．第2章の「環境の保全に関する基本的施策」で「環境基本計画」を策定することが定められている（第15条）．これを受け，各地方公共団体は，各々の環境基本計画を定め，大気・水・海岸・湿地・森林・土壌などの環境を保全するための施策をとり始めている．この中で，「循環」「*共生」「参加」および「国際的取組み」が実現される社会を長期的な目標として掲げており，その実現のための施策の対抗，各主体の役割，政策手段のあり方などが定められている．また，環境影響評価制度（いわゆる環境アセスメント）を推進することと明記され（第20条），1997年には「アセスメント法」が成立した．

〔問題点〕日本国憲法第25条「生存権」，第13条「幸福追求の権利」の規定から導き出されるとされる「*環境権」の規定がないことや，具体性に欠く法律だという指摘がある．

（酒見友樹）

〔文献〕1）環境法政策学会編：総括環境基本法の10年，商事法務，2004．

環境教育 environmental education

環境教育とは，環境に関する認識を深め，環境問題の解決を担う主体を育成するための組織的な教育活動である．

〔歴史〕日本ではいつ頃から「環境教育」という言葉が使われだしたのか．この問いに答えることは容易ではない．それはもともと「*公害教育」や「*自然保護教育」「*野外教育」などの用語を使ってきたからである．とりわけ公害教育は，1970年の公害国会と相前後して主に都市部の学校教育の場で導入されており，社会教育でも*沼津・三島コンビナート反対運動や北九州市戸畑区の三六婦人学級の工場煤塵の規制を求めた学習（⇨戸畑（北九州市）公害学習）などいくつかの有名な実践がある．日本の環境教育の出発点は公害教育であり，それは「不幸な出発」であったとする見解（沼田眞ら）をめぐって論争も行われている．

さらに，「持続可能な開発」概念の影響を受けて「環

境教育」概念は大きく変化してきた．「持続可能な開発」という概念が国際的に注目される契機となったのは，1992年にリオデジャネイロで開催された国連環境開発会議（*地球サミット）である．この会議は地球環境と経済開発を調和させる「持続可能な開発」を具体化するために「環境と開発に関するリオデジャネイロ宣言」（*リオ宣言）とその行動計画である「*アジェンダ21」を採択し，その後の各国環境政策や環境*NGO・*NPOの活動に大きな影響を与えた．

しかし，米国*環境教育法（1970年）の強い影響を受けながら1972年の国連人間環境会議（ストックホルム会議）以降，広く使われ始めた「環境教育」概念は，1975年の国際環境教育*ワークショップ（ベオグラード会議），1977年の環境教育政府間会議（トビリシ会議）などを経て，1997年の環境と社会に関する国際会議（テサロニキ会議）での「持続可能性に向けた教育（Education for Sustainability：EfS）」概念へと大きく変化してきている．こうした概念の変化が意味するものは，「持続可能性（sustainability）という概念は環境だけでなく，貧困，人道，健康，食糧の確保，民主主義，人権，平和をも包含するもの」であり，「最終的には，持続可能性は道徳的・倫理的規範であり，そこには尊重すべき文化的多様性や伝統的知識が内在している」（テサロニキ宣言10）という広義の「環境教育」概念への拡張が図られてきたということである．

〔現状〕2002年の夏に開かれた国連環境開発サミット（*ヨハネスブルクサミット）で提起された「*持続可能な開発のための教育（Education for Sustainable Development）」という考え方が，環境問題に対するわれわれの見方を少しずつ変えている．「国連持続可能な開発のための教育の10年」（UN-DESD/2005～14年）に対応して，日本国内でもNGO「持続可能な開発のための教育の10年」推進会議（ESD-J）が活動しており，環境教育や*開発教育，*平和教育，*人権教育など幅広い分野から多くの団体・個人が参加している．そもそもヨハネスブルクサミットの正式名称（World Summit on Sustainable Development：WSSD）に「開発」（development）という言葉はあっても，「環境」（environment）という言葉は含まれていない．ここには日本を含む先進工業国と発展途上国との環境問題に対する捉え方の違いがあり，「持続可能な開発と貧困克服」が緊急に取り組まれるべき全人類的な課題として認識されているという流れがある．こうした考え方を提起してきた指標の1つとして，国連開発計画（United Nations Development Programme：UNDP）の「人間開発指標」がある．大切なことは，われわれがいま環境問題を考えるためには，開発や貧困，平和，人権などで社会的な公正を実現する視点をもたなければならないということである．

(朝岡幸彦)

〔文献〕1）降旗信一・高橋正弘編著：現代環境教育入門，筑波書房，2009.；2）佐藤真久・阿部治編著：持続可能な開発のための教育，筑波書房，2012.

環境教育指導資料 Teacher's Guide for Environmental Education

文部省（文部科学省）より刊行された唯一の環境教育指針．文部省は1991年「環境教育指導資料（中学校・高等学校編）」を発行し，続けて1992年に小学校編，1995年に事例編を発行した．また2007年3月には15年ぶりの改訂版として「環境教育指導資料（小学校編）」が発表された．この2007年改定版は，①環境教育と環境保全，②小学校における環境教育，③環境教育に関する実践事例の三部構成となっており，環境教育を「環境や環境問題に関心・知識をもち，人間活動と環境とのかかわりについての総合的な理解と認識の上にたって，環境の保全に配慮した望ましい働き掛けのできる技能や思考力，判断力を身に付け，持続可能な社会の構築を目指してよりよい環境の創造的活動に主体的に参加し，環境への責任ある行動をとることができる態度を育成すること」と定義している．さらに小学校における環境教育の基本的な考え方として「生きる力」の育成を踏まえて，学校における環境教育は従来から特別な教科等を設けることは行わず，各教科，道徳，特別活動等の中で，またそれらの関連を図って，学校全体の教育活動を通して取り組むことが示されている．この2007年改訂版では環境教育が持続可能な社会の構築を目ざすべきものであることは明記されているものの環境問題の現状に対する分析は自然環境の破壊を中心に記述されており，その背後にある開発や人権を含む社会・経済システムのあり方について*持続可能な開発のための教育（ESD）の視点からなお分析を深めていける余地があるといえる．

(降旗信一)

〔文献〕1）環境教育指導資料（小学校編），国立政策研究所教育課程研究センター，2007.

環境教育推進法（環境の保全のための意欲の増進及び環境教育の推進に関する法律） Act on Enhancing Motivation on Environmental Conservation and Promotion of Environmental Edcuation

〔概要〕2002年8月の*ヨハネスブルクサミットで日本側が提案した「*持続可能な開発のための教育の10年」の決議が採択され，国内*NGOの働きかけにより，従来から行われてきた環境教育の総合法制に関する議論が再燃し，環境省，*文部科学省，国土交通省，農林水産省，経済産業省の5省が共管する法律として，2003年7月に成立した．

持続可能な社会を構築するため，環境保全に関する情報提供・環境保全に関する教育および学習などの推進に必要な事項を定め，現在および将来の国民が健康で文化的な生活を確保することを目的として，同年10月に施行された．

2011年に旧法の一部を改正して，「環境教育等による環境保全の取組の促進に関する法律」が制定された．

〔内容〕同法では環境教育を，「環境の保全についての理解を深めるために行われる環境の保全に関する教育及び学習」と定義している．理念として，環境保全活動や環境教育について，自然体験活動等を通じて，森林や河川など自然環境の保全の重要性を理解すること，自発的意思の尊重，多様な主体の参加と協力，透明性および継続性の確保の重要性が明記されている．また，国土保全等の公益との調整，地域の農林水産業等との調和，地域住民の福祉の維持向上，地域における環境保全に関する文化および歴史の継承への配慮などがあげられている．具体的な施策としては，学校や地域，職場における環境教育の推進，環境教育にたずさわる人材認定登録，国や地方自治体と事業者や国民，民間団体との連携についても言及されている．

一方，同法に基づき策定された基本方針には，個人や団体が自発的に環境保全に取り組み，持続可能な社会の構築をめざすことが必要とされた．自発性の尊重，役割分担・連携等への配慮などが基本的な考え方として盛り込まれている．なお，同法には施行後5年を目途として施行状況などに検討を加え，その結果に基づいて必要な措置を講ずるとする見直し規定が定められている．　　　　　　　（酒見友樹）

〔文献〕1) 鈴木恒夫編：環境保全活動・環境教育推進法を使いこなす本, 中央法規出版, 2005.

環境教育政府間会議　⇨環境教育，持続可能な開発のための教育

環境教育等による環境保全の取組の促進に関する法律　⇨環境教育推進法

環境教育法（米）　Environmental Education Act of 1970（in US）

カーソン（Carson, R.）の『沈黙の春』（1962年）などを契機として広がった環境汚染への取組みを求める1960年代の米国世論の高まりを背景に，米国において米国環境基本法（National Environment Policy Act of 1969）などと同時期に制定された法律．この法による環境教育は教育省の所管で行われたがレーガン政権の*地方分権政策により1981年に廃止され，その後，連邦国家環境教育法（The National Environmental Education Act of 1990）として再び制定された．この1990年法では環境教育の所管が教育省から環境保護庁に移され，環境教育プログラムの開発，人材育成支援などが，国立公園局や森林局などの自然資源を管理する他の政府機関との連携のもとに進められている．　　　（降旗信一）

〔文献〕1) 岡島成行：アメリカの環境保護運動, 岩波新書, 1990.

環境権（自然の権利）　environmental rights

〔定義〕1970年3月，国際社会科学評議会・環境破壊常設委員会主催の公害国際会議が採択した東京宣言では「健康や福祉をおかす要因にわざわいされない環境を享受する権利」を基本的人権として確立することを求めた．これが日本で最初の環境権の定義である．

〔歴史〕米国では1960年代後半に議論が始められたが，1969年に審議された連邦環境政策法では「連邦議会は，各人が健康な環境を享受すべきこと，および各人は環境の保存と向上に寄与する責務を有することを認める」という無難な規定にとどまった．日本で議論が進んだのは，1970年9月の日本弁護士連合会第13回人権擁護大会公害シンポジウムにおける環境破壊に対抗する住民の権利としての提唱以降である．住民には「環境を支配し，良き環境を享受しうる権利があり，みだりに環境を汚染し，快適な生活を妨げ，あるいは妨げようとしている者に対しては，この権利に基づいて，これが妨害の排除または予防を請求しうる権利がある」というものである．続いて1972年，国連人間環境会議の人間環境

宣言では「人は尊厳と福祉を保つに足る環境で，自由，平等及び十分な生活水準を享受する基本的権利を有するとともに，現在及び将来の世代のため環境を保護し改善する厳粛な義務を負う」（原則1）と明記された．個人が環境利益を享受する権利という面に加え，地域社会の共同利益としての環境享有権を守る権利という面もある．

〔解釈〕藤岡貞彦は，大田堯の「子どもを育てるということを中心にして新しい社会のあり方そのものを考える」という教育本質論提起と対照させて，日本国憲法における幸福追求権(第13条)と生存権(第25条)の上に構築される環境権は次の世代の子どもの成長・発達の権利をも土台としなくてはならないとして，環境権と*教育権をつなぐ論理を提示した．

大阪空港騒音公害訴訟をはじめ，伊達や豊前の火力発電所建設差し止め訴訟など，複数の公害裁判で環境権が主張されたが，いまだに法的な市民権を得ておらず，現在までに環境権を正面から認めた判例はない．*環境基本法（1993年）でも環境権の概念は明記されず，第3条の「現在及び将来の世代の人間が健全で恵み豊かな環境の恵沢を享受するとともに」という文言をそれと見なすかどうかで議論が分かれている．一方で条例には，はっきりと環境権を謳うものがある．環境権を明文化することの意義としては，重要な人権であることの明確化，住民の権利に対する国・自治体の環境保護義務の確認，行政府の政策形成における優先順位の明確化，行政府による極端な環境の改変に対する防御的な権利の付与があげられる．

〔現状〕21世紀の幕開けとともに，日本国憲法改正論議の1つの焦点とされ，環境権を新たな基本的人権に位置づけようという動きがある．その内容には，発展途上国の市民に対する義務，将来の世代に対する義務，ほかの生物に対する義務をも含んでいる．

近年では*自然保護を目的とした活動を法廷を舞台として行うための考え方の1つに，自然の権利がある．象徴的に原告名として動植物や土地などの自然物が連ねられることが多いが，それらの原告を擬人化し人間と同等の権利があると主張するものではない．原告適格の拡大を目ざす法廷論争のための技術論や，環境倫理に基づいた自然保護のための法制論という要素が強い．1995年の奄美自然の権利訴訟を皮切りに，高尾山天狗裁判など自然の権利訴訟と名乗る訴訟や考え方の近い訴訟が提起され相互にネットワークを形成しており，自然保護をめぐる法廷闘争のあり方を徐々に変更しつつある．

（大島英樹）

〔文献〕1）民主教育研究所：環境と平和, 民主教育研究所, 2001.；2）畠山武道：自然保護法講義（第2版），北海道大学図書刊行会, 2005.

環境と社会に関する国際会議 ⇨環境教育, 持続可能な開発のための教育

環境に責任ある行動（REB） ⇨SLE

環境の保全のための意欲の増進及び環境教育の推進に関する法律 ⇨環境教育推進法

関係団体補助金 ⇨社会教育関係団体

看護教育 nursing education

〔概念〕看護教育という概念はいくつかの意味で用いられている．主なものは，「看護職者(看護師，*保健師，助産師，准看護師)を養成する教育」「看護職者に対する生涯教育」看護（学）「を教授する教育」などである．このうち養成教育の部分は看護基礎教育と呼び，有資格者への現任教育や生涯教育は看護継続教育と呼んで区分している．

〔歴史〕西欧では19世紀半ばまで看護がキリスト教理念に基づく慈善の側面を残していた．その中でナイチンゲール(Nightingale, F.)が1860年に設立した看護学校では，看護婦の手による養成教育が開始された．主な教授内容は,生活環境と病気の関係，栄養や清潔などへの援助，病院の組織と管理，公衆衛生と地域看護などであり，看護教育が近代化，科学化された．

この教育方式は1880年代にわが国へももたらされ，卒業者が看護の著作を出したり派出看護活動を始めるなど，看護職の自立と発展に貢献した．ただし第2次世界大戦終戦時までの産婆学校，看護婦学校，保健婦学校は，主要な科目を医師が教えることとされ，実習が実質的には見習い勤務であるなど，独立した*職業教育には至らなかった．占領期には3つの職能を統合した総合看護の理念が導入され，養成教育は看護婦教育を基盤としてその上に保健婦教育や助産婦教育を積む形態に改変され，新たに准看護婦教育が開始された．

〔現状〕看護基礎教育は*資格と教育が複雑に関係した多様な系統から構成されており，中卒という人生の早い時期から専門教育を受けられる点，および

複数のコースにわたって学んでいける点に，他の医療職と比べた特徴がある．教授されている看護学は，小児，成人，高齢者など，主に発達に基づいて区分され構築された理論，ならびにその看護技術が中心である．最近は，医療の安全，看護倫理なども教授され，看護技術の教育も強化されている．

病院などにおける現任教育は，卒後10年程度を目処に，各施設で経験的に教育プログラムを提供しているのが実情である．一部では，段階的に能力開発を促すクリニカルラダー方式が採用されている．新人への現任教育（*OJT）は，比較的経験年数の浅い者が教育に当たって新人とともに学んでいくプリセプター方式が広く採用されている．

有資格者への研修機会の代表的なものには，看護教育を担う教員に対して都道府県が主催する看護教員養成講習会がある．病院などの看護管理者に対しては，日本看護協会や都道府県看護協会による認定看護管理者制度の研修機会が用意されている．

〔法制〕現行の看護基礎教育は，「保健師助産師看護師法（昭和23（1948）年，法203）」，ならびに「保健師助産師看護師学校養成所指定規則（昭和26（1951）年，文・厚令1）」と厚生労働省通知によって規定されている．

〔課題〕入院期間の短縮，人々の権利意識の変化などの影響で，学生が特定の患者を担当して一連の看護過程を展開するという従来からの実習方法に困難をきたしている．また医療の機械化や複雑化に伴い，あるいは倫理的な意味でも，無資格者である学生に許されるケア行為は限定される．さらに人員不足で看護職者が多忙になり，学生を十分に指導できなくなっている．このように学習機会を保障しにくい現状と，医学や看護学の発展に伴う教授内容の増加に対し，2009（平成21）年に保健師助産師看護師法が改正され，修業年限，カリキュラム，教育方法などの見直しが進んでいる．また病院など施設側でも，新人臨床研修を強化して新人の看護実践能力の向上を図り始めている．新人期には医療事故に関与しやすいと指摘されており，新人期を含め早期の離職率が高まる傾向にあることから，学校と施設の教育の連携が今後ますます重要になる．　（平河勝美）

〔文献〕1）杉森みど里ほか：看護教育学（第4版増補版），医学書院，2009．

韓国の社会教育・平生教育 social education (adult and community education) and lifelong education in Korea

韓国の社会教育と平生（生涯）教育は，学校教育を除くすべての形態の組織的な教育活動とされてきた．その展開は，主に*労働と*職業を中心とする成人教育と，市民としての豊かな生活と*自己実現を目ざす社会文化教育に分けて考えることができる．

〔歴史〕韓国における「*社会教育」概念の登場は，大韓帝国末期（統監府時代）までにさかのぼる．当時の韓国開明派知識人たちによって日本の社会教育が導入されており，一方，同時期の教育行政においては「*通俗教育」が学務局の業務となっていた．1910年の日韓併合以後は，社会教育が行政用語として定着し，1936年に当時の朝鮮総督府学務局内に社会教育課が設けられ，統制的社会教育行政が1945年まで存続した．その業務としては朝鮮人に対する植民地施策としての教化，救恤および慈善，社会事業，地方改良，郷校財産管理，済生院および感化院等を含んでいた．1937年の社会教育綱領には国民精神作興，公民的教養，生活改善，体育運動向上等が含まれ，統治末期においては特に皇民化のための教化活動として日本語普及，婦人対策事業，青少年指導，国民精神総動員事業等が軍国主義的に実施された．

1945年の解放後，社会教育は米軍政期を経て，非識字者の解消，民主意識改革および農村啓蒙運動，未就学青少年の教育対策，一般成人を対象とする啓蒙等が行われた．朝鮮戦争の混乱を経て1960年代に入ると，朴正煕が率いる5・16クーデターによる軍事政権下において，特に農村振興と農民啓蒙事業としての*セマウル運動，*マウル文庫等の地域社会開発事業が中心となった．

〔法制〕1950年代からの立法運動を背景に*社会教育法が1982年に制定された．1980年憲法は「平生教育」振興条項を盛り込んでいる．民主化抗争を経て1995年の「5・31教育改革方案」に基づき社会教育法は全面的に改訂され，1999年に新しく*平生教育法が制定されたが，2007年12月14日に再び全面改訂された．

〔施設・職員〕社会教育的施設としては，日本統治時代から図書館，博物館，郷校，成均館（朝鮮時代の国立大学）の後身の経学院，明倫学院等があった．解放後において公共図書館，大学附属図書館，マウル文庫，セマウル会館，*夜学校，博物館，さらに学校，映画館，教会，文化院，大学附属平生教育院，

言論関係カルチャーセンター，YMCA/YWCA，赤十字社，ユネスコ（UNESCO），ボーイスカウト・ガールスカウト，農軍学校等も社会教育施設としての機能を果たしてきている．平生教育法では，中央の平生教育振興院，市・道レベルの平生教育情報センター，地域レベルの平生学習館等の施設が登場し，さらに各自治体の福祉施設，住民自治センター，図書館・小さな図書館等が多彩な社会教育・生涯学習活動を展開し始めている．

旧社会教育法において，*専門職制度として「社会教育専門要員」が法制化され，さらにそれが平生教育法において「平生教育士」に改編され，より充実する方向にあるが，その制度内容，養成，配置，研修等の専門職制度の実態面では多くの課題を抱えている．

平生教育に関する新しい展開として，特に学点（単位）銀行制のような正規学校教育以外のすべての国民の個別的学習経験を収録し個人の教育履歴を総合的に累積し管理する教育口座制を実施する試みがある（新・平生教育法第23条）．また学習休暇制，学習経験認定制，学習マイレージ制などの平生学習指標開発の推進が期待されている．

〔課題〕韓国の平生教育において，正規の学校教育と非正規の社会教育がどのように関連し結合していくか．概念的に「教育の*社会化」と「社会の教育化」を構想して，統合的な「教育社会」「学習する社会」を発展させていくかが課題となる．しかし依然として，学校教育と社会教育（*学校外教育）概念は既成の枠組みに縛られているというのが実態であり，平生教育（学校教育までを含んだ生涯の教育活動）への論点の発展的な展開が注目される．今後は特に自治体の積極的役割，平生教育施設の拡充，平生教育士など専門職制度の充実が現実的な課題として追求されることになろう．　　　　　（魯在化）

⇨セマウル運動，マウル文庫，平生教育法

〔文献〕1）黄宗建ほか編：韓国の社会教育・生涯学習，エイデル研究所，2006．；2）TOAFAEC研究年報：東アジア社会教育研究，12-17，2007-2012．

看護継続教育　⇨看護教育

館種　⇨博物館

企画・運営委員会方式　organizing method of a planning and steering comittee by residents

*学級・講座の企画段階から住民がかかわり，学習が始まってからも運営にかかわることで，学び手である住民が主体になることを目ざすものである．そのことによって予定の学習終了後の自主的継続活動の主体形成の可能性も高まる．

〔実践が生み出した住民参加〕学級・講座は*公民館職員が中心となって企画してきた歴史があるが，教科書裁判や*住民運動発展の中から学習者主体の学級・講座追求の機運が生まれ，*住民参加方式が模索され生み出された．職員・住民・講師予定者を含めて企画する三者事前学習方式，準備段階から参加できる準備会方式，委員として委嘱される企画委員会方式，多数の参加を期待する実行委員会方式等，名称や役割は様々である．

〔住民参加方式の特徴〕住民参加方式は1970年代に顕著になったが，学級・講座づくりにおける住民参加方式の共通点は次のように指摘されている．

①住民が権利意識に目覚めて自覚的に発言，②住民要求を尊重しそれを誠実に受け止めようという姿勢をもった職員（ないしは職員集団）が存在，③住民要求実現のための様々の"委員会"が個性的に機能している，④学習がより豊かに行われるための物的財政的条件づくりを伴っている場合が多い[1]．

なお，文化祭・公民館祭，種々のイベントを実施する場合に関係団体・個人で実行委員会を組織し，公民館等と協力しつつより主体的に実施できるようにするのは，講座の企画・運営委員会方式と基本的に同様の考え方に基づく．

住民参加方式で学級・講座を実施することは，多様な住民の意見・希望を学習課題化し展開する点で，職員主導の企画・運営以上に職員の努力と力量が必要となる．しかしこの点の理論化の弱さが職員の専門性不要論[2]に結びつけられている面も見逃せない．　　　　　　　　　　　　　　（佐藤　進）

⇨住民参加・参画，専門職

〔文献〕1) 小林文人：学級講座づくりの現段階. 月刊社会教育 10 月号, 17-18, 1974.；2) 日本都市センター編：都市経営の現状と課題, pp.68-69, ぎょうせい, 1978.

企画展 ⇨特別展

期間労働者（非正規雇用，アルバイト，パートタイマー） temporary worker, part-time worker

期間の定めのある労働契約によって雇用される労働者をいう．非正規雇用者ともいう．期間を定めた雇用契約を結ぶ正規雇用の対義語でもある．

〔概要〕タイプは多様で，主に建設業に多い日雇い労働者，加工組立型製造業の臨時工，自動車産業の期間工，1 年のうち一定の期間を定めて季節的に働く季節労働者（出稼ぎ労働者），契約社員，アルバイト，嘱託社員，パートタイマー（以下，パートと呼ぶ）などがあげられる．1980 年代から雇用者に占める非正規労働者（期間労働者）の比率は少しずつ増加してきたが，1990 年代半ばから増加傾向が著しくなり，2005 年には約 3 割を占めるようになった．

上記のようなタイプの中で，1970 年代後半以降，サービス経済化・情報技術革新の進展などによる労働需要の構造変化や，生活との調和をさせつつ働きたいとする就業意識の変化などが相まって，パートは長期的に増大する傾向をみせている．

〔パートタイマーの定義とその特徴〕パートタイマー（part timer）とはパートタイム労働者に対する呼称であり，一般労働者（フルタイマー）と対置して「短時間労働者」に示す分類概念である．定義について，「短時間労働者の雇用管理の改善等に関する法律（略称；パートタイム労働法）」でみると，短時間労働者とは「1 週間の所定労働時間が同一の事業所に雇用される通常の労働者の 1 週間の所定労働時間に比して短い労働者」とされているが，政府統計では，通常 1 週間 35 時間未満の労働者をパートと捉えている．総務省統計局『労働力年報（平成 13 年）』によれば，35 時間未満の労働者数は 1205 万人（うち女性 829 万人）に達し，全雇用者に占める割合は 22.9％となっている．また，パートに占める女性，とりわけ，中高年女性の比率が極めて高い．ちなみに，企業では，パートとアルバイトを厳密に区分していない場合が多いが，もっぱら，学生が就いている場合にはアルバイトと呼んでいる場合が多い．

（大木栄一）

〔文献〕1) 佐藤博樹編：パート・契約・派遣・請負の人材活用（第 2 版），日本経済新聞出版社, 2008.

企業社会 corporation-based society

狭義には，労資関係を中心にした企業内の社会関係のことをさすが，広義には，労働者に対する企業の支配・統合力が強い社会のことをさす．

〔内容〕通常，企業社会の概念は，① 労働者の労働・生活に対する経営側の権威・統率力の強い企業と，② 社会全体が企業利益を中心にして動く構造，という 2 つの意味を重ねて使用される場合が多い．*市民社会概念と対比される企業社会概念とは，一般の市民・勤労者に対する企業の支配・統合力が強い社会体制のことであり，全世界に普遍的なものというよりは，第 2 次世界大戦後日本の社会体制を特徴づけるものとして使用されてきた．

〔歴史・展開〕戦後日本の企業社会は，日本的経営の「三種の神器」と呼ばれてきたものを柱にして成り立っていた．「三種の神器」とは，① 終身雇用または長期安定雇用，② 年功的賃金・昇進制度，③ 正社員だけの企業別組合，である．これら 3 つを支柱にした企業社会内では，職能資格制度と*人事考課を手段にした独特の能力主義的競争管理が進められた．労働者の賃金・職務を左右する能力主義的競争は，企業の期待する職務遂行能力と企業に対する忠誠心等の人格的機能との両面にわたって繰り広げられたために，企業は労働者を人格・能力両面を通じて企業利害のもとに統合する力を発揮することができた．労働者のほうは，この能力主義競争の試練に耐えると，雇用・賃金・企業福利を保障され，それなりの生活の安定が保障された．したがって，企業社会は*福祉国家の代替物の役割を果たすことにもなった．だが，1990 年頃を境目にして，日本経済の構造的転換の流れの中で，旧来の企業社会の構造は見直されることになった．

（二宮厚美）

〔文献〕1) 熊沢誠：能力主義と企業社会, 岩波書店, 1997.；2) 後藤道夫：収縮する日本型〈大衆社会〉, 旬報社, 2001.

企業内教育訓練 corporate staff development training

教養や一般的な能力を高める学校教育と異なり，企業が求める能力と従業員がもっている能力の乖離を埋めることである．

〔教育訓練の方法〕企業内教育訓練の方法は大きく分けて 3 つあり，第 1 は上司や先輩の指導のもとで，職場で働きながら行われる訓練で，*OJT（on-the-job training）と呼ばれている．第 2 は仕事から離れて教室などで行われる集合訓練で，*OffJT（off-the-job training）と呼ばれ，社内の研修施設等

で行われる場合を社内教育訓練，外部の教育訓練期間等に派遣される場合を社外教育訓練と呼ばれている．第3は書籍を購入し学習する，*通信教育を受講するなどの方法で，上司等の直接の指導を受けずに自費で自分一人で学習する教育訓練で，*自己啓発と呼ばれている．これからの中で，企業はOJTと自己啓発を教育訓練のベースとして重視し，Off-JTはそれを補完する方法として位置づけられている．

〔OJTの内容〕日本労働研究機構（1998年）『企業内における教育訓練経歴と研修ニーズ』（調査研究報告書No.108）は，「OJT経験者は具体的にどのような指導を行ってきたのか」を明らかにしている．まず「仕事について相談にのる」ことが最初であり，それを踏まえた上で「特定の仕事について責任を与え」「よりレベルの高い仕事にチャレンジさせる」という方法がOJTの基本である．それに次ぐ方法としては，「業務改善を考えさせる」をはじめとして，「生活や仕事態度へのアドバイス」「企画立案の仕事をさせる」「仕事に関する専門書を読ませる」などがあがっている．

こうしたOJTの方法は企業規模によって異なり，大手企業になるほど「企画立案の仕事をさせる」「特定課題のレポートを書かせる」の方法をとる企業が多く，OJTの制度化が進んでいる．それに対して，小規模企業になるほど，「仕事に関する専門書を読ませる」や「自己啓発に関する情報提供」の2つになり，自己啓発を間接的に奨励するOJTの方法にとどまっている．

〔Off-JTの体系〕教育訓練対象者の特性からみると，教育訓練は組織を横割りにした階層を対象にする階層別研修と，縦割りにした各専門分野の従業員を対象とする専門別研修に分かれる．前者は新入社員から経営者に至るまでの各階層別に実施される研修で，新入社員教育，監督者（主任・係長）研修，課長研修，部長研修などが含まれ，専門分野や部門の違いを超えて当該階層に共通にして求められる能力や*知識の教育を目的としている．このような全社共通的な能力開発の場合には，本社の人事教育部門が企画し，実施している．

他方，専門別研修には2つのタイプがあり，第1に，営業，生産，研究開発等の職能分野や部門に共通して必要とされる知識や技術を教育する研修（職能別研修）で，これには営業社員研修，技術系社員研修などがある．こうした研修は全社に共通して必要な場合には本社部門が，各事業部門だけに必要な場合には各事業部門が本社部門と協力しながら計画・実施している．もう1つのタイプはコンピューター研修，国際化研修，高齢者の能力再開発研修など，企業にとって特に重要な経営課題に対応してつくられる目的・課題別研修であり，特定の階層を対象にしない，階層別研修と同様に組織を横割りにした研修であり，本社部門が企画し，実施している．

（大木栄一）

〔文献〕1）田中萬年・大木栄一編：働く人の「学習」論（第2版），学文社，2007.；2）日本労働研究機構：企業内教育の現状と課題（資料シリーズNo.59），1996.；3）梶原豊編：現代の人的資源管理，学文社，2004.

企業メセナ mécénat by enterprises

民間企業による文化芸術に対する支援活動．1988年に「文化と企業」というテーマで開かれた，第3回日仏文化サミットをきっかけにして，欧米社会で広がっていた活動を，日本でも活発にしようという機運が盛り上がり，1990年2月に企業メセナ協議会が設立された．「メセナ」とは，芸術・科学・文芸の支援と擁護を意味するフランス語である．

「文化の時代」といわれた1980年代頃から，文化・芸術の領域への企業の進出は活発化するが，1980年代後半以降に急速に経済のグローバル化が進む中で，日本の企業文化の革新が求められていたことが，その背景にはある．企業メセナ事業の主な柱は，①啓蒙・普及，②情報集配・仲介，③調査・研究，④顕彰，⑤協力・後援，⑥国際交流，の6つである．21世紀に入り，*文化芸術振興基本法や自治体レベルでの文化芸術振興条例の制定が進み，地域の*文化行政が新たな発展の段階を迎えている現在，企業メセナの存在はさらに重要性を増している．

（草野滋之）

〔文献〕1）福原義春：企業は文化のパトロンとなり得るか，求龍堂，1990.

企業立学校 in-company training school

企業内教育の一環として，入職者あるいは入職予定者を対象に*職業（準備）教育を行う学校形態の*教育機関．第2次世界大戦前から，少なくない大企業が基幹的技能労働力の自家養成を行っており，義務教育終了後の青年を入れて学校形態と職場訓練を統合させた2〜3年の養成教育を行っていた．戦中には技能者養成令が出され一定規模以上の企業では技能者養成が義務化された．戦後これらの多くは，*労働基準法による認可，*職業訓練法制定後は同法による認定を受けて，定型的な職業訓練を行う

教育施設となった.

中卒者を養成工として雇い, *現場実習を組織的に取り入れた教育課程の3年制で, 通信制高校との技能連携により高卒資格が取れる. 中には日立製作所のように, *各種学校（専修学校高等課程）とし, 身分は生徒で卒業後の日立グループへの採用を約束する形態のものもある. 近年は中卒養成は少なくなり, 2012年現在トヨタ自動車, 日野自動車, デンソー, 日立の4社と陸上自衛隊高等工科学校のみが行っている. それに代わる形もしくは並行する形で高卒1年課程, あるいは, 高卒2年課程を開設しているところが増えている.　　　　　　（依田有弘）

〔文献〕1) 隅谷三喜男・古賀比呂志：日本職業訓練発展史（戦後編）, 日本労働協会, 1978.

技術・技能　technology, skill

〔語意・用法〕どちらも古語辞典のたぐいにはみられない言葉で, 西欧文明の*受容の過程で一般に用いられるようになった語である. ともに人間の生産的*能力にかかわるが, 両者が並べられて, あるいは区別されて用いられる場合には, 技能が属人的な精神的肉体的能力そのものと見なされるのに対して, 技術は人的能力が対象化された客観的なものと見なされる. したがって, 技能は練習によって1人ひとりが個別に体得するものであり, 技術は科学技術, 技術開発のように一般的・普遍的形態をもつ. なお, 技術に関する*知識や理解等の人的能力, すなわち技術的能力が単に技術といわれるほか, 技能というべきところをしばしば技術というなど, 技術・技能を区別なく用いる傾向もある.

〔今日的問題〕近代の機械化された生産条件の下では, いわば技術の結晶である機械・装置を技能者が操作することで生産がなされる. 技術と技能の*協働（技術者と技能者の協働といってもよい）によって生産が実現されるのである. 技術の発達によって技能に依存していた何らかの要素が技術化されることが多いため（機械化, 自動化）, 一般に, 技能は次第に不要になるともみられがちだが, 実際には, 技能に依存するほうが効率的である部分も多く, また技術化しえないために技能に依拠せざるをえない要素も多くあるため, 段取り, 機械装置の調整, 変化への対応等, 重要な部分が技能によって担われている. したがって生産の維持発展のためには, 技術の発達とそれに対応する技能の継承・発展とがともに必要となる. 近年わが国では,「技能の空洞化」, 団塊世代のリタイヤに伴う*熟練技能者の欠落をいう

「2007年問題」等, わが国の産業技術力への危惧, 特に技能の維持継承の危機が叫ばれている.

（小原哲郎）

〔文献〕1) 宗像正幸：技術の理論, 同文館, 1989.；2) 小関智弘：鉄を削る, 筑摩書房, 2000.

規制緩和　deregulation

市場主導の産業のあり方を誘導することを目的に, 産業や事業に対する政府の規制を縮小することをさす.

政府による規制の緩和を求める動きは, 1980年代以降の世界的な潮流であり, 日本においても, 第2次臨時行政調査会以来, 相当数の規制緩和策が提言される中, 日本電信電話公社や国鉄の民営化をはじめ, 公共部門の民間開放が進められてきた.

近年では小泉内閣のもとで, *PFI法（1999年）, *指定管理者制度の創設（2003年）, 構造改革特別区域法（2003年）, *地方*独立行政法人法（2003年）, 市場化テストの試行など, 教育や福祉などの公的保障部門への民間業者の参入の幅を広げる改革が進められ, その中で今日では, *社会教育・生涯学習施設においても, 民間業者による運営の可能性が具体的に検討されている段階にある.

規制緩和を進める上では, 市場競争による淘汰を認める分, 基本的人権を守り, 環境を保全するための社会的規制がより厳格になされなければならない. そのことを住民が監視し, チェックできる制度をいかに構築するかが鍵となる.　　　　（石井山竜平）

〔文献〕1) 内橋克人とグループ2001：規制緩和という思夢, 文藝春秋, 2002.；2) 鶴田俊正：規制緩和, 筑摩書房, 1997.

基礎教育　basic education

〔定義〕学校体系が未整備な国や地域において, 初等教育を受けることができなかった人々を対象とする基礎的な教育活動をさす制度概念として登場した.「国際人権規約・A規約」（1966年）は, 基礎教育について「初等教育を受けなかった者又はその全課程を修了しなかった者のため, できる限り奨励され又は強化されること」（第13条2(d)）と規定している. その理念と内実は, 基本的人権や教育機会均等の思想と結びつき, さらに成人教育・生涯学習の領域における重要な概念として追求されてきた.

〔国際的動向〕「*世界人権宣言」（1948年）はすべての人の「教育を受ける権利」（第26条）を謳い, この*教育権の理念は, その後の成人教育の展開の中で, *ユネスコ「*学習権宣言」（1985年）, さらに

「*ハンブルク宣言」(1997年) 等において, *識字と基礎教育への普遍的権利の保障として展開されてきた．この間, 1990年の「*国際識字年」に「万人のための教育世界会議」が開催され, 基礎教育の保障に向けての具体的な指針と目標が示された．識字教育の進捗状況については,「世界教育フォーラム」(2000年) で確認され, 方針の再設定がなされた．2003年から「国際識字の10年」が始まった．

今日, 基礎教育は発展途上国の固有問題ではなくなっている．急速なグローバル化や社会的格差の拡大に伴い, 学校制度が普及している先進諸国においても新たな基礎教育の課題が自覚されつつある．東アジアでは韓国や中国において, 国家的重要課題として法制化し政策化してきた動きがある．

〔課題〕わが国でも, 戦争や*貧困から初等教育を完全に受けることができなかった人は少なくない．また, 近年*ひきこもりや*不登校経験者,「落ちこぼれ/落ちこぼし」, *ニューカマー外国人なども増加している．

青少年と成人の基本的な学習ニーズは多様であることから, 基礎教育の対象・内容・方法, そして供給主体は柔軟に設定される必要がある．*夜間中学校や識字学級の歴史に学びつつ, 実情にあわせた実践と運動の新しい展開が期待される．　　(添田祥史)
　　⇨成人基礎教育, 識字, 平生教育法

〔文献〕1) 日本社会教育学会編：国際識字10年と日本の識字問題, 東洋館出版社, 1991.

喫茶コーナー　coffee-time space

ここでいう「喫茶コーナー」とは, 一般に街中にある喫茶店ではなく, *障害をもつ人が接客などで働きながら, *ボランティアなど, 地域の人たちのかかわりのある喫茶スペースをさしている．運営主体は, *社会福祉協議会, *作業所, 親の会やボランテイア団体など様々である．

〔成り立ち〕「喫茶コーナー」の始まりは, 1981年に東京都国立市公民館内にできた喫茶「わいがや」といわれている．この*公民館の中には青年室があり, 青年たちがコーヒーを飲みながら雑談をしたり, いろいろなイベントをしかけたりしていた．この取組みは「コーヒーハウス」と呼ばれ, *社会教育での青年事業として定着していた．そこにたまたま障害をもった青年が参加し,「家の中ですごすより, もっと社会に出て行けるような活動をしたい」という発言をきっかけに, 市民の協力を得ながら, 青年たちは公民館の改築にあわせてフロアの一角に, 障害者が仲間と一緒に働く喫茶コーナー「わいがや」をつくり上げ, 現在も青年たちの手で運営されている．

「コーヒーハウス」は17〜18世紀にかけて英国で流行した喫茶店で, コーヒー, タバコを楽しみながら, 雑誌を読んだり, 世間話をしたりするなど社交場の役割も兼ねており, その後の英国民主主義の基盤ともなったといわれている．

〔全国的な広がり〕それ以降, 全国に障害者が働く「喫茶コーナー」ができていくが, 広がり始めた当初は, 公民館や*図書館など, *社会教育施設の一角に設けられるケースが多かった．その後, 一般の公共施設や福祉施設, さらに商店街の中にもつくられるようになってきており, 現在「喫茶コーナー」は,「全国喫茶コーナー交流会」が把握しているだけでも全国に500ヵ所以上あるといわれている．

こうした「喫茶コーナー」の広がりを支えてきたのが, 1988年に始められた「全国喫茶コーナー交流会」である．この交流会の目的は,「障害をもつ人ともたない人との出会いの場, 学びの場, たまり場」「障害をもつ人の働く場」としての喫茶コーナーを理解してもらい, 広げていく機会にしよう, そしてそれを通して, これまで一方的にサービスを受ける側だった障害をもつ人たちが, サービスを提供することによって自分自身が社会に役立つことを自覚でき, また地域に溶け込みながら, 自立と社会参加に道を開くというものであった．この交流会は, その後も障害者本人や自治体職員や障害者の親, 教員, 施設職員など喫茶に思いを寄せる人たちによって続けられている．また「喫茶コーナー」が全国的な広がりをもつ1つのきっかけとなったものとして, *アビリンピックの種目の1つに「接客サービス」が採用されるようになったことがあげられる．

〔今後の課題〕さらに最近では, 精神障害や「心の病」をもつ人たちが働く「喫茶コーナー」も増えてきており, そうした人たちにとっても喫茶コーナーという空間が「癒し」の場, 安心な「*居場所」として, 地域の中でいままで以上に重要な役割を果たしていくことが期待されているのである．しかしながら同時に, こうした広がりの中で財政的な問題や就労としての場と学習・交流としての場をどう両立していくかといった理念をめぐる問題, さらには*自立支援法の施行に伴う運営上の問題など, 多くの課題が出されてきており, その打開に向けた「喫茶コーナー」の取組みが模索されている．　　(兼松忠雄)

〔文献〕1) 小林繁編著：君と同じ街に生きて, れんが書房新社, 1995.；2) 障害をもつ市民の生涯学習研究会編：障害をも

つ人たちが主役の喫茶コーナーがひらくひと まち くらし, ゆじょんと, 2001.

技能　skill

〔語義と概要〕物づくりをはじめとした生産的実践を行う属人的*能力．客観的対象的なニュアンスをもつ「技術」と密接な関係にある（⇨技術・技能）．

近世までの用語で技能に近いものとしては，「わざ（業・技）」「芸」「能」などがあるが，個人に内在した能力をさしている点で，技能は西欧文化の受容とともに広まった近代的概念である．内在的能力それ自体は経験的に捉えられないから，他の様々な能力と同様に，われわれは技能を様々な事物を手がかりにして捉えている．その手がかりの主なものは，1つには生産等の活動状況やその産物・結果であり，もう1つは雇用市場における能力保証表現である*職業資格である．職業資格は，いわば技能の社会的，制度的な姿である．それが発達していないわが国では，技能は，社会的・制度的な概念としてよりも，技術とともに生産を実現する作業活動の面からみられる傾向が強い（ただし「技術者と技能者」というときの技能には，社会・制度的概念としての面も表れていると思われる）．

〔歴史と構造〕人間主体に属する技能は，客観的対象的な技術と相まって近代的生産を遂行してきた．技能が担っていたものが技術によって機械化され，あるいは技能にはなしえなかったことが機械装置によって可能となる．そこに旧来の技能の衰退も起こったが，また新たな技能が必要ともされる．依然として機械によってはなしえない技能によらねばならない分野もある．高度な技術による機械装置が，その性能をフルに発揮するためには*熟練した技能を必要とする場合もある．生産技術の歴史構造の中で，技能の意義と役割の多様さは計り知れないものがある．

だが，そこには技術の歴史的構造に見合った技能の構造的特質がみられる．今日の技術条件の下では，技能は，①道具を扱う技能，②機械を操作する技能，③情報化された機器を扱う技能の3つのタイプに分かれる．*技能形成の課題や方法もこれらの技能のそれぞれの特徴によって異なっている．①は道具を扱えるようになるための反復練習を特徴とし，②は機械の段取り作業と調節の仕方が特徴的であり，③は言語情報による機器の操作が特徴である．これらの特徴はそれぞれの技能の必要条件である．もう一面で，①②③いずれのタイプの技能もより高いレベルのものは，遭遇した問題への対処，改善の工夫等を行う，幅広い知識，判断力，センスといったものを含んでいる．

〔今日的課題〕技能尊重が叫ばれて久しいが，「技能の空洞化」「2007年問題」等わが国の技能水準の低下が危惧され，技能尊重の実効が上がっているとはいいがたい．そのことはいわゆる*フリーター，*ニートの問題にも少なからぬかかわりをもつものと思われる．技能をめぐるわが国のこうした困難な状況を打開するには，単に生産力，技術力の観点から優れた技能の維持継承を問題にするのではなく，各人の労働能力としての技能を雇用制度の上で尊重するために，技能の社会的制度的表現の整備とともに*職業教育・*職業訓練の充実が不可欠の課題であろう．

（小原哲郎）

〔文献〕1）渡辺則之：技能革新，日刊工業新聞社，1980.；2）渡辺則之：技術再発見，日刊工業新聞社，1988.；3）宗像元介：*職人と現代産業，技術と人間，1996.

技能オリンピック　Skills Olympics

青年技能者の技能レベルを競う競技会で，日本国内での全国大会と，国際大会がある．全国大会の正式名称は青年技能者技能競技大会，国際大会は国際職業訓練競技大会という．各都道府県の職業能力開発協会が行う地方予選，あるいは推薦などで選抜された者が技能を競う．

技能五輪は21歳以下を対象とした競技会である．その直接の目的は，「青年技能者に技能向上の目標を示す」こと，「技能に身近にふれる機会を提供する」ことにある．またこれらにより，「技能の重要性と必要性をアピールして技能尊重機運の醸成をはかること」が上位の目的とされている．主な競技種目は，機械組立，抜き型，精密機器組立などの製造関係職種，石工，左官，家具，建具，建築大工などの建設関係職種，美容，理容，フラワー装飾，レストランサービスなどのサービス職種など多彩で，約40職種で実施している．全国大会は毎年実施されており，2006年には香川県で第44回大会が実施された．

国際大会は2年に1度開催され，2007年には日本で第39回大会が開催された．なお技能グランプリは，*熟練技能者が技能の日本一を競う競技会である．この技能グランプリには年齢制限がない．また2005（平成17）年度から，工業高等学校，職業能力開発施設等で現に技能を習得している20歳以下のものを対象とした「若年者ものづくり競技大会」も開催されるようになった．

（新井吾朗）

技能形成　skill acquistion

〔概説〕職業的実践能力である*技能を身につける，あるいは身につけさせること．技能が果たすべき仕事はそれぞれ具体的なものであることから，技能形成は常に具体的な目標能力像をもっている．この目標能力像は様々な種類の作業を一定水準で遂行できることを内容とし，通常，技能形成の終了時にはこの目標能力水準を達成したか否かが試験などで問われる．それによって与えられるのが本来の*職業資格である．

わが国では技能形成の公的な制度が十分に発達しておらず，私的な雇用関係の内部で，仕事の経験を通して技能形成される（⇨OJT）のが一般的である．その場合は技能形成の成果は当該職場の仕事の中でおのずと確認されるため，技能形成の目標像が意識的に設定されないことが多いし，結果が試験などで試されることもないため，形成された技能が明示的に表現されにくいと同時に，企業内的な技能の捉え方にとどまる傾向がある．

〔課題〕技能尊重が叫ばれながら，わが国では有効な対策が打たれないままに技能の空洞化，*熟練技能の維持継承の困難が危惧されている．問題の解決には労働条件・労働環境の整備をはじめとした技能者の地位の向上が重要であるが，それだけでなく技能形成を個別企業経営にゆだねているわが国の態勢の不十分さが改善されねばならない．国民の職業能力の中心をなす技能は，単に仕事の経験によって形成されるのではまったく不十分であって，基礎技能の系統的な教育訓練は国民的な*職業教育として行われるべきであろう．そのことによって初めて技能形成の社会的重要さが，技能の尊重とともに根づいていくだろう．　　　　　　　　　　（小原哲郎）

〔文献〕1）田中萬年：働くための学習，学文社，2007．

技能検定　skill test

〔一般的解釈〕わが国において技能検定の語は，特定の制度をさしているわけではない．最も広く解釈すれば，「一定の*能力を有していることを認定する制度」といえよう．しかしその制度の実施主体，制度の目的，認定する能力の性質，認定の方法，制度の設置根拠などは多様であり，「技能検定は，ある特定の目的のために実施されている」とは説明できない．

たとえば2006（平成18）年3月に廃止されたが，「青少年及び成人の学習活動に係る知識・技能審査事業の認定に関する規則」（2000（平成12）年文部省令第25号）は，「青少年及び成人の学習意欲を増進し，その知識及び技能（以下「知識等」という）の向上に資するため，これらの者が習得した知識等の水準を審査し，証明する事業」のうち，教育上奨励すべきものを認定できる，として，実用英語技能検定，トレース技能検定などを認定していた（ただしこの認定制度で認定していた制度が，必ず「技能検定」の名称を使用していたわけではなく，「能力検定」「技術検定」なども使われていた）．

このほかにもたとえば，自動車運転免許を取得するために通う指定自動車教習所での教習終了時に受ける試験を，道路交通法では技能検定と呼んでいる．このように技能検定の語は，様々な法令の中で様々な意味に使われている．また法令によらない，任意の団体が実施している試験制度でも技能検定の語が使われている．

〔厚生労働省所管の技能検定〕こうした中で技能検定と*職業との関連を明確にしているのが，*職業能力開発促進法に規定されている技能検定である．職業能力開発促進法では*職業訓練と職業能力検定を実施する目的を「職業に必要な労働者の能力を開発し，及び向上させることを促進し，もって，職業の安定と労働者の地位の向上を図るとともに，経済及び社会の発展に寄与することを目的とする」と明示し，職業能力検定の1つとして「技能検定」を規定している．厚生労働省は技能検定を「労働者の有する技能を一定の基準によって検定し，これを公証する国家検定制度であり，労働者の技能と地位の向上を」図るものであると説明している．職業能力検定には，技能検定のほかに，技能審査認定規定（1973（昭和48）年労働省告示第54号），社内検定認定規定（1984（昭和59）年労働省告示第88号）が規定されている．労働者の能力評価を，国が全国統一で実施する技能検定を中心に，産業団体ごとに実施する技能審査，企業ごとに実施する社内検定で補完する仕組みを構成している．

他方，技能検定を受検する側からすれば，様々な実施主体が様々な目的で実施している様々な技能検定の仕組みは，それぞれの技能検定の効用，社会的な位置づけがわかりにくい．このような状況を生み出す原因も様々である．たとえば職業能力開発促進法の「技能検定」は，1958（昭和33）年に第1回として工業的職種として「機械工・仕上工・製図工」，手工業的職種として「板金工・建築大工」が実施された．この計画の審議に加わった*労働組合の代表者からは，① 使用者側にこの制度が悪用されない

か，②*熟練工と非熟練工が差別化され労働組合の基盤にヒビが生じないか，等の懸念が示された．このような疑義が生じるように，「労働者の技能と地位の向上を」目的とした技能検定であっても，現実の評価は立場によって異なるといえる．検定制度ごとに実態を分析しなければ，その性質を把握することはできない．

〔課題〕このように各技能検定は，それぞれの目的に応じて実施されており，技能検定の利用者にとって，それぞれの技能検定の役割を把握することは困難な状況にある．

他方，先に紹介した「青少年及び成人の学習活動に係る知識・技能審査事業の認定に関する規則」は，*行政改革の一貫として示された「*公益法人に対する行政の関与の在り方の改革実施計画」（2002（平成14）年3月29日閣議決定）に基づき廃止されたものである．廃止の理由は，「民間において実施されている各種技能審査等の間における差別化を必要以上に助長するおそれがあること等」と説明されている．廃止の理由に，技能検定がどのような機能をもつべきであるかという視点はない．単に，技能検定は市場で提供されるサービスの1つであり，受検者1人ひとりがその適否を判断して自己責任で利用することとされたのである．日本の技能検定は，現在，このように混沌とした無秩序な状態にある．

（新井吾朗）

技能者育成資金 fund for training skilled workers

優れた技能者の育成を目的として，公共職業能力開発施設および*職業能力開発総合大学校の学生・訓練生を対象に，就学のための資金を貸し付ける制度．無利息の第1種技能者育成資金と，有利息の第2種技能者育成資金とがある．第2種技能者育成資金は，職業能力開発短期大学校，職業能力開発大学校，職業能力開発総合大学校の学生・訓練生，つまり高度*職業訓練と指導員訓練受講者が対象となる．第1種技能者育成資金は，職業能力開発校，職業能力開発促進センターの訓練生も対象となる．

この貸付けは，*雇用保険法の能力開発事業（第63条第1項の7）に位置づけられており，その実施方法は*雇用・能力開発機構法（第11条1項の8）で定めている．

（新井吾朗）

機能的識字 ⇨識字

虐待 abuse

強者が弱者に対し自らの力を乱用し，相手に身体的傷害，精神的傷害，あるいは性的暴行を加えること．

〔概観〕一般に，①生命・健康に危険のある身体的な暴力行為である「身体的虐待」，②性交，性的暴行，性的行為の強要に当たる「性的虐待」，③保護の怠慢や拒否により健康状態や安全を損なう行為である「ネグレクト」，④暴言や*差別などによって心理的外傷を与える行為に当たる「心理的虐待」の4種類に分けられる．虐待の対象となるのは，子ども，配偶者（おもに妻），高齢者，障害者などであるが，高齢者の場合は，上記の4種類以外に，日常生活に必要な金銭を使わせないなどの「経済的虐待」が加わる．また日本ではあまり注目されていないが，欧米では近年「きょうだい間虐待」が取り上げられ始めている．

〔児童虐待の現状〕とりわけ，近年の核家族化や地域社会の脆弱化などに伴い，養育者などによる児童虐待の問題が深刻化している．全国の*児童相談所の2002年度の処理相談内容によると，最も多いのは身体的虐待であり，次いで多いネグレクトと合わせて全体の約8割を占めている．性的虐待は表面化しにくいために，その割合は4％前後となっているが，潜在的にはより多くの事例が生じていると推測される．児童虐待の原因については，最近は虐待者個人の特性や家庭内の病理だけでなく，子育て環境の変化という社会的要因から発生要因を分析し，防止に努めようという気運がみられる．実際，子育て家庭の孤立化は明らかに進行しており，「育児でイライラすることが多い」と感じている養育者（主に母親）は増加している．育児不安を児童虐待にエスカレートさせてしまわないために，予防的な視点による*子育て支援が地域社会で必要とされている．

（野崎志帆）

〔文献〕1）藤本修：暴力・虐待・ハラスメント―人はなぜ暴力をふるうのか―，ナカニシヤ出版，2005.

キャプション caption

出版物等で，写真や図版などを説明する文章をいうが，*博物館*展示の中では，展示物についての説明文をさす．

実物資料は，形状や色彩，質感など，見ただけでわかる情報とともに，名称や制作年代，来歴など，

見ただけではわからない重要な情報をもっている．さらに展示の意図や意義などを伝える方法として文章による解説が，必要不可欠である．

キャプションを提示する方法は，文章量が少ない場合は，ネームプレート等に併記する場合もあるが，専用の*パネル等を用いて行うことが一般的である．また音声解説等による方法もある．

来館者が，歩きながら，あるいは短時間，立ち止まって解説を読む（聞く）という状況を考えると，キャプションの文字数は，パネルでは50～200字程度が望ましく，できるだけ短くするべきであるともいわれている． 　　　　　　　　　　（若月憲夫）

〔文献〕1）ディスプレイの世界編集委員会編：ディスプレイの世界，六耀社，1997．；2）日本展示学会「展示学辞典」編集委員会編：展示学辞典，ぎょうせい，1996．

ギャラリー　gallery

営利もしくは非営利で運営される，作品などを*展示する空間．

〔概観〕もともとは回廊とそこに集まる観衆を示す言葉であったギャラリーは，ヨーロッパで*特権階級の権力を誇示するコレクションを並べたことから，美術作品や資料を陳列するための空間を意味するものにもなった．日本の*美術館では，ギャラリーは一般的に3つの意味で用いられる．第1に作品を展示する空間そのもの，第2に，より限定的に公設の「貸しギャラリー」，そして第3に展示壁面をもつ画廊である．

1926年に開館した東京府美術館は，第2次世界大戦後，東京都美術館となり1975年に改築されるまで，美術作家団体が展示室を借りて美術展を開催するためのみの施設であった．このため，非専門家も含めた美術家が作品を毎年1回発表する聖地としてのイメージが，同館の建つ「上野の美術館」に重ねられ，日本だけの特異な美術館像として，その後の公立美術館の性格や運営に大きく影響した．誰もが借りて作品を展示できる貸しギャラリーと，芸術的観点から選別し収集保存した作品を展示する美術館とが混同され，運営上の対立や混乱の原因ともなってきた．しかし，現在はほとんどの公立美術館で，「県民ギャラリー」「市民ギャラリー」を併設しながらも，運営上の区分けが明確になっている．また，画廊には，自らが展示・売買する作家や作品を選ぶ企画画廊と，有償で展示壁面を貸すだけの「貸し画廊」がある．なお，日本の慣習とは違って英国では，ギャラリーは美術館（museum of art）の意味で用いられることも多い．

〔課題〕公設あるいは非営利性の貸しギャラリーの存在は，市民の自由な美術活動，特に発表活動の広がりを支え，広範な美術愛好家を維持する要因になっている．また，美術作品の自律性が追求され，特定の文脈の場所から離れて，作品はギャラリーに展示されて鑑賞されるものになった．しかし，現在では，置かれる場所との結びつきに意味をもつ作品も提起され，ギャラリーや美術館の外で展示されるものも存在する． 　　　　　　　　（大嶋貴明・貝塚　健）

〔文献〕1）武蔵野美術大学出版部：武蔵野美術 NO.104 展示・場・美術館，光琳社出版，1997．；2）若林直樹：アート系第三世代，清水書院，1996．

ギャラリートーク　⇨展示解説

キャリアガイダンス　⇨キャリア教育

キャリア開発　career development

職業選択，職業能力発達にかかわる組織と方法，よりよき人生の選択のための能力開発を含む幅広い概念であり，社会や文化，性別，個人的特質などを背景に置きつつ，個人の*自己決定を促す能力開発論をさす．

〔概観〕career development の訳語で，主として経営学の領域で用いられてきた．心理学，教育学では「キャリア発達」と訳される場合が多いが，学校教育では「キャリア発達」，成人の職業能力の発達にかかわっては「キャリア開発」「キャリア形成」の語が用いられている．日本では，1990年代より労働市場の流動化，終身雇用体制の崩壊，新規採用者の転離職の増加，若者の就職困難と職業観の変化などが複合的に進行し，「学校から仕事へ」向かう道筋が複雑化した．これらの変化に伴い，学校での*キャリア教育，成人のキャリア開発が重視されるようになったが，女性の社会進出意欲の高まりもその一因であった．生涯にわたる職業能力の発達，また「働くこと」についての価値や立場について自己確認するための教育・学習の内容と方法の開発が課題である．

〔内容〕シャイン（Schin, E. H.）はキャリア開発の本質は個人と組織の調和過程を最適に作動させることにあり，キャリアアンカー（キャリア形成のための個人の動機，価値，能力の統合体）をキャリア初期段階に形成する重要性を述べた．多くのキャリア開発論が職業選択の過程を重視するのに対して，シャインは就職後の職務経験を通してのキャリア開発

を重視したのであり，生涯学習，*社会教育においては成人のためのキャリア開発論として重要である．しかし，シャインの論では地域，家庭領域についての能力開発および女性の職業能力の開発は軽視される傾向にあり，日本の成人男女のためのキャリア開発は方法的，理論的になお検討課題である．

（朴木佳緒留）

〔文献〕1）シャイン，エドガー H.：キャリア・ダイナミクス，白桃書房，1991．

キャリア教育　career education

〔概観〕日本では1990年代後半から2000年代初頭にかけての雇用不安，若者の就職困難に対応する形で注目された．一般には，職業観，勤労観を育成し，主体的な進路選択能力を育成する教育と理解されている．しかし，「キャリア」は*職業に焦点を当てつつも，人生の経路のすべてを包含する概念であり，したがって，キャリア教育も職業観だけではなく，世界観，人生観をつくるための学習も含む．キャリア教育の内容は多彩であり，職業体験や*インターンシップなどの実習，仕事の喜びや苦労について，あるいは個人の生き方や職業にかかわる諸事象についての学習，具体的に職業や進路を選択するための学習を含む．現状では，キャリア教育の対象者は児童，生徒，学生とされているが，子どもから大人までを対象とした，生涯にわたるキャリア発達を促す学習体系を構想する必要がある．

〔歴史・動向〕キャリア教育は，1971年に米国の連邦教育局が提唱したことに始まる．当時の米国では高学歴化による学歴インフレーションと，若者のドロップアウト現象が生じていた．また1960年代の公民権運動の影響を受けて，新移民，女性，障害者などによる職業達成を目ざした権利要求もあった．1977年のキャリアエデュケーション奨励法では，「キャリアエデュケーションとは，先入観や固定観念から自由であるように計画される*経験の全体」と定義づけられ，学校，地域，企業におけるキャリア教育の振興が図られた．日本では，*職業教育については長い経験と蓄積があるが，必ずしもすべての人に必要な教育として認識，実施されてこなかった経緯がある．1990年代の不況期に終身雇用慣行が崩壊し，労働者に対する即戦力要求と非正規労働の増加が同時進行した結果，正規職に就くことができない生徒，学生や*フリーター指向の若者が増加した．このような事情のもとで，「働くこと」に人生の価値や希望を見いだしにくくなった若者世代の職業意識の形成が教育課題となった．1999年に*中央教育審議会答申においてキャリア教育の必要性が述べられ，*文部科学省では2004年に「キャリア教育の推進に関する総合的調査研究協力者会議」の報告書を提出し，「新キャリア教育プラン推進事業」を開始した．現在では，多くの小学校，中学校，高校，大学，専門学校等でキャリア教育の*実践と研究がなされ，職場体験等の実際的な学習も普及しつつあるが，いまだ，試行的段階にある．

〔課題〕キャリア教育は職業教育，進路指導，キャリアガイダンスと概念的に重なり，論者によって，その定義や意味づけ，学習内容や方法についての重点の置き方が異なっている．また，企業中心社会といわれる日本では，現実の男女のキャリア形成は大いに異なるが，*ジェンダー視点を含まないキャリア教育実践も多い．*社会教育の立場からは，女性や障害者，高齢者を含めたすべての人のための「労働の権利」にかかわる学習をキャリア教育といかに結合するのか，学校と職業・社会の接続関係，生涯にわたるキャリア形成のための学習をどう構想するのか，等々の重要な問題が，理論的にも実践的にも検討課題として残されている．

（朴木佳緒留）

〔文献〕1）福地守作：キャリア教育の理論と実践，玉川大学出版部，1995．；2）竹内常一・高生研編：揺らぐ〈学校から仕事へ〉労働市場の変容と10代，青木書店，2002．

キャリアコンサルティング　career consulting

労働者が，その適性や職業経験等に応じて自ら職業生活設計を行い，これに即した職業選択や*職業訓練の受講等の職業能力開発を効果的に行うことができるよう，労働者の希望に応じて実施される相談．

〔背景〕2002（平成13）年4月の*職業能力開発促進法改正は，「労働者の自発性を重視した職業能力開発」「職業能力のミスマッチ解消」「キャリア形成」の推進を主な趣旨として行われた．このために，企業や労働力需給調整機関における「キャリアコンサルティング」を労働者の個人主体のキャリア形成を積極的に支援するための重要な施策として位置づけた．法改正と連動して，第7次職業能力開発基本計画（2002年5月）は，キャリア形成支援システムの整備を主要課題とした．

〔動向〕1990年代以降の雇用環境の変化を背景として登場した「キャリアコンサルティング」は，既往の職業選択やキャリア形成に関する援助である「キャリアガイダンス」「キャリアカウンセリング」と少なからず重複するが，厚生労働省は，キャリ

カウンセラー，アドバイザー，*ファシリテーター等の名称にかかわらず，キャリアコンサルティングを担う人材を「キャリアコンサルタント」と一括し，その養成および民間機関による資格試験（能力評価試験）の認定のための基準を示して制度化した．基準は，具体的なキャリアコンサルタントにかかわる能力基準項目や，キャリアコンサルタント養成にかかわるモデルカリキュラムを含んでいる．また，民間におけるキャリアコンサルタントの養成を奨励し支援するために，キャリアコンサルタント能力評価試験を受けさせる事業主に対してキャリア形成促進助成金を支給するなどの制度化を行った．
〔課題〕時代の要請から新たに制度化されたキャリアコンサルティングであるが，養成過程や資格づけが異なる既往の*専門職との重複問題は必ずしも解決していない．　　　　　　　　　　（谷口雄治）
〔文献〕1）厚生労働省：キャリアコンサルティングに係る試験のあり方に関する調査研究報告書，2001．

キャリアデザイン　career design

〔語義〕古代ローマの戦車の轍＝「キャリアcareer」から，①人の足跡，人生の経歴，②速く昇進する，出世とみなされる*職業，職業的経歴，の2系統の意味がある．キャリアを自らデザインするcareer design は和製英語であり，米国では career development が一般的である．
〔用語法の変遷と背景〕第2次世界大戦後における，帰還兵の職業・社会・精神的再適応のための人生体験や職業についての*カウンセリングが，米国でキャリアが課題となった起源とされる．日本では，出世を約束された国家公務員第Ⅰ種試験合格者を「キャリア」と呼んできたが，1980年代以後，職業生活と家族生活の両立，自分のライフスタイル確立に努力する女性たちをさす「キャリアウーマン」が普及した．1992年のバブル経済の崩壊後，職業的生き残りに焦点をあてた「キャリアチェンジ」「キャリアサバイバル」が広がったが，職業生活の円滑な展開のためにもバランスの取れた生活，「*QOL（生活の質）」「ワークライフバランス」が重要視されてきている．21世紀に入り，その意味は職業生活，家族生活，地域・*コミュニティ活動，趣味・スポーツなど多面的人生での行為・体験の連鎖，社会や組織の歴史的展開へと広がり，「キャリア権」「地方公務員のキャリアデザイン」「組織のキャリアデザイン」や小中高校・大学での「*キャリア教育」などが議論されている．
〔キャリアデザインと社会教育・生涯学習〕一生にわたる行為の連鎖としての「キャリア」の自覚的デザインには，働くという行為を内面化・*意識化する生涯にわたる学習の連鎖が必要である．「*地域づくり」等の多面的課題解決学習，「*自分史」「生活記録」などの多様なリテラシーの*実践・研究の蓄積をもつ生涯学習研究の核心部分を，職業や*企業社会，国際社会に展開することと，すべての組織を学習型組織としての強化することなど，生涯学習社会構築の努力が求められている．　　　　（笹川孝一）
〔文献〕1）渡辺三枝子編：キャリアの心理学，ナカニシヤ書店，2003．；2）笹川孝一編：生涯学習社会とキャリアデザイン，法政大学出版局，2003．；3）笹川孝一編：キャリアデザイン時代の生涯学習，法政大学出版会，2008．

QOL（生活の質）　Quality of Life

QOLは英語のquality of lifeの略語で，通常「生活の質」と訳されており，「人が人としての尊厳を保ち，身体的・心理的・社会的に満足な状態」を意味する．

QOLはもともと1960年代のヨーロッパで，経済発展に伴う環境汚染などを機に，物質的な豊かさではなく非物質的な生活や心の豊かさをめざす標語として用いられた．一方，1980年代以降，医療やリハビリテーションの分野でQOLが注目されるようになった．末期がんの治療において，痛みからの*解放，尊厳ある生，家族への癒しなどが課題となり，従来の治療偏重の医療からの転換をめざす標語となった．近年は*高齢者福祉の分野でもQOLの向上が目ざされており，社会生活へのアクセスの保障もQOLの重要な要素である．

医療や福祉分野で援助活動を行う者は，本人が「治る，できるようになる」ことのみを至上価値とするのでなく，QOLの視点が求められる．もっともQOLは*他者が一義的に決めるものであってはならず，本人の主体性の確保が不可欠である．QOLは，*社会教育における*ボランティア養成などに対しても重要な視点を提供している．　（松波めぐみ）
〔文献〕1）柴田周二ほか：生活支援のための家政学概論—介護・福祉の質の向上をめざして—，ミネルヴァ書房，2005．

教育委員会　the board of education

〔戦後教育改革と教育委員会制度〕教育委員会は，地方公共団体（都道府県，市町村）に設置される合議制の行政委員会の1つである．教育の民衆統制の思想と実践は，戦前の与謝野晶子の教育民主化構想（「教育の民主主義化を要求す」『中央公論』1919年），

戦後直後の広島県での「本郷プラン」(1947〜49年)などの例があるが，直接的な制度的淵源は，米国の教育委員会制度(以下，教委会制度)をモデルとする．知られるように，第2次世界大戦後の日本の教育改革は，憲法(1946年)・*教育基本法(1947年)に体現された．教委会の制度的法源は，1947年教育基本法の第10条(教育行政)である．同条は，教育行政の責務について「教育は不当な支配に服することなく，国民全体に対し直接に責任を負って行われるべきもの」とし，教育「諸条件の整備確立」をめざすとした．これを受けて，国(文部省)だけでなく，地方公共団体においても教育が「国民に対し直接責任を負」って推進されるために，教育委員会法(1948年)を制定したのである．戦後創設された教委会制度は，「教育行政の民主化と*地方分権化，それと教育の自主性を確保する」(『教育委員会の組織と運営の解説』文部省，1948年)すなわち，教育行政の一般行政からの独立，教育の地方自治，教育の民衆統制を制度設計原理としたのである．

〔初期の役割〕この場合，教育委員は，①公職選挙法に基づき，立候補と投票により選出(公選制原理)され，②教委会は合議制によって議題を取り扱い，③一定の予算編成権を有すること，④教育行財政のあり方に関して地方公共団体に提言し，⑤かつ教育長・教委会事務局を実務担当部局として教育行政を進めること，⑥学校教育，*社会教育などに関して施設の設置と管理運営，⑦専門部会や審議会の設置，⑧教職員の給与，処遇などに関しての事務を取り扱うこと，を主な任務とするものであった．教委会は当初，1950年までは，都道府県および五大市のみが義務設置であったが，その後，市については1950年または1952年までに，町村については1952年までに設置となった．歴史的には，公選による教育委員の選出は，1956年の地方教育行政の組織及び運営に関する法律(地教行法)の成立まで，2回行われた．

〔公選制の廃止と地教行法の成立〕公選制教委の実験は短命に終わった．地方の教育の独立性の進展や民衆参加に危惧の念を抱いた政府・文部省は，地教行法を1955年の国会で強行可決させ，同法は1956年より施行された．この結果，教育委員は任命制となり，教育委員会の組織運営の原理に大きな変更が加わった．同法立法理由に国が掲げたのは，①「教育行政と一般行政との調和」「教育の政治的中立と教育行政の安定」，②「国，都道府県，市町村一体としての教育行政制度を樹立しようということ」(清瀬文部大臣「法案提案理由と趣旨」，第24回国会衆議院本会議，1956年3月13日)であった．

〔現代的争点〕教育委員の公選制への運動や経験については，復帰(1972年)前の沖縄での公選制の事例，中野区教育委員準公選の経験(1979年，準公選条例)があったが，国民には教委は国との一体的な組織と映ずる面が多くなり，米国の教委システムとも乖離面が多くなった．*臨時教育審議会以降は，行財政改革の対象と目され，その廃止縮小論や改革論が繰り返し提起されてきた．また，行政学からは，ガバナンス論を軸にして，①教委活性化モデル，②総合行政モデル，③市場・選択モデルが提起され，また，教育基本法およびその後の諸教育法改正と関連して，教委会は，学校教育に限定し，社会教育・生涯学習を首長部局行政に移管する事例が生じてきている． (姉崎洋一)

〔文献〕1) 坪井由実：アメリカ都市教育委員会制度の改革，勁草書房，1998．；2) 小川正人：市町村の教育改革が学校を変える―教育委員会制度の可能性―，岩波書店，2006．

教育会 education group

教員の研修などを目的として結成された団体．明治初期の学制期から様々な形であったが，明治10年代後半からは教員講習などを契機として地方に多くの教育会が結成され，中央でも1883年に大日本教育会が発足した．大日本教育会は，1896年に帝国教育会と改称した．帝国教育会は，1944年に再び大日本教育会となったが，戦後は教員組合の結成などもあり，1948年に解散した．また，多くの地方の教育会も，信濃教育会などの一部を残し，同じ時期に解散している．

教育会は，明治20年代には一般の人々を対象にした講演会や幻燈会などの*通俗教育活動を積極的に展開したが，その目的は児童の保護者に学校教育への理解と関心を深めてもらい，就学率を高めようとするものであり，学校教育普及のために行われたものだった．しかし，大正期から昭和にかけて，帝国教育会は世界成人教育協会(World Association for Adult Education)の世界成人教育会議に参加するなど，学校教育以外にも，成人教育に関する国際的な活動を行った． (米山光儀)

〔文献〕1) 梶山雅史編著：近代日本教育会史研究，学術出版会，2007．；2) 同：続・近代日本教育会史研究，学術出版会，2010．

教育機関　educational institution

〔定義〕*地方教育行政法第 30 条は，法律で設置する教育機関として「学校，*図書館，*博物館，*公民館その他の教育機関」を例示し，その他，条例で設置するものとして「教育に関する専門的，技術的事項の研究又は教育関係職員の研修，保健若しくは福利厚生に関する施設その他」を規定している．法制定当時，文部省は教育機関の解釈について「法第 30 条の教育機関とは，教育，学術，および文化（以下「教育」という）に関する事業または教育に関する専門的，技術的事項の研究もしくは，教育関係職員の研修，保健，福利，構成等の教育と密接な関連のある事業を行うことを目的とし，専属の物的施設および人的施設を備え，かつ，管理者の管理の下に自らの意志をもって継続的に事業の運営を行う機関であると解する」（昭 32・6・11　委初第 158 号　宮城県*教育委員会教育長あて　文部省初等中等教育局長通知）と回答している．

〔課題〕公民館，図書館，博物館は，地方教育行政法上の教育機関であり，同法第 4 章第 1 節通則（第 30 条から第 36 条）の諸規定が適用される．ところが，*社会教育施設は教育機関であると同時に*地方自治法第 244 条の「*公の施設」でもあり，地方自治体においては，第 244 条の二（公の施設の設置，管理及び廃止）を根拠に民間事業者への委託も可能とした*指定管理者制度の導入が図られてきた．また，2007 年には地方教育行政法が改正され，第 24 条の二（職務権限の特例）によってスポーツ・文化に関する事務を首長部局で執行することが可能となり，それと連動して第 32 条（教育機関の所管）の但し書きによって，首長部局が所管する教育機関が登場することになった．

本来は，1947 年*教育基本法第 10 条（教育行政）が明示していた教育の自主性と国民に対する直接責任性，教育行政の「諸条件の整備確立」責務の理念をもとに，教育委員会事務局との関連も含めて，社会教育施設の教育機関としての性格をどのように現代的に構築するかが課題といえる．　　　（奥田泰弘）

〔文献〕1）奥田泰弘編著：市民・子ども・教師のための教育行政学，中央大学出版部，2003．

教育基本法　Basic Act on Education (2006), the Fundamental Law of Education (1947)

教育基本法は，憲法を受けて教育に関する理念を明記し，教育関係法令の法源となる根本法である．

〔**47 法制定の意義**〕「憲法」の「理想は根本において教育の力にまつべきもの」であり「日本国憲法の精神に則り，教育の目的を明示して，新しい日本の教育の基本を確立するため」の「法律」と「前文」に謳った 1947 年教育基本法は，日本国憲法第 26 条を受けて策定された「教育根本法」であり，占領軍の押しつけではなく，教育刷新委員会等での日本側の真摯な議論を経て制定されたものであった．そこには，戦前の大日本帝国憲法が教育に関する規定を意図的に除外し，勅令による国家への絶対服従（教育勅語）を国民に強いて，ついには悲惨な戦争に至る道への重要な手段であった教育を国民の手に取り戻す決意が示されていた．そして，国体護持勢力の執拗な教育勅語の存続主張には，特別に「教育勅語」の否定と断絶（「排除」決議・衆議院，1947 年 6 月 19 日，「失効確認」決議・参議院，同日）が確認されたのである．

〔展開〕教育基本法（以下教基法）の戦後史は単純ではなく，その定着を図る動きとそれを否定し改正を目ざす動きとの相克が長く続いた．教基法の国民的定着と発展を図る立場からは，憲法と教基法の理念の接続性を堅持し，各条文については，現在もその理念の実現が求められていると主張された．さらに教基法に示された学習・*教育権は，人間らしく生きるための諸権利の基底的な権利であるとされてきた．このことは，教基法の法源たる憲法第 26 条の「ひとしく教育を受ける権利」の内実が，*児童憲章（1951 年）や「子どもの最善の利益」の実現を社会に求めた国連「児童の権利に関する条約」（1989 年）の精神，「*学習権なくしては人間の発達はあり得ない」とした*ユネスコ学習権宣言（1985 年）にも通じる普遍性を有するものであり，この意味で，教基法は，「教育の根本的改革を目途として制定された諸立法の中で中心的位置を占める法律」であり「教育関係法令の解釈及び運用」は「教育基本法」「に沿うよう」なされるべき（旭川学力テスト最高裁判所大法廷判決，1976.5.21 判例集（刊集）30 巻 5 号 615 頁）ことが確認されてきたのである．1947 年教基法は，その前文と第 11 条の短い法文に，① 真理と平和を希求する人間像，② 生涯学習基本法，③ 等しく発達に応じた学習の機会と権利，学問の自由の尊重，④ 義務教育の無償の実現，⑤ 両性の本質的平等に基づく男女共学，⑥ 学校の*公共性，教師の地位の保全，⑦ *社会教育の権利保障，勤労者の学習権，⑧ 主権者・統治主体としての政治教育，⑨ 国家と宗教の分離，宗教に関する教育の尊重，⑩ 権力の不当な支配の禁止，国・自治体の条件整備義務，教

育の自由，を課題として掲げていたのである．

〔改正〕2006年12月11日の第165回国会において1947年教基法は全部改正され，新教基法が公布施行された（法律第120号）．教育根本法が，立法理由も不明，改正，削除，新設される条文についての逐条審議も，戦後教育改革理念の根幹議論も不十分なまま強行可決され，後世に禍根を遺すものであった．国民の教育への権利法が，国家による教育統制法に転換されたともいえた．新教基法は，①「伝統と文化」「我が国と郷土を愛する」「公共の精神」などの国家主義的徳目を掲げ（第2条），②地方教育行政を，中央に合わせて円滑に実行し，③政府の選択と集中の財政政策に基づく教育振興基本計画を実現し，④このような施策を進めるために，学校，社会教育，地域，の各相互の連携・協力を強調し，⑤新たに，生涯学習，私立学校，大学，*家庭教育，幼児教育，教員などへの国家的教育目標への組み込みが意図されるものであった．また，各個別教育法は，すべて新教基法に合わせて改正されることになった． (姉崎洋一)

〔文献〕1）市川昭午：教育基本法改正論争史，教育開発研究所，2009.；2）佐貫浩：教育基本法「改正」に抗して，花伝社，2006.

教育権　right to education

〔概念と用語〕教育権は，*社会教育・生涯学習の観点に立つ場合，教育を行う権能とする解釈は退けられ，人間存在の尊厳性と多様な発達を保障する人間の基本的権利と解される．この権利が保障され人々が不断に自己形成を豊かにしていくことによってこそ，人類が長年にわたって蓄積し確立させてきた諸人権を守り発展させることができる．この意味で，教育は「人権中の人権」と理解され，また*学習権との関係については「学習活動はあらゆる教育活動の中心に位置づけられ，人々を，なりゆきまかせの客体から，自らの歴史をつくる主体にかえていくものである」（ユネスコ「学習権宣言」，1985年）とされるように，教育権は学習権を保障するものとして位置づけられる（⇨学習権）．

従来，教育権は「教育を受ける権利」（憲法第26条）あるいは「教育を受ける機会を与えられなければならず」（*教育基本法第4条）という表現によって受動的なものとして理解される傾向が強い．しかし国際的に広く用いられている教育権を示す用語は"right to education"（教育への権利）であり，教育機会の保障にとどまらず，教育の制度や内容にかかわる請求権や教育実践の組織化やその過程への参加の権利が含まれているのである．ここから，*自己教育活動を中軸として組織される社会教育の場合は，教育権は教育の協同的創造の権利として理解されるべきだとする見解が導き出される．

〔歴史〕戦後社会教育は，民衆の間の自由な教育学習活動の展開に重点が置かれ，それを奨励する観点から公的制度が整えられた．それは，敗戦直後の*文部次官通牒を受け継ぎ教育基本法を受けて制定された*社会教育法をはじめとする法制的整備と，それに基づく*公民館，*図書館，*博物館などの*社会教育施設の設置奨励にみられる．そして，これらの施設に専任職員または*専門職員の設置が規定されたことに加え，それぞれ*公民館運営審議会，*図書館協議会，*博物館協議会という運営と事業にかかわる住民参加機関が定められたことは，単なる学習機会の享受にとどまらず参加と共同的創造の観点をもつ教育権保障の原則を明示するものとして*評価される．

しかしながらその保障は順調ではなく，戦後教育改革理念に逆行する教育政策の転換の中で民衆の自由な教育学習活動に牽制や圧力が強まり，学習活動の企画や講師選定への干渉，職員の不当な配置換えなど，社会教育法の諸規定に反する事態も数多く生じた．この状況は，民衆の間に教育学習活動の自由を束縛するものへの批判や怒りを育て学習権の意識が生まれてくる（⇨社会教育の自由）．1970年いわゆる教科書裁判における「杉本判決」が子どもの生来的権利としての学習権を明示して以来，教育にかかわる権利理解の中軸を「教育権」から「学習権」へ移すべきだという主張が主流になるが，社会教育の領域においては早くから教育学習活動の主体である成人の学習権（right to learn）認識が育っており，それを守る総体的な仕組みとして"right to education"という意味での教育権は共有されやすいものであった．

〔課題〕なお，戦後の教育法制で否定された国家主義的観点とは別に*福祉国家論的に国民の教育権を保障する国家の任務という観点から，国家の教育権が主張される場合がある．しかし，教育が1人ひとりの人間的成長を周囲の助力や指導とともに自らの意志で主体的に図っていくという本質をもつ以上，国家の責務は多様な教育活動の条件整備に限定され，この意味での教育権の主体にはなりえない．また，親・教師の教育権は，子どもの成長発達に奉仕する教育活動が他の干渉を受けないという独立性が

保障された権限であり，同様に社会教育における専門職員の教育・指導・助言行為も学習者の自由な自己教育活動を援助するするものとして捉えられるべきであり，社会教育施設の運営や事業実施にかかわる独立的な権限も住民参加原則の下で行使されるべきものなのである． (島田修一)

〔文献〕1) 兼子仁：教育法（新版），有斐閣，1978．；2) 堀尾輝久・兼子仁：教育と人権，岩波書店，1977．

教育工学　educational technology

教育工学を一言でいい表すことはむずかしい．あえて表せば，「学習を支援する活動を科学的に明らかにする学問」といえよう．

「学習を支援する活動」へのアプローチの方法は多岐にわたる．人文社会学，理工学の双方からのアプローチが可能であり，その意味で学際的な学問といえる．*文部科学省の科学研究費補助金の細目に示されている教育工学のキーワードとしては，「カリキュラム・教授法開発，教材情報システム，授業学習支援システム，マルチメディアと教育，分散協調教育システム，*遠隔教育，*eラーニング，コンピューターリテラシー，メディア教育，ヒューマンインターフェイス，学校建築・設備」が示されている．また，日本教育工学会が編纂した「教育工学事典」では，「認知，メディア，コンピューター利用，データ解析，*ネットワーク，授業研究，教師教育，情報教育，インストラクショナルデザイン，教育工学一般」の10分野を示している．

一部に教育工学が，コンピューターやIT技術を活用した教育支援の装置に関する研究分野というような矮小した見方がされることがある．歴史的に，そのような分野の研究が中心だった時期もあるが，現在は上に示した広い視野からの研究が行われている． (新井吾朗)

教育口座　⇒韓国の社会教育・平生教育

教育公務員特例法　Special Regulations Act for Educational Public Service Personnel

〔概要〕地方公務員のうち，幼稚園から大学までの教員，部局長，教育長，および専門的教育職員の任免，給与，分限，懲戒，服務および研修等について規定している法律である．*社会教育主事は，専門的教育職員（第2条5項）と規定され，その採用および昇進については選考によるものとされる（第15条）．

新*教育基本法第9条は，教員としての使命の自覚のほか，その職責遂行上の必要性から，彼らの身分保障と待遇の適正化を規定している．公立学校等に勤務する教職員の身分・待遇を規定するものは，一般公務員と同じく地方公務員法であるが，教育に携わる職員には，その職務と適性に由来する特殊性があると認められ，別にこの「教育公務員特例法」が定められている．

〔研修権〕研修については，一般公務員のそれが「勤務能率の発揮及び増進」（地方公務員法第39条）のために行われるのとは異なり，教育公務員は「その職責を遂行するために，絶えず研究と修養に努めなければならない」（第21条）と，自主的な研究と人間的な修養が必要であることを規定し，かつ研修の機会の保障（第22条）を謳っていることの意義は大きい． (小野田正利)

〔文献〕1) 市川須美子他編：教育小六法，学陽書房，各年度版．；2) 平原春好：概説教育行政学，東京大学出版会，2009．

教育支援ボランティア　school volunteer

教育に関するボランティア活動およびその担い手の総称である．教育支援ボランティア活動は，活動場所と対象によって，学校支援ボランティア，地域教育支援ボランティア，家庭教育支援ボランティアの3つに分類できる．

学校支援ボランティアは，学校内外において，学校教育活動を支援するもので，学校環境整備，児童生徒の授業・学習支援，学校行事，生徒指導に関する活動支援等がある．地域教育支援ボランティアは，地域において，主に*社会教育活動の一環として，子どもや大人の教育活動を支援するものである．その中には，学校外の体験活動，*児童館・*学童保育・障碍児放課後保障等の*教育福祉支援，*図書館・*博物館・科学館・史料館等の*社会教育施設活動，*社会教育行政・団体による社会教育事業，健全育成・更正補導等の活動支援がある．家庭教育支援ボランティアは，保護者の*家庭教育を支援するもので，家庭教育相談・ファミリーサポーター，子育てネットワーク支援，子育ての啓発講座等の支援がある．

この3領域の教育支援ボランティアは，活動内容としては重なるものが多い．学校・家庭・地域が連携・補完してそれぞれの活動内容を発展させていくことが求められている． (玉井康之)

〔文献〕1) 佐藤晴雄編：学校支援ボランティア，教育出版，2005．

教育自治 the self-governing of education
〔概観〕一般的には，① 地方公共団体（特に市区町村）の教育行政における*住民自治の原則，② 学校や*社会教育施設（*教育機関）の管理・運営への住民（教師を含む）参加による自治の原則をさす．①では，*教育委員会制度（旧教育委員会法，「地教行法」）や*社会教育委員制度（*社会教育法第 15 条），②では，*公民館運営審議会（社会教育法第 29 条）・*図書館協議会（*図書館法第 14 条）・*博物館協議会（*博物館法第 20 条）等が，教育自治の制度的保障として位置づけられる．

〔各地の実践事例〕①の実践事例では，東京都中野区における教育委員「準公選」の取組みがあった．教育委員を区民投票結果を重視して区長が任命するという「準公選」制は，1979 年に条例がつくられ，1981, 1985, 1989, 1993 年の 4 回にわたり実施された．②の実践事例では，東京都国分寺市等の公民館運営審議会における「委員の委嘱の民主化」の取組みがある．ここでは，公民館利用者連絡会等を組織し，公民館で活動している住民団体の代表をできるだけ委員に選出するため，そこからの推薦による委員の選出を行っている．また②の発展型として，社会教育施設における各種*学級・講座等を住民の意思で開設する等，学習内容の自治的「自主編成」への取組みも進められた．神奈川県相模原市では，「相模原方式」と呼ばれた「申請」による「委託」学級開設制度（1966 年からスタート）がつくられ，1970 年代以降の「学級・講座の自主化運動」の典型として発展した．

〔課題〕近年では，地方主権の立場から「教育委員会廃止論」が提起され，一方で「市民立学校」を目ざす「教育ガバナンス」も提起され，教育自治をめぐって新たな議論が展開されている．　　　（内田和浩）
〔文献〕1) 池上洋通ほか：市民立学校をつくる教育ガバナンス，大月書店，2005.

教育指導者講習　⇨ IFEL

教育助成金 educational grant
〔キャリア形成促進助成金〕1978 年の職業訓練法改正以後，わが国の職業能力開発行政は事業主の行う*職業訓練の振興を図ることを中心的柱に据えている．その一環として，事業主等の行う職業訓練等の振興を図り，および労働者が職業訓練等を受けるのを事業主が援助することを奨励するため，事業主に対する助成を行うことができるとされていて（*職業能力開発促進法第 15 条の 3），現状ではキャリア形成促進助成金制度が設けられている．これはその雇用する労働者を対象として，計画化された職業訓練の実施や労働者が職業訓練を受けることの支援を推進した事業主に対して助成するもので，訓練等支援給付金，中小企業雇用創出等能力開発助成金の 2 種類がある（2011 年 4 月現在）．これらの助成は国による認定職業訓練に対する助成や公共職業能力開発施設等の設置および運営等とともに，*雇用保険法に規定する能力開発事業として行うことになっている（同法第 63 条）．雇用保険法では，雇用保険は失業等給付のほかに，雇用安定事業，能力開発事業を行うことができるとしており，これら 2 事業には雇用保険の一般保険料徴収額の一定割合を当てることになっているが，この分は事業主負担となっている．これは諸外国の訓練税や雇用税の考え方を取り入れたものとされる[1]．雇用保険財政も「公金」と考えられるから，憲法第 89 条との関連で，現実には私教育として機能している，「公の支配に属しない」企業内教育の事業に支出することの妥当性が問われる．逆にいえば，企業の中で行われている教育・訓練を，より公共的なものとする課題があることが示されている．

〔教育訓練給付金〕雇用保険の失業等給付の一環として，教育訓練給付制度が設けられている．これは，一定の条件を満たす雇用保険加入の労働者や離職者が自ら費用を負担して一定の訓練を受けた場合，それに要した費用の一部を労働者に直接助成するものである．
　　　　　　　　　　　　　　　　（依田有弘）
〔文献〕1) 関英夫：改訂 雇用保険法の詳解，ぎょうせい，1985.；2) 厚生労働省ホームページ．

教育税（沖縄） education tax（in Okinawa）
米軍統治時代の沖縄で実施されていた教育経費だけにあてる目的税．1952 年（昭和 27）2 月に公布された米国民政府布令第 66 号「琉球教育法」の第 5 章第 2 条規定に基づく．1950（昭和 25）年の第 2 次米国教育使節団報告書による「教育財政の独立」をその理念とし，理念としては高く*評価されていた．しかし，（琉球）政府税や市町村税と異なって，総額を決定して賦課・徴収を市町村に指令する権限は市町村*教育委員会が有しているという特殊な租税で，実際には滞納者に対する強制的な措置がとれないことや市町村間における税負担の不公平性など当初から多くの問題を抱えていた．その後，教育費需要の増加に対応できなくなったこともあって，教育

税は1965（昭和40）年に市町村税に一本化された．
⇨布令教育法　　　　　　　　　　　（宮城能彦）

〔文献〕1）沖縄県教育委員会：沖縄の戦後教育史，1997．

教育相談　educational counseling

教育に関する悩みや課題をかかえる者への支援の一形態である．行政が直接間接に運営しているものから，民間*教育機関や*NPO・市民ボランティアによるもの，あるいは，私企業による有料相談まで，その設置主体も多様に存在している．

相談者がかかえる悩みや課題に対応するためには，職員には高い専門性，および，関連する専門機関と連携をとることができるコーディネート力が求められる．しかし現実には，専門性を確保するための手だてが十分でない場合が少なくない．

教育に関する悩みや課題をかかえる者への支援には，日常生活における生活者同士が相談し合える関係づくり，学びあえる環境づくりも必要であり，そこには，学校の教職員とともに*社会教育職員の教育専門性とコーディネート力が活かされるべきであろう．

（荒井文昭）

教育的救済　educational salvation

〔概念〕教育的救済とは，主として1900年代末から1920年代にかけて用いられた用語であり，資本主義社会の進展によって必然的に生まれる貧富の格差拡大や失業などの社会問題を解決する上で，とりわけ貧困児・者や障害児・者などいわば社会的弱者の救済（生活の保障・向上）のために，義務教育の機会均等や特殊教育の振興など教育の普及と充実による個々人の資質の向上を重視した考え方．経済的救済制度の拡充などが物質的救済と呼称されたことに対し，教育的救済は精神的救済ともいわれた[1]．

〔系譜〕時系列的にみると，教育的救済論の系譜は，①1900年代末から1910年代後半にかけての感化救済期，②米騒動（1918年）以降の大正デモクラシー高揚期におおよそ時期区分される．*感化救済事業は隣保相扶に依拠し，*貧困や失業などの諸問題に関する国家施策を講じる際に，それらの問題を資本主義社会が必然的にもたらす社会構造的な問題（社会問題）としてではなく，個人の有する「*能力」や性格などの資質的問題として位置づけ，経済的救済ではなく教育（教化）によって貧困などの諸問題に対応したという特徴をもつ．その代表的な論者である内務官僚井上友一の説く「所謂風化的救済行政は人を済ふて其俗を化し其風を移すの道にして風気善

導の事実に之が骨髄たり」[2]という言葉に象徴されるように，井上のいう「風化的救済」は，国民の「献金奨励」や自助心育成の手段として教育を活用しようというものであった．

しかしながら，米騒動（1918年）を契機として，生活困窮者に対する救済は，隣保相扶ではもはや対応しきれず，公的救済の必要性が明らかとなった．文部省*普通学務局第四課（1919年創設，1924年より*社会教育課）初代課長の*乗杉嘉壽は，小学校令第33条の貧困児童および病虚弱児，知的障害児，肢体不自由児の就学猶予・免除規定を批判し，*川本宇之助に命じて低能児教育調査会を組織（1921年）し，低能児教育講習会を開催（1922年）するなど，特殊教育の振興にも尽力した．乗杉は「貧困の為に教育できざるものを救済し，……更に進んで身体並に精神の欠陥あるが為に，教育を受けることが出来ないものをも救済せねばならぬ」[3]と，救済の対象者自身が教育を受けることによって資質を向上させることに主眼をおいた．

〔論点〕以上を踏まえた教育的救済（論）の歴史的意義は，貧困児童・病虚弱児，知的障害児，肢体不自由児などの就学猶予・免除者や感化院入所児童を含め，万人の就学保障・義務教育の拡充を進める積極性を有したことにある．教育的救済とは，社会的弱者が生活主体として成長・自立していくための救済的手段として教育を位置づけた主張であり，乗杉らは社会事業の対象でもある貧困者や特殊児童らの教育問題を解決するための施策の具体化にも取り組んだ．教育的救済は，物質的救済による諸制度を実効力あるものにするための主体形成に主眼を置く主張であり，反面，ややもすれば教育の効果を過信する懸念があった．このような教育的救済（論）が創成期の*社会教育行政における主要な論調であったことは，社会教育行政と社会事業との接点あるいは重複する領域として社会的弱者の教育問題が位置づいていたことを示しているといえよう．

（山﨑由可里）

〔文献〕1）乗杉嘉壽：社会教育の研究，同文館，p.11，1923．；2）井上友一：救済制度要義，博文館，p.2，1909．；3）乗杉嘉壽：教育の普及と独立．教育界，20（3），12，1919．；4）小川利夫：教育と福祉の基本問題，勁草書房，1985．；5）大橋謙策：地域福祉の展開と福祉教育，全国社会福祉協議会，1986．；6）辻浩：住民参加型福祉と生涯学習，ミネルヴァ書房，2003．

教育的デモクラシー　educational democracy

〔定義〕第1次世界大戦後，「デモクラシーの時代」といわれる中で，「教育改造の問題」が教育的課題と

なったが，その課題のもとで，「教育上の機会均等」を*社会教育において実現するべく，*普通学務局第四課（社会教育課）に集まった行政官が唱えた理念．

〔概要〕第四課長となった*乗杉嘉壽は，「教育の国民に対する機会均等即ち教育的デモクラシー」と表現しており，「教育的デモクラシー」は「*教育の機会均等」を意味するものとして理解していた．それは特に「*教育的救済」の問題として，「*貧困児童の保護」「盲唖者の教育」「不良少年の感化事業」「病弱児童，結核児童，不具児童等の教育」など，学校教育から排除されていた子どもたちの教育を社会教育で保障することが，「社会教育の施設といふ実に急務中の急務に属するもの」と述べていたことに現れている．乗杉は，学校教育だけでは教育の機会均等を実現できず，すべての人々を対象とし，あらゆる方法を利用することができる社会教育こそがそれ自身，機会均等を具体的に示すものであると主張したのである．

一方，*川本宇之助も，「デモクラシーの教育的原理」に基づく「*教育の社会化と社会の教育化」を唱え，「教育の機会均等主義の普及を図る」ことを主張した．川本も乗杉と同様に「教育的救済」の問題を指摘するが，それとともに成人教育における機会均等の問題を主張した．川本は特に*図書館に着目し，「図書館は，老若男女を問はず各人に自由に最も都合のよき時にその欲する図書を供給するが故に，教育的デモクラシー即ち教育の機会均等の精神に合致する」と述べた．

したがって，図書館を中心とする社会教育の施設は，国家ないし社会が「成人に提供する義務を有する」と主張しており，国家の条件整備義務について言及している．このように「教育的デモクラシー」論は，戦後社会教育理念の思想的源流となったが，そのデモクラシー理解は当時の国家主義的な枠組みを出るものではなかった．　　　　　（松田武雄）

〔文献〕1）小川利夫編：現代社会教育の理論，亜紀書房，1977．

教育的無権利層 educationally deprived group

教育に関する諸権利を保障されず，教育の機会や教育に参画する方法を奪われることによって不利益を受ける人々の集団をさす．

教育の権利は，*ユネスコの*学習権宣言をはじめ，国際人権規約や*子どもの権利条約等において，すべての人々に保障されるべきものと規定され，日本国憲法第26条にも謳われている．しかし，現実は必ずしもそうなってはいない．国が権利の享受者を国民に限定してしまうと，国内に居住する外国籍や無国籍の人々が学校教育への就学が許可されないなど，教育を受ける機会が得られない場合が出てくる．こうして非識字，人格形成や社会生活における不利益，社会的排除などの諸問題が生み出される．そのため，少数民族やエスニックグループなどマイノリティの中には，*教育権の保障という立場から，公教育の場で独自の言語や文化の継承する教育を求める動きが高まっている．　　（朝倉征夫・上野昌之）

〔文献〕1）Heymann, J. and Cassola, A. eds.: *Lessons in Educational Equality* : Successful Approaches to Intractable Problems Around the World, Oxford University Press, 2012.

教育投資 education as investment

将来に利潤を生みだす投資のように教育を捉える考え方のこと．

〔内容〕市場経済においては，その運用を通じて価値を増殖させるものは，すべて資本と見なされる．人間の肉体的・精神的諸能力は，それが実際に発揮される場合や商品として売買される場合に，何らかの報酬（return）を生みだすから，市場では人的資本（human capital）と見なされる．教育は，人的資本としての労働諸能力の価値を高め，将来に高い金銭的見返りを約束するものである．ここから，教育の効果を人的資本に対する投資として把握する教育投資論が生まれた．

〔歴史・展開〕教育投資論または人的資本論を体系的に提示したのは，シカゴ学派のシュルツ（Schultz, T. W.）『教育の経済価値』（1963年），ベッカー（Becker, G. S.）『人的資本』（1975年）であった．そこでは，教育は*知識や*技能等として労働能力に蓄積され，生産力を上昇させ，各自の将来所得を高める投資的役割を果たすものとされる．教育投資がもたらす効果は，①社会全体の生産性や文化を高める社会的利益，②各自の生涯所得や私的満足の向上等の私的利益，の2つに分かれる．社会的利益に貢献する教育投資は公共財の性格をもつから公的資金で支援されなければならないが，私的利益の増大の形で各人に回収される教育投資は，*受益者負担に基づく各自の自己負担によらなければならない．個々人の所得増加を呼び起こす教育投資は，あらゆる私的投資がそうであるように，各人の自由な選択に委ねられるべきであり，自由な教育市場のもとで進められるものとされる．教育投資論は，こうして，教育の自由化，市場化を進める政策論になり，現代

では，*新自由主義的な教育改革を支える考え方となっている． （二宮厚美）

〔文献〕1）シュルツ，T.W.（清水義弘訳）：教育の経済価値，日本経済新聞社，1964．；2）宇沢弘文：日本の教育を考える，岩波書店，1998．

『教育と社会』 Journal of Education and Soceity

第2次世界大戦後の教育改革初期に発刊された，戦後最初の社会教育専門月刊誌．文部省関係団体である社会教育連合会（当時）によって1946年7月に創刊，1950年2月より『社会教育』に改題され継続発行されて現在に至っている（発行・*全日本社会教育連合会）．創刊号「発刊のことば」によれば，自由と民主の原則に基づく革新と平和的文化国家を建設していく新しい人間の形成を目ざして「従来の社会教育の通弊を打破して新しい社会教育の理論と実践に資せん」として編集が進められた．「新時代の社会教育」や同時期に構想された公民館等に関する論文・情報に限定するのでなく，学校教育を包括する視点をもち，社会科学，哲学，文化論等を含む広い視野から多彩な論説が掲載された．同時にそれまで未発であった社会教育の新しい理論化が追求され，たとえば*宮原誠一「教育本質論」等も本誌（1949年2月号）上で発表されている． （小林文人）

〔文献〕1）全日本社会教育連合会編：教育と社会（復刻版），雄松堂出版，1986．

教育特区 special district for education

2003年に開始された構造改革特区の教育分野適用である．法的根拠は，「構造改革特別区域法」（2002年）および「構造改革特別区域法施行規則」（2003年）による．推進主体は，内閣官房構造改革特区推進室および構造改革特別区域推進本部である．都道府県ごとに指定地域があり，2003年から2007年までに11回175件の認定教育特区を数える．具体的な事例には，構造改革特区研究開発学校，幼稚園入園年齢特例，幼稚園児および保育園児の合同活動，市町村費負担教職員任用，株式会社立学校の認可，市町村教委の特別免許状，高校の公設民営方式の特例，国際化対応，ビジネス人材育成，小中一貫教育，*キャリア教育推進，インターネット高校，*不登校生徒支援推進等がある．いわば，既存の教育法制下で実現できなかった事業を特例として認可推進する*新自由主義的な教育の市場化，*規制緩和実験方策である．かかる実験には，教育学的な疑問も多く出され，また失敗事例も多い．成功事例の実証は，コスト論以外には，必ずしも明瞭ではない．

（姉崎洋一）

〔文献〕1）21世紀教育研究所学びリンク編集部：教育特区ハンドブック，2006．；2）三上和夫：教育特区，教育基本法改正批判（日本教育法学会編），日本評論社，2004．

教育隣組運動（沖縄） neighborhood based education program（in Okinawa）

戦後の沖縄において児童・生徒の教育環境を整備するための地域の組織である教育隣組を結成しその活動を活発にしていこうとする運動．教育隣組は，隣接する10～50戸で構成される．お互いに声をかけあい地域で子どもを育てていこうとする理念に基づき，総会，役員会のほか，*家庭教育学級，親子体育会，学事奨励会，写生大会，海水浴，*ラジオ体操，野球大会などを開催する．大人が中心となって子どもたちの安全を確保し健全育成を目ざすところに特徴がある．そのために，父母のための研修会や子どものしつけについての意見交換会なども多く実施され，日常生活においては，通学路の安全点検や，校外指導のみならず，起床・就寝時間や家庭学習時間を決めて守らせる学力向上運動も多くの教育隣組で行われた．1982（昭和57）年には787団体1万2285人が参加していたが，その後地域子ども会へ移行し現在はほとんどみられない． （宮城能彦）

〔文献〕1）沖縄県教育委員会：沖縄の戦後教育史，1977．

教育の機会均等 equality of educational opportunities

教育に対する機会が等しくすべての者に与えられなければならないという，教育制度上の基本原理の1つ．

〔日本における「教育の機会均等」規定の成立〕戦前日本では，経済的*貧困による就学猶予・免除が認められ，「複線型」教育制度により経済状況や性別等によって教育機会が限定されていた．「教育の機会均等」原則は，戦後日本国憲法，*教育基本法制定によって成立した．憲法第14条（法の下の平等），第26条（教育を受ける権利）を受け，教育基本法第3条に「すべて国民は，ひとしく，その*能力に応ずる教育を受ける機会を与えられなければならないものであって，人種，信条，性別，社会的身分，経済的地位又は門地によって教育上*差別されない」「国及び地方公共団体は，能力があるにもかかわらず，経済的理由によって修学困難な者に対して，奨学の方法を講じなければならない」と規定された．

〔「ひとしく」「能力に応じて」〕「ひとしく」保障するとは，教育への権利が無差別平等にすべての国民の権利として保障されることである．これは機械的な教育機会の提供ではなく，「能力に応じて」という文言が示すように，個々の子どもの能力の発達の状況に応じて，内容や方法に十分な配慮がなされた教育が，すべての子どもに行われることを意味する．必ずしも同一の内容や方法で教育が行われることではない．高度経済成長期以降の能力主義教育政策の展開過程で，「能力」があると判断される者と「能力」が低いまたはないと判断される者には別の教育を与えようとする解釈が主張され，「学力」による子どもたちの選別と選抜が行われた．しかし，「教育の機会均等」はすべての人間にその能力や発達の必要に応じて発達の可能性を現実化する手だての保障と捉えられる．

〔修学保障〕教育基本法第4条第3項は，経済的な理由によって修学が困難な者に対して奨学金制度，就学援助制度等，修学の方法を講じることを国と地方公共団体に義務づけている．

〔「結果の平等」と「教育の機会均等」〕日本では1970年代以降*障害をもつ子どもおよび「能力」以外の要因がもとで結果として*教育権を剥奪されている子どもへの教育権保障運動が進路保障等と結びついて展開された．米国では，1970年代コールマン(Coleman, J. S.)の整理をもとに，伝統的な「教育の機会均等」概念に対して，教育の結果に及ぼす効果の平等化をさす「結果の平等」という概念が登場した．教育の結果が社会にある各グループ間で同一の状態になったときに教育の機会均等が達成されたと判断される「結果の平等」は，日本では個々の子どもたちの発達を保障する概念として期待されたが，*受容する者によって理解に混乱が生じた面もある．「教育の機会均等」をめぐっては，いくつかの課題がある．「能力」が家庭の経済的文化的水準によって影響を受けるため結果として差別されていることへの対応，障害をもつ子どもたちへの「能力に応じる教育」の内容・方法・形態の具体化，日本に住む外国人，外国に住む日本人の教育機会への対応等である．

〔国際的合意文書と課題〕*世界人権宣言や経済的，社会的および*文化的権利に関する国際規約は，すべての者の教育への権利，中等・高等教育における機会の均等開放を謳う．*ユネスコ1976年勧告は「教育的に最も恵まれない集団」に対する最優先の成人教育提供を，サラマンカ声明は，ハンディをもつ者に対する公正な機会の提供を謳う．ユネスコ成人の学習に関する*ハンブルク宣言(1997年7月)が「生涯を通じて教育権と*学習権の承認は，これまで以上に必要なものになっている」「学習機会に接していない人々や学習機会から排除されている人々も含めてすべての人々に対して学習機会を提供することは，最も緊急な関心事である」と述べているように，それぞれの学習者にとって必要な学習を可能とする教育の機会の提供が求められる．

(遠藤由美)

〔文献〕1) 渡部昭男：格差問題と「教育の機会均等」，日本標準ブックレット，2007.；2) 苅谷剛彦：教育と平等，中央公論新社，2009.

教育の社会化と社会の教育化　socialization of education and educationalization of society

〔定義〕ドイツの社会教育学と，とりわけ米国の進歩主義教育学の影響を受けて，1910年代の半ば頃から日本の教育界においても主張されるようになった教育論．特に文部省*普通学務局第四課に集まった行政官の社会教育論として論じられたが，教育とりわけ学校教育を社会と結びつけ，学校教育と*社会教育を総合した教改革論としての意義ももった．

〔前史〕*山名次郎は，「教育と社会との関係」に着目して，「教育は社会を教育し社会は教育を輔助する」と両者の関係を述べている．山名は，「社会の教育化」という側面を中心に教育と社会を関連づけ，それを「社会教育の主義」と呼んでいる．山名の社会教育論は，「教育の社会化と社会の教育化」論の思想的な出発点をなしている．

1914年に『帝国教育』誌に「教育の社会化と社会の教育化」と題する論説が掲載された．ここで「教育の社会化」として提案しているのは*学校開放であり，「社会の教育化」として具体的にあげられているのは*通俗教育・社会教育事業である．これ以降，教育雑誌において，「教育の社会化」「社会の教育化」という用語が散見されるようになる．

〔概要〕「教育の社会化と社会の教育化」という用語に教育学的な意味をもたせたのは*川本宇之助である．川本は，1910年代における論調を引き継ぎながら，第1次世界大戦後の教育改造，学校改造が主張される動向の中で，学校教育の近代的な改革と関連づけた社会教育の理念，政策を表現するために，「教育の社会化と社会の教育化」を「デモクラシーの原理」に基づいて再解釈し，新たに提案したのである．

川本によれば「教育の社会化」とは，個人を現代

生活に適応させ，社会を理想的に発展させることに貢献するような人間を養成することをさしている．ここから「デモクラシーの原理」に基づいて，「学校教育を近代化し，学校に生活と社会そのものをいれて学校生活を改造する」ことが主張される．学校改造としての「教育の社会化」論であり，その1つの具体化として「学校教育の社会政策的施設」を提唱した．それは，「貧困児」「精神薄弱児」「不具病弱児」などの「教育保護」を中心とした施策を社会教育として実施していこうとするものであった．一方，「社会の教育化」とは，社会の教育的な組織化であり，「社会一般に対する教育」「狭義の社会教育」である．ここには「学校の社会化」も含まれている．こうして「教育の社会化と社会の教育化」論の文脈においては，社会教育は教育改造の理念としての意味をもったのである．

一方，*乗杉嘉壽は，「学校教育に対する批判としての社会教育」を主張し，学校教育と社会との結合，学校教育の実際化を提唱しながら，社会教育論として「学校の社会化と社会の学校化」を論じた．この論は，学校教育を社会と緊密に結びつけることによって学校教育を改革しようとする議論の延長上に現れてくるのであり，社会教育が学校教育に働きかけることによって学校教育の内容を変えていくとともに，学校機能の社会への拡張などによって社会における教育的施設をより豊かなものにしていくことを意味している．

〔現代の課題〕第四課の時代が終わると，「教育の社会化と社会の教育化」論は誌上でみられなくなった．第2次世界大戦後，*地域教育計画論や*宮原誠一の*社会教育計画論などにその思想は継承されたが，高度経済成長期以降，このような議論は弱まっていった．しかし，*地方分権下において地域教育改革が取り組まれる中で，再びこの論が浮上している．たとえば川崎市の*生涯学習推進計画（1993年）では，「市民が主人公として進めるべき教育改革」の方向として，「教育の社会化」と「社会の教育化」が基本理念として打ち出されている．「教育の社会化と社会の教育化」論の現代的な復権とみることができる．また，今日盛んにいわれている地域に*開かれた学校づくり，*総合的な学習の時間等による*地域学習，地域に根ざした教育改革・学校教育改革なども，その現代的な表現と考えられる．さらに，現代中国の*社区教育においてもこれが1つの理念とされている． (松田武雄)

〔文献〕1) 松田武雄：近代日本社会教育の成立，九州大学出版会，2004.

教育福祉 education welfare

〔意味〕「教育福祉」の概念とは，社会的に困難を抱えている人々が等しく教育を受けたり学習活動に参加する上で克服すべき現実問題とそれへの取組みを示すものである．と同時に，そうした問題の探究を通して学校教育・*社会教育における*教育権・*学習権保障の人権保障にふさわしいあり方を問う概念でもある．「教育福祉」の用語はそのような意味で一般に十分に定着してはいないが，いずれにしても教育と「福祉（的機能）」にかかわる概念として用いられている．英国や米国などでは，学校教育において学習活動を補完する特別な配慮や条件整備として 'education welfare' ないし 'school social work' が取り組まれてきた．日本では，1970年代に*児童福祉の対象となる子どもたちの教育権保障の問題として「教育福祉」の概念が提起され，さらに，子どもたちを含む社会的に困難を抱えている人々の教育権・学習権の実質的平等保障の問題として用いられてきている．

〔問題領域〕教育福祉の対象となる現実の問題は多岐にわたる．子どもの教育権・学習権保障にかかわる問題では，まず児童虐待など健やかな*家庭教育保障の問題がある．いわゆる「保育に欠ける」すべての子どもの保育保障（*学童保育を含む），乳児院・児童養護施設・*児童自立支援施設・障害児施設など児童福祉施設で生活している子どもたちや生活保護世帯など貧困家庭や*不登校の子どもたちの発達・学習・教育保障，特別ニーズ教育（「*特別支援教育」）の具体的な保障，アメラジアンなどバイカルチャーの子どもたちや*在日外国人の子どもたちの教育保障の問題，さらに，地域格差の問題を含めて地域における子育ち・子育て条件の問題，また，学習意欲にかかわる学校教育の選別体制の問題などである．学校教育に関しては，子どもたちそれぞれの発達の必要に応ずる就学権と修学権の保障が同時に追求される必要がある．それらは*青年期の教育権・学習権保障の問題にも連なっている．*フリーターや*ニートといわれる青年たちが人生の主人公となるための教育・学習の保障の問題も実践的な課題となっている．

成人の教育権・学習権保障に関してはさらに多くの困難を抱えている．経済的文化的な階層の低さや能力発達の遅れや民族的・歴史的・社会的人権侵害が，そのような状態に置かれた人々の社会的な地位

や文化的な環境を押し下げ，学習や教育に対する能動的な意欲の向上を抑える要因となっている．今日の日本社会では，労働市場における非正規雇用の増大と労務管理における競争主義の導入が，職場における人間形成を困難にし格差社会・孤立社会が深刻さの度合いを強め，精神病理的な事件の多発にも連なっていると考えられる．そうした事態を克服するためには，社会の複雑化に伴って成人の職場や地域における教育・学習がその必要に応じて適切に保障されることが求められ，公的社会教育を含めて成人の教育・学習活動はさらに充実した展開が必要とされている．人口高齢化への対応も急務である．

〔課題〕今日，行政と民間（市民個人，民間企業，民間組織）との協同による運営・組織化を進めることを通して，社会教育における新しい*公共性を追求することが課題となっている．しかし，社会的格差の拡大は，教育権・学習権保障にも大きく影響をもたらしている．高等教育進学率の停滞，経済的理由による退学者の増加にも端的に現れているが，社会的困難を抱える人々の社会教育における学習活動への参加はますます困難とならざるをえない．新しい公共性の追求の課題は，多様かつより困難な教育福祉の問題への対応を迫られている．すべての人々の人権保障にふさわしい教育権・学習権保障を学校教育・社会教育において実現することが，教育福祉の課題である．

(高橋正教)

〔文献〕1）小川利夫：教育福祉の基本問題，勁草書房，1985.；2）小川利夫：社会福祉と社会教育（小川利夫社会教育論集Ⅴ），亜紀書房，1994.；3）小川利夫・高橋正教編：教育福祉論入門，光生館，2001.

「教育四法」民立法運動（沖縄） Citizen's Movement for the Regislation of Four Educational Laws (in Okinawa)

*教育基本法をはじめとする「教育四法」は，日本の戦後民主教育の法的根拠をなすものとして，1947年（*社会教育法は1949年）に公布された．しかし沖縄には憲法が適用されず，教育は米国民政府布令（琉球教育法）」（1952年）等による「布令教育」が行われた．こうした植民地的な教育状況に抗して，1952～53年頃から沖縄の自主的な立法運動が芽生えてくる．それはやがて，異民族支配に対する諸権利要求の様相を帯び，復帰運動へつながる民族主義的な教育運動として展開していった．

〔三度目の提案〕1955～56年にかけて，軍用地のための強制土地接収に反対する「島ぐるみ闘争」や住民の諸権利闘争が高まる中で，民立法運動もそのピークを迎える．すでに1954年には，*琉球政府部局内で検討されてきた「教育四法」の骨格がほぼまとまっていた．琉球政府文教局は関係部局との審議・調整を経て，同年4月に立法院に民立法要請案を提出し，民立法の最終提案に向けての審議がなされた．こうして「教育四法」は，1956年1月に立法院の可決を得て一括提案されたが，結局2度にわたって廃案となった．廃案の真の理由は，民立法の自治権拡大と復帰運動への影響を恐れたこと，特に基本法冒頭の「日本人として…」という文言が標的にされた．しかし，ねばり強い民意を後楯に1957年に3度目の提案がなされ，米国民政府側も，これ以上の「拒否」は占領政策上かえって不利と判断し，承認に踏み切った．

〔特筆すべき民立法化〕「教育四法」の民立法化は，住民が主体的に闘い取ったという意味で，戦後日本教育史上特筆すべきものであった．それは後の沖縄教育の展開に大きな自信を与えた．法的裏づけを得た社会教育においては，字公民館等を拠点に地域に根ざした活動が活発化し，住民の*地域づくりの運動も高まっていった．これらの諸運動は同時に，念願の日本復帰に向けての大きな力ともなった．

(平良研一)

〔文献〕1）小林文人・平良研一編：民衆と社会教育－戦後沖縄社会教育史研究－，エイデル研究所，1988.

教育老年学 educational gerontology

〔歴史的背景〕老年学の下位領域で，成人教育と社会老年学が合流した学問領域である．*エイジングと生涯学習を結ぶ学問だともいえる．1970年に，ミシガン大学大学院で*マクラスキーらによって，教育老年学のプログラムが開設されたのがその発端だとされている．1976年には雑誌"*Educational Gerontology*"が刊行されるが，その創刊号で*ピーターソンは，教育老年学を中高年層に対する教育的作用の研究と*実践と捉えた．そこには，「高齢者のための（for）教育」「高齢者やエイジングに関する（about）教育と研究」「高齢者にかかわる*専門職者への教育的準備」「一般市民へのエイジング問題の啓発」という視点があるが，これらに加えて「高齢者による（by）教育」の視点も必要であろう．英国では，1980年代にグレンデニング（Glendenning, F.）によって教育老年学が提唱された．彼の論の特徴は，ピーターソンの論を下地にして，狭義の教育老年学と老年学教育とに分けた点であろう．

〔理念〕米国の教育老年学の理念は，ムーディ

(Moody, H. R.)とマクラスキーの論の影響を受けている．ムーディは，米国における高齢者教育観の段階説（拒否・社会サービス・参加・*自己実現）を説き，その過程に，高齢者が教育の客体から主体へと変わる契機を重ねた．マクラスキーは，教育の視点が高齢者を前向きにし，その生活の質を向上させると説いた．

〔内容〕教育老年学の研究領域としては，エイジングプロセスの研究，エイジングと教育・学習の関連の研究や高齢者への学習支援の研究などがある．実践領域としては，*高齢者教育や専門職者への老年学教育などがある．青少年や成人初期の者に対するのとは異なる教育の論理，福祉や医療などと異なる教育の論理を考えることが重要な課題であろう．

⇨老年学　　　　　　　　　　　　　　（堀　薫夫）

〔文献〕1) 堀薫夫：教育老年学の構想，学文社，1999.；2) 堀薫夫編：教育老年学の展開，学文社，2006.；3) Sherron, R. H., Lumsden, D. B.: *Introduction to Educational Gerontology* (3rd ed.). Hemisphere, 1990.；4) 堀薫夫：教育老年学と高齢者学習，学文社，2012.

共感的理解　⇨カウンセリングマインド

教護　juvenile reform

現在，*自立支援と呼ばれる，不良児に対する社会福祉援助の前身となる言葉である．不良児を専門的に援助する*児童自立支援施設は，1998 年の改正児童福祉法の施行までは，教護院と呼ばれた．その施設の*実践の総称が教護であり，その施設の*専門職員のうち男性を教護，女性を教母と呼んだ．

教護という言葉の起源は，1933 年の少年教護法により，*感化教育と呼んでいた不良児に対する教育を教護という言葉に変えたことに遡る．教護は「教育および保護」という意味である．1947 年の児童福祉法では，少年教護法の教護という言葉をそのまま使用し，少年教護院を児童福祉施設の 1 つとして教護院と名付けた．　　　　　　　　　　　　（藤原正範）

〔文献〕1) 藤原正範：児童自立支援施設—その歴史から考える—．児童自立支援施設の可能性（小林英義・小木曽宏編），pp. 14-75，ミネルヴァ書房，2004．

共催　⇨主催・共催・後援

共生　symbiosis

〔人間社会での「共生」概念〕生物学での「共生」とは区別される，「人間と自然の共生」「人間と人間の共生」においては，「共生」とは，*差異のあるもの，異質なもの同士がその多様性の「共存」を認め合うということにとどまらず，対等性をもち相互の間に*コミュニケーションがあり，豊かな関係性をつくり上げていくことである．その際に，差異や異質性をもつ人との共生の場合，*差別の問題を伴うことが多いので，人権保障や差別・不平等の解消という視点が必要とされるとともに，それを可能とする社会制度やシステムまでその視野に入れなければならない．

〔背景と留意点〕もともと生物学で用いられていた用語だが，1980 年代以降，様々な領域で用いられ*受容されていった．それは，現代社会における矛盾や対立，差別や不平等を克服・解決する上で，新しい理念・概念が求められていたからである．また，日本社会の同質化傾向や競争原理への批判として，共生理念が対置されてもいる．人間社会での共生概念は理念的，規範的に用いられている．その意味内容も多様で，「棲み分け」「共存」「調和」「協調」の意味で用いたり，そうした意味を重ねたりしている場合もある．曖昧に用いられる場合も多く，共生という用語を使うことでむしろ問題の本質が覆い隠されることもある．用いる領域としての妥当性の検討や，それぞれの領域に即してその意義や内容を明確にする必要があろう．一方，共生理念と共同理念の相互補完性に着目した「共生・共同の理念」が提唱されていることも，共生を考える上で示唆に富むものであろう．

〔社会教育の分野〕*社会教育の分野では，「多文化共生」「多民族共生」として用いられることが多い．日本人・外国人住民の対等な関係が観念的・抽象的レベルにとどまらず，権利保障や差別解消などの問題までその視野に入れて，学び*実践することが必要であろう．　　　　　　　　　　　　　　（浅野かおる）

〔文献〕1) 小内透：教育と不平等の社会理論，東信堂，2005.；2) 尾関周二：現代コミュニケーションと共生・共同，青木書店，1995.；3) 野元弘幸：外国人の子どもたちの排除の構造と対抗的教育実践の原理．社会的排除と社会教育（日本社会教育学会編），東洋館出版社，2006.

行政改革　administrative reform

政府や自治体の組織や機能を改革することをさす．戦後日本において行政改革が本格的に取り組まれた端緒は，1980 年代の鈴木内閣〜中曽根内閣期にあるといわれる．膨大な歳入欠陥を背景に，首相直属の第三者機関として設置された第 2 臨時行政調査会（1981 年に設置）の提言のもと，「増税なき財政再建」の実現に向け，予算のゼロシーリングが打ち出

され，抜本的なアウトソーシング（国鉄の分割・民営化，電電公社と専売公社の民営化など）が実施された．改革提言は，その後の3次にわたる臨時行政改革推進審議会（1983年，1987年，1990年設置）などに継承されるが，それを貫く論点は，いかに中央政府をスリム化し，行財政の無駄を省くかということにあった．

その後，行政改革委員会（1994年設置），行政改革会議（1996年）から今日へと続く，平成以降の行革論議では，上述の論点に加えて，変貌する内外情勢に対応しうる中央・地方政府を再構築するという観点や，行政と政治との関係の見直しという観点（政治改革）が強調される中，官民役割分担の明確化（*規制緩和），地方への権限移譲（*地方分権）が進められている．

(石井山竜平)

〔文献〕1) 佐々木信夫：自治体をどう変えるか，筑摩書房 2006.；2) 行政改革委員会事務局編：行政の役割を問いなおす 大蔵省印刷局 1997.；3) 折原出：行政改革と調整のシステム（行政学叢書8），東京大学出版会，2009.

矯正教育　correctional education

非行少年や犯罪者を対象に，主として，*少年院・*刑務所・*児童自立支援施設など矯正施設内外で行われる教育活動．「少年院法」（1948年），「刑事施設及び被収容者等の処遇等に関する法律」（2005年）に規定される．在院者の犯罪的傾向を改善し，社会適応力を身につけさせることを目的に，生活指導を中核として，教科教育・職業補導・適切な訓練・医療の方法を通して行われる．作文・面接など個別指導，集団討議・共同作業など集団指導および心理療法を通じて，自己の問題性を洞察し，自己統制力や協調性，社会適応力を養う．矯正教育を担う職員以外に，法務省から委嘱された篤志面接委員や保護司など，地域の*更生保護ボランティアの役割が大きい．また，社会復帰の円滑化を進め，非行・再犯の環境的要因をなくすために，青年ボランティア組織である日本BBS連盟や日本更生保護女性連盟の各地区活動等が，地域社会の協力や理解を促す活動を展開している．

(西原亜矢子)

〔文献〕1) 財団法人矯正協会編：矯正教育の方法と展開，財団法人矯正協会，2006.

行政の文化化　⇨文化行政

共同・協同・協働　collective, cooperation, collaboration

複数の個人あるいは集団間にみられる相互関係を表した形式である．「共同」と「協同」が主として組織のあり方を示しているのに対し，「*協働」は，参加する個人や集団がともに協力する様相にその重点が置かれている．

歴史的には，「共同」が近代以前からの相互依存的な人間関係や集団関係を表しているのに対し，「協同」は，自立した個人や集団を前提とした協力関係を主に示している．故に「共同」は自治会や*青年団などの地縁的・団体的組織を基盤に形成され，その中から「*共同学習」理論も生まれている．一方「協同」や「協働」は様々な*協同組合や*NPO活動，*市民活動*ネットワークなど，*差異をもちながらも互いの個別性を失うことなく共通問題の解決を目ざし，力を合わせる組織活動である．

また「共同」は，地域社会をも意味するが，「協同」や「協働」の*実践の場でもあり，その成果を活かし広げ，発展させていく舞台でもある．そのように考えると，改めて「共同」の重要性とあり方が問われる必要がある．

(内田純一)

協働（パートナーシップ）　collaboration (partnership)

各々が責任と役割を担い，共通の目的の実現に向けて協力して取り組む実際的な*労働である．「ともに働く」行為そのものに注目し，立場の違う個人や組織が互いの特性を尊重しつつ補完・協力する関係を説明する際に用いられる．

〔概観〕地域の自治能力が強く求められる*地方分権の時代では，地域の自立や公共的な問題の解決に向けて行政・企業・*市民社会組織が協働することの重要性が叫ばれている．特に，1990年代中葉以降，行政と市民社会組織の協力関係が強化される中で，両者の「協働（パートナーシップ）」は全国自治体のまちづくりに共通するキーワードとなった．同時に，*特定非営利活動促進法（NPO法，1998年），介護保険制度（2000年），*指定管理者制度（2003年）等の制定を通して，市民社会組織の役割を明確化するための体制整備が進められている．

〔生涯学習時代の協働〕*生涯学習審議会答申「社会の変化に対応した今後の*社会教育行政の在り方について」（1998年）では，*社会教育関係団体，民間教育事業者，*ボランティア団体をはじめとする*NPOや民間の諸団体との協働の中に新たな社

会教育の方向性を求めている．また，*学社連携・学社融合として展開してきた地域と学校の協力的な取組みを，より積極的・主体的な参加に基づいた協働へと発展させることが求められている．

〔課題〕協働の前提となるのは，自立・自律的な個人および組織の確立である．よって，協働文化が定着するためには，固有の*他者性を認識しつつも，常に自らの*実践を反省的に振り返ることのできるような個々の成長と相互承認の意識的編成が不可欠となる．このような契機がないままに単なる公務労働の代替者（下請け）として市民社会組織が位置づけられるのであれば，協働の内実が自由な競争的個人・組織を前提とした契約関係に矮小化されることが危惧される．
（大高研道）

〔文献〕1）宮﨑隆志編：協働の子育てと学童保育，かもがわ出版，2010．

共同学習 collective learning
〔定義〕日本の*社会教育における固有の学習理論である．諸説あるが，一般的な定義としては，少人数のグループによる話し合いを中心とした学習方法論であり，対等な関係の中で，生活の実態から課題をみつけ，メンバーが*経験を踏まえた意見を出し合いながら解決のための方法を考え*実践に移す一連の学習活動である．もともとは青年の学習や女性たちの*小集団学習の方法として広がり，今日なお*青年団活動や*女性問題学習などの場面で用いられている．

〔歴史の概観〕用語としての共同学習の初出に関してはいくつかの説があるが，記録に残されているものとしては1952年の青年団の研修プログラム等があり，当時日本青年団協議会（日青協）を中心とした*青年学級法制化反対運動の中で，代替案として提唱されていたことが日青協の議事録に記録されている．学習理論としての定式化は何人かの研究者によって試みられているが，一般的には1954年*吉田昇による「共同学習の本質」が嚆矢とされる．共同学習論の特徴は，主体と客体の権力的な構造に立つ戦前の教育への対抗概念として生み出されたところにある．具体的には，対等性と平等性に立った「共同性」と「話し合い」による学習という点である．吉田による理論は明らかに，*デューイの「思考の方法」を1つのベースとしているが，それを個人にのみ還元するのではなく，共同の力で進め共通の価値を創造することで社会の変革を志向していることが重要である．ほぼ同じ時期，稲取町の実験婦人学級での実践等を軸とした共同学習の定式化が三井為友によってなされている．1950年代，青年運動や*婦人学級などで盛んに共同学習は実践されたが，1960年代に入ると，社会の急激な変化の中で歴史社会的な文脈で問題を把握するために系統的な学習が必要であるとされ，共同学習の経験主義は「這い回り」として批判された．1970年代以降，*公民館におけるいくつかの学習実践が「新しい共同学習」として捉えられた．特に国立公民館を中心とする婦人問題学習の場面や，長野県松川町における*健康学習の実践は，学習者，職員，助言者もしくは学習支援者によるかかわりによって，学習そのものが共同の知として創造されるプロセスが重視され，現在の省察と関係性を重視する成人学習理論の先駆けとして*評価されている．

〔現代的な意義〕現在なお，*青年問題研究集会や女性問題学習の場面で共同学習という言葉は生きている．互いの経験に学びながら，共通の価値を創造していく営みには，時代の変化を超えた特徴があり，それは*フレイレによる「*対話」を軸とした教育学と類似性を認めることができる．1人ひとりの現実から出発して，社会的・歴史的な文脈を踏まえて問題を抑え直すことによって，共通の課題として捉え直し，解決を志向するということは，直接の参加による共通文化の創造につながる可能性をもつ．
（矢口悦子）

〔文献〕1）日本青年団協議会青年団研究所編：共同学習の手引き，日本青年館，1954．；2）社会教育基礎理論研究会編：叢書生涯学習Ⅱ　社会教育実践の展開，雄松堂出版，1990．；3）日本社会教育学会編：現代公民館の創造，東洋館出版社，1999．

協同学習 cooperative learning
少人数の学習集団を中心とした学習方法であり，自分と*他者の学習を最大限に高め，共通の学習目標を達成するために，メンバー1人ひとりが相互に助け合いながら積極的に学習課題に取り組む学習活動である．さまざまな教育プログラムで活用されている．協同学習の利点は，学習の習得だけではなく，その過程において，学習者間での対人関係のスキルの習得があり，*受容や援助などの協調的な「相互依存関係」を生み出すことである．

日本においては，1950年代に，青年の学習において，「*共同学習」の実践があり，小集団がもつ積極的な学習機能に目が向けられ，農村青年，婦人団体，職場などで，小集団による学習活動が盛んに取り組まれた．これは，日常生活で直面する共通の問題発見とその問題解決を軸に，共通の目的を実現するた

めの連帯を生み出す協同的な過程を含んだ学習として捉えることができる.

⇨小集団学習, 共同学習　　　　　（猿山隆子）

〔文献〕1）ジョンソン, D. W. ほか著（松江修治ほか訳）：学習の輪—アメリカの協同学習入門—, 二瓶社, 1998.

協同組合　cooperative

おおむね19世紀以降に発展してきた, 農民, 消費者, 中小業者, 労働者などが自らの経済的要求を実現し社会的地位を高めるために協同して経済活動や社会活動を行う組織.

〔概観・経緯〕欧米では英国の消費組合, ドイツの信用組合, デンマークの酪農組合, 米国の農産物販売組合などがそれぞれ独自の発展を遂げてきた. とりわけ1844年に創設された英国のロッチデール公正先駆者組合（Rochdale Equitable Pioneers Society）は先駆的な意義を有し, その活動を通して定立したロッチデール原則は協同組合の原則として世界的に普及した. またオーエン（Owen, R.）やマルクス（Marx, K.）, エンゲルス（Engels, F.）, レーニン（Lenin, N.）らは協同組合についてそれぞれの世界観を基底に置いて検証し, 論点を提示した. 1895年の国際協同組合同盟（International Co-operative Alliance：ICA）設立を契機に協同組合相互の世界的交流が広がった.

1995年, マンチェスターで開催されたICA創立100周年記念総会では「ICA アイデンティティ声明」と「宣言」が採択され, 変貌しつつある協同組合に関する「最大公約数」ともいえる共通理解と課題が提示された. 「声明」では, 協同組合は人々の自治的な組織であり, その目的は共同で所有し民主的に管理する事業体を通じて, 共通の経済的, 社会的, 文化的なニーズと願いをかなえることにあるとし, その実現のために, 自発的で開かれた組合員制, 組合員による民主的管理, 組合員の経済的参加, 自治と自立, 教育・研修および広報, 協同組合間の協同, 地域社会への関与（concern）, という7つの協同組合原則を提示している. これらはロッチデール原則を継承しつつ, 協同組合の民主的管理と組合員の経営参加についての積極的な提起を含み, さらに組合員の主体的力量の向上を目ざす教育活動, 協同組合間協同の意義などとともに, グローバル化に対応した"地域社会への関与"を新たな原則として位置づけている.

〔現状〕日本では1900年の産業組合法の制定を契機にして農村における*産業組合が政策的な指導のもとで急速に普及したが, やがて戦時統制によって中断し, 第2次世界大戦後改めて協同組合としての法制化がなされた. 具体的には*農業協同組合法（1947年）, 水産業協同組合法（1948年）, 中小企業等協同組合法（1949年）, 消費生活協同組合法（1952年）が相次いで制定された. これらに基づいて協同組合が主として*職業ごとに組織されると同時に, 共通の目的として, 組合員への奉仕を目的とし営利を目的としないこと（非営利の原則）, 組合員の経済的・社会的地位の向上を図り, あわせて国民経済の発展を期すること（協同組合の公共的性格）を掲げている. さらに関連法として信用金庫法（1951年）, 森林組合法（1978年）などが制定され協同組合に準じて位置づけられた. いまや協同組合は国民経済と地域社会の担い手の養成と支援において必須の役割を果たしている.

〔課題〕グローバル化のもとで, 社会的格差が階層的・地域的に拡大する中で, 地域に活動の基盤をもつ協同組合が*地域づくりに果たす役割はますます重要になっている. たとえば, "食の安全・安心"にかかわる農協（*農業協同組合）, 漁協（漁業協同組合）, 生協（*生活協同組合）の協同組合間協同, 漁協や森林組合にみられる環境問題への取組み（植樹など）をはじめとして, 協同組合は, 今後, 持続可能な社会の発展を目ざす地域づくりの活動において幅広い可能性をもっている. 1998年に*特定非営利活動促進法（NPO法）が制定されて以降, *NPOが急速に展開しつつある中で協同の概念や形態もさらに広がりつつある. またヨーロッパにおける協同組合の広がりのもとで, 協同組合について, 非営利組織, NPO, *NGO, *社会的経済（social economy）, 生涯学習, *ボランティア活動などとの協同について検証すべき課題も多い.

　　　　　　　　　　　　　　　　　　（山田定市）

〔文献〕1）協同組合学会訳編：21世紀の協同組合原則, 日本経済評論社, 2000.；2）バーチャル, ジョンストン（都築忠七監訳）：国際協同組合運動, 家の光協会, 1999.；3）吉田寛一ほか編：食と農を結ぶ協同組合, 筑波書房, 2006.

共同店（沖縄）　community shop (in Okinawa)

基本的に集落の住民すべてが出資して運営する小売店. 地域によっては共同売店, 協同店, 売店, *協同組合ともいう. 集落（字）の自治会が直接経営する場合と集落の選出された構成員に請け負わせる場合がある. 1906年に現在の沖縄県国頭村奥集落で設立され, その後沖縄の各集落で模倣・設立されていった. かつては収益を集落の自治運営の資金・寄付金として活用. 医療費の貸し付けや奨学金の貸与

なども行っている共同店もあったが,「本土復帰」以降,過疎化や近郊都市への大型店舗の進出等で共同店の経営は困難で,店舗数は減少を続けている.しかし,現在でも車をもてない高齢者にとっては必要不可欠な場で,物を買うだけでなく,情報交換の場,憩いの場としての機能を果たしている.共同店が単なる売店ではないという意味でも,過疎化の問題を抱える中山間地域の暮らしを支えるための有効な機関として全国的にも注目を集めつつある.

(宮城能彦)

〔文献〕1) 宮城能彦:共同売店―ふるさとを守るための沖縄の知恵―,沖縄大学地域研究所,2009.

郷土教育運動 movement for education on local study

昭和恐慌が深刻化した 1930 年代に文部省・師範学校で提唱され,教育界で*実践された教育運動.
〔目的〕児童・生徒が生まれ育った地域社会である郷土の中から教材を求め,直感的・*経験的な学習を行うという,教授上の方法原理の観点から実践されてきた従来の郷土教育からさらに一歩踏み込み,郷土を生活や社会を理解する基礎や教育の目標として教授上に位置づけ,すべての学科を郷土に直結して教材化し,児童に眼前の郷土を正しく理解させ,かつ愛郷心（郷土愛）や愛国心を涵養することをも目的とした.
〔運動の経緯〕1930 年,文部省が義務教育年限延長問題の延期により生じた師範教育費補助を財源とした郷土研究施設費を全国の師範学校へ交付し,あわせて師範学校規程地理科に「地方ノ風土ニ関スル沿革及情報ヲ理解セシメ,且教授法ヲ授ク」ための「地方研究」を課し,①「郷土研究」の方法を身につけた「地方事情」に詳しい優秀な師範学校生徒を養成,②師範学校生徒が赴任先の小学校で「地方の実際生活に適切な教育」を実践して児童・生徒に正しい郷土意識を育成することを意図したことから始まる.この結果,郷土教育は,府県*教育会や小学校で実践されるとともに,教育ジャーナリズムでも流行し,各地で郷土読本,郷土学習帳,郷土誌などが作成された.
〔運動の終焉〕1937 年 3 月に改正された師範学校教授要目において,従来の教授要目にはみられなかった「愛国心ノ涵養」「愛郷心ノ涵養」という語句が明記されると,郷土教育運動は愛郷心や愛国心の涵養を目的とし,郷土を感情的・観念的に「体認」することが重視された.そして,半年後に始まる国民精神総動員運動においては,「尽忠報国ノ精神」を涵養する教育運動として実践されるようになった.

(伊藤純郎)

〔文献〕1) 伊藤純郎:郷土教育運動の研究, pp.1-470, 思文閣出版, 1998.; 2) 伊藤純郎:増補 郷土教育運動の研究, pp.1-505, 思文閣出版, 2008.; 3) 伊藤純郎:歴史学から歴史教育へ, pp.1-264, NSK 出版, 2011.

郷土博物館 museum of local history and artifacts

〔概要〕市町村等が設置した博物館で,郷土に関する資料をベースとした,歴史博物館もしくは総合博物館をいう.*棚橋源太郎は,市町村が建設した博物館を「郷土博物館」,郡や府県が建設した博物館を「地方博物館」とエリアによって区分し,郷土博物館の収集資料については,郷土の歴史・考古・民俗・工芸・美術等の人文方面に重きを置くように思われがちであるが,科学・産業方面の資料も看過してはならないとしている.
〔歴史〕明治時代のドイツ学制の導入に伴って,*郷土教育運動とともに広まった博物館である.1910 年以降,小学校付属施設などとして広まり,1930 年代前半を中心に県や市町村に設置が進んだ.海外植民地にも建設され,愛国心やナショナリズムの高揚に利用された.
〔現状〕3 年に 1 度*文部科学省が実施している*社会教育調査の博物館分類や,法的用語の中にはない.*日本博物館協会が実施している博物館調査には「郷土博物館」の分類区分があるが,あくまでも博物館側の自己申告による分類で,その名称には,郷土館・郷土資料館・郷土室・*市民文化センター・天守閣などが含まれる.自然系および人文系資料を合わせもった総合博物館が最も多く,人文系資料のみをもつ*歴史系博物館がこれに次ぐが,自然系資料のみの郷土博物館というのはほとんどない.

日本博物館協会編の『全国博物館総覧』によれば,「郷土」の名を冠する博物館は全体の約 10% を占め,中でも東日本の北海道・東京・静岡・長野・岐阜の 5 都道県で全国の 40% 以上を占めている.

(浜田弘明)

〔文献〕1) 棚橋源太郎:郷土博物館, 刀江書院, 1932 (伊藤寿朗編:博物館基本文献集第 2 巻, 大空社, 1990 所収).; 2) 浜田弘明:博物館の中の郷土―「郷土博物館」の成立と展開を巡る覚え書き―. 学際研究, **3**, 37-54, 1993.

郷友会（きょうゆうかい，ごうゆうかい）（沖縄，奄美） *kyoyukai/goyukai* group

古里を同じくする者が移住先で結成した組織で，主に沖縄や鹿児島県奄美諸島出身者にみられる．各集落（字・シマ）単位のものが基本だが，遠隔地になると市町村単位で結成される．相互扶助を主な目的とし，定期総会のほか新年会，忘年会，生年・成人祝，*運動会，ピクニック，会報の発行等を行うところも多い．郷友会の最大の結成動機は郷土愛である．そのため母村とのつながりが強く郷土の各種行事にも参加・協力し，開発・環境問題などに積極的にかかわることも少なくない．過疎化が進んだ地域においては，郷友会の協力なしに各種行事を行うことができなくなっている．郷友会は，都市で結成されるのみならず八重山諸島の開拓移住者や集落のすべてを米軍用地に接収された人々が移転先で結成する場合もある．「古里」での生活経験をもたない「二世」以降が主流になるにつれて郷友会がどのように変化していくのかが注目される． （宮城能彦）

〔文献〕1) 石原昌家：郷友会社会—都市のなかのムラ—，ひるぎ社，1986．

教養 英 culture, 独 Bildung, 仏 culture

〔古代ギリシャと教養の思想〕人間が人間としての理想像（内的な価値）を意識し人間形成することを教養という．その理想的価値は，古代ギリシャのホメーロス（Homēros）の叙事詩『イリアス』『オデュッセイア』（紀元前8世紀頃）において，貴族主義的な「アレテー（英雄的行為・卓越性）」として意識される．農民詩人ヘーシオドス（Hēsiodos）は『労働と日』（紀元前700年頃）において，廉恥（アイドース）と義憤（ネメシス）を失った「現代」のこととして，「正義（ディケー）」という内的価値の普遍性について歌っている．さらに時代が下ってから，この教養の観念がパイデイアーと呼ばれるようになったとされる．プラトン（Platōn, B.C. 427-B.C. 347）は『メノーン』『国家』『パイドロス』などの諸*対話篇で，人間の魂（プシュケー，soul）の本性（フュシス，nature）と教育（パイデイアー）について画期的な探究を行い，人間の魂は「理知」「気概」「欲望」の3つの部分からなるとし，正義とはそのそれぞれに本来の役割を果たすようにさせ，調和させ，自らが自らをよく支配し（アルコー, control）完全な意味で「1人の人間」になることだと述べ，「知恵」「勇気」「節制」「正義」という徳（魂の優秀性＝アレテー）を総合的なものとして論じている．

〔教養思想の復興と継承〕パイデイアー（教養）は，ラテン語でフマニタス（humanitas）と訳されヒューマニズム（人文主義）の思想（人間の本性の思想）として継承されていく．ルネサンスにおいて古代ギリシャ・ローマの思想と文芸が再発見されていくが，ジョヴァンニ・ピコ・デッラ・ミランドラ（Pico della Mirandola, G., 1463-94）の『人間の尊厳について』は人間の自由意志の根源性を述べている．モラリストとして知られるモンテーニュ（Montaigne, M. de, 1533-92）が残した『エセー』は，真に自己の精神をもってギリシャ・ローマ古典と格闘した記録である．ルソー（Rousseau, J. J., 1712-78）の『エミール』やペスタロッチ（Pestalozzi, J. H., 1746-1827）の『隠者の夕暮れ』は，人間の本性認識に基づいた教育・教養論の結晶である．またライシーアム運動に参加したソロー（Thoreau, H. D., 1817-62）は，その著『ウォールデン—森の生活—』で教養教育を民衆とつないで論じている．新渡戸稲造（1862-1933）の『武士道』は，徳論による教養というものの存在の主張である．

〔歴史的試練〕文芸復興の大きなうねりは，18世紀後半にドイツにおいて新人文主義（Neuhumanismus）の運動として起こる．ゲーテ（Goethe, J. W. von, 1749-1832），シラー（Schiller, F. C. S., 1759-1805），フンボルト（Humboldt, K. W. von, 1767-1835）らが活躍するが，人間性を形成するというビルドゥング（Bildung, 教養）の思想が重視された．しかしギムナジウム・大学で学ぶ少数のエリートが「教養市民層」を形成したことは，第1次世界大戦とナチズムの要因になったとされる．日本では明治以降，英国上流階級のジェントルマンの教養観とドイツの教養観とが取り入れられた．しかし貴族主義的な教養主義の傾向を強め，特に大逆事件（1910年）以降は，社会的関心と離れたところで自己完成を想念する「大正教養主義」を生み出す．この教養主義は，昭和期に入ると学生を思想的に「善導」する役割を果たした．この時代において戸坂潤（1900-45）は，大衆と結びつくところに真の教養の可能性があるとし「常識」論を展開した．フランスでは，ランジュヴァン（Langevin, P., 1872-1946）が「*職業が人間を孤立化させるものならば，教養は互いに接近させるものです」と述べ，戦後の教育改革に貢献した．

〔教育の原理的課題〕南原繁（1889-1974）は，戦前においてプラトンやカント（Kant, I., 1724-1804）の思想に立ち向かい，人間を自律的な自由な存在とみ

るヒューマニティの思想を深く自らのものとし，*教育基本法の制定など第2次世界大戦後日本の教育改革をリードした．憲法前文と（「人格の完成」に集約される）教育基本法（旧法）に示されている教育理念は，教養（パイデイアー，フマニタス）を根底にした人間と教育の思想の継承そのものである．この教養の思想とは，人間として自ら自由な判断主体となり（自己に統一をもたらし）人間相互のつながり（人間として共通であるということ）を見いだしていくというものであり，勝田守一（1908-69）の「世界に対決し，はたらきかけていく人間の内的条件の統一的総合的な把握」という教養研究につながる．自らに内在する人間性は，様々な*偏見を克服し多様な存在を見いだしていく根拠であり，そのヒューマニティを育み文化を甦らせることは，初等・中等教育および大学教育と*社会教育・生涯学習とを貫く核心的な課題である．　　　（畑　潤）

〔文献〕1）プラトン（藤沢令夫訳）：国家，岩波文庫全2冊，1979．；2）ランジュヴァン：科学教育論（再版），明治図書，1964年．；3）勝田守一：能力と発達と学習―教育学入門I―，国土社，1964．；4）堀尾輝久：現代教育の思想と構造，岩波書店，1971．；5）野田宣雄：ドイツ教養市民層の歴史，講談社，1997．；6）畑潤・草野滋之編：表現・文化活動の社会教育学―生活のなかで感性と知性を育む―，学文社，2007．

業余大学　⇨中国の成人教育・生涯学習

清瀬構想　*Kiyose* principle

　1945年，大日本体育協会（*日本体育協会の前身）の理事長となった清瀬三郎により提唱された，第2次世界大戦後の体育協会が担うべき大衆スポーツ振興についての理念．その内容は，戦前の体育協会のあり方の批判の上に立ち，組織的には，中央中心から地方末端を重視すべきこと，対象としては，一部の選手から一般の大衆に目を向ける必要のあることを説いた．この理念を支えていたものは，占領軍の教育の「民主化」政策であり，戦時中の*抑圧から解き放たれたスポーツ人のスポーツ再建への熱意と努力であった．この理念は，日本体育協会（日体協）が，オリンピック大会重視へと傾斜していくにつれて，日体協理事会からは排斥されていった．その転機となったのは，メルボルンオリンピック選手派遣費用を特別競輪大会に求めるという日体協理事会決定に反対する，ラグビーフットボール協会の日体協脱退事件（このときラグビーフットボール協会の会長であった清瀬三郎も辞任している）であった．脱退により*国民体育大会に出場できなくなったため，地方から不満が噴出し，再加盟せざるをえなくなったが，この一連の騒動は，清瀬構想が，日体協から影を潜めていく転換点であった．

　だが，大衆スポーツの振興という旗を掲げ，スポーツの民主主義的理念をプリミティブな形で提起し，*実践したことは，戦後のスポーツ界の発展にとって大きな意味をもった．日体協が，1970年以来事業として「競技力向上」だけでなく「国民スポーツの振興」をいま1つの柱として掲げている原点は，ここにある．　　　（関　春南）

〔文献〕1）関春南：戦後日本のスポーツ政策―その構造と展開―，pp.93-131．大修館書店，1997．

勤労訓練　work training

　勤労報国の精神とともに工場労働の基本を訓練すること．

〔成立〕太平洋戦争開始直前，「国民精神総動員」体制下において，「奢侈品等製造販売制限規則」（1940（昭和15）年7月）に該当する人々を強制的に転・廃業させて，重工業に馴染ませることを目的として成立した．その訓練の国民勤労訓練所は同年10月の「中小商工業ニ対スル対策」閣議決定によって設置が決定された．所長は陸軍中将であった．

　なお，勤労奉仕を国民が強制された「国民勤労報国協力令」は1941年11月に公布・施行され，学徒勤労動員は1943年6月の閣議決定により始まった．

〔実態〕閣議決定の通牒で国民勤労訓練所は，「要転業者ニ対シ職業転換上必要ナル精神上並ニ肉体上ノ訓練ヲ行フ為」設置するとした．「国民勤労訓練所入所者取扱要綱」（1940年12月）では，*職業指導所（同年1月にそれまでの*職業紹介所を名称変更していた）が「時局ノ要請ニ依リ……職業転換ヲ要スル者ニシテ新職業ヘノ基本的訓練ヲ必要ト認メタル者」に入所を指導するという制度であった．

　国民勤労訓練所は国営で当初は2ヵ所が設置されたが，1943年には4ヵ所となった．訓練は寮生活，講義，実習，作業であり，訓練期間は1ヵ月であった．やがて戦火が激しくなると労働力不足を補うため，1943年には都道府県に最低1ヵ所の「地方勤労訓練所」を設置するように指示された．そこでの訓練は20日に短縮された．

〔課題〕戦後，*職業訓練が国民から忌避された理由は戦前の勤労訓練にもあった．また「労働」で十分に通じるにもかかわらず，国民から忌避された「勤労」の言葉を「日本国憲法」「*教育基本法」「*学校教育法」に適用している意味が問われている．

（田中萬年）

[文献] 1) 田中萬年：わが国の職業訓練カリキュラム，燭台舎，1986.

勤労青少年ホーム　working youth home

勤労青少年の福祉に関する事業を総合的に行うことを目的とし，勤労青少年福祉法第15条に基づいて設置される施設．地方公共団体によって設置され，勤労青少年ホーム指導員が配置される．勤労青少年会館と呼ぶ場合は，都道府県が設置する大型の施設をさす場合が多い．その他，全国勤労青少年会館（サンプラザ，東京都中野区）や勤労青少年フレンドシップセンターがあり，雇用促進事業団（現*雇用・能力開発機構）が運営にあたっている．

〔役割〕勤労青少年の中でも，福祉施設に恵まれない中小企業に働く勤労青少年が，日々の余暇を利用し，憩いやスポーツ，*レクリエーション，文化教養等健全な活動を行うことができるように，①*職業その他に関する相談，②職業生活の充実および教養の向上のための講習会等の開催，③レクリエーション・クラブ活動の場と機会の提供，④勤労青少年の交流のための助言・指導，勤労青少年の福祉の増進に必要な事業（「勤労青少年ホームの設置及び運営についての望ましい基準」），などを行っている．

〔歴史〕1950年代後半，中小零細企業で働く勤労青少年のために，地方公共団体や同業組合，商店会，個人篤志家等によって福祉施設の設置がみられるようになる．1957年より労働省が補助し，当初，大阪市，名古屋市，八幡市に設置された．当時は労働青少年ホームと呼ばれており，中小企業の勤労青少年の保護育成を目的として工業地帯に建設された．この後，勤労青少年ホームとして全国的に設置されるようになり，1970年の勤労青少年福祉法によって法制化され，1973年に「勤労青少年ホームの設置及び運営についての望ましい基準」の策定により発展をみた．1990年代前半には，全国に約550カ所の施設が設置されていた．しかし，1996年の*地方分権推進委員会くらしづくり部会の中間報告によって法律の規定を廃止する方向が出され，施設数が減少している．

〔課題〕全国勤労青少年ホーム協議会は，2006年に「勤労青少年ホームのあり方検討委員会報告」を出し，キャリア形成・就労支援事業，学校との連携，*居場所づくり・グループ活動の育成，*コーディネーター機能の強化を課題とした．しかし，施設の老朽化に伴う廃止や，*市町村合併に伴う施設の統合によって減少の一途を辿っている．若者の就労支援が緊急の課題となっている今日，その役割や機能についての抜本的検討が求められている．　（上野景三）

[文献] 1) 穴澤義晴：勤労青少年ホームに，今，求められていること，建築雑誌，vol.222 No.1557，2007.

勤労青年教育基本要綱　Basic Outline of Education for Working Youth

〔意義・策定経過〕1954年に日本青年団協議会（日青協）が勤労青年自らその教育体制のあり方を明示した画期的文書．第2次世界大戦後の初期，*青年団は各地で自主的な農村青年の学習活動を組織していたが，これに公的支援を求める要望も出されるようになる．一方，文部省も公的支援に向け1951年に*青年学級振興法制定を表明，日青協も当初この動きを歓迎した．しかし，いわゆる「逆コース」（戦前体制の復活志向）という当時の社会情勢の中で，青年学級法制化は，勤労青年教育への官僚統制，再軍備のための愛国心教育，六・三・三制教育の手直しにつながるとの議論も起こり，1952年の第2回定期大会では法制化に関する賛否両論が拮抗するが，最終的に法制化反対が決議された．1953年公布施行の青年学級振興法に対し，日青協は自主的な青年教育のあり方に関する検討を重ね，勤労青年の教育体制確立に向け基本的考え方と立場を示す「勤労青年教育基本要綱」を策定，1954年の第4回定期大会で承認された．

〔内容〕要綱では，「憲法にもとづき勤労に従事する青年が正しい教育を受ける権利をもつ」とし，勤労青年教育について次の10項目の実現を主張している．①基本的人権に立脚したものであること．②*教育の機会均等の原則をつらぬくものであること．③不当な統制的支配や政治的干渉を受けないものであること．④自主的な人間を形成するものであること．⑤勤労と学習の正しい結合を実現するものであること．⑥共同性を高める教育であること．⑦正しい社会活動を行うものであること．⑧広い視野をつくりあげる教育であること．⑨平和のために努力する青年をつくる教育であること．⑩勤労青年の教育体制は青年自身の要求によって実現されるものであること．要綱のこの視点は，その後青年団の*共同学習運動展開や*青年問題研究集会開催に大きな力となっていく．

（佛木　完・千野陽一）

[文献] 1) 日本青年団協議会編：勤労青年教育基本要綱解説，日本青年団協議会，1954.；2) 日本青年団協議会編：地域青年運動50年史，日本青年団協議会，2001.

く

クオリティオブライフ ⇨ QOL（生活の質）

草野球　sandlot baseball game

プロ野球を除く一般社会人の野球を「ノン＝プロ野球」というが，草野球は，その中でも技術レベルがあまり高くなく，交流試合や小さな地域大会などに主眼を置いて活動している野球のことをいう．

〔発展〕軟球（ゴム製ボール）を使用する軟式野球がその主流であり，したがって草野球の歴史も，1918（大正7）年に日本で独自に考案された軟式野球ボールが決定的な引き金となり，以後，軟式野球と不可分一体の関係で普及を遂げてきた．「野球狂時代」などと形容された昭和初期の野球人気の高まりの最中，1929（昭和4）年に日本軟式野球協会が設立され，第1回軟式野球優勝大会も開催されるが，戦時下には用具が統制品となり，さらには「敵性スポーツ」といった批判を浴びるようになる．戦後，米国による日本占領という事態の中で，軟式野球は再びブームを迎え，早くも1946年には全日本軟式野球大会が復活する．そして1970年代以降には，中学・高校の*運動部活動の経験者を中心的な担い手として，草野球が市民スポーツとして本格的に展開し始め，土日や休日だけでなく，平日の出勤前の「早起き野球大会」なども全国各地で開催されるようになった．

〔最近の動向〕最近まで，公式戦への参加を目ざすチームは，日本軟式野球協会に加盟し，同協会が統轄する市町村や道府県レベルのリーグ戦や大会に参戦するのが一般的だった（2009年現在3万6845の社会人チームが加盟）．しかし，近年における草野球連盟などの連絡組織やインターネットコミュニティの発展は，球場や対戦相手をみつけることを容易にしただけでなく，統轄組織の枠を超えた様々な試合や大会の実施を可能とし，GBN全国草野球大会（1999年～）や全国軟式野球 JAPAN CUP（2001年～）といった全国規模の独自の大会も開催されるようになっている．

（坂上康博）

〔文献〕1）全日本軟式野球連盟編：軟式野球史，ベースボールマガジン社，1976.

グラウンドワーク運動　Groundwork movement

1980年代に英国で始められた，トラスト組織による市民・行政・企業の利害調整に基づく地域環境の再生・改善・管理活動であり，2009年9月現在で英国内には47ヵ所のトラストがある．日本では静岡県三島市のグラウンドワーク三島が，いちはやくこの理念に基づいた活動を開始し，1995年には全国組織の日本グラウンドワーク協会も設立された．三島市は1960年代には*住民運動によりコンビナート進出を阻止したが，高度経済成長とともに水の都の面影が失われた．グラウンドワーク三島は，町内を起点として地域の源兵衛川に清流をよみがえらせた．現在では住民・*NPO・行政・企業を結び，利害関係者間の合意形成を調整・仲介する中間支援型NPOとしての専門性が注目されている．パートナーシップにおける役割分担を明確化し，地域総参加で課題解決に取り組む体制をつくってきた実績には説得力がある．

（大島英樹）

⇨沼津・三島コンビナート反対運動

〔文献〕1）渡辺豊博：清流の街がよみがえった，中央法規出版，2005.

クラブハウス　community sports club house

地域で活動する*スポーツクラブの運営に関する事務局，クラブの会合や種々の催し，そして，メンバーの交流など，クラブの多様な活動を展開する拠点として位置づけられる施設．1972年の*保健体育審議会答申の「学校体育施設の活用」の中でも取り上げられていたが，「*スポーツ振興基本計画」（2000年）の中核である*総合型地域スポーツクラブの1つの要件として提起されてから特に注目されるようになった．そのモデルといわれるヨーロッパの地域スポーツクラブでは，自前のクラブハウスをもつものも少なくなく，会員相互の交流の場としてのみならず，会員以外の住民を含めた地域社会全体のふれあいの場ともなっている．日本の現実をみると，定期的にスポーツをする場の確保が困難である中で，自前のクラブハウスの建設はおろか，一定のスペースを確保することすらむずかしい状況がある．そうした中，学校の余裕教室などを活用した*実践が現れてきている．

（尾崎正峰）

〔文献〕1）日本スポーツクラブ協会編：スポーツクラブ白書

2000, 厚有出版, 2001.; 2) SSF 笹川スポーツ財団: クラブハウス・ガイドブック, 笹川スポーツ財団, 2004.

クラブ連合　alliance of sports clubs

1970年代中盤頃から提起された地域の*スポーツクラブをめぐる組織論の1つ．政策面では，文部省が1987年から「地域スポーツクラブ連合育成事業」を開始した．このねらいは，クラブ相互の連絡，共通する問題解決のための協力，交流事業の開催などを通して活動の活性化を図ること，等とともに，クラブの増加に伴ってスポーツ施設の不足が顕在化する中で「効率的」な施設利用を図るという現実的対応としての側面もあった．具体化の構想としては，同じ種目のクラブによる連合，種目を超えた総合的な連合，また，範域別では，市町村，広域，そして，全国レベルの連合などがあった．1988年の文部省調査で，連合組織を結成している市町村は約31%であったが，現実には，なかなか連合体としての有機的なまとまりをつくることができないのが実情であった．その後，政策の重点は*総合型地域スポーツクラブへと転換したが，クラブ連合の成果の検証は必ずしも十分ではない．　　　　　（尾崎正峰）

〔文献〕1) 沢登貞行・村上克己: コミュニティ・スポーツへの挑戦，不昧堂出版，1980.

グラムシ，アントニオ　Gramsci, Antonio

1891-1937．イタリアで最も貧しく社会的矛盾が集積していたサルデーニャ島に生まれる．イタリアのマルクス主義思想家であり，反ファシズム運動を指導し，イタリア共産党創設に尽力した1人である．ムッソリーニ政権樹立前後のファシズムの台頭に抗して国会議員として反ファシスト統一戦線の組織化に向けて活動している最中，政治犯として逮捕・投獄され，1937年に獄死するまで死力をつくした理論的実践を展開し，その成果が3000ページにも及ぶ『獄中ノート』("*Quaderni del Carcere*") として残されている．

〔ヘゲモニー〕彼が獄中で解明しようとしたのは，真に民主的な社会とそれを可能とする新しい世界観，すなわち従属的な文化やイデオロギーから*解放された自律的な知性と文化を有する人間形成の可能性であった．そのためグラムシは，国家の支配・統治構造を分析し，そこから彼独自の国家認識が導き出される．それがヘゲモニー（hegemony）の概念である．この概念によって，国家の教育的機能が強固なイデオロギーとなって人々の意識を規定している状況を捉えると同時に，その状況をいかに変革していくかを追究し，それが彼特有の知識人論に結実していくのである．

〔教育への視座〕社会教育の視点から特に注目されるのが，「知識人—大衆の弁証法」というテーゼである．それは，この両者の教育的関係を規定する二元論的な構図の止揚，すなわち「知ることから理解し，感ずることへの，および逆に感ずることから理解し，知ることへの移行」（『獄中ノート』より）という相互媒介的関係の創造の課題を意味することから，*自己教育・*相互教育のあり方を考える上で極めて示唆的である．　　　　　　　　（小林　繁）

〔文献〕1) 社会教育基礎理論研究会編: 学習・教育の認識論，雄松堂出版，1991.; 2) 黒沢惟昭: グラムシと現代日本の教育，社会評論社，1991.; 3) 鈴木敏正: エンパワーメントの教育学，北樹出版，1999.

グリーフワーク　grief work

〔概要〕「グリーフ」（悲嘆）とは，肉親，配偶者，友人などを亡くした人が，死別時の悲しみ，苦悩，後悔などの感情をコントロールできず，日常生活を営む上で支障をきたしている状況をさす．グリーフワークは，グリーフに陥っている人同士が自らの心情を語り合うことを通して，死別の事実を受け入れ，新しい生活に適応していくための「悲嘆を癒していく作業」である．

近年，社会福祉学，看護学，臨床心理学などの領域において，グリーフに陥っている人々に対する個別ケアの必要性が唱えられている．

グリーフの程度や現れ方は，個々人の人生経験，価値観，死別時の状況などと密接に関連するため，個人差が激しく，一般化には馴染まない．欧米で展開されているグリーフワークを日本に普及したデーケン（Deeken, A.）は，グリーフワークにおいては，グリーフの個別性を尊重することが重要であると述べている．

〔動向と課題〕従来は，親族や知人が中心となって，大切な人を失った人がその悲しみを癒していくことを支えてきた．しかし，その一方で，悲しみを分かち合える人が周囲に存在しない悲嘆者は心理・社会的孤立感を募らせがちである．したがって，グリーフワークは，グリーフ期間が長期化したり，悲嘆者が病的悲嘆に陥ってしまうことを防止する機能を有している．

日本でも，グリーフに陥っている人同士のグリーフワークが展開され始めている．たとえば，特定非営利活動法人「生と死を考える会」や「グリーフワ

ーク・かがわ」などは，グリーフの克服を共通の目的として，死別体験者同士が悲しみや後悔，怒り，寂しさなどを率直に語り合える集会を定期的に開催している．

今後の課題として，グリーフに対する世間一般の認識を高めていくこと，グリーフ体験者を人的資源として活用する機会を設けていくこと，グリーフワークを行っている団体同士の*ネットワーク化などを指摘できよう．　　　　　　　　　　（間野百子）

⇨セルフヘルプグループ

〔文献〕1）デーケン，A.・柳田邦男編：〈突然の死〉とグリーフケア，春秋社，1997．；2）http://www.griefwork.jp/（2012年1月）．；3）http://www.seitosi.org/（2012年1月）．

グリーンツーリズム　eco-tourism

都市農山漁村交流活性化機構は「農山漁村に滞在し，農林漁業やその地域の自然や文化，地元の人びととの交流を楽しむ滞在型*余暇活動」をグリーンツーリズムの定義としている．

〔ポスト近代観光としてのツーリズム〕グリーンツーリズムは，ポスト近代観光として1980年代後半に批判された資源搾取型の「近代観光」（マスツーリズム）に替わる「持続可能な観光」の1つである．この持続可能な観光（オルタナティブツーリズム）は，環境に配慮する学習的姿勢を習得させるエコーツーリズムと，都市部と農村部の相互理解を目ざしたソフトツーリズムに分類できる．さらにソフトツーリズムは，地元住民の関係を重視するスタディツーリズムと，農家の参加・参画を重視するアグリツーリズムやグリーンツーリズムがあげられる．

〔制度の限界〕グリーンツーリズムを制度的に支えているのは1992年に制定された「農村休暇法」である．農村休暇法の目的は，「農村滞在型余暇活動に資するための機能の整備を促進するための措置を講ずるとともに，農林漁業体験民宿業に登録制度を実施すること等を通じて，その健全な発達を図ることにより，主として都市の住民が余暇を利用して農山漁村に滞在しつつ行う農林漁業の体験その他農林漁業に対する理解を深めるための活動のための基盤の整備を促進し，もってゆとりある国民生活の確保と農山漁村地域の振興に寄与すること」にある．しかし，農林水産省を中心とする行政が展開する各種事業および計画は，画一的に実施される傾向をもち，「道の駅」や「農業公園」「公共牧場」等として，新たな開発を生み出している．

〔課題〕グリーンツーリズムは画一化の中で思ったほどの成果をあげていない．多様な地域性とそこから派生する多様な価値観を共有するため，顧客との信頼関係をいかに形成するかが，*地域づくりとともに検討されなければならない．　　　　　（野村　卓）

〔文献〕1）青木辰司：グリーンツーリズム実践の社会学，丸善，2004．；2）山崎光博ほか：グリーン・ツーリズム，家の光協会，1993．；3）山崎光博：グリーン・ツーリズムの現状と課題，筑波書房，2004．

グループホーム　group home

〔概要〕支援を必要とする痴呆性高齢者や障害者が少人数で地域の中で共同生活を行う住宅をさす．特に知的障害者のグループホームは，*ノーマライゼーションの理念が普及するに伴って，障害者があたりまえに地域で暮らせることを目的として全国に広がった．グループホームでは専任の世話人が食事提供，金銭管理，健康管理，人間関係の調整など日常生活に必要な支援を行っている．スウェーデンや米国などの福祉先進国では，入所施設を解体し，障害者が街の中でグループホームを利用し，必要な支援を受けながら地域生活を行っている．

〔現状〕日本では，入所施設からグループホームへ地域移行の取組みが北海道伊達市や長野県西駒郷などで始められており，全国から注目されている．なお*障害者自立支援法の本格実施により，建物は「共同生活住居」となり，給付名を「共同生活援助」（グループホーム）と「共同生活介護」（ケアホーム）とした．また利用者は費用の1割を負担することになった．しかし，グループホームを利用する障害者が一般企業，特例子会社に就労してもほとんど*最低賃金に押さえられ，障害基礎年金を受給しても寮費（家賃，食費など）を払うとぎりぎりで生活にゆとりがないのが実情である．*福祉的就労をしている障害者はなお一層厳しい．

〔課題〕今後の課題としては，公立の住宅を活用するとか家賃補助制度を充実させるなどして経済的支援を図る必要がある．そこで暮らすだけでなく，より豊かに暮らせる条件整備が必要であり，それが本来の福祉制度といえる．　　　　　　　　　（春口明朗）

⇨福祉的就労

〔文献〕1）障害者生活支援システム研究会編：障害者の「暮らしの場」をどうするか，かもがわ出版，2009．

グループワーク　group work

〔起源〕*社会教育や社会福祉の*実践の中から成立した小集団活動の方法論．19世紀後半から20世紀初頭にかけて英国の*YMCA, YWCA, *ボーイス

カウト，*セツルメント運動などにおいて，青少年とかかわる活動の中でグループ活動のもつ意義が認識されてきた．その後，米国において*デューイらの新教育理論と，レヴィン(Lewin, K.)らによるグループダイナミクス（集団力学）などの教育学や心理学の基礎を得て理論的に発展した．グループワークの最初の講義は1923年に米国のウェスト・リザーブ大学において行われた．

第2次世界大戦においてはナチスやムッソリーニが青少年を組織して，彼らを*動員して反対者の迫害を行った．このことはグループワークを無条件に「善」と考えていたグループワーク関係者に大きな衝撃を与えた．ヨーロッパからの亡命者たちが実体験をもとに小集団理論研究の戦列に加わり，グループワークは全体主義に対抗しうる理論へと洗練された．

〔日本への導入〕戦前にはYMCAやボーイスカウトで限定的に実践されるのみで社会的な影響は小さかった．日本の社会教育に大きな影響を及ぼすようになるのは，日本の占領政策を担ったGHQ/SCAP（連合国軍最高司令官総司令部）が日本の社会教育を民主化するためにグループワークを導入してからである．グループワークは，文部省とCIE (Civil Information and Educational Section, GHQ民間情報教育部）の主催で行われた*IFEL（教育指導者講習会）において意図的体系的に教えられた．IFELは1948年から1952年にかけて4期にわたって実施され，その受講生の総数は1315人にのぼった．

〔内容・方法〕グループワークにおいては，顔と名前が一致する規模の「小集団」における活動が基礎である．各個人は自らの興味と関心に従ってグループに加入し，脱退は常に自由である．集団の中でその成員が及ぼす相互作用が大切であり，それが個人の成長を促す，とされる．意図的に組まれた一連の活動をプログラムと呼ぶ．プログラムは成員の参加による討議によって民主的に決定される．討議（ディスカッション）は民主的な集団運営に不可欠なものである．集団を援助し指導する者を「グループワーカー」と呼び，集団の相互作用が望ましい方向に展開されるように支援し，プログラムが民主的に企画，実施，*評価されるかどうかをスーパーバイズする役割を担う．

〔発展〕グループワークは戦前からの伝統をもつYMCAやボーイスカウトにとっては理解しやすいものであったが，農村に基盤をもつ*青年団にとってはその導入に困難を生じた．青年団ではグループワークをベースにしながらも，生活綴り方や社会主義の集団教育論の手法に学びながら独自に「*共同学習」を実践していった．グループワークは青少年団体を中心に多くの社会教育団体に採用されたが，その後次第に「集団づくりの技術」に矮小化される傾向もあった．1980年代以降の青少年の「集団離れ」の中でグループワークをベースとしていた青少年団体の会員は減少していく．

1990年代には個々人の若者にかかわる「*居場所づくり」の活動や施策が始まる．また，地域や地球の課題にかかわる*開発教育や*環境教育では「参加型*ワークショップ」が発展するが，これらの技法にはグループワークに起源をもつものが多い．参加型ワークショップにおける*ファシリテーターの役割は，グループワーカーのそれと軌を一にするものであり，この点でもグループワークの理論が形を変えて継承されている．
(田中治彦)

〔文献〕1）リード，ケニス（大利一雄訳）：グループワークの歴史，勁草書房，1991.；2）坂口順治：グループ・ワーク：その人間学的アプローチ，学陽書房，1989.；3）田中治彦編著：子ども・若者の居場所の構想，学陽書房，2001.

グルントヴィ，ニコライ　Grundtvig, Nikolaj Frederik Severin

1783-1872．デンマーク・シェランのルター派教会牧師の家に生まれる．デンマークの偉大な詩人，歴史家，キリスト教指導者，教育者．

〔生涯〕幼児の頃から歴史書に親しみ，9歳からラテン語教育を受け，1800年コペンハーゲン大学に入学，1803年神学部を卒業した．1805年頃からドイツの詩人や哲学者—ゲーテ(Goethe, J. W.)，シルレル(Schiller, F.)，フィヒテ(Fichte, J. G.)などの著作を耽読し，自ら翻訳した．また北欧の神話に傾倒して，1808年『北欧神話』("Nordens Mythologi")を発表し，詩人，歴史家として世の注目を浴びることとなった．1810年牧師試験に合格，翌年父の教会の副牧師となり，その後一時職を離れたこともあったが，60年余にわたり牧師を勤めた．その間，信仰と教会の自由を実現するために，国教会側の攻撃に抵抗しながら，説教や講演，そして著述に奮闘した．また代議士として国政にも参加した．89歳で没．

〔国民啓発〕1829～31年の間に3度英国に渡り大英博物館等の古文書を研究し，英国民のもつ力強い活力と自由の精神に触れて，衝撃を受けた．そして意気消沈の状態が続くデンマークの人間復興を急務と考え，青年の啓発（教育）を着想するに至った．*青年期（18～25歳頃）の啓発が個人にとって，

また国家にとって最も重要であると考え，国民の実態を考慮した「国民高等学校」（*国民大学）を構想した．これは青年と指導者が一定の期間生活をともにしつつ，国語と歴史を中心とした諸学科を「活きた言葉」により教授し，青年の人生における覚醒と国民的啓発を行おうというものであった．1844年ロディン農民学校を先駆とし，国内各地にその広がり，*国民高等学校運動が進められた．　（宇野　豪）

⇒国民高等学校運動

〔文献〕1) ホルマン著（那須皓訳）：国民高等学校と農民文明，東京堂，1913.；2) Kaj Thaning：*N. F. S. Grundtvig*, Det Danske Selskab, 1972.

クレジットコース（米）　course for credits (in US)

クレジット（credit）は「履修単位」を意味し，したがってクレジットコースとは，米国において大学などの*教育機関が認定する学位（degree）や修了証書（certificate），学業証明書（academic credential）を取得するに必要な単位を履修できる教育課程のことをいう．

教育の成果を社会的に証明し，保証するのが履修単位であってみれば，クレジットコースでは，常に教育の質をいかに維持するかが重要事となる．必然的に，クレジットコースは，当該機関の厳格な管理下に置かれてきた．しかし，自己主導的学習（self-directed learning）論の普及に伴って，教育活動の管理責任を，教師から学習者に委譲して，学習者に主体性を発揮させようとする試みがみられるようになった（⇒自己決定学習）．それらの中には，教材や，学習の方法・形態はもとより，学習の目的や達成目標まで，学習者自身に決定させようとするものまである．　（小池源吾）

〔文献〕1) Jarvis, P.: *An International Dictionary of Adult and Continuing Education*, p. 87, Routledge, 1990.；2) Titmus, C. J. ed.: *Lifelong Education for Adults An International Handbook*, p. 109, 259, Pergamon Press, 1989.

グローバリゼーション　globalization

〔定義〕インターナショナル（国際化）やワールドワイド（世界化）と違い，国家や地域の多様性を越えて自由に動く情報や資本の流れに焦点を合わせて世界を捉える考え方のこと．このような概念が一般的に使われだしたのは，1990年代に入ってからのことである．

〔歴史〕しかし，「グローバリゼーション」概念が多様な意味やニュアンスを含む極めて多義的なものであることも確かである．資本主義とグローバリゼーションとの関係に焦点をあわせても，① グローバリゼーションを経済現象としてみる IMF（International Money Found，国際通貨基金）やギルピン（Gilpin, R.）の立場と，② 経済のみならず政治・社会・文化までも含むものとみるギデンス（Giddens, A.）やナイ（Nye, J. S.）の立場がある．こうした議論を踏まえて，その現代的な特徴を，① 1970年代以降の情報革命（とりわけインターネット化）によってもたらされた情報化，② 1970年代前半の変動相場制への移行を根源とする経済の金融化（金融の肥大化），③ 1980年代後半以降の情報・金融・軍事を中心とした米国が主導するグローバルスタンダードの実現（米国化）にあるとみるものもある．

〔現状〕ネグリ（Negri, A.），ハート（Hardt, M.）の「〈帝国〉」概念はいくつかの重要な提起を含んでいる[1]．グローバリゼーションとは単なる経済現象ではなく，「政治-経済-文化が複雑に絡み合った圏域が現働化している」ものであり，「生政治」（biopower）概念に基づいて解釈される「〈帝国〉」（empire）であると説明される．従来の「帝国主義」とは対照的に，「〈帝国〉とは，脱中心化された，かつまた脱領土化を推進する支配装置であり，これは，たえず拡大しつづけるその開かれた境界の内側に，グローバルな領域全体を漸進的に組み込んでいく」新しいグローバルな主権形態である．そして，この〈帝国〉に抗する集団的主体性を，「マルチチュード（群衆＝多性）」という概念で説明する．単一の*アイデンティティを指示する人民や国民という概念とも，受動的な社会的力を指示する大衆や暴民という概念とも異なるマルチチュードは，「能動的な社会的行為体」「活動する多数多様性」を意味するものである．

他方で，ネグリやハートによる〈帝国〉論のグローバリゼーション理解を「ヨーロッパ中心主義的な限界」があると批判する上村忠男は，スピバック（Spivak, G. C.）の理解を通してグローバリゼーションは「マルクスのいう『一般的価値形態』のグローバルな規模における全一的支配を目ざしつつも，世界の現実はなおもその一歩手前の『総体的または拡大された価値形態』の流通する異種混淆的な状態にある」と指摘する．それは「メトロポリスにおける労働力の肩代わりをしているペリフェリーのサバルタン女性たちが置かれている状況」（国際分業体制のもとで安価な労働力の提供者として搾取されているサバルタン）に象徴される「それぞれのローカル

な拠点でのローカルな固有性がグローバルなものへと回収される以前の状態であって，これらをつなげて*ネットワークをつくっていけば，グローバル化の流れへの抵抗戦略となるのではないか」という展望を示すものである．そして，そのようなネットワーク形成へのわれわれ自身の*社会教育的なかかわり方を，本橋哲也は「学び捨てる」(unlearn)と翻訳し，「あらゆることに関して自分が学び知ってきたことは自らの*特権のおかげであり，またその*知識自体が特権であると認めること．そのことと同時に，それらが自らの損失でもあると認識し，特権によって失ったものも多くあることを知ることで，その知の特権を自分で解体」することと説明している[3]．　　　　　　　　　　　　（朝岡幸彦）

〔文献〕1) ネグリ，A., ハート，M.：〈帝国〉，以文社，2003.；2) ガーヤットリー・チャクラヴォルティ・スピヴァック：ポストコロニアル理性批判，月曜社，2003.；3) 本橋哲也：ポストコロニアリズム，岩波新書，2005.

グローバルフェミニズム　global feminism

一国フェミニズムを超えた，ローカルな社会から地球社会に至る重層的社会空間における女性の従属的状況の解消を求める運動の志向性とその公論の流れ．「国連女性の10年」以来顕著となり，北京行動綱領に結実した途上国貧困女性の*エンパワーメントを求める運動が典型例である．成人教育の分野では，*国際成人教育協議会（ICAE）*ジェンダーと教育部会と，ラテンアメリカ，カリブ海地域の女性の民衆教育ネットワークが女性幹部会を組織して*ユネスコ国際成人教育会議（1997年）で情報提供とロビー活動を行い，その結果「ハンブルク宣言」に「成人学習による女性のエンパワーメントとジェンダーの公正の促進」が盛り込まれた．

一方で，国連を中心としたグローバルフェミニズムの推進力を認めながらも，「女性」の一般化のもとでの*識字教育や*人権教育がもたらす変容の複雑性に着目して，フェミニストは自らの特権的知の枠組みから離れ「下から学ぶことを学ぶ」*実践をすべきだと主張する議論がある[2]．　　　　（上村千賀子）

〔文献〕1) 伊藤るりほか：世界政治の構造変動 4 市民運動, pp.47-83, 岩波書店, 1995.；2) スピヴァク，ガヤトリ（上村忠男訳）：サバルタンは語ることができるか，みすず書房，1998.

け

ケアリング　caring

〔概念・定義〕*自己実現，*他者への気遣い，共感形成などを共通概念として，医療・看護，社会福祉学，哲学，倫理学，教育学，心理学などの領域において多義的に用いられている言葉．1960年代以降，米国を中心に看護学の領域で用いられ始めた概念である．

米国の教育学者ノディングズ（Noddings, N.）は，ケアを受ける人の視点を加味したケアリングのあり方を提起した．ノディングズの定義によると，ケアリングとは，単に「ケア」（care,「世話，介護，看護」）を意味するにとどまらず，他者を「気遣い」「心配し」，他者に「思いやりをもって接する」ことを含み，「ケアされる人にとっての安寧を願う行為」である．

〔社会的背景〕ケアリング概念とその*実践は，20世紀半ば以降，医療・看護の現場で重視されるようになった．その背景として，科学や医療技術の進展とともに，高度な治療行為（キュア，cure）を優先してきた結果，延命治療や尊厳死の是非など，終末医療における患者の*QOL（生活の質）に直結する課題が顕在化してきたことがあげられる．医療スタッフが，治療・看護行為の受け手である患者1人ひとりの立場によりそって，臨床的，全人的に治療や看護に従事することの必要性が提唱されている．

〔歴史的発展〕ケアリングの本質に関して体系的な理論を先駆的に構築したのは，哲学者のメイヤロフ（Mayeroff, M.）である．メイヤロフは，1971年に発刊した著書『ケアの本質』("On Caring")において，ケアリングが行われる多様な実践事例を通して，ケアする人とケアされる人との関係性を分析した．

「全米ケア研究会議」（National Caring Research Conference）が1978年に開催されたことを契機として，ケアリングの本質が学際的に論究されるようになった．特に，1980年代以降は，ケアリングのあり方や概念に関して，教育学，心理学，哲学，*女性学などの領域を中心として，活発な論議が展開され

ている.発達心理学者のギリガン(Gilligan, C.)は,男性優位の社会では,権利や正義を主軸とする倫理が正当化されるが,女性の役割として歴史的に位置づけられてきたケアの倫理も人間の発達理論における重要な指標となることを提唱した.ノディングズは,ギリガンの主張を踏まえた上で,ケアリングは人類共通に備わっている*能力であり,男性もケアの提供主体として,ケアリングの生き方を*受容できると指摘している.

〔日本における展開と課題〕終末医療や*ホスピスケアなど,医療や福祉の現場におけるケアの受け手の「生活の質」を向上していく上で,ケアリングは鍵となる概念である.近年,ケアリングの視点は,医療・看護や福祉の領域のみならず学校教育における教師—学習者の関係性においても重視されている.佐藤学は,主導的で能動的である「ティーチング」の前提として「ケアリング=心を砕き,世話をすること」を位置づけ,ケアリングは,他者(対象)の痛み,脆さ,叫び,そして願いに応答する実践であると唱えている.そこには,治療・看護,教育など,他者への様々な援助行為を通して,ケアする人,ケアされる人の二者間に「癒し,癒される」双方向的な相互関係が育まれることが示されている.

(間野百子)

〔文献〕1) ノディングズ,ネル(立山義康ほか訳):ケアリング—倫理と道徳の教育-女性の観点から—,晃洋書房,1997.; 2) ローチ, M.シモーヌ(鈴木智之ほか訳):アクト・オブ・ケアリング—ケアする存在としての人間—,ゆみる出版,1997.; 3) 佐藤学:学び—その死と再生—, pp. 162-166, 太郎次郎社,1995.

経験 experience

経験は教育論・学習論において学習資源として重要な意味をもつ概念である.

〔経験主義の教育〕経験から学ぶことに力点を置くか,科学的認識を重視するかという問題は,教育学の基本的な論点である.第2次世界大戦後,民主主義社会を形成するための教育の原理として,経験自体の中に構造的に潜在する問題解決活動にこそ学習の本質があると考える経験主義教育論が主流となった.しかし,社会が安定してくると,経験だけでは学習の発展が十分でないことが主張されるようになり,科学的認識を重視した教育論へとシフトしていった.また近年では,たとえば1999年の*生涯学習審議会答申「生活体験・自然体験が日本の子どもの心をはぐくむ」などで,多発する青少年の問題などを契機として,改めて教育や学習における経験が重視されるようになっている.

〔成人学習者にとっての経験〕*成人学習では,子どもの学習よりもいっそう経験の位置づけが高いとされる.*ノールズは,成人の経験は,子どもよりも量的に多いだけではなく,自己定義の源泉として重要だと述べている[1].したがってノールズは,経験を第1に豊かな学習資源として,第2に有効な学習方法として把握する.

〔経験への意味付与〕成人学習者は経験に多くの意味付与をする分,経験は認識変容を停滞させることもある.*メジローによれば,人は心理的・文化的に構成された信念に準拠した意味パースペクティブによって,新しい経験を古い経験に同化させる.経験の蓄積によって意味パースペクティブは強化され,経験に新しい意味を付与することがむずかしくなる.したがって,経験をより自律的に意味付与することができる新しい意味パースペクティブの獲得が,成人にとって重要な学習ということでもある.

(津田英二)

〔文献〕1) ノールズ, M.(堀薫夫・三輪建二監訳):成人教育の現代的実践,鳳書房,2002.

経済協力開発機構　⇨ OECD

継続教育(英) further/continuing education (in UK)

継続教育とは英国における1944年教育法の中で法的根拠を得たもので,その定義として,義務教育を超えた年齢を対象とする教育の領域をさす.近年は,この領域に対する関心の高まりとともに,その用語が一般化しつつある.この領域の特徴として,まずその対象および内容の多様性・広範性があげられよう.従来の大学を中心とした高等教育に対して,イングランドだけでも400程度の*継続教育カレッジを中心として成り立っている.このセクターを管轄していた学習技能評議会(Learning and Skills Council: LSC)によれば,イングランドでは2005〜06年において約363万の学生が継続教育施設に在籍しており,その多数を占めるのが19歳以上のパートタイムの学生であるのもその特質といえるだろう.

〔歴史的経緯〕継続教育の起源として,19世紀後半に数多く設置された*職業教育を中心とした,*メカニクスインスティチュートがあげられることが多い.その後,第2次世界大戦後の英国の教育制度の枠組みを規定した1944年教育法によって,政府は

地方教育局（Local Education Authority：LEA）に対して，継続教育という名の下において，義務教育後の人々への教育施設を行うことを求めた．しかし，その後は一般的には，継続教育への十分な配慮がなされない期間が続いた．そういった動向の大きな転換点となったのが，1992年の高等・継続教育法（Higher and Further Education Act）である．従来，一貫性や系統性を欠いていた継続教育セクターを，継続教育基金評議会（Futher Education Funding Council：FEFC）の下での「独立法人」として，LEAの管轄から離し，全国的に統一した基準において基金を付与するというシステムの確立によって，学校教育，高等教育と並ぶ教育セクターとして，位置づけたのである．こうして継続教育は次第に英国における教育制度の中で重要な位置を占めることになった．

〔ニューレーバーの施策〕1997年に政権に復帰した労働党政府は，こういった現状に明確な問題意識をもっていた．ニューレーバーともいわれた政府は，教育を政策の最優先の課題であることを明確にするとともに，その中でも，生涯学習（lifelong learning）というテーゼを前面に設定したのである．1998年の政府の政策文書である『学びの時代』（"The Learning Age"，1998年）においても，継続教育が学校および高等教育に伍する領域として打ち出されているのが看取される．そういった観点から，政府は当時のFEFCの下での継続教育セクターのあり方，問題点を精査し，『成功への学習—ポスト16の学習の新たな枠組み—』（"Learning to Succeed: a new framework for post-16 learning"，1999年）を刊行した．

この内容を踏まえ，政府は，まず2001年に学習技能法（Learning and Skills Act）を制定し，FEFCを発展的に解消したLSCを設立することにより，高等教育を除く，ポスト16歳の教育・訓練のほとんどをその管轄下に置いた．また，同時に継続教育が生涯学習の中心となるべきといった意図から，その不備が長年，指摘されてきた資格制度，特に職業教育資格の充実に，これらの動向とともに着手した．従来のGCE（General Certificate of Education）といった一般教育のみに偏重した資格制度を改め，職業GCEや現代*徒弟制度といった諸資格の新設したのである．その後も政府は，白書『14〜19歳の教育および技能』（"14-19 Education and Skills"，2004年）においてこういった方向性を進めていくことを表明した．

〔現在の動向〕政府は，継続教育に対して，その後も積極的な施策を試みている．その方向性は「社会的包括性」よりも2003年には，『21世紀の技能—可能性の実現にむけて—』（"21st Centuruy Skills: Realising Our Potential"）を刊行し，技能という概念を継続教育の中心において展開していく必要性を説いた．また職業教育の充実のために継続教育施設との連携が求められた「全国訓練評議会」は，技能セクター評議会（Sector Skills Council）に改組され，その充実が図られている．

また2006年に刊行された『継続教育—技能の向上，生活の改善—』（"Further Education: Raising Skills, Improving Life Chance"）では，さらに，その役割の中心は，「経済的役割」であることが強調された．そして，景気の停滞もあり，LSCの改組，さらに廃止が提言されることにもなった．2008年に刊行された政府の白書『期待の向上—政府に有効な制度』（"Raising Expectation: enabling the system to deliver"）では，LSCの廃止にそれに代わり「青少年学習機構」と「技能基金機構」の設置が表明された．前者はLA（Local Authority）の，後者は新設されたBIS（Department for Business Innovation and Skills）のもとにおかれることになった．

（黒柳修一）

〔文献〕1）黒柳修一：現代イギリスの継続教育論—その生涯学習の動向—，大空社，2002．；2）黒柳修一：現代イギリスの教育論—系譜と構造—，カレス出版，2011．

継続教育カレッジ（英）　further education college（in UK）

英国の継続教育セクターの中心的な存在となる*教育機関であり，2009年現在イングランドに360以上の継続教育カレッジが存在している．広義の継続教育提供者としては，高等教育進学準備のためのシックスフォームカレッジや高等職業訓練カレッジ，宿泊型カレッジ，*コミュニティカレッジや*成人教育センター，*労働者教育協会（WEA）のような民間団体，BBCなどの放送関係，その他民間企業などが認められ，それらを含めると継続教育機関は400を超える．継続教育カレッジは，長らく地方教育当局直轄で運営され，地域をベースとした機関として中等教育後の若者の*職業教育を担い続けてきた実績があり，さらにあらゆる年齢の人々に対して職業教育・訓練および高等教育をも提供している．

〔歴史〕歴史的な起源としては，18世紀末からみら

れた*メカニクスインスティチュートや職業技術教育機関にあるとする説が一般的であるが，個々のカレッジの起源は多様である．1944年教育法により，16歳以上の国民に対する*継続教育が地方教育当局の義務となるに至り，継続教育カレッジは地方教育当局の管轄下に置かれた．その後，1988年教育改革法の制定後地方教育当局の直轄を離れ，1992年の継続・高等教育法により継続教育基金協議会（FEFC：Further Education Funding Council）のセクターとなり，2001年，教育技能省（Department for Education and Skill）の成立により，学習技能協議会（the Learning and Skills Council）からの補助金を得て運営されている．この補助金はシティアンドギルドなどの資格認定機関によって職業関連資格を授与されるコースに配分されるために，そうしたコースがますます増えている．

〔教育内容〕提供される内容は，若者を中心とした職業技術教育，一般教養教育，高等教育レベルの教育，シックスフォームと同じ高等教育準備教育等である．特に近年は，ビーコンカレッジと呼ばれる高等教育レベルの学位につながるコースを提供するカレッジも増えており，継続教育と高等教育の境界線の問題が提起されている．　　　　　（矢口悦子）

〔文献〕1) NIACE：*Adult Learning Yearbook 2009*, niace, 2009.

継続性理論　continuity theory

米国の*老年学者アチュリー（Atchley, R. C.）が唱えた*サクセスフルエイジングの理論．これによると，人は年をとるにつれて，自分が慣れ親しんだ領域や手法を援用しがちになるということである．アチュリーは，この継続性を内的継続性（内的世界の一貫性）と外的継続性（活動や役割などの一貫性）の2つに分けて論じた．

社会老年学の領域では，1960年代には，カミング（Cumming, E.）とヘンリー（Henry, W. E.）による*離脱理論（サクセスフルエイジングのためには，高齢者は社会から徐々に離れていくのが望ましい）と活動理論（activity theory，高齢者も活動的であるほうが生活満足度や志気が高い）の論争が活発であったが，現実には離脱が合っている高齢者もいれば活動的なほうが向いている高齢者もいる．そこで，高齢者のパーソナリティを介在させることで，両者をつなぐ論として継続性理論が提起されたのであった．　　　　　　　　　　　（堀　薫夫）

〔文献〕1) アッチェリー，R., バルシュ，A.（宮内康二編訳）：ジェロントロジー，きんざい，2005.；2) Atchley, R. C.：A Continuity Theory of Normal Aging. *The Gerontologist*, 29, 183-190, 1989.；3) 堀薫夫：教育老年学の構想，学文社，1999.

芸道　*Geido*（artistic expertise）

芸能や芸術の道，すなわちそれらの体系化をさす．一般には，茶道・華道・書道をはじめ，能楽や歌舞伎などの芸能，手工芸や*職人による*伝統芸術などのような技芸（わざ）を伝承する分野において使用されることが多い．

芸道にみられる日本独自の技や稽古の世界では，その技芸の模倣にとどまるのではなく，その背後にある精神性，秘技性といった感性の獲得が目ざされる．また*徒弟制度を前提とした師匠の存在があり，カンやコツといった抽象的な概念によって芸道の教育は展開する．そのため，芸道における理論化，合理化の困難な技芸は，学校教育が西欧の教授論を重視するあまり，伝統的教育が等閑視されてきた．しかし，芸道は目的と上達の手順が明確であり，身体的な*知識を通して体系化に至る道すじを教える．日本独自の芸道を稽古や技芸の伝承過程から教育学的に再考する必要があろう．　（山城千秋）

〔文献〕1) 福島真人編：身体の構築学，ひつじ書房，1995.；2) 生田久美子：「わざ」から知る，東京大学出版会，1987.

系統的学習　systematic learning

一定の知の体系を順序立てて学ぶこと．

〔経過〕学校教育では1950年代，*経験主義的あるいは子ども中心主義的な新教育が学力の停滞を招いたことなどが批判され，特に高度経済成長期に入って，科学的知識を系統的に学ぶ「系統学習」の必要性が叫ばれてきた．これに照応しつつ，身の回りの課題について学ぶ*小集団学習の限界に対応するものとして生まれたのが，*農民大学運動や，都市公民館活動の講座・大学といった形態によって，科学，特に社会科学について学ぶ系統的学習である．

その後，*社会教育・生涯学習の事業として展開される講座や大学は，しばしば「教養主義」に陥り，現実の*生活課題や*地域課題から離れていると批判された．1980年代以降の個々の*実践においては，深刻化する地域問題に対応する学習や，グローバル化に対応した教養形成にかかわる学習も展開されてきている．しかし，系統的学習に対する消極的・否定的見方も多く，これらを理論化し，21世紀の系統学習をどのように創造していくかという取組みはあまりみられない．

〔課題〕現代の生活と社会問題はきわめて複合的で

あり，個人的なものから地域的・国家的・地球的規模に広がる総合的なものである．これらに対応して，社会教育が目的としてきた「実際生活に即する文化的教養」の現代的形態を考えると同時に，地球的問題群から地域課題まで近代的・科学的な知の批判と新しい知の創造の方向を考え，特にグローバルにしてローカルな実践としての地域社会再生・*地域づくりの実践にかかわる学習内容の発展が求められている．そのためにも，講座や大学といった学習形態だけでなく，参加型学習や地域調査・研究，あるいは社会的実践を通した学びなどを位置づけたものとしていく必要がある． (鈴木敏正)

〔文献〕1) 鈴木敏正：エンパワーメントの教育学―ユネスコとグラムシとポスト・ポストモダン―，北樹出版, 1999.

刑務所　prison

刑事収容施設及び被収容者等の処遇に関する法律で定められた刑事施設のうち，主として受刑者を収容し処遇を行う施設である．

受刑者処遇は，その者の資質および環境に応じ，その自覚に訴え，改善更生の意欲の喚起および社会生活に適応する*能力の育成を図ることを目的として行われている．その内容は矯正処遇として，勤労意欲を高め，職業知識の習得を目的とする作業，犯罪の責任を自覚させ社会生活に必要な知識態度を身につけさせる改善指導および社会生活の基礎となる学力を習得させる教科指導が中心となっている．

(眞部岳英)

〔文献〕1)（財）矯正協会：成人矯正法（研修教材）．

ケガレ意識　sense of defilement

特定の人や場所，あるいは人や動物のある状態などを穢れていると見なして忌避する意識．ケガレは衛生学的な意味での不潔とはまったく次元を異にするものではあるが，ケガレ意識は非常に広範な社会で認められる．日本では，967年に施行された『延喜式』に死・産・血の「三不浄」に関する記述がみられ，死穢が伝染することや，穢れた状態にある人（月経中の女性）は浄なる場所から退出すべきことなどが述べられている．前近代社会において，こうしたケガレ意識はケガレの処理（キヨメ）を担当した賤民や，産穢や血穢をもつとされた女性に対する社会的排除を正当化させた．現代社会において，ケガレ意識は大きく後退したが，伝統的因習として，女人禁制（大相撲の土俵や大峰山）や葬儀・通夜の清め塩などが残存している．しかし，*被差別部落出身者との結婚に際して，「戸籍が汚れる」などといわれることもあり，こうしたケガレ意識は差別と直接つながっている場合も多いので，単なる因習の残存として看過すべきではないであろう． (石元清英)

〔文献〕1) ダグラス, M.（塚本利明訳）：汚穢と禁忌，思潮社, 1972.

『月刊社会教育』　Monthly Journal of Social Education

1957年，社会教育の研究者や職員の有志が，いわば「民間教育運動」として創刊した月刊誌である．背景には，1956年の任命制教育委員会制度への転換から1959年の*社会教育法「大改正」につながる「逆コース」がある．それまで唯一の社会教育専門誌であった*全日本社会教育連合会発行の*『社会教育』が，編集方針をめぐる混乱などから一時廃刊となったため，民主的な社会教育を志向する研究者や編集者で，独自の月刊誌を編集・創刊することになった．国や自治体の*社会教育政策の批判的検討だけでなく，各地の実践交流による学習方法や施設運営への提言，海外の先進的理念や活動事例の紹介，*権利としての社会教育の思想など民主的な社会教育の理念の提起も続けてきた．1961年，この雑誌の読者による「社会教育研究全国集会」が始まり，1963年，それを母体に「*社会教育推進全国協議会」が発足し，市民層も含む社会教育民主化の運動となってきた． (酒匂一雄)

⇒「社会教育推進全国協議会」

ゲートボール　gateball (croquet-like game)

1948（昭和23）年5月に北海道の鈴木栄治が，青少年の健全育成を願って，クロッケーをもとにルールを整備して考案命名した球技スポーツ．1976年10月に熊本市で開催された第18回体力づくり運動推進全国大会で，高齢者向けのユニークなスポーツとして紹介されたことが全国的な普及の大きなステップとなったとされる．この頃より，自治体の老人福祉や社会体育担当者などを中心として，*老人クラブなどの組織を通じて急速に全国に普及し，1980年代半ばには，その競技人口が150万人とも，300～400万人とも推計されるに至り，高齢者の代表的*余暇活動とまでいわれるようになった．こうしたブームの中で，いくつもの全国組織が名乗りをあげて混迷を極めたが，1984年12月に財団法人日本ゲートボール連合が設立され，これによって組織およびルールの一応の統一をみた．近年では，*高齢者

ケーパビリティ　capability

ある社会の枠組みの中での「人の行動や状態」（doings and beings）の範囲のこと．「生き方の幅」とも訳される．

〔概要〕セン（Sen, A.）は経済的不平等を評価する指標を基本的な潜在能力（basic capabilities）に定めた．人が行うこと，そうでありうることそのものは「機能」で，その選択肢の組合せを「ケーパビリティ」（潜在能力）とし，その範囲は社会のあり方から影響を受ける．潜在能力が大きいほど行動の「自由」が広がることになる．逆に財の欠如ではなく満たされるべき最低限のケーパビリティが剥奪された状態を*貧困と捉えた．

〔内容〕本アプローチは「人間の多様性」を重視する．人間は本来異なる存在であるとともに，たとえば幸福や所得など何が平等かを判断する基準や内容も実は複数性をはらむためである．ここから人間の必要（ニーズ）を主観的な選好と同一視する主流派経済学や，他方で財と同一視し財を活用する*能力の多様性（財と人の関係性）を無視するロールズ・正義論への批判が行われる．センはここから公共政策の目標は，主体的に選択できる「生き方の幅」＝潜在能力を広げることにあると考える．

〔論点〕本アプローチは，階級，*ジェンダー，*コミュニティその他の社会的特性における不平等や持続的な格差の問題への明快な説明を可能にする．困苦を強いられる人々は基本的な機能を達成する自由を欠いていることになる．同時に本アプローチは公共政策において個々の対象の価値を評価する以前に，そもそも何が価値の対象か，機能や潜在能力を吟味する必要を問いかける．セン自身は第三世界の現実も踏まえ，移動，衣食住，衛生医療，物理的安全，初等教育に関する事項を例にあげるがその他社会参加などにも視野を向けている．*社会教育の役割そのものや，生活問題や*地域課題を捉える基本的枠組みの再検討を迫る概念といえよう．

（岡　幸江）

〔文献〕1）セン，アマルティア（池本幸生ほか訳）：不平等の再検討―潜在能力と自由―，岩波書店，1999．

限界集落　marginal village

山村や離島の実態を把握するための社会学的指標の1つ．集落を構成する家族周期に基づく世帯類型の循環に注目し，集落の存続状態を区分している．提唱者の大野晃は，「65歳以上の高齢者が集落人口の50％を超え，冠婚葬祭をはじめ田役，道役などの社会的共同生活の維持が困難な状態に置かれている集落」を限界集落と定義し，その予備軍的存在として，「55歳以上の人口が既に50％を超えており，現在は集落の担い手が確保されているものの，近い将来その確保が難しくなってきている集落」を準限界集落としている．集落間格差が拡大する中，存続集落から準限界集落へ，準限界集落から限界集落への流れが着実に進行しているとされる．総務省は，集落の維持・活性化に向けた取り組みとして，市町村に特別交付税による「集落支援員」の設置を進めている．地域の課題を掘り起こし，話し合いを促進する*社会教育活動や*公民館活動との連携協力が期待される．

（内田純一）

〔文献〕1）大野晃：山村環境社会学序説，農産漁村文化協会，2005．；2）小田切徳美：農山村再生，岩波書店，2009．

健康学習　health study

健康問題に主体的に取り組もうとする意欲と，その問題解決への力量を身につける学習である．

〔目的〕安定した健康状態を実現することは充実した人生を送るための最も基礎的で身近な願いであり課題である．健康学習の目的は，自己の健康管理能力の形成にとどまらず，ともに暮らし働いている人々にとっての健康問題を共有し，その解決に取り組む力を形成するところにある．その力量とは，各個人の生き方としての固有の側面と，ともに暮らしている人々の健康実現を考えようとする社会的な側面とを統一的にあわせもつ力である．

出生から死に至る人生のすべての過程を「発達」の視点で捉え，その状態を阻害する条件とその要因を明らかにして主体的に取り組もうとするところに「健康学習」があり，問題を明らかにして取り組む，その過程（学習体験）によって健康実現の力量は形成される．

〔行政対策としての健康学習〕その学習の場と機会は，家庭や職場や地域等，至るところにあるが，より具体的・系統的には行政の取組みとしての公衆衛生に待つところが大きい．最近そのことが「医療制度改革」の中で，「生活習慣病予防」の強調となって行政と民間による*保健師や栄養士の役割が重視さ

れ，住民の自己責任を支援するものとしての個別支援に重点が置かれた結果，公衆衛生の論理が矮小化されている．現代の健康不安の状況は構造的な複雑さをもち根が深い．

〔社会教育としての健康学習〕*社会教育としての健康学習は行政対策の動きとの連携を視野に置きつつ，さらに広い視野に立って現代社会の状態を健康の視点で分析把握し健康問題と課題を明確に据えた取組みが期待される．現状を構造的に把握して*学習の構造化を築くことである．

具体的には増大している個々人の不安感を入口として心身の状態を科学的に認識し，その現象の背景にある問題を明らかにする過程を踏むことによって現実を認識し行動を起こす力を身につけることになる．そのような学習を地域住民として組織的に取り組むところに「健康学習」の姿がある．　（松下　拡）

〔文献〕1）松下拡：健康問題と住民の組織活動，勁草書房，1981.；2）松下拡：健康学習とその展開，勁草書房，1990．

原水爆禁止運動 world movement against atomic and hydrogen bombs

核戦争を阻止し，原水爆の廃絶と被爆者援護を地域から世界に訴える運動（以下，原水禁運動）．

〔占領期の原爆反対運動〕GHQ占領下でも，1949年10月平和擁護広島大会で「原子兵器の禁止を世界によびかける」決議がなされたり，「原子兵器の絶対禁止を要求する」ストックホルムアピールへの支持署名が集められたりなど，原爆反対の声を先駆的にあげた例はあった．しかし全国民的な広がりをもった運動となるのは，1954年の第五福竜丸被災以降のことであった．

〔原水禁運動の全国展開〕1954年3月1日に中部太平洋のマーシャル諸島ビキニ環礁で行われた米水爆実験「ブラボー」で，第五福竜丸が被災したことが，3月16日付の読売新聞でスクープされた．これを機に「死の灰」の脅威を背に，（原）水爆禁止を求める署名運動が，燎原の灯のごとく全国各地に広がった．

同年5月9日，全国の署名運動の統合を呼びかける「杉並アピール」が発表され，杉並公民館（1953年開館，1989年廃館）に署名が集約された．1954年8月，原水爆禁止署名運動全国協議会が結成され，署名数は国内で3200万を超え，世界的な広がりもみせた．

原水禁運動が党派を超えた運動へと広がりをみせる中，杉並の女性グループ「杉の子会」が公民館学習を礎に原水禁運動に取り組んだことはよく知られている．「杉の子会」は，*社会教育と*平和学習・運動を結ぶ貴重な事例でもある．

1955年8月，原水爆禁止を世界に向けて要望する世界大会が，全国各地から5000人，さらに海外からの参加者も得て初めて広島で開催された．かろうじて生き残った広島・長崎の原爆被害者が放置され深刻な実態にあることにも目が向けられ，原水爆禁止と原爆被害者救援は車の両輪となり運動は広げられていった．

1955年9月，原水爆禁止日本協議会（日本原水協）が思想信条を超えて発足し，*安井郁が初代理事長に就いた．翌1956年8月に第2回原水爆禁止世界大会が長崎で開催され，原水爆被害者団体協議会（日本被団協）が誕生した．

〔運動のその後〕原水禁運動は紆余曲折の道を歩む．安保改定をめぐり保守層が原水協を離れ，1961年核兵器禁止平和建設国民会議（核禁会議）を創設した．また社会主義陣営の核実験や部分的核実験禁止条約をめぐる評価，あるいは中ソ対立を背景に，共産党と総評・社会党の対立が先鋭化し，1965年総評・社会党らが原水爆禁止日本国民会議（原水禁）を創設した．原水禁運動の一翼を担ってきた，日本青年団協議会（日青協），地域婦人団体連絡協議会（地婦連），日本生活協同組合（日生協），被団協は中立の立場をとった．

〔課題〕原水禁運動は中央の政党や*労働組合単位で捉えられるのが一般的である．しかし各地域には独自の原水禁運動の展開もみられ，非核自治体運動，高校生平和ゼミナール，平和行進など地域に根ざした活動も展開されてきた．原水禁運動の初期から長野県では青年団運動として取り組まれ，沖縄「原水協」も独自の歩みをたどってきた．社会教育の見地から各地域に注目し，より多彩な原水禁運動を掘り起こす必要があろう．中央だけでなく，地域単位の運動を発掘することは，原水禁運動をより立体的に描き，かつ*市民活動に一指針を与えるものとなろう．そのためにも各地にねむる運動資料の発掘と保存が求められる．　（竹峰誠一郎）

⇨安井　郁

〔文献〕1）今掘誠二：原水場禁止運動（潮新書102），潮出版社，1974.；2）杉並区立公民館を存続させる会編：歴史の大河は流れ続ける（4）―杉並公民館の歴史―，原水爆禁止署名運動の関連資料集，1984.；3）丸浜江里子：原水禁署名運動の誕生―東京・杉並の住民パワーと水脈―，凱風社，2011．

現地保存　on-site conservation

〔概観〕広義の文化財を現地で保存すること．「現地保存」は分野横断的な用語であり，分野ごとに歴史的経緯は違っても，課題は共有することができる．日本では，専門家がその意味を見いだし保存の必要性を主張しても，現地では開発志向や過疎化，手間がかかることや，保存意識の欠如等から協力が得がたい場合もあり，現地の人々（所有者を含む）から理解と協力を得るための普及活動が欠かせない．また現地の人々が保存の担い手にならない限り長期的な保存には無理があり，こうした人材養成はすぐれて*社会教育的活動である．地元博物館等の専門家は，現地の人々や一般行政と*ネットワークを築き，保存や活用を支援する必要がある．訪問者への教育普及活動も欠かせない．なお現地保存には，どの時点の状態を保存するかの問題がある．

〔国際〕現地保存に関連する国際的な法・条約や*実践としては，米国のイエローストーン公園法による世界初の国立公園の誕生（1872年），英国*ナショナルトラストの設立（1895年），古建築の保存と修復の指導原理を明確化したアテネ憲章（1933年），国際自然保護連合（IUCN：International Union for Conservation of Nature and Natural Resources）の設立とIUCNによる自然保護教育の必要性の公式表明（1948年），建築群や歴史的街区といった都市遺産を保護活用することを目的とするフランスのマルロー法（1962年），アテネ憲章を全面的に見直したヴェニス憲章（記念建造物および遺跡の保全と修復のための国際憲章）の採択（1964年）と国際記念物遺跡会議（ICOMOS：International Council on Monuments and Sites）の設立（1965年），*ユネスコ「人間と生物圏計画」（1971年）による「生物圏保護区域」の指定，1972年のストックホルム国連人間環境会議開催を見すえた*国際博物館会議（ICOM）総会での*エコミュージアムの提案（1971年），ユネスコ総会での*世界遺産条約の成立（1972年）などをあげることができる．

〔国内〕日本では，明治末頃からヨーロッパ思想の影響を受け，名所旧跡や名勝等の保存運動が進められ，史蹟名勝天然紀念物法が成立（1919年），大宰府跡や平城宮跡が史蹟指定された．1950年には*文化財保護法が成立，旧法による指定が引き継がれた．*博物館資料の現地保存の海外事例は*棚橋源太郎によって戸外博物館として紹介された（1930年）．1949年には白金御料地を国立自然教育園とする案が承認され，実務担当の鶴田総一郎は，自然系*野外博物館構想のキーパーソンとなる．進駐軍に強制接収されていた秋吉台太田演習場の使用条件改定申し入れに際しては，文化財保護の超党派全県的保護運動が起こり，無条件返還が実現した（1956年）．1960年代には村の存亡をかけ旧妻籠村全体の歴史的景観が保存される．加曽利貝塚保存運動（1962～77年）にかかわった後藤和民は，現地で実物を自分の眼で観察しながら自主的研究や*体験学習をするためには，資料の現地保存・現地活用が必要と主張した．また「採集のない観察会」を生み出した柴田敏隆は，ものの特性を最も具現するのは生きた，あるいは日常生活の場で使われていた姿で，現地保存された資料を研究し価値づけを行い，成果を駆使できれば，*博物館の使命を達成できると論じた．1960年代には，史料の地方ブロック集中を目ざす「日本史史料センター」構想が生まれ，旧帝国大学に史料を集中するものとの批判が起こり撤回されたが，この際，史料の現地保存が強く主張された．この分野では「史料整理は，所蔵者のため，地域のため，史料群を長く保存していくこと」を目的とした越佐歴史資料調査会の活動（1997年～）等がある．また，世界遺産条約に文化的景観の概念が導入されて，「紀伊山地の霊場と参詣道」が登録され（2004年），人間の精神活動の場も現地保存の対象と考えられるようになった．

〔課題〕私有に属するものでも，文化的価値やそれが形成する景観の点から*公共性をもつが，開発によって得られる利便性も１つの価値であるため，凍結保存ではなく，地域の活性化と，地域の人々の日常の生活環境に配慮することが必要である．

（瀧端真理子）

⇨収集倫理，エコミュージアム，文化遺産，文化財保護法，環境教育，参加型調査

〔文献〕1）越佐歴史資料調査会編：地域と歩む史料保存活動，岩田書院，2003．；2）金谷整一・吉丸博志編：屋久島の森のすがた，文一総合出版，2007．

現場実習　job-site training

社会の中の実際の物事・作業が行われる場所で，学習者が人や物に対して働きかける教育方法の一形式である．実際の仕事の中での教育訓練であることから，*OJT（On the Job Training）といういい方もある．

〔概観〕現場実習は，その趣旨によって大きく２つの領域に分けられる．１つは，企業の人材育成活動として意図的に行われる現場実習である．既に職業

活動を行っている者を対象者とし，就いている（または，就こうとする）仕事の実践力・応用力を養うことを目的とする．入職初期や異動の際に行われる現場実習が典型である．もう1つは，学校教育施設等の中で学習した*知識・*技能を実践・応用する機会として教育課程の一部を構成する現場実習である．これは職業活動への準備段階にある者を対象者とする．ただし，近年盛んに行われるようになった短期の就業体験にすぎない「*インターンシップ」は，現場実習と一線を画する．わが国の工学・技術教育は，1871（明治4）年に設立された工部大学校をはじめ高等教育・中等教育にかかわらず現場実習を教育課程の一部として重視してきた．

〔制度〕教育課程の一部を構成する現場実習には，教師養成教育の例のように資格取得のために必修として義務づけられる場合がある．*社会教育主事資格取得への基礎として，大学で履修すべき社会教育に関する科目の1つに「社会教育実習」を*文部科学省令で示している．同実習は，*教育委員会事務局，*公民館（または社会教育館などの*公民館類似施設），女性会館，*青年の家，*児童館等の社会教育関係施設・機関において原則として2週間行う．修了と同時に*職業資格を取得することが前提となっている「*デュアルシステム」と呼ばれるドイツの*職業訓練では，現場実習が教育課程の半分以上を占めている．わが国でも職業活動への準備段階にある者に対する*職業教育・訓練として，企業現場がもつ教育力に期待した現場実習の比重の高い新制度が進められている．

わが国の職業訓練制度では，1948（昭和23）年「教習事項」によって「応用実習」の中に「現場○○作業」が規定され，職業訓練のカリキュラムとして位置づいていた．その後，基準の改正で「現場」は明記されなくなったが，「応用実習」の意味には，「現場実習」を含んでいると考えられる．　（谷口雄治）

〔文献〕1）梅根悟監修：世界教育史大系32　技術教育史，講談社，1978．

憲法学習　learning activities of the Constitution of Japan

一般に*社会教育の場での憲法学習は，日本国憲法の理念・内容・その現代的意義の理解を踏まえ，その尊重の必要性と*実践主体としての力量形成が目ざされる．それは憲法の成立過程や条文の学習にとどまるものではなく，現代社会が直面する文明史的課題を主体的に受け止めその解決の方向を探る社会問題学習の中心的な位置に置かれる．広義には，憲法理念に裏づけられた人権，平和，健康，福祉，教育，環境などおよそ人間的生存にかかわる諸問題を，憲法の求める「不断の努力」（第12条）によって解決していく方向を明らかにする学習が含まれる．それは，第2次世界大戦終結直後の新憲法普及のための学習から，生活や生産の現場での憲法水準の実現を目ざす学習や平和と民主主義擁護の学習に至るまで，憲法「改正」論議をめぐる緊張のもとで時代ごとに多様に取り組まれてきた．社会教育の課題としての憲法学習の求めるものは，憲法理念の実現主体の形成なのである．　（島田修一）

〔文献〕1）永井憲一：憲法と教育基本権（新版），勁草書房，1985．；2）山崎真秀：憲法と教育人権，勁草書房，1994．

県民カレッジ　*Kenmin* college（college for prefectural residents）

都道府県が中心となった広域的生涯学習サービス網の一般的な呼称．

〔目的〕1998（平成10）年度の*生涯学習審議会答申において，高度化，多様化する住民の学習ニーズに応えるために，かつて*社会教育の基盤であった市町村の行政区域枠を超え，都道府県を単位とした広域的な学習機会の必要性が指摘され，全国で整備されるようになった．都道府県内の各種*社会教育施設に加え，大学や*職業訓練施設，*社会教育関係団体，*NPO，さらには地域住民グループや民間教育事業などが参加し，*ネットワークを形成している．また，県民カレッジのような総合的な生涯学習機会の提供システムは，「生涯大学システム」と呼ばれている．こうした事業では，県内の連携機関が提供している学習資源を網羅した学習情報提供を行い，豊富な学習資源を取りそろえることで地域住民の体系的，継続的学習を保障することが企図されている．中には学習相談事業や，独自の生涯学習評価システムの開発，あるいは学習成果を活用するための人材バンクの創設など，多様な事業を展開している事例もある．

〔課題〕「あおもり県民カレッジ」や「福井ライフ・アカデミー」「キャンパスネットやまなし」などの事業名からもわかるように，県民カレッジは，高等教育レベルの学習ニーズにも対応できる学習機会を生み出そうとするものであった．しかし実際には，県全域から集めた何百という既存の学習機会の中に，*大学公開講座も含められているだけの事例も多く，*公民館から大学までのあらゆる学習機関を

1つのキャンパスとみなす総合的な学習機会を創造しているとはいいがたい．こうした事態を改善するためには，高度生涯学習機関としての大学と地域社会とのパートナーシップのあり方や連携事業の運営方法などを検討し，大学と地域社会との新たな関係づくりを進めることが重要な課題と目される．

(志々田まなみ)

〔文献〕1) 小池源吾：大学と地域社会の連携システムに関する研究. 教育科學(広島大学), pp.5-82, 2003.

権利としての社会教育 right to social education (adult and community education)

生涯にわたる人間発達を担う教育・学習活動が，現代の人間の基本的人権を護り豊かにする上で不可欠なものであると捉え，その自由と権利の擁護を軸に社会教育を理解する考え方．

〔概念〕社会教育の権利性は，憲法が「すべて国民は…ひとしく教育を受ける権利を有する」と規定し(第26条), *教育基本法が「すべて国民は，ひとしく，…教育の機会が与えられなければならない」(第3条)と規定しているところから明らかにされていると理解できる．しかし，1970年代に入って改めて「権利としての社会教育」という表現をもってその権利性が強調されるようになったのには理由がある．それは社会教育活動の進展によってその本質理解が深まったことにもよるが，同時に，そのような社会教育活動の自由が様々な形で牽制を受け*抑圧される状況が広がる中で，国民＝学習者の間に*社会教育の自由と権利を守ろうとする意識が強まったためである．

ところで，社会教育の本質理解は，社会教育が単に学校教育以外の場で多様な学習機会が保障される自主的な*学習文化活動という現象的な理解にとどまらない．それは現実生活を豊かに拓いていく文化的*教養を主体的に獲得していく学びとして主に成人を中心とした営みを社会教育の本質的と捉え，その人権性の理解が国民の間に広がったところにみられる．

〔歴史〕この観点は，既に1947年制定の教育基本法第7条(社会教育)が「*家庭教育及び勤労の場所その他社会において行われる教育」として国民の間で行われる教育活動として社会教育を捉えており，これを受けて1949年に制定された*社会教育法第3条が「…すべての国民があらゆる機会，あらゆる場所を利用して，自ら実際生活の即する文化的教養を高め」る営みを社会教育の本質として示しているところにみられる．この条項は「国及び地方公共団体の任務」と題されるもので，この国民の自主的な教育学習活動の発展の保障を国および地方公共団体の責務としている．ここに自由な学びが広く保障されるための諸条件の整備が社会教育の権利性を支えることが明らかなのであるが，しかし，それは物的条件の整備に限られるものではない．社会教育法が定める*社会教育行政や施設運営への住民参加はもちろん，社会教育事業の企画や実施の過程への住民参加や住民の自由で多様な活動への援助などもまた，住民の*学習権を保障するものにほかならない．

〔課題〕社会教育の本質理解に立って権利性を捉えるならば，社会教育が憲法の保障する諸人権の意義を理解しその積極的な行使主体となる人間を育てるという意味で，「人権としての社会教育」という理解が求められ，その社会教育活動の自由の保障とその活動への意欲の発展の保障の重要性が，権利性理解の根底に据えられなければならない．近年この語が用いられるのはこの意味であって，憲法第12条が「不断の努力によって，これを保持しなければならない」とするまさにこの「不断の努力」の*実践として社会教育が位置づけられるものであるといえよう．

ここから「権利としての社会教育」はこの人権性にふさわしい内実をもって構築されなければならないという課題を負う．*日本社会教育学会が1970年以降に『学会年報』で取り上げてきた研究課題をみるに，労働者，婦人(女性)，子ども，青年の各層にわたる人間的発達の諸問題のほか，国際的視野で問われる現代的人権としての*識字，民族共生の課題とともに，生活構造の変貌に伴う社会政策・行政制度の転換下での生活と権利の保障の実態と課題分析などがあげられている．こうして「権利としての社会教育」は，「人権としての社会教育」という捉え返しを含めて理念としても実践としても大きな発展をみせてきている．それは，*社会教育職員，研究者，市民の共同研究運動(たとえば，*社会教育推進全国協議会や*図書館問題研究会など)にみられることはもちろんであるが，近年，生活，子育て，福祉，労働などの広い領域で進んでいる協同運動が，そこにおける人間発達への関心と期待を強める中で「権利としての社会教育」活動を重視してきていることも注目される．

(島田修一)

〔文献〕1) 小川利夫：社会教育と国民の学習権, 勁草書房, 1975.；2) 島田修一：社会教育—自治と創造の教育学—, 国土社, 2006.

こ

公益法人 public services corporation

一般社団・財団法人法により設立された*社団法人または*財団法人であって，公益法人認定法により公益性の認定を受けた法人のこと．また，これ以外の特別法で設立される公益目的の社団法人・財団法人もある．設立に当たっては，不特定多数の者の利益（公益）を実現する事業を行うこと，法人の構成員による利益分配を行わないなど営利を目的としないこと，主務官庁の許可を得ることが必要となる．社団法人とは，一定の目的のもとに結合した人の集合体であり，団体として組織，意思等をもち，社員は別個の社会的存在として団体の名において行動する．財団法人とは，一定の目的のもとに拠出され，結合されている財産の集まりであって，この財産を中心に公益を目的として活動する団体である．社団法人には社員が存在し，その会費をもとに，総会の決定に基づいて運営される．他方，財団法人には社員は存在せず，基本財産の運用益をもって設立者が定めた寄附行為によって運営が行われる．公益法人制度改革により 2008 年 12 月に公益法人制度改革関連 3 法が施行され，公益法人はこれ以後「一般社団・財団法人法により設立された社団法人または財団法人であって，公益法人認定法により公益性の認定を受けた法人（公益社団法人・公益財団法人）」ということになる． 　　　　　　　　　　　　　　（櫻井常矢）

〔文献〕1）上田雅憲：一般社団・財団法人公益法人特例民法法人，日本司法学院，2009．

後援　⇨主催・共催・後援

公園・ひろば　park, open space for the public

〔定義〕公園とは，都市計画法，都市公園法により規定され市街地などに設けられた公衆のための庭園または遊園地などをいう（児童遊園も含む）．または，自然公園法により規定され自然環境や緑を保全するために指定されている地域である．ひろばとは，建物，樹木等がなく，広く空けた場所．また，多くの人が集まれる公共の広い場所をいう．さらに，話し合いや意思の疎通を図ることができるような共通の場でもある．最近ではひろばは，地理的な空間にこだわらない意味も含められるようになってきた（市の広報の名称，市のサイトなど）．

〔歴史と意義〕公園やひろばは，子ども時代に必要な自由で豊かな*遊びや多様な体験の場であり，社会性を育むための空間として存在する．しかし，いまの都市公園やひろばは，必ずしも子どもの自由な遊びを許容する空間になっているとはいいがたい．最近，新しい形態の「公園ひろば」として*プレイパークが注目されている．プレイパークは，もともとヨーロッパの都市の子どものための公園で，廃材や古タイヤを積み上げたりしただけの遊び場として提供するといった動きから出てきた．1865 年には公共の遊び場というものが登場していたが，1943 年にデンマークの公園設計家ソーレンセン（Sorensen, C. Th.）がコペンハーゲンで「がらくた遊び場」といいうアイディアを実際のものとしてつくり上げたのが始まりともいわれている．1950 年代にはスイスや英国で同じようなものがつくられるようになり，ロビンソン遊び場とか，冒険遊び場という名前で呼ばれた．子どもたちが，安全に，しかし，あらかじめ設けられた設備や遊びのプランの選択肢に縛られることなく，自由に変更や改変を加えて，自分たちのアイディアとスタイルで楽しみ，発見や創造する喜びを味わえるというのがその考えである．

〔現状〕1979 年東京都世田谷区の「羽根木プレイパーク」がオープンして，日本でも広く知られるようになった．このプレイパークは常設であり，従来の公園，すなわち既成のブランコ，シーソー，鉄棒などがあるようなお仕着せの遊び場と違い，一見無秩序のようにみえて，子どもたちが想像力で工夫して，遊びをつくり出すことのできる遊び場である．子どもの安全確保のために専門の*プレイリーダーといわれる指導員が常駐しており，そこにはいきいきと遊びに「挑戦」する子どもたちの姿がある．今日，世田谷区の主なプレイパークは，1979 年の「羽根木プレイパーク」，1982 年の「世田谷プレイパーク」，1989 年の「駒沢はらっぱプレイパーク」，2003 年の「烏山プレイパーク」などであるが，その後プレイパークの*実践が全国に広がり，現在全国のプレイパークは 233 ヵ所に設置されている（「全国冒険遊び場づくり」http://www.ipa-japan.org/asobiba/modules/textdb/ より 2009.7.30 作成）． 　　（関上 哲）

⇨プレイパーク

〔文献〕1）NPO法人「プレイパークせたがや」：機関紙ぶれせた，参照．；2）羽根木プレーパークの会編：冒険遊び場がやってきた！，晶文社，1987.；3）羽根木プレーパーク編：遊び場のヒミツ，ジャパンアシニスト社，1998.；4）NPO日本冒険遊び場づくり協会：冒険遊びと子育て支援，2005.；5）NPO日本冒険遊び場づくり協会：遊びが社会を変える，2008.；6）北摂こども文化協会編：ひと山まるごとプレイパーク，シィーム出版，2005.

構外学位　external degree

大学の構外における学習の成果を単位として認定し，それを累積することによって取得する学位のことをいう．キャンパスに通学できない成人に学位取得の道を開くものとして，生涯学習社会において大きな意義をもつ．「構外学位」という語の使用は，19世紀末のロンドン大学における学外学生への学位認定試験によって授与された学位を起源とするが，特に米国において，1960年代から構外学位の導入が本格化し，その取得のための方式も多様化していった．一般的には，入学にあたって，過去に取得した大学の単位であるとか，職場や家庭，地域社会における*経験等が，第三者機関の*評価等を経て単位として換算され，入学後は，*遠隔教育による課程や単位認定試験を通じて，学位に必要な単位の取得が進められる．また，試験や実技，実演等で，当該課程を修了するのにふさわしい*能力を有していることを証明すれば，学位が取得できる場合もある．

(佐々木保孝)

〔文献〕1）Sullivan, E. et al.: *External degreees in the information age : legitmate choices*, Oryx Press, 1997.

公害教育（公害学習）　education/learning on public health hazards

〔定義〕1950年代以降，国内で高度経済成長や重化学工業政策が推し進められた結果，日本各地の工業地帯や工場周辺あるいは都市部で暮らす住民に，健康被害や生活破壊が発生した．この公害発生に対し*社会教育や生涯学習が，人間らしく生きることや自ら健康で文化的に生活していくために展開した教育や学びを公害教育あるいは公害学習という．
〔歴史と意義〕公害は経済的諸関係（生産，流通，販売，消費，開発）に伴って発生する社会的災害の1つである．公害は環境行政の遅れから，企業・個人経営などの無計画な国土・資源の利用と生活環境施設の不足や都市計画の失敗，豊かな消費者の浪費，*貧困な消費者の乱開発などが，多量の廃棄物と自然破壊を生んだ．これらは農漁民労働者や工場労働者の生産基盤を破壊し，都市住民や地域住民の健康と生活環境を破壊する．その意味で公害は，社会権としての人権である生存権，*教育権，勤労権の侵害を伴う災害なのである．

そういった公害に対する公害教育は，学習者が公害を社会的・自然科学的に測定・分析・*評価することを通じて，その諸原因を発見し（気づき），被害救済や未然の防止（環境影響評価など）のための社会的行為として，*公害反対住民運動（環境運動）を行うことを目的とする．したがって公害教育は，市民の科学的学習や民主的な自治学習すなわち政治学習がその内容に包含されるのである．

公害反対住民運動には，歴史的事例として四大公害訴訟の闘争運動がある．その1つである水俣病闘争は，1953年の最初の水俣病公害患者の発生への環境行政の遅れにより発生した問題に対し，その遅れを取り戻すための住民運動として展開された．1959年に起こった熊本における闘争運動への弾圧は強かったが，その運動の学びから新潟では，1967年に新潟水俣病第1次訴訟を提訴し，1971年新潟水俣病公害裁判に勝利をもたらした．この事例から，公害発生に伴う公害教育と公害反対運動は，公害を民主的に解決しうる課題解決のための手段として見いだすことができる．
〔現状〕今後も公害問題が発生することは明白であり，未来の課題解決に社会教育や生涯学習は，今後も「公的教育」としての公害教育を位置づける必要があるといえる．なお現状では，公害教育として*実践される学習よりも，環境問題を取り扱う*環境教育として実践されることが一般的である．

(関上　哲)

〔文献〕1）宮本憲一：維持可能な社会に向かって，岩波書店，2006.；2）朝岡幸彦：新しい環境教育の実践，高文堂，2005.；3）宮本憲一：維持可能な社会と自治体，公人の友社，2005.；4）関上哲：公害教育の今日的課題―環境教育における住民参加について―．現代環境教育入門（降旗信一・高橋正弘編著），筑波書房，2009.

構外教育事業　(英) extra-mural studies (in UK)

英国において大学が展開する成人教育をさす言葉である．1870年代に，大学教育の対象から閉め出されていた人々，すなわち大学で学ぶ*能力がありながら，性，経済力，宗派によって排除されてきた人々に大学教育を開放する「*大学開放」(to open the university) として始まり，次に大学の外に出て大学教育を人々の戸口まで届ける「大学拡張」(university extension) 講座，および大学内での開放講

座として，主に*学級・講座方式を用いて，大学の外の一般大衆に*知識を普及させる方向で発展していった．大学が構外教育を提供する際，学部組織と同様な位置づけで専門的な部局が設けられることが多い．その名称は，成人教育部，成人・継続的教育部など，大学によって異なるが，それを総称して*大学構外教育部（extra-mural department）と呼ぶ．

(藤村好美)

⇨大学開放，大学構外教育部，高等成人教育

〔文献〕1) スティーブンス，マイケル・D（渡邊洋子訳）：イギリス成人教育の展開，明石書店，2000.

公害反対住民運動 citizens' movement against industrial public health hazards

〔定義〕1950年代以降，高度経済成長政策や重化学工業化が推し進められた結果，日本各地で健康被害や生活破壊が発生し，当初農漁民層を中心とした被害住民が，生産基盤の破壊に対して陳情・請願などの要請・抗議行動を行ったことから始まった．事後的に救済・改善を求める運動である．後にこの運動は，市民と歩調を合わせながら公害を未然に防止する運動へと変質する．

〔歴史と意義〕第2次世界大戦前の運動には，1877年足尾鉱毒事件，1883年別子銅山煙害問題等があったが，いずれも民主的措置は採られず，官憲により弾圧された．戦後の主な運動は，1951年有機水銀が原因であった水俣病問題が新日窒と水俣漁協との間の紛争として発生する．当初は生活補償闘争という形態が強かったが，1965年チッソに社名が変更されると，1969年被害者らは団結し世論に訴え公害阻止を望んだ裁判を提訴している．新たな運動として1963年沼津市・三島市において石油化学コンビナート建設が計画された際の反対運動がある．「四日市の二の舞をするな」という合い言葉で「石油化学コンビナート進出反対沼津市，三島市，清水間連絡協議会」が設立され，公害反対住民運動が盛り上がり市民らが学習を重ねた成果により，民主的な運動が展開され建設が阻止されたものである． (⇨沼津・三島コンビナート反対運動)

〔現状〕現在は公害反対住民運動としてよりも環境問題全般を取り扱う市民環境の保全・保護運動としての活動が注目される． (関上 哲)

〔文献〕1) 水俣病被害者・弁護団全国連絡会議編：水俣病裁判，かもがわ出版，1997.；2) 池見哲司：水俣病闘争の軌跡，緑風出版，1996.；3) 宮本憲一：環境と自治，岩波書店，1997.；4) 飯島伸子：環境社会学，有斐閣ブックス，1994.

後期高齢期 later old age

高齢期を前半（65歳以上，74歳以下）と後半（75歳以上）に分けた場合，前半を前期高齢期，後半を後期高齢期と呼ぶ．近年，高齢期を論じる上でこの2つのカテゴリーの使用が一般化しているが，その背景には，平均寿命の伸長による高齢期の長期化がある．高齢期はその前半と後半で心身の状態やライフイベントに大きな*差異があり，1つのカテゴリーによる説明には限界がある．

後期高齢期の特徴として，疾病の高い罹患率やその慢性化，高い要介護率や要介護度の重度化，さらに*認知症になる確率が高いことなどをあげることができる．また後期高齢期は，配偶者や自分自身の死というターミナルなライフイベントに直面する段階でもある．

前期高齢期の*社会教育活動は*老人大学などを中心に*実践と研究の両面における蓄積がなされているが，後期高齢期の社会教育活動はその可能性や方法論の開発も含め，今後の検討課題といえる．

(荒井浩道)

〔文献〕1) 堀薫夫編：教育老年学の展開，学文社，2006.；2) 内閣府編，*高齢社会白書，2008.

公共空間 public sphere

〔定義〕われわれの社会生活の中で公私の境界をめぐる複数の価値や意見の間に生成する「言説の政治」が行われる空間をいう．その特徴は，①すべての市民がアクセスしうること，②複数の，異なる価値や意見が生成しうること，③人々の間にある事柄，人々の間に生起する出来事への関心がこの空間をつくるということである．それは制度や組織ではなく，絶えず創造され，流動し，ときに消滅するゆえに，関係概念として捉えることができる．

〔経緯〕*公共性論をめぐる議論に大きな転換をもたらしたのは，ドイツの社会哲学者*ハーバーマスの『公共性の構造転換』[2]である．彼は，国家と大衆社会化のもたらす「生活の植民地化」に対抗する言説空間として公共空間を定義する．この空間は一種の防波堤であり，この守られた「理想的対話状況」の中で「よりよい根拠」のもつ力を通して合意のもとに法秩序が形成されるべきだとする．その主張は，既存の公共性をめぐる「合意」が解体可能であることを示すものではあるが，そこでは同質的で強い自己が想定され，逆にいえば，そうではない，障害者，女性，外国人などが理論的に排除されている，という問題をはらむ．この点，アーレント（Arendt,

H.)の公共空間論では，空間を構成するものの複数性や異質性をもつ行為者の言説を重視する．なぜなら，この空間における「公共的な生」は，多様で，異質なパースペクティブがコミュニケートされることにかかっているからである．そこでの討議は客観的な真理に到達する必要はないし，*NPOや社会運動とは異なり，1つの合意に収斂する必要もない．

〔課題〕こうした公共空間論を学習論と接合させることも可能であろう．しかし，次の点に留意する必要があろう．①両者の空間論では，討議する主体は既にそこにあるものであり，参加への意思をもつこと，参加の中での学びを捉えるものではないこと，②社会的，文化的，言語的資源の不平等が理論的に捨象されており，人々は平等・水平的関係の中で「話すこと」「耳を傾けること」＝学ぶことが想定されていること，③公共空間を国家や資本などの外部に置き，それらの権力や支配的言説に対抗する公共空間の意義を十分捉えられていない，ということである．公共空間は，「公私の境界」をめぐる政治的交渉の場であり，そこに学びを育む空間としての意義がある．

⇨公共性，市民的公共性　　　　　　（高橋　満）

〔文献〕1) アレント, H.（志水速雄訳）：人間の条件, 筑摩書房, 1994．; 2) ハバーマス, J.（細谷貞雄訳）：公共性の構造転換, 未来社, 1973.

公共職業訓練　public vocational training

政府または地方自治体が公的資金により運営する*職業訓練のこと．

〔歴史〕わが国の公共職業訓練の呼称は様々であるが，社会的弱者救済のために始まり，次第に整備されてきた．そのような中でも，1923（大正12）年にジャーナリストの楠原祖一郎は失業者のための当時の言葉でいう職業補導について次のように主張していた．

「職業補導は，…各人の社会的技能を向上進化せしめん事を目的とする，即ち生存権肯定の思想の上に起ち其の平衡を失せしめざらん事に努力するものにして，失業問題とは二にして一なる問題である．/職業の補導は…，各人の人格を認めて而して後補導さるる筈のものであって，…人的存在の助長であるが，救済ではないのである．」

楠原の主張は今日でもなお公共職業訓練の観点を見定めるときの試金石となっている．

やがて戦時色が強くなると，重工業の生産力強化に組み込まれ，失業者対象の訓練から重工業を担う労働者を訓練するための機械工補導所として再編され，当時は「転業補導所」との通称で呼ばれていた．

第2次世界大戦後は戦前の施設であった機械工補導所，*勤労訓練所，幹部機械工養成所，機械工養成所等の中で活用できる施設を失業者のための職業訓練施設として都道府県知事の運営の下に再編した．しかし，その訓練内容は戦前の重機械工業種目を衣食住の職種に再編しての困難な再発足であった．

しかし，生活に困窮した失業者は訓練を受ける余裕がなく，大半は高校進学が困難であった中卒者が受講者であった．そのような中で，朝鮮戦争による特需ブームが引き金となり，わが国の景気回復が始まると，将来の技能労働者としての可能性から，中卒者が訓練の対象者として有望であるとの認識により中卒者を対象として訓練が制度化されることとなった．その延長線上に1958（昭和33）年の「職業訓練法」が制定された．

なお，戦後直後に生産力拡充のためにGHQの援助を得て「監督者訓練」（Training Within Industry for Supervisor：TWI）が「*職業安定法」の「工場事業場等に対する技術援助」として労働省主導で民間企業に普及が図られた．TWIは今日でも中堅工の必須科目として普及しており，在職者訓練に位置づいている．

ところが，経済の発展を支えた技術革新はすさまじく，新卒者の訓練をもってしても対応が困難となり，在職者の訓練が整備される．在職者の訓練は「*雇用保険法」の制定によりその財源が明確になり，1975（昭和50）年より一気に拡大して今日に至っている．

公共職業訓練は戦後当初は若年者が実体的に多かったが，景気が回復すると，産業の再編を背景とした政策的な転職訓練が整備され，好景気になって離転職者の公共訓練が初めて実態的に拡大する．一方，好景気により失業の期間が短縮する．すると失業者対策の予算に潤いが出る．その潤沢な予算を利用して訓練を受講するときにも「失業給付金」を得ることができる「訓練受講手当」等が整備され，失業者に対しても学校的訓練体制が整ってきた．

〔運営〕職業能力開発施設は都道府県が運営している都道府県独自の名称の施設と，高齢・障害・求職者雇用支援機構の運営による大学校（短期大学校は付属）と職業能力開発促進センターがある．

「弱者」の中で最も困窮する人々が障害者であるが，障害者のための職業訓練も公共の役割として古くから行われてきた．戦前末期の傷痍軍人訓練の実態を引き継いだため，戦後は身体障害者の訓練から制度化が始まった．障害者職業能力開発施設は国

立，県営，府県立，高齢・障害・求職者雇用支援機構立の3種がある．

障害者の雇用については「障害者の雇用の促進等に関する法律」で，法定障害者雇用率として民間企業は1.8％，特殊法人2.1％，官公庁2.1％が定められている．

(田中萬年)

〔文献〕1) 田中萬年・大木栄一編著：働く人の「学習」論，学文社，2005.

公共性　英 publicness，独 Oeffentlichkeit

〔概念〕公共の日常語的な字義的意味は，社会一般，おおやけであり，公共性とは，私的なものに対比される広く社会一般の公的な性質や価値とされている．特に，政府や行政といった公権力にかかわる事柄や社会的有用性を公共性と呼ぶことが多く，公益性と同義の概念とされる．

しかしながら，社会科学の領域で用いる公共性は，publicnessの語義に立ち戻るとみえてくるように，すべての人々・公衆・国民に公表し，公開された周知のことという意味を本来もっており，情報が公開される中での熟議に基づく合意を意味する．そのためには人々の市民的自由がその前提となる．また，*ハーバーマスは，公共性を国家機関の権力行使を批判的に対抗する批判的機能とともに，公開の議論と省察を経た公論のみが法や政策としての正統性をもつという構成的機能をもつものとして捉える[3]．彼のいう*市民的公共性とは，国家行政システムに対抗する公衆としての市民が形成する言説の中でつくられる．このように，公共性は西欧の啓蒙的*市民社会を背景として生まれた近代の理念の1つである．

〔教育における公共性〕教育における公共性の議論は，1960年代以降の米国の教育改革の論争点の1つであり，1980年代以降の公教育における*規制緩和や学校選択あるいは市場原理の導入等の教育改革の議論では，教育の公共性の境界をいかに設定するのかということをめぐる思想的な対抗を背景としている．これらの論争の背後には，リベラリズムからラディカルデモクラシーにまで影響力をもつ，アーレント (Arendt, H.)[1] やロールズ (Rawls, J.)[2] の存在があるが，1960年代の教育改革とその背後にあるリベラリズムの思想に対する彼らの批判の視点は，いま問われている教育における公共性の再編の視点を導き出すものでもあり，公教育の機能変容とのかかわりで公共性の再編を捉える際にも依然として重要性をもつ．

(槇石多希子)

⇨公共空間

〔文献〕1) アーレント，H. (志水速雄訳)：人間の条件，中央公論社，1973，ちくま学芸文庫版，1994.；2) ロールズ，J. (矢島釣次監訳)：正義論，紀伊國屋書店，1979.；3) ハーバーマス，J. (細谷貞雄訳)：公共性の構造転換，未来社，1973.；4) 小玉重夫：教育改革と公共性—ボウルズ＝ギンタスからハンナ・アレントへ—，東京大学出版会，1999.

校区公民館　school district Kominkan

小学校の校区につくられている*社会教育施設である．小学校の範域原則は，歩いて行動できる距離である．このため，校区公民館は，住民誰でも社会教育活動の場を保障できる．校区公民館の形態は多様で，① 市町村立の条例公民館や分館として設置された形態，② 条例公民館の指導助言のもとに小学校校長が施設管理して，校区住民が運営している形態，③ 校区単位に自治会や字の自治団体による*財団法人による管理と運営の形態，④ 空き教室などの学校施設開放と，住民のまちづくりのための活動が結びついた学社融合の形態，⑤ 市町村自治体が小学校の校区単位に，新しい*住民自治協議会などを設置して，行政サービス機能と社会教育を結合している形態，がある．校区公民館は，小学校の地域連携活動と結びつくことによって，子どもとともに新たな*住民自治・*コミュニティ形成としての意味をもっていく．

(神田嘉延)

〔文献〕1) 山崎丈夫：地域コミュニティ論，自治体研究社，2003.；2) 神田嘉延：村づくりと公民館，高文堂出版，2002.

講師派遣事業　outreach lecturer program

1970年代に生み出された自主活動支援事業の一環である．

*公民館が実施する*学級・講座は基本的に学習のきっかけづくりであり，何年も同じメンバーで継続することは困難である．事業終了後は自主的に活動を続けるということになる．公民館事業の期間は指導者への謝礼も公費で支出されるが，自主活動となるとメンバーの自前で行うことになる．基本的に*社会教育法第13条の「補助金」支給対象とならない．

公民館はきっかけをつくって後は自主的にというだけでいいのかという課題につきあたり，生み出されたのが「講師派遣」である．*自主グループ援助と呼ぶ自治体もあるが，自治体が決めた要項の範囲で「講師派遣」することで「公の支配」に属する事業として日本国憲法第89条にも適合する事業とされている．徐々に公民館や行政と関係なく生まれた

小グループにも適用されるようになった．
⇨アウトリーチ　　　　　　　　　　（佐藤　進）
〔文献〕1）社会教育推進全国協議会編：改訂社会教育ハンドブック，pp.540-551，エイデル研究所，1984．

向上訓練　training for vocational upgrading

1992（平成4）年改正以前の*職業能力開発促進法では，*職業訓練の体系は対象者と目的によって*養成訓練，向上訓練，能力再開発訓練の3区分からなっていた．向上訓練は既に相当程度の職業能力を有する者にその職業に必要な能力を追加して習得させる職業訓練のことであり，職業的継続訓練の意味をもっていた．改正後の職業能力開発促進法ではこの3区分が取られなくなったため公的用語としては向上訓練の語は使われなくなったが，事実上は，未就業者や転職者のための訓練と区別されて，現在就業中の労働者に*技能の向上，追加拡大の機会を提供する在職者向け職業訓練として同様の訓練が行われている．

わが国の社会制度のもとでは向上訓練（現在職者訓練）は個別テーマごとの短期的な訓練プログラム，すなわち研修コースの形をとる．公的な職業養成訓練が発達しておらず，職業現場でのいわゆる*OJTによって職業能力が形成されるわが国では，向上訓練は「作業の裏づけとなる理論的*知識や原理的理解」「標準的なあるいは正規の作業方法」を習得する場として重要かつ特徴的な役割を果たし，今日の在職者向け訓練に継承されている．　　（小原哲郎）
〔文献〕1）戸田勝也：在職者訓練の理論と実際，雇用問題研究会，2001．；2）戸田勝也：公共向上訓練に対する中小企業からの期待に関する一考察，職業能力開発総合大学校能力開発研究センター，1983．

工場法　Factory Act

産業革命に伴う劣悪な労働環境の蔓延に対して，児童労働の制限や労働時間の制限，そしてこれらの規定を強制する工場監督制度等を主たる内容とする工場法が成立をみる．英国では1802年最初の工場法が制定された後，規定が拡充された．日本では，1世紀遅れて1911年に工場法が制定されている（1916年施行）．

そもそも近代資本主義社会は，経済的取引き全般がもっぱら当事者の自由な合意に委ねられることを大原則とするが，その中にあって，工場法は例外的な介入主義的法政策であり，その後の，特に第2次世界大戦後各国で広範に実施される社会政策の端緒をなしている．そうした歴史的・理論的重要性もあって，工場法の成立に関しては，それを「総資本の理性」に基づく労働力保全政策と理解すべきか，そうではなく，むしろ労働者階級の闘争が工場法を成立させたとみるべきか，古くから論争がなされている．　　（岩佐卓也）

構成主義　constructivism

〔認知心理学の用語〕認知心理学で使われてきたconstructivismは構成主義と訳され，人間が外界を認知し，意味世界を構成する過程に注目する．認知的構成主義としてのピアジェ（Piaget, J.）の系譜は，生物学的メカニズムを強調し，教育と切り離した個人を対象とした認知発達理論である．ピアジェの認知的構成主義を批判したヴィゴツキー（Vygotskii, L. S.）は，子どもの知的発達において自力で問題解決する現下の水準と非自主的な共同で問題解決に到達する水準の差分により，発達の最近接領域という概念を提示したが，それは学習における*他者の存在を重要視しており，社会的構成主義（social constructivism）の基礎を築いた．

〔社会学の用語〕社会学においてはconstructivismではなく，constructionismとその訳語として，構築主義，社会構築主義，構成主義という言葉が用いられる．ブルーマー（Blumer, H.）のシンボリック相互作用論，バーガー（Berger, P.）とルックマン（Luckmann, T.）の*知識社会学，ガーフィンケル（Garfinkel, H.）のエスノメソドロジー，スペクター（Spector, M.）とキッセ（Kitsuse, J.）の社会問題の構築など様々な流れがあるが，そこに通底するのは「現実（reality）は言語によって社会的に構成される」「社会的な問題や知識は，その社会の中のコンテクストで構築される」という見方である．

〔学習における構成主義〕従来の*行動主義心理学や認知心理学における教育・学習は，知識の転移に重点を置いたが，1990年代以降，学習者の主体的な学びが重要視され，教師から学習者への一方的な教育のあり方に変化がもたらされた．そこには，構成主義に基づき，知識は受動的に与えられるものではなく，学習者が自身で能動的に構成していく，他者とのかかわりの中で獲得していくという学習観がある．メジロー*の変容的学習理論，レイヴ（Lave, J.）と*ウェンガーの正統的周辺参加，エンゲストローム（Engestrom, Y.）の活動理論などの学習理論が生まれた．　　（稲場圭信）
〔文献〕1）ジーン・レイヴ，エティエンタ・ウェンガー：状況に埋め込まれた学習―正統的周辺参加―，産業図書，1993．

更生保護　the rehabilitation of offenders

1945年以前は，司法保護，少年保護，釈放者保護，思想犯保護等といわれたが，現行憲法制定後，旧制度は民主主義原理に添って大きく改革され，非行・犯罪にかかわる裁判所の決定・判決後の執行分野＝*少年院，刑事施設（通称「*刑務所」といわれ法的には最近まで「監獄」）の施設内処遇を除く，社会内処遇分野の総称として「更生保護」が使われている．

更生保護には，*保護観察，環境調整，釈放者保護，犯罪予防活動の助長，恩赦等が含まれ，犯罪者予防更生法（犯予法），執行猶予者保護観察法，更生緊急保護法（更生保護事業法1996年施行に継承），恩赦法等を基幹法としてきたが，2008年犯予法等を統合した「更生保護法」の判定がされた．

制度創設約50年経過後，「心神喪失等の状態で重大な他害行為を行った者の医療及び観察等に関する法律」（1997年施行）や*少年法改定（2001年施行）の創設や改訂によって，分野の拡大と理念・制度の大きな変更と変化が生じている．　　　（加藤暢夫）

〔文献〕1）斉藤豊治・守屋克彦：少年法の課題と展望（全2巻），成文堂，2005，2006．；2）中山研一：心神喪失者等医療観察法の性格，成文堂，2005．；3）葛野壽之：少年司法改革の検証と展望，日本評論社，2006．；4）加藤暢夫：裁判員裁判と子どもと大人，三学出版，2011．

郷村建設運動（中国）　the Rural Reconstruction Movement（in China）

中国において1920年代後半から1930年代にかけて，農村の破産的状況を背景として試みられた農村復興運動の総称．教育の普及や農業技術の改良，あるいは民衆自治組織の形成を通して，農村を再生し民族的危機を克服することを目ざした．当時，*知識人による多様な郷村建設工作が活発化し，代表的指導者として梁漱溟がいる．梁は，農村秩序の再建によって中国社会の改造を図るため，1931年から山東省鄒平県において山東郷村建設研究院を拠点としながら農村指導者の育成に力を注いだ．その他の郷村建設運動の*実践として，農村部の教員養成に力を入れた*陶行知の南京暁荘師範，晏陽初をリーダーとして河北省で農民への文字教育や農業技術指導を行った中華平民教育促進会の定県実験，さらに*社会教育関係職員の養成を重視した江蘇省立教育学院などの取組みがある．これらの試みは日中戦争のため挫折した．　　　（新保敦子）

〔文献〕1）新保敦子：梁漱溟と郷村建設運動．日本の教育史学，**28**，92-109，1985．

公貸権　public lending right

〔概要〕*図書館での図書の貸出し回数または蔵書冊数に応じて，著作者が補償金を受領する権利をいう．この制度の目的は図書館の貸出しによって著作者が蒙る経済的損失を補墳する意味と，文芸の振興，国の*文化活動の促進等があげられる．現在18ヵ国で実施されている（ただしフランスは法制化されたが実施されていない）．補償が*著作権制度に基づいて行われる場合と国が設立した基金から給付される場合とがあるが，後者の方法をとる国が多い．この制度は著作者の生活保障という側面が強いので，受給の権利譲渡を認めない国が多く，また対象資料が限定されたり（文芸作品のみ等），国籍や居住地要件が課せられる国もある．

〔日本における公貸権の論議〕わが国の著作権法では図書館における非営利無料の書籍・雑誌（楽譜は除く）の貸出しは問題なく行うことができる．しかし近年の公共図書館における貸出しの増加と出版物の売上げ減少をもって，図書館が大量の複本を購入し貸出しをしていることが，著作者の経済的利益を損ねているとして，著作者からその損失補償を求める声が上がった．2002（平成14）年，日本文芸家協会は理事長名で文部科学大臣と*文化庁長官に要望書を提出し，ヨーロッパ先進諸国と同様に著作者の経済的権利を保護し，文芸文化を守るために国家が基金を設立し，公貸権を制度化するよう求めた．一方図書館側は，現在図書館の基盤整備が十分とはいえないときに，公貸権を問題にする必然性がないこと，現在の図書館状況からみて著作者に経済的損失を生じさせるような実態があるとは考えにくいとし，両者の意見は分かれている．

既に公貸権制度を実施している各国は，それぞれの国の事情を反映して制度化を図っており，制定まで長い年月をかけて論議を重ねている．わが国においてもまず国として文化・芸術に対する明確な考え方を示すべきであり，著作者・図書館はもとより広く国民的な論議を尽くすことが必要である．

⇨著作権　　　（酒川玲子）

〔文献〕1）日本図書館協会著作権委員会編：図書館サービスと著作権 改訂第3版（図書館員選書10），日本図書館協会，2007．；2）森智彦：公共貸与権と図書館．現代社会と図書館の課題―政策討論連続講座記録―（日本図書館協会政策委員会編），日本図書館協会，2004．

公的社会教育　⇨社会教育

公的年金制度　public pension system

わが国の社会保障制度の1つである社会保険では，国民の生活を保障するために，老齢や疾病などにより生活を阻害する事由が発生した場合に，一時的・恒久的に一定の給付を行うが，その中でも，公的年金（年金保険）制度は，所得の減少や喪失を補完するために終身にわたって金銭が給付される制度である．この中には，すべての国民が加入する「国民年金」，民間被用者が加入する「厚生年金」，各種公務員共済組合や私立学校教職員共済組合などの「共済年金」がある．

公的年金制度の課題としては，年金制度への不安と不信，国民年金の高い未納率，国民年金と他年金との給付格差がある．人々の不安を払拭する年金制度の確立とともに，制度への理解を深める啓発活動が課題となる．*社会教育や福祉，労働分野などで，年金制度についての各種講座が開催されているが，人的資源を含めた連携も課題といえよう．

　　　　　　　　　　　　　　　　　　（新井茂光）

〔文献〕1）西沢和彦：年金制度は誰のものか，日本経済新聞出版社，2008.；2）江口隆裕：変貌する世界と日本の年金，法律文化社，2008.

行動主義　behaviorism

米国の心理学者ワトソン（Watson, J.）が1913年の論文で提唱した心理学の方法論．それまでの内観法により意識を扱う意識心理学に対して，外部から客観的に観察することができる行動を扱う心理学として，刺激と反応の観点から人間行動の法則を導き出す．

行動主義では，行動は環境内の刺激に対する条件づけの結果であると見なし，生得面より習得面を重視する．習得面の重視によって，スキナー（Skinner, B.）のオペラント条件づけと強化やモデリングなどの学習理論を生み出し，教育の分野で発展した．

行動主義に基づいた学習観では，学習は*経験による比較的永続的な行動変容と見なされるが，その視点は行動の主観性，能動性，*創造性を軽視する傾向がある．変容的学習理論の*メジローは，そのような従来軽視されてきた点を意味パースペクティブ変容として重要視し，それに同調する近年の教育者や*構成主義に基づく研究者は行動主義的な教育プログラム学習に批判的である．　　　（稲場圭信）

高等成人教育　higher adult education

〔定義〕高等成人教育とは，英国では大学拡張において行われた高等教育レベルの成人教育を表す概念である．*Encyclopaedia Britannica 2006* では，"university extension" の項で次のように述べている．「大学拡張（部）：通常フルタイムではない（成人）学生に対して教育活動を行う高等教育機関の部門．このような教育活動は，extramural studies（*構外教育事業），continuing education（*継続教育），higher adult education（高等成人教育），university adult education（*大学成人教育）と称される（略）」．また香川正弘は英国における大学拡張の歴史的発展に言及して，「大学を社会に開いていく過程を歴史的に見ると，最初に『大学拡張』・『*大学開放』，『高等成人教育（大学成人教育）』，そして『継続高等教育』という三つの発展を示す用語がある」とし，「高等成人教育は，大学教育の普及を中核としてその周縁部の*職業的・*専門職的な内容をもった教育も含む概念である」と述べている．さらに宮坂広作は，「高等成人教育」は十分熟した概念ではないとしながらも，それを「成人を対象とする，高度な内容をそなえた教育」と定義し，高等成人教育の中核は「大学成人教育」であり，その中心は「大学拡張」にあると述べている．「高等成人教育」には英国成人教育の伝統である教養教育重視の意味合いが含まれているといえよう．

〔米国における議論〕1960年代から70年代の米国においても，高等教育レベルの成人教育を示す概念として「高等成人教育」が用いられた時期がある．当時，米国教育協会（American Council on Education）に高等成人教育委員会（Committee on Higher Adult Education）が設けられ，高等教育機関における成人の学習について調査・研究が行われた．これについては，*ノールズが報告書をまとめている．

〔現状〕今日英米において，成人を対象とした高等教育レベルの教育は，"continuing higher education"（継続高等教育）と称されるのが普通である．英米の成人教育においては，高等成人教育という概念はあくまで歴史的概念であると理解するべきであろう．　　　　　　　　　　　　　　　（藤村好美）

⇨アメリカの生涯学習，大学開放，高等成人教育，専門職業人養成

〔文献〕1）宮坂広作：英国成人教育史の研究 I（宮坂広作著作集5），明石書店，1996.；2）*Encylopaedia Britannica 2006*, Ultimate Reference Ruite DVD 31 Aug. 2006.；3）Knowles, M. S.: *Higher Adult Education in the United States: The Current Picture, Trends and Issues*, Washington D. C., American

Council on Education, 1969.

高等弁務官（資金）（沖縄）High Commissioner (Fund) (in Okinawa)

1957年にそれまで沖縄占領統治の頂点にあった民政副長官，民政副長官に替わって高等弁務官制が設けられ，その制度の頂点に立ち絶大な権力を振ったのが高等弁務官である．弁務官は現役軍人の中から選任され，その権限は司法，立法，行政のすべてにわたって絶大で「帝王」ともいわれた．*社会教育法を含む「教育四法」の民立法案が*琉球政府を通して提出された際，弁務官によって再三拒否され，1958年に住民のねばり強い闘いによってようやく承認に至った例はよく知られている．こうした強硬な施政の一方，1960年に特別資金として「高等弁務官資金」が設けられ，弁務官が自由裁量で承認し供与された．援助対象は，簡易水道，道路，学校教材，*公民館等であったが，特に選挙の際に効果をねらって支出するなど懐柔宣撫的な意図が問題視された．地域の公民館建設をめぐっては，資金援助を受けるか否かで，住民の間でトラブルも少なくなかった．弁務官を頂点とする占領統治は，結局「あめとむち」の硬軟織りなす軍事優先の政策を押し進めるものであった． (平良研一)

⇨琉球米国民政府

〔文献〕1) 太田昌秀：沖縄の帝王―高等弁務官―，久米書房，1985.

校内暴力 school violence

学校内での子どもの暴力行為の総称である．対教師暴力，生徒間暴力，器物損壊があげられるが，学校外での対人暴力も加える．*文部科学省の調査（全国，2007年度）によると，生徒間暴力53.8％，器物損壊29.8％，対教師暴力13.2％である．中学校や高校での発生件数は，横ばいか減少の傾向にあるものの，小学校では増加している．加害者の9割が男子で，学年では中学2，3年生が多い（『生徒指導上の諸問題の現状と文部科学省の施策について』）．暴力傾向が低年齢化している背景には，家庭の教育力の低下のほか，幼児期の*遊びや自然体験の乏しさ，学童期の群れ遊び（ギャングエイジ）が少ないこともある．中学生では，思春期危機と受験ストレスが重なっていることがあり，近年，「いい子」によるいきなりの暴力もみられる．学校では，予防的な生徒指導に力を注ぎ，子どもの実態に応じ出席停止，自宅学習等の措置を講じている． (佐々木光郎)

〔文献〕1) 文部科学省：生徒指導上の諸問題の現状と文部科学省の施策について，2009.

公民館 Kominkan

日本固有の地域*社会教育施設．

〔概観〕*社会教育法は「公民館は，市町村その他一定区域内の住民のために，実際生活に即する教育，学術及び文化に関する各種の事業を行い，もつて住民の*教養の向上，健康の増進，情操の純化を図り，*生活文化の振興，社会福祉の増進に寄与することを目的」（社会教育法第20条）としており，単なる「貸し館」施設ではなく，地域住民の実生活に密着して，様々な学習要求に応えるための総合的な社会教育機関である．

公民館は，全国の市町村の約88％に設置され，その数約1万6000館が全国に設置されている（2008年）．市町村の教育行政組織の下に置かれ，学校とともに代表的な教育機関として日本の地域社会に広まってきた．

なお，「公民館」の名称については，第2次世界大戦後の教育改革の中で，国民の政治的教養の形成を自覚して「公民」概念を提示したもので，この「公民」概念は「citizen」にほかならない．

〔歴史〕日本に公民館が設置されるようになったのは，第2次世界大戦後のことである．平和な国家を再建するためには，国民が主権者としての行動ができるよう，豊かな文化的教養を身につける必要があるとの認識が広まり，当時，文部省社会教育課長であった*寺中作雄が，「公民館」という施設を提唱した．敗戦後1年にも満たない1946年7月に文部省より*「公民館の設置運営について」が通牒され，その数年の後の1949年に社会教育法の制定によって，公民館は法的な位置づけを獲得することになった．

公民館の市民の学習・活動の拠点としての役割を積極的に打ち出したのは，東京三多摩地域の公民館活動の中であり，のちにこれは「新しい公民館像をめざして」（1973年）として東京都から公表された．この構想は都市化した東京三多摩地域の公民館活動の中から深められることになったということとともに，1960年代に*「公民館三階建」論という形で教育機関としての公民館像が深められたことである．

構想は公民館を4つの原則，すなわち「住民の自由なたまり場」「住民の集団活動の拠点」「住民にとっての自らの大学」「文化創造の広場」をもつものとした．また7つの原則，すなわち，① 公民館の利用者は，青少年も含むすべての地域住民に開放され，

わけへだてなくサービスを受けることができるよう「自由と均等」，②*図書館の利用にあたって無料の原則が掲げられているように，公民館の場合も，講演会や講座などの学習においては「無料」，③公民館が講演会や講座を開設して，学習の場を提供する「*学習文化機関としての独自性」，そして④こういう学習計画を立案するために公民館は「職員必置」，⑤生活の場から遠く離れたところではなく，地域ごとに設置されるよう「地域配置」，そして⑥「豊かな施設整備」，⑦「住民参加」を明示したのであった．

〔施設の設計〕公民館の建物面積は多様であるが，次のような施設空間が設計されている．

まず，学習や会議・活動の場としての①会議室・講義室である．次に学習活動に欠かせない図書館機能を兼ね備えた②*公民館図書室がある．

さらに，簡単な室内スポーツ・*レクリエーションができる空間をもち，③ホール・講堂がある．

公民館の歴史の中で必要とされてきたのが④調理室・料理室であり，⑤和室・茶室がある．創設当初の構想には盛り込まれていなかったが，利用者の中からその必要が自覚され，今日ではこれらを兼ね備えた公民館は少なくない．

そのほか，⑥視聴覚室や音楽室，⑦工芸工作室，陶芸用の窯など，*文化活動の条件を備えた施設空間を備えた公民館も広がっている．

あるいは，⑧ロビーなど，住民の交流や団欒が可能な空間を工夫し，地域の人々の交流機能を高める公民館も多い．

〔課題〕制度的には公民館は「社会教育機関」（地方教育行政の組織及び運営に関する法律，第30条）であるが，地域の総合的な施設という性格から，その機能は実に多様である．そのため，地域の様々な要求を受け止めてきた歴史があるせいで，独自の施設イメージが拡散してきた面があることは否定しえない．また，それとの関連で，公民館に配置される職員の存在は，教育専門性を保持するものでなければならないという基本的な性格があいまいになって，その体制とその専門性のあり方が問題となってきた．

公民館に配置されている職員のうち専任職員は全体の1/4程度にとどまり，また1施設の専任職員数は平均1人に達しない現状が長く続いている．

こうした，いわば公民館の長く放置された課題に対し，今後，どのように向き合っていくのかが問われているところである．とはいえ，いままでの公民館の歴史はこうした問題との対峙の歴史である．公民館はこうした問題を内包しながらも，新しい可能性を切り拓く営みが自治的に創出されてきたことも見逃すわけにはいかない．近年，公民館の新しい形態として，地域活動を続けてきた人たちが組織する*NPOが運営するものも生まれている．

（上田幸夫）

〔文献〕1）日本社会教育学会編：現代公民館の創造，東洋館出版社，1999.；2）日本公民館学会編：公民館・コミュニティ施設ハンドブック，エイデル研究所，2006.；3）横山宏・小林文人編：公民館史資料集成，エイデル研究所，1986.

公民館運営審議会　Kominkan steering committee

住民の意思によって公民館運営を進めるという理念を具体化させるべく組織された，住民の公民館運営参加組織．1999年の*社会教育法改正により，公民館運営審議会は必置制から任意設置となった．略して「公運審」と表記されることがある．

〔歴史〕公民館の設置が提唱された1946年7月5日の文部次官通牒*「公民館の設置運営について」においては，公運審の組織はなく，「公民館委員会」が組織されることになっていた．公民館委員会は，住民の意思の反映というより，住民組織そのものであり，その公民館委員会がその運営主体であった．

1949年社会教育法制定によって，審議機関として性格を変え，住民団体代表，学識経験者，学校長等から構成される公民館運営審議会は，公民館に必置であり，*教育委員会が委嘱することになった．

公民館委員会は，英語ではcivil hall boardと表記されるが，委員は選挙によるものであり，教育委員会が館長を任命するというシステムは，教育委員会制度と重なる仕組みになっている．

ところで，公民館の設置と相前後して，文部省は戦前から設置されていた「*社会教育委員」の委嘱を進める計画をもっていたため，国は公民館運営審議会委員を社会教育委員が兼ねることを奨励していた．この結果，公運審委員と社会教育委員とを兼任するケースが多い傾向として近年にまで続いている．

〔組織と機能〕公民館運営審議会は，公民館運営における「住民参加」にほかならず，その意味は大きく次の2点である．

第1は，公民館運営には，戦後教育改革の中，当時のGHQ民間情報教育局（CIE）長官であるネルソン（Nelson, J. M.）が強調していたとおり，*地方分権，*住民自治に寄与することが期待され，それに見合う住民の自治組織への期待が高かったということがある．

第2は，住民のニーズに合った事業や運営を進めていく上で，住民の声をいかに反映させるかという課題である．これは住民の学習をいかに保障するかということである．

公民館運営審議会の実態でみると，委員数は10人前後が多い．委員の構成では，法改正前のような割り振りは続いており，団体・機関の代表者（2号委員），学識経験者（3号委員），各学校長（1号委員）の順で占められている場合が少なくない（*全国公民館連合会・2004年調査）．

〔課題〕1999年の社会教育法改正により，公運審の必置規定が廃止された．また，公民館長任命の際の公運審からの意見聴取義務も廃止された．社会教育法には，「館長の任命に関して，市町村教育委員会が公民館運営審議会の意見を聞かなければならない」（第28条の2）という規定があったが，公運審の必置規制の廃止に関連して，この意見聴取義務を廃止することになったのである．こうした状況下で公運審の課題をあげれば以下のようなことがある．

公運審がその機能を十分に発揮するには，審議そのものの活性化が求められる．住民本位の審議ができるかどうかが大きな課題である．このことは，教育行政の側に，公運審を真に住民の参加のシステムとして生かし，活用する姿勢があるかどうかにかかわっている．話し合いがされても，具体的な運営に反映されないようでは議論が深まりようがない．議論を深める上で重要なことは，その成果が行政に反映されることだからである．

また，運営上の課題としては，館長による諮問が積極的になされることが求められるとともに，館長からの諮問がなくても，積極的に公運審のほうから課題を明らかにし，それを教育行政にもち込む慣行も広げていく必要がある． (上田幸夫)

〔文献〕1）日本公民館学会編：公民館・コミュニティ施設ハンドブック，エイデル研究所，2006．

公民館三階建論　the Idea of Three-storied Kominkan

都市化によって地域が連帯を失い，人々が次第に孤立を余儀なくされていった状況の中で生み出された施設イメージである．それは，公民館の建物を単に3階にするということではなく，公民館の活動の形態と内容を構造的に組織し，発展させていきたいというものである．すなわち，1階は自由なたまり場，出合いの機能空間として，2階はグループやサークルの自由な集団活動のための部屋が数多く設けられ，3階では継続的な学習が年間を通じて行われる．そして，それぞれが相互に有機的に機能するために，職員が学習知的要員として積極的役割を果たすべき，といったものである．このイメージは1960年代に活動した三多摩社会教育懇談会の中で小川利夫が提唱し，国立町公民館で実践的に裏づけられ，次第に都市公民館のあるべき姿としての*評価を得るとともに，後に有名になった「*三多摩テーゼ」の原理としても活かされたのである． (徳永　功)

〔文献〕1）小川利夫：都市公民館論の構想．公民館と社会教育実践（小川利夫社会教育論集第6巻），亜紀書房，1999．；2）徳永功：個の自立と地域の民主主義をめざして，エイデル研究所，2011．

公民館主事　Kominkan chief coordinator

公民館の事業の実施にあたる教育*専門職員．

〔概観〕*社会教育法第27条では，「公民館に館長を置き，主事その他必要な職員を置くことができる」と定められている．「公民館主事」という明確な表現ではないものの，*教育機関である公民館の中心的役割＝教育の仕事を担う職員のことである．

なお，*文部科学省の指定統計では，公民館職員の区分としては，「館長」「公民館主事」「その他の職員」があり，「公民館主事」を「公民館の事業の実施にあたる者」としている．

〔歴史〕公民館は，当初より事業と施設と職員とが結合して，公民館の本来の機能が発揮されると考え，社会教育に熱心な人が必要な働き場所を得て，そこで教育事業が展開されるものと構想されたのである．それゆえ，公民館には職員の専任・必置を求め，公民館にとってその職員は欠くべからざる本質的用件として，重要な位置づけが与えられていた．

ところが，人的配置は当然，人件費を必要とする．独自予算が極めて*貧困であった公民館には，独自の職員が配置されるよりも，いわば*ボランティアとしてその職務に当たる「職員」が少なくなかったというのが全般的な状況である．

公民館の設置自体が進む中で，専任の公民館主事の配置は，1960年までは1館平均約0.1人にすぎなかった．専任主事を求める職員や住民の取組みは各地で続けられるものの，専任化への道は遠く，厚い壁に身動きが取れない状況が続いた．しかしその中でも，公民館主事は，夜間勤務が多く，給料に恵まれない劣悪な労働条件の下で，地域の人々の学習要求に応える努力を重ね，着々とその存在意義を知らしめるところとなっていった．

1959年の社会教育法改正により，市町村にも*社

会教育主事が必置されるようになる．本来は，教育施設に配置されることによって地道な地域の社会教育活動を支えてきた公民館主事の必置が求められていたのだが，＊教育委員会事務局職員としての社会教育主事の配置が優先されたのであった．

こうして，社会教育の職員体制は次第に社会教育主事が本務で，公民館主事を兼務する方向へと変質していき，公民館主事はその職務に忠実であろうとすればするほど，仕事は増えるばかりの多忙な日々を迎えることになっていった．

今日，常勤・専任・専門職の配置を求める声が高いにもかかわらず，こうした状況が変わらず続いている公民館も少なくない．

〔職務とその制度の課題〕公民館職員の基本的任務は，教育事業を計画し実施することである．地域や自治体の実情から，様々な工夫をした事業を企画・立案・実施していくことであり，また，住民のグループ・団体活動への援助ということも求められる．それら住民への学習支援に専門性を発揮すべき公民館主事の仕事は，住民がよりよく生きるために行う学習活動を援助することである．その教育活動を営む際に，自らの責任で価値判断を下すことができる専門的力量とそれを保障する制度が必要とされている．

こうした専門性を確保するために，公民館主事の＊資格が法定されていない現段階にあっては，その代替として社会教育主事有資格者を一般職の採用試験とは別に試験または選考して採用する試みがある．たとえば1972年，千葉県君津市教育委員会では「君津市における社会教育体制の整備について―職員体制を中心にして―」を決定し，専門職採用が行われていた．

全般的には，現状は，非常勤・嘱託の公民館主事が圧倒的に多い．しかし，公民館の開館時間は長く，夜間や休日への対応が必要であるため，その職員は決して非常勤ですむようなものではなく，日常的な職務として取り組むことが求められる場合が一般的である． (上田幸夫)

〔文献〕1) 日本公民館学会編：公民館・コミュニティ施設ハンドブック，エイデル研究所，2006．

「公民館主事の性格と役割」 ⇨下伊那テーゼ

公民館専門部 activity division of Kominkan

〔概観〕住民が部員として参加し，公民館報の編集や文化・スポーツの振興等の専門分野の活動を通して住民主体の＊地域づくりに取り組む公民館活動の執行組織である．現在では，地域への関心の向上，住民の交流促進，＊地域課題の解決等を目ざした，公民館の地域づくり（学習）システムとして位置づけている自治体もあり，組織形態や活動内容は，多様である．その後，自治体によって多様な展開があるが，共通して住民が直接参加して公民館活動や地域づくり活動を住民主体で進めることに特徴がある．

〔歴史〕1946（昭和21）年7月の文部次官通牒の別紙「公民館設置運営要綱」で「教養部，図書部，産業部，集会部を設置し，その他必要に応じて体育部，社会事業部，保健部を設けてもよい」と規定されたことが起点となり，公民館の草創期には，専門部が事業推進の中心的存在であった．1970年代には，高度経済成長を背景とする社会の変化に伴い，従来のような地域密着型の公民館運営が困難な状況が表出し，地域によっては，公民館活動が講座やサークル中心へと移行し，専門部を廃止し，講座実行委員会や＊利用者懇談会を重視する傾向が強まっていった．

〔現状〕長野県では，いまも6割を超える市町村で制度が維持されており，全国的に地域密着型の公民館運営を理念としてきた自治体の多くは，専門部（委員会と称するところもある）活動に取り組んでいる．伝統的な，学習，文化，体育，館報編集等の活動に加え，近年では，健康，福祉，防災等の地域課題に即した新たな専門部を設置する例や，公民館の専門部の枠組みを超えた，地域のまちづくり委員会として位置づけられている例もみられる．専門部員は，地域からの推薦のほか，公募や職名委嘱で選出され，市町村条例に位置づけ，委員報酬を支出する自治体もある．専門部活動は，地域を学び，結果として住民の自治力を高め，地域の担い手育成の機能を有するとして再評価されている．

〔課題〕年間行事の消化など，公民館の運営組織としての形骸化の側面を改善し，他方で，地域における団体や活動を結んだ公民館ネットワークを構築し，住民参加と地域に密着する公民館活動への大きな可能性を模索したい． (矢久保 学)

〔文献〕1) 寺中作雄：社会教育法解説・公民館の建設（現代教育101選55），国土社，1995．；2) 鈴木健次郎：鈴木健次郎集（第1巻～第3巻），秋田県青年会館，1974-76．

公民館図書室　Kominkan library

〔概観〕公民館図書室は公民館事業と密接な関連をもって地域資料やミニコミ誌等の*市民活動資料の収集・保存を行い，そうした図書室活動を通して，市民をつなぎ市民の学習・*文化活動を支え，*地域文化の創造という観点からも重要な機能を担っている．*寺中作雄は，『公民館の建設』(1946年)で，*公民館の教育は「*自己教育であり，*相互教育」であると述べた．自己教育と相互教育の展開にはそれを支える環境整備が不可欠と指摘し，*社会教育施設・公民館の提唱を行い，その*環境教育の一環として「図書や資料や図表や実物見本」等を備えた公民館図書室を位置づけている．

文部次官通牒*「公民館の設置運営について」(1946年)においても，公民館の編成および設備として「図書部」「図書室」が明示され，さらに，「*公民館の設置及び運営に関する基準」(文部省，1959年)でも「資料の保管及びその利用に必要な施設(図書室，児童室又は展示室等)」(第3条2)が明示され，その後の公民館を捉える指標等に継承されていく．

こうした動向は，地域公民館活動においても公民館図書室を捉える次の視点として深められた．公民館図書室の特徴は，「主催事業の参考図書，関連図書を優先して」選び，公民館事業との深い関連をもつ点にあり，「公民館の中での図書室活動は単に公民館のなかの資料室でもなく，また図書館予備軍でもなく，本の貸出しを核として催し物や広報発行などをし，そこから人と人とのつながりをつくっていくものである」(社全協三多摩支部『78年三多摩の社会教育Ⅲ』，1978)．

〔課題〕「公民館の設置及び運営に関する基準」の改正(2003年)により，公民館図書室を位置づけた第3条等が削除され，公民館は，地域住民の学習活動に資するよう高度情報通信ネットワークの活用に努めることとされた．単なる情報提供ではなく，事業と連動し市民をつなぎ学習を支えようとする公民館図書室の本来的機能をどう確保するのかが問われている．
　　　　　　　　　　　　　　　　(中田スウラ)

〔文献〕1) 横山宏・小林文人編著：公民館史料集成，エイデル研究所，1986.；2) 日本社会教育学会編：現代公民館の創造，東洋館出版社，1999.

公民館の設計　Kominkan design

〔概観〕公民館の建築設計はその過程が重要である．制度，建設予算，規模，運営方法等の前提条件が決まってから建築設計に着手することになる．設計過程の有様がそこでつくり出される公民館に結実していく．

設計過程は大きく2つの領域に分けられる．設計する当該公民館の役割を認識し基本計画を立案する領域と，建築物として創作する領域である．

〔役割の認識と基本計画〕当該公民館に要求する機能を決定するのは，設計者ではなく設置者側である．多様な公民館の現状から，公民館がどのような様態の建築物であるかという社会的規範が確立していないため，地域的課題に対応した地域的個別解として存在する公民館においては，設置者が設置目的を明示することが必要である．

当該地域の公民館としての役割を達成するには，目的達成のために戦略的に施設機能を構成することになる．設置目的と当該地域の実状を吟味して構想する．この領域の作業主体者は設置者側にあるが，建築専門分野との*コラボレーションもみられる．

目的を達成するための空間機能を設定し，空間規模を示した単位空間(会議室，調理室，多目的ホール，事務室など)を特定する．これに出入口，廊下，便所，倉庫など一般的に必要な空間を加えて建物の全体構成をする．これは建築計画の専門的作業となる．

〔設計図書〕上記の過程を経て，施設空間に形態を与えるのは，建築家(建築士)である．この作業は建築計画に加わった専門家が担当することも，まったく別の専門家が担当することもある．各種データや文章，図面で示されていた公民館構想からイメージされた建築物は，作者の創作物として*評価されることになる．これは設計図書で提示される．設計概要書，仕様書，見積要項書，計画概要を説明する基本図面，意匠図面，構造図面，設備図面などである．
　　　　　　　　　　　　　　　　(浅野平八)

⇨社会教育施設設計，公民館の設置及び運営に関する基準

〔文献〕1) 河野通祐：公民館―建築設計のための手引き―，井上書院，1972.

「公民館の設置運営について」　Notice on the Establishment and Management of Kominkan

1946年7月に文部次官通牒として各地方長官宛に送られた公民館設置に関する公文書．その文書に

添付された「公民館の設置要綱」には公民館の内容が詳細に示されており，これによって，全国に公民館が普及することになった．

〔内容〕この文書は「国民の教養を高めて，道徳的知識的並に政治的の水準を引き上げ，また町村自治体に民主主義の実際的訓練を与へると共に科学思想を普及し平和産業を振興する基を築くことは，新日本建設の為に最も重要な課題と考へられるが，(中略)本省に於いても此の種の計画が全国各町村の自発的な創意努力によって，益々力強く推進されることを希望し，今般凡そ別紙要綱に基く町村公民館の設置を奨励することとなった」と設置の理由を述べている．

敗戦から間もない時期，政治の世界では新旧入り交じっての攻防が続く時代状況にあって，「新生」公民館は，明らかに戦前的体質と戦後的気風の両義性をもちつつも，従前の*社会教育行政のあり方を批判しつつ，住民の自治活動に期待を寄せている．公民館を新しい社会教育の土台づくりにしようとする指針として，「公民館のしおり」として広く読まれた．

〔設置の普及〕この施策はあくまで奨励策で，設置義務ではなかったため，都道府県による普及の違いが大きく現れるところとなった．特に戦災の打撃の大きい都市部や新制中学校の建設を急務とする教育政策との関連から，新設の公民館の建設は大きな制約を受ける場合が多く，既存の施設への併設や転用によって，「公民館」の看板が掲げられるだけの地域も少なくなかった．

また，1946年11月に日本国憲法が制定され，公民館の普及の過程は新しい政治理念や，選挙制度の改革と重なり，それらの推進拠点として公民館が位置づけられ，設置促進が図られるところとなった．また郷土の再建に向けた取組みが公民館にもち込まれ，公民館は地域の総合的な施策を推進する拠点になっていた．

1947年8月の段階で全市町村の19%に当たる2016市町村で公民館が設置されていたのが，*社会教育法制定前の49年6月には4569市町村に設置され，設置率40%に達していた．

この通牒文では，「町村公民館の設置を奨励」とあり，「市町村」ではないことから，元来，公民館は都市部には想定されていなかった，という捉え方もできる．また，この通牒文の末尾に「内務省，大蔵省，商工省，農林省及厚生省に於いて諒解済」を示したことは，国の政策として公民館を提唱したものと解される．

(上田幸夫)

〔文献〕1) 朱膳寺春三：公民館の原点，全国公民館連合会，1985.

公民館の設置及び運営に関する基準

National Standards for the Establishment and Management of Kominkan

公民館の設置が広がるにつれて，公民館への意識や財政事情の違いから，地域間で格差がみられるようになったため，公民館の水準の向上と格差是正を目的として文部省（*文部科学省）が定めた基準．

〔1959年告示の基準〕1959年の*社会教育法大改正にあたり第23条の2（公民館の基準）が挿入された．この条項の趣旨に基づき，同年12月28日「公民館の設置及び運営に関する基準」（文部省告示第98号）が告示された．主な内容は，① 対象区域を定めること，② 建物の面積は330 m² 以上とし必要な施設を備えること，③ 教育施設として当時必要とされた設備備品を備えること，④ 専門的な*知識と技術をもつ専任の館長および主事を置き必要に応じて主事を増員するように務めること，⑤ 他の施設等との連絡協力をすること，⑥ 連絡調整に当たる公民館を置くことができること，⑦ 必要な場合は分館を設けること，などであった．全体に「努めるものとする」などの努力規定が多く，建物の規模も330 m² 程度では低位の平均値にすぎないとの批判もあったが，全国の公民館関係者はこの基準を達成することを方針に掲げて運動し，国の公民館建設費補助金の増額とも相まって，その後の公民館の充実拡充に一定の役割を果たしたといえる．

〔2003年告示の基準〕その後44年が経過した2003年6月6日，社会の変化に伴い前の告示を改正する「公民館の設置及び運営に関する基準」（文部科学省告示112号）が告示された．新しい内容は，① 地域の学習拠点としての機能を重視すること，② *家庭教育支援の拠点としての機能を重視すること，③ *NPOなど新しい団体と共同すること，④ 奉仕活動や体験活動を推進すること，⑤ 開館時間など地域の実情を踏まえた運営をすること，⑥ 公民館事業の*自己評価を行うことなどがあげられている．しかし，建物の規模の数値基準がなくなるなど，全体に精神主義的な努力目標の傾向が一層強くなっている．また公民館の事業内容に深くかかわってきていることが注目されている．

(水谷 正)

〔文献〕1) 文部省社会教育局長：「公民館の設置及び運営に関する基準」の取り扱いについて（文社施第54号），1960年2月4日．；2) 文部科学省生涯学習政策局長：「公民館の設置及

び運営に関する基準」の告示について（15文科生第343号），2003年6月6日．

公民館白書　white paper on Kominkan

白書とは，政府が所管する事項について現状を報告した文書である．その定義を援用すれば「公民館白書」は，*公民館の管理責任を負う*教育委員会が公民館の現状を報告した文書といえる．

〔白書〕白書の語源としては，英国政府が発行した報告書の表紙が白色であったことからつけられたといわれる．日本政府が発行するものも「白書」と呼ばれており，*社会教育と関連の深いものとしては，「文部科学白書」「国民生活白書」「地方財政白書」「公務員白書」「青少年白書」等がある．しかし，「公民館白書」という政府刊行物はない．長い歴史をもつ「子ども白書」は政府ではなく日本子どもを守る会による発行である．

〔公民館白書〕教育委員会に限らず「公民館白書」と銘打って発行される資料自体少ないが，1988年大阪府貝塚市では女性講座OG・ファミリー劇場の人々が「私たちの公民館白書」を刊行し，「施設設備，職員や運営体制への市民の要望」をまとめている[1]．

ただ「白書」という名称にこだわらなければ実質的な「公民館白書」はたくさん発行されている．発行主体も公民館，教育委員会，市民組織と多様である．とりわけ「公民館史」には公民館の歴史とともに課題・展望が記されるし，*公民館運営審議会答申には公民館の現状を分析して課題・展望を示しているものが多い．さらに公民館をつくる*市民運動の中には同様の資料を発行している例が多い．

〔意義〕制度創設以来60年の歴史を刻む公民館は，すぐれた「白書」を生む土壌をつくり出しているといって過言ではない．「白書」をつくることは，地域における公民館の歴史と現状，課題・展望をまとめることであり，それに取り組むことは行政，職員，市民ともどもに公民館を再発見し21世紀の展望を模索する活動であるといえよう．　　（佐藤　進）

〔文献〕1) 小林文人・佐藤一子編：世界の社会教育施設と公民館, p.463, エイデル研究所, 2001.

公民館分館　local branch Kominkan

〔概観〕*社会教育法第21条3項に基づき，本館に対する「分館」として条例で設置された公民館をいう．他方，条例に関係なく活動している*自治公民館（*集落公民館）も，「分館」と呼ばれている．両者は，社会教育法の改正を機に異なる位置づけとなったものの，その原点は同じことから，運営や活動に違いは少ない．分館数全国一の長野県では，実態として分館と自治公民館の区別はない．以前は，「公民館の設置運営に関する基準」第9条に基づき，分館設置が推奨されたが，2003（平成15）年の改正で規定は削除された．

〔歴史〕草創期の公民館は，「文部次官通牒」を受け，集落レベルに分館が設置され，住民が自主的に運営していた．1959年の社会教育法改正で分館規定が追加されると，旧来の分館の多くは，*公民館類似施設に降格となり，廃止を選択する分館も少なくなかった．また，1960〜70年以降，地域社会の変化や市村町合併の影響等により「分館」は減少した．合併後には，本館を分館にするといった合理化の事例もみられる．

〔現状〕分館設置の意義は，小地域を対象に本館では行き届かない住民の生活に密着した活動を展開していくことにある．近年では，ふれあいサロンの開催や見守り安心ネットワークの構築等，*地域福祉や防災をテーマとした分館ならではの活動が注目されているが，恒例行事に終始している分館もあり，温度差がある．そのため，本館では，分館の担当者に対する研修や分館研究集会等を開催し，分館の質的向上を図っている．

〔課題〕近年，都市と農村を問わず，*地域課題を身近な地域で学び，解決していくことが重要となっている．そのため，生活と乖離する傾向のある学習をみつめ直すとともに，分館の機能や自治的な活動を再評価する視点が求められよう．並行して，分館等の活動を奨励，*ネットワークしていくことが実践的に求められる．分館や自治公民館の実態把握を深めることも改めて重要な課題であろう．

⇨自治公民館　　　　　　　　　　　　（矢久保　学）

〔文献〕1) 横山宏・小林文人：公民館史料集成, エイデル研究所, 1988.

公民館並列方式　parallel-positioning form of Kominkan

公民館並列方式は，自治体に設置される複数の*公民館を相互に独立した機関として位置づけ，対等の権限をもたせるものである．

〔現状〕*社会教育法は公民館に「分館を設けることができる」（第21条3）と規定し，公民館の設置及び運営に関する基準（2003年）には「対象区域」の規定がある（第2条）．つまり公民館は必要に応じて複数館設置されるのである．『全国公民館名鑑』

（2004年1月調査，*全国公民館連合会）では，中央館16％，基幹館（自治体内ブロック統括館）4％，地区館59％，分館17％，その他・不明4％で，分館が減少傾向にあるとしている．したがって公民館は，本館のみ（中央館・地区館），本館（中央館・基幹館・地区館）と分館，本館（地区館）並列等，様々な設置形態が存在する．1967年の「公民館のあるべき姿と今日的指標」（全国公民館連合会）は「本館の並立方式をとることを適当とする」と並立方式を推奨している．

〔並列方式と館長権限〕本館・分館方式か並列方式かの違いは館長権限に示される．並列方式で管理職館長配置の場合は行政上「課」としての位置づけになり，予算・事業・人事等の面で一定の独立性をもつことができる．諮問機関としての*公民館運営審議会が置かれることが独立公民館として望ましい姿である．

〔公民館の自律を阻むもの〕本館並列が望ましいとはいっても公民館は上述のとおり中央館・分館という組織になっている場合も多い．中央館の館長は管理職，分館長は係長職というように上下関係に位置づけられると，事業の実施や経理関係の決裁も中央館の館長の決裁が必要ということになる．また，*教育委員会事務局の生涯学習関係課に所属する場合は，行政機関と*教育機関の区別があいまいになってしまう．兼任，非常勤館長，*指定管理者制度導入となればさらに権限は制約される．しかしいずれの場合でもできるだけ各館の自律性を確保する工夫と努力が必要である． （佐藤　進）

⇨教育機関

〔文献〕1）長澤成次編：公民館で学ぶⅡ，pp. 25-32，国土社，2003．

公民館保育室 Kominkan crèche

乳幼児育児期の親が公民館で学習をしている間，その子どもたちが過ごす専用の部屋．1960年代後半，東京都国立市公民館の取組みが先駆とされる．

〔概観〕「子どもが小さいうちは母親が家庭で子育てに専念すべき」という意識はいまなお根強く，実際にそうせざるをえない労働環境も変わっていない．同時に，母親が「もっと気楽に」子育てできるようにと「ストレス解消」を目的とする*子育て支援や，親の都合に応じていつでも便利に預けられる託児サービス産業が展開されつつある．このような現状において必要なのは，なぜ子育てを担う者が息苦しく閉塞された状況に置かれてしまうのか，なぜ働く者が子育てにかかわることを妨げられてしまうのか，さらに人間らしい生き方や暮らしとはどのようなものか，といった根本的な問題に迫りうる学習と*実践である．

〔内容・歴史〕託児つき講座は，*性別役割分業社会のゆがみである閉塞された母親の子育て状況に対する批判的実践として生まれた．したがって性差別・*ジェンダー問題や女性の主体形成に対する問題意識が底流にあるが，現在一般化されつつある託児つき講座などにおいてそれは必ずしも共有されていない．さらに公民館保育室は，子どもにとってという視点に立ち，同時に大人の学習活動として運営されることをめざして，子どもも大人も仲間とともに育つ実践を積み重ね，預ける・預かることを学習とする「学習としての託児」を提起してきた．このように公民館保育室には，乳幼児をもつ親の*学習権保障のための条件整備としての視点だけで捉えられてきたわけではないという特徴がある．

〔課題〕託児つき講座や公民館保育室の設置が自明の前提とされつつある現状においては，そもそもなぜ公民館に保育室を置くのか，なぜ講座に託児をつけるのかという問いから出発することが必要であり，「子ども一時預かり所」にしないあり方を模索し提起していく課題を*社会教育は負っている．そのためには，住民・職員・保育者の学習としての保育室活動，*女性問題学習の視点をもつ公民館の主催講座が求められる． （辻　智子）

〔文献〕1）国立市公民館保育室運営会議編：子どもをあずける　子どもを育てながら自分を育てるために，未来社，1979．；2）国立市公民館保育室運営会議編：子どもを育て自分を育てる，未来社，1985．

公民館まつり・公民館大会 Kominkan festival/convention

〔公民館まつり〕主に*公民館で活動するグループ，サークル，*社会教育関係団体，個人等の活動成果の発表と交流の機会である．公民館で活動している人たちは，まつり準備のために練習に励み，作品づくりに力を集中する．あるいは日頃の活動をベースにしながらも，*地域課題・時々の社会的課題について地域に問題提起をする．

日常の活動に参加していない人にとってはまつりに触れることで公民館の活動を知り，人々と出会うことでその後の参加のきっかけにもなる．

一般的に「まつり」は，非日常の「ハレ」の日である．神社の祭礼は，豊作・豊漁・安全祈願など生活・生産の歴史と結びついた祭祀的性格をもつものが多い．一方，行政がかかわる市民まつり，夏まつ

りなどは宗教的色彩はなく公民館まつりも同様である．

公民館まつりは地域の関連機関・団体と連携して産業祭やバザーなど福祉的性格をあわせもったり，子ども主体のフリーマーケットを取り入れるなどの試みもされている．

〔公民館大会〕公民館まつりほど大勢の人が寄り合うものではないが，公民館をとりまく課題，公民館活動のあり方について，分科会やシンポジウムあるいは講演など，より研究的な方式による発表・討論・交流の性格をもつ催しである．

1985年に*ユネスコは「*学習権宣言」を出したが，*学習権は自動的に保障されることを意味しない．地域で住民の学習を保障する機関であるはずの公民館の存在基盤をゆるがすような事態が絶えない．与えられた条件の中で活動するだけでなく，条件そのものを問い直し豊かにしていく努力が，公民館にも住民にも求められるのである．

〔課題〕公民館は，一部で行政との対立を含みながらも，住民と職員・行政の共同の努力で困難を切り開いてきた歴史に満ちている．21世紀の公民館を展望するとき，時々の困難に正面から向き合い研究し打開策をみつける努力が求められている．そのためには公民館まつり・公民館大会とも，関係者による実行委員会等を組織し，公民館と住民共同で実施する必要がある．　　　　　　　　　　（佐藤　進）

〔文献〕1）島田修一編：地域にくらしと文化をひらく，pp. 124-142，国土社，1987.；2）長澤成次編：公民館で学ぶ，pp. 186-195，国土社，1998.

公民館類似施設　facility similar to Kominkan
〔概要〕市町村が条例に基づき設置する公民館および公民館の設置を目的とする一般社団法人または一般財団法人が設置する公民館以外で，*町内会・自治会・集落（区・字）等の地域住民組織を基盤として，公民館と同様の事業や活動を実施しており，通称「公民館」と呼称しているが，正式（法的）には公民館には当たらない施設のこと，また，「公民館」以外の名称で建設されたもので，社会教育会館等市町村が条例で設置している地域施設や公民館と同様の事業・活動を行うことを目的に運営されている施設のことをいう．これら公民館類似施設は，「何人もこれを設置することができる」（*社会教育法第42条）．公民館類似施設は，*自治公民館，部落公民館，*集落公民館，町内公民館，字公民館，地域公民館等の名称で呼ばれることが多い．これまで，鳥取県倉吉市の自治公民館や沖縄の字公民館等の取組みが注目されてきた．これら公民館類似施設の数についての正式統計はないが，*全国公民館連合会の調査によると，条例設置ではないが「公民館」という名称をもつ施設の総数は，4万8693館にのぼるとされる（2004年調査）[1]．

〔活動〕長野県松本市には，各町内会（町会）に385の町内公民館が組織されている[2]．各町内公民館は町会によって管理・運営が行われ，町内の活性化・学習拠点として機能している．具体的には，①お茶飲み会等の交流活動，②新年会等の親睦活動，③環境，福祉・介護等の学習活動，④伝承行事等の*文化活動，⑤介護予防教室等の健康福祉活動，⑥歩け歩け大会等のスポーツ活動，⑦館報発行等の広報活動，⑧団体・サークルへの支援活動等を進めている．
　　　　　　　　　　　　　　　　（益川浩一）

⇨自治公民館，集落公民館

〔文献〕1）全国公民館連合会編：全国公民館名鑑　平成17年版，ぎょうせい，2005.；2）松本市教育委員会発行：町内公民館活動のてびき（第5次改訂版），2005.

公民館ロビー　Kominkan lobby
〔概観〕ロビーの語源は，屋根のついた柱廊玄関である．それが建物の出入口につながる広間を意味するようになる．また，議員が院外者との接見に使う控室も意味する．つまり施設の外部社会と内部での出来事とを結ぶ役割をするのがロビーである．

ロビー空間の様相は，固定的なものではなく，時間とともに連続的に変化していく．一定の目的なしに，三々五々集まる人々の間で取り交わされる情報交換の場となる．本来の来館目的から*解放された何の制約もないところで展開される人々の行動がみられる．

〔公民館事業と社会の接点〕公民館事業は，それぞれ目的別に使用する部屋に分かれて行われる．その参加者の休憩，懇談の場がロビーである．そこに不特定な利用者が自由に出入りし交流する．ロビーには事務受付窓口や利用案内掲示など管理運営者との接点がある．公民館事業，*サークル運動，地域住民との出会いの空間として，ロビーは特に公民館では重要視されており，市民交流ロビー等の名称がある．

〔ロビー空間〕公民館のロビーは，入退館者の人の流れや滞留する人の行為を考慮して構成される．階段，エレベーター，公民館事務室，場合によっては下足箱などとの位置関係が雰囲気を左右する．衝立

てや可動な*パネルで空間を仕切る，あるいは椅子・テーブルの形状で用途を暗示するなどして，静かなゾーンと動的なゾーンを区分する．掲示板，配布広報紙，パソコン端末など情報発信の装置類を配置する．様々な人と物品が複合し錯綜する空間である．

〔ロビーの様相〕ロビーは施設の顔となる．その様相が公民館のあり様を物語る．視覚的に捉えたロビーの様相から以下のようなロビー類型すなわち施設の類型が読み取れる．不特定多数が右往左往する広間がある会館型．落ち着いた懇談，休憩の席が用意されている*クラブハウス型．利用者が滞留していない専門館型．多目的に使われている広場型．このように公民館のロビーは利用実態の結果として類型化していく． (浅野平八)

〔文献〕1) 日本社会教育学会編：現代公民館の創造，東洋館出版社，1999.；2) 日本公民館学会編：公民館のデザイン，エイデル研究所，2010.

公立図書館 public library

〔定義〕パブリックライブラリーという語は20世紀に入る前までプライベートライブラリーと対になる語として用いられ，カレッジ図書館，会員制図書館，学術団体の*図書館なども，利用対象者に広がりがあるという意味でパブリックライブラリーとされた．一方，近代パブリックライブラリー（公立図書館）は，① 無料原則，② 全住民を対象，③ 公費支弁，④ 法的根拠という4つの要件を備えた図書館をいう．なお公費とは地方税を，全住民とは図書館を設置している行政区域内の住民をいう．公立図書館が制度として成立したのは，英米では19世紀半ば，日本では戦後の*図書館法（1950年）による．

〔歴史〕19世紀半ばに成立した米国公立図書館は，公教育制度を補い，完成させるものと位置づけられた．公立図書館成立と発展の解釈には，下からの要求を重視する民主的解釈と，上からの期待を重視する社会統制論とがある．1876年には米国図書館協会の成立や十進分類法の発表など，図書館界としての活動が開始され，1890年代からは図書館数の増大（カーネギーの寄付）とサービスの拡大（児童，開架制）がもたらされた．第1次世界大戦期には兵士に積極的なサービスを実施したが，軍に協力して検閲を行った．

ナチスによる焚書や国内での思想抑圧を受けて，1939年に「図書館の権利宣言」を採択し，あらゆる見解の提供という現在に至る公立図書館の使命を確立するに至った．1960年代からの公民権運動とベトナム反戦の時期，公立図書館は不利益をこうむっている人への*アウトリーチサービスを開始する．またこの時期，あらゆる見解を提供するという知的自由派と，社会的差別に積極的に対処するという社会的責任派の対立があった．この時代に形成された*実践と思想は，その後の社会的，技術的，経済的変化の下でも持続するとともに，重要性を高めていく．

日本の場合，1950年図書館法の「図書館奉仕」が公立図書館の基本理念を示し，図書館は憲法の人権保障理念に基づき，国民の「教育を受ける権利」を保障する機関になった．また*社会教育法は公立図書館を*社会教育施設として位置づけたのである．こうした戦後図書館理念の支持者が形成されるのは高度経済成長期で，都市郊外に住む新中間層とその家族である．しかし新中間層が住む都市郊外の生活環境は未整備で，環境整備を求める*住民運動が広まり，文庫運動や*図書館づくり運動が発展する．その過程で図書館利用を権利と把握する認識が育っていった．図書館の側からも，日野市立図書館の活動や*『市民の図書館』（1970年）の刊行など，図書館サービスの実践と方法が示されていった．

1970年代には図書館への権利意識が広まり障害者などへのサービスが認識された．また1970年代から1980年代には公立図書館設置が進み，図書館サービスも活発になったし，図書館や図書館員の役割や責任への自覚も高まり，「*図書館の自由に関する宣言」（1979年改訂），「*図書館員の倫理綱領」（1981年）が採択されている．

そののち20世紀末から，少子高齢化，情報化，経済のグローバル化，財政危機，*新自由主義的な改革が進み，図書館サービスの縮小，市場重視の経営形態の導入，*司書の専門性の劣化といった現象がみられるが，住民の知る権利の保障という公立図書館の使命自体は重要性を高めている．

〔課題〕1990年代後半から特に米国公立図書館では利用者用インターネット端末の配置が急速に普及し，実践や研究に大きな影響を与えている．たとえば有害サイトの遮断やソーシャルネットワーキングの扱いで，前者は公立図書館史上初めて資料提供の幅を狭めるという問題を提起し，後者はプライバシーの問題に関係している．さらに電子時代を受けて建物としての図書館の終焉が指摘され，それを受けて「場としての図書館」についての実践的，理論的，歴史的な考察が重視されてきている．こうした課題はいずれも住民の知る権利を保障する公立図書館の

基本にかかわる課題である． （川崎良孝）

〔文献〕1）日本図書館協会図書館ハンドブック編集委員会編：図書館ハンドブック（第6版），日本図書館協会，2005.；2）ブッシュマンほか（川崎良孝ほか訳）：場としての図書館—歴史・コミュニティ・文化—，京都大学図書館情報学研究会，2008.

公立図書館の任務と目標　Missions and Objectives of the Public Library

〔意義〕*公立図書館の理念，役割，実施すべきサービスや活動に関する基準を示すため，*日本図書館協会図書館政策特別委員会によって作成された文書．1989年1月に確定され，2004年3月に改定された．

〔作成の経緯〕1950年に制定された*図書館法は第18条で，「文部大臣は図書館の健全な発達を図るために，公立図書館の設置及び運営上望ましい基準を定め，これを*教育委員会に提示するとともに，一般公衆に対して示すものとする」と規定していたが，この「公立図書館の設置及び運営上望ましい基準」（以下，望ましい基準）は，その後2001年まで示されることはなかった．その間，望ましい基準に代わる役割を実質的に果たしたのが，日本図書館協会が独自に作成した*『中小都市における公共図書館の運営』（1963年）と*『市民の図書館』（1970年）という運営基準である．しかしその後の図書館の発展によって，目標とすべき新たな基準が求められていた．

また1980年代初頭に起こった図書館事業基本法案問題や管理委託の問題も，図書館に関する新たな政策を求めていた．1981年3月，図書議員連盟の呼びかけで「図書館事業振興法（仮称）検討委員会」が発足し，同年9月，「図書館事業基本法要綱（案）」が発表された．それは全館種にわたる*図書館政策を，内閣に置かれる図書館政策委員会が策定するという内容の法案であった．これに対し公共図書館関係者から強い疑念と反対運動が起こされた．また1981年に京都市中央図書館の管理委託問題は，図書館に対する自治体行政の責任のあり方と図書館の*公共性を根本から問いかけるものとなった．

こうした中央，地方の動きに対抗する形で，1983年9月，日本図書館協会図書館政策特別委員会では新たな図書館基準づくりの作業が開始された．「公立図書館の任務と目標」は1987年9月に最終案が示され，1989年1月に確定した．その後2004年に一部改訂が行われた．

〔内容〕「公立図書館の任務と目標」は，基本的事項，市（区）町村立図書館，都道府県立図書館，公立図書館の経営，都道府県の図書館振興策という5章，106条の主文から構成されている．基本的事項の章では，公立図書館が「知る自由の保障」を責務とし，地方公共団体が直接経営すべき機関であることが指摘され，市（区）町村立図書館の章では，障害者，高齢者，少数民族，在住外国人などを含む，すべての地域住民の図書館利用を保障する図書館システムの整備，多様なサービスの展開，資料収集，相互協力のあり方や基準が提言されている．都道府県立図書館や都道府県の図書館振興策に関する章は，これまでの基準にはなかった項目である．そこでは市町村立図書館への援助や相互協力に果たす都道府県立図書館の役割や必要な活動，都道府県の図書館振興政策が図書館の発展に果たす役割など，1970年代以降の実践的経験が盛り込まれている．公立図書館の経営の章では*専門職員の役割と専門職制度の実現，経費，施設の意義と基準などが提言されている．

なお，「公立図書館の任務と目標」の解説が刊行されている．そこでは主文の解説とともに，図書館システム整備のための数値基準，図書館評価のためのチェックリストが付されている． （山口源治郎）

⇨『市民の図書館』，『中小都市における公共図書館の運営』，図書館の基準

〔文献〕1）日本図書館協会図書館政策特別委員会編：公立図書館の任務と目標解説（改訂版増補），日本図書館協会，2009.

公立博物館　public museum

都道府県や市町村などの地方公共団体が主体となって設立・運営された博物館のこと．

〔概観〕複数の町村の組合による設立のものもある．また運営に関しては*財団法人を設立して，委託・運営してきた場合も多い．戦前には東京府美術館など少数の館しかなかったが，戦後，特に1960年代以降には明治100年や県政100年を記念した館が爆発的に増加し，現在の日本の博物館総数の2/3を占めるまでになっている．

*博物館法では公立博物館に関しては第3章（第18条〜第26条）で規定されている．第18条では地方公共団体の条例による設置，第19条では当該地方公共団体の*教育委員会による所管，第20・21・22条は*博物館協議会，第23条は入館料等，第24条・26条（25条は削除）は博物館への補助金について，それぞれ規定している．

〔課題〕これらの規定の中で，博物館学の観点から問題となってきたのは第19条と第23条であろう．

第19条では公立博物館の教育委員会による所管が謳われている．この規定に対して1990年代以降に設置された博物館に特に顕著にみられるのだが，知事や市長などの首長部局の所管となっているものが多くなってきている．このことが必ずしも悪いわけではないが，教育委員会所管でなければ*登録博物館とはならず，このことによって登録博物館が理想の博物館である，という博物館法の前提が崩れ，*博物館相当施設や*博物館類似施設が増える要因になっている．また第23条では博物館の入館料は原則無料であることが書かれているが，但書きで「博物館の維持運営のためやむを得ない事情のある場合は必要な対価を徴収することができる」とされている．このことは*図書館など原則無料で利用可能な機関と比べ，博物館学でも博物館の入館料は無料であるべきという理想と矛盾・問題の多いところである．大英博物館で入館料を取ることへの可否の問題など，博物館のあり方を考えていく上で問題となることも多い．

博物館法を補完する規定として1960年代以降の1973年11月30日に，公立博物館の望ましい施設や設備，運営の基準を具体的に示した，文部省告示第164号「公立博物館の設置及び運営に関する基準」が出された（その後，1998（平成10）年に一部改正された後，2003年に全面改正され「*公立博物館の設置及び運営上の望ましい基準」（2003年6月6日 *文部科学省告示第113号）となる．内容については後述）．この基準は同日に出された「公立博物館の設置及び運営に関する基準の取り扱いについて」（文社社第141号　各都道府県教育委員会教育長あて　*社会教育局長通達）」で示されているようにその運用のあり方について，補助金交付の条件がついたものではなく，地方公共団体に対しての強制力があるわけではない．しかし，これ以後に設立された多くの公立博物館では建設の際，*博物館資料や施設に関する基準は守られ，博物館の質を維持するという点でかなりの効果があった．ただ，1998年に*地方分権推進委員会の勧告により，基準の第12条に示された望ましい*学芸員数の規定「都道府県政令指定都市は17人以上，市町村は6人以上」の部分は改められ，「博物館には，学芸員を置き，博物館の規模及び活動状況に応じて学芸員の数を増加するように努めるものとする」となり，具体的な数字は消え，努力目標でしかない規定となった．2003年の全面改正では第9条（職員）として「博物館には館長及び学芸員を置き，博物館の規模及び活動状況に応じて事務又は技術に従事する職員を置くように努めるものとする」と改められた．従前から都道府県立や政令指定都市立の博物館はまだしも，それ以外の財政基盤が脆弱な市町村では，学芸員を十分に配置してきたとはいえない状態であったが，経済不況に伴う税収の減少等による地方公共団体の財政の悪化，そしてこれらの基準改正により学芸員数はさらに確保されにくくなっている．

小泉内閣によって進められた*指定管理者制度や*公益法人改革，そして*市町村合併によって公立博物館はまさに「海原の小舟」の観を呈している．これらの改革は導入されたばかりの問題であるが，日本の博物館2/3を占めるこれらの館の運営の問題はまさに日本の博物館界を左右する問題である．

(井上　敏)

〔文献〕1）全国大学博物館学講座協議会西日本部会編：新しい博物館学，芙蓉書房出版，2008．

公立博物館の設置及び運営上の望ましい基準
Expected Standards for the Establishment and Management of the Public Museum

〔定義〕*博物館法第8条に基づき，公立博物館の設置および運営上の望ましい基準を定め，*博物館の健全な発達に資することを目的とする告示．

〔経緯〕1951年の博物館法制定以来，この基準は未整備だったが，高度経済成長期の*公立博物館の増加や現場*学芸員による学芸員*資格の有効化を求める運動を背景に，1986年，基準の検討が*社会教育審議会に諮問された．当時，様々な試案・私案が出されたが，最終的に「実現不可能でない努力目標的色彩が強い」とされる「公立博物館の設置及び運営に関する基準」(48基準)が1973年に告示された．期待されていた学芸員の勤務条件等は示されなかったが，学芸員または学芸員補を，都道府県・政令指定都市の館では17人以上，それ以外の市町村の館では6人以上置くものと規定された．また，必要な施設面積・資料が館種別に具体的数値で示されたほか，施設の内容・*展示方法・教育活動等が規定された．この基準は，登録要件の審査基準や補助金の交付基準ではなく，強制力をもたない点が批判されたが，数値基準に達していない館が設置者と交渉する際の拠り所となり，公立博物館の水準の維持向上に一定の役割を果たしてきた．

その後*地方分権推進動向の中，1998年に学芸員定数規定が外された．現場からは複数学芸員の配置・登録制度の見直し・税制優遇措置への要求等が

出されたが，*国立博物館の*独立行政法人化等，博物館を取り巻く環境の急変のもと，*評価や自己点検に博物館関係者の関心はシフトした．*日本博物館協会による新基準案『博物館の望ましい姿』を受け，2003年「公立博物館の設置及び運営上の望ましい基準」が公布され，施設面積・資料の数値が外され，学校・家庭・地域社会との連携，自己点検および評価が新規事項として追加された．また2011年に本基準は私立博物館も対象に加え，「博物館の設置及び運営上の望ましい基準」と改称のうえ，全文改定された．博物館を指定管理者に管理させる場合の事業水準の維持・向上等のほか，各博物館での基本的運営方針の策定・公表や，危機管理に関する項目も新設された（いずれも努力義務）．

〔課題〕基準制度の先進国である英米の事例の紹介は既に行われており，博物館の理念を明確にした上で，博物館および職員を支援可能な実効性のある法や基準を，日本固有の条件の中でいかに合意形成を行い，制定・活用していくかが今後の課題である．

(瀧端真理子)

〔文献〕1) 日本社会教育学会年報編集委員会編：社会教育関連法制の現代的検討，東洋館出版社，2003.；2) これからの博物館の在り方に関する検討協力者会議：博物館の設置及び運営上の望ましい基準の見直しについて，2010.

高齢期家族　later life family

高齢期家族という用語を使う場合には，大別して2つの意味がある．1つは単に高齢期に達した者を含んだ家族であり，もう1つは高齢期に再構築された家族である．前者は家族を中心にした受動的な高齢者像に，後者は高齢者自身を中心にした能動的な高齢者像に，それぞれ力点が置かれている．

近年，夫婦暮らしやひとり暮らしの急増傾向といった高齢者世帯の急激な構造的変化，高齢者の自立意識の高まりなどを背景として，高齢者と家族の関係が見直されている．前者のような家族の立場にたって高齢者を捉える従来の老親扶養から，後者のような高齢者の立場から家族を捉える視点へ，つまり「家族に含まれた高齢者」から「個としての高齢者」へという視点の転換に関心が集まる状況にある．

今後は，日本における高齢期家族の意味をめぐっての議論を通じて，高齢期の生き方や*高齢社会のあり方が模索されていくであろう． (安達正嗣)

〔文献〕1) 安達正嗣：高齢期家族の社会学，世界思想社，1999.

高齢者（老人）　elderly, elder

〔発達と教育〕高齢者（老人）は通例65歳からとされる（後期高齢者は75歳からで長寿ともいわれている）．しかし，高齢の捉え方は時代とともに変わってきた．生産力が発展し，生活に余裕が生じるに従い*青年期が延長したように，高齢と見なされる年齢段階は高まった．「人間50年」といわれた時代と異なり，平均寿命が延びた現代日本では一般的に65歳から高齢者と見なされるようになった．さらに，寿命が延びただけでなく，その*QOL（生活の質，quality of life）も向上し，高齢期（老年期）にもなお発達があることが認められるようになった．進行形の*エイジング（aging）やその訳語の加齢には，年を重ねることを積極的に捉える内包がある．結晶性知力と流動性知力（キャッテル（Cattell, R.）とホーン（Horn, J.））の区分もそのためである．高齢者の発達と教育の研究に関しては，堀薫夫の『教育老年学の構想』がある．

〔老化と超越〕発達の中でも衰退と老化は抑えきれない．アンチエイジング（抗加齢）という用語が現れるようになった要因の1つには，これがある．元来エイジングには積極的な意味があったが，一般的には老化と同じ意味で使われるようになったため，屋上屋を架すように「アンチ（抗）」をつけなければならなくなった．いくら年を重ねることに積極的な側面を見いだそうとしても，老化の帰結である死を逃れることはできない．老齢を理由にした*差別・*偏見の*エイジズム（agism）が根強い理由もこの点にある．死につながる老化への本能的な恐れは極めて強い．

それゆえ，高齢者の発達と教育には生と死の超越が課題となる．この点を，フロイト（Freud, S.）の継承発展に努めた*エリクソンは，高齢期の発達を完全性 vs. 絶望の弁証法で示し，そこに徳＝活力（virtue）として叡智を位置づけている．そこでは，老化による衰えと死の絶望を，ライフサイクルを完結させ若い世代に継承することで（世代のサイクル），発達に転化する叡智が問われている．この超越は有限な自分を乗り越えようとする無限を展望した*実践である．これについて，パスカル（Pascal, B.）が『パンセ』で概括した「人間が無限に人間を超えることを学べ」の観点は重要である．パスカルは無限を，広大な無限，微小な無限，そして人間の身体と精神の無限な隔たり，さらに精神と愛の間の無限に無限な隔たりとして捉えており，超越はこの多面的で重層的な無限を踏まえて認識しなければならない． (山田正行)

高齢社会（高齢化社会） aged society / aging society

〔定義と社会状況〕国連では総人口に対する65歳以上の高齢者の割合が7％を超えた社会を「高齢化社会」，14％を超えた社会を「高齢社会」と呼んでいる．わが国では，2006年6月に前年度実施の国勢調査で21％を超え，「超高齢社会」と呼ぶことがある．世界にも希な急激な高齢化の進展は，教育・福祉・医療サービスの需要を一変させた．それは1960年代以降の経済の高度成長と地域コミュニティの再編成という経済社会の変容と無関係ではない．

〔社会施策の広がり〕世界最初の単独法としての老人福祉法（1963年）は，従来の保護主義的呪縛を*解放し，*老人クラブ活動を軸とする*高齢者の社会参加の促進を掲げた．その後*ユネスコにおいて，*ラングランの生涯教育論（1965年）の提唱があったが，わが国でも高齢者学級開設の委嘱（1965年），高齢者学習活動促進方策の開発（1971年），高齢者教室開設に対する助成（1973年），高齢者人材活用事業に対する助成（1979年），高齢者の生きがい促進総合事業に対する助成（1984年），長寿学園開設事業に対する助成（1989年）によって，生きがいのもてる社会の創造や社会活動への参加に向けた条件整備がなされた．

一方この一連の施策は，その後の第1回高齢化世界会議（1982年），長寿社会対策大綱（1986年），ゴールドプラン（1989年），高齢社会対策基本法（1995年），高齢社会対策大綱（1996年），*特定非営利活動促進法（NPO法，1998年），介護保険制度・成年後見制度（2000年），高齢社会対策大綱2001（2001年），第2回高齢化世界会議（2002年）という国内外の諸施策や動向ともつながっている．

〔課題〕この基本的視点は，画一的な高齢者像を見直し，予防的見地から地域社会の機能を活性化させ，*男女共同参画の視点で教育・福祉・医療をつなぎ，生涯学習社会を形成する推進体制と基盤整備に重点を置いている．社会参加の課題を*自己実現と結合させるのであれば，人権保障の視点で社会参加の枠組みを組み立てることが望まれる．　　（宮島　敏）

〔文献〕1) 京極髙宣：共生社会の実現—少子高齢化と社会保障改革—，中央法規，2010.；2) 宮島敏：向老期・高齢者の学習，社会教育・生涯学習ハンドブック（8版）（社会教育推進全国協議会編），エイデル研究所，2011.

高齢者介護　for the elderly care

一般的には，心身の*障害によって日常の生活が一部あるいは全般にわたり不自由となった高齢者に対して行う食事や排泄，入浴，さらには掃除や洗濯などにかかわる身体的援助活動をいう．

〔概観〕高齢者の日常生活を身体だけでなく精神的，社会的側面までを含めた包括的活動と捉え，*ADL（日常生活活動）の自立ではなく生活の質の向上のための援助を介護あるいはケアとする考え方もある．2000年4月施行の介護保険制度では，家族介護から社会的な介護へと介護のパラダイム転換が目ざされたが，*高齢者福祉予算の膨張などが障害となり，介護の*社会化という当初の目的は十分には果たされていない．

〔介護の複合性〕介護には，家族・知人，訪問介護員や通所介護施設職員などに担われる在宅介護と介護老人福祉施設などで行われる施設介護がある．高齢者介護の当事者構造は，介護の受け手（高齢者自身），介護の提供者（家族，*専門職など）という二重構造ではなく，老老介護の場でみられるように介護の受け手でもある高齢者が他の高齢者を介護する場合，介護者である家族が介護サービスによる援助の受け手でもある場合など，複合的重層構造を成している．

〔介護と教育〕介護者への教育として，①市町村を実施主体とする家族介護支援事業に含まれる家族介護教室などの講座や，直轄講座と*社会福祉協議会，在宅介護支援センター，医師会などへの委託講座，②地域包括支援センターによる相談支援，③介護の当事者団体やボランティアセンターなどによる講座や相談会の開催などがある．介護専門職への教育では，介護の資格者（介護福祉士，訪問介護員など）の養成で質・期間に*差異が大きい．専門知識・技術の底上げのため，実務経験のある者に対しての教育が課題とされている．　　（新井茂光）

⇨要介護高齢者，介護予防

〔文献〕1) 春日キスヨ：介護問題の社会学，岩波書店，2001.；2) 木下康仁：ケアと老いの祝福，勁草書房，1997.；3) 結城康博：介護，岩波書店，2008.

高齢社会対策基本法　⇨高齢者福祉

高齢者虐待（老人虐待）　elderly abuse / elder abuse

家庭内や施設内で行われる，高齢者に対する権利の侵害や虐待的行為である．

[日常的な権利侵害］自分のことを他人が決めてしまう，閉鎖的な生活を強いられる，プライバシーの無視や軽視がなされ名誉を蔑ろにされる，学習の機会や働く機会がない，自分の金銭を自分の意思で使えない等の主体的に生き方が制限されるケースが少なくない．これら以外にも，1人暮らし高齢者の入居拒否や悪徳商法といったものも含まれ，シルバーハラスメントといった場合はこれらをも含む．

［虐待の分類］虐待行為には，殴る，蹴る，つねる，身体拘束等による身体的な虐待，高齢者夫婦間における*DV（ドメスティックバイオレンス）を含む性的な虐待，脅迫や侮辱など言葉の暴力や恫喝，侮蔑による心理的な虐待，必要な介護の拒否や意図的な怠慢，必要な食事，衣類を提供しない，あるいは病気の放置や不合理な制限によるネグレクト，年金や預金，財産の横取りや不正使用の強制，あるいは売却等による経済的な虐待，の6つが代表的である．

［特徴と現状］*要介護高齢者の増加に伴い，施設や医療機関における身体拘束が問題となったが，身体拘束ゼロ運動の効果も出始め，管理上の課題を含みつつ様々な改善が進んでいる．家族と同居する高齢者の場合，児童虐待に比べ発見されにくい．これには，する側もされる側も虐待の事実を隠す傾向が強いこともある．また慢性化した場合に当人が反応しなくなることもあり，露見しにくい状況を生んでいる．これに対して公正な第三者による後見人が必要な場合もあり，2000年に法改正された成年後見制度で，後見人による法的な保護も行われている．一般的に福祉分野の対応と思われがちだが，*社会教育*実践との接点として，家族介護者同士が孤立することなく支えあえる学びや交流の場の充実が望まれている． （宮島　敏）

［文献］　1）山口光治：高齢者虐待とソーシャルワーク，みらい，2009．；2）高野範城・荒　中・小湊純一：高齢者・障害者の権利擁護とコンプライアンス，あけび書房，2005．

高齢者教育　education for the elderly

［概念］一般的には高齢者に対する教育をさすが，より限定的には高齢学習者の特徴を踏まえた学習支援ということもできる．人口統計的には65歳以上を高齢者と呼ぶことが多いが，高齢者（*老人）大学などでは60歳以上を受講条件とするところが多いようである．*エルダーホステルや*第三期の大学などでは，50歳代の層を含める場合もある．

［歴史］高齢者への教育の歴史はそれほど古いものではない．米国では1955年にドナヒュー（Donahue, W.）によって編まれた "Education for Later Maturity"（高齢期の教育）が最初の高齢者教育の書物だとされている．日本では1951年に*老人クラブが結成され，1954年に小林文成によって楽生学園なる*老人大学が開設されたあたりが，この*実践の出発点だとされる．1965～70年には文部省の高齢者学級委嘱補助が行われ，1973年からは市町村に対して高齢者教室の開設補助が行われる．1969年には，兵庫県加古川市に*いなみ野学園という日本最大級の高齢者大学が開設される．その後，政府も1971年の*社会教育審議会答申や1981年の*中央教育審議会答申などで，高齢者教育を社会教育・生涯教育行政の一環として位置づけていく．1989年には，文部省が都道府県に対して長寿学園開設への補助を行う．また福祉行政でも，1990年に長寿社会推進センターが国に，明るい長寿社会推進機構が都道府県に設置され，広域的な高齢者（*老人）大学の整備体制がつくられていく．しかし，1990年代以降の不況や行財政改革の中では，長寿学園の廃止など，これらを縮小する動きも出てきている．ただ団塊世代の高齢化などにより，高齢者教育の今日的必要性が高まってきていることも事実であろう．

［方法と内容］高齢者教育の推進のためには，単に高齢者に対して教育を実施するだけではなく，高齢学習者の特徴を踏まえて支援していくことが必要である．たとえば，自分自身のペースでの学習，過去の*経験が意味づけられるような学習（*回想法など），高齢期に経験しやすい「喪失」（退職や子離れなど）を超越しうる学習などである．具体的な学習内容に関しては，兵庫県いなみ野学園では，陶芸・園芸・健康福祉・文化といったコースがあり，大阪府高齢者大学校では，これら以外に，歴史・考古学，美術，保健体育，英語などのコースがある．学習内容を区分すれば，「健康・福祉・運動など健康福祉系」「古典・歴史・芸術・宗教など悠久なものにふれる学習」「園芸・陶芸・散策など土にふれる学習」などに分けることができるが，より基本的には，他の高齢者や社会とのつながりを再構築する学習が重要であろう．

［課題］これまで高齢者の生きがいづくり・社会参加という方向で，福祉行政と教育行政の双方から高齢者教育の実践が進められてきた．その意味では高齢者教育は，福祉と教育の狭間で発展してきたともいえるが，一方で，福祉などの他の領域からの活動と比べたときの，高齢者教育の独自性を示していく必要があろう．また高齢者教育は60歳代から70歳

代にかけての前期高齢期の層を対象とするものと，*後期高齢期や*障害を有する層を対象にするものとでは質的に異なる部分も出てこよう．逆に，50歳代などのプレ高齢期の人たちへの教育も，第三期の教育という視点から考えていかねばならない．
⇨高齢者・老人　　　　　　　　　　　（堀　薫夫）
〔文献〕1) 堀薫夫編：教育老年学の展開，学文社，2006.；2) 室俊司・大橋謙策編：高齢化社会と教育（高齢化社会シリーズ7），中央法規出版，1985.；3) 日本社会教育学会編：高齢社会における社会教育の課題（日本社会教育学会年報第43集），東洋館出版社，1999.；4) 堀薫夫編：教育老年学と高齢者学習，学文社，2012.

高齢者協同組合　elderly citizens' cooperative union

高齢者自身が出資し，仕事起こしをはじめ，福祉，生活に必要な物資やサービスの協同購入，生きがいづくりのための活動などに取り組み，利用料金や管理費などを1人1票で自ら決める*労働者協同組合であり，総合協同組合である．

〔特徴と性格〕高齢者政策のもとで，高齢者が社会福祉の一方的な受け手とされ，営利事業の対象として放置される現状を批判し，高齢者自身が主体となって地域での人と人との結びつきや自発的な助け合いをつくり出していくことを重視する．日本では労働者協同組合や総合協同組合の法制が整備されていないため，その多くが，物やサービスの共同購入，施設の共同利用という側面から，消費生活協同組合法に基づく*生活協同組合法人を取得する方針をとっている．2000年の介護保険制度の開始を契機にホームヘルパー派遣事業等を行うために法人格を取得した組合が多い．

〔その発展と事業の内容〕労働者協同組合運動を基礎に，1995年に三重県で最初に結成され，2006年2月までに35都道府県に広がった．全国組織として日本高齢者生活協同組合連合会が2002年に結成されている．また，都道府県よりもさらに小さなエリアで活動するために地域センターを置く組合もある．仕事起こしとしては，ハウスクリーニングや住宅リフォーム，安全・安心にこだわる米や野菜づくり，リサイクル養鶏，駐車場・マンション管理，福祉活動としては，ホームヘルパー派遣事業のほかにヘルパー養成講座やデイサービス，*グループホーム，老人給食などに取り組む．生きがいづくりとしては，コーラス，ダンス，絵手紙，陶芸，パソコン教室，*自分史講座などが取り組まれている．高齢者の*居場所として「*たまりば」づくりに取り組む組合もある．元気な高齢者がもつ*ボランティア活動への参加意欲を受け止め，協同と自発的な助け合いを基礎に「参加する福祉」を目ざしている．
（木村　純）
〔文献〕1) 野原敏雄：現代協同組合論，名古屋大学出版会，1996.

高齢者スポーツ　sports for the elderly

高齢者を対象とするスポーツ全般をさす．日本が「高齢化社会」から「*高齢社会」へと移行する段階になって注目されてきた．特に，国民経済に占める医療負担の増大の1つの要因として老人医療費の占める割合の増加が取りざたされたことに対して，病気の治療ではなく予防に重点を置いて，高齢者に運動やスポーツを積極的に奨励することが，生きがいや老人医療費の抑制，さらには社会全体の活性化につながるとする考え方が出されてきた．これを反映して，文部省は高齢者スポーツ開発事業（1982年），高齢者スポーツ活動推進事業（1985年）を開始し，自治体では高齢者を対象とする*スポーツ教室や大会，健康・体力相談などの事業が実施されている．今後は，高齢者自身がこうした施策の「受け手」としてばかりでなく，スポーツの主体として自らの活動を地域でつくり出すこと，さらには，「供給側」としての活動を地域で展開していくことが期待される．
（尾崎正峰）
〔文献〕1) 宮下充正・武藤芳照：高齢者とスポーツ，東京大学出版会，1987.

高齢者の学習ニーズ　learning needs of the elderly

高齢者には，高齢者特有の学習ニーズがあるという論である．たとえば*マクラスキーは，高齢者には，対処的・表現的・貢献的・影響的・超越的ニーズという5つの教育的ニーズがあり，中でも超越的ニーズが特に高齢者に固有なものだと説いた．ローウィ（Lowy, L.）とオコーナー（O'Connor, D.）は回顧的ニーズも高齢者の学習ニーズだと述べた．ヒームストラ（Hiemstra, R.）は，高齢者の学習ニーズは，表出的（expressive）ニーズよりはむしろ手段的（instrumental）ニーズから学習活動に向かうと説き，ロンドナー（Londoner, C.）は，この点を進めて高齢者の学習ニーズを生存へのニーズ（survival needs）と捉えた．堀薫夫は，「つながりへのニーズ」という視点から高齢者の学習ニーズを整理した．高齢期には，人生の有限性の自覚がより現実的になる

という実存的特徴があり，そこから独自の学習ニーズが芽生えるものと考えられる． （堀薫夫）

〔文献〕1) Lumsden, D. B. (ed.): *The Older Adults as Learner*, Hemisphere, 1985.；2) Sherron, R. H., Lumsden, D. B.: *Introduction to Educational Gerontology* (3rd ed.), Hemisphere, 1990.；3) 堀薫夫編：教育老年学の展開，学文社，2006.

高齢者の社会参加　social participation by the elderly

高齢者が社会の一員として十分な役割を担うこと，あるいはそれにつながる活動を行うこと．社会の第一線からの引退を高齢者に強要するのではなく，各個人の意思と*能力に応じて就業や地域活動・*市民活動などを行う環境を整備することは，「アクティブ・*エイジング」の理念にもつながる．

*高齢社会対策基本法（1995年）や高齢社会対策大綱（2001年）では，社会参加は学習と結びついた形で論じられている．高齢者においては学習活動それ自体が社会参加の1つの形態といえるし，学習による*知識・*技能等の獲得は社会とかかわる方法の選択の幅の拡大につながる．また，社会参加の推進がいわゆる*動員につながらないためにも，社会とのかかわり方を改めて吟味するような学習は重要な意味をもつ． （梨本雄太郎）

〔文献〕1) WHO: Active Ageing: A Policy Framework, 2002.

高齢者の就労　employment of the elderly

高齢期においてなお働くことである．

〔生計と働きがいと社会的責任〕大別して，生計のため必要に迫られる場合と，老後も働きがいを求める場合，余人を以て代えがたい場合がある．そこには個人の意欲や意思だけでなく，体力，家計，それまでの経歴，家族の状況，社会的責任等の要因がある．その中で，社会参加，健康の維持，生きがい・働きがいという理由も確かにあるが，心身が衰えつつある中でなお働く理由としては収入の確保が大きい．旧来の人生50年を基準にした就労と退職の制度では，平均寿命が80年となった現在，退職後30年間の生計をどのように立てるかが課題となる．

〔少子高齢化における構造的問題と対策〕産業経済の立場からみても，身体や流動性知力などは衰えるが，結晶性知力を高め，あるいは保持できる者の場合，その*知識，技術，*経験などを活用でき，有能な労働力を確保できる．また，これにより年金制度の側面では高齢者の増加に伴い重くなる就労者の負担を軽減できる．しかし，それでも定年を延長して多くの高齢者が働き続ければ，若年者の就職機会を圧迫し，失業者の増大を招きかねない．さらに，日本では少子化が進み，高齢者の医療や福祉を支える財政基盤の維持が困難となっている．*高齢社会の問題が少子化と密接に関連し，少子高齢社会と統合的に捉えるべき問題状況が現れている．さらに，若年者では不安定な就労が広がり（「*フリーター」等），教育訓練や就労の意欲がない「*ニート」まで増加し，財政基盤の問題は一層深刻化している．そして，維持は困難であるから，年金を減額し，また高齢者の医療・福祉の負担を増大させれば，生活水準は低下し，消費は縮小し，それが産業に波及して，経済も減速するという悪循環が生じる．このように，高齢者の就労をめぐる問題は，個人の心身から産業経済や世代間の関係性まで多方面に関連する複雑で構造的な問題である．

その解決のために*シルバー人材センター，高齢者能力開発情報センター，高年齢者雇用開発協会などが活動し，相談，*能力に応じた*職業の紹介，関連する福祉情報の提供，事業者への助成，奨励，助言，指導，各種調査研究を進めている．さらに，働く意欲や潜在能力があっても技術革新や産業構造の変動のため雇用されにくい高齢者にとって再訓練も重要である．ただし高齢者は若年者と異なり*教育投資では測れず，したがって*公共職業訓練校（ポリテクセンター等）の役割は大きい． （山田正行）

高齢者のための国連原則　United Nations Principles for Older Persons

1999年の国際高齢者年に先立ち，1991年の国連総会で採択された原則．高齢者の人権を尊重するための取組みを，国際的に推し進めるべく作成された．

原則は，①自立，②参加，③ケア，④自己実現，⑤尊厳の5つからなり，おのおのの高齢者に次のような事項を保障すべきことが謳われている．①十分な食料・水・住居・衣服・医療，就業，退職時期決定への参加，教育・職業訓練への参加，安全な環境での生活，自宅での生活．②政策決定への参加，若い世代との経験の分かち合い，ボランティアとしての共同体への参加，高齢者の集会・運動の組織．③家族や地域社会による保護，医療の受診，社会的・法的サービスへのアクセス，施設の利用，プライバシー・自己決定の尊重．④自己の可能性の追求，教育的・文化的・精神的・娯楽的資源の利用．⑤肉体的・精神的虐待からの解放，年齢・性別・人種によらない処遇，経済的貢献によらない尊重．

（佐伯知子）

〔文献〕1）国際連合広報センター編：高齢化に関する国際行動計画および高齢者のための国連原則，国際連合広報センター，1999．

高齢者の知能　intelligence of the elderly

〔2つの知能論〕高齢者の知能とは，高齢期の人々に特徴的な知能をさす．この問題は，これまで成人期以降の知的能力の変化の問題との関連で論じられることが多かった．そこでは，主に成人期以降低下しやすい知能と，成人期以降も上昇が期待できる知能の二分法から論じられることが多かった．たとえば，成人知能検査を開発したウェクスラー（Wechsler, D.）は，成人の知能を言語性知能と動作性知能に分け，言語や数字を使った前者は高齢期になってもあまり低下しないことを示した．キャッテル（Cattell, R.）とホーン（Horn, J.）は，流動性知能（fluid intelligence）と結晶性知能（crystallized intelligence）の二分論を示した．前者は神経生理的な基盤をもち生活経験や教育から独立しており，成人期以降低下すると考えられている．短期記憶や概念形成，抽象的な関係性の知覚，推論などがこの具体例である．後者は文化接触や生活経験，教育によって培われた知能だといえる．語彙，算術能力，*文化遺産，一般的理解などがこの具体例で，成人期以降も，ペースをコントロールすれば上昇も期待できる．バルテス（Baltes, P. B.）も同様に，知能のメカニクス（情報処理の構造）とプラグマティクス（*知識の内容と運用）の二分法を提起した．中高年層への学習支援においては，低下しやすい知能に対しては補助や緩和を，上昇が期待できる知能に対しては活性化を図ることが大事であろう．

〔高齢者の知能〕成人期以降活性化する知能に対しては，知恵（wisdom）・実用的知能（practical intelligence）などと命名されることがある．知恵とは，*知識に価値判断が付加されたもので，「人生に関することへの優れた洞察」がその中核にある．実用的知能は，職業生活や芸術，家庭管理などの領域で活性化される知能をさす．またゴールマン（Goleman, D.）は，従来の知能（IQ＝「考える知能」）に対して，EQ＝情緒的知能（「感じる知能」）論を示し，ムゴン（Moo Kon, K.）は，NQ（*ネットワーク知能＝*他者とネットワークを編む力）を示した．高齢者の知能は，人生・生活や情緒，対人関係などとの関係の中で理解される必要があろう．

（堀　薫夫）

〔文献〕1）堀薫夫・三輪建二：生涯学習と自己実現，放送大学教育振興会，2006．；2）ゴールマン，ダニエル（土屋京子訳）：EQ, 講談社，1996．；3）東　洋・柏木惠子・髙橋惠子編：生涯発達の心理学1　認知・知能・知恵，新曜社，1993．

高齢者福祉　social welfare for the elderly

狭義には，老人福祉法で規定される高齢者に対する社会福祉施策と*実践のことであるが，広義には，高齢者の所得，保健，医療，就労，住宅，教育を含めて，高齢期の生活支援全体のことである．

〔歴史〕日本では，1963年に高齢者福祉の基本法として老人福祉法が制定された．その後1982年に老人保健法が制定され，保健・医療にかかわることはこちらに移された．

急激な高齢化が進行する中で，高齢者の保健福祉サービスの基本理念として，利用者本位，*自立支援，普遍主義，地域主義を掲げるとともに，サービスの数値目標を明確にするために，厚生省・自治省・大蔵省が合同で1989年に「高齢者保健福祉推進十か年戦略（ゴールドプラン）」を発表したが，1994年には「新高齢者保健福祉推進十か年戦略（新ゴールドプラン）」を定めて，目標が上方修正された．また，1995年には，高齢社会対策基本法が制定され，基本理念として，①生涯にわたる就業や社会参加，②自立と連帯の精神に立脚した地域社会，③生涯にわたる充実した生活を支える社会，が掲げられ，「就業・所得」「健康・福祉」「学習・社会参加」「生活環境」「調査研究等」「国民の意見の反映」にわたって基本的施策が示された．

〔課題〕*ノーマライゼーションの考えが広がる中で，高齢者福祉は施設入所から*地域福祉に重心を移している．また，立場の違いを超えて多くの高齢者がサービスを利用することになり，高齢者福祉は選別的なものではなく普遍的なものと捉えられるようになってきた．このような中で，多様なニーズに応える多様なサービスが求められるようになり，その一環で趣味活動や生きがいづくり，人との交流など1人ひとりの*自己実現を支援することも課題となっている．また，多様なサービスを生み出すために，地域に住民の連帯をつくり出していくことも求められている．

（辻　浩）

〔文献〕1）八代尚宏：高齢化社会の生活保障システム，東京大学出版会，1997．；2）太田貞司編：高齢者福祉論，光生館，2007．

高齢者文化　culture of the elderly/the senior citizen

高齢者の独自性・主体性・社会的有用性を保持または拡張しようとする立場での運動論的キーワードの1つ．長寿・*高齢社会の到来の中で，文化を創造・伝承する担い手としての高齢者の役割は，徐々に拡大している．各地の高齢者大学における*文化活動だけでなく，1988年に設立された長寿社会文化協会や高齢者を中心とする*NPOの諸活動あるいは学校や地域で行われている世代間交流事業等は，高齢世代の文化的アイデンティティの再形成と文化伝承の具体的な場として機能しつつある．「*エイジズム」や内部の文化摩擦などの問題も予想されるが，高齢者のエンパワーメントプロセスにおける1つの目標として，高齢者文化の再生と活性化を位置づけることができよう．子どもや市民向けの多様な教育・学習支援活動とこうした高齢者文化との接合をさらに推進するために，生涯学習支援システムをどのように構築すべきかが，今後の課題である．

（松岡広路）

〔文献〕1）松岡広路：生涯学習論の探究，学文社，2006．

向老期　transition stage of late adulthood

成人から老人への移行期のことである．長寿化，社会の高齢化により，人の生涯を捉えるカテゴリーである「子ども」と「成人」に加えて，「老人」である時期「老年期」がクローズアップされる中，「成人」から「老人」への移行期が着目され，「向老期」と呼ばれるようになった．

人の生涯をいくつかの時期に区分してその発達や変化の特徴を明らかにしようとするライフサイクル論では，この移行期には生活構造が大きく変化し，*アイデンティティの危機が生じると考えられている．それらとの関係で，成人の学習研究において，移行期と学習活動の密接なつながりが見いだされている．向老期は，それ以前の仕事や子育てなど社会的役割の遂行を中心とした暮らしから，それらの役割から解放された「自分」の生活へと大きくギアチェンジする人生の転換点である．生活設計を組み替え，ライフスタイルを再構築するための学習支援が求められている．

（葛原生子）

〔文献〕1）国立女性教育会館編：男女共同参画，向老期をともに生き，ともに学ぶ，2002．

国際オリンピック委員会　International Olympic Committee（IOC）

IOCはオリンピックムーブメントの最高機関であり，その目的は「オリンピズムとその諸価値に従い，スポーツを*実践することを通じて若者を教育し，平和でよりよい世界の建設に貢献すること」である．

1894年にフランスのクーベルタン（Coubertin, P. de）男爵がパリで開催した国際会議で，オリンピックの開催が決定され，IOCも設立された．本部は現在スイスのローザンヌにある．当初の活動は主に4年ごとのオリンピック開催であったが，現在は多くのオリンピック運動に携わり，IOC委員会がその運営に当たっている．IOC委員の選出は国連のような各国代表制でなく，IOC独自選出によって各国へ派遣する．それゆえ非民主的，独裁的で現代社会では不適合だとの批判もある．1916年ベルリン大会（第6回）と1940，1944年大会（第12回東京，第13回ロンドン）はそれぞれ第1次と第2次世界大戦によって開催が中止され，オリンピック，IOCは危機に直面した．

1984年のロサンゼルス大会（第23回）は自治体からの財政援助が拒否され，その結果商業依存の大会となった．結果的に大きな黒字を計上したことから，その後の開催候補地の招致活動が盛んになり，その延長でIOC委員への賄賂も一時深刻化した．常勤事務局員も100人を超える組織となり，発展途上国のスポーツ普及へのスポーツ援助であるオリンピックソリダリティ活動やスポーツ選手の権利擁護，オリンピック時には国連と連名でオリンピック休戦宣言を発表するなど平和運動としても，その国際的影響力も増加している．

いくたの歴史的事件にもかかわらず，100年以上継続してきたオリンピックとそれを支えるIOCの理念と活動は，いくたの危機論や批判論もあるが，研究としては少なく，今後の大きな課題である．

（内海和雄）

〔文献〕1）日本オリンピック・アカデミー編：ポケット版オリンピック事典，楽，2008．

国際学級　class for Japanese as a second language

〔定義〕外国人児童・生徒の多い学校を中心に，国語や社会の通常の授業に彼／彼女らを原学級から「取り出し」して，第2言語としての日本語を教授する教室を国際学級なり国際理解教室と呼んでいる．

〔歴史〕1970年代後半から日本には外国人労働者が増え始め，1990年の改正入管法施行以降は，特に日系南米人が多くなった．その際教育界で顕著になったのは，日本語を母語としない児童・生徒の存在である．2011年発表の2010年9月時点で，*日本語教育を必要とする者は，小学校で1万8365人，中学校で8012人，高等学校で1980人である．学校の教員数は，学級数によって決まるが，それでは教員は間に合わないので，別途増員を申請し，このような教員は加配と呼ばれる．

〔概要〕国際学級にもいくつかのタイプがあるが，小学校でみると3つ位に分けられる．第1は，加配が生徒につくタイプで，日本語担当加配として採用された教員が，日本語学級の専任となり一般学級はもたないケース．第2は，加配が学校につくタイプで，教員数が日本語担当加配で増えても，特定の教員が日本語教育担当に限定されずに，国際理解教室の担任は，全教員の中から特定の教員が選ばれるか，数人の教員が自分のあき時間を共同で支援するタイプ．第3は，特定の学校がセンター校になる加配である．

〔課題〕国際学級では，単に正規の教員だけではなく，自治体独自に採用されている日本語指導員や通訳派遣の人と共同で指導している．近年は外国人児童・生徒の*能力向上に母語が重要なことも認識されているので，母語のできる巡回指導員等も交え指導しているが，彼/彼女らは，正規職員ではないので身分の安定していないことが問題である．

(佐久間孝正)

〔文献〕1) 太田晴雄：ニューカマーの子どもと日本の学校，国際書院，2000．

国際環境教育ワークショップ　⇨環境教育，持続可能な開発のための教育

国際協同組合運動　International Co-operative Movement

各国の*協同組合が結集する国際協同組合同盟（International Co-operative Alliance：ICA）に代表される，協同組合運動の国際的潮流．資本主義の成立とそれに伴う勤労諸階層の*貧困化を契機に，協同組合が各国で多様な形態で発展した．ICAは1895年に，その各国ごとの組合間の国際的連帯により発足し，協同組合の定義と協同組合原則を明確にしてきたが，この定義と原則に賛同せずICAに結集しない，米国や*EUの農協を中心とした新たな潮流も生まれている．

〔歴史〕生産過程における協同組合が株式会社形態に圧倒され，流通過程にその活躍場面を絞られる中で，産業革命期，英国における協同組合工場や協同村などの社会的実験は，ロッチデール原則に基づく購買生協モデルに収束していった．それに加え，19世紀末の農業恐慌によって生み出された，小農国ドイツの信用協同組合と中農層中心のデンマークの販売加工農協という農協の2つの源流が世界的に普及し，ICAを成立させる．1930年代の農業恐慌を契機に，農業保護政策が一般化し，農協の「制度化」（農業コーポラティズム）が世界的に進行する．20世紀後半における消費社会化は，消費者問題を激化させ，日本の市民型生協を典型とする新たな地域生協運動を生み出した．また，20世紀末以降のグローバル市場段階において，流通過程における資本蓄積と競争激化を背景に，既存の協同組合の「会社化」が進み，同時に，福祉・*コミュニティ領域，あるいは新世代農協といった新たな協同組合が発生しつつある．

〔課題〕協同組合は，小経営者，消費者，労働者を組合員とし，いずれも独立した商品交換者として，貧困化を契機とした私的人格同士の協同から出発し，協同性の発展により，新たな相互承認＝*協働的関係を内実化させる可能性をもつ．その点で，協同組合は「孤立的」ではあるが「新しい社会の諸要素」（マルクス）である．すぐれた協同組合実践は学習活動を伴い，組合員の経済的自立化にとどまらず，労働する個人間の相互承認に基づく協同性を発展させ，社会的文化的自立化運動へと展開した．しかし，その協同性が私益の一致レベルにとどまる協同組合も多く，ICAの協同組合定義が，自然人としての1人1票制とその「協同組織」（association）であることを明確にしたのに対し，「利用者による所有・統制・受益」組織が協同組合であると定義し，利用高に応じた投票制が主張されるなど，自然人としての人格結合＝協同原理を軽視する潮流も生まれている．

(田中秀樹)

〔文献〕1) バーチャル，J.：国際協同組合運動，家の光協会，1999．; 2) ベックム，O.：EUの農協，家の光協会，2000．; 3) 宮崎隆志：協同蓄積論の射程．社会教育研究，第20号，北海道大学教育学部，2002．

国際交流協会　Association for International Exchanges

地域における国際化や国際交流を目的とした活動を行う組織である．国際理解のための講座や情報誌

の発行，日本語講座・外国語講座や地域の外国人支援などの事業を展開している．1988年には地域における国際化活動の推進を目的に，地方公共団体の共同組織として自治体国際化協会（Council of Local Authorities for International Relations：CLAIR）が設立された．1989〜90年の2年間に33の自治体が地域国際化協会を設立，1996年には全国59の都道府県と政令指定都市のすべてに地域国際化協会が置かれるなど，国際化意識の啓発や地域の国際化を推進してきた．しかし，近年は国際化の進展や*市民活動の活発化など，社会状況の急速かつ多様な変化への対応が課題となっている．*社会教育・*生涯学習においては，*NPOとの連携をその1つとしてあげられる．市民活動のあり方が問われている現在，行政主導とは異なる新たな国際交流の進め方が模索されている．　　　　　　　　　　　　（川原健太郎）

〔文献〕1）榎田勝利ほか編著：国際交流の組織運営とネットワーク，pp.58-77，明石書店，2004．

国際高齢者年　International Year of Older Persons

1999年を国際社会全体で高齢化の問題に取り組む年として，国連が定めた国際年．1991年に国連総会で採択された「*高齢者のための国連原則」の実現を目的としている．

国際高齢者年のテーマは，「すべての世代のための社会を目ざして（towards a society for all ages）」である．これは，高齢化が高齢者だけの問題ではなく，高齢者が置かれている状況，個人の生涯にわたる発達，世代間の関係，社会開発との関係など，「あらゆる次元，分野，世代」に関連しているものとの認識による．

国際高齢者年には，国連機関，各国，*NGOなどを中心に，高齢化に関する様々なキャンペーン活動が行われた．日本でも，総務庁主導のもと，関係省庁，各都道府県，高齢者関係団体などが連携し，広報・啓発活動が活発に展開された．　　（佐伯知子）

〔文献〕1）三浦嘉久：国際高齢者年と成人教育の課題．日本社会教育学会編：高齢社会における社会教育の課題（日本の社会教育第43集）東洋館出版社，pp.60-71，1999．

国際識字年　International Literacy Year（ILY）

国際識字年（1990年）とは，世界中で*識字問題に取り組むよう，国連が定めたものである．国連は，1991年以後の10年間で識字問題を解消するよう呼びかけた．これをきっかけに各国で取組みが進み，米国では1991年に全国識字法が制定され，全国・地域・州など各レベルで識字センターを置いた．オーストラリアでも，1989年に成人の読み書き能力調査を行い，全国の大学に識字センターを置くなどの施策を進めた．日本でも，民間での取組みが進み，たとえば大阪では国際識字年推進大阪連絡会が結成され，*被差別部落の識字，*夜間中学校，*障害者の識字，新規渡日外国人の日本語学習などの運動がこれに合流した．また，国際識字年をきっかけに，「文盲」という言葉の差別性が指摘され，それに替えて「非識字」という言葉が用いられるようになった．しかし，このような民間や地方自治体の動きにもかかわらず，日本政府はほとんど取り組むことがなかった．　　　　　　　　　　　　　　　　（森　実）

〔文献〕1）日本社会教育学会編：国際識字10年と日本の識字問題（日本の社会教育第35集），東洋館出版社，1991．

国際自然保護連合（IUCN）　⇨自然保護

国際障害者年　International Year of Disabled Persons

〔概要〕1971年の「知的障害者の権利宣言」，1975年の「*障害者の権利宣言」を受けつつ，*障害のある人の人権の前進のために，国連は1981年を国際障害者年として取り組むことを1976年の総会で決議した．1979年に出された国際障害者年行動計画では，「ある社会がその構成員のいくらかの人々を締め出すような場合，それは弱くもろい社会なのである．障害者は，その社会の他の者と異なったニーズをもつ特別な集団と考えられるべきではなく，通常の人間的なニーズを充たすのに特別の困難をもつ普通の市民と考えられるべきなのである」と述べられ，「完全参加と平等」という国際障害者年のテーマも提示された．日本でも国際障害者年に関係した取組みは様々になされ，その中で1980年には障害種別を超えた100以上の団体によって国際障害者年日本推進協議会（現在の日本障害者協議会，Japan Council on Disability：JD）が設立され，1982年には政府が「障害者対策に関する長期計画」を発表した．

〔経過〕国際障害者年終了後も行動は継続されるべきことが主張され，国連は1982年に，法制度・所得保障・教育・就労・*レクリエーションなど幅広い領域についての「障害者に関する世界行動計画」を採択した．続く1983年から1992年は「国連・障害者の10年」として取り組まれたが，さらなる行動の継続が求められることとなり，1992年に世界行動計画

の継続が国連で確認され，1993年には取組みのガイドラインとして「障害者の機会均等化に関する基準規則」が国連で策定された．また，発展途上国における障害者問題が特に深刻であることを背景に，1992年のアジア太平洋経済社会委員会（ESCAP：Economic and Social Commission for Asia and the Pacific）総会は1993年から2002年を「アジア太平洋障害者の10年」とすることを決議した．さらに，2003年からは「新アジア太平洋障害者の10年」が始まっている．　　　　　　　　　　　（丸山啓史）
　⇨障害者の権利条約
〔文献〕1）八木英二：国際障害者年　生きがいある社会を築くために，青木書店，1980．

国際障害分類（ICIDH）　International Classification of Impairments, Disabilities and Handicaps

〔概要〕調査・統計や政策などに役立てるため，*WHOが1980年に作成した「*障害」の分類である．このICIDHの特徴は，心理的・生理的・解剖的な構造または機能の喪失・異常としての機能・形態障害（impairment），活動を遂行する*能力の制限としての能力障害（disability），個人が正常な役割を果たすことの制限としての社会的不利（handicap）という3つのレベルで障害を捉えたことである．障害を階層的に整理することで支援方法の明確化に貢献する点，「社会的不利」のように社会のレベルで障害を捉え社会の責任・役割を示す点で重要なものであった．

〔ICF〕ICIDHについては1990年から専門家会議が開かれるなどして改定作業が進められ，2001年には改訂版として国際生活機能分類（International Classification of Functioning, Disability and Health：ICF）がWHOの総会で採択された．その特徴は，マイナス面としての障害の分類から，プラス面としての生活機能（functioning）を含めた分類に転換したことである．生活機能は，心身機能・身体構造（body functions, body structures），活動（activity），参加（participation）から把握されることになった．そして，それらと相互作用する背景因子（contextual factors）として，個人因子（personal factors）とともに環境因子（environmental factors）が位置づけられた．環境因子が重視され，明示・分類されたことがICIDHからの発展の1つとされる．

〔課題〕各項目について困難の程度を5段階で*評価するといったICFの方法が要素主義的な障害理解・人間理解につながる危険性があるとの指摘もなされている．教育の場で国際障害分類をどのように活用するかについては議論が求められる．
　　　　　　　　　　　　　　　　　　（丸山啓史）
〔文献〕1）佐藤久夫：障害構造論入門，青木書店，1992．；2）障害者福祉研究会編：ICF国際生活機能分類―国際障害分類改訂版―，中央法規出版，2002．

国際人権基準　International Human Rights Standards

〔意義〕「国際人権基準」という用語には確立した定義があるわけではないが，あえていえば，国際社会において保護されるべき人権の内容および程度と定義することができる．現代の国際社会においてそれを定めるのは，人権保護を目的とする条約その他の国際文書（国際人権文書）および慣習国際法である．条約の性質をもつ文書および慣習国際法は法的拘束力を有し，条約は条約締約国のみを拘束し，慣習国際法は原則として国際社会のすべての国家を拘束する．他方，条約以外の国際人権文書は法的拘束力を有しない．

〔起源〕第2次世界大戦前の国際社会では，人権の保障は基本的に国家の自由な処理に委ねられた問題（「国内問題」または「国内管轄事項」）であり，国際社会が関与し，国際法が規律するべき事項ではないとされた．しかし，ドイツやイタリア，日本など国内で重大な人権侵害を行った国が第2次世界大戦を引き起こしたという経験的事実から，人権の保障と平和の維持とが密接な関連性をもっているという認識が得られ，人権の保障が国際社会の重要な課題とされるようになった．国際社会では，その後，国連やその専門機関などにより人権条約をはじめとする国際人権文書が多数採択され，その一部は慣習国際法になっている．

〔人権条約〕人権条約は，保障されるべき人的範囲や人権の範囲において一般的か個別的かにより，一般的人権条約と個別的人権条約に大別される．また，人権条約に拘束される国家の範囲が世界的か地域的かにより世界的人権条約と地域的人権条約に分けることができる．世界的・一般的人権条約には「国際人権規約」（社会権を規定する「経済的，社会的及び文化的権利に関する国際規約」，自由権を規定する「市民的及び政治的権利に関する国際規約」，個人通報制度を規定する「市民的及び政治的権利に関する国際規約の選択議定書」，死刑の廃止を目的とする「死刑の廃止をめざす，市民的及び政治的権利に

関する国際規約の第2選択議定書」および「経済的,社会的及び文化的権利に関する国際規約の選択議定書」からなる．前2者は，それぞれ社会権規約及び自由権規約と略称される）があり，地域的・一般的人権条約には，ヨーロッパ人権条約，米州人権条約および「人及び人民の権利に関するアフリカ憲章」（「バンジュール憲章」）がある．また，世界的・個別的人権条約には，*人種差別撤廃条約や女子差別撤廃条約，児童の権利条約などがある．また，地域的・個別的人権条約には，拷問等防止ヨーロッパ条約や強制的失踪に関する米州条約，アフリカ難民条約などがある．

〔その他の国際文書〕人権条約以外の国際人権文書は，*世界人権宣言や宗教的不寛容撤廃宣言，少数者の保護宣言など多数に及ぶ．これらの文書には法的拘束力はないが，国際社会では，ひとまず法的拘束力のない文書を採択し，その後，それを条約化することや，人権条約の関連規定の解釈に取り入れられることも多い．また，国連などの関係機関で人権問題が審議される際に，その判断基準として利用されることもある．その意味で，これらの文書の意義は軽視できない．

〔慣習国際法〕人権条約やその他の国際文書で繰り返し規定され，強調されている人権は，その後，慣習国際法化し，国際社会のすべての国家を拘束する規範となることもある．たとえば，特に，組織的・継続的に行われる差別や拷問，強制的失踪などの禁止規範が慣習国際法化しているとされている．

〔人権条約と日本〕日本は人権条約には消極的な態度をとっていたが，1979年の社会権規約および自由権規約の批准以降，*難民条約・議定書（1982年加入），女子差別撤廃条約（1985年批准），人種差別撤廃条約（1995年加入），児童の権利条約（1994年批准），拷問等禁止条約（1999年批准）の締約国となり，現在では主要人権条約の締約国である．これらの人権条約の締約国になるに際して重要な国内法整備がなされた例もある．たとえば，難民条約・議定書加入時における社会保障立法の改正や，女子差別撤廃条約の批准時における*男女雇用機会均等法の成立がそうである．また，現在でも，これらの条約の履行監視機関から継続的な履行監視を受けており，これらの機関による日本に対する勧告に即した国内法令の改廃が行われた例もある．　（村上正直）

〔文献〕1）阿部浩己・今井直・藤本俊明：テキストブック国際人権法（第3版），日本評論社，2009.；2）畑博行・水上千之編：国際人権法概論（第4版），有信堂，2006.

国際人権規約　⇨国際人権基準，世界人権宣言

国際成人教育協議会（ICAE）　International Council for Adult Education

第3回*ユネスコ国際成人教育会議（1972年）の折のキッド，R.）（カナダ）の提案から1973年に発足した，成人教育組織の世界的*ネットワーク．50ヵ国以上，700以上の組織会員をもち，7つのリージョンからの代表と他数名で執行委員会を構成．ユネスコに協力しつつ独立性を保持し，1976年以来ほぼ4年おきに世界大会を開催．参与調査，女性，平和，*識字，環境等の成人教育研究運動も推進し，*民衆教育運動との親和性も堅持してきた．国際成人教育会議への働きかけも重視し，第4回での「*学習権宣言」の発案，草稿準備，第5回会議での活躍のほか，中間総括会議（2003年）ではユネスコ教育研究所と並んで独自のフォローアップ報告も用意した．1999年の財政問題，活動停止の危機を乗り越えて新体制を発足し，2001年第6回世界大会を経て事務所をトロント（カナダ）からモンテビデオ（ウルグアイ）に移転．近年は世界の社会運動とも連携してさらに広く成人教育の意義提示に努めている．

（荒井容子）

⇨ユネスコ国際成人教育会議，カナダの成人教育・生涯学習

〔文献〕1）荒井容子：国際成人教育協議会（ICAE）の課題意識発展の過程，法政大学社会学部紀要「社会志林」，2007.

国際青年年（IYY）　International Year of Youth

〔主旨〕よりよい世界の建設に向けて青年の役割に注目し，その促進のために国連が定めた国際年．1979年の国連第34総会で，「参加，開発，平和」をテーマとして1985年を国際青年年とすることが決議された．この年が国際青年年に選ばれたのは，①1985年が，「人民間の平和並びに相互の尊重および理解の理念を青少年の間に促進するための宣言」（1965年国連総会採択）の20周年に当たること，②1970年に国連ボランティアが創設されてから15周年に当たることの理由による．当時国際的に最も重要な課題は平和・軍縮の問題（東西問題）と開発問題（南北問題）であり，これらの地球的な課題を青年の「参加」によって解決していこうという主旨である．

〔事業と活動〕日本では，国際青年年の推進に当たって，まず民間側から1982年4月に「国際青年の年

推進協議会」が結成され，民間の青少年団体など60近くの団体がこれに参加して運動を推進した．そして，1984年6月には内閣総理大臣を議長とする「国際青年年事業推進会議」が組織されて，政府としての事業方針を決定した．その重点目標は，青年の社会参加の促進，健康・体力の充実，科学技術や文化の発展への理解，国際交流・国際協力を通じた相互理解の促進，の4点であった．1985年には官民双方で多くの青年年記念事業が行われた．その中には青年によるセミナーやシンポジウム，国際交流事業，植林キャンプ，スポーツ交流，音楽・演劇事業などがある．内閣府が国際青年年を記念して開始した「国際青年の村」事業は，内外の青年が1週間にわたって共同生活するもので，2006年現在も続いている．

しかしながら，1980年代には全般に若者の「集団離れ・団体離れ」現象が起きていて，青年年の各事業も一過性のイベントに終わりがちであった．明治時代から青年会，*青年団を通して「青年」の用語が一般に普及したが，青年年事業は結局，マスコミなどが青年という用語を幅広く使用する最後の機会となった感がある．以後は青年に代わって「若者」の用語が一般に使用されている． (田中治彦)

〔文献〕1）日本社会教育学会編：現代社会と青年教育，東洋館出版社，1985．；2）総理府青少年対策本部編：青少年白書：青少年問題の現状と対策（昭和59-60年版），大蔵省印刷局，1985-86．

国際博物館会議（ICOM） International Council of Museums

*ユネスコ（UNESCO）と公式な協力関係を結んでいる*NGO（非政府団体）の1つ．

〔概要〕国際的なレベルで，博物館および博物館専門職の進歩発展につとめている．科学，技術，民族，歴史，自然史，考古学，美術などの博物館関係者の世界的な集まりである．博物館および職種のかかわりをもつ対象としては，世界中の過去から未来にかけての有形無形の自然遺産あるいは*文化遺産の保存，保護である．同会議は1946年に設立されて以来，現在では140ヵ国，2万1000人のメンバーを有しており，115の国内委員会と，30の国際委員会，およびそれに準じる15の加盟機構などをもち，それぞれが専門的な組織として，情報交流，*職業教育訓練，学術活動，出版などを行っている．国際連合の社会経済委員会の顧問役も果たしている．

〔様々な活動〕毎年5月18日は，同会議が1977年に制定した記念日で，国際博物館の日と呼ばれ，年ごとに世界共通のテーマが定められ，各国で様々な企画が行われている．また，執行委員会には，財務・運営委員会や法規委員会などのほか，倫理委員会が設けられ，博物館職員倫理規定を制定し健全な博物館運営の普及につとめている．倫理規定は1986年のアルゼンチンでの大会時に最初に制定され，2004年にも改訂されている．また，博物館の公式の定義なども制定している．これらの規定は，社会の変化に応じて見直し，必要に応じて改訂している．国際委員会の種類としては，教育，新技術，美術，楽器，意匠，ドキュメンテーション，博物館学など実に様々なテーマがある．なお，ICOM日本委員会は1951年に設立され，*日本博物館協会に事務局を置いて活動している． (大原一興)

〔文献〕1）イコム日本委員会：イコム大会報告書（第21回オーストリアウィーン大会），財団法人日本博物館協会，2008．

国際理解教育 education for international understanding

異文化の理解と尊重，および世界連帯意識の形成を目ざす教育．

〔ユネスコの取組み〕1946年に発足した*ユネスコは，第2次世界大戦の大量殺戮への強い反省から，*人権教育を基盤に「国際理解のための教育」を推進することとなった．日本ではこのような教育を「国際理解教育」と称している．1974年の「国際理解，国際協力，国際平和のための教育ならびに人権および基本的自由についての教育に関する勧告」では，特に開発，環境，軍縮など現実の人類共通の課題が指摘され，国際理解教育がすべての段階および形態の教育で実施されるべきことが強調され，今日に至る幅広い合意が初めてつくられた．指導理念をめぐっては様々な議論があるが，近年は平和，人権，民主主義のための教育が重要な課題とされている．

〔日本での取組み〕日本のユネスコ国内委員会による取組みも，1970年代まではユネスコの考え方に影響を受けていた．しかし，国際化の進展に伴って海外子女・帰国子女教育の課題を中心とした教育を推進する方針がとられたことなどにより，日本の国際理解教育は1970年代半ば以降，独自の路線を歩むことになる．その特徴は，国際社会と協力しながら自国のために貢献し活躍する「世界の中の日本人」の育成，外国との友好・親善のための国際交流の推進，異文化理解と異文化コミュニケーションのための外国語能力の育成，そして何よりも日本の文化・伝統の理解といった自国認識や「国民的自覚」を強

調しているところにある．1980年代に，「*開発教育」「グローバル教育」「ワールドスタディーズ」など，国際理解にかかわる海外の新しい取組みが紹介されたことにより，日本における国際理解教育の領域は大きく広がり，今日に至っている．（野崎志帆）
⇨異文化間教育
〔文献〕1) 石坂和夫：国際理解教育事典，創友社，1993．; 2) 日本国際理解教育学会：グローバル時代の国際理解教育，明石書店，2010．

国際連合食糧農業機関　⇨FAO

国際労働機関　⇨ILO

国内人権機関　domestic human rights institution

〔意義〕司法機関によらない簡易・迅速な手続きによる解決手続き（準司法的手続き）その他人権の促進・保護のための各種活動を行うことを目的として，国内で設置される機関．世界各国は，*オンブズパーソンや人権委員会など，この種の機関を設けてきたが，国際社会は，特に1990年代からその有用性を認め，各国にその設置を勧告している．

〔標準的な性格・任務〕国際社会では，国内人権機関の性格や任務などに関するモデルを示されている．最も著名なものは，「国内人権機関の地位に関する原則」（「パリ原則」．1993年の国連総会決議48/134により採択）である．パリ原則は，「権限及び責任」「構成並びに独立性及び多元性の保障」「活動の方法」および「準司法的権限をもつ委員会の地位に関する追加的原則」の4項目からなる．パリ原則によれば，国内人権機関の権限・責任には，人権の促進・保護の観点からする現行法令や法案の検討や，人権条約の履行促進の確保，*人権教育・研究プログラムの作成の支援などが含まれる．また，その構成について，社会の多元的な構成の代表と，政府からの独立性の確保などが必要とされる．さらに，パリ原則は，活動方法に関し，関係者からの事情聴取や世論の喚起などをあげ，さらに，国内人権機関による個人からの苦情・申立の処理権限をもつことができるなどとしている．

国際社会では，その後も，「ウィーン宣言及び行動原則」（1993年）の国内人権機関の設置・強化を求める勧告などの動きがみられる．

〔日本との関係〕日本には包括的な国内人権機関は存在せず，日本が締約国である人権条約の履行監視機関はいずれも，その設置を勧告している．2001年に国会に提出された「人権擁護法案」はこの種の機関を設置するものといえるが，同法案にいう「人権委員会」には，その独立性や権限の限定性などに関して批判がある．（村上正直）
〔文献〕1) NMP研究会・山崎公士編著：国内人権機関の国際比較，現代人文社，2001．

国民高等学校運動　folk-high-school movement

19世紀中葉デンマークに始まり，北欧諸国に広まった，農村青年を主要な対象とする国民啓発の運動である．

〔起原〕この運動はデンマークの偉大な詩人，歴史家そして*民衆教育家であった*グルントヴィ(1783-1872)の青年教育思想から生まれた．国民高等学校（*国民大学，Folkehojskole）は，指導者と青年そして青年相互の共同生活の中で，青年自身の人間的覚醒と国民的啓発を行おうとする場である．学科として国語と歴史を重んじ，試験をせず，いかなる*資格も与えないことを原則とした．1844年に最初のロディン農民学校が開校し，1851年リスリンゲにコル（Kold, C. M.）の高等学校が開校した．コルの学校は，農閑期の開校，寄宿制，授業方法，学科目など，その後の国民高等学校の重要なモデルとなった．

〔発展〕この運動はシュレスウィ戦争（1864年）後に発展．戦前11校であった高等学校が戦後10年にして54校となり，1906年には71校となった．この間1878年には，アスコウ国民高等学校を拡張して，運動の組織的展開の中心とする決議が国民高等学校関係者たちによって行われた．また，この頃から他の北欧諸国にも国民高等学校運動が広がり始めた．

〔日本における運動〕日本でこの運動への関心を強めたのは，1913年刊，那須皓訳・ホルマン著『国民高等学校と農民文明』であった．1915年「山形県立自治講習所」の設立に際し，立案者の藤井武は国民高等学校をそのモデルとして採用，初代所長*加藤完治がこれを継承．1925年農林官僚石黒忠篤らとともに日本国民高等学校協会を設立．1927年加藤は茨城県に日本国民高等学校を開校，各地に国民高等学校の開校が相次いだ．加藤の皇国信仰に基づき，農村青年の救済を目ざすこの運動は，ついに「*満蒙開拓青少年義勇軍」に発展し，満州侵略にまで進んだ．ほかに注目されるのは，1928年静岡県田方郡西浦村久連に開校した興農学園の農村青年教育

運動である．一時不振に陥ったが，1933年大谷英一を中心として私塾久連国民高等学校を設立，キリスト教を基礎とした啓発運動を展開した．　（宇野　豪）

⇨グルントヴィ

〔文献〕1）佐々木正治：デンマーク国民大学成立史の研究，風間書房，1999．；2）宇野豪：国民高等学校運動の研究，渓水社，2003．

国民娯楽　state-controlled pastime

国家によって強く統制された文化や娯楽．この「国民娯楽」という言葉が日本社会に広がったのは，人々の精神や意識の形成に大きな影響を及ぼす文化や娯楽に対する，国家による介入と指導が強化されていく1930年代末〜40年代前半の時代である．戦前の娯楽研究の第一人者であった*権田保之助（1887-1951）は，この時期に『国民娯楽の問題』（1941年）を著わし，国家総力戦体制下における人々の娯楽のあり方を論じている．

それまでの「*民衆娯楽」にかわり「国民娯楽」という言葉が広がる背景には，当時のナチスドイツの下で展開されていた文化政策の影響がある．日本においても，1930年代末以降，ラジオ・新聞・出版・映画等のマスメディア，音楽・演劇・文学等の芸術や*レクリエーションを，国家的統制の下におき，国民の意識・精神を戦争に向けて*動員していく文化国策が大きな課題となった．大正〜昭和初期にかけて大衆化した娯楽活動も，「国民娯楽」の名の下に国家による指導と統制の対象となったのである．

（草野滋之）

国民体育大会　National Sports Festival

〔概要〕戦前の*明治神宮体育大会を前身とし，戦後，スポーツの大衆化を謳い，各県対抗制をとって競技される総合体育大会であり，現在では秋の大会と冬の大会からなる．総合優勝として男子は天皇杯，女子は皇后杯を競う．*スポーツ振興法第6条，*スポーツ基本法第26条など，法律で規定されているスポーツイベントである．世界的にも稀な競技大会である．主催は*日本体育協会，都道府県，*文部科学省の共催である．

〔歴史〕1946年8月7日付文部省体育局長から各地方長官宛に発せられた通牒には「国民体育の振興と国民士気の高揚に役立ち，ひいては平和的，文化的国家の建設に寄与」するところ大として，GHQの正式承認を得て，文部省も後援を決定した．こうして，1946年に第1回国民体育大会が京都で開催された．食糧難の時代だったから，参加選手たちは米を持参した．それくらい国民は自由なスポーツ，文化に飢えていた．第2回は1947年に石川県で行われたが，「たまたま富山県に巡幸中の天皇陛下は，本大会開会式に御臨席せられるなど，歌を忘れた青少年は，期せずして堂々の行進を起こし『君が代』を」唱和した．そして「禁を破って『国旗掲揚・国家斉唱』」も行われた．

〔課題〕1964年の新潟大会以降，開催県の総合優勝が続いている．1988年の京都大会からは第2巡目に入り，「参加の門戸を広げるために成年2部の設置」「総合成績の採点方式の簡素化」「中学生以下の参加」等の国体改革も行われたが，成年2部はその後廃止となり，総合成績問題もうやむやにされ，相変わらず開催県の総合優勝が，多くの問題を引き継ぎながら連綿と引き継がれている．グローバル化の中で，メディアの発達により，諸外国の高度な試合を日常的にみることも可能となり，国内の大会，国民体育大会への関心も低下した．巨大施設が建設される一方で，地域住民の日常スポーツ活動に必要な身近な施設が不足している状態は放置されたままであるとの批判も強い．1998年には国体開催7県会議が「国体の簡素化と効率化」に関して同じ開催主体である国と日本体育協会に要望書を提出し，共催者として「応分の経費負担」を要求した．

（内海和雄）

〔文献〕1）権学俊：国民体育大会の研究─ナショナリズムとスポーツ・イベント─，青木書店，2006．

国民大学（デンマーク）　英 folk high school, デンマーク語 Folkehøjskole

デンマークで始められた寄宿制の成人教育機関．国民高等学校，*民衆大学などの訳語があてられることもある．「私立で，試験を行わず，*対話や討論を重視する」などを特徴とし，教師や学生が日常的に学び合い感化し合うことで，人間的な成長を促し，民主主義の訓練を行うことを理想としている．

最初の国民大学は，国民教育の父と称される*グルントヴィの構想に触発された人々によって，1844年にドイツとの国境に近いロェディンに設立され，農閑期に農村青年の*教養教育を担いながら，国民国家形成に貢献した．1851年からは国による財政的補助が始まり，1864年の敗戦を契機に学校数が急増した．今日の学校数は81校（2006年）であるが，減少傾向が続いており，低迷が懸念されている．

世界各国の成人教育が国民大学の影響を受けた

が，わが国でも，山形県立自治講習所（1915年）や日本国民高等学校（1927年）など，これに倣った*塾風教育機関が多数設立された． （木見尻哲生）

⇨国民高等学校運動

〔文献〕1）オーヴェ・コースゴー著（川崎一彦監訳）：光を求めて―デンマークの成人教育500年の歴史―，東海大学出版会，1999．

国民体力つくり運動　⇨体力つくり国民会議

国立国会図書館（NDL）　National Diet Library

国会法第130条の「議員の調査研究に資するため，別に定める法律により，国会に国立国会図書館を置く」の規定に基づき，国立国会図書館法により1948年に設立された日本唯一の国立*図書館．

〔歴史と構成〕帝国議会両議院の図書館，帝国図書館がその源流である．旧赤坂離宮から現在地に移転した．国が設立し，国費で運営されている．一般に，国立図書館（national library）と同義である．中央の図書館（総務部，調査および立法考査局，収集書誌部，利用者サービス部，電子情報部，関西館），国際子ども図書館，支部東洋文庫および行政・司法各部門の支部図書館（27館1分館）とで構成されている．

〔国立国会図書館法〕前文に「真理がわれらを自由にするという確信に立って，憲法の誓約する日本の民主化と世界平和とに寄与することを使命として，ここに設立される」とその設立の理念を謳い，第2条では「図書及びその他の*図書館資料を蒐集し，国会議員の職務の遂行に資するとともに，行政及び司法の各部門に対し，更に日本国民に対し，この法律に規定する図書館奉仕を提供する」とその目的を定めている．

〔機能〕国立国会図書館の機能は第1に，文献発行者から納本を受け網羅的な収集と保存，書誌サービス（印刷カード，主題書誌，全国書誌の作成）を行い，第2に国内外の図書館と協力体制，国際協力をする，第3に文化資源として自国の刊行物の保存があげられる．国立国会図書館印刷カードは納本される新刊書の一部（児童書，実務書，小冊子，学習参考書など）を除き作成されている．国立国会図書館件名標目表（NDLSH）は蔵書検索のために同館で作成した件名標目表である．その他，国立国会図書館児童図書目録（児童図書の蔵書目録）や，国立国会図書館分類表（NDLC，同館の分類表）がある．近年，蔵書増加に伴い，JAPAN/MARCの開発が進んでいる． （前田　稔）

⇨納本制度

〔文献〕1）国立国会図書館監修，NDL入門編集委員会編集：国立国会図書館入門，三一書房，1998．

国立博物館　national museum

国の機関により設置された*博物館のこと．

〔概観〕これらの博物館は大きく2つに分けることができ，①*文部科学省や*文化庁等の機関によって設置された博物館と，②文部科学省以外の省庁によって設置された博物館とがある．

①の文部科学省にかかわる博物館は2001年の国立機関の*独立行政法人化により，生涯学習局生涯学習課所管だった国立科学博物館が「独立行政法人国立科学博物館」に，文化庁所管の東京・京都・奈良（2005年に九州が加わる）の国立博物館が「独立行政法人　国立博物館」，東京・京都の国立近代美術館，国立国際美術館，国立西洋美術館（2007年に国立新美術館が加わる）が「独立行政法人　国立美術館」に，それぞれ法人化された．また国立大学共同利用機関の国立民族学博物館や国立歴史民俗博物館も国文学研究資料館等とともに「大学共同利用機関法人　人間文化研究機構」となった．2004年に国立大学が法人化されたことに伴い，国立大学附属の博物館も同様の組織となった．また国立博物館等の独立行政法人化の際には公務員身分を有したままであったが，国立大学の法人化の際，これらの法人の職員は非公務員となった．また独立行政法人の第1回目の*評価後の再統合として国立博物館・国立美術館・文化財研究所を1つの法人にする動きがあったが，最終的には文化財研究所と国立博物館は統合して「独立行政法人　国立文化財機構」として発足することが決定された．

〔課題〕独立行政法人化以前より*博物館法上，国立の博物館の多くは*登録博物館どころか*博物館相当施設にほとんどなっておらず，博物館法の存在を軽視させる要因となっている．

また独立行政法人への市場化テスト導入に対しても平山郁夫らによって，「効率性追求による文化芸術の衰退を危惧する」という声明が出されたように，文化芸術の振興は市場原理や効率性・採算性とは相容れず，一律的な効率性追求は極めて危険であり，わが国の文化の衰退につながるという批判が出されている． （井上　敏）

〔文献〕1）全国大学博物館学講座協議会西日本部会編：新しい博物館学，芙蓉書房出版，2008．

国連環境開発会議 ⇨地球サミット

国連子どもの権利委員会勧告 Recommendations by the United Nations Committee on the Rights of the Child
〔概観〕*子どもの権利条約に精神と規定の実現を図るために，国連子どもの権利委員会が行う，子どもの権利実現に向けての勧告である．全54条からなる「子どもの権利条約」には，その第2部（第42条から45条）に，条約の規定を締約国が履行しているかどうかを点検・検証する仕組みが明記されている．まず第43条に子どもの権利委員会の設置が定められるとともに，第44条にはすべての締約国が，条約締結後5年ごと（最初のみ2年以内）に条約履行状況について報告することが義務づけられている．ジュネーブに置かれた子どもの権利委員会は，締約国による選挙で選出された10人の委員によって構成され，締約国から提出された報告書を順次審査している．審査に当たっては，政府報告書にとどまらず各国の市民NGOによる報告書も同等に検討の対象とされ，政府機関のみならず市民NGOに対しても積極的にヒアリングが行われ，公開の場で建設的対話がなされる．審査後は，各締約国の報告に対する懸念事項や提言・勧告が盛り込まれた総括所見が採択され，公表される．

〔意義・課題〕総括所見には法的拘束力はないので，条約の履行に関する限界もあるが，国連子どもの権利委員会を通じての，締約国および市民NGOを含めた継続的な報告書提出・審査・総括所見公表・勧告という一連のプロセスが，世界の子どもの権利保障に向けてのダイナミックな活動を生みだしている．わが国は1994年に条約を批准し，1996年に第1回，2001年に第2回，2008年に第3回報告書を提出した．政府報告書に関するカウンターレポートとして，市民NGO報告書が毎回国連に提出され，審査過程には高校生を含む多くの市民団体が参加して意見を述べている．その結果，極めて競争的な教育制度が与えるストレスにより日本の子どもが発達上の障害にさらされている状態を改善すべき（第1回勧告）との最終所見が出されているが，日本政府が国連勧告をどう履行していくかが問われている．

（増山　均）

〔文献〕1）子どもの権利条約市民・NGO報告書をつくる会編：“豊かな国”日本社会における子ども期の喪失，花伝社，1997．

国連「持続可能な開発のための教育の10年」 ⇨持続可能な開発のための教育

国連女性差別撤廃委員会（CEDAW） United Nations Committee on the Elimination of Discrimination against Women
*女性差別撤廃条約の実施に関する進捗状況を検討するために同条約第17条に基づき国連に設置された委員会．23人の個人資格の専門家により構成され，毎年開かれる会合で4年に1回締約国から提出される報告を審査し，それに基づく提案および一般的な勧告を行う国家報告制度によって条約の履行が確保される．2003年日本からの報告書審議では，*NGOネットワークが政府代表と共同で活動して最終コメントに影響を与え，間接差別の明確化等が盛り込まれた．これに基づき大阪高裁住友電工賃金差別訴訟が原告に有利な条件で和解となる．選択議定書の締約国（2008年9月現在90ヵ国）においては，条約にかかわる権利侵害が国内手続きでは救済されない場合，個人や集団から同委員会に通報することが可能になり，また，深刻な権利侵害を指摘する信頼できる情報が寄せられた場合，委員会が自ら調査手続きを開始することができる．2008年現在日本は選択議定書に批准していない．（上村千賀子）
〔文献〕1）国際女性地位協会：国際女性, No. 21, 2007./No. 22, 2008.

国連人間環境会議 ⇨環境教育，持続可能な開発のための教育

国連の10年 United Nation's Decade
〔国連の取組み〕国連は，特に国際社会が共通して取り組むべき重要テーマを，国際デー，国際週間，国際年ならびに国連の10年として位置づけることにより，国際・地域・各国のそれぞれのレベルにおける意識喚起や具体的な取組みの推進を呼びかけてきた．

〔国際デー〕国際デーには世界デー（World Day）と国際デー（International Day）があり，たとえば世界保健デー（World Health Day，4月7日），国際人種差別撤廃デー（International Day for the Elimination of Racial Discrimination，3月21日）など，およそ40の国際デーがある．その中には，国連デー（United Nations Day，10月24日）や世界の子どもの日（Universal Children's Day，11月20日），人権デー（Human Rights Day，12月10日）など，「World」

や「International」が英語名称に入っていないものも含まれている．

〔国際週間〕国際週間には，人種差別主義と闘う人々との連帯週間（3月21日〜），自由，独立および人権のために闘うすべての他の植民地人民との連帯週間（5月25日〜），軍縮週間（10月24日〜），人権週間（12月4日〜）などがある．

〔国際年〕国際年は1957年の国際地球観測年（International Geophysical Year）以降50以上あるが，ほとんどがInternational Year（国際年）である．主なものとして，国際人権年（International Year for Human Rights, 1968年）や国際平和年（International Year of Peace, 1986年）がある．「International」が英語名称に入っていないものとしては，世界人口年（World Population Year, 1974年），世界コミュニケーション年（World Communications Year, 1983年），国連寛容年（United Nations Year for Tolerance），第1回国際平和会議100周年（Centennial of the First International Peace Conference, 1999年）などがある．

〔国連の10年〕国連の10年は10年間という長期間に及ぶものであり，特に人類社会が直面する重要課題に関して，国際社会の一致した取組みを求めてきた．最初の国連10年は，国連開発の10年（United Nations Development Decade, 1961〜70年）であるが，開発はその後も一貫して重要な課題として位置づけられ，第2次（1971〜80年），第3次（1981〜90年），第4次（1991〜2000年）と継続的な取組みが行われてきた．この他にも人種差別と闘う10年，軍縮の10年，アフリカの運輸・通信の10年，アフリカ工業開発の10年，国際植民地主義撤廃の10年などが，すでに2回以上にわたって取り組まれている．

国連の10年はこれまでに約40あるが，国連（United Nations）が英語名称に入っていないもの（たとえば，軍縮の10年：Disarmament Decade, 植民地主義撤廃のための国際の10年：International Decade for the Eradication of Colonization など）もあり，「国際の10年」と称されることもある．2009年時点で進行中のものとしては，第2次植民地主義撤廃のための国際の10年（2001〜10年），世界の子どもたちのための平和の文化と非暴力のための国際の10年（2001〜10年），開発途上国，特にアフリカにおけるマラリア撲滅の10年（2001〜10年），国連識字の10年（2003〜12年），国連持続可能な開発のための10年（2005〜14年），「命のための水」国際10年（2005〜15年）がある．

〔日本社会への影響〕これらの国連の10年や国際の10年の中には，日本社会に大きな影響を与えたものも少なくない．たとえば，1979年に制定された女子差別撤廃条約を日本が1985年に批准するに先立って，国内法を整備する必要から*男女雇用機会均等法が制定され，これが家庭科の男女共修や国籍法の改正へとつながっていった．このように，国連婦人の10年（1976〜85年）が生み出した男女平等の国際的動向は，日本国内の法制度の整備や意識改革に大きなインパクトを与えた．ただこれは国連の10年自体が影響を及ぼしたというよりも，日本の*市民運動が国際社会の関心事を共有し，国連婦人の10年を国内の制度・意識改革に積極的に活用しようとした結果であることを忘れてはならない．同様のことは，*人権教育のための国連10年（1995〜2004年）にも当てはまる．これからの*社会教育においては，特に現代的課題の学習の推進に当たって，国連の10年その他の国連による取組みに焦点を当てながら，意識啓発を図っていくことが重要であろう． （平沢安政）

〔文献〕1）反差別国際運動日本委員会編：21世紀を人権文化の時代に―「国連人権教育の10年」推進のために―，解放出版社，1996．

互酬性 reciprocity

社会的交換に基づいて形成・維持される相互関係の性質を意味する．*パットナムは，互酬性には「均衡的互酬性」と「一般的互酬性」の2種類が存在するという．前者は，私的所有を前提とした「等価交換」「同時交換」であるのに対し，後者は，直接的・短期的な利益は期待できないが，間接的・長期的には当事者全員に便益がもたらされるという「期待を伴う交換の持続的関係」である．一般的互酬性の規範は，社会的資本の重要な構成要素であると考えられ，この規範が備わっている地域や社会では，信頼や協力的な関係が形成されやすく，問題解決に向けた相互扶助の基盤が強固であるという．これらの議論は，協同活動と一体的に展開する学びの*実践論理を探求してきた地域社会教育の未来を考える上でも重要な示唆に富んでいる． （大高研道）

〔文献〕1）パットナム，ロバート（河田潤一訳）：哲学する民主主義，NTT出版，2001．

個人学習 individualized learning

学習者が一堂に会する集合学習（*学級・講座，講演等），他の学習者との相互作用が前提となる集団学習（グループ・サークル学習等）と異なり，学習者が教材や各種媒体を用いて1人で行う学習をさす．ただし，空間的には1人でも，多方向*コミュニケーションの可能な媒体（インターネット等）で討論しながら学ぶ場合，集団学習との境界領域となる．

個人学習の重要性は，人々の学習要求の多様化や個性伸長の重視という観点から，1971年の*社会教育審議会答申「急激な社会構造の変化に対処する社会教育のあり方」で指摘され，その後の*臨時教育審議会を経て確立した生涯学習推進の政策でも強調されてきた．

しかし，人々の孤立や分断の弊害が顕著となった現代社会では，個人学習への偏重もまた問題とされる．人々の連帯，信頼関係，共同性，*公共性等の再構築を促すために，効果的な集合学習や集団学習のあり方が求められている． （田中雅文）

〔文献〕1）マルカム・ノールズ（堀薫夫・三輪建二監訳）：成人教育の現代的実践―ペダゴジーからアンドラゴジーへ―，鳳書房，2002．

個人情報の保護 protection of personal information

個人情報の有用性に配慮しながら，個人の権利や利益を保護すること．情報化社会の進展とともに，個人情報保護が大きな課題になっている．*OECD（経済協力開発機構）は1980年に個人情報保護の8原則（「プライバシー保護と個人データの国際流通についてのガイドラインに関するOECD理事会勧告」）をまとめ，個人参加の原則，収集制限の原則，データの質維持の原則，目的明確化の原則，利用制限の原則，安全保護措置の原則，公開の原則，責任の原則を明らかにした．1995年には*EUが8原則をさらに強化した個人情報保護に関する指令を出し，自己情報コントロール権を重視したアクセス権（データ開示請求・訂正・消去等の権利，データ主体の異議申立権）等を明記し，EU加盟国の立法化を促進した．

日本国内においても個人情報保護法が施行され，取組みが進んでいるが，法改正等の課題が残されている．またインターネットの普及に伴ってネット上の人権侵害が事実上放置状態になっているとともに，個人情報保護にも悪影響を与えており，「インターネットと人権」は今日重要なテーマになっている．
（北口末広）

〔文献〕1）奥津茂樹：個人情報保護の論点，ぎょうせい，2003．

子育て協同 cooperation in child raising

「子育て協同」とは，子どもの育ちを支える日常の営みを市民による協同の取組みで実現しようとする*実践の総体である．

これらは，1960年代以後始まり，当初は父母と教員の協同の取組みや，*子ども会等伝統的な地域組織などの活動であったが，1970年代に入ると「子どもと文化」にかかわる団体，*生活協同組合など取組みが本格的に始まり，1980年代後半〜90年代に入ると乳幼児をもつ母親たちによる子育てサークルや*NPOなど多様な主体による，多彩な活動が展開している．まだ地域レベルでは，それらの主体の*ネットワークが，自治体などの支援や協同によって広がりのある事業を展開するようになってきている．

〔概観〕子育ては，かつては家族・親のみの営みではなく大家族，*地域共同体での協同の営みであった．しかし日本においては，1960年代の地域共同体の崩壊，核家族化の進行，また受験競争等の激化の中で，子育てが，閉じられた家族によって行われる傾向が強くなる一方，1960年代後半から親・市民の共同による，子どもによい文化を提供するなど，子育て環境を協同でつくり上げようとする運動が生まれてきた．1990年代に入ると*虐待など「子育て困難」が広く意識される中で，地域には多様な共同子育て活動とそれをネットワークする動きが生まれてきた．また深刻な「少子化」の中で，政策的にも市民の子育て協同を支援する動向が生まれている．

〔歴史〕1960年代半ば，高度経済成長等による生活変化は，子どもの生活にも及んだ．特にテレビ等マスメディアからの影響の弊害が広がる中で，演劇や映画，本など優れた作品を親子で共同鑑賞する活動，その活動をともにする子育ての仲間づくりへの意識的な取組みが始まった（親子劇場・*子ども劇場運動，*親子読書運動，*親子映画運動等）．これらの共同の子育ては，1970年代から80年代へとかけて広がり，山形県の鶴岡市では，生活協同組合が，共同購入の班活動や店舗を拠点として，子どもたちに多様な文化・学習活動を提供するなどの事業を，まさに市民協同の事業として展開するようになった．

佐藤一子は，これら1980年代までの地域文化活動や平和・環境保全活動などに親子がともに参加す

る活動を「子育て・*文化協同」と規定している．この「子育て・文化協同」は，「単に空間としての居住地域ではなく，新しい教育文化的な価値の創造と共有を求めて出会う共同的関係によって成立する『*文化的参加』としての子育て実践」であり，この活動は，今日まで「子ども自身が主体的に参加し，大人とともに育ちあう共同の関係づくりの模索へ」と発展した[2]．

〔動向〕しかし1990年代に入ると，子育て協同の主体たる親自身に変化が表れてきた．公園で子育て仲間をつくれない母親たち（いわゆる「公園デビュー」）の登場である．このように孤立化する状況の中で，*公民館や保健所などが呼びかけた子育てサークルには，多くの親子が集まってきた．大阪府貝塚市では，公民館講座から生まれた子育てサークルやおやこ劇場などの団体が「子育てネットワークの会」をつくり，公民館の支援を受け，地域に活動を広げている．乳幼児，幼稚園，小学生，中・高校生の3つの部会に分かれ，共同の保育・子育てや親自身の*共同学習を積み重ねている．埼玉県新座子育てネットワークも，同市の*社会教育・公民館の支援の中で生まれ，2004年よりNPO法人として展開している．

また「少子化」の深刻化の中で，厚生労働省や*文部科学省など国家的な諸施策によって「子育て協同」への支援も広がっている．

〔課題〕「孤立」や「競争」の中で育ってきた親世代が，「子育て協同」の主体となるには，自らの子育ての*経験を，子育て仲間と語り合い，共感し，支え合い助け合う生活の経験の蓄積が求められる．したがって，「子育て協同」の発展のためには，単なる「育児支援」「*家庭教育支援」ではなく，市民の共同の苦悩，不安を共同学習の課題として取り組むことを援助し，市民の問題解決能力の獲得を試みてきた社会教育実践の方法が重要である． （山本健慈）

〔文献〕1）増山均：子育て新時代の地域ネットワーク，大月書店，1992．；2）佐藤一子：子どもが育つ地域社会　学校5日制と大人・子どもの共同，東京大学出版会，2002．；3）原田正文：子育ての変貌と次世代育成支援．兵庫レポートにみる子育て現場と子ども虐待予防，名古屋大学出版会，2006．

子育て支援　child-support

今日の育児困難や育児不安の広がりの中で，家庭や若い母親に対して行われる子育てへの援助活動ならびに公的な支援体制のこと．

〔経緯〕1996年6月，厚生省統計情報部より，1988（平成元）年の合計特殊出生率が1.57になったと発表され，少子化現象が一挙に社会問題として浮かび上がった．同年8月，少子化対策の第一歩として内閣内政審議室に「健やかに子どもを産み育てる環境づくりに関する関係省庁連絡会議」が設置され，そこでの討議をまとめ，1991年1月に指針として示された．1992年11月に刊行された『平成4年版　国民生活白書』も，「少子社会の到来，その影響と対応」を付し，この年の最大の課題とした．翌1993年4月には，厚生省のこれからの保育所懇談会から「今後の保育の在り方について」が発表され，保育所における子育て支援機能を重視するとともに，延長保育・一時保育など，諸種の保育サービスの拡大が検討されるようになった．これを具体化したのが*エンゼルプラン・新エンゼルプランで，これによって10年間の，主に乳幼児期の保育支援が図られることになった．

〔課題〕これが土台となり，次の10年間（2006（平成18）年度～）の施策は，「次世代育成支援対策」の推進（⇨次世代育成支援対策推進法）や「総合こども園」等に受け継がれていくことになる．前者は，すべての市町村と雇用者数301人以上の事業所の，子育て支援事業・行動計画の策定を義務づけており，いま，その実施状況についての点検や見直しが進行中であるが，着実に子育て支援の輪は広がっている．総合子ども園は，保育園と幼稚園の統合化であるが，その仕組みは複雑であり，長年，要求し続けてきた幼保一元化運動が，こうした制度に掏り替えられることに対し，憤慨する人も多い．また，こうした一連の子育て支援施策には，子どもの権利保障の視点が乏しく，年齢的にも，放課後児童対策（*学童保育）にとどまっており，真に子ども（0歳～18歳）の側に立った継続的な「子育ち支援」が望まれる．

（小木美代子）

〔文献〕1）総務省：少子化社会白書，各年版．；2）垣内国光・櫻谷真理子：子育て支援の現在，ミネルヴァ書房，2002．；3）原田正文：子育て支援とNPO，朱鷺書房，2002．

子育ての習俗　traditional parenting in a community

〔子育ての慣習と社会化〕子育ての習俗とは，民衆の生活の営みの中で子どもを人として育み成長させるために伝承されてきた行事や慣習をいう．その内容は，家庭や地域社会で子どもの育ちへの願いと生きる*能力を身につけさせるという面ももつ．これらの内容や方法から，年齢段階や地域社会ごとに多様な，人々の子どもへの眼差しや地域の人々がかか

わって子どもを育てる仕組みを知ることができる．子どもは，「帯祝い」などと生まれる前から誕生が期待される．誕生の折に子どもの成長を願って産着を贈ったり，あるいは子どもが丈夫に育つようにという仮親の仕組みなど，実に豊かな慣習が民衆生活に定着してきたのである．こうした子育ての習俗の中に，誕生から大人へと育つ豊かな子育て文化の源流をみることができる．

〔「一人前」となる成長と習俗〕それでは習俗の内容を具体的にみておこう．7歳になるまでは「子どもは神の内」といわれ，誕生を祝う生後7日目のお七夜，成長を願っての生後30日目くらいの宮参り，生後100日目のお食い初め，立つ・歩くことを願う誕生祝い，3歳や5歳での帯や袴を贈り成長を願う行事などがある．弱い存在である子どもをゆっくり丁寧に育てる営みが，多様な慣習として地域社会や家庭で行われてきたのである．これらの行事では地域の人がかかわることが多く，みんなで育てるというごく自然な子育て文化をみることができる．それ以後は，7歳の節目の子ども組への参加，その後の13歳参り，それから*若者組への加入と，地域の生活や文化行事とかかわり，地域社会で生きる力を身につける仕組みが用意されている．子ども組は虫送りなどの豊作祈願などの行事を，若者組も道普請・消防や伝統行事・芸能などを担い，一人前になる自立の学びの過程（大人になる過程，子どもの社会化）が地域社会に継承されてきたのである．

こうした子育ての習俗に，豊かな子育て文化と民衆の自治の力を読むことができる．子育て習俗は農業の構造的な変化のもとで次第に消滅し，また子育ての祝い事には営利目的の産業が対応するようになり，衰退化を辿っている．しかし，現在でも年中行事における神楽やお囃子など，内容を変えながらも子どもの出番と役割による子育ての習俗が維持されている地域が全国各地にある． （境野健児）

〔文献〕1）宮田登：老人と子供の民俗学，白水社，1996．；2）姫田忠義：子育ての民俗をたずねて，柏樹社，1983．

子育て不安　anxiety in child care

育児期の母親が抱く，自らの子育て・育児に対する漠然とした不安の感情をいう．通例，子育てにかかわる不安や心配，迷いや自信のなさ，イライラ感や負担感などの精神的ストレスをはじめ，育児を困難に感じる状況や感情全般を含めて論じられる場合が多い．

子育て不安が問題となってきたのは1970年代後半以降であるが，その頃から30年以上を経て，近年の子育てをめぐる状況には，さらに大きな変化がみられると指摘される．

母親が抱える子育て不安の背景には，母性神話や三歳児神話など，子育てを母親（女性）のみの役割として捉える考え方があり，母親に子育ての責任が集中している状況がある．親性は，子どもとの相互作用や*経験によって育まれる両性のものであるという認識と，父親（男性）の子育て参加が課題である．また，子育て不安には，母親の地域社会からの孤立がかかわっているという指摘があり，様々な地域で*子育て支援活動が行われている． （中澤智恵）

〔文献〕1）広田照幸編：子育て・しつけ（リーディングス日本の教育と社会第3巻），日本図書センター，2006．

コーチング　coaching

被指導者の認識や行動の変化を促すために指導者からなされる教育的な配慮の一種．一般には，競技の技術などを指導し訓練する場面が想定される．そこでは，指導者が一方的に被指導者を指導するのではなく，被指導者の置かれている状況を十分に配慮した上でなされることがよいとされる．*社会教育や*生涯学習の領域では，*成人学習者を対象にした個別指導が必要となるケースがある．その際に，指導者にはその学習者の個性や精神状態等に合わせた丁寧な指導が求められる．また，コーチングは，指導者と被指導者が1対1の状況に限定されるのではなく，1人の指導者が複数の被指導者に対してなされることもある．その際に留意しなければならないことは，指導者と被指導者との信頼関係の構築であり，物理的・心理的な距離のとり方である．指導者はどこまで学習者の内面に介入できるかも問われよう．既に，体育関係の指導者と競技者の間や，職場での上司と部下の間でのコーチングが知られているが，今後，生涯学習分野でのコーチングの理論と*実践がより蓄積される必要がある． （赤尾勝己）

〔文献〕1）原口佳典：人の力を引き出すコーチング術，平凡社，2008．；2）播摩早苗：今すぐ使える！コーチング，PHP研究所，2006．

国家的公共性　public interest and participation advanced by the state

国家について社会学者ウェーバー（Weber, M.）は，「統治を専門とする職業集団（議員や官僚）によって構成され，正当な物理的暴力を独占する統治組織」としており，国家的公共性はこうした統治組織

によって担われるものである．すなわち国家的公共性とは，国家（政治・行政）こそが公共であるという理解に基づく．そこには，従来から「公」を「国家」（政府・行政）の問題とした認識が存在していたことになるが，他方でそこには「公共性」と「公的」という概念が混同されている．しかし公共性概念は，「私的」の領域からは外れるものの「公的」な領域にも属さない．また公共性を国家（政府・行政）とする認識は，国家をその担い手とする「上からの公共性」と，市民を担い手とする「下からの公共性」という対立図式の考え方を生み出す．市場原理による競争と選別あるいは治安型国家への傾斜が進む中，現代社会においては，むしろこうした二項対立から「社会的」な枠組みでの公共性への視点のあり方が問われてきている．

（櫻井常矢）

⇨市民的公共性

〔文献〕1) 齋藤純一：公共性，岩波書店, 2000.

コーディネーター coordinator

一般的には社会や地域に生じた課題や個人のニーズの解決に向けて諸機関や団体を調整し連携を図る仕事に用いられる語．しかし本来，Coordinateの原義にあるOrderは，秩序や順序の定まったものを意味するように，コーディネーターとは無目的にではなく，すでに存在する目標や結論に向けて対等であるよう調整を図る仕事をさしている．

この語は多義的で，服飾・放送関係から単に地域施設で働く非正規職員一般を称するまで用いられる．前者は一定の方向づけを前提とするが後者は単なる調整・仲介機能一般をさすものとして使われ，日本では後者が広がりをみせる．たとえば1970年代半ば以降福祉施設への*ボランティア活動が広がると，ボランティア・利用者・職員間の調整の必要が意識され，その後，在宅要援護者支援や学校・*社会教育施設の青少年活動支援の現場にもコーディネーターは広がる．こうした日本的傾向に対して，諸機関や個々人自身が主体的判断力や調整力を備えていくことの重要性も指摘されている．

こうした仕事と社会教育の仕事の関連は早くから意識され，大橋謙策はコーディネーター機能を典型に引き，地域に根ざした*公民館職員の仕事と*社会福祉協議会職員の仕事の類似性を指摘している[1]．

（岡　幸江）

〔文献〕1) 大橋謙策：公民館職員の原点を問う．月刊社会教育, 1984年6月.

コード化 ⇨フレイレ

こどもエコクラブ（JEC） Junior Eco-Club

環境省の支援によって，1995年から行われている子どもの自主的な環境学習や実践活動である．各地で個別に行われている環境学習や実践を結びつけ，「自発的に」「楽しく継続的」に行えるようにすること，また環境問題への啓発をねらいとしている．2009年6月には全国で2672クラブ，約9万8000人の子どもたちが登録・活動している．各クラブは2人以上の子どもと1人以上の大人で構成されており，生物調査やリサイクル活動，地域の特性に応じた環境学習，エコロジーニュースの作成など，身近な環境活動に取り組んでいる．環境学習実践団体に関しては，こどもエコクラブとは別に，社団法人国土緑化推進機構による「緑の少年団（グリーンスカウト）」などもある．

（末崎雅美）

〔文献〕1) 環境省：こども環境白書, 各年版.

子どもNPO non-profit organization for assisting children's growth

「子どもの健全育成を図る」ことを目的にあげているNPO団体である．

〔子どもの健全育成の分野〕*特定非営利活動促進法では活動分野の1つとして「子どもの健全育成」があげられている．2009年段階で認証された約4万3000団体の*NPOのうち，約4割が「子どもの健全育成」を活動分野の1つとしてあげている．子どもNPOは「子育ち・*子育て支援」「困難な課題をかかえた子ども・家族の支援」「*遊び・自然体験・スポーツ・芸術文化活動などの推進」「教育・学習活動の支援」「国際交流・国際貢献」「子どもNPOの組織支援・事業支援」などの事業を推進している．日本子どもNPOセンターは，子どもNPOの全国的な発展，支援，子どもNPOと行政・専門家との相互の*ネットワークの促進などを目的として，2003年6月に内閣府から認証された．

〔地域・行政との協働〕地域における子どもの活動の分野では，*社会教育関係団体として地域子ども会や青少年のスポーツ団体，*ボランティア団体など，*任意団体が多数存在しており，歴史も長い．1970年代には，親子映画や*子ども劇場，遊びの学校など，子どもたちの生活の質を高め，学校外における文化的な活動を広げることを目的として，さらに新たな団体が誕生している．子どもNPOはこうした任意の青少年文化・スポーツ団体の発展を背景

としながら，むしろ小さな規模で，地域に根ざしながら子どもたちにとって必要な支援や場の提供を行っているものが多い．たとえば冒険遊び場や*フリースペースは，特定のニーズを捉えながら子どもたちに必要とされる*居場所を創造している．チャイルドラインのように，直接子どもたちの声を聴く支援活動もある．学校の総合的学習の推進に協力するNPOや，公立の*学童保育・*児童館・保育園などを受託するNPOの指定管理者も増えている．子育ての社会的な困難が増す中で，子どもNPOは子どもたちの社会的な自立を専門的に支え，大人と子どもが交流する活動や文化創造活動を発展させ，地域・行政との*協働関係を定着させつつある．

(佐藤一子)

〔文献〕1) 佐藤一子編：NPOの教育力，東京大学出版会，2004.；2) 佐藤一子：子どもが育つ地域社会，東京大学出版会，2002.

子ども会　local children's group

〔特質と歴史〕集団的な*遊びやスポーツ・*レクリエーション・キャンプ，お楽しみ会や*文化活動・*ボランティアなどを通して，子どもの自主性・社会性・道徳性を育てようとする異年齢の子ども組織．一般に，少年団がある特定の目的をもつ結束の強い組織であるのに対し，子ども会はゆるやかで地域網羅的であることが多い．小学生や中学生で構成され，高校生・青年・成人は指導者として，保護者は育成会や父母会をつくりバックアップする．

子ども会の源流の1つは前近代から続く*地域共同体の子ども組であり，そのほかに明治以降の*セツルメント活動での児童クラブやお話会，教会・寺院・神社による宗教教育の一環としての日曜学校，童話や紙芝居をたずさえての巡回子ども会，外国の*ボーイスカウトやピオネールなどに影響を受けて生まれた青少年団体があげられる．しかし，国家主義・軍国主義が台頭する中で1932年の文部省訓令を契機に，これらは学校少年団に一元化され1941年には*大日本青少年団に統合された．

〔再生への課題〕第2次世界大戦後，各地に生まれた子ども会は，何よりも*貧困にあえぐ子どもたちに健全な文化を与え不良化を防止しようとして移動お楽しみ会・緑陰（夏休み）子ども会などの形で再興され，*児童憲章（1951年）の制定とともに1950年代は子ども会ブームといわれるほどの活況をみせた．その後，子ども会は*町内会・自治会，学校や*PTA，*部落解放運動，宗教団体，文化団体など，様々な設立母体によって発展が担われることとなる．子ども会の育成にかかわる全国組織としては，全国子ども会連合会と少年少女センター全国ネットワークなどがあるが，1990年代以降，受験教育や少子化のあおりを受け全般に子ども会の活動は困難に直面している．遊びの会を通しての日常化の追求，子どもの権利実現に向けての援助や指導の問い直し，地域で子どもの安全と豊かな育ちを育む努力も重ねられており，*学校外教育の場としても重要な役割を担っている．

(山下雅彦)

⇒異年齢集団

〔文献〕1) 鈴木道太・遠藤実：地域子ども会入門，新評論，1961.；2) 城丸章夫：地域子ども会，草土文化，1977.；3) 増山均：子ども組織の教育学，青木書店，1986.

子ども観　outlook on the child

〔概要〕各時代の大人および社会による子どもの見方・とらえ方・まなざしのことをいい，「子ども期」をどう認識するかという点とも深く関連し，「子ども像」の描き方を規定するものである．

〔歴史（世界）〕近代以前には，大人と質的に区別する子ども期という独自の認識は育たず「小さな大人」として捉えられていた．「子どもの発見」の書と言われる『エミール』（1762年）の中で，ルソー(Rousseau, J. J.)は子どもの誕生から成長していく過程を総体として描き，子ども期の独自の価値を強調した．そうした認識は，産業革命の時代にオーエン(Owen, R.)がつくった「性格形成学院」のように，幼い時期からの児童労働から子どもを保護して，教育や*遊びの機会を提供して子どもの成長・発達の独自性を尊重する子ども観を生み出していく．しかしこうした子ども観が社会一般の意識として確立するには多くの時間を要した．ケイ(Key, E.)の『児童の世紀』（1900年）とともに20世紀がスタートするが，児童労働による子どもの搾取は後を絶たず，*貧困・飢餓・戦争などにより世界各国で子ども期は奪われ続けてきた．第1次世界大戦後，多数の子どもの犠牲を生み出したことへの反省の中でジュネーブ宣言（1924年）がつくられ，国際的に子どもの権利を承認する歩みが始まる．第2次世界大戦後は*世界人権宣言（1948年）を基礎に，本格的に子どもの保護と成長への権利を保障しようとする子ども観が煮詰められ，国連児童権利宣言（1959年）を経て*子どもの権利条約（1989年）へと辿りつく．子どもの権利条約では，子どもを単に保護や教育の対象として捉えるのではなく，権利行使の主体とし

て捉え，大人とともに社会に参加・参画する市民としての権利を実現しようとする積極的な子ども観が打ち出されている．

〔歴史（日本）〕わが国では，昔から子どもを大切にする子宝・子やらいの思想があったが，同時にそれは水子（子殺し）などによる出産調整や身分制度のもとでの子どもの従属と結びついており，子どもの権利と結びついたものではなかった．明治以降は，富国強兵を掲げる天皇制国家の政策下で，教育と産業・軍事の対象とされ，児童労働や教化が激しくなった．大正期の自由主義教育の童心主義子ども観により，子ども期の独自性に目が向けられたことがあるが，子どもの人権保障の思想に辿り着くには第2次世界大戦後を待たねばならなかった．戦後，憲法・*教育基本法制のもとで国民の基本的人権と教育を受ける権利が承認され，子どもの人権が確認される．1951年の「こどもの日」に*児童憲章が制定されたことは，わが国の子ども観の発展にとって画期的なことであった．

〔課題〕児童憲章は母子健康手帳にも収録され，親に求められる国民共通の子ども観となっている．現在は国際的な子どもの権利条約を批准したことにより，人権思想に基づく子ども観はさらに深化している．しかし一方で，学力テストと結びついた能力主義的子ども観や，子どもの事件対策と結びついた管理主義のもとでの懲罰的子ども観の台頭など，子ども観の揺らぎもみられる．子ども自身が生活と学習の主体となる*実践を通じて，人権思想に基づく子ども観を普及・発展させることが求められている．

(増山 均)

〔文献〕1) 横須賀薫：児童観の展開（近代日本教育論集5），国土社，1969.；2) ルソー，J.J.（今野一雄訳）：エミール（上・中・下），岩波文庫，1994.；3) アリエス，P.（杉山光信・杉山恵美子訳）：〈子供〉の誕生，みすず書房，1980.

子ども議会 children's assembly

子どもを民主主義社会の担い手として育成するために，国会および地方議会の議場を使用して，子ども自身に議会体験をさせるとともに，実際に子どもの意見やアイディアを受け止めて政治に反映しようとする試み．第2次世界大戦後の民主主義教育の出発に伴い，青少年団体による模擬議会や，各地の*青年団協議会，*青年会議所による*青年議会の取組みが行われてきた．しかし子ども議会が全国的な広がりをみせるのは，*子どもの権利条約の批准（1994年）以降のことである．条約批准のイベントとして，国会を使った子ども議会が開かれたのを契機に，その後多くの自治体で継続的に子ども議会が開催されている．議会体験を通じて，議会制民主主義のあり方を学ばせることには意味があるが，それが単なる行事としてではなく，子どもの意見を実際政治にどう反映・検証していくかや，子どもの実際生活に結びついた社会参加・参画のシステムをどのように確立するかが課題である．

(増山 均)

〔文献〕1) 丸山章治監督：こども議会，東宝教育映画，1950.；2) 肥田美代子：子ども国会，ポプラ社，1998.

子ども劇場 *Kodomo-Gekijo* (Children's Theater Movement)

〔成立と発展〕1960年代に成立した親子文化運動の1つで「おやこ劇場」とも呼ばれる．1966年に192人の会員で発足した「福岡子ども劇場」が起点となる．経済成長政策の進展のもとでの地域環境の変化，テレビ文化の肥大化，塾通いの普及など子どもの生活と成長に対する危機意識がその背景にある．子ども劇場の取組みは子どもと大人（母親）と青年によって担われ，生の舞台の鑑賞と自主的なサークル活動とを柱にしている．多様な運営形態をとりながら全国的に急速に広がり，1974年には「全国子ども劇場おやこ劇場連絡会」を結成し，1990年代初頭には劇場数は700を超え会員数は53万人を超えた．

〔*実践の蓄積〕子ども劇場は，文化・教育運動として多彩な実践的価値を生み出してきた．例会の鑑賞活動では，作品選定でも会員の意見交換がなされ，人間性を育む作品が選定の基準になっている．生の演劇や人形劇，音楽，ミュージカルなどを継続的に鑑賞し，会員相互による批評の世界を深めているが，母親自らが作品に感動し1人の大人として子どもとの関係を再創造していく過程は特に注目される．また作者や演出家，出演者たちとの交流の場がもたれるなど，芸術家・芸能団体との共同の創造の可能性を開いてきている．

サークルでは，紙芝居づくり，ピクニック，おしゃべり会などの自主活動を通して心を開いた人間関係を生み出してきた．青年たちはキャンプや事務局運営で重要な役割を果たし，また舞台劇，人形劇などの研究会を設定し，調査・研究・交流なども行っている．それぞれの劇場は，地域の子どもをめぐる問題に目を向け，*児童館建設を実らせるなど地域に根ざした活動を目ざしてきた．

〔活動の広がり〕充実した鑑賞活動を持続させる上で児童劇団との間の相互理解と信頼関係の確立が欠

かせないとして,「日本児童演劇劇団協議会（児演協）」(1975年結成）との間で「例会企画に関する申し合わせ」が交され(1979年),その後同様のものが「日本青少年音楽団体協議会（青音協)」との間でも交わされた．また1985年の「第1回子どものための舞台芸術大祭典」(佐渡)以降,多くの芸術団体と協力し各地で児童演劇の祭典を開催している．

子ども劇場は設立当初より入場税のあり方に対して批判を進め,入場税撤廃運動を展開し,また消費税導入(1989年)に対しても反対運動に取り組んだ．1974年に「舞台入場税対策連絡会議」が発足しているが,この連絡会議は1990年には「芸術文化振興連絡会議」(Performing Arts Network: PAN)へと発展する．また1980年代以降,国の文化予算・文化政策の充実を求める運動を進め,文化諸団体とも連携し「芸術文化振興基金」を結実させる(1990年)など成果を生んだ．「*子どもの権利条約」の批准(1994年)を促す運動にも取り組んでいる．また劇場や文化会館,*公民館などの建設運動に参加するなど,地方自治体の文化・教育に関する行政・施策の充実を促してきた．

1999年に全国連絡会は*NPO法人として認可を受け,「特定非営利活動法人子ども劇場全国センター」となる．また各地の子ども劇場のNPO法人化も進んでいる．全国センターは,*文部科学省委託事業である「地域子ども教室」などの新しい事業も始めている．

〔課題〕1990年初頭以降,共働きの増加や少子化の影響,また自主活動で労苦を払うより映像メディアなどで手軽に楽しもうという意識傾向が強くなり,劇場会員数は減少している．児童劇団数の把握しがたいほどの増大は,劇団との信頼関係を築き良質な作品を鑑賞していく上で新たな問題状況を生んでいる．子育てに戸惑う若い母親が増加し,またその孤立化の様相もより深刻になってきており,各地の子ども劇場で「母親の*居場所づくり」といった*子育て支援の実践も行われている．　　　　　（畑　潤）

⇨学校外教育,子育て協同,子どもの文化権,児童文化,文化芸術振興基本法,文化的享受,文化的権利

〔文献〕1) 青木妙伊子：文化一人間をつくる,ささら書房,1983.；2) 九州沖縄地方子ども劇場連絡会編；花は野にあるように―子どもの文化宣言'93―,晩成書房,1993.；3) 髙比良正司：夢中を生きる―子ども劇場と歩んで28年―,第一書林,1994.；4) 佐藤一子・増山均編：子どもの文化権と文化的参加―ファンタジー空間の創造―,第一書林,1995.；5) 西村たか子：横浜おやこ劇場―共に育ちあう地域を求めて―,国土社,2007.

子ども図書館　children's library

子ども専用の*図書館のこと．

〔原型〕子ども図書館の源流は,地域子ども文庫に求めることができる．自宅開放をしたり地域の集会所を使って開いていた*子ども文庫は,1950年代頃にさかのぼることができるが,全国的に広がるのは,児童文学者の石井桃子が,自宅を開放して行ってきていた「かつら文庫」の*実践をまとめ,岩波書店から『子どもの図書館』が発行されてからである．当時,鉄腕アトムの放映を契機として,子ども向け番組が一挙に増え,子どもの長時間テレビ視聴や俗悪番組が課題となり,本を読まない子どもの問題がクローズアップされていた．とともに,日本の高度経済成長路線が軌道に乗り,紙の供給や外国の絵本なども多く輸入されるようになっていた．その頃から,全国各地に子ども文庫がつくられるようになり,一時は,8000ヵ所とも1万ヵ所あるともいわれた（ただし,つくられては消え,消えてはつくられるといった状態)．また,保育園や幼稚園にも園文庫が多くつくられるようになった．

〔発展〕1970年代半ば頃から1980年代にかけて,全国的に*公立図書館の建設が進み,子ども文庫関係者や市民の声を取り入れて,その一角に必ず良質の子どもコーナーがつくられるようになった．そこでは,*ボランティアグループによる読み聞かせなども盛んに行われるようになり,子ども文庫は一定の役割を終えたとして,発展的に解消していくところも多くなった．1980年代に入り,子ども専用の図書館をつくろうという個人の強い意思や子ども文庫関係者の要求を反映して,全国にポツリポツリと子ども図書館がつくられるようになった．竹下内閣の「ふるさと創生一億円事業」の補助金を使って創設したところもみられる（北海道「けんぶち絵本の館」,富山「大島絵本館」など)．また,近年では,*NPO法人が運営する「高知こども図書館」などもみられるようになった．2001年には,「*子どもの読書活動の推進に関する法律」も制定され,学校の中でブックトークや読み聞かせが行われる機会も増え,朝の10分間読書を行う学校も広がってきている．

　　　　　（小木美代子）

〔文献〕1) 桂宥子：理想の児童図書館を求めて,中公新書,1997.；2) 浜垣昌子：自由な風土が育む"こどもの図書館"．子どもの豊かな育ちと地域支援,学文社,2002.

子どもの意見表明権　⇨子どもの権利条約

子どもの居場所　*Ibasho* (comfortable space for a child)

　子どもの*居場所は，1980年代半ばから主に*不登校の子どもの学校外の学びの場である*フリースクール，*フリースペースの活動から使われるようになった言葉である．現在ではあらゆる子どもに対する居場所づくりが課題となっている．

〔制度・政策〕1992年の「学校不適応対策調査研究協力者会議」報告では「心の居場所」の重要性があげられ，*学校週5日制の導入時には土曜日の子どもの居場所づくりが進められた．2004年度からは，家庭・*地域の教育力の低下，異年齢・異世代間交流の減少，安全・安心な子どもの居場所への要請の高まりを背景として，*文部科学省によって「子どもの居場所づくり新プラン」「地域子ども教室推進事業」が3ヵ年事業として開始され，子どもの居場所づくりは政策課題としても掲げられるようになっている．また，*NPOや*児童館などの青少年施設の中には「居場所」をキーワードにしながら，子どもの現在を受け止めると同時に，*他者・事物・出来事との関係性をきりむすぶ活動を展開しているところもあり，子どもの居場所は青少年の援助方法論としての役割も果たしている．

〔当事者の視点〕一方，当事者である子どもの側からみると，居場所は物理的な空間というよりも，自分が*受容されるところ，ありのままの自分でいられるところというような存在論・関係論の次元で捉えられるだろう．コンビニエンスストアや公園，ネット空間など，そこでの他者や事物との親密な関係性の中に居場所を見いだしたり，自宅や自分の部屋など関係性から遮断されたところに居場所を見いだす子どももおり，そこに子どもの居場所を捉えることの複雑さがある．　　　　　　　（阿比留久美）

〔文献〕1) 田中治彦編：子ども・若者の居場所の構想，学陽書房，2001.；2) 久田邦明編：子どもと若者の居場所，萌文社，2000.

子どもの権利条約　Convention on the Rights of the Child

〔概観〕国際児童年（1979年）10周年に当たる1989年11月20日に，国連総会で満場一致で採択された子ども（児童）の権利に関する国際条約である．「人類は児童に対して最善の利益を保障する義務がある」というジュネーブ宣言（1924年）の精神を受け継ぎつつ，*世界人権宣言（1948年）以来の人権保障の国際的な流れを受け，国連の児童の権利宣言（1959年）の内容をさらに体系化するとともに，1966年の国際人権規約B（市民的および政治的権利に関する国際規約）にある子どもの人権条項（第24条）の精神を発展させたものである．

〔内容〕条約の内容は，条約制定までの歴史と意義を述べた前文と，第1部（41ヵ条），第2部（4ヵ条），第3部（9ヵ条）の合計54条からなる総合的な子どもの人権条約となっており，法的拘束力と実効性をもった画期的な条約といえる．子どもを「18歳未満のすべてのもの」（第1条）とし，「子どもの最善の利益」（第3条）を軸としながら，保健・医療・福祉・教育・文化・*労働・保護・司法の諸領域をはじめ，難民問題，武力紛争下での権利保護の問題など，地球的規模での子どもの人権保障が目ざされている．*ユニセフではこの条約の内容を3つのP（provision 提供，protection 保護，participation 参加）として集約しているが，特に開発途上国の子どもに対する保護と提供の課題に緊急に改善しようとする意図がうかがえる．また，子どもの意見表明権（第12条）をはじめ表現の自由（第13条），思想・良心・宗教の自由（第14条），結社・集会の自由（第15条）など，権利行使主体としての子ども，市民としての子どもという*子ども観が鮮明に示されている．条約採択の翌年には「子どものための世界サミット」が開かれ，子どもの死亡率を減らすための医療や*識字率を高めるための教育の普及にかかわる世界的な行動計画もつくられた．

〔動向・課題〕条約に実効力をもたせるために，子どもの権利委員会の設置（第43条），批准国への報告書の義務づけ（第44条）がなされ，権利委員会を通じての公開審査と改善勧告が定期的に行われている．審査に当たっては，政府機関のみならず市民NGOの参加と報告書提出も受け入れるとともに，子ども自身の参加と意見表明も位置づけられている．わが国は1994年に条約を批准したが，政府にはこの条約を積極的に普及し活用しようとする姿勢がみられず，第1回政府報告書に対する国連勧告（1988年）では，日本の競争的な教育制度が子どもの発達をゆがめている問題についての厳しい指摘がなされるとともに，条約の内容を広く国民に知らせていくべき課題が提起されている．

　条約の積極的な普及と活用に向けては，日本弁護士連合会やDCI（Defense for Children International）日本支部子どもの権利条約総合研究所など，民

間の諸団体・研究機関による市民レベルでの取組みが大きな役割を果たしている．川崎市子どもの権利条例（2000年）をはじめ，子どもの権利条約の規定を踏まえた自治体独自の*子どもの権利条例や子どもの人権オンブズパーソン条例づくりも進み，学校や*児童福祉施設，子どもにかかわる諸実践の中でも，条約に基づく子ども観や子どもの権利にかかわる学習と普及が多様に行われている．子どもの権利条約には，国際的レベルで子どもにかかわる取組みの原則・基本視点・責務が提起されている．

（増山 均）

〔文献〕1）永井憲一・寺脇隆夫編：解説子どもの権利条約，日本評論社，1990．；2）増山均：増補「子どもの権利条約」と日本の子ども・子育て，部落問題研究所，1996．；3）大田堯：子どもの権利条約を読み解く，岩波書店，1997．

子どもの権利条例　regulation for the rights of the child

児童の権利に関する条約の理念を広め，子どもの視点からのまちづくりを進めるため，自治立法権（日本国憲法第94条）を使って自治体によりつくられた条例である．

〔*子どもの権利条約〕児童の権利に関する条約は，児童の権利に関する宣言が決議された1959年から30周年にあたる1989年11月20日に，国連総会で採択された国際条約で，日本国内では1994年5月22日から発効しており，一般には「子どもの権利条約」と称される（条文は，全文および54ヵ条から構成）．その特徴は，子ども（18歳未満）を「権利の主体」として捉えている点にあり，子どもが自分に関係あることについて意見を表明する権利「意見表明権（条約第12条）」などが規定されている．

〔条例制定の動向〕この子どもの権利条約の理念を広め，子どもの視点からのまちづくりを進めるため，自治体で条例をつくる動きが生まれている．1998年12月には兵庫県川西市で「子どもの人権オンブズパーソン条例」，2000年12月には神奈川県川崎市で「川崎市子どもの権利に関する条例」，あるいは，2002年3月に北海道奈井江町で「子どもの権利に関する条例」がつくられ，他自治体においても条例制定の動きは続けられている．

〔課題〕子どもの権利を自治体で実現していくためには，子どもとともに大人も子どもの権利について学習ができる機会を増やし，あるいは，子どもの参加が配慮され，その意見が大人の側に受け止められることが重要となる．また，権利侵害からの救済を，どれだけ実行していけるのかが課題となる．（荒井文昭）

〔文献〕1）日本教育法学会子どもの権利条約研究特別委員会編：提言［子どもの権利］基本法と条例，三省堂，1998．

子どもの参画　children's participation

子どもの最善の利益にかかわる様々な決定権に，子ども自身が自らの意思を反映させ，何らかの役割を遂行することが必要であるとする考え方．

〔動向〕1990年代以降，特に日本が*子どもの権利条約を批准したこと（1994年）をきっかけに，注目されてきた．具体的な*実践として，*児童館などの青少年施設の建設・運営や遊び場・公園づくりなどへの参画，模擬投票や*子ども会議などの政治参加体験，環境学習・*開発教育カリキュラムへの参画などがあげられる．

類似の動向は1980年代にもあった．たとえば，1979年に青少年問題審議会の意見答申「青少年と社会参加」が出され，家庭，学校，地域，国家に段階的に適応していく「社会参加」が政策課題として位置づけられたが，それは*少年非行などの脱社会的，反社会的行動の増加への対応であった．「青少年の社会参加」の視点が，既存社会への適応を目的とした現状維持的な参加であるのに対し，「子どもの参画」は，それにとどまらず，批判的，社会変革的な参加活動を大人との共同で実現していく視点が含まれている．

〔研究〕「子どもの参画」論に大きな推進力を与えたのは，*ハートの理論であろう．ハートは「*持続可能な開発のための教育」概念の視点から，次世代を担う子どもが地域の環境の管理にかかわることの重要性を強調し，その方法的アプローチとして，参画の段階を8つに*分類した「参画のはしご」論を提起している．

〔論点〕論点としては，①*ファシリテーターとしての大人の役割，②子どもの発達段階と参画能力の関連，③「*子どもの居場所」論との構造的把握などがあげられる．　　　　　　　　　　（森本 扶）

⇨ハート，ロジャー

〔文献〕1）ハート，ロジャー（木下勇ほか監修）：子どもの参画，萌文社，2000．；2）奥田陸子編・監修：ヒア・バイ・ライトの理念と方法，萌文社，2009．

子どもの自治　self-governing by children

〔歴史〕子ども自身が役割分担をしながら，所属する組織と活動を取り仕切ること．*柳田國男が「正月小屋の中では，おかしいほどまじめな子供の自治が行われていた」（『こども風土記』）と書いているよ

うに，前近代の地域の子ども組や*異年齢集団の特質は自治にある．子どもの*遊びの楽しさも，大人の統制を排した自治に根ざすものである．

子どもの自治は，成城小学校など大正期自由教育の中でも個性や自主性と並んで提起されたが，本格的には日本国憲法と*教育基本法（1947年法）のもとで戦後民主主義教育の具体化として，学級会や児童会・生徒会，教科外活動などの*実践を通して重視され，その後1960年頃からの民主的生活指導運動の中で発展させられた．

〔課題〕今日的課題の1つは，学習指導要領の制約によって学校教育における子どもの自治活動の形式化・形骸化（無指導）と教師主導の管理主義が進んでいることである．それは「ゆとり教育から学力重視へ」の流れの中で一層常態化している．*いじめ・*不登校の増加や学級の荒れの克服のためにも，子どもの自治と自己解決力の回復は欠かせない．

2つ目は，学校に先立って本来子どもたちが自治能力をつける場であった地域生活と子ども世界（子ども社会）の衰退・崩壊である．この流れに抗して，1960年代以降，*学童保育，*子ども劇場，子ども祭り，ひまわり学校，青空学校，*子ども会・少年団，*プレイパークなどの自主的な運動が地域から豊かな実践を積み上げてきた．

3つ目は，*子どもの権利条約第15条が謳う「結社及び集会の自由」，すなわち権利としての子どもの自治の保障・追求を通して，学校内外で子どもたちの市民的*コミュニケーション能力と*共生の生き方を育むことの必要性である．そのためには，大人自身の*住民自治の確立や子どもの自治への丁寧な指導・援助が条件となる．　　　　　（山下雅彦）
　⇨子どもの権利条約

〔文献〕1）柳田國男：こども風土記・母の手毬歌，岩波文庫，1976．；2）大畑俊司：子どもの遊びと自治，鳩の森書房，1977．；3）菅原道彦：オレたち遊ばせろ，講山社，1977．

子どもの生活圏　life sphere of the child

〔概観〕子どもが育つ近隣の生活空間・生活環境のことをさすが，その内容を細かくみると，4つの内容（①活動と仲間の系，②空間と施設の系，③時間と自律の系，④人間関係と援助の系）を系列化できる．「子どもの生活圏」という用語の中には，単なる物理的空間や4つの系の総合という考え方を超えて，子どもの権利（生存権・生活権，*学習権・*教育権，*文化権など）を日常的に保障し，子どもの成長・発達を実現するための物的・人的エリアとして捉え直していく発想が含まれている．

〔研究・課題〕「子どもの生活圏」という用語を，最初に包括的に提起したのは一番ヶ瀬康子らの『子どもの生活圏』（NHKブックス，1969年）である．そこでは，生活圏とは「人間として健康で文化的な最低限度の日常生活を展開するために，必要な場でなければならない」と述べ，「ことに子どもの場合には，さらにそのなかで自由に遊び友だちをつくり，未来のおとなとしての成長・発達が十分になされるだけの状態がなくてはならない」と指摘していた．その後一番ヶ瀬らは，美濃部革新都政下で，①乳幼児期から*青年期に至るまでの年齢的な発達に沿ってそのときどきの発達段階に必要不可欠な施設とサービスを体系づけ，②福祉・教育・文化・医療諸機関の*ネットワークを図り，③行政的施設と住民の運動的な取組みの連携を図ることによって，子どもの生活圏の中で子どもの権利を総合的に保障していくための「子どものシビルミニマム」構想へと発展させた．

「革新都政」の終焉とともに，子どものシビルミニマム構想はその実現の途を絶たれたが，子どもの権利を日常生活圏の中で総合的に保障するという発想は，すべての行政的施策の基本に据え直されるべきである．今日課題となっている「*子どもの居場所」づくりを問う前提として「子どもの生活圏」づくりが重視されねばならない．　　　　（増山　均）

〔文献〕1）阿利英二・一番ヶ瀬康子ほか編：子どものシビルミニマム，弘文堂，1979．；2）高橋勝：子どもの自己形成空間，川島書店，1992．；3）仙田満：こどものあそび環境，鹿島出版会，2009．

子どもの読書活動の推進に関する法律　Act on Promotion of Children's Reading

〔目的〕子どもの読書離れを憂慮した社会認識を背景とし，2000年5月の「国際子ども図書館」の開館を記念して，国会決議により2000年を「子ども読書年」と定めたことを受けて，議員立法で2001年12月に制定された法律．子どもの読書活動について，基本理念を定め，国および地方公共団体の責務等を明らかにし，子どもの読書活動推進に関する必要な事項を定めることにより，子どもの健やかな成長に資することを目的としている．

しかし，*読書という極めて個人的な営みに行政が介入することの是非を巡って，根強い反対意見もあったことから，「行政が不当な介入をしない」「子どもの自主性の尊重」という文言が繰り返し入った付帯決議が採択されている．

〔行動計画〕この法律制定を受けて，2002年8月に，国は「子どもの読書活動の推進に関する基本的な計画」を策定した．子どもの読書環境の充実（公立・*学校図書館の整備充実）と子どもにかかわる諸機関の連携の重要性を指摘し，都道府県および各地市町村においても計画の策定を促している．

都道府県段階では2004年度中に100％策定されたが，市町村段階では進んでいない（2008年度末策定率：36.3％）．

計画策定は行政上必要というよりは理念性の高いものであり，財政措置が必要となるので，厳しい財政状態の市区町村は二の足を踏まざるをえないのであろう．

〔問題点〕読書というものは本来個人的な営みであり，個人的な領域に属するものである．*公立図書館・学校図書館は個人の生涯学習を保障する上で，極めて重要な施設である．法律の規定の前に公立図書館や学校図書館の整備・充実こそが求められるべきであろう．資料費減額や，業務のアウトソーシングが進み，学校図書館の資料の充実や，人の配置が停滞する中で，優良な図書の普及を謳うのは，価値観の押し付けや思想善導につながる等の危惧をぬぐいきれない．
(脇谷邦子)

〔文献〕1) 松岡要：「子どもの読書活動推進法」と「子どもの読書活動推進基本計画」（シリーズ・子どもの読書環境を考える1），図書館界，54(5)，日本図書館研究会，2003．

子どもの文化権 culture right of the child

〔概観〕生存権・生活権，*学習権・*教育権と並んで，文化権は子どもが健やかに豊かに育つ上で不可欠の権利である．文化とは，広くは人間が生み出してきたすべての所産をさすが，表現・芸術活動すなわち精神的な活動によって想像力を働かせながら，美的・創造的世界，*ファンタジーの世界を表現することにその核心がある．文化の享受と創造によって，人間の心身は活性化し，人間性が耕され，人生を切り拓いていく生きる力が高まる．文化とのかかわりは，日常生活の中で「美しさ」「楽しさ」「心地よさ」を実感し，精神を活性化させる上で不可欠の営みである．子どもは，人類の長い歴史を通じて先人が創造してきた文化・芸術を享受・学習していくと同時に，子ども同士の*遊びや集団活動を通じて独自の文化を創造していく存在である．子どもは優れた文化を与えられる存在であると同時に，生活を通じて自らの文化を創造する存在であることに注目する必要がある．

〔論点〕文化・芸術に参加する権利の承認の歩みを辿ると，*世界人権宣言（1948年）の「すべて人は，自由に社会の文化的生活に参加し，芸術を鑑賞し，及び科学の進歩とその恩恵にあずかる権利を有する」（第27条）にいきつくが，子どもの文化権については*子どもの権利条約（1989年）の中に明記されている．その第31条には，「締約国は，休息及び余暇についての子どもの権利，及び児童がその年齢に適した遊び及び*レクリエーションの活動を行い，並びに文化的な生活及び芸術に自由に参加する権利を認める」とある．ここには，①休息権・余暇権，②遊び権・レクリエーション権，③文化的生活・芸術への参加権の3つの内容が盛り込まれているが，子どもの文化権を狭義に理解すると，③をさすことになる．しかし，子どもの場合③の実現は，①休息権・余暇権，②遊び権・レクリエーション権が保障されることによってより豊かに実現することを確認しておく必要がある．
(増山　均)

⇨文化的権利

〔文献〕1) 佐藤一子・増山均編：子どもの文化権と文化的参加，第一書林，1995.；2) 増山均：余暇・遊び・文化の権利と子どもの自由世界，青踏社，2004.

子ども博物館 children's museum

〔概要〕子どものための常設専用博物館，および一般の*博物館が行っている子ども向け事業．博物館がもつ多様な資源を用いた*展示や，*ワークショップ型の*体験学習が行われており，*遊びや表現と結びつけた活動が特長である．*文部科学省では1996年以降，子どもの「生きる力」育成の体験学習推進を行っており，1999年には「親しむ博物館づくり事業」を行っている．科学系博物館の活性化によって子どもの科学離れの阻止や科学技術支援もねらいとしている．

〔活動内容と施設〕子ども博物館では，歴史学習，美術や造形に限らず，自然体験，科学体験，天体観察などの観察体験，国際交流体験，ものづくり体験，昔遊び，ごっこ遊びなど各々の博物館の特性に応じた多種多様な専門的な活動が展開されている．また，絵本や玩具に特化した博物館・*美術館もある．特に「おもちゃライブラリー」は，障がいをもつ子どもへ玩具の貸し出しを通じて交流が行われており，各地で展開されている．子どものための常設専用博物館としては，愛知県の「おかざき世界子ども美術博物館」や，大阪府の「キッズプラザ大阪」などがある．

子ども博物館の類義語として「チルドレンズミュージアム」があり，欧米を中心に数多く展開している．国内では福島県の「霊山子どもの村」が1995年に誕生し，新しい子どもの遊び場として，徐々に広がりつつある．

〔課題〕多様な体験ができる博物館は，子どもにとって楽しい遊びの場・学びの場になりつつある．こうした活動の場が市場原理によって「テーマパーク」化したり，安易な子育て外注を促進しないためにも，博物館の教育的意義を改めて*評価し，ここでの遊び体験や学びが子どもの興味関心を広げる機会となるよう確認されなければならないだろう．

(末崎雅美)

〔文献〕1) 染川香澄・西川豊子・増山均：子ども博物館から広がる世界, たかの書房, 1993.

子ども文庫 *Kodomo Bunko*（neighborhood library for children）

児童書を用意し，家庭もしくは集会所等を子どもたちに開放して，読み聞かせや貸出しなどの*読書活動を行う私設*子ども図書館．個人の家庭で開かれているものを家庭文庫，地域の集会所等で自治会などの複数の人々の協力で運営されている文庫を地域文庫といい，これらを総称して，子ども文庫という．

〔歴史〕個人の蔵書を地域に開放する文庫は明治・大正の頃からあったが，その数はそう多いものではなかった．1957年に村岡花子・石井桃子らにより家庭文庫研究会が設立された．1960年代，高度経済成長時代に突入して，子どもの*遊び環境が変わっていき，漫画の流行や，児童雑誌の低俗化などにみられる商業主義的な子ども文化を憂え，子どもの身近に良い本をと願う母親たちの思いが石井桃子の『子どもの図書館』（岩波書店, 1965年）と出会ったことで，急速に全国的に広がっていった．

〔発展〕1960年代の*公立図書館がまだ貧しい時代には，子ども文庫が誕生すると，どこの文庫でも子どもたちが殺到し，たちまち読む本が足りなくなってしまったという．そこで，*図書館や行政と交渉し，文庫への援助を求めていった．さらには子どもたちの身近に図書館がほしいと，*図書館づくり運動に乗り出していった．こうして，1970年代から80年代にかけて，都市郊外地域において，*住民運動による図書館が数多く誕生していった．運動の中で，文庫同士の情報交換や，経験交流の必要性が認識され，全国的な組織として，日本親子読書センター(1967年)，日本子どもの本研究会(1967年)，親子読書地域文庫全国連絡会などが誕生し，機関誌が発行されるようになり，学習会などが開催されている．府県レベルでは京都家庭文庫地域文庫連絡会(1973年)，大阪府子ども文庫連絡会(1976年)，鳥取家庭文庫連絡会(1977年)などがある．1986年の第52回IFLA（国際図書館連盟, International Federation of Library Asociations and Institutions）大会は東京で開催され，文庫は「BUNKO」として，広く世界に知られることとなった．

〔成果〕*『中小都市における公共図書館の運営』（*日本図書館協会, 1963年）や*『市民の図書館』（日本図書館協会, 1970年）により，貸出しと*児童サービスの重要性が指摘され，日本の図書館サービスが大きく転換し始めた時期，子ども文庫関係者の図書館づくり運動が大きな後押しとなり，図書館の新設・増設，サービス向上に大きな役割を果たした．

また，文庫にかかわった人を個人としてみると，子どもにかかわり，住民運動にかかわったことで，社会的視野を広げ，子育て環境や教育問題，子ども文化，さらには身近な政治に関心をもつ人が多くなった．その結果，*図書館協議会委員や*PTAの役員に手を上げ，中には地方議員になる人も現れ，家庭から地域・社会へと目を向け，*ボランティア活動などにも積極的に参加するなど，家庭婦人の社会参加が促進されることとなった．

〔動向・課題〕子ども文庫は1980年代をピークとして減少していく．図書館の充実，子ども人口の減少，世話人の世代交代等々が影響し，さらに1990年代から文庫の低年齢化と文庫に来る子どもの減少が目立ち始めた．しかし，「子ども読書活動の推進に関する法律」制定後，国の子ども読書活動支援政策の下で，新たな役割を果たすこととなった．「子どもゆめ基金」の創設により，子ども読書活動に対して，資金的助成が受けられることにより，多くの文庫関係者が学校・幼稚園や保育所への絵本の読み聞かせ等の訪問活動の実施や*ワークショップを開催するなど，子ども読書活動の推進役としての役割を果たしている．また，子ども読書活動推進計画に基づく行政施策により，読書ボランティアの養成が求められ，文庫活動のノウハウを生かして，講師・指導者となって活躍を始めている．また，ブックスタート事業への協力等の*子育て支援活動をはじめ，保育所・幼稚園・学校等への読書活動支援など，その役割は広がっている．しかし，文庫そのものへ来る子どもの数はこれからも減少し続けるであろうと

思われる．そのとき，活動を継続していくモチベーションを保ち続けられるかどうかが，これからの課題となってくる． (脇谷邦子)

〔文献〕1) 全国子ども文庫調査実行委員会編：子どもの豊かさを求めて1・2・3（全国子ども文庫調査報告書），日本図書館協会，1984.8，1989.2，1995.12.；2) 大阪府子ども文庫連絡会編：本・こども・大人（大子連30周年記録誌），大阪府子ども文庫連絡会，2008．

こども未来財団　Foundation for Children's Future

わが国の少子化問題・対策ともかかわり，育児および児童の健全な育成等を支援する事業，ならびに，これらに関する調査研究に助成するとともに，広く一般家庭の子育てを支援し，子どもの健やかな成長を支えるために必要な事業を行い，もって児童の健全な育成に寄与し，活力ある社会の維持・発展に資することを目的として，1994（平成6）年に厚生大臣の認可を受けて設立された法人．厚生労働省の助成を受けたり企業から集めた基金をもとにして助成事業を行っている．主な事業としては，① 少子化時代における次世代育成に関する意識啓発事業（シンポジウムの開催等），② 家庭や地域の*子育て支援事業（保育所に関する情報提供や事業所内保育施設への助成等），③ 子どもの健全育成のためのイベント等の開催，④ 子育て支援に携わる人への研修会等の開催，⑤ 少子化社会や子育て支援の動向についての調査研究・出版助成事業などがある．　(小木美代子)

〔文献〕1)（財）こども未来財団HP（http://www.kodomo-miraizaidan.or.jp）；2)（財）こども未来財団月刊『子ども未来』．

コーヒーハウス　⇨喫茶コーナー

個別化　individualization

個々の学習者の学習タイプ，学習ニーズの多様性に注目することである．各種生涯学習ニーズ調査では，生涯学習事業の参加者のニーズは多様化・個別化しており，各学習ニーズを尊重した*学習プログラムの提供が必要であることがわかる．それには，個別的な学習ニーズに対応し，多種多様な学習プログラムを提供すること（民間教育文化産業にみられるプログラムなど）のほかに，1つの講座であっても*成人学習者のニーズは多様化・個別化しているので，各学習ニーズにきめ細かく対応する学習プロセスにすることも含まれる．

他方，個別化への対応では，学習者の学習ニーズが個人志向（趣味，*レクリエーションなど）に流れがちで，社会人として学ぶべき現代的課題（*男女共同参画など）の学習が疎かになること，個別的な学習ニーズのもつ社会的背景をみる必要があることなどの議論もある．個別的な学習ニーズの社会的学習ニーズとのバランスが求められる．　(三輪建二)

〔文献〕1) 倉内史郎：「個別化」の段階を迎えた社会教育．社会教育，1987年5月号．

コミュニケーション　communication

〔概観〕一般的には人と人の間の，情報・*知識などの伝達過程として理解されている．その形態は，言語（文字，音声），非言語（画像，動画，身振りなど）として分類され，また，対面的なコミュニケーションに対して，何らかの媒体（メディア）を介したコミュニケーションスタイルもある．近年では，従来からあるマスメディア（テレビ，ラジオ，新聞）に加えて，インターネット，携帯電話など電子媒体によるコミュニケーションが急速に増大し，地球規模での市民の情報，知識，活動の交流が可能となっている．

〔教育とコミュニケーション〕教育・学習過程そのものもコミュニケーションの一形態である．*社会教育，*生涯学習の分野においては，コミュニケーションは，① コミュニケーションスキルそのものの学習，② 学習・教育媒体としての多様なコミュニケーション手段，③ マスメディアの人々に対する意識変容・教育効果としてかかわっている．

〔実践〕コミュニケーションスキルに関しては，従来からある*識字学習・*自己表現学習に加えて，最近ではコンピューター操作技術やインターネット，携帯電話の利用方法の学習，さらにはメディアの批判的読解とメディアを通じた表現能力を意味する*メディアリテラシーの教育などもこの分野の学習として分類される．

学習媒体してのメディアは，従来は社会教育の分野においてマスコミ（テレビ，ラジオ）を利用した遠隔学習として行われてきた．*放送大学もその一発展形態ということができる．インターネットの発達により，ホームページ，メールを利用した双方向性のコミュニケーションが可能な*対話型の*eラーニングも近年広がっている．

〔課題〕社会科学分野でのメディアによる意識変容の研究は進んでいるが，社会教育，生涯学習分野ではまだ教育学的メディアの影響研究は進んでいない．また，コミュニケーションが単に情報，知識の伝達にとどまらず，人間関係，*コミュニティをつ

くり出す機能もあわせもっていることを考えると，対面的学習の価値は，社会教育，生涯学習の目的の1つである地域自治を担う主体の形成という視点からも，決して低くない．

(岩佐克彦)

コミュニティ community

住民が，居住する地域の歴史的・文化的風土を基盤に，その地域に対して帰属意識をもち，社会的相互作用が認められる一定範域をさしていう．マッキーヴァー(MacIver, R. M.)が提示して以降今日まで多義的に用いられているが，大きく2つの側面をもつ．

1つは地域社会を捉える社会学的見地で，地域性と共同性に着目し，領域としての地域や旧来の地域共同とは区別される．*社会教育では，伝統型の地域共同性とは異なる，*住民運動における自治の基盤とする見方が適用されてきた．

もう1つは，1970年代に*地域政策として展開されたことに始まり，地域計画・地域社会教育計画の中で取り上げられる．地域施設の整備や地域における住民の互助・連帯活動の創出とそのための学習活動に焦点を当ててきた．これらは行政主導の*地域づくりの性格をもち，生涯学習政策の中でも言及されている．また近年は，学校などの公的機関と地域の諸団体とをつなぐ住民の新たな*ネットワークづくり活動をさして用いられることもある．

⇒アソシエーション (星山幸男)

〔文献〕1) 上野景三・恒吉紀寿編：岐路にたつ大都市生涯学習, 北樹出版, 2003.；2) 今野裕昭：インナーシティのコミュニティ形成, 東信堂, 2001.

コミュニティアート community art

〔概要〕community-based art ともいう．地域や世代，人種，性等にかかわる何らかのコミュニティに根ざし，アートを専門とするのではない様々な人々，アートや文化にかかわる機会や条件を奪われてきた人々，あるいは様々な意味におけるマイノリティを対象とし，その人々が，年齢や職や，また障碍の有無などを超えて「参加」して自らアート表現を担い，かつ「*対話」的関係性の中に立ち，そのことで自己・*他者・世界との新しいかかわりを*経験すること，ないしそれらの変革を可能ならしめようとする活動(体)並びにそのようなアート行為(領域)をいう．それは，諸個人の「*文化権」を保障すると同時に，参加者間で諸課題を自覚し共有することでコミュニティを創出する側面をももっており，教育・治療・社会参加・まちづくり・政治発言など多様な可能性をはらみ，それぞれの文脈においてツールとして位置づくことにもなる．

〔領域〕美術，写真，映像，ダンス，演劇，詩，音楽など領域は多岐にわたるが，基礎技能習得に重きを置いた旧来の文化講座等と異なり，*文化資本の多寡にかかわらず自らの生活経験に根ざした表現を可能ならしめることをめざして表現の根底に立ち返るところから，しばしば先端的芸術表現に接することともなり，*ワークショップに専門のアーティストを迎え入れることも多い．しかし同時に，同様の理由から，ロックやグラフィティなど，「*教養」から排除ないし周縁化された日常文化的表現領域が重視されることも多い．

〔現況〕英語圏では活動拠点としてコミュニティアートセンターが設けられることが多いが，いまではそれに限らず世界各地のオルタナティヴアートスペースの多くが同時にコミュニティアート拠点ともなり，「都市の*創造性」の重要因子となっている．

(長田謙一)

〔文献〕1) 野田邦広：イベント創造の時代―自治体と市民によるアートマネージメント―, 丸善, 2001.

コミュニティオーガニゼーション ⇒社会的経済, 中間集団

コミュニティ開発 community development

コミュニティ開発は，*社会教育や*コミュニティ教育と密接に関係している一方で，経済学，社会学，政治学の影響も強い．加えて，地域の社会的条件の違いをも反映することから，その定義や形態等は多様である．ただし社会教育的にみれば，個人を*エンパワーメントし，社会的，経済的，政治的問題に取り組むための集団的な活動に参加させる，社会的学習プロセスだといえよう．

これは，経済的，政治的な目標に焦点化したものと，地域に根ざした課題ややり方で進めるものとに大別できよう．いずれにせよコミュニティ開発は，地域内の内発的動機によっても，地域外からの働きかけによっても動き出す．このため，地域の人々の主体的参加とともに，地域外からの支援も重要である．

現在，市場のグローバル化は成長と不平等の拡大とを広くもたらしている．その状況の中で，これに処する方法を地域住民自身がみつけられるようにすることが大きな課題であろう．

(飯田優美)

コミュニティカレッジ（米） community college (in US)

フォーマルな学校教育に加え，ノンフォーマルな成人教育を提供する*教育機関の総称．米国では中等後（postsecondary）教育機関として，100年余の歴史を有し制度が整っている．また英国では，中等教育機関である*継続教育カレッジ（further education college）の中で，コミュニティカレッジと称するものもある．

〔米国のコミュニティカレッジの概要〕米国コミュニティカレッジ協会（American Association of Community Colleges）では，2年制の準学士の学位（associate degree）を授与する教育機関をコミュニティカレッジと総称している．狭義には公立の2年制短期大学をコミュニティカレッジと呼び，私立はジュニアカレッジと称されてきたが，州によっては私立でもコミュニティカレッジの名称を用いているところもある．1901年，シカゴのジョリエット高校がカリキュラムを拡大して，準学士の学位を授与するジョリエットジュニアカレッジを開校したのが始まりである．第2次世界大戦後，その数は飛躍的に拡大し，2006年現在，公立986校，私立171校，部族立29校を数える．

〔米国のコミュニティカレッジの特徴〕コミュニティカレッジの使命は，端的にいえば「地域社会へのサービス」である．それは，いわば日本の短期大学，専修学校，*公共職業訓練施設，*公民館，民間の*カルチャーセンターなど，中等教育修了後の様々な教育訓練機関を総合したようなものであり，正規の短期大学として*クレジットコースを提供するとともに，地域住民の生涯学習の場としてノンクレジットコースを提供するなど，様々な役割を担っている．公立のコミュニティカレッジは，*学区内の住民の授業料は原則として無料であり，入学に際して選抜試験も課していない．門戸開放の原則，昼夜（間）開講制，柔軟な履修形態，地域性，総合制，多様な学生層（女性，マイノリティ，成人）を特徴とする，米国を代表するユニバーサルアクセス型の高等教育機関であり，生涯学習施設である．

（藤村好美）

〔文献〕1）小林文人・佐藤一子編著：世界の社会教育施設と公民館―草の根の参加と学び―，エイデル研究所，2001.；2）舘昭：短大からコミュニティ・カレッジへ―飛躍する世界の短期高等教育と日本の課題―，東信堂，2002.

コミュニティ教育 community education

〔概念〕一般には，コミュニティの中で，コミュニティの利益のために行われる教育活動のこと．「コミュニティ」概念は，19世紀の西欧社会で，産業化と都市化で生じた地域社会の崩壊に対応して使われ始め，今日までに多くの論者により再定義されてきた．近年は，個人の居住地域という地理的な意味よりむしろ，諸個人を共通の場所，共通の利害，相互の連帯感のいずれかによって結びつけ，個人の生活世界と社会システム（国家や諸機関）の間で，両者を仲介する社会組織と見なされる．

〔種類〕① コミュテイカレッジのように，地域の多様な年代の人々に，*教養・*職業教育，趣味・*レクリエーション，地方行政への参加や社会問題の解決に向けた多様な教育機会を提供する事業，あるいは人々が自らそのような学習機会を自主的に組織・運営するための活動，② *コミュニティ開発のように，*貧困など社会問題を抱えた地域で人々が健康，福祉，農業等について学び，自助努力によってコミュニティの再建や発展を目ざそうとする教育活動，③ *民衆教育のように，政府のコミュニティ開発事業とは一線を画し，従来，政治的な発言権をもたなかった人々が，コミュニティの中で自らの歴史を集団的に学習し，政治参画の力をつけるための教育運動，などがある．先進国のコミュニティ教育は，①のような形態が主流で，コミュニティメンバーの個人的な*自己実現や学習ニーズの充足に重点が置かれる傾向にある．②や③は主に第三世界で取り組まれてきたが，そこに含まれるメンバーのコミュニティへの帰属意識，メンバー間の価値の共有化と連帯性，コミュニティの改善・変革に向けたメンバーの取組みや貢献は，先進国にも重要な課題といえる．

（渡邊洋子）

〔文献〕1）Tett, L.：*Community Education, Lifelong Learning and Social Inclusion*, Donedin Academic Press, 2006.

コミュニティ協同組合 community cooperative

経済不況が深刻化する1970年代から1980年代に，スコットランドやアイルランドの農村地帯を中心として設立された，地域の再生や活性化に取り組む*協同組合．その特徴は，既存の協同組合が目的としてきた「組合員の利益」を超えた，より広範な「*コミュニティの利益」の追求を試みている点にある．それは「共益組織」としての協同組合の性格をより公益的な存在へと転換させる試みといってよい．実際にはコミュニティ協同組合の多くが会社法

に準拠して設立されるなどの制度的な理由もあり，今日ではコミュニティ協同組合という用語はあまり使用されなくなっている．しかし，地域社会に根ざした協同活動が地域住民の協同性と主体的力量の形成に果たす役割の重要性は増しており，その具体的な成果は，「地域の普遍的利益の追求」を第1条で謳ったイタリアの第381号法（1991年制定）によって規定された社会的協同組合にみることができる．

(大高研道)

〔文献〕1）田中夏子：イタリア社会的経済の地域展開，日本経済評論社，2004．

コミュニティケア community care

〔概観〕保健福祉サービスを必要としている人が，入所施設で暮らすのではなく，地域社会の中で自分らしい生活を継続できるように，保健・福祉・医療等のサービスを提供するとともに，地域社会から排除されない人間関係をつくるのを支援することである．

〔歴史〕1950年代から英国で提唱され，1968年の「シーボーム報告」によって，ホームヘルプ，デイサービス，訪問看護，食事サービスなどが自治体サービスとして提供されるようになり，ケアつき住宅や*グループホームも建設されるようになった．その後，1988年の「グリフィス報告」や1989年の「コミュニティケア白書」を経て，1990年の「国民保健サービス及びコミュニティケア法」によって本格的な推進体制がとられている．

日本では，1969年に東京都社会福祉審議会「東京都におけるコミュニティケアの進展について」で，また，1971年に中央社会福祉審議会「コミュニティ形成と社会福祉」で在宅での保護の必要性が唱えられた．その後，1980年代に*地域福祉を重視した社会福祉改革が進み，1990年の社会福祉関係8法の改正で，地域福祉を推進することが自治体の責務となった．また，2000年の*社会福祉法では，地域福祉の理念として，生活に困難を抱える人も地域社会の構成員として受けとめられることが掲げられた．

〔課題〕コミュニティケアでは，単に在宅生活を継続するだけではなく，地域にかかわることで，その人らしい生活を継続することが目ざされる．このような観点から，社会参加しながら自己形成を目ざす*社会教育との結びつきが期待されている．また，在宅生活を継続するには，コミュニティケアのサービスが提供されても，家族が介護にかかわることも必要である．このことは，女性への極度な負担を強いることになりやすく，*フェミニズムの観点から家族のあり方を考える学習も求められている．

(辻 浩)

〔文献〕1）L.マグワァイア（小松源助ほか訳）：対人援助のためのソーシャルサポートシステム，川島書店，1994．；2）日本社会福祉士会編：地域包括支援センターのソーシャルワーク実践，中央法規，2006．

コミュニティサービス community service

高等教育機関の使命としての地域社会へのサービス，もしくは個人が地域社会の利益のために行う活動のことをいう．

〔大学の地域貢献事業〕*コミュニティカレッジや大学の使命に，地域社会へのサービスがある．コミュニティカレッジの機能が，教育とコミュニティサービスであるならば，大学の機能は，研究，教育，およびコミュニティサービスである．ここでコミュニティサービスとは，高等教育機関が行う地域貢献事業のことであり，具体的には，成人教育，*職業教育，情報の提供，*図書館などの施設の開放，*コミュニティ開発や地域問題解決のためのプログラムや産学連携プログラムなどの各種プログラムの実施等，多岐にわたる．今日，日本においても，高等教育機関の社会貢献は大きな課題となっている．

〔個人の社会参加活動〕米国では，the National and Community Service Act of 1990 と the National and Community Service Trust Act of 1993 の2つの連邦法において，ナショナルサービスを国に対するサービス活動全般と定義し，コミュニティサービスについては，「地域社会へのサービス活動であり，裁判所命令によるサービス活動や有償・無償ボランティアも含む」と定義している．その上で，米国社会全体が直面している社会福祉，教育，環境，治安等の緊急の課題に対してすべての年齢の市民が協力して取り組むことを求め，コミュニティサービスを通じて，コミュニティを改善するとともによりよい市民となることができる，としている．この理念のもと，現在米国では，学校教育において教育課程とコミュニティサービスを組み合わせた*サービスラーニングという*市民教育が展開されている．

(藤村好美)

〔文献〕1）日本総合研究所：社会奉仕活動の指導・実施方法に関する調査研究報告書，日本総合研究所，2001．

コミュニティ施設　facility for community activities

〔定義〕コミュニティ施設とは，*コミュニティとは何かという点により異なるが，*市民文化の向上と福祉の増進ならびに市民の連帯意識を高め，健康で文化的な近隣社会づくりを目的とした施設のことである．コミュニティとは人々の心のつながりにより維持される生活の場の自主的な集団であって，共通の目標あるいは課題をもつ人々の集団が，共通の行動を通して解決しようとする連帯行動でもある．コミュニティ意識は，共通の課題のもとに学習し，集合し，交流する活動の中から芽生え，形成されるものである．それゆえ，活動の場である施設が大変重要な意味をもつ．主な公共施設として*公民館，*コミュニティセンター，青少年施設，体育館，福祉施設，*図書館，*博物館，*美術館，福祉施設，*生涯学習センター等があり，最近は地域の学校施設も含まれる．民間施設としては，文化センターなどもこの施設に加えられる．

〔歴史と意義〕1950年代の高度経済成長は，産業構造や地域構造に大きな変化をもたらした．特に技術社会の生み出した人間疎外から抜け出し，新しい連帯感や人間性を回復するという，望ましいコミュニティ建設への要求が生み出された．その状況下の社会政策として，1960年代後半から国民生活審議会調査部会編『「コミュニティ」生活の場における人間性の回復』(1969年)，自治事務次官通達『コミュニティに関する対策要綱』(1971年)，自治省コミュニティ研究会『コミュニティ研究会中間報告』(1973年)等が出された．その内容はコミュニティづくり構想というものであり，自治省が指導し推奨しているコミュニティセンターは，このようにして設置された．

〔現状〕東京都武蔵野市を例にあげる．武蔵野市は1971年「武蔵野方式」と呼ばれる「市民参加システム」による「武蔵野市基本構想・長期計画」を策定し，その中で「コミュニティ構想」として「市民参加型のコミュニティづくり」を推進し，1992年にコミュニティセンターの全市への配備を完了した（うちコミュニティと名のつく建物は19施設）．その後，2000年を機に21世紀のコミュニティ政策の検討を始め，2001年に「コミュニティ条例」を制定した．市民側のコミュニティづくりは，2000年にコミュニティ協議会の代表が集まる「コミュニティのあり方懇談会」において，日常のコミュニティづくり活動の検討が実施されたことに始まる．最近では，2005年に行政の具体的なコミュニティ施策を求める「武蔵野市NPO活動促進基本計画」策定委員会と，2006年に市民側の組織である「武蔵野市NPO・市民活動ネットワーク」が発足し，新たな行政と市民の*協働活動が図られている．さらに市民側は「新しいコミュニティ」の実現を目ざす活動として，2005年より一部のコミュニティセンターにおいて，人と人の交流を深めるツールとして「地域通貨(*エコマネーの役割と同義)」を発行し，新たに子どもと大人が集うコミュニティセンターのあり方を模索している．このように市では「市民と行政のパートナーシップに基づくコミュニティづくり」が模索されている．

(関上　哲)

〔文献〕1) 武蔵野市コミュニティ市民委員会の各回の会議録参照．；2) 高田昭彦：公助・共助・自助のちから，風間書房，2006．

コミュニティスクール　community school

〔概略〕コミュニティスクール(地域社会学校)は，1930年代に米国において提唱された教育論であり，学校改革論，教育運動論でもある．コミュニティスクールは，児童の生活するコミュニティ(地域社会)に着目し，学校とコミュニティを相互に開放することで，それまでの教科書中心の伝統的(*知識)学校や児童中心主義の進歩的学校とは異なる教育・学校づくりを目ざしたものである．

〔歴史と動向〕米国において，学校と地域社会を結びつけようとする考えが，1930年代以降に教育運動として急速に展開されるのは，1929年の世界恐慌後の荒廃した社会の再建を目ざしたニューディール政策と密接な関係があったからでもある．

コミュニティスクールの主唱者の1人であるオルセン(Olsen, E. G.)は，従来の学校のあり方をその置かれている地域社会から遊離した離れ小島であると批判し，学校は地域社会の生活から学ぶと同時に，地域社会に対して貢献するものでなければならないと主張している．そのための学校のあり方として，①成人教育の拠点となり，②地域社会の諸資源を利用し，③カリキュラムを地域社会の問題を中心にし，④地域社会の諸活動に参加し，⑤地域社会の教育活動の指導者となることの5つの方針をあげている．

なお，こうしたコミュニティスクールは戦後のわが国の教育界にも取り入れられ，幾多の*実践が試みられたが，社会基盤の違いや新教育批判，さらには学力競争の激化等の中で定着するには至らなかった．

〔課題〕近年，再びコミュニティスクールという言葉が散見されるが，それは「*開かれた学校づくり」の具体化としての「*学校評議員制度」や「学校運営協議会制度」をさしていることが多い．特に後者はコミュニティスクールと称してはいるものの，その目的や地域社会との結びつきにおいて，従来のコミュニティスクールとは大きな隔たりがある．

⇨学校評議員　　　　　　　　　　　（新妻二男）

〔文献〕1) Olsen, E. G. et al.: *School and Community*, 1945（宗像誠也ほか訳：学校と地域社会，小学館，1950）．; 2) 大田堯：地域教育計画，福村書店，1949．

コミュニティスポーツ　community sports

〔概観〕字義的には，地域社会で行われるスポーツ全般をさす．この用語が国の政策レベルで最初に登場したのは，1973年2月の閣議決定「経済社会基本計画〜活力ある*福祉社会のために」の中の「コミュニティスポーツの振興」の項である．これを受けて，同年4月，「コミュニティスポーツ施設整備計画調査」（経済企画庁）が実施され，経済企画庁のほか，文部・厚生・労働・自治・建設の6省庁の協力で調査報告書が作成された．同報告書では，コミュニティを「現代文明社会における人間性回復のとりでとしての機能が大きく期待される」と捉え，「コミュニティという生活の場に立脚した広義のスポーツ」であるコミュニティスポーツの推進は「福祉の拡大と人間性の回復を生活環境全体におし広げていく契機ともなる」としている．報告書においては施設計画なども提起されたが，オイルショック，ドルショックなどの社会・経済，そして，政治状況の変動もあって，結果として，計画は具体化をみることはなかった．

〔政策的操作への批判〕政策としてのコミュニティスポーツの提起が「経済社会基本計画」に端を発していること，報告書の中の「人間性回復のとりで」の語句が，国民生活審議会調査部会コミュニティ問題小委員会報告「コミュニティ—生活の場における人間性の回復」（1969年9月）に盛り込まれていた言葉であること．これらのことから，コミュニティスポーツとは，高度経済成長のひずみによる諸問題や当時の社会的な緊張を地域社会で緩和するという，政府，財界が目ざすコミュニティ再編政策の亜流であるとの批判がなされた．そうした政策的意図に対して，住民が主体となった地域に根ざしたスポーツのあり方を目ざすべきとする議論も提起された．

（尾崎正峰）

〔文献〕1) 体育社会学研究会編：コミュニティ・スポーツの課題，道和書院，1975．

コミュニティセンター　community center

〔概観〕近隣地区の住民が社交・*レクリエーション・教育などの機会をもって福祉の向上とコミュニティの再生を図るよう設置された施設である．

コミュニティセンターがわが国で積極的に提唱された背景には，国民生活審議会による「コミュニティ政策」（1969年）の展開が指摘される．このコミュニティ計画は，1968年，当時の佐藤栄作内閣が「経済社会の成長発展に伴い変化しつつある諸条件に対応して健全な国民生活を確保する方策は如何」という諮問を国民生活審議会に発したことに始まる．同審議会は，高度経済成長政策下の地域環境や住民の生活構造の急変への対応を意識し答申した．答申は，幼児から高齢者までを対象とする福祉・教育問題と，農村から都市までの広がりをもった環境整備の問題とを含み，自治省をはじめとする多くの省庁がかかわる方策を示した．具体的には，1971年からコミュニティセンター補助が開始されるとともに，関係省庁による補助政策は，*社会教育関連の職員等の人的整備を十分に伴わない物的施設への転換を中心とする「ハコモノ行政」を進める結果となり，後に，*公民館との競合が問われることになる．

実際，1970年代後半の低成長時代を迎え，財政の危機に立たされた自治体の中には，福岡市・北九州市・西宮市・鶴岡市など，公民館の「合理化」や公民館の委託・廃止（コミュニティセンター化）・職員の嘱託化等による公民館整備の後退を生じさせ始め，「公民館職員無用論」や「公民館かコミュニティセンターか」という問題を浮上させた．

〔課題〕その後も，公民館と支所等の*複合施設化，集会所・スポーツ施設等の民間活用型管理運営方式の促進化，コミュニティの拠点として学校活用を図る*コミュニティスクールの推進等，多様なコミュニティ諸施設が登場している．平成期の大規模な*市町村合併と*地方分権化政策のもと，コミュニティの再生とそれに応える〈教育・学習関係〉を新たにどう創造するかの課題は改めて重要となっている．

（中田スウラ）

〔文献〕1) 松下圭一：社会教育の終焉，筑摩書房，1986．; 2) 日本社会教育学会編：現代公民館の創造，東洋館出版社，1999．

コミュニティソーシャルワーク community social work

〔経緯〕コミュニティソーシャルワークという考え方は英国の1970年以降の地方自治体を基盤として展開された対人援助(*コミュニティケア)のあり方を巡って論議された，1982年のバークレイ報告(『ソーシャルワーカーの役割と課題』)で示された考え方である．日本では，政策的には1990年の厚生省保護課主管の「生活支援地域福祉事業(仮称)の基本的考え方について(中間報告)」という報告の中で取り入れられた．市町村を基盤として在宅福祉サービスを軸に地域自立生活を支援するという*地域福祉の定着とともに1990年代半ばより，その考え方が普及しはじめている．

〔定義〕コミュニティソーシャルワークとは，地域に顕在的に，あるいは潜在的に存在する生活上のニーズを把握(キャッチ)する．それら生活上の課題を抱えている人や家族との間に信頼(ラポール)を築き，契約に基づき対面式(フェイスツーフェイス)による*カウンセリング的対応も行いつつ，その人や家族の悩み，苦しみ，人生の見通し，希望等の個人因子とそれらの人々が抱える生活環境，社会環境のどこに問題があるかという環境因子に関して分析，*評価(アセスメント)する．そのうえで，それらの問題解決に関する方針と解決に必要な支援方策(ケアプラン)を，本人の求めと*専門職の必要性の判断とを踏まえて両者の合意で策定する．支援に当たっては，制度化されたフォーマルケアを活用しつつ，足りないサービスに関してはインフォーマルケアを創意工夫して活用する等，必要なサービスを総合的に提供するケアマネジメントを手段として援助する個別援助過程を重視する．また，個別援助過程において必要なインフォーマルケア，*ソーシャルサポートネットワークの開発とコーディネート，ならびに"ともに生きる"精神的環境醸成，福祉コミュニティづくり，生活環境の改善等地域支援活動や地域改善活動を同時並行的に推進していく活動および機能といえる． (大橋謙策)

〔文献〕1) 大橋謙策・辻浩ほか編：コミュニティソーシャルワークと自己実現サービス，万葉社，2001.；2) 大橋謙策：わが国におけるソーシャルワークの理論化を求めて．日本のソーシャルワーク研究・教育・実践の60年(大橋謙策編集代表)，相川書房，2007.

コミュニティドラマ ⇨コミュニティアート

コミュニティビジネス ⇨社会的経済

コミュニティミュージアム community museum

*博物館の諸機能のうち「コミュニティの教育施設」としての側面を強調する概念．米国では，ヨーロッパの洗練された文化を紹介する場，国家の威信を示す場としての大規模博物館(*美術館)へのアンチテーゼとして，コミュニティ指向の博物館活動が提唱され続けてきた．それは資料の収集・保管という「モノ」中心から，コミュニティ構成員の教育および参加の促進という「人」中心の博物館活動への転換を意味する．1960年代以降は多文化主義の高まりを背景に，文化的多様性の公正な反映のために，マイノリティコミュニティとの*対話を通じて*展示や教育普及活動の内容の見直しも行われるようになった．博物館とコミュニティとの連携構築は，利用者属性の偏りを是正し，博物館のアクセスしやすさ(accessibility)を高めるための方策として，米国以外でも注目を集めている． (山本珠美)

⇨エコミュージアム，郷土博物館，コミュニティ教育，地域博物館

〔文献〕1) Karp, I. et al.：Museums and Communities, the politics of public culture, Smithsonian, 1992.

コミュニティワーカー community worker

狭義には，*コミュニティケアをコーディネートする*地域福祉の仕事に携わる人材のことであるが，広義には，地域社会開発(community development)の考えに基づいて，地域福祉だけではなく，子育て，環境，人権，男女平等，地域経済，*地域文化など幅広い地域支援にかかわる人材のことである．

〔歴史〕英国において1869年に慈善組織協会が発足したことや，1884年開設のトインビーホールに代表される*セツルメント運動が，コミュニティワークの源流である．日本には，米国を経由して，ケースワーク，*グループワークと並ぶ*ソーシャルワークの方法であるコミュニティオーガニゼーションとして導入されたが，その後，英国からコミュニティケアの考えが入ってきた．一方，発展途上国の開発の分野で，住民の主体的な力を高めることにより，自らの課題を自らが解決する地域社会開発の方向性が出され，日本の*地域づくりのあり方に影響を与えた．

〔課題〕保健福祉サービスを必要としている人が在

宅での生活を維持するためには，身体介護や生活支援にかかわる多様なサービスが必要となる．そのような中で，コミュニティワーカーは，住民のニーズを正しくつかみ，必要なサービスを調達し，さらに地域に必要なサービスがない場合にはそれをつくり出していかなければならない．

しかし今日，保健福祉サービスを求めている人だけが，地域に期待をかけているわけではなく，上記で述べたような幅広い地域支援が求められている．これらは，単に行政サービスの提供で埋められるものではなく，住民同士の協力関係が求められ，住民と行政が*協働することも必要である．また，地域社会開発の考え方の中では，地域と世界を見渡して，「持続可能な開発」を探求することも必要である．このような課題に取り組むために，*公民館や*ボランティアセンター，*NPO・*市民活動センターに，専門性をもったコミュニティワーカーを配置することが求められている． (辻 浩)

〔文献〕1) 巡静一編：ボランティアコーディネーター，中央法規，1996.：2) 福岡寿編：コーディネーターがひらく地域福祉，ぶどう社，2002.

雇用対策法　Employment Measures Law

〔成立〕1966(昭和41)年に，雇用に関する総合的な政策を講ずるために制定された国の雇用に関する基本法である．法は高度経済成長下の「労働力の需給が質量両面にわたり均衡すること」，さらに，労働者が有する*能力を有効に発揮して，「労働者の職業の安定と経済的社会的地位の向上とを図るとともに，国民経済の均衡ある発展と完全雇用の達成とに資すること」を目的として制定された．

〔意義〕法には「*職業指導及び*職業紹介の事業を充実すること」や「*技能に関する訓練及び検定の事業を充実すること」等が規定されたため，それまでは別々の法として実施されていた「*職業安定法」「*職業訓練法」(後に「*職業能力開発促進法」)等の様々な雇用問題に関する法の最も基本的な法律となった．そのため，「雇用対策法」が制定されると「職業訓練法」の目的に「雇用対策法と相まって，職業訓練及び*技能検定の内容の充実強化及びその実施」が追加され，「雇用対策法」と連動した職業訓練政策が始まった．

また，法には「定年の引き上げ並びに継続雇用制度の導入及び改善」も規定され，高年齢労働者の雇用の安定にとって一定の役割を果たした．しかし，これは当時の労働力不足対策だったとも考えられる．

〔政策〕法には，国は「雇用対策基本計画」を策定しなければならないことが規定された．これは，「政府の策定する経済全般に関する計画と調和するものでなければならない」とされ，このことによって，職業訓練，職業能力開発が経済政策に連動することとなった．

また，高度経済成長下の産業の転換による労働者の職業移動を促進するため，「職業転換給付金」制度を創設し，労働者の移動促進に役割を果たした．この訓練のための給付金も新設された． (田中萬年)

〔文献〕1) 有馬元治：雇用対策法の解説，日刊労働通信社，1966.

雇用・能力開発機構　Employment and Human Resources Development Organization of Japan

*独立行政法人雇用・能力開発機構法(2002(平成14)年法律第170号)による独立行政法人である．雇用保険特別会計からの資金を主な財源として，雇用管理の改善に対する援助，公共職業能力開発施設の設置および運営等の業務，勤労者の計画的な財産形成の促進の業務を主要な業務としている．

〔沿革〕前身は，炭鉱離職者対策をはじめとする地域間・産業間の労働力移動円滑化政策を進めるために1961(昭和36)年に設立された雇用促進事業団である．経済構造の変化や厳しい雇用情勢を背景に，1999(平成11)年10月に雇用促進事業団を廃止して「雇用・能力開発機構」が設立され，2004(平成16)年3月1日に独立行政法人となったが，「事業仕分け」により2011年9月30日に廃止され，同年10月1日より国が行う職業訓練事業は独立行政法人高齢・障害・求職者雇用支援機構に移管した．

〔事業〕1999年の設立の際に，勤労者福祉施設や移転就職者用住宅の建設を主要業務から撤廃している．雇用・能力開発機構の主要業務である雇用開発事業では，中小企業事業主等に対して行う雇用管理の改善に関する相談その他の援助，雇用創出・人材確保のための助成金の支給・相談，さらに建設業事業主等に対して行う建設労働者の雇用改善のための助成など，相談事業や雇用にかかわる助成を行っている．職業能力開発事業では，離職者・学卒者・在職者に対する*職業訓練を実施するほか，事業主等の行う職業訓練の援助等も行っている．職業訓練の実施は，11校の職業能力開発大学校・短期大学校および60ヵ所の職業能力開発促進センターによるほか，専門学校等への委託により行っている．これら

の公共職業能力開発施設のほか，指導員訓練および職業訓練に関する調査研究を行う*職業能力開発総合大学校（1校）の運営も行っている．勤労者財産形成促進事業は，1971（昭和46）年に法律（勤労者財産形成促進法）に基づいて創設された「勤労者財産形成促進制度」（財形制度）にかかる事業である．労働者の財産形成を促進し生活の安定を図るための助成金等の支給，労働者のための持家取得資金や教育資金等の融資を行っている． （谷口雄治）

⇨職業訓練校，職業能力開発総合大学校

〔文献〕1）職業能力開発研究会編：加除式現行職業能力開発ハンドブック（3），第一法規．

雇用保険法　Employment Insurance Law

〔成立〕高度経済成長を背景に，「完全雇用の時代である」との立場から，「失業保険法」に代わり1974（昭和49）年に制定された法律である．「失業保険法」が失業給付を中心に整備していた制度を，「雇用保険法」では失業給付のほかに「付帯事業」として新たに「雇用改善事業」「雇用福祉事業」（2007（平成19）年に廃止）および「*能力開発事業」を整備した．この「能力開発事業」により，*職業訓練等の財源が明確になると同時に枠組みが定まることになった．

〔意義〕失業保険の負担は労使折半であったが，「雇用保険法」を検討するときに「訓練税」の構想と，*ILO（国際労働機関）で議論されていた「有給教育訓練休暇」が取り入れられ，失業給付分のみを労使折半とし，付帯事業は企業主負担とした．このことが，制定後の政策では，能力開発事業が企業主主導になった根拠となっている．

労働関係法では「教育」の用語は避けられてきたが，有給教育訓練休暇として初めて「教育」が用いられた．ただし，「有給教育訓練休暇」の給付金は企業主にしか支給されない．

新たに1998（平成10）年10月に規定された「教育訓練給付金」は「失業給付金」を財源としており，能力開発事業ではない．つまり「失業給付金」の直接支給を減らすために，"失業防止"を目的とした学習援助である．これは各種・専門学校等の教育訓練機関での受講修了者へ授業料の補助として受講者本人に給付されている．

〔課題〕1985（昭和60）年に「職業訓練法」は「雇用保険法」の理念により抜本的に改正され，「*職業能力開発促進法」となった．「雇用保険法」は，"完全雇用"体制下で機能するはずであったが，当初の意図とは異なり，オイルショック以後の安定成長下の職業訓練政策の基盤となっている．

公務員以外の労働者はこの雇用保険制度に加入が義務づけられている．近年の独法化した組織も対象となるが，入っていない組織もあるようである．

（田中萬年）

〔文献〕1）加藤孝：改正雇用保険法の理論，財形福祉協会，1985．

コラボレーション　collaboration

〔意味〕「*協働」「共同制作」の意であるが，今日では一般に「コラボレーション」と原音のまま表記され，用いられている．もともとジャンルの異なるアーティストたちの共同制作や異業種間での共同商品開発などの場においてなされている協働的なモノ／コトづくりのプロセスの有する特性を明示するために用いられてきた．しかし今日では教育，福祉，医療などのヒューマンサービス全般や*市民活動等の社会的アクションの場面においてもしばしば使われている．

〔課題〕*社会教育・生涯学習の世界においては，コラボレーションという考え方はまだ議論され始めたばかりである．だが，*公共性を厳しく問われている今日の社会教育・生涯学習施設での学びの質を吟味する上で，それは次の2つの点で重要な視点を提供してくれるはずである．すなわち，1つには学びの組織を協働的なものとしてつくっていくという視点である．「地域社会の中で地域の課題を解決するために個人，異なる市民組織，行政が共通の目標についての合意をつくりあげる中でつくられる学び，この目標を実現する活動の中でつくられる学び」を重視しそれを「学びのコラボレーション」と呼ぶ高橋満の立場がこれにあたる．もう1つは学びの目標を協働的なモノ／コトづくりへと展開していくという視点である．それは，たとえば*美術館における美術作品をめぐる*学芸員と来館者とによる鑑賞*ワークショップのように，異なる者同士の語り合いを通して新たな解釈の視点や*評価を生み出すことになるだろう．これまでの学習組織論や学習目標論の成果を吟味しつつ，社会教育・生涯学習研究においてコラボレーション論の意義を検討していくことが求められている． （安藤聡彦）

〔文献〕1）高橋満：社会教育の現代的実践，創風社，2003．

ゴールデンプラン（独） Golden Plan (in Germany)

〔概要〕ドイツ連邦共和国（旧西ドイツ）で，1960年から15ヵ年計画で始められ完成をみた，壮大なスポーツ施設建設計画であり，一流選手の「競技力の向上」を第1の道とするなら，一般国民の「スポーツの振興」を第2の道と規定し，第1の道と画然と区別し，そのための固有の施設建設の必要性を提示したものであった．

これは，1960年6月，ドイツスポーツ連盟（Deutscher Sportbund）内にある特別会員組織の1つであるドイツオリンピック協会（Deutsche Olympische Gesellschaft）から，連邦政府，州政府，地方自治体それぞれの議会に，現状を訴え，計画の実現に直ちに着手するよう求めて提出された，高い理念とともに，その実現のための具体性に富んだ膨大な内容の文書であった．各レベルの議会は，これを真摯に受けとめ，審議し圧倒的な賛成で可決した．また各政党は，直ちに支持を表明した．こうした世論の大きな賛同のもとに計画は遂行され実現していった．

〔現状認識と解決の方法〕ドイツの急速な工業化・都市化の進展に伴い「現在ドイツに現れた生物学的破滅の危機は，最早看過しえないところまできている」，これに大胆に立ち向かわなければならないという認識のもとに，いわゆる現代病（生活習慣病）の蔓延を膨大な医学的データをもとに示し，その予防の主要な手段は，日常的な身体運動の導入とスポーツの振興であり，そのための施設の建設整備であるとした．

〔施設建設の方法とその結果〕施設は，ドイツすべての自治体について人口規模に応じてその必要数が算出され，それを年次計画に基づき15ヵ年で達成していくというもの．財源とその分担の割合は，連邦政府20％，州政府50％，地方自治体30％とされた．結果は，大都市のごく一部を除き，ほぼ100％達成された．そして，*スポーツクラブに加入している国民の数は，1960年の9.5％から，計画の完了した1975年には21.0％に増加し，その後上昇の一途を辿り，1990年代には，30％を超えるに至っている．

〔ゴールデンプランの前史〕ゴールデンプランの原型は，1916年段階に，既に，ベルリンオリンピック大会組織委員会事務総長デーム（Diem, C.）と都市建築家ワーグナー（Wagner, M.）との間で検討され，同年6月のドイツ帝国オリンピック委員会に提出審議されていた．その内容は，今回同様人口規模に応じ遊戯・スポーツ場，スポーツ施設を建設するというものであった．このプランは，第2次世界大戦で実現しなかったが，戦後の努力の過程を経て，今回新たな姿で実現に至った．

〔影響〕ゴールデンプランの実現は，ヨーロッパを中心に発展したみんなのスポーツ運動に，理念的にも，*実践的にも大きな影響を与え，1975年の「*ヨーロッパスポーツフォーオール憲章」の採択から1978年の*ユネスコ「体育・スポーツ国際憲章」の宣言へとつながる礎となった．また，わが国の，1972年の*保健体育審議会答申における施設建設計画にも大きな影響を及ぼしている． （関　春南）

〔文献〕1) 関春南：スポーツ環境としての政治．スポーツをとりまく環境（中村敏雄編），pp. 12-42，創文企画，1993．

ゴールドプラン（新ゴールドプラン） ⇨高齢者福祉

コロニー ⇨脱施設

権田保之助　Gonda, Yasunosuke

1887-1951．東京都（東京市神田区）に生まれる．新興無産階級の生活を主題にした日本の先駆的な社会調査である月島調査や浅草調査の*経験から，娯楽による近代都市労働者層の「生活創造」という独自の*民衆娯楽論を展開し，文部省*社会教育行政の生成過程に影響を与えた．ドイツ語研究者としての顔ももつ．1914年東京帝国大学哲学科（美学専攻）を卒業後，帝国*教育会より活動写真，寄席の調査を委嘱され教育と娯楽の関係を究明した．1920年「民衆娯楽の教育的利用対策の考究」を目的とした文部省社会教育調査委員に就任し（1923年まで），活動写真説明者講習会，全国民衆娯楽状況調査に従事した．1924年から1925年にかけて大原社会問題研究所の在外研究員として渡欧留学し，ドイツの民衆娯楽政策に注目した．帰国後再び文部省より教育映画調査（1927年），民衆娯楽調査（1931年）を嘱託された．「事実としての民衆娯楽」の問題発見から「政策としての民衆娯楽」を目ざした点が権田の特徴である． （坂内夏子）

〔文献〕1) 権田保之助：民衆娯楽論，巌松堂書店，1931．

さ

差異　difference

本来「他と比較しての違い」という意味にすぎないが、現代社会においては、差異は、人々に保障されるべき権利と結びついて議論となる。現在、異なる属性、異なる文化をもった人々を平等に扱うために社会はいかにあるべきかをめぐって、「多文化主義」「差異と承認」「*アイデンティティの政治」などのキーワードの下に、国際的にも議論が高まっている。

近代国家には、「国民」「男性」「健常者」といったカテゴリーに属する人間を標準モデルとし、そのモデルと異なる者は周辺化され、排除の対象となるか、あるいは同化の対象と見なされてきた歴史がある。*社会教育もその歴史にかかわってきた。こうした問題は現代においても解決されておらず、*差別問題として浮かび上がってくる場面も多い。

グローバル化を背景に、*ニューカマーの増大など、日本においても多様性はますます豊かになってきている。現代日本社会は、人々の間の差異、多様性をいかに扱うのかという問題に直面しており、それは社会教育・生涯学習分野にも大きな課題を投げかけている。　　　　　　　　　　　　（木村涼子）

⇨差別、多文化教育

〔文献〕1）コノリー、ウィリアム E.（杉田敦訳）：アイデンティティ╲差異―他者性の政治―、岩波書店、1998.

蔡元培　（さい・げんばい）　Cai Yuan-pei

1868-1940. 中国浙江省に生まれる。中国の教育家。

〔経歴〕科挙制度の進士に合格し、翰林に任じられた。日清戦争の敗北を機に、中国の近代化の必要を唱え、王朝体制に対する革命運動にかかわる。その後、1907 年にドイツに留学、哲学・心理学・美学を修め、1912 年に孫文の求めに応じて中華民国南京臨時政府の教育総長に就任した。旧来の儒教主義的教育を改め、近代国家建設のための教育制度の整備に尽力した。ドイツの*社会的教育学を基礎に、日本の*社会教育に学んで、教育部に社会教育司を置いた。しかし、袁世凱の帝政復活で辞職し、ドイツ、フランスなどに再び留学。16 年に帰国後、北京大学の学長に就任し、「思想的な自由と多様性」を理念として、多くの著名人を教員に迎えた。その中には、陳独秀、*魯迅、胡適、馬寅初らがいる。自由な校風のもと、学術討論や思想的な論争の気風が横溢し、多くのサークルや社会団体を生んだ。中国で初めてマルクス主義が講じられたのもこの大学である。蔡は五四運動期に学生の愛国運動を支持して、辞職を余儀なくされた。1928 年には中央研究院院長に就任、1932 年には孫文夫人の宋慶齢らとともに「中国民権保障同盟」を組織し、副主席に就任、1938 年には国際反侵略大会の名誉主席に選ばれ、1940 年、香港で病没。

〔理論〕蔡元培は教育には政治に従属する教育と政治を超越する教育の 2 種類があると捉え、双方の調和をとることが重要であると考えていた。そのために徳育を重視したが、それは人間が自らの成長を心地よいものと感じるための美的感覚を基礎として、社会的な秩序の建設を求める核となる概念であり、自由を求める人間の本性であるとした。そのため、彼は教育における自由と個性を重視し、現実の教育実践においても、教員による学問の自治と学生自治を尊重するとともに、男女共学、労働教育などを提唱した。　　　　　　　　　　　　（牧野　篤）

〔文献〕1）中日威博：北京大学元総長　蔡元培　憂国の教育家の生涯、里文出版、1998.

再就職講座　seminar of the reemployment of women

再就職を目ざす専業主婦を主な対象とした就職準備のための講座の総称。1960 年代から 70 年代にかけて、女性の自立を目的として女性センター（後には*男女共同参画センター）や*社会教育施設などで始められた。「*女性問題学習」を経た女性たちによるボランタリーな講座や民間ベースのものも開催された。「プレ職業教育」ともいいうる内容が多く、主婦が職業をもつことによる家庭の諸事情の変化とそれへの対応、*労働に向かう自らの姿勢や意識などについて、学習者相互が学び合うことを大切にしていた。その後、女性の労働力活用を目的とした政策も導入され、今日では、「女性問題学習」を経ることなく、たとえば「パソコン講座」や「起業講座」など、再就職支援のための個別的技能やノウハウの習得を目的とした講座も多く、男女共同参画センター

のみならず*職業訓練校でも開講されている．社会教育の立場からは*労働権や*生活課題についての学習との結合が望まれる． （朴木佳緒留）

財団法人　incorporated foundation

ある一定の目的のために用意され拠出された財産の集合（財団）を運用することで社会的活動を行う権利・義務の主体を意味し，民法第34条を基本的な根拠法とする*公益法人をいう．一般に，個人および企業等の寄付行為からなる財産により設立され，運用益を主な収入とする法人で，（財）と略記される．2006年現在，日本には1万2792の財団法人があり，資産規模100億円以上の財団は20（3％）にすぎないが，それらの合計資産は全体の34％を占めており，日本の財団は，少数の大型財団と大多数を占める中小規模財団との二極構造にある．また，2006年の公益法人制度改革は，民間非営利部門の活動を発展・促進させるために，寄付金税制の抜本的改革を含めた「民間が担う公共」を支えるための改革であり，今後の財団のあり方に影響する．（槙石多希子）
　⇨社団法人

〔文献〕1）熊谷則一：公益法人の基礎知識，日本経済新聞出版社，2009．

最低賃金　minimum wages

使用者が従業員に最低限支払わなければならない賃金の下限額のことで，1959年に制定された最低賃金法によって定められている．最賃（さいちん）と略される．すべての*労働に対して適用されるため，正社員やパート・アルバイトといった勤務形態の違いにかかわらず，使用者は最低賃金以上の賃金を支払わなければならない．最低賃金は，基本的な賃金の額であり，たとえば，賞与・一時金，時間外割増賃金（いわゆる残業代），家族手当や通勤手当（いわゆる交通費）などの諸手当は含まれない．

最低賃金は全国全産業一律に決められているのではなく，地域の特性や産業もしくは*職業の種類に応じて決められており，都道府県ごとに定められる地域別最低賃金（東京の時間額739円（2007年10月19日施行）が最高）と産業別最低賃金のほか，一定地域を対象とした労働協約の拡張適用による最低賃金の3種類がある． （大木栄一）

〔文献〕1）労働調査会：最低賃金決定要覧（平成21年度版），労働調査会，2009．

在日外国人　alien resident

日本国内に居住する登録外国人および未登録（いわゆる「不法滞在」「不法残留」）の外国人をあわせて一般に在日外国人と呼ぶ．国籍を重視する場合は「外国籍市民」，また，住民であることを強調する場合は「外国人住民」「外国籍住民」などを使用する．
〔オールドカマーと*ニューカマー〕2010年末現在，全国の外国人登録者数は，213万4151人で，総人口の1.67％を占める．国籍と比率は，中国32.2％，韓国・朝鮮26.5％，ブラジル10.8％，フィリピン9.8％，ペルー2.6％，米国2.4％，その他15.7％となっており，これに未登録外国人6万7065人（2012年1月1日現在）を加えると，約220万人の外国人が日本国内に居住する．

在日外国人を大きく分けると，日本の過去の植民地支配の結果として日本に定住するようになった在日韓国・朝鮮人や明治期から神戸や横浜などに住む中国人などのいわゆるオールドカマーと，1980年代後半から急増している移住労働者やインドシナ難民，中国帰国者，留学生・技術研修生などのニューカマーに分けられる．オールドカマーは，年金，地方参政権，民族差別などの課題を抱えているのに対して，ニューカマーは，十分な日本語運用能力をもたないことから生ずる情報からの疎外や司法・医療現場でのコミュニケーション問題，小中学校で学ぶ子どもたちの教育や*アイデンティティをめぐる問題などを抱えている．

〔外国人労働者のさらなる受け入れ〕ニューカマーの多くは，1985年の先進国蔵相会議・プラザ合意以降の日本経済の世界経済への船出が契機となり，日本での出稼ぎ労働を目的に来日した外国人労働者である．円高により円の国際的価値があがり，その円を求めて日本を目ざす外国人が増えている．また，国内では自動車などの輸出産業が生き残りをかけてさらなる経費削減を下請け企業に求めたため，安い賃金でも働く外国人に頼ることとなった．さらには，それに日本社会の少子高齢化が加わり，いわゆる3K労働の現場で決定的に労働力が不足するに至る．日本社会の労働力不足を補いつつ，日本の企業が生産コストを低く抑え，国際的な競争に勝つためには，海外からの外国人労働者を受け入れる傾向は今後も続くこととなろう．

〔国・地方自治体の施策〕こうした在日外国人の増加に対して，国や地方自治体の施策は，多言語パンフレットの発行など受け入れのための初歩的段階から，外国人相談窓口の設置や*ボランティア養成講

座の開催など多文化共生事業を展開する段階に至っている．今後，「外国人市民会議」の設置や外国人も参加できる住民投票条例の制定など，外国人の政治参加や社会参加を積極的に促す段階への発展が望まれるが，地域における日本人と外国人との*共生は，実際に必ずしもうまくいっているわけではなく，外国人集住地域では深刻な摩擦も生じている．

外国人住民と日本人住民が，地域社会において互いの言語や文化を尊重しながら共生できるようになるためには，問題対策的な施策ではなく，顔のみえる豊かな人間関係が築けるような地域での交流事業などが必要である．いつでも誰でも質の高い日本語を学べるような公的な*日本語教室を地域の交流センターとして設置するなど，国や地方自治体の積極的な施策が望まれる．「すべての移住労働者とその家族の権利保護に関する条約」の批准も課題である．

(野元弘幸)

〔文献〕1) 田中宏：在日外国人（新版），岩波新書，1995.

在日外国人教育基本方針 ⇨多文化教育

在日コリアンの社会教育 social education (adult and community education) for Korean residents in japan

〔同化と排除からの脱却〕在日コリアンの存在が社会教育の地平に登場するのは1980年代の後半からである．それは難民条約批准の1982年以降の様々な権利獲得運動や学校・地域での教育実践の蓄積によってもたらされた．

日本社会の*差別と*偏見にさらされ続けてきた在日コリアンは日本人支援者とともに人権の保障を求めて立ち上がった．1970年代に始まったこれらの運動と実践は，制度の変革を求める活動が中心となって展開されるが，同時に日常の生活レベルにも視点を移し，教育や福祉の問題へと移行することとなり，「ともに生きる」というコンセプトが共有され，在日コリアンの本名問題をめぐる論議が公立学校の中で活発化していった．

在日コリアンの*アイデンティティの確立と公教育の役割について，その関心は心ある日本人支援者も加わって学校と行政を動かした（2005年現在80に近い自治体で*在日外国人教育の基本指針が作成されている）．*共生への論議が深まるにつれて「みんな同じであればいい」という日本社会の同化的体質への批判が高まり，この問題は日本人の課題であるという認識も深まっていった．これによって，「同化と排除」から「*受容と共生」へという考え方が市民権を獲得することになる．それは抽象的な議論からではなく学校・地域社会における運動と実践の結果であることに大きな意義をもっているし，このことはまた人権の思想が社会に定着していくという優れて社会教育実践そのものであるということができよう．

〔多文化共生と社会教育〕1990年代から地域の国際化が一層深まり，在日外国人住民の中で依然としてコリアンが占める割合が高いものの，言語，文化，習慣等を異にする新来外国人がますます多くなる状況において，異文化理解と多文化共生は社会教育実践においてもキーワードとなっている．このキーワードの本質とこれに対する日本社会のあり方を理解する上で，在日コリアンと日本人との共生の営みのプロセスが多くの示唆を与えているし，それはまた社会教育研究や実践とりわけ*人権教育の展開に重要な役割を果たしている．

(星野修美)

〔文献〕1) 星野修美：自治体の変革と在日コリアン，明石書店，2005.

細分化された労働 英 fragmentation of labour, 仏 travail en miettes

テーラーシステムと呼ばれる科学的な生産過程の管理方法によって，労働本来の一体性が失われ細切れになった近代的な労働の疎外された形態，ないしはその議論のこと．フランスの労働社会学者のフリードマン（Friedmann, G.）が提議した．

機械が導入され分業化が始まる以前の19世紀の労働においては，労働にかかわる全体の工程が1人の*職人的な労働者によって遂行されていた．これに対し科学的管理法が導入された近代社会の労働においては，効率化の観点から労働の過程が細かく区分され，労働者は工程の一部分を担当し単純な反復作業を繰り返すことが求められるようになった．また段取りの過程は別の部署によって担当されることになった．これは労働から多様性や創意性，責任，全体への参加などの要素が失われ，本来の「ものづくりを通した社会参加」という契機を労働者が失うことを意味した．*ILO140号条約やフランスの*社会的昇進策などの労働者の生涯教育にかかわる論議においては，このような具体的な*労働過程における疎外の克服が，その根底に流れる基本的なモチーフになっている．

(末本　誠)

〔文献〕1) ジョルジュ・フリードマン（小関藤一郎訳）：細分化された労働，川島書店，1973.

佐喜眞美術館　Sakima Art Museum

佐喜眞美術館は，1994年11月に佐喜眞道夫が私費を投じて開館した*美術館である．沖縄県宜野湾市上原の米軍普天間基地を一部取り戻したフェンスに囲まれた土地に立地している．メインの作品は丸木位里・俊作の「沖縄戦の図（4×8.5 m）」である．開館のきっかけは，佐喜眞館長の「厳しい状況の沖縄にアートの力を使って静かなもの想う空間をつくりたい」という想いと丸木夫妻の「沖縄の絵は沖縄にあるのが一番いい」という願いであった．

同じ敷地内には，築後270年になるという佐喜眞家代々の亀甲墓（亀の甲羅に似た墓）があり，「歴史的に厳しい場所であるがゆえに，小さくても本格的な空間をつくりたい」という佐喜眞館長の考えは，亀甲墓の後方の「銀の森」構想でも展開している．

美術館の屋上の階段は，組織的な沖縄戦が終結した「慰霊の日」（6月23日）の日没の太陽が建物の正面になるように設計されている．屋上からは巨大な普天間飛行場と張り付くような町並みが広がる．そのかなたには沖縄戦における米軍の上陸地となった読谷村がみえ，晴れた日には鮮やかなコバルト色の海も見渡せる．

年間修学旅行生を中心に5万人余が訪れる．1995年には，国連出版局刊行の「世界の平和*博物館」に掲載された．　　　　　　　　　　　　　　（上地武昭）

⇨平和学習（沖縄）

〔文献〕1）佐喜眞美術館ホームページ（http://sakima.art.museum/）；2）佐喜眞道夫：沖縄の心を，佐喜眞美術館発行，2006．

作業科　Sagyo-ka（vocational training course）

旧学制における中学校の教育が上級学校受験を目ざす学科目に偏しているとされ，これを是正し，教育内容の実際化を図るために1931年に中学校令施行規則改正により創設された教科．全学年にわたる必修教科で，「作業ニ依リ勤労ヲ尚ビ之ヲ愛好スルノ習慣ヲ養ヒ日常生活上有用ナル知能ヲ得シムル」ことを要旨とし，「園芸，工作，其ノ他ノ作業」を課すとされた．5年間の猶予期間を経て1936年から全面実施されたが，おりからの準戦時体制に向けて強化された勤労動員体制に埋没して存在感が薄くなり，1943年の中等学校令により中学校の学科目構成が「教科及修練」となると，作業科はなくなった．短命であったこの教科については，勤労愛好精神の涵養の名による「思想善導」を目ざしたとする評価があるほか，中等教育の大衆化と教育内容の実際化を図ろうとした点で異色の改革であったとする肯定的な評価とがある．

（横山悦生）

〔文献〕1）原　正敏：旧制中学における作業科―その技術教育的側面―．科学史研究，第66号，1963．；2）横山悦生：戦前の中学校における作業科．技術教育学研究，第3号，1986．

作業所　sheltered workshop

*障害のある人が*労働を中心とした活動を行うための施設である．

〔歴史〕障害のある子どもの学校卒業後の進路保障を目ざして1969年に名古屋市で「ゆたか作業所」が開設されて以降，作業所づくりの運動が全国で進められ，1977年には共同作業所全国連絡会（現在の「きょうされん」）が結成された．1977年に東京都小平市で「あさやけ第二作業所」が開設されたのを最初として精神障害のある人の作業所も急激に増加し，1980年代後半からは，脳血管障害による中途障害，アルコール依存症・薬物依存症による障害，交通事故・労働災害による中途障害など多様な障害の範囲に応じた作業所がつくられてきている．

〔活動〕*発達保障の考え方の形成とも絡み合いながら，共同作業所運動においては労働を中心とした活動の中で障害のある人の人間発達が目ざされてきた歴史がある．労働のもつ発達的意義が考えられ，障害のある人の主体的活動が重視されたのである．また，作業所は労働のほかにも交流会や*レクリエーションを行っていることが多く，障害のある人の地域における*文化活動の基盤になっている場合もあり，生涯学習という側面からも作業所の役割への注目が必要である．

〔課題〕一般に作業所が抱える大きな問題として，財政的困難による運営基盤の脆弱さがある．2006年の障害者自立支援法施行により，作業所の困難は深まっており，政策的対応が求められている．

（丸山啓史）

〔文献〕1）共同作業所全国連絡会：ひろがれ共同作業所，ぶどう社，1987．；2）共同作業所全国連絡会：みんなの共同作業所，ぶどう社，1997．

作業療法・理学療法　occupational therapy, physiotherapy/physical therapy

*障害のある人またはその可能性のある人が自律した生活を送ることができるように，機能回復と生活支援を行う療法．我が国では1965年に施行された「理学療法士及び作業療法士法」によって国家資格となった．理学療法では基本的動作能力，作業療

法では応用的動作能力または社会的適応能力の回復を図るという違いがある．しかしいずれも，主として医療保険ならびに介護保険制度下で，身体的機能，認知・精神的機能，社会的機能の維持・改善ならびに福祉用具の選定や住宅改修などの環境調整，学校・職場復帰，役割の再獲得に向けた働きかけを通して障害をもつ人や高齢者およびその家族の生活を支援し，*QOL (quality of life) の維持向上を目ざす．近年では*ヘルスプロモーションの観点から，地域住民を対象に疾病・*介護予防や健康増進にかかわる指導を行っているが，これらを生涯教育の視点から捉え返すことも必要であろう．
　　　　　　　　　　　　　　　　（藤原瑞穂）

〔文献〕1）日本作業療法士協会監修，杉原素子編：作業療法概論，協同医書，2010．; 2）奈良勲編：理学療法概論，医歯薬出版，2007．

サクセスフルエイジング　successful aging

健康で長生きしていて満足と幸福を感じられるような老いの過程あるいは老化や高齢期の生活への良好な適応過程をさす概念．

〔概要〕サクセスフルエイジングが学術用語として広く認知され，*老年学研究者の関心を集めるようになったのは，*The Gerontologist* 創刊号に掲載された「Successful Aging」と題するハヴィガースト (Havighurst, R. J.) の論文からである[1]．それ以降，サクセスフルエイジングは，老年学 (gerontology) あるいは*エイジング研究 (aging studies) と称される領域の中で最も関心を集め，一貫して研究されてきているテーマである．

〔理論〕これまでの多くのサクセスフルエイジング研究から共通に理解されているところを整理すると次の5点にまとめられる[2]．①身体的，心理的，社会的等々の多様な要素から成り立つ複合的，多次元的概念である．②高齢期を衰退・喪失の時期としてだけではなく，高齢期における発達・成長に目を向けるべきである．③人間の諸機能，特に健康や身体活動*能力は，高齢期においてはもって生まれた遺伝的資質よりも生活スタイルに大きく影響される．④社会環境条件がサクセスフルエイジングの過程に多大な影響をもたらす．⑤個人の目標や生き方に応じて多様なサクセスフルエイジングがある．ローウェ (Rowe, J. W.) とカーン (Kahn, R. L.) の「通常の老い」(usual aging) とサクセスフルエイジングの区別[3,4]や，バルテス (Baltes, P. B.) らの「補償を伴う選択的最適化」(selective optimization with compensation) と名づけたサクセスフルエイジングのメタモデル[5,6]も注目される．近年では*障害をもった高齢者や*認知症高齢者のサクセスフルエイジングの研究も試みられている．*社会教育・*生涯学習の観点からいえば，サクセスフルエイジングの問題を考えるときにコンピテンスやライフスキルに着目することも重要である．
　　　　　　　　　　　　　　　　（小田利勝）

〔文献〕1) Havighurst, R. J.：Successful Aging. *The Gerontologist*, **1**, 8-13, 1961. ; 2) 小田利勝：サクセスフル・エイジングの研究，学文社，2004. ; 3) Rowe, J. W. and Kahn, R. L.：Human Aging: Usual and Successful. *Science*, **237**, 143-149, 1987. ; 4) Rowe, J. W. and Kahn, R. L.：*Successful Aging*, Dell Publishing, 1998. ; 5) Baltes, P. B. and Baltes, M. M.：*Successful Aging : Perspectives from the Behavioral Sciences*, Cambridge University Press, 1990. ; 6) Baltes, M. M. and Carstensen, L. L.：The Process of Successful Ageing. *Ageing and Society*, **16**, 397-422, 1996.

サークル運動　circle movement

生活と思想の統合を目ざす学習・*文化活動等を目的とした小集団による活動．

〔歴史的概観〕現在，サークル，グループ，団体等はほとんど同義語として用いられる場合が多いが，もともとサークル運動は1930年代のプロレタリア文化運動において始まったとされる．しかしこの運動のほとんどは，ファシズムの嵐の中で弾圧の対象であった．第2次世界大戦後に，人々は戦後復興に取りかかると同時に，自由な思想を求めて多様なサークル運動を展開した．それらは民衆の*自己・*相互教育そのものであり，*社会教育法による*社会教育行政の出発に先駆けるものであった．

そして1950年代，社会的な情勢の転換期にあって，平和を願う住民たちが自主的に集い学習をし，自己教育運動を展開する場としてサークルは多数組織され，それぞれの表現手段を用いて運動を展開しかつ相互交流も盛んになされたのである．社会教育実践はサークル運動の歴史であったといっても過言ではないであろう．

〔青年のサークル運動〕無数に生まれたサークル運動の中でも，農村青年による生活の語り合い，共同体の中に残る封建的な因習への挑戦による政治の変革など実践は枚挙に暇がない．都市においては，名古屋青年サークル連絡協議会の実践が注目される．ここにおいて実践的に深められた「たまり場」論や「自己形成史学習」は，*青年団をはじめとして広く青年たちの活動に取り入れられた．

〔女性のサークル運動〕同様に広がりをみせたサークル運動の担い手として婦人（女性）があげられる．母の歴史をはじめとした生活記録運動，母親として

の立場から捉えた生活にかかわる問題への取組みを展開したサークルをはじめとして,婦人問題(女性問題)認識の広がりとともに,地域女性史研究のサークルや*学級・講座を修了したグループによる自主的なサークル活動,学習としての託児についての学習サークル,*フェミニズムの波を受けた女性解放を掲げるサークルは社会変革への視点をもちつつ,あくまで生活の場である地域で仲間との関係を編みながら学習を深めてきた点において注目される.

〔課題〕生活記録をはじめとする,自己形成史,*自分史の膨大な遺産は世界に誇れるものである.学習方法についても,徹底した成員の対等性と*対話に立つその方法は,*フレイレに代表される*解放としての教育実践を目ざすラディカルな思想家の提起とも通じるものである.*実践が多数記録に残されており,今日改めてその歴史に学ぶ復刻版の相次ぐ刊行やそれに基づく研究が取り組まれている.現代市民社会の鍵は,諸決定における市民の主体的な参画と変革のための実践への参加にかかっている.学習サークルの重要性は,*グローバリゼーションによる弊害が大きくなるほど見直されつつある.一方で,グループやサークル運動の中から,新たに*NPO法人としての組織化が進められているが,行政との関係において自律性や主体性が弱くなるなどの課題も発生している. (矢口悦子)

〔文献〕1)鶴見和子:エンピツをにぎる主婦,毎日新聞社,1954.;2)大田堯編:農村のサークル活動,農山漁村文化協会,1956.;3)思想の科学研究会編:共同研究 集団―サークルの戦後思想史―,平凡社,1976.

サークル連絡協議会 Cooperative Conference of Circles

サークル活動は,人間的な生活を求め,*自己実現や様々な文化要求を実現する多様な世代の小集団活動である.その組織は,ゆるやかであり自由であることに特徴がある.それゆえに組織的な基盤が弱く,活動を維持,発展させ,活動の中から出てきた諸要求や課題を解決していくために連絡協議会を必要としてきた.連絡協議会は,市町村自治体をエリアとしているものが多く,都道府県やこれを越えるエリアで構成されるものもある.青年分野では,1970年代に*生活史学習を展開して隆盛をみた名古屋サークル連絡協議会(名サ連)や東京五区青年団体サークル連合連絡協議会(五区サ連協)などがあるが,近年では市町村自治体におけるものが実態をもつ.

連絡協議会の役割は,実践分析を通じて経験と実践理論を蓄積し,リーダー研修などを通じてサークルの担い手を育て継承することでその連絡協議会がもつエリアのサークルの維持,発展を支えることにある.また,参加する各サークルを構成する年代層の共通する課題解決の取り組みを行う.例えば青年施設改善や増設の課題,生涯学習施設で女性問題を学ぶ学習講座開設の課題など.そして個別のサークルは,連絡協議会を構成することでその分野を代表する組織として,社会教育や生涯学習の行政に参画することを可能にしてきた.それは,日本の社会教育や公民館などが住民参画の制度をもっていることを前提としている. (小林平造)

⇒サークル運動

〔文献〕1)思想の科学研究会編:共同研究・集団―サークルの戦後思想史―,平凡社,1976.

サードセクター the third sector

〔定義〕一般には,非営利,非政府組織をいうが,それは非政府,非営利という面で,第1セクターである政府,第2セクターである市場と区別される固有のセクターを構成する.共通の利益をめぐり,国家が制度的連帯により,市場は貨幣を通して人々を結びつけるのに対して,サードセクターは,*互酬性と人間的な連帯を通して共益・共助を目ざす.したがって,共感とか,正義に対する感覚などが重要な要素となる.重要なのは,これら3つのセクターは,どれが1つだけというような択一的な関係としてではなく,相互に補完しあって,われわれの生活をより豊かなものにすることができる,という関係にあるという点である.

〔経緯〕サードセクターは,国によって様々な名称をもち形態も多様である.具体的には,地域組織,チャリティ組織,教会,政党,*労働組合,*専門職組織,私立学校,病院,福祉団体などがあるが,米国では*NPOが,ヨーロッパではNPOと並んで*協同組合や社会的企業などもこのセクターの典型的な形態である.阪神・淡路の大震災は,災害をはじめとした社会的問題の解決における*市民活動への関心を高め,「非営利活動促進法」(NPO法)の制定を促し,国,自治体レベルでNPOをはじめとした組織の法人化が進められた.これらが歴史的な蓄積と影響力をもつ消費協同組合,新しい形態である*労働者協同組合などとともに日本のサードセクターを形成している.ちなみに,自治体と民間企業が共同出資して設立する事業体を第3セクターという

が，ここでいうサードセクターとは異なる．

〔課題〕*福祉国家体制のもとで社会的，経済的領域におけるサードセクターの活動の意義は，市場や国家の役割に対して過小に*評価されてきた．しかし，自由主義的改革が進む中「市場の失敗」や「政府の失敗」という言説のもとで，これらの営利組織や政府とは異なる原理により社会的サービスを提供するサードセクターの意義が注目を集めることになった．したがって，社会的権利の後退を補完するものとしてサードセクターを位置づけるのか，本来の民主主義的な社会をつくる基盤としてサードセクターを位置づけるのか，大きな岐路にある．

(高橋　満)

〔文献〕1) 佐藤慶幸：NPO と市民社会―アソシエーション論の可能性―，有斐閣，2002.；2) 高橋満：NPO の公共性と生涯学習のガバナンス，東信堂，2009.

サービス残業　unpaid overtime work

所定時間外や休日に*労働時間の一部または全部に対して，決められた賃金や残業手当が支払われないことをさし，「賃金不払い残業」ともいう．サービス残業は，*過労死や過労自殺の原因につながる恐れがあることもあり，サービス残業の存在を知りつつ放置する行為は*労働基準法に違反する行為である．サービス残業には，①自己申告規制型，②上限設定型（1ヵ月の時間外労働時間の上限を決めている），③定額型（毎月一定額の時間外手当が決められている），④下限設定型（1日や1ヵ月の一定時間までの時間外労働について時間外手当を支払わない），⑤振替休日未消化型，⑥年俸制組込型，⑦管理監督者不適合型（残業手当の支給対象となる労働者について管理監督者として取り扱う），⑧変形労働時間制等不適合型など様々なパターンがある．

(大木栄一)

〔文献〕1) 木村大樹：サービス残業 Q・A，全国労働基準関係団体連合会，2006.

サービスラーニング　service learning

〔定義〕学校や大学における学習と公共的なサービスを通した学習とを結びつける学習方法．それは市民性教育，広い意味では政治教育としての側面をもつ．

こうした教育方法は，デューイ（Dewey, M.）のいう生活経験学習，学習を社会・文化的なものとしてみる学習論を基盤としている．それは学校教育の補完にとどまらない固有の教育方法，独自の教育的意味をもつ．近隣のゴミを清掃するなど環境美化活動だけに参加するのはサービスラーニングではない．活動とともに，自己省察したり，自己発見をもたらしたり，新しい見方や価値，技術，*知識を学ぶことができるように用意された構造化された学習機会がなければならない．学習のプロセスで，「省察」という教育方法が特に中心的な位置を占める．

〔歴史〕サービスラーニングは，米国で 1980 年代から一種の政治的な運動として成長し，学校教育の領域で実施されている．1990 年には国家およびコミュニティサービス法（National and Community Service Act）制定，さらには，この教育方法を普及する目的をもつ教育改革におけるサービスラーニング連盟（Alliance for Service-Learning in Education Reform）や，国家およびコミュニティサービス協会（The Corporation for National and Community Service）などが組織され，これを受けて州でも教育内容の基準としてサービスラーニングへの参加を求めたり，卒業要件に加えるなど全米的な広がりがある．

〔課題〕サービスラーニングが提唱される背景には，まず，参加型民主主義の形骸化に対する危機意識がある．市民が自治活動に日常的・継続的に積極的に参加すること，利害の対立する事柄について，共同で討議し，意志決定し，行動する市民の育成を課題とする教育方法が求められる所以である．ただし，国家の機能的肥大化による市民同士の相互扶助が衰退し，「政府―市民」「*専門職―受益者」という関係がつくられていることへの批判が込められている．したがって，サービスラーニングの教育実践は，*新自由主義の教育政策と適合的な側面をもつことを銘記すべきである．したがって，この一種の政治教育をめぐって，義務化をすべきか否かということをめぐる論争が生まれる．

(高橋　満)

〔文献〕1) Billig, S. H. and Furco, A. eds.：*Service-Learning Through a Multidisciplinary Lens, Greenwich*, CT：Information Age Publishing, 2002.

サブカルチャー（下位文化）　sub-culture

社会の中のある集団に共有される思考様式，行動様式，価値観等をさす．日常用語では，音楽，漫画，ファッション等の細分化された志向やジャンルをさす傾向が強いが，社会科学では，階級，エスニシティ，*ジェンダー，世代等によって区分され，中でもその社会で支配的な文化（メインカルチャー）に対し，対抗性や自立性等何らかの異質性を有するもの

をさすことが多い．その要素としては芸術文化に限らず人々が無意識に行っている考え方，振る舞い方等を含む．学校教育がある特定の文化を正当化してしまうように，*社会教育の政策や*実践が意識的・無意識的に形成している文化が，他の集団・文化との関係で，誰に支持され，誰を遠ざけているかを吟味する必要がある．たとえば，「地域」「共同性」「世代間交流」等は，しばしば社会教育実践の目的や方法として自明視されるが，その価値が誰に共有されているものか考慮されることが求められる．

(新谷周平)

〔文献〕1) 吉見俊哉編著：カルチュラル・スタディーズ，講談社，2001．

差別 discrimination

何らかの属性をもつ個人や集団に対し，合理的な理由なく不利な取扱いを行うこと．そうした行為を正当化する意識として，当該者への*偏見や先入観が存在することが多い．

現代日本において差別の対象となる属性の代表的な例には，*被差別部落，在日コリアン，*アイヌ民族，女性，障害者などがある．こうした差別問題についての社会的な認識は，時代とともに変化・展開していくものであり，国際的に*人権意識が高まる中で，近年日本でも，*高齢者，子ども，性的マイノリティなどについても，差別を受ける存在として認識することの必要性が主張されている．また，たとえば被差別部落女性などのように，被差別属性が複数重複することによって，二重三重に不利益を被る状況が「複合差別」として注目されつつある．

*社会教育・*生涯学習分野において差別問題は，あらゆる市民にとっての重要な学習（啓発）課題として位置づけられるとともに，被差別状況にある人々に必要な学習機会をいかに提供するかという意味でも，大きな課題を提起しつづけている．

⇒差異，偏見，人権意識 (木村涼子)

〔文献〕1) 磯村英一：現代世界の差別問題，明石書店，1992．；2) 反差別国際運動日本委員会：マイノリティ女性が世界を変える！—マイノリティ女性に対する複合差別，反差別国際運動日本委員会，2001．；3) 佐藤裕：差別論—偏見理論批判—，明石書店，2005．

差別表現 discriminatory expression

人間の内面に形成された差別意識を，表情や身振り，言語などによって表し出すこと．

〔概観〕差別表現は被差別者を精神的に傷つける力をもつと同時に，それに接した第三者の意識に差別的な見方，感じ方を生じさせることもありうる．一般に，差別語の使用が差別表現であるかのように理解されることが少なくないが，差別語とされる言葉を差別的な意味をまったく含まずに使用することは可能であるし，差別語が一切用いられていなくても，その文脈からみて差別表現となることもある．

〔動向〕1970年代にマスメディアによる差別表現が大きな社会問題となった際，マスメディアの多くは，何が差別表現であるのか，その理由を示さないままに，特定の言葉の使用を禁止したり，言葉の言い換えなどを行った．こうした思考停止ともいうべきマスメディアの対応は，あたかも差別語を使用しなければ問題はないといわんばかりに，人間と人間との関係の問題である*差別を言葉の使用の問題に矮小化させた．言葉の言い換えは，その言い換えによって使われなくなった言葉に差別的な響きをもたせるだけではなく，差別そのものが存在する中で，言い換えられた新しい言葉も差別的な響きをもってしまうこともある（たとえば，学校職員の「小使い」が「用務員」と言い換えられ，近年，「校務員」「技能員」と，さらに言い換えられている事例など）．その言葉がどのような文脈で用いられたのか，またその表現がどういう意図のもとで行われたのかを議論するのではなく，言葉の使用のみを問題視し，特定の言葉に責めを負わせることは，差別が人間関係の問題であることをかえってみえにくくさせる．1980年代以降，米国で取り組まれているPC（political correctness；政治的に正しい表現）は，差別や*偏見が含まれている言葉を政治的にみて正しい（非差別的な）表現に変えていこうとするものであるが，ここでも機械的な言い換えをめぐって同様の問題点が指摘されている．

(石元清英)

⇒差別

〔文献〕1) 藤田敬一：同和はこわい考，阿吽社，1987．

サラモン，レスター Salamon, Lester M.

1943-．米国ペンシルヴェニア州に生まれる．米国の非営利セクター研究者．2009年現在ジョンズ・ホプキンス大学教授．非営利セクターの特徴に関する実証的な国際比較研究を行い，非営利セクターの研究に大きな影響を与えている．サラモンによる*NPOの定義は世界的に最も普及している定義の1つとなっている．すなわち，NPOは次の特徴をもっており，それは，① フォーマル，②非政府，③非営利，④ 自己統治，⑤ 自発性，である．また，サラモンは「ボランタリーの失敗」を概念化し，政

府が非営利セクターを支援する理論的根拠を説明したことでも有名である．サラモンによれば，非営利セクターは市場や政府の失敗を補う派生的な機関ではない．非営利セクターこそが市場の失敗に対応する主たる機関である．一方政府は非営利セクター固有の失敗や限界を補う副次的な機関とみなされる．こうした指摘を通して，サラモンは非営利セクターと政府とのパートナーシップの重要性を強調する．

(松本　大)

〔文献〕1) サラモン，L.M.，アンハイアー，H.K.（今田忠監訳）：台頭する非営利セクター——12ヵ国の規模・構成・制度・資金源の現状と展望—，ダイヤモンド社，1996.；2) サラモン，L.M.（山内直人訳）：NPO最前線—岐路に立つアメリカ市民社会—，岩波書店，1999.；3) サラモン，L. M.（江上哲監訳）：NPOと公共サービス—政府と民間のパートナーシップ—，ミネルヴァ書房，2007.

参加型学習　⇨参加・体験型学習

参加型調査　participatory investigation

市民が専門家と一緒になって行う調査．第2次世界大戦後，日本の多くの*公立博物館の設立・発展に際しては，アマチュアの協力により資料収集や調査研究が行われてきた（大町山岳博物館，大阪市立自然科学博物館等）．1970年代には*自然保護運動の一環として，環境指標生物を用いたアンケート調査が試行され，堀田満らの手でタンポポ類の分布調査手法が確立された．参加型調査の長所としては，専門家だけでは不可能な広域調査や長期モニタリングが可能，調査協力者が身近な自然に目を向ける機会になる，調査を分担することが学習の動機づけや自発的活動のきっかけとなる，地域の将来に関心をもつ人が増える等が指摘されている．*博物館が参加型調査の拠点となる意義は，*学芸員の支援が得られ，証拠となる収集物の保存が可能で，*展示や刊行物を用い他の市民へ成果が還元しやすく，作業の場として活用できること等が指摘されている．

(瀧端真理子)

〔文献〕1) 浜口哲一：放課後博物館へようこそ，地人書館，2000.

産学官連携　collaboration by industries, universities and goverment

企業や*NPOなどの民間セクターである「産」と，教育や学術研究を行う大学等の「学」，国・地方公共団体や公的資金で運営される試験研究機関の「官」，これら三者間の連携活動を産学官連携と呼ぶ．
〔概観〕従来，共同研究や受託研究，あるいは大学教員のコンサルタント活動，派遣職員の受け入れによる人材交流等，知の源泉である大学の社会貢献活動として，産官学連携は行われてきた．しかし，近年，それぞれのセクターが互いを，独創的で最先端のビジネスを創出するための，あるいは，地域社会の問題をともに解決するためのパートナーと見なすようになったことにより，わが国の産官学連携は急速に発達している．
〔動向〕今日の産学官連携事業の中心となっているのは，大学や公的試験研究機関が生産した知的資源の民間活用である．そのために，研究成果を特許化したり，企業への技術移転を行うTLO（Technology Licensing Organization, 技術移転機関）を整備したり，産学官連携*コーディネーターを配置するなどの策が，産学官のいずれでも講じられている．研究成果によって企業が得た収益の一部が，さらなる研究資金として大学等に還元されることで，産学官を結ぶ「知的創造サイクル」が回転し，すべての機関の活性化につながっている．また，産学官連携は，研究活動に限ったことではなく，教育活動でも盛んに行われている．企業は，時代の変化や産業技術の高度化などに対応できる高度な*専門職者を養成するために，これまで企業内で行ってきた人材育成や再教育を大学に委託するようになっている．一方大学も，高度生涯学習機関として，社会的要請に配慮した人材養成や，新しい大学教育プログラムのあり方を企業と共同開発したり，*インターンシップ活動を通じた企業内での学習を行ったりしている．このように，今日の産学連携は，これら3つのセクターが相互に成長しあう手段として注目されている．

(志々田まなみ)

〔文献〕1) 玉井克哉・宮田由紀夫編著：日本の産学連携，玉川大学出版部，2007.

三角ベース　*Sankaku* baseball (baseball game played with three bases, created by Japanese children)

子どもの*遊びの一種で，少人数でも実施可能な二塁ベースのない野球．柔らかいゴムボールを素手で打つというやり方が一般的であり，人数が少なければ，本塁を中心にした一塁と三塁との角度を狭める．「透明ランナー」や「投げ当て」等の特別ルールも，子どもたち自身の創意工夫によって考案され，伝承されてきた．ゴムボールよる野球が，子どもたちの遊びの一種に加わるのは大正期頃からだが，三角ベースという名称自体は，おそらく戦後に生み出

されたものと思われる．男子小学生の間で絶大な人気があり，休み時間の校庭や放課後の広場，車の通りが少ない道路などで盛んに行われたが，近年の子ども社会の変化や子どもたちをめぐる環境の変化によって，現在では缶蹴りなどの伝承遊びとともに消滅寸前といってよい状況となっている．

⇨子どもの文化権　　　　　　　　　　（坂上康博）

〔文献〕1）荒木豊・高津勝編：明日に向かう体育，大修館書店，1992.

参加・体験型学習　participatory learning

〔概観〕参加型学習，参画型学習，体験的参加型学習ともいわれる．講演や講義など講師が学習者に一方的に行う講義形式に対して，学習者自らが見る，聴く，話す，つくる，調べるなどの実際の行動を伴う学習活動をさす．同時に学習過程への主体的な参加による学習を通じて，社会参加を促し，参加型社会を形成しようとする理念でもある．文脈により，学習方法としてあるいは思想や理念として使用される．

「参画型学習」という場合は，学習者自身が学習活動の企画立案に加わり，学習内容や方法の決定にかかわる機会をもつような場合に使われる．

〔系譜・歴史〕参加型学習の理念や方法の源流は，*デューイの経験主義哲学の思想に求めることができる．デューイは，*知識を与えられるのではなく，協調的な人間関係の中から主体的に獲得するものとし，学校を自分と現実の社会との関係を考える場として位置づけ，仕事（織物，印刷など）をカリキュラムに取り入れた．こうした教育実践と理論から*問題解決学習が生まれた．

もう1つの源流を*フレイレの教育思想にみることができる．教育が教師と生徒の関係が一方的な知識注入に陥っていることを指摘し，「銀行型教育」と呼び批判した．*抑圧，*差別，搾取からの*解放を目ざし，人間が人間であることを取り戻すため，伝達ではなく，*対話により，学習者の主体性，*創造性を育む教育を提唱した．

ともに，現実の社会を変革するための教育，学習者中心主義，人間関係や対話の重視など，参加・体験型学習の理念を形づくっている．

〔実践〕日本で翻訳されている主な欧米の成人教育文献には，成人の教育・学習方法として参加・体験型学習のアクティビティが紹介されることが多い．終戦後*IFEL（教育指導者講習）において参加型の手法による民主主義教育が紹介されると，社会教育の場で一時*小集団学習，*共同学習の実践が広がったが，長くは続かなかった．その後，1980年代には，*人権教育，*開発教育を中心に参加・体験型学習の実践が注目されるようになり，*国際理解教育，*環境教育，*福祉教育，まちづくり，*市民活動，企業内教育などの現代的課題に関する学習分野や領域で，グループ討議を軸とした*ワークショップが展開されるようになる．

〔手法〕参加者がその学習過程に主体的に参加するために，対話，討議，実験，見学，調査，分析のほか，テーマと深く結びついたランキング，ロールプレイング，ブレーンストーミング，シミュレーション，あるいはシンポジウム，*パネルディスカッションなどの各種の討議法も参加・体験型学習として捉えることができる．当初は*NPOをはじめとする民間団体で多用される傾向にあったが，都道府県の*生涯学習センター等で実施される研修などでも多用され，都市部を中心に広がり，現在では*公民館等においても講義と組み合わせる形で参加型学習を用い学習機会が提供されている．参加・体験型学習では，多様で豊かな手法による体験活動だけでなく，そこから何を学び，どのように行動するかを考えるふりかえり（reflection）によってはじめて「学び」として意義あるものになる．

森実はフィリピンの*民衆教育運動が重視している学習者中心の学習を組み立てるための枠組みとして「ADIDAS」を日本に紹介している．これは，Activities（学習活動），Discussion（ふりかえりの話し合い），Input（インプット，必要なものの収集・提供），Deepening（深化のための討議），Analysis（学習者自身による分析），Synthesis（行動へ移すための統合）の頭文字の集積である．参加・体験型学習の基本的な学習のプロセスを示すものとなっている．　　　　　　　　　　　　　　　　　（廣瀬隆人）

〔文献〕1）森実：参加型学習がひらく未来，解放出版社，1998.

産業教育　industrial education

〔定義〕「産業に従事するために必要な*知識・技術・態度の修得」を目的として行われる教育．産業教育振興法（1951年法228号）では小学校を除く学校が「生徒又は学生に対して」「産業に従事するために知識・技術及び態度を修得させる目的をもって行う教育」と定義されている．この定義は学校以外において行われているものにも広く適用されている．産業とは農業・工業・商業・水産業等が想定されるが，産業に従事するとは実際には*職業につくこと

であるから，産業教育とは国民（特に青少年）の職業能力の開発に帰着する．

〔産業構造の変化と職業能力の開発〕現代社会はサービス産業を基軸とする脱工業社会といわれ，知識・専門的職業従事者の重要性が相対的に高まっている．労働者にとっては，*OJT に加えて*OffJT でのフォーマルな学習の機会を享受することの重要性が増している．変化する職業・就業構造に対応した職業能力の開発は事業主に対する「教育保障」（エンプロイアビリティ＝雇用される能力の形成）という課題を生じる．「*職業能力開発促進法」が改正され，労働者に対する「キャリア形成」（「職業生活の節目ごとに労働者個人の職業生活の設計を考え，それに即して必要な教育・訓練などを受ける機会が確保され，必要な実務訓練を重ねていくこと」）を支援することが事業主の努力義務とされたことがその証左である．国の支援としては事業主に対する「キャリア形成促進補助金」，労働者に対しては「教育訓練給付金制度」がある．

〔課題〕産業構造・職業構造・就業構造の変化に対して，企業内教育の確立とりわけ労働者の将来を見通しての*自己啓発・能力開発を中心とする「啓発教育」の拡充を図る必要がある．また，*キャリア開発支援の受け皿として，国によるリカレント型生涯学習の確立，そのための「*有給教育休暇制度」の法制化が不可欠である．　　　　　　　　　　（吉富啓一郎）

〔文献〕1）小川誠子：産業・労働の変化と生涯学習．生涯学習社会における社会教育3（鈴木真理編集代表），学文社，2003.

産業組合　industrial co-operative

*農業協同組合（JA）の原型で，広義的には日本の*協同組合の原点．

1900（明治33）年に産業組合法が公布された．産業組合は小農経済を資本主義的商品経済に適応させるという「経済的機能」とともに「社会政策的機能」も期待されていた．産業組合は当時の内務官僚から「自治訓練の予備校」と呼ばれていたように，上下の身分的社会関係を軸とした農村社会に経済的共同生活の新原理を提示した．内務官僚は産業組合と報徳社との類似性を強調したが，それは組合員に対する勤勉性，徳義性の教化をもたらした．産業組合は戦時中の1943年，団体統制令により他の農業団体と統合され農業会（全国段階のものは全国農業会）となるが，これも戦後解散され農業協同組合法の農業協同組合に取って代わられた．　　　　（安藤義道）

〔文献〕1）近藤康男編：明治大正農政経済名著集11, pp. 8-9,

農山漁村文化協会，1976.；2）高木正朗：近代日本農村自治論，多賀出版，1989.

産業クラスター運動　Movement for Industrial and Regional Clusters

「クラスター」はブドウ等の房を意味し，産業クラスターは産業集積の新たな形態をさす．ポーター（Porter, M. E.）は，経済のグローバル化のもとでの競争優位の条件として，シリコンバレー等にみられるようなナレッジマネジメントを基盤とした関連産業横断的な産業集積を指摘した．資源や流通のコスト削減を主因とする従来の集積論に対し，産業クラスターではイノベーション能力・集団的学習能力の向上に焦点が当てられ，企業のみならず大学・研究機関や自治体も構成要素として位置づけられている．フィンランドでは産業クラスターは*地域づくりのための地域産業戦略として展開している．そこでは日本の一村一品運動のような商品差別化戦略による地域づくりの限界を超え，大学も含んだ地域的集団的な学習の組織化が課題となっており，地域的な知の創造と生涯学習との関連が実践的・理論的に問われている．　　　　　　　　　　　　（宮﨑隆志）

〔文献〕1）山﨑朗：クラスター戦略，有斐閣，2002.

山村留学　village-stay program for children

青少年が特定の期間，家庭から離れ，農山村で自然・文化や生活の体験活動を通して，生きる力を育てる営みをいう．留学期間は長期と短期がある．長期の場合は，生活の拠点を留学先の農山村に置き，居住する地域の学校に通学する．短期の場合は夏期休暇などを利用する．長期留学生の受け入れは，寮生活方式，里親方式および上記の併用方式がある．利用者は小学校高学年が多い．中には中学・高校生を迎えているところもある．

山村留学は，*知識中心の教育が広がった1970年代以降に，自然や暮らしの*経験による学びの必要性から開かれたものである．その後，1980年代には自治体の過疎対策として普及したものの，最近は青少年の人間形成の視点から自然・文化・生活の体験活動を通じて子どもを育てる場として再認識されている．また，自然の豊かな地域で，子どもが育つ短期間の宿泊型の機会として「子ども農村漁村交流プロジェクト」が行われるなど，農山村の自然，農漁業，文化のもつ教育価値に注目が集まっている．

（境野健兒）

〔文献〕1）育てる会編集部編：山村留学総合効果の検証，育

てる会，2002.

三多摩テーゼ *Santama* thesis on Kominkan
〔概観〕首都・東京における*公民館の役割と展望をさぐる文書「新しい公民館像をめざして」(1973年初版，1974年増補) をいう．東京都教育庁は三多摩地区の公民館実践家と研究者に構想作成を委嘱し，*都市型公民館の新しいイメージとしてまとめられた．その理念や原則が広く注目され，*枚方テーゼ (1963年)，*下伊那テーゼ (1965年) と並んで「三多摩テーゼ」と通称されるようになった．
〔背景〕戦後東京は，戦災復興や都市人口増に伴う学校施設整備等に追われて，*社会教育の諸条件整備は大きく立ち遅れ，特に公民館等の地域施設は貧困な状況のまま戦後四半世紀が推移した．他方で公民館を古い土着的施設あるいは農村的施設としかみない偏見もあり，法制的基礎をもつ公的社会教育施設として都市型公民館像を構想し，その条件整備を図る課題が提起されることになった．当時の東京都はいわゆる美濃部革新都政下にあり，公共図書館の整備と並んで，公民館に対する行政施策を推進させようとする公民館関係者の強い意欲と運動が底流にあった．
〔内容〕公民館が果たすべき「4つの役割」(住民の自由な*たまりば，集団活動の拠点，住民にとっての私の大学，文化創造のひろば)，公民館運営「7つの原則」(自由と均等，無料，独自性，職員必置，地域配置，施設整備，住民参加) を基本理念とする．具体的に施設内容，住民自らがつくりあげていく課題，公民館職員の役割，*公民館主事の宣言等の諸項目が積極的に提言されている．
〔課題〕東京都だけでなく全国各地の公民館関係者に広く読まれ，特に1970年代の首都圏に広がった公民館づくり*住民運動のテキストとして活用された．しかし当時の三多摩公民館の実践水準に規定される面があり，障害者等の社会的少数者の*学習権保障，高齢者や子どもの活動支援，スポーツ・*レクリエーション等への言及は弱い．総じて公民館の行政条件整備論に傾斜し，公民館職員の職務論や*住民自治に根ざす地域活動論への実践的対応については課題を残している．三多摩公民館関係者によって，その後さらに発展すべき構想が追求されている．
⇨都市型公民館　　　　　　　　　(小林文人)
〔文献〕1) 東京都立多摩社会教育会館：戦後三多摩における社会教育の歩みⅦ．三多摩テーゼ20年，1994.；2) 小林文人編：公民館の再発見，国土社，1988.

し

CR consciousness raising
女性たちがグループで自らの*経験や感情を語り合う中で，自分の意識や感じ方を形成している社会規範や価値観の問題性に気づいていくことを目ざす実践．
〔誕生・展開〕1960年代後半に米国で生まれた*ウーマンリブ運動の方法として始まった．小グループで定期的にメンバーの家や公共の場所で集まり，多くは2～3時間の話し合いを1年間ぐらい続ける．テーマは，愛・結婚・セックス・母性・仕事・女らしさ等，メンバーが関心のあることを取り上げ，テーマに関する自分の経験や感情を語り合う中で，自分の意識や感じ方の中にある社会規範や価値観の問題性に気づいていくことが目ざされた．このCRの実践が，ウーマンリブの「個人的なことは政治的」というスローガンをつくり出し，「リーダーがいない」グループの構造が特徴であった．1970年代になって，女性解放運動が広範な女性たちの間に広がるに伴って，CRグループは，「政治的な社会変革の志向を形成する場」から「自分の意識に気づき，その変革を支え合う場」という「心理療法的」なものに変化し，*ファシリテーターがかかわるようになる．なお，女性の経験に基づく従来の学問の問い直しとして形成された「*女性学」は，CRの実践を重視するものであり，「女性学」の授業においては，経験を語り合うというCRの方法が基本となってきた．
〔日本におけるCRの実践〕日本においても，1970年代前半のウーマンリブ運動の中で少し取り組まれたが，より広がったのは，米国でウーマンリブとその後のフェミニストセラピーを経験した河野貴代美が1980年から始めたフェミニストセラピーの実践の展開の中である．*社会教育の女性の学習においても，経験や感情を語り合う中で自分の意識をみつめ自分を変えていこうとする実践として取り組まれてきた．
　　　　　　　　　　　　　　　　　(入江直子)
〔文献〕1) 河野貴代美：自立の女性学，学陽書房，1983.

CE（ヨーロッパ評議（協議）会） Council of Europe

1949年にフランスのストラスブールに設立された国際機関．人権，民主主義，法の支配を三原則に現在46ヵ国が加盟する．活動領域は社会経済，環境から文化，健康まで多岐に及ぶ．近年ではテロ，サイバー犯罪，生命倫理，人身取引等の問題にも取り組む．組織編成は，意思決定機関の閣僚委員会，諮問・モニタリング機関の議員会議と欧州地方自治体会議，欧州人権裁判所，事務局である．CEの実績の中には，欧州人権裁判所設立へと導いた1950年の欧州人権条約締結や，冷戦終了後の旧東側諸国の民主化と市場経済への移行支援等があげられる．日本は米国，カナダに続き，1996年に閣僚委員会のオブザーバーステータスを獲得している．

CE三原則に基づき教育の分野でも，人権と民主主義の教育関連プログラムが数多く実施されている．欧州市民権教育，ジプシーの子どもたちの教育，欧州委員会との共同プログラム「ヨーロッパ言語年2001」，歴史の教員養成等がその例である．

（北川 香）

〔文献〕 1) Council of Europe：*Cultural Co-operation*：*Education*, 2009.（http://www.coe.int/T/E/Cultural_Co-operation/education/）．

CSR（企業の社会的責任） corporate social responsibility

環境や人権など，社会正義を守るために企業に求められる社会的責任．「企業市民」という視点から次第に注目されるようになってきた．合法性，倫理性，人権性，公開性，公式性等の要請とともに，人権，環境，安全，労働衛生等の視点を重視して企業を*評価しようとするCSRの動きが，欧米を中心に広がっている．日本国内においても，それらの動きの影響を受け，大企業やグローバルな活動を展開している企業の間では，CSRに対する認識が急速に深まっている．CSRの定義は時代とともに進化しているが，企業を取り巻く*ステークホルダー（従業員，株主，顧客，取引先，地域住民，投資家など）との関係を重視し，多様な分野での社会的責任がその課題になっている．また，企業の安定性や成長性を長期的な視点からCSRの観点で評価し，投資するためのSRI（socially responsible investment，社会的責任投資）の動きも拡大している．さらに，CSRをビジネスチャンスにするような発想も，産業界で広く受け入れられつつある．2010年11月には，持続可能な社会をつくるために，企業も含めあらゆる組織に社会的責任の実践を求めたガイダンス文書ISO（国際標準化機構）26000が発行している．

（北口末広）

〔文献〕 1) 江橋崇編著：企業の社会的責任経営—CSRと国連グローバル・コンパクトの可能性—，法政大学現代法研究所，2009.；2) 稲積謙次郎：企業の社会的責任（CSR）と人権（セミナー「企業と人権」講演録14），長崎県県民生活部人権・同和対策課，2007.

CAP（キャップ） Child Assault Prevention

英語のchild assault prevention（子どもへの暴力防止）の略で，子どもたちが*虐待，*いじめ，誘拐，性暴力など様々な暴力から自分を守ることを教えるプログラムである．

CAPプログラムは，1978年に米国オハイオ州で起きた小学生の暴行事件を契機につくられ，日本には1985年に紹介された．未就学児・小中学生・高校生へのプログラムのほか，親や教職員，地域の人を対象にしたものもあり，全国で約130のグループが活動している．CAPは従来の「〜してはいけません」式の危険防止教育とは根本的に異なり，子どもたちが「安心して」「自信をもって」「自由に」生きるという，3つの権利をもっていることを教えようとするものである．

単に暴力から身を守る方法ではなく，子どもたちが自分を大切にするという権利意識を育て，地域の大人たちにも子どもの人権を尊重する具体的な方法を伝えることで，暴力のない安全な社会をつくる活動といえる．

CAPは*人権教育であり，その考え方は広く一般の成人も学ぶ意義のあるものといえよう．

（松波めぐみ）

〔文献〕 1) CAPセンター・JAPAN編：CAPへの招待，解放出版社，2004.

シェルター ⇨ DV（ドメスティックバイオレンス）

ジェルピ，エットーレ Gelpi, Ettore

1933-2002．イタリアはミラノに生まれる．*生涯教育の概念を創始した*ラングランを引き継いでユネスコの生涯教育部門の責任者として国際的に活躍した．*イリイチ，*フレイレと並んでエットーレ・ジェルピの名前を20世紀最大の*成人教育の理論家と呼ぶ人もいる．

〔功績〕主要な著書に，*Futures du Travail*（『労

働の未来』）（Paris, L'Harmattan, 2001), "*Conscience terrienne-recherche et formation*"（『大地の意識—研究と教育』）（Florence, Mc Coll, 1992), "*Un meccano international*"（『メカノ・インターナショナル』）（Paris, Clancier-Guenaud, 1987), "*Lifelong Education and International Relations*"（『生涯教育と国際関係』）（London Croom Helm, 1985) などがある．また若い頃は教育史家としても有名で，"*Storia della educazione*", （『教育の歴史』）（Milano Vallardi, 1967) は500ページを超す大著であり，その中の「ヨーロッパルネサンスと宗教改革」の項目は，後に Encyclopaedia Britanica, History of Education に英訳して収録された．イタリア語はもとより，フランス語，英語の論文は数百本を数える．日本語，ポルトガル語，スペイン語，ギリシア語など多くの言語に翻訳されている．

当時勃興しつつあった世界中での種々の社会運動（女性解放運動，エコロジーの運動，労働者の自立的な運動，地域主義や少数民族の解放運動，第三世界の運動など）と生涯教育を結合させたジェルピの功績は大きい．また，フレイレや移民労働者のリーダーたちを*ユネスコなどの国際的なアリーナに登場させたのは，ジェルピなくしては考えられなかったことである．

〔理論〕従来，生涯教育は，科学技術の進歩と生活上の変化による社会的，技術的要請に応えて，それに適応するために個人の生涯発達という観点から論じられるか，国家による社会再編成の側面から政策的に読み取られるか，どちらかであった．ジェルピは，このような潮流に対してどちらにもノーを言い続けた稀有の人であった．

晩年のジェルピは，生涯教育とは「すべての人による，すべての人のための教育」であるとした．教育の平等を体現する「すべての人のための教育」が，全世界においては今なお未達成の努力目標にすぎないことを指摘した．さらに，「すべての人による教育」が可能になるのは，ジェルピによれば，従来のフォーマルな教育のみを教育と見なす考えを乗り超えて，人々が多様な形で主体的に参加し，創造していく場と学習スタイル（自己主導的学習）を闘い取っていかなくてはならないとした．

ジェルピの生涯教育論のもう1つの先駆性は，教育においてもグローバルな視点の必要性を予見していたことである．それは，生涯教育を政治や経済の領域の国際関係の中に位置づけることであり，そのためには労働と教育の関係を重視した．

また同時に，国家と無縁にその土地で生きる人々，あるいは国家を超えて生きる人々の生活の中に，それぞれ固有の教育や文化があることを強調し，少数民族，移民労働者や難民などの生活や文化を守ろうとした．2001年，ジェルピは京都府亀岡市による第1回生涯学習大賞「石田梅岩賞」に選ばれたが，受賞式に出席することが叶わなかった．翌年69歳でその生涯を閉じた．
(前平泰志)

〔文献〕1) *Lifelong Education and Libraries*, Kyoto University, No. 3, 2003.；2) エットーレ・ジェルピ（前平泰志訳）：生涯教育—抑圧と解放の弁証法—，東京創元社，1990.；3) エットーレ・ジェルピ，海老原治善編：生涯教育のアイデンティティ，エイデル研究所，1988.

ジェロゴジー　gerogogy

*高齢者教育学の意味で，高齢者の特性を活かした学習支援論の総称である．*ノールズの*アンドラゴジー（成人教育学）に対して，1978年にレーベル（Lebel, J.）が，高齢者には成人一般には解消されない独自の学習者特性があるとして，高齢者教育学の構想を示した．この構想は極めて荒削りのものではあったが，ノールズのアンドラゴジーの原理と比べると，依存性の高まり，生活経験活用の困難さ，学習成果応用の重要性の低下，教材内容中心性など，むしろペダゴジー（pedagogy, 子ども教育学）の原理に近いものだともいえる．その後，ジェロゴジーの類似概念としてジェラゴジー（geragogy）やジェラゴギクス（geragogics）なども提唱されたが，最近では*教育老年学の概念のもとに論がまとまってきている．
(堀　薫夫)

⇨アンドラゴジー

〔文献〕1) Lebel, J.：Beyond Andragogy to Gerogogy. *Lifelong Learning*, 1(9), 16-18, 25, 1978.；2) Berdes, C. M., *et al.* (eds.): *Geragogics*, The Haworth Press, 1992.；3) John, M. T.: *Geragogy: A Theory for Teaching the Elderly*, The Haworth Press, 1988.

ジェンダー　gender

〔概要〕元来は女性名詞，男性名詞などの文法上に性別があることを示す文法用語であったが，精神分析学の中で転用された後，第2波*フェミニズムにおいて「歴史的，社会的，文化的につくられた性（または性差）」という意味で用いられるようになった．今日では，女性差別の根拠は男女のジェンダーの非対称にあることが広く承認されている．gender に該当する日本語はなく，1995年の第4回*世界女性会議にて採択された「行動綱領」を日本語訳する際に，「ジェンダー（社会的，文化的性差）」としたこ

〔意味〕1960年代に始まる第2波フェミニズムの中で,女性差別の根拠を問う議論が繰り返しなされ,男女の何がどう違い,どのようにして男女間の格差が生じるのか,現実の分析と原理的考察が行われた.長い間,生物としての男女の違いが*労働や生活あるいは教育や政治の場における男女の役割の違いや男性が優位なポジションを占めている根拠とされてきた.しかし,生物としての男女の違いが,労働などの社会的行為の男女格差に直接につながっているわけではないことが明らかにされるにつれ,男女の生物学的な違いをsex,社会的,文化的につくられた違いをgenderと述べる用法が広がった.ところが,1980年代後半以降のポスト構造主義フェミニズムにおいて,sexとgenderは明確に区分できないこと,またsexには多様性があり男性と女性というたった2つの性区分によって現実を説明できないことへの理解が広がり,ジェンダーは性にかかわる非対称的な階層秩序であるという考え方が定着した.たとえば,スコット(Scott, J. W.)は歴史学の立場からジェンダーは「身体的*差異に意味を付与する知」と定義した.今日においても,ジェンダーの意味や使用法についての再考察が試みられており,女性差別解消に向けて言葉の意味を明確にする努力が続いている.

〔課題〕人間の性別にかかわる生物的,社会的,文化的な違いは複雑であり,*セクシュアリティも含めてなお追求すべき課題ではあるが,ジェンダーという言葉は既に一般化され,国際的にも広く流通している.たとえば,国連開発計画(UNDP:United Nation Development Problem)では1995年以降,人間開発指標(HDI:Human Development Index)に加えて,ジェンダー開発指標(GDI:Gender-Related Development Index)およびジェンダーエンパワーメント測定(GEM:Gender Empowerment Measure)を用いて,男女の格差解消,女性差別の撤廃に向けて現実を分析しており,また統計学の領域でもジェンダー統計の不備が指摘されるなどである.日本では2000年代初頭から「ジェンダーフリーバッシング」が始まり,ジェンダーをイデオロギッシュに捉える傾向があるが,現実に男女間格差と女性差別は解消しておらず,実践的な課題解決策が必要とされている.

われわれはジェンダー表象によってジェンダーを日常的に再生産しているため,ジェンダーから自由であることは困難である.ジェンダーを再生産するメカニズムを明らかにし,ジェンダー問題についての学習理論をつくることが現実の男女間格差や女性差別,男女の生きにくさを克服するための鍵となる.
(朴木佳緒留)

〔文献〕1)スコット,J. W.:ジェンダーと歴史学,平凡社,1992.;2)シュルロ,E.,チボー,O.編:女性とは何か(上)(下),人文書院,1983.

ジオラマ　diorama

*展示の中で特別な意味をもつ「ワンシーン」を,実物資料,剥製や人形等を使って,背景となる環境も含めて立体的に再現したものをいう.

*自然史系*博物館での生態再現や*歴史系博物館での状況(情景)再現など,ジオラマは,今日の博物館になくてはならない手法となっている.縮尺ジオラマもあるが,博物館の展示空間の大規模化に伴って原寸大のものが一般的になってきている.また,恐竜など,ジオラマの中心となるものの一部を可動式とするものもある.

限られた空間の中で高低差や奥行きを強調するための遠近法や照明効果を使って臨場感を高める演出,リアリティのある造形物を実現するための素材選択や仕上げなど,ジオラマの制作は,数々の展示技術に支えられている.

なお,一部のシーンを切り取って再現したものをジオラマといい,360度全周やそれに近いものなど来館者の視野を越えた範囲で情景を再現したものをパノラマと呼んで区別する場合もある.(若月憲夫)

〔文献〕1)ディスプレイの世界編集委員会編:ディスプレイの世界,六耀社,1997.;2)日本展示学会「展示学辞典」編集委員会編:展示学辞典,ぎょうせい,1996.

資格　qualification licence, certificate

特定の社会的地位,特定の*職業・職務・業務または一定の社会的評価・待遇のために必要な*知識・*技能・*能力の証明のこと.その中でも「特定の職業・技能・能力」を証明するための「*職業資格」が重要となる.

〔職業資格と生涯学習〕資格の取得には資格試験に合格することが条件となるが,受験要件から,原則として「学歴要件」を外すことが求められる.一度取得した職業資格を長く生かすためには継続学習が不可欠である.このことが日本で本格的に政策課題となったのは*臨時教育審議会の答申(1987年)以降である.そこでは「生涯学習体系への移行」が教育政策の中心課題とされ,学歴社会の弊害の是正が

問題にされた．この答申を踏まえて，政府は「生涯学習体制の整備」の1つの柱として「公的職業資格制度の改革等により生涯にわたる学習の成果が適正に評価される社会の形成に努める」閣議決定（1987年10月6日）を行った．この流れはその後政府・*文部科学省に引き継がれ，「学習の成果を社会で通用させるシステムの必要性」「その仕組みのひとつとして学習の成果を一定の資格に結び付けていくことが重要である」（*生涯学習審議会答申，1999年）として，学習の成果を，①個人の*キャリア開発，②ボランテイア活動，③地域社会の発展，に生かすとの提言がなされている．

〔社会教育関係〕*社会教育職員の資格については養成・採用・待遇との関連で多くの問題を抱えている．*学芸員・*司書の「高度な専門性」の評価すなわち「名称付与」（生涯学習審議会報告，1996年）について上級学芸員（仮称），専門学芸員（仮称）が例示されたことがある．しかし，*公民館主事については言及されていない．　　　　　（吉富啓一郎）

〔文献〕1）天野郁夫：教育と選抜（教育大全集第5巻），第一法規，1982.

自学考試制度（独学試験制度）（中国） Examination System for the Self-taught (in China)

中国において，1981年に公布された「高等教育自学考試試行条例」により設置され，独学で学んだ者に，国家試験を課すことで，高等教育の学歴と学位を授与する制度である．その後，非定形（non-formal）の教育制度として発展してきた．現行中国憲法第19条に定められた「自学奨励」を根拠として，改革開放後の国家人材育成政策に基づく中等後教育段階の学歴中心の資格認定制度，また民衆の学習要求に応じる教育機会均等の法的保障という政策的機能と社会的役割を果たしている．その他，「中国教育法」第20条，「中国高等教育法」第21条にも規定されており，2006年には，11専攻分野636科目の試験が設けられ，1287ヵ所の受験のための学習支援組織が認可されている．卒業者（大卒学歴取得者）は累計625万人を超え，登録学習者は4300万人以上に達し，1990年代以降，年間1000万人規模の学習者が受験している．

自学考試制度は，「国家試験，個人の学習，社会の学習支援」という三本柱からなるが，学習を支援する側に置かれる民営大学と学歴授与権をもつ自学考試制度との間には，学歴授与のあり方をめぐって矛盾も存在する．　　　　　　　　　（趙　楊）

〔文献〕1）南部広孝：中国における生涯学習支援システムとしての高等教育独学試験制度，日本生涯教育学会年報21，2000.；2）「全国高等教育自学考試命題工作会議における戴家幹の講話」中国教育考試年鑑2007.

識字 literacy

〔意義〕端的にいえば文字の読み書きを学ぶことを意味する．日本でこの言葉が使われるようになったのは，1960年頃から九州の*被差別部落で読み書きを学ぶ運動が広がり始めたことがきっかけである．

英語圏では，リテラシー（literacy）という概念が使われ，識字はその訳語としても使われてきた．リテラシーとは，文字の読み書き能力という意味のほかに，すべての人が身につけるべき*教養という意味合いももっている．1970年頃からリテラシー概念の幅は広がり，コンピューターリテラシー，情報リテラシー，法リテラシーなどという概念が普及した．リテラシーと識字という2つの概念にずれが生じやすくなっている．

〔歴史〕世界の識字運動は，*ユネスコの活動と関連して発展してきた．1950年代には，教養主義的な識字運動が世界各地で展開された．ところが，生活に追われる人たちは，暮らしに役立たない教養主義的な識字学習の場には来なかったし，来ても長くとどまることがなかった．その反省に立って1960年代には機能的識字（functional literacy）が提唱され始めた．機能的（functional）とは，暮らしに生きて働くということであり，生活に役立つということである．1960年代後半には，この機能的識字という発想に立って実験的世界識字プログラムが展開された．ところが，この世界プログラムも失敗に終わり，機能的という概念が再検討されるようになった．

世界的に機能的識字プログラムが展開されているとき，*フレイレは南米などで批判的識字（critical literacy）という観点に立った識字運動を展開していた．彼は，識字活動を展開する農村などに入り込み，そこで人々の暮らしをみつめ，また人々から話を聴いて，暮らしの中から10～20語程度の生成語を抽出して識字学習を組み立てた．生成語とは，その地域の暮らしを深く掘り下げる手がかりをたくさん含んだ単語で，しかも10～20語程度をあわせればアルファベットをすべてカバーしているという単語群である．たとえば，農業労働者たちの地域における生成語は，その農村の力関係や搾取関係をも捉え，そのような点にかかわる問題意識を喚起する力をもつものが選ばれる．学習にあっては，生成語を手がかりに学習者はお互いの暮らしや*生活課題，

その背景に何があるかを出し合い深めていく．それにより農村の搾取構造などにも気づいていくのである．彼の主張は，識字だけではなく，1970年代の教育界に大きな影響を及ぼした．最近では，機能的識字という概念の中に，フレイレが提唱した批判的識字という観点も含まれるようになっている．

国連は1990年を*国際識字年と定めて全世界に識字への取組みを呼びかけた．欧米を含む世界各国では，それをきっかけに実態を調査して，識字推進の法制度を整えたり，大学に識字研究センター設置を進めたり，識字推進計画を策定したりしている．日本では，それに匹敵する動きはなかった．2003～12年を国連は「識字の10年」と定めて，改めて識字への取組みを呼びかけている．

〔課題〕日本の民間の識字運動においては，フレイレに通じる考え方が土台になって活動が展開されている．日本において識字とは，単に文字の読み書きを覚えることではなく，自らの*解放と社会の変革を目ざすものである．しかし，日本政府は，日本の識字率は100％と主張し，実態把握をしようとせず，国は国内の識字計画を立てておらず，諸外国から大きく立ち後れている．外国人の居住も進んでおり，その人たちの日本語学習も課題となってきている．「識字の10年」などをきっかけに，法律を制定したり，国内実施計画を立てたりするなど，抜本的な政策が日本政府に求められている． （森　実）

〔文献〕1）パウロ・フレイレ（里見実訳）：希望の教育学，太郎次郎社，2001．

自己教育（日本）　self-education（in Japan）
〔定義〕自己教育とは，必要条件として，教育者と被教育者という二元論を否定することであり，十分条件として，自己と社会とを弁証法的な関係性で捉え，*自己実現と社会変革とを相互媒体として発展させる教育をさす．

〔概説と類型化〕自己教育とは，仮に国民，民衆，労働者，女性，青年，成人等々の人々が，それぞれ社会変革を担う主体形成となる教育である，という視点に立つと，戦前の自己教育運動には民権結社，農民自治会，青鞜，友愛会，水平社，*自由大学運動などが浮かんでこよう．戦後をみても，*信濃生産大学，*共同学習・生活記録，丸岡秀子の母親運動，町並み保存，遠山市民大学などの思想や*実践が思い出される．自己教育の概念は不明確な面が多く，教育学の中でも最も抽象的なレベルであるかもしれない．しかし自己教育は決して空虚な概念ではなく生き生きとした現実的な実践的思想であり，最も豊かな可能性を確実に実らせる*社会教育の本質的概念である．

自己教育の概念を，言葉の用語やその果たしている機能について類型化すると，① 価値的用法か価値中立的か，② 順理念的か対抗理念的か，③ 個体的か共同的か，④ 個人のレベルか集団（特に階級）のレベルか，⑤ 目的意識的か自然成長的か，のようになる．一方で全体と個，類化と個化の問題の両者の弁証的統一が自己教育の創出過程であることを前提に，戦前の自己教育の用語にかかわりながら類型化した試みもある[1]．これらの類型化とは別に，自己教育を教育における二元論を否定し，学習する主体と教育する主体という2つの主体の相互主体性に求め，生涯にわたる発達や学習の本質的な意味とそれを支える社会的諸関係の質（共同性）の捉えかえしを展開した自己教育の概念形成史および自己教育実践の思想の研究[2]がある．

〔戦前〕戦前の自己教育論について注目すべき論点をあげてみよう．*土田杏村は，「教育の意義は自己教育」であり，「人間として生きることが自己教育」であると指摘する．土田はここで教育＝被教育の中で，相互的な*他者への働きかけとしての教育を位置づけている．同時に土田は国家の教権からの自由の獲得という主張とともに，民衆の自己教育を軸として学校制度を包摂する公教育の再編を主張する．この*社会教育の自由と学校体制再編の試みは現代の課題そのものである．*川本宇之助は，社会教育は一生涯にわたる過程であり，特に人間心意の発達段階により「自由意志に基づく自己教育」を本質とすべきであると考える．さらに川本は社会教育は*教育の機会均等の原則により理論づけられる施設経営に及び，自由意志に基づく自己教育の場として*図書館・成人教育施設・*社会教化中心施設をあげる．が，これも現代の課題である．

〔国民の自己教育〕戦後の自己教育の思想は，日本国民の共有財産である*教育基本法の理念継承から出発する．*社会教育法の制定により，社会教育は国民の自己教育であり，*相互教育であり，自由と機動性を本質とする．しかしながらこの時期，*社会教育政策・行政と国民の自己教育活動との間の矛盾・対立から自己教育運動が自覚されるようになった．ここに国民の自己教育運動が登場する．その形態には，① 主体別に農民，労働者，女性，地域住民，② 活動の場に即してみると，市民的形態，職場的形態，地域的形態，③ 世代別には青年，成人，高齢者

等があげられる．また自己教育運動を貫く国民の自己教育要求の発達形態については，インディビジュアルな形態→アソシエーショナルな形態→コミュナルな形態が存在し，コミュナルな形態においてこそが人間疎外の克服と人間性の全面発達が現れるものとして位置づけられている．

社会が歴史的大転換を迎える中で，科学が外なる自然から内なる自然へと転換する中で，世界の中の地域で働き生活する1人ひとりが他者との共同関係で主体形成を目ざす自己教育がますます問われるであろう． （大槻宏樹）

〔文献〕1）大槻宏樹：自己教育論の系譜と構造―近代日本社会教育史―，早稲田大学出版部，1981．；2）社会教育基礎理論研究会編著：自己教育の思想史（叢書生涯学習1），雄松堂出版，1987．3）鈴木敏正：自己教育の論理―主体形成の時代に―，筑波書房，1992．：4）小川利夫：国民の自己教育運動と教育改革（小川利夫社会教育論集・第7巻），亜紀書房，2001．

自己教育（仏）英 self-directed learning, 仏 autoformation

フランス語圏を中心に論議されている，*他者からの*知識の伝達によらないもう1つの教育的な軸，ないしはそのようなモデルの探求を表す用語．学習者が自分の*経験をもとに自ら学ぶことを通して，自己を形成する可能性を提起しようとする．客観的な知識が必要か不要かという二者択一の関係においてではなく，従来，等閑視されてきたもう1つの経験を軸とする教育のあり方に注目しようとする．日本語には，「自己形成」と訳すこともできる．
〔概観〕当時ケベック大学モントリオール校にいた，ピノー（Pineau, G.）がその著作『人生の創造』（1984年）の中で，他者教育（hétéro-fromation）の対極に位置する教育モデルとして提起した．現在はフランス語圏での生涯教育・成人教育に関する基本的な用語として，主に*職業や*労働にかかわる教育領域での議論の中で使われている．第1回目の自己教育研究国際会議は1997年にモントリオールで開かれ，第2回目が2000年にパリで，第3回目が2005年に，モロッコのマラケシュで開かれた．
〔内容〕2000年，パリでの国際会議に合わせて出されたフランス自己教育研究会（Groupe de Recherche sur l'Autoformation en France：GRAF）による「自己教育に関する宣言（案）」は，自己教育を成人が「自らを形成する自律化の過程であり，個人または集団として焦点化され，集団に支えられ」ながら，「自らが行動し環境との関係を変える自分の力を自覚する」過程としている．また自己教育を「意味の構築過程」と捉える必要を指摘し，自分の外側から規範化された知識を与えられるという，従来型の教育観とは異なる新しい教育の可能性を提起している．生涯学習の理念を，成人の自律や社会に存在する*抑圧の克服という課題との関係で，より深めようとする試みとみることができる． （末本　誠）

〔文献〕1）「自己教育に関する宣言（草案）」．社会教育推進全国協議会編：社会教育・生涯学習ハンドブック（第7版），pp. 219-220，エイデル研究所，2005．

自己形成空間　英 space for self-formation, 独 elbstbildungs-raum

〔概念と背景〕意図的な教育の論理が支配する領域の外側で，様々な人間や事物，環境等と相互にかかわり合いながら自己を変容させていく場のこと．この語が用いられる背景には，1970年代以降の都市化・郊外化による地域社会の変貌，学校文化・消費文化・メディア空間の浸透による子ども世界の変容と，それらに対する先行世代の危機意識がある．現在は，かつての"原っぱ"や"*たまりば"などの自己形成空間が衰退し，「教える―教えられる」関係からなる「教育空間」が浸透しきってしまったため，子どもたちが身体全体で*他者や自然，事物と多様にかかわり合うことのできる「生きられた空間」としての自己形成空間を再生する必要があるというのである[1,2]．
〔教育と形成〕この用語の前提には，教育と形成の区別がある．人間の形成の過程には，①社会的環境，②自然的環境，③個人の生得的性質，④教育という4つの力が働いているが，①～③の自然生長的な力を望ましい方向に向かって目的意識的に統御しようとする営みが④の「教育」であり，「教育」と「形成」は区別されなければならない．教育は，形成の過程に多かれ少なかれ影響を与えられるに過ぎないのである[3]．だが，われわれは，たとえば非行や*不登校等何かしら子どもに関する現象が生じると，それらを教育の問題として理解し，教育が形成のすべての過程を統御できるかのように対応する傾向がある．
〔現代の子どもの自己形成空間とは〕現代の子どもたちは，ゲームセンター，カラオケ等都市の匿名空間やインターネット，携帯電話等のメディア空間を有している．これらを自己形成空間の衰退と捉えるか，これらこそが現代の自己形成空間であると捉えるかは論点となりうる．いずれにしても，一定の「望ましさ」を想定する教育空間とは異なるかかわりの

あり方，支援のあり方が求められている（「*居場所づくり」）が，しかしそれらもまた，ある意図を有する「教育」の1つに過ぎないというジレンマの存在を意識しなければならない．

（新谷周平）

⇨居場所

〔文献〕1）平林正夫：自己形成空間と社会教育．社会教育と自己形成（長浜功編），明石書店，1987．；2）高橋勝：文化変容のなかの子ども，東信堂，2002．；3）宮原誠一：宮原誠一教育論集第1巻．教育と社会，国土社，1976．

自己啓発　self-development

従業員自らが「どのような*能力を得たいのか」を決め，それと自分の能力との乖離を自分自身で埋めることであり，*OJTや*OffJTの能力開発のベースになっている．

〔自己啓発への支援状況〕自己啓発はあくまでも個人の自主性によるものであるが，企業は促進するための様々な援助・支援策をとっている．厚生労働省『能力開発基本調査（平成14年度版）』（日本労働研究機構，2003年）によれば，約8割近くの企業が従業員の自己啓発に対して支援を行っており，その支援内容は「受講料等の金銭的な援助」「社外の研修コース等に関する情報提供」「社内での自主的な講演会・セミナー等の実施に対する援助」「就業時間の配慮」が多くなっている．特に，大手企業になるほど，自己啓発に対して支援を行っている企業が多くなっているが，その支援の内容は金銭的援助が6割以上にも達しているのに対して，時間的な援助については15.2%に過ぎず，支援の内容は「カネ」と「情報提供」が中心であることがわかる．

〔通信教育への支援状況〕自己啓発には様々な方法があるが，中でも*通信教育が重視されており，企業は適切な通信教育訓練講座を選び，従業員の受講を促進し，援助を行っている．上記の『能力開発基本調査（平成14年度版）』によれば，通信教育に対して，情報・資金の提供を行っている企業は約4割強で，行っている企業の内訳は「情報提供を行っている」が2割弱，「資金提供をしている」が1割弱，「情報・資金提供の両方を行っている」が2割弱となっている．資金提供をしている企業では，1年間の利用者1人あたり約3万円を援助している．また，従業員の教育訓練に*eラーニング（パソコンやインターネット等のITを活用した学習形態）を「利用している」企業は1割強，「利用を検討中」は3割弱であり，利用と検討を合わせると約4割弱になる．

（大木栄一）

〔文献〕1）田中萬年・大木栄一編：働く人の「学習」論（第2版），学文社，2007．

自己決定　self-determination

〔定義〕字義どおりにいえば，個人が自らの生き方にかかわることがらについて決定することを意味する．自己決定する権利（自己決定権）は，法的には自由権によってその基盤を保障されているといえる．専制的な政治権力や因襲的な伝統に束縛されることなく，移動・婚姻・*職業・思想信条を個人が自由に選択できること，すなわち自由権は，近代*市民社会が認める基本的人権の1つである．

民主主義社会においては基本的に自由権が保障されているとはいえ，具体的な日常生活上，自己決定の内容や適応領域は必ずしも明白ではない．現実には，自己決定はいかなる場面で誰にどの程度まで可能なことなのか，自己決定はどの範囲まで認められるべきなのか，自己決定の際に関係する*他者の利害はどのように考慮されるべきなのかなど，検討されるべきことがらは多い．また，強制や束縛から自由になるということは，個人が自ら決定する責任をもつことでもある．自己決定をいかに考えるかは，自己責任との関連でも多くの議論となっている．

〔マイノリティと自己決定〕自己決定については，近年マイノリティの視点から注目が高まっている．自己決定の権利は，現実には万人に平等に保障されているわけではない．以下のようないくつかのパターンにおいて，自己決定権が脅かされる状況は生じる．たとえば医療の場における医師という専門家に対する患者，「大人」に対する「子ども」などのように，特定の立場にある人が自己決定する*能力をもたないと見なされて，自己決定権を奪われる場合．あるいは「男性」に対する「女性」，「健常者」に対する「障害者」のように，不平等な権力関係によって権利を行使することが*抑圧される場合．また，「子ども」の*セクシュアリティや「高齢者」の将来設計などのように，周囲が社会的合意として，特定の立場の人に対して*生活課題の自己決定権をそもそも認めない場合もある．

現在，こうした問題に目を向ける動きが国際的にも活発化しており，女性の性と生殖に関する権利（リプロダクティブヘルスライツ）や子どもの意見表明権など，新たな権利概念の構築によって現代社会のあり方を見直す作業が進められつつある．特に，医療の場・福祉の場・教育の場において，当事者の自己決定を支援する方向での見直しがなされている．

〔生涯学習と自己決定〕生活課題や将来設計に関し

て自己決定権を十分に行使するには，そのための*知識や*技能を獲得するとともに，自己や社会について考察する学習機会が必要となる．とりわけ社会的資源が乏しくなりがちなマイノリティに対しては，自己決定をサポートするための措置が意識的に計画されてしかるべきだろう．

また，学習課題および学習の方法やスケジュールについて，学習者自身が自己決定していくということも大事な課題である．学齢期の学校教育においては，子どもの自己決定を支援するための方策が模索されつつある．成人については，従来から成人の学習を特徴づけるものとして自己決定が重視されてきた．クラントン（Cranton, P. A.）らの生涯教育論者は，*ノールズの自己決定性（self-directedness）概念をもとに，*自己決定学習についての理論を展開している．　　　　　　　　　　　　（木村涼子）
⇨自己決定学習

〔文献〕1) ポーランド・リード著，ラーマン・アニカ編（房野桂訳）：性と生殖に関する権利—リプロダクティヴ・ライツの推進—，明石書店，1997.；2) クラントン，パトリシアA.（三輪健二ほか訳）：おとなの学びを拓く—自己決定と意識変容をめざして—，鳳書房，1999.

自己決定学習（自己決定型学習・自己主導型学習） self-directed learning

学習目標や学習内容，学習方法，学習成果を*成人学習者の自己決定性（self-directedness）に委ねる学習のあり方のことで，成人教育論の人間主義的な側面を表している．

〔いくつかの理論〕1960年代以降の米国では，フール（Houle, C.）の成人学習者の参加理由研究やタフ（Tough, A.）の学習プロジェクト論などにより，成人学習者の自発的な学習の可能性が追究されてきたが，自己決定学習（自己決定型学習・自己主導型学習）の考えを集大成したのは*ノールズである．彼は，成人の学習を支援する技術（アート）と科学を*アンドラゴジーと名づけ，自己決定性，学習資源としての*経験，*生活課題中心性，応用の即時性などの指標を提示した．このうち最初のものが，人は*成熟するにつれて徐々に自己決定的になっていくという仮説である．ただし，成人だから既に自己決定性を身につけているとは述べず，成人は，事前に条件づけられてきた学習者役割の知識モデルと，自己決定的でありたいという深い心理的ニーズとの間の「葛藤状態」に置かれており，成人教育では成人学習者の内在的な自己決定性を引き出す必要があると述べている．ノールズの理論を発展させた，自己決定学習レディネス尺度も開発されている．

〔論点〕自己決定学習の考え方は，成人教育実践の中に受け入れられているが，理論面ではいくつかの批判にさらされてきた．主要な批判の第1は，子どもから成人という流れで自己決定性の増大を唱えているが，子どもにも自己決定学習が，成人にもペダゴジーモデルの学習が必要な場面があるのではないかという指摘である．第2は，成人は自己決定性を自明のもの，所与のものとして身につけているといえるのかという問いかけである．第3の批判は，個人の自律性や自由を無条件に前提としており，自律性や自由を束縛し，学習ニーズの社会的・文化的背景への考察が欠けているのではないかという問題提起である．

〔発展可能性〕自己決定学習に対する混乱の1つは，ノールズの葛藤状態という問題提起を理解しないまま，「成人は自己決定的に学習する」ことを無条件に受け入れようとした点にある．しかし，上記の批判に対してはまずノールズ自身，自己決定学習を含むアンドラゴジーの考え方は，子ども＝ペダゴジーモデル，成人＝アンドラゴジーモデルの二分法ではなく，子どもも成人もペダゴジーモデルからアンドラゴジーモデル（自己決定学習）へという流れで考える必要があると修正的意見を述べている[3]．第2の，成人の自己決定性を自明のものと見なすことに対しては，クラントン（Cranton, P.）が，自己決定性は成人学習者の特性ではなく，自己決定学習は「到達目標（ゴール）」であり，学習プロセスを自己決定的にしていくことが必要であると主張する[2]．第3の個人主義的学習という批判に対しては，学習ニーズや関心の社会的・文化的な背景，前提の批判的省察の学習（*意識変容の学習）を学習プロセスに組み入れる必要があるとする意見が出され（*メジロー，ブルックフィールド（Brookfield, S.）），*実践としても展開されている．

ノールズの自己決定学習の考え方やアンドラゴジーはすでに過去のものであるとする意見がある．上記の厳しい批判や実践における混乱状態は，そのような主張を裏づけることになるが，そのように断定するのはまだ早急ではないだろうか．上記の批判は自己決定学習の否定ではなくその修正的発展であると位置づけることができるからである．また，日本の*社会教育や生涯学習の実践において，成人学習者の自己決定学習を考えようとしない学習活動や学習支援が展開されている現実もある．ペダゴジーモデルが支配的な成人教育・生涯学習実践の現状を，

自己決定学習を含む学習プロセスへと変えていく努力をした上で，そこでの問題点を発展的に修正する姿勢をもつことにより，自己決定学習に対する批判がより実質的になる． (三輪建二)

〔文献〕1) 赤尾勝己編：生涯学習社会の諸相（現代のエスプリ）466号，至文堂，2006.；2) クラントン，P.（入江直子ほか訳）：おとなの学びを拓く，鳳書房，1999.；3) ノールズ，M.（堀薫夫・三輪建二監訳）：成人教育の現代的実践，鳳書房，2002.；4) ノールズ，M.（渡邊洋子監訳）：学習者と教育者のための自己主導型学習ガイド，明石書店，2005.；5) メリアム，S., カファレラ，R.（立田慶裕・三輪建二監訳）：成人期の学習，鳳書房，2005.

自己実現　self actualization

〔定義〕自己実現という概念は，米国の心理学者*マズローが人間の欲求を5段階の階層で理論化した欲求段階説をもとにして，様々な領域で幅広く使われるようになった．マズローの理論においては，人間の基本的欲求は，① 生理的欲求，② 安全の欲求，③ 愛と所属の欲求，④ 自尊の欲求，⑤ 自己実現の欲求の5段階に分類され，下位の欲求が充足されることでより上位の欲求充足が可能となるとされている．特に最高次に位置づけられた「自己実現」の欲求は「成長欲求」とされ，マズローは自己実現した人の特徴として，客観的で正確な判断，自己*受容と他者受容，自然な態度，自発性，自律，心理的自由などをあげている．

〔人権と自己実現〕日本においては，特に1990年代から自己実現を人権のキーワードとする論調が強まった．これは，単に被差別者の問題として人権を捉えるだけではなく，すべての人が「わがこと」として人権を捉えるように促そうとする動きに伴って起こったことである．健全な自尊感情と自己概念をもちながら，多様な*他者との出会いを通じて人生をより豊かなものにし，社会における自分の立場や役割を発見しようとすることは，自らの生き方の問題として人権を考えようとすることにつながり，自己実現は「自分らしさを輝かせて生きる」こととして理解された．こうして，否定的な自己概念から自らを*解放し，内なる力を発揮するプロセスである*エンパワーメントや，ありのままの自分をまるごと肯定的に受容すること，また他者の気持ちを傷つけないやり方で自分の考えや気持ちを表現するアサーティブな態度などが，自己実現の具体的な形として語られるようになった．また，「自分は何者か」という*アイデンティティを確立しようとする「自分探し」も，人権としての自己実現と結びつけて捉えられるようになった．

〔教育と自己実現〕*人権教育を通じて育てるべき力や資質を，合理的な思考・判断力（*知識），*コミュニケーション力（スキル），他者と水平的な関係を築こうとする姿勢（態度）から構成されるものとして捉えることにより，自己実現は人権教育のスローガンにもなった．たとえば，大阪市教育委員会は2004年3月に「自己実現をめざす子どもを育てるために」という人権教育教材を発行したが，その中では「すべての児童生徒に問題解決への力を育み，自己実現をかなえる教育内容の創造をめざして具体的な*実践をすすめるために作成したものである．各学校園において，人権教育の深化充実に向けて積極的な活用に努めていただきたい」と趣旨説明が行われている．

また，広島県の海田町立海田西小学校は2004年度の学校教育目標として「自己実現」をキーワードに掲げ，「『生きる力』における学力観とは，各教科の学習で得られる知識・理解・*技能のみならず，関心・意欲・態度といった『自ら学ぶ意欲』や思考・判断・表現・学習技能などの『問題解決能力』を含むと捉えられる．つまり，『生きる力』とは今の自分よりさらに良くなりたいと願い，そのために試行や思考を繰り返し，*自己表現することで周りの理解や賛同・示唆を受けながら課題を解決して自分を高めていく『自己実現力』とも言える」としている．この事例にもみられるように，自己実現という言葉は今日マズローの自己実現理論からその守備範囲を大きく広げ，人権的な生き方を表すより幅広い意味合いをもつようになっている．

〔課題〕しかし，他者を見下して自己の優位性を確認しようとする態度や，自分さえよければよいと考えるような自己中心的な生き方や肥大化した自己愛をも自己実現として捉える傾向が一部にみられる．そのため，そのような誤解をしないことが重要である． (平沢安政)

〔文献〕1) マズロー，A. H.（小口忠彦訳）：人間性の心理学―モチベーションとパーソナリティ―，産業能率大学出版部，1987.；2) 大阪市教育委員会：自己実現をめざす子どもを育てるために，大阪市教育委員会，2004.

自己評価　self-assessment

学習・教育実践者が自らの実践を反省的に振り返り，評価して，これからの*実践の計画づくりをしていくこと．教育実践の発展のために不可欠であり，評価主体としては，*自己教育主体としての地域住民諸個人から始まり，関連するグループ・組織，地区から自治体レベル，そして国レベルから国際機

関まで考えられる．当面する焦点は，多様な学習グループ・組織での自己評価活動を踏まえた，地域レベルでの自己評価である．それは「地域社会教育実践の未来に向けた総括」としての地域社会教育・生涯学習計画づくりにつながるものであり，自己教育活動計画・社会教育実践計画・学習条件整備計画を地域住民と社会教育・生涯学習職員の協同によって作成していく実践である．生涯学習政策が学習を個人的なものとして捉え，自己責任を重視する傾向がある今日，社会教育・生涯学習における自己評価は，この基本に立ち戻って考えていく必要がある．

(鈴木敏正)

〔文献〕1) 山本健慈ほか：自己教育の主体として―地域生涯学習計画論―，北樹出版，1998．

自己表現　self-expression

〔意味〕世界を感じながら自分の情動を表出し，*他者に呼びかけ他者との交渉を感じつつ自己の内部を統制し，所作や歌，言葉などを表現する*能力．人間は，幼年期よりこの能力を発達させていく．人は，世界とかかわりながら自己の感情を表現し，その表現の行為において1人の人間としての自己統括（ヒューマニティ）を深めていく．その1人ひとりにふさわしい表現方法は広範な領域と次元をもつが，自己表現の能力は，狭義の認識能力とは異なるアート（ギリシャ語のテクネー：技術・芸術）によって支えられ，人はその美的表現という*遊びの行為の修練によって世界とのかかわりを一層深く感じとり，諸文化への関心を新たにしていく．自己表現の方法をもつということは，*偏見を脱し，自律的な観察力・批判力（思想）をもつということであり，生きる方法をもつことでもある．

〔現状と課題〕自己表現への意欲はすべての人間にとって本源的なものであり，様々に厳しい環境にある場合も例外ではない．また人間的試練を受けつつ表現された美の世界は，その作品に接する者の想像力をかき立て，真実性というものを想起させる．*社会教育の事業や活動は，生活記録，*自分史，短歌，ミニコミ誌，演劇，合唱，バンド，絵画，版画，手づくり絵本，陶芸，映像，民話の語り部など，多彩に行われているが，社会的弱者や少数者を含むあらゆる階層のあらゆる状況の人々が自己表現の主体となっていくことが目ざされるべきだろう．また社会教育における表現の活動は，素人と専門家との貴重な交流の場となっているが，その場合も素人の民衆（市民）の感性と主体性が尊重されるべきである．そのことによって，社会の文化の生命力が回復していく．*社会教育職員には，排他的，閉鎖的，統制的ではない自由な文化環境を大切にすること，また地域社会における人と文化の交流を様々に支え促していくことが期待されている．

(畑　潤)

⇨アニマトゥール，うたごえ運動，文化活動，忘れられた人々

〔文献〕1) 北田耕也ほか編著：地域と社会教育―伝統と創造―，学文社，1998．；2) 北田耕也：自己という課題―成人の発達と学習・文化活動―，学文社，1999．；3) 畑潤・草野滋之編：表現・文化活動の社会教育学―生活のなかで感性と知性を育む―，学文社，2007．

自主グループ　autonomous group

グループの語義は「集団，仲間」であり，本来自主的なものであるが，あえて自主グループという場合は，*公民館等が実施する*学級・講座がきっかけで自主活動を始めた小グループをさす場合が多い．

サークル，クラブ，*社会教育関係団体等が類義語である．ただしその使われ方には歴史的な特徴がみられる．サークルは主として農村青年サークル，職場サークル，*サークル運動等自主性に重点を置いた使われ方をしてきたし，クラブには，福祉行政が推奨する*老人クラブがある．社会教育関係団体は，*社会教育法に定義されており，社会教育事業を主たる目的にし，しかも公の支配に属さないとされる．グループ・サークル・クラブも包含し，第2次世界大戦後の*青年団，地域婦人会等はその代表的存在である．

行政からの補助金支給の対象にならない自主グループに対しては，公民館が消耗品援助や*講師派遣事業等の援助をしてきている．

(佐藤　進)

⇨サークル運動，社会教育関係団体

〔文献〕1) 日本公民館学会編：公民館・コミュニティ施設ハンドブック，pp.172-174，エイデル研究所，2006．

司書（補）　librarian (assistant librarian)

〔概要〕書物を司る職のことをいう．*図書館職員のうち特に図書館の管理・運営，資料の収集・整理・保管・貸出し，*レファレンスサービス等の図書館固有の専門的業務に従事する者をいう．

これを法的にみれば，*図書館法第4条で「図書館に置かれる専門的職員を司書及び司書補と称する．2 司書は，図書館の専門的事務に従事する．3 司書補は，司書の職務を助ける」とあり，続く第5,第6条では司書（補）の*資格と資格取得のための講習について規定している．司書（補）（以下司書と

する）という職名の法的根拠は図書館法のこの条文だけであるので，対象はおのずから*公立図書館，私立図書館に限定されるが，実際には大学図書館，専門図書館等でも基礎的資格として援用されることも多い．法制上司書が規定されたのは，1906（明治39）年の改正*図書館令第6条に「公立図書館ニ館長，司書及ビ書記ヲ置クコトヲ得」とあるのが最初である．その後1933（昭和8）年公立図書館職員令の改正により，司書検定試験制度が導入されたが1946年に廃止され，1950年の図書館法第4条へ至るのである．

〔養成〕司書の養成課程は大別すると3つに分かれる．① 国による養成：1921（大正10）年文部省によって日本で唯一の国立の図書館職員養成機関として「図書館員教習所」が開設された．後に「図書館講習所」と名称が変わったが，1945年に一時閉鎖され，1947年に「図書館職員養成所」として再開した．このときから短期大学に準じて教育期間が2ヵ年となった．その後1964年に図書館短期大学に移行し，さらに1979年日本初の図書館学専門の国立4年制大学「図書館情報大学」が誕生した．しかし2002年に筑波大学との統合が行われ，同大学図書館情報専門学群に改編された．② 大学における養成：司書養成には「専門教育」と「司書課程」との2種類がある．前者は図書館学を専門に学ぶケースで大学の学部または学科等に位置づけられる場合が多い．ただし現在専門教育を行っているのは29大学（大学院での専門教育も含む）である．ここでは図書館学を専門的に学習するので，通常，履修単位数も多くなる．

「司書課程」は大学の学部・学科で図書館学以外の専門教育を受けながらさらに司書資格取得の課程を受講するもので，これは教員資格の取得方法と共通するものがある．この場合「専門教育」に比して履修単位数が少なく，授業科目も図書館法施行規則第4条に定める科目に準じて編成されることが多いが，図書館での実務経験のない学生を対象としているので，図書館にかかわる基礎的な科目を加えて，単位数を増やしている大学もある．現在「司書課程」開講大学は235校（短期大学も含む）あるが，法定の20単位だけの科目編成を行っているところは12％である．司書課程の教育内容の充実については，図書館の側からも*文部科学省からも要請されるところであるが，実際には専任教員が置かれておらず非常勤講師だけの大学や，専任教員がいても1人だけというところが多く，問題を残している．③

図書館法第6条には「司書及び司書補の講習は，大学が，文部科学大臣の委嘱を受けて行う．2 司書及び司書補の講習に関し，履修すべき科目，単位その他必要な事項は，文部科学省令で定める」とある．この「司書講習」を受講して司書となることができる．図書館法施行規則第4条に定められた科目を司書は必修18単位選択2単位計20単位，司書補は必修15単位を履修しなければならない．毎年全国で約13の大学で開講される．開講時期は大学が夏季休業になる7〜9月である．「司書講習」は現在図書館に勤務する職員が，資格取得のために受講するケースが多く，自治体が職務専念義務を免除して受講させる例もある．また自治体としては*専門職制はないが図書館に配置された職員に順次司書講習を受講させ，司書率を高める努力をしているところもある．

2008年図書館法が大幅に改正されたが，その中で「第5条（司書及び司書補の資格）」に，大学における司書養成に関する科目が，文部科学省令で定めることが明記された．具体的科目の内容についてはその後論議を経て，2009年4月30日24単位の科目が告示され，2012年4月1日から施行されることとなった．これにより従来司書資格は文部科学省の責任で出されていたが，12年からは各大学の責任で付与されることとなった．

〔現状〕公立図書館に置かれる司書は*教育委員会の所管であるが，行政組織上，司書の位置づけが明確にされている自治体は極めて少ない．多くの場合，資格の有無を問われることなく一般行政職員として採用され，人事配置のときに資格があることが若干配慮されるかどうかという程度である．したがって司書資格をもつ者は毎年8000〜1万人生まれているにもかかわらず図書館への採用は2％程度にとどまっている．現在公立図書館に勤務する専任職員中司書（補）有資格者は50％．大学図書館（短大・高専を含む）では70％であるが，職員総数は減少傾向にあり，有資格職員を1〜2人置き後はすべて外部に委託するところも増えている．

〔課題〕このような状況の中でいかにして司書資格をもつ職員を増やし，専門職集団を形成するかは大きな課題である．特に「構造改革」「市場主義」が喧伝され，地域住民に対する「公」の責任が意図的に矮小化される傾向が強いときこそ，この課題に真剣に取り組む必要がある．図書館について専門的な学習をした職員が配置されることが，図書館の効率的な運営を可能にし，利用者にとっても大きなメリッ

トになるという事実を，行政に対しても利用者に対しても明らかにすることが必要である．　（酒川玲子）

〔文献〕1）塩見昇・山口源治郎編著：図書館法と現代の図書館，日本図書館協会，2001.；2）日本図書館協会図書館年鑑編集委員会編：図書館年鑑2008，日本図書館協会，2009.；3）日本図書館協会図書館調査事業委員会編：日本の図書館 統計と名簿2008，日本図書館協会，2009.；4）特集 図書館法改正をめぐって（併録：図書館法改正関係資料，図書館年鑑2009，抜刷9，2009：7.

自助・共助・公助　self help, mutual help, public help

〔概観〕「自助」とは，自立に向けて自分や家族等の当事者自身で努力すること，「共助」は，地域や市民レベルで支え合うこと，「公助」は，国や自治体等が公的に支援することをいう．旧来の地縁・血縁による相互扶助を「互助」として別に区別する捉え方もある．近年では解釈や活用の多様化がみられる．「自助・共助・公助」と並列する場合は，近隣住民，町内会，*NPO，企業，自治体，国等の多様な主体がそれぞれの役割を担い，相互にバランスよく機能（補完）し合うことで，生活の質を向上し，安全で安心なまちづくり（例）を志向する概念といえよう．

〔歴史〕日本の村落社会では，古くからユイ，モヤイ，テツダイ等の互助システムが存在していた．しかし，社会構造が多様化し都市化とともに人間関係の希薄化が進む現在では，近隣での助け合いは影を潜め，行政への依存度が増していた．

社会福祉の分野では，1980年代後半から1990年代にかけ，公私二極的な福祉から社会全体で支え合う福祉への構造転換が図られ，2000年の*社会福祉法（旧法改正）に反映された．その背景には*高齢者介護問題の深刻化，NPOの台頭，大震災の教訓，自治型地域福祉の拡大等があった．

〔現状〕*地域福祉をはじめ防災，環境，生涯学習等の幅広い分野で，自助・共助・公助を鍵概念に据えた，住民と行政との*協働によるまちづくりが地域コミュニティを単位として進められている．多くの地域では，住民が主体となってともに支え合う地域社会づくりやセーフティネットの構築が目ざされ，町内会や*ボランティア，NPO等との連携による「新しい公共」としての「共助」のあり方が模索されている．

〔課題〕住民の主体性・権利性との関連を考慮し，過度な自己責任や一方的に補完性の論理の押し付けがないよう，また，自立を阻害する過剰な援助がないようにバランスを取ることが重要である．そのため，共助には，ソーシャルインクルージョン（ともに生きる社会づくり）の理念を踏まえた一定の価値規範をもったコーディネート機能が求められ，*地域ガバナンス（協治）の主体となる住民を支援する新たな体制づくりが求められている．

*社会教育においては，条件整備（公助）の必要とともに，地域における相互・*共同学習（いわば共助）と住民主体の自己学習（自助）のバランスの取れた発展を考えていくことが課題である．

⇨自助組織　　　　　　　　　　　　　（矢久保　学）

〔文献〕1）恩田守雄：互助社会論，世界思想社，2006．

司書教諭　teacher librarian

〔定義〕*学校図書館法第5条で「学校図書館の専門的職務を掌らせるため」に学校に置かなければならないと規定されている教諭のこと．司書教諭の要件は，司書教諭資格の保持者であること，現職の教諭であること，*教育委員会または校長から司書教諭の任命を受けていることの3点である．司書教諭資格は，文部省令「学校図書館司書教諭講習規程」で定められており，現行では関連5科目10単位の取得が必要である（1998年改正）．

〔司書教諭という呼称〕日本の*学校図書館は，太平洋戦争後，米国の学校図書館を範に制度化されたが呼称の面では米国に倣わず，*図書館を専任とする教諭の意味で「司書教諭」という語が用いられた．米国では teacher librarian は"パートタイムで図書館を担当する教員"の意で使用されることが多く，学校図書館の専任の呼称は school librarian（現在では school library media specialist ともいう）である．日本では，関係者の意図した法制化が実現しなかったため，実質的には米国でいう teacher librarian となっている．

〔課題〕1997年の学校図書館法の改正で司書教諭の配置は進んだが，図書館の専任ではなく，授業数の軽減が行われる例も少ないため，司書教諭の任命が即学校図書館活動の充実に結びつくとはいいがたい．*学校司書の問題も含めて今後も学校図書館職員のあり方を検討していく必要がある．また，多様なメディアが活用されている時代である．幅広い情報教育のリーダーシップをとる学校図書館職員が求められている．　　　　　　　　　　　　　（篠原由美子）

⇨学校司書

〔文献〕1）渡辺茂男：司書教諭論．*Library Science*, No.1, 39-56, 1963.；2）JLA学校図書館問題プロジェクトチーム：学校図書館専門職員の整備・充実に向けて—司書教諭と学校司書の関係・協同を考える—．図書館雑誌，**93**(6), 477-482, 1999.

司書職制度 librarian system

 *図書館法第4条に定める専門的職員である*司書(補)の配置を義務づける制度をいう.
 〔求められる制度〕*日本図書館協会の図書館員の問題調査研究委員会は,*公立図書館における司書職制度の要件として次の6項目をあげている.①自治体ごとに司書有資格者の採用制度が確立されていること.②本人の意思を無視した他職種への配転が行われないこと.③一定の経験年数と能力査定(昇任試験)のもとに,司書独自の昇進の道が開かれていること.④館長および他の司書業務の役職者も原則として司書有資格者であること.⑤自主研修の必要性が確認され,個人・集団の双方にわたり研修制度が確立していること.⑥司書その他の職員の適正数配置の基準が設けられていること.つまり司書職制度とは,司書有資格者で図書館員として働く意思と適性と能力をもった者が,図書館に司書として採用され,そこで定着して働き成長していけるような仕組みであり,それを制度的に保障することに意義があるといえる.
 〔現状と課題〕日本では司書の名称は明治時代からあったにもかかわらず,それが制度化されないままに推移し,戦後新たに図書館法で規定されたが,実際の図書館職員採用に関しては伸び悩んでいる.現在公立図書館では専任職員中司書有資格者は50%で,1995年に51.6%に達したのをピークに年々減少を続けている.これは地方自治体の職員削減状況が図書館にも影響を及ぼしていると考えられる.一方では,非常勤,嘱託,臨時職員,派遣職員等様々な雇用形態の職員が混在し,かつ雇用期間が長期化する傾向にあり,しかもこの中に司書有資格者が増えており,「正職員の非専門職化,非正規職員の*専門職化」ともいうべき状況が生まれている.図書館に専門職を望む声は強いが,今後はこのような状況の変化を踏まえた上で新たな任用制度を構築する必要がある. (酒川玲子)
 〔文献〕1) 日本図書館協会図書館雑誌編集委員会編:特集これからの図書館員制度1~3. 図書館雑誌101 (11),102 (3),**102** (5),日本図書館協会,2007~2008.

自助組織 self-help group

 自助とは,*他者に依存せず,自力で自分自身や生活の向上・発展を図り,問題の解決を果たしていくことであり,自助組織は,共通する個々人の困難な状況・体験を自発的な参加を通し,対等性に基づく相互支援・相互扶助のもとで,自己変容的な発達を目ざす人々の組織的な集団である.ここでは当事者個人の省察・捉え直しや自尊感情の回復等が図られるだけでなく,組織の周辺・外部にも当事者たちの問題を投げかけ,*受容される機会を生起することにより個人・集団の*エンパワーメントがみられる.自助組織は,1930年代に米国のアルコール依存症の人々から始まり,摂食障害,薬物中毒等種々の嗜癖や成人病・がんなどの病気に悩む当事者間に,また*不登校やLD (learning disability,学習障害)などの子どもの親や家族の間に生まれた.日本では*高齢社会に対応すべく市民の自助組織が期待されており,継続的に機能するためのシステム構築や管理運営が課題であり,研修や学びの機会が必要とされる. (槇石多希子)
 〔文献〕1) カッツ,A.H. (久保紘章監訳・石川到覚ほか訳):セルフヘルプ・グループ,岩崎学術出版社,1997.;2) 荒田英知:自立する地域:自助・互助・公助のまちづくり,PHP研究所,1999.;3) 成蹊大学文学部学会編:公助・共助・自助のちから:武蔵野市からの発信(成蹊大学人文叢書4),風間書房,2006.

次世代育成支援対策推進法 Promotion Measures Act to Support the Development of the Next Generation

 合計特殊出生率に関する「1.57 ショック」(1989年)を契機に少子化問題が政策課題となり,1994年11月の「今後の子育て支援のための基本的方向について」(エンゼルプラン)をはじめとする少子化対策が打ち出されてきた.次世代育成支援対策推進法(2003年)は,その総集約として10年間の時限立法として制定された法律であり,各自治体および一定規模以上の事業所に,10年間における次世代育成支援対策のための「行動計画」の策定を義務づけている.なお,同法と同時に少子化社会対策基本法が制定されている.
 自治体の「行動計画」の策定・推進には,地域の子育てサークルや*子育て支援活動を展開している*NPOなどの関係者が参画している場合が多い.次世代育成支援を通じて子育ち・子育ての環境醸成が進み,住民参加による*地域づくりに結びつくことが期待される. (望月 彰)
 〔文献〕1) 佐藤一子:NPOの教育力,東京大学出版会,2004.;2) 小木美代子ほか:子育ち支援の創造—アクションリサーチの実践を目指して—,学文社,2005.

施設使用原則（社会教育法第23条） principle of using facilities (Social Education Act, Article 23)

国民の自主的自発的な*学習文化活動の発展に寄与することを目ざして設置された*社会教育施設が、その目的を達成するために定めた運営・利用等に関する基本的な考え方。

〔意義〕*公民館の運営方針を定めた*社会教育法第23条は禁止事項のみを記している。その意義は、公民館運営がその区域内の住民代表（*公民館運営審議会など）によって決められるべきという教育文化施設としての自主性と国民の学習の自由を尊重してのことである。したがって、禁止事項は、それが許されるのならば、教育文化施設としての機能が妨げられるという意味から定められたもので、同条によって、公民館活動が安易に制約されるものではない。

〔利用制限〕同条1項1号は、公民館が営利目的のみをもっぱら追求したり、特定の営利事業と結びつき特別の利益を与える行為を禁止している。事業に教育文化的性格が強く低額の料金であることを条件にしたり、会場使用に関して住民の学習文化活動や住民の一般利用を優先させることなどは、住民の学習機会を広く保障するという観点からは、むしろ奨励されるべきである。

同条1項2号は、公民館が特定の政党や特定の選挙候補者に特別に有利な条件を提供することを禁止している。特定政党に施設を貸すという事実のみをもって直ちに違反とはいえないとする文部省回答（「社会教育法第23条の解釈について」、1955年）にもあるように、公民館において、様々な政党の見解や政治的な意見が紹介され、討論・学習の機会が広くもたれることは、旧教育基本法第8条の主旨とも合致する。

同条2項は、市町村立公民館が特定の宗教、宗派、教団を支持することを禁止している。公教育のみに支持禁止を定めることで、国民にとっては、どの宗教宗派に対しても寛容の精神をもって接することができるようにし、その学習や研究についても自由を保障しようとしている。 （内田純一）

〔文献〕1）日本公民館学会編：公民館・コミュニティ施設ハンドブック、エイデル研究所、2006.

施設づくり運動 citizens' movement for institution-building

〔概観〕「施し設ける」ものとしての施設概念は、歴史的に公権力によって下達的に与えられる事業等を主意としていたが、戦後改革期において物的営造物としての施設を意味するようになり、法制的な根拠も得て、*公民館、*図書館、*博物館等の*社会教育施設が公的に設置されてきた。施設づくり運動とは、行政的に上から設置されるこれら公的施設を、住民側の発意や要求に基づいて、いわば下から運動的につくり出そうとする*市民運動をいう。特に首都圏において1970年代に大きな展開をみせた。

〔歴史〕住民の手による集落施設や青年クラブ的施設をつくる事例は、戦前においても少なくなく、戦後においては、たとえば集落の*自治公民館、若者の*たまりば、地域文庫、郷土資料室など地域的に多彩な動きがみられた。自治体による公的社会教育施設に関しては、戦後初期の公民館設置の時代から住民による施設づくり運動が胎動している。その後、全般的な自治体*社会教育計画の未発、既存施設の実態的な貧困、それらを改善しようとする住民の社会教育意識の成長、文化的諸活動の拡大等を背景として、体系的な自治体計画や本格的な施設づくりを求める市民運動が広がっていく。歴史的には地域の市民運動の消長に対応し、その具体的な展開は地域的に極めて多様な経過を辿ってきた。

〔展開〕1970年代に注目された地域事例として、国立市、昭島市、東村山市、茅ヶ崎市等の公民館づくり、松原市、東京文京区、水海道市等の図書館づくり、平塚市、名護市等の博物館づくりの諸運動がある。そのほかにも多様な地域諸施設づくりの取組みがみられた。運動の展開過程における特徴として、当初の素朴な施設要求から出発して、次第にその施設・設備内容、施設の運営や職員体制、さらには市民参加や自治体計画のあり方等に運動が発展していく事例が少なくなかった。市民自ら施設の見取り図を画き、設置条例案をつくり、自治体計画を提言するなど、量的な視点から質的な施設論・計画論への深化がみられたともいえよう。

〔課題〕施設づくり運動は、市民の*学習権・*文化権への意識の広がりを底流にもっていた。様々な運動事例に通底している市民的視点からの社会教育施設論の新しい展開を読み取る必要がある。今日に続く施設づくり運動の資料分析と理論的な整理が課題となろう。 （奥田泰弘）

⇨社会教育施設、三多摩テーゼ

〔文献〕1）社会教育推進全国協議会編：社会教育ハンドブック、総合労働研究所、1979.；2）社会教育推進全国協議会編：社会教育・生涯学習ハンドブック（改訂版）、エイデル研究所、1984, 1989.

自然学校　schooling in nature

活動の場としての施設・フィールドをもち、専門性をもった職員が常駐し、年間を通して継続的なプログラムの提供ができる組織的な活動をさす。具体的には、*環境教育や青少年の健全育成・*レクリエーションを目的とする自然体験活動である。1990年以降自然学校は、全国的に広がりをみせ、2002（平成14）年度に環境省が行った調査によれば、その数は全国で1441にのぼる。実施主体は主に*公益法人、*NPOなど民間団体が多いが、近年企業が社会貢献のために設立したり、公設民営のケースも増えている。自然学校運動の歴史的背景には地域教育運動や*自然保護運動があり、豊かな自然を生かし、人と自然や地域を結ぶ継続的な学習を提供する役割を果たしている。また自然体験活動指導者として専門性を維持・向上するため、自然学校の*ネットワーク団体は全国水準の指導者の養成カリキュラムを策定しており、指導者養成制度は*職業訓練的な側面ももっている。

（野田　恵）

〔文献〕1）西村仁志：日本における自然学校の動向．同志社政策科学研究，8（2），31-44，2005．

自然観察　nature exploration

われわれを取り巻く自然環境について認識を広げ、気づく行為である。気づきの基礎には、生命への感動や共感がある。ヒト対ヒトの関係だけで完結しがちな都市生活者に、ヒトも地球の生態系の中にあることを気づかせる教育は、*自然保護の基盤としても重要性を増している。

自然観察活動には学校教育から市民団体まで、多様な担い手がいる。学習目的や内容も、体験重視のものから生物学的理解、社会の現状理解と様々なものを含む。指導者には、気づく過程への教育的配慮と、多様な自然の中で的確に参加者の反応を捉えて対話し、視線を導く*経験と*知識が欠かせない。

自然観察の充実には*自然史系博物館が地域の拠点としてプログラム提供や活動の継続に貢献している。市民団体も重要な役割を担う。特に*環境教育を実践導入したキープ協会、採集しない観察会を打ち出した日本自然保護協会などが一石を投じた。自然観察を日常の経験とするためには、学校や社会教育のみならずエコツーリズムなど商業的活動を含め機会を増大する必要がある。そのためには関連資格を整理し担い手を育成するなど課題も多い。

（佐久間大輔）

〔文献〕1）日浦勇：自然観察入門―草木虫魚とのつきあい―，中公新書，1975．

自然再生推進法　Law for the Promotion of Nature Restoration

自然再生を総合的に推進し、生物多様性の確保を通じて自然と*共生する社会の実現および地球環境の保全を目的とする法律で、環境省、農林水産省、国土交通省が所管となり、2003年1月に施行された。自然再生への取組みを、従来の行政指導型ではなく、*NPOや専門家をはじめとする地域の多様な主体の参画を促す形で進めるとしている。この法律に基づき、自然再生事業実施に当たっては関係のある各主体（地域住民，NPO，地方公共団体，関係行政）によって構成される協議会が設置され、事業主体は会と連携し「自然再生事業実施計画」の作成などを行う。政府は、関係省庁から構成される「自然再生推進会議」の設置し連絡し調整を行うとしている。

NPOが国の事業に立案から加われる画期的な法律である一方、国会審議過程で「自然再生の名を借りた新たな公共事業」などと批判が出た。再生事業実施に当たっては専門家会議を設け意見聴取することが明記された。

（酒見友樹）

〔文献〕1）田端正弘・谷津義男編著：自然再生推進法と自然再生事業，ぎょうせい，2004．

自然史系博物館　museum of natural history

自然史科学の普及・発展を目的とする博物館のこと。そのために必要な様々な活動を行う。

〔概観〕自然史ならびに自然史科学とは、natural history の訳語の1つで、生物、化石、鉱物などの自然物に関する研究のこと。広くは自然に関する研究全般をさすが、一般的にはマクロ生物学と地球科学の分野に限られ、自然科学全般をさすわけではない。natural history の訳語としては、他に博物学、博物誌、自然誌などがある。この中で自然史という語は、現在の自然が過去の地史的時間の中で成立してきたものであるとの認識のもとにつくられたものであり、1つの自然観を表している。natural history の研究・資料収集・普及教育を行う施設である museum of natural history の訳としては、自然史博物館という語が定着している。

〔特徴〕他の博物館施設との大きな違いは、地域の自然とのかかわりが強いという点である。自然史系博物館における*展示は、しばしば地域の自然への導入の意味をもつ。普及教育活動も、地域での野外

観察会が多い．必然的に，*学芸員には，フィールドで役立つ地域の自然についての様々な*知識が求められる．自然史博物館はしばしば地域の自然の情報拠点となる．博物館周辺地域とはいえそれなりに広いエリアにおいて，多様な自然を相手に，博物館学芸員だけでは十分な情報集積はなしえない．そこで，博物館活動を展開していく上では，地域住民との連携が不可欠となる．また，環境問題を扱う拠点ともなりうるので，学校教育との連携も盛んである．カバーするエリアの広さは博物館によって様々だが，地域住民とのつながりの中で活動を展開してこそ自然史博物館は，その真価を発揮することができるといっていいだろう． (和田 岳)

〔文献〕1) 糸魚川淳二：日本の自然史博物館, 228pp., 東京大学出版会, 1993.；2) 千地万造：自然史博物館, 253pp., 八坂書房, 1998.；3) 環瀬戸内地域（中国・四国地方）自然史系博物館ネットワーク推進評議会編著：自然史博物館—「地域の自然」の情報拠点—, 172pp., 高陵社書店, 2002.；4) 大阪自然史センター・大阪市立自然史博物館編：「学校」・「地域」と自然史博物館, 64pp., 特定非営利活動法人大阪自然史センター・大阪市立自然史博物館, 2002.

自然体験学習　nature learning through experience

〔概観と課題の変遷〕自然体験学習は自然体験活動を通して地域の自然や文化や歴史の価値を再発見し，地域との関係性を再構築しようとする学びのスタイルである．第2次世界大戦後の自然体験学習は主に青少年教育と*環境教育の2つの流れとして展開されてきた．青少年教育実践としての自然体験学習は青少年団体，*青少年教育施設が主要な担い手や場となって発展してきた．こうした青少年の状況の変化に対応する自然体験学習は，「心身の健全な発達」から「生きる力」に至る一連の教育的課題に対する取組みであった．一方，環境教育における自然体験学習は，*自然保護や公害反対といった開発反対運動から自然再生・環境保全運動に至る一連の環境保護・保全運動を通して，地域住民が「環境」を自らの権利としていかに認識するか課題として展開されてきた．

〔最近の動向と課題〕2001年6月に改正された*学校教育法と*社会教育法において「自然体験活動の充実・奨励」が加えられ，また2003年7月に成立した「環境の保全のための意欲の増進及び環境教育の推進に関する法律」（*環境教育推進法）においても「自然体験活動その他の体験活動を通じて環境の保全についての理解と関心を深めることの重要性」（第3条）が指摘されるなど，自然体験学習を推進する動き（自然体験学習推進方策）が今日活発化している．民間においても，2000年に全国各地で自然体験活動を展開する団体が自然体験活動推進協議会（Council for Outdoor and Nature Experiences：CONE）を発足させ，指導者の共通登録制度などに取り組んでいる．自然体験学習は社会奉仕体験学習などと一緒に議論されることも多いが，他の体験学習との区別は，人と自然の関係性が*意識化されている点にある．自らの生活を営む地域において，生産や消費，生活と結合しながら自然との関係性のあり方を問い直す教育や学習を計画化することが自然体験学習における社会教育・生涯学習の課題といえる． (降旗信一)

〔文献〕1) 降旗信一：自然体験学習とは何か．自然体験学習論（降旗信一・朝岡幸彦編), pp.15-40, 高文堂出版社, 2006.

自然の権利　⇨環境権

自然保護　nature conservation

当初「自然を守ること」(nature preservation) といわれたが，1950年代頃より「自然および自然資源を賢明に合理的に利用すること」(nature conservation) と解釈されるようになり，1992年の*地球サミットでは「持続可能な開発」の名のもとに「環境と開発」が車の両輪のように位置づけられた．自然保護と環境保全は同じではなく，前者では生物的自然，後者では公害問題を主に念頭に置いたものといえる．

〔歴史〕紀元後3世紀～：　英国などで，王侯貴族のためのゲームリザーブ（狩猟用保護地域）や禁猟期間などが設置された．日本では山川草木を「おのずから」なるものとして捉える伝統的な自然観があり，明治中期以降，natureの訳語として「自然」が使われるようになった．

19世紀後半～20世紀初頭：　自然保護と*レクリエーションを目的とした国立公園がイエローストーン（米国，1872年）やバンフ（カナダ，1885年）で指定され，シェラクラブ（米国，1892年），*ナショナルトラスト（英国，1895年）など在野の自然保護団体が発足した．また1931年には，日本で国立公園法が制定された．1933年，動物相・植物相を自然状態に保つための「生物相条約」がロンドンで調印され，のちに「自然保護および野生生物保存の条約」（1942年）へと発展する．

第2次世界大戦以降～：　1947年に国際自然保護連合（International Union for the Preservation of

Nature：IUPN）が*ユネスコの初代事務総長ハクスレー（Huxley, J.）の働きにより発足（IUPN は国連の機関ではないがその設立経緯からみて国連自然保護運動といえる）．国内では，1951 年に日本自然保護協会が発足した．1956 年，上記の「自然保護」の解釈変更により国際自然保護連合（IUPN）が IUCN（International Union for the Conservation of Nature and Natural Resources）へと名称を変更，1972 年に国連人間環境会議（同会議により「国連環境計画UNEP」設置）が，また1971年日本では環境庁が設置された．1980 年，UNEP（The United Nations Environment Pro-gramme），WWF（World Wide Fund for Nature，世界野生生物保護基金，後に改名して世界自然保護基金），IUCN が協力して世界保全戦略（World Conservation Strategy：WCS）を発表し，「（生態学的）持続可能な開発」を各国に提案．1992 年，地球サミットが開催され，この年に採択された生物多様性条約には157ヵ国が署名した．

〔自然保護運動と社会教育・生涯学習〕尾瀬ヶ原のダム開発反対運動を契機に 1951 年に設立された日本自然保護協会は，1957 年に学校教育の中での自然保護教育の必要性を訴えた陳情書を提出した．一方，学校外では 1970 年のアースデーなどを契機として自然を守る*市民運動が各地で始まった．学者や文化人などを中心に展開されていたそれまでの自然保護運動に対し，この時期の自然保護運動は「自然保護が人間のためを考えるならば，われわれの日頃の生活環境にある自然，身の回りの自然こそ，いちばん先に守られなければならない」（1973 年当時の「多摩川の自然を守る会」会長市田則孝の言葉）といった*環境権を意識した市民・*住民運動として展開された．こうした自然保護運動の中から，「多摩川の教育河川構想」（1971 年，多摩川の自然を守る会），「自然観察指導要項」（1975 年，日本ナチュラリスト協会），「自然観察指導員制度」（1978 年，日本自然保護協会）などの自然保護教育の指針や構想が発表された．1990 年代に入り，*環境基本法制定，河川法改正などの国土開発政策の転換により，今日の自然保護教育は*自然体験学習の形態をとりつつ自然再生・地域再生教育へと展開している．こうした中，自然保護教育の鍵概念でもある「住民の環境権認識の学び」をどのように実現していくかが*社会教育・生涯学習の課題といえる． （降旗信一）

〔文献〕1) 沼田眞：自然保護という思想，pp. 1-212, 岩波書店，1994.；2) 小川潔：自然保護教育の歴史と展開．自然保護教育論（小川潔・伊東静一・又井裕子編），pp. 9-26, 筑波書房，2008.；3) 降旗信一：自然保護教育の今日的課題．現代環境教育入門（降旗信一・高橋正弘編），pp. 99-113, 筑波書房，2009.

持続可能な開発 ⇨持続可能な開発のための教育

持続可能な開発のための教育 Education for Sustainable Development（ESD）

〔概観〕国連の下に組織された環境と開発に関する世界委員会が，1987 年に公表した報告書『われら共通の未来』の中で，「持続可能な開発」概念を提唱したことにその成立の基盤をもつ．広がる南北格差と環境悪化の解決を目ざす概念として紹介されたが，その解釈には，*グローバリゼーションを牽引する資本主義経済開発モデルを支持する立場から，それに対抗する開発モデルまで幅があり，開発の社会的，経済的，生態的，政治的等どの側面を強調するかについてはいまなお論争が続いている．このような性格を有する持続可能な開発に応える教育として発展してきたのが ESD である．

〔動向〕*ヨハネスブルクサミット（2002 年）での日本の提案をきっかけに，2005 年から 2014 年を国連「持続可能な開発のための教育の10年」に宣言することが第 58 回国連総会（2003 年）で決議された．2005 年 10 月には，*ユネスコが主幹になって国際実施計画を発表し，日本では，2006 年 3 月に「国連持続可能な開発のための教育の10年」関係省庁連絡会議において国内実施計画が決定された．ESD の政策的な動きが進められる一方で，ESD は，環境，平和，人権，福祉など現代的課題に取り組む*市民活動や*地域づくりの動きに*実践の基盤があると見なされている．テーマが多岐にわたる現代的課題を解決していくためには，問題が相互に関連する構造的な問題であることを理解し，行政，企業，市民団体，学校など多様な*ステークホルダーが連携・協力していく活動の中に ESD 実践の展開がみられる．

〔起源〕ESD の輪郭が初めて示されたのは，1992 年環境と開発に関する世界首脳会議（*地球サミット）の合意文書である*アジェンダ21の第 36 章「教育，意識啓発及び訓練の推進」においてである．その序章で，「1977 年に開催された*環境教育に関するトビリシ政府間会議の宣言と勧告が本報告における提言の基本的な原則になっている」と述べられているとおり，ESD のルーツの1つは環境教育にある．

1972年のストックホルム会議を契機にスタートした国際環境教育プログラムを軸にベオグラード会議（1975年），トビリシ会議（1977年），モスクワ会議（1987年），テサロニキ会議（1997年）が展開し，環境教育の実践と理論の蓄積がESD理論の基礎をなしている．

一方，1948年の*世界人権宣言に始まる権利としての教育の追求は，1990年代に入ると開発途上国の*貧困や格差の問題を背景に「万人のための教育（EFA）」へ発展し，2000年の「ミレニアム開発目標」で開発の権利と結びつく．教育の権利に支えられた教育の質がESDのもう1つのルーツになっている．

〔内容〕ESDは，持続不可能な社会を支えている既存の教育を再方向づけしていくことを求めている．再方向づけの対象は，教育の目的，内容，方法，教育主体と学習主体の関係のほか，教育の制度も含まれ，すべての世代の生涯の教育に及ぶ．本来文化性や市民性，人々の*解放を育むはずの教育が，経済性に極端に偏っていることの反省から，教育の扱う価値観や世界観に注意を払い，*批判的思考を養うことを重視する．また，現状とは違う世界を想像する力や，世界に対して前向きな変化が与えられる力と責任を有する未来思考性や効力感の獲得，持続可能な開発をめぐる矛盾や課題を克服し，社会についてのビジョンを実現していく力，変革していく力を養っていくことを目ざす．時空を超えた世界の相互依存関係を理解する一方で，地域に根ざした社会参加・政治参加に基づく民主教育を指向する．

（小栗有子）

〔文献〕1）ユネスコ（阿部治ほか監訳）：持続可能な未来のための学習，立教大学出版，2005．

持続可能な開発のための世界首脳会議　⇨ヨハネスブルクサミット

自治会　⇨町内会・自治会

自治公民館　voluntary Kominkan
〔概念〕集落など地域住民組織を基盤として住民自治的に設立・運営されている*公民館をいう．*社会教育法（第21条）に基づく「市町村が設置する」公立公民館とは区別され，法律的には同法第42条「公民館に類似する施設は，何人もこれを設置することができる」に基づき*類似公民館と呼ぶこともある．全国的には多様な名称で分布し，公立公民館との関係を意識して「分館」，集落を基盤にするという意味で「部落公民館」あるいは「町内公民館」（松本市），「字公民館」（沖縄），「地域公民館」等と呼ばれている．総称して「*集落公民館」の概念を用いて説明することが多い．

自治公民館の一部には自治体によって公民館設置条例の中に位置づけられている例もみられる．また集落センター，*コミュニティセンター，自治会集会所等の地域施設を自治公民館と呼んでいる場合や，住民自治組織そのものを自治公民館と考える地域もあり，きわめて多様な存在形態をもつ点に大きな特徴がある．

〔歴史〕戦後初期の公民館構想（1946年文部次官通牒*「公民館の設置運営について」，*寺中作雄「公民館の建設」等）では，公立公民館を設置普及していく主要課題とともに，集落を基盤として公民館の組織や活動を展開していこうとする方向も唱導されていた．当時は市町村の行財政的条件が貧弱であり，集落の自治組織や施設を活用して公民館制度を普及し，「部落（町内）公民館」によって自治体の公民館体制を形成していく実態があった．

1960年代以降の高度経済成長と広汎な都市化・農村変貌の過程において，地域基盤喪失とともに集落公民館は徐々に衰退傾向をたどり，公立公民館の体制が次第に主流となっていく．「自治公民館」の動きは，集落の解体現象から脱却し，住民自治的な活動を再生していく方向から提唱された．1960年前後から胎動する鳥取県倉吉市「自治公民館」施策がその典型例である．

しかし施策それ自体が行政主導によって進められる傾向があり，宇佐川満らによる「自治公方式」の推奨にもかかわらず，行政従属と住民自治形骸化の問題について小川利夫らによる批判（いわゆる自治公論争）も行われた．1960年代後半以降，「自治公民館」の名称が各地に広がっていくが，行政依存や古い活動体質の実態は残存する事例が多かった．

〔現状〕自治公民館の統計は，国の指定統計としては示されないが，*全国公民館連合会の調査（2002年11月）によると，総数は7万6883館に達している．公立公民館総数の約4倍をこえる規模であるが，「公民館」名称をもつ施設に限定すれば4万8693館である（同2004年調査，全国公民館連合会編『全国公民館名鑑』2005年版）．

地域における実態は千差万別であって，基盤となる集落の住民自治と自治体行政のかかわりの中で様々な展開がみられる．集落の自治が喪失し形骸化

した組織を多く含む一方で，住民の自治・連帯の場として固有の「*地域づくり」の拠点として機能している自治公民館の展開もみられる．たとえば沖縄では戦後米国占領や日本復帰への苦難をくぐって*地域課題に取り組んできた「字公民館」の活発な活動は注目されてきた．

〔課題〕自治公民館の基盤にある集落の自治・共同のあり方が問われることになる．住民の自治意識，*地域課題の発見，リーダーの役割，*ネットワークの活性化，地域芸能文化の再生，それらへの行政の支援などにより，状況によっては住民活力による地域づくりへの固有の役割を果たす展望をもっている．

自治公民館の課題と可能性は，農村集落に限定されるのではなく，都市部の住民自治組織や近隣社会における市民ネットワークあるいは地域*NPO活動等にも共通する側面をもっている．その意味で都市部のコミュニティセンター，集会施設，*地域福祉施設等とそれを利用する市民相互の自治組織や地域活動と連動する可能性をもっている．（小林文人）

⇨公民館類似施設，集落公民館

〔文献〕1) 宇佐川満ほか：現代の公民館，生活科学調査会，1964.；2) 日本公民館学会編：公民館・コミュニティ施設ハンドブック，エイデル研究所，2006.

自治体社会教育条例　⇨自治立法権と条例

自治民育　citizenship education in Meiji Era

〔概観〕町村の経営を担う自治民を育成するの意．日露戦争後の1910（明治43）年，大阪府天王寺師範学校校長の村田宇一郎『学校中心自治民育要義』によって提唱された．戦後経営としての*地方改良運動において求められた国民の自治*能力形成という課題に対して，学校を中心にして自治民を育成しようと考えたものである．自治民育は地方改良運動と同義に理解されている場合もあるが，厳密には地方改良運動の担い手，つまり町村民の育成という点に意味がある．この考え方は，その後，田子一民によって「小学校を中心とする地方改良」として発展させられていく．

〔背景〕村田の自治民育提唱の背景には，次の3つの要因があった．1つは，1888（明治21）年の市制・町村制の公布により，地方自治の方向性を探ることが課題となっていたこと．2つには，1902（明治35）年には小学校の就学率が90％を超え，卒業後の青年たちの教育が次の教育的課題となっていたこと．3つには，戦後経営の中で「自治民政」の確立や「模範的町村」づくりが緊急の課題となっていたこと，である．

村田は，師範学校長という立場にありながら，学校教育よりも，より広い視野からの教育が必要であると考えた．子どもたちは，将来，町村の経営にあたらなければならず，町村についての教育を行う必要があると考えたからである．村田は報徳思想に影響を受け，特に花田報徳会の取組みに着目しその手法を導入した．このような考えのもとで，大阪府東成郡生野村の経営を引き受け，自治民育の実験を行っている．

〔地方自治と社会教育〕村田は，児童の教育はもとより，町村民すべての人の教育が必要であり，学校は児童の教育と同時に，町村の経営について教育する役割を担当する必要があると考えた．後者を「自治民教育系統」として捉え，*家庭教育，小学校教育，青年団体教育，自治団体教育という具合に系統的な取組みの必要を提起した．この一貫した系統的取組みによって町村自治の振興が図られることを期待し，中心に小学校を位置づけることを提唱したのであった．
　　　　　　　　　　　　　　　　　（上野景三）

〔文献〕1) 村田宇一郎：学校中心自治民育要義全，宝文館，1910.

視聴覚教育　audio-visual education

学校教育，*社会教育において視聴覚媒体（メディア）を活用して行われる教育活動である．

〔戦前期〕社会教育においては明治期の*通俗教育時代から活用されている．スライドは，江戸時代から「ラフレ絵」として存在したが，1874年に，手島精一が欧米の写真技術を活用したガラススライド使用を幻燈（げんとう）と命名し，文部省に使用を進言したことが端緒となった．学校教育で，学級を単位とする集団教授のための黒板，掛図，さらに直感教授のための実物，標本，模型が活用され始めた頃，鶴淵初蔵は独自の幻燈資料を作成して大日本幻燈教育会を組織した．通俗教育時代，政府の広報，宣伝，学校効能の周知という点から幻燈は活用された．1896年に映画が輸入され，その後，各地で興行上映が開始されると，青少年に対する影響対策から，文部省*通俗教育調査委員会において幻灯映画及活動写真フィルム審査規程が定められた（1911年）．一方で大正期になると各地で成人教育向け活動写真が上映され，1925年にラジオ放送が開始されると，社会教育分野の番組が多数置かれた．学校教育の利用は，

1933年の大阪中央放送局の「学校放送」からである．
〔戦後〕第2次世界大戦後，占領下において，CIE（Civil Information and Education, GHQ民間情報教育局）の指導によってナトコ映写機と教育映画の供与，学校放送の指導が行われた．1952（昭和27）年には文部省の社会教育局に視聴覚教育課が設置され，都道府県の担当係とともに*公民館等での視聴覚教育を推進した．1973年には「視聴覚教育研修のカリキュラムの標準」が策定され，自治体に視聴覚ライブラリーが整備された．学校教育では，1953年のテレビ放送開始とともに教育放送時代を迎えた．なお，1983年の*放送大学の開設は成人教育の教育機会を拡充するものともなった．今日，コンピューター技術の急速な高度化と普及が進み，視聴覚教育のシステムそのものを改変しているが，生涯学習という観点からの情報化と教育の関係が多様に検討されている．　　　　　　　　　　　　　（矢口徹也）

〔文献〕1）西本三十二・波多野完治編：新版 視聴覚教育事典，明治図書，1973．

視聴覚ライブラリーセンター　audio-visual library

学校，*社会教育関係団体などに対し，16ミリ映画フィルム，ビデオテープなどの視聴覚資料や，映写機，スクリーンなどの機材の貸し出しを行う施設．

敗戦後米国の指示を受け，各都道府県中央*図書館内に視聴覚ライブラリーが設置され，専任職員が配置された．しかし講和条約発効後，法的根拠をもたない視聴覚ライブラリーの存立基盤は不安定になり，施設，資料，職員ともに貧弱な状態に置かれた．

近年は情報通信技術の進歩も加わり，視聴覚資料センター，メディアセンターなど，名称が多様化し，機能，運営形態の自治体間相違も一層著しいものとなっている．　　　　　　　　　　　（小黒浩司）

〔文献〕1）関 晶編：視聴覚ライブラリー（第2補訂），日本図書館協会，1976．

市町村合併　municipality merger

日本における大規模な市町村の再編成．明治中期の市町村制の施行，昭和の大合併，そして平成の大合併がある．

〔沿革〕自由民権運動に対抗して出された1889（明治22）年の市町村制は自然村を統合して，小学校事務の処理を基本とする人口3000人規模の基礎的な行政領域の「行政村」に再編するものである．昭和の大合併は中学校事務の処理を目やすとして8000人規模の町村に再編成することが目的であった．そのために「町村合併促進法」（1953年），「新市町建設促進法」（1956年），「市町村の合併の特例に関する法律」（「合併特例法」と略記）（1965年）の3つの法律が制定され，段階的に市町村合併が推進された．その間の市町村数の推移をみると，1953年の9868(100)が1956年には3975(40.3)，1965年3472(35.2)と半世紀かけてほぼ1/3に減少している．平成の大合併は「合併特例法」を適用して推進され，それが始まる1992年の3232市町村が2006年には1819までに減少している．その残存率は，1956年の33%，1953年の18%である．平成の大合併は交付税額等の減額（「兵糧攻め」）と合併特例債（財政誘導政策）によって半ば強制的に行われた．

〔平成の大合併〕この間，①1522の小規模町村（町が1150，村が372）が消滅したこと，それに対して，②大規模・広域化した自治体が多数生まれたこと，③それに伴って周辺地域の切り捨てが懸念されていること，④行政区域の広域化が進んでいること，⑤学校の統廃合や*公民館の統廃合が進んでいること，⑥全体として行政の住民サービスの低下などの諸問題が生じている．

〔地域自治組織と*住民自治〕改正された*地方自治法・合併特例法は地域住民の意見を反映させるために，旧市町村単位に区長権限の事務を分掌させる「地域自治区」および審議機関としての「地域協議会（地域審議会）」（必置制）の設置を規定している．この*地域自治区・地域協議会が住民の自治組織として真に機能していくためには，住民の自治的能力の向上を目ざす系統的な学習活動が不可欠であり，*社会教育・生涯学習の役割は極めて大きい．
　　　　　　　　　　　　　　　　　（吉富啓一郎）

〔文献〕1）内田純一：市町村合併と公務員．現代公民館の創造（初版），東洋館出版社，1999．

市町村中心主義　municipality-centerered principle

中央集権を排して，学習の主体である住民に最も身近な基礎自治体の市町村が，住民の意見を反映して民主的な*社会教育行政を展開していくという基本方針．

〔意義〕戦後教育改革の基本原理の1つである教育の地方自治原則を踏まえ，その具現化を保障する教育行政の責任のありようを示している．

近年の*市町村合併に伴う自治体の広域化は，社会教育行政にとって当該住民の増大と拡散をもたら

す一方で，財政の逼迫による事業縮小や住民参加機会の形式化をもたらすなど，住民と自治体との距離を遠ざけ，社会教育行政の基本姿勢にゆがみを生じさせてきている．この意味でも，改めて社会教育行政の市町村中心主義原則が確認される必要がある．

〔現状〕*社会教育法は，「国民の*学習権」と「*社会教育の自由」を保障する社会教育行政の基本姿勢として，国民が自ら実際生活に即して文化的*教養を高めうるような「環境醸成」任務を求めている（第3条）．そしてその実現に当たり，国の役割を「地方公共団体への援助」（第4条）と間接的に限定した上で，続く第5条において，「都道府県の*教育委員会の事務」（第6条）の明示に先んじる形で「市町村の教育委員会の事務」を直接的に明示している．近年，都道府県教育委員会による直接的な事業展開や統一指標による管理強化が懸念されるが，社会教育法の理念に立ち返り，都道府県の社会教育行政の役割は，市町村社会教育行政の独自な発展・充実に資する奨励・援助を行うところに本来的機能があるということを再確認したい．また，創造的な社会教育活動の振興を期待し，教育の*住民自治実現を担う*教育機関である*公民館は，「市町村その他一定区域内の住民のために」市町村が条例で定めることとなっている．この点も社会教育行政の市町村中心主義が貫かれていることを示すものである． (内田純一)

〔文献〕1）奥田泰弘編著：市民・子ども・教師のための教育行政学，中央大学出版部，2003.

自治立法権と条例 local government legislative power and ordinance

条例は，地方公共団体（都道府県，市町村）が必要な行政事務を行うために，自治権に基づいて制定される自治（自主）立法である（*地方自治法第14条）．この場合，条例とは，地方議会議決による場合が一般的である．なお，首長および各行政委員会が定める規則（地自法第15条）や規定を含めて条例という場合もある．

〔条例と法律との関係〕条例と法律との関係について問題とされるのは，①条例による規制や罰則の設定が可能か（憲法第29，84，94，31，73条），②条例の制定が「法令に違反しない限りにおいて」との限界範囲がどこまでかである．前者には，財産規制，租税賦課，条例違反罰則設定などが認められており，後者にはいわゆる公害規制「上乗せ条例」の前例がある．なお，大気汚染防止法や騒音規制法は条例制定を適法としている（大気汚染防止法第4条，騒音規制法第4条）．

〔教育・文化に関する条例〕ところで，教育・文化に関する条例に関しては，その歴史は比較的新しい．先行した事例には，中野区教育委員の準公選条例（中野区教育委員候補者選定に関する区民投票条例1978年制定，1995年廃止）などが著名である．教育文化に関する条例には，教育文化施設や機関の設置，*教育委員会の事務に関する条例，教育行政への住民参加に関する条例，教育関係審議会設置に関する条例，*社会教育委員設置に関する条例，教育職員の給与等の条例など，学校教育，社会教育の双方で多岐にわたる．近年の顕著な動きは，1つには，国連「児童の権利に関する条約」（*子どもの権利条約，1989年）に関連して，地方公共団体による*子どもの権利条例（川崎市，奈井江町，多治見市，目黒区，札幌市など）や子どもの人権*オンブズパーソン条例（川西市，川崎市など）などの制定である．この場合，総合条例，原則条例，個別条例の区別が可能である．2つには，*教育基本法改正や教育諸法改正と連動して，*社会教育行政再編を目ざす条例，*指定管理者制度に関する条例制定が際立つといえる． (姉崎洋一)

〔文献〕1）木佐茂男編：自治立法の理論と手法，ぎょうせい，1998.；2）木佐茂男・田中孝男編：自治体法務入門（第3版），ぎょうせい，2006.；3）日本教育法学会編：自治・分権と教育法（講座現代教育法3），三省堂，2001.

実業教育 vocational education

広義には，物質的財貨の生産，流通，海運，および金融などの業態を実業と総称し，これらに従事しようとする者に必要な教育を実業教育と称した．福沢諭吉が実業教育を重んじたことはよく知られる．また狭義には，1899年に制定された実業学校令に準拠して設置される工業学校，農業学校，商業学校，水産学校，商船学校などを実業学校と総称し，その教育を実業教育と称した．なお，中学校卒業者に高度の実業教育を課す高等商業，高等工業等の専門学校は実業専門学校と称して実業学校の一種とされた．広義の実業教育には，法規にしばられることが少ない*各種学校を含めることが多い．

〔概要〕実業教育では専門にかかわる実験・実習が重んじられ，その卒業生の大部分は学校で学んだ専門の方面に就業し，産業革命の進展と日本社会の近代化に大きく貢献した．

なお陸海軍の工廠や製鉄所，造船所などの大企業で実施された企業内訓練や，1930年代以後に拡充された公共職業補導施設（後年の*職業訓練施設）の

教育訓練などは，広義には実業教育の一環とされるが，所管官庁が文部（科学）省外であったために学校教育中心に考える場合には実業教育と見なされることはなかった．

〔経過〕第2次世界大戦後には，旧来の実業学校の大部分は高等学校の職業学科（単科の場合は職業高校）として改編された．経費負担が大きい実業教育の振興に大きく貢献した実業教育費国庫補助法（1894年制定）が1951年に*産業教育振興法に代わって以後は，文部（科学）省所管の実業教育は産業教育と総称されるようになった．

なお戦前の広義の「実業」概念を用いた言葉は，戦後にはたとえば実業界，産業界あるいは経済界と称される場合が多い． （横山悦生）

〔文献〕1）国立教育研究会編：産業教育1，2（日本近代教育百年史9，10），国立教育研究所，1974．

実業補習学校 continuing vocational-training institute

明治・大正期に実業補習教育，地方改良のために設置された勤労青年教育機関．

〔歴史〕1893年，小学校の補習と簡易な職業知識と技能教育を目的とし，年限3年以内で，日曜・夜間・季節の授業形態をとる実業補習学校規定が定められた．教科目は修身，*読書，習字，算術，実業とされた．実業補習学校は，明治後期に*地方改良運動，*青年団設置と結びついて増加し，1910年に，学校数6111，生徒数26万2978人，1920年には学校数1万4232，生徒数99万6090人に達したが，農業分野と比較して，商工業分野が十分でないこと，女子の実業補習の課題があった．

1920年，第1次世界大戦と臨時教育会議を経て実業学校令，実業補習学校規程が改正された．設置主体を拡大し，職員の名称・待遇を中等学校に準ずるものとし，目的も「*職業教育」と「公民教育」の2つとすることのほか，女子に関する規定が加えられて，充実が図られた．1926（大正15）年に*青年訓練所令が制定され，15〜20歳までの男子に対する軍事訓練が行われた．同校の対象は実業補習学校生徒と重複し，両者とも地域の小学校に併設されることも多かったためにその関係が議論され，1935年に統合されて*青年学校制度が成立した．青年学校は1939年，男子についての義務制が実施された．

〔青年期教育の二重構造〕第2次世界大戦以前の青年期教育について，一方で高等教育機関に接続する中等教育，もう一方で低度の実業補習と壮丁準備教育を中心とした青年教育という二重構造が存在した．実業補習学校は，後者の青年教育を担うものとして地域青年団体と関連をもちながら発展した．戦後の6・3制によって単線型の学校制度となったが，教育と勤労を統一して捉え，地域社会に対応する勤労青年教育体制確立の課題は，今日に引き継がれている． （矢口徹也）

⇨青年学校

〔文献〕1）小川利夫・寺崎昌男監修：近代日本青年期教育叢書 基礎資料編1，2，日本図書センター，1993．

実行委員会方式　⇨企画・運営委員会方式

実際的能力　real competence

正規の学校教育により獲得され，試験により認証される能力（formal competence）に対し，主に学校教育以外のノンフォーマルな教育を通して獲得される能力をさす．主として職業能力開発分野で用いられ，個々の職業*技術・*技能に関する能力ではなく，行動，適応，協同などの職業横断的な能力を意味する．フォーマルな能力に比べて認証システムが開発されておらず，実際的能力を証明するシステムの開発が求められている．

なお，関連用語としては*OECD（経済協力開発機構）が研究開発しているキーコンピテンシー概念が注目される．OECDは，自律的に活動する力，道具を相互作用的に用いる力，異質な集団で交流する力と定義する．実際的能力もキーコンピテンシーも生涯学習での概念や用語であるが，現在では学校教育の学力論にも影響を及ぼしつつある．（三輪建二）

〔文献〕1）フェデリーギ，P. 編（佐藤一子・三輪建二監訳）：国際生涯学習キーワード事典，東洋館出版社，2001．；2）ライチェン，D.，サルガニク，R. 編（立田慶裕監訳）：キー・コンピテンシー，明石書店，2006．

実践　英 practice, praxis, 仏 pratique

〔概念の拡張的変化〕「実際に践（ふ）む」という語義のこの言葉は，一般に，何らかの「主体」が，ある価値・主義・理論を実際に応用・具体化することを指示する．しかし，背景や文脈によって多義的使用を許す概念でもあり，ドイツ観念論の祖ともいえるカント（Kant, I.）では，実践（praxis）は倫理的行為とされ，マルクス主義・実存主義・構造主義の立場では，目的意識性の高い社会的または変革的行為とされる．さらに，こうした，実践主体の目的意識性を特徴とする考え方を超克する方向で，*文化資本と個人の行為との相関を分析したブルデュー

(Bourdieu, P.)は，社会的存在である人間の生活行為すべてを実践と見なすプラチック（pratique）概念の重要性を指摘した．実践という言葉は，praxisからpratiqueへと，その内容を変化させ，実践の主体と客体という二項対立的関係やその目的性に捉われないものに拡張しようとしている．

〔社会教育実践概念の変化〕*社会教育・生涯学習論の文脈においても，マルクス主義などの影響を受け，個人・集団・組織が，ある価値や主義を意図的に教育活動に組み込んだり，ある社会教育理論や学習支援理論の枠組みを意識的または試験的に具体化したりすることを実践と呼ぶことが多い．しかし，今日では，偶発的学習や活動に埋め込まれている学習を成立させる*インフォーマル教育への注目が高まり，さらに上記の政治・社会学における実践概念の拡張に呼応して，組織的または意図的な教育行為だけではなく，生活の中での学習行為全体をさす概念として実践が捉えられるようになってきた．目的意識性の低い活動も，学習が生起する場として，社会教育実践論の射程に入ってきたということである．

〔理論と実践の相補性・相互性〕実践における目的意識性の低下は，理論と実践の関係に大きな変化をもたらしている．第2次世界大戦後から今日に至るまでの学習支援実践の一部は，民主主義・平和主義・人権思想などの価値や主義を具体化するという目的性の高いものであった．それゆえ，理論にとって実践は，そうした目的の達成度を分析する対象にすぎず，実践が理論に直接影響を与えることは少なかった．ところが，社会的人間の生活における学習行為の総体を実践と捉えると，実践は，単に価値や主義を具体化したり*知識や技術を教示したりするだけではなく，新たな価値，技術，知の創造過程と捉えられる．実践と理論の相補的または相互的関係が意識されるようになり，近年では，社会教育・生涯学習の領域でも，実践と研究を統合した*アクションリサーチ（action research）に注目が集まっている．

〔研究枠組みの拡張〕実践概念の拡張は，社会教育・生涯学習論研究に，どの時間や空間における人間の営為を研究対象と同定するのか，という根本的な問いを投げかけるものでもある．個人や集団の変化と日常的な行為の総体との相関を視野に入れるのであれば，実践の目的や介入（intervention）を拠りどころに把持される実践だけではなく，関係する個人や集団の持続的な生活全体が研究フィールドとなる．ある仮説や主義を特定の場や限定的な時間で具体化する教育事業ではなく，ネットワーキングや*コラボレーション（*協働）の中に実践を見いだそうとする研究も増えつつある．実践概念の拡張に伴って，エスノメソドロジー（ethno methodology）やライフヒストリー（life history）法など，*経験主義や実証主義を超えた新しい方法も模索されており，研究枠組み自体の刷新も企図されつつある．

(松岡広路)

〔文献〕1）山本哲士ほか：プラチック理論への招待，三交社，1992；2）鈴木眞理・松岡広路編著：社会教育の基礎，学文社，2006．；3）松岡広路：生涯学習論の探究，学文社，2006.

実践コミュニティ　⇨ウェンガー

指定管理者制度　designated administration system

〔目的〕2003年6月の*地方自治法改正によって導入された民間事業者も含め自治体が指定するものに*公の施設の管理を行わせることができる制度．総務省自治行政局長通知「地方自治法の一部を改正する法律の公布について」(2003年7月17日)によれば，「多様化する住民ニーズにより効果的，効率的に対応するため，公の施設の管理に民間の*能力を活用しつつ，住民サービスの向上を図るとともに，経費の節減等を図ることを目的とするもの」とされ，「道路法，河川法，*学校教育法等個別の法律において公の施設の管理主体が限定される場合には，指定管理者制度を採ることができないものである」とも指摘していた．

〔*教育機関〕*社会教育機関である*公民館・*図書館・*博物館は，*社会教育法・*図書館法・*博物館法という個別法をもち，また*地方教育行政法第23条は*教育委員会が教育機関を管理することを明記し，同第34条・社会教育法第28条は職員の教育委員会任命権を定めている．*文部科学省は，「*社会教育施設における指定管理者制度の適用について」(2005年1月25日)の中で「公民館，図書館及び博物館の社会教育施設については，指定管理者制度を適用し，株式会社など民間事業者にも館長業務を含め全面的に管理を行わせることができる」としているが，法解釈論としても問題は多い．

〔課題〕経費節減を主要な目的とする同制度をめぐっては，住民の*学習権を保障する社会教育機関としての目的の確保，3年から5年の指定期間と社会教育事業の継続性，社会教育の*公共性の担保，有料化など*受益者負担の強化，*社会教育職員の労働

条件と専門性，関連条例や協定書に対する住民のチェックなどが問われている．なお，2008年社会教育法改正時の附帯決議が「指定管理者制度の導入による弊害」について言及している． （長澤成次）

⇨ PFI

〔文献〕1）社会教育推進全国協議会：主民の学習権と指定管理制度—公民館・図書館はどうなる—，2006．

シティズンシップエデュケーション citizenship education

市民としての権利と義務を理解し，行使することを通して民主的な社会をつくるための教育．広い意味での政治教育である．

〔経緯〕シティズンシップは，国民としての地位身分から享受しうる権利と義務を意味するが，「公民教育」や「自立した*市民教育」として歴史的に展開されてきた．これが新たな政策として登場するのは1980年代の英国，サッチャー首相（Thatcher, M. H.）の保守党政権下である．続く労働党政権では「諮問委員会」が置かれ，① 社会的・道徳的責任，② *コミュニティへの包摂，③ 政治的リテラシー，という3つの方向性が確認されている．欧州委員会でもヨーロッパ市民性の育成という点から，教育上の重要な課題となっている．

〔シティズンシップエデュケーションと成人教育〕英国成人教育史にみるように，シティズンシップの内実である市民的権利，政治的権利，そして社会的権利は，労働運動や社会運動，それと結びついた成人教育の力により歴史的に獲得されてきたものである．こうした成人教育との関係は，1997年の*ハンブルク宣言でも，「成人教育は行動的シティズンシップの結果であるとともに，また，社会への十全な参加への条件でもある」と確認されている．

したがって，シティズンシップエデュケーションでは2つのことが重視される．① 社会の構成員として，具体的な社会的・政治的諸課題をめぐる行動に実践的に参加し，社会変化に積極的に関与すること，② 権利と義務についての認識を深め，*知識や*技能をわがものとするだけではなく，多様性や異質性への寛容，信頼というような認識的・情緒的な側面を高めること，資源動員や熟議の技術など市民としての*コミュニケーション能力を高めるための教育プログラムを提供すること，である．

〔課題〕シティズンシップが国民国家の枠内で発展してきたことからもわかるように，この教育政策には，自発的な市民を国家統治に組み込む危険が内在すること，排除・選別の機能をもつことを自覚しなければならない．シティズンシップ自体が，市場化の波の中で，女性・障害者・外国人など社会的弱者・マイノリティといわれる人たちの異議申し立てにより，グローバル化による国民国家という枠そのものの揺らぎ，その再編が進みつつある．こうした現実的・理論的状況を踏まえた成人教育の役割が問われる． （高橋　満）

〔文献〕1）マーシャル，T.H.，ボットモア，T.（岩崎信彦・中村健吾訳）：シティズンシップと社会階級—近現代を総括するマニュフェスト—，法律文化社，1993．；2）不破和彦編訳：成人教育と市民社会—行動的シティズンシップの可能性—，青木書店，2002．

シティリット（英） City Lit (in UK)

The City Literary Institute の略称であるが，広く人々に City Lit として知られているロンドン最大の成人学習センターである．ロンドンカウンテイカウンシルによって，1919年に非職業的な教育を提供する機関として設立された．以来90年近く，成人教育を提供し続けている．現在はカンパニーとして運営されているが，収入の80%は学習技能協議会（The Learning and Skills Council）によってまかなわれている．2005年に，2100万ポンドかけてコベントガーデン地区に新築移転され，50以上の教室，小ホール，食堂，ラウンジなどを完備したモダンなビルに生まれ変わった．年間3000以上のコースを提供しており，2万4000人以上が学んでいる．学習者の平均年齢は40.5歳で，30歳代が全体の30%以上を占めている．職業関連コースのほか，個人の発達にかかわるコース，*キャリア教育，*基礎教育コース，高等教育への準備としてのアクセスコースなどで，科目は15の領域に*分類されている．また，聴覚障がいを有する人々のための学習機会提供にも力を注いでいる． （矢口悦子）

〔文献〕1）City Lit：*Courses for Adults*, City Lit, 毎年度．

児童委員 commissioned child welfare volunteer

*児童福祉法第16条に定められ，市町村の区域に置かれる民間の奉仕者である．担当区域内の児童および妊産婦の保護，保健，福祉等に関し，サービスを適切に利用するために必要な情報の提供その他の援助・指導を行う．児童および妊産婦に関連する社会福祉を目的とする者，児童の健やかな育成に関する活動をする者と密接に連携し事業・活動を支援す

る．民生委員法に基づいて厚生労働大臣が委嘱する無報酬の民生委員が児童委員を兼務する．児童委員の中から厚生労働大臣によって任命された主任児童委員は，専門的な立場から児童に関する機関と児童委員との連絡調整や，児童委員の活動に対する援助および協力を行う．児童*虐待の増加への対応策の中で，*児童相談所への通告を介する役割や虐待についての立入調査における役割等主任児童委員の役割は大きい．地域における子育てネットワーク形成等において，社会教育機関，団体等との適切な連携が望まれる．

(遠藤由美)

〔文献〕1) 望月彰編：子どもの社会的養護，建帛社，2006.

児童買春　child prostitution

金品の支払いを代償として18歳未満の児童を対象に性交等をすることをいう．国際的には児童への性的虐待の1つと捉えられている．

〔国際的展開〕エクパットと略称される「アジア観光子ども買春根絶国際キャンペーン」(international campaign to End Child Prostitution in Asian Tourism：*ECPAT) が1991年に始まった．アジア各地で子どもが性的虐待を受け，子どもの性を買おうとする大人が後を絶たない現実が明らかにされた．特にその加害者に日本を含む先進工業国の人間が少なからず含まれることが問題となった．1992年には日本国内でもこれに呼応する*市民運動が始まり，日本人男性が海外で児童買春をしているという問題だけではなく，国内の援助交際にかかわる課題もあわせて大きく取り上げられるようになった．国際連携による力を背景に国内での活動が進み，1999年には「児童買春・児童ポルノ禁止法」が制定されるに至った．2001年には横浜で「第2回子どもの商業的性的搾取に反対する世界会議」，2008年にはブラジルで「第3回子どもと若者の性的搾取に反対する世界会議」が開催され，その後もさらに取組みが広がっている．

〔日本の課題〕国際的には，児童買春にかかわった子どもの非処罰原則が明確にされている．ところが日本では法律的に，「児童虐待」が保護者やそれに替わる者によってなされる虐待に限定されているため，児童買春は児童虐待の一種として見なされない場合がある．そのことも関連して，児童買春については児童の側に責任が求められ，児童の側の非行と見なされることが多い．したがって児童非処罰の原則を確立することは急務である．

日本におけるもう1つの課題は，性的虐待全般への取組みが遅れていることである．金品が絡んでいるかどうかにかかわりなく，子どもへの性的虐待はそれ自体が問題である．教員による児童・生徒へのセクハラのように，日頃の力関係を背景にした性的虐待が最近社会問題化してきている．性的虐待の及ぼす悪影響を明確にし，幅広い取組みを展開することが求められている．

(森　実)

〔文献〕1) ロン・オグレディ（京都YMCA訳）：アジアの子どもと買春，明石書店，1993.

児童館　child welfare center

*児童福祉法に規定された児童厚生施設の1つ．

〔概要〕児童福祉法に規定された事業は，*社会福祉法による第二種社会福祉事業でもある．児童館は全国に約4300（2010年10月1日現在）あるが，中心をなすのは，その6割を占め，おおむね小学校区を単位に設置される小型児童館である．法制上の位置づけは，健全育成を目的とする福祉施設であるが，そのために，職員が子どもとともに集団的な活動を継続的に展開したり，大人への啓発など，子どもが育つ環境の整備を進める様々な取組みがなされており，実態的な機能には，教育・学習や地域社会形成の要素が多分に含まれている．その意味で，*社会教育相当施設とも見なすことができる．

〔沿革〕1963年，国庫補助制度の創設によって，都市部の自治体を中心に公営の児童館が急増した．このため，1980年代に入ると，地方行革の激しい荒波に見舞われた．「むだな施設」とまで揶揄された背景には，時代や地域によって異なる健全育成の課題を迅速に把握し，それを解決，改善するための取組みを創造することに疎かった児童厚生員の自己責任によるところが大きい．そこで，1980年代の終わり頃，東京などで，今後の児童館のビジョンを求めて児童厚生員の有志による自己革新運動が生じ，1990年代はその隆盛期となった．しかし，有志の思いを広く一般化することはできず，時代のニーズに見合った民営児童館への支援が次第に高まっていった．さらに，*特定非営利活動促進法（NPO法）の成立や*指定管理者制度の登場で，21世紀に入ると民営児童館の増加が勢いを強めている．

〔課題〕1990年代以降，児童館は*子育て支援，外国人や障がい児，中高校生への対応，*子どもの権利条約など新しい理念の取込み，児童虐待の発見と救済に代表される高度な*ソーシャルワークなど，専門的な*知識と技量を必要とする多様な課題と直面しており，それに見合う人材の確保・現職の力量

形成・労働条件の整備が大きな課題となっている．
(立柳 聡)

〔文献〕1) 小木美代子・立柳聡・深作拓郎・星野一人編著：子育て支援の創造，学文社，2005.；2) 小木美代子・須之内玲子・立柳聡編著：児童館・学童保育の施設と職員．萌文社，2006.

児童虐待防止法　Child Abuse Prevention Act

1990年代に児童虐待（Child abuse）が急増した状況に対応するため，関連条項が規定されていた*児童福祉法に加え，独立した法律として2000年5月に制定された．正式名称は児童虐待の防止等に関する法律．この法律により，日本で初めて児童虐待に関する法的な定義がなされるとともに，学校等子どもにかかわる専門機関における児童虐待の早期発見・通告義務，*児童相談所職員（児童福祉司）による立入調査権の強化，警察官の援助要請などが規定された．*児童虐待防止法を契機に，地域における児童虐待の予防・防止活動が広がりつつある．

児童虐待への対策には，心理，医療，福祉などの総合的な体制整備が前提となる．特に，虐待された子どもを受け入れる児童養護施設など社会的養護の制度については抜本的な改善が求められている．また同時に，子どもの権利に関する理解の形成や養育スキルの向上を目ざす講座の開催，親同士の*共同学習の組織化など，社会教育的アプローチの展開も期待される．

2004年4月の一部改正により，児童虐待は子どもの人権侵害であることが明記された．　(望月 彰)

〔文献〕1) 吉田恒雄：児童虐待防止法制度，尚学社，2003.；2) 川崎二三彦：児童虐待―現場からの提言―，岩波新書，2006.

児童憲章　Chidren's Charter

〔概要・歴史〕「*世界人権宣言」(1948年) に基づく第2次世界大戦後の国際的な平和と人権保障の精神に沿って，1951 (昭和26) 年5月5日の「こどもの日」に制定されたわが国独自の子どもの権利宣言である．総理府に設けられた児童憲章草案準備会が中心となり，ジュネーブ宣言 (1924年) や米国児童憲章 (1930年) などの国際的な文書を参考にして制定された．

児童憲章の制定の背景には，敗戦による日本社会の荒廃と混乱と疲弊の中で，浮浪児問題，*少年非行，栄養失調，児童労働など，子どもの生活と発達をめぐる様々な人権侵害問題があった．児童憲章の制定に先立って，1946 (昭和21) 年には日本国憲法が，1947 (昭和22) 年には*教育基本法と*児童福祉法が制定されており，これらの先行する諸立法の精神を踏まえて日本国民が共有すべき*子ども観を示したものである．

〔内容・意義〕児童憲章は前文と全12条からなり，生存，健康，教育，文化の権利などが規定されている．前文には「日本国憲法の精神にしたがい，児童に対する正しい観念を確立し，すべての児童の幸福をはかるため」とその目的が記され，子ども観の核心について，児童は「人として尊ばれる」「社会の一員として重んぜられる」「よい環境の中で育てられる」と謳われている．独立した人格の主体である子どもの社会的権利に対して，親や社会はこれに応える責任を負うものとした点は重要であるが，当時の子どもの権利理解を反映して，子どもは権利が守られる対象とされているところに歴史的限界もある．児童憲章制定の翌年には，「日本子どもを守る会」が設立され，児童憲章の精神と規定の実現を目ざし国民運動も広がった．児童憲章の精神と規定は，1959年の「国連児童の権利宣言」，1989年の「*子どもの権利条約」ともつながる先駆的なものであり，子どもの権利保障にとって大きな役割を果たしてきた．
(増山 均)

〔文献〕1) 厚生省児童局編：児童憲章制定記録，中央児童福祉協議会，1951.；2) 日本子どもを守る会編：児童憲章読本，日本子どもを守る会，1976.；3) 田代不二男・神田修編：児童憲章，北樹出版，1980.

児童サービス　library service for children

子どもへの*図書館サービス．一般的に児童サービスとは，おおむね0歳から小学生までを対象とする．中学生以上未成年者を対象とするサービスは*ヤングアダルト (YA) サービスと称される．

〔歴史・動向〕第2次世界大戦前，子どもは標準的な図書館サービスの対象ではなかった．占領期の米国の*図書館政策や，*『中小都市における公共図書館の運営』(*日本図書館協会，1963年)，*『市民の図書館』(日本図書館協会，1970年) を経て，児童奉仕が活発化し，児童の図書館利用が大幅に増え，1980年代初頭には図書館利用の半分を子どもが占めるようになった．1960年代頃からの高度経済成長時代により，子どもの*遊び環境や生活時間が変わり始め，1990年代の情報環境の変化により，大人と子どものボーダレス化に拍車がかかり，大人と子どもの情報格差が縮まってきて，図書館に求められる児童サービスの質も変化してきた．1974年，名古屋瑞穂図書館に端を発した予約論争はその最初の変化の兆しであったろう．子どもの要求を重視する

か，教育的配慮を重視するべきか，子どもへのサービスのあり方の根本を問い直す論争であった．少子化による，子ども利用者の減少は，来館する子ども中心のサービスから，保育所・学校・保健所へと出向き連携して行うサービスを生み出してきた．*総合的な学習の時間の導入による調べ学習への対応，子育てを支援する乳幼児サービスの開始，在住外国人児童へのサービス，障害児童へのサービス等々の必要性も高まっている．

〔YAサービス〕図書館サービス上は，児童サービスの延長ではなく，成人サービスの入口として捉えるべきであるという認識が一般的である．青少年特有の身体的・精神的発達特性や行動特性について認識し，そうした発達・特性からくる要求に応え，彼らの興味と関心に即したサービスを展開することが必要である．
(脇谷邦子)

〔文献〕1) 児童図書館研究会編：児童図書館の歩み，教育資料出版会，2004．

児童自立支援施設　support facility for the development of children's self-sustaining ability

*児童福祉法に定められた児童福祉施設の1つである．「不良行為をなし，又はなすおそれのある児童及び家庭環境その他の環境上の理由により生活指導等を要する児童」(児童福祉法第44条)を対象とし，入所または保護者のもとから通所させて，必要な指導を行い，児童の自立を支援する．あわせて退所者への相談等の援助を行う．

現在，全国に58の施設(国立2・都道府県立50，市立4，私立2)がある．施設の形態は，夫婦職員か職員数名が住み込む「家族舎(小舎)」制，職員が交代勤務を行う「寄宿舎(中舎・大舎)」制に分かれる．施設建て替え時に，前者から後者に切り替えることが多く，この施設が伝統としてきた小舎夫婦制をとるところは3割台になった．

現在，大幅な定員割れの問題を抱え，将来像をどう描くかの検討が行われている．長く公設公営の原則がとられたが，2011年の児童福祉法施行令改正により公立施設の民間による運営が可能になった．
(藤原正範)

〔文献〕1) 藤原正範：児童自立支援施設—その歴史から考える—．児童自立支援施設の可能性(小林英義・小木曽宏編)，pp.14-75, ミネルヴァ書房，2004．

児童相談所　child consultation center

*児童福祉法に定められた*児童福祉の中心的機関．2004年度の相談件数約35万件，2010年4月現在206ヵ所設置されている．児童福祉司(ソーシャルワーカー)，児童心理司(セラピスト)，医師，児童指導員，保育士などが配置され，専門的な*知識・技術に基づき，子どもに関する様々な相談，子どもや家庭についての総合的調査，教育学的・社会学的・心理学的・医学的診断・判定，結果に基づく援助方針決定，児童福祉施設入所措置・措置解除，非行少年の*家庭裁判所送致，保護者への指導などの業務を行う．2005年4月より，身近な子育て相談等の児童家庭相談が市町村業務として位置づけられ，児童相談所の役割は，児童虐待相談等緊急かつより高度な専門的対応が求められるケースへの対応や，市町村への支援に重点化された．子どもの*社会教育に携わる者は，必要に応じて児童相談所と連携し，児童虐待の防止ならびに子どもの健やかな成長を図らなければならない．
(遠藤由美)

⇨児童虐待防止法

〔文献〕1) 全国児童相談研究会・全国児童養護問題研究会編：子どもと福祉，ミネルヴァ書房，2009．

児童の権利に関する条約　⇨子どもの権利条約

児童福祉　child welfare

〔概要〕社会福祉(social welfare)の一分野であり，特に子ども(18歳未満の者)の健全育成などその福祉を実現するための社会的営みの総体をさす．福祉とは，端的にいうと，現代社会において，人が心地よい状態で生きていくこと(welfare)を保障する社会的営みである．その基盤には，産業革命以降の資本主義社会において，一方で，労働者および労働市場から排除されるおそれのある者の生存・生活問題の拡大があり，他方で，特に20世紀以降における人権思想および人権保障のための運動，*実践ならびにその成果としての法制度の発展がある．日本では，憲法第25条の生存権規定等に基づき，*児童福祉法を中心とする法制度が整備されている．

〔子どもと福祉〕社会福祉に児童福祉という分野が位置づくのは，子どもという存在の特質によるものである．すなわち，子どもが心地よい状態で生きていくためには，大人(特にともに生活する親や保護者)による保護と養育そして子どもとしての尊厳を確保されることが不可欠だからである．国は，その

ような環境が確保できない危機的状況において，直接的な養育者を補助し，もしくはこれに替わって子どもの養育に当たる社会的な仕組みを整備する責任を有しており，そこに児童福祉の営みが発生すると考えられてきた．今日では，それだけではなく，国は，子どもの生存にかかわる危機的状況をもたらさないように，子育て・子育ちの環境整備の責任を有すると考えられている．

〔児童福祉と健全育成〕子どもは，日々まわりの子ども同士あるいは大人との間に社会的関係を切り結びながら，個々それぞれに自由に発達しつつあると同時に，未来の「望ましい」大人として成長することが社会的に期待される存在でもある．そこに国家責任による子どもの健全育成という児童福祉の本質的側面が発生する．その際，何をもって「望ましい」とするかは価値観にかかわる問題であり，国家の介入のあり方をめぐって，教育と共通の課題を有している．

〔歴史〕日本において児童福祉が成立する画期は1947年12月の児童福祉法制定にあるが，その前史は1920年代における児童保護事業の成立過程にみることができる．産業革命以降の日本資本主義の発展過程で生み出された貧しい労働者，失業者あるいはスラム生活者の子ども（貧困児童），1900年の感化法により着手され始めた非行児童，盲聾唖児や知的障害児などの子どもの保護と健全育成の問題が，大正デモクラシーの機運とも絡みながら，主として社会防衛的観点に基づく政策課題となる．児童問題と称されたこれらの課題は，1921年に文部省普通学務局に新設された第四課（1924年に社会教育課に改称，1929年には社会教育局）の分掌とされた．

〔動向〕児童福祉は，いま大きな転換期にある．すなわち一方で，1990年代以降，市場原理の導入を基本方針とする制度改変が進行しており，国家責任による子どもの健全育成という理念が後退しつつある．また他方で，1989年の国連総会で「*子どもの権利条約」が採択されたことを契機に，子どもを単なる保護の対象として捉えるのではなく権利行使の主体として捉えようとする実践や制度の展開が目ざされている．子どもの福祉は，救済・保護・扶助としての性格をもつwelfareから，当事者の主体性をより重視する表現であるwell-beingへとその理念の展開が進みつつある．また今日，児童福祉は「子ども・家庭福祉」という別称で表現されつつある．子どもの福祉を実現するためには，子どもを含む家庭という環境が子どもにとって心地よいものでなければならないからである．その背景には，児童虐待の増加に象徴されるような家庭における養育環境の悪化があり，家庭の養育力の援助が児童福祉の大きな課題となるとともに，親自身の*自己教育や*家庭教育との関連も改めて問われている． （望月　彰）

〔文献〕1）望月彰ほか：子どもの権利と家庭支援―児童福祉の新しい潮流―，三学出版，2005.；2）井垣章二：児童福祉―現代社会と児童問題―，ミネルヴァ書房，2002.；3）竹中哲夫ほか：新子ども世界と福祉，ミネルヴァ書房，2004.

児童福祉法　Child Welfare Act

〔概要と歴史〕戦後改革期の1947年12月12日に法律第164号として公布された児童福祉に関する基本法であり，社会福祉に関する戦後最初の法律でもある．児童福祉法成立過程当初の1946年10月15日の法案要綱の名称は，「児童保護法」案であった．それは，緊急課題であった浮浪児，孤児等のいわゆる要保護児童を対象としていたが，11月2日に松崎芳伸が援護課事務官に着任してからは，いわゆる普通児童対策を加えた児童全般の統一法が目ざされ，その際，教育保障についても検討された．結果的には，子どもの教育保障に関しては*教育基本法をはじめとする教育関係法が規定することとなり，児童福祉法はあくまで子どもの福祉に関する法律として成立した．

〔内容〕児童福祉法の主旨は総則3ヵ条に示されている．第1条第1項では，子どもの健全育成が基本理念として示され，第2条では，子どもの健全育成に対する国および地方公共団体の公的責任が明記され，第3条では，児童福祉法が子どもの福祉に関する基本法であることが示されている．総則に続く各条項では，児童福祉行政における住民参加を想定した児童福祉審議会，専門性を基盤とした*児童相談所等の中枢的機関，公的責任のもとに運営される各種の児童福祉施設とその運営にかかる公費負担の原則等が規定されている．

〔課題〕戦後当初目ざされた児童福祉法の理念は，その後十分に実現されないまま経過した．1997年の法改正をはじめ，その後の法改正により公的責任の理念および制度の後退が進行しており，国連・*子どもの権利条約など子どもの権利保障に関する国際的動向との矛盾が拡大しつつある．児童福祉法の基本理念は子どもの健全育成である．それは同時に，青少年教育あるいは子どもの*社会教育に関する実践現場においても追求されている理念でもあり，そこに子どもの福祉と教育の関連と統一をめぐる理論的かつ実践的な課題が提起され続けている． （望月　彰）

〔文献〕1) 許斐有：子どもの権利と児童福祉法，信山社，2001.；2) 桑原洋子ほか：実務解釈児童福祉法，信山社，1998.

児童文化　children's culture

〔概念〕児童（子ども）の心身の発達に影響を与える文化・文化財の総称である．大きく分けて，①大人が子どものために用意した「子どもに与える文化」と，②子ども自身がつくり出し伝承している「子どもがつくる文化」，③大人が子どもを援助しながら「子どもとともに育てる文化」がある．それらは相互に還流しあいながら，児童文化（子ども文化）を特徴づけている．

〔歴史〕古代から，竹や木や藁でつくった子どもの*遊び道具があり，それらを「おもちゃ」と捉えれば，子どもの文化・文化財の起源は古い．江戸時代には，子どもの遊び道具や御伽草子なども豊かになり，幕末に来朝した外国人が日本の店に並んだ子ども向けのおもちゃの多さと精巧さに驚いているほどである．

しかし，日本において本格的に子どもを対象とした絵本・文学・音楽・演劇・美術・遊具・遊び文化が登場するのは明治期に入ってからであり，西洋の教育内容・教具・教材の導入と並行して児童文化・文化財も普及し始める．「児童文化」の用語は，峰地光重の『綴方新教授法』（1922年）で初めて使われたといわれるが，「児童文化」という用語のもとに子どものための文化・文化財・文化施設・*文化活動に本格的な注目が始まるのは1930年代である．この時代には子ども向けの紙芝居・幻燈に加えて，ラジオ・映画などの新しい*大衆文化が普及し，子どもの文化への関心が高まった．しかし，1930年代から40年代にかけて，日本がアジアへの侵略戦争に突入するに及んで，天皇制軍国主義教育の徹底と国民文化統制の中で，「児童文化」は「少国民文化」として，子どもたちを軍国主義イデオロギーに洗脳する役割を担うことになった．

戦後，再び子どもの生活と発達に資する児童文化のあり方を探求する条件が生まれたが，特に*児童憲章（1951年）の制定によって，子どもが「良い環境のなかで育てられる」ことの権利が明確にされ，「良い遊び場と文化財を用意され，悪い環境から守られる」（第9条）ことが明記されたことによって児童文化運動が花開いていく．1950年代にはテレビの普及に伴い，マスコミ文化が子どもに与える影響が問われ，1960年代から70年代にかけては，地域環境の変貌と子ども集団・遊び文化の変化の中で，地域生活圏における遊び・集団・文化にかかわる親と子の文化活動が興隆した．そこでは文化創造における子どもの主体性・能動性を重視する視点から「児童文化」よりも「子ども文化」の用語が使われている．今日では国・自治体による*文化行政（子どもの文化体験プログラムの推奨など）とともに，様々な*NGO・*NPOが子どもの*文化的享受と伝承・創造活動への援助を行っている．

〔意義と課題〕児童文化（子ども文化）は，芸術活動の分野として，*学校外教育・*社会教育の内容として，また学校での表現・芸術教科や文化活動の内容としても注目されてきた．同時に，商業主義的・*消費主義的な子ども産業においては，アニメや漫画などとキャラクター商品が結びついたメディアミックスの市場として，子ども文化は重要な市場となっている．したがって，子ども文化がもっているその質や価値が鋭く問われるとともに，文化創造の担い手として，大人と子どもの関係性が問われている．子ども文化のあり方をめぐって，その権利性に注目して「*子どもの文化権」（*子どもの権利条約第31条）への注目が高まっており，子どもの文化・芸術にかかわる創造団体や鑑賞団体においては，子ども文化の享受と創造にかかわる専門性を明らかにする取組みも開始されている．
（増山　均）

〔文献〕1) 菅忠道：自伝的児童文化史，ほるぷ，1978.；2) 岡本定男：子ども文化の水脈，近代文藝社，1993.；3) 古田足日：児童文化とは何か，久山社，1996.

信濃木崎夏期大学　Shinano-Kizaki Summer College

1917年，大正デモクラシーの風潮を背景に，信州の文化的風土を地盤に誕生した「大学」の名を冠した日本で最初の*社会教育事業である．同年の第1回講義以降，戦時中も途絶せず，今日まで90年以上の歴史を有する．

同大学設立の契機に，「学俗接近」の理念のもと，大衆向け学術文庫の刊行と地方巡回講演による国民生活の科学化を企図した後藤新平の通俗大学会の活動があった．これに，郷土での*民衆大学創立を唱える平林広人の構想が結びついた．その下地には，地元教育会の教員講習会改革の動きがあった．信州財界人の寄付行為により財団法人信濃通俗会が設立され，信濃鉄道株式会社と地元教育会の協賛を得て安定した財政基盤を得た．

講義は，自然・人文・社会科学のバランスが考慮された．講師は，帝国大学教授と官僚が多く，官学

アカデミズムの傾向にあったが，信州出身の教育関係者も配された．国家権力に対して距離を置き，教養主義を重んじる姿勢は信濃木崎夏期大学の基調となった．

(中島　純)

〔文献〕1）中島純：後藤新平「学俗接近」論と通俗大学会の研究，私学研修福祉会助成刊行物，2004．

信濃生産大学　Shinano Farming Producers' College

*民衆大学の1つのモデル．東京大学教授*宮原誠一の生産教育思想を土台とし，長野県下の農村青年を中核として組織された，1960年代の農村における民衆大学である．

〔発足〕同県駒ヶ根市が主催して，1960年8月に発足し，年2回，民衆に開かれた公開大学の形をとって6年間開催され，1968年8月，第12回をもって閉校，解散の道を辿った．

発足の当初は，農業基本法が施行され，政府主導の農業構造改革が展開し，上からの農業近代化論一色の時代であった．

〔組織形態〕長野県下の農村青年たちの中から，1950年代末にサークル活動の体験を経て，農業・農村の危機と時代を捉え，農民による下からの農業近代化を求めるグループが方々に生まれ，主権者としての農民の立場に立つ営農を試み始めていた．

宮原は，長野の*社会教育に注目し，農業・農村の専門研究者たちと農村青年が出会い，系統的に学び合う場を自治体の中に育てた．

〔内容と方法〕大学の内容・方法は，いわゆる*大学開放講座とは異なっている．参加する農村青年たちの営農の実態をともに学び合い，研究者・専門家の協力のもとに，農業経営，農業技術，農政，自治体問題，地域研究にわたって実験的実践的な課題に取り組んでいくものだった．生産大学は，戦後社会教育の学習の一つの典型をつくりあげた．たとえば第1期（第1回～第4回）の基本主題は「共同経営の可能性」であり，第2期（第5回～第8回）は「農業構造改善事業にいかに対処するか」であり，第3期（第9回～第12回）は「農村における学習運動」をどう進めるかであった．

〔歴史的意義〕農業基本法下の現実課題に直面した農村青年たちが，各郡市町村の持続するサークル活動により集団的組織的に学び合い，その成果を専門家の知見も得て学び合う県レベルの「生産大学」という年2回の学習集約の場にもち寄った．この学習組織形態は，信濃生産大学の発明であり，のちの各地での農民大学，労農大学，住民大学の先駆けとなっていった．

(藤岡貞彦)

〔文献〕1）宮原誠一：青年期の教育，岩波書店，1966．；2）宮原誠一：社会教育論（宮原誠一教育論集第二巻），国土社，1977．

シニア　elderly, elder

55歳前後から高齢期までを意味し，ほぼ中高年に相当する．年齢を重ねてもなお積極的に生きることが問われる思潮において注目されるようになった．1980年代後半から退職後を無為に過ごす男性に「粗大ゴミ」「産業廃棄物」，妻にまとわりつく「濡れ落ち葉」「コバン鮫」など*フェミニズム的な揶揄が使われ，「定年離婚」や「熟年離婚」が関心を集めたのは，その社会問題としての現象である．この状況に対して三菱電機労組は先駆的に1977年から従来の組合運動の枠を超えて老後生活を考えるシルバープランを始めた．その10年後の1987年，シニアプラン開発機構が厚生省（当時）の関連機関として設立され，調査研究とともに年金ライフプランセミナーやフォーラムを実施している．1990年に外務省と国際協力機構（JICA：Japan International Cooperation Ageney）はシニア協力専門家事業を開始した．これは1996年にシニア海外ボランティアと改称され国際協力事業団によって続けられ，相手国の人材育成を通して社会発展を支援するとともに，シニアの生きがい，働きがいの機会となることを目ざしている．

(山田正行)

シニアネット　Senior Net

中高年層が中心となって形成しているインターネット上の*コミュニティ．1986年サンフランシスコ大学のファーロング（Furlong, M.）によって開設されたものがその発端だとされている．彼女は，高齢者の社会的孤立をインターネットによって克服する方策を模索していた．米国シニアネットは，4万人の会員を擁する*NPO法人で，米国内外に240ヵ所以上の学習センターを有している．日本では1989年の通産省のメロウソサエティ構想などと連動して，パソコンやインターネットを介した*高齢者の社会参加の道が探られるようになり，シニアネットの全国組織化が進められた．米国シニアネットと提携しているシニアネットジャパンは2001年より始動しているが，そこではメーリングリストや掲示板などを通して，高齢者の新しい「井戸端会議と学習」の場が芽生えようとしている．

シニアネットは生涯学習の場でもあるが，そこで

は学習センター，シニアコーディネーター，*ボランティアや指導者の連携が必要となる．またシニアネットの全国組織と地域シニアネットとの*協働も必要となる．現在，仙台，鎌倉，京都，久留米などに100以上の地域シニアネットがあるが，たとえばNPO法人シニアネット久留米では，1998年開設当初は10人の会員だったのが2006年現在400人の規模に発展している．地域シニアネットは，地域の人材育成とシニアの活動の場を自主的に創出しているという特徴をもつ．また従来の地縁的人間関係から新しい世界とのつながりを形成するという特徴をも有している． (堀 薫夫)

〔文献〕1) メロウソサエティ・フォーラム編：シニアとパソコンが社会を元気にするおもしろい話，ぎょうせい，2002.；2) 松尾魚菜子：シニアネット・ジャパンの活動から見えてきた課題(上)(下)．社会教育(全日本社会教育連合会編)，2002年2月号・3月号．

シニアボランティア　senior citizen volunteer

一般に50歳あるいは60歳以上の人びとを*シニアと捉え，彼(女)らが行う*ボランティア活動，またはそうした活動を行う彼ら自身のことをさす．

少子高齢社会を迎えた現代日本では，シニア層の生きがいづくりや，その活力を生かした地域社会の活性化といった観点から，彼らの社会活動を推進することがきわめて重要な課題となっている．シニア層の多くは，定年や子育ての一段落によって時間的にゆとりがあり，十分に健康である．さらには，長年培ってきた豊かな*経験や*知識，*熟練した技術を有しているのである．

こうした中，近年，地方自治体や*NPO・*NGOなどによって，シニアボランティアの活動を支援する取組みが活発化してきている．また，国内のみならず，開発途上国で一定期間生活しながら活動する海外ボランティアについても同様の動きがあり，注目される． (佐伯知子)

〔文献〕1) 健康・生きがい開発財団編：生涯学習とサクセスフルエージング，健康・生きがい開発財団，2002.

シニアリーダー　⇒ジュニアリーダー／シニアリーダー

シビックトラスト　Civic Trust

シビックトラストは英国の慈善団体であり，主に「築かれた環境」(built environment)を中心に，地域に愛着をもつ市民の自発的なまちづくり活動を支援している．

英国には，トラスト(公益信託)方式により自然環境や歴史的な建造物・景観の保全・修復を目的とするナショナル，シビック，グラウンドワークという3つの著名なトラストがある．

シビックトラストは都市環境の保全と改善を目ざす全国組織として，1957年にダンカン・サンズ卿(Sandys, D.)(住宅地方政府大臣)によって設立された．主要な活動は，① 建築・都市計画の質を向上させるためにキャンペーンとパイロットプロジェクト(1959年ノリッジ・マグダレン通りの修復が第1号)に取り組むこと，② 各地で活動するローカル・アメニティ・ソサイエティを組織化し，その活動を支援すること，③ シビックトラスト賞を創設して周辺環境とマッチした新しい建築デザインや環境デザインを推進すること，である．

日本でも早くからシビックトラストの活動が紹介され，これをモデルとする運動が試みられており，都市緑地保全法に基づく「緑地管理機構」もその1つであると考えられている． (朝岡幸彦)

〔文献〕1) せたがやトラスト協会編：まちづくりとシビック・トラスト，ぎょうせい，1991.

自分史　life history

ごく普通の人々が自分の生涯を書き綴ったもので，生活史の記録である．

〔自分史の意義〕1970年代半ば以降に盛んになったが，1950年代に，戦前の*生活綴り方運動などを前史として高揚を見た，生活記録運動や*生活史学習を背景にもつ．一般には，子や孫，後世に伝えたいという素朴な願いを背景として，自己の生活史を記録するものもあるが，自己の生を時代や社会とのかかわりで捉えて綴っていくところに深い意味がある．

〔自分史学習〕色川大吉は『ある昭和史―自分史の試み』(1975年，中央公論社)で自分史を書くことを提唱し，これ以後自分史は各地に広まった．彼は民衆自身の埋もれた思想の地下水(未来を拓く変革の「未発の契機」)を探ることを提案し，真の思想の自立を可能にするには民衆から全歴史を捉え直す方法を獲得することが必要として「民衆史」研究を唱え，民衆の自己認識の方法として自分史に注目した．それは*社会教育でも共鳴しあう観点である．自分史は，何らかの体験を媒介とすることに特徴がある．また，歴史の中を歩いた自分の人生を意味づけていくことで自己認識を深めていくことができるという特徴がある．自分史のこのような特徴は，生活や地

域の歴史を学び，体験の意味を把握する学習（自分史学習）を伴って，主体の変革をもたらすものとして捉えられてきた．

〔研究と事例〕後藤総一郎は「遠山常民大学」で，自分の歴史と地域の歴史から自己認識を深めることを追究した（1977年～）．また北田耕也は，*自己表現活動が民衆文化の主体形成に結ぶ可能性を検討した．横山宏は，十日町市の生活記録（『豪雪と過疎と』1976年，未来社）にかかわり，草加市や相模原市での取組みから「学習方法としての生活記録」を検討した．茅ヶ崎市の「ふだん記」メンバーの一主婦からは，『あの日夕焼け―母さんの太平洋戦争―』（鈴木政子，立風書房1980年）が出版された．

(小林平造)

⇨生活綴り方運動，生活史学習，生活体験学習

自分史学習　⇨自分史

死への準備教育　death education

〔定義〕死を正面に据えて考えることによって，生を一層豊かにすることを目的とする教育．個人的なより望ましい死への具体的な準備教育と，人類の望ましい死までを含めた抽象的，理論的な教育・学習があり，そのいずれにおいても「人はいかに生きるか」を問いかつ実践していくことを目標とする．アルフォンス・デーケン（Deeken, A.）が著書の中で提言した言葉である[2]．

〔概観〕前者は生前に自分の意思を表明するリビングウィル（⇨終末期宣言）を手がかりにすることが各国で薦められているが，関心はもっても実際に書く人は少ない．後者は，発達段階や専門分野に応じた教育・学習が20世紀の終わり頃から提起され，広がっているといわれる国もあるが，学校教育に定着しているとはいえない．

死の講座が1963年米国（ミネソタ大学）で開設され，1969年にヘスティングセンター，1971年バイオエシックス研究センター（ジョージタウン大学）が置かれて以後，世界に広がりつつある．バイオエシックス（生命倫理学）は「生と死」にかかわるあらゆる価値観と判断の問題を超学際的に体系化し，基本的人権に関する国際的合意の形成をも求めようとする試みである．20世紀に入って医療科学技術の発達と高齢化を背景に，人は死から遠ざかり，死をタブー視してきたが，さらなる右肩上がりの発達は遺伝子操作，環境問題，人口問題，戦争（テロとの戦争を含む）によって，人類は今後数世紀のうちに絶滅を予想されるに至っており，全生命を統合的に自然と関連づけて，望ましい生存条件を構築する必要に迫られている．

〔課題〕死への準備教育は，先覚者や民間団体の取組みだけでは広がらない．どの世代も死を拒否し，リビングウィルを先送りする人がほとんどである．個人の「生と死」と人類の「生と死」を統合的に捉え，教育の内容と方法を体系化し，発達段階と専門に応じて学校教育の中に位置づけ，*社会教育・生涯学習で教授型学習と*共同学習を組み合わせていけば，1人ひとりが*自己決定できる社会になり，人類の急激な絶滅を避けての安定した生存条件の構築が期待される．

(西村文夫)

⇨終末期宣言

〔文献〕1）木村利人：自分のいのちは自分で決める，集英社，2000．；2）アルフォンス・デーケン：生と死の教育，岩波書店，2001．；3）日野原重明：死をどう生きたか，中央公論社，1983．

司法福祉　law and forensic social services

〔定義〕本来，法的（規範的）解決が必要とされる課題について，司法と福祉・教育・心理など，すなわち法と臨床が*協働して，実体的な問題解決・緩和を図る営みをいう．たとえば，離婚についての法律要件は決まっていても，親権，子の監護，面会交流，養育費，財産分与，慰謝料，心理的葛藤などについて問題解決・緩和がされなければ，離婚が成立しない場合のことを考えてみるとよい．

〔展開〕司法福祉は，少年司法の領域で概念が*成熟した．それは，*少年法が理念として少年の「健全育成」を掲げ，刑事裁判に優先して保護処分を行い，少年の人格的発達の促進と，そのための環境的調整を行う構造をもっていたからである．2000年11月に，日本司法福祉学会が設立され，加速的に司法福祉を必要とする課題が広がった．それは，被害者支援と修復的司法，*法律扶助，触法精神障害者の*保護観察，成年後見と*地域福祉権利擁護，児童*虐待と*子育て支援，*高齢者虐待・介護殺人，高齢・障害受刑者の社会復帰など多岐にわたる．現代社会が複雑化し，司法ニーズが強まるにつれて，司法福祉の守備範囲が広がる．

〔方法〕司法では判例研究，福祉では事例研究が重視される．司法福祉では，両者を合わせた裁判事例研究法が開発され，事例に即して，実体的問題解決の質と法律的決着の意義を問う．近年，少年司法では厳罰化傾向が進み，保護・福祉優先が後退しているといわれる．これに対して裁判事例研究により，

司法福祉の視点から公平なルール（フェアネス）の確立が模索されている． (加藤幸雄)

〔文献〕1) 山口幸男：司法福祉論（増補版），ミネルヴァ書房，2005.；2) 日本司法福祉学会編：司法福祉学研究，創刊号から各号．

市民運動　citizen's movement, grassroots campaign

社会運動の一形態．*住民運動が，居住地域に根ざした特有の土着性をもつ運動をさすのに対し，市民運動は，必ずしも地域にこだわらず，普遍的価値を追求するものをさすことが多い．

〔意味〕日高六郎は，1960年代安保反対運動で登場した市民運動の特徴として，①無党派である，②政治的野心はない，③24時間活動家ではなく，それぞれが*職業をもつ生活者であり，いわば「パートタイマー」的参加である，④組織の指令によってではなく，自発的に，そして経済的には「自腹を切って」参加している，ことの4点をあげている．

「住民」と「市民」を対比させ，主体性，権利の自覚，抵抗性，連帯性などの特質を備えている存在を「市民」とする用法もある．これは，西洋近代社会を「*市民社会」のモデルとして考え，それを支えた政治主体を日本に求めようとする，啓蒙主義型の問題意識からの発想であり，松下圭一らにみられる「市民」観はこのタイプである．

〔市民運動と行政〕1960年代には，住民運動としての市民運動が，地域開発による現実生活の急激な変化への抵抗として台頭したが，1970年代の低成長期には，地域の変貌による地域的紐帯の衰退や，行政による*市民活動の包摂等を背景に，急激に低迷していく．1980年代になると，平和，人権，環境，*フェミニズムなどの普遍的価値によって束ねられた運動展開や，地域に根ざしながらも抵抗型にとどまらない*コミュニティ創造型の運動が各地で展開されるようになるなど，運動に多彩さが現れる．

なお，1980年代後半以降に松下が展開している「*社会教育の終焉」論は，このような「*市民文化活動」の新展開を背景に，住民と行政の関係の再構築を目ざす文脈からの問題提起であった．松下の見解では，*社会教育行政は「これまで続いてきた行政主導によるムラとのナレアイ」を温存する「行政劣化の見本」であり，*町内会・自治会制度など地縁的自治制度とともにその廃止が提唱されている．

(石井山竜平)

〔文献〕1) 日高六郎：市民と市民運動．岩波講座現代都市政策Ⅱ市民参加，岩波書店，1973.；2) 松下圭一：社会教育の終焉〔新版〕，公人の友社，2003.

市民活動　citizens' activities

市民の自発的な意思に基づき，広く市民生活の向上を目的とした非営利で公益的な活動．

〔支援策の広がり〕近年では，*特定非営利活動促進法（いわゆるNPO法，1998年）の後押しを受け，余暇を活用した社会参加のみならず，さらに機動力のある，かつ持続性の高い*実践を目ざした市民的結社の活躍が多彩に広がりつつあるのを受け，①自治体条例としての市民活動支援指針の立法化，②市民活動支援施設の創設・増加，③多彩な資金的支援制度の創設・増加，④市民活動への委託事業（自治体との*協働事業）の創設・増加，⑤行政の諮問機関における市民活動関係者の位置づけの高まりなど，市民活動支援に向け，様々な施策が講じられてきている．また，千葉県市川市「市民活動団体支援制度」（市民税収の1％相当額を納税者が選考した*NPOの活動支援にあてる制度）など，財政支援策の創設に取り組む自治体も現れている．

〔背景〕公共部門の経営に民間の経営手法をできる限り取り入れながら，行政の守備範囲の縮小と民間部門への責任委譲を達成しようとする，今日の自治体改革においては，市民活動を公共部門のアウトソーシングの受け皿として活用しようとする動きもある．

また，1980年代以降の*新自由主義的路線を牽引する政策担当者には，「豊かさ」と引き替えに人々の間に広がる「行政へのたかり体質」「自助努力の欠落」「道徳的堕落」をいかにくい止めるか，という課題認識がみられ，市民活動支援には，いわば社会秩序を再構成させようとする意味合いも含まれている．

(石井山竜平)

〔文献〕1) 早瀬昇・水谷綾・永井美佳・岡村こず恵ほか：テキスト市民活動論―ボランティア・NPOの実践から学ぶ―，社会福祉法人大阪ボランティア協会，2011.；2) 後藤和子・福原義春編：市民活動論，有斐閣，2005.；3) 坪郷實・中村圭介編著：新しい公共と市民活動・労働運動（講座現代の社会政策5），明石書店，2011.

市民館　citizens' hall

第1次世界大戦後である1920年代以降に，大都市の都市労働者階級や市民に対する公営*セツルメントとして設置された施設のこと．1921（大正10）年に設置された大阪市立北市民館をその嚆矢とする．市民館では，市民の*余暇善用のための*教養・娯楽，授産・授職，健康相談，保育事業や，学童の

校外生活指導等が展開された．当時の大阪市長の関一は，膨張する大阪市街地をコントロールするために住宅政策を中心とした都市計画を行い，その一環に市民館を位置づけた．この背景には，日本の*工場法制定に尽力した岡実の，*労働者教育と都市経営としての*市民教育の重要性という，労働者保護の観点からの主張があった．東京では後に生活館，方面館と改名された．

都市計画の中で市民教育，社会教育を位置づけた構想は，戦後の北九州市の公民館や川崎市の市民館（公民館）に継承される．川崎市は，1968（昭和43）年に第2次総合計画の中で各区に市民館を設置する方向を打ち出し，1972（昭和47）年の多摩市民館を皮切りに，各区に市民館を設置し，社会教育の中核施設として位置づけた． (上野景三)

〔文献〕1) 日本公民館学会：公民館・コミュニティ施設ハンドブック，エイデル研究所，2006.

市民館 (独)　英 citizens' hall, 独 Bürgerhaus

ドイツにおける地域センター型施設の一類型．地域住民の社交，余暇，娯楽，*レクリエーション，福祉，文化，成人教育などの振興を目的として，地方自治体が設置運営に責任をもっている公共的集会施設で，日本の公会堂や地区センターに相当する．自主事業のための専門職員は置かれていない．施設利用は通常有料だが，住民が設置目的の範囲内で使用する場合には減免措置がとられる．特別の法規はないので，設置状況は州，自治体によって大きく異なる．

市民大学が学習講座を地域に分散して実施するために会場として使用することも多く，市民館を市民大学の職員が駐在する地区分館として機能させようという構想をもつ自治体もあるが，実現していない．これは，ドイツの成人教育において，地域センター型施設における教育活動が必須のものとして認識されていないことを示している． (谷　和明)

〔文献〕1) 谷和明：ドイツ連邦共和国の公民館類似施設．社会教育の組織と制度（叢書生涯学習5，社会教育基礎理論研究会編），雄松堂出版，1991.

市民教育　civic education

「自立した市民による社会形成」を促すための教育をいう．

〔概観〕そこには個人の*解放・自立と社会の統合という2つの視点が内包されており，この両者のバランスによって市民教育の性格は大きく変わる．日本語の類似概念である公民教育の場合，ややもすれば統合の側面が強調されやすい．

〔歴史〕*市民社会の変遷に伴い，それを支える市民教育は様々な試行錯誤や展開をみせてきた．たとえば資本主義の発達がもたらした諸問題は，階級闘争や社会運動と結合する教育を生み出した．*グローバリゼーションの進展は「地球市民」の教育を必要とする．現代の民族闘争は，多文化主義に立つ市民教育に期待をかける．後期近代における人々の孤立と個人化の進行は，信頼に基づく社会的*ネットワークの再創造を必要とし，そのような社会関係資本（*ソーシャルキャピタル）の源泉となる市民教育に期待をかけるようになった．

〔形態〕市民教育には，*社会教育での講座や*ワークショップなどを通した理論的・体系的なもの（フォーマルないしはノンフォーマルな教育），*NPO・*NGOや市民団体での行動・参加を通じて体験的に発生するもの（インフォーマルな教育）がある．学校教育としては，英国の*シティズンシップエデュケーション，米国の*サービスラーニングなどの例がある．日本では，*総合的な学習の時間を活用した市民教育が浸透し始めている．

〔課題〕市民社会が自らの活力を強めるとともに，国家や市場に対する監視機能を高めるために，批判性と変革力を備えた，集合的・実践的な行為の源泉としての行動的シティズンシップ（active citizenship）が必要となる．上記の理論的・体系的な教育と行動・参加を通じた教育の相乗効果によって，行動的シティズンシップの醸成を促すことが重要である． (田中雅文)

⇨シティズンシップエデュケーション，サービスラーニング，総合的な学習の時間

〔文献〕1) 嶺井明子編：世界のシティズンシップ教育―グローバル時代の国民/市民形成―，東信堂，2007. ; 2) 地域を変えるサービス・ラーニング―シビック・アクティビズムとその先駆け―．NPOと社会教育（日本社会教育学会編），東洋館出版，2007.

市民劇場　citizens' theater

非営利的性格をもち，主として市民の有志によって運営される演劇鑑賞会をいう．市民劇場は日本の各地域で活動を行っており，定期的にプロの劇団を招いて観劇会を開催している．会員制をとるものが多く，たいてい「サークル」と呼ばれる3人程度のグループを単位として入会する．このシステムにより，運営資金と来場者の一定程度の確保が見込まれる．上演する劇団は様々で，話し合いを通じて上演

作品を選ぶが，新劇の劇団が上演することが多い．

　資金のかかる演劇の上演は東京など大都市でしかみることのできないものが多く，また，良質の演劇でも赤字で上演ができなくなるケースが多い．地方で定期的に演劇をみることができ，安定した上演の継続を重要な目的とする市民劇場の活動は，各地域の文化の向上だけでなく，文化の地域間格差を是正する役目も果たしている．　　　　　　　（小川　史）

〔文献〕1）佐藤一子編：文化協同のネットワーク，青木書店，1992.

市民サミット　citizens' summit meeting

　1985年頃から全国各地で繰り広げられている*市民活動が，一堂に会しながら交流を深め連帯を組み，全国的組織活動を展開する中で，情報を交換し合ったり，学び合ったり，ともに活動することをいう．出会いを大切にしながら，ともに学び合い，ともに活動する場を市民等自らが主催する活動である．サミット（summit）とは「頂上」を意味する言葉であるが，「頂上会談」という言葉が示すとおり，今日ではむしろ「市民が一堂に集まる会談」という意味が強い．日本では2度目の東京サミット以降，市民に定着したようである．

　1985年11月7日の「隅田川市民サミット」で，市民交流を深めるために市民交流実行委員会が使用したのが最初で，その後，この委員会から環境保全のためのイベント，*文化活動，*ボランティア，スポーツなどを通じて全国の市民にメッセージが発信されている．その他の市民活動として1990年「トンボ市民サミット」，2000年「全国ドブ川市民サミット」，2001年「市民サミットin神戸」などのボランティアや環境を中心としたものから，2002年「お菓子市民サミット」などの文化的活動を中心としたもの，あるいはサッカーなどのスポーツを中心としたものなどがある．一方的に行政に頼り切らずに，市民が中心となり21世紀の*市民社会のあるべき市民像を育てるためのありようを提案していく*実践的な活動である．　　　　　　　（関上　哲）

〔文献〕1）隅田川市民交流実行委員会：都市の川，岩田書院，1995.

市民参加　⇨住民参加・参画

市民社会　civil society

〔定義〕狭義には，市民革命によって成立した自由な生産・所有者間の対等・平等な関係を基盤とする社会をいう．それはスミス（Smith, A.）のいう「商業社会」であり，ヘーゲル（Hegel, F.）の使う「欲望の体系」としての社会である．マルクス（Marx, K.）は，これを人間の共同的存在の疎外された物象的依存関係として捉える．広義には，市民の平等や自由な意志や生活様式をもとに形成される社会をいう．

〔歴史〕市民社会という概念は，日本では独特な意義をもっている．それは，戦前の日本の前近代的な封建遺制，抑圧的軍事国家を批判する市民権主張の拠り所として*受容された．この市民社会学派は市民的自由と平等のつくる社会像として第2次世界大戦後日本の近代化や民主化に大きな影響を与えたが，マルクス主義からは「ブルジョア社会論」として批判された．新しい市民社会論の興隆は，こうした民主主義的な社会をつくるという問題意識の系譜に連なるものである．市民社会を，自由と平等な市民が自治する社会の理念を示す概念として捉える立場であり，①この自由を保障する*公共空間として*NPOや*アソシエーションなどを重視する立場，②人々の公共心や公徳心などの道徳性に重点を置く立場に分かれる．③グローバルな社会的課題に対応して「地球市民社会」も主張されている．

〔課題〕これらいずれの主張にも共通するのは，市民社会とは，現代社会の批判的視点を提供する理念であり，将来社会の目標概念でもあるということである．国家，市場との関連の中で自由で平等な市民がどのような社会を構築するのか，ということが問われる．成人教育や生涯教育との関連では，こうしたアソシエーションやNPOにおける学び，市民の能動的参加を支える学びとの関連などをどのように捉えるのか，学びの意義をどのように*評価するのかなど，研究はまだ緒についたばかりといえる．
　　　　　　　　　　　　　　　　　　（高橋　満）

〔文献〕1）ハバーマス, J.（細谷貞雄訳）：公共性の構造転換，未来社，1973.；2）高橋満：NPOの公共性と生涯学習のガバナンス，東信堂，2009.

市民性教育　⇨シティズンシップエデュケーション

市民大学運動　citizen's college movement

　市民大学とは，成人を対象とする高等教育レベルのノンフォーマルな*学級・講座事業の総称である．日本においては，大正期に起こった大学拡張運動が注目される．民間の*自由大学運動の中心となった信濃自由大学（後の上田自由大学），半官半民的な成

立過程から生まれた*信濃木崎夏期大学などがある．現在では，地方自治体の*公民館や*生涯学習センター，あるいは*NPO等の民間組織によって，様々な形態の市民大学が設置されるようになった．行政が設置して*ボランティアが運営するという「公設民営」方式もある．

海外では，デンマークのフォルケホイスコーレ（*国民大学，Folkehøjskole），ドイツのフォルクスホッホシューレ（Volkshochschule）などが，19世紀の市民大学運動の成果として知られている．高齢者を対象とする*第三期の大学は，20世紀後半のフランスに始まり，欧米に広く浸透している．（田中雅文）

⇨民衆教育運動，自由大学運動，信濃木崎夏期大学，第三期の大学

〔文献〕1）クラウス・マイセルほか（三輪建二訳）：おとなの学びを支援する―講座の準備・実施・評価のために―，鳳書房，2000．；2）田中雅文編著：社会を創る市民大学―生涯学習の新たなフロンティア―，玉川大学出版部，2000．

市民的公共性 public interest advanced by the citizen

民衆による，民主主義や自治に基づいた，国家と社会を媒介するオルタナティブな公共性のこと．19世紀以降，私的領域に対する国家権力の干渉主義の浸透，20世紀の*福祉国家による行政権力の拡大によって官僚支配が強大化し，私生活圏と公共性の境界が曖昧になった．こうした*国家的公共性の拡大に対して，求められるようになったものである．

〔理論〕*ハーバーマスは『公共性の構造転換』において，新たな*市民社会概念としての市民的公共性について，従来の国家対市民社会の二項図式ではなく，システムとしての国家（行政）と産業社会（貨幣・営利）に対する生活世界を基盤とした市民社会という三項図式によって提示した．こうした生活世界の内部から生じる危機意識によって，自発的な連帯が起こり，そこに新たな生活様式や文化・規範が形成され，国家や産業社会に批判的に働きかけていく．こうした市民社会が基盤となって，人々の*コミュニケーション的行為の展開と社会的連帯が促進され，自由な意志に基づく非国家的・非経済的結合が現れる．個々人の意見を公開性と共同性に基づいた公論形成によって市民的公共性へと復権させ，国家や産業社会は批判的に統御されていく．このように政治的に機能する市民的公共性を保証するためにはまた，言論や思想の自由，結社と集会の自由，報道の自由などの基本権が前提となる．

〔現代社会での適用〕近年日本では，*NPO・*NGO等の第3の（あるいは市民）セクターの社会的機能が市民的公共性概念のもと注目されている．国家（政府・行政），市場（企業）そして地域・家族等とは異なる新たなセクターとしてそれらの中間に位置し，それぞれへの働きかけと相互の機能変容を果たすことへの期待である．佐藤一子らは，NPOが有する教育的機能を市民的公共性との関連において着目している[1]．　　　　　　　　　　（櫻井常矢）

⇨公共空間，公共性

〔文献〕1）佐藤一子編著：NPOの教育力―生涯学習と市民的公共性―，東京大学出版会，2004．

市民的専門性 civil professionalism

政府・行政，市場セクターとは異なる*NPO等の*サードセクター（市民セクター）組織が有する，問題解決型の*知識や技術のこと．必ずしも公的な*資格に基づく専門性をさすものではない[1]．孤立する社会的弱者の関係性の回復など，ケアや*コミュニティ形成などに向き合う知識や技術の意味を問うものである．「市民的」とは，政府・行政の下請けとしての役割，あるいは営利を追求するものでもなく，自発的な社会的連帯や公論形成を基盤としながら，人々の生活と密接に関連した公共的な課題克服という使命を志向しつつ*市民社会を構築する意味を表している．「専門性」についてはまた，科学的根拠に基づく知識・技術や既存の制度的な*専門職が有するものとは異なる知のあり方を示している．その担い手は，既に固定化された知に固執する者ではなく，「より多くの知識を獲得しようとする市民」（well-informed citizen）（シュッツ，Schutz,）であり，重要なことは常に現場における具体的な問題とそれに基づく知識（local knowledge）からのフィードバックに裏づけられているということである．これに関連して，*ショーンの「省察的実践家」（reflective practitioner）は，状況の中での対象との相互作用を行い，自らの行為について考察・反省していくことによりフィードバックしていく知を意味している．市民的専門性は，公益の中身が常に現場から問い直され，それによって自己の知識や技術の更新や正統化が実現され，新たな社会的連帯の形成が図られるのである．　　　　　　　　　（櫻井常矢）

〔文献〕1）藤井敦史：「市民事業組織」の社会的機能とその条件．非営利・協同組織の経営（川口清史・角瀬保雄編著），ミネルヴァ書房，1999等参照．

『市民の図書館』　Citizen's Public Library

1970年に刊行された公共図書館の運営指針に関する報告書．*『中小都市における公共図書館の運営』（1963年）を継承発展させた運営指針．今日の公共図書館運営の基本理念と図書館発展の戦略を示した．

〔作成の経緯と内容〕*日本図書館協会は，『中小都市における公共図書館の運営』の刊行後，先進的な図書館実践の交流と普及のため，公共図書館振興プロジェクトを1968年に発足させた．プロジェクトはその成果をまとめた報告書『市立図書館の運営』（1970年）を刊行したが，より広く普及するため，これに挿絵図版等を加え*『市民の図書館』（新書版）として刊行した．

『市民の図書館』は，『中小都市における公共図書館の運営』の提起と，それを踏まえた日野市立図書館（1965年開館）の*実践から得られた教訓を基本に作成されている．そこでは，公共図書館が，「国民の知的自由を支える機関であり，*知識と*教養を社会的に保障する機関」であると位置づけ，図書館の基本的機能を「貸出し」においた．また当面の最重点課題として，①市民の求める図書を自由に気軽に貸出すこと，②徹底して児童にサービスすること，③図書館を市民の身近に置くために，全域へサービス網をはりめぐらすこと，の3点を提起した．また図書館サービスの水準として，人口の2倍の年間貸出冊数，人口の8～17％の登録率，人口の1/8の年間増加冊数を提起した．

〔果たした役割〕『中小都市における公共図書館の運営』がやや総花的であったのに対し，『市民の図書館』は，明快な図書館像と戦略的目標を示し，図書館員のみならず，*図書館づくり運動にかかわる住民にも広く支持され，1970年代以降の図書館づくり運動の基本方針となった．　　　　　（山口源治郎）

⇨*中小都市における公共図書館の運営

〔文献〕1）日本図書館協会編：市民の図書館，日本図書館協会，1970．

市民文化　civil culture

1960年代後半～70年代にかけて，*市民運動が活発化していく中で発展していった．*子ども劇場・地域文庫・親子映画・文化財保護・歴史的街並み保存・文化的なまちづくり運動等々，文化の領域での様々な市民の運動，およびそこで生まれた文化の総称．こうした活動を通して，生活者である市民が，自らの生活・地域のあり方を「文化」の視点から問い直し，協同して行動を広げていくことを通じて，文化の享受と創造の主体として成長していった．このような市民の運動を背景に，地域自治体も，行政の新たな課題として「文化」に取り組むようになり，1970年代末以降自治体*文化行政が進展し，市民文化の発展を支える行政の役割が注目されるようになった．

こうした，市民文化運動と自治体文化行政の発展により，それぞれの地域では個性的な「市民文化」が育ちつつある．そして，近年では，自治体独自の文化振興条例制定の動きも進んでおり，市民文化を支える条件整備のさらなる充実が課題となっている．　　　　　（草野滋之）

〔文献〕1）佐藤一子：文化協同の時代，青木書店，1989．

市民マラソン　citizens' marathon

一般市民によるマラソンのこと．

〔歴史〕「オリンピックの華」と呼ばれているマラソンは，長年にわたってオリンピックを目標とし，国内的な大会もほとんどその予選会あるいは日本選手権大会といった性格をもち，一流選手たちによって覇が競われてきた．しかし，1970年代の後半頃より，ジョギングブームを背景として，市町村などによる健康・体力づくりや町づくり事業等の一環として，市民マラソン大会が全国各地で開催されるようになった．その数は年々増加し，1999（平成11）年には年間で1400を超えるようになるが，そのうちの8割が1980年以降に新たな大会としてスタートしたものである．市民マラソン大会では，フルマラソンだけでなく，ハーフや20km，10km，5km等の多様な種目が実施されており，ランナーの*経験や体力等に合わせて，誰でも気軽に参加できる内容となっているものが多い．

〔参加者の実態〕宮城県下の5つの市民マラソン大会の1981年から2001年まで参加者を調査・分析した研究によって，さらに実態をみてみると，大会の参加者のうち女性は2割以下であり，男性がその大半を占めている．参加者総数は，1990年以降に激増しているが，1995年からは減少に転じ，こうした中で40歳代以上の中高年男性ランナーの比率が半分以上を占めるようになっている．また，大会参加者の多くは，健康維持や運動不足，ストレスの解消等に主眼を置いてランニングを実施しているが，走友会などの地域クラブへの加入率は半分以下にとどまっている．以上はあくまで宮城県の事例であるが，こうした傾向は，全国的な傾向ともおおよそ符合し

ていると思われ，近年の参加者の減少に関しては，不況という経済的な要因，多様なスポーツ経験をもつ若い世代の登場，中高年の間でのウォーキングブームなどがその要因としてあげられる．　　（坂上康博）

下伊那テーゼ *Shimoina* Thesis (proposal for the role of Kominkan chief coordinator made by a group of adult coordinators in Nagano prefecture)
〔概観〕1965年長野県飯田・下伊那地方の*公民館主事有志が，「現代公民館論」を研究課題としていた*日本社会教育学会の要請に応えてまとめた提言「公民館主事の性格と役割」をいう．この時期は高度成長経済政策下の大きな社会変動のもと，公民館の現代的な役割の探求は，社会教育関係者が共有していた焦点的な課題であった．
〔内容〕この提言は，時代状況を主体的に切り拓く学習活動を住民とともに生み出していくことが期待される公民館職員の役割認識を問うものであった．そこでは，公民館活動の原則の理解に立ちつつ1960年以降の大きな社会変化の中で生じている国民生活上の諸問題への民衆意識や要求に対し，自治体に働く教育専門職としてどのような自覚をもちどのような力量形成をすべきかを自らに問うたものである．民衆の学習要求の把握については，日常的に接する住民の学習要求を，全国的に展開されている様々な大衆運動の中に位置づけるとともに自治体労働者としての自覚をもって捉え直すこと，実際に学習活動を組織する際しては，この民衆の学習要求の把握に立ちつつ教育専門職としての見識と力量をもって当たるべきことを主張している．前者については自由な学習活動の展開がむずかしくなっている時代状況への厳しい認識と一方で大衆運動追随を戒める意識があった．後者については，社会教育活動の社会的意義を問い，社会科学と生活記録学習を重視して人々の現実に対する客観的かつ主体的認識を目ざす学習を組織する視点の提示など，主事自身の教育学の学習の必要性が強く自覚されている．当時，この提言への反応は大きく，「*社会教育行政の民主化を住民とともに実現する」という公的制度を運動的に充実させようとする姿勢への賛意，施設充実論の欠落への批判，特に自治体労働者的自覚の強調に対しては共感と否定的意見が交錯した．しかしここでめざされていたのは教育専門職性と労働者性の統一であって，この提言は*社会教育職員論を制度論にとどめることなく*社会教育労働論として発展させる上で重要な礎石となった．後に，地域・自治体の社会教育の発展方向を論じたいわゆる「*枚方テーゼ」(1963年)，「*三多摩テーゼ」(1974年)と並べて「*下伊那テーゼ」と呼ばれるようになった．
　　　　　　　　　　　　　　（島田修一）
⇒権利としての社会教育，社会教育労働，不当配転問題
〔文献〕1）飯田下伊那公民館主事会：公民館主事の性格と役割．現代公民館論（日本の社会教育第9集），日本社会教育学会，1965．

下村湖人 Shimomura, Kojin
1884（明治17）-1955（昭和30）．佐賀県千歳村で，内田郁二，つぎの次男として生まれ，虎六郎と名づけられる．結婚後，下村姓．戦前の*青年団指導者であり，作家．佐賀中学，熊本第五高等学校，東京帝国大学文学科に進み英文学を専攻する．1909年卒業後，陸軍を経て，佐賀中学，鹿島中学・唐津中学校校長，台湾総督府台中第一中学校校長，台北高等学校校長を歴任．
1931（昭和6）年，校長を辞し，*田澤義鋪に招聘され，大日本連合青年団調査部嘱託となる．1933（昭和8）年，青年団講習所（浴恩館）の所長となり青年団運動の指導者養成にあたり，後に「煙仲間」運動を提唱した．彼の青年指導論の特徴は，統制・服従的な指導・被指導の関係を排し，「白鳥蘆花に入る」という言葉に代表されるように，日常生活の中での青年相互の教育を重視し，その組織化を指導者が果たすという点にあった．代表作として『次郎物語』(1941年)，『塾風教育と共同生活訓練』(1940年)がある．
　　　　　　　　　　　　　　（上野景三）
〔文献〕1）下村湖人全集，国土社，1975-76．

社会化 socialization
〔原義〕ある社会に生きている人間が，その社会から要求される価値規範とそれに伴う*知識や行動などを学習し，それらに基づく*能力を発揮していく過程をさす．それはその社会の永続化に必要不可欠な営みとして理解される．たとえば，子どもたちが，第1次社会化として，家庭において親からしつけを通して伝えられるメッセージや，第2次社会化として，学校において教師から伝えられるメッセージを*受容する過程がその典型例である．つまり，その社会において将来，期待されるような行動や知識，価値規範などを内面化していく過程をさす．近年，生涯発達の観点から，社会化を，そのような子どもを中心とした営為に限定することなく，成人にも広

げて理解する傾向にある．このように，社会化は社会の求める人間になっていくことが期待されるために，教育による人間形成が保守的かつ一面的な文脈で理解される傾向がある．

しかし，教育による人間形成は，そうした保守的な文脈にとどまらず，既存の社会のあり方を問い直し，それを刷新していく側面も同時に併せもつ．そうした人間と社会の関係の両面をみたとき，社会化は人間形成の一面を明らかにするにすぎない．今日，社会化が十分になされないまま人間が成長していくことが指摘されているが，社会化の様態は，その時代における当該社会の様態と無関係ではありえない．これからの教育は，既存の社会への適応といった保守的な文脈だけでなく，適応しようとする社会の矛盾に気づかせていくことが必要であろう．そうすることで人間が生涯にわたって社会をつくり変えていく力の育成にかかわることができよう．

(赤尾勝己)

〔文献〕1) 日本教育社会学会編：社会化と教育(教育社会学研究第31集)，東洋館出版社，1976.；2) バーンスティン，B.(萩原元昭編訳)：言語社会化論，明治図書，1981.；3) 門脇厚司：子どもの社会力，岩波書店，1999.

社会科学学習　learning activities for social science

一般的にいえば，社会科学を内容とする学習活動のことであるが，第2次世界大戦後の日本では，戦前に社会科学，特にマルクス主義が敬遠されたり禁圧されたりしていたことへの反動もあって，政治や経済に関する学習が，講演会・講座・グループなどで盛んに行われた．しかし，まもなく「*共同学習」運動が盛んになり，身のまわりの*生活課題が学習テーマに選ばれるようになったので，社会科学学習は衰退した．やがて共同学習の経験主義的限界が指摘され，*経験を理論によって解明する学習の必要が提言されるようになった．生活記録学習の社会科学的止揚を目ざした*上原専禄や鶴見和子らがその代表である．今日，社会科学の基本的知識や成果についての啓蒙は依然として必要であるが，*グローバリゼーション・憲法改正・靖国問題などの現代的諸課題についての総合的・学際的・主体的学習こそが必要である．

(宮坂広作)

〔文献〕1) 宮坂広作：生涯学習と主体形成, 明石書店, 1992.；2) 宮坂広作：生涯学習の実践, あざみ書房, 1995.

社会教育　social education (adult and community education)

社会教育は，どのような視点と方法で理解しようとするのかによって，多様な定義の仕方が可能である．つまり，社会教育という現象は1つの定義に収まるものではなく，多様な諸側面を包括しつつ，実際の社会教育活動に即するような理解の仕方が求められるのである．そこで，社会教育の概念の多様性を踏まえた定義づけを行う必要がある．

〔概要〕福沢諭吉は明治の初めに，「人間社会教育」や「社会の教育」という言葉を用いることによって，生涯にわたる*自己教育の重要性を説いた．今日，共通の理解となっている自己教育としての社会教育という定義は，福沢によって提唱され，それが歴史の試練を経て今日に至るまで発展してきたものである．したがって歴史的にみれば，社会教育はもとより法や行政に拘束されるものではなく，人々の自由で自主的な，社会における多種多様な学習・教育活動を包括した概念として成立したのである．そのような意味での社会教育は，人々の自由な意志に基づく自己教育活動に委ねることによって本来的に発展していくものと考えられ，学校教育とは異なって，必ずしも法制化にはなじまないという認識が，1949年の*社会教育法制定時にも存在していたのである．

〔定義〕社会教育の定義は歴史的に多様であったが，今日においても定まった定義があるわけではない．定義づけようとする者によって多様な定義が存在するのである．それは，基本的に社会教育という事象そのものの多様性から由来している．しかし，社会教育法第2条によって，「学校の教育課程として行われる教育活動を除き，主として青少年及び成人に対して行われる組織的な教育活動」と定義されたことにより，この定義が社会教育の一般的な理解として広まり，「公的社会教育」という用語も生まれた．「公的社会教育」とは，社会教育法制に基づき，学校外の組織的な学習・教育活動を国民，住民の権利として保障しようとする法制度上の社会教育をさしている．

社会教育法では，学校教育に相対するもう1つの教育の領域として社会教育を定義しているが，このような定義は明治期以来，教育の二分法あるいは三分法に基づく定義として一般的に認められるものであった．佐藤善次郎は『最近社会教育法』(1899年)において，「教育を分ちて学校教育と社会教育に二分せん」と述べ，社会教育は「学校教育に対する名

称」であると述べたが，社会教育法の定義はここに由来しているといえる．

〔歴史〕*山名次郎は明治中期に，学校教育や*家庭教育が成立する土台としての社会における教育力として社会教育を理解し，教育と社会を関連づける概念として社会教育を把握する，いわゆる「社会教育の主義」を唱えた．このような社会教育理解は，文部省に社会教育課が創設された頃の1910年代末から1920年代前半にかけて，「*教育の社会化と社会の教育化」としての社会教育論として継承され，教育とりわけ学校教育と社会との密接な相互関係性を表現するものとなった．この時代，社会教育とは，教育を社会化する機能概念であるとともに，学校の教育課程以外の教育領域を示す概念として把握された．しかし，社会教育法が領域概念として社会教育を定義したことにより，その定義が通説化された．

社会教育の歴史的な発達形態について，戦後いち早く*宮原誠一が「学校教育の補足」「学校教育の拡張」「学校教育以外の教育的要求」として総括したが，この発達形態論を踏まえて小川利夫が，「*学校外教育」「*継続教育」「自己教育運動」という新たな3つの発達形態を示した．これは，宮原のように学校教育を軸にした形態論ではなく，社会教育の歴史的な現象形態を社会教育本質論として類型化した発達形態論となっている．　　　　　　　　　　（松田武雄）
⇨教育の社会化と社会の教育化

〔文献〕1）松田武雄：近代日本社会教育の成立，九州大学出版会，2004．；2）佐藤一子：現代社会教育学，東洋館出版社，2006．

『**社会教育**』　Journal of Social Education

*全日本社会教育連合会編集・刊行の月刊誌である．*文部科学省の生涯学習情報をはじめ，広く成人教育の国際的動向，全国の*教育委員会や民間企業などの生涯学習事例も豊富で，読者は，関連行政の職員から民間教育文化活動関係者まで広い．その前史は，戦前の*社会教育行政の生成と重なる．1919（大正8）年，文部省に社会教育（当時は「*通俗教育」）主管課が誕生し，翌1920年には各府県に*社会教育主事が設置された．当時，文部省の*乗杉嘉壽を中心に「社会教育研究会」が組織され，1921年，その編集による『社会と教化』が創刊され，文部省と地方の社会教育主事などをつなぐ役割を担い，1923年，『社会教育』と改題された．戦後は，*『教育と社会』を経て，1950年『社会教育』で再出発．1957年，教育行政の変容の中で，編集方針をめぐる混乱などから一時廃刊されたが，その後体裁も刷新して，戦後の社会教育・生涯学習に大きな影響を与えてきた．　　　　　　　　　　（酒匂一雄）
⇨全日本社会教育連合会

社会教育委員　social education (adult and community education) advisory committee member

都道府県・市町村*教育委員会に置かれ，住民の代表によって構成される*社会教育行政参加の仕組みの1つ．当該自治体の*社会教育計画，教育委員会への意見具申，調査研究等の任にあたる．

〔沿革〕社会教育委員は，1930（昭和5）年設置の*社会教化委員を引き継ぎ，1932（昭和7）年「社会教育振興ニ関スル件」（文部次官通牒）によって設置をみた．文部省は，社会教育委員制度を社会教育振興のための重要な機関と位置づけ，各府県は社会教育委員規程を定め，市町村にその設置を促した．1939年の設置市町村数は7543，委員数は12万7481人．委員の職務は，社会教育全般にかかわる企画運営，指導調整であった．戦時下の1943年，社会教育局の機構改革で社会教育委員の実態は失われた．

〔社会教育法制と社会教育委員〕1945年11月文部省は「社会教育振興ニ関スル件」を発し，1946年2月「社会教育委員規程」を作成し，文部省社会教育局に社会教育委員20人を置いた．1946年5月には次官通牒によって都道府県・市町村に社会教育委員が置かれた．その任務は，社会教育の実際活動に対しての「視察奨励」（都道府県委員），「*実践的な活動」（市町村委員）であり，戦前の社会教育委員の復活を図ろうとするものであった．しかし，1947年の*教育基本法および1948年の教育委員会法の制定を受け，1949年の*社会教育法は，社会教育委員の性格を社会教育に関し教育長に助言する諮問機関とし，社会教育行政に対する住民参加の民主的な制度として位置づけた．委員は，都道府県・市町村教育委員会に置かれ，①社会教育に関する諸計画の立案，②教育委員会の諮問に応じ意見を述べること，③研究調査，④必要に応じた教育委員会への出席，の4点を職務とし，1959年の法改正で，⑤青少年教育に関する指導・助言が付加された．委員は，当該区域の学校長，*社会教育関係団体の代表者，学識経験者によって構成された．1999年*地方分権一括法の施行に伴い，委員の選出基盤は変更された．

〔課題〕社会教育委員は，公選制の教育委員会を前提として成立し，住民の声を社会教育行政に反映させる民主的な制度として成立をみた．しかし，実態

としては，一部，委員の準公選に取り組んだ地域があるものの，全体としては名誉職化，形骸化してしまった地域も少なくない．さらに，平成の*市町村合併によって社会教育委員数は激減した．地方分権を支えるためにも，社会教育行政への住民参画の機関として実質化されることが求められている．

（上野景三）

〔文献〕1）日本社会教育学会編：地方分権と自治体社会教育の展望（日本社会教育学会年報第44集），東洋館出版社，2000.；2）蛭田道春：社会教育委員制度の課題と方法，日本生涯教育学会年報第26号，2005.；3）特集社会教育委員は十分に機能しているか，社会教育63(8)，2008.

社会教育関係団体 organisation related to social education（adult and community education）

〔定義〕*社会教育法による法律上の概念で，「法人であると否とを問わず，公の支配に属しない団体で社会教育に関する事業を行うことを主たる目的とするもの」（第10条）をさす．その団体の範囲について明確な規定はないが，地域を成立母体とする*青年団，*婦人会，*PTA等が一般的である．

〔社会教育法上の位置づけ〕社会教育法は施設主義が顕著で，その条文の半分近くを*公民館が占めるように「公民館法」の性格が強い．しかし，民間の（公の支配に属しない），いかなる統制的支配や事業干渉をも受けない，つまり，国・自治体とは無関係なはずの社会教育関係団体が，総則の次の第2章（現行は第3章）に置かれているということに，社会教育関係団体の社会教育法に占める重要性が示されている．事実，社会教育法はむしろ「社会教育関係団体法」であるとの主張もある．

〔ノーサポートノーコントロール〕社会教育関係団体は，戦前の官製教化団体の反省から自主性が強調され，*文部科学省・*教育委員会の指導助言も「求めに応じ」てなされることになっている（第11条）．「いかなる方法によつても，不当に統制的支配を及ぼし，又はその事業に干渉を加えてはならない」（第12条）のである．これを最もよく示しているのが第13条の補助金禁止規定であった．ただ，戦後直ちにこの原則が受け入れられたわけではなく，社会教育法制定過程においても「社会教育団体に対しては，民法による監督以上の監督をすることができる」（教育刷新委員会建議「社会教育振興に関する件」，1948年）というような補助金容認の社会教育観，団体観があった（この団体は法人とされ，社会教育関係団体と同一ではないが，重複する部分もある）．しかし，憲法第89条によって公の支配に属しない教育事業等への補助金が禁止され，さらに，社会教育局長通達「地方における社会教育団体の組織について」（1948年）でもこれを再確認して，従来の社会教育団体への補助金政策は打ち切られることになった．*ノーサポートノーコントロールの原則である．

〔スポーツ団体への補助金の容認〕このようにして社会教育法が制定され，社会教育法第13条は社会教育関係団体への補助金支出を明確に否定した．しかし，社会的情勢の変化により，1950年代半ばに至り，スポーツ関係団体への補助金支出の社会的要請が強まる．ここにおいて，内閣法制局は，社会教育局の照会に対して「憲法第八九条にいう教育の事業について」（1957年）を回答して，教育の事業を非常に狭く解釈しつつ，教育以外の事業に補助金を支出することは憲法に違反しないとした．これが社会教育関係団体への補助金支出を認める契機となり，この年の改正で附則を追加して，例外的に全国的・国際的スポーツ団体への補助金が認められることとなった．補助金行政の復活である．

〔補助金の解禁〕1959年の社会教育法大改正ではこの補助金問題が大きな論議を呼んだが，法理的には1957年改正の延長上の問題でしかないともいえよう．スポーツ団体に認められる補助金が，それ以外の団体に認められないとはいうのは論理的に通りにくく，結局，公正・中立な第三者の意見を条件に第13条は改正されたのである．ただ，*社会教育審議会（後，幾度かの改正を経て現在*中央教育審議会）や*社会教育委員の会議（2008年これも改正されて，社会教育委員に限定されないことになった）への意見聴取が条件になっている．社会教育委員には補助金を受けるはずの社会教育関係団体代表も含まれており（現在社会教育委員の選出要件は変更されたが，実態は依然として団体代表が多い），その委員に補助の可否を諮るということは利益誘導につながりかねないが，地域住民の意見を社会教育行財政に反映する方策として，注目してよいであろう．なお1961年制定の*スポーツ振興法では，当初からスポーツ団体への補助金は認められている．

〔今後の方向〕自治体では*社会教育施設の利用料の免除・減免措置等を講じて優遇策が取られているが，近年地域を母体とするこのような団体の衰退解体は著しい．社会教育施設等の*公の施設の指定管理者になる道を選んだり，*NPO法人格をとって新しい活動を目ざすなど，方向転換が求められている．

（国生　寿）

⇨青年団，婦人会，PTA，社会教育法

〔文献〕1) 碓井正久編：社会教育（戦後日本の教育改革10），東京大学出版会，1971.；2) 日本社会教育学会編：社会教育法の成立と展開（日本の社会教育第15集），東洋館出版社，1971.

社会教育行政　social education (adult and community education) administration

国および自治体において社会教育関連法制に基づいて行われる行政のこと．

〔歴史〕第2次世界大戦後の社会教育行政は，戦前の勅令主義（天皇による命令）から法律主義への転換のもとで出発した．その中心的思想は，憲法第26条に規定された基本的人権としての*教育権思想である．そこでは，「すべて国民は，法律の定めるところにより，その*能力に応じて，等しく教育を受ける権利を有する」として，他の憲法的諸権利とともに教育権が規定され，学校教育にとどまらず社会教育も含めて生涯にわたる国民の教育権思想が規定された．その後，憲法の理想の実現は「根本において教育の力にまつべきものである」とされた*教育基本法が制定され（1947年），同基本法第7条（社会教育）に基づき，法概念としての社会教育が成立した．1947年教育基本法を受けて1949年には*社会教育法が成立・公布．その後，社会教育関連法制として*図書館法（1950年），*博物館法（1951年），*青年学級振興法（1953年，1999年に*地方分権一括法により廃止），*スポーツ振興法（1961年），*生涯学習の振興のための施策の推進体制等の整備に関する法律（1990年）などが制定されている．また，2006年には改正教育基本法が成立．同法第3条（生涯学習の理念），第10条（*家庭教育），第12条（社会教育），第13条（学校，家庭及び地域住民等の相互の連携協力）などを受けて社会教育法が2008年に改正されている．

〔概観〕法律に基づいて執行されるのが行政であり，社会教育行政もまた例外ではない．国における社会教育行政は，憲法・国家行政組織法・*文部科学省設置法・文部科学省組織令に基づき実施されている．文部科学省設置法第4条（所掌事務）に社会教育関連事務が掲げられ，文部科学省組織令第4条に「生涯学習政策局の所掌事務」が，第26条（生涯学習政策局に置く課等）によって社会教育課が置かれている．また，*中央教育審議会令（2000年6月7日政令第280号）第5条（分科会）で生涯学習分科会が置かれ，社会教育に関する事項が調査審議されている．他方，地方自治体においては，社会教育行政は一般行政から独立した行政委員会である*教育委員会制度のもと，*地方教育行政法・社会教育法その他関連法令に基づき執行され，教育委員会事務局の内部組織は当該教育委員会組織において定められている．

〔内容〕社会教育行政が依拠すべき「基本法」かつ「母法」は1949年に制定された社会教育法である．当時文部省社会教育課長であった*寺中作雄は『社会教育法解説』（1949年）の中で法制化のねらいを「*社会教育の自由の獲得のために，社会教育法は生まれた」「…常に国，地方公共団体というような権力的な組織との関係において，その責任と負担を明らかにすることによって社会教育の自由の分野を保障しようとする」ところにあったと述べている．この社会教育の自由を貫かせながら，「すべての国民があらゆる機会，あらゆる場所を利用して，自ら実際生活に即する文化的教養を高めうる」（第3条）営みを社会教育と捉え，国や地方自治体の公的「環境醸成」責務（第3条）を明確にし，地域住民の*学習権を保障する*社会教育施設としての*公民館の法制的整備を図り，*社会教育関係団体に対する権力的な統制を強く禁止し，*社会教育委員や*公民館運営審議会を法定して，社会教育行政における住民参加・*住民自治を規定しているところが特徴である．

〔課題〕学習の主体は地域住民1人ひとりであり，住民の生涯にわたる学習権を保障するのが社会教育行政の任務である．ところが1980年代以降の行財政改革や地方分権・*規制緩和政策のもとで，社会教育行政・社会教育機関の首長部局移管や廃止，*指定管理者制度など様々な課題を抱えてきているのが現状である．厳しい状況ではあるが，① 社会教育行政における住民参加の一層の推進，② 条例・規則など自治立法権の行使による個性的自治的社会教育行政の実現，③ 教育委員会制度の自治的創造，④ 住民主体の個性的な*社会教育計画・生涯学習計画策定の課題，⑤ 社会教育専門職制度の確立，などが課題といえよう．

（長澤成次）

⇨社会教育法

〔文献〕1) 寺中作雄：社会教育法解説　公民館の建設（復刻版），国土社，1995.；2) 小川利夫：社会教育と国民の学習権，勁草書房，1973.

社会教育空間論　theory of social education (adult and community education) space

社会教育空間は*社会教育のために用意された空間ということである．空間論には機能論・形態論・

場所論として展開される.

〔概観〕場は関心がつくる. 社会教育・*生涯学習に関心のある者たちが, その場をつくる. 場は空間に包まれて場所を形成する. 場と所は呼応の関係にある. 所が用意されたとしてもその空間に関心が生じなければ社会教育の場は成立しない. たとえ青空の下であっても, 同じ関心事で学ぶ場が成立していれば, その場所は教育空間といえる.

〔社会教育施設の建築〕*社会教育施設には社会教育事業と建築空間が存在する. そこで建築物としての施設の意味分野が形成される. 1963年文部省社会教育局より『社会教育施設建築の手引き—公民館と青少年教育施設—』が刊行され施設建築という概念が示されている.『時間・空間・建築』("*Space, Time and Architecture*") という近代建築の名著 (Giedion, S.) がある[1]. 時代の索引となる建築, われわれの建築的遺産等について解説し, 政治と建築について述べて結びとしている. 建物は時空の網の目の中で建築という営為のもとに誕生する. 社会教育施設の建築は人々に均質な教育空間を均等配置することを目ざしたが完成形をみる例は少ない. 時代の変動のほうが施策実行の速度を上回るからである. *公民館の学校区設置率をみても57%(2004年, *全国公民館連合会調査) にとどまっている.

〔空間の外延性〕社会教育の空間は1つの建物に限定されるとは限らない. 屋外の活動場所も社会教育のための空間である. 本館—分館の関係であれば, それらを統合した施設空間が存在する. また同一の社会教育事業を複数の建物で展開すれば, それを実施した建物すべてが社会教育空間として機能したことになる. 私的空間から居住する地域の*公共空間へ, さらに社会教育活動を実施する施設空間へ, 空間的領域は拡大し発展していく. 社会教育事業を実施する施設群を*ネットワークして公共空間と位置づけ有効活用することで, 社会教育空間が再構築されている. 施設群の延べ床面積の集積量が整備指標の1つとなる.
(浅野平八)

⇨公民館三階建論

〔文献〕1) ギーディオン(太田実訳):空間・時間・建築, 丸善, 1969.;2) 日本建築学会編:空間学事典, 井上書院, 1996.

社会教育計画 plan for social education (adult and community education)

〔概観〕国や地方公共団体における行政計画の1つである. 社会教育は「本来国民の*自己教育であり, *相互教育」(*寺中作雄) であり, こうした学習者主体の自発的な教育活動が効果的に営まれるためには環境条件が整えられなければならず, さらにそのためには社会教育の行政機関や施設による適切な計画が必要不可欠である. 国と地方公共団体の社会教育計画の役割は, とりわけ市町村の社会教育計画は住民の生活に密着したものであり, 国や都道府県のそれは市町村をサポートし, 広域的に調整するものである.

〔内容〕社会教育計画(長期, 短期のいずれも)を構成する主要な内容は, 人権, 生命・健康, 少子高齢化, 環境, 情報化, グローバル化など, 現代社会が当面する諸問題を視野に入れ, 現在と将来にわたる住民構成の特色, *地域課題, 住民の*生活課題, 住民の学習ニーズをあらかじめ把握・予測するとともに, これらに対応する施設・設備, 予算, 職員体制, 事業などの可能性と問題点を明らかにし, これらのデータに基づいて実現可能な計画を策定する. 計画を遂行した上で厳密な*評価を行うことも次の計画の改善につながる.

〔課題〕社会教育計画の策定に当たっては, 学校教育計画をはじめ各種行政計画との関連性を重視し, *社会教育行政と一般行政の連携のもとで*協働するとともに, 行政主導やシンクタンクなどへの安易な外部委託によるのではなく, *社会教育委員(の会議)や*公民館運営審議会等, 既存の社会教育諮問機関を主軸に据え, 生涯学習市民会議, 公民館利用者協議会といった住民各層代表から成る組織の要望・意見を十分に聴取し, 住民主体の取組みが必要である.
(新海英行)

〔文献〕1) 木全力夫・則武辰夫:社会教育計画の理論と実践, 東洋館出版社, 1996.;2) 月刊社会教育編集部:市民が創る生涯学習計画, 国土社, 1991.

社会教育財政 social education (adult and community education) finance

社会教育財政は, 社会教育の条件整備を満たす人的物的予算(収入, 支出)の財貨的基盤である.

〔脆弱性〕社会教育財政あるいは社会教育費については, これまで研究が最も遅れてきた分野の1つである. その理由には, 以下のことがある. 1つには, 教育財政の中に, 独立した社会教育財政を設ける法的根拠が乏しいことである.「当該地方の必要に応じ」「予算の範囲内」(*社会教育法(以下社教法)第5, 6条) という法的制約の縛りをいかに打破するかが課題である. 2つには, 社会教育の条件整備・環境醸成(社教法第3条)は, 任意規定的であること

である．たとえば，*社会教育主事，同主事補，*社会教育委員，*公民館・*図書館・*博物館等の*社会教育施設，公民館館長・職員，*公民館運営審議会については，「置く」「置くことができる」（社教法第5,6条，9条の2, 15, 21, 28, 29条）という表現が多く，義務設置ではない．それらを置かないことでの罰則規定も強制力もない．したがって，それぞれの地方公共団体の社会教育の位置づけや環境醸成努力の*差異によって，これまで著しい不均衡が存在してきたのである．3つには，社会教育費の財源には，独自財源がなく，一般財政の中から支出される．したがって，三位一体型の*地方分権改革（2004～05年）によって，国からの*地方交付税の削減がなされた結果，最も地方財政危機の影響を受けやすく，大幅な削減がなされてきた．いわば，その時々の政治の影響を最も受けてきたといえる．たとえば，「地方財政統計」では，社会教育費は，公教育費の中で，1980年に5.9%，1996年に9.7%，2007年に3%と大きな変動がみられた．ここには，1990年代中頃までは生涯学習振興計画運と予算増額傾向があったが，*新自由主義的財政政策の強まり，特に1999年の地方分権一括法前後から，状況は一変したといえる．たとえば，「地方教育費」は，1996年から2006年まで10年連続で減少を続け，2006年には，学校教育費が13兆8254億円で，前年度比で0.9%減，社会教育費は1兆8610億円で，8.9%減となった．社会教育費の減少が突出しているといえる．

〔危機と再生課題〕過去四半世紀，社会教育財政基盤の脆弱性をさらに強める政策進展が続いた．1つには，地方交付税削減などによる地方財政危機の進展である．自治体は，財政支出の抑制を前提に，選択と集中の財政配分政策導入を迫られ，その結果，国の重点政策に沿っての事業展開以外は，大幅な予算削減となった．また，新規事業は，*PFIなどの*NPM方式とPDCAサイクル（計画—実践—点検・評価—実践）導入が前提とされた．2つには，公共経済学の影響が大きいことである．公共財は，防衛，外交，治安維持などに限定され，教育は，義務教育のみが公共財であり，社会教育は準公共財もしくは私財の位置づけにとどまるべきとの政府政策が喧伝された．ここには，民間事業者の活用と公共的投資の抑制が政策の基本であるべきとの財政制度審議会等の提言の影響が大きい．3つ目は，*地方自治法の一部改正による*指定管理者制度の導入（2003年）は，*市町村合併（1999～2006年）と相まって，*社会教育行政における施設管理・運営の前面委託化を大幅に促進させたことである．また地教行法の改正（2008年）による文化・スポーツの首長部局行政への移管の承認は，なし崩し的に社会教育行政を首長部局行政（コミュニティ，福祉，社会行政など）に移行させる動きを生み出した．また，2008年の社会教育法改正は，学校支援型社会教育関連事業に政策が特化してきた．以上の動向を踏まえると社会教育財政再生の道は，厳しいものがある．新自由主義的改革によるツケである地域社会の疲弊，人々の雇用・生活の危機と*貧困は深刻である．社会教育は，人々の連帯と学びによる地域再生を生み出す力となる．社会教育財政再建は，その物質的基盤である． (姉崎洋一)

〔文献〕1) 猪山勝利：社会教育財政における地方分権と*公共性保障の形成．*日本社会教育学会年報44集，2000.

社会教育施設 social education (adult and community education) facility

〔概観〕*公民館・*図書館・*博物館や*青少年教育施設・女性教育施設など，社会教育活動を展開するために国および地方公共団体（都道府県・市町村等）によって設置された施設をいう．*社会教育法第3条では，「あらゆる機会，あらゆる場所」で社会教育の発展を進めるための「必要な環境の醸成」の1つとして，その設置・運営のための「諸条件を整える義務」を国および地方公共団体に課している．

〔教育機関である社会教育施設〕「*地方教育行政法（地教行法）」第30条には，「地方公共団体は，法律で定めるところにより，学校，図書館，博物館，公民館その他の教育機関を設置するほか，条例で，教育に関する専門的，技術的事項の研究又は教育関係職員の研修，保健若しくは福利厚生に関する施設その他の必要な教育機関を設置することができる」とある．このことから，公民館・図書館・博物館等個別法（社会教育法・*図書館法・*博物館法等）で規定されている社会教育施設は，*教育機関でありかつ社会教育施設である．しかし，青少年教育施設・女性教育施設などで個別法の規定のないものも，地方公共団体の条例において教育機関として設置されることによって，社会教育施設として位置づけることができる．このような教育機関は，「地教行法」第23条で*教育委員会が管理することになっている．近年，生涯学習政策の浸透により，生涯学習施設や生涯学習関連施設，または社会教育関連施設などの用語も使用されるようになり，社会教育施設との混同・混乱も起こっているが，これらの施設と社

会教育施設との違いは，このように教育機関として位置づけられているかどうかで区別することができる．さらに教育機関である社会教育施設は，単なる建造物としての施設ではない．教育機関とは，「教育，学術及び文化に関する事業または教育に関する専門的・技術的事項の研究もしくは教育関係職員の研修，保健，福祉，厚生等の教育と密接な関連のある事業を行うことを主目的とし，専属の物的施設および人的施設を備え，かつ，管理者の管理の下に自らの意思をもって継続的に事業の運営を行う機関である」(1957年文部省初等中等局長回答)．「地教行法」第31条第2項は人々の学習活動を核とした*自己教育としての社会教育活動を支援するため，「学校以外の教育機関に，法律又は条例で定めるところにより，事務職員，技術職員その他の所要の職員を置く」としており，*公民館主事(社会教育法第27条)・*司書(図書館法第4条)・*学芸員(博物館法第4条)等の専門的職員や館長(社会教育法第27条・図書館法第4条・博物館法第4条)が置かれている．したがって，条例で設置する教育機関である社会教育施設にも，上記に準ずる専門的職員等の職員が置かれなければならない．

〔運営〕公民館・図書館・博物館等の社会教育施設には，施設運営への住民意思の反映(「*教育自治」)として，教育委員会の包括的な管理のもと，公民館には*公民館運営審議会(社会教育法第29条)が「館長の諮問に応じ，公民館における各種事業の企画実施につき調査審議するもの」(社会教育法第29条)として置かれている(1999年の法改正までは必置)．また，図書館には*図書館協議会(図書館法第14条)が，博物館には*博物館協議会(博物館法第20条)が，「館長に対して意見を述べる機関」として置かれている．いずれも任意設置ではあるが，職員必置とともに教育機関である社会教育施設として，「自らの意思をもって継続的に事業の運営を行う」上で不可欠な組織である．

〔課題〕度重なる法改正によって，その制度的自律性の後退は否定できない．それを克服しうる*実践の協同的創造が望まれる． (内田和浩)

〔文献〕1) 島田修・藤岡貞彦：社会教育概論，青木書店, 1982.

社会教育施設設計 social education (adult and community education) facility design

*社会教育施設の設計とは，施設を運用する制度を提示し，そのシステムのもとに構築された施設空間を図面やイメージ図で提案することである．

〔制度と機能構成〕制度設計は機能を制約する．具現化した施設空間は制度によって利活用される．したがって*社会教育の方針すなわち施設の目的を満足するための制度(利用・運営・管理等の規則)と，その空間に要求される機能を選定し，それらを1つの建物として構成する方法が設計の課題となる．

〔設計業務〕社会教育施設の建設は公共事業に含まれる．事業計画が策定され設計業務が始まる．制度設計が終わって施設建設の前提となる諸条件が示される．これを受けて建築設計を行う．この設計段階には3段階がある．① 基本計画(事業のスケジュール，制約条件，施設構成の基本方針と概略図，工事費概算，事業費概算などの業務を行う段階)，② 基本設計(基本設計図書と工事計画書の作成段階)，③ 実施設計(生産設計図書と工事予算書の作成段階)である．

〔設計者選定方式〕設計者は当該の社会教育施設概念を与条件のもとに建築物として具現する業務を行う．この業務担当者は行政内部の建築組織の場合と民間委託の場合がある．

民間設計者選定の前提として，選定方法，日程，選定基準を明確にしておく必要がある．

選定方法には大別して以下の6方式がある．① 設計競技方式，② プロポーザル方式(複数の応募者に考え方や技術の提案を求め選定)，③ 資質評価方式(実績などにより複数の候補者から選定，QBS (qualification based selection) 方式ともいう)，④ 個別施設書類審査方式(当該施設にかかわる取り組み方を示す資料などにより複数の候補者から選定)，⑤ 特命随意契約方式(発注者が妥当だと判断した特定設計者を指名)，⑥ 競争入札方式(業務費用の多寡で複数の応募者から選定)． (浅野平八)

⇨公民館の設計

〔文献〕1) 畑村洋太郎：設計の方法論(岩波講座現代工学の基礎)，岩波書店, 2000.；2) 坪郷實編：新しい公共空間をつくる，日本評論社, 2003.

社会教育施設の設置基準 the institutional standards for establishing the facilities of social education (adult and community education)

〔概観〕*公民館・*図書館・*博物館という市民の社会教育活動を支援する代表的社会教育施設の設置基準は，単に建物のハードウェア・物的側面のみならずその施設事業を含むソフトウェア・人的側面からも構成され，それら施設の条件整備論と連動し必要とする現実的基準として示されるだけでなく，望

ましい基準としての究明も一定の蓄積が進められている.

*社会教育法（1949年）は，第3条で，国および地方公共団体に対し，「社会教育の奨励に必要な施設の設置及び運営，集会の開催，資料の作成，頒布その他の方法」により，国民の社会教育活動を支援する「環境醸成」の促進を求めた.「環境醸成」の一環として「必要な施設」の設置等が提唱され，同法の第5章では，公民館の設置が規定されるほか，第9条では「図書館及び博物館は，社会教育のための機関」と明記された.後に，*図書館法（1950年）および*博物館法（1951年）が別に制定される.こうした法的整備に根拠づけられ，公民館・図書館・博物館の社会教育施設は，その設置・運営の基準に関連し，各々，「*公民館の設置及び運営に関する基準」(1959年),「図書館法施行規則」(1950年),「博物館法施行規則」(1955年)を備えた.戦前の事業・団体中心主義から転じ，国民の社会教育活動を支える「環境醸成」を「物的営造物」としての社会教育施設の整備により図ろうとする戦後社会教育の「施設主義」が設置基準や施行規則等を促進したともいえる.社会教育施設に関する施設・整備の充実をめぐる検討は，その後も，東京都・三多摩社会教育懇談会「*公民館三階建論」(1965年),*全国公民館連合会「公民館のあるべき姿と今日的指標」(1967年),東京都教育庁社会教育部「新しい公民館像をめざして（*三多摩テーゼ）」(1974年),社団法人*日本図書館協会「*図書館の自由に関する宣言」(1979年改訂)等に継承され多角的に模索されている.

〔課題〕近年，*地方自治法一部改正（2003年）により*指定管理者制度の導入が可能となり，*公立図書館・博物館の「設置及び運営上の望ましい基準」が改正（2001,03年）されるほか,「公民館の設置及び運営に関する基準」の改正（2003年）が進んだ.改めて，国民の社会教育・学習活動を支える社会教育施設をめぐる設置基準等とその条件整備のあり方が，*社会教育職員体制およびその専門性を含み問われている.
（中田スウラ）

〔文献〕1）日本社会教育学会編：社会教育関連法制の現代的検討，東洋館出版社，2003.

社会教育指導員 social education (adult and community education) adviser

市町村*教育委員会の委嘱を受け「社会教育の特定分野について直接指導・学習相談または*社会教育関係団体の育成等に当たる」非常勤の職員（週24時間程度）である.「教育一般に関して豊かな識見を有し，かつ社会教育に関する指導技術を身につけている」人で，教育委員会や*社会教育施設に配置され，*社会教育主事の仕事の補完的役割を果たしていることが多い（「社会教育指導員設置費補助事業の運用について」（文部省社会教育局））.

〔推移〕1970年代の財政縮減，合理化の一環として自治体正規職員の採用が抑制されると非常勤・*嘱託職員の増加傾向が進み，社会教育指導員を含む多様な形態の職員が登場してきた.1972年度より，社会教育指導員に対する報酬の国庫補助が制度化され増加する.結局1997年補助対象からはずされることとなり数が減少してくるが，現在もなお制度として残している自治体もある.一方，生涯学習政策の展開で住民の中から委嘱を受けた「生涯学習推進委員」の配置が増えてくる.

〔課題〕これらの職員の増加は住民の学習活動をきめ細かに支援していくという意味では望ましく，学習支援に一定の役割を果たしてきた.しかし以下のような問題も指摘されている.合理化の一環として，退職教員や女性パート労働などが，自治体職員の定数外で安上がりの職員として位置づけられる傾向があること.非常勤・嘱託という不安定，低賃金であることで，安定的な学習支援がむずかしく，いわば社会教育の*公共性を軽視するものであることなどの問題である.ただし，非常勤・嘱託であるゆえに異動が少なく，永く住民と接し理解を深めることで望ましい役割を発揮している事例は多く報告されている.また女性職員が多く，社会教育の分野に女性の視点をもち込むことが期待されてもいる.現在，指導員として力をつけた職員を中心に，学習支援者としてより力を発揮するために，労働条件の改善，身分の安定化，常勤化，正規採用を求める動きも出ている.
（遠藤知恵子）

〔文献〕1）日本社会教育学会編：学びあうコミュニティを培う，東洋館出版社，2009.

社会教育主事 social education (adult and community education) director

都道府県および市町村*教育委員会に設置が義務づけられている社会教育に関する*専門職員.

〔概観〕一般には，*公民館，*図書館，*博物館などの*社会教育施設の職員や，青少年団体，婦人団体，*PTAなど，*社会教育関係団体の指導者に施設のあり方やその活動，団体運営や活動について，専門的技術指導，助言を行う.

社会教育主事は，*資格を有し，教育委員会に社会教育主事として任用されて初めてその名を称することができる「任用資格」である．

社会教育主事制度の制定によって社会教育主事は，指導主事と同等に「専門的教育職員」として位置づき，指導主事との間の均衡が配慮され，*教育公務員特例法の適用を受ける．

〔職務〕*社会教育法第9条の3には，社会教育主事は，社会教育を行う者に対する専門的技術的な助言・指導に当たるとされているが，「社会教育を行う者」の解釈などでその職務規定は不分明な点が少なくない．

一般には，教育委員会事務局において主催する社会教育事業の企画・立案・実施，また社会教育施設が主催する事業に対する指導・助言，社会教育関係団体の活動に対する助言・指導，さらに*社会教育行政職員等に対する研修事業の企画・実施などに当たる．社会教育主事が教育委員会事務局に置かれることからすれば，行政事務を明記している社会教育法第6条（ないしは5条）の「教育委員会の事務」を受けて，教育委員会に関する事業や計画を遂行する際の専門的事項にかかわることになるとするのが適当である．

〔資格・養成・任用〕社会教育主事になるための資格は，社会教育法第9条の4に明記されているように，大学で所定の科目を履修する養成と*社会教育主事講習による養成とがある．社会教育主事講習の受講には，主に社会教育に関係のある職に在職していたか，教育職員の普通免許状を有し，教育に関する職にあった者などが要件になっている．また，大学の養成は「文部科学省令で定める社会教育に関する科目」，すなわち「生涯学習概論」「*社会教育計画」など24単位を修得することになっている．

社会教育主事講習は，一般に約40日間の講習で，全国の大学および国立教育政策研究所社会教育実践研究センターで実施されている．

以上のような社会教育主事になるための資格を取得した上で，社会教育主事として任用されるには，都道府県・市町村教育委員会から発令される必要がある．なお，社会教育主事のための専門採用枠を設けて採用する都道府県または市町村教育委員会は，極めて数が限られているのが現状であるため，地方公務員または学校教員に用意されている社会教育主事講習による任用が大勢を占めている．

本来，養成に当たっては大学を基本とし，採用に当たってはその養成機関をくぐり抜けた者にのみ開放され，それを公的に承認し保障すべく法や条例規則に明記するのが，教育専門職としての養成・任用の原理であることからして，現状の改善が求められるところである．なお2006年度において，全国203の大学，35の短期大学，合計238の大学で社会教育主事の養成が行われている．

〔論点〕社会教育主事制度の発足に当たって，学校の指導主事と関連づけたことから派生する制度的問題点と，その問題解明の視点を明示すれば次のようになる．

社会教育主事は，社会教育分野の「指導主事」として位置づけられたことによって，① 教育委員会事務局の所属となり，② 指導主事が「学校教育を行う者」に働きかけるように，社会教育主事もまた「社会教育を行う者」に働きかけるという職務の様式を決定づけたのである．教育委員会事務局に教育専門職の配置が必要とされ，指導主事という職を当てたのは，当然，学校教員の専門性を根拠にしているからである．

このことからして，社会教育主事の専門性は，日常的に社会教育実践にかかわる社会教育機関の職員の専門性を土台にしていることが想定されているとみてよい．

そうであればこそ，住民の学習活動にかかわる*公民館主事に教育職員としての専門性が求められるわけで，公民館主事の専門性を軸に社会教育主事の専門職のあり方を追求することでなければならないのは，その論理からして当然のことである．

社会教育関係団体や社会教育施設において指導的立場にある人が「社会教育を行う者」という解釈に引きずられていては，社会教育主事の「教育専門性」は，社会教育法の理念から逸脱してしまうのである．

（上田幸夫）

〔文献〕1）日本社会教育学会編：学びあうコミュニティを培う．東洋館出版社，2009．

社会教育主事講習 qualification course for the social education（adult and community education）director

〔定義〕*教育委員会において*社会教育行政の企画・実施にあたり，それらを通して住民の学習活動の援助する役割を負う「専門的教育職員」を*社会教育主事という．社会教育主事講習とは，本来，社会教育主事を短期間で養成するために暫定的に創始された制度をさす．

〔沿革〕1949（昭和24）年の*社会教育法では，社

会教育は規定しているが，その事務を具体的に進める社会教育主事について規定はない．そのため，1951（昭和26）年に社会教育法の一部が改正され，第2章（社会教育主事及び社会教育主事補）が追加された．社会教育主事を，学校教育の指導主事なみに専門的教育職員として取り扱うためには，一定の*資格を法律に明記し，その養成制度の確立が急務となる．こうして，1951年に，大学における社会教育主事の養成と併行して，社会教育主事講習が発足をみる．

第1回の社会教育主事講習は，北海道大学，東京教育大学，新潟大学に文部大臣が委嘱し，実施されている．その後，委嘱先は増え，今日では，毎年，全国の10数大学と国立教育政策研究所社会教育実践研究センターにおいて，社会教育主事講習が開催されている．社会教育主事講習等規定が定める条件を満たし，社会教育主事となる資格を得ようとするものは，生涯学習概論（2単位），*社会教育計画（2），社会教育演習（2），社会教育特講（3）の，合計4科目9単位を修得しなくてはならない．

〔課題〕国立教育政策研究所社会教育実践研究センターが実施した社会教育主事調査によると，「大学が行う社会教育主事講習を受講して」社会教育主事となったものが最も多く，回答者全体の69％を占め，以下，「社会教育実践センターが行う社会教育主事講習を受講して」（15％），「大学で単位取得，1年以上主事補で勤務して」（13％）が続く．しかし，社会教育主事講習は，もともと暫定的な措置として着手されたもので，専門性の育成という点でおのずから限界がある．その意味において，生涯学習社会にみあった専門的教育職員の育成に向けて，抜本的な改革が求められている． （小池源吾）

〔文献〕1）蛭田道春：社会教育主事の歴史研究，学文社，1999.；2）大槻宏樹：21世紀の生涯学習関係職員の展望，多賀出版，2002.

社会教育職員 social education（adult and community education）staff

〔概観〕広義には社会教育を*職業として専門的にかかわっている人々のことであり，*社会教育行政関係職員，および社会教育（関連）施設職員を中心に，民間のものまで含めると多様である．『社会教育調査報告書』（文部省）の統計には，社会教育職員として*教育委員会に籍を置く*社会教育主事など社会教育行政関係職員のほか，*公民館，*図書館，*博物館の職員数が記載されている．その他，高度経済成長期を経て1971年報告書から，多様なる社会教育関連施設（青少年施設，婦人関連施設，*社会体育施設，文化会館等々）が登場し，全体として職員数は施設数とともに増加，学習支援体制が整ってきていることがうかがわれる．ただし，図書館，博物館を除き1996〜99年をピークに若干減少傾向を示しつつある．

〔社会教育職員をめぐる諸問題〕職員問題については，養成問題（⇨社会教育職員養成），役割や専門性の問題，身分や労働条件の問題など様々議論されている．特に社会教育主事に関する議論が職員論の主軸をなしてきた．戦前「思想善導」施策の一端を担わされてきた歴史をもつゆえに，当初教化的側面が懸念され*社会教育法（1949年）には位置づけられなかった社会教育主事も，その後，各自治体必置制（1959年）や「*派遣社会教育主事制度」（1974年）など社会教育主事体制が整備されてきた．その流れが，主体的学びを基本とする社会教育においては学習内容への関与の強化につながるものと懸念されたが，住民の学習には支援者がおのずから求められ，具体的実践の中でその役割が模索されてきた．しかし一方で，市民の高学歴化が進行するにつれ社会教育不要論も登場し，1980年代「生涯学習」の用語が主流となる中，社会教育事業の教育効果に関する行政評価など厳しい目が向けられるようになってきた．

さらに大きな問題は財政逼迫を背景とした職員削減の問題である．社会教育（関連）施設においてもその機能が十分発揮されるには学習活動を支える職員が不可欠である．住民の学習組織化の観点からは，これら施設に関しても専門的にかかわれる職員の充実が求められている．しかし，1970年代後半頃より合理化が進み，非常勤や*嘱託職員の比率の高まりが問題となってくる．*社会教育指導員など不安定な職種が登場してくるのもこのころである（⇨社会教育指導員）．特に平成の大合併の進行で職員の削減は加速され，中でも社会教育主事や公民館主事の減少は，住民の学習支援に直接影響を与えることになる．

〔課題〕社会教育職員を語る場合，学習支援者としての専門性は抜きにできない．日常生活の場で住民の学習活動を支える公民館主事には規定がない．研修に関しても社会教育主事の規定を「準用する」となっていたことから，社会教育主事と公民館主事両者の区別は不明確であった．むしろ公民館主事が学習支援者としては学習者により近いところにあるゆ

えに，学習支援の*実践に即して専門性の内容が深められてきたといえる．その代表的なものが1960年代の*下伊那テーゼや1970年代の*三多摩テーゼであり，その後も社会教育の実践家や研究者によって深められてきた．

地域社会が大きく変動する中でいま「*地域づくり学習」が主要な課題となっており，生活や地域に根ざす学びという意味で学習主体を中心に据えた支援という観点が求められている．公民館では地域とのつながりを重視した実践の蓄積があるが，図書館や博物館においても1960～70年頃より同じく地域図書館，*地域博物館の視点が打ち出されてきている．学習支援者としては，ともに生きる身近なリーダーをはじめ，福祉，健康，医療，その他様々な専門家がかかわってくる．学習支援者が重層的に存在する中で，行政や施設の職員としての専門的位置づけを与えられているのが社会教育職員である．社会教育職員は，*自己教育主体形成の道筋を明らかにしその学びの組織化を支援する専門家であり，現代的課題としての「地域づくり学習」実践とのかかわりで専門性を明らかにしていくことが必要となっている．

（遠藤知恵子）

〔文献〕1) 日本社会教育学会編：成人の学習と生涯学習の組織化，東洋館出版社，2004.；2) 社会教育・生涯学習関連職員問題特別委員会：知識基盤社会における社会教育の役割，日本社会教育学会，2008.

社会教育職員養成 training for the staff of social education (adult and community education)

〔概観〕社会教育職員とは行政や*社会教育施設等に席を置き住民の学習を支援する人々のことで，これら社会教育に携わる職員を教育専門職であるとして整備されてきたその養成制度．その中で法令上養成制度が位置づけられているものには，*社会教育主事や*図書館*司書，*博物館*学芸員がある．*公民館は，日常生活の中で最も基本となる学習の場として*社会教育法で社会教育施設の中心的な位置づけを与えられていながら，公民館主事は養成規定がない．

〔現状〕社会教育主事に関しては，当初中核的な養成機関として位置づけられた大学の養成課程より補完的な「主事講習」が主流となっており，学校教育における管理職等人事計画に組み込まれている様相を示している．また専門職養成を経た職員も専門職としてより一般行政職としての採用が主流となっており，養成と任採用の実態のギャップが問題点として指摘されている．科学技術の進展に伴う学習内容・学習課題の高度化や，学習者の学習の深まりによりそう学習支援の実現など，大学院レベルの養成を必要としてきており，大学ユニバーサル化に伴う大学再編，*専門職大学院構想との関連で社会教育に関しても大学院レベルの養成の模索がなされ始めている．

〔課題〕今日「生涯学習社会への移行」が叫ばれ，「学校」「家庭」「地域」の連携が強調され，「生涯学習関係職員」としての捉え返しが始まっている．生活の中の課題，*地域課題など，いわゆる現代的課題に自ら立ち向かう住民の*自己教育力の形成を支援する力量が学習支援者には求められており，制度的に位置づけられた社会教育職員にとどまらず，広く福祉行政，生活・文化や環境，地域振興関係などの他部局の職員，さらに*社会教育行政の枠を超えた社会教育施設，民間企業，民間団体等にも教育的観点が求められている．新たな観点から職員養成・研修制度の模索，再講成が必要となっており，*実践分析を通しての具体的専門性形成の研究が課題となっている．

（遠藤知恵子）

〔文献〕1) 日本社会教育学会編：成人の学習（日本の社会教育第48集），東洋館出版社，2004.；2) 大槻宏樹：生涯学習関係職員養成の総合的研究（文部省科学研究費補助金研究成果報告書），2000.

社会教育審議会 National Council for Social Education

*社会教育法公布の翌年，1950年に制度化され，以降，1990年に*生涯学習審議会への組織改変が行われるまでの約40年間にわたって，社会教育にかかわる事項を審議してきた文部大臣の諮問機関．1990年7月の生涯学習審議会の設置に伴い廃止された（なお，生涯学習審議会は，2001年に*中央教育審議会に統合されている）．

戦後の経済発展等に伴って日本の社会は大きな変貌を遂げてきたが，社会教育審議会は，そうしたことへの行政的対応のベースになる数々の答申を出してきた．とりわけ，1971年に「急激な社会構造の変化に対応する*社会教育のあり方について」出された答申は，*生涯学習時代の幕開けに先立って，「学校教育・*家庭教育・社会教育三者の有機的役割分担による*生涯教育」という視点を示し，生涯の各時期にわたる社会教育のあり方について提言している．

また，同答申は，*社会教育行政の基本的な柱の1つである*社会教育施設の整備に関して，改めて*公民館のもつ新しい*コミュニティ形成と人間性の伸

長に果たす役割を強調し，社会教育指導者の育成・確保に関しても，派遣社会教育主事方式を制度化するなどの提言を行っており，個々の*社会教育政策の形成に対しても大きな影響を与えた．

なお，社会教育審議会は1990年に生涯学習審議会に改変されたものの，同審議会のもとに，社会教育の固有性を強調する形で，社会教育にかかわる事項を専門的に審議する「社会教育分科審議会」が設けられている．
(笹井宏益)

⇨生涯学習審議会

〔文献〕1）文部科学省：学制百二十年史, 1992. ; 2）文部科学省のHP（http//www.mext.go.jp）のうち「白書・統計・出版物」．

社会教育推進全国協議会 Japan Association for the Promotion of Social Education

社会教育・生涯学習の民主的発展を推進する民間団体．略して「社全協」．1963年9月に結成．

1957年12月に創刊された社会教育の専門雑誌*『月刊社会教育』（国土社）の読者の交流と研究の機会として「社会教育研究全国集会」が，1961年により開催されるようになった．以後，途切れることなく継続して全国各地で開催されており，その集会の中から，社会教育の研究と民主的条件の推進を目ざす全国組織への期待が高まって，1963年の第3回の社会教育研究全国集会の折に「社会教育推進全国協議会」が結成されたのである．現在は，約800人の会員を擁して活動を続けている．

なお，組織の指針である「社会教育推進全国協議会指標」は，1985年2月10日に制定されている．

また，この組織の編集で『生涯学習・社会教育ハンドブック』（エイデル研究所）が継続して活用されている．『社全協通信』の発行やホームページの開設，全国の*ネットワークを通じての日常的な交流が活発である．
(上田幸夫)

〔文献〕1）社会教育推進全国協議会十五年史編集委員会編：権利としての社会教育をめざして，ドメス出版, 1978.

社会教育政策 policy for social education (adult and community education)

〔概観〕社会教育政策とは，国家権力が支持する社会教育理念である（宗像誠也）．教育政策における「基礎的な役割を果たすのは国家権力の『おとな』への教育的志向」としての社会教育政策であり，その必要性は「経済的体制としての自由主義が客観的に存続しえなくなった段階においてますます高まってきたもの」である（五十嵐顕）．それは資本主義社会の成立・発展段階に即して形成，展開されてきた歴史的概念である（*宮原誠一）．そこには，民主主義の生成，発展を背景に生起する国民（民衆・市民）の*自己教育活動（運動）を一定程度*受容・包摂し，またこれを*抑圧・統制するという二面的な政策意図が看取される．国家政策としての社会教育政策が形成，展開されてきた歴史的経緯は以下のようである．

〔歴史的経緯〕産業資本主義の発展とともに資本主義固有の社会問題（*労働問題）が発生する．国家教育（学校教育）を補完し，社会問題を未然に防止することを目ざす*山名次郎『社会教育論』(1892年)が公にされる．社会政策としての社会教育政策（論）の登場である．さらに内務・文部両省は地方経営（統治）の一環として青年会の組織化や報徳思想の教化を促進した．1919年大正デモクラシー下，文部省社会教育局に第4課（1924年に社会教育課と改称）が新設され，教育の*社会化・社会の教育化，*社会教育行政の独立，義務教育年限の延長の必要性が乗杉嘉寿，川本宇之介らによって主張された．こうした比較的リベラルな社会教育観は1930年代以降国家主義・軍国主義体制が次第に勢いを増していくにつれて後退し，戦時下には皇国主義・軍国主義の教化政策が社会教育政策にとってかわった．

第2次世界大戦後，占領軍による「民主化・非軍事化」政策が社会教育を方向づけ，社会教育団体の民主的再編成，社会教育行政の分権化，*グループワークの積極的普及等の政策が推進された．一方，日本国憲法・*教育基本法のもとで「国民の*社会教育の自由を獲得する」（*寺中作雄）ための*社会教育法が制定され，社会教育を国民の自己教育・*相互教育とし，国・地方公共団体の任務を環境醸成に限定した．1950年代以降，社会教育法制下，地域や職場の自己教育活動の広がりの中で国民の*権利としての社会教育観が深められるが，他方，朝鮮戦争を機に復興し，発展する経済体制を背景に戦後初期に形成されたリベラルな政策的な枠組みの見直し・反改革が行われ，社会教育法改正をはじめ総合社会教育計画や*コミュニティ再編など，国家的統制を甘受する社会教育政策が顕著となる．1980年代以降，臨時行政調査会による*行政改革が進行し，施設の民営化，職員の非常勤化など，社会教育の*公共性を後退させる政策が着手された．「生涯学習体系への移行」（*臨時教育審議会答申）を目ざした*新自由主義的な教育改革も「小さな政府を」

志向し，教育の市場化を標榜しながらかえって国家の教育権限の強化を意図するものであった．

〔現状と課題〕1990年代に入り生涯学習振興整備法が制定され，社会教育法が改正された．本来国民の生涯にわたる*学習権保障としての社会教育政策が国家的な規模の経済開発や国家戦略に従属するそれへとさらなる転換を図ろうとしている兆候を見逃せない．教育基本法の改正は憲法原理に立つ社会教育政策の大幅な後退を意味する．現在，高度に発達した資本主義体制下で，巨大資本と国家権力の関係がますます緊密化し，生涯学習政策の名のもと社会教育は権利性と公共性を希薄化され，国家イデオロギーの教化・宣伝活動に堕しかねない危険な状況に当面している．いま，「国民の社会教育への権利」理念を根幹にすえた社会教育政策の再構築が痛切に求められている． (新海英行)

〔文献〕1) 宗像誠也：教育と教育政策, 岩波書店, 1961.；2) 五十嵐顕：社会教育と国家―教育認識の問題として―. 社会教育行政の理論 (日本社会教育学会編), 国土社, 1959.；3) 宮原誠一：社会教育, 光文社, 1950.；4) 寺中作雄：社会教育法解説, 社会教育図書, 1949.

社会教育の公共性 publicness (public sphere) of social education (adult and community education)

〔公共性の性格と特徴〕一般に公共性とは，公開性，共同性を基礎として公的な性格をもつとされる．その場合，公的な性格としての公共性には，国家統治としての制度的正統性の側面が強く，公開性，共同性としばしば矛盾対立する内容を含むといえる．また，公共性の対概念は，私事性である．その場合，私事性には，〈私〉に閉じられた私事性と私事の組織化・共同化に通じていく私事性の二側面がある．さらに，私事の組織化については，私益の集中としての企業的民営化の側面と，私事の共同化と組織化による私事性の質的転換＝新たな公共性の構築を目ざす場合の2側面がある．

〔3つのタイプの公共性〕公共性は，現代的には，3つの異なるタイプが特徴づけられる．すなわち，1つには，*国家的公共性とされるものであり，公共の福祉，公共の精神などがサブカテゴリーになり，個人や団体の自由の制限の根拠とされる場合が多い．2つ目は，人権論的市民的公共性であり，共同性や公開性を前提として，平等性，社会的公正，正義，友愛などのサブカテゴリーをもつ．3つ目は，*新自由主義的「公共性」であり，しばしば国家的公共性と親和的であり，市場原理による民営化を基調にして，選択と集中の財政原理による特定の公的部門の保持と縮減が図られる．これらの相異なる3つの公共性概念は，政治・行政，法と制度，財政と政策の場面において，それぞれが対立拮抗しながらその力学構造を形づくり，結果としての「現実」＝実態をもたらすといえる．

〔教育の公共性〕教育の公共性には，前述した3つの相異なる公共性，すなわち，国家的公共性，人権論的市民的公共性，新自由主義的「公共性」の対立矛盾構造が反映されるとともに，私事性の共同化，組織化に関しても，新自由主義的な私事の組織化の流れと私事の共同化による新しい公共性の構築を目ざす場合の2つの対立する潮流がある．これらを具体的に示すのは，憲法・教育法制における公共性概念（憲法第26条，89条，*教育基本法第2, 4, 5, 8, 12, 15, 16, 17条など）と教育行財政政策における公費支出および事業の公共的位置づけである．

〔社会教育の公共性〕社会教育の公共性は，①国民の教育を受ける権利を，学校教育以外の場においても，生涯にわたって保障するものであり，②いつでもどこでも，だれでも，個人および集団での学習への参加と享受の機会を提供するものであり，③そのために国および地方公共団体が*公民館，*図書館，*博物館などの*社会教育施設を設置し，④国民の学習活動支援のための専門職員の整備充実を図ることを基本とする概念である．また，社会教育は，他方では，公共性によらない私的な学習や*共同学習を包含し，それを排除するものではない．社会教育の公共性は，その意味では，学校教育を中心とした教育事業の公共的時空間を拡張する役割を担う．たとえば，学校外の子どもの*遊びと自立成長発達の学び，子育て親育ち共同の親の学び，医療・健康・福祉の学び，*労働世界における職業能力開発学習，環境保全学習，暮らしと*地域づくり学習，社会の維持発展可能性を考える学習などの多様な学習の支援と教育事業提供は，社会教育の固有の意義と役割を示すものである．社会教育の公共性の縮減や空洞化は，教育の公共性をやせ細った実質の乏しいものにさせる．

〔社会教育の公共性をめぐる争点〕近年の*社会教育政策は，私事的消費的学習の奨励，*指定管理者制度と事業の外部化を促進し，首長部局行政への*社会教育行政の包摂，学校支援型社会教育に特化してきた．社会教育の公共性の理論的実践的深化は，喫緊課題である． (姉崎洋一)

〔文献〕1) 佐藤一子編：生涯学習がつくる公共空間, 柏書房,

2003.；2) 鈴木敏正：教育の公共化と社会的協同，北樹出版，2006.

社会教育の裁判　judicial case on social education（adult and community education）

〔概況〕社会教育をめぐっては，その政策・施設・担当者・学習活動等々に関し，種々のトラブルないし紛争が生じうるが，それらが訴訟提起されて裁判になったものを社会教育裁判と呼ぶ．何をもって「社会教育裁判」と称するかは，そもそも社会教育とはどのような範囲の事象をさすかということとも関連して，一義的に画定することはむずかしいが（それは教育裁判一般にもいえることである），社会教育裁判は既に教育裁判の重要な一角を占め，その数は，日本国憲法・*教育基本法制下で2011年末現在，少なくとも200件近くに及んでいる．

〔具体的事例〕社会教育裁判は大日本帝国憲法・教育勅語体制下にあっても存在していたが（帝国図書館不敬図書閲覧差止請求に係る行政裁判所1926（大正15）年7月19日裁決など），それが恒常的に，毎年複数件提起されるようになったのは，1960年代半ば以降のことである．劇団公演のための学校施設利用を不許可とした事案にかかわる札幌地裁岩見沢支部1953（昭和28）年1月8日判決は，憲法・教育基本法体制下での最も初期の社会教育裁判例に属する．施設利用に関するものと事故に関するものが，社会教育裁判の大半を占めている．

〔課題〕社会教育裁判は，これを個々の判決について評釈・検討することももとより重要であるが，同時に，わが国の社会状況と関連させながら，それがどのような動向を示し，それにどのような意味があるのかを，総体としてダイナミックに捉え考察することも大切である．そのためには，今後も蓄積していくであろう社会教育裁判・判例を，どのような視点から*分類整理していくかが，1つの不可欠な作業となろう．社会教育裁判は，*社会教育法制論のみならず，社会教育学全体にとっても，極めて有意義な研究領域である．　　　　　（森部英生）

〔文献〕1) 森部英生・三浦嘉久：生涯教育・スポーツの法と裁判，エイデル研究所，1994.；2) 森部英生：社会教育の裁判と判例，エイデル研究所，2006.

社会教育の事務・事業　administrative work and activities of social education（adult and community education）

〔概観〕社会教育関連法制に規定された個々の行為をさす．一般的に「『事業』という観念は，同種の行為の反復継続的遂行が一定の目的に統一され，かつ，通常，その方法が権力の行使を本体としない場合を指すのに対し，『事務』という観念は，かかる事業をなすに当たって反復継続的になす個々の行為を指すとともに，更に，広く国，地方公共団体その他の組織体のためにする行為全般（権力的，非権力的すべてを含めて）を指すもの」（『法令用語辞典第六次改定版』，学陽書房，1985年）とされる．

*社会教育法・*図書館法・*博物館法など社会教育関連法制における事務と事業の用法をみてみると「市町村の教育委員会の事務」（社会教育法第5条），「都道府県の教育委員会の事務」（社会教育法第6条），「公民館の事業」（社会教育法第22条），「図書館奉仕」（図書館法第3条），「博物館の事業」（博物館法第3条）のように，ほぼ*教育委員会の事務と*教育機関の事業という区別になっている．図書館，博物館，*公民館は，学校とならんで*地方教育行政法第30条で教育機関として位置づけられており，教育機関とは，「教育・学術および文化に関する事業または教育に関する専門的，技術的事項の研究もしくは教育関係職員の研修，保健，福利，厚生等の教育と密接な関連のある事業を行うことを目的とし，専属の管理の下に自らの意思をもって継続的に事業の運営を行う機関である」（昭和32（1957）・6・11委初第158号文部省初中局長回答）とされる．また，地方教育行政法第33条（学校等の管理）は，「学校その他の教育機関の管理運営の基本的事項について，必要な教育委員会規則を定めるものとする」としている．

〔問題の所在〕教育機関が「自らの意思をもって」教育事業を展開するためには，教育委員会（事務局）からの自立性と教育機関としての自律性が求められる．ところが現実には，教育行政機構上，公民館・図書館・博物館等教育機関の長の職務職階制のもとで事務局内部に教育機関が位置づけられている自治体が少なくない．また，教育委員会の事務としてたとえば「講座の開設及び討論会，講習会，講演会，展示会，その他の集会の開催並びにこれらの奨励に関すること」（社会教育法第5条）が例示され，教育委員会事務局が様々な社会教育事業を展開しているのが実態である．このような事態に対してかつて文

部省は,「市町村教育委員会は,公民館その他の*社会教育施設の充実に努め,これらの施設を通じて社会教育事業を行なうことを原則とし,直接市町村住民を対象とする社会教育事業を行なうことはできるだけ抑制すること」(「*社会教育審議会答申『急激な社会構造に対処する社会教育のあり方について』の写しについて」(昭和46 (1971)・5・15・文社社第105号,社会教育局長通知)と指摘していた.また,最近の社会教育関係立法事例をみると生涯学習振興法第3条が「都道府県の教育委員会は,生涯学習の振興に資するため,おおむね次の各号に掲げる事業について…」と規定され,2001年社会教育法「改正」では第5条(市町村教育委員会の事務)に「*家庭教育に関する学習の機会を提供するための講座の開設及び集会の開催並びにこれらの奨励に関すること」とともに「青少年に対し*ボランティア活動など社会*奉仕体験活動,自然体験活動その他の体験活動の機会を提供する事業の実施及びその奨励に関すること」が追加されるなど,教育委員会の事務の例示に事業概念が加えられる傾向にある.

〔課題〕社会教育の事務・事業をめぐっては,地方教育行政法改正(2008年4月1日施行)によってスポーツ・文化に関する事務を地方公共団体の長が管理・執行できるようになった.また,*地方自治法第180条の7(権限事務の委任・補助執行・調査の委託)に基づいて公民館など社会教育施設を首長部局に補助執行させる事例も相次いでいる.社会教育における事務・事業の関連と区別をめぐる課題とは,教育委員会制度そのもののあり方を問う課題であり,住民の学びの自由と自治をどう保障していくかという課題でもある. (長澤成次)

〔文献〕1) 宮地茂:改正社会教育法解説,全日本社会教育連合会,1959.; 2) 長澤成次:現代生涯学習と社会教育の自由,学文社,2006.

社会教育の自由 academic freedom of social education (adult and community education)

〔概念〕ここでいう自由とは,人々の*学習文化活動がいかなる束縛・*抑圧・統制からも自由な状態にあることとと,学習者自身の自由で豊かな精神活動としての学習文化活動が一層の充実へ向けて自由に伸びやかに展開されるaことを意味する.この2つの自由,すなわち「から」の自由と「へ」の自由は深い関係にある.

一般に*社会教育の自由は,拘束のない状況を望ましいとして前者,すなわち束縛・抑圧・統制からの自由が強調されるが,それは後者のいう,自由で主体的な学習活動への意志が弱いときは自由の束縛は強く自覚されず,その意志が強固でありまた高まりつつあるときは,いかなる自由の拘束も許さない対応が生じる.ここでは憲法が保障する思想信条の自由,学問の自由などを,それらの人権の*実践主体として不断の努力(憲法第12条)によって守ろうとする自覚と力量の程度が問われてくるのである.

したがって社会教育の自由とは,社会教育の本質実現の自由の次元で論じられるべきなのであって,教育学習活動の形態や条件における自由保障の次元にとどめて論じられるべきではない.

〔歴史〕第2次世界大戦後の社会教育実践の歴史は,ある意味では社会教育の自由をめぐってそれをどう守るかという緊張に満ちた歩みであった.*公民館活動を中心にした社会教育の奨励を謳った*文部次官通牒(1946年)では,戦前の「教化」としての社会教育からの*解放が目ざされ,日本社会の民主的進歩を担う人材の育成を担う自由な教育学習活動の発展を求めていた.それはまさに「へ」の自由を謳うものであった.

しかし1950年代後半から進む教育政策の戦後改革理念からの離反と逆行は,国家の手による統制や支配を強め,また再び「から」の自由が強く自覚されるようになる.こうして学習文化活動の自由擁護の取組みは社会教育の理論領域でも実践領域でも積極的になされていったのであるが,「へ」の自由の積極的な追求は今も課題として残されている.

〔課題〕現在も従来の意味での「から」の自由の侵害は依然としてあり,それを守る拠点としての制定時*教育基本法の理念や*社会教育法理念に立つ公的社会教育の体制が規制解除などを謳う*新自由主義的政策の進展下で全体的に後退を迫られていることは重要な問題である.それに対するいわば守りの姿勢にとどまることなく,「へ」の自由のイメージや展望を大きく広げていくことが課題であろう.

この点で,近年活発化している*NPOをはじめ民間の教育学習事業体の登場は自由な学習文化活動領域を法的行政的規制から解放して自由に展開する場を多様に生み出す成果を上げていることが*評価される傾向があるが,しかし個別領域での自由な学習文化活動の発展が,社会教育の「へ」の自由をそのまま保障するものではない.学習文化活動に接する機会に恵まれず自らの学習文化要求を満たすことのできない人々に,積極的にその機会を提供する公共的な機会は生活の全領域にわたって保障されなけれ

ばならず，個別教育学習活動の盛行が，社会教育行政不要論などと結びついてそれを防げることがあってはならない．社会教育がもつ，生活の全領域にわたって多様な教育学習文化活動を生み出す公共的な機能が理解され，社会教育の自由を守ることの意義と守る手だてについての共通理解は常に広げられなければならない．

社会教育の自由はその守り手を育てることによって守られるのであって，この守り手をいかに育てその働きをいかに充実させるかという点で，今後，一層社会教育の自治と自由の拠点であるべき自治体*社会教育行政や*社会教育施設への住民参加の実践の展開が問われるところである． （島田修一）

〔文献〕1）島田修一編：社会教育の自由（教育基本法文献選集6），学陽書房，1978.；2）小川利夫：住民の学習権と社会教育の自由，勁草書房，1976.；3）島田修一：社会教育の自由と自治，青木書店，1985.

社会教育法　Social Education Act

〔歴史〕戦後，占領下の1949年6月10日に公布・施行された社会教育について規定した法律．*教育基本法第7条（1947年）に社会教育が規定され，1948年4月9日には教育刷新委員会第64総会が「社会教育関係の立法を急速に実現」することを要請した「社会教育振興方策について」を内閣総理大臣に建議した．社会教育法は，国民を戦争に*動員していった戦前の軍国主義・国家主義教育に対する深い反省から出発した戦後教育改革のもとで誕生したものである．

〔内容〕制定時社会教育法は，全文57条と附則からなっており，「第1章 総則」「第2章 社会教育関係団体」「第3章 社会教育委員」「第4章 公民館」「第5章 学校施設の利用」「第6章 通信教育」から構成されていた．その特徴は，第1に，第1条で教育基本法との関係を明示するとともに，第3条において「国及び地方公共団体の任務」を「すべての国民があらゆる機会，あらゆる場所を利用して，自ら実際生活に即する文化的教養を高め得るような環境を醸成するように努めなければならない」とし，国・自治体の環境醸成責務を明示したことである．第2に，1946年の文部次官通牒*「公民館の設置運営について」や教育基本法第7条を受けて，社会教育機関である*公民館の法的整備を行ったことである．「一定区域内の住民のため」（第20条）という地域性を重視し，「公民館の設置者」（第21条）で市町村主義を明確にし，「公民館の事業」（第22条），「公民館の運営方針」（第23条），「公民館の職員」（第27条），「*公民館運営審議会」（第29条）などを規定した．第3に，社会教育における住民参加・*住民自治システムを定めていることである．住民意思反映のための公民館運営審議会制度をはじめ，*教育委員会への助言機関として社会教育委員制度を定めた．特に同委員の職務として地域社会教育計画立案権（第17条1号）を定めたことが注目される．そして第4に，住民の*社会教育の自由を守るために権力的統制を禁止していることである（第11条・第12条・旧13条）．

〔改正〕1949年に制定された社会教育法は，この60数年余の歴史の中で幾多の改正を重ねてきた．主なものだけでも1951年に*社会教育主事（補）規定を新設，1959年*社会教育法「大改正」では，社会教育関係団体に対する補助金支出を禁じていた旧13条を全面削除，大学以外での社会教育主事養成，*公民館分館規定の新設，公民館運営審議会の共同設置，社会教育委員・公民館運営審議会委員に対する報酬費支出，公民館「主事」規定，公民館の基準などをめぐって改正が行われた．1999年*地方分権一括法によって公民館運営審議会の必置規定が削除されるなど，住民参加システムは大きく後退させられ，2001年には，学校教育との連携や*家庭教育，青少年に対する*ボランティア活動など社会奉仕体験活動が規定され，2006年の改正教育基本法によって，法の骨格ともいえる第1条（目的）が改正された．

一方で，制定時からの課題であった公民館専門職規定などは今日に至るまで未整備なままに置かれている．また，改正教育基本法を受けて2008年に，第2次地域主権一括法を受けて2011年に社会教育法が「改正」されている．

〔課題〕憲法と教育基本法（1947年）との密接な結びつきのもとで制定された社会教育法であるが，たび重なる「改正」によって立法者意思が大きく変更させられてきた．「元来社会教育は，国民相互の間において行われる自主的な*自己教育活動」（高瀬文部大臣・社会教育法案提案理由）であり，「社会教育の自由の獲得のために，社会教育法は生まれた」（*寺中作雄）という立法者意思を踏まえつつ，社会教育法を民衆的に解釈・創造していくこと，さらに自治体においては，社会教育法の理念を具体化する自治的個性的な社会教育関連条例づくりが求められている． （長澤成次）

⇨自治立法権と条例

〔文献〕1）文部省社会教育課長寺中作雄：社会教育法解説，

社会教育図書, 1951.；2) 横山宏・小林文人編著：社会教育法成立過程資料集成, 昭和出版, 1981.；3) 社会教育推進全国協議会：社会教育・生涯学習ハンドブック（第8版), エイデル研究所, 2011.

社会教育法「大改正」（1959年） the "Overall Revision" of the Social Education Act of 1959

〔概観〕1949年に成立した社会教育法は，約60年の歴史の中で多くの「一部改正」を重ねてきたが，特に1959年の社会教育法改正問題は，*社会教育主事，*社会教育関係団体，*社会教育委員，*公民館等の重要事項をめぐって法「改正」が行われた．その争点をめぐって大論議となった経過があり，一般に社会教育法「大改正」と呼ばれる．政府与党の改正案に対しては，国会内における野党の反対にとどまらず，学会関係者や民間団体による激しい阻止運動が展開され，マスコミを含めて社会教育法が国民的規模において論議されたという点において広く注目された．

〔背景〕社会教育法成立から10年の教育政策の推移は，講和条約発効後のいわゆる「逆コース」動向，*青年学級の法制化，*教育委員会制度の改訂（任命制化），社会教育関係団体補助金の支出，全般的な行政指導体制強化の諸施策が進行した．他方では，公民館関係者による公民館条件整備を求める公民館単行法運動があり，また*青年団体，女性運動，文化団体等による民間的な学習・*文化活動の胎動，総じて「国民の*自己教育」運動の展開がみられた．このような政策と運動をめぐる具体的な争点として社会教育法「大改正」をめぐる論議が展開されたといえよう．

〔経過〕1958年秋から始まった改正論議は，政府提出原案を一部修正し，最終的には与党単独審議により1959年4月に法改正が成立した．主な改正点は，市町村社会教育主事の必置，社会教育主事資格と講習の多元化，社会教育委員の指導権限の付与，社会教育関係団体補助金の支出，公民館設置基準（*公民館主事の*専門職規定は実現しない）等であった．特に補助金支出問題は，憲法第89条との矛盾をめぐって大きな争点となった．公民館単行法は実現せず，近畿公民館主事会は「パンを求めて石を与えられた」と批判した．

〔課題〕社会教育法の中心的制度である公民館施設と主事専門職化をめぐる条件整備法としての改正を実現できなかった点に大きな課題を残した．法改正論議は社会教育と行政のあり方をめぐって国民的関心を広げることになり，*日本社会教育学会等においてその後の社会教育法制・行政に関する理論研究を大きく刺激することとなった． (小林文人)

〔文献〕1) 国立教育研究所編：日本近代教育百年史，第8巻，国立教育研究所, 1974.；2) 横山宏・小林文人編：社会教育法成立過程資料集成, 昭和出版, 1981.

社会教育労働 social educational (adult and community education) work

〔概念と用語〕社会教育労働とは，公的な制度における*社会教育職員の職務に限られることなく，社会教育に本来的に求められている学習者が*自己教育の主体に成長する方向が目ざされて，広く現実の生活や労働の場で必要とされる様々な教育学習活動の自由で自主的な発展のために行われる指導・援助の教育労働である．ここでいう教育労働とは，学校教育領域におけるそれと共通して，学習者の自己発達力量の形成とともに人類の進歩にかかわる文明史的課題の自覚とそれにふさわしい資質形成を志向する教育活動概念である．いうまでもなくそれは，*社会教育法に規定されているように「求めに応じた」ものでなければならない．

そもそも教育労働とは，従来主として学校教育領域において検討が重ねられてきたように，教育の本質にかかわって発達可能性の発展を目ざす労働であって，いうなれば発達主体の「自己発達力をわがものにするいとなみ」への援助労働である．社会教育労働は，子どもの成長発達の保障を中軸とする学校領域における教育労働に比して，より自発性と主体性の強い自己教育活動の組織化とその発展の保障にかかわるものである．それゆえに，学習者との間の相互的な批判と高め合いがその労働の質を高めることが自覚されなければならず，かつそれが積極的に求められる協同労働であることが期待される．

〔歴史と課題〕このような社会教育労働の理解とその充実に向けての努力は，戦後社会教育の発展と深く結びついている．すなわち，社会教育が学習機会の提供や学習集団づくりにとどまっていた段階から，学習主体たる住民の参加による地域社会教育計画づくりや施設機能と運営の充実が目ざされるという発展をみせる中で，社会教育職員の職務は機会提供やサービスの次元にとどまらず住民・学習者と共同的に社会教育条件の充実や学習内容と方法を深める方向が目ざされていったのである．そこでは，社会教育専門職員の職務は，学習者から出される不断に高まる学習要求に対してその要求の内実に誠実に応えかつ現実の社会状況に即してさらに発展する方

向で機能する学習援助労働が求められる．その際，その専門的力量と社会状況認識はたえず学習者からの検証を受けると同時に，その検証や要求に対しても専門的見地と力量をもって対応しなければならないものであって，この相互の関係があってはじめて，社会教育労働は不断の充実が保障されるのである．
(島田修一)

〔文献〕1) 島田修一：社会教育労働論．社会教育（講座日本の教育9），新日本出版社，1975．；2) 山田定市・鈴木敏正：社会教育労働と住民自治，筑波書房，1992．

社会教化 social indoctrination

社会を教化するの意．教化とは，もともと仏教用語で衆生を仏道へと教え導くことであるが，近代日本において社会教化，国民教化として使用されるようになり，国民に国体思想を教え込むという意味をもつようになる．

明治初期，後の教化団体と呼ばれる大日本報徳社（1875年）や日本弘道会（1876年）が設立され，戊辰証書（1908年）の発布以後，様々な教化団体が誕生し国民教化と思想善導に取り組むようになる．

1921（大正10）年，文部省内社会教育研究会同人は，『社会と教化』誌（後の*『社会教育』）を発刊し，「社会を教化」するために社会教育振興の必要性を喚起し，その固有性をつくろうとした．

しかし，1923（大正12）年の関東大震災後に出された「国民精神作興に関する証書」を受け，1924（大正13）年に設立された教化団体連合会（後の中央教化団体連合会）は，全国に教化網をはりめぐらし，その所管を道府県の社会教育課とした．これによって*社会教育と社会教化とは同義語として使用されるようになった．1929（昭和4）年の「教化総動員運動」，それに続く「国民精神総動員運動」（1931年）は大政翼賛運動へと発展し，社会教育も社会教化も教化報国へと収斂されていった．
(上野景三)

〔文献〕1) 吉田熊次：社会教化論，成美堂，1937．

社会人学生 adult student

〔定義〕欧米諸国では，フォーマルな*教育機関を離れ，一定期間実社会で活動した後，大学に入学してくる25歳以上の人々を「*成人学生」と呼ぶ．しかし，わが国においては，「成人学生」という呼称はあまり定着していない．むしろ，実社会で活動している点に着目して，そうした学生を「社会人学生」と呼ぶのが一般的である．

〔政策の展開〕社会人に大学の門戸を開く端緒は，*臨時教育審議会第2次答申（1986年）である．そこでは，「高等教育の個性化・高度化」を掲げ，夜間コースや*昼夜開講制による大学教育機会の拡大と，単位互換，単位累積加算制の導入による高等教育機関の連携を提唱した．また，大学院に関しては，研究者養成という従来の目的に加え，「高度専門職の養成と研修の場」としての役割を新たに担わせようとした．この第2次答申の提言に基づいて，1987年に文部省に設置されたのが大学審議会である．同審議会がとりまとめた初期の主要な答申には，「大学院制度の弾力化について」（1988年），「大学教育の改善について」（1991年），「平成5年度以降の高等教育の計画的整備について」（1991年），「大学院の整備拡充について」（1991年），「大学設置基準等および学位規則の改正について」（1991年），「大学院の量的整備について」（1991年）などがある．

〔動向と課題〕社会人学生をめぐる動向としては，学部レベルよりもむしろ大学院レベルで，めざましい増加傾向を示しているところに日本的特徴がある．しかし，社会人学生は，伝統的な学生とは異なる傾性を有するばかりか，同じ社会人学生であっても，大学院の前期課程と後期課程では，入学目的をはじめ，学習スタイル，自己概念などの面で大きな違いがみられる．生涯学習社会で大学が固有の役割を果たそうとするなら，これら社会人学生の学習者としての特性やそれに見合った学習支援のあり方を究明することが急務とみなされる．
(小池源吾)

⇨成人学生，大学開放

〔文献〕1) 新堀通也編：夜間大学院社会人の自己再構築，東信堂，1999．；2) 小池源吾：生涯学習社会における大学．社会教育の学校（鈴木眞理・佐々木英和編著），学文社，2003．

社会人入学 admission for adult students

一般に，大学や大学院等の高等教育機関への入学者といえば，高等学校卒業後あるいは学部卒業後ただちに進学しフルタイムで学ぶ若者であるが，すでに職業人として実社会で働く人など，いわゆる社会人が正規学生として入学することをいう．特に，「社会人特別選抜」による入学を意味しているといってよい．ちなみに，*文部科学省が定義する社会人とは，「5月1日現在において職に就いている者，すなわち給料，賃金，報酬，その他の経常的な収入を目的とする仕事に就いている者」をさす．「ただし，企業等を退職した者，及び主婦なども含む」とされる．

〔概観〕従来，社会人の入学者は限られてきた．しかし，社会の急速な変化に対応しようと人々の学習

要求は増大するとともに高度化し，そのため高度で多様な教育機会の提供が高等教育機関にも要請されるようになってきた．こうしたことから，大学等への社会人の受け入れを促進する方策として，社会人特別選抜や科目等履修生制度といった大学改革が取り組まれてきた．

〔社会人特別選抜〕従来の学生とは別枠で，社会人を対象に，その特性に即して小論文や面接等を中心に行う入学者選抜をいう．この場合の社会人とは，必ずしも文部科学省の示す定義と一致するものではなく，実際に入学者選抜を行う大学等によってまちまちである．文部科学省の調べによれば，社会人特別選抜を実施する学部と研究科の数はいずれも増加を続けている．しかし，その入学者数についていえば，研究科では大幅な増加をみているものの，学部においては1998（平成10）年をピークに減少傾向にある．

〔科目等履修生制度〕大学等の正規の授業科目のうち，必要な一部分のみについてパートタイムで履修し，正規の単位を修得できる制度をいう．ただし，これによって卒業に必要な単位数を修得したとしても，それらが必ずしも学位に結びつくような系統的な学修とはいえないことから，学位を取得することはできないとされている．例外として学士の学位を取得できるのは，短期大学や高等専門学校の卒業者が科目等履修生として大学などで必要な単位を修得した上で，大学評価・学位授与機構に申請し，審査に合格した場合に限られている． （天野かおり）

⇨社会人学生，大学開放，成人学生

〔文献〕1）山田礼子：社会人大学院で何を学ぶか，岩波書店，2002．

社会体育施設 public sports facilities

〔概観〕体育館，プール，野球場，テニスコートなど種々の公共スポーツ施設を主にさす．公式統計としては，*文部科学省『*社会教育調査』に「社会体育施設」の項目が掲げられ，施設に関する実態が示されている．ただし，地域の住民や*スポーツクラブは，それ以外の公共施設の中で運動・スポーツ関連の設備・機能（小体育室，*レクリエーションホールなど）を備えた施設を利用している実態があり，こうした施設を含めて社会体育施設を捉えることもできる．*スポーツ振興法第12条（施設の整備）において国及び地方公共団体が施設整備に努めなければならないとされていたが，2006年3月の同法改正により第20条（国の補助）第1項が削除され，地方公共団体が設置するスポーツ施設整備に要する経費に対する国の補助の規定がなくなった．同法を全面改正して施行された*スポーツ基本法においても，施設整備の努力義務を示す条項として第12条（スポーツ施設の整備等）は継承されたが，第33条（国の補助）に地方公共団体による施設整備への国の補助に関する規定は盛り込まれなかった．

〔不十分な整備状況〕1972年の*保健体育審議会答申で「日常生活圏域における体育・スポーツ施設の整備基準」が掲げられ，人口あたりの必要施設数の基準が示されたが，その達成率はいまだ半分に満たない．また，1施設あたりの職員数が4.1人と低く，専任職員の割合が13.6%と社会教育関係施設の中で最低であり（文部科学省『社会教育調査』2008（平成20）年度），施設が単なる貸館となってしまい，相談・助言や各種*スポーツ教室の開講などの事業が十分に実施されない状況もある．施設の質量両面の不足は，地域のスポーツ振興にとって大きな阻害要因となっている．さらに，*指定管理者制度の導入によって，施設の*公共性が改めて問われる段階となった．

〔社会体育施設としての公民館〕戦後初期，寺中構想での「体育部」や「*社会体育指導要項」（1951年）以来，現在に至るまで，理念としても，実態としても，*公民館は地域のスポーツ活動にとって緊要な位置を占めている点を見落とすことはできない．

（尾崎正峰）

〔文献〕1）尾崎正峰：地域スポーツにおける「地方分権」と「多元的参加」．地方分権と自治体社会教育の展望（*日本社会教育学会編），東洋館出版社，2000．

社会体育実施の参考 Reference Guide for the Practice of Community Sports（of 1946）

1946年8月25日，通牒「社会体育実施に関する件」と同時に文部省から公表された社会体育振興の指針．日本の戦後改革の中で，1945年9月，文部省に体育局が復活し，1946年1月に体育局に社会体育を所管する振興課が設置されるなど行政機構の整備が図られるとともに具体的な社会体育振興施策が開始された．この文書には，そうした社会体育の戦後改革の理念が集約的に語られている．「体育運動の生活化」という言葉を掲げ，「常時実行しうることを主眼とする」こと，あるいは「体育運動は之を日常生活の中に融合せしめ，日々*実践することに重点を置き，体育会，競技会等も平常の練習の一環として指導をなす」ことを基本的な考え方としている．

指導者，組織，施設を社会体育振興のための3つの基本的柱とし，振興の方策について12項目をあげている．その後，1951年5月に「*社会体育指導要項」が公表されるまで，社会体育振興の基本となった．

(尾崎正峰)

〔文献〕1) 尾崎正峰：スポーツ政策の形成過程に関する一研究．一橋大学研究年報人文科学研究39，一橋大学，2002.

社会体育指導者資格付与制度 the certification system of community sports instructors

1987年4月6日の文部省通知「社会体育指導者の付与制度について」，および「社会体育指導者の*知識・*技能審査事業の認定に関する規程」(2000年4月1日に廃止．実施省令「スポーツ指導者の知識・技能審査事業の認定に関する規程」に変更)によって規定された指導者の*資格制度．その目的と内容は，1986年12月の*保健体育審議会の建議「社会体育指導者の資格付与制度について」における，各スポーツ団体等によってまちまちな指導者の資格審査基準を一定水準まで統一すること，指導者の知識，技能の到達水準を保障するための適正な内容をもつ講習の設定等の提言に基づいている．事業認定法人の1つ*日本体育協会では，現在，約9万人超が登録している(2005年10月から新制度へ移行)が，地域のスポーツ振興にとって指導者不足はいまなお大きな課題である．高い資質をもった指導者の養成をさらに推進するための公共的な基盤整備がなおも求められる．

(尾崎正峰)

〔文献〕1) 日本体育協会：21世紀のスポーツ指導者，日本体育協会，2009.

社会体育指導要項 Guidelines for the Administration of Community Sports

〔概要〕1951年3月，文部省がまとめた社会体育振興のための指針．「はしがき」で「本書は，すべての国民が健康で文化的な生活を営むために，健全な社会の実現をはかることを目的として作成したもので，公共団体の任務を明らかにするとともに，市町村や職場の体育指導者のために，指導の手びきとして書かれたもの」と述べられている．そして，「社会体育というのは，社会の人々の健康を増すとともに，社会の幸福を増進することを目的とする」として，戦後改革の中で示された社会体育振興の理念，および振興方策を総合的に取り上げている．構成は，「第1章 総論」「第2章 市町村の体育」「第3章 職場の体育」「第4章 運営上の注意」「第5章 種目の解説」となっている．ここに盛り込まれた内容は，この後，1960年3月の『社会体育・考え方進め方』にも継承されていった．

〔社会体育振興の基本路線提示〕社会体育推進の場として市町村と職場の2つの領域をあげているが，この時期，これらの領域を基本として社会体育の施策が展開してきたことの反映でもある．特に，「市町村の受けもつべき任務」として「社会体育を指導する人をおき，また育てること」「クラブや団体を育成し，体育組織を確立すること」「手近に使用できる体育施設を設け，人々の利用に供すること」「適切な体育及び*レクリエーションのプログラムを作り，人々の自由な参加を求めること」など，後々にまで引き継がれる公共的整備の課題が掲げられている．ただし，戦後の復興途上の当時の社会・経済状況のため，これらの課題を含めて，文書に示された指針の具体化は遅々として進まなかった．

〔レクリエーションセンターとしての公民館〕地域社会の*社会教育の中核である*公民館については，「その地域のレクリエーションセンターとなること」を求め，「常に市町村体育とレクリエーションの実行機関として活動すべきである」としている．

(尾崎正峰)

〔文献〕1) 内海和雄：戦後スポーツ体制の確立，不昧堂出版，1993.；2) 尾崎正峰：スポーツ政策の形成過程に関する一研究，一橋大学研究年報人文科学研究39，一橋大学，2002.

社会体育主事 community sports director

社会体育，地域スポーツに関する行政での*専門職制を示す用語．1950年代末に当時の文部省体育官の宮畑虎彦が「どうしても『体育主事』とでもいうような職制が必要である」と述べたが，現在に至るまで，社会体育の領域では，*社会教育主事のような専門職の制度的裏づけはない．*派遣社会教育主事(スポーツ担当)制度(1975年)も補完的な性格を抜け出るものではない．こうした状況の中で，東京都羽村市の*教育委員会事務局庶務規則の中に「社会体育主事」の文言が盛り込まれ，専門職としての位置づけがなされたことは画期的である．この職員は，地域のスポーツ振興の成果をあげると同時に，専門性と経験を基盤に周辺自治体の職員の*ネットワークの中心的役割を果たしている．しかし，「社会体育主事」は他の自治体に広がっていないこと，専門職の制度的な根拠づくりへの動きもないなど課題は残されている．

(尾崎正峰)

〔文献〕1)「生涯スポーツの創造」編集委員会編：スポーツと

生きる，現代社会体育研究会，1998.

社会通信教育　distance education

〔概観〕*通信教育のうち，*学校教育法に基づき正規の教育課程として行われる学校通信教育を除いたものを社会通信教育と呼び，①*社会教育法に基づく*文部科学省認定社会通信教育，②公的機関の認定・規定を受けた公的社会通信教育，③公的規制のない民間社会通信教育に分類される．時間的・地理的な制約を受けて通学式の教育への参加が困難な人々に対して，郵便等を用いた遠隔式の教育として発展する．日本では戦前より「講義録」の名称で親しまれ*大学開放の系譜に位置づき，*教育の機会均等を拡充する上で歴史的な役割を果たしたが，戦後は社会通信教育として法制化され実施内容の改善が進んだ．

〔内容〕*個人学習が基本形態である．法定社会通信教育の場合，教科書等の印刷媒体を用いて講師との間で設問解答，添削指導，質疑応答など繰り返しながら，受講者の学習能力や進度に合わせて学習を進められる．職業や家庭生活に必要な知識・技能の習得や教養の向上を図ることを目的とし，目的を効果的に達成するよう明確な教育計画が事業者に課される．教育内容の質的水準の維持と安定した教育サービスの供給を実現することで，学習者の安全と利益を確保し，教育事業の公益性と社会的信用性を保証している．

〔課題〕誰でも利用しやすいが途中で挫折しやすい傾向もある．情報通信技術の発展により通信衛星やインターネット等を用いて双方向的な学習環境が実現しつつあるが，学習を進める上で厳しい自己管理が要求されことに変わりなく，学習を促進する相談・支援体制の充実が課題となる．　　　（片岡　了）

⇨社会教育法，大学開放，教育の機会均等，個人学習，知識，技能，教養，遠隔教育，放送大学

〔文献〕1）佐藤卓巳・井上義和編：ラーニング・アロン―通信教育のメディア学―，新曜社，2008.；2）財団法人社会通信教育協会編：文部省認定社会通信教育五十年の歩み，社会通信教育協会，1999.；3）白石克己：生涯学習と通信教育，玉川大学出版部，1990.

社会的教育学（日本）　social pedagogy (in Japan)

〔定義〕教育は社会的事業であり，社会のために社会の成員を育てることを目的とした教育の考え方が社会的教育学である．ドイツにはいくつかの潮流があるが（理想的社会的教育学，経験的社会的教育学，「*社会教育」としての社会的教育学／『新教育学大事典』1）），日本では理想的社会的教育学の潮流に属するナトルプ（Natorp, P. G.）の理論の影響が強かった．

〔歴史〕日清戦争後のナショナリズムの高揚を背景として，1880年代の後半から流行し始めたヘルバルト（Herbart, J. F.）の個人主義的な教育学を批判しながら，社会的教育学の潮流が日本でも登場し始める．谷本富は，日本にドイツの社会的教育学を紹介した最初の教育学者であると自称し，『将来の教育学』（1898年）において，シュライエルマッハー（Schleiermacher, F. D. E.）やヴィルマン（Wilmann, O.）を取り上げ，ヘルバルトを超える新しい教育学として紹介した．その後，1900年に，大瀬甚太郎『シュライエルマッヘル氏教育学』，熊谷五郎『ウイルマン氏教化学』，中谷延治『ナトロプへるばると，ぺすたろっち』が相次いで出版された．さらに1902年には熊谷五郎『社会的教育学』が出版され，樋口勘次郎『国家社会主義新教育学』（1903年），吉田熊次『社会的教育学講義』（1904年）などの著作が，ヴィルマン，シュライエルマッハー，ベルゲマン（Bergemann, P.），ナトルプらの諸説によりながら著される．

佐藤善次郎『最近社会教法』（1899年）は社会的教育学が日本に登場した時期に出版されており，社会教育の理論的な背景として社会的教育学に言及している．その後，ナトルプは特に1920年代以降，最も多く日本に紹介された論者であるが，日本ではその社会的教育学をデモクラシーの理論として捉え，貧民の教育保障を求める理論としても理解したのであり（篠原助市），日本の*社会教育の理論的基礎の確立につながった．特に*川本宇之助は，ナトルプから学んで，「自由意思に基づく*自己教育」を「社会教育の学的根拠」に置いた．しかし，第2次世界大戦後はあまり論じられることがなくなった．

（松田武雄）

〔文献〕1）細谷俊夫他編：新教育学大事典（第3巻），第一法規出版，1990.；2）松田武雄：現代社会教育の課題と可能性，九州大学出版会，2007.；3）生田周二・大串隆吉・吉岡真佐樹：青少年育成・援助と教育，有信堂，2011.

社会的協同組合　⇨社会的経済，コミュニティ協同組合

社会的経済　social economy

〔概観〕19世紀のフランスを中心とした「エコノミソシアル」（économie sociale）に起源をもち，主に

資本主義経済が生み出す社会的諸問題の解決をめざす理論と*実践に用いられた概念.しかし,*協同組合,共済組合,*アソシエーションといった社会的経済を構成する諸実践の展開に比べ,その理論が与える社会的な影響力は低かった.今日的な文脈で社会的経済という用語が再び注目されるのは,国民経済を構成する部門として,国家・自治体（第1セクター）と企業（第2セクター）に次ぐ「第3のセクター」としての*市民社会組織の重要性が認められるようになった1970年代からである.特に,1990年代以降は,*福祉国家再編や「混合経済化」が進むヨーロッパを中心に,営利を主目的としない経済活動を展開する組織の総称として「社会的経済」という用語が用いられるようになった.その意味では,社会的領域と見なされ,経済システムの担い手からは排除されていた19世紀の「社会的経済」とは,期待されている役割と位置が大きく異なる.社会的経済の概念理解をめぐっては明確な定義が存在せず,協同組合や共済組合以外に,コミュニティビジネスやイタリアの社会的協同組合,さらには社会的な領域で活動する*NPO,*NGOやコミュニティオーガニゼーションを含める場合がある.

〔課題〕社会的経済は,社会的排除に取り組む*地域づくりや新しい*公共性の担い手としての役割が期待されている反面,「*社会化された公共財の再商品化」や公共サービスの契約をめぐる組織間の対立を促進することが問題点として指摘されている.社会的実践とのかかわりを通した「ともに学びあう関係」の構築と学習の組織化の論理を究明してきた*社会教育が,これらの問題にどのように応えることができるかが課題となっている. （大高研道）

〔文献〕1) 富沢賢治:社会的経済セクターの分析,岩波書店,1999.;2) 鈴木敏正編著:地域づくり教育の新展開,北樹出版,2004.

社会的貢献 ⇨フィランソロピー

社会的昇進（仏） 英 promotion of worker's social position, 仏 promotion sociale

フランスで展開した労働者の*能力形成に関する理念,およびその関連の一連の政策をさす用語.1960年代に盛んに論じられ,1971年法（「生涯教育の枠組みにおける継続職業訓練に関する法律」）の前提をつくった.労働者の生涯教育が,単に狭く職業や労働にかかわる能力の形成にとどまらず,市民としての資質もあわせもつことにより,社会を支える主体としての形成をめざすべきことが論じられた.

社会背景としては,1950年代以降のドゴール政権による労働者層の政治的取込みという側面をもち,1960年代の論議においても左派の政党や*労働組合からの批判があった.しかしこの論議の背景には,19世紀以来の*同職組合の伝統があり,「ものづくり」の当事者としての労働者の,労働を通した社会参加という思想が存在する.今日のフランスの労働や職業を軸に展開する生涯教育政策の理解には,欠かせない理念である. （末本　誠）

〔文献〕1) Thuillier, G.: La promotion sociale, Que-sais je? 1218, 1969.; 2) 末本誠:フランスの生涯教育の新展開.教育改革の国際比較（大桃敏行ほか）,ミネルヴァ書房,2007.

社会的排除・社会的包摂 social exclusion, social inclusion

社会的排除とは,現代社会において個人や集団が直面している諸問題を,低所得といった経済的次元のみならず,健康,居住環境,教育,人権などの社会的・政治的次元を含む多次元的な観点から捉えようとする概念.社会的包摂は社会的排除の対概念であるが,多次元的かつ複合的な排除問題克服の帰結として,部分的な社会参加を超えた社会権や社会益の回復を展望する点が特徴的である.

〔経過〕「社会的排除」の出自は1970年代のフランスといわれている.しかし,当時は限定的な意味しかもたず,社会的に影響を与えるものとは見なされていなかった.この用語が一般化するのは1990年代以降である.特に,経済のグローバル化や脱工業化を背景として,地域格差・階層格差が拡大する中で,社会的不利益を被っている人々や地域の問題群を構造的に把握するための新しい概念として注目されるようになった.社会的排除論議の先駆である*EUでは,欧州社会憲章（1989年）以降,「社会的排除との闘い」（＝社会的包摂）が主要な政策課題となり,今日では*ILO（国際労働機関）や*世界銀行などの国際機関を巻き込んだグローバルな脈略において排除への取組みが論じられている.

〔課題〕社会保障や社会政策が「社会的包摂」の砦としての機能を失いつつある*福祉国家再編過程において,実態としての社会的排除対策は,労働市場への包摂に矮小化される傾向にある.その際に重視されるのが,積極的雇用対策としての生涯教育訓練である.多次元的な性質をもつ排除の問題に取り組もうとするならば,これらの動向を視野に入れつつ

も，排除されている人々の自立・自律（自己解放）や協同性の（再）構築と結びついた学習と教育のあり方が問われている． 　　　　　　　　（大高研道）

〔文献〕1）日本社会教育学会編：社会的排除と社会教育，東洋館出版社，2006．；2）岩田正美：社会的排除，有斐閣，2008．

社会的パートナーシップ　social partnership

政府，雇用者協会，*労働組合という三者の協力関係に依存する経済システム．ヨーロッパ（特に*EU）における展開が代表的である．

社会的パートナーシップの原則のもとでは，政府と雇用者と労働者の代表が，特定のテーマに関して組織的な話し合いを行い，合意を形成していく．この意味で，*市民社会における民主的な参加を拡大，強化するシステムともいえよう．

また，このシステムは，教育や訓練といった問題とも密接なかかわりをもつ．社会的パートナーは，経済活動を行う上で重要な生涯学習政策，雇用政策，成人生涯継続教育，*職業教育・訓練といった事柄についても，共同して決定する特別な権限をもつのである．近年のEUでは特に，経済政策が強力に推し進められるにつれ，その影響力はますます高まっている． 　　　　　　　　（佐伯知子）

社会同和教育　Dowa (anti-Buraku discrimination)

〔定義〕「*社会教育としての同和教育」「社会教育における同和教育」「同和教育の社会教育分野」といった意味合いで，様々な立場の人々が用いてきた言葉．この用語がいつ誰によって使用され始めたのかは明らかではない．社会教育における同和教育をテーマとした全国規模の研究大会は，京都府・京都市両教育委員会主催で1958年に初めて開かれた（約1300人参加．第2回目は開かれず）が，その名称は「社会教育における第1回全国同和教育研究大会」であった．日本最大の同和教育研究団体である全国同和教育研究協議会（全同教）は「社会教育における同和教育」（冊子「同和教育資料④」）や「(同和教育の)社会教育部門」（毎年開催の全国研究大会の分科会構成）と表記している．

〔経過〕第2次世界大戦後の同和教育は，差別事象を意識・観念の問題とした戦前の融和教育の負の遺産を克服し，1950年代後半に成立したと考えられる．地域や府県による差は大きいものの，社会教育分野の同和教育の取組みも開始され，ほぼこの時期に京都府・京都市等，活動が活発な地方自治体において，公的社会教育の重要課題として位置づけられた．*実践のあり方も含め，戦後の社会同和教育の成立と発展を時期区分すれば，①*差別の克服を行動化・*生活課題化することを学習活動の方向と見定め，提起した時期（和歌山県等が典型）：1955年前後，②差別・人権侵害の克服を公的社会教育の役割を踏まえ，地域（社会全体の）課題化の追求と捉えた時期（京都府・京都市等が典型）：1960年代前半，③国全体の政策課題化が追求され，*同和対策審議会答申とその施策化のために同和対策事業特別措置法・同和対策長期計画が策定された時期（1960年代末）以降の国民的課題化の追求期，という形で，つまり「生活課題化」「*地域課題化」「国民的課題化」の3期に分けて捉えることができよう[1]．1980年代以降においては，社会啓発・人権啓発の成立と展開があり，社会同和教育と啓発との連携，およびそれぞれの発展が追究された時期（1990年代初め頃まで），そして*人権教育としての社会同和教育の再編期（1990年代半ば以降）という区分で整理できよう．

〔活動の領域〕全国同和教育研究協議会（全同教，2009年7月*全国人権教育研究協議会に改組）は，毎年全国研究大会を開催している．1980年代には3万人以上の参加者があったが，2000年代に入って2万5000人ほどになった．この研究大会は全国の同和教育活動の最大の集約点であり，現段階における社会同和教育活動の実情をうかがうことができる．近年の研究大会の分科会構成（9分科会31分散会1特別部会/2006年度）をみると，社会教育部門は5分科会10分散会で，その内容は「人権確立を目ざす*地域の教育力」「*子ども会活動」「*識字運動」「生活課題と学習活動」「生活課題と啓発活動」「人権確立を目ざす*文化活動」である．すなわち，学校教育・社会教育・地域団体の連携による地域の教育力，子ども会，識字学級，地区内外の様々な学習活動と啓発活動（企業啓発を含む），地区内外の多様な文化活動（演劇・落語・音楽会等々を含む）が，現在の社会同和教育活動に含まれる．

〔現状と課題〕近年の同和教育運動においては，人権尊重のまちづくりや*地域づくりが総合的課題の1つとして提唱され，それを目ざす活動が各地で活発に取り組まれている．多様な活動分野・活動形態と歴史的蓄積をもつ社会同和教育ならではの取組みといえるだろう．個人のレベルでは，人権にかかわる課題を日常生活で見逃すことなく，自ら行動化していく生活態度・文化を形成することが課題である．また，国連が提起している「普遍的人権文化」の創造

や「人権の世紀」を，日本において具体的に実現するための活動形態の1つともいえるだろう．地域の様々な人権問題やそれらと取り組む運動と連携しつつ，総合的な地域生涯学習計画を市民と職員が共同でつくりあげ，その実現を追究することが大切であり，それを可能とするような地域社会の態勢を市民・職員の連携で築いていくことが現在の課題であろう． (村上博光)

〔文献〕1) 村上博光：戦後社会教育史の研究 (津高正文編), 昭和出版, 1981.；2) 全同教編刊の月刊機関誌『同和教育』(現在の通称は『であい』), および『同和教育』臨時増刊号 (年次大会資料と各年次全国研究大会報告号).

社会同和教育指導員　⇨社会同和教育

社会福祉協議会　council of social welfare

民間社会福祉事業の中心的役割を果たすことを期待されて設立された，*社会福祉法に規定された非営利団体．日本社会事業協会と同胞援護会の再編統合として創設された中央社会福祉協議会 (1950年) を前身とし，1951年に社会福祉法人中央社会福祉協議会として設立された．市町村*社会福祉協議会を基盤に都道府県社会福祉協議会の連合体として全国社会福祉協議会がある．福祉職員の労働条件改善に大きな力を発揮し，施設福祉中心の時代から在宅福祉サービスに取り組み，各種別の社会福祉事業の運営や事業の推進，サービス利用者の権利擁護事業等のほか，*福祉教育活動，*ボランティア活動などのセンター機能を果たすなど生涯学習・*社会教育とのかかわりが強い．教員免許取得のための介護等体験の調整事務を都道府県社会福祉協議会が担うなど学校教育ともかかわりをもち，わが国の*地域福祉事業の中心的な役割を担っている． (宮島 敏)

〔文献〕1) 上野谷加代子・杉崎千洋・松端克文編著：松江市の地域福祉計画．ミネルヴァ書房, 2006. 2) 伊賀市社会福祉協議会：社協の底力, 中央法規, 2008.

社会福祉法　Social Welfare Act

〔概観〕わが国の社会福祉を目的とする事業の全分野における共通する基本事項を定め，福祉サービス利用者の利益の保護や*地域福祉を推進し，社会福祉事業の公明適正な実施と確保，事業の健全発達を図り社会福祉の増進に資することを目的とする法律である．制定された1951年から2000年5月までは社会福祉事業法と呼ばれた．目的，理念，原則のほか，社会福祉事業の範囲，*社会福祉協議会，福祉事務所，社会福祉主事，社会福祉法人等の社会福祉基礎構造に関する規定が定められている．この基礎構造改革に伴い法改正された．

〔法改正〕2000年6月法改正の理念は，福祉サービス利用者の利益保護と地域福祉の推進にある．この理念を実現するため，福祉サービスに関する情報提供，利用の援助と苦情解決に関する規定の整備，福祉サービス利用者の利益保護を図るとともに市町村地域福祉計画等の作成や，その他の地域福祉の推進に向けた規定を整備した．

〔法理念の具現化〕福祉サービスの質の向上や事業の透明性の確保，サービスの質の*自己評価，サービス情報の提供，利用者からの苦情解決に努めること等を規定し，都道府県社会福祉協議会に運営適正化委員会を設け，適切な解決に資する仕組みを創設した．またサービスの質の第三者評価，社会福祉法人制度やその会計基準等の改正も行い，サービスをめぐる利用者と提供者の対等関係の実現を求めている．

〔課題〕社会福祉基礎構造改革は個人の一定程度の自立あるいは自己責任の強化を前提としているため，サービス利用や選択が十分にできない人への配慮も望まれる．その一環として，当事者や家族を含めた地域住民の学びの場が確保されることが重要となる．社会教育機関としては，社会福祉法と*社会教育法にある「社会福祉の増進」が示唆するところを峻別して，生存権保障の遵守を具体的な事業として展開することが，社会教育や生涯学習の取組みとして望まれる． (宮島 敏)

〔文献〕1) 志田民吉・伊藤秀一編著：改訂社会福祉サービスと法, 健帛社, 2007.；2) 蟻塚昌克：入門社会福祉の法制度 (第3版), ミネルヴァ書房, 2009.

社会文化アニマシオン　英 socio-cultural animation, 仏 animation socioculturelle, 西 animacion sociocultural, 伊 animazione culurasociale

〔概観〕アニマシオンとは，英語のアニメーション (animation) と同義語で，ラテン語のアニマ (anima, 生命・魂) を活性化させること，すべての人間がもって生まれた生命・魂を生き生きと躍動させること，生命力・活力を吹き込み心身を活性化させることを意味している．

〔歴史・動向〕人間的な生活と文化の創造，社会の発展にとってアニマシオンの営みが重要な要素であることに注目し，社会政策として取り入れたのはフランスである．第2次世界大戦後の社会建設の中で，文化の活性化が社会発展にもたらす力に注目し，

国民の文化の権利の保障にいち早く取り組み社会文化アニマシオンという考え方を成立させた．経済的価値と経済効率を追求するあまりに，人間的な生活をゆがめる危機的状況が生じたことに対抗しつつ，人間本来の主体性と内面的な精神の活力や想像力を大切にし，生活・文化・社会を活性化させていく方法理念として，同時に人間の成長・発達の原理として深められている．フランスでは1960年代半ばから社会文化アニマシオンを進める*専門職のあり方が研究され，1970年には「社会・教育・スポーツ・文化の活性化にあたる専門職員」として国による専門職化がなされ，その専門職員を*アニマトゥール（仏 animateur, 西 animador, 伊 animatore）と呼んでいる．その後，この考え方は，スペインやイタリアなどの近隣諸国をはじめ中南米各国にも広がり，人間発達と社会改革を統一的に発展させる原理として影響をもたらすとともに，*社会教育や生涯教育，余暇教育などとならんで重要な研究・実践領域を形成している．スペインでは1990年代に国内の実践家と研究者が共同して『アニマドール養成プラン』全38巻などが刊行されるなど，社会文化アニマシオンがブームになっている．

〔意義〕この用語は既に1980年代からフランスの社会教育研究を通じてわが国にも紹介されていたが，1990年代に入ってからスペインやイタリアでの動向が紹介されるとともに，*子どもの権利条約第31条における「*子どもの文化権」とのかかわりでその用語と概念が深められ，子どもの*文化活動と社会教育活動を捉え直す理念と方法として普及していった．とりわけ子どもの*読書の分野では，スペインのアニマシオン活動が紹介されたことにより読書のアニマシオンの新しい*実践が展開されている．アニマシオンは，教え・学ぶ営みである教育（education, educación）と違って，*遊びや余暇や文化活動を通して，面白さ・楽しさ・歓びを追求しつつ精神と身体を活性化させ，人間が豊かに成長していく独自の営みを捉えた概念であり，「学ぶこと」や「働くこと」を根底から支える人間生活の根源的なエネルギーを生み出す機能ともいえる．社会教育学が研究対象としてきた文化芸術活動や祭り・街づくり・遊び・スポーツなどの意義を捉え直す新しい概念として注目される． （増山 均）

〔文献〕1) Ucar, Xavier : *La animación sociocultural*, CEAC, 1992. ; 2) 増山均：ゆとり・楽しみ・アニマシオン，旬報社，1994. ; 3) Trilla, Jaume : *Animación sociocultural*, Ariel Educación, 2004.

社会文化運動（独）英 social culture movement, 独 Soziokulturelle Bewegung

旧西ドイツで1970年代以降展開されてきた，オルタナティブな文化，対抗的公共圏の形成を目標とする「新しい社会運動」．「社会文化」(Soziokultur)とは，伝統的*市民文化の肯定性批判（マルクーゼ，Marcuse, H.）に触発された「新しい文化政策」理念で，①万人のための文化，②万人による文化，③社会的現実と結びついた文化をスローガンとしている．具体的には，劇場，*博物館など既成の文化施設とは異なる*地域文化センターとしての*社会文化センターを開設し，それを拠点に芸術，文化，教育，社会福祉，政治などの活動を統合することにより地域市民社会を形成する運動として展開した．1990年代以降は旧東ドイツ地域にも広まった．類似した地域文化センター運動は，同時期にヨーロッパ各国で展開しており，1994年には「欧州文化センターネットワーク（ENCC）」を結成して，*経験交流や*EUレベルでのロビー活動を行っている．

（谷 和明）

〔文献〕1) 小林文人・佐藤一子編：世界の社会教育施設と公民館―草の根の参加と学び―，エイデル研究所，2001.

社会文化センター（独）英 center for social culture (in Germany), 独 Soziokulturelles Zentrum

ドイツにおける地域センター型施設の一類型．1970年代以降，*社会文化運動の拠点として広まった．専門職員による多様な事業展開と住民活動への場の提供により「みんなの館」を目ざす点で，日本の*公民館に相当する施設といえる．相違点は，市民が自力で開設し，自主管理を原則に運営している点，旧工場などを産業期の歴史文化財として保存し，再利用することを原則としている点で，それらが社会文化センターの特徴でもある．

〔事業〕実施事業は，音楽，演劇，映画，*展示，ダンス，朗読会，講演会，討論集会などの催し物を柱にしながら，学習講座や工房での創作活動，保育・*児童館活動，生活相談，若者や女性のたまり場活動，*高齢者福祉活動など多面的である．自助グループや*市民運動に場を提供しつつ，地域内の市民運動*ネットワークの拠点となっているセンターもある．飲食店も，利用者，市民の交流の場，さらに収入源として重視されている．

〔組織〕1976年に上部団体の全国社会文化センター連盟が結成され，2007年段階で467館が加盟している．設置者の9割近くは*NPO法人である．職

員は平均すると1館あたり75人となるが，正規雇用は2割弱と少なく，短期・不安定雇用や6割以上の市民*ボランティアが運営を支えている．運営財源は，各自治体の政策によって異なるが，平均すると事業収益など自主財源が6割，文化・社会行政などからの公的補助金が4割という構成である．

ドイツの成人教育では学習講座提供施設が主流で，地域センター型施設は周辺，外部に位置づけられてきた．社会文化センターが，地域の社会的・文化的問題の解決をめざす自己組織的な市民学習施設として発展したことは，その成人教育の構造転換を示している． (谷 和明)

〔文献〕1）小林文人・佐藤一子編著：世界の社会教育施設と公民館—草の根の参加と学び—，エイデル研究所，2001.；2）谷和明：社会文化—ドイツの場合—，季刊『場—トポス—』，1995.

社会文化の活性化（仏） ⇨ フランスの生涯教育・生涯学習

社会リハビリテーション social rehabilitation

*障害のある人の主体性が尊重され，*自己実現していくためには，日常生活動作機能を回復させるだけではなく，人間関係や社会関係をとり結ぶ力を高める必要がある．

このような観点から，国際リハビリテーション協会社会委員会は，1986年に「社会リハビリテーションとは，障害のある人が社会生活力を身につけることを目的とするプロセスである」と定義した．社会生活力とは，様々な社会状況の中で，障害のある人が自らのニーズを充足させようとし，社会参加の権利を最大限に追求することである．そのための具体的な課題としては，自己の障害の認識，自己主張，*他者との関係形成，社会サービスの認識と活用，金銭管理などがある．

社会リハビリテーションは，医療的な視点に限定されない全人的な視点をもつものである．その意味で，社会参加や自己実現，人間発達を含むものであり，社会教育実践とのかかわりが探究されている． (辻 浩)

〔文献〕1）長谷川幹：地域リハビリテーション，岩波書店，2002.

社区教育（中国） community (She-qu) education (in China)

中国において，市場経済化の進展にともない，民衆の離転職を促し，保障する*リカレント教育を中心とした生涯学習を，社会的セーフティネットして形成するために実施されている行政的措置および施策のこと．政府の行政行為として市民に学習と離転職の機会を保障することが，社会的公正と経済的競争とを両立させる施策であるとされる．国家教育部は2000年と2003年に，全国各地に社区教育実験区を設定し，先駆的な社区教育の*実践を奨励し始めた．たとえば，実験区に指定された上海市閘北区では，2000年4月に「ラーニングシティ」構想を提起し，社区教育をあらゆる階層・職種・年齢層の人々に保障し，生活向上を促すとともに，区民全体の資質の向上を図ることを提唱した．この構想を実質化するために構築が進められているのが，ラーニングシティ—ラーニングコミュニティ—ラーニングオーガニゼーションという*ネットワークである．社区教育委員会が行政的な推進母体として位置づけられ，区レベルの*教育機関として社区学院，区下の全街道と鎮に社区学校，その下の校区や巷・弄さらには企業や事業体に学習型組織が設置され，ネットワークが形成されている．社区学院は，全日制高等専門学校に設置され，社区教育のセンターとしての役割を担っている． (牧野 篤)

〔文献〕1）牧野篤：中国変動社会の教育，勁草書房，2006.；2）諏訪哲郎・斉藤利彦・王智新編：沸騰する中国の教育改革，東方書店，2008.

社団法人 corporation aggregate

一定の目的のもとに結合した人間の集団（社団）により運営される権利・義務の主体としての社団法人には，公益社団法人，営利社団法人（会社法により設立，有限会社，株式会社など），中間的社団法人（私学法，医療法等の特別法により設立される学校法人・医療法人等）がある．一般的には，民法第34条に「学術，技芸，慈善，祭祀，宗教その他の公益に関する社団または財団であって，営利を目的としないものは，主務官庁の許可を得て，法人とする」とあるように，公益社団法人を社団法人といい（社）と簡略表記される．全国の公益社団法人数は，2004年現在，1万2749法人である．

社団法人の根拠法である民法第34条は，1986（明治29）年の旧民法制定以来抜本的な改定がなく問題も多かったので，2005年には*公益法人制度改革関

連3法が制定された．民間非営利部門の活動を促進するために，一般社団・*財団法人法が新設され，登記のみの法人設立や民間有識者による委員会の公益性の判断・認定など，新しい試みが展開されている．
(槇石多希子)

〔文献〕1) 山岸秀雄ほか編：NPO・公益法人の罠―市民社会（シビルソサエティ）への提言―，第一書林，2003.；2) 山本正：「官」から「民」へのパワー・シフト―誰のための「公益」か―，TBSブリタニカ，1998.；3) 入山映：日本の公益法人―その正しい理解と望ましい制度改革―，ぎょうせい，2003.

就業制限　work restriction

労働安全衛生を目的として一定の労働者が一定の業務に就業することを制限あるいは禁止すること．

労働安全衛生法は，その第61条で「事業者は，クレーンの運転その他の業務で，政令で定めるものについては，都道府県労働局長の当該業務に係る免許を受けた者又は都道府県労働局長の登録を受けた者が行う当該業務に係る*技能講習を修了した者その他厚生労働省令で定める*資格を有する者でなければ，当該業務に就かせてはならない．2　前項の規定により当該業務につくことができる者以外の者は，当該業務を行なつてはならない」と，一定の業務について労働安全の観点から就業制限を設けている．

対象となる業務としては，労働安全衛生法施行令の第20条で，発破関連作業，5トン以上の揚貨装置の業務，小型のものを除くボイラー等の関連作業，潜水器による水中作業，ガス溶接等の作業，フォークリフトや建設機械や高所作業車の業務，玉掛け等16業務が定められている．
(小原哲郎)

〔文献〕1) 労働安全衛生法，第61条．

収集倫理　ethics of acquisition

資料の収集に際して守られるべき倫理のこと．

〔概観〕*博物館資料の収集に際しては，武力による掠奪，金銭による経済的掠奪，探検・学術調査と称しての文化的掠奪を行わず，資料を有する地域の人々や環境を尊重し，また資料の特性を生かすために，収集倫理に最大の配慮が払われねばならない．*国際博物館会議（ICOM）は，その基礎に「博物館の倫理規定」（ICOM Code of Ethics for Museums）を据え，専門家の自己統制の手段として最低基準を設定し，会員に遵守を求め，またこの最低基準をもとに各国あるいは専門家集団の個別ニーズに適した倫理コードの制定を奨励している．

〔内容〕博物館は収蔵品の収集・*展示方針を明記し，この方針に沿って資料収集を行わねばならない．資料収集に際しては，国内の法的規制および国際的規定・条約を遵守する必要があり，取得に先立ち資料の完全な履歴を検証すべきである．寄贈・遺贈・貸与の際も明記された収集・展示方針と合致する場合のみ受け入れるべきである．現地での収集を行う館は，地域の環境に配慮し，適法な方針をもち，現地の自然・文化を尊重しなければならない．また，博物館は自然遺産・*文化遺産の保護に貢献し，収蔵品の内容を記録・文書化し，また収集の成果を報告書等で公刊し，広く一般の人々や専門家と共有すべきである．

〔課題〕倫理規程作成に向けて，*日本博物館協会内で資料収集・分析が行われている．日本では博物館の設立前に，明確な収集・展示方針をもつことが設置者に求められる．また大型館や県庁所在地へ資料が集中しがちな点や，資料の特性を生かすため，*現地保存ないし現地に近い場所での保存や，施設・技術等の制約から大型館が収蔵する場合，現地の人々に有効なフィードバックを行うことが課題である．
(瀧端真理子)

⇨現地保存

〔文献〕1) ICOM：*ICOM Code of Ethics for Museums*, 2006.；2) 柴田敏隆編：博物館学講座6　資料の整理と保管，雄山閣，1979.

終身教育・終身学習(中国)　⇨中国の成人教育・生涯学習

自由大学運動　Free University Movement

〔意義〕自由大学運動は，1920年代から1930年代の初めにかけて，長野県・新潟県を中心に全国各地で展開された，地域民衆の*自己教育運動として知られている．近代日本の教育体系への根底的な批判に基づく新しい形態の民衆自己教育機関を創造しようとした運動であり，学問・教育を民衆の手に取り戻そうとした運動でもあった．

〔歴史〕自由大学運動は，1921年の上田自由大学（創設当初は信濃自由大学）の創設に始まる．長野県上田・小県地域で創造的に生きようとしていた金井正・山越脩蔵・猪坂直一らの青年たちと，新しい文化運動の実現に意欲を示していた在野の哲学者である*土田杏村との交流の中からつくり出されたものである．講座の開講時期は，農閑期を中心とし，聴講料は聴講者が1講座3円程度を負担し，講師には土田杏村・恒藤恭・タカクラテル（高倉輝）・出隆

新明正道・今中次麿など，学問の分野でも新しい気運を代表する人々が招かれた．聴講者は農村青年と小学校教員が多かった．この点は，同じ長野県の木崎湖で小学校教員が中心となり，東京大学を中心に講師を招いた木崎夏期大学とは性格が異なっていた．上田で始まった自由大学の試みは，各地に反響を呼び，長野県内では伊那自由大学（創設当初は信南自由大学），松本自由大学，新潟県では魚沼自由大学，八海自由大学，群馬県では群馬自由大学などが設立され，1924年8月には各地の自由大学の連絡機関として自由大学協会がつくられ，1925年には機関誌『自由大学雑誌』が刊行された．しかし，昭和期に入ると，農村不況の深刻化に伴う聴講者の減少による経営難，土田に代わって自由大学を指導したタカクラの農民運動への傾斜などにより，1931年には消滅した． (山野晴雄)

〔文献〕1）長野大学編：上田自由大学とその周辺，211pp.，郷土出版社，2006.；2）自由大学研究会編：自由大学運動と現代，267pp.，信州白樺社，1983.

終末期宣言　self-directives in the advanced stage of illness

終末期（死が数ヵ月後に迫った時期）について，*自己決定した本人意思の宣言をいう．尊厳死の宣言書などのリビングウィル（生前発効遺言）の一種である．1990年「終末期を考える市民の会」が提起したもので，いたずらな延命医療や，苦痛を取るかどうかの①医療方針だけでなく，②病名・病状の説明をしてほしいかどうか，③終のすみか（条件があれば在宅死を望むか，病院や施設でよいか），④脳死状態での臓器提供を承諾するか拒否するかの選択をし，かつ，⑤欧米で法制化されているDurable Power of Attorney（持続的医療委任状）を作成し，医療代理人（意識がなくなった後の医療方針を本人に代わって決定する）を任命する．その背景には1970年代に*インフォームドコンセント（説明と同意）が医療一般の基本倫理として世界的に確認されてきたこと，日本では基本的人権を謳った憲法第13条がある．その法制化は米国では1976年以降全州でみられ，連邦政府も1990年「自己決定権法」を制定したが，日本では今後の課題である． (西村文夫)
⇨アウェアネス，死への準備教育

〔文献〕1）西村文夫：私が選ぶ，私の死，角川ソフィア文庫，1995.；2）日本尊厳死協会：リビング・ウイル，人間科学社，1988.

住民運動　residents' campaign

住民が，居住地区をめぐる何らかの要求や関心をもち，政府や自治体，企業などに対して働きかける運動．

〔意味と特徴〕*市民運動の一部との解釈もありうるが，「市民」が勤労大衆とは異なるカテゴリーをさす場合があることなどから，地縁を基盤とした運動については，あえて積極的にこの用語が用いられてきた．日本において住民運動は，1960年代後半から1970年代前半にかけて，「所得倍増計画」による高度経済成長のひずみが公害問題となって噴出したことを受け，全国各地で多発した．

住民運動は，資本や権力の側からは「地域エゴ」として批判的に捉えられがちだったが，地域に根づいた住民の紐帯による運動の組立て方や，生活者の目線からの「豊かさ」や「公共」を問い直す中で導き出された開発計画への抵抗の論理は，後の運動論や政策形成に大きな影響を与えている．

〔住民運動の学習的意義〕1960年代には，各地に広がる住民運動とその中での学習が人々の生活と生産の再建の課題に厳しくせまっている現実を受け，*社会教育職員の自覚を表明した文書が次々に発表された．中でも「社会教育は大衆運動の教育的側面である」と宣言した，大阪府枚方市教育委員会・社会教育委員の会議・公民館運営審議会の答申「社会教育をすべての市民に」（*枚方テーゼ，1963年）が後の*実践や研究に与えた影響は大きい．

1970年前後には，藤岡貞彦らによって，運動に内在する住民の学習的意義（住民の主権者意識の形成過程，科学的な分析手法の獲得プロセスなど）が解明されていき，その成果が基盤とされながら，今日の社会教育制度・行政をめぐる理論体系が，小川利夫らによって深められた． (石井山竜平)

〔文献〕1）小川利夫編：住民の学習権と社会教育の自由，勁草書房，1976.；2）中村紀一編著：住民運動"私"論，草土社，2005（学陽書房，1976年の復刊本）.

住民参加・参画　residents participation

〔概観〕広く住民が行政の企画・執行過程にかかわることである．しかし時代とともに多義になってきた．戦後は政策決定への参加が力説され，1970年代の「社会参加」では住民活力の体制内包摂も含意され，近年の*新自由主義的改革による「公私協働」では行政執行過程への参加も要請されてきた．「*男女共同参画」など，単なる参加から企画への主体的な関与が重視され，「参加型開発」など，参画による

住民の力量形成も注目されてきた．

〔歴史・動向〕戦後教育では，教育委員の公選，*公民館運営審議会委員等への*社会教育関係団体等からの推薦などの法制化をもとに，1960年代から，企画運営委員会，施設建設委員会など，*社会教育行政・施設・事業等の企画への住民参加の事例も増えた．

反面，1970年代からの「社会参加」では，*コミュニティ政策など生きがい対策，地域矛盾の調整なども意図された．近年の「公私協働」では，地域の子育て，保健・福祉，施設管理などの行政執行過程への企業や住民組織などの参加も要請されている．

しかし近年の「参加型開発」など，住民参画による力量形成なしには住民主体の*地域づくりはむずかしいことも内外で実証され始めた．住民主導の*ナショナルトラストなどへの参画が，パブリックコメントなどの制度化も促した．1998年法制化の*NPOなども，行政下請化の危惧もはらみながら，能動的市民の形成と行政への参画によって，対等・自主・自律・相互理解を原則とする公私協働の可能性を高めてきた．

〔論点〕まず，参加の質が問われる．アーンスタイン（Arnstein, S. R.）が1969年に提起した「市民参加の梯子」は，① 操作→ ② セラピーの「非参加」，③ 情報提供→ ④ 意見聴取→ ⑤ 懐柔の「形式参画」，⑥ パートナーシップ→ ⑦ 権限委譲→ ⑧ 市民管理の「市民権力」の3段階8段である．

また，行政への参画だけではない．1993年，*パットナムは，同じイタリアでも，恩顧従属的な絆の強い州より，市民的積極参加の発達した州のほうが，*互酬性の規範，相互信頼，協力などの社会関係資本を蓄積し，*住民自治がよく機能しているとした．

住民参加は，地域，自治体での対処であるが，市民参加は，人権，平和などの市民的・広域的な課題に対処する．*ハートは，いま，1970年代の「地球規模で考え，地域レベルで行動せよ」を乗りこえ，地域でも，地球規模でも，考え，行動せよという．

〔学習の課題〕1997年の「*ハンブルク宣言」は，人間中心の開発と参加型社会だけが持続可能で公正な発展に導くとし，その条件である成人の学習は21世紀への鍵であるとした．

しかし，狭義の学習・教育過程への参加だけではない．1991年，レイヴ（Lave, J.）たちは，切実な要求に根ざした正統な実践共同体への参加こそ学びのプロセスとし，1997年，ハートは，「市民としての子ども」にも，地域づくり活動への参画を学びの場として例証した．

*社会的排除・格差が強まる現在，切実な課題を共有する当事者組織に参画し，*エンパワーメントし，関連行政に働きかける力量を形成する活動と学びのプロセスも問われる．

転換期に，技術，理論，政策など広義の*知識革新も迫られ，実践で感得された「暗黙知」を本音で新しい「形式知」に練りあわせ創出する参画も不可欠である．
（酒匂一雄）

〔文献〕1）室井力編：住民参加のシステム改革，日本評論社，2003.；2）佐藤一子編：NPOの教育力，東京大学出版会，2004.；3）レイヴ，J.，ウェンガー，E.（佐伯胖訳）：状況に埋め込まれた学習，産業図書，1993.；4）ハート，R., 木下勇ほか監修：子どもの参画，萌文社，2000.

住民自治　resident autonomy

〔概観〕日本国憲法第92条は，「地方公共団体の組織及び運営に関する事項は，地方自治の本旨に基づいて，法律でこれを定める」と規定しており，「地方自治の本旨」とは，一般的に「住民自治と団体自治」をその内容としている．団体自治とは，独立した団体である地方公共団体（都道府県および市町村等）が，国および他の地方公共団体に対して独自の位置づけを有して自治的自立的に政治・行政を行うことである．これに対して住民自治とは，住民参加による地方自治を意味し，地方公共団体が行う政治・行政を，その住民の意思に基づき自治的自律的に行うことである．

〔まちづくり権〕地方公共団体による地方自治の実現において，住民自治と団体自治との関係は単に並列的な位置づけではなく，「住民自治による団体自治」として理解すべきものである．近年その具現化として「まちづくり権」という考え方が提起されている．そこでいう「まちづくり権」とは，「そのまちがそのまちであるための権利」と定義され，特に「そのまちがそのまちであることを体現するために行う自治体の活動に関して，自ら決定し実行する権利」である自主決定権は，「住民の新しい権利を集約して自治体に付与された権利である」と位置づけられている．

〔課題〕旧・*教育基本法の前文には，「（憲法が掲げる）理想の実現は，根本において教育の力にまつべきものである」と書かれていた．「まちづくり権」を「憲法上特に保障された権利」と捉える立場に立つならば，住民自治を基礎とした「まちづくり権」獲得のプロセスを地域社会教育実践として*実践し

ていくことが望まれる． 　　　　　　（内田和浩）

〔文献〕1）木佐茂男編：〈まちづくり権〉への挑戦，信山社出版，2002．；2）寺井一弘：まちづくり権―大分県日田市の国への挑戦―，花伝社，2004．

住民の学習権　⇨学習権

修養団　*Shuyo-Dan* Organization

1906年2月11日，東京府師範学校生徒であった蓮沼門三が起こした寄宿舎の風紀改善運動から始まった民間社会教育団体．1908年1月，機関雑誌『向上』を創刊．同年，お伽話を聞かせる精神教育幼年会を開始し，1914年創設の東京少年団の基となった．1915年，福島県桧原湖畔において師範農林学校生徒講習会を開催し，農村中堅青年指導者養成を行った．*山本瀧之助は，修養団を*青年団の幹部団体と位置づけ，*田澤義鋪も期待した．1919年，協調会が設立されると，1921年に国士舘において労務者講習会が開催され，修養団が運営を担当した．1924年，第2代団長に平沼騏一郎が就任すると，「流汗鍛錬」「同胞相愛」「献身報国」をスローガンに，国民体操の白シャツから白色倫理運動を展開した．1929年，平沼内閣が行った国民精神総動員の中核的な*社会教化団体として活動し，翼賛政治会とも深く関係した．戦後，*社会教育関係団体として社員教育を軸に活動している．　　　　　　（多仁照廣）

〔文献〕1）蓮沼門三全集刊行会編：蓮沼門三全集全12巻，修養団，1970．

集落育英活動　community-supported scholarship

国・自治体の公的な奨学制度と並んで，それを補完する*地域共同体による社会的な育英奨学活動をいう．主として沖縄の集落（字，シマ，ムラ）では，明治期後半の義務教育の普及（学事奨励）過程において，上級学校進学と学資援助のための奨学制度の事例がみられたが，特に戦後沖縄の復興期において，1950年代より集落としての育英奨学活動の自治的組織化の試みが広がった．その背景には戦後沖縄の経済困窮，米国占領下の本土渡航遮断，離島苦による進学困難等の事情があり，集落の共同体的相互扶助（*ゆいまーる）による進学奨励と学資援助への独自の取組みがみられた．多くのムラで学事奨励会活動が行われ，特定の集落では奨学会・育英会等の名称による奨学組織が機能してきている．さらに本土復帰（1972年）後には，軍用地による地代収入を集落育英活動の原資として活用する事例もみられる．多くは貸与制であるが，中には給費制による奨学金制度をもつ集落もある．沖縄独自の字公民館活動の一環として位置づく場合が多く，集落の共同による自治的な教育機能の典型を示しているといえよう．　　　　　　（小林文人）

⇨ゆいまーる，沖縄の公民館

〔文献〕1）小林文人：沖縄における集落育英活動の展開．東アジア社会教育研究（TOAFAEC編），第10号，166-187，2005．

集落公民館　village Kominkan

公民館は，原則として*社会教育法で定める市町村が設置した公立公民館をさすが，集落自治組織が設置運営する集落公民館も広義の公民館に含むことができる．集落公民館は，社会教育法の*公民館類似施設に分類され，一般に*自治公民館，部落公民館などと呼ばれるが，長野県では分館，松本市では町内公民館，沖縄では字公民館のように呼称も地域によって多様である．これら集落自治に根ざす諸公民館あるいは自治公民館を総称して，集落公民館という場合もある．

沖縄の集落公民館は，戦前の村（字の前身）に設置された村屋を起源とし，1908（明治41）年に村が字に改まると，村屋も字事務所となった．第2次世界大戦後は*社会教育行政により公民館活動が奨励されると，字公民館と呼ばれるようになった．集落の事務所的役割を継承する公民館は，公選による区長（公民館長）を中心にした自治組織と一体化している場合が多い．*婦人会や*青年会などの社会教育団体のほかに，集落を区分けした班活動，農事組合や学事奨励会，*伝統芸能保存会などが組織され，*労働，生産，文化，祭祀などのあらゆる面で住民生活と直接かかわっており，また地域差，個性も大きい．

⇨沖縄の公民館，自治公民館　　　　　（山城千秋）

〔文献〕1）日本公民館学会：公民館・コミュニティ施設ハンドブック，エイデル研究所，2006．

受益者負担　benefit principle

主として公共サービスを特定の利用者に限って提供するような場合，利用者と利用しない人との負担の公平という観点から，利用者にその費用負担を求める考え方．*社会教育施設等の*使用料，有料化実施の根拠とされる．

〔意義〕元来は，米国で「特別課徴金」として発達したものとされ，公共的な改良工事によって生じる

特別の財産上の利益に対し，その工事経費の一部またはすべてを負担させる分担金をさす．わが国でも戦前からの導入があり，戦後は「*地方自治法」「都市計画法」に一般的な規定がみられる．たとえば「都市計画法」では，「都市計画事業によっていちじるしく利益を受ける者があるときは，その利益を受ける限度において，当該事業に要する費用の一部を当該利益を受ける者に負担させることができる」（第75条）とされる．

近年では，政府・行政の「財貨・サービス」の供給に関連する反対給付のすべてを総称するなど，「財政危機」を打開する手段の1つとして，無原則的に拡大され用いられることにより，財政原則をゆがめるものともなっている．

〔課題〕財政制度審議会「中間報告」（1965年）以降，本来の意義とは異なる用法が広まっていく．1つは，租税負担を除いた各種料金・社会保険料などもう1つは，公共サービスの費用負担の配分原則として用いられる場合である．

社会教育施設使用料等の根拠は後者に当たるが，次のような問題点をもっている．①特定の者の利益は，具体的に経済的内容をもったものではなく，一般的な「便宜」であり，量的に図ることが不可能であること．②受益系列と所得系列とが一致せず，負担の度合いに関係なく公共サービスを享受しうる（*学習権・*教育権保障）原則を否定する．③単価は，施設・サービスの費用に基づいて決定されるのではなく，おおむね沿革的，名目的なものが多いこと．④適応範囲が著しく恣意的で，アンバランスであること．⑤その収入は，必ずしも，それらの施設のサービスに充当されず，一般財源に入れられること．

（内田純一）

〔文献〕1）三木義一：受益者負担制度の法的研究，信山社出版，1995．

宿泊型成人教育 residential adult education
英米を中心に生まれた多様な成人教育のうち，主に就労者が週末や休暇中，大学寮などに宿泊して集中的に学ぶための教育・訓練機会をさす．英国では，ヒルクロフトカレッジ（Hillcroft College）の歴史が最も古い．同カレッジは1920年代以降，働く女性を対象に発展し，現在も多様なレベルのプログラムと宿泊，食堂・生活施設や無料保育，学習リソースセンターなどを完備し，日常生活や仕事，職場・家庭責任に煩わされない，集中的な学習の場を提供している．同じ英国のクヌストンホール（Knuston hall）も，多様な規模の集会室，コンピューター室，宿泊・食堂施設，バーなどを備え，広汎なプログラム（たとえばワープロからレース編み，第2次世界大戦史，仏教まで）を提供している．アカデミックな機能と食住機能をもつ常設施設はレジデンシャルカレッジ（residential college）と総称されるが，意味は多様で，成人を想定しない場合も多い．

（渡邊洋子）

〔文献〕1）Powell, Margaret Joice: *The History of Hillcroft College the first forty years, 1920-60*, - Farnham (Sy.) Herald Press, 1964.

塾風教育 *Jyukufu Kyouiku* Ultra-nationalistic and Physiocratic Education in the Early Years of the Showa-Era

昭和初期，経済恐慌下の農山漁村において，農林省は*農山漁村経済更正運動を展開，その一環として，農業経営技術の体得や農民精神の鍛練を通じた農村中堅人物の養成，将来家長として家業に精励させることを目標に農村に設けた塾風形態の*教育機関である．農業教育上は，1934（昭和9）年に協調会が発行した『農村に於ける塾風教育』が契機で一般に広がる．

〔経緯〕教育的には農本主義，精神主義，郷土主義，人格感化主義，労作主義，自給自足主義等の共通性をもつが，わが国の労働集約的小農経営と当時の社会を反映したもの．この塾風教育の形態は1915年の山形自治講習所に端を発し，1934年の農民道場（農村中堅人物養成施設）に関する農林省令公布により官許的なものに承認されたことから，その後*農民教育の本流的存在に至る．農民道場に対して，当初文部省は「学校教育の一環だ」としてその管轄権を主張したが，これに対して農林省は「農民道場は，年齢を制限せず，試験もせず，何度入ってもよいし，卒業証書も出さない．ただ農民魂を養う場であるから，単なる学校ではない」と反論し，結局そのいい分が通ったという．このような経緯から塾風教育機関といわれたものは反学校的色彩を有しており，その責任者や職員の多くは農業畑の人々で占められていた．

〔特色〕主要な特色は，組織されることなく，個人的な先覚者，篤志家によってつくられたこと，多くはその人々の信念，宗教（神道，キリスト教，東洋哲学，仏教等）に則って運営されたこと，ほとんどが農場教育を教育の中心としたこと，反向都離村的思潮を基調としていたこと，などがあげられる．こ

うした塾風的な教育は，その第1が人と人との接触による感化であり，山形自治講習所長であった*加藤完治に代表される強烈な個性がその魅力の最大のものであった． (安藤義道)

〔文献〕1) 浜田陽太郎：近代農民教育の系譜，pp. 48-53, 東洋館出版社，1973.

熟練　skilled, mastery

〔概要〕一般的には，作業に習熟し練達していることを意味し，*技能の質が高いことをさす．雇用労働に関してこの用語が用いられるときには，熟練職種と不（非）熟練職種のように「習熟練達を必要とする」という意味で使われている場合と，熟練者と不（未）熟練者というように熟練を必要とする職種にあって実際に「習熟練達している」という意味で使われる場合がある．いずれの場合でも「何をもって熟練と見なすか」の了解が常に前提となるが，それは狭い職場内の了解から広く労働市場全体に及ぶ了解まで様々でありうる．技能の質に関する社会的・制度的表現である*職業資格が発達していないわが国では，熟練概念は曖昧になったり，個別職場の技術的観点や生産力の観点に狭められたりする傾向が強い．

近年，熟練技能の意味で，技能といわず単に熟練と用いられることも多い．しかし，元来，技能ないし労働能力は技術的な側面だけでなく，労働者個人の人格にもかかわる職業資格等の社会的・制度的表現ももつものである．技能や*能力を単に熟練と言い換えることは，それらをもっぱら作業の習熟や技能の高度化といった生産力面ないし能力開発的な観点からのみ取り上げることになりがちで，技能や労働能力の雇用制度上の全貌を看過しやすいともいえる．特に，職務の観念や職業資格制度が十分発達していないわが国では，この点は留意すべきであると思われる．

〔研究史〕熟練の語は1930年代のいわゆる*熟練工論争において今日にも通ずる重要概念として使われた．当時の論争の中でも，桐原葆見，大内経雄，大河内一男などによる労働者，職工の人格的陶冶の重要性を強調する主張があったが，時代の流れは軍需生産力問題としての熟練工養成へと収斂するものであった．

戦後，マルクス主義的歴史観を背景に資本主義史の段階的理解が労働研究の分野にも影響力をもった．そこでは産業資本主義段階における熟練は職種をカバーする万能的熟練と理解され，帝国主義・独占資本の段階になって機械化と大量生産が進展すると，万能的熟練は解体して企業内に取り込まれた半熟練工が主体となると理解された．

その後，わが国の高度成長以降，わが国産業の目ざましい成功を支える熟練として，*OJTによって幅広い職務を*経験し，柔軟な知的熟練が形成されているという認識（小池和男）が提出され，労働研究界に大きな影響力をもった．これに対しては野村正實をはじめ今日では批判的見解も多い．

〔課題〕わが国では現在いわゆる団塊の世代の退職に伴って，熟練技能の維持継承の困難が取りざたされている．すでに1999年以来，政府は高度熟練技能者の認定制度を実施するなどの対策を取ってきているが，今日においても熟練技能の養成は全体として産業技術力の観点から，産業政策の一環として行われているようにみえる．だが，高度な熟練は広い裾野の上に成り立つものである．技能労働者の社会的地位の向上，国民的広がりをもった職業能力の尊重を基盤として行われるのでなければ，優れた熟練技能の維持継承は困難であると思われる．

(小原哲郎)

〔文献〕1) 佐々木輝雄：熟練工論争の背景と過程．職業訓練の課題，多摩出版，1987.

熟練工　skilled worker

〔概要〕一般的には*熟練した*技能労働者の意味で使われる．近代生産史上熟練工の果たしてきた役割は大きいが，高度に発達した現代技術の機器もその機能をフルに発揮できるためには，機器の保守管理，段取りや条件設定，改善の工夫等，熟練した技能者の働きが不可欠である．今日，こうした現代の熟練工の養成は大きな問題となっている．

〔歴史〕近代初期の工場生産を支えた熟練工は，中世のギルド的伝統を継ぐクラフトユニオンに組織された万能的熟練工であったとされている．わが国でもクラフトユニオンの発達こそなかったが，明治期には手工的万能的熟練を有する*親方の影響下に熟練工は育てられた．

その後資本主義が独占的大企業の時代となり，大量生産と機械化の進展の中で手工的熟練が技術化されるに従い，万能的熟練工に代わって，より専門化された職務範囲に従事する半熟練工といわれる新たな熟練工タイプが主要な役割を果たすようになった．

〔現状と課題〕現代の情報技術の普及とともに熟練工の世界にも大きな変化が現れた．熟練技能の情報

化が進むと同時に，従来型の機器による作業経験をもつ技能者が激減し，*OJT中心の*能力形成では加工等の作業内容に熟練した技能者が育たなくなってきたのである．

伝統産業の*職人を含め，製造業に限らない全産業を対象とした卓越技能者表彰制度（「現代の名工」）は1967（昭和42）年以来行われてきた．さらに産業の空洞化，若者のものづくり離れ，熟練技能者の高齢化の中で，熟練技能の維持継承を目的として製造業各分野を中心に高度熟練技能者の認定制度が，1998（平成10）年度から始められた．2005（平成17）年度末までに，その認定者は既に4000人を超えている．こうした熟練工のもつ高度な技能を伝承する受け皿となる教育訓練態勢が今日大きな課題となっている．しかし，基礎的な技能教育のないところにいきなり高度な熟練技能の伝承はありえず，わが国の技能者養成制度の全体にかかわる重要かつ困難な課題となっている． 　　　　　　　（小原哲郎）

〔文献〕1）渡辺則之：技能革新，日刊工業新聞社，1980.；2）宗像元介：職人と現代産業，技術と人間，1996.

手工教育　英 handicraft education, sloyd, スウェーデン語 slöjd

子どもに手わざを教えること．また学校教育におけるそのための教科．いずれの国，地域でも子どもの玩具の製作，簡単な工具の使用を含む手わざを教えることは行われてきた．北欧諸国，特にスウェーデンのスロイドは著名である．19世紀に入り各国で近代的な学校が整備される過程で，手工は小学校の教科として取り入れられた．通常は，*職業教育としてではなく，子どもの心身の成長，発達を促す普通教育科目として位置づけられる．日本では，1886（明治19）年に小学校の随意科目として「手工」が誕生し，若干の変遷を経て1926年に小学校高等科では必修とされた．1941年の国民学校令では必修の工作とされ，第2次世界大戦後は小学校では「図画」と合体した「図画工作」に，中学校では「工作」の領域が「技術」科に継承された．子どもの成長発達，実生活とのつながり，生産（ものづくり）の基礎，*労働の尊厳などの点で重要視されてきた教科ではあるが，高等学校には中学校の「技術」科に続く教科がないなど，位置づけは不安定である．他面，*児童館などの地域の施設や子ども祭りのような行事で注目されるなど，新たな広がりをみせている． 　　　　　　　（横山悦生）

〔文献〕1）宮崎擴道：創始期の手工教育実践史，風間書房，2003.；2）横山悦生：手工科成立過程期における日本とスウェーデンとの教育交流．名古屋大学大学院教育発達科学研究科紀要（教育科学），50（2），2004．

主催・共催・後援　organize, support jointly, support/sponsor

〔意味〕ある事業を実施しようとするとき，実施主体者が単独で企画実施の全責任を負うのが主催である．

これに対し，複数の団体や機関が実施主体として協力して対等にかかわるのが共同主催つまり共催である．たとえば*公民館と市民団体の共催であれば，両者は企画・運営に対等の立場でかかわる必要がある．経費をどのように負担するかは個別事情によって異なるが，会場と経費は公民館が確保し，内容の企画と運営を共同で行うというのが自然である．

後援は主催者あるいは共催者からの要請を受けて，物的人的支援あるいは後援名義使用等のバックアップを行う．主に市民団体主催の事業に行政機関や公民館がバックアップする場合が多い．名義後援の*評価はむずかしいが，民間研究団体の研究大会などでは行政の後援があれば関係者への周知がしやすい，職員が参加しやすくなるなどの利点もある．協賛も後援とほぼ同じ意味をもつ．

〔社会教育における主催事業〕主催事業は主催者が全責任を負うとはいっても，*社会教育においては，主催者が企画・運営をすべて受けもつのかどうかは検討を要する．状況によって主催者が責任をもってすべてのことを行う，つまり住民は参加者ということも排除されるものではないが，もともと社会教育事業は，住民の学習，*文化活動を発展させるべく実施するものである．しかも住民は子どもから高齢者まで，置かれている立場も多様であり事業への参加は自主性に基づく．したがって主催者が住民の要求に沿った事業を実施しようとするなら，必然的に企画・実施のそれぞれの段階にふさわしい住民参加の機会を設定する必要が生じる．

たとえば*学級・講座であれば住民参加の企画委員会・準備会等により，じかに意見を聞き，直接参加の場をつくってこそ本来の住民本位の主催事業となるし，イベントなどを単独で主催する場合でも関心を寄せる住民，グループ等の意見をできるだけ反映させることはその事業成功の前提条件といえよう． 　　　　　　　（佐藤　進）

〔文献〕1）日本公民館学会編：公民館・コミュニティ施設ハ

ンドブック, pp.124-125, エイデル研究所, 2006.;2) 佐藤進:シリーズ実践技術/講座をつくる. 月刊社会教育4月号, 96-97, 1989.

ジュニアリーダー/シニアリーダー junior, senior leader

*社会教育における青少年リーダー養成において用いられる用語. 定義は一定しておらず,「ヤングリーダー」や「少年リーダー」のように名称も多様である. 対象年齢も9歳頃から20歳程度までと幅広い.

実態としては, *教育委員会主催でジュニアリーダー・シニアリーダー講習会が開講されているほか, *子ども会への委託や主催によって実施されるケースもみられる. 目的も, 集団活動に必要なスキルトレーニングから, 少年団体リーダー養成, 地域への参加と後継者養成など, 開催する主体と地域性によって異なる. 近年では行政主催の講習は廃止縮小する傾向にある. 要因として, リーダー養成後の受け皿となる少年団体の縮小化, 地域基盤組織の脆弱化などがあげられる.

リーダー養成中心に展開してきた青少年教育から, 青少年参画型の空間アプローチや新たな方法への転換が課題として求められる. (萩原建次郎)

〔文献〕1) 遠藤輝喜:少年教育行政における子どものリーダー養成に関する考察. 武蔵野女子大学紀要, 32, 1997.

主婦論争 Controversies on Housewives' Issues

〔概観〕1950年代から70年代にかけて『婦人公論』等の雑誌上で行われた「主婦とは何か」をめぐって展開された論争で, 評論家, 経済学者, 文学者, 文化人類学者の他に一般の主婦自身も加わって行われた. 一般的には, 1955年から59年までを第1次主婦論争, 1960年代を第2次主婦論争としているが, 1970年代を第3次論争として加える立場もある. 主婦が行う家事・育児の価値づけと家事労働についての性的役割の是非の2点が主な論争点とされた.「主婦論争研究」も多方面から行われ, 今日なお課題とされている.

〔内容と意義〕論争の発端は, 1955年2月の『婦人公論』に発表された石垣綾子「主婦という第二職業論」にある. 近代化の進行とともに主婦の仕事が縮小され, 合わせて女性の社会進出が目立ち始めた時期に, 主婦の存在価値を疑う論が述べられ, 主婦のみならず多くの女性の関心が集まった. 第1次主婦論争では主婦や家庭の存在意義をめぐる論議が, 第2次主婦論争では家事・育児労働の経済学的評価が, 第3次主婦論争においては主婦*解放論が中心であった. 欧米を起点とした第2波*フェミニズムが日本で展開していない時期に始められ, また, その後の女性解放論の中で語られた論点が既に含まれているため, 日本のフェミニズム論争として高く評価されている. *社会教育においては, 1960年代には主婦意識を問う学習が盛んに行われ, 女性の自立を問う議論と重ねて展開された. 家庭, 主婦, 家事労働, 女性解放と自立, 家族等々の今日なお検討の対象であるキーワードを含み込んだ論争であり, 女性解放論の一里塚でもある. 近年には, 主婦論争の発端と展開をめぐってジャーナリズムが果たした役割から再検討する研究も行われている. (朴木佳緒留)

〔文献〕1) 上野千鶴子編:主婦論争を読むI, II, 勁草書房, 1982.

受容 acceptance

〔概観〕「老い」と「死」, 自分自身や家族の疾病, さらには, 先天的または後天的な「*障害」を受け入れていくことなどを含む多義的な概念である.

米国の精神科医キューブラー・ロス(Kubler-Ross, E.)は, 1960年代末に, 瀕死患者が自らの死を受容するまでの心理過程を実証的に分析した. ロスは, 患者の心理過程は, 自らが不治の病に冒されていることを知った際の「否認と孤立」の段階から「怒り」「取り引き」(「避けられない結果」を先に延ばすべく交渉しようとする),「抑鬱」を経て,「受容」(自分の運命に気が滅入ったり, 憤りをおぼえることもなくなる)の段階に達することを検証した.

ロスの「死」の受容に至る段階説は, すべての末期患者に該当する普遍的な理論とはいいきれない. しかし, この説により一般市民や医療関係者の「死の瞬間までいかにして生きるか」という課題に対する問題意識が高まった. そして, さらに, 欧米を中心に「死生学」(thanatology)という独自の学問領域を発展させたり医療現場にケアという概念を浸透させたりすることに結実していった.

〔日本の動向と課題〕日本においても, 1978年に「死の臨床研究会」が創設され,「死にゆく患者」に対する個別ケアの必要性が唱えられるようになった. 内科医の日野原重明は, 医療・看護に従事する職員が患者1人ひとりに対して臨床的にアプローチしていくことの重要性を唱え, 末期患者に死を宣告した医師には, 患者がそれぞれの死を受容していくプロセスを見守る責任があると述べている.

(間野百子)

⇨終末期宣言

〔文献〕1) キューブラー・ロス，エリザベス（鈴木晶訳）：死ぬ瞬間―死とその過程について―，中央公論新社，2001.；2) 日野原重明：老いと死の受容，春秋社，1987.

循環型社会　recycling-oriented society

日本では，昭和の終わりから平成にかけて，廃棄物の量の増大，質の多様化により，廃棄物の適正処理が困難な時代を迎え，焼却施設の能力不足と最終処分場の確保のむずかしさが特に深刻であった．廃棄物処理の逼迫した状況に環境保全上の問題が加わり，「容器包装に係る分別収集及び再商品化の促進等に関する法律（容器包装法）」（平成7(1995)年公布）を皮切りに資源循環型社会形成に向けた日本の法整備が進む．「循環型社会形成推進基本法」が公布された2000（平成12）年は循環型社会元年と呼ばれ，「最適生産・最適消費・最少廃棄」型社会への転換が目標とされた．法制度の主眼は，天然資源の消費の抑制と環境負荷の低減化にあり，資源の再使用，再生利用，熱回収を求め，生産における資源効率を高めていくことを循環型社会と捉えている．一方，これに対して，自然生態系に備わる物質代謝との関係で循環型社会が捉えられていない点が課題として指摘されている．　　　　　　　　　　（小栗有子）

〔文献〕1) 環境省編：環境循環型白書.；2) 酒井伸一・森千里ほか：循環型社会科学と政策，有斐閣アルマ，2000.；3) 細田衛士・室田武編：循環型社会の制度と政策，岩波書店，2004.

障害　disability

障害をもつ人という場合の「障害」をさし，一般的には身体障害，知的障害，精神障害，発達障害などに分類される．

〔用語上の問題〕日本語では，通常「さわり，さまたげ」といった意味が含まれているという問題がある．もちろん障害者という場合の「障害」は，このような意味として使われているわけではない．しかしながら，障害をマイナスの価値をもった，つまり取り除かれるべき対象という意味が「障害者」という表現には含意されている点は否定できない．それは，たとえば，知的障害は mental retardation，聴覚障害は hearing impairment，身体障害は physical and health disorder などというように，欧米の英語表記では「障害」を文字どおり意味する単語は使われていないことに端的に示されている．その点で，「障害」という言葉には*差別的な意味合いが含まれているとして，近年様々な表現が試みられていることは注目される．その代表的な例が，「障碍」や「障がい」あるいは「しょうがい」などである．

〔画期的な障害観の提唱〕それでは，障害の概念についてはどう捉えられているのか．従来，障害は個人の属性としてみられていたが，国際的な障害者運動の高まりの中で採択された1975年の「*障害者の権利宣言」を受け，1980年に国際連合で採択された「*国際障害者年行動計画」において，障害を理解する上での画期的な概念が示され，それが同年の*WHO（世界保健機構）において「*国際障害分類」の試案として提唱されるのである．この分類のポイントは，障害を，① impairment（機能・形態障害），② disability（能力障害），③ handicap（社会的不利）の3つのレベルに分け，そこから「障害は，生物学的レベル，個体（個人）的レベル，社会的レベルという階層からなる」という障害観を提示したことにある．その中でも，とりわけ社会的不利を含めることで障害を社会のあり方との関係で捉えることの必要性を明示したことは重要である．つまり，障害があるかどうかは個人の属性としてだけではなく，社会的条件によって左右されるという点である．この画期的な障害観によって，*バリアフリーの考え方と社会的条件整備が進められてきたことは，この間の大きな成果であった．

〔新たな国際障害分類の意義〕しかしながら，この障害観をめぐっては，その後の世界的な運動の中から，社会的不利の分類項目が少ない，もっと環境との関係で障害を捉えるべきである，機能障害について医学の進歩が反映されていないなどの問題点や課題が出されるようになり，それを受ける形で2001年に新たな国際障害分類が提唱される．この新国際障害分類では，それまでの障害というマイナス部分のみが対象とされた点を変更し，障害のみならず健康というプラス部分を含む人間の健康状態にかかわるすべてのことが対象となるように改められた点がポイントになっている．そこでは，以前の機能障害，能力障害，社会的不利に代わって，①心身機能・身体構造，②活動，③参加の3つのレベルが新たに採用され，それぞれのレベルにおいて問題とされる側面を「機能障害」「活動の制限」「参加の制約」として，その程度が示されている．つまり「～ができない」「～よって不利益を被っている」といったマイナスイメージではなく，健康という視点から障害をもつ人の運動機能や精神活動，*コミュニケーションや日常の生活などにおいてどのような制限や制約があるのかに焦点を当てながら障害を捉えようという

のがその趣旨である．

〔人権教育の課題として〕今後こうした提起が，差別や*偏見の解消と具体的な障害をもつ人の理解につながっていくことが期待されるわけであるが，それは，とりも直さず生涯学習としての*人権教育の課題である． （小林　繁）

⇨国際障害分類

〔文献〕1) 石川准・倉本智明：障害学の主張，明石書店，2002.；2) 河野勝行：WHO の新「国際障害分類」を読む，文理閣，2002.

障害学　disability studies

障害当事者運動の成果を踏まえ，「障害」を社会や文化の視角から捉え直し，障害者がよりよく生きられる社会の構築を目ざす学際的な学問である．

従来の障害研究は医学，社会福祉，特殊教育などの分野で健常者の専門家によって担われ，障害者自身の視点や*経験は反映されていなかった．1970年代以降，障害当事者からそうしたあり方が批判され，障害をもつ研究者らが英国などで「障害学」を形成してきた．「障害学」は 1990 年代後半に日本に導入され，2002 年には多様な人々が結集して「障害学会」が設立された．

障害学の基本理念である「障害の社会モデル」では，障害とは「健常者中心の社会が設ける物理的・制度的・態度的障壁」であると考えるが，この考え方は 2006 年 12 月に国連総会で採択された「障害者権利条約」の基軸となっている．権利条約はインクルーシブ（障害者を排除しない）教育を「生涯にわたるもの」と規定している．

介助，*バリアフリー，雇用，*偏見・*差別などの主題は，*地域課題や人権学習として広く学習されるべきものである．今後障害学にかかわる学習機会が，障害当事者も参加できる形で広がることが期待される． （松波めぐみ）

〔文献〕1) 石川准・長瀬修編：障害学への招待―社会・文化・ディスアビリティ―，明石書店，1999.；2) バーンズ，C.編（杉野昭博ほか訳）：ディスアビリティ・スタディーズ―イギリス障害学概論―，明石書店，2004.；3) 杉野昭博：障害学―理論形成と射程―，東京大学出版会，2007.

生涯学習　⇨生涯教育

生涯学習教育研究センター　Center for Education and Research on Lifelong Learning

〔概観〕*大学開放事業を推進するための拠点として大学内に設置されたセンターで，「大学教育開放センター」等，大学によって呼称は異なる．国立大学では，1973 年に東北大学に設置されたセンターをさきがけとして，1990 年の*中央教育審議会答申「生涯学習の基盤整備について」の中で生涯学習機関としての大学に対する期待が表明されると，1990 年代において，「生涯学習教育研究センター」という名称での設置が相次いだ．私立大学においても，同様の生涯学習関連のセンターを有する大学は少なくない．職員態勢をみると，国立大学は 1～2 人の専任教員でセンターの運営に臨んでいるのに対して，私立大学では，兼任教員を配置し，事務職員で実務にあたろうとする傾向にある．

〔課題〕生涯学習教育研究センターが単独で設置されている場合，大学機構上におけるセンターの位置づけが弱い傾向にあった．しかし，2004 年の国立大学法人化以後，生涯学習教育研究センターを他の学内共同教育研究施設と合併し，新しい組織の中の生涯学習部門として再編する動向もみられる．この場合，大学による社会貢献という考え方を背景に，「社会貢献」や「社会連携」という名称を掲げる組織となっている例が多くみられるが，社会貢献に関する概念規定が明確になされているわけではなく，生涯学習に関する役割を大学の中でどのように位置づけ直すのかという点が改めて問われている．本来，大学が十全な社会貢献を行うためには，大学開放に関する実践原理の開発が欠かせない．その観点からの専門的知見を開発・蓄積していくために，センターの役割や位置づけを明確化するのと同時に，公開講座の実施を中心としてきた所管事業のあり方についても再検討の余地がある． （佐々木保孝）

〔文献〕1) 小野元之・香川正弘編：広がる学び開かれる大学，ミネルヴァ書房，1998.；2) 和歌山大学・地域連携・生涯学習センター，年報，2000～.

生涯学習行政　administration for lifelong learning

教育制度全般の再編成原理として，国民・住民の生涯にわたる自由で自治的な学習活動を支援・保障する諸条件の整備を課題とする行政．

〔概要〕1988 年，文部省は，それまでの社会教育局を改組して「学校教育，社会教育及び文化の振興に関し，生涯学習に資するための施策を企画し，及び調整すること」（文部省組織令第 7 条の 2）等を行う生涯学習局を設置し，筆頭局と位置づけた．さらに2000 年からは，局名を生涯学習政策局と改め，「豊かな人間性を備えた創造的な人材の育成のための教

育改革に関する基本的な政策の企画及び立案並びに推進に関すること」(同組織令第4条)等を所掌事務とした.

〔現状〕文部省改組に伴い,都道府県・市町村*教育委員会においても生涯学習に関する事務をつかさどる部署の設置がなされるが,*社会教育という名称を単に*生涯学習へとすげ替えただけのものが多く,その機能が十分に果たされているとは言い難い.さらに「*行政改革」の進行とともに,一般行政部局への従属化による手段化された学習の普及という点にその役割が矮小化されているところも出てきている.そこには,国民・住民の参加による自由と自治を原理とする学習活動を支援・保障する姿がみられない.

生涯学習行政は,学校教育行政や*社会教育行政はもとより,福祉,*労働,生産,消費,文化といった各行政部門のあり方を国民・住民本位の視点から見直し,人間化し,主体化していく「再分肢的機能」として積極的に理解される必要がある.その意味で生涯学習行政は,自治体行政全体にとっても,それをより人間らしいものへと高めていく内発的機能として必要不可欠なものである. (内田純一)

〔文献〕1) 小池源吾・手打明敏編:生涯学習社会の構図,福村出版,2009.;2) 長澤成次:現代生涯学習と*社会教育の自由,学文社,2006.

生涯学習権 ⇨学習権

生涯学習情報システム information system on lifelong learning

人々が自発的・効率的な生涯学習を進めるにあたり,必要とされる情報(講座,施設等)を提供するシステムをいう.

〔概要〕地域住民等の学習活動を充実させることを目的に,各種の学習情報を広く提供し,学習の内容・方法等についての相談に応じる体制整備を図るため,文部省が1987(昭和62)年度に「生涯学習情報提供システム整備事業(国庫補助)」を創設した.これをきっかけに,各都道府県等における生涯学習情報システムの整備が進んだ.

生涯学習情報システムの内容としては,①講座・学級情報の提供,②生涯学習支援人材情報の提供,③学習相談などが含まれている.*文部科学省の「生涯学習情報提供のあり方に関する調査研究報告」(2006(平成18)年度)によれば,全国の地方公共団体で約220の生涯学習情報システムが稼動している.

〔問題点〕生涯学習情報システムが導入された当時はパソコン通信全盛の時代であり,その提供内容においても主として利用者が*図書館や*公民館などの*社会教育施設等に設置されたパソコン端末から情報を検索することを主としていた.しかしインターネットの急速な普及により,各家庭からの情報アクセスが容易になったこと,そして多くの区市町村においてホームページを通じた情報提供整備が進むなど,提供する学習情報の内容にも大幅な変更が求められるようになってきている.加えて,生涯学習人材バンクでは大量の人材情報がストックされても,実際に活用される情報はごく一部の人材情報でしかないという,需要と供給のミスマッチが指摘されている.

〔課題〕IT化の進展は,当初想定していた学習情報提供の枠組を凌駕するものとなっており,生涯学習情報システム固有の存在価値は薄れてきた.行政側に求められるのは,デジタルデバイド(情報格差)への対応や情報リテラシー能力の育成など,学習者自身の*エンパワーメントに重点を置いた対応策を打ち出すことであろう. (梶野光信)

〔文献〕1) 山本恒夫:学習情報の提供と活用,実務教育出版,1987.

生涯学習奨励員 promoter of lifelong learnig

〔概念〕地域住民の学習の輪を広げるために,生涯学習の意義などを説明し,学習活動を奨励する役割をもつ人で,グループの育成や*地域づくりの促進にあたっている.住民が自治体から委嘱されてなっている場合が多い.

〔歴史的経過〕秋田県は,1974年に,12市町村に120人の生涯教育奨励員を設置し,以後人員を増加させてきた.奨励員協議会も結成されて,奨励員バッジをつけ,奨励員ハンドブックを手に住民に対する生涯学習の奨励活動を行った.各市町村には,多くは*公民館に生涯教育奨励室(ブルーの窓口)が設けられ,そこを拠点に活動を展開した.秋田県の山本町では,15人の奨励員のほかに83人の生涯教育推進員を配置し,より身近な地域での奨励活動に当たった.その後,各地で生涯学習奨励員や生涯学習推進員を配置するようになる.たとえば大阪市では,公民館をもたないことから,1989年度より小学校の特別教室等施設を利用し,生涯学習ルーム事業と名づけて,自主的な文化・学習活動や交流の場の提供と,講習・講座等の学習機会の提供を行い,

1993年度以後そこに住民の中から委嘱した生涯学習推進員を配置した．地域における生涯学習を推進する*コーディネーターとして位置づけられていて，生涯学習ルーム事業の企画・運営が主な役割である．

〔課題〕生涯学習は自発的に行われる学習であるともいわれるが，どこでどのように学ぶことができるか情報を求める人も少なくない．そのような相談に応じ，必要な情報を提供する人の配置は重要であるが，それが学習の押しつけになったり，不適切な対応にならないようにする必要がある．そのため，奨励員や推進員の研修が大事であるが，それは本来*専門職員に代わるものではない．住民がアドバイザーやリーダーとして活躍することを支えるためにも，*社会教育主事など*生涯学習にかかわる専門職員の充実も課題である． （上杉孝實）

〔文献〕1）文部省大臣官房企画室内教育事情研究会編：生涯教育ハンドブック，ぎょうせい，1982．

生涯学習審議会 Lifelong Learning Council

文部省に生涯学習局が新設されたことを受け，1990年8月に，生涯学習振興にかかわる基本的事項を審議するため設置された，文部大臣の諮問機関．

〔1990年答申〕1990年の設置以降，2001年1月の組織改変（*中央教育審議会の分科会として同審議会に統合された）までの間に，次の6つの答申を出している．

① 今後の社会の動向に対応した*生涯学習の振興方策について（1992年7月）
② 地域における生涯学習機会の充実方策について（1996年4月）
③ 社会の変化に対応した今後の*社会教育行政の在り方について（1998年9月）
④ 学習の成果を幅広く生かす（1999年6月）
⑤ 生活体験・自然体験が日本の子どもの心をはぐくむ（1999年6月）
⑥ 新しい情報通信技術を活用した生涯学習の推進方策について（2000年11月）

〔1992年答申の内容〕これらの答申のうち，①は，文部省に生涯学習局が設置されてから初めて出された答申であり，「基本答申」としての性格をもつものである．とりわけ，「生涯学習社会」の定義として「人々が，生涯のいつでも，自由に学習機会を選択して学ぶことができ，その成果が適切に*評価される社会」という内容を示したことは，「生涯学習」そのものの定義が示されていないこととも相まって，関係者の間に多くの議論を巻き起こした．

他方，当面重点を置いて取り組むべき事項として「社会人を対象とした*リカレント教育の推進」「*ボランティア活動の支援・推進」「青少年の学校外活動の充実」「現代的課題に関する学習機会の充実」の4点を指摘したことは，従来の社会教育の枠組みを超えて，生涯学習振興の新しい視点を示すものとして，国や地方公共団体の政策形成に大きな影響を与えた．

生涯学習審議会の答申を概括すると，「個人の学習活動の振興」に焦点を当てた内容になっており，個人を軸とする生涯学習の基盤整備にとって重要な役割を果たしてきたことがわかる．その一方で，生涯学習の社会的必要性や社会的課題との関係があいまいなままになっており，今後に課題を残している．
⇨中央教育審議会，社会教育審議会 （笹井宏益）

生涯学習振興整備法 ⇨生涯学習の振興のための施策の推進体制等の整備に関する法律

生涯学習振興法 ⇨生涯学習の振興のための施策の推進体制等の整備に関する法律（生涯学習振興法）

生涯学習推進計画 plan for the promotion of lifelong learning

〔定義〕1980年代後半に従来の*社会教育計画にかわって，*社会教育行政を中心としつつも首長部局の生涯学習関連事業，学校教育，民間の教育・文化事業などを包摂して，広く地域社会における生涯学習を推進する計画づくりが文部省によって施策化され，今日まで各自治体で策定されてきた．それを生涯学習推進計画と称している．

〔歴史〕生涯学習推進計画は，文部省によって自治体における生涯学習推進体制の整備が奨励される中で，全国各地の自治体でつくられるようになった．当初，文部省や都道府県が主導してモデル市町村が指定され，補助金が交付されるなどしてモデル的に計画がつくられ，それが他の自治体の計画づくりの参考事例となった．そのようなモデルに依拠して，行政主導で性急に計画づくりを進めた自治体においては，それぞれの地域・自治体の教育・学習条件や，歴史的・文化的・社会的な諸条件・特質に応じた計画にはならず，したがって，そのようにして策定された計画は，地域の生涯学習を進めていく指針としての内容をもつことができなかった．

その後，生涯学習推進計画はまちづくりと結びつけられ，生涯学習のまちづくり計画が作成されるようになる．一方，生涯学習においては学校教育も重要な要素となるが，実際の計画においては学校教育についての位置づけは低い．

1990年代に入ると，それぞれの地域・自治体の社会教育の条件整備や地域の個性を踏まえ，市民参画の審議会等を通じて，市民と行政職員とりわけ*社会教育職員とが協同して，生涯学習推進基本構想や計画策定に向けての答申などをつくる事例がみられるようになってきた．そうした市民参画による，市民が主体となってつくりあげた基本構想や答申に基づいて，それぞれの自治体において個性的な生涯学習推進計画が多様につくられるようになってきたのである．

市民参画による生涯学習推進計画づくりは，市民が主体になって実施する市民意識調査や*社会教育関係団体の調査，*生涯学習審議会委員等の公募，計画策定に関する市民集会の開催，中間報告の公表による市民からの意見の聴取など，様々な方法で行われてきた．しかし，計画づくりへの*住民参加・参画の方法・形態，計画内容の*公共性と住民の学習要求との調整，誰が住民を代表しうるのかという代表性の問題など，解決すべき問題点は多い．

〔計画化の課題〕今日では，生涯学習推進計画という用語に置き換えられているが，1980年代までは社会教育計画という用語が用いられていた．社会教育計画における計画化の過程においては，その地域・自治体における社会教育の目標・目的を設定し，現状に関するデータの収集や調査，分析・考察を行い，さらに計画の実施とその*評価を行う過程も重要な要素とされていた．それは生涯学習推進計画においても同様である．

生涯学習推進計画は，この計画化の過程こそ重要な意味をもっているが，特に計画化の主体の問題は，生涯学習推進計画における中心的な問題である．計画化を担う主体形成，力量形成にかかわる点であり，*社会教育主事等の社会教育職員や関連職員，および住民の主体形成，力量形成のあり方，筋道が問題となる．この際に，計画化への主体的な参加・参画過程が同時に彼らにとっての学習過程であり，それを通して計画化の担い手としての成長が図られていくという見方が重要である．今日では，社会教育計画という用語はほとんど聞くことがなくなってしまったが，社会教育計画で築き上げた市民参画の計画づくりの精神は生涯学習推進計画づくりの中で生きている．

今日，*地方分権の推進のもとで，*市町村合併に伴う新たな生涯学習推進計画づくりが*地域づくりと密接に関連しながら重要な課題となっている．

（松田武雄）

〔文献〕1) 末本誠・松田武雄：新版 生涯学習と地域社会教育，pp.267-289，春風社，2010．

生涯学習センター　center for lifelong learning

生涯学習のための機関・施設の総称．具体的には「生涯学習推進センター」「*生涯学習センター」「生涯教育センター」「*社会教育総合センター」などがある．設置者として地方自治体と大学が中心で，その設置趣旨としては幅広い生涯学習活動を支援し推進しようとするところにある．

〔経緯〕1980年代から都道府県立の広域的な施設として，生涯学習に関する情報収集・提供事業，指導者養成・研修事業，あるいは生涯学習関係団体・組織・施設・職員・指導者・学習者などの*ネットワークづくり，その活動推進事業などを実施する動きがあった．*文部科学省（当時「文部省」）は1988年度から「生涯学習施設ネットワーク推進事業」を開始し，*中央教育審議会生涯学習小委員会答申「生涯学習の基盤整備の在り方」を公表し，生涯学習推進センターの設置を推進してきた．

また大学が設置する生涯学習センターは，設置趣旨としては大学の地域社会への貢献，地域との連携協力による生涯学習の研究，教育の推進にあるが，実際的には在学生のための各種*資格取得の講座開設や一般市民を対象とした各種資格取得の講座および趣味・*教養，外国語などの公開講座の開設が中心のところが多い．

〔課題〕1990年代には，市町村段階でも*公民館，*図書館，*博物館など社会教育機関・施設の機能に福祉やまちづくり活動など幅広い機能を加えた複合的，総合的な大型施設として設置，運営されるものに生涯学習センターなどの名称をつけるものが登場した．「社会教育」ではなく「生涯学習」という名称を使う背景には，団体，集団における学習だけではなく個人での学習をも支援するというねらいがあった．しかし*指定管理者制度の導入（2003年）以来，民間事業者による管理・運営の方向が検討され，または移行される動向を踏まえると，生涯学習を支援する公的な役割についての認識，理解が社会的に幅広く浸透しなければ生涯学習センターの存続，発展は望めなくなる可能性がある．

（木全力夫）

〔文献〕1) 鈴木眞理・守井典子編著：生涯学習の計画・施設論, 学文社, 2003.

生涯学習の振興のための施策の推進体制等の整備に関する法律（生涯学習振興法） Lifelong Learning Promotion Act

〔概観〕1990年6月に成立した生涯学習に関するわが国で初めての法律．同法は，1965年の*ユネスコ生涯教育論を契機に動き始めた教育改革論としての生涯教育論を背景に，*臨時教育審議会による「生涯学習体系への移行」論（1984～87年），*中央教育審議会答申「生涯学習の基盤整備について」（1990年1月）などを受けたもので，関連法令として「生涯学習の振興のための施策の推進体制等の整備に関する法律施行令」（1990年6月29日政令第194号，2000年に改正），「生涯学習の振興に資するための都道府県の事業の推進体制の整備に関する基準」（1991年2月7日文部省告示第5号）「地域生涯学習振興基本構想の協議に係る判断に当たっての基準」（1995年11月6日文部省・通商産業省告示第1号，2000年に改正）がある．

〔内容〕成立時の生涯学習振興法は全文12条からなり，第1条（目的）によると，(1) 生涯学習の振興に資するための都道府県の事業に関し，その推進体制の整備その他の必要な事業を定め（3条，4条関係），(2) 特定の地区において生涯学習に係る総合的な機会の提供を促進するための措置について定め（5条～9条関係），(3) 生涯学習に係る重要事項等を調査審議する審議会を設置する（10条，11条）ことによって「生涯学習の振興のための施策の推進体制及び地域における生涯学習に係る機会の整備をはかり，もって生涯学習の振興に寄与することを目的とする」と規定されていた．その後，同法は，1999年の*地方分権一括法と中央省庁等改革関係法によって大きく改正された．前者によって，(1) 都道府県が作成する地域生涯学習振興基本構想に係る文部大臣及び通産大臣の承認を協議に改めること（第5条～第8条関係），(2) 損金算入の特例の適用がある地域生涯学習振興基本構想は，文部大臣及び通産大臣から通知があった基本構想とすること（第9条）と改められ，「文部大臣及び通商産業大臣は，前項の規定による協議を受けたときは，都道府県が作成しようとする基本構想が次の各号に該当するものであるかどうかについて判断するものとする」（第5条第5項）として国の関与が残された．また後者の法改正によって*生涯学習審議会を規定していた条文が削除された．また後者の法改正によって，1999年に第7条が，2002年に第9条が削除されている．

〔課題〕成立時の同法は通産省が文部省（当時）と並んで主務官庁となったように，民間活力導入政策とバブル経済を背景に，生涯学習関連産業を振興するという産業振興法としての性格をもっていた．すなわち，都道府県が作成する地域生涯学習振興基本構想に民間活力導入が義務づけられ，同構想は国が作成した「承認基準」（第6条）に適合する場合に文部大臣・通産大臣によって承認され，また，基金法人の設立に当たっては民間事業者に対する税制上の優遇措置も規定されていた．このような民間活力導入の仕組みは，1980年代後半から1990年代前半の民活関連法，たとえば*総合保養地域整備法（いわゆるリゾート法，1987年）などと共通しており，第4次*全国総合開発計画の実施法としての性格を有していた．1996年に基本構想第1号として広島県地域生涯学習振興基本構想が「承認」されたが，バブル経済崩壊の影響などを受けてその後，基本構想は作成されていない．

同法の成立によって生涯学習が自治体社会教育（行政）を再編していく原理として機能し始めたこと，教育行政を超えた総合行政としての生涯学習が促進されたこと，*社会教育・*生涯学習分野における市場化・民営化が進行したこと，などがあげられる．なお，2006年12月の「改正」*教育基本法第3条に「生涯学習の理念」が新設されている．

（長澤成次）

〔文献〕1) 長澤成次：現代生涯学習と社会教育の自由, 学文社, 2006.

生涯学習法（米） Lifelong Learning Act (in US)

米国において「高等教育法」（1965年）の修正タイトルIをもとにして成立した法律で，① 連邦による既存の各種事業を調整し，効果的な生涯学習の体系をつくりだすための研究と，② 試行的に補助金をつけて，生涯学習機会の提供システムの*評価を推進することを骨子とする．カーター政権のもとで副大統領をつとめるモンデール（Mondale, W.）の肝煎りで，1976年に議会を通過している．

しかし，配分された予算をみると，1977年度の50万ドルは，翌年500万ドルに増額したものの，1979年度分は議会で拒否されている．背景には，理念はあっても，それを具現化するための方途が見いだせぬという，「生涯学習」に固有の事情や，「生涯学習」というタームの曖昧さとかかわって，連邦政府は既

に多くの成人教育および継続学習事業を実施しているという現実に鑑み、関係者の多くが、「屋上屋を架する」の感を抱いてしまった、などの事情がある.

学習機会からあぶれた状態にある労働者、都市の若者、女性、高齢者は、決して少なくない。彼らの生涯学習に、州や地方自治体と連携して、連邦はいかなる役割を担おうとするのかが問われている.

⇨アメリカの生涯学習　　　　　　　　（小池源吾）

〔文献〕1) Peterson, R. E. and Assoiciates : *Lifelong Learning in America*, pp. 293-342, Jossey-Bass Publishers, 1982.

生涯教育・生涯学習　lifelong education, lifelong learning

生涯にわたるものとして行われる教育が生涯教育であり、それを学習者の側から捉えたとき生涯学習と呼ばれる.

〔概念〕教育が意図的継続的な営みであるのに対して、学習には偶発的なものも含まれ、生涯学習は、生涯教育よりも広い概念である。生涯教育は、1965年に*ラングランが*ユネスコで提起して以後普及をみせ、そこでは、教育の統合に焦点が当てられ、青少年教育と成人教育、学校教育と*学校外教育、一般教育と*職業教育の統合が提唱されている。日本では、1981年*中央教育審議会答申「生涯教育について」において、各人が自発的意思に基づいて行うことを基本とし生涯を通じて行う学習を生涯学習と捉え、生涯学習のために、自ら学習する意欲と*能力を養い、社会の様々な教育機能を総合的に整備・充実しようとするのが生涯教育の考え方であるとされている.

〔歴史的経過〕生涯にわたる学習の必要性は、古い時代から意識されているが、それを保障する教育の仕組みへの提唱は、近代において顕著となる。18世紀後半のフランス革命期のコンドルセ（Condorcet, M. J. A. N. de C.）の教育改革案にもそのことがうかがわれ、19世紀前半の英国におけるチャーティスト運動でラベット（Lovett, W.）は、カレッジを生涯にわたる学習を保障するものとして構想した。英国復興委員会成人教育委員会の1919年報告書においても、成人教育が市民権と不可分のものであり、生涯にわたって行われるべきものとされた。日本でも、1920年代に展開された*土田杏村らの自由大学は、民衆が生涯を通じて学ぶものとして位置づけられた.

社会の変化が激しさを増し、技術革新が促進される今日、絶えず学び続けることなしには、変化への対応は困難であり、主体的に社会を担いつくっていくことはできない。そのため、教育改革のアイディアとしてユネスコで生涯教育が提唱され、各国に広がった。日本では、ユネスコ国内委員会によって、1972年「社会教育の新しい方向」として紹介された。ラングランの後ユネスコの生涯教育の責任者となった*ジェルピは、*抑圧からの*解放に重点を置いた生涯教育論を展開した。*OECD（経済協力開発機構）は、1970年代に生涯教育の具体化として、人生の途中で*教育機関に戻る*リカレント教育を提唱したが、今日では定型的教育にこだわらず、非定型的教育も含めて考えられている.

〔法制〕1980年代の*臨時教育審議会は、生涯学習体系への移行を掲げ、もっぱら生涯学習の概念を用いることによって、*余暇活動や営利事業などとも関連づけ、多くの省庁の関与するものとした。文部省（現*文部科学省）は、社会教育局を改組して生涯学習局（現生涯学習政策局）とした。1990年には、「*生涯学習の振興のための施策の推進体制等の整備に関する法律」が制定された.

〔論点〕教育機関の営みを中心として教育を考える傾向の強い欧米では、生涯学習は教育概念を広げる機能をもっているが、社会教育概念がある日本では、生涯学習と*社会教育の関係を巡って、様々な考え方がある。生涯学習には学校教育も含まれうるが、社会教育の言い換えにしている自治体も多い。生涯学習の振興のための施策の推進体制等の整備に関する法律（生涯学習振興整備法）によれば、都道府県が地域生涯学習基本構想を立てるときに、民間事業者を算入させ、文部科学大臣と経済産業大臣の承認を必要とするなど、産業振興の意味がある。多くの国において、産業構造の変化、技術革新への対応といった観点で生涯学習政策が展開され、*教養教育との均衡が問われている.　　　　　（上杉孝實）

〔文献〕1) 森隆夫編著：生涯教育, 帝国地方行政学会, 1970.；2) ラングラン, P.：生涯教育入門・第二部, 全日本社会教育連合会, 1979.；3) ジェルピ, E.：生涯教育, 東京創元社, 1983.

障害者基本法　Basic Act for Persons with Disabilities

1993年に心身障害者対策基本法（1970年）の改正法として成立した法律。2004年に再度改正されている.

〔経過〕1993年の改正では、国連の*障害者の権利宣言の、基本的に機能障害があるために活動や参加に制限や制約を受けている人を障害者とするという定義に近い規定となった点や、各種機能障害から除

外されていた精神障害を位置づけ，あわせて付帯決議事項ではあるが難病患者も含まれるようになったことで，障害者福祉関係の法体系が整備された点が特筆される．あわせて*障害のある人の文化的要求に対応するだけでなく，「文化的意欲を起こさせ」るための働きかけも，条件の整備と捉えている点も重要である．さらに2004年の改正では，障害者基本計画の策定に基づいて差別禁止の理念が加わり，その目的を障害のある人の自立と社会，経済，文化などのあらゆる活動への参加と促進とした．また都道府県障害者基本計画の策定を義務づけ（市町村は2007年度から），政府に置かれた中央障害者施策推進協議会に障害のある人を委員に含むとする規定により，2005年の委員30人のうち12人が障害当事者，5人が家族となっている．

〔法の概要と関連施策〕2004年の法改正では，上記以外に障害者週間（12月3～9日）の設置，障害者施策の実施状況を年次報告にして毎年国会に報告する（障害者白書の刊行），国や地方公共団体に対し障害予防や難病の調査・研究，障害の原因となる傷病の早期発見・早期治療，難病患者への福祉的施策の推進，障害者福祉に関する基本的施策の大幅見直し，などを特徴とする．特にこの基本的施策の見直しでは，①医療・介護，②年金，③教育，④職業相談，⑤雇用促進，⑥住宅の確保，⑦公共的施設の*バリアフリー化，⑧情報利用におけるバリアフリー化，⑨相談，⑩経済的負担の軽減，⑪文化的諸条件の整備などがあげられている． （宮島　敏）

〔文献〕1）社会福祉学双書「編集委員会」編：障害者福祉論，全国社会福祉協議会，2009．

障害者（児）教育　education for persons (children) with disabilities

〔概念〕「身体障害，知的障害または精神障害があるため，長期にわたり日常生活又は社会生活に相当な制限を受ける（*障害者基本法第2条）」人々に対する教育である．*世界人権宣言および*ユネスコ学習権宣言，日本国憲法第25条の生存権・第26条の教育を受ける権利等において定められているように，教育を受ける権利は，障害者（児）にとっても欠くことのできない基本的人権の1つである．障害者基本法（2004年6月4日改正）第3条では，「すべて障害者は，個人の尊厳が重んぜられ，その尊厳にふさわしい処遇を保証される権利を有する」とされ，「社会を構成する一員として社会，経済，文化その他あらゆる分野の活動に参加する機会を与えられる」と定められている．

〔ノーマライゼーションの理念〕*障害のある者が障害のない者と，地域で普通に生活を営む社会を目ざす考えが*ノーマライゼーションである．ノーマライゼーションの理念実現に向けて，様々な場面における取組みが求められている．総理府（現内閣府）では「*障害者プラン―ノーマライゼーション7か年戦略」（1995年12月18日）を策定，1996年度から2002年度まで実施した．取組みは徐々に広がりつつあるものの，2002年度末の進捗状況報告によると重症心身障害児（者）等の通園事業など，未整備な部分も多い．

〔社会教育・生涯学習の役割〕障害者（児）教育に関連して，*社会教育・*生涯学習に求められる役割は多い．障害をもつ青年の余暇・学習の場である*障害者青年学級（教室），さらに社会教育・生涯学習施設等における*喫茶コーナーの取組み，さらにスポーツや各種*文化活動などが例としてあげられる．社会教育・生涯学習関連施設や事業における，障害者（児）教育に関する環境整備のさらなる充実が求められている． （川原健太郎）

〔文献〕1）小林繁：学びあう「障害」―障害者の生涯学習実践―，クレイン，2001．

障害者自立支援法　Services and Supports for Persons with Disabilities Act

1990年代以降，国の社会福祉基礎構造改革が進行し，*地域福祉に重点が置かれるとともに，制度利用者の自立が強調された．障害者福祉では，2003年に支援費制度ができ，*規制緩和で多様化したサービスを利用者が選択的に利用できるようになった．利用者のニーズに応じたサービス提供という理念は，一元化された平等で使いやすい制度への要求を高めると同時に，税負担に依存して制度を維持できるかという懸念を生じさせた．こうした流れの中で，2005年に障害者自立支援法が成立し，翌年から施行された．この法律は，サービスの一元化や規制緩和によって地域福祉政策をさらに進めるとともに，サービス利用者に応益負担を求め，障害者の一般就労の促進を標榜するといった内容をもった．この法律によって，サービス利用量の多い重度障害者ほど大きな負担を強いられ，また*作業所などでは利用料を払いながら*労働に従事するなどといった矛盾が生まれることも指摘され裁判で争われたりなどもした．その結果，多くの批判を受けて当事者参加を原則とした新法制定のための障がい者制度改革

推進会議が開催されたが，障害者自立支援法に代わって 2012 年に制定された障害者総合支援法はこの会議の議論が反映されていないという批判を受けている． （津田英二）

〔文献〕1）岡崎伸郎・岩尾俊一郎編：「障害者自立支援法」時代を生き抜くために，批評社，2006.

障害者スポーツ sports for persons with disabilities

障害者のために特別に考案されたスポーツ種目，および，健常者が行っているスポーツのルールを障害の種別や程度に即して一部変更して行っているものをさす．後者のものでは，たとえば，車いすテニスの場合，コートの広さやネットの高さなどは一般のテニスと同じであるが，サイドステップやスタートダッシュが困難であると想定して 2 バウンド後までの返球が認められている．このほか，陸上，水泳，卓球，アーチェリーなど数多くの種目が実施されている．2 次障害の予防，残余機能の活用など身体面への効果とともに，スポーツへの参加を通しての社会的な人間関係の形成などの積極面も指摘されている．現在では，*レクリエーション的な活動から，*パラリンピック，スペシャルオリンピックスなど国際的な競技大会まで多様なレベルの活動が展開している． （尾崎正峰）

〔文献〕1）芝田徳造：スポーツは生きる力，民衆社，1986.

障害者青年学級 youth class for persons with disabilities

障害者青年教室などとも呼ばれ，主として知的障害をもつ青年たちの学習文化活動を保障するための取組みの総称である．

〔概観〕開設は，東京都とその近県，大阪，京都，兵庫などでみられるが，一方で，開設実態がない県があるなど，地域的な格差が大きいのが実態である．また*社会教育行政による主催事業だけでなく，養護学校や*社会福祉協議会，*NPO，親の会のほか，ボランティア団体が実施しているものなどがあり，その形態は様々であるが，生涯学習の理念が広まる中で，障害をもつ人たちの学習権保障の取組みとして大きな役割を果たしている．

〔歴史〕そもそも「青年学級」は，勤労青年の学習を振興する目的で始められた社会教育事業であった．1953 年に制定された「*青年学級振興法」（1999 年廃止）によって，青年学級の開設を*教育委員会に申請すれば，国庫補助を受けることができた．東京都墨田区では，区内の中学校の「特殊学級」を卒業した若者たちの同窓会を定期的に行っていた教員，保護者たちが，「非行から子どもたちを守り，就労が継続されるよう，学校卒業後も安心して集まれる場がほしい」と，青年学級の開設を要望し，その結果 1964 年に「墨田区商工青年文化教室」の一教室として「すみだ教室」が開設された．この「すみだ学級」が，障害者青年学級の始まりであり，それ以降現在まで，たとえば東京都では，23 区と 21 市町で障害者青年学級が開設されている．この背景には，1974 年からの，東京都の，就学希望障害児全員入学の実施があり，1979 年には政令による養護学校教育義務制で，心身障害児の受教育権が保障され，「福祉でなく教育を」を合言葉とした関係者の願いが結実し，さらに卒業後の受け皿として障害者青年学級が注目されたことがあげられる．

〔内容〕障害者青年学級のほとんどは，参加条件として会場まで「通うことができること」を掲げており，これが事実上参加可能な障害の程度を限定している．場所としては養護学校や特殊学級を開設している学校，*公民館などの*社会教育施設が主で，活動日は土・日曜日，月 1～2 回程度という青年学級が多くみられる．プログラムは，音楽や料理などの文化活動やスポーツ，*レクリーエーションが中心で，全員同一のプログラムに加え，コースなどによって 1 人ひとりの障害の程度や要求に合わせた工夫もされている．青年学級を支える人たちは，*社会教育職員，講師，プログラムを企画し運営するスタッフ，障害者をサポートする*ボランティア，（養護）学校の教員，障害者施設職員，保護者などであるが，携わる人たちの考え方によって，学級運営が大きく変わることが多い．

〔課題〕まず，学級生の高齢化の問題があげられる．「卒業」を設けず受け入れることで学級生が増えたため，別に「成人学級」を開設している例もあるが，学級生の高齢化は障害の重度化につながり，十分な対応ができない学級も少なくない．それに伴って，慢性的にスタッフボランティアが不足している．かつて東京都が実施していた「障害者青年学級スタッフボランティア研修会」など，学級に携わる人たちの養成・研修の場を設けていくことも必要であり，同時に「健常者」が決めたプログラムに従って「障害者」が活動するという学級のあり方も見直さなければならない．今後，障害をもつ人たちの主体的な参加と運営のあり方を追求することによって，障害者青年学級は，障害をもつ当事者の*自己決定を支

援する場としての教育的役割が求められているといえよう． (打越雅祥)

〔文献〕1）小林繁編：学びのオルタナティヴ，れんが書房新社，1996.；2）小林繁編：学びあう「障害」，クレイン，2001.

障害者の権利条約　Treaty on the Rights and Dignity of Persons with Disabilities

〔経緯〕世界的な障害者運動の成果により，2006年12月の第61回国連総会本会議において採択された条約．この条約は，*障害者の権利宣言を受け，さらに加盟国に対して法的対応を求めることによって，*障害をもつ人の生活，就労，教育・文化などあらゆる分野における*差別の禁止と平等な権利保障および完全な社会参加の実現を目的としている．「最後に残された人権条約」とも呼ばれ，*人種差別撤廃条約，*女性差別撤廃条約，*子どもの権利条約などに次いで8番目の国際人権条約となる．

〔主な内容〕条約は，前文と50の条文からなり，その第3条で以下の原則が提示されている．(a) 固有の尊厳，個人の自律（自ら選択する自由を含む．）および個人の自立を尊重すること．(b) 差別されないこと．(c) 社会に完全かつ効果的に参加し，および社会に受け入れられること．(d) 人間の多様性および人間性の一部として，障害者の*差異を尊重し，および障害者を受け入れること．(e) 機会の均等．(f) 施設およびサービスの利用を可能にすること．(g) 男女の平等．(h) 障害のある児童の発達しつつある*能力を尊重し，および障害のある児童がその同一性を保持する権利を尊重すること．

また，第24条の教育においては，教育機会の平等を実現するため，「あらゆる段階における障害者を包容する教育制度及び生涯学習を確保する」として，初等・中等教育だけでなく，「他の者と平等に高等教育一般，*職業訓練，成人教育及び生涯学習の機会を与えられることを確保する」ための「合理的配慮が障害者に提供される」ことが明示されている．

あわせて，第30条の文化的な生活，*レクリエーション，余暇およびスポーツへの参加においても「他の者と平等に文化的な生活に参加する権利を認める」ものとし，文化的な作品および活動の享受，文化的な公演またはサービスが行われる場所（たとえば，劇場，*博物館，映画館，*図書館，観光サービス）へのアクセスを保障することやレクリエーション，余暇およびスポーツの活動への参加を可能とするための具体的措置等が提起されている．

〔今後の課題〕こうした障害者の権利条約の中身を具体化していく上で，加盟国による批准の手続きが前提条件となる．そのため，今後わが国においても早期に批准するよう政府に働きかけていくとともに，批准後には国内法の整備とあわせて長年の課題である障害者差別禁止に関する法律の一刻も早い成立を目ざした取組みが求められている．

⇒障害者の権利宣言 (小林　繁)

〔文献〕1）長瀬修ほか編：障害者の権利条約と日本，生活書院，2008.

障害者の権利宣言　Declaration on the Rights of Disabled Persons

1971年の知的障害者の権利宣言を踏まえて1975年の国連総会で決議された宣言である．

〔経緯〕1948年「すべての人間は，生まれながらにして自由であり，かつ，尊厳と権利とについて平等である」という*世界人権宣言が国連総会で採択された．この実現に向け，法的拘束力をもつ国際人権規約が1966年採択，発効され現在に至っている．障害者の権利宣言は，こうした普遍的な人権保障の体系に当然含まれてはいるが，*ノーマライゼーションの思想が普及する中で，障害者の権利をより明示的に確認するために決議された．

日本では憲法で基本的人権の保障を謳っているが，障害者の権利保障については，障害者の権利宣言以降の国際的な流れにより本格的な取組みが始まったといえる．

〔内容〕障害者の権利宣言の目的は，国連憲章において宣言された人権，基本的自由，平和，人間の尊厳と価値，社会的正義などの原則を再確認し，障害者の権利と権利保護のための国内的および国際的行動を要請することである．障害者ができる限り多様な活動分野で，*能力を発揮しうるよう援助し，かつ可能な限り通常の生活に彼らを受け入れることを促進するため，この宣言は「障害者」の定義から始まる13の項目からなっている．

ここでいう「障害者」とは，「先天的か否かに拘わらず，身体的能力又は精神的能力の不足のために，通常の個人生活または社会生活に必要とされることを，一人ではその全部又は一部，満たす事のできない人」であるとし，「いかなる状況による区別も*差別もなしに，すべての障害者に与えられるもの」として，具体的な権利を以下のようにあげている．

① 年齢相応の生活を送る権利
② 他の人々と同等の市民権および政治的権利
③ 可能な限り自立できるための各種施策を受け

④医療，教育，*職業訓練，リハビリテーション等のサービスを受ける権利
　⑤経済的・社会的保障，一定の生活水準の保持および報酬を得られる職業従事の権利
　⑥特別のニーズが考慮される権利
　⑦家族とともに生活する権利
　⑧搾取や*虐待から保護される権利
　⑨人格・財産保護についての法的な援助を受ける権利

　人間としての尊厳が尊重されるという基本的な権利の確認をもとにして，*障害をもつ人がそれぞれ住んでいる社会において，障害をもたない人と同様に社会生活と社会の発展のすべての場面に参加することを目ざして，障害者固有の権利に言及する内容となっているのである．同時に，「障害者の諸権利に関する全ての事柄について，障害者団体に有効な意見を求めること」，これら障害者の権利について広く周知し，障害者問題に対する理解と認識を深めることも盛り込んでいる．

〔課題〕この権利宣言以降，1981年の*国際障害者年をはじめとして障害者の社会参加の完全実施と差別撤廃に向けて様々な取組みがなされている．そうした一連の取組みにおいて共通に課題として意識されてきたのは，障害者の権利宣言の内容を具体化させていくためには，差別禁止などに関する法的な拘束力をもつ強力な国際的条約の批准発効が不可欠であるというものであった．そのため，この間国連では*継続的な検討が重ねられ，2006年2月の国連総会で*障害者の権利条約が決議された．　（杉野聖子）

〔文献〕1）伊藤智佳子編：障害をもつ人たちの権利，一橋出版，2002.；2）日本弁護士連合会人権擁護委員会編：障害のある人の人権と差別禁止法，明石書店，2002.

障害者プラン　Action Plan for the Disabilities
〔概要〕障害のある人の療育や精神障害のある人の社会復帰，総合的な相談・生活支援，社会参加を促進する事業を実施する7ヵ年計画で，1995年につくられた．一般に*ノーマライゼーション7ヵ年戦略ともいわれ，以下のような内容となっている．
〔項目〕①「地域でともに生活する」は，住居・働く場・活動の場を確保する，地域における*自立支援を図る，介護サービスを充実するなど，②「社会的自立を促進する」は，各段階での適切な教育，*法定雇用率を達成するなど，③「*バリアフリー化を促進する」は，公的機関やサービスのバリアフリー化を促進するなど，④「生活の質の向上を目ざす」は，福祉用具や情報通信機器を研究開発する，情報提供を行う，*障害者スポーツや芸術文化活動の振興を図るなど，⑤「安全な暮らしを確保する」は，手話交番・手話バッジ・ファックス110番の設置や普及，災害時の援助マニュアルを作成するなど，⑥「心のバリアフリーを取り除く」は，交流教育を進める，*ボランティア活動支援事業や拠点づくりに取り組む，啓蒙啓発活動を促進するなど，⑦「国際協力や交流を行う」は，政府開発援助（ODA：Official Development Assistance）において障害のある者について配慮する，である．

〔展開〕「アジア太平洋障害者の10年」によって，国連アジア太平洋経済社会委員会（ESCAP：United Nations Economic and Social Commission for Asia and the Pacific）区域の障害者施策は急激に進展したが，2002年に滋賀県大津市で開催されたESCAP会議で10年延長された．それを受けてわが国では障害者基本計画が10ヵ年戦略として閣議決定され，それに基づいて障害のある人の主体性・自立性の確立，すべての人の参加によるすべての人のための平等な社会づくり，障害の重度化・重複化と高齢化への対応などを基本的な考え方とする新障害者プラン（前期5ヵ年計画）が同時に策定された．その後の支援費制度（2003年），*障害者自立支援法（2006年），*特別支援教育（2007年度より）の発足へとつながるのである．　（宮島　敏）

〔文献〕1）社会福祉養成講座編集委員会編：障害者に対する支援と障害者自立支援制度，中央法規，2011.

生涯職業訓練　lifelong vocational training
　学校卒業後の生涯にわたり労働者（失業者を含む）が職業訓練を受講できるように制度を整備すること．

〔歴史〕*生涯教育として考えると，これは学校後の教育の意味であり，実体的に職業訓練はすべてが当初から生涯教育だった，といえる．したがって，職業訓練の構想にも生涯教育の考え方が当然あった．

　たとえば，今日の*公共職業訓練を意味していた大正時代の職業補導について，楠原祖一郎は「職業補導は，人類生存の本然性に基き，…各人の社会的技能を向上進化せしめん事を目的とする，即ち生存権肯定の思想の上に起ち其の平衡を失せしめざらん事に努力するもの…」としていたのであった．

　また，1927（昭和2）年に社会局社会部が報告した

「失業保護施設概況」で，「再教育」とは障害者だけでなく，*知識階級（高等教育修了者）の失業者らに「新たな*職業教育を改めて施して他の方面の職業を見付けられるようにする」というように指示していたのである．

さらに，第2次世界大戦後直後の公共職業補導の基準には各職種の教科目の最後に「補導に当っては所謂完成教育によらず補導期間中は実技に重きを置き，必要な知識及び技能の素地を合理的且つ組織的に賦与するに止め，補導修了並びに就職後の自奮自励に依り大成せしめること」のような補足が記されていた．この訓練方針を生涯教育とは明確には述べていないが，意味するところは受講者の生涯学習（自奮自励）により，一人前としての技能者になるように指導することであった．

以上のような職業訓練の方針は，今日のような「生涯学習」の言葉こそないが，まさに生涯学習の論理で職業訓練を推進し，実施していたといえよう．

〔法制度〕用語としては1969（昭和44）年の新「職業訓練法」によって始まる．同法では中学校，高等学校の新規学校卒業者を対象とした「*養成訓練」，在職労働者を対象とした「*向上訓練」，再就職を希望する離転職者，失業者を対象とした「*能力再開発訓練」の対象者別職業訓練の制度を体系化した．このことを通達では「職業生活の全期間を通じて，必要な段階において適切な職業訓練及び*技能検定を実施しうる体制を確立すること」と述べていた．このように人生のあらゆる時期に職業訓練を受講できる体制が整備されたとして，このときの職業訓練の体系を「生涯教育訓練」と称していたのである．

以上のように，「生涯職業訓練」はわが国で生涯学習論が一般化するよりも早く法令として標榜されたことになる．

なお，今日では上記の新規学校卒業者，在職労働者，離転職者の区分は職業訓練の体系にはないが，経営者を除いて基本的にすべての人々を対象にしているので，職業訓練は生涯職業訓練の体制で実施されている．

〔支援策〕公共職業訓練は当初は失業者・離転職者であったため，成人を対象とした訓練でもあった．そのため「成人訓練」の用語は当初，失業者らを対象にした訓練を意味していた．しかし，やがて高度経済成長期を迎え在職者の訓練も重要になると「成人訓練」の用語は在職者訓練と離転職者の訓練を混同するため使われなくなった．

なお，職業訓練の受講者には様々な援助がある．たとえば，失業給付を受ける失業者が訓練を受講する場合は給付期間が延長されたり，「技能習得手当」等が援助される．これらの援助の制度化も高度経済成長期になってからであり，失業者が真に必要な第2次世界大戦後の不況期には十分な援助がなされていなかったのである．

また，新卒者は雇用保険を払っていないため，上記のような支援がないが，学校教育における「奨学金」に相当する「*技能者育成資金」が，経済的に困窮している受講者に支給されている．　　（田中萬年）

〔文献〕1）田中萬年・大木栄一編著：働く人の「学習」論，学文社，2005．

生涯スポーツ　lifelong sports

〔概要〕幼児期から高齢期まで生涯にわたって，誰もが，それぞれの体力や年齢，技術，興味・目的に応じて，いつでも，どこでもスポーツを享受することができるとする理念を示す用語．こうした理念は，戦後改革期以来のスポーツ振興施策の中で，「体育の生活化」「スポーツの大衆化」「*スポーツフォーオール」「みんなのスポーツ」「生涯体育」などの用語でも語られてきた．その中で，「生涯スポーツ」の用語は，1970年代中盤頃に登場したが，その後，*臨時教育審議会（臨教審）「審議経過の概要（その4）」（1987年1月）の「第4章　スポーツと教育」の中に登場した時点では，政策用語としての色合いを帯びていたといえる．「概要（その4）」の議論を継承した「教育改革に関する第3次答申」（1987年4月）において，「競技スポーツの向上」「スポーツ医・科学の研究の推進」「スポーツ振興推進懇談会の設置等」を含めた4つの柱のトップに「生涯スポーツの推進」の項が立てられた．その主文は「個々人の生活環境やその健康・体力などに応じたスポーツ活動が容易に行えるようにするため，健康科学・スポーツ医学の研究の成果を踏まえながら，地域社会・職域におけるスポーツ活動の推進のための施策を講ずるとともに，学校体育と社会体育の連携を図る」となっていた．ただし，同答申の中で「生涯スポーツ」の用語の明確な概念規定はなされなかった．

〔背景〕1986年の第2次答申以降，臨教審の議論が「生涯学習体系への移行」へと重点をシフトする中で公的社会教育不要論が提起されてきたが，第3次答申の「生涯スポーツの振興」の項においては，たとえば「国・地方公共団体によるスポーツ施設の整備基準の策定」を目標として掲げるなど，公的セクターの果たすべき役割は述べられていた．しかし，

「*生涯学習の振興のための施策の推進体制等の整備に関する法律」（1990年）の制定へと事態が展開する中で，生涯スポーツの振興における民間教育・文化・*スポーツ産業の役割を強く押し出すものとなった．この流れは，通産省の研究会報告書「*スポーツビジョン21」（1990年）と軌を一にするといえる．一方，国家機構の面では，臨教審答申に基づいて文部省の機構改革が実施され，生涯学習局が筆頭局となった．体育局は，それまでのスポーツ課を生涯スポーツ課と競技スポーツ課に二分し，前者が人々のスポーツ振興の担当となった．

〔用語の定着〕現在，「*スポーツ振興基本計画」（2000年）で「生涯スポーツ社会の実現」が目標として掲げられるように，生涯スポーツという用語は広く用いられ，社会的に定着したといえる．その先鞭をつけたものは「生涯スポーツコンベンション」であるといえる．1989年から，文部省（現*文部科学省）のほか，*日本体育協会，*日本レクリエーション協会，全国*体育指導委員連合，*日本障害者スポーツ協会，スポーツ産業団体連合会など関連団体による実行委員会の主催で開催されている．このような全国的な催しが文部省の肝いりで開催された影響もあり，その後，自治体の担当部局名や事業名において，社会体育や地域スポーツなどの字句に代わって生涯スポーツが用いられることが多くなっていった．ただし，その際，「*社会教育か，生涯学習か」という議論・論争に比するものはなかったといえる．他の領域では，大学における生涯スポーツの名前を冠した学科や講座の設置，日本生涯スポーツ学会の設立（1999年）などがある．

〔今後の課題〕現象的には生涯スポーツの用語の広がりと定着をみて取ることができるが，そこに示された理念やあるべき姿をより現実のものとして結実させていくためには，公共スポーツ施設の整備，クラブ育成，指導者養成，行政の*専門職員制度など，多様な基盤整備を一層進めていく必要がある．

（尾崎正峰）

〔文献〕1）関春南：戦後日本のスポーツ政策，大修館書店，1997．；2）平澤薫・条野豊編：生涯スポーツ，プレス ギムナスチカ，1977．

生涯発達論　theory of lifespan development

〔概観〕成人期以降の人間の社会過程や精神・自我の側面にも目を向けた，生涯にわたる発達論をさす．人間の発達についての従来の論では，主に子どもが大人になるまでのプロセスを中心に，人間の発達の生物的・生理的基盤や大人の社会への*社会化の問題を焦点化して論じられていたが，1970年代以降，生涯発達心理学や中年期の発達論などが台頭してくる中で注目されるようになってきた．たとえばハヴィガースト（Havighurst, R. J.）の発達課題論，キャリア発達論，家族ライフサイクル論などは社会過程を組み込んだ発達論の例であろうし，ユング（Jung, C. G.）の人生後半の発達論や*エリクソンの発達段階論などは精神・自我の発達論の例であろう．またレヴィンソン（Levinson, D.）らは，生活構造の変化という視点から，中年期の発達論を展開した．バルテス（Baltes, P.）は，獲得と喪失の緊張関係の変化を生涯発達として捉えた．

〔中年期の発達論〕人生の中年期に関しては，1970年代以降の生涯発達論は次のような視点を示した．①成人期は決して心理的に平坦な時期ではない，②そこでは心理-社会的な危機がある程度の規則性とともに生起する，③成人の自我はこれらの危機を乗り越えることで成長するように挑まれている．

〔発達観〕高齢期を衰退期と捉えるか円熟期と捉えるかで，あるいは発達を主に変化として捉えるか*成熟・成長として捉えるかで，生涯発達の様相は異なる．成人期以降の発達は，*エイジングとも不即不離の関係にある．つまり，生涯発達論はその背後にある発達観と切り離せないものなのである．

（堀　薫夫）

〔文献〕1）社会教育基礎理論研究会編：成人性の発達（叢書生涯学習Ⅶ），雄松堂出版，1989．；2）レヴィンソン，ダニエル（南博訳）：ライフサイクルの心理学（上）（下），講談社，1992．；3）高橋惠子・波多野誼余夫：生涯発達の心理学，岩波書店，1990．；4）堀薫夫：生涯発達と生涯学習，ミネルヴァ書房，2010．

障害をもつ人の社会参加　social inclusion of persons with disabilities

*障害をもつ人が，そのハンディキャップによって地域生活や就労，文化的な活動などに参加できない状況を打開していくこと．

〔支援施策の経緯〕1981年の*国際障害者年は，障害をもつ人の社会参加を拒むあらゆる障壁（バリア）を取り除くことを呼びかけた．同時に，それによって障害をもつ人ももたない人と同じように生活と仕事をし，また文化的活動へも参加していくという*ノーマライゼーションの考え方を日本で普及させていく上で大きな役割を果たした．その後，1993年の*障害者基本法の成立を受け，障害を理由に*資格取得等に制限を加える欠格条項の見直しや障害者

雇用促進法に基づく雇用制度の改善など障害をもつ人の社会参加を支援する施策が実施されてくるとともに，障害をもつ人が自ら社会参加と自立を目ざす運動を展開するようになるのである．その中でも特に社会参加という面で，他の障害に比べ遅れていた精神障害の分野での地域生活支援と*作業所等の設置や就労支援の取組みが，1995年の精神衛生法から精神保健および精神障害者福祉に関する法律への改正等によって進められてきている点は特筆される．さらに2004年の障害者基本法の改正により，「障害を理由とする差別禁止」の理念が法律に明示されたのである．

〔人々の意識と教育的課題〕そのような中で，障害をもつ人の社会参加に関して一般の人々はどのような意識をもっているのか．2005年に内閣府が行った「障害者の社会参加に関する特別世論調査」によると，障害をもつ人の社会参加の機会を広げるためにできることとして，4人のうち3人が「困っていそうな場面をみかけたら，一声かけて自分にできる手伝いをする」(76％)と回答している点は注目される．しかしながら，同時に障害をもつ人ともたない人がともに生活する「*共生社会」の考え方に賛同できるとする人の割合は40％であり，また「点字ブロックの上に物を置かない等，障害のある人のための施設や設備の利用を妨げないよう注意する」と回答した人の割合も42％にとどまっているという点で，障害をもつ人の社会参加を進める上で人々の意識に働きかける教育的取組みの課題が残されている．

〔社会的隔絶と疎外の問題〕それに対して，障害をもつ当事者の意識はどうか．たとえば，筆者らが1999年に全国の知的，身体および精神障害をもつ人1000人を対象に行ったアンケート調査(『平成10年度マルチメディアを利用した障害者の生涯学習実現に関する調査研究報告書』，日本短波放送，2000年)によると，障害があるために社会から隔絶したり，社会の一員でないと感じることの有無について「ある」「たまにある」を合わせた割合は，全体の約33％であった．それを障害別でみると，この割合が最も高いのは聴覚障害の63％，続いて精神障害の50％，言語障害の48％などであり，特にこれらの障害をもつ人の割合が目立っている．このことは，この後の聞き取り調査などからも確認されている．これらの障害に共通する特徴は，言語的コミュニケーションや社会的な関係づくりの面で大きなハンディキャップをもっているという点である．

〔エンパワーメントと障害理解の学習〕それゆえ，障害をもつ人の社会参加を支えていく上で問われるのは，*コミュニケーションと人間関係を豊かにしていく取組みであり，障害当事者への*エンパワーメントとともに，障害をもたない人たちの障害理解の促進をテーマとした学習支援も重要な課題となる．とりわけ知的障害および精神障害については，まだまだ差別・*偏見が根強いために，地域での保健・福祉行政と連携した学習活動が求められている．

⇨自立生活運動，アドボカシー　　　(小林　繁)

〔文献〕1) 臼井久美子編著：障害者の欠格条項，明石書店，2002.；2) 小林繁：障害をもつ人の学習権保障とノーマライゼーションの課題，れんが書房新社，2010.

状況に埋め込まれた学習　situated learning

〔インフォーマル教育研究の基点〕文化人類学的視座に立つレイヴ(Lave, J.)と*ウェンガーによって提唱された教育・学習を捉える新しい視点．これまでの教育研究が，意図的または組織的な教育(*フォーマルまたは*ノンフォーマル教育)に対応する学習に注目する傾向が強かったのに対して，レイヴらは，徒弟制という前近代的な労働形態をヒントに，人々の日常生活や労働という*実践にこそ有意味な学習が組み込まれているという学習観を呈示した．非意図的または偶発的な学習を包含するインフォーマルエデュケーション(*インフォーマル教育)研究の基点の1つということができる．

〔実践共同体と正統的周辺参加〕「状況に埋め込まれた学習」の理論的根幹は，「実践共同体」(community of practice)への参加が有意味な学習を生むということである．こうした考え方は，すでに*デューイによって提示されたともいえるが，レイヴらのいう「実践共同体」は閉鎖的な集団ではなく，新参の学習者にあらゆる情報を開示する相互作用豊かな開放的集団である．そして，このような「実践共同体」に，周辺的にかかわりつつ正統な学習をつむことができるような参加の形態を，「正統的周辺参加」(legitimate peripheral participation)と呼ぶ．経験的に有効とされてきた*ボランティア活動などへの参加による学習は，「状況に埋め込まれた学習」の典型と説明することができる．

〔研究および支援上の課題〕「実践共同体」に内在もしくは潜在する葛藤との関連で学習プロセスを説明する点において，レイヴらの立論はなお不十分である．葛藤の回避または昇華をどのように理論化するのか，またはそのプロセスをどのように把持する

のかという点において，今後，さらに研究を進める必要がある．また，学習の正統性をどのように担保するのかという支援上の問題も残された課題である． (松岡広路)

〔文献〕1) レイヴ, J., ウェンガー, E. (佐伯胖訳)：状況に埋め込まれた学習, 産業図書, 1995.

小集団学習　small group learning

対面しながら学習できる程度の少人数での学習．
〔概要〕学習形態を大別すると，① 多数の聴衆を対象とする講演会やシンポジウムなど単発的な集会学習，② 30人とか50人など一定数の継続的な学習者を対象とする*学級・講座などの集団学習，③ 3人から10数人程度の対面しながら学習する小集団学習，④ 1人で学習する*個人学習に分けることができる．

学校教育では授業の中で班活動として数人の学習者が協力しあって学ぶ形で行われることがあり，その学習形態を小集団学習という．*社会教育では*青年団，*婦人会など地域網羅的な団体活動の中での分科会，各委員会などに分かれての小集団学習があり，また*青年学級，*婦人学級，市民講座など学級・講座形態の学習活動の中でバズ討議やグループに分かれての小集団学習，また学級・講座終了後にグループ，サークルとして自主的な学習を行う小集団，さらに上記の団体や学級・講座とは無関係に，*自主的，主体的なグループ，サークルとして小集団学習をしてきたものもある．またわが国で従来からあった稽古，習いごとといわれる学習は個人教授だけでなく少人数でも行われており，近年では各種の趣味，*教養，スポーツの同好者でつくるグループ，サークルの形で行われている．これらは広義の小集団学習といえる．

〔課題〕しかし社会教育で小集団学習が注目されてきたのは民主的な市民形成を目ざす「*共同学習」「話しあい学習」との関連が深く，その教育的意義は重要である．それは少人数での学習という方法技術のレベルの問題ではなく，また集団内の心理，社会学的研究にとどまらず，「学習小集団」(相互に学び，教えあう集団)の要件を考察し，学習を主目的にした集団形成，運営のための教育的な働きかけ方の探究が必要である． (木全力夫)

〔文献〕日本社会教育学会編：小集団学習, 国土社, 1958.

少数者の権利宣言　Declaration on the Rights of Persons Belonging to National or Ethnic, Religious and Linguistic Minorities

国家が自領域内に住む少数者の権利を侵害せず，それを擁護していくことは喫緊の現代的課題である，との立場に立って，1992年12月18日，国連第47総会決議で採択された宣言．正式には，「民族的又は種族的，宗教的及び言語的少数者に属する者の権利に関する宣言」という．

この宣言では，少数者の権利およびその行使のほか，少数者に対する国家の保護義務，国家がとるべき措置，国家の政策と計画，そして国家間の協力の必要性などを示している．

ある国家内で少数者と見なされる民族や集団は，社会的にも政治的にも十分な権利が認められなかったり，また不当な*差別が行われたりしやすい．少数者のもつ宗教，文化，言語などの独自の価値を認めることは，そうした傾向に対峙する重要な一歩となる．多民族，多文化が*共生する社会を形づくる上で，この宣言が謳う内容は，ますます重要なものとなっている． (小川 史)

〔文献〕1) 反差別国際運動日本委員会編：現代世界と人権7 国際社会における共生と寛容を求めて, 解法出版社, 1995.

少数民族教育　minority education

複数の民族によって構成される社会の中で，人口統計的に少数，あるいは集団間における権力関係の不均衡により生み出された不平等や権利侵害を受けている民族が，自己の言語で教育を受け，自己の文化や歴史を学ぶこと．しかし機会が限られていることや，高等教育へのアクセスにおける不平等などがある．国際人権規約や子どもの権利に関する条約では，すべての者がいかなる*差別もなく保障される権利が規定され，少数民族が自己の文化を享受し，宗教を信仰し*実践し，自己の言語を使用する権利が否定されないとされている．

〔国民国家と公教育〕近代国民国家における「国民」は，共通の言語，文化，歴史をもつ集団として形成される．国民国家は包摂と排除を同時に生じさせる．民族の言語，文化，歴史を奪い，同化により「国民」に組み込まれる人々と，相違を強調して差別し「国民」以外とされる人々を生み出し，同化，差別，*抑圧などが巧妙な形で行われてきた．

〔日本社会における課題〕日本社会における公教育制度下における外国人児童生徒への対応は，根強い「単一民族の神話」によって日本語や日本文化への

同化圧力が強く存在している．そうしたことは社会的マイノリティの生活世界における文化歴史伝承を困難にし，社会的マジョリティのヘゲモニーが厳然として社会秩序形成の中心であることを示している．つまり，民族的少数者の言語，文化，そして歴史などに関する*教育権の保障が困難となっているのである．その結果として，支配文化に違和感を抱くマイノリティの人格形成への負の影響も現れている．したがって多元主義が必要とされる現代社会においては「日本人」育成の教育に限定するのではなく，普遍的人権に基づいた「人間」として成長しうる可能性を教育はつくりあげていく必要がある．

(米村健司)

〔文献〕1) 小熊英二：単一民族神話の起源―〈日本人〉の自画像の系譜―, 新曜社, 1995.；2) 西川長夫ほか：アジアの多文化社会と国民国家, 人文書院, 1998.；3) 山本耕一：権力―社会的威力・イデオロギー・人間生態系―, 情況出版, 1998.

常設展　permanent exhibition

〔概観〕*博物館で日常的に行われている*展示．常に展示しておく必要のある博物館のベースとなるテーマの展示物が並べられる．展示物自体の入れ替えはあっても，展示コーナーの構成が頻繁に変わることはない．つくり込まれた展示が多い*自然史系博物館や科学館では，展示物の入れ替え自体，ほとんど行われない．

展示物の入れ替えに関しては，目玉の展示物はいつでもみられることが望まれる一方で，展示物の劣化を防ぐためには，同じ物を展示し続けることは望ましくない．そこで，目玉の展示はやむをえないとしつつも，その他の展示は，一定期間の展示で，展示物を次々と入れ替えるということが行われる．

いつでも同じ展示がみられるという状況は，飽きられるおそれがある一方で，知名度の高い展示物や人気のある展示は，安定した来館者の確保にもつながる．その博物館の代名詞になる展示があれば，それを中心に据えたプロモーションも可能になる．また，長期にわたって変わらず展示されることによって，展示物の解説書や*ワークシートを提供するなど，より深い展示の見方，利用の仕方を提案する方向を目ざすことができるというメリットもある．

〔更新〕多くのつくり込みをして，多額の費用をかけてつくった常設展であっても，一度つくればそれで終わりというわけにはいかない．その分野での研究が進むにつれて，展示内容はどんどん時代遅れになっていく．明らかな間違いは随時訂正する必要があるが，やがて新知見を盛り込んで展示自体を更新する必要が生じる．次々と新しい展示手法が生まれることを考えても，効果的に最新の情報を提供する上では，一定時間の経った展示の更新は不可欠となる．

一般的には，少なくとも10年に一度程度の更新をすることが望ましいとされる．次々と新しい情報が生まれ，技術的な革新がどんどん進んでいく中では，10年に一度の更新でも十分とはいえない．しかし，残念ながら10年どころか，十分な資金が得られず，30年前の展示がそのままになっている場合もある．

資金的に頻繁な更新がむずかしいのであれば，簡単に構成を変えられるような工夫をした展示，あるいは長期にわたって変更の必要のない展示など，常設展をつくる際に考慮しておく必要があるだろう．

(和田　岳)

〔文献〕1) 千地万造：自然史博物館, 253pp., 八坂書房, 1998.

少年院　juvenile training school

*家庭裁判所から保護処分として送致された者および懲役または禁錮の言渡しを受けた16歳未満の少年のうち少年院において刑の執行を受けることとなった者を収容し，*矯正教育を行う法務省所管の施設である．

少年院の種類は，初等少年院，中等少年院，特別少年院および医療少年院の4種類であり，医療少年院を除き，収容すべき者の男女の別に従って設けることとなっている．

多様化する少年の問題性に対応するため，少年院の処遇は短期処置と長期処置に分けられ，施設の特色化が推進されるとともに処遇の*個別化が図られている．

また近年では，被害者の視点を取り入れた教育の充実，保護者への働きかけの強化など再非行防止教育に力を入れている．

(眞部岳英)

〔文献〕1) (財)矯正協会：少年院法（研修教材）．

少年鑑別所　juvenile classification home

主として，*家庭裁判所から観護の措置の決定により送致された少年を収容し，専門的な調査や診断を行う法務省所管の施設である．

送致された少年が収容される期間は，観護の措置の決定により入所した場合は，原則2週間となっているが，これを1回に限り更新することができるため，実務的には，更新されることが多く，3週間から4週間である．ただし，2000（平成12）年の*少年法

改正により，一定の事件については最大8週間まで収容することができるようになった．

少年鑑別所の機能は，送致された少年を収容して，その身柄を保全するという観護機能とともに，家庭裁判所の行う少年に対する調査および審判，ならびに保護処分および刑の執行に役立たせるために少年の資質の鑑別を行う鑑別機能が中心である．

(眞部岳英)

〔文献〕1)(財)矯正協会：少年院法（研修教材）．

少年警察　Juvenile Division of Police Department

少年を対象とした警察活動に従事する警察組織ないし警察活動の総称．「少年警察」の語は，1949（昭和24）年の「少年警察の強化について」（国家地方警察本部長通達）の中で使われたのが最初である．少年警察活動とは，少年の非行の防止および保護を通じて少年の健全な育成を図るための警察活動をさす（少年警察活動規則1条）．その活動範囲は，非行少年の発見，不良行為少年の補導，被害少年および要保護少年の保護など，幅広い．

警察（官）は，少年が*少年法の手続きの中で最初に出会う大人であり，少年とその後の手続きに大きな影響を与える．また，少年は迎合的に供述してしまう傾向があるため取調べに当たり特に慎重さを要するなど，少年警察には専門性が要求される．

少年警察活動の基準を示すものとして，2002（平成14）年に「少年警察活動規則」（国家公安委員会規則）が制定され，2007（平成19）年には改正が加えられている．また，「犯罪捜査規範」（1957（昭和32）年国家公安委員会規則）および「少年警察活動推進上の留意事項について」（2007（平成19）年警察庁次長通達）には，少年事件捜査の基本や留意事項が規定されている．

(服部　朗)

〔文献〕1)丸山直紀：注解少年警察活動規則，立花書房，2008．

少年自然の家　center for children's outdoor activities

〔概要〕青少年への体験活動支援などを行っている宿泊型の*社会教育施設で，全国に326施設（2005年10月現在）ある．かつて国立とされていた施設は，現在，独立行政法人国立青少年教育振興機構が「青少年自然の家」として運営しており，2009年現在は14施設ある．

〔目的〕少年自然の家は，①自然に親しみ，自然を大切にする心や，自然や美しいもの，崇高なものに感動する心など柔らかな感性を培う，②健康増進や体力向上の*実践力を高める，③自立心・協調性・思いやりの心や，命や人権を尊重する心，*ボランティア精神など豊かな心を培う，④相互理解を深め，望ましい人間関係をつくる*能力を養う，⑤基本的生活習慣を身につける，などが教育効果として期待されている．具体的活動としては，団体の研修受け入れのほかに，山林や海浜など自然環境を生かした体験活動（野外活動，環境学習，自然科学体験，クラフト体験，*レクリエーションなど）や勤労・*奉仕体験活動の支援，ジュニアリーダー養成，ボランティア養成などの企画事業を行っている．最近では，*学校週5日制対応の事業や*通学合宿を行う施設もある．

〔課題〕国立の施設が独立行政法人化し，効率化や合理化，サービスの質の向上が求められる中で，①学習サービス支援が重点化されることでの教育的機能の低下への懸念．利用者による寝具や部屋の片づけ，朝の集いへの参加は，自然の家が教育施設であって宿泊サービス施設ではないことを裏づけているが，今後幅広い団体の利用に対応できるか．②青少年の勤労・奉仕体験の義務化が叫ばれる中，自然の家も最も大きな受け入れ先の1つとなると予想される．また，ゆとり教育の実施や学力低下への対応など，自然の家をとりまく状況が大きく変わりつつある中で，*体験学習の質の維持・向上をどうするか，などが社会教育施設としての役割を遂行する上での課題としてあげられる．

(末崎雅美)

少年の船　Children's Goodwill Cruise

小学生から中高校生などを対象にして，体験航海を通じて，共同生活や自然体験活動，地域間交流，国際交流活動などを進めるものをさす．同趣旨のものとして，主に中高校生を対象にした「少年の翼」がある．いずれも，少年期から*青年期にかけての多感な成長段階に，同世代の仲間と共に見知らぬ地域や人々と出会い交流することで，知見を広め，自律・自助の精神を鍛えることに主眼がある．「*青年の船」「青年の翼」は，少年よりも年上の青年向けである．その目的は，*ボランティアや*地域づくりの担い手，青年活動リーダーを養成することにあり，また国際的な視野で多様な社会課題を検討して国際人としての資質を養うこと等にある．青年の船や翼に対して少年の船や翼は，集団体験を通じて規律，友情，精神鍛錬に重きを置く傾向があるが，何といっても，思春期における自立への歩みの中で，未知

の世界に足を踏み入れ，冒険的に視野を広めることの意義は大きい．

いずれも，全国各地で取り組まれており，都道府県や市町村自治体のエリアを対象とするものが多くを占める．主催形態は様々である．地方自治体が単独や広域連携で主催するものもあるが，青少年団体連絡協議会や*青年団，*青年会議所など青年団体や財団，*NPO，地方放送局などが主催するものもある．国が主催するものでは内閣府の世界青年の船や東南アジア青年の船などがあり，1970年前後に始められた．全国規模で募集して行われる少年の船は，B&Gや少年の船協会など財団によるものがある．

長いものでは30年程度の歴史をもつものがあり，1970年代に青少年の*学校外教育の必要が検討されて以降に取り組まれることが多くなったといえる．

（小林平造）

少年非行　juvenile delinquency

〔言葉の意味〕未成年者が刑罰法令に触れる行為をしたとき，それらを成人の犯罪と区別して非行と呼ぶ．近代国家では刑事裁判とは異なる教育的な手続き・処遇等を用意して未成年者が陥った苦境からの回復を図ろうとする．わが国では1948年制定の*少年法が非行の定義や手続き（「少年審判」という）・処遇等を包括的に規定している．

〔実情〕わが国の少年審判は*家庭裁判所少年部が管轄し，警察・検察が立件した非行はすべてが家庭裁判所（家裁）に送致され，家裁は個別に*家庭裁判所調査官に命じて調査を行う．調査は少年（未成年者）と保護者について「行状，経歴，素質，環境等について，医学，心理学，教育学，社会学その他の専門的知識を活用して行う」（少年法第9条）とされ，調査結果と処分に関する調査官の意見を受けて裁判官が行う審判は非公開で，通常は検事の立会いもなく「懇切を旨として，和やかに行う」（少年法第22条）とされ，刑事裁判に期待される一般予防の見地でなく，少年の健全育成による再犯の防止を目的としている．

〔非行の理解〕非行はおおむね思春期の自立の課題と結びついている．罪質や被害の大小に着目し，応報的な刑罰を課した場合にはかえって少年の健全な育成を妨げ，犯罪の防止に役立たない．個々の非行を科学的に分析・理解し，自立への模索がなにゆえ反社会的な結果をもたらしたのか，原因・経緯を解明し，彼らに自己が犯した非行についての洞察と自立に必要な処遇を提供することが，少年と社会の双方に役立つと考えられている．

（浅川道雄）

〔文献〕1）浅川道雄：「非行」と向き合う，新日本出版社，1998.

少年非行の予防のための国連ガイドライン（リヤドガイドライン）　United Nations Guidelines for the Prevention of Juvenile Delinquency, (the Riyadh Guidelines)

〔意義〕少年非行予防のために国連がイニシアチブをとって制定された国際準則．制定作業が行われた地名をとってリヤドガイドラインと呼ばれる．少年が非行を行うことなく健全に育成されることは，少年の人権の観点からも非常に重要な意味をもつ．ガイドラインや準則と呼ばれるものは，条約と異なり，直接には法的拘束力をもたないが，人権に関するガイドラインを遵守することは，人権を重視しようとする各国の責務であると考えられるに至っている．

〔基本原則〕リヤドガイドラインは，基本原則として，次のことを掲げている．「適法で社会的に有益な活動に従事し，社会に対して人道的に立ち向かい，人道的な人生観を身につけることによって，青少年は犯罪を生み出さないような態度をはぐくむことができる」．「少年非行の効果的な防止のためには，幼児期から人格を尊重し，またその人格を向上させることによって，調和のとれた思春期の成長を確保するように社会全体が努力する必要がある」．また，このガイドラインは，*世界人権宣言，国際人権規約，*子どもの権利条約などの広汎な枠組み内で解釈・実施されなければならないことが規定されている．

〔非行の防止策〕「包括的な非行防止計画を政府の各レベルで制定すべきであり，それには下記のものが含められなければならない」とし，「非行を行う機会を効果的に減らすための方策」「*コミュニティの関与」「コミュニティ資源の利用，青少年自身による自助，被害者への補償および援助を含む非行防止政策への青少年の参加」などをあげている．また，教育制度が特に注意を払うべき事柄として，「*職業訓練や雇用機会の提供」「心理的虐待を加えない」「残虐な懲戒や体罰を科さない」などをあげている．

立法および少年司法運営に関しては，「子どもや青少年の受難，*虐待，搾取および犯罪行為への利用を防止する法律を制定，施行しなければならない」こと，「家庭，学校その他の施設において，残虐で屈辱的な矯正・懲罰を科してはならない」ことが規定されている．

（前野育三）

〔文献〕1）高野隆訳：少年非行の予防のための国連ガイドライン（リヤド・ガイドライン），自由と正義，42巻2月号．；2）資料　少年非行の防止に関する国連ガイドライン（リヤドガイドライン），季刊教育法125号．

少年法　Juvenile Law

1948年に法律第168号として定められた少年司法の基本法である．

〔概要と特徴〕*教育基本法，*児童福祉法とともに少年の健全育成が目的であり，調査，審判，保護処分すべての過程で教育的福祉的な対応が目ざされ，成人とは異なる手続きや処遇をとる．少年法が対象とする非行のある少年は，① 14歳以上20歳未満の罪を犯した少年（犯罪少年），② 14歳に満たないで刑罰法令に触れる行為をした少年（触法少年），③ 保護者の正当な監護に服しない，正当な理由がなく家庭によりつかない，犯罪性のある人不道徳な人と交際またはいかがわしい場所に出入りする，自己・他人の徳性を害する行為をする性癖があり，かつ少年の「性格または環境に照らして」将来犯罪少年や触法少年となる虞れのある少年（虞犯少年）である．少年法の福祉的な性質は，① 非行少年はすべて*家庭裁判所の審判の対象となる，② 少年への処遇決定過程で*家庭裁判所調査官による要保護性調査結果が大きく位置づけられる，③ 児童福祉法による対応が適当な場合は都道府県知事・*児童相談所長に対する送致が決定される，④ 審判は，非公開で懇切丁寧に行われる，⑤ *児童自立支援施設・児童養護施設送致という処分もできるなどである．

〔少年法「改正」と課題〕① 検察官の関与と家庭裁判所の審判結果への抗告権，② *少年鑑別所入所期間の延長，③ 刑事処分可能年齢の引き下げ，④ 意見聴取や記録の閲覧を含む被害者への配慮など重大な「改正」が2000年に行われ，その後も少年審判への被害者傍聴制度が導入されるなどしている．「非行」は子どもの発達過程におけるつまずきや自立への模索の失敗として現れ，その克服のために少年は「自分の尊厳や人間的価値にいっそう目覚めることができるようなやり方で取り扱われる権利」（*子どもの権利条約第40条）をもつ．*社会教育・生涯教育に携わる者は，*司法福祉的観点から*少年非行を捉えることが必要である．

（遠藤由美）

〔文献〕1）医療福祉相談研究会編：医療福祉相談ガイド追録第73号，中央法規出版，2009．；2）細井洋子他編：修復的正義の今日・明日，成文堂，2010．

乗馬療法　therapeutic horseback riding

近年注目されている，乗馬による*障害をもつ人のリハビリを目的とした取組みであり，既に英国などでは多くの障害をもつ人に利用されてきている．スポーツや*レクリエーションとしての喜びや楽しみとあわせて，馬の温かい体温に直接触れたり，馬の背に揺られることで脳幹が刺激され，平衡反応の改善や柔軟性を高める間接可動性の強化，運動能力の向上，痙攣性筋肉の弛緩，反射神経や心呼吸器機能の改善などといった効果があるといわれている．加えて，自分の肉体に対する意識を高めたり，馬に乗ること自体が刺激に満ちた体験となる点も重要である．またこの取組みには，馬に乗るだけではなく，餌をやったり，体をさったりすることで，それまで受け身的だった障害をもつ人に自発性や積極性が生まれるといった教育的機能があることも確認されており，さらに自閉症にはセラピー的な効果もあることから，多岐にわたる機能が内包されている．

⇨園芸療法

（小林　繁）

〔文献〕1）小林繁編著：この街がフィールド，れんが書房新社，1998．

消費者運動　consumer movement

商品を購入することによって生活する消費者が，そのことによって生じる諸問題（消費生活問題）を解決するための組織的活動．全国消費者団体連絡会（消団連）結成と全国消費者大会開催に象徴されるように，特に高度経済成長時代に入って発展してきた．当初は個々の商品被害への対応であったが，次第に，被害が広範囲に広がり複雑化する「構造的被害」，大量生産・大量消費のもとでゆがんだ消費生活を批判する運動が生まれ，消費生活協同組合運動も大きく発展した．低経済成長下，サービス経済化・情報経済化が進展すると，商品取引をめぐる問題が重視され，「自立した消費者の自己責任」を求める政策が展開されてきた．そうした中で多様化し急増する消費者被害と企業の不祥事に対して消費者基本法（2004年）が制定された．今日，国際消費者機構（IOCU）の「消費者の権利」（1985年）に立ち戻ってグローバルな連帯を進めながら，地域での消費者運動システムを再構築して，商品の選択にとどまらず，生活のあり方を問い直し，財・サービス・情報の共同生産者となるような運動と*消費者教育が求められている．

（鈴木敏正）

〔文献〕1）田中秀樹：消費者の生協からの転換，日本経済評論社，1998．

消費者教育　consumer education

〔概念・目的〕「賢い消費者」の形成を目ざす教育的営みのことであるが，「賢い」の内容としては，「安くて良い商品やサービスを選択できること」，あるいは「宣伝に惑わされず，最適・最善のものを購入・使用できる*能力」などをはじめ，時代や社会の状況に応じて変化してきた．今日，最も包括的な概念として，「消費者が商品・サービスの購入など消費生活の目標を実現するにあたって，必要な情報・*知識を収集し，それらを分析・理解し，個人的・社会的責任がもてる形で選び，枠組みした価値に沿って，*批判的思考を働かせて選択対象の長所・短所を比較考量し，優先順位を決め，購入したものを有効に使用することはもちろん，その後始末にも責任をもつという，一連のジレンマ問題解決的な意思決定過程の，シティズンシップの教育」と規定されている[1]．

〔展開〕英・米などの先進消費社会では1世紀にわたって実施されてきたが，日本の場合，大衆消費社会になった第2次世界大戦後に始められた．戦後，新しい耐久消費財が市場に出てきて，「三種の神器」ブームが起こり，これら新商品の知識の普及を目的とする業界の広報・宣伝活動からスタートした．次いで，欠陥商品の摘発と消費者の自衛のための啓発活動が，婦人団体によって展開された．消費者保護のための立法，消費生活センターなど行政機関の設置，充実によって，成人を対象とする啓発活動が広範に行われるようになり，また学校の生徒に対する教育も進展した．しかし，消費者教育は消費者行政が専管するものとして，教育行政サイドはせいぜい側面的協力にとどまっている．消費者被害問題や消費行動を原因とする環境問題が深刻化している現在，行政間での協力・提携を強化することが急務になっている．　　　　　　　　　　　（宮坂広作）

⇨シティズンシップエデュケーション，食農教育

〔文献〕1) 今井光映：消費者教育論，有斐閣，1994.；2) 宮坂広作：消費者教育の開発，明石書店，2006.

消費主義　consumerism

学習を，何らかの価値を生み出す生産的な活動としてではなく，教育というサービスを消費する行動として把握する立場のことである．日本では，*臨時教育審議会以降，*民間教育産業が*社会教育・生涯学習の現場に積極的に入り込むようになってから，この傾向が強くなってきている．この立場に立つと「生涯学習は個人の道楽（=消費活動）であるので，各個人がその費用を支払うべき」とする*受益者負担の理論と結びつきやすい．

なお，現代消費社会においては，人間は欲求に基づいて経済的に消費するのではなく，欲望に基づいてものを消費するということが特徴であり，その社会では使用価値・交換価値ではなく，コード化された「*差異」こそが重要になっている．具体的には，同じMBAの*資格であっても，日本の大学院で取るものよりも，米国の大学院で取得しようと考えるようになるという例があげられよう．　（倉知典弘）

〔文献〕1) ジャン・ボードリアール著（今村仁司・塚原史訳）：消費社会の神話と構造，紀伊国屋書店，1979.

使用料（無料，減免，免除）　rental fees (free, reduced, exempt)

〔定義〕自治体財源のうち租税を原資としない財源の1つ．高等学校や幼稚園の授業料，公営住宅の家賃，体育館等の利用料などがこれに属する．一般に「納税者として通常うけるサービスをこえたサービスをうける場合，あるいは，通常の施設利用をこえている場合，すなわち『特定の者』である場合に…その程度に応じて特別の負担をする」とされている．たとえば，前述の公営住宅家賃などは，特定のサービスが特定者によって排他的に利用される場合であり，使用料が賦課される．

〔無料の原則〕現行法において*社会教育施設使用料の根拠は「*地方自治法」第225条の「普通地方公共団体は…公の施設の利用につき使用料を徴収することができる」にあるが，社会教育施設を「*公の施設」と定めた同法第244条は，正当な理由がない限り住民の利用を拒否できず，不当な差別的扱いをしてはならないとも定めている．社会教育施設のように住民の誰でもがいつでも享受できるようになっている場合，また「*教育機関」としての性格を有している場合，上述の「特定の者」の該当はゼロに等しく，原則として使用料を賦課する必要はない．

実際，使用料を賦課している自治体の多くは，高齢者や障害者，またその関連団体の使用料を半額ないし無料とする減免・免除措置を設けている．こうした措置は，住民が社会教育施設を同一条件下で平等に利用できるよう配慮している点で一定評価できる．

〔条例制定〕「公の施設」における使用料の徴収は，条例で定めることとなっている（「地方自治法」第228条）．このことの意味は，使用料問題が，住民自らの意思として決定するものであることを示してい

る．自治体の中には条例で公民館の使用料不徴収を明言しているところもある（たとえば，三鷹市，国立市，西東京市，木更津市など）．住民による豊かな*学習文化活動を通してこのような「不徴収」の条例が制定されていくことが本来的に求められている． 　　　　　　　　　　　　　　　　（内田純一）

〔文献〕1）日本公民館学会編：公民館・コミュニティ施設ハンドブック，エイデル研究所，2006．

初期公民館　⇨「公民館の設置運営について」

食育　⇨食農教育

職員研修　staff training

*社会教育・生涯学習関係職員が職務上必要とされる資質や*能力の向上を目的とする教育訓練．行政研修，職場研修，自己研修がある．

行政研修は，*教育公務員特例法，*社会教育法第6条，第9条の6，第28条の2を根拠として国や都道府県が実施するもので，教育公務員（*専門職）の資質向上を図る上で大変重要である．

職場研修は，理論的な学習にとどまらず，各*公民館の理念を踏まえた現場での*実践を通し，*地域課題の捉え方，講座の内容や住民との*協働のあり方等の実務的な研修を実施し，職員同士がお互いの実践を*評価し合うことが大切である．

また，社会教育・生涯学習は，内容が多岐にわたるため，自己研修は，地域社会の現状や課題を的確に把握することに心掛け，たとえば民間団体等が実施する会合や研修等にも積極的に参加し，住民の視点に立って問題の本質を的確に捉えていく訓練が必要である．

なお，社会教育・生涯学習の現場では，*コミュニティワーカー等の新たな専門職員としての性格や役割が求められており，専門性や資格制度のあり方とともに，研修の体系化等について整理していくことが課題となっている． 　　　　　　　　（矢久保　学）

〔文献〕1）横山宏編：社会教育職員の養成と研修（日本の社会教育第23集），東洋館出版社，1979．

職業　vocation

ある限定された種類の*労働に継続的に従事し，それによって賃金などの報酬を得るものである．

〔歴史的変遷〕職業は，①倫理性（職業は公共の福祉に反するものであってはならないということ），②社会性（各人が社会に対して負担する奉仕の連帯義務をその職業を通じて実現する必要があること），③経済性（無報酬の行為は職業とはいえないということ），④継続性（生計を維持するための継続的活動であることが必要であること），の4つの要件より成り立っている．職業の歴史を概観すると以下のようになる．まず食料の収集，栽培，収穫に携わる狩猟，農業，漁業といった第1次産業が職業として誕生し，そして食品の加工から，その運搬，交換として経済活動に関係した職業が始まり，産業革命により，工場労働といった新たな職業が近代の職業を彩った．20世紀にかけては，サービス業などの第3次産業に属する職業がさらに発展してきた．

〔分類〕現在，様々な職業を分類するために利用されているのが，「日本標準職業分類」（総務省統計局，1997（平成9）年12月改訂）である．この分類では，個人が従事している仕事の類似性に着目して，すべての職業を371に分類（小分類）し，それをさらに近さに応じて57にくくり（中分類），そのうえで11の職業群（大分類）に大くくりするという方法がとられている．この方法は，国連の統計など国際的な場で利用される国際標準職業分類に基づいており，現在，日本において使われている種々の職業分類は，多かれ少なかれこの分類体系を基礎に据えている．

11の大分類は，①専門的・技術的職業従事者，②管理的職業従事者，③事務従事者，④販売従事者，⑤農林漁業作業者，⑥採掘作業者，⑦運輸・通信従事者，⑧*技能工，生産工程作業者および労務作業者，⑨保安職業従事者，⑩サービス職業従事者，⑪分類不能の職業，から構成されている．

（大木栄一）

〔文献〕1）八幡成美：職業とキャリア，法政大学出版局，2009．

職業安定所　⇨ハローワーク

職業安定法　Employment Security Act

国や民間による労働力需給調整について定めた法律である．憲法にいう職業選択の自由を基調として，労働者にその有する*能力に適した職業に就く機会を与え，産業に必要な労働力を充足することにより職業の安定と経済の発展に寄与することを目的に，1947年に施行された．

〔概要〕本法は，国の労働力需給を行う公共職業安定所（*ハローワーク）をはじめとする職業安定機関の組織権限を定め，唯一の国の*職業紹介機関として，職業紹介や*職業指導を行うべきことや求人・求職の手続きなどについて規定している．このう

ち，新規学校卒業者については職業安定所と学校が職業紹介実務を分担・協力して行うように規定している．他方，職業安定機関以外の者の行う職業紹介（有料の職業紹介事業を行うものは，厚生労働大臣の許可を受けなくてはならない．また，港湾運送業務，建設業務，その他厚生労働省令で定める職業を求職者に紹介してはいけない），労働者の募集，労働者供給事業および労働者派遣事業等に関して規制を定めている．

〔職業安定法の改正〕しかしながら，1997（平成9）年に，有料の職業紹介事業の取扱い職業の範囲について，取扱い可能な職業を定める方式から，取扱いできない職業を定める方式を採用した（いわゆる「ネガティブリスト化」）．また，1999（平成11）年には禁止業務を大幅に削減する改正を行っている．さらに，2003（平成15）年3月には，有料職業紹介事業・無料職業紹介事業の許可について，事業所単位（支店単位）から事業主単位（会社単位）にするとともに，有料職業紹介事業者が手数料を徴収できる求職者として，*熟練技能者（特級・一級の*技能検定に合格した者が有する技能またはこれに相当する技能を有し，生産その他の事業活動において当該技能を活用した業務を行う者）の職業に紹介した求職者が追加された． （大木栄一）

〔文献〕1）労働新聞社編：職業安定法の実務解説，労働新聞社，2006．

職業教育 vocational education

農・工・商・水産あるいはサービス業などの産業での，ある特定の職業もしくは一定の職業群に向けての準備教育，およびそれらの職業において，職業に必要な*能力を獲得するための教育をいう．第2次世界大戦前には*実業教育ともいわれ，また戦後，産業教育振興法制定（1951年）の頃から産業教育ともいわれる．しかし，この両タームは学校における職業教育を中心に使われる傾向がある．学校外での職業教育は戦前から職工養成，技能者養成等多様な呼び方がされてきたが，1958年の職業訓練法制定以降は*職業訓練の名で呼ばれることが多い．1985年の同法改正で*職業能力開発促進法と法名称変更以降は，行政的には職業能力開発といわれている．大学での教育は，広い意味で職業教育の側面を含むが，一般にはプロフェッションを目ざす専門教育の範疇に入れられ，職業教育の範疇外のものとされている．

〔概要〕職業教育には，①その職業で必要とされる基礎的技能の教授と実際的作業の*経験，②その職業に関連した科学的・技術学的知識の教授，③その職業に関連する社会的・経済的知識の教授，④その職業に従事するものに必要とされる態度・習慣の習得が含まれる．

職業教育はその国の職業のあり方に規定される．わが国では，職種という概念が十分社会的実体をもつものとして成立していないので，準備教育としては，特定の職種に向けての職業教育は成り立つ基盤が一部を除いてなく，一定の職業群に向けての幅の広い準備教育が一般的である．ヨーロッパ社会等にある，横断賃率および職業教育制度と結びついた熟練資格制度は日本には存在しない．職業能力開発促進法による国家技能検定や，簿記検定などの*技能検定は，ヨーロッパ社会の熟練資格とは厳密に区別されるべきである．

〔形態〕職業教育は様々な形態で行われている．(1) 学校での職業教育；①高等学校のいわゆる専門学科での教育，②高等専門学校，③短期大学は職業に必要な能力の育成を目的の1つとしている．(2) *専修学校も職業に必要な能力の育成がその目的の1つとなっている．専修学校の少なくない部分は，わが国の公的*職業資格制度と結びつき，公的職業資格（たとえば美・理容師，看護師，歯科技工士，保育士など）の取得を目標とする教育を行っている．(3) *文部科学省以外の官庁が設置，管理する職業教育学校．たとえば，海上技術学校，海上技術短期大学校，海技大学校，農業大学校，水産大学校など．(4) 職業能力開発校や職業能力開発短期大学校などの*公共職業訓練施設．(5) 雇用関係を前提とする企業内教育は労務管理の一環として行われてはいるが，職業教育を主内容としており日本の職業教育においては重要な領域となっている．

〔課題〕日本の近代的職業教育は，政府の富国強兵政策に結びついて，上から公立の学校形態で組織されてきた．一方資本家は学校の職業教育のみでは満足せず，企業体自らの手による企業内教育を展開してきた．その一方で，企業の枠を超えた公共的職業訓練の発展は著しく遅れた．日本の職業教育では，国家目的や企業目的が最優先し，その真の主体者たるべき労働者の職業教育に対する権利の確立が著しく立ち後れていることが最大の問題である．憲法第26条，27条の教育を受ける権利，勤労の権利と関連させながら職業教育を受ける権利に関する法理を確立することが課題で，その際，職業能力開発促進法や企業内教育について，教育法の立場からの見直しが必要だろう．また，労働者の職業教育を受ける権

利の確立を実体化するものとして，公的職業教育の抜本的拡充が求められている．

また，学校教育において，職業についての理解を深め，職業を選択し，職業の準備をする，*職業指導，職業準備教育を含む職業教育は，青年の自立にとって欠くことのできない内容であるにもかかわらず，わが国では著しく軽視されている．学校教育で青年の自立を促し，青年の権利を確立する方向での職業教育の拡充が求められている．　　　　　(依田有弘)

〔文献〕1）細谷俊夫：技術教育概論，東京大学出版会，1978.；2）斉藤武雄・田中喜美・依田有弘：工業高校の挑戦，学文社，2005.；3）斉藤武雄・佐々木英一・田中喜美・依田有弘：ノン*キャリア教育としての職業指導，学文社，2009.

職業教育権　rights to technical and vocational education

〔定義〕教育を受ける権利の一環として保障される，*職業教育を受ける権利．働くのに必要な具体的職業能力の獲得を目ざす職業教育を権利として保障するのであるから，当然これは*労働権の一環をなすものでもある．国際人権規約A規約はその第6条で，「労働の権利を認め」ること，「労働の権利には，全ての者が，自由に選択するもしくは承諾する仕事によって生計を立てる機会を得る権利を含む」こと，「労働の権利の完全な実現を達成する手段」として国が講ずべきものの1つに「技術・職業の指導及び訓練のプログラム」を含めること等を規定しており，この関係を示している．

〔問題状況〕わが国においては，職業教育の大きな部分が雇用関係を前提として行われる企業内教育に担われている．企業内教育に関して法的には労働法の範疇で扱われており，雇用者が被雇用者たる労働者に対して*職業訓練を行い，それを受けることを命じうる根拠は，労働力の売買契約である労働契約にあるとされる．労働者の職務内容が一定の*知識・*技能・態度を必要とする限り，その*能力の獲得は職務遂行の前提・必須要件といえるので，所定の職務に必要な知識・技能・態度の取得を必要として課す教育訓練は職務の要素にほかならず，その受講義務は契約の本務たる労務提供義務に属すると解されているのである[1]．企業内教育は*労働基準法その他の労働法規，労働協約，就業規則，労働慣行，個別合意等労働契約を規制するものからの規制を受けるが，*労働組合が企業内教育を交渉事項とし関与することが現実にはほとんど行われていないので，実際上事業主が自由に行う私的教育となっていて，企業の労務管理の一環として行われているのが現実である．

〔職業訓練は教育〕しかし，この状況は職業訓練も教育の営為であることからすると大きな問題である．なぜなら労働能力は生きた人間と切り離すことはできず，その養成は人格形成に直接かかわる．事業主が構成した職業訓練の受講を命令することは，労働者の人格形成に事業主が介入することであり，近代的人権思想と相容れない．そもそも労働契約で売買されているのは，労働力そのものではなく一定の条件の下での労働力の使用権限である．自らの労働力をどのようなものにするかは人格の自由に属することであり，労働者の自由に任されるべきである．

〔職業教育を受ける権利〕その上で，憲法第26条の国民の教育を受ける権利の一環として，職業教育・訓練を受ける権利が保障されるのである．また第27条の労働権は，具体的には国民が自分の適職を選択し，また選択し直したり，上向移動していくことを国の制度によって保障する適職選択権として構成されるが，その保障の中核には職業教育・訓練を受ける権利が位置する[2]．無論雇用者が労働者に対してある種の能力保持が前提となる職務の遂行を労働契約に基づいて求めることはできるが，その遂行に当たって労働者が必要な能力をどう身につけるのかは労働者の自由であるべきである．そして，労働者の職業教育・訓練を受ける権利の実体化として，公的な形で職業教育・訓練が保障され，その制度を使って労働者は必要な労働能力を自由に身につけうるようになっていることが必要である．

〔ユネスコ，ILO〕こうした考え方は，*世界人権宣言（1948年）や国際人権規約（1966年），そしてそれらを根底におく*ユネスコの技術・職業教育に関する条約（1989年，わが国は未批准），技術・職業教育に関する改正勧告（2001年）や，*ILO（国際労働機関）の人的資源の開発における*職業指導および職業訓練に関する条約（1975年，1986年批准）等にも謳われている．ユネスコの条約では「締約国は，技術・職業教育を平等に享受する権利…のために努力しなければならない」，改正勧告では「技術・職業教育は教育プロセス全体の一部であり，世界人権宣言第26条〔教育への権利〕に示された権利である」としている．またILOの条約では職業訓練政策や計画は「すべての者が社会の必要に考慮を払いつつ自己に最も有利にかつ自己の希望に従って職業能力を開発し及び活用することを，平等の基礎の上にかついかなる*差別もなく，奨励し及び可能にするものとする」とされている[3]．　　　(依田有弘)

〔文献〕1）斎藤將：職業教育訓練法の研究, 法律文化社, 1986.；2) 松林和夫：労働権と雇用保障法, 日本評論社, 1991.；3) 斉藤武雄・佐々木英一・田中喜美・依田有弘：ノンキャリア教育としての職業指導, 学文社, 2009.

職業訓練　vocational training

〔定義〕わが国の法令では明確に定義していないので, *ILO（国際労働機関）の「職業訓練に関する勧告」（1939年採択）をみてみよう. そこでは「職業訓練と称するのは, 技術的又は職業的知識を習得し又は向上させることができるすべての訓練方法をいい, 訓練が学校において施されると作業場において施されるとを問わない」と規定していた. この定義は, *ユネスコの「技術・*職業教育に関する勧告」（1962年12月採択）の「この勧告は, 工業, 農業, 商業およびこれに関連する業務の分野で, 職業的訓練を与えるために学校またはその他の*教育機関で提供されるすべての形態の教育に適用される」と符合する. その後, 今日に至るまでのILOおよびユネスコの条約・勧告もこのような学校教育との一体的な捉え方の延長線上に出されている. しかし, 1958（昭和33）年の「職業訓練法」ではこのような捉え方をせず, わが国では認識の*差異がある.

〔意義〕古くは人間が生活していく上での住まいや衣服, 食料等の必需品を製作することを子どもに教えることから始まり, 仕事が専門分化して, *徒弟制度へと発展したといえる. 徒弟制度は職業訓練の原型であり, 人材育成の基本である. 徒弟制度は古今東西の国で発展し, 今日にも受け継がれている. たとえば, 英国のように, 徒弟制度→「救貧法」によるワークハウススクール→「*工場法」における雇用者としての学習規定→学校の設立のように, 職業訓練から庶民の学校が発展したといえる.

〔用語〕「職業訓練」の言葉がわが国で用いられるのは1958（昭和33）年の「職業訓練法」以降である. 戦後の企業内では「*労働基準法」における「*技能者養成」, 公共では「*職業安定法」における「職業補導」という言葉で再開された. この両者が上の「職業訓練法」に統合再編されたのである. わが国の職業訓練は, 法令, 施設, 訓練対象者および経営主体（公共〔国・都道府県〕, 事業主）により複雑に変遷してきた.

今日では「*職業能力開発促進法」の下で職業能力開発の中核として職業訓練が行われている. 職業訓練の基準は受講者, 訓練目標, 訓練期間（時間）, 訓練内容を区別した各種の訓練課程により体系化されている.

〔内容〕戦後,「労働基準法」では「徒弟の弊害排除」というタイトルで始まり, 職業訓練が独立した今日でもそのタイトルが残っているように, わが国では職業訓練への軽視観, 蔑視観が法規に始まり, 人々の観念にも深く根づいている.

ところで, 職業訓練の権利についてみると,「*世界人権宣言」の第23条「労働の権利」に, 労働者は「失業に対する保護を受ける権利を有する」とある. これは, 失業者が再就職を容易にすることを保障するために, 職業訓練を権利として規定しているといえる. さらに「失業に対する保護」とは「失業しないための保障」をも意味し, 在職労働者の職業訓練も権利としていると理解することができる. また,「経済的, 社会的及び*文化的権利に関する国際規約」では第6条「労働の権利」の2に, 職業訓練の権利が規定されている.

これらの国際規程で共通する重要な点は, いずれも*教育権より先に*労働権を規定し, 労働権の先権性を明確にし, その労働権に職業訓練が規定されていることである. しかしわが国の憲法における教育権と勤労権は逆転している. わが国の教育論に労働問題が位置づかない根源がここにあるといえる.

このようなわが国独特の職業訓練観の背景は, "education"を「教育」と考える誤解から発生しているといえる. たとえば英英辞典における "education" は能力を "develop" することとされている. その能力の内容は知識だけではなく, 必ず職業に関する用語が定義される. つまり, 英米では職業能力の開発が "education" であるという認識である.

このような概念であれば「学校制度」として職業訓練が組み込まれることは不思議ではない. たとえば, ドイツでは*デュアルシステムとして徒弟制度が学校に位置づいており, フランスでは義務教育後の学校段階と同じ段階で見習工制度が整備されている. オランダやベルギーでは職業訓練が学校制度として位置づいている. 英国の影響を受けたと考えられる香港でも職業訓練が学校制度に入っている. このように, 欧米の教育＝職業訓練という認識は "education" と「教育」観を正さないと理解できないといえよう.

（田中萬年）

〔文献〕1) 田中萬年：職業訓練原理, 職業訓練教材研究会, 2006.

職業訓練校　school for vocational training

*職業能力開発促進法で規定する*職業訓練を行うために国や都道府県および事業主等が設置する施

設に対する通称．

〔概観〕1993（平成5）年の職業能力開発促進法の改正以前は国や都道府県による*公共職業訓練および事業主等による認定職業訓練を行う職業訓練施設の区分を「職業訓練校」「職業訓練短期大学校」「*技能開発センター」「身体障害者職業訓練校」と規定していたが，1993年の改正によって「職業能力開発校」「職業能力開発短期大学校」「職業能力開発促進センター」「障害者職業能力開発校」となった．法律の上では，現在の職業能力開発校は，「普通職業訓練で長期間及び短期間の訓練課程のものを行うための施設をいう」と規定されている．しかしながら，一般にはそうした法律上の区分や名称の変更は知られていない．なお，1993年の法改正を契機として，*雇用・能力開発機構が運営する職業能力開発大学校・短期大学校を「ポリテクカレッジ」，職業能力開発促進センターを「ポリテクセンター」という愛称で呼ぶようになり，都道府県や事業主等が設置する職業訓練施設では「技術専門校」「技術校」「スクール」など多様な名称を用いるようになった．

〔歴史〕わが国における職業訓練施設の濫觴は，現行制度の枠組みを構成する公共職業訓練と事業内訓練に分かれて辿ることになる．公共職業訓練とその施設は，1923（大正12）年1月に東京市が鐘ヶ淵紡績会社の寄付を得て職業輔導会を設立して行った失業者のための職業輔導講習所が始まりとされる．これが結果的には同年9月に起こった関東大震災による多数の失業者に対して大いに機能することになったという．また，大震災による身体障害者に対する職業訓練を行うために，*財団法人である同潤会は米国から送られた援助金の残りで1924（大正13）年7月に啓成社を設立した．これが，公的な障害者職業訓練の始まりとされる．一方，事業内訓練とその施設については，「養成工」制度の先駆的な例として三菱工業予備学校（1899（明治32）年設立）がある．
（谷口雄治）

〔文献〕1）田中萬年：職業訓練原理，職業訓練教材研究会，2006．

職業訓練指導員 vocational training instructor

〔制度〕*職業能力開発促進法による職業訓練指導員とは，準則訓練（*公共職業訓練および認定職業訓練）において訓練を担当する者をいう．準則訓練のうち，普通課程および短期課程の普通職業訓練を担当する場合には職業訓練指導員免許が必要になる．職業訓練指導員免許には，厚生労働省令で定める123の免許職種がある．職業訓練指導員の免許職種が多岐にわたるため，その取得へは大きく2つのアプローチが用意されている．1つは，厚生労働省令で定めた基準による指導員養成であり，他の1つは検定等による認定である．具体的には，*職業能力開発総合大学校のハイレベル訓練および専門課程を修了した者，または職業訓練指導員試験に合格した者，これと同等以上の能力を有すると認められる者（範囲は厚生労働省令で規定）が，都道府県知事への申請により交付される．

〔歴史〕指導員養成の濫觴は，1938（昭和13）年に東京・大阪・愛知に設置された機械工養成所，1940（昭和15）年に全国9ヵ所に設置された幹部機械工養成所とされる．両者はともに，主に中小企業の事業所内で機械工養成を担当する者の養成を目的とした．前者では教育学大要，後者では技術指導法が教科としてカリキュラムに組まれていた．第2次世界大戦後の職業訓練は，*労働基準法下の技能者養成規程による事業内訓練と*職業安定法による公共職業補導という異なる制度で行われ，前者の指導員については技能者養成規程による免許制度がとられたが，後者における指導員に関しては内規的な選任基準が定められているにすぎなかった．1958（昭和33）年制定の職業訓練法によって，統一的な職業訓練指導員の免許制度および指導員養成のための中央職業訓練所（現職業能力開発総合大学校）の設置が規定された．1962（昭和37）年に「職業訓練指導員業務指針」（労働省職業訓練局長通達）が出され，指導員の業務の全体像が具体的に示されたが，主要な位置づけであった教育訓練指導は今日では一部にすぎないほどに業務の幅が広がっている．（谷口雄治）
⇨職業能力開発総合大学校

〔文献〕1）厚生労働省職業能力開発局編：新訂版職業能力開発促進法（労働法コンメンタール8），労務行政，2002．

職業訓練に関する勧告 Vocational Training Recommendation

*ILO（国際労働機関）が採択する，労働者の教育訓練に関する一連の勧告．

〔沿革〕*職業訓練に関する最新のILO勧告は，2004年6月に採択された「人的資源開発：教育・訓練・生涯学習」と題する195号勧告である．一方，最初の勧告は，1939年に採択された工業技能労働者養成のための学校職業訓練に関する勧告（第57号）および*徒弟制度に関する勧告（第60号）である．これに*職業指導に関する勧告（第87号，1949年）

が加わり，若年労働者育成のためのひととおりの指針が整った．さらに対象を成人（身体障害者を含む）に向けた職業訓練の勧告（第88号，1950年），農業分野のための職業訓練の勧告（第101号，1956年）によって対象・分野が拡大した．1962年に，従前の若年者の職業訓練に関する勧告（第57号，60号）と成人の職業訓練に関する勧告（88号）とを一本化する勧告（第117号）が採択された．ここにようやく職業生涯を通じての職業訓練体系の萌芽がみられる．1975年には，ほぼすべての対象・職業分野の職業訓練と職業指導とを包括する勧告（第150号）と条約（第142号）が採択された．この1975年の勧告では，職業訓練と職業指導とを包括する概念として「HRD（human resources development）」を使うこととなった．また，同勧告では「継続訓練」によって生涯にわたる教育・訓練・学習という考え方を打ち出した．

〔動向〕激しい技術変化の環境に置かれる労働分野では，労働者の*知識・技能の陳腐化が著しく，技能証明書も短期の有期限のものが多く登場している．このような分野を中心に労働者に必要な教育訓練は，職業準備教育としての「職業訓練」から職業生涯にわたる教育訓練すなわち「生涯学習」へと移行している．2004年の勧告では生涯学習の重要性について特に強調することとなった．以上の経過をみると，職業訓練に関する勧告は，初期の実務指針的な性格を帯びていたものから抽象的・原則的なものへと移り変わるとともに職業訓練の範疇と対象も拡充・拡大し，「生涯」思想が鮮明になっている．

⇨ILO（国際労働機関）　　　　　（谷口雄治）

〔文献〕1）日本ILO協会編：講座ILO，日本ILO協会，1999．

職業訓練の国営組織　⇨雇用・能力開発機構

職業資格　vocational qualification

狭義にはある職業に就くために有していなければならない資格．広義にはある職業や職務，作業に必要な*能力を有していることを公証する資格．これらの概念は，職業資格に対する狭義と広義の概念の対比といえる．ただし，日本に「職業資格」の概念が定着しているとはいいがたい．

〔制度からみる分類〕今野浩一郎によれば，資格には業務独占資格と能力検定があるという．業務独占資格には，職種型と職務型がある．その設定の主体として国や自治体などが直接設定する資格，国や自治体の認定を受けて団体が設定する資格，こうした認定を受けずに団体が独自に設定する資格がある．先に示した狭義の概念であれば，職種型の業務独占資格が職業資格ということになる．広義の概念であれば，能力検定の中で職業との関係が薄い資格以外はすべての資格が職業資格となる．このように日本では，職業資格とは何かということについての概念が定着しているとはいいがたい．この問題は，様々に機能している資格を運営組織や法律の規定など，形式的な枠組みで分類しようとしていることに原因がある．

〔機能からみる職業資格〕資格を能力公証，能力評価，能力向上の3機能の枠組みから分類する見方がある．雇用慣行の能力主義的な立場への転換は，個々の労働者が有している能力を適切に評価する仕組みの整備を迫っている．この視点から雇用者やサービスを受ける側は，その仕事を一定のレベルでこなせる人材を峻別できる仕組み（能力公証機能）を，被雇用者はその職業を一定のレベルでこなせる能力を有していることを就職や処遇に反映してもらう仕組み（能力評価機能）を資格制度に求める．またその能力を有していない人材は，一定の処遇を受けられるようになるための能力習得の道筋を示す仕組み（能力向上機能）を求める．

前記した能力公証機能は，雇用者やサービスを受ける側にとって重要である．その資格を有している人材に仕事を依頼すれば，一定のレベルで仕事の成果を得られることが保障されなければならない．そのような資格であれば，資格取得者と無資格者を比べたときに，資格取得者の採用，仕事の依頼の強い動機になる．しかし，資格取得者でも無資格者でも同じ程度の仕事の成果しか得られないのであれば，わざわざ資格取得者に仕事を依頼するとは思えない．能力公証機能を維持するためには，その資格が評価する能力が明確であり，その能力が仕事の成果に強い相関をもつものであり，一定の仕事の成果を上げられるものだけに資格を認定するものでなければならない．

能力評価機能は，資格取得者が無資格者と比べて，社会的に高い評価を受ける仕組みのことである．これは，法律で定めることでも可能となる．その場合は，今野のいう，業務独占資格である．しかし，社会的な慣行や合意により，結果として資格取得者が高い評価を受ける仕組みも考えられる．そのためには，資格取得者に仕事を依頼したほうが，確かによい成果を得られるという実感が社会に浸透する必要がある．その前提としては，能力公証機能が正しく

機能することが必須で，その上で資格取得者が自身の社会的な評価を高める取組みをする必要がある．

能力向上機能は，その資格を取得するための学習方法を示すことである．そのためにはまず，習得すべき能力を明確にし，次に，1つ1つの能力を習得するための方法を明示することである．またその習得方法は，仕事の成果を出すための能力を習得できる方法でなければならない．

〔制度の課題〕職業資格とは何かを考えるとき，実施主体や法律上の位置づけなどの形式的な分類よりも，機能からの検討がより重要である．日本の各種の資格をこれらの機能からみると，重点を置いている機能，あるいは結果として有効に活用されている機能が，それぞれの資格によって異なっている．資格の利用者（資格を得ようとする者，資格取得者を活用しようとする者）の視点からは，各資格がどの機能を重視しているのかを明確にすることが求められる．たとえば英国では，国の資格制度の枠組みとして，NQF（National Qualification Framework）を設定している．この枠組みでは，学校教育の中で習得する科目や学位に関する資格（GCSE, A levels, Diploma, HE 等），技術的な*知識を中心とした資格（GNVQs, BT*EC, TC 等），職業能力を中心とした資格（NVQs）などの関係を示し，その位置づけを明確にしている．労働者の雇用慣行が激変する中，職業能力や学習成果の評価を明確に示す仕組みの整備が求められている．わが国の資格制度も，機能からみた枠組みを示す時期にきている． （新井吾朗）

〔文献〕1）今野浩一郎：資格の経済学，中公新書，1995.；2）新井吾朗：「資格」制度の社会的機能に関する考察．産業教育学研究，1998.7.；3）郡山力郎ほか：諸外国における職業能力評価制度の比較調査研究（イギリス）．労働研究機構資料シリーズ，2002.8.

大学などでは，学校が卒業生の就職の世話をすることが早い時期から始められていた．

第2次世界大戦後は，*職業安定法（職安法）のもとで学校が卒業生の就職に関与するようになった．中学校では，公共職業安定所（職安）が求人を受け付け，学校を通して就職を斡旋する方式（職安法第26条），高等学校では，学校が*職業紹介の相当部分を分担する方式（職安法第27条）が多くとられた．また大学等では，学校が無料職業紹介を独立して行う方式（同第33条の2）が多くとられた．学校が卒業生の就職に深くかかわるこのシステムは，一方で生徒，学生の職業選択の自由が保障されない，大卒就職における企業による「指定校制度」が学歴主義の温床になる等の問題を抱えたが，もう一方では学校から職業へのスムースな移行を保障していた[1]．

〔課題〕近年，若年失業者の増大，不安定雇用の拡大の中で，若者の就職は厳しく，*ニート，*フリーターといわれる若者が増大し問題となっている．学校が巨大な選抜機構化し早期からの選抜が行われ，その一方で若者の労働市場が厳しく，かつての学校から職業へのスムースな移行システムが崩壊しつつある現状では，積極的な将来の見通しをもちにくい層が広範に存在し，職業指導は大きな困難を抱えている．政府は若者の*自立支援対策を実行したり，*キャリア教育を打ち出している．しかし，雇用の状況そのものの改善が進まなければ，若者の態度変容でことを解決することはできない．若者に対する*職業教育の学校内外での拡充とともに，職業についての援助や職業指導の拡充が学校内外で求められている． （依田有弘）

〔文献〕1）斉藤武雄・佐々木英一・田中喜美・依田有弘：ノンキャリア教育としての職業指導，学文社，2009.

職業指導　vocational guidance

職業への移行を，教育的働きかけを含んで援助する活動をいう．学校教育の重要な構成要素であると同時に，公的職業紹介事業の中でも行われてきた．

〔歴史〕第2次世界大戦前の長い期間，わが国では就職は縁故に頼るか，個別企業の求人活動によって行われていた．第1次世界大戦後の不況期に失業対策の1つとして公共職業紹介が始まり，その中で選職指導を主な内容として職業指導が始められた．1927年文部省は訓令「児童生徒ノ個性尊重及職業指導ニ関スル件」を出し，進学指導も含む職業指導を学校に取り入れるよう要請した．この前後から職業指導に取り組む学校が現れた．中等学校，専門学校，

職業紹介　job placement

*職業安定法（以下「法」という．）第4条第1項において，「求人（報酬を支払って自己のために他人の労働力の提供を求めること）および求職（報酬を得るために自己の労働力を提供して*職業に就こうとすること）の申込を受け，求人者と求職者との間における雇用関係（報酬を支払って労働力を利用する使用者と，労働力を提供する労働者との間に生じる使用・従属の法律関係のこと）の成立をあっせん（求人者と求職者との間をとりもって，雇用関係が円滑に成立するように第三者として世話をすること）すること」と定義されている行為．手数料または報酬を受けて行う有料職業紹介と，いかなる名義

でも手数料または報酬を受けないで行う無料職業紹介がある．

〔有料職業紹介〕有料職業紹介事業は，法第32条の11の規定により求職者に紹介してはならないものとされている職業（具体的には港湾運送業務に就く職業および建設業務に就く職業がこれに該当）以外の職業について，法第30条第1項の厚生労働大臣の許可を受けて行うことができる．

〔無料職業紹介〕これに対して，無料職業紹介事業は，①一般の者が行う場合には法第33条の規定により厚生労働大臣の許可を受けて，②*学校教育法第1条の規定による学校，専修学校等の施設の長が行う場合には法第33条の2の規定により厚生労働大臣に届け出ることにより，③商工会議所等特別の法律により設立された法人であって厚生労働省令で定めるものが行う場合には法第33条の3の規定により厚生労働大臣に届け出ることにより，④地方公共団体が行う場合には法第33条の4の規定により厚生労働大臣に届け出ることにより，行うことができる．
　　　　　　　　　　　　　　　　　　（大木栄一）

〔文献〕1）労働新聞社：職業安定法の実務と解説，労働新聞社，2006．

職業能力開発総合大学校　Polytechnic University

*職業訓練指導員の養成・研修，高度職業訓練ならびに職業能力開発に関する調査研究を行うことを目的として設置された．文字どおり職業能力開発のための中枢的な機関．全国に1ヵ所，東京都小平市にある．運営は，国に代わって*高齢・障害・求職者雇用支援機構が行っている．1961（昭和36）年4月に「中央職業訓練所」として創設され，1965（昭和40）年に「職業訓練大学校」，1993（平成5）年に「職業能力開発大学校」，1999（平成11）年に現在の「職業能力開発総合大学校」に改称した．指導員の養成課程として，大学学部に相当する長期課程と大学院修士課程に相当する研究課程があった．1999年の改称は，職業能力開発短期大学校の「専門課程」（2年）に応用的な職業能力開発・向上のための「応用課程」（2年）を加えた「職業能力開発大学校」の全国10校の設置に伴うものである．職業能力開発総合大学校の付置である東京校（東京都小平市）は「職業能力開発大学校」の制度で運営されている．
　　　　　　　　　　　　　　　　　　（谷口雄治）

〔文献〕1）職業能力開発総合大学校編：職業能力開発総合大学校40年史，2001．

職業能力開発促進法　Human Resources Development Promotion Act

〔歴史〕1969（昭和44）年に労働者の「職業に必要な能力を開発」することを目的とした新「*職業訓練法」が制定された．同法を1985年に，「*雇用保険法」の「能力開発事業」の制度にあわせて今日のような名称に変更改正した．

1999年の改正では10校の職業能力開発大学校を設置したことによる職業訓練の"高度化"に注目が集まっている．この職業能力開発の高度化の施策に対して，専修学校等との*差異を明確にする通達を文部省は発した．

同改正法では「労働者の自発的な職業能力の開発・向上の促進」を強調して，その含意の文を法の8ヵ所に追加した．このことにより労働者の生涯能力開発が明確になったといえる．しかし，この規定により労働者の希望する職業能力開発は個人の責任である，というようになりかねない問題がある．

2001年の改正では昨今の"キャリア形成支援"を反映して第2条第4項等に「職業生活設計」が新たに規定された．

〔意義〕「職業能力開発」とは，「職業能力開発促進法」第1条にあるように，職業訓練と職業能力検定（*技能検定を含む），および職業訓練のための様々な援助業務を含んだ幅広い概念として用いられている．つまり，職業訓練はその中核である．その政策として「職業能力開発基本計画」を5年ごとに定めることにしている．

法には「職業訓練は，*学校教育法による学校教育との重複を避け，かつ，これとの密接な関連の下に行わなければならない」の規定があり，職業訓練の運営が困難な要因となっている．

なお，職業訓練の営みでいえば，法令に基づく「公的職業訓練」と，法令に基づかない「私的職業訓練」とに分けることができる．「私的職業訓練」の多くは*企業内教育訓練であるが，企業内教育訓練がすべて私的であるというわけではない．企業内教育にも法令に基づく「公的職業訓練」がある．これを「認定職業訓練」と呼んでいる．
　　　　　　　　　　　　　　　　　　（田中萬年）

〔法の理念〕①*職業訓練と職業能力検定の円滑な実施，②労働者がこれらを受ける機会を確保することで，③職業に必要な労働者の能力を開発・向上し，④職業の安定と労働者の地位の向上を図る，ことを目的とした法律である．職業能力開発促進法は，*雇用対策法，*雇用保険法と密接な関係をもっている．雇用対策法の「第4章 技能労働者の養成

確保等」で，職業訓練を充実すること，*技能検定制度を確立することを規定しており，職業能力開発促進法は，これを具体化したものである．また，雇用保険法の「第4章 雇用安定事業等」の第63条「能力開発事業」で，職業能力開発促進法の事業運営に関する経費を国が負担することを規定している．

〔法の内容〕職業能力開発促進法は，第1章で法の目的を規定した後，第2章で国および都道府県が職業能力開発に関する計画を立案することを規定している．この規定に基づき5年ごとに職業能力開発基本計画が策定される．2006（平成18）年8月には，第8次の計画が示された．法の第3章は職業訓練の実施方法を規定している．その内容は以下のとおりである．①事業主が雇用する労働者に対して実施する職業訓練に関する規定．②国および都道府県が設置する職業能力開発施設の種類．③国および都道府県が実施する職業訓練の基準．④事業主が行う職業訓練の認定．⑤*職業訓練指導員の育成．⑥職業訓練指導員の免許．第4章は，認定職業訓練を実施する職業訓練法人を規定している．第5章は，技能検定の実施を規定している．第6章で職業能力開発の促進を具現化する組織として職業能力開発協会を設置することを規定している． （新井吾朗）

〔文献〕1）厚生労働省職業能力開発局：新訂版 職業能力開発促進法，労務行政，2002．

職業病　occupational disease

正式には職業性疾病という．業務を担当する過程に被った疾病であり，その種類は「*労働基準法」第75条に規定された「業務上の疾病」について，同法施行規則に規定されている．規則によれば「業務上の疾病」，「物理的因子」による13種，「身体に過度の負担のかかる作業態様」による5種，「化学物質」による8種，「粉じん」，「細菌，ウイルス」による5種，「がん原性物質」による18種が指定され，「その他大臣の指定」する疾病，および「業務に起因することが明らかな疾病」が規定されている．

近年の社会問題になっている職業病は「粉じん」による石綿（アスベスト）被害であろう．石綿を扱っていた作業者のみでなく，その工場周辺の住民にも被害が出ており，公害の性格も有し，企業の責任が問われている．

また，今日問題になっている判断のむずかしい病として，パソコン操作によるVDT症候群やストレスによる鬱病等がある．また，福島原発事故による放射能汚染問題が大きくなるだろう． （田中萬年）

〔文献〕1）職業病対策研究会：職業病その実態と対策，日本エーエムエス，1984．

職業リハビリテーション　vocational rehabilitation

*障害のある人が職業生活を送ることができるよう支援することの総称をいう．

*ILO（国際労働機関）は，1955年に「障害者の職業リハビリテーションに関する勧告」で，「職業リハビリテーションとは，継続的および総合的リハビリテーション過程のうち，障害者が適当な職業につき，かつそれを継続できるようにするための職業についてのサービスを提供することである」と定義し，1983年の「職業的リハビリテーション及び雇用に関する条約」で，障害のある人の社会的統合を目的とした．日本では，1988年の「障害者の雇用の促進等に関する法律」に基づいて事業が行われている．

職業リハビリテーションでは，職業評価，*職業訓練，*職業紹介，職場定着の指導が行われている．職業技能を向上させることも*社会教育の一環であるが，勤労意欲や人間関係調整能力の向上など全人的な視点も含まれており，社会教育との結びつきが深い． （辻 浩）

〔文献〕1）高橋流里子：障害者の人権とリハビリテーション，中央法規，2000．

職業レディネス　vocational readiness

職業に対する準備性の意味である．職業レディネステストを開発している日本労働研究機構によれば，職業レディネスとは「個人の根底にあって，職業選択に影響を与える心理的な構え」であるとされている．

職業に対する準備性の内容としては，心理的な側面（構え）にとどまらず，職業に対する*能力的な側面も含まれるが，職業レディネステストでは，心理的な側面だけを扱っている．その内容は，ホランド理論に基づく6つの興味領域（現実的，研究的，芸術的，社会的，企業的，慣習的）に対する興味と自身の程度，基礎的志向性（対情報，対人，対物）を測定し，これらのプロフィールを明らかにするものである．

職業レディネステストは中学生・高校生を主な対象としているが，短大生・大学生を対象とした職業興味検査もある．これは6つの興味領域に対する興味の程度と，5つの傾向尺度（自己統制，男性-女性，地位志向，希有反応，黙従反応）のプロフィールを

明らかにする．能力的な側面からのテストとして，厚生労働省編一般職業適性検査（General Aptitude Test Battery：GATB）がある．これは，中学生から成人までを対象として，知的能力，言語能力，数理能力，書記的知覚，空間判断力，形態知覚，運動供応，指先の器用さ，手腕の器用さの9つの適性能を測定する．
（新井吾朗）

嘱託職員 adjunct staff

地方公務員法第3条第3項第3号に規定されている「臨時又は非常勤」の職．1972年，文部省は*社会教育指導者層の充実を図るため，地域で教育に関する識見と豊かな経験をもつ人材を非常勤の「*社会教育指導員」として設置する補助を行った．社会教育における嘱託職員は多様であり，「解説員・*学芸員・*教育相談員・文化財資料調査員・伝統工芸指導員・*図書館嘱託員・歴史専門調査員」等の例（世田谷区）もみられる．

また，1990年代以降の*行政改革下における*公民館等の*社会教育施設には，正規職員の代わりに「臨時・非常勤職員」（同法第22条）や「再任用職員」（同法第28条の4）等の「非正規職員」の配置や，*指定管理者制度による「委託職員」の配置もある．

非正規職員の労働条件は厳しく，有期雇用であり，*専門職としての将来は保障されていない．こうした中，岡山市の公民館充実強化運動で，嘱託職員の正規職員化（2001年）が図られていることは注目される．
（細山俊男）
⇨社会教育指導員
〔文献〕1）社会教育推進全国協議会：社会教育法を読む，2003.

職人 artisan

〔歴史〕貴族社会に仕えた手工業者に端を発し，中世期には分化して，それぞれ排他的な同職組織であるギルドを形成した．わが国では「職人」の語は既に15世紀の文献にみることができる．ギルドは，*徒弟制度を通じて職人の養成を規制し，*技能水準の維持保証を果たすとともに，業界への参入障壁として機能した．近代になって資本・賃労働の関係が拡大するにつれて，排他的なギルド組織は消滅ないし変質していったが，工場生産以外の分野で手技能による生産者としての職人は徒弟制度とともに残った．わが国では，第2次世界大戦後の民主化の中で徒弟制度が急速に衰退し，制度的な裏づけをもつ「職人」は影をひそめ，今日では慣習として伝統工芸や大工，左官，造園等，一部の職業者について職人という呼び名をとどめている．

〔意味の広がり〕しかし，以上の歴史的経過にもかかわらず，今日逆に様々な人々に対して「職人」という言葉が当てられている．現代技術の機械装置を高度に使いこなす現場技能者に対して「職人」といわれるばかりではなく，文献や資料を扱ったり事務的な仕事をする人についてさえある種の仕事ぶりに対して「職人的」だといわれるし，野球選手などプロスポーツ選手にも「職人」が見いだされる．それらを概括してみると，「なすべき一定水準の仕事をきっちりとこなす」仕事人，そういう*職業能力をもった人にわれわれは「職人」を感じているようにみえる．その点にこそ職人というものの本質的な意味があるのである．
（小原哲郎）
〔文献〕1）斎藤隆介：職人衆昔ばなし，文藝春秋，1967.

食農教育 education on diet and agriculture

食農教育は学校教育を中心に使用される用語であり，定義はまだもって確定していないが，共通見解としては「食教育と農業体験学習を一体的に実施するもの」とされている．

〔学校教育における広がり〕食と農を連結して取り組む*実践は，人間と自然との関係を総体的に捉える手段として1990年代前半から注目されるようになり，学校教育においては「*総合的な学習の時間」の導入により，事例が多数報告されるようになった．これを促進したのが1998年に農山漁村文化協会から出版された雑誌『食農教育』である．特に『食農教育』では，「食のもつ人間の生存と尊厳に関わる教育力に注目し，人間としての存在価値や生き方を問うために『育てる』―『食べる』ことから学校と地域の連携における教育運動の推進」を目的としている．『食農教育』は，現在『のらのら』と変更され刊行されている．

〔社会への広がり〕食や農の実践が雑誌や総合的な学習の時間で取り上げられるようになったことを背景にして環境問題（*環境教育）へ関心が高まった．具体的には，食の安全性や地産地消運動，*スローフード運動などの実践を通して，学校と地域が連携し，地域の農業や伝統食を取り上げるようになった．地域における子どもたちへのアプローチが積極的に行われるようになると，食農教育の共通見解を乗り越え，発展的実践が行われるようになった．特に子どもたちの生活習慣の乱れを憂い，これらは「食育」へと結実し，「食農教育」を取り込み，現在に至って

いる．

〔課題〕食農教育では，子どもを学習主体として捉え，体験を行いながらも*知識習得や理解に偏重しているものが多い．食と農を生産と消費の面から捉える傾向があり，生活の取り戻しや地域性に基づく関係性に視野を広げた取組みは少ない．今後，食と農のもつ機能としての関係性に注目し，大人と子どもが一緒になった*地域づくりの展開が課題となる．
(野村　卓)

〔文献〕1) 鈴木善次監修：食農で教育再生，農山漁村文化協会，2007.；2) 大村省吾・川端晶子：食教育論，昭和堂，2005.

職場スポーツ sports activities in the workplace

同じ職場組織のメンバーを中心に，組織的に行われる体育・スポーツ活動を意味する．企業側が行う職場体操やスポーツプログラム，*労働組合によるスポーツ活動，実業団や企業運動部と呼ばれる競技スポーツを含む．明治期以降の近代産業社会成立の過程で，職住分離が進み終身雇用制を採用し従業員の生活を抱え込むに至って組織的に発展した．実業団スポーツは，1916（大正5）年頃，野球の実業団チームに始まる．戦後，職場体操の禁止と同時に占領政策の一環としてスポーツ・*レクリエーションが推進された．また労働者主導の活動も盛んになる．その後，良質の労働力の確保という労務政策，従業員の健康管理と余暇要求の充足という福利厚生，企業イメージの形成や*アイデンティティの醸成という企業戦略等の視点で展開されてきた．しかし近年，職種や雇用形態の多様化，企業スポーツの*費用対効果の低下などによって職場スポーツのあり方の再検討が求められている．
(松尾哲矢)

〔文献〕1) 菅原禮ほか：現代社会体育論，不昧堂，1977.

職場青年学級　⇨青年学級

植物園 botanical garden

多種類の生きた植物とその栽培・*展示ならびに標本や図書，資料を通じて展開される学習の場であり，*知識・技術の習得の場である．わが国の植物園は，花や樹木がいっぱいの憩いの場と受け止められがちであるが，本来は植物を介した*社会教育・*生涯学習に適した場である．植物園における教育・学習活動は2つの形態に大別できる．①受動的活用は，自己向上・研鑽のため知識・技術などを習得する活動のことで，植物とその生育環境・管理状況などの観察・学習，また展示会・講習・講演・講座・友の会活動などへの参加・受講を通して主に個人的欲求を満たすために行う生涯学習活動行為である．②能動的活用は，自己向上目的のみならず第三者への働きかけとそこから得られる生きがい感・達成感を伴う活動のことで，園内ガイド・管理作業などの*ボランティア，植物標本作製や資料整理補助員などとして活動することによる社会貢献に関与する生涯学習活動行為である．
(石田源次郎)

〔文献〕1) 岩槻邦男：日本の植物園，東京大学出版会，2004.；2) 小山鐵夫：植物園の話，アボック社出版局，1997.

フンカシホン

女子青年 young woman

「青年」を用いた言説においては男性が中心に据えられる場合が多いために，あえて女性であることの固有性を主張するために用いられた呼称．

〔歴史〕第2次世界大戦前は，男子の*青年団に対して，日露戦争前後から組織化され始めた*処女会が1927年には大日本連合女子青年団として拡大され，さらに1941年には*大日本青少年団に解消された．女子教育機関では長らく良妻賢母主義教育が主流であり，一方労働者としての女子青年たちは「女工」として過酷な*労働を強いられてきた．さらに戦時下では，勤労報国隊や女子挺身隊として出動させられた．

女子青年を主体とする*社会教育関連団体としては，YWCA，*ガールスカウト等があり，それぞれに長い歴史を有している．このほか，青年団では女子活動（女性活動）と呼ばれる活動に取り組んできており，女性団体（婦人団体）との連携も含みながら，女性の視点に立った運動を提唱し，男性団員たちとともに活動を組織する試みがなされてきた．

〔課題〕女子青年にかかわる研究としては，女子教育史，団体活動，婦人問題・女性問題の一部としての位置づけ，女子青年学級，*性教育などを中心に取り組まれてきたが，*青年期研究と*ジェンダー論からのアプローチの交差する地点に位置づくため，さらに横断的な研究が求められる．現在では，進路選択や*職業意識の形成という観点から女子学生の意識に関する調査研究が教育社会学，*女性学，ジェンダー論などの研究領域と交流しながら進められ，学校教育の中に潜むジェンダー問題の解明も試みられている．そうした研究と同時に，女子青年の活動や*実践の場を保障していくことが必要である．
(矢口悦子)

⇨全国女子青年集会

〔文献〕1) 渡邊洋子：近代日本女子社会教育成立史―処女会の全国組織化と指導思想―，明石書店，1997.；2) 神田道子編：女性学生の職業意識，勁草書房，2000.；3) 日本青年団協議会編：地域青年運動50年史，日本青年団協議会，2001.

処女会 Shojokai（female youth group）

1900～20年代に農山漁村部で結成された，義務教育終了後の独身女子の地域修養団体．守操の自覚を促すため「処女会」と総称された．大半は村長や校長を会長とし，家事や副業の講習会，「婦徳涵養」の講演会，補習教育，*運動会，敬老会，見学旅行，生活・風紀改善，図書等の共同閲覧や巡回文庫，社会奉仕など広汎な事業を行った．*青年団や*婦人会と連絡・提携し，合同活動も行う．1917（大正6）年4月，内務省が設置した処女会中央部は，同省嘱託天野藤男と山脇房子，吉岡弥生，三輪田正道らの女子教育家，文部省関係者で構成され，機関誌『処女の友』の刊行，地方処女会の設置奨励，工場内処女会の設置，都市部での相談・斡旋事業，処女会指導者講習会などを担った．1927（昭和2）年，大日本連合女子青年団の創立で中央部は解散，処女会は女子青年団に再編された． （渡邊洋子）

〔文献〕1) 渡邊洋子：近代日本女子社会教育成立史―処女会の全国組織化と指導思想―，明石書店，1997.

女性学 women's studies

〔概観〕既存の知識，知識が生み出される過程および担い手が著しく男性中心であったことを批判し，女性の当事者性を基点とし，① 不可視であった女性の経験，すなわち社会的に女性と定位されることによって生じる経験の可視化，理論化と，② 性差別構造の解明を通じたその解体を目ざす学問研究である．1960年代の欧米の女性解放運動の中で生まれた．近接の学問に，「ジェンダー研究」がある．ジェンダー研究が性別による二分割と分割間の権力関係を再生産する社会的文化的機序の解明を旨とするのに対し，女性学は，女性の当事者性に立脚する点が異なる．

〔歴史〕日本における女性学は，1970年に顕在化した*ウーマンリブ運動を背景に，1974年に賀谷恵美子と井上輝子（筆名：辺輝子）が米国の大学の女性学講座を紹介した論文の中で，women's studies に「女性学」の訳語を当てたことに始まる．大学教育では，1972年に京都精華大学短期大学部に最初の「女性学」が開講された．その後，全国の大学，短期大学の，当初は教養科目，やがて徐々に専門科目，そして大学院へと広がった．国立女性教育会館「女性学・ジェンダー論関連科目データベース」に登録されている，2008年度に全国の大学で開講された女性学・ジェンダー論関連科目は617大学4238科目である．研究面では，1970年代後半に，日本女性学研究会（1977年），国際女性学会（1977年），女性学研究会（1978年），日本女性学会（1979年）など「女性学」を冠した研究団体が相次いで発足した．

同じ頃から，大学に女性学関係の研究所が開設されるようになった．現在は20機関である．1977年に設立された国立婦人教育会館（現国立女性教育会館）およびその後相次いで設立された都道府県の女性センター・*男女共同参画センターも調査研究機能を備えた．1990年代半ば，2つの大学院に女性学を冠するコースが開設されるようになった．これら，学会と研究機関と大学院が，女性学の研究集積拠点となってきた．*社会教育との関連では，1970年代から*公民館で積み重ねられてきた*女性問題学習が，女性の経験の重視，可視化という基本姿勢を共有している．また，国立婦人教育会館は，1980年から毎年，「女性学講座」（現「男女共同参画のための研究と実践の交流推進フォーラム」）を開催してきた．この講座は，研究者，行政職員，教員，市民グループなど様々な立場で活動している人々の情報や成果の交換と人的交流の場として大きな役割を果たしてきた．

〔現状〕1．学部・学科をもたない学問

各国と異なり，日本の女性学は，いまなお大学教育の中にこれを専攻する学科をもたない．これは，日本の女性学が，大学教育の中で大きな力をもちえてこなかったことの証左であるとともに，独自の学問領域（方法と体系）を構築することより，既存のあらゆる学問領域に新たな視点ないしパラダイムを導入することを重視してきた結果でもある．

2．学術界における一定の認知

研究の蓄積に伴い，女性学は，日本の学術界において一定の認知を得るようになった．日本女性学会は，1987年に日本学術会議の登録団体となった．現在は，日本学術会議の中に「ジェンダー学連絡協議会」という女性学，ジェンダー研究関連の学・協会の*ネットワークが形成されている．

〔論点・課題〕日本で女性学が提起されて40年近くが経った．この間，女性学がどのような固有の課題認識，分析枠組，方法を創出し，それらによってどのような固有の知を生成してきたのかが検証される必要がある．

そのほか，ジェンダー研究，セクシュアリティ研

究，クィア研究など近接の性・性別関連研究との相互関係もなお論じられる必要がある．大学教育において，今後も独自の学科構築ではなく，もっぱらあらゆる学問領域への視点の参入を追求するのかも同様である．
(内藤和美)

⇨フェミニズム，女性問題学習

〔文献〕1）井上輝子ほか編：岩波女性学事典，岩波書店，2002.

女性差別撤廃条約 Convention on the Elimination of All Forms of Discrimination against Women

〔概観〕正式名称は「女子に対するあらゆる形態の差別の撤廃に関する条約」で，1979年の第34回国連総会にて採択され，日本は1985年に批准した．2008年2月現在締約国は185ヵ国である．前文と30条の条文で構成されており，世界の女性の地位向上と差別撤廃，女性運動に与えた影響は大きい．締約国は原則として4年に1回，国連事務総長にあてて条約実施についての進捗状況を報告することが義務づけられており，女性差別撤廃委員会で検討される．同委員会は政府報告のほかに*NGOからの情報も受け，条約実施に向けての提案と一般的性格を有する勧告を行っている．日本では，条約批准に向けて国内の47女性団体が連絡会をつくり，一致して行動した．批准後は条約実施のための法整備が進み，女性差別撤廃に向けての大きな原動力となっている．

〔内容と意義〕前文において女性差別撤廃は平和なくしては成り立たないことを明確にし，条文において男女の伝統的な役割と慣行の変更，子の養育に対する両親と社会の責任，女性差別撤廃のためのポジティブアクション，男女同一の教育機会の必要性の他，*労働における女性の権利について「すべての人間の奪い得ない権利としての労働の権利」と明記するなど，男女平等の実現に向けての基本的原則が示されている．日本では条約批准のために，国籍法の変更，雇用機会均等法の制定とともに男女同一の教育課程を実現し，約30年間続いた女子必修家庭科が廃止された．セクシャルハラスメント（セクハラ）や*DV（ドメスティックバイオレンス）など，かつては取り上げられなかった問題についても法整備が進むなどの男女平等政策が進行し，女性差別撤廃にかかわる運動の拡大につながった．とりわけ女性差別撤廃委員会の勧告は政策と運動双方に大きく影響し，今日では，間接差別の定義の明確化，婚姻に伴う男女平等の実現，選択議定書の批准などが課題とされている．
(朴木佳緒留)

〔文献〕1）日本女性差別撤廃条約NGOネットワーク編：女性差別撤廃条約とNGO，明石書店，2003.；2）山下泰子：女性差別撤廃条約の展開，勁草書房，2006.

女性施策 gender equality policy

政府や地方行政による，女性の地位向上を目的とした施策の総称．1999年の「*男女共同参画社会基本法」成立後には，行政用語としては「女性施策」の語は用いられず，「男女共同参画施策」とされている．戦後当初には，「婦人政策」として女性の地位向上と「啓蒙」が中心課題とされた．その後，第2波*フェミニズムの影響を受け，各種の女性運動が活発化し，各地に「女性センター」が設置され，女性の社会参加への支援が中心課題とされた．同時に施策の担当部署が教育行政から首長部局へと移り，公民館で行われていた女性問題についての学習が「女性センター」でも行われるなど，社会教育にとっては検討を要する課題も現れた．今日では，「男女共同参画施策」として男女を対象とした施策とされているが，女性差別撤廃に何が，どうかかわるのか，吟味が必要とされている．
(朴木佳緒留)

〔文献〕1）藤枝澪子・グループみこし：どう進めるか，自治体の男女共同参画政策，学陽書房，2001.

女性の人権 women's rights

女性の立場から，人間の権利の保障を捉える発想や考え方をさす．人権は本来，誰もが等しく有する権利であるが，近代社会に根ざす「人間＝男性」を自明視する価値観を告発し，女性が女性であるがゆえに受ける人権侵害への対応や「産む性」にかかわる独自の権利を求める運動から生まれ普及した．このような思想や運動は通常*フェミニズム（feminism）と呼ばれている．

〔歴史的経緯〕フランス革命期，オランプ・ドゥ・グージュ（Gouges, O., 1748-93）は「人権宣言」の「人権」に女性の人権が含まれないことを告発し，男性と同等に死刑になった．女性の人権が，男性と平等に保障されるべきとする考え方は以後，女性たちの地道でねばり強い闘いの中で引き継がれ，1960年代後半の米国の*ウーマンリブ運動を契機に，世界中に広がった．だがそれが国際機関を媒介に，各国政府機関の取り組むべき共通課題と認識されるようになるのは，1975年の国連「国際婦人年」に至ってである．同年の第1回*世界女性会議（メキシコ）で「国連女性の10年─平等・発展・平和の宣言─」が採択され，女性の地位向上への重点的な取組みが各国で始まった．1980年の第2回コペンハーゲン

会議，1985年の第3回ナイロビ会議を経た，1995年の第4回北京会議では，実質的な男女平等の推進とあらゆる分野への女性の全面的参加等38項目の「北京宣言」と，*貧困，教育，健康（とりわけリプロダクティブヘルス/ライツ），女性への暴力，経済，人権等における戦略目標と行動を提起する「行動綱領」が採択され，それを受けて，国連特別総会「女性2000年会議」（ニューヨーク）が開催されている．

〔国際条約〕「国連女性の10年」の取組みの一環として，1979年に「*女性差別撤廃条約」が国連総会で採択され，1981年に発効した．同条約では「女子に対する*差別は，権利の平等の原則及び人間の尊厳の尊重の原則に反する」（前文）との前提から「性に基づく区別，排除又は制限」を「政治的，経済的，社会的，文化的，市民的その他のいかなる分野においても，女子（婚姻をしているかいないかを問わない）が男女の平等を基礎として人権及び基本的自由を認識し，享有し又は行使することを害し又は無効にする効果又は目的を有する」（第1条）ものとして禁じ，あらゆる分野で女子に男子と平等の人権と基本的自由を保障するための「すべての適当な措置」を締結国に求めた（第3条）．男尊女卑や固定的な性別役割観による*偏見・慣習の是正，社会的機能としての母性理解，男女の養育責任，女子の人身売買や売春による搾取の禁止等にも各国政府関係者の注意を喚起している．

〔国内における女性の人権〕1985年の「女性差別撤廃条約」批准に当たり日本政府は国内法の調整を求められ，①国籍法の改正（「父系血統主義」から「父母両系血統主義」へ），②「雇用の分野における男女の均等な機会及び待遇の確保等女子労働者の福祉の増進に関する法律」の制定（1999年「*男女雇用機会均等法」に改称），③家庭科の男女共修化を実現した．2000年には「*男女共同参画社会基本法」が施行され，「男女の人権が尊重され，かつ，社会経済情勢の変化に対応できる豊かで活力ある社会」の実現に向けた国，地方公共団体と国民の責務が明らかにされ，「男女共同参画社会の形成を総合的かつ計画的に推進すること」（第1条）が定められた．2001年「配偶者からの暴力の防止及び被害者の保護に関する法律」（*DV防止法）施行を受け，法務省などの人権擁護機関によりDVや性犯罪，*セクシュアルハラスメント，ストーカー等への対応も進みつつあるが，政治・経済・社会への参画と同様，課題は山積している．また妊娠・出産などにかかわる健康や*自己決定をめぐる諸問題，さらに女性特有の病気や不妊，性感染症，HIV/エイズ，性暴力，売買春などへの対策や予防策も*NGO/*NPOなどの活動に依存している感は否めない．「国連女性の10年」以降の女性たちの学習意欲の高まりや学習活動の活発化，女性政策と行政の支援による「*女性問題学習」や*女性学講座の取組み，世界女性会議への参加を契機とする国内NGOの組織化，本格的な「参画」に向けた様々な取組みによる「*エンパワーメント」の成果を，女性の権利のさらなる保障に向けて発揮することが強く求められる． （渡邊洋子）

〔文献〕1) 辻村みよ子・金城清子：女性の権利の歴史（岩波市民大学），岩波書店，1992.；2) 辻村みよ子：女性と人権―歴史と理論から学ぶ―，日本評論社，1997.

女性問題学習 studies on women's issues

女性問題（性差別）克服の主体形成を目ざす学習．
〔概観・歴史〕1960年代米国の女性解放運動は，女性が自分たちの*経験を自ら意味づける*実践として展開したが，それは従来の学問の問い直しにつながり「*女性学」を生み出した．こうした動きは，日本の*社会教育の女性の学習にも伝わり，性差別克服の視点からの学習の取組みが始められた．東京の国立市公民館では，「主婦の問題は，女の問題を考える1つの基点である」と*公民館で学ぶ女性たちの問題を捉えた職員の伊藤雅子が，1965年から*公民館保育室の実践を展開し，1970年には，内容も方法も学習者とつくり出していくセミナー「わたしにとっての婦人問題」に取り組んだ．その記録『主婦とおんな』には，学習者が内容（4つのテーマ）と方法（記録に基づく*共同学習）をつくり出していくプロセスが描かれているが，この実践は女性問題学習の始まりといえる．

1975年の「国際女性年」に続く「国連女性の10年」の中で，「*女性差別撤廃条約」で明記された「*性別役割分業」の克服という課題に向けて，*社会教育行政や女性問題担当行政によって女性問題学習が展開された．当時は都市の主婦の学習が社会教育の大きな部分を占めており，性別役割分業がつくり出している「主婦の問題」を学習者が自分の問題として捉え，そこから自己変革していくことを目ざして，話し合いを中心とした学習が多く取り組まれたが，そのほか，働く女性や農村女性たちの女性問題学習も取り組まれた．しかし，社会構造に深く浸透している性別役割分業と関連して自分の暮らしのあり方を変えることは簡単なことではなく，女性問題学習

は形としては広がったが，学習者が主体として自己形成していく長期のプロセスを展望するような学習はなかなか展開しなかった．

一方，1978年頃にいくつかの女性学会が誕生し，大学で女性学が開講され，その後社会教育においても「女性学講座」が開設された．また，1999年に「*男女共同参画社会基本法」が制定される動きの中で，「女性問題」よりも「*ジェンダー」「男女共同参画」という用語が使用されるようになり，女性問題学習の呼称と実態は多様に拡散している状況といえる．

〔論点〕*日本社会教育学会では，女性問題学習をめぐる研究のまとめを，1982年と2001年に年報として発行した．これらの年報やその他の議論の中から，2つの論点をあげる．

1つは，都市の主婦が「主婦の問題」を自分の意識の中に探り，その意識変革を目ざす学習を女性問題学習と捉えた上で，それが，社会構造の把握がなく，農村女性や女性労働者の問題に対する視点がないとする議論である．しかし，女性問題学習は，学習主体にとっての女性問題をどう捉え，学習者がその問題を社会的存在としての自分のあり方の中に問い直すプロセスをどう展開するかという視点から議論すべきではないだろうか．

もう1つは，「女性学」の研究成果を女性問題学習の内容とするという「女性学教育」「女性学学習」という提起である．これは，学習者が自分の暮らしを語り合う中から問題を認識していくことの困難さに対して，研究成果を学習材料として認識の形成を促そうとするものであるが，「女性学」を「学ぶ」ことからは，主体形成を展望することは容易ではない．

〔課題〕米国では，1960年代に生まれた女性学が多くの大学の中に広がった1980年代半ばに，方法の重要性に注目する*フェミニズム教育学（feminist pedagogy）が改めて提起されたが，性差別克服の主体形成を目ざす「女性問題学習」における方法の問題を改めて問い直すことが課題である．（入江直子）

〔文献〕1）室俊司編：婦人問題と社会教育，東洋館出版社，1982.；2）日本社会教育学会編：ジェンダーと社会教育，東洋館出版社，2001．

女性労働問題 issues of working women

〔概観〕日本の労働市場において，女性の労働条件や地位が男性に比べて低いことや，賃金，管理職比率等で存在する大きな男女間格差などの問題のこと．日本の社会保障制度は，家庭における家事・育児・介護等の家庭責任を妻・母親が担う*性別役割分業の前提の上に成り立つ一方，労働市場はそのような家庭責任を負わない男性労働者を標準としてきた．そのため，女性は男性に比べて効率の低い労働力と*評価され，生涯を通して継続的に働いてキャリア形成していくものとして扱われず，教育訓練の機会も十分に与えられず，職種・職域・業務も非熟練・補助的・定型的なものに限定されやすく，労働条件や地位も不安定なものになりやすい．

〔内容〕戦前の前近代的な劣悪な労働条件のもとに置かれた女性労働は，第2次世界大戦後，女性労働者の保護規定の整備等により改善がなされた．*男女雇用機会均等法等により性差別は禁止されているが，現実には*労働の場における男女間の格差はいまなお著しい．その背景には，間接差別の問題がある．間接差別とは，一見，性別に中立的にみえる基準でも，実際には一方の性の不利益につながる規定や雇用慣行で正当性を欠くものをいう．たとえば，女性が多くを占めるパート，契約，派遣等の非正規労働者に対する待遇差別や，コース別雇用管理制度等による賃金格差や教育訓練の格差，昇進・昇格の遅れ等がある．

〔課題〕戦後日本の社会教育では，地域や生活に依拠した学習課題が多く，そもそも労働にかかわる学習実践・研究は少ない．女性労働問題についても同様である．主婦が多く参加した*女性問題学習でも，実際の労働問題についての問題意識は低かった．また，企業別*労働組合は男性正規労働者を中心に組織され，女性労働問題はその中心課題として捉えられず，*労働者教育も十分に行われてこなかった．女性労働者自身による学習活動はインフォーマルな場で行われ，彼女たちが労働の場で直面する性差別の是正や女性の地位向上に取り組み，多様なネットワークを育んできた．今後，学習内容や方法の検討，活動の連携など多くの課題がある．（廣森直子）

〔文献〕1）木本喜美子：女性労働とマネジメント，勁草書房，2003.；2）熊沢誠：女性労働と企業社会，岩波書店，2000.；3）木本喜美子：家族・ジェンダー・企業社会，ミネルヴァ書房，1995.

職工大学 ⇨中国の成人教育・生涯学習

ジョブカフェ job café

若者の失業率の上昇に歯止めをかけるために，2003（平成15）年に厚生労働大臣，文部科学大臣および経済産業大臣等により策定された「若者自立・挑戦プラン」の中核的施策に位置づけられたもので，

地域の実情に合った若者の*能力向上と就職促進を図るため，都道府県の主体的な取組みとして，若年者が雇用関連サービスを1ヵ所でまとめて受けられるように官民協同で設置されたワンストップサービスセンター（キャリアサポートセンターの1つの形態）の通称である．ジョブカフェでは，仕事に就いていない若者や*フリーターなどを対象に，就職支援（地域の求人や自分の適性に合った就職支援を提供）だけでなく，情報提供（*職業や能力開発，創業に関するまとまった情報を提供），職場体験（*インターンシップなど職場体験機会の提供），個人相談（きめ細やかな進路相談を提供）などを含め，若者が自分の将来を見いだし，就職できるように全面的に支援している． (大木栄一)

〔文献〕1) 経済産業省：若者たちの就職物語，同友館，2007.

ジョブコーチ job coach

*障害のある人の就職と職場定着を支援する職員．米国では，1986年のリハビリテーション法により，「援助つき雇用」（supported employment）制度のもとにジョブコーチが位置づけられた．日本でも，2000年からのパイロット事業を経て，2002年に厚生労働省が職場適応援助者（ジョブコーチ）の制度を地域障害者職業センターにおける事業として発足させており，2005年には障害者雇用促進法の改正によって職場適応援助者助成金制度が成立している．ジョブコーチは支援対象者の職場に出向き，実際の職場の状況に応じて，職務内容の設定や遂行，人間関係や職場内*コミュニケーション，職場における支援対象者に関する理解の促進などを援助し，職場定着後も定期的に職場を訪問して必要な支援を行う．従来は教育や*職業訓練の後に就職するという形が主流だったのに対し，実際の職場で必要な支援を行う点が特徴だといえる． (丸山啓史)

〔文献〕1) 小川浩：重度障害者の就労支援のためのジョブコーチ入門，エンパワメント研究所，2001.

ショーン，ドナルド Schön, Donald

1930-1997．マサチューセッツ州ブルックリンに生まれる．『省察的実践者』をはじめとする一連の研究で，*専門職と大学院におけるその教育のあり方について大きな影響を与えた哲学者・実践研究者．ハーバード大学大学院において，*デューイの探究概念をめぐる博士論文をまとめた後，パリ音楽院の大学院でクラリネットを学んだ．その後，コンサルタント会社，*NPO，米国商務省等において技術革新とそれにかかわる組織と学習をめぐる*実践と研究を進め，1968年からマサチューセッツ工科大学の客員教授，1972年からは都市研究と教育に関する講座の教授となる．自身のデューイ研究と組織での実践，アージリス（Argyris, C.）との共同研究，さらにマサチューセッツ工科大学都市開発部門におけるカリキュラム改革のための共同研究を基盤とした1983年の『省察的実践者』は，技術的エキスパートモデルの専門職とその教育に対置する「省察的実践者」とその力量形成カリキュラムの提起によって，エンジニア・医療・経営・教育・福祉をはじめとする多くの分野の専門職教育改革に大きな影響を与えた． (柳沢昌一)

〔文献〕1) Schön, D. A.: *The Reflective Practitioner*, Basic Books, 1983（柳沢昌一・三輪建二監訳：省察的実践とは何か，鳳書房，2007）.

自力更生運動 Policy for Self-independent Movement by Villages

〔概観〕1932（昭和7）年の5・15事件以降「非常時」が流行語となったが，この頃資本主義の矛盾が拡大し農村では危機的状況に直面していた．そのため斎藤実内閣の農相後藤文夫は農山漁村経済更生計画を打ち出すことにしたが，農村不況の原因が農村経済の運営にあるため一時的な応急処置では農村経済の立て直しは不可能であった．

そこで*農山漁村経済更生運動が提唱されていくことになる．それはまた自力更生運動といわれているように，農山漁村の住民の主体的な取組みが求められるものであった．

〔内容〕自力更生運動はまず町村有力者および各地域の教化団体等を総動員して経済更生計画を作成・実施することから始められた．つまり，経済更生計画の樹立には町村役場を中心に当該町村の有力者を網羅した町村経済更生委員会が当たり，その実行に当たっては部落の組織が主体となり，農事改良などの技術面では農会，販売・購買・信用・利用などの経済行為については*産業組合を通じて行うというものであった．

〔動向〕後藤農相の指示にあったように農山漁村経済更生運動は「精神教化運動との連絡協調を密」にすることが求められていた．精神教化運動とは内務省によって推進された国民更生運動であったが，農山漁村経済更生運動は国民更生運動と併進して展開していく．両者は時に競合し時に協調する関係であったが，農山漁村経済更生運動では経済更生町村を

指定したのに対して，国民更生運動では教化町村を指定した．それは各府県の町村を特区としてそこに更生の*実践を試みるものであった． (山本悠三)

〔文献〕1) 古屋哲夫：民衆動員政策の形成と展開．季刊現代史（現代史の会編)，第6号（夏季号)，1975.；2) 山本悠三：指定教化町村と教化常会．福島史学研究，第79号，2004.

自立演劇運動　Jiritsu (independent) theater movement

戦争が終結した1945年以後，数年にわたって日本の各地で素人による演劇活動が活発に行われたが，その中で，特に労働者を中心として，新劇界と連携して行われた演劇運動を，自立演劇運動と呼ぶ．自立演劇の呼称は戦前のプロレタリア演劇運動で既に用いられていたが，大々的に展開されたのはこの時期が最初である．

自立演劇運動では，労働者が自ら戯曲を執筆し，上演に向けた劇団の組織化を自主的に職場内で行ったケースが多数みられた．自立演劇は当初組合運動と結びつく形で労働者の階級意識を高める目的で行われたが，次第に，労働者自身の生活を描く方向へと向かった．

労働者は新劇界と葛藤をはらんだ関係を結びつつ活動を展開，コンクールを開催し，労働者文化と呼ぶにふさわしい状況をつくり上げた．だが，1950年頃政治的激動の中でほぼ壊滅，その後方向性を分化させつつ活動をつなぎとめていった． (小川　史)

〔文献〕1) 大橋喜一・阿部文勇：自立演劇運動，未来社，1975.；2) 小川史：戦後初期における労働者の演劇実践，早稲田大学大学院教育学研究科紀要別冊12-1，2004.

自立支援　services and supports for persons in needs to live independent daily social life

2002年の*ホームレスの自立の支援等に関する特別措置法，母子家庭自立支援対策大綱，2005年の若者自立塾事業（厚生労働省施策)，*障害者自立支援法など，自立支援を名目とした政策が各領域で展開している．国家施策として遂行される自立支援は，個人の国家への依存を減ずるための対策であり，財政負担の軽減とかかわっていることが多い．したがって，社会保障制度の利用者，あるいは潜在的利用者に対する雇用確保や就労のための教育・訓練が施策の柱となる．自立という概念は，経済的自立ばかりでなく，社会的自立や身辺自立なども内包し，近代的人間像と深くかかわってきた．障害者運動や女性運動などの当事者運動の中でも，近代的人間像から排除され依存を強いられてきたことが問題とされ，自立が主張された．ただし，*他者とのかかわりを軽視する自立概念への批判もあり，自律や相互依存 (interdependence) といった概念に代替すべきだという主張もある． (津田英二)

〔文献〕1) 森岡正博編著：「ささえあい」の人間学，法藏館，1994.

自立生活運動　Independent Living Movement

〔概念〕障害者が親や施設などに依存しながら生活するのではなく，自分で生き方を選び，*他者の手を借りながら自律的に生活するために必要な制度等を整えていこうとする取組みが自立生活運動である．そこでは，自立生活を支えるために*自立生活センターが設置され，介助者のコーディネートを行うほか，自立生活を心理面から支える*ピアカウンセリングや自立生活の技術や態度を学習する機会としての自立生活プログラムなどが実施されているという意味で，障害者人自身の*自己教育の要素を内包しているといえる．

〔歴史と動向〕1960年代後半から1970年代の米国で，公民権運動の流れの中から生まれてきた障害者運動が端緒とされる．日本でも「青い芝の会」をはじめとした障害者運動が同時代に起こっており，親や施設からの自立をテーマとした思想的基盤が形成されていた．1980年頃から渡米して理念を学んだ障害者が，自立生活運動を始め，1986年に初めての自立生活センターが開設される．その後1991年には全国自立生活センター協議会が発足し，徐々に自立生活センターが全国に普及していった．

〔課題〕自立生活における最大の争点は財源問題である．特に24時間介助を必要とする全身性障害者らにとっては，財源の不足が自立生活の困難に直結する．自立生活の意義に対する社会の理解の深まりが期待されると同時に，財源不足を原因に家族機能への依存の方向に進まないよう注意が必要である．また，従来の自立生活運動の担い手は身体障害者であったが，今後知的障害者や精神障害者の自立生活に向けた取組みも緊要である． (津田英二)

〔文献〕1) 全国自立生活センター協議会編：自立生活運動と障害文化，現代書館，2001.；2) 安積純子ほか：生の技法，藤原書店，1995.

自立生活センター center for independent living

*障害をもつ当事者の運営による,障害者の自立生活を支援する仕組みを組織的・体系的に整備をするセンター.

〔自立生活とは〕米国の障害者自立生活運動では,障害者が自分らしい生活を行使する権利の当事者として位置づけられ,そのようなセンターが全米各地でつくられていった.日本でも1980年代以降,その設置が各地に広がり,1991年に「全国自立生活センター協議会」(Japan Council on Independent Living Center:JIL,2006年9月1日現在の加盟数125)が結成されている.

障害者の自立とは,障害を克服して経済的自立を果たし,社会復帰をするというイメージが強いが,そうした狭い意味での自立では,障害が重く介護が困難になれば,施設入所を選択するしかない.自立生活とは,福祉サービスの雇用者・消費者として必要な援助を受け,自分らしく生きることの*自己決定を最大限尊重されることと捉えられている.自立生活センターにおける「自立」とは,自己決定権の行使であると認識される.

〔教育的機能〕自立生活センターの役割は,①地域生活に必要な*知識・技術を身につけること,②自立生活を支援するシステムの開発があげられる.その主な活動は,介助サービス,*ピアカウンセリング,住宅サービス,自立生活プログラムの4事業である.その中でもとりわけ,ピアカウンセリングは,専門家が援助するのではなく,同じ障害や課題をもった者同士が対等な関係で自立に向けて心理面での支援を行うものであり,障害をもつ市民を対象とした生涯学習・*社会教育事業の展開においても共通する考え方である.それは,障害をもって生きてきた人々が出会い(共感),自分に向き合い(*受容),内なる力に気づく*エンパワーメントである.そのため自立生活センターでは,*ピアカウンセラーを配置し,また育成するための講座を開催している.

(打越雅祥)

〔文献〕1) 立岩真也:生の技法(増補改訂版),藤原書店,1995.

私立博物館 private/independent museum

国や地方公共団体という行政機関による設立ではなく,民間によって設立された*博物館のこと.

〔概観〕一般*社団法人,一般*財団法人,宗教法人や,株式会社などの営利法人,個人等によって設置されたものまで,多様な設置者による.私立博物館については*博物館法第4章(第27条・第28条)に規定されているが,この2条は都道府県*教育委員会との関係(第27条),国・地方公共団体との関係(第28条)に触れているだけの規定であり,私立博物館の運営に関して,具体的に規定したものではない.

〔課題〕私立博物館は日本の博物館活動に大きく寄与している.特に*美術館の分野では現在でも国立・公立館に数・質の上でも引けをとっていない.その歴史も,戦前より文化財保護の面でも先鞭をつけてきた大倉集古館や大原美術館,徳川美術館,根津美術館などがあり,1950年代以降もブリヂストン美術館,五島美術館,大和文華館等が続々と設立され,充実した活動を行っている.しかし,もともと私立博物館は財政基盤が脆弱な上に,バブル崩壊後の経済不況により,現在では縮小・廃館に追い込まれた館もある.三井記念美術館やサントリー美術館,根津美術館など館を発展させたり,新・増築したりするなど積極的に新たな展開を図っている館もあるが,一部の館のみであり,私立の館の経営状況は依然厳しい状態である.また2008(平成20)年12月から導入された新しい*公益法人制度により,法人格取得は容易になったものの,法人の営利事業には課税を強化する方向となっている.従来の「特定公益増進法人」の認定や資料購入等における譲渡所得税の減免の問題のように,財政当局はこれまでも私立博物館に厳しい税制上の運用を行ってきた.しかし,民間の積極的活用という現在の社会の流れの中では,私立博物館に対してより積極的な支援をすることが今後必要である.

(井上 敏)

〔文献〕1) 全国大学博物館学講座協議会西日本部会編:新しい博物館学,芙蓉書房出版,2008.

資料選択 selection of library materials

資料を自館の所蔵として加えるかどうかを,収集方針に従って選び決定すること.かつては選書,図書選択といわれたが,資料の多様化の進展に伴い資料選択と呼ばれるようになった.また,いったん受け入れた資料の中から不要となったものを選ぶことも含めて資料選択という場合もある.

〔収集方針〕収集すべき*図書館資料についての基本的な考え方をまとめ,成文化したものを収集方針(acquisition policy)という.*図書館の運営方針の一部をなす.「図書館の自由に関する宣言」の副文では,「図書館は,自らの責任において作成した収集方針に基づき資料の選択および収集を行う」とし,

〔収集の方法〕資料購入費の枠内で，書店，団体などから購入し，図書館資料として受け入れることを購入受入れという．*納本制度を採る*国立国会図書館を除いた図書館の，資料収集の一般的な方法である．個人，団体から無償で資料の提供を受けるのが，寄贈である．図書館へ資料の管理・保管を委託することを寄託という．この場合，所有権は移転しない．資料交換は図書館が自館，またはその所属機関の出版物を，他機関と交換することである．（⇨納本制度）

図書館は書店の店頭で現物をみたり，出版情報や書評などをもとに資料を選択する．特定の主題や出版社などの資料を一括発注することをブランケットオーダーという．見計らいとは，収集方針などによって，書店や取次にあらかじめ一定の注文範囲を示し，納品された資料の中から採否を決定する方式である．

〔収集の機構〕図書館の定めた収集方針に基づき，資料の収集・選択の任に当たる者を資料選択者という．選択の判断は，1人の担当者が単独で行うのではなく，複数の担当者の協議によるのが通例である．資料の収集・選択にかかわる組織が資料選択委員会である．

〔資料の更新〕第一線の図書館では新鮮で魅力的な蔵書を維持するため，日常的・積極的に資料の更新を行う必要がある．重複資料，ほとんど利用されていない資料，一定の年数を経た資料，内容が古い資料，破損，汚損した資料などが，見直しの対象となる．収集方針の変更によって，必要性が失われることもある．

不要資料を書架から選択することを除架という．不要資料選択，間引きともいう．除籍とは，不要となった資料や，所在不明となった資料，利用可能性のない資料などを原簿から削除することである．開架から取り除かれた資料は，閉架書庫などの保存スペースに再配置され保存されることが望ましい．しかし敷地や費用の制約から，十分な保存スペースが確保できないことがある．この場合，除架は除籍と同義となる．

〔分担収集・分担保存〕複数の図書館が主題分野などを分担して収集することを分担収集という．出版量の増大や資料購入費の不足の対策となり，相互協力による資料の網羅的収集が可能となる．同じく複数の図書館が分担して保存することを分担保存といい，保存スペースの確保や保存費用の軽減に役立つ．

(小黒浩司)

〔文献〕1) 河井弘志編：蔵書構成と図書選択（新版），日本図書館協会，1992.；2) 伊藤昭治・山本昭和編著：本をどう選ぶか—公立図書館の蔵書構成—，日本図書館研究会，1992.

シルバー人材センター（日） Silver (senior citizens') Human Resources Center (in Japan)

全国の市（区）町村単位に設置され，主として60歳以上の会員に臨時的かつ短期的な就業の機会を確保し，組織的に提供する*公益法人．1974年の「東京都高齢者事業団」の設立に始まり，1986年の「高年齢者等の雇用の安定等に関する法律」により法制化された．会員であるシニア層の健康で生きがいのある生活の実現と，彼らの活力を生かした地域社会の活性化を目ざすものである．

各センターは，地域の家庭，企業，公共団体などから有償で引き受けた仕事を会員に無料で提供し，その仕事内容や就業実績に応じた報酬を支払っている．また，仕事に関連する*知識や*技能を習得するための講習等も行っている．仕事内容は，おのおのの専門技術を活用したものから施設の管理や清掃作業に至るまで多岐にわたる．

(佐伯知子)

〔文献〕1) 全国シルバー人材センター事業協会編：月刊シルバー人材センター，1987年4月～．

シルバーハラスメント ⇨高齢者虐待（老人虐待）

人格教育 character education

〔定義〕英語のcharacter educationの訳語である．人格教育は，尊重，責任，正直さ，思いやり，公正，自制などの諸価値に焦点をあて，何が正しく，何が間違っているのかを明確に教えることを目的としている．

〔人格教育の原理〕米国の代表的な人格教育研究者であるリコーナ（Lickona, T.）らは，人格教育の11の原理を提唱している．それらは，①人格教育は，善き人格の中心的な倫理価値を育成する．②人格は総合的なものであり，考えること，感じること，行動することを含む．③効果的な人格教育には，意図的，積極的，総合的アプローチが必要であり，そのアプローチによって学校生活のあらゆる側面において中心的価値を育成する．④学校全体を思いや

りのある*コミュニティにすることが必要である．⑤人格を育成するため，生徒は道徳活動をする機会を必要とする．⑥効果の高い人格教育には，学習するすべての者を尊重し，学習の成功を援助し，意味のある意欲をそそる*学習プログラムが含まれる．⑦人格教育は，生徒の内的な動機を伸ばす努力をすべきである．⑧学校の教職員は，学習・道徳コミュニティの一員となり，すべての職員が人格教育の責任を分かち合い，生徒教育の指針となる同一の中心的価値に従って忠実な努力をすべきである．⑨人格教育には，教職員と学生の双方が道徳的リーダーシップをとる必要がある．⑩学校は，親やコミュニティのメンバーを，人格形成の役割を担う正式のパートナーとして迎える必要がある．⑪人格教育の*評価には，学校の評価，人格教育者としての教師機能の評価，学生がどの程度善き人格を体現しているかの評価などを含める必要がある，というものである．

〔課題〕既に全米の多くの学校で人格教育が取り組まれているが，必ずしも道徳的保守派が全体をリードしているわけではない．また，日本においても，市民性教育をめぐる議論が活発化しつつあることを背景に，人格教育への関心が高まりつつあるが，道徳的徳目を教え込むための人格教育ではなく，民主主義と人権を育む市民性教育としての人格教育にどのように取り組むかが，今後の重要な課題である．

(平沢安政)

〔文献〕1）リコーナ，T.（水野修次郎監訳・編集）：人格の教育―新しい徳の教え方学び方―，北樹出版，2001.；2）武藤孝典編著：人格・価値教育の新しい発展―日本・アメリカ・イギリス―，学文社，2002.

人権意識 human rights awareness
〔概観〕人権意識についての明確な定義はまだない．しかし，人権意識が単に人権にかかわる認識が高いことだけを意味するのではなく，自分と*他者の権利に対する自覚とそれを行使あるいは擁護することへの積極性を意味しているといえる．近年話題になっている*エンパワーメントや*セルフエスティームも，個々人の主体性を問う意味で人権意識と関連が深い．たとえば，*CAP（子どもへの暴力防止）プログラムでは「*知識の獲得」「*無力感や依存心の減少」「孤立の克服」をロールプレイ等で具体的に提示することにより，「安心」「自信」「自由」といった基本的人権を行使できる方法論やスキルの体得を目標としている．

〔関連用語〕人権意識についての研究は，欧米における*偏見および道徳意識についての研究や日本における*差別意識についての研究が深く関連している．1990年代後半からは，国連が提唱した「*人権教育のための国連10年」を通じて，「*人権文化」構築の教育課題として一部で用いられ始めているが，まだ一般的になっているわけではない．

偏見は，単なる誤解や思い違いとは異なり，ある状況において自分たち（we）が価値あるものだという意識をもつために，自分たちと他者集団（they）との*差異を強調することで，他者集団に対する嫌悪や敵意の感情と一方的な解釈を生み出し，それらを通して仲間内での同調や統合を図ろうとすることにつながる．しかし現代では，物事をカテゴリーに分けて考える過程と同様に，人が一般的にもつ心理的特質であるとして偏見のメカニズムを説明する認知的アプローチが主流となっている．教育の場においては，偏見をもってはいけない態度としてただ否定するのではなく，そのような偏見やステレオタイプの形成要因を明らかにすることによって初めて，問題解決への方向性の検討が可能になる．

差別意識は，日本独特の用語であり，1965年の*同和対策審議会答申で用いられた心理的差別という概念の別の表現といえる．1980年代に盛んに行われた部落問題に関する意識調査との関連で，差別意識は4領域に区分されることがある．つまり，知識（部落差別の起源と存在形態，同和対策にかかわる特別法），認識（部落問題の解決，*同和教育，同和対策事業），積極性（学習意欲，問題解決への態度，誤った認識をもつ友達への態度），差別感情（子どもの結婚，部落内の住宅の購入への感情）の4領域である．

上記の偏見と差別意識は，人種差別問題や部落問題との関係で問題になってきた意識であり，ある集団に対する否定的なステレオタイプとの関連が強い．それに対して，人権意識は，人権教育において個人の人権への認識，態度，スキルを強化することを目的とした概念ということができるので，道徳意識（コールバーグ（Kohlberg, L.））や発達段階（*マズローの欲求階層説）との関係性もある．

〔内容と課題〕今日では，人権教育の目的・課題を，知識（knowledge），*技能（skills），態度（attitudes）に区分して検討するという国際的な議論を踏まえながら，人権意識が検討されるようになってきた．人権教育の指導方法等に関する調査研究会議（*文部科学省）「第三次とりまとめ」（2008年3月）では，人権教育において目ざすべき資質・*能力として，

人権に関する知的理解（知識的側面）と人権感覚（価値的・態度的側面と技能的側面）をあげ，「価値志向的な人権感覚が知的認識とも結びついて，問題状況を変えようとする人権意識又は意欲や態度になり，自分の人権と共に他者の人権を守るような*実践行動に連なるのである」と述べている．

以上，偏見，差別意識，道徳意識，知的理解と人権感覚から敷衍していえることは，人権意識は，人権に関する知識や理解とともに，実際に想定される場面における態度や*コミュニケーションの取り方がかかわってくるということである．人権意識の育成については，人権教育の実践を踏まえながら，今後さらに深められるべき領域である．　　（生田周二）

⇨偏見

〔文献〕1）オルポート，G.W.（原谷達夫・野村昭共訳）：偏見の心理，培風館，1968．；2）コールバーグ，L.（岩佐信道訳）：道徳性の発達と道徳教育，広池学園出版部，1987．；3）生田周二：差別・偏見と教育，部落問題研究所，2001．；4）森田ゆり：多様性トレーニング・ガイド，解放出版社，2004．；5）生田周二：人権と教育，部落問題研究所，2007．

人権NGO　human rights NGO

〔人権NGOとは〕国内外の様々な人権課題に取り組む非政府間国際機構あるいは非政府組織のことをいう．*NGO（non-governmental organization）は，一般的に国連に代表される国際政府間機構に対して用いられるもので正確な定義はない．国連では政府間協定で成立していない国際団体をさす．政治的な組織でもなく，営利目的をもった団体でもない2ヵ国以上に組織を有する国際団体が，一般にNGOといわれる．

国連憲章71条は「経済社会理事会は，その権限内にある事項に関係のある民間団体と協議するために，適当な取り決めを行うことができる」と定めており，一定の要件を満たせば日本に本部のある人権NGOである*反差別国際運動（IMADR）のように，国連との協議資格をもつこともできる．実際は，国連との協議資格をもたないNGOが圧倒的に多く，事実上国内的な活動をしている多くの公益団体も自らをNGOと位置づけており，NGOの定義も広がっている．

〔活動内容〕人権NGOは，国内外で人権侵害に苦しむ人々のために国境を越えた人権活動を展開したり，*国際人権基準を世界に広めるとともに，人権侵害の克服と予防のための教育・啓発や解決・救済・支援などの活動を展開している．また人権NGOは非営利であるため，*NPO（non-profit organization）としての側面ももち，行政機関との*協働や事業委託などを通じ，人権侵害の克服や人権確立の一翼を担っている．行政機関をはじめとする公的機関も，人権NPOの特性を活用して人権課題の解決に取り組むことができ，専門的な見地から迅速に柔軟に対応することができる．財政力が弱小な人権NPOにとっても，その目的を達成するために行政機関の様々なパワーを活用することができ，活動のエリアがさらに広がる．今後，人権NGO・NPOの役割はますます大きくなるといえるだろう．　　（北口末広）

〔文献〕1）戸塚悦朗：国際人権法入門―国連人権NGOの実践から―，明石書店，2003．；2）武者小路公秀ほか：国連と人権NGO―反差別国際運動とは？―，部落解放研究所（解放出版社発売），1994．

人権教育　human rights education

狭義には人権についての教育をさすが，広義では，人権の確立に資する教育をさす．

〔概念〕広義では，「人権についての教育」とともに，目的として人権を守り発展させる「人権のための教育」，教育そのものを人権に即して行う「人権を通じての教育」，さらに教育そのものが人権であることに着目した「人権としての教育」などが含まれる．学習者の人権を尊重した教育過程そのものが人権教育であり，人間らしく生きるために学ぶことが人権として保障され，*教育の機会均等を実現することが人権教育として追求されなければならない．その意味で*識字は人権教育の重要な内容である．「人権教育のための国連10年」における国連行動計画では，人権教育を「研修・宣伝・情報提供を通じて，*知識やスキルを伝え，態度をはぐくむことにより，*人権文化を世界中に築く取組み」と幅広く定義している．

〔歴史的経過〕1946年発布の日本国憲法で基本的人権の尊重が謳われ，教育を受ける権利が明文化されるとともに，学校教育や*社会教育でその精神の普及が図られた．国際的にも，1948年の*世界人権宣言は，人権の尊重が平和の基礎であることを示し，教育への権利について述べている．しかし，日本国内に存在する部落問題，障害者問題，外国人問題など人権問題を取り上げ，その解決に取り組む教育は不足し，男女平等についても，実質的な不平等の問題に踏み込むことが乏しかった．*同和教育は，第2次世界大戦中に融和教育から改称されたものであるが，戦後は*部落解放運動との連携の中で次第に人権の観点に立って部落問題に取り組む教育としての性格をもつようになり，具体的な人権問題の解決

に努め，人権確立のための教育を進めてきた．そこでは，障害者，在日韓国・朝鮮人，女性などの人権問題も取り上げられてきた．

〔政策動向〕1965年の国の*同和対策審議会答申，1969年以後2002年までの同和対策に関する特別措置法などによって，同和教育の促進が図られた．各人権問題への取組みも発展し，国や自治体の施策を促し，1970年には*障害者基本法，1999年には*男女共同参画社会基本法などが制定されている．しかし，まだ多くの人権問題が存在し，課題が多い．

*ユネスコでは，1974年に，国際理解，国際協力および国際平和のための教育ならびに人権および基本的自由についての教育に関する勧告を総会で採択し，1978年には，人権教育に関する国際会議を開いて報告書をまとめた．以後も取組みが続けられ，1995年から2004年にかけては，「人権教育のための国連10年」が設定されて，人権に関しての生涯にわたる学習が提起された．1997年には日本でも国の行動計画が策定され，自治体でも行動計画を策定したところが少なくない．そこでは，重要課題として，女性，子ども，高齢者，障害者，*同和問題，*アイヌの人々，外国人，HIV感染者等，刑を終えて出所した人，その他があげられている．2000年には，「人権教育及び人権啓発の推進のための法律」が制定され，これに基づいて2002年には「人権教育・啓発に関する基本計画」が策定されて，重要課題への取組みが促されている．国連では2005年から「人権教育のための世界プログラム」を展開し，2011年には「人権教育及び研修に関する国連宣言」を採択した．

〔課題〕人権教育では，具体的な事例を通じて人権間の関連に着目しながら人権についての理解と態度形成を行い，*実践につなぐことが課題である．その際，人々が潜在的にもっている力を伸ばすことに力点を置き，話し合いや共同作業など参加型学習を進めることが重要である．　　　　　　（上杉孝實）

⇨人権教育のための国連10年行動計画，人権教育啓発推進法，同和教育，同和対策審議会答申

〔文献〕1）上杉孝實・黒沢惟昭編：生涯学習と人権，明石書店，1999．；2）日本社会教育学会編：現代的人権と社会教育の価値，東洋館出版社，2004．

人権教育・啓発推進法　Human Rights Education and Awareness-Raising Law

〔内容〕正式名称は，「人権教育及び人権啓発の推進に関する法律」である．日本における*人権教育・啓発に関する初めての法律として2000年12月に公布・施行された．第1条（目的），第2条（定義），第3条（基本理念），第4条（国の責務），第5条（地方公共団体の責務），第6条（国民の責務），第7条（基本計画の策定），第8条（年次報告），第9条（財政上の措置），および附則から構成されている．

この法律は，「人権の尊重の緊要性に関する認識の高まり，社会的身分，門地，人種，信条又は性別による不当な*差別の発生等の人権侵害の現状その他人権の擁護に関する内外の情勢」が人権教育・啓発に関する施策の推進を必要としているとし，その取組みに当たって「学校，地域，家庭，職域その他の様々な場を通じて，国民が，その発達段階に応じ，人権尊重の理念に対する理解を深め，これを体得することができるよう，多様な機会の提供，効果的な手法の採用，国民の自主性の尊重」を要請している．

〔人権教育と人権啓発〕人権教育については「人権尊重の精神の涵養を目的とする教育活動」，人権啓発については「国民の間に人権尊重の理念を普及させ，及びそれに対する国民の理解を深めることを目的とする広報その他の啓発活動（人権教育を除く）」と定義した上で，国および地方公共団体が人権教育・啓発に関する施策を策定し，実施する責務を有するとしている．また国民に対しては「人権尊重の精神の涵養に努めるとともに，人権が尊重される社会の実現に寄与するよう努めなければならない」としてその責務を明記している．

〔課題〕この法律の第7条の規程に基づいて，2002年3月には人権教育および人権啓発に関する基本計画が策定され，2003年3月以降，人権教育・啓発白書が毎年刊行されている．ただ，白書の内容に関しては「人権を心がけの問題にすり替えている」「公権力に従事する人々を対象にした人権教育の推進が軽視されている」「所管省庁を内閣府に移すべきである」といった批判もあり，政府による人権教育・啓発の取組みおよび*市民運動による監視を一層強めることが求められている．　　　　　　（平沢安政）

〔文献〕1）部落解放・人権研究所編：人権の21世紀創造にむけて―「人権教育・啓発推進法」活用の手引き―，解放出版社，2001．

人権教育のための国連10年行動計画
United Nations World Programme for Human Rights Education, 1995-2004

1994年，国連第49回総会において「人権教育のための国連10年」（1995～2004年）にあわせて，事務総長により提出，採択された人権教育のための基

本的な考え方や計画を規定したもの．人権教育の定義や，「人権教育のための国連10年」の目的の明示，教育の対象や集団の指示，実施のための体制，プログラムについてまとめている．

この中で，人権教育とは「*知識と技術の伝達及び態度の形成を通じ，人権という普遍的文化を構築するために行う研修，及び広報努力」と定義され，単に個人の*人権意識の育成にとどまらず，「人権という普遍的文化」を世界中で創造していくことが目ざされた．また，これを実現するために学校や*職業・専門教育を通じての公的教育と*市民社会の諸機関や家族，マスメディアといった非公的教育の双方において人権教育を取り組んでいく必要性について指摘している． （福井庸子）

〔文献〕1) 森実：「国連人権教育の10年」—資料と解説．部落解放研究，部落解放研究所，1995．

人権行政　administration of human rights enforcement

〔定義〕狭義には，人権侵害からの救済や*人権意識高揚のための啓発をさし，広義には，行政活動のすべてが人々の人権にかかわっているという解釈に基づいて，あらゆる行政活動のことをさす．多くの地方自治体には人権にかかわる条例が制定されているが，たとえば「大阪府人権尊重の社会づくり条例」では，*人権行政の目的として「すべての人の人権が尊重される豊かな社会の実現を図る」と規定しており，この条例を受けて策定された「大阪府人権施策推進基本方針」においては，「一人ひとりがかけがえのない存在として尊重される*差別のない社会の実現」と「誰もが個性や*能力をいかして*自己実現を図ることのできる豊かな*人権文化の創造」を基本理念として明記している．

〔内容〕このように被差別者や社会的弱者など，様々な人権課題を抱えた人々の自立・自己実現を支援する人権施策も人権行政の重要な構成要素である．たとえば人権行政の一分野である同和行政の場合も，「同和地区出身者の自立と自己実現を達成するための人権相談を含めた諸条件の整備」が大阪府*同和対策審議会答申（2001年）において重要な課題として指摘されている．これは行政機関の一部局の課題ではなく，行政機構全般にかかわる課題であり，人権行政は決して人権担当部局だけの課題とはいえない．一般的に人権行政の内容としては，上記の自立・自己実現に向けた条件整備とともに，人権侵害を予防するための人権思想の啓発や教育，人権相談なども含めた人権侵害に対する予防・発見・支援・救済・解決や規制などの人権擁護行政，およびそれらの前提となる調査等の実態把握に関する行政活動が含まれる．また行政活動によって人権侵害が発生しないように，行政活動全般を人権の視点で*評価する人権評価システムを確立することも重要な課題である．このような役割を強化するためにも，国を含めた行政機関の情報公開と住民自らの参画，そして人権のまちづくりは，人権行政を創造していく上で欠かせない課題である． （北口末広）

〔文献〕1) 北口末広・村井茂編：人権相談テキストブック，解放出版社，2005.；2) 炭谷茂：私の人権行政論—ソーシャルインクルージョンの確立に向けて—，部落解放・人権研究所（解放出版社発売），2007.

人権博物館　human rights museum

人権をテーマにした博物館．日本全国に約5000の博物館があるが，こうした博物館はあまり多くない．大阪人権博物館（愛称：リバティおおさか）は，1985年12月に大阪人権歴史資料館として開館し，1995年12月に大阪人権博物館となった．設立目的は「部落問題をはじめとする人権問題に関する調査研究をおこなうとともに…人権思想の普及と人間性豊かな文化の発展に貢献する」ことである．

2005年12月にリニューアルされてからは，①人権の現在，②私の価値観と*差別，③差別を受けている人の主張と活動，④私にとっての差別と人権，という4つのコーナーで総合展示が構成され，*学芸員や*ボランティアガイドによる教育支援サービス，研究支援サービス，観覧支援サービスなど，各種支援サービスの充実が図られている．

人権をテーマにした博物館としては，このほかにも水俣市立水俣病資料館（熊本県），高松宮記念ハンセン病資料館（東京都），エイズ資料館（奈良県），水平社博物館（奈良県）などがある． （平沢安政）

〔文献〕1) 小島伸豊：人権学習プログラムと博物館，解放出版社，2005．

人権文化　culture of human rights

〔定義〕culture of human rights という英語の日本語訳である．1994年12月の国連総会（第49回本会議）で採択された「*人権教育のための国連10年」（United Nations Decade for Human Rights）行動計画において，人権教育は「*知識と技術の伝達及び態度の形成を通じ，人権という普遍的文化を構築するために行う研修，普及及び広報努力」（外務省訳）と定義された．人権文化という言葉は，この「人権

という普遍的文化」（universal culture of human rights）という表現からきている．

〔解釈〕特に日本においては，「人権教育のための国連10年」国連行動計画に連動して，政府・地方自治体・研究機関などが独自の行動計画を策定し，21世紀に向けた新しい人権教育や*人権行政の枠組みとして活用した．そのため，人権行政や人権教育・啓発にかかわるキーワードとして人権文化という言葉が広く用いられるようになった．

このuniversalという表現を「普遍的な」という意味で解釈すれば「普遍的な人権文化」ということになり，世界標準の人権文化という側面が強調されるが，universalを「世界のあらゆるところで」と解釈すれば，それぞれの地域・文化に適合した人権文化を育み，世界中に人権文化の花を多様に咲かせるということになり，人権文化の地域性という側面が強調されることになる．

また，「人権教育のための国連10年」（1995～2004年）の後継計画として国連総会で採択された「人権教育のための世界プログラム」（World Program for Human Rights Education，外務省訳では「人権教育のための世界計画」）においては「人権教育活動の原則」が9点列挙されており「人権に関する国際文書にもとづく共通理解」とともに，「異なる文化的背景に根付いた人権の原則にもとづいて活動をすすめ，かつ各国の歴史的および社会的発展を考慮に入れる」という点が指摘されている．

アジア的人権とヨーロッパ的人権という対比がなされることがあるが，世界中の多様な人権文化を反映するような*国際人権基準を策定するための努力と*対話を強化すると同時に，「固有の人権文化」の主張が反人権文化的な慣習や考え方の容認につながらないようにすることが必要である．したがって，人権文化という概念のポイントは，地域・社会・集団の価値観やニーズに即したやり方で，国際人権基準が*受容され，実体化していくような普及プロセスを重視しなければならないということであろう．

〔平和文化との対比〕人権文化という言葉のもとになっているのは平和文化という概念である．*ユネスコを中心にした「*平和の文化国際年」（2000年）および「世界の子どもたちのための平和と非暴力のための国際の10年」（2001～10年）の取組みを通じて，平和文化という概念が広く用いられるようになったが，最初に平和文化が提唱されたのは，1986年の「暴力に関するセビリア声明」である．

1999年9月に採択された「平和の文化に関する宣言」第1条においては，「平和の文化とは次に掲げるような価値観，態度，行動の伝統や様式，あるいは生き方の一連のものである」として9項目が列挙されている．それらは次のとおりである．(a) 生命の尊重と非暴力の促進．(b) 各国の主権や領土の保全，政治的な独立を十分に尊重すること．(c) すべての人権と基本的な自由を十分に尊重し，それを促進すること．(d) 紛争の平和的な解決に向けて責任を負うこと．(e) 現代ならびに未来の世代が，開発と環境を享受できるように努力すること．(f) 発展の権利を尊重し，それを促進すること．(g) 女性および男性の平等の権利と機会均等を尊重し，それを促進すること．(h) 表現や意見，情報の自由に関する権利を尊重し，その促進をすること．(i) 自由，正義，民主主義，寛容，連帯，協力，多元主義，文化的多様性，対話そして相互理解という原則を守ること．そして平和に貢献する国内的・国際的環境によって平和の文化を奨励すること．

このように，平和文化と人権文化は概念的に多くの重なり合いがあり，人権文化の解釈に当たっては，平和文化の定義を含めて考える必要がある．

（平沢安政）

〔文献〕1) 平沢安政：解説と実践人権教育のための世界プログラム，解放出版社，2005．；2) 平和の文化をきずく会編：暴力の文化から平和の文化へ―21世紀への国連・ユネスコ提言―，平和文化，2000．

人権文化センター center for fostering the culture of human rights

〔定義〕地域や社会において人権を尊重する文化を育み，幅広く根づかせることを目的として設立された公的施設．鳥取県人権文化センターのように幅広い人権問題を対象とした調査・研究や研修を専門的に行う施設もあるが，大阪府や兵庫県などの自治体には，同和地区に所在し，*同和問題の解決を目ざして設置された解放会館（隣保館）を前身とする人権文化センターが多く存在する．

〔歴史〕解放会館は，戦後の*部落解放運動の高揚と1965（昭和40）年の*同和対策審議会答申を契機とした地方自治体の同和行政の取組みにおいて，隣保館の1つの形態として設置された公的施設である．大阪市を例にとると，1970（昭和45）年4月に大阪市同和地区解放会館条例が制定されたが，同条例では解放会館の事業として，① 同和問題の調査・研究および啓発，② 地区住民の各種講習，相談および指導，③ 地区住民の自主的・組織的活動の促進，④ 地区住民や関係機関，各種団体との連絡調整，⑤

その他市長が必要と認める事業と明記され，解放会館は地域の同和行政の拠点として同和問題解決に重要な役割を果たしてきた．その後，2002（平成4）年3月に同和問題解決のための特別法が失効したが，その過程において，残された同和問題の解決にあたっても*人権行政の全般的枠組みの中で取り組むという方向に，同和行政をめぐる基本的な考え方が変化していった．そのような流れの中で，2000（平成12）年4月に大阪市立人権文化センター条例が制定・施行され，部落問題だけではなく，その他の人権課題の解決のためにも幅広く取り組む施設として，解放会館から人権文化センターへと名称が変更された．

〔事業内容〕同人権文化センター条例は，①地域住民の*自立支援および自主的活動の促進に関すること，②人権啓発および人権にかかわる調査研究に関すること，③市民交流の促進に関すること等がその事業であるとされ，同和問題の解決を中心に据えつつ，人権問題全般に取り組む公的施設としての役割を明記している．

特別法失効後の2002（平成14）年4月1日に定められた厚生労働省の隣保館設置運営要綱では，隣保館の基本事業として，①地域住民の生活の実態を調査し，その生活の改善向上を図るために必要な事業を研究する事業，②地域住民に対し，生活上の相談，人権にかかわる相談に応じ適切な助言指導を行う事業，③啓発・広報活動事業，④地域交流事業等を定めているが，地方自治体の財政悪化とともに人権文化センターや隣保館の機能低下が危惧されている．たとえば大阪市においては，2006年4月から人権文化センターに*指定管理者制度が導入され，2007年には大阪市職員が引き上げられるなど，しだいに状況が変化し始め，2010（平成22）年4月からは名称が市民交流センターに変更された．　　（北口末広）

〔文献〕1）部落解放・人権研究所編：人権年鑑，部落解放・人権研究所（解放出版社発売），2009.

人権擁護施策推進法　Human Rights Protection Measures Act

いわゆる*同和対策の一般対策化を前に，*人権教育・啓発と人権侵害の被害者救済のための今後の政策を策定するための審議会を設置する法律．

〔経緯〕1996年5月，地域改善対策協議会は，*同和問題に関する今後の施策方針について意見具申を行い，その中で，特に差別意識の解消に向けた教育・啓発の推進と，人権侵害の被害者救済策の充実・強化を求めた．これを受けて，同年12月，5年間の時限立法として人権擁護施策推進法が成立した．同法は，「人権尊重の理念に関する国民相互の理解を深めるための教育及び啓発に関する施策」と「人権が侵害された場合における被害者の救済に関する施策」を推進することが国の責務であるとし（第2条），これらの施策に関して関係各大臣に諮問するために「人権擁護推進審議会」を設置した（第3条および第4条）．

〔成果〕同審議会は，まず，教育・啓発に関し，1999年7月に答申（「人権尊重の理念に関する国民相互の理解を深めるための教育及び啓発に関する施策の総合的な推進に関する基本的事項について」）を行い，同答申を受けて，2000年11月に「人権教育及び人権啓発の推進に関する法律」（「*人権教育・啓発推進法」）が制定された．次いで，同審議会は，被害者救済に関する審議を行い，2001年5月に答申（「人権救済制度の在り方についての答申」）を行い，政府はこれを受けて，2002年の第154回国会に「人権擁護法案」を提出した．しかし，同法案に対しては，種々の論点に関し賛成論と反対論が対立し，現時点で未成立である．

〔意義〕人権擁護施策推進法は，同和対策が特別対策から一般対策に移行する中で，同和対策を含むその後の日本の人権政策の再出発の起点となった法律といえる．すなわち，「人権教育・啓発推進法」は，国・地方公共団体に対しては人権教育・啓発施策の策定と実施を，また政府に対しては国の人権教育・啓発施策の年次報告を求めるなど，包括的な人権教育・啓発の根拠法といえる．また，「人権擁護法案」は，私人間の差別の規制や*国内人権機関の設置など，従来にはなかった内容を含むものである．ただ，人権擁護施策推進法以後の動向をどのように*評価するのかは，なお今後の課題である．　（村上正直）

人口教育　population education

人口・家族計画の1つであり，特に，経済の低迷と人口増加を抱える途上国において実施されている．

途上国では，死亡率（特に乳幼児死亡率）の低下による人口の急増が，経済低迷の一因，かつ持続可能な開発の妨げだとされている．特に若年齢人口の急増は，学校や病院などの整備や雇用の拡大を必要とする一方で，消費の激増やそれに伴う環境の劣化などを引き起こす懸念もあるためである．

これらへの対処として，家族計画に関する啓蒙活

動，避妊具の供給，避妊法の教育などの人口教育が行われている．しかし，女性のほうが対象にされやすいという批判や，出産の抑制には，避妊法だけではなく，収入の増加，教育水準の向上（特に女性），女性の雇用機会の拡大なども影響するという指摘もある．

つまり，人口教育は，単なる医療的な*知識や技術提供にとどまるものではなく，女性のライフサイクルや彼女らを取り巻く社会環境にも影響する．このため，社会環境の醸成を含め，より地域の状況に即した対応が必要であろう．　　　　（飯田優美）

新ゴールドプラン　⇨高齢者福祉

人材開発　human development

人間内部に宿る潜在的能力を顕在化すること．開発（development）は，一般的に，目に見えて現れていない隠されたものを外に引き出して，明るみにすることをさす．英語では，人材開発は人間発達と同じ，ともにヒューマンデベロップメント（human development）と表現される．人間発達ではなく，人材開発という場合に固有な意味は，隠された*能力を顕在化する場合の目的があらかじめ特定のものに決まっている場合である．企業が第1に求め，*評価する能力とは「企業が期待する職務遂行能力」であり，一定の目的に沿った技術開発や生産，販売等で発揮される能力である．開発される人材の能力には，潜在的能力と顕在化能力との2つがあるが，成果・実績主義は，潜在能力が実際に発揮されて生まれる成果・業績を評価留する人材開発方式といえる．　　　　（二宮厚美）

人事考課　personal performance evaluation

第1次世界大戦後の米国で生産過程に大量生産方式が導入される中で，職務分析・職務評価による職務の格づけがなされ，その職務を担当する労働者の職務遂行の程度を評価する制度として開発された．職務評価が職務を評価するのに対して人事考課制度は人間を評価するので企業による労働者支配の手段になった．日本に導入された人事考課制度は，終身雇用制や年功序列制という日本特有の属人的処遇のもとで職務との関連が薄れ，個々の人間に対する評価制度としての側面を強めた．日本の人事考課制度は労働者が上げた業績を評価する成績考課と，責任性・協調性・積極性・規律性を評価する情意考課，潜在能力・顕在能力を評価する能力評価の3項目からなっているが，その中で情意考課や潜在能力評価の比重が大きくなっている．したがって日本の人事考課制度は，能力評価がなされているとしてもその評価が年功制の枠内に収まっていることと，恣意性の余地が非常に大きいことを特徴にしている．

　　　　（木下武男）

〔文献〕1）木下武男：日本人の賃金，平凡社新書，1999.；2）黒田兼一・関口定一ほか：現代の人事労務管理，八千代出版，2001.

人事訴訟　litigation for personal affairs

婚姻，実親子および養子関係その他の身分関係の形成または存否の確認を目的とする訴訟をいう．2004年4月，人事訴訟事件は地方裁判所から*家庭裁判所へ移管された．人事訴訟のほとんどは離婚の訴訟である（最高裁『司法統計年報』）．離婚には協議離婚のほか調停離婚，審判離婚および裁判離婚の4種類がある．このうち，協議離婚が9割近くを占め，人事訴訟による裁判離婚は1％程度にすぎない．離婚訴訟を提起する場合，まず家事調停の申立から始め，調停が不成立になったときにできる．離婚の訴えができる理由として，配偶者の「不貞行為，悪意の遺棄，生死が3年以上不分明，強度で回復不能な精神病，その他婚姻を継続し難い重大な事由」（民法第770条）の5つが定められている．離婚裁判の過程では，成長途上にある子どもの情緒的な安定や，親権者の指定，養育費の取り決めなど子どもの福祉や教育の問題にも留意する．　　　　（佐々木光郎）

〔文献〕1）東京家庭裁判所家事第6部：東京家庭裁判所における人事訴訟の審理の実情（改訂版），判例タイムズ社，2008.

新自由主義　neo-liberalism

〔定義〕政府による過度な市場への介入を批判し，個人の自由と責任に基づく市場原理を重視する思想．自由放任主義を批判する一方，国家による計画経済論や*福祉国家論も思想的に批判する．

〔歴史と特徴〕思想的系譜はスミス（Smith, A.）からの古典派経済学にさかのぼるが，一般に「新自由主義」という場合には，1980年代以降の米国のレーガン主義，英国のサッチャーリズム，日本の中曽根内閣の改革を主導する思想として台頭してきた経済・政治運動の思想的基盤をいう．経済的には政府による介入を極力排し，市場や企業の活動への規制を緩和・撤廃する傾向が強い．大企業や富裕層への減税と間接税の増税，これまで政府が担ってきた事業の民間への譲渡，*規制緩和と福祉や教育など社

会的権利を保障する財源の削減などによって特徴づけられる．他方，保守主義と融合し，治安警察や軍備力の強化を目ざし，対外的な強行外交を志向する傾向が強い．また，保守的な価値観や倫理観をもち，愛国心教育や伝統的価値観を教化しようというような政策に反映される．

〔課題〕福祉国家の再編過程における制度・政策の形成において，この思想の影響は教育の領域にも現れている．従来の自由主義的教育観が，少なくとも「機会均等」という平等の理念を基礎として自由競争を進めてきたのに対して，この立場は競争を通してつくられる*差別と選別が挺子になって子どもの学力や教育の質が向上すると考える．雇用者は，企業の負担による能力開発ではなく，労働者自らが，自らの投資による*自己啓発や*リカレント教育への参加を通してエンプロイアビリティを高めることを期待する．平等への投資ではなく，結果の効率性が重視される．公共サービスの市場化への国際的な圧力がつくられ，これまで公が担ってきた*公民館，*図書館，*美術館などの民営化が進められている．教育という公共財を社会的権利としていかに保障するのか，それとも，自由選択に基づく市場交換に委ねるのかが問われる． （高橋　満）

〔文献〕1）ハーヴェイ，D.（渡辺治他訳）：新自由主義―その歴史的展開と現在―，作品社，2007．；2）日本教育法学会編：新自由主義教育改革と教育三法，有斐閣，2009．

人種差別撤廃条約　International Convention on the Elimination of All Forms of Racial Discrimination

〔概観〕「あらゆる形態の人種差別の撤廃に関する国際条約」の略称．本条約は，1965年に国連総会が採択し，1969年に発効した．日本は4条（a）および（b）に留保を付した上で，1995年に条約に加入した．締約国数は173ヵ国である（2009年10月末現在）．

〔内容〕本条約は，3部構成の25ヵ条からなる．第1部は人種差別の定義と国家の義務を定める実体規定である（第1条～7条）．本条約に規定される人種差別とは，人種，皮膚の色，世系，民族的出身または種族的出身に基づく差別をいい，人種や皮膚の色などの生物的特性のみならず，民族や種族という文化的特性に基づく人の集団に対する差別をも含む．また，人種差別撤廃のため，人種差別の禁止，人種差別の被害者の救済，人種差別の防止および積極的差別是正措置の奨励といった包括的措置をとることを求めている．第2部は本条約の実施措置を定めている（第8条～16条）が，実施措置として報告制度，国家通報制度および個人通報制度が設けられ，その運用は「人種差別の撤廃に関する委員会」（人種差別撤廃委員会）に委ねられている．第3部は，本条約の発効要件や留保などに関する最終条項である（第17条～25条）．

〔特徴〕本条約の特徴は，人種差別の定義の広範性と，その撤廃のための措置の包括性にあり，国際社会の大部分の国々を拘束するものである．このことから，現代の国際社会において，人種差別を撤廃するための最も重要で基本的な文書であるといえる．日本では，本条約の適用対象となりうる集団として，*アイヌ民族をはじめ，在日韓国・朝鮮人や在日中国人などの集団，さらに外国人一般，そして解釈によっては*被差別部落出身者などがある．また，日本の現行法制度との関係で，私人間の人種差別禁止義務（第2条1項（d））や，日本が留保を付した人種主義的表現・団体の規制義務の履行状況が問題となりうる．

〔課題〕現在，本条約に対する一般市民の認知度はあまり高いとはいえないが，今後日本社会の様々な差別問題の解決に取り組む上で大きな意義をもつため，市民向けの啓発活動を強める必要がある．

⇒世系に基づく差別 （村上正直）

〔文献〕1）村上正直：人種差別撤廃条約と日本，日本評論社，2005．

新生活運動　New Life Movement

第2次世界大戦後，生活の合理化・民主化運動として始まり，社会の変化に応じてそのときどきの*生活課題を捉え，解決を目ざす*住民運動として展開されてきた運動．主に「財団法人新生活運動協会」（現あしたの日本を創る協会）が支援・顕彰をもって運動の推進を担ってきた．

〔歴史〕戦後日本では地域の*青年団や*婦人会を中心に荒廃した町や村の再建への動きがあり，それに呼応して1947年片山哲内閣が「新日本建設国民運動」の中で「新生活国民運動」を提唱したのが始まりである．片山内閣は10ヵ月で総辞職と短命に終わるが，住民の自発的な生活再建の運動は*公民館を中心に青年団，婦人会などの自主的な営みとして高められていた．その動きを受けて鳩山一郎内閣時代の1955年3月に*社会教育審議会答申「社会教育の立場から新生活運動をいかに展開してゆくべきか」が出され，9月には「新生活運動協会」が発足し，都道府県新生活運動協議会とともに運動の推進

を担うことになる．また，沖縄でも婦人会を中心に生活の合理化・民主化が進められていたが，1956年に新生活運動要綱，新生活運動推進協議会が設置され官製の新生活運動が始まり，正月一本化運動等が取り組まれた．

〔内容〕運動の初期は生活の合理化・民主化が新生活運動の課題であったが，1960年頃になると経済成長とそれに伴う社会変動の中で運動のあり方が問われるようになり，「新しい村づくり町づくり運動」「職場を明るくする運動」，東京オリンピックを機とした「国土を美しくする運動」，生活学校運動につながる「くらしの工夫運動」，「青少年の野外活動」，石油危機を機に「資源とエネルギーを大切にする運動」が展開された．その後もそのときどきの課題に応じて運動が展開され，現在では，新生活運動協会から改称した「あしたの日本を創る協会」を中心とするより良い地域づくりの実現を目ざす運動に引き継がれている．　　　　　　　　　　　　（永田香織）

⇨生活学校

〔文献〕1）財団法人新生活運動協会：新生活運動協会二十五年の歩み，1982．

新生活運動（沖縄）　New Life Movement (in Okinawa)

戦後沖縄における*生活改善運動．1956（昭和31）年5月，比嘉秀平*琉球政府主席の要請によって「新生活運動推進協議会」が結成され，*社会教育課主事の嶺井百合子を中心に進められていった．その目的は，冠婚葬祭の改善・簡素化，家庭の民主化，迷信の打破，環境の美化，時間励行，年中行事の簡素化などであったが，実際には「新正月への一本化」運動が中心となった．当時は，旧暦（太陰暦）で正月を祝うことが一般的であったが，それが華美で出費が多いことから，新暦（太陽暦）で祝うことを奨励したのである．当初反応は厳しかったが，嶺井の情熱と各地の*婦人会の協力によって次第に浸透し，その頃急激に盛んとなっていったサトウキビの収穫期が旧暦の正月に重なり忙しくなったことも大きく影響し，次第に新暦で正月を祝う地域が増えていった．　　　　　　　　　　　　（宮城能彦）

〔文献〕1）那覇市教育委員会：那覇市教育史・通史編，2002．

人生第三期　the third age

〔定義〕まだアクティブに活動できる段階であるにもかかわらず，もはやフルタイムの仕事や子育てに従事しなくなった時期．人間が教育を受け*社会化される時期である「人生第一期」(first age)，家庭や社会において責任を担う時期である「人生第二期」(second age) の後に続く時期であり，依存や老衰の時期とされる「人生第四期」(fourth age) とも区別される．もともとの定義自体に年齢による区分はないが，実際には50歳から75歳あたりの人々をさすことが多いとされる．

〔展開〕この概念は，1972年，フランスで「人生*第三期の大学」が設立されるにあたり生まれたとされるが，同組織が英国で展開される際，設立者の1人であるラスレット (Laslett, P.) によって，より明確に定義された．ラスレットは，*労働や生産性を重視した人生第二期中心の価値観を批判し，自分自身と向き合い，自己の欲求を満たすことのできる時期として，人生第三期を「人生の絶頂期」(a crown of life) と位置づけたのである．また，こうした考え方を米国で展開させたのは，サドラー (Sadler, W.) である．サドラーは，同時期を，獲得と喪失といったような一見相対するものが存在する時期とし，両者の間でバランスをとることが「第2の成長」(second growth) につながると主張している．なお，ラスレットもサドラーも，人生第三期を意味づける中で，この時期に学習することの重要性を説いている．人生第三期の人々の*自己実現を図る上で，教育・学習の果たす役割に注目したのである．

こうした議論を経て，現在，人生第三期は，中高年期および年をとること自体をポジティブに捉え，それらと教育・学習を積極的に結びつける概念として，国際的に認知されたものとなっている．

⇨第三期の大学　　　　　　　　　　（佐伯知子）

〔文献〕1) Laslett, P.：*A Fresh Map of Life*, Harvard University Press, 1991．；2) Sadler, W.：*The Third Age：Six Principles for Growth and Renewal After Forty*, Da Capo Press, 1999．

新日本スポーツ連盟　New Japan Sport Federation (NJSF)

1965年に新日本体育連盟（新体連）として発足した民間の自主的なスポーツ組織（1995年には「新日本スポーツ連盟」と改称した）．

〔概要〕「体育・スポーツが少数の人の独占物であった時代は過ぎました．それは万人の権利でなければなりません」という「*スポーツ権」を創立宣言で謳った．オリンピック直後，地域の青年，勤労者のスポーツ諸条件が貧困な中で，その権利実現を意図して国や自治体への諸要求運動の先頭に立った．当時勤労者音楽協会（*労音），勤労者演劇協会（労演）

あるいは日本勤労者山岳連盟（労山）など，他の文化運動も続々と誕生していた．「新しい人権」の高揚期の中で，日本におけるスポーツ運動の誕生である．

〔歴史〕1949年に*労働組合の体制化と労働者の健康維持を意図して労働組合体育大会が労働省のイニシアティブで開始された．しかし1960年の日米安全保障条約の改訂をめぐる国民の高揚する反対運動の中で，労働組合での反対運動の高揚を恐れた労働省は1960年にこの体育大会を中止した．高度経済成長の中で大企業は宣伝媒体としてのトップスポーツと企業内福利厚生の向上と労働者管理を目ざした*職場スポーツをともに発展させつつあった．しかし圧倒的な数の中小企業に働く勤労者にとってスポーツの場は自治体に依存するしかなく，しかし自治体もまた，広義の福祉の一環である地域スポーツの条件整備があまり進んでいなかった．ここで地域スポーツ運動としての新日本体育連盟が発足し，国や自治体に対して国民，地域住民の「スポーツ権」を根拠としながらスポーツの普及と同時に，スポーツ条件整備の要求運動を率先した．

〔地域スポーツ〕戦後日本のスポーツは学校と企業内のスポーツによって担われ，欧米で一般的であった地域でのスポーツは「空白」であった．この点でスポーツ運動が発足したが，その分，新興の新体連への風当たりは強かった．

〔スポーツ権運動〕地域でのスポーツ運動は，①スポーツそれ自体を楽しみ，普及する活動，②そのためのクラブ，連盟の組織活動，そして，③スポーツ，クラブが存在しうるための社会的活動（施設確保や自治体交渉など）の3つの側面を結合し，多様に発展してきた．長期的には加盟1万クラブ50万人会員を目ざしている．「人権と民主主義に基づくスポーツの発展のためのスポーツマンの大同団結を促進する」ことを一層追求している．そして公共スポーツ政策の充実を訴えている．手薄であった日本での地域スポーツ運動の1つの具体像を示している点で，大きな役割を担っている． （内海和雄）

〔文献〕1）内海和雄：戦後スポーツ体制の確立, 不昧堂出版, 1993.；2）内海和雄：日本のスポーツ・フォー・オール―未熟な福祉国家のスポーツ政策―, 不昧堂出版, 2005.

親密圏 intimate sphere

〔定義〕親密な関係を核として，具体的な*他者への生の配慮や関心を共有する，持続的な関係性のこと．従来，親密圏は愛情を媒介した家族的な私的領域として位置づけられており，たとえば*ハーバーマスがこの立場にたつ．しかしアーレント（Arendt, H.）はこうした私的領域の問いを単なる私的領域としてではなく，近代において失われつつある公共的空間の代償的な*対話の空間，「社会的なるもの」の威力に抗する空間として捉えようとした．その背景には社会の基本的な枠組みを市場経済が画一的に支配し個々人の「存在のかけがえのなさ」（uniqueness）が失われることへの強い危機感があった．

〔論点〕だがここで議論となるのは，家族をはじめとする親密な関係が，関係の近さゆえにもちかねない暴力性・*抑圧性の問題である．そのため「複数性」（plurality，互いが違う存在者として複数存在していること）があわせて論点に浮上する．たとえばアーレントは公共的空間を「あらゆる多様性をもった人々の〈間の空間〉にのみ形成される世界」とし，ここで親密圏との連続性を捉えようとした．ただし親密性と複数性をともに実現することは簡単ではなく，サポートを要する層にとっては，より家族的関係の可能性においてこの問題を追求すべきという考えもある．

〔展開〕今日における親密圏から公共圏への移行の可能性を，親密圏の対話に着眼して論じるむきもある．斎藤純一は親密圏の対話が政治的な力を生み出す可能性に目を向ける．そして各地の原発，基地，公共事業への住民投票や水俣の現実等を例にあげ，親密圏が「転化する」形で新たな公共圏は生まれるという見解を示す．ここでは*セルフヘルプグループも親密圏の一形態となる．親密圏にマジョリティとは異なる価値観を維持・再形成し，新たな政治的ポテンシャルを育む可能性をみるためである．*社会教育をめぐる当事者・住民主体の動きや新たな公共の創造を読む上でも注目される観点といえよう． （岡 幸江）

〔文献〕1）アーレント，ハンナ：人間の条件, 筑摩書房, 1994.；2）斎藤純一：公共性, 岩波書店, 2000.；3）斎藤純一：親密圏のポリティクス, ナカニシヤ出版, 2003.

新博物館学のための国際運動 ⇨ MINOM

人民の家（カーサ・デル・ポポロ）（伊）
英 House for People，伊 Casa del popolo
19世紀後半頃に相互扶助的な組織として自然発生的に生まれた地域住民のたまり場．イタリアの中

北部を中心に存在しており，その数は1000とも2000ともいわれている．維持，運営とも自主的に参加する会員の努力のみで行われる民営の施設で，歴史的に労働運動，レジスタンスなど，地域の民衆の闘争と深く結びついてきた．

建物の中には政党や*労働組合等の諸団体の事務所，会議室，バール（イタリア式喫茶店）があるほか，規模が大きくなれば，中庭やレストラン，大ホールを備えているものもある．ここを拠点に各種の学習・文化・スポーツのサークルが，サッカー，釣り，サイクリング，ダンス，コンピューター，オーケストラ，等の多様な活動を展開している．バザーやパーティー，ディスコ，コンサートも催され，地域での出会いと集いの場を提供している．それは文化と社会の創造に向けた連帯を通した学びの場でもある． (中嶋佐恵子)

〔文献〕1）松田博：ボローニア「人民の家」からの報告―ワインとレジスタンスの街の市民たち―，合同出版，1983.；2）佐藤一子：イタリアの人民の家．世界の社会教育施設と公民館―草の根の参加と学び―（小林文人・佐藤一子編），pp. 130-143，エイデル研究所，2001.

人民文化宮・文化館（中国）　⇨中国の文化施設・社会教育施設

水族館　aquarium

水生生物（水族）を生きた状態で*展示し，広く一般市民の観覧に供する*博物館のこと．1853年ロンドン動物園につくられたFish Houseが世界初の水族館である．わが国の最初は，1882年上野動物園内につくられた観魚室（うをのぞき）であり，また，水族館と名のった最初は，1885年につくられた民間の浅草水族館である．水中という異次元の世界を，陸上で擬似体験させる臨場感を追求して，水槽の大型化へ発展してきた．アクリルガラスの開発，濾過槽など飼育水の浄化システムの発達によって水族館は巨大化の傾向にある．従来は，子どもが主対象であったが，1980年代後半から若者をはじめとする成人の利用にも対応できる内容を目ざし，幅広い市民が利用するようになった．水族の収集は採集が中心であるが，飼育動物を繁殖させて累代飼育していく「種の保存」を，淡水魚や海獣類では実施している．展示水槽の裏側を見学させるガイドツアー，ヒトデなどの小動物に触れさせるタッチング，磯観察などの教育活動が盛んである．

なお，英文のaquariumには，水族館（public aquarium）の意味とともに小型水槽の意味があり，欧文翻訳のときには注意が必要である．また，最近は家庭用の飼育器具が発達し，従来飼育が困難であった海洋生物の飼育も含めて，ホームアクアリウムが盛んである． (西　源二郎)

⇨動物園

〔文献〕1）鈴木克美・西源二郎：新版水族館学，東海大学出版会，2010.；2）西源二郎・猿渡敏郎：水族館の仕事，東海大学出版会，2007.

水平社宣言　Declaration of the *Suiheisha*

1922年3月3日に京都市岡崎公会堂で開かれた全国水平社創立大会において採択された宣言であり，日本最初の人権宣言とも称されている．

〔背景〕1871年に近世社会の賤民身分・*職業を平民と同様とする太政官布告（いわゆる「*解放令」）

が発布されたが，それから約半世紀が経過してもなお封建的身分差別が解消されなかったことから，水平社（全国水平社）は同宣言の中で「過去半世紀間に種々なる方法と，多くの人々によって為された我等の為の運動が，何等の有難い効果をもたらさなかった」とし，それまでの融和的な取組みやまわりの温情に依拠するやり方を批判的に総括した．そして，*被差別部落民自身が差別撤廃の主体として行動するための組織として水平社を結成したのである．

〔意義〕この宣言の中では，「特殊部落民」や「エタ」という言葉が使われているが，*差別用語であったこれらの言葉を被差別者自身があえて用いることにより，「なお誇りうる人間の血は涸れずにあった」「我々がエタであることを誇りうる時が来たのだ」と，逆に人間性の原理に覚醒した存在として自らを再定義している点に注目する必要がある．ここには，1960年代の公民権運動において米国の黒人たちが「Black is beautiful（黒は美しい）」というスローガンを生み出し，白人中心主義に対抗しようとした思想性と重なるものがある．被差別者としての誇りは「人の世の冷たさがどんなに冷たいか，人間をいたわることが何であるかをよく知っている我々は，心から人生の熱と光を要求礼賛するものである」というくだりにも表現されており，「人の世に熱あれ，人間に光あれ」という宣言の結びの言葉には，被差別部落民の解放だけでなく全人類の解放に向けた願いが込められている．このような水平社宣言のメッセージは，現代社会の様々な人権について考える上でも，十分適用可能な普遍性をもっているといえる．

⇨パターナリズム　　　　　　　　　（平沢安政）

〔文献〕1）部落解放・人権研究所編：水平社宣言・綱領，解放出版社，2002．

スウェーデンの成人教育・生涯学習
adult education and lifelong learning in Sweden

スウェーデンでは1950年代より社会民主党政権のもとで漸次的に教育改革が進められ，1960年代後半以降は再分配政策と労働市場政策の一環として*リカレント教育の理念に基づく成人教育政策が積極的に推進されてきた．*有給教育休暇法（1975年），成人教育義務資金法（1976年），成人に対する修学援助，公立成人学校（1976年），労働市場教育プログラムなどが整備され，生涯学習先進国として注目を集めている．一方，先進的な成人教育政策と，階級闘争・文化闘争の中で労働者階級の人々によって形成・組織化された*民衆教育とが，相互に影響しあいながら共存していることも，特徴として指摘できる．民衆教育の主要な形態は，民間団体によって提供される学習サークル，*国民大学（*民衆大学），民衆図書館などであり，特に学習サークルには例年約200万人（延べ人数）が参加し，成人全体の3/4が学習サークルへの参加経験をもつ．（太田美幸）

⇨北欧の成人教育・生涯学習，スタディサークル

〔文献〕1）太田美幸：生涯学習社会のポリティクス―スウェーデン成人教育の歴史と構造，新評論，2011．

鈴木健次郎　Suzuki, Kenjiro

1907-1970．秋田に生まれる．*寺中作雄とともに，創設期の*公民館の普及に尽力した文部省官僚，後に教育者．

〔略歴〕東京帝国大学卒業後，大日本*青年団に入り，青年団運動に従事する．1945年に文部省へ入り，文部事務官として公民館の普及にかかわる．その後，公民館の先進県であった福岡県の社会教育課長，日本教育テレビを経て，故郷・秋田県立秋田高等学校校長の職につき，秋田の発展のために尽力することになる．秋田*青年会館の初代理事長．1970年逝去．享年63歳．

著書としては，『郷土自治建設と公民館』（1950年），『公民館運営の理論と実際』（1951年），『鈴木健次郎全集』全三巻（1974～76年）があり，伝記『鈴木健次郎の生涯』（1990年，秋田県青年会館）がある．

〔功績〕鈴木は青年団の経験をもとにして公民館の普及に努めた．それゆえ，鈴木は「公民館の父」と呼ばれた．鈴木は情熱的な人物であり，また人々を鼓舞する勢いのある文体で公民館の建設に乗り出し，多くの人々に影響を与えた．それらは，時代を隔てた今日，読んでも，その勢いは爽やかである．

鈴木は青年団で鍛え抜かれたオルガナイザーの資質を豊かに発揮して，一種独特の「相手の心に深く突き刺さっていくような話し方」があって，大きな影響力を発揮していたのだが，それには鈴木が青年団について精通していたことによるところが大きい．　　　　　　　　　　　　　　　（上田幸夫）

〔文献〕1）鈴木健二郎記念会編：鈴木健次郎全集，秋田県青年会館，1990．

鈴木道太　Suzuki, Michita

1907-1991．宮城県に生まれる．尋常小学校教務のかたわら北方教育といわれる生活教育運動，わけ

ても国語教育，生活綴り方教育に情熱を注ぐ．1940年，生活綴り方教育事件で検挙される．戦後，青年層を中心とした学習サークルを主催・組織し，町の生活教育の確立に尽力する．1948年に宮城県*児童相談所の児童福祉司となり，「*家庭教育の振興」を手がかりに「地域子ども会」の構想，つまり児童期の*社会教育にも関心を移していく．

家庭教育の徳目として「道理」「愛情」「信頼」「寛容」「責任感」を重視し，そうした徳目が，「ほんとうに子どもの精神的な血肉として定着していくには，異年齢，あるいは同年齢の子どもの集団とのかかわりをもち，からだと心がぶっつかり合って」いくことが重要だとし，しめくくりとして「集団のねりあげ」という目的を掲げる．「地域子ども会」構想の起点はここにある． (森本 扶)

〔文献〕1) 鈴木道太：親と教師への子どもの抗議，国土社，1951.；2) 鈴木道太・遠藤実：地域子ども会入門，新評論，1961.

スタッフ集団 staff group

正規職員を含め非常勤や嘱託・出向職員や委員，*ボランティア，さらには地域の専門家など多様な立場で住民・市民の学びを支える「学習の支援者」の総称．「スタッフ」という概念は*社会教育職員の「補佐・お手伝い」という従来のイメージから変化しつつあり，*指定管理者制度による民間委託の進行によりこの傾向は一層顕著になっている．施設や*NPO・*NGO等において，各スタッフがいかに社会教育・生涯学習理念を共有し各自の職務を主体的に理解し学習の支援のために集団として一体的な力量を発揮すべきか，そのためにスタッフ個人および集団に必要とされる資質や*能力とは何か，さらに各スタッフの力を十分に発揮させる採用・雇用・配置・研修のあり方とは，などがスタッフ集団論の課題である． (降旗信一)

〔文献〕1) 佐藤進：公民館のスタッフ．公民館コミュニティ施設ハンドブック（日本公民館学会編），pp.125-127，エイデル研究所，2006.

スタディサークル study circle

特定の事柄や課題に対して興味や問題関心をもった人々が自発的に集い，少人数のグループをつくって定期的に学びあう学習グループの総称．グループ内に専門の指導者がいることはまれであり，学習者は，メンバーの中から選ばれたリーダーを中心に，学習形態や方法などを自分たちで決める場合が多い．なお，リーダーはあくまでグループの調整役であり，学習者同士の関係性は対等であることが基本である．

スタディサークルの展開例として代表的なものは，スウェーデンの「学習サークル」である．民衆運動に起源をもつ同サークルは，スウェーデンの成人教育の一形態として広く普及・定着している．そのほか，日本の社会教育においては，1950年代に隆盛をみたサークル活動の形態が類似するものとして特筆される． (佐伯知子)

⇨スウェーデンの成人教育・生涯学習

〔文献〕1) 木見尻哲生：スウェーデン「学習サークル」運動の理念と今日的状況．名芸大研究紀要，**22**，2001.

ステークホルダー stakeholder

組織の利害関係者と訳される．*グローバリゼーションや情報化社会の進展など，社会的環境が大きく変化する中で，企業や社会的組織は，それらを取り巻く「社会」との接点や関係性に注目するようになる．ステークホルダーとは，この「社会」を実態的に把握する枠組みとして提起された概念である．

〔概観〕企業経営の領域では，「企業の社会的責任」(corporate social responsibility：*CSR) が重要な課題となる中で，従業員，株主，投資先，消費者などの幅広いステークホルダーとの関係において組織を捉えるようになった．また，経営者（常勤役員）支配体質が問題化した1990年代の*生活協同組合でも，多種多様な利害関係者に囲まれた社会的存在として自らの組織を位置づけ直すことによって，組織再編・再建を試みている．今日では，企業の株主，*協同組合では組合員といったシングルステークホルダーのみを配慮する考え方から，多様なステークホルダーとの関係の中に組織の存在意義を見いだそうとするマルチステークホルダーモデルが一般的である．その際，マルチステークホルダーには環境や地域社会といった社会的ステークホルダーも含まれる．また，能動的市民の役割が強調される1990年代以降の*福祉社会では，あらゆる資源にアクセスできる平等の機会と最低限の参加が保障された人々という意味でステークホルダーという標語が使われるなど，多面的な文脈で用いられつつある．

〔課題〕マルチステークホルダー型の組織および社会の最大の特徴は，組織の意思決定過程に多種多様な声を反映させることにある．しかし，多面的な利害関心をもつ人々の意見を聞く過程は，必然的に衝突や対立を伴う．問題の顕在化を避けるための装置としてではなく，課題を共有する*対話・公論の場

をいかにして形成するかという観点に立った自発的・協働的ステークホルダーモデルの確立が重要な課題となっている． (大高研道)

〔文献〕1) 島田恒：非営利組織のマネジメント―使命・責任・成果―，東洋経済新報社，1999.；2) 谷本寛治：CSR経営―企業の社会的責任とステイクホルダー―，中央経済社，2004.

ストックホルム会議（国連人間環境会議／1972年）　⇨環境教育，持続可能な開発のための教育

ストレスコーピング　stress coping

ストレスとうまく付き合うために，ストレスをどのように受け止め，どのように行動するかを考えるストレスへの対処行動．その具体的な資源としては，健康とエネルギー，知的能力，問題解決スキル，ソーシャルスキル，ポジティブな信念，*ソーシャルサポート，物質的資源などが考えられる．

人間が生きていくためには，外界と物理的，心理的，社会的にかかわりをもつことは不可避であり，ストレスをいかに回避するかということではなく，ストレスといかに付き合うかということが重要である．ストレスコーピングは，自分を取り巻く環境に存在する人々を積極的に知り，人々との相互作用から自己を深くみつめ，人生の捉え返しを行うことから，自己と*他者との関係を捉え返す実践につながるといえよう． (飯塚哲子)

〔文献〕1) R. S. ラザルス講演（林峻一郎編訳）：ストレスとコーピング，星和書店，1990.；2) 加藤司：対人ストレスコーピングハンドブック，ナカニシヤ出版，2008.

スポーツ外傷・障害　sport injury/disorder

スポーツ外傷は骨折，脱臼，捻挫，打撲など，間接的あるいは直接的外力が身体に作用して発生する外傷である．自らの筋肉の収縮力による骨折，肉離れ，アキレス腱断裂などもある．スポーツ障害はスポーツ固有のトレーニングによる疾患である．「過度使用症候群」が多い．野球，水泳，バレーボール，体操などに多い「肩関節障害」，ラグビー，柔道，スキーなどに多い「習慣性肩関節脱臼」，野球のピッチャーに多い「肘関節障害」，そして「テニス肘」等がある．膝の障害はランナーの膝の内外の腱の障害が多い．アキレス腱断裂はバレーボール，バドミントン，テニスなどで，特に中年女性に多い．「ウサギ跳び」「下肢を延ばしたままの腹筋運動」等は以前は広く行われていたが，現在では障害の原因となりうる

ことがかなり知られるようになった．スポーツは本来大人の文化であり，子どもの身体，*知識，感情の発達に適応した練習・試合内容を考慮する必要がある． (内海和雄)

〔文献〕1) 武藤芳照：スポーツ医学実践ナビ―スポーツ外傷・障害の予防とその対応―，日本医事新報社，2009.

スポーツカウンシル（英）　Sports Council (SC) (in UK)

すべての国民のスポーツ参加促進を意図して，その政策の作成と実行を推進するために英国で設立された準政府機関である．1960年代の後半以降，西欧の*福祉国家ではその発展の第2段階として，スポーツ分野では*スポーツフォーオール政策が推進された．他の西欧諸国のようなスポーツ省を採らなかったのは，政権党の直接的な「支配」を排除し，スポーツの独自性，自治性を保持するためである．1965年に諮問機関として発足し，1972年には執行機関となった．1997年から，英国の国際的スポーツをとりまとめる英国スポーツカウンシル（UKSC）とイングランド，ウェールズ，スコットランド，北アイルランドの4つのスポーツカウンシルに分離した．アマチュアリズム誕生国として公共援助が相対的に遅れたが，国民へのスポーツ施設提供のほか，スポーツ普及の基盤を形成し，1990年代以降，国際競技力の高揚も重視している．

サッチャー（Thatcher, M. H.）政権下，組織と機能が縮小したが，現在では再編して復活している．その独自の組織形態が，1970年代の日本のスポーツの考え方にも多くの影響を与えた． (内海和雄)

〔文献〕1) 内海和雄：イギリスのスポーツ・フォー・オール―福祉国家のスポーツ政策―，不昧堂出版，2003.

スポーツ基本法　Basic Sports Act/Basic Act on Sport

「スポーツ振興法」（1961年）を50年ぶりに全面改正し，2011年8月24日に施行された法律．条文は「第1章 総則（第1～8条）」「第2章 スポーツ基本計画等（第9～10条）」「第3章 基本的施策（第11～29条）」「第4章 スポーツの推進に関わる体制の整備（第30～32条）」「第5章 国の補助等（第33～35条）」の5章35条から構成されている．

〔概要〕「スポーツ立国の実現を目指し，国家戦略として，スポーツに関する施策を総合的かつ計画的に推進するため」に制定された同法の目的を達成する規定として「多様なスポーツの機会の確保のため

の環境の整備」(4条)「競技水準の向上等」(5条)「スポーツの推進のための基礎的条件の整備等」(10条)がある.前文と基本理念(第2条)で,「スポーツを通じて幸福で豊かな生活を営むことは,すべての人々の権利」として,初めて権利と表現したことが特徴である.しかし,ユネスコの「体育・スポーツの国際憲章」(1978年)での「すべての人はスポーツに参加する基本的権利を有する」に比べていまだ曖昧な表現である.また,地域スポーツ活動による「新しいスポーツ文化」を通じて「新たな公共」をつくるという「新しさ」を謳っているが,その具体的な内容は企業(民間)と地域(ボランティア)の協働が強調され,国や自治体の公的責任を曖昧化したものである.

〔経緯〕スポーツは広義の福祉の一環であるが,GDPは高いものの福祉水準が先進国の中で低い日本の状況に連動してスポーツ政策も貧困である.1990年代初頭のバブル経済崩壊以降,国民のスポーツ参加は伸び悩み,スポーツ施設数も減少している.こうした事態に対して,日本スポーツ法学会は「スポーツ基本法要綱案」(1997年12月)を公表し,法的基盤整備への注意を喚起した.政策面では,1998年5月には「スポーツ振興投票の実施などに関する法律(通称サッカーくじ法)」が制定され,その収益金の活用を意図して1999年9月に「スポーツ振興基本計画」が定められた.2000年代に入り,国立スポーツ科学センター,ナショナルトレーニングセンター等が建設され,政界から「スポーツ立国」の提言がなされる中で,スポーツ基本法への関心が高まった.そして2011年6月に超党派のスポーツ議員連盟によって提出された「スポーツ基本法案」が衆参両院において全会一致で可決,成立した.とはいえ,政策の具体化である「スポーツ基本計画」の策定やその実行(特に具体的な予算配分)のためには,国民の幅広い運動が不可欠である. (内海和雄)

⇨スポーツ振興法

〔文献〕1) 日本スポーツ法学会編:詳解・スポーツ基本法,成文堂,2011.

スポーツ教室 sports class

自治体による地域住民を対象としたスポーツ機会の提供施策の代表的なもの.スポーツ種目の実技指導を中心に,年齢別,技術水準別,目的別等,多様な形態で実施されている.*スポーツ振興法第7条で「地方公共団体は,ひろく住民が自主的かつ積極的に参加できるような*運動会,競技会,運動能力テスト,スポーツ教室等のスポーツ行事を実施するように努め」と規定されていたように,スポーツ教室は,地域スポーツ振興の重要な方策とされてきた.特に,1970年代,東京都三鷹市で職員と*体育指導委員の協力のもとに展開した施策では,そのスローガン「スポーツ教室からクラブづくりへ」に示されるように,スポーツ教室開催と地域スポーツの核となるクラブづくりとを密接に結びつけ成果を収めた.現在,自治体財政難の中,スポーツ教室の関連予算が削減されてきているが,地方公共団体が実施する行事として*スポーツ基本法第22条の規定にも引き継がれ,地域スポーツ振興に果たす重要な役割を考えるならば,安易な縮小は避けられなければならない. (尾崎正峰)

〔文献〕1) 沢登貞行・村上克己:コミュニティ・スポーツへの挑戦,不昧堂出版,1980.

スポーツクラブ sports club

〔概要〕スポーツ活動を行うことを目的として地域の住民が自主的に結成したスポーツ組織をさし,学校の中で行われるクラブ活動とは区別される(*フィットネスクラブなど民間営利のスポーツ施設をさす場合もある).たとえば「*ママさんバレー」のように,単一種目で成人を構成メンバーとするものが大半であるが,複数の種目を行い,子どもから高齢者までの多世代をカバーするクラブも現れてきている.日本スポーツクラブ協会の1999年調査では,公共スポーツ施設を活動拠点とするクラブ数は約36万と推測されるが,若干,減少傾向にある.会員数の平均は30人前後,総合型スポーツクラブの場合は約300人.活動種目は,野球,サッカー,バスケットボール,バレーボール,卓球等,多種多様である.

〔地域スポーツ振興と地域社会の活性化〕戦後早くも「*社会体育実施の参考」(1946年)において「体育運動団体の育成強化」があげられ,その後の政策関係文書でもスポーツクラブは地域スポーツ振興の1つの要として位置づけられてきている.1970年代,人々の*スポーツ要求・活動の拡大と相まって,全国各地でクラブの結成が相次ぎ,地域でのスポーツが活況を呈した.こうしたクラブの活動の多面的な拡大によって,地域スポーツの発展のみならず,地域社会そのものの活性化につなげることが期待されてきた.

〔現状と課題〕現在,スポーツクラブの抱えている問題は多岐にわたる.公共スポーツ施設の整備の遅

れによって活動場所の確保が困難であること，メンバーの固定化や減少などの問題から活動が沈滞していること，などである．しかし，メンバー相互の連帯と努力によって活動上の諸問題を解決しながら30年以上も活動を続けているクラブも全国各地にある．こうしたクラブの*実践の蓄積に学ぶと同時に，ドイツの*スポーツフェライン（Verein＝クラブ）に対する法的・制度的保障に比する公的制度を構築していく必要がある． （尾崎正峰）

〔文献〕1) 日本スポーツクラブ協会：地域スポーツクラブ実態調査報告書，日本スポーツクラブ協会，2000.

スポーツ権　rights to sports

「国民のスポーツをする権利」の略称．

〔概要〕権利の歴史的発展は，自由権と社会権の保障とに分類される．自由権とは，国家による作為の排除をする権利，つまり国民にとってスポーツをする・しないの選択の自由である．しかし，スポーツを享受するには前提となるスポーツ施設が必要であり，その建設費は個人では不可能である．そこで公共機関が税金で建設して国民，地域住民に提供する必要性がある．こうして自由権を保障するためにも国家の作為を必要とする，これが社会権である．つまり，現在の社会で，国民は自由権だけあってもスポーツには参加できない．あるいは高額の会費を払えば可能であるがそれでは社会的格差が生じてしまう．そうさせないために，社会権によって公共機関による条件整備が保障されるようになった．このような自由権と社会権の両者の保障をもってスポーツ権という．

〔歴史〕欧州審議会（Council of Europe）の1966年以降の*スポーツフォーオール政策によってスポーツ権の保障は始まるが，行政上の文書化は1976年の欧州審議会による「*ヨーロッパスポーツフォーオール憲章」（European Sports for All Charter）における第1条「すべての人はスポーツに参加する基本的権利を有する」である．*ユネスコではこれを踏襲して1978年に「体育・スポーツ国際憲章」（The International Charter of Physical Education and Sport）を制定し，同じくその第1条でスポーツ権を謳った．こうして，スポーツ権はスポーツフォーオール政策の根幹として，*福祉国家のスポーツ保障の内実として世界に認識された．これによって先進諸国では国家が率先して国民のスポーツ参加のための施設建設を積極的に行い，国民のスポーツ権を保障する政策を推進した．

〔課題〕しかし，1980年代中頃からの*新自由主義政策によって，スポーツ権は後退を余儀なくされた．ヨーロッパにおいても欧州審議会ないし*EUへの加盟国が増加するに伴って，1992年には欧州審議会の閣僚評議会が「スポーツ倫理法典：フェアプレイ―勝利への道―」と「ヨーロッパスポーツ憲章」を採択した．これは中欧・東欧の「貧しい国」の新たな加入もあって，1976年の「ヨーロッパスポーツフォーオール憲章」にみたスポーツ権の表現はなく，「すべての人が参加する」という程度に後退した．

〔日本の状況〕先のユネスコの「体育・スポーツ国際憲章」を日本は先進国でも例外的に批准していない．日本の福祉一般の低水準が，福祉国家のスポーツ版であるスポーツフォーオール政策とスポーツ権の未承認となっている．日本におけるスポーツ権の自覚は1965年に設立された*新日本スポーツ連盟の創立宣言にみられた．「スポーツは万人の権利」と呼びかけ，その後国民，地域住民のスポーツ権保障のためのスポーツ運動を推進してきた．それ故，*日本体育協会と自治体の保守層からは多くの*抑圧を受けた．1970年代はスポーツ権論が盛り上がった．「下からの福祉」「下からの*公共性」として1970年代に高揚した*環境権をはじめとする「新しい人権」の一環を占めた．しかし，1980年代になるとスポーツ権論も低調となった．しかしこの時期，スポーツ権を補強しながら「スポーツの公共性」が提起され始めた．新自由主義政策下にあって日本の「するスポーツ」は悲惨なまでに後退しているが，福祉としてのスポーツは歴史的必然であろう．それは社会存立の基盤でもある． （内海和雄）

⇨スポーツフォーオール

〔文献〕1) 内海和雄：戦後スポーツ体制の確立，不昧堂出版，1993.；2) 内海和雄：日本のスポーツ・フォー・オール―未熟な福祉国家のスポーツ政策―，不昧堂出版，2005.

スポーツ産業　sports industry

〔概観〕スポーツを対象とする産業部門で，多様な構成要素をもっているが，大きく分けて「用品」「サービス」「情報」の3つの領域がある．「用品」は，スポーツ関連用具・用品の製造，販売などを主とする．現在では，ファッション性などを付与したブランド戦略や健康ブームに伴う健康食品・飲料等にも対象を広げている．「サービス」は，施設や空間の提供，すなわち民間の*フィットネスクラブ，テニスクラブ，ゴルフ場などがこれにあたる．「情報」は，従来までの新聞・雑誌などの活字メディアやテレ

ビ・ラジオなどの電波メディアに加えて，グローバル化の時代の中でインターネットの普及等による新たな展開をみせてきている．現在，「スポーツツーリズム」など新たな領域の展開が注目されている．

〔興亡〕スポーツ産業の始まりは明治期にまでさかのぼるが，長く中小規模の産業であったスポーツ産業が，「サービス」領域を牽引役として新たな展開と成長をみせるようになったのは1980年代後半のことであった．この時期，高額の入会金・会費を設定する民間*スポーツクラブが話題を集め，通産省が「*スポーツビジョン21」を公表するなど，スポーツ産業への期待は各方面から表明された．しかし，バブル崩壊とともに成長率は低下し，将来予測は実現をみることはなかった．その後，『レジャー白書』などの関連調査でもスポーツ産業の業績はおもわしくないとする*評価が続いている．

〔新たなビジネス展開〕従来までの施設運営のノウハウを基盤としてマネジメント・コンサルタントの領域への進出が顕著になってきている．これに関連して，公共施設の*指定管理者制度の導入は，スポーツ産業にとって新たなビジネスチャンスとして位置づけられているが，*公共性の観点から注意深く見守る必要がある．　　　　　　　　　　（尾崎正峰）

〔文献〕1）原田宗彦編：スポーツ産業論（第5版），杏林書院，2011．

スポーツ少年団　junior sports club

スポーツを通して青少年の身体と心の育成を目ざす少年団体．1962年に*日本体育協会が創設した日本スポーツ少年団には，約3万6000団と約86万人の団員，約20万人の指導者が登録しており，人口比で岩手・秋田・山形・鹿児島・福井各県の順に組織率が高い（2010年度）．

スポーツの楽しさを広げ，友情や連帯感を育む上で大きな意義をもつ一方，いきすぎた鍛錬主義や勝利至上主義が問題となることもある．子どもの心身の発達の科学，自発性と自治に基づく指導が問われている．近年では，特定の種目の練習・試合にとどまることなく，種々の文化・*レクリエーション・学習活動や体験・交流・社会活動を組み入れたり総合型地域スポーツクラブの中心的役割を担うことも期待されている．学校の部活動との違い，権利としてのスポーツの系統的指導，地域に根ざした活動の発展などが課題となっている．　　　　　　　（山下雅彦）
⇨総合型地域スポーツクラブ

〔文献〕1）スポーツ少年団のウェブサイト（http://www.japan-sports.or.jp/club/about.html）；2）永井洋一：スポーツは「良い子」を育てるか，NHK出版，2004．

スポーツ振興基本計画　Basic Plan for the Promotion of Sports

〔概要〕2000年9月，*スポーツ振興法第4条（計画の策定）「文部科学大臣は，スポーツの振興に関する基本的計画を定めるものとする」に基づいて文部大臣告示として策定されたスポーツ振興に関する計画．同年8月の*保健体育審議会答申「スポーツ振興基本計画の在り方について」の内容を踏襲している．スポーツ振興法の制定から約40年を経て，ようやく策定されたものである．計画では，スポーツの意義を「現代社会に生きるすべての人々にとって欠くことのできないものとなっており，性別や年齢，*障害の有無にかかわらず国民一人一人が自らスポーツを行うことにより心身ともに健康で活力ある生活を形成する」としている．計画の柱は，青少年の体力・運動能力の低下に対する施策，国際競技力の総合的な向上方策，*生涯スポーツ社会実現のためのスポーツ振興施策の3つである．2010年度で計画年次を終え，新たな基本計画が策定中である（2012年3月現在）．

〔計画の焦点〕計画では「国民の誰もが，それぞれの体力や年齢，技術，興味・目的に応じて，いつでも，どこでも，いつまでもスポーツに親しむことができる生涯スポーツ社会の実現のため，できるかぎり早期に，成人の週1回以上のスポーツ実施率が50パーセントとなることを目指す」という政策目標を掲げ，その達成のための必要不可欠な施策として「*総合型地域スポーツクラブの全国展開」，すなわち「2010年までに，全国の各市区町村において少なくともひとつは総合型地域スポーツクラブを育成」することがあげられた．2006年9月，計画は改定され，スポーツ振興を通じた子どもの体力向上を最重要施策に変更したが，策定後5年間に実施された政策に対する*自己評価が明示的ではない．

〔不安定な財源〕本計画推進の財源として，スポーツ振興投票（toto）から得られる収益に期待する部分が大きかったが，売上げの増減など不安定な要素を払拭できない財源に依存するのではなく，公的な財源の制度的保障を確固たるものとしていくことが課題である．　　　　　　　　　　　　　（尾崎正峰）

〔文献〕1）日本スポーツ法学会編：生涯スポーツをめぐる諸問題・法と政策，エイデル研究所，2004．

スポーツ振興審議会 Council for Sport Promotion

　第17回オリンピック東京大会招致を機に，1957年2月，内閣総理大臣の諮問機関として内閣に設置された，第2次世界大戦後日本の体育・スポーツ行政をつくりあげる中枢となった機関．ここからの「答申」や「要望」をテコに，体育・スポーツ行政は整備されていく．

　〔「審議会」の行った主な内容〕次の3点に集約される．第1は，*社会教育法の改正である．オリンピックの中心的な担い手である*日本体育協会（日体協）が，最も苦慮していたことは，選手強化のための財源不足であった．日体協は，1949年に制定された社会教育法により社会教育団体と認定され，同法13条の規定により，国庫補助の受納を禁じられていた．したがって，国庫補助を受け財源を確保するためには，社会教育法の改正が必要であった．政府は，日体協の事業が「全国的」かつ「国際的性格」をもっており，「国家的見地からその事業の助成をはかる必要がある」という理由で，1957年同法の「一部改正」を行った．第2は，体育局を復活させ，体育・スポーツ行政の中核をつくったこと．1949年，占領軍により体育局は廃止された．以後体育・スポーツ行政は，いくつかの省に分散されて行われていた．オリンピック東京大会招致を機に，体育・スポーツ行政の中核をつくろうという機運が醸成された．スポーツ振興審議会は，これを受け止め，その必要性を強調した決議文を採択した．これが功を奏し，1958年，9年ぶりに文部省に体育局が復活した．第3は，*スポーツ振興法制定に道を開いたこと．スポーツ振興審議会は，1958年3月，内閣総理大臣に，国のスポーツ振興策を総括的に規定する法律として，スポーツ振興法の制定を求める「要望書」を提出した．これに賛同する運動に支えられて，1961年6月「スポーツ振興法」は，議員立法として成立した．

　〔現存する同名の「審議会」との関係〕上記の「スポーツ振興審議会」は，閣議決定により，1957年3月31日までの間設置されたもので，現存していない．成立した「スポーツ振興法」第3章18条には，同名の「スポーツ振興審議会」の規定があり，これは現存している．それによると，「スポーツ振興審議会」は，都道府県には「置く」，市町村には「置くことができる」となっており，*教育委員会もしくは知事の諮問に応じ，「スポーツの振興に関する重要事項について調査審議し」「建議する」と規定されている．なお，1999年のスポーツ振興法改正により，第18条のタイトルが「スポーツ振興審議会等」となり，条文も「スポーツ振興に関する審議会その他の合議制の機関」と，「審議会」の枠が緩められる方向で改正された．さらに，*スポーツ基本法第31条の規定により「スポーツ推進会議等」に名称変更された．また，都道府県においても「置くことができる」とされた．

（関　春南）

〔文献〕1）日本スポーツ学会：スポーツ関係六法，道和書院，2008．；2）関春南：戦後日本のスポーツ政策—その構造と展開—，大修館書店，1997．

スポーツ振興法 Sport Promotion Act

　1961年6月16日に制定され，「第1章　総則（1～4条）」「第2章　スポーツの振興のための措置（5～17条）」「第3章　スポーツ振興審議会及び*体育指導委員（18～19条）」「第4章　国の補助等（20～23条）」の4章23条から構成された法律である．この法律に対して，「スポーツ振興法施行令」と「スポーツ振興法施行令の制定（補助金交付）について」が1962年に制定された．2011年6月に全面改正され，名称も「*スポーツ基本法」に変更され，同年8月に施行された．

　〔概要〕従来，社会体育は*社会教育法第2条に依拠していたが，独自法がなかったが故に，自治体の*社会教育行政の中では位置づけはあまり高くなかった．しかしこの独自法の成立によって，その後の社会体育行政は大きく進む条件を形成した．東京オリンピック以降体力強化政策の強調の一方で，高度経済成長期に国民の*スポーツ要求は高揚した．こうした背景の下に，「福祉元年」と謳われた時期に出された*保健体育審議会答申「体育・スポーツの普及振興に関する基本方策について」（1972年）では，人口規模に応じたスポーツ施設建設が提起された．その推進の上でもスポーツ振興法は法源となり大きな力を発揮した．しかし，1980年代以降の*新自由主義的自治体行政の推進（民営化，市場化）によって，公共責任を強調した1972年答申は無視されるようになった．この背景には，日本は*スポーツ権を推進する*ユネスコの「体育・スポーツ国際憲章」（1978年）を批准していないこと，*福祉国家を実現していないことなどがあり，またスポーツ振興法がもっぱらスポーツ参加の自由権は承認しているものの，そのための条件整備としての社会権を承認していないという弱点を有しているからでもある．

　〔歴史〕地域でのスポーツ振興は社会教育法第2条

「社会教育とは，…主として青少年及び成人に対して行われる組織的な教育活動（体育及び*レクリエーションの活動を含む）をいう」の規定によって，史上初めて法的根拠をもった．この社会教育法の制定過程で「社会体育法」も企図されたが，実現しなかった．それ故に，それ以降独自法の制定はスポーツ分野の悲願であった．こうした要求に千載一遇のチャンスとなったのは，オリンピック招致活動である．そして1959年のIOC総会で1964年の東京オリンピック開催が決定された．その開催地としてスポーツ振興法の必要性が高まり，制定となった．

〔課題〕スポーツ振興法は議員立法であり予算提案権を有しないという制約をもった．現在，スポーツ行政にも新自由主義的な民営化，市場化が導入され，地域住民のスポーツ享受において貧富の格差が拡大している．「第1章 総則」第4条（計画の策定）では「文部大臣は，スポーツの振興に関する基本計画を定めるものとする」と謳ったが，実際には2000年の「*スポーツ振興基本計画」まで何も設けなかった．そしてその基本計画も，日本のスポーツ振興の上で決定的な弱点である施設不足については何ら触れることなく，地域のスポーツ組織の再編を有料化を基盤としながら推進する「*総合型地域スポーツクラブ」の作成に特化している．国の基本計画というには内容的には貧弱なものであり，国民，地域住民のスポーツ権を保障する「スポーツ基本法」の制定が求められてきた．政党では日本共産党が1976年11月に「国民スポーツの画期的な発展のために─国民スポーツ基本法の制定を─」を提起し，学界では1997年12月に日本スポーツ法学会が「スポーツ基本法要綱案」を発表した． （内海和雄）

⇨スポーツ基本法

〔文献〕1）内海和雄：戦後スポーツ体制の確立，不昧堂出版，1993.；2）内海和雄：日本のスポーツ・フォー・オール─未熟な福祉国家のスポーツ政策─，不昧堂出版，2005.

スポーツセンター　sports center

公共スポーツ施設の1つで，いわゆる体育館の設備のほかに，温水プール，トレーニング室，柔道場，剣道場，卓球室等のスポーツ関連設備のほか，研修室や食堂等の付帯設備など多様な設備を有している総合的な施設をさす場合が多い．市町村の場合，センター内に自治体のスポーツ振興担当部局の事務局が置かれているケースも少なくない．活発な活動を展開するセンターでは，施設設備の多様性に比例して，利用者の数も多く，活動拠点とするクラブも多彩であり，文字どおり，地域のスポーツ振興のセンター（中心）に位置づく施設となっている．都道府県レベルでは，「*スポーツ振興基本計画」（2000年）において「2010年までに，各都道府県において少なくとも1つは広域スポーツセンターを育成する」と提起されている．その役割として，*総合型地域スポーツクラブの育成に関する支援，広域市町村圏における情報提供，スポーツ交流大会の開催などがあげられた． （尾崎正峰）

〔文献〕1）日本スポーツクラブ協会編：スポーツクラブ白書2000，厚有出版，2001.

スポーツテスト　sports test

運動能力や体力を測定するテスト類の総称である．1961年制定の*スポーツ振興法第7条では「運動能力テスト」，*スポーツ基本法第22条では「体力テスト」と表現されている．*文部科学省では「スポーツテスト」（1963年～），「壮年体力テスト」（1967年～），「小学生スポーツテスト」（1965年～），「小学校低・中学年運動能力テスト」（1983年～）の4種類を行っている．2000（平成12）年より「新体力テスト実施要項（①6～11歳対象，②12～19歳対象，③20～64歳対象，④65～79歳対象）」が実施されている．高度経済成長下，1964年の東京オリンピックにおける「敗北」が，日本人の体力の低さを大きく浮かび上がらせ，「国民体力づくり」政策が強調された．近年，栄養過多，運動不足，ストレスの増加等によって肥満，生活習慣病が深刻化している．一方で，国民全般が参加できる日常生活圏でのスポーツ施設が不足しており，国民の体力問題は深刻さが指摘されるが具体的な対策は弱い． （内海和雄）

〔文献〕1）文部省体育局スポーツ課内社会体育研究会編：スポーツテスト─その実践と活用─，第一法規出版，1978.

スポーツナショナリズム　sports nationalism

スポーツを通して発現されるナショナリズム．その形態は次の2つに大別することができる．第1に，対外的な危機感や対抗意識等を背景として，自国や自民族に固有なスポーツのあり方を求める思想やイデオロギーとして発現するもの．19世紀の国家的な危機を背景とし，民族主義的な体育運動として登場したドイツのツルネン，スェーデンのスェーデン体操，チェコのソコル，また，米国における野球やアメリカンフットボールなどの独自のスポーツの創出，そしてアイルランドにおける伝統的なゲーリックスポーツの保持などがその事例としてあげら

れる．第2に，オリンピックなどの国際競技大会等によって喚起されるところの民族や国民としての一体感や優越感，他国民への敵愾心等である．両者とも，ナショナルな共同体の創出や維持・再生といった問題と密接に関連しており，それらがもたらす排外主義的な傾向や国家による政治的利用等が問題化されてきた． （坂上康博）

〔文献〕1) 中村敏雄編：スポーツナショナリズム，大修館書店，1978.；2) 唐木國彦：スポーツナショナリズム．最新スポーツ大事典（日本体育協会監修），大修館書店，1987.

スポーツビジョン21　Sports Vision 21

〔概要〕1990年に公表された旧通産省の*スポーツ産業研究会の報告書．構成は「スポーツ産業の理念と役割」「スポーツ産業の現状と課題」「スポーツ産業振興の基本指針」の3つの柱からなっている．同研究会のメンバーには，スポーツ産業の関係者やスポーツ研究者にとどまらず，広く財界関係者が名を連ねていた．こうしたメンバー構成は，当時のスポーツ産業の拡大を背景に，スポーツ産業の「21世紀に向けての飛躍的高成長」への期待が大きかったことの反映といえる．報告書でも，2000年には「21世紀の基幹産業の1つとして規模的にも重要な位置づけを得ることとなる」とする将来見通しが表明されていた．しかし，バブル崩壊など1990年代以降の経済状況の悪化の影響もあり，スポーツ産業全体の成長率は急速に低下し，報告書で示された将来見通しは実現しなかった．

〔歴史的な位置づけと特徴〕『消費革命とレジア産業』(1961年) や『*余暇総覧』(1974年) など，スポーツ産業を含む余暇関連産業の国家的育成の政策的見取り図は，繰り返し提起されてきたが，「スポーツビジョン21」はスポーツ産業に焦点化したものとして特筆される．全体として，公表当時の社会・経済状況，特にバブル経済という時代状況を反映して，楽観的な将来予測が支配的であるといえる．報告書では，スポーツ産業の役割を国民のニーズに応えて多様な「モノ・場・サービス」を供給する主体として位置づけている．そのため，国民はスポーツ産業が提供するスポーツ関連商品の「消費者」として位置づけられ，スポーツ文化を協同で創造していく主体であるという発想をみることはできない．その他，「スポーツを通じた地域活性化」の項目でも，リゾート地におけるスポーツ施設整備が主であり，日常生活圏としての地域社会とそのスポーツ環境を豊かにするという視点は後景に退いている． （尾崎正峰）

〔文献〕1) 関春南：戦後日本のスポーツ政策，大修館書店，1997.

スポーツフェライン（独）　英 sports union, 独 Sportverein

ドイツにおける，スポーツ活動と楽しい交流を目的とした集団・団体．法的に規定された明確な内容と長い歴史をもつ．ドイツスポーツ連盟の末端組織に位置づいている．

ドイツ連邦共和国基本法（日本の憲法に該当）第9条は，フェライン結成の権利を規定し，これを受けて民法では，一定の条件を満たしていれば（たとえば，営利を目的としない，代表権をもった理事会をもつ，規約をもつ，最低7人以上の会員がいる等），地方裁判所に届け出ると，「法人」として社会的に認定される．そして，活動の条件が公的に保障される．

ドイツに，スポーツが19世紀末主に英国から導入され，スポーツフェラインがつくられ，活動が行われていくが，それ以前，既に体操を行うフェラインつまりツルネンフェライン(Turunen Verein)が，多く存在していた．1811年ヤーン(Jahn, F. L.)の創設した体操場(Turnenplatz)がツルネンフェラインの最初であったとされている．ドイツのスポーツフェラインは，教会に次ぐ組織率をもち，国民の30%を超える人が加入している．ここでは，性，*職業，年齢の違いを超えた対等平等な関係の中で，スポーツを通じた自主的，社会的な活動が展開され，会員が生きがいを見いだす生活の拠点となっている．また，午前だけで学校を離れる青少年にとっては，*社会教育（社会的人格形成）の不可欠の場となっている．日本の*スポーツクラブの発展を考えたとき，ここから学ぶべきことは多い． （関　春南）

〔文献〕1) Timm, W.：*Sportverein in der Bundesrepublik Deutschland, Teil II.* Verlag Hofmann, K. 1979.；2) Seehase, G.：*Der Verein—Standort Aufgabe Funktion in Sport und Gesellschaft—,* Verlag Hofmann, K. 1967.；3) ゲオルグ・アンデルス（関春南訳）：ドイツにおけるスポーツクラブの現状と課題，現代スポーツ評論，2, 2000.

スポーツフォーオール　sports for all

国・自治体などの公共機関が率先して国民・地域住民のスポーツ参加を保障する政策である．具体的にはそのための条件整備であるスポーツ施設の建設，*スポーツ教室の開設，地域スポーツクラブへの支援，情報の提供などである．

〔歴史〕資本主義社会化に伴って近代スポーツが英

国に誕生し，19世紀後半に成立したアマチュアリズムによってスポーツは資本家階級や旧貴族層に独占され，国民一般，労働者階級は排除された．しかし，第2次世界大戦後，特に1960年代の高度経済成長期に福祉国家が第2段階を迎えたとき，特に西ヨーロッパで，欧州審議会（Council of Europe）が率先して，福祉の一環として国民へのスポーツ普及策を取り始めた．これがスポーツフォーオール（政策）である．それまでアマチュアリズムによってスポーツは個人の責任による個人の営みという考えが押しつけられてきたが，公共機関が率先して国民の参加を促す必要性が生じた．その点でスポーツフォーオール政策は人類史上初めての事象である．その国の政治・経済がスポーツの条件整備の必要性を生じさせ，またそれを保障する基盤が形成されつつあることを意味する．

〔背景〕スポーツフォーオール政策が実現する背景は次のようである．産業や日常生活における省力化と栄養過多の中で生活習慣病の深刻化が進んでいたこと，労働の精神労働化の促進によるストレスの増大への対応の必要性が高まったこと，そして国民の権利としての文化要求の高揚などが結合して，スポーツの重要さが社会的に認識されたことである．西ヨーロッパを中心とする先進諸国ではスポーツフォーオール政策以降，スポーツ施設が多く建設された．

〔課題〕1980年代からの*新自由主義化，つまり福祉の削減と市場化優先の政治・経済によって，特に米国，英国，日本での貧富の格差拡大が進んだ．これは広義の福祉の一環であるスポーツ分野にも及び，特に英国では1990年代に入って自治体のスポーツ施設の民営化も相次ぎ，*貧困層のスポーツ参加が減少している．一方，山積する都市問題や失業者問題などが絡んで，困難さを増している中で，スポーツ参加を鬱憤解消の代償行為として利用しようという「社会統制的スポーツ行政」も生じている．

〔日本の状況〕日本では戦後，福祉国家化の政策は採られていない．1973年には「福祉元年」と銘打たれたが，その年のオイルショックによって曖昧化した．それでも国民の*レクリエーション要求は高揚しつつあり，通産省の「余暇開発センター」の設置など，新しい行政機構も生まれ始めた．その一環として1972年に*保健体育審議会答申「体育・スポーツの普及振興に関する基本方策について」は，自治体の人口規模に応じた各スポーツ施設数を提示し，自治体での建設を促した．これは先行した欧米の動向から学んだものであり，日本での「スポーツフォーオール」となるべきものであった．しかしその後のオイルショック，そして1980年代の不況で日本のスポーツ施設は低い水準が続き，1991年以降のバブル経済崩壊などによって，民間のスポーツ施設が3万ヵ所倒産した．一方公共施設も増えず，日本国民のスポーツ参加状況は深刻な状態である．スポーツフォーオールの実施が求められている．

（内海和雄）

〔文献〕1）内海和雄：イギリスのスポーツ・フォー・オール―福祉国家のスポーツ政策―, 不昧堂出版, 2003.；2）内海和雄：日本のスポーツ・フォー・オール―未熟な福祉国家のスポーツ政策―, 不昧堂出版, 2005.

スポーツボランティア　sports volunteer

個人の自由意志に基づいて，その人の*技能や時間などを，スポーツの組織やイベントなどに提供し，そのことを通して社会に貢献しようとする活動．*スポーツ少年団や地域のクラブの指導者や役員・世話役など日常的な活動における*ボランティア，そして，各種の競技大会運営への協力など非日常的な活動におけるボランティアに大別される．1990年代に入って，「するスポーツ」「見るスポーツ」に加えて，スポーツを「ささえる」ことの提起とともに注目されるようになったが，内閣府「*体力・スポーツに関する世論調査」で，1年間でスポーツボランティアの活動をしたと答えた人は8%前後である．地域のスポーツは，こうしたボランティアに支えられてきたといってよいが，「行政の肩代わり」や「安上がり」などの議論に与することなく，こうした活動を，人々の自主的，自立的なスポーツ活動を展開していくための基盤として位置づけていく必要がある．

（尾崎正峰）

〔文献〕1）日本スポーツボランティア学会編：スポーツボランティア・ハンドブック, 明和出版, 2008.

スポーツ要求　needs for sports

広義には，スポーツに対する願望・欲求・欠乏状態の総称であるが，狭義には，スポーツを求める強い能動性とスポーツの一般的・普遍的な必要性をさし，客観的なものとして捉えられており，主観的な意味合いの強いスポーツ欲求と区別されている．これは，スポーツ問題を考察する際の，重要なキーワードの1つである．たとえば，国や地方自治体が，スポーツ政策・スポーツ計画を作成しようとする場合，まず，国民（住民）のスポーツ要求の実態の把握を出発点とすることに示されている．

スポーツ要求は，時代と社会の発展に応じて，た

ゆみなく変化しているが，現代社会では，スポーツ*実践が生み出す価値認識とかかわって，次の3つのモメントの総体として捉えられている．すなわち，① 健康・体力づくりの要求，② 人間相互の暖かい交流の要求，③ スポーツ文化の獲得を通じた*自己実現の要求，である．　　　　　　　（関　春南）

〔文献〕1) 上瀧陸生：必要と欲望・要求の理論―豊かな生活のために―，文理閣，1993．

せ

スローフード運動　slow food campaign

ファストフードの浸透に伴う「食の画一化」や「食の安全性」「食のゆとりの喪失」に対して危機感や不安感が高まったことで，バラエティ豊かな地域の食を振り返り，「食の喜び」を取り戻そうとする国際的な運動である．

これは1980年代にイタリアのブラという村から始まり，1989年には国際スローフード協会が設立され，「スローフード宣言」が採択された．その後「味覚の祭典」が開催された．さらに「味の箱舟」計画が提案され，「五感の教育」を通した「食育」プロジェクトが体系化された．2002年には日本でも「味の箱舟」計画を発表するに至っている．2003年には新たに「スローフード宣言」が採択され，そこでは，ファストフードを進展させている様々な社会・経済状況に対応しながら，人間と自然の関係が生物多様性を通して尊重され，農村文化や食の多様な*技能が継承される*共生の場を，食卓を通した学習から創造することを提起している．　　　　　　　（野村　卓）

〔文献〕1) 大村省吾・川端晶子：食教育論，昭和堂，2005．；2) 大谷ゆみこ編：スローライフ．スローフード，メタ・ブレーン，2004．

生活改善運動　movement for improving daily living

〔概観〕行政によって計画され実施される「生活改善事業」に対して，住民が行政の働きかけに自主的に呼応する形で，あるいはまったく独自に主体的に選び取って様々な生活改善の営みが実施されたことを示す総称．

〔歴史〕戦前期，文部省は生活の合理化を目ざす啓蒙活動を社会教育の重要課題とし，展覧会や指導者講習会，社会教育講座を開催する一方，生活改善同盟会を組織化し（1919年），主に都市中間層に浸透した．農村では昭和恐慌期の*農山漁村経済更正運動が注目されるが，農村経済の疲弊に対応した，節約，収入増加，冠婚葬祭の簡素化の推進などに留まった．

農村の生活改善運動が全国的に展開されるのは1940年代後半から1950年代である．農林省では生活改善事業が，厚生省では保健衛生や食生活改善事業が，文部省では公民館を拠点にした*新生活運動が同時進行的に実施された．実際の現場では，生活改良普及員や栄養士，*保健師，*社会教育主事などが連携し「かまど改善」「野菜の自家生産」「カ，ハエ，ネズミの駆除」「悪習や虚礼廃止」などが，*婦人会や*青年団など集落の既存組織に依拠しながら，集落ぐるみの運動として取り組まれた．農業改良普及助長法（1952年）により新たに位置づけられた生活改善事業は，「考える農民」を育てるという目標を掲げ，改善意欲のある地区に生活改善実行グループを育成し，濃密指導を行う方式が考案され，女性独自の組織化が図られた．小集団の*話し合い学習と*実践を通じて，問題解決の生活主体に成長したグループが少なくない．国保（国民健康保険）全県普及に寄与した，岩手県国民健康保険団体連合会の機関誌『岩手の保健』の役割も見逃せない．編集担当の大牟羅良は「ものいわぬ農民」のくらしの声を活字にするとともに，自ら多くの記事を執筆し，読者に訴え，農村の生活問題の背後にある家族関係

や農業問題を考え気づかせる学びの場を提供した．
⇨新生活運動　　　　　　　　　　　（千葉悦子）
〔文献〕1）小山静子：家庭の生成と女性の国民化，勁草書房，1999．；2）大牟羅良：ものいわぬ農民，岩波書店，1958．；3）水野正己：日本の生活改善運動と普及制度．国際開発研究，11（2），2002．

生活学習　learning throughout daily living

日々の生活経験や生活状況に立脚し展開させていく学習のあり方．生活に対する感じ方，考え方，行動の仕方をより人間らしい方向へと絶えず再構成していく営みとして，生活上の課題や困難を解決し社会に適応していくことにとどまらず，生活のありようを問い直し，その質のつくり変えを成しうる意欲と実践力をもつ生活主体の形成が目ざされる．

1920年代後半，荒廃する農村の中から試みられた*生活綴り方運動は，生活の教育的抽象化を批判し，厳しい現実生活を中心に据え，人間的生活の形成に向けた学習を自覚的に組織していった．戦後は，極端な生活経験主義や生活実用主義への批判と反省を経ながら，1960年代以降の*農民大学運動や各地の社会教育活動の中から，生活凝視の上に認識の主体性と科学性・系統性を学習内容編成の視点としてもつ教育実践が広く展開されてきている．人間回復が叫ばれる現代社会にあって，現代科学への見直しも含め，国民生活を凝視し，再創造していく生活学習の必要性が高まっている．　　　　（内田純一）
〔文献〕1）南里悦史編著：教育と生活の論理，光生館，2008．

生活課題　problems in daily life

〔概要〕*ライフコースやライフステージに対応して生じる，個人が日常生活を営む中で直面する課題．職業人・生活者として，職場・家庭・地域などで克服すべき課題として捉えられることが多く，職務遂行や生活を営む上での様々な悩み・実現が困難な要求などとして意識化されることも多い．

個人の労働・生活条件（職業，収入，家族状況など）によってその具体的なものは大きく異なってくる．たとえば，子育て期の保護者の場合には，核家族化や地域における子ども集団の解体状況にあって，保育・*学童保育・*家庭内暴力などの問題に直面することもある．退職者や中高年齢層の場合，生活習慣病を患っていたり，地域の中で「*居場所」を見いだすことができない，「生きがい」を見つけることができない，介護が必要とされる，といった場合もある．

また，住民の生活は，地域における企業活動や産業・労働市場の展開のほか，社会資本の蓄積・サービスの提供状況など，生活を営む場面での条件によって大きく制約されてくることになり，生活課題は様相が地域によって大きく異なる．しかし，世代・性・職業・家族状況・就労条件などによって，地域的・社会的に共通する課題として現出することが多く，また，個人的な努力だけでは解決することが困難な場合が多い．*地域課題として，住民に共通する課題とかかわることも多く，「地域」を成立させている住民の構成・組織活動状況（地域婦人会，町内会，生協，ボランティア，NPO等々）などによって課題解決の条件も異なってくる．

〔生活課題と社会教育・生涯学習〕個人的なものとして意識化された生活課題の解決のため，今日では日常的にマスコミやインターネットなどを利用し，さらに様々な人間関係を通して情報入手が図られる．また，公民館や図書館などの*社会教育施設を利用して学習したり，*民間教育産業や*大学公開講座等を利用することも多い．

しかし，生活課題は個人的条件によって異なるとはいえ，社会的に捉えると住民に共通な生活課題として捉えられる必要があり，個人の努力だけでは真に問題を掘り下げ解決することが困難なことも多い．そこで，公民館等の社会教育施設が主催する事業や*社会教育関係団体・NPOなどの活動では，生活課題を明らかにしその克服を目ざす学習の積み重ねが必要とされてくる．換言すれば，学習と*実践があってこそ課題解決の展望が切り開かれる，ということである．また，環境保全・教育問題・地域の活性化・介護システムの整備充実などの課題は，国や自治体による制度的な条件整備（法律・条例の制定，予算措置など）や，地域における相互扶助的な人間関係の創出・*ネットワークの構築といったことが必要となってくる．生活課題は，住民の協力や行政（教育行政だけでなく，様々な首長部局の行政部門も含め）・企業・各種住民組織（町内会，ボランティア・NPOなど）との*協働も必要とされてくる．たとえば，子どもの通学時に住民が「防犯ボランティア」として活躍する，地域振興を図り「安全な食品」を確保するため住民が生産者と消費者との協同で「地産地消」を実現する，といった活動は全国的に展開されている．

生活課題に関する学習は，労働・生産・生活に基礎づけられた，社会教育・生涯学習の最も基本的なものの1つである．　　　　　　　　　　（藤田昇治）

生活学校　Seikatsu Gakko（consumer education for housewives）

　主婦を主体とし，日常消費生活上の悩みや願いについて行政・企業など様々な立場の人と*対話をしながら，研究・工夫を重ね，問題を解決していこうとする運動．1964 年に*新生活運動協会の「くらしの工夫運動」の一環として始まった．生活学校を主宰・運営・*評価する「主体メンバー」が，企業や行政の代表の「専門メンバー」，客観的立場から助言する学識経験者，生活学校の運営を補佐する「補佐メンバー」と対話・協力しながら，「事前活動」「対話集会」「事後処理活動」の 3 段階で活動を進めるという仕組をもつ．生活学校普及を各県新生活運動協議会や市町村の*社会教育行政・一般行政が担ったために官製運動的性格が強いという一面もあったが，生活学校で食品，ゴミ，資源・エネルギー，子ども・高齢者など生活上の問題について女性たちが主体的に学習・調査・対話を行い，学習者の意識の変化，問題の解決に結びついた事例も数多くみられる．

(永田香織)

⇨新生活運動

〔文献〕1）財団法人あしたの日本を創る協会・全国生活学校連絡協議会：生活学校 20 年の歩み，1986．：2）財団法人あしたの日本を創る協会：あしたの日本を創る〈全国の生活学校運動生活会議運動の取り組み〉，1983．

生活環境主義　life environmentalism

　居住者の「生活保全」が環境を保護する上で最も大切であると判断する立場であり，環境と人間のかかわりを小さな*コミュニティの日常生活の視点から見直す必要があるという考え方である．

　1980 年代頃まで環境問題の解決において，行政の対応は自然科学者，工学者，経済学者，法学者らを中心として進められてきた．しかし，解決には問題を引き起こしている人間自身に対しての社会学の分析が必要であり，明確に環境問題の解決を意図して成立したのが環境社会学である．

　環境社会学者である鳥越皓之，嘉田由紀子を中心として，琵琶湖調査を始めた研究者から生活環境主義という立場が生まれ，「生活者の立場から」アプローチする方法をとる．「経験論」「所有論」「権力論」「認識論」「主体論」など，様々な角度からの研究がなされている．

(井村礼恵)

〔文献〕1）鳥越皓之：環境社会学の理論と実践，pp. 15-46，有斐閣，1997．

生活協同組合（生協）　consumers' cooperative

　生産手段をもたず商品購入に依拠せざるをえない労働者階級の増大とともに発展した，消費者の*協同組合運動であり，買い物労働の協同的社会化形態である．

　〔歴史〕生協は，結集した組合員の歴史的階層的性格と，その時代の市場の発展段階および*生活課題に規定され，時代の子としての存在形態をもってきた．日本の生協運動は，① 戦前の前期的商人による不等価交換・粗悪商品に対抗した，勤労諸階層を担い手とする消費組合運動がまず発展し，② 1950 年代になると，企業内福祉をめぐる対抗関係が激化し，現物給与制度的な追加搾取に対抗する生活擁護運動として，*労働組合運動と深く結びついた労働者の職域生協運動が発展する．③ こうした職域生協が地域化を遂げ，あわせて都市地域生協が発展したのが 1960 年代後半以降であり，*消費者運動と深く結びつき，主婦を担い手とした市民型生協が，都市化地域を拠点に組織化された．この第 3 段階の地域生協は，家事労働を担う専業主婦が初めて中心的担い手となることにより，主婦の発達の場となり，家事領域から都市型の*生活文化と*コミュニティをつくる「地域生活の協同運動」へと展開した．あわせて班を基礎とした共同購入事業・商品を構築し，大量生産・消費システムへの対抗流通が組織化された．現段階はグローバル市場化を背景に流通競争が激化し，生協事業の「会社化」（demutualization）と協同の衰退が進み，同時に，サービス労働領域にかかわる新たな協同組合が発生し，購買生協との関連が問われつつある．

　〔課題〕協同組合の捉え方として，協同組合の事業機能に着目した商業資本説に対し，*貧困化を契機とした組合員労働の社会化形態説が提起されてきた[1]．家庭への商品の浸透は，商品の品質・価格問題を引き起こすだけではなく，家事労働を代替し，協力や連帯を育む労働場面の縮小と当事者性の高い最終消費行為を裸化させ，消費の*個別化を進める．生協は，買い物労働の社会化形態として生協専門労働を生み出し，商品問題の解決にとどまらず，組合員の暮らしの悩みや買い物の背後にある家事労働を専門労働が補完・支援することにより，*協働的関係性を構築することが可能である．組合員の生活主体形成は，買い物労働を媒介に，組合員の家事労働と社会化された専門労働を協働的関係としてつなぎ，専門労働の*発達保障労働としての支援により可能となる．

(田中秀樹)

〔文献〕1)美土路達雄：美土路達雄選集第一巻　協同組合論，筑波書房，1994.；2)田中秀樹：消費者の生協からの転換，日本経済評論社，1998.；3)同：地域づくりと協同組合運動，大月書店，2008.

生活記録　⇨自分史

生活記録運動　movement for writing the memoirs of daily life

生活記録を書くことやその集団的な取組みの広がりをさしていう．「おとなの生活綴り方運動」とも呼ばれ，学校教師による父母や地域青年との文集づくりや自発的に形成された小集団やサークルで生活記録を書き読み合い話し合う活動が展開された．*生活綴り方運動に触発された工場労働者や青年・女性たちが*労働組合や*青年団・*青年学級・*婦人会の活動の一環としても取り組んだ．

生活記録の語は，日常生活上の見聞や*経験の写実的記録をさすものとして戦前から一般的に使用されるほか，戦前の新教育実践やプロレタリア文学運動，戦時下の大日本青年団生活記録報道運動，戦後の*新生活運動など特定の文脈において意識的に用いられたが，生活記録運動は1950年代特有の言葉である．自ら書き始めた人々の広がりとそれが「知識人」に与えた衝撃，また生活記録の集団的活動が状況変革の主体としての自己形成・集団形成を促したことなどがそれを民衆運動として捉えさせている．
（辻　智子）
⇨生活史学習，生活綴り方運動

〔文献〕1)日本生活記録研究会編：青年と生活記録，百合出版，1956.

生活圏　英 living zone, 独 Lebenskreis

人間が日常の生活を営む上で密接な交渉をもち，共通の思考や行動が生まれる範域をさしていう．生産・経済圏と消費圏があるが，現代社会ではいずれも広域化している．その中で「地産地消」が主張され，拡大化する生活圏の見直しを迫る考え方も提起されている．具体的な圏域としては，通勤・通学圏，買物圏，娯楽圏，病院や学習施設など公共的施設・サービスの利用圏などがあげられている．

わが国では第3次*全国総合開発計画の定住圏構想で用いられてから，広く注目を集めるようになったが，*社会教育ではそれ以前から重視されてきた．なぜなら，日常の身近な問題への取組み・解決学習が社会教育活動の中心に据えられるからである．実際生活に即して人々の*生活課題，そこから生ずる学習要求，学習課題を把握しようとするならば，学習者の生活圏を見据えて考えることが必要不可欠だという点で重要だからである．
（星山幸男）
⇨コミュニティ

〔文献〕1)守友裕一：内発的発展の道―まちづくりむらづくりの論理と展望―，農山漁村文化協会，1991.

生活史学習（おいたち学習）　life history learning

「生活史学習」と総称された*実践は，1960年代末葉から90年代前半にかけて，名古屋地域を中心に，名古屋サークル連絡協議会（名サ連）など，都市勤労青年サークル活動で導入された学習方法である．その後，全国的に知られることになった学習組織・実践方法となった．

〔自分と*他者を知る学習〕互いを知り合うことから始める仲間づくりの方法は，それまで多くの場合，*レクリエーションやゲーム，スポーツ活動，話し合いなどが用いられ，緊張し，こわばった関係を解きほぐし，相互にうちとけた*コミュニケーションができるようにすることを目的とした（アイスブレーキング）．しかし，多くの場合，それでは表面的な出会いと理解で終わってしまい，互いに深く話し合うようになるには限界があった．そこで，青年教育実践を通じて深められていったのは，1つは「自己紹介学習」であった．簡単なプロフィール紹介に始まり，回を重ねると，自分と仲間をもっと深く知りたいという要求に変わるものであった．2つには，「生い立ち学習」であった．気心の知れた信頼関係の中で，自分の生い立ちを語る学習である．多くの場合，口頭だけではなく，自分で書いた文章を読み合わせ，話し合い，さらに感想を述べあい，ときには助言者からのコメントを受ける形がとられた．「生い立ち」学習は，実は，自分のことをよく知らない自分を発見する学びであった．3つには，さらに深く自分を知るには，歴史学習や社会一般の学習，親や祖父母の人生を聞く必要など総合的な学習が自覚されるのである．

〔自分と世界を再発見し，自分を変える学習〕「生活史」学習は，その学習方法としては，「生活記録学習」を前史にもつが，*話し合い学習に始まり，やがて調査学習，総合的な学習へと発展していくところに特徴があった．そして，集団的な支援を得ながらも，学習者個人の生き方を確立していくことが目標であった．すなわち，学習者1人ひとりの過去の「生

い立ち」，現在の「生きざま」，さらに未来の「生き方」を見つめ直し，見渡し，見通す学習として，構想された．この意味で，「生活史」学習は，単なる*自分史学習ではなく，社会科学や歴史などを講師・助言者とともに学ぶ*系統的学習と日頃の自らの実践を集団で話し合い，*評価する学習などを含んだ総合的な学習であった． （姉崎洋一）

〔文献〕1) 那須野隆一：都市青年とサークル活動．地域青年運動の展望（日本青年館調査研究室・日本青年団協議会編），1968.；2) 姉崎洋一：都市勤労青年の学習・教育実践とその社会的性格．日本社会教育学会年報29集，1985.；3) 伊藤彰男：現代社会と社会教育，教育史料出版会，1988.

生活世界の植民地化　⇨ハーバーマス

生活体験学習　experience learning of life needs
子どもたちの生活スキルの「欠損」を補い，「生きる力」を育成することを目的として，*体験の手法を用いて行われる学習．
この学習には，子どもたちの「生きる力」の発達による問題行動の増加や，未熟な親の増加といった社会背景がある．これらの解決に向かうべく，1999年の*生涯学習審議会答申において，さらなる子どもの生活・自然体験重視とその地域基盤整備の必要性が唱えられた．
1983年に始まった福岡県庄内町における生活体験学校のような*通学合宿，*山村留学等が，*社会教育や学校教育を問わず，全国的に行われている．2002年度からの*文部科学省「子育てサポーター」委託事業も，親を巻き込む形での生活体験学習の*実践である．生活体験学習の守備領域は広く，中には継続性のない実践もある．
猪山勝利は「生活体験学習は既存の生活経験を学ぶとともに生活の創造への学習，現代的には生活文化創造学習ととらえることが重要である」としている．今後，実践が一層深みを増すにつれ，体験学習を受け入れる地域も*成熟していくことが期待される． （井村礼恵）

〔文献〕1) 猪山勝利：こどもの生活体験学習の現代的構成に関する研究，生活体験学習研究，1，3-8，2001.

生活綴り方運動　Seikatsu-tsuzurikata Movement (Movement for Writing Life Stories in School)
生活綴り方の実践交流やその実践と検討・研究活動，さらに生活綴り方を広めようとする日本の民間教育運動全体をさしていう．生活綴り方とは，生活者が日常生活や自然・社会とのかかわりの中で見聞きしたことや体験・経験，そこで感じたこと，考えたことを，具体的に文に綴る行為およびそのように綴られた文章のことで（「作文」「綴り方」「生活綴り方」などと呼称），主に学校における教育活動の一環として現場の教師によって生み出され取り組まれた（生活綴方教育）．国語科における文章表現技術の指導方法というより，教科の枠組みを超えて書き手（子ども）自身の認識発展を期待するものであり，書かれたものを集団（学級）で共有し，集団的討議（話し合い）を通して書かれた文章の中にある問題・課題を抽出・明確化し，それについて共同的・協同的に探究・解決していこうとする過程に教育的意味を見いだすものである．書くこと以外の諸活動も含めた集団（学級）づくりの教育活動としても捉えられる． （辻　智子）
⇨生活記録運動

〔文献〕1) 無着成恭編：山びこ学校―山形県山元中学校生徒の生活記録―，青銅社，1951.；2) 日本作文の会編：生活綴方事典，明治図書，1958.；3) 日本作文の会編：日本の子どもと生活綴方の50年，ノエル，2001.

生活の質　⇨QOL

生活文化（運動）　culture in daily life
芸術，学問など狭義の文化（高級文化，精神文化）領域と対蹠的な，日常生活と結びついた文化領域．*社会教育法で「生活文化の振興」（第20条）を*公民館の目標としているのをはじめ，消費生活協同組合法では「生活文化の向上」（第1条）を，*文化芸術振興基本法でも「生活文化」の「普及」（第12条）を掲げている．さらに現在では，多くの地方自治体に生活文化部局が設置されている．また，大学でも家政系に「生活文化学科」は少なくないし，企業にも「生活文化研究所」を設置するところがある．
〔概念の多義性〕文芸法では，生活文化を「茶道，華道，書道その他の生活に係る文化」として，つまり美的，道徳的，精神的に実用の域を超えて洗練された生活技術の領域を指示する具体的な実体概念として定義している．この法的定義はむしろ特殊な用法であり，生活文化は主に以下の意味で使用される．
第1に，文化政策の文脈では，生活と文化の乖離の克服を志向する目標・規範概念として，生活の文化化，文化の生活化が進み，万人（生活者）が文化を享受，創造できる状態，あるいはそこで創造される「新しい文化」を示す．第2に，家政学，民俗学，人文地理学などの研究の文脈では，日常生活そのものを文化として把握し，記述する方法・構成概念と

して使用されている．この場合，衣食住などの家庭生活や*地域共同体の行事，儀礼，伝承，風俗などが対象となる．これら以外に，生活・文化一般を意味することもあり，生活文化概念は多義的，曖昧である．

〔生活文化運動と生活文化行政〕生活文化を政策課題として提起したのは三木清である．三木は「生活文化と生活技術」（『婦人公論』1941年1月号）において，この概念に①積極的な生活創造としての文化，②その主体である生活者の文化（「すべての生活者は芸術家」），③生活の向上・改善（生活の文化化），④生活と（精神）文化との統一（文化の普及＝生活化），⑤文化として把握された日常生活それ自体といった含意のあることを示した．

三木の提起は大政翼賛会文化部によって*受容され，生活文化は「新しき国民文化」の基盤となる地方文化振興と不即不離の重点課題として，各地に結成された文化連盟や文化協議会による運動として推進された．そして「生活の道義化，科学化，簡素美化による生活力の増強」を目標に，戦争生活確立と隣組・工場・農村文化運動などが取り組まれた．それは，総力戦体制の下では，銃後の生活改善（欠乏下の創意工夫と忍耐）の強制，および講演・講習会，素人演劇，紙芝居，人形劇，詩歌朗読，短歌朗誦，民族歌謡，*読書指導などによる戦意昂揚にならざるを得なかった．これは，生活と文化の統一というユートピア的構想に潜む，文化の独自性の否定，その道具化という危険性を示している．

「生活文化の創造」は，1970年代以降展開してきた地方自治体の「新しい文化行政」の標語となり，文化，*コミュニティ，消費者，女性，青少年，国際交流等の課題を総合する生活文化部局が設置されてきた．それらは，さらに*社会教育行政の再編・首長部局移管の受け皿ともなっている．このように多分野の課題を担うことにより，市民・生活分野と文化分野がむしろ分離する傾向にあり，生活文化行政の理念は拡散化しつつある． （谷　和明）

〔文献〕1）北河賢三編：資料集　総力戦と文化―大政翼賛会文化部と翼賛文化運動―，大月書店，2000．；2）三木清：三木清全集（第14巻），岩波書店，1967．

青丘社 *Seikyusha* (cultural center for Korean residents in Kawasaki, Japan)

在日韓国・朝鮮人（在日コリアン）が多く住む川崎市南部の工場地帯に隣接する桜本地域で，1973年に民族差別をなくす*市民運動，地域活動の中から生まれた*社会福祉法人である．*多文化共生社会の実現に向けて様々な活動を展開しており，これまで在日コリアンの様々な差別的制度の改善に取り組み，その成果を全国に発信し続けてきた．青丘社は人権をキーワードに，「ともに生きる街づくりを応援します」「自分らしく生きる多文化社会を応援します」を掲げている．現在，桜本保育園を経営し，在日コリアンと日本人がふれあい，学びあう場である「川崎市ふれあい館」の管理運営と留守家庭児ホームの「わくわくプラザ」4校，おおひん地区まちなか交流事業（世代間・多文化交流事業），生活サポートネットワークほっとライン，等を川崎市から受託運営して，社会福祉と*社会教育の統合を図りながら，子ども，障害者，高齢者と幅広い活動を展開している．なお，青丘とは朝鮮半島の象徴である．
⇨在日コリアンと社会教育 （伊藤長和）

〔文献〕1）金侖貞：多文化共生教育とアイデンティティ，明石書店，2007．

性教育 sex education

主に学校でなされ，人間の性を人格の基本的な部分として生理的側面，心理的側面，社会的側面などから総合的に捉え，人々が性にかかわる科学的知識を獲得するとともに，人間尊重，生命尊重，および男女平等の精神に基づいて，自ら考え，判断し，意思決定できるようにする教育．

〔経過と背景〕日本での性教育は第2次世界大戦後，1947年の文部省*社会教育局長通達「純潔教育の実施について」によって，「純潔教育」という形で示されたのが最初である．その後も，青少年の性行動の活発化や人工妊娠中絶・性感染症罹患数の増加，そして新たな形態の性産業・性情報の氾濫，援助交際という名の買売春等「性の商品化」という社会的問題への教育上の対策として，性教育の必要性が叫ばれてきた．しかし，学校で性交や避妊を教えることには，青少年の性行為の容認につながるという抵抗感が根強く，共通理解の形成が困難な状況が続いている．

〔学校での性教育内容〕近年では，道徳主義的な純潔教育を脱し，科学的知識に基づく健康教育に位置づけられ，二次性徴，受精・妊娠，性感染症やHIV/AIDS，避妊などが教えられている．その一方で生徒指導として，児童生徒の性の逸脱行動や問題行動の予防と対処が求められ，性規範や社会的秩序の保持の側面は潜在している．

〔課題〕リプロダクティブヘルス/ライツとセクシ

ュアルライツの観点から，人権として性を捉え，生涯にわたる*生活課題として捉えていく必要がある．従来の学校での性教育では，男女の*差異をことさらに強調し，性別特性として固定的に捉えがちであった．また，異性愛を前提とし，婚姻関係内の性関係のみを扱っていた．青少年を性的主体として位置づけ，性的*自己決定をどう育んでいくかが問われており，学校内外における性教育のあり方を検討していく必要がある．また，成人の学習機会を豊富化する必要もある． (中澤智恵)

〔文献〕1) 文部科学省：学校における性教育の考え方，進め方，ぎょうせい，1999．；2) "人間と性"教育研究協議会：新版人間と性の教育（1～6巻），2006；3) 浅井春夫編：子どもと性（リーディングス日本の教育と社会第7巻），日本図書センター，2007．

世系に基づく差別　descent-based discrimination

血統や系統，家系，門地など出生に基づく差別．より特定的には，*人種差別撤廃条約が禁止する世系(descent)に基づく差別や，国連の「人権の促進及び保護に関する小委員会」（人権小委員会）の審議対象となった「*職業と世系に基づく差別」をいう．カースト差別や部落差別などがその例である．人種差別撤廃条約の履行監視機関である人種差別撤廃委員会は，1996年以降，カースト差別や部落差別などが世系差別に該当するとし，2002年に世系差別に関する「一般的勧告XXIX」を採択した．委員会はこの勧告において，世系差別の存在を示す指標や，その撤廃のためにとるべき措置などを示した．同委員会や人権小委員会などの活動を通じて，世系差別がアジアのみならず，アフリカなどでもみられ，また，英国のインド系社会でも存在する可能性が指摘されるなど，これまで国際社会で表面化してこなかった差別問題の存在が明らかにされつつある．この概念は，これまで一般に日本社会の特有の差別と考えられてきた部落差別の問題を，国際的に共通する枠組みで捉え直す上で，重要な意味をもつ． (村上正直)

〔文献〕1) 部落解放・人権研究所編：職業と世系に基づく差別，解放出版社，2005．

政策提言活動　policy advising activities

特定の社会的問題について政治や行政に対して提案を行うことであり，日本でも保健医療や雇用における性差撤廃，*地球温暖化防止などの環境問題，公共事業など広範な分野で活発な*政策提言活動が行われている．*アドボカシーが，自己の権利を十分に行使することが困難な高齢者や*障害者の権利やニーズ表明を支援する「擁護」や「代弁」などの意味をもつのに対して，政策提言活動は政府・自治体の公共政策の形成過程および実施段階において，その見直しを促したり新たな提案を行ったりする．日本では近年，特に*NGOや*NPOによる政策提言活動が高まりをみせている．それらは，反政府，反企業といった運動論的な性格をもちつつ，論理的かつ客観的な根拠に基づく政策を代替案として示す活動が中心となってきている． (櫻井常矢)

〔文献〕1) 世古一穂：参加と協働のデザイン，学芸出版社，2009．

生産学校（独）　英 production school, 独 Produktionsschule

名称や起源は多様であっても，その中心となる理念として，*知識中心の一面的な学校観に対し，そこでの作業や*実践的な活動の重要性を強調する点で共通性をもつ学校のことをさす．古くはワイマール時代の改革的教育学までさかのぼることができ，代表的な論客としては，労作教育運動などを進めたケルシェンシュタイナー（Kerschensteiner, G.）らをあげることができる．現在のドイツにおける生産学校も，こういった理念を基本的には継承しているといえるだろう．ただし，それらに対してのより直接的な影響を与えたのはデンマークで1970年代後半から設置されたものとみるのが妥当である．デンマークの生産学校は，15～29歳にかけての職や*資格のない若者に対して，*職業教育や資格教育を行うことをその主旨としたものであった．ドイツにおける生産学校もこの影響の下，社会的に不利な立場にある若者に対して，*労働と学習を結合し，さらに人格の陶冶を目標とする公的支援を受けた職業継続教育の施設の1つであるといえよう． (黒柳修一)

〔文献〕1) ケルシェンシュタイナー著（東岸克好訳）：労作学校の概念，玉川大学出版部，1965．

生産教育論　Production-based Education Theory

〔概観〕生産・労働と教育の結合による教育改革を主張した教育理論と教育運動をさし，第2次世界大戦前から戦後直後にかけて広まった．生産教育に関する通説的な定義はないが，新教育の影響のもとに展開し，実際生活から切り離された教育への批判として主張された点は，いずれの論者においても共通している．

〔動向〕第2次世界大戦前には，ケルシェンシュタイナー（Kerschensteiner, G.）に代表される労作教育論やドイツ生産学校の経験，あるいは*デューイの経験主義教育論に基づく地域社会学校論が紹介され，新教育の1つの潮流として生産教育が誕生した．他方，*郷土教育運動も*自力更生運動と密接な関連をもちながら，生産と教育の関連に焦点を当てていた．また，これら以外にも，マルクス主義の立場に立つ技術教育（総合技術教育）や*生活綴り方運動から発展した生活教育運動も，生産・技術と教育との関連を教育改革問題の焦点に据えていた．

第2次世界大戦後には，戦後復興と経済自立との関連で生産教育が構想された．戦前の教育科学研究会の流れを汲む城戸幡太郎と*宮原誠一は，「日本復興のための生産人」（城戸），「科学的生産人」（宮原）を育成するための教育として生産教育を主張し，生産や産業を国民経済次元で社会的に統制する主体の形成を課題とした．したがって，生産教育の内容は，単に生産的作業を教育に取り入れるという視点ではなく，日本全体の産業・国土計画との関連で編成されるべきとされた．また宮原は，生産を中心とした普遍的人間的教養を形成することによって，身体的労働と精神的労働の二元的分裂を統一する可能性を生産教育に見いだしていた．

他方，山田清人は*青年学級・定時制高校等の青年教育機関を生産協同組合と一体化した*生産学校として構想し，さらにそれをセンターとして地域のあらゆる教育活動が協力する*全村学校論を主張した．

戦後生産教育論は，*産業教育振興法の成立（1951年）を契機に，産業界の要請する労働力育成論としての生産教育論に包摂され，宮原らが追求した方向とは反対に，一般教育と*職業教育の分裂を再生産するに至った．

〔理論的背景〕戦前の生産教育論は，公民教育論や*社会的教育学と関心を共有するものが主流であり，個人と社会の分裂を社会の側が優位に立って統一しようとするものであった．これに対し，戦後生産教育論は，教育による社会改革を模索した批判的教育学としてのデューイの議論の延長線上にあり，マルクス（Marx, K.）の労働論とも親和性を示した．

〔検討課題〕*グローバリゼーションが展開した現代において，改めて，生産・労働と教育との関連が問われている．*キャリア教育や*シティズンシップエデュケーション，*サービスラーニング等の*実践を城戸・宮原らの構想と対比しつつ検討することは，依然として有益であろう．また生産教育論は，その次元は種々であれ，必然的に教育計画論と結びつかざるをえない．現代の生産と教育の関連が要請する教育計画の姿を解明することも重要な課題である．
(宮﨑隆志)

〔文献〕1) 城戸幡太郎ほか：生産教育の技術，小学館，1950.；2) 宮原誠一編：生産教育，国土社，1956.；3) 峯地光重：生産の本質と生産教育の実際（普及版），厚生閣，1939.

政治的に正しい表現　⇨差別表現

成熟　maturity

発達が人間の*能力や形態を断片化して完成度を示そうとする傾向があるのに対して，成人学習論の文脈でいう成熟は，個々人のその人なりの人格総体の完成を示そうとする概念．

〔発達概念との*差異〕*碓井正久は『社会教育の学級・講座』の中で，幼児から成人に至るまでの過程を発達として捉えるのに対して，成人の場合には成熟を鍵概念として考えるべきではないかと述べている[1]．発達概念も，その後に*生涯発達論などを通して，成人期や高齢期の発達を視野に入れることが一般化してきた．しかし，成熟概念が示そうとしているものは，発達概念とは若干の差異がある．たとえば碓井によれば，成熟とは，心身の各機能の「多様の統一」が一応の完成をみた状態だとしている．

〔成熟化の過程〕*ノールズは，成熟化の過程を次の指標によって示している[2]．自律性，能動性，客観性，知識獲得，大きな能力，多くの責任，広い関心，利他性，自己受容，統合された自己アイデンティティ，原理への焦点化，深い関心，独創性，あいまいさへの寛容，理性．これだけ多元的な指標で示されるところに，人格の総体としての成熟を捉えることの困難が示されているともいえよう．また，大きな責任，利他性といった指標が含められていることからもわかるように，成熟化は社会的な過程でもある．したがって，個人の社会的立場や役割によって成熟モデルにも多様性があると考えるべきである．たとえばギリガン（Gilligan, C.）は正義の倫理を基準とする男性の発達モデルに対して，ケアの倫理を女性の発達モデルとして提示し，さらに男女ともにこの2つのモデルを統合することで成熟が得られると述べている[3]．
(津田英二)

〔文献〕1) 碓井正久：社会教育の学級・講座，亜紀書房，1977.；2) ノールズ, M.（堀薫夫・三輪建二監訳）：成人教育の現代的実践，鳳書房，2002.；3) ギリガン, C.（岩男寿美子

監訳):もうひとつの声,川島書店,1986.

青少年委員　Committee for Youth Education

1953(昭和28)年に東京都が条例設置した独自の制度で,青少年教育指導にあたる職の1つである.当初から「その地区において青少年の余暇善導および青少年団体の育成に直接携わりかつ相当の成績を上げている人」を選考の第1条件においていたように,学校区(地域)を基盤にした委員配置を目ざした点に特色がある.その後1965(昭和40)年の都区事務移管に伴い,区市町村が独自に設置する職として位置づけを変えた.2004(平成16)年5月1日現在,都下22区17市8町で青少年委員制度が設置されているが,首長部局が委嘱する青少年地区対策委員との異同,地域における人材不足,活動のマンネリ化などの問題を抱えている区市町村も少なくない.この課題を克服する1つの方策として,新宿区では青少年委員制度を廃止しスクールコーディネーターに制度変更を行うなど,新たな地域人材活用策の取組みが始まっている.　　　　　　(梶野光信)

〔文献〕1) 墨田区教育委員会:青少年の手引き,2004.

青少年育成国民会議　National Council on the Promotion of the Sound Development of Youth

青少年の健全育成を図る国民運動を展開させる推進母体として1966(昭和41)年に発足した*公益法人.2009年に解散した.

〔発足の経緯と組織形態〕1965年に,当時の総理府(現内閣府)に設置されていた中央青少年問題協議会が行った意見具申「青少年非行対策に関する意見」を受け,その年の閣議報告「青少年の健全育成と非行防止対策」の中で,青少年育成の国民運動の展開が提唱され,こうした動きを背景に設立された.

組織形態としては,47都道府県に都道府県民会議が,全国の約7割の市区町村には市区町村民会議が設置されている.そのほか青少年団体,青少年育成団体,マスコミ関係団体,全国知事会といった公共団体などが会員として加盟し,全国的な運動推進網を形成している.加盟団体のほとんどは長く青少年活動を支援してきた団体が中心となっており,また市区町村レベルにおいては地域の保守的ネットワークが基盤となっていた.

〔活動内容と課題〕活動の重点項目としては「青少年の社会的自立の促進」「青少年育成に対する親・大人・社会の意識や関心の高揚」「青少年の非行防止と社会環境の浄化・整備促進」「青少年指導者の養成」

「運動の活性化と充実・強化」を掲げており,施策に応じた事業を展開している.そのことが「上から」の画一的な運動になり,地域や青少年当事者の実情や心情から遊離したり,「健全さ」が何かが吟味されないままに大人社会の規範を強制しても,当事者がすり抜けていくか過剰な適応を迫ることになるだろう.

逆に地域の基盤組織と結びついていたことの強みは,地元の子どもや若者に普段から接し,彼らとともに課題解決を願う大人たちが動き,子どもや若者たちにアプローチしていける可能性があったことである.その一例として,ジュニアリーダー会をベースに,子ども・若者の参画による*居場所づくりを展開している岩手県奥州市水沢青少年育成市民会議の取組みなどがある.　　　　　　(萩原建次郎)

〔文献〕1) 青少年育成国民会議編:青少年(月刊誌).

青少年教育施設　youth educational facility

〔概要〕青少年が,学校以外の場で,自然・社会体験,宿泊体験,学習・交流活動等を通じて,人格形成を行っていくことができるような機会を提供する教育施設.あわせて青少年の団体活動の場を提供する施設である.

*青年の家や*少年自然の家といった学校以外の場で青少年教育を目的とする*社会教育施設を意味する場合と,*児童文化センターや*勤労青少年ホーム,都市公園のような施設も含めて,広く青少年の健全育成に資する教育的施設を総称する場合とがある.*社会教育主事等の専門的な*資格を有する職員が配置される場合が多い.

〔歴史〕明治以降,青年の施設は,明治期から大正期にかけて*青年団活動の拠点としてつくられていった*青年倶楽部や集会所等,日本青年館(1924年)に代表される大型の青年施設(*青年会館,青年塾堂,修養道場等),後の*ユースホステルにつながっていく青年宿泊所があげられる.少年の施設は,特別の施設が設置されることはなかった.また,青少年教育施設という考え方はなかった.日本で「青少年」という考え方が登場するのは,1939年「青少年学徒ニ賜ハリタル勅語」前後からのことであり,ヒトラーユーゲント(Hitlerjugend)との交流の影響があった.この背景には,*大日本青少年団のような青年と少年を包括した組織の結成や,さらには学徒隊のような学校の児童・生徒も含めた一元的な体制づくりという動きがあった.

第2次世界大戦後,全国各地で*公民館の設置が

相次ぐが，青年倶楽部や青年集会所を継承したものが多くみられ，公民館と青年集会所の2枚の看板を掲げるところもあった．大型の都道府県立の青年会館や修養道場は，都道府県連合青年団の活動拠点や伝習農場として継承された．

1950年代には，青年団の*共同学習運動の拠点施設が求められるようになり，市町村で青年の家の建設が着手されるようになる．1959年，*社会教育法が改正され，青年の家は「青年が団体で宿泊し，共同生活をすることによって規律，協同，友愛等の精神のかん養をはかるとともに，勤労青年のために，職業技術教育を行い，あるいは地域活動を振興し，あるいは野外活動を行い，心身ともに健全な青年の育成をはかることを目的とする施設」（「社会教育法等の一部を改正する法律案」に関する答弁資料）と位置づけられた．同年，国立中央青年の家が御殿場市の米軍施設跡地に建設された．これ以後，国立青年の家や都道府県・市町村立の青年の家，青年館の建設が進められる．

一方，1958年，中央青少年問題協議会は，青少年の社会環境の悪化を鑑み，「青少年のための健全育成施設」という考え方を登場させた．青年の家やユースホステルをはじめとして，公民館，*図書館，*博物館，*児童館・児童遊園が該当し，後に勤労青少年ホーム，児童文化センター，都市公園等が含まれるようになった．1967年，青少年問題審議会は「青少年健全育成施設の整備について」を答申し，青少年教育関係施設の積極的な整備を提言した．これ以後，多様な青少年教育施設建設が進められる．

1970年代には，少年自然の家の建設がみられるようになる．少年自然の家は自然環境の中での集団宿泊訓練を通して，自然に対する心情や社会生活の基本的態度，たくましい心身を育み，豊かな人間形成を図ることが目的とされた．特に義務教育諸学校や少年団体の利用が促された．1975年には，学制発布100年を記念して国立少年自然の家が建設された．

1980年代以降，青少年教育施設は，地方行政改革の中で合理化の対象となり，現在に至っている．

〔現況と課題〕青少年教育施設は，歴史的には青少年教育と青少年対策との2つの系譜が混在しながら展開をみせてきた．しかし，市町村の自治体レベルでは，施設建設は渾然一体となって進み，施設職員も兼務している場合が少なくない．さらに1980年代以降から進められる地方行政改革とそれに続く1990年代の*地方分権・*規制緩和政策は，青少年教育施設の移管や廃止を促した．今日では，青少年を対象とした学習・交流の機会は減少している．しかし，若者の*職業訓練や社会性を培うという課題は大きく，青少年教育施設の新しいあり方を探る必要に迫られている．
（上野景三）

〔文献〕1）上野景三：青少年教育施設の変遷と課題．子ども・若者と社会教育（日本社会教育学会編），東洋館出版社，2002．

青少年健全育成 guide for healthy and sound youth

戦後の日本社会で生起してきた青少年非行，犯罪などいわゆる「青少年問題」に対して，政治的に組織された，主として対策的な行政や「国民運動」をさす．

〔戦後直後の青少年問題〕戦後直後は，戦災孤児，家出浮浪児，*不就学児童の存在と彼らの引き起こす非行などが社会問題化し，青少年問題と呼ばれるようになり，1949年，閣議決定で青少年問題対策協議会（後，中央青少年問題協議会）が設置された．当時の主たる問題は，人身売買，覚醒剤問題，有害な映画，喫茶店の深夜営業などであった．

〔1960年代の展開〕次いで，1960年代には，非行の「第2のピーク」を迎えるが，1965年に中央青少年問題協議会が「青少年非行対策に関する意見」を意見具申し，内閣は「青少年健全育成及び非行対策について」を閣議決定した．その翌年，「青少年問題協議会及び地方青少年協議会設置法」が制定され，都道府県と市町村に青少年問題協議会が置かれ，それぞれに自治体の首長を会長として，「青少年の指導，育成，保護及び矯正に関する総合的施策の樹立につき必要な事項を調査審議する」こととなった．

あわせて「国民の総力を結集した青少年育成国民運動」の必要性が強調され，1966年，その推進母体として*青少年育成国民会議が発足し，そのもとに都道府県，市町村段階での会議が組織されることになった．そして「青少年の非行問題に取り組む全国強調月間」（7月），「全国青少年健全育成強調月間」（11月）などが取り組まれている．またほとんどの都道府県は，青少年保護条例あるいは青少年健全育成条例を設けている．

そこには，「非行」「青少年問題」の捉え方や「健全」をめぐる価値判断が大人社会からのものになりがちであること，運動が上からの行政的な組織化になる傾向もあることなどの問題も指摘されている．

〔「青少年育成推進本部」の設置〕2003年には，「関係行政機関相互間の緊密な連携を確保するととも

に，総合的かつ効果的な推進を図る」ための「青少年育成推進本部」が内閣総理大臣を本部長として設置され，「青少年育成施策大綱」も策定されている．
(太田政男)

〔文献〕1) 太田政男・小島喜孝・中川 明・横湯園子：思春期・青年期サポートガイド，新科学出版社，2007．

青少年センター　center for the youth

各都道府県市，あるいは*指定管理者制度の導入によって財団などが管理運営する，青少年の健全な育成，自主的活動の支援を目的とした*社会教育施設のこと．地域の青少年の交流や，スポーツ，学習，*文化活動，*ボランティア活動などのグループ活動，および青少年の体験活動を推進する指導者の人材研修の拠点としても利用される．各施設によって規模や設備は異なるが，おおむね研修室，ホール，音楽室，実習室，資料室などがあり，青少年には比較的安い利用料，もしくは無料で開放されている．さらに，宿泊施設や，食堂，浴場を備えている場合もあり，また従来の*少年自然の家，*青年の家，*児童文化センター等の*青少年教育施設の機能を統合し，青少年の健全育成を総合的に支援する*複合施設をさすこともある．青少年センターは，近年特に青少年の「*居場所」や仲間づくりの拠点としての役割を期待されている．
(野崎志帆)

⇨青少年教育施設

〔文献〕1) 柴野昌山編：青少年・若者の自立支援―ユースワークによる学校・地域の再生―，世界思想社，2009.；2) 田中治彦編：子ども・若者の居場所の構想，学陽書房，2001.

青少年の奉仕体験活動　youth community service work experience activity

奉仕とは「利害を離れて国家や社会に尽くすこと」の意で，2000（平成12）年12月の教育改革国民会議報告を契機にその施策化の是非が国民的議論となった．これを受け，2001（平成13）年7月に*社会教育法が一部改正され，社会教育法第5条の12に「青少年に対する社会奉仕体験活動の実施及び奨励」が明記された．地方公共団体レベルで青少年の*奉仕体験活動を初めて施策化したのは，2007（平成19）年4月，東京都*教育委員会による都立高校における教科「奉仕」の必修化である．その後，2008（平成20）年6月の教育再生会議第2次報告でも高等学校における「奉仕」必修化の考えが打ち出されるなど，国レベルでの施策化も検討され始めた．米国の「*サービスラーニング」，英国の「*市民教育」，韓国の「自願奉仕」など，青少年の社会参加を促す施策は先進国共通の課題であるともいえ，今後はこれらの施策と奉仕体験活動の比較検討を進める視点が重要である．
(梶野光信)

〔文献〕1) 中央教育審議会答申：青少年の奉仕活動・体験活動の推進方策等について，2002.

青少年白書　white paper on youth

〔概要〕1956年以来毎年発行され，青少年の現状と彼ら彼女らを取り巻く環境の変化や問題点などを，全国的な調査データをもとにまとめられたものである．当初は総理府（現内閣府）内に設置されていた中央青少年問題協議会によって編集されていた．現在は青少年関係省庁との協力により内閣府が編集し，国の青少年施策の動向も盛り込んだ内容となっている．

〔内容構成と変化〕創刊当初は戦後復興の只中にあって，青少年の人身売買問題，健康問題，就労問題，非行問題，要保護少年の問題がクローズアップされており，そうした青少年の健全育成に向けた団体の状況把握と育成，*職業教育や職業技術訓練，就学支援，勤労青年の教育機会充実の提言，育成団体の状況把握，などが主だった内容構成となっていた．その後，高度経済成長を経て，社会構造の変容から青少年にかかわる新たな課題が生じてくることで内容構成にも変化が出てくる．

非行の質的変化に加え，1970年代後半には*家庭内暴力や*校内暴力の問題，1980年代中頃からは*不登校や*いじめ，1990年代ではテレホンクラブのような都市化とメディアの発達に絡む事件，1990年代後半にはインターネットや携帯電話の普及によるネット犯罪の問題など，それぞれの社会状況を反映した青少年問題を取り上げてきている．

〔意義〕現在では第1部を青少年の現状とその時代の社会のありさまを，関係各省庁が実施してきた調査データをもとに構成し，第2部をそれらと連動した国の施策やモデル実践を織り交ぜた構成としており，現在の青少年の状況把握と政策動向を知る重要な資料となっている．

その一方，歴史的な目でみるならば，青少年がどのような課題を抱えてきたのか，彼らを取り巻く生活環境や社会がどのように変化してきたのか，大人たちや国が子どもや若者をどのような存在として捉えようとしてきたのかをつかむ貴重な史料ともいえる．
(萩原建次郎)

〔文献〕1) 内閣府編：青少年白書，国立印刷局発行．

成人学習 ⇨成人教育

成人学習者 adult learner

　生涯学習は乳幼児・児童，青少年，成人，高齢者に至るまで，様々な学習者が存在しているが，生涯学習の主要な担い手となるのは，学校教育を修了した社会人，成人であるといえる．成人を対象とする教育は成人教育（adult education）と呼ばれており，この成人教育の対象者である成人を，成人学習者と呼ぶ．

　〔アンドラゴジーと成人学習者〕成人教育については，上記のように，単に成人学習者を「対象」とする教育として捉えるだけでなく，成人学習者の「特性」を踏まえた教育・学習支援という観点を織り込む発想も必要になる．米国の成人教育学者*ノールズは，成人の学習を支援する技術（アート）と科学を*アンドラゴジーと名づけ，成人学習者の特性やメルクマールとして，*自己決定性（主導性）の増大，学習資源としての*経験の尊重，社会的役割による発達課題からの学習へのレディネス，応用の即時性，問題解決中心等をあげ，*自己決定学習（自己決定型学習・自己主導型学習）こそが成人学習者にふさわしいと主張する[2]．これに対し*メジローは，意味パースペクティブのゆがみを成人学習者の特性としてあげ，*意識変容の学習のモデルを提唱する．いずれの立場をとるにせよ，成人学習者には子どもや青少年，高齢者とは異なる特性があり，その特性を活かした学習支援が求められるとする考え方は共通しているといえる．

　〔日本での定着〕ノールズの "The Adult Learner" の副題は A Neglected Species となっており，成人学習者という発想そのものが無視され，定着していない現状を嘆いていた．欧米と比較すると，日本においても，成人の学習，成人学習者，成人教育という発想はまだ定着していないと考えてよいだろう．ただしこのことは，日本の生涯学習の理論と*実践が遅れていることを意味するわけではない．

　成人学習者という用語が定着しない理由としては，①教育行政が学校教育および*学校外教育（*社会教育）という分類になっており，学習者の社会的役割や発達段階に応じた分類になっていないこと，②伝統的なお稽古事観が成人を想定しているわけではないこと（茶道・生け花等ではそれぞれの流派ごとに「型」を身につけることが学習とされ，その型の習得にあたっては，学習者が子どもか成人か高齢者かは問われないことが多い），③先達から謙虚に学ぶという学問観があること（大学でもその分野を極めた専門家から謙虚に*知識・*技能を学ぶことを美徳とする学問観があり，成人の特性を活かした学習という発想はなじまないこと），④それぞれの専門分野や学習課題ごとに特定の学習者（企業における社員，民間教育文化産業における講座受講者など）がおり，あえて抽象的・一般的な成人学習者というカテゴリーを設定する必要がないと思われていること，が考えられる．

　〔成人学習者カテゴリーの必要性〕以上のような理由はあるものの，成人学習者というカテゴリーを生涯学習の理論と実践の中に組み入れていく意義は十分にある．

　たとえば，大学・大学院には*社会人学生が参加するようになっているが，大学教員の多くは，社会人の特性を活かした学習支援という発想や*成人教育者としての自覚をもたないため，社会人学生の学習ニーズに対応した研究指導が十分にできていない．様々な領域で増加傾向にある成人学習者の存在を踏まえ，自らを専門分野の専門家としてだけでなく成人教育者であると捉え，成人学習者の特性を活かした学習支援を行うことの現実的必要性は高まっている．成人学習者という発想は，既存の学問観の転換，指導者と被指導者の関係の展開の展望を切り開く可能性をもっている．　　　　　　　（三輪建二）

〔文献〕1) Knowles, Malcolm S.: *The Adult Learner: A Neglected Species*, Gulf, 1973.；2) ノールズ, M.（堀薫夫・三輪建二監訳）：成人教育の現代的実践，鳳書房，2002.；3) 堀薫夫・三輪建二編著：生涯学習と自己実現（新訂），放送大学教育振興会，2006.；4) 三輪建二：おとなの学びを育む，鳳書房，2009.

成人学生 adult student

　〔定義〕欧米諸国では，フォーマルな*教育機関を離れ，一定期間実社会で活動した後，大学に入学してきた，年齢が25歳以上の人々を成人学生と呼ぶ．この場合，以前に短期間でも高等教育で学んだ*経験があり，ドロップアウトした後，再び25歳以上で大学に復帰した者は除外している．

　しかし，しばしば指摘されるように，「成人」の定義は国により，また文脈によって異なるため，成人学生の概念も様々である．英国を例にとれば，最初の学位プログラムへの入学時の年齢が，学部レベルの場合，21歳以上の者は「若い成人」（young adult），大学院レベルでは25歳以上を「成熟した成人」（mature adult）と呼ぶ．一方，デンマークでは，「通常の」入学年齢が20歳もしくは21歳であることか

ら，21歳以上で入学した者は，すべて「成人学生」とみなされる．また，オーストラリアでは，教育機関により異同はあるものの，25歳以上の学生を成人と呼ぶのが一般的である．

〔非伝統的学生〕米国では，25歳以上で大学に入学してきた社会人を，一旦離れた学校教育に舞い戻ってきた学生という意味を込めて，リターニングスチューデント（returning student）と呼ぶ．それら成人学生を，ハイスクール卒業後そのまま大学に入学してきた18～22歳の青年たち，つまり伝統的学生（traditional student）と区別して，非伝統的学生（nontraditional student）と呼ぶこともある．

成人学生は，人生経験の量と学習への動機づけの面では，伝統的学生を凌駕するものの，学習スキルや，学習活動を規定する諸要因の面では伝統的学生よりも不利な立場に置かれている．成人学生への学習支援が要請されるゆえんである．　　（小池源吾）
　⇨社会人学生，大学開放

〔文献〕1) CERI/OECD, Adults in Higher Education, OECD, 1987.；2) Apps, J. W.: *The Adult Learner on Campus*, Follet Publishing Company, 1981.

成人基礎教育　adult basic education

成人が自ら生活をコントロールし，変動する社会への適応力を身につけ，生活を送る上で必要不可欠な力を身につけていくための基礎的な教育である．

〔概観〕上記の点において，これは現代的人権の一部として生涯学習の中に位置づけられ，その核心となるものに*識字の獲得があげられる．生活をする上での必要な*知識とは，基本となる識字力に加えて，衣食住，健康維持・管理，就業や社会生活・家庭生活のための技術・知識といった力をつけていくことが必要とされる．特に，*職業に就けるか否かは識字力に大きく左右されることから，経済的な観点からも人々の日常生活と直接結びつくのである．

〔歴史〕「*基礎教育」という言葉は1956年の*ユネスコ総会で，人々に，既存の*教育機関からは得られなかった援助を提供することであり，たとえば自分たちを取り巻く環境の問題，あるいは市民および個人としての権利や義務などの問題を理解し，生活条件を進歩発展させていくために様々な知識や技術を身につけ，自分たちの地域社会の経済的・社会的発展に，より効果的に参画できるように援助することである，と定義された．ここでいう基礎教育とは*成人教育を意識した言葉であり，環境問題や権利・義務の問題についての理解を深めるために識字は欠かせないと考えられていた．

英国では第2次世界大戦後の移民の増加を要因の1つとして，早くから識字問題への関心があった．1970年代には非識字者の問題が大きく取り上げられ，1974年に発足した識字教育のための政府援助機関は，数回の組織変更の後，1980年にはALBSU（Adult Literacy and Basic Skills Unit）として多くの活動を行った．

一方，日本では*部落解放運動が成人基礎教育としても捉えられる．これは構造的*差別と*貧困の結果，非識字生活で不自由を強いられ，社会で不利益を受けてきた人々が，主に識字学習を通して識字問題を生み出した原因を考え，自らが学習の主体であることに気づき，連帯して人間的な解放を果たそうとする運動である．こうした動きによって識字教室や*夜間中学校などで義務教育課程未修了者や在日コリアンなどといった人々に識字教育が行われてきた．

1997年にドイツのハンブルグで開かれた国際成人教育会議では，ユネスコは「教育への権利と学習への権利」を大会宣言の中で提起した．それまで，特に成人教育を取り上げる場合，「教育を受ける権利」は受動的なニュアンスが強かった．しかし「学ぶ権利」という視点からは，学習というものは生きていく上で不可欠なものであるため，能動的なものであるされた．

〔課題〕成人基礎教育の現在の課題としては，教育を提供する場所，学習の場へのアクセス整備，学習者の主体的な参加，*資格の認定，活動の支援者の養成などがあげられる．特に資格の認定については，中等教育修了資格がないと就職が困難であるという現状を踏まえると，学習者の経済的問題のみならず，失業問題や社会不安にもつながりかねない．そのため，国や地方自治体による十分な環境整備や支援策が不可欠である．

またその対象として，近年増加している外国人労働者やその家族，*不登校によって長期欠席した子ども・青年で学校を制度的に卒業しただけの者も捉えていくことが必要となっている．
　⇨基礎教育　　　　　　　（朝倉征夫・鄭任智）

〔文献〕1) 末本誠：生涯学習論—日本の「学習社会」—，エイデル研究所，1996.；2) 朝倉征夫：産業革新下の庶民教育，酒井書店，1999.；3) Merriam, Sharan B., Cunningham, Phyllis M. ed.: *Handbook of adult and continuing education*, Jossey-Bass Publishers, 1989.

成人教育・成人学習 adult education, adult learning

〔用語と基本的な考え方〕成人教育は，国際的には，その社会で「成人」と認知された成員が，*能力を伸ばし，*知識や技術を身につけることを通して，個人かつ社会の一員として態度や行動を変容させていく上での全般的な「組織的教育過程」をさす（*ユネスコ「*成人教育の発展に関する勧告」，1976年）。成人教育は，人の一生のうち「成人期」における学習を前提とする点，すなわち（学校教育や*社会教育のように）教育が行われる「場」でなく，学習者の発達段階の「時期」に注目する点で，生涯教育/学習と同じ基盤に立つものである。第三世界における成人教育は，不可避的に，開発政策と結びついて展開されてきた。

英語の "adult education" は，米国では成人を対象とする教育一般をさすが，英国では非職業的・市民的教養教育を意味し，成人の教育一般には，education of adults が用いられる。また成人職業教育は，生涯継続教育（continuing education）と総称される。他の訳語に Erwachsenenbildung（独）や éducation des adultes（仏）等があるが，国情や社会文化風土により，*継続教育，*生涯教育，*民衆教育等をより頻繁に使う場合もある。

「成人教育」は今日でも国際的に用いられるが，近年はむしろ「成人学習」が主流である。学習機会の提供側よりむしろ，学習ニーズを表明し，学習の機会や方法を自ら選択し，自らの学習を方向づける学習者側の発想が重視されるためである。背景には，グローバル化に伴う知識基盤型社会（knowledge-based society）の到来，市場経済の進展や IT・ICT 技術の高度化による「学習」の*個別化と商品化，*国際成人教育協議会（ICAE）など「学習者主体の学習」を目ざす成人教育運動の取組み等がある。なお，1984年のユネスコ第4回国際成人教育会議（パリ）では，*学習権を基本的人権の1つと位置づける「学習権宣言」が採択されている。

〔歴史的経緯：英国〕成人教育が先進的発達を遂げた英国では，産業革命期に労働者階級の*自己教育運動が始まり，それを受けた大学拡張運動で「成人教育」という語が使われ始めた。第1次世界大戦後，復興省成人教育委員会が刊行した『最終報告書』（通称 1919 レポート）では，市民性育成のための成人教育の意義が強調され，翌年，世界初の成人教育学の教授が誕生する。以後，大学，地方教育当局，*労働者教育協会（WEA）等が，*職業教育とは一線を画す市民的教養教育を広く提供した。1980年代のサッチャー（Thatcher, M. H.）政権下の職業教育・訓練への路線変更，1990年代のブレア（Blare, A. C. L.）政権の生涯学習政策により，成人教育は名実ともに消滅しつつあるが，全国成人・生涯継続教育協会（National Institute of Adult and Continuing Education: *NIACE）のような民間の取組みは続いている。

〔理論動向と今日的課題〕1960年代に，*ノールズが*アンドラゴジーを「成人学習を援助する科学と技術 art」の「学」として体系化し，成人学習の特性に基づく学習モデル「自己主導型学習」（self-directed learning）を提起した（⇨*自己決定学習）。以後，成人教育学研究は活発化し，多くの理論・実践研究が蓄積されてきた。たとえば，認識変容学習（*メジロー），「被抑圧者の教育学」と識字実践（*フレイレ），ノンフォーマル・*インフォーマル教育の「抑圧と解放の弁学正法」の中で成立する自己決定学習（*ジェルピ），専門家養成における省察（*ショーン）等がある。ジャーヴィスやメリアムなどの貢献を手がかりに欧米理論が次々と紹介される中，日本の実状と課題に応える理論・*実践をどう構築するかが現在，鋭く問われている。　（渡邊洋子）

〔文献〕1）渡邊洋子：生涯学習時代の成人教育学―学習者支援へのアドヴォカシー―，明石書店，2002.；2）ジャーヴィス，P. 編（渡邊洋子ほか監訳）：生涯学習支援理論と実践―「おしえること」の現在―，明石書店，2011.；3）メリアム，S. ほか（立田慶裕ほか訳）：成人期の学習―理論と実践―，鳳書房，2005.；4）スティーヴンス，M.（渡邊洋子訳）：イギリス成人教育の展開，明石書店，2000.

成人教育 NGO adult education NGO

〔概観〕民間非営利組織としての*NGO ないしは*NPO には，公益（一般）財団法人・公益（一般）社団法人，学校法人，社会福祉法人，宗教法人，特定非営利活動法人（通称 NPO 法人）等の非営利法人のほか，社会貢献を目ざす*任意団体などが含まれる。成人教育 NGO とは，これらの民間非営利組織のうち成人教育を提供するものをさす。

〔歴史〕日本では，民間レベルの*社会教育の活発化に伴い，NGO（NPO）による成人教育が成長してきた。1998年に*特定非営利活動促進法が施行されてからは，NPO 法人の提供する成人教育も急速に広がっている。国際社会でも，近代化や*グローバリゼーションとともに，様々な成人教育 NGO が設立され，*ユネスコ等の国際機関と連携する活動も多い。

〔内容〕国際レベルで活動しているものとして

は，*国際成人教育協議会（ICAE），労働者教育国際連盟（IFWEA：International Federation of Workers' Education Associations）など成人教育自体を目的とするもののほか，人権，平和，環境といった社会課題の解決に取り組む過程で成人教育を提供するNGOも少なくない．日本でも各社会課題に対応したNGO（NPO）が固有の成人教育を提供するとともに，社会教育，*PTA，*通信教育，外国語教育など多様な教育分野のそれぞれに民間非営利組織が設立されている．

〔課題〕成人を取り巻く生活・職業環境の流動化や知識社会の進展を背景に，*市民社会の学習装置としての成人教育NGO（NPO）の役割は増大している．ローカルな地域社会からグローバルな地球社会に至るまで，成人教育NGO（NPO）が個々の成人の十全な発達と社会の革新の推進力となることが期待される． 　　　　　　　　　　　　　　（田中雅文）

⇨NGO，NPO

〔文献〕1）江原裕美編：内発的発展と教育―人間主体の社会変革とNGOの地平―，新評論，2003．；2）佐藤一子編：NPOの教育力―生涯学習と市民的公共性―，東京大学出版会，2004．

成人教育者　adult educator

成人の学習者とともに学習活動に取り組む人々．フォーマル・インフォーマルな場面で，成人の学習活動の指導，助言，支援，組織化のいずれかにかかわる職員，講師，支援者，指導者のこと．組織者，企画・立案者，管理者，教授者，計画者，*コーディネーター，*ファシリテーター，*トレーナー，*チューター，*メンターなどの役割を包括する一般的な用語である．*実践・研究両面で成人学習者の主体性を尊重するファシリテーターの役割が重視されることが多い．成人教育者として，*社会教育・生涯学習関係職員，高等教育機関における教員・職員，企業における*人材開発担当者やトレーナー，看護師・*保健師・栄養士などの健康にかかわる*専門職，能力開発担当者などがあげられる．*アンドラゴジーの概念を提示した*ノールズは，自分自身を成人教育者として自覚している者は少ないものの，*成人学習者の特性を支援する成人教育者には専門的な役割があると指摘している． 　　　　（倉持伸江）

⇨成人教育・学習，成人学習者，アンドラゴジー

〔文献〕1）ノールズ，M.（堀薫夫・三輪建二監訳）：成人教育の現代的実践，鳳書房，2002．；2）クラントン，P.（入江直子ほか訳）：おとなの学びを拓く，鳳書房，1999．；3）三輪建二：おとなの学びを育む，鳳書房，2009．

成人教育センター（英）　Adult Education Centre (in UK)

英国の成人教育センターは，地方によっても異なるのでここではイングランドでみる．サッチャー（Thatcher, M. H.）首相時代の1980年代以降の教育改革により，従来までの伝統的な*責任団体制度は廃止されたが，以前のイングランドの成人教育センターの代表的な機関は，地方教育当局（Local Education Authorities：LEA），*労働者教育協会（WEA），*大学構外教育部（EMD）である．地方教育当局は，主に地域住民に近接している公立学校の敷地を利用して趣味的，教養的科目を提供し，労働者教育協会は，全国に散らばる協会施設を利用して，職業上有益な*知識や法律上の知識，さらに社会的弱者や女性に対し講座を提供し，大学構外教育部は，全国に散らばる大学施設や講師を活用して，専門的，実用的科目を提供していた．サッチャー政権以前まで，公的成人セクターで提供される講座は低廉な受講料をモットーとしていたが，その後は市場化の影響もあり，低廉な講座とばかりはいえない．また大学構外教育部も，大学によっては，継続教育（continuing education）や成人教育（adult education）に名を改め，どの講座も高度技術社会を反映し専門教育や職業上の知識，資格が重視され，さらに上記3つの機関の活動や情報を提供していたレスターの全国成人継続教育連盟（The National Institute of Adult Continuing Education：NIACE）も，機関誌は廃止し，内外の成人教育に関する多くの情報はインターネットで刻々と発信するなど，教育の市場化，高度化，コンピューター化も進行している．

　　　　　　　　　　　　　　（佐久間孝正）

〔文献〕1）佐久間孝正：英国の生涯学習社会，国土社，1989．

成人教育における南北の相互交流

NorthSouth cooperation for adult education

発展途上国（いわゆる南の諸国）と先進国（いわゆる北の諸国）の双方における成人教育活動の推進，情報収集，研究活動，*ネットワーク形成を念頭に，広く平等に学習の機会を提供できること，および，学習を通して個人の*能力向上のみならず，教育や地域社会の発展，活性化，持続可能な人間開発を目ざすことを目的とする．成人教育のあり方やその様相は，発展途上国，先進国の双方において大きく異なっている．前者は学習の機会を通じて，*識字教育などの基礎的なスキルの習得や，学習者の生活全体の底上げを図ろうという社会的ニーズに基づいて

いる．しかし，後者の場合は，基礎学力を土台にした高度な技術の習得を目ざす*職業訓練，または，各人の目的に合わせた学習など，個人的ニーズに基づいている．

*ユネスコは1949年の国際成人教育会議以降，成人教育における南北の相互交流を働きかけてきており，特に南の諸国の成人教育政策について，経済的支援のみならず技術面での支援を実施している．たとえば，*アジア南太平洋成人教育協議会（ASPBAE）などは，ユネスコと協力関係にあり，アジア南太平洋地域の成人教育活動のネットワークを形成し，変革を促す成人教育の活動に取り組んでいる．グローバル化する昨今の社会情勢の中で，成人教育のさらなる展開が望まれている． (長岡智寿子)

〔文献〕1) ボーラ，H.S.（岩橋恵子・猪飼美恵子訳）：国際成人教育論―ユネスコ・開発・成人の学習―，東信堂，1997.

成人教育のイデオロギー ideology in adult education

〔定義〕成人教育を価値中立的な唯一の体系としてではなく，様々な政治的立場や社会的利害を反映する，諸イデオロギーがせめぎあう場として分析するもの．

イデオロギーとは一般に，社会集団または個人がもつ価値観，ないし現実を認識する観念の体系を意味する．社会科学では生産関係の「土台」に影響される上部構造としての政治・思想を意味し，支配を正当化する「虚偽意識」や党派的立場，あるいは相対的に自律した意識構造をさす．

〔分類〕成人教育のイデオロギーについては，その依拠する社会的・政治的立場によって，様々な分類がなされてきた．たとえばジャービス（Jarvis, P.）は，政治的イデオロギーとの類似性から，成人教育のイデオロギーを次のように分類する．① 保守主義：国家の保護的・統制的な役割の強調，成人教育では「実際的な*知識」の伝達，② リベラリズム：個人の自由の重視と国家介入の制限，成人教育では個人を豊かにする「利害＝関心」の追求，③ 社会改良主義：国家の福祉や介入に基礎を置く改革，成人教育では国民の「ニーズ」を充足させる学習機会提供，④ ラディカリズム：国家による統制の批判と大衆による変革，成人教育では批判的意識の獲得と行動．

〔課題〕この分類は一例にすぎず，英米の政治的伝統を反映している点や，実際の成人教育思想に一義的に反映しない点には留意する必要があろう．しかしたとえば「関心」「ニーズ」といった一見中立的なタームが，どのような社会観や政治的立場と結びついているかを考えるために，「成人教育のイデオロギー」に着目した分析は有効であるといえよう．

(吉田正純)

〔文献〕ジャービス，P.（黒沢惟昭・永井健夫監訳）：国家・市民社会と成人教育―生涯学習の政治学に向けて―，明石書店，2001.

成人教育の制度化 the institutionalization of adult education

成人に対する学習支援を相互に連携させる仕組みを整えること．成人の学習は*継続教育や企業内教育，*OJTなど様々な場面・多様な形態に及び，学習内容の全体像が予見しやすい学校教育とは違って，時代や地域により，また各自の自主的な選択によっても生涯学習としての結実の仕方が様々に変容する．そのため，成人期の固有性に配慮してなされる教育的支援も多様であり，その総体をあらかじめ体系的に管理することには馴染まないのである．

こうした支援の*ネットワークを成人教育システムとして無理なく制度化するためには，分野横断的な法整備と行財政の骨組みが必要なのはもちろん，それ以上に，個々の支援者や学習者を核とした，柔軟で緩やかな相互の自発的連携が重要になる．そのためにも，葛藤や対立に発展しかねない*差異や多様性ばかりでなく，成人に対する教育的支援としての共通性の抽出が不可欠で，成人教育学などを理論的な根拠として研究が進められている． (小林伸行)

〔文献〕1) knowles, M. S.: *Creating Lifelong Learning Communities*, (Working paper prepared for the Unesco Institute for Education), Hamburg, Germany, 1983.

成人教育の発展に関する勧告 Recommendation on the Development of Adult Education

*ユネスコ総会が1976年第19回会期の会合（ナイロビ）で採択した勧告．第3回国際成人教育会議（1972年）においてユネスコ憲章に基づく正式な「勧告」の作成・採択が求められ，これに応えたもの．それまでの*成人教育その他多数の関連国際会議の成果を踏まえ，成人教育の「定義」「目標及び戦略」「内容」「方法，手段，研究及び*評価」「構造」「従事者の訓練及び地位」「*労働との関係」「運営，管理，調整及び費用の負担」「国際協力」の10項目について，考え方，課題を列記．成人教育を個人の発達と，社会，経済，文化の発展への参加の2つの方向から捉え，内容，段階，方法，形態にかかわらず，成人

がその*能力，*知識，技術，専門的質を高め，態度・姿勢を変化させる「組織化された教育過程全体」と広く定義し，「生涯教育・学習」の不可欠な部分とも明記している．
(荒井容子)
　⇨ユネスコ国際成人教育会議

〔文献〕1) 日本語訳は全日本社会教育連合会編・発行：社会教育に関する答申集Ⅱ所収，1984.；2) 他に原文，日本語訳とも日本ユネスコ国内委員会ウェブサイトから入手可．原文はUNESCOウェブサイト関連ページへのリンクによる．

成人教育法（ノルウェー）　英 Act on Adult Education, ノルウェー語 Lov om voksenopplaring
　ノルウェーはデンマークの影響を受けながら，民間教育組織によって*民衆教育が普及してきた伝統をもつが，1960年代には*職業訓練の躍進により成人教育全体が発展し補助金額も急増した．このような状況の下，1976年に世界で初めての成人教育の単独法とされる「成人教育法」が成立した．全25条で構成されるこの法律は，「成人教育の目標は，個々人がより有意義な人生を送ることができるように手助けすることである」とし，「*知識や*技能への機会を平等に与える」ことを目的とする（第1条）．そして，学習連盟による学習活動，成人基礎教育，労働市場教育などを対象領域と定め（第2条），地方自治体や民間教育団体への補助金支出を国家の責務とする（第3条）など，国家や地方自治体の責務，各種*教育機関の認定条件などを明確にしている．1993年，法改正により*遠隔教育に関する条項が追加され，1999年の法改正では，初等・中等教育に関する条項が「教育法」に移し変えられた．
(木見尻哲生)

成人高等教育（中国）　adult higher education (in China)
　中国において，在職中の成人を主な対象とした高等教育制度は，新規高卒者を対象とした正規高等教育と並列して中国高等教育システムの重要な一環となっている．1950年代に始まった成人高等教育は，1980年代以降成人高等教育ニーズの増大に従って，その規模が次第に拡大してきた．成人高等教育はそのプログラムの性格から，高等教育機関卒業証書が発行される「学歴教育」と短期的*継続教育としての「非学歴教育」の2種類に分けられる．前者は普通の高等教育機関の通信部と夜間部およびテレビ放送大学，労働者・農民高等教育機関，管理幹部学院，教育（教員養成）学院等独立設置の成人高等教育機関で行われ，その在籍者数は，1990年の約167万人から，2005年の435万人にまで増加してきた．「非学歴教育」の受講修了者と在籍者は，2005年にはそれぞれ約373万人と約240万人を数えた．
　成人高等教育は，高等教育機会の確保，生涯学習の促進，成人の資質と教育レベルの向上等において重要な役割を果たしてきたが，近年，学習内容と形態の多様化，質の向上，および成人の*職業に関連した継続教育の強化などの課題に直面している．
　⇨中国の成人教育・生涯学習 (韓　民)

〔文献〕1) 呉遵民：現代中国の生涯教育，明石書店，2007.；2) 新保敦子：中国の高等成人教育，日本の社会教育（第31巻），pp.66-76, 1987.

成人性　adulthood
　〔概念〕成人期および成人の特性の総体．これまでの多くの発達論では，成人になることが1つの到達目標とされてきた．しかし，man という語が成人であると同時に人間一般（あるいは男性）を意味するように，成人期・成人性（adulthood）そのものの妥当性を疑うという作業はあまりなされてこなかった．「成人性」研究は，自己を教育するという「*自己教育」研究と同様に，こうした自明視されてきた成人期・成人そのものを対自的に理解しようとする作業を内包する．従来の発達論がその認識主体として依拠してきた成人そのものを，発達や変化の視点から捉えるのである．
　〔理論〕成人性の問題に正面から取り組んだのは*エリクソンである．彼はその自我発達理論において，成人期に中核的な心理-社会的課題を生殖性・生成力（generativity）と捉えた．この語は，次世代を産み出し育成することと，技術や芸術などを産み出すこととを含意しているが，主要には世代連鎖への関心を意味する．そこには，子育てを通して親として成長するという相互性（mutuality）に支えられた発達観がある．そこで獲得される徳目がケア（care）であるが，これは次世代育成だけではなく，高齢者世代との交流からも獲得されよう．成人性は，他世代との交流の中で相互主体的に育まれるものなのである．その意味では，成人発達論は，個人の自己完成と次世代の育成とを一体化させて考えていく必要があろう． (堀　薫夫)
　⇨エリクソン

〔文献〕1) 社会教育基礎理論研究会編：成人性の発達（叢書生涯学習Ⅶ），雄松堂出版，1989.；2) エリクソン，エリクほか（村瀬孝雄・近藤邦夫訳）：ライフサイクル，その完結，みすず書房，2001.；3) 岡本祐子：アイデンティティ生涯発達論の射程，ミネルヴァ書房，2002.

成人のための教育（英） education for adults (in UK)

成人の教育（education of adults）と同様に，英国において包括的に用いられる用語であるが，「成人のための教育」は社会変革的な意味合いが強い．成人を対象とした教育に関して歴史的伝統を有する英国においては，それに関する様々な用語が存在するが，伝統的に用いられてきた非職業的・*教養主義的な成人教育（adult education）や*職業教育が強調される*継続教育（continuing education）といった一定の理念的基盤を有する用語に対して，成人の教育は，理念的・価値的に中立なニュアンスをもち，成人を対象とする教育や学習機会一般をさす用語として用いられる．それに比して，成人のための教育は，*解放や変革といった一定の価値や理念を志向する成人教育をさす場合に用いられることが多い．

⇨成人教育・成人学習　　　　　　（小川　崇）

〔文献〕1) Jarvis, P.: *International Dictionary of Adult and Continuing Education*, KoganPage, 2002.；2) 渡邊洋子：生涯学習時代の成人教育学，明石書店，2002.

性的指向　⇨セクシュアリティ

正統的周辺参加　⇨状況に埋め込まれた学習

青年演劇　youth theater

1945年の戦争終結後，日本各地で*青年団や*労働組合など様々な団体により行われた素人演劇の活動のうち，特に文部省社会教育局芸術課（1945年12月設立）によって推進されたものをいう．同課は，戦後活発となっていた演劇活動を指導し，そこに社会教育的意義をもたせるべく，青年演劇指導者講習会，全国青年演劇会議，全国青年演劇大会などを開催し，また，青少年演劇研究会を組織して演劇活動のための脚本の選定や戯曲集の発行を行った．

青少年演劇研究会は，日本移動演劇聯盟，農山漁村文化協会，新演劇人協会，早稲田大学演劇博物館などからメンバーが構成されており，当時の文化政策の動向を考える上で興味深い．同研究会は，真船豊や坪内逍遥の戯曲を「青少年演劇シリーズ」としてあらためて世に送り出した．　　　　（小川　史）

〔文献〕1) 文部省社会教育局芸術課編：青年演劇，文部省，1954.

青年会館　youth center

青年たちが様々な青年活動を行う拠点として設置された，物的施設のこと．歴史的には，大きく4つの系譜がみられる．1つは，大阪YMCA会館（1886年），東京神田青年会館（1894年）に代表されるキリスト教系の青年会館．世界の*YMCA同盟の寄付によって設立された．2つには，地域社会における*青年団活動の拠点として明治後期から設立された青年会館．*青年倶楽部，青年集会所，*青年館，青年宿泊所，青年道場とも呼ばれた．大日本連合青年団編『青年会館・宿泊施設調査』（1939年）によれば，郡部1万8920，市部530の施設が設置されていた．3つには，日本青年館（1925年）に代表される大規模な青年活動の殿堂として設置された会館．大日本連合青年団は1931年「各府県ニ修養ノ殿堂タル青年会館建設促進」を大会決定し，その後各府県に設置された．4つには，第2次世界大戦後，各都道府県の青年団活動の拠点として設立された会館．都道府県連合青年団の事務所が置かれ，研修，宿泊の施設として利用された．2008年の今日でも北海道から沖縄まで全国26カ所に設置・利用されている．　　　　　　　　　　　　　　　（上野景三）

〔文献〕1) 財団法人日本青年館編：財団法人日本青年館70年史，2001.；2) 日本公民館学会：公民館・コミュニティ施設ハンドブック，エイデル研究所，2006.

青年会議所　Junior Chamber

米国を発祥とする国際的な*ネットワークであり，地域青年リーダーの養成と社会貢献活動を目的とした団体である．日本においては1951年に日本青年会議所として発足し，LOM（Local Organization Member）と呼ばれる都道府県の各都市にある青年会議所によって構成される．入会できるのは20歳から40歳までである．

地域の青年リーダー養成とともに，青少年の健全育成，*ボランティア活動，国際交流活動，行政施策への参画活動などを積極的に行う一方，地域と国の政治・経済活動と深く結びついている．理想国家形成を理念として掲げており，日本の政財界の中枢を担う人物を多く輩出している意味で，将来的な保守派リーダーを輩出する機関としての地域組織でもある．　　　　　　　　　　　　　　　　（萩原建次郎）

〔文献〕1) 日本青年会議所編：LOM年鑑.

青年学級　youth class

〔定義〕フォーマルな学校教育ではなく，青年を学習主体とする*社会教育における1つの教育形態．*公民館や*教育委員会の主催のほか，職場青年学級や自主的な活動としての学級などが実施されてきた．障害者の学校卒業後の学習機会として*障害者青年学級がある．1953年制定の*青年学級振興法によってその開設が奨励されてきたが，1999年同法の廃止により，法的な裏づけを失った．

〔歴史〕青年学級の先駆けとなった学習活動は第2次世界大戦敗戦直後から登場する．山形県では，「夜学」などの名称で活動を始めた青年たちが自らの学習を「青年学級」と呼び，1948年には県からの財政補助を受け始めている．1949年の*社会教育法の制定により，公民館の定期的な講座として急速に全国に普及していった．文部省でも1951年には青年学級育成のための予算を計上し，さらに青年学級を法制化する動きを開始している．結成間もない日本青年団協議会（日青協）は当初法制化を推進する立場にあったが，法制化反対へと運動を転換した．その理由は，戦前の*青年学校からの連続性が認められる点，正規の高等学校に対して経費の安い青年学級を法制化することは，後期中等教育の二重構造をもたらすという点，教師による教科指導を中心とした青年学級は自主的な青年たちの運動として進められてきた青年学級の理念を損なうものであるとの観点からであった．日青協は1952年より，反対決議をし，広範な法制化反対運動を展開した．しかし，1953年の青年学級振興法の成立後は，代案としての「*共同学習」論の定式化とその運動の推進を図った．

法によって裏づけられた青年学級は，その後公民館や教育委員会の実施する事業として，一層の発展をみせる．1955年には，全国で1万7606学級，学級生数は109万1734人という記録が残されている．この数字はのち急激に減少し，1963年には8530学級，42万1986人とピーク時の半分以下になっている．同年68.7％に達した高校進学率の急上昇と，農村の青年が都市部に労働力として大量に移動したことなどがその主な理由であるとされる．とはいってもこの数字は，当時勤労青年にとって最大規模の学習機会であったことを物語っている．1950年代から60年代にかけての青年学級は，農業技術や生活改善の学習，趣味的な活動，公民館の設置運動や青年学級主事の設置による青年運動の推進など，多様な活動をみせた．

また，1964年には墨田区社会教育課による「墨田区商工青年文化教室」の一環として，障害者青年学級「すみだ教室」が誕生した．また*障害をもつ青年たちの社会での学びの場として障害者青年学級が各地に生み出され，国立市公民館の「コーヒーハウス」の*実践は広く知られている．

〔現状〕1980年代以降，高等教育への進学率の上昇に伴い国庫補助金を申請する青年学級数はさらに減少する一方で，大学生も含めた青年への，職場，学校，家庭とは異なるもう1つの「*居場所」を提供する役割を担い，自主的な企画による青年教室づくりや，青年大学運動等の地道な実践は各地で続けられてきた．青年学級は1995年時点で2069学級，青年教育に拡大すると4万4000以上の事業が実施されていた．

しかし，政府は進学率の上昇により勤労青年教育の場としての青年学級の使命は終わったとし，1999年青年学級振興法の廃止に踏み切った．国庫補助という仕組みはこの時点でなくなったが，青年学級やそれに準ずる青年教室，青年セミナーといった事業は現在も各地で実施されている．　　　（矢口悦子）

⇨青年学級振興法，共同学習，青年団

〔文献〕1）全国青年学級振興協議会編：青年学級のあゆみと展望，文部省社会教育局，1964．；2）宮原誠一編：青年の学習，国土社，1960．；3）社会教育基礎理論研究会編：叢書生涯学習Ⅱ　社会教育実践の展開，雄松堂出版，1990．

青年学級振興法　Youth-Class Promotion Act

〔概観〕勤労青年の教育機会として，実際生活に必要な*職業または家事に関する*知識・*技能を習得させるとともに，一般教養の向上を図ることを目的として，1953年8月14日に公布施行され（法律第211号），1999年に廃止された法律．文部大臣による法案制定理由としては，戦後学校教育制度が改革され勤労青年に対する教育制度が定時制や大学夜間部として設けられたが，進学できるのは一部の青年に限られそれでは不十分であるためとされた．

〔特徴〕*青年学級の基本方針は，「第3条　青年学級は，勤労青年の自主性を尊重し，且つ勤労青年の生活の実態及び地方の実情に即応して，開設し，及び運営しなければならない」とされた．さらに，第6条による「開設の申請」も特筆すべきものであった．後に地域住民による各種講座開設申請の道を先導した点で，住民主体の社会教育実践づくりに貢献したといえる．国の補助金申請については，30人以上，1年以上，年間100時間以上，青年学級主事による担当等の条件が課されていた．この条件を満たす

ことがむずかしいために国庫補助を申請しない青年学級等が多数存在し続けている．

〔廃止〕1999年7月，いわゆる*地方分権一括法により廃止された．同時に青年学級にかかわる諸規定が*社会教育法より削除された．これは，1998年*生涯学習審議会答申にて言及された方向であり，前年97年10月の地方分権推進委員会第4次勧告に沿うものであった．廃止の理由としては，進学率の上昇と国庫補助を申請する青年学級が減少したために，同法の社会的な使命は終わったとするものである．なお「その法律の精神については，引き続き継承していくこと」が期待されているが，それが具体的に何であり，どのような方法によるのかの代案は示されなかった． (矢口悦子)

⇨青年学級，共同学習

〔文献〕1) 日本社会教育学会編：地方分権と自治体社会教育の展望，東洋館出版社，2000．

青年学校　youth school

1935年，*実業補習学校と*青年訓練所を統合して設立されたもの．これは実業補習と壮丁学力両面から構想された勤労青年教育制度であった．

〔歴史と概要〕背景には，実業補習学校と青年訓練所の多くが小学校に併設されていたこと，1929年の社会教育局新設によって，*実業教育，青年訓練という担当事務の分割が青年教育課に統合されたこと，さらに，地方財政負担の軽減化，総力戦体制準備としての軍事教練と職業能力向上の徹底，という国家的要求があった．普通科2年本科5年（女子3年）を原則とし，1939年時点で，学校数1万8234，生徒数278万6042人を数えた．青年学校令第1条には，「青年学校ハ男女青年ニ対シ其ノ心身ヲ鍛練シ徳性ヲ涵養スルト共ニ職業及実際生活ニ須要ナル知識技能ヲ授ケ以テ国民タルノ資質ヲ向上セシムルヲ目的トス」と明示された．普通科の教授および訓練科目は修身および公民科，普通学科，職業科，体操科であり，女子にはこのほかに家事裁縫科，男子本科では教練科が課された．該当する青少年の就学率が5割未満であること，壮丁教育調査の問題，さらに軍部の要望もあって1939年，男子の青年学校義務制が実施された．

〔勤労青年教育としての課題〕青年学校制度の成立の背景には，国家総動員に向かう時代の軍部の要求があるが，制度上は尋常小学校卒業後の勤労青年が7年間は教育機会を得たこと，それまで顧みられなかった都市勤労青年の勤労と教育が注目されることにもなった．青年学校の教員と学校施設の一部は，理念と形態を変えて戦後の*公民館，新制中学，高等学校に活用された側面も見逃しえない．青年学校から提起される*青年期教育の二重構造の問題と勤労青年教育の意味は，戦後の6・3制の発足以降も，勤労青年のための*青年学級，定時制高校制度につながる課題となった． (矢口徹也)

⇨実業補習学校，青年訓練所

〔文献〕1) 鷹野義宏：青年学校論，三一書房，1992．；2) 米田俊彦：教育審議会の研究　青年学校改革，野間教育研究所，1995．

青年館　youth hall

青少年の健全育成を目ざした*社会教育的施設の1つ．*青年の家が郊外に設置される宿泊型施設であるのに対し，青年館は青少年教育関係者やリーダーが常時利用できる都市型青年施設としての位置づけをもつ．青年館の設置主体は，*教育委員会，地方公共団体，*青年団を中心に設立された*財団法人など多岐にわたっている．東京都の場合は，東京都教育委員会による独自の青年教育施設の構想として1960（昭和35）年から特別区への補助事業として施策化され，千代田区を除く22区で設置されるに至った．しかし，利用者数の激減や施設の老朽化などの理由により施設の廃止が進み，2006（平成18）年4月時点で青年館を設置しているのは渋谷区1区のみとなっている．全国的には，「全国青年会館協議会」に加盟している青年館（*青年会館）は，日本青年館を含め30ヵ所あり（2007（平成19）年度現在），各地の青年団運動の拠点としての役割を果たしている． (梶野光信)

〔文献〕1) 東京都教育委員会：青年館への提言―青年館・青年の家の調査から―，1966．

青年期　adolescence

〔定義〕「子ども」から「大人」への移行期に当たる時期をさす．しかし，青年期を年齢で定義することはむずかしい．日本における法令等では少年，青少年にかかわる記述はあるが，青年を定義した法令は見当たらない．発達心理学や生涯発達研究分野では，発達段階論を引用しつつ10歳代半ばから24歳前後を青年期として扱うのが一般的であった．2003年に内閣に置かれた青少年育成推進本部が決定した「青少年育成施策大綱」では「おおむね30歳未満」とされている．これに対して*社会教育では，義務教育終了後の15歳から20歳代後半を青年期として

扱う研究が主流であった．しかし，現在「大人」をどのように定義するかをめぐっては明確な指標が失われており，移行期は無限に延長されているとの見方もなされている．

〔歴史的概観〕社会教育における青年期研究は，青年教育の登場とともに始まる．したがって，それは明治期に始まる長い歴史を有する．なお，初期の青年期概念には女性は含まれていないため，女性たちは「娘」あるいは「処女」として教育の対象とされた．大正期に全国で組織化の進んだ*青年団では，14，5歳から入団を認め，それぞれの地域で卒業の年齢を明確に定めており，その節目にはイニシエーションが用意され，それが教育の原初的な形態を維持するものでもあったといえる．現代社会における青年期をめぐる議論は，義務教育終了後の進路の構造に即して進められてきた．すなわち後期中等教育に進学する者と*労働に従事する者の分岐の問題，特に，後者である勤労青年の教育に向けられた．農業青年の自立にかかわる研究が1960年までの主流を占め，その後都市を中心とした勤労青年の自己形成，人格形成の問題が課題となる．1970年代後半から，*エリクソンによるアイデンティティ論が翻訳紹介され，社会教育においても勤労青年の自己形成が主要な課題となる．さらにモラトリアム概念が広く受け止められ，*アイデンティティの拡散，モラトリアムの延長など，青年期から成人期への移行の曖昧さが課題とされた．社会教育における青年期研究の柱としては，自己形成を集団的に支えあう「*共同学習」やサークルでの「たまり場学習」「*生活史学習」などが提起された．

〔課題〕現在でも青年期を移行期と捉える見方は主流であり，しかるべき規範を備えた成人期への移行の問題を，特に*職業生活への定着の問題を青年の抱える最大の課題として捉えた研究や政策の展開が国際的に注目されている．*ニート，*フリーター問題はその主たるテーマである．社会教育実践は，若者が主体的に「*居場所」をつくり出していくような実践の場に注目してきた．そこでは単に職業生活への接続にとどまらない，*他者とのかかわりの中で得られる自己受容が社会的な周辺化から引き戻す上で重要であるとみられる．同時に，青年期を次なる段階への準備期間ではなく，それ自体に内在する価値の重要性に着目して捉え，発達課題は社会的な生活への*能力に集約する捉え方，つまり市民性の獲得こそが主要課題であるという見方もなされている． （矢口悦子）

〔文献〕1）日本社会教育学会編：現代社会と青年教育，東洋館出版社，1985．；2）日本社会教育学会編：子ども・若者と社会教育，東洋館出版社，2002．

青年議会　Youth Assembly

青年の政治に対する関心と*知識を高め，議会政治のあり方や運営を学ぶとともに，青年の意見を広く社会に訴え，行政に反映させることを目的として，*青年団で実施された模擬議会．1957年に富山県で始まり，1970年代をピークに全国の青年団で盛んに取り組まれてきた．模擬議会といえども，青年議員を選出し，各委員会を構成して地域の課題を調査して取り上げ，青年議会での答弁は首長など本職の執行部が務めるなど，その形態は本格的なものだった．

議会当日のみならず，学習，行政当局との折衝，調査も含めた活動全体の過程が，青年団の政治学習の一環として位置づけられた．また，この一連の取組みを通して，お産を安くする運動，青少年施設の設置や公害問題への対応など，地方政治への提言も多数行われ，*地域課題解決に向けて青年の要求を実現していく契機ともなっていった． （佛木　完）

青年倶楽部　youth club house

〔定義〕近代に入り*青年団活動の育成のために，青年相互の結合と団体維持の目的をもって設置が進められた建物および機能のこと．*青年会館，青年団事務所とも呼ばれた．

〔歴史〕クラブとは，もともと政治，社交，文芸，娯楽等の共通の目的をもって結合した人々の団体，機能および集会所のことをさすが，日本における最初のクラブの登場は，1863（文久3）年，横浜居留地に建てられた横浜クラブである[1]．当時，唯一の居留地外国人の社交倶楽部であった．日本人による倶楽部は，明治初期のヨーロッパのクラブを範にとった東京築地のナショナルクラブ（1872年）や福沢諭吉「万来舎」（1876年）が嚆矢とされている．これ以降，国会開設前後から全国各地に政治倶楽部や社交倶楽部が設立される．また，佐藤善次郎『最近社会教育法』（1899年）では「労働者倶楽部」が，手島益男『模範市町村』（1910年）では「町の倶楽部」がそれぞれ紹介されている．

〔役割〕欧米のクラブ思想の導入を背景に，青年倶楽部は青年団活動の組織化と活性化のために構想・設置された．*山本瀧之助は，「会員相互の団結を牢固ならしめ」「青年団体の中心となって能く其の団体を維持する」（『地方青年団体』，1909年）ために倶

楽部が必要と述べ，青年の集まる場に青年倶楽部を常設することを説いた．青年倶楽部は，若者宿の伝統を引き継ぎつつそれに替わるものとして構想されたものであった．青年倶楽部は，その後青年団の組織化と平行して全国に設置され，青年団活動の事務所，拠点として活用された．倶楽部の建物としては，社寺や小学校校舎，ポンプ庫，教員住宅に付設され，図書室や共同理髪所，風呂場を設けるものもあった．倶楽部には図書を揃え御真影を掲げ，常識カルタ等の娯楽用品を置くことが薦められた．1930年代には宿泊所を付設するところも現れた．

青年倶楽部は，近代に入って解体していく若者宿，寝宿のもっていた青年の交際機関を復活させ，青年の悪弊を防ぎ修養を進めることができるような建物・機能であった． (上野景三)

〔文献〕1) 堀越三郎：明治初期の洋風建築，小滝文七，1929．；2) 上野景三：青年倶楽部の思想と実践．近代日本社会教育史論（新海英行編），日本図書センター，2002．；3) 日本社会教育学会編：自治体改革と社会教育ガバナンス（学会年報53），東洋館出版社，2009．

青年訓練所　youth training institute

1926年に発足した16〜20歳までの男子を対象に兵役に備えて4年間訓練するための施設である．

〔概要〕青年訓練所令には「青年ノ心身ヲ鍛錬シテ国民タルノ資質ヲ向上セシムルヲ以テ目的トス」（第1条）と示されている．設置主体は市町村および私立とされ，訓練修了者に対しては在営年限の半年短縮が認められる兵員養成が考慮された制度であった．文部行政でありながら，訓練所とされたのは陸軍省の介在があったためで，主事（校長），指導員（教員），訓練生（生徒），訓練（教育），入所（入学）と呼称された．4年間の教授，訓練科目の総時数800時間の内訳は，教練（400），修身および公民科（100），普通学科（200），職業科（100）であった．多くは，地域の小学校に併設され，1926年度，全国の青年訓練所数は1万5580，生徒数は89万1550人であった．

〔背景〕総力戦，科学戦であった第1次世界大戦後，義務教育終了後から徴兵年齢である20歳までの男子に対する壮丁準備教育（徴兵のための*基礎教育）と科学技術を含む学力の「底上げ」が課題となった．臨時教育会議においても，学校に兵士養成の訓練を取り入れることを要望した建議が提出されている．加えて，背景には第1次世界大戦後の世界的厭戦の機運と軍縮の動きがある．海軍は1922年のワシントン条約調印を経て主力戦艦計画の縮小と軍人・職工の退職，陸軍も歩兵の在営期間短縮と兵員削減を行った．その結果，軍部では兵力保持のため，軍隊以外に兵力を養成，蓄積する計画が浮上した．軍の師団廃止によって過剰になった現役将校を中等学校以上の男子校に配属して軍事教練に当たらせ（1925年「陸軍現役将校学校配属令」），その翌年に青年訓練所が実施されたのである．その後，青年訓練所は，施設，教育内容の重複もあり両者は1935年に*青年学校に統合された．　　　　　　　　　　　　(矢口徹也)

⇒青年学校

〔文献〕1) 文部省編：学制百年史，帝国地方行政学会，1972．；2) 鷹野義宏：青年学校論，三一書房，1992．

青年大会　youth gathering for cultural and athletic activities

〔概要〕*青年団や*教育委員会が主催となって開催する，青年を対象としたスポーツと*文化活動の大会．各県の青年大会を経て，毎年11月には東京で全国青年大会が開催される．この大会は，バスケットボール・バレーボール・軟式野球・フットサル・剣道・柔道など10種目のスポーツ競技と，郷土芸能・合唱・演劇・人形劇・意見発表など8種目の芸能文化の部で構成され，原則35歳以下の勤労青年を中心として約3000人が参加している．

〔歴史〕戦後，各地に復活した青年団では，スポーツ・*レクリエーション活動，文化活動が盛んに取り組まれ，これらの日常活動に根ざした全国大会の開催が強く要望され始めた．日本青年団協議会（日青協）においても，講和条約の発効を目前にした1952年，「青年祭についての請願書」が決議され，文部省と折衝を続けた結果，その年の11月に「講和記念全国青年大会」が開催された．体育・芸能文化，そして青年会議の部で構成された大会に3000人余の参加者が全国から集まった．

〔内容・課題〕青年大会の大きな特徴は，国体や全日本クラスの大会に出場した選手やプロには参加資格がなく，地域で働きながら地道にスポーツや文化活動に取り組む勤労青年に参加と発表の場を提供し，スポーツ・文化の裾野を広げることを趣旨としたことである．また，勝負至上主義ではなく大会を通して青年同士の交流と友情を深め合うことを大切にし，健康で文化的な地域社会を青年がつくりあげることを目ざして開催されてきた．しかし，青年の趣味が多様化し，スポーツや文化活動の機会が多面的に用意されるに伴い，青年大会への参加者はかつてより減少傾向にある．現代における青年の要求や

ニーズに見合った種目や内容を検討し，いかに広範な青年層に参加を呼びかけていくかという課題が問われている． 　　　　　　　　　　　　　　（佛木　完）

〔文献〕1）日本青年団協議会編：地域青年運動の50年，日本青年団協議会，2001．

青年団（青年会）　youth group

〔概要〕市町村などを単位に，*職業，趣味，思想信条，宗教等の違いを超えて組織された，地域を基盤とした大衆的で網羅的な青年の自主組織である．年齢層は20歳代から30歳代を中心とし，学生も含むが多くは地域で働く青年男女によって構成されており，多様な地域活動を展開している．青年団は学校区もしくは市町村単位に数十人から時には数百人で組織され，全国の半数近くの市町村に青年団が存在している．市町村青年団の連合体や協議会として道府県の組織があり，43道府県青年団によって構成された日本青年団協議会（日青協）は日本で最大の青年組織である．

〔歴史〕青年団の前身は江戸時代に定着した*若者組，若衆組だといわれるが，明治の末期から大正にかけて，国は青年の修養機関として青年団の組織化に動き始めた．青年団の拠点となる日本*青年館の建設とあわせて1925年に大日本連合青年団が結成されたが，昭和に入ると軍国主義への流れの中で官製色が強められた．1939年の大日本青年団を経て，1941年には*女子青年団や少年団などと統合されて*大日本青少年団に改組された．1942年に大政翼賛会の傘下に入り，1945年には戦時教育令の公布とともに解散し，学徒隊へ再編成されて敗戦を迎えた．戦後，各地に新生青年団が生まれ，各都道府県青年団の結成に続いて，1951年5月に日本青年団協議会（日青協）が結成された．戦争体制に組み込まれていった苦い体験を反省し，日青協は青年による自主的，民主的な組織を目ざしてスタートを切った．

〔活動内容・課題〕青年団の活動は，地域の課題が全国に積み上げられて日青協の運動を形成したり，日青協が提唱した運動が全国の青年団に波及するという両面の形態をとりながら，ときどきの社会状況や青年の要求に応じて多岐にわたってきた．

日青協が結成された1950年代，青年たちはムラの古さや貧しさからの*解放を目ざし，封建的な因習や古い価値観と格闘しながら地域の民主化や生活の近代化，農林漁業など地域産業の振興や改善に取り組んだ．しかし，1960年代の高度経済成長以降は，産業構造や*地域共同体の変貌によって青年団は厳しい組織状況を迎えていく．

日常的な活動としては，スポーツ・芸能文化活動，盆踊りや祭りへの参加，子どもたちや高齢者への*ボランティア活動など，地域活動を軸としながらも，青年団は国民的な課題として沖縄復帰・北方領土返還要求運動や原水爆禁止などの平和運動，公害・環境問題，中国などとの国際交流にも他団体との連携を大切にして取り組んできた．また，女性の地位向上や封建的な因習の中で主体的に生きることを目ざした女子（女性）活動にも早くから取り組んだ．あわせて組織状況の厳しさを打開し活動の質を高めるため，組織内での学習・教育宣伝活動や研修事業も盛んに取り組まれた．全国規模の事業としては，スポーツ・文化の祭典である*青年大会や*青年問題研究集会に日常の活動を集約し，発展の契機にしようと努めている．

*市町村合併や構造改革が大きく進む現在，青年団は依然として厳しい組織状況に置かれているが，その一方，管理と競争の強まる社会において，青年のみならず各世代の孤立や疎外が指摘され，市民の*ネットワーク形成や青年の社会参画への期待は改めて高まっている．集団活動における仲間との共感や自己成長を獲得し，人間性の回復に向けて地域社会を変革することを目ざしてきた青年団運動が，時代の動きと青年の新たな要求に呼応した組織形態や活動内容を再検討し，多くの青年をつないでいくことが求められている． 　　　　　　　　（佛木　完）

⇒大日本青少年団

〔文献〕1）日本青年団協議会編：地域青年運動50年史，日本青年団協議会，2001．；2）日本青年団協議会編：青年団強化の手引，日本青年団協議会，1978．

青年団自主化運動　movement for self-governing by community youth groups

〔概要〕政府が，1910年代から*青年団（青年会）への官僚統制を強めたことに反発した青年が，官製青年会の改造を求め，青年会員自身による青年会の運営により，教育と青年会活動の国家からの自由と，青年の教育機会の獲得を目ざした運動である．この運動は，男子青年団により始められ，*女子青年会にも波及した．

この運動は，秋田県土崎，茨城県水海道地域，長野県の青年会などによって行われたが，最も長く，かつ体系的に1930年代まで継続させたのは長野県の青年会であった．長野県の青年は，大正自由教育を行った小学校教師や民本主義，社会主義の影響を

受けながら，青年団を青年自身の*教育機関として独立させる運動を展開した．その主張は，1924年に，下伊那郡青年会が発表した「反動思想の台頭に鑑み下伊那郡青年会の立場を宣明す」に端的に表れている．

〔経緯〕上記文書によれば，青年会をつくる理由は，「青年自身の自治と独立によってその*教養指導の機関」をもつためにある．それは民衆青年の意向によって運営されるべきであって，「官僚軍閥」（政府や軍隊）によって左右されるべきではなく，青年会員の意向により運営されるべきである，とされた．そして，町村青年会と郡青年会の役員の選挙制を実現させた．この運動は長野県全体に広がり，政府任命の県知事を会長にしていた県連合青年会の自主化が行われた．さらにこの運動は，数は少ないが女子青年会にも波及し，1927年に下伊那郡女子青年会が自主化された．また，山梨県落合村では1930年に青年会が自主化されている．

男子にしても女子にしても，この運動の基底には自我の発見，人格の独立の要求があった．このほかに，新潟県木崎村のように小作争議が激しかった地域では，青年会を廃止したり，青年会を農民組合に統合する運動が起こっている．　　　　（大串隆吉）

〔文献〕1）大串隆吉：青年団と国際交流の歴史，有信堂高文社，1999.；2）長野県下伊那郡青年団史編纂委員会：下伊那青年運動史，国土社，1960.；3）大串隆吉：日本社会教育史と生涯学習，エイデル研究所，1998.

青年と文化の家（仏）　英 House for Youth and Culture（in France），仏 Maison des Jeunes et de la Culture（MJC）

フランスにおいて，青年を中心とするあらゆる人々の*余暇活動を提供する組織・施設．教育，文化，スポーツ，社会活動など幅広い活動を地域において展開している．主に*アソシアシオンによって運営され，フランス全国で約1500館，年間利用者は370万人以上ある．MJCの起源は，第2次世界大戦中のレジスタンス運動を担った青年らが中心となって，思想信条を越えた幅広い青年が結集し，共和国再建の役割を果たすための拠点をつくろうとしたことにあった．1948年には全国連盟（Feédération francaise des maisons des jeunes et de la culture：FFMJC）を結成し，戦後フランスの*民衆教育・青年運動に大きな影響を与えた．1960年代の国家プランに支えられ急増し，1968年には1200館以上に達した．今日では全国的な運動体としてのMJCから，地域単位での自律的活動を中心とするものに重点が移行している．そのことによって地域により根ざした活動が展開される一方，MJCの分散化・弱体化も指摘されている．他方，アソシアシオンの運営するMJCとは別に，市町村が設置運営するMJCも増加している．　　　　（岩橋恵子）

⇨フランスの生涯教育・生涯学習

〔文献〕1）小林文人・佐藤一子編：世界の社会教育施設と公民館，エイデル研究所，2001.

青年の家　center for youth activities

青少年および青少年教育関係者を対象とした団体研修施設で，集団生活訓練を通じて健全な青少年の育成を図るための活動を行っている．

〔概観〕青年の家には，団体宿泊訓練のための宿泊型と，青年が日常生活の中でスポーツ，レクリエーション，文化活動，ボランティア活動等を通じて交流を図り，仲間と研鑽を深めるための非宿泊型（都市型）がある．宿泊型には，研修室，体育館，宿泊室，食事室等の建物と，運動場，広場，キャンプ場等の屋外施設が設けられており，各施設が実施する主催事業と，各種青少年団体，学校等の計画によって実施する受け入れ事業が行われる．施設が立地している自然を利用するなどして，団体活動を促進するための多様なプログラムが用意されている．たとえば，学校のスキー指導者やボランティア活動についての講習会，外国人留学生との国際交流キャンプなどが実施されている．近年は，*不登校児童・生徒および*ひきこもりがちな青年に*居場所を提供し，仲間とのふれあいを深め，自発性・積極性・協調性を高め，自立を促し，社会への適応能力の向上を図るプログラムなどもある．

〔歴史〕1955年に初めて国庫補助を受け，*社会教育における*青少年教育施設として都道府県に対し設置が奨励された．国立のほかに，県立，市町村立ともに1970年代までに全国各地で建設されたが，1990年代に入ると，各自治体における施設合理化のあおりを受け，統合・廃止，または民間移管がなされるようになった．「国立青年の家」は，2001年に「*独立行政法人国立青年の家」となり，さらに2006年4月に，同じく独立行政法人となった国立オリンピック記念青少年総合センター，国立少年自然の家の3法人が組織統合し，*文部科学省所管の独立行政法人国立青少年教育振興機構となった．それに伴い，国立青年の家は同機構が運営する施設となり，名称も「国立青少年交流の家」に変更されている．

⇨青少年教育施設　　　　（野崎志帆）

〔文献〕1) 日本社会教育学会編：子ども・若者と社会教育—自己形成の場と関係性の変容—, 東洋館出版社, 2002.

青年の船　Youth Friendship Boat

　青年たちが船内で共同生活をしながら、研修や討論、交流をし、あわせて海外等を訪問して現地の視察や外国青年との交流を行う事業。青年が自力で海外に行くことが困難だった1968年、総理府（現内閣府）が「青年の船」を開始し（1989年からは「世界青年の船」に変わる）、1974年には「東南アジア青年の船」も実施され始めた。期間が50日程度と長く、国際的な見聞を広めることとあわせて、船内宿泊による集団的な研修の場としても機能した。その後、青年の国際交流と研修の機会として都道府県も取り組むようになった。また、政府や自治体が実施する青年の船に対して、*青年団、*青年会議所、その他*NGOなど、青年組織自らが主催する船も生まれ、自主的で独自の研修内容や相手国との友好交流などをねらいとした訪問先が企画された。個人の海外旅行が一般的になるにつれ、自治体や団体が実施する青年の船は減少している。　　　　　（佛木　完）

青年問題研究集会　National Assembly on Youth Problems in Japan

〔意義・背景〕青年問題研究集会（青研集会）は日本青年団協議会（日青協）が創造した働く青年の*生活課題解決をめざす学習・実践活動集約の場である。*青年学級振興法に反対し1954年に*勤労青年教育基本要綱を策定した日青協は、青年の自主的学習活動として「*共同学習」運動を展開した。共同学習運動では仲間づくりと*話し合い学習を柱にして、小集団での学習が重視された。そこでは弱音・本音も語られる自由な雰囲気と仲間の連帯が大切にされ、身近な生活課題解決を学習内容に位置づけた。身辺問題を語り合う中から共通の課題をみつけ出し、共同の力によって課題解決の実践に取り組んでいくという、青年の主体性、自主性を重視した実践的学習運動であった。このような共同学習運動の全国的集約と発展的展開をめざす場として、日青協は1955年から「全国青年問題研究集会」（全国青研）を開催し、以後、全国青研は青年団運動展開に不可欠のものとなっていく。

〔内容〕青研集会には、地域からの議論を下敷きに具体的な実践活動がレポート化されもち寄られた。集会の重点である分科会には司会者と助言者が配置され、青年の生の生活、生の問題が語られ、実践活動の成功や失敗の*経験が交流されてきた。さらに、助言者の力も借りながら参加者全体の討議によって問題の所在や社会的背景を明らかにし、再び地域で課題解決に努めることが重視された。分科会テーマは社会状況に応じて変化したが、「スポーツ・*レクリエーション、祭り・*文化活動」「学習・教育宣伝、活動家養成、組織強化」「恋愛・結婚、あととり問題」「青年の生き方、生き甲斐」「女子活動、女性問題」「農林漁業、仕事・職場の問題」「環境・公害問題」「他世代とのかかわり、*ボランティア活動」「地域行政、*地域づくり」「国際交流、人権問題、平和問題」など多岐にわたっていた。さらにそこでは、個人の生き方にかかわる価値観から、地域で青年が果たす役割や活動にかかわる課題、社会全体の風潮や政治・経済に深く根ざす問題も、それらを包含する*青年団の組織問題とともに討議されている。

〔変遷・課題〕時代の流れとともに、青研集会の内容には日本・世界の社会情勢と青年団の組織状況が反映されている。1960年代からは高度経済成長によって産業構造や農村地域が大きく変貌する中で、組織状況の厳しさが進行し、農村青年だけでなく都市青年の組織化も課題となり始める。また、安保問題など高度な政治課題に対して、青年団という大衆組織がどう関与すべきかも議論された。1970年代には公害問題に対する取組みのレポートも多数もち寄られた。1980年代に盛んになる平和運動や、1990年代に「*子どもの権利条約」を下敷きに取り組まれた地域の子どもとかかわる活動など、ときどきの日青協の提唱に呼応する活動もみられたが、近年、青年団の低迷に伴い、組織課題がレポートの多くを占めるようになっていく。高度に発達した管理社会下で、青年の身近な課題が生活の中で直接的にみえにくくなり、青年活動の意義や役割を問い直すレポートも増えてきた。また、「自分探し」という言葉に象徴される生き方への迷いや、不安定で過重な勤務労働の中で青年活動を進める苦悩とともに仲間同士の人間関係に悩む姿などももち込まれるようになる。しかし、現代における青年の孤立化や、厳しい雇用状況による自立の困難さが顕著になっている中、青年が集い悩みや夢を語り合い共有する場の存在は、むしろいまその重要性を高めている。今後、青研集会がどのようにして青年団運動の発展を担う力となりうるか、その質的変化と一層の充実が問われている。　　　　　（佛木　完・千野陽一）

〔文献〕1) 日本青年団協議会編：地域青年運動50年史, 日本

青年団協議会，2001．

生物多様性条約　⇨自然保護

性別役割分業　gender/sex role assignments
〔概要〕男性は生産労働，女性は再生産労働を分担して行うこと．一般には性別による社会的分業をさすが，家庭内においても性別役割分担は成立し，男性向きの仕事や女性向きの仕事が区別されてきた歴史がある．第2波*フェミニズムにおいて性別役割分業は女性差別の原因であり，結果でもあることが明らかにされた．

〔経緯〕長い間，男女により役割が異なることは，男女の生殖機能の違いに基づくものであり，したがって性別役割分業は「自然」であると考えられてきた．しかし，そのような考え方に疑問をもち，性別役割分業は近代資本制社会が生み出したものであることを明らかにしたのはマルクス主義フェミニズムと社会学であった．1970年代から80年代にかけての「*女性学」においては，性別役割分業は主要テーマの1つとされ，「*女性差別撤廃条約」においても性別役割分業の廃棄が述べられた．今日の日本では，男性は生産労働を，女性は再生産労働と生産労働の二重の*労働を行うようになり，「新性別役割分業」と呼ばれている．性別役割分業は人々の性役割意識と堅く結びついており，したがって*社会教育においても性別役割分業意識の廃棄が主要な学習テーマとされ，*女性施策や*男女共同参画施策においても啓発事項とされてきた．

〔課題〕日本では性別役割分業意識が強固であり，「男は仕事，女は家庭という固定的な性別役割分業意識の変革」は今日においてもなお課題とされている．この課題解決のためには性別役割分業意識の変革だけではなく，労働（雇用）における男女平等を実現する必要があるが，*労働者教育あるいは労働に向けての学習は発達しておらず，今後の展開が期待されている．　　　　　　　　　　　　　（朴木佳緒留）

〔文献〕1）ドゥーデン，B．，ヴェールホーフ，C.V.：家事労働と資本主義，岩波書店，1998．

世界遺産　World Heritage
1972年の第17回*ユネスコ総会で採択され，1975年に発効した「世界の*文化遺産及び自然遺産の保護に関する条約」（Convention for the Protection of the World Cultural and Natural Heritage）に基づいて登録された遺産のこと．「顕著な普遍的価値」（understanding universal value）を有し，「無類の及びかけがえのない物件」（priceless and irreplaceable possessions）であり，遺産が存在する国・国民だけでなく，人類全体のための遺産とされる．当初は文化遺産と自然遺産のみだったが，その後両方の性格をもつ複合遺産も加えられている．日本は1992年に加盟している．

〔課題〕世界遺産条約のリストに登録されるということは世界に対して「人類の宝」であるその遺産が所在する国家の国民が責任をもって守っていくということを宣言したことになる．しかし，最近では積極的に世界遺産として登録したいという風潮の上に，登録したことによって観光地化や開発が進むことで逆に遺産の破壊を進めている結果になっている場合も多く，問題は深刻である．　　（井上　敏）

⇨文化遺産

〔文献〕1）日本ユネスコ協会連盟監修：ユネスコ世界遺産年報，日経ナショナルジオグラフィック社．

世界銀行　The World Bank
国際連合の一機関．一般には国際復興開発銀行（International Bank for Reconstruction and Development：IBRD）をさすが，1960年に設立された国際開発協会（International Development Association：IDA）とあわせて世界銀行と呼ぶこともある．

〔概要〕第2次世界大戦後の復興と開発を目的に設立されたが，近年は発展途上諸国の開発援助がその主要な任務となっている．援助といっても世界銀行が「銀行」であることには変わりなく，種々の財政援助（贈与，借款，貸付，融資）を行っている．豊富な資金力を通して発展途上諸国に与える影響力は，*ユネスコのような単なる理念を協議する組織の比ではなく，融資対象国政府との力関係は歴然としている．同様に，世界銀行が市場経済のグローバル化を促進しようとする旗振り役であることから，反グローバリゼーションの運動の標的にされることも多い．

〔現状〕世界銀行が教育への貸付業務を開始したのは，1963年からである．当初は，学校の校舎などハードな援助が主要なものであったが，最近は，技術援助や人材の訓練などソフト面にも力を入れるようになっている．

世界銀行は，1990年「万人のための教育（EFA）世界会議」で決議された初等教育の普遍化と成人の*識字教育のための協力にみられるように，近年他の国際機関などと*協働することが多くなってい

る．しかし，その教育政策の理論的基礎が，教育を投資とみなし，個人や一国の生産力を高めるとする人的資本論にあることは，設立以来変わっていない．この論は，1960年代をピークに一時退潮期にあったが，社会主義国家の崩壊や*グローバリゼーションの出現とともに，再び勢力を盛り返している感がある．　　　　　　　　　　　　　　　　　（前平泰志）

〔文献〕1）世界銀行人間開発ネットワーク（黒田一雄・秋庭裕子訳）：世界銀行の教育開発戦略，広島大学教育開発国際協力研究センター，1999.（The International Bank for Reconstruction and Development/The World Bank：*Education Sector Strategy*.）

世界女性会議　World Conference on Women

女性への*差別の撤廃を目ざして，国連が主催する会議．第1回会議は1975年にメキシコシティで開催され，以降の10年間を「国連婦人の10年」とする宣言が採択された．第2回目は1980年にコペンハーゲンで開催され，「*女性差別撤廃条約」を各国が批准することを約束した署名式が行われ，第3回は1985年にナイロビで，第4回は1995年に北京で，第5回はニューヨークで各々開催され，いずれも重要文書が採択された．政府間会議に合わせて*NGOによる各種会議も開かれ，世界の女性たちの交流と議論また政府間会議に影響を与えるためのロビー活動も行われてきた．北京で開催された第4回会議には5万人が集まり，史上最大の会議となった．ナイロビでは「将来戦略」が，北京では「行動綱領」が，ニューヨークでは「成果文書」が採択され，その後の各国政府の政策に影響を与えるとともに，NGO等の民間の女性運動の力を増し，女性差別撤廃のための推進力となってきた．　　（朴木佳緒留）

世界人権宣言　Universal Declaration of Human Rights

国際社会において保障されるべき人権の内容を明らかにするべく，1948年12月10日に国連総会が採択した文書．前文と30ヵ条の本文からなる．

〔背景〕第2次世界大戦後の国際社会では人権の保障が重要な課題となった．そのことは，人権や基本的自由の促進を国連の目的や活動原則に据えた国際連合憲章に反映されている．しかし，憲章では，加盟国の人権保障義務の有無が不明確であったほか，国際社会において保護されるべき人権の内容や，人権侵害があった場合の救済手続きに関する規定がなかった．そこで，憲章でその発足が予定されていた人権委員会（人権理事会の発足に伴い，2006年に解散）が，法的拘束力のある単一の「国際人権章典」の起草を開始した．しかし，既に顕在化していた東西冷戦状況の中で，人権の内容や保障の仕方などで基本的な対立がみられたことから，当初の予定を変更し，国際社会が保障するべき人権の内容を明らかにした，法的拘束力のない「宣言」，それを条約化した「規約」および規約の履行確保手続きを定める「実施措置」の3文書に分けて段階的に起草することとした．この方針に従いまず「宣言」として採択されたのが世界人権宣言である．

〔概要〕世界人権宣言は，「すべての人間は，生まれながらにして自由であり，かつ，尊厳及び権利において平等である」とする規定（第1条第1文）から始まり，*差別の禁止（第2条）をはじめ，生命に対する権利や奴隷の禁止，拷問等の禁止，人身の自由，公正な裁判を受ける権利，思想・良心・宗教の自由，表現の自由などの自由権を定める規定を置く（第3条〜21条）とともに，社会保障を受ける権利や*労働の権利，休息・余暇の権利，相当な生活水準についての権利，教育を受ける権利などの社会権を定める規定をも置く（第22条〜27条）．このように，世界人権宣言は，自由権と社会権との双方を規定する包括的な文書ということができる．

もっとも，当時の国連加盟国のすべてが世界人権宣言に賛同したものではなかった．投票結果は賛成48ヵ国，反対0ヵ国，棄権8ヵ国であり，反対票こそなかったが，無視しえない棄権国もあった．棄権をした国は，当時のソ連をはじめとする社会主義諸国6ヵ国，南アフリカ連邦（現南アフリカ共和国）およびサウジアラビアであった．このことは，いわゆる自由主義陣営と社会主義陣営の人権の概念や理念をめぐる対立や，人権の起源や内容に関する西欧的価値とイスラム的価値の対立など，その後の国際社会において繰り返し提起される問題の予兆ともいえた（なお，南アの棄権は，同国のアパルトヘイト政策と世界人権宣言との齟齬を理由とするものであったが，国連ではその初期から，南アのアパルトヘイト政策を問題視し，非難し続けることになる）．世界人権宣言の採択後に予定されていた，「規約」および「実施措置」が，1966年に「国際人権規約」として採択されるまで，なお，20年弱の年月を要したのも，このような対立が一因であった．

〔意義〕世界人権宣言は，もともと「すべての人民及びすべての国とが達成するべき共通の基準」（前文）として起草され，法的拘束力をもつものではない．しかし，世界人権宣言は，国際社会においてこ

のような「共通の基準」を初めて明らかにした文書であり，その後，少なくとも次のような影響を及ぼし，また，及ぼし続けている．すなわち，第1に，世界人権宣言は，人権保護を目的とする条約などの起草にあたって参照される文書として，その後の国際人権文書の起草に影響を及ぼしてきた．第2に，国連においては，人権に関する諸問題を審議し，検討する際に，その判断基準として機能してきた．第3に，第2次世界大戦後に独立した諸国の中には，その憲法における人権保障規定を策定するに際して，世界人権宣言をモデルとしたものも少なくない．この点で，日本も，「日本国との平和条約」(1951年，サンフランシスコ平和条約)の前文において，世界人権宣言の目的を実現するために努力する意思を表明していることに留意したい． (村上正直)

〔文献〕1) 国際教育法研究会編：教育条約集，三省堂，1987．

世界青年会議　World Youth Congress

青年団体の国際組織．世界青年会議と訳されている組織は歴史上2つある．

[WYC] 1つは，World Youth Congress (WYC)で，1936年にイタリアのジェノヴァで28ヵ国750人が参加して開催された．第2回の世界青年会議は，1938年8月に米国のニューヨーク州ヴァッサーカレッジで開催された．第2回大会には55ヵ国500人の青年が集まった．日本政府は，この会議をコミンテルンとの関係および朝鮮や中国の反日運動の観点から注目した．第2回世界青年会議は，ヴァッサー青年平和誓約を採択した．誓約では，ファシズムと日本帝国主義の侵略戦争への反対，無防備都市および非戦闘員への爆撃反対，植民地民族の自決権を認めずに永久平和はないとする青年の平和に対する考え方を明確にした．一方，日独防共協定が成立して間もない1936年12月にドイツ側から日独青少年団交驩の提案があり，1938年に*大日本青少年団とヒトラーユーゲントは相互訪問団を派遣した．1942年には，欧州枢軸側諸国は欧州青年連盟を結成し，大日本青少年団も答電を送った．

[WAY] もう1つの世界青年会議は第2次世界大戦後につくられた．1945年11月，ロンドンにおいて36ヵ国の青年が世界民主青年連盟 (WFDY) を結成した．しかし，既に始まっていた東西対立はWFDYの分裂を招き，西側諸国は1948年8月にベルギーのブリュッセルで会議を開催し，29ヵ国によってWord Assembly of Youth (WAY，世界青年会議) が結成された．日本の青少年教育の民主化を目的に，青少年団体の国際復帰をめざしたGHQ民間情報教育部 (Civil Information and Educational Section: CIE) のタイパー (Typer, D. M.) の尽力によって，1954年，WAYの国内委員会として*中央青少年団体連絡協議会が承認され，1951年に米国のイサカで開催された総会に7人の代表団が戦後初めて参加し，日本の青少年団体が国際活動に復帰した．
(多仁照廣)

〔文献〕1) 社団法人中央青少年団体連絡協議会40年史編集委員会編：社団法人中央青少年団体連絡協議会40年史，中央青少年団体連絡協議会，1993．; 2) 多仁照廣：青年の世紀，p.137-166, 同成社，2003.

世界保健機関　⇨ WHO

関口　泰　Sekiguchi, Tai

1889-1956．静岡市に生まれる．東京開成中学等を経て，東京帝国大学卒業後は，台湾総督府属となり，台湾の開発事業にかかわり，その後，朝日新聞社の論説委員などを歴任した．戦前リベラリストの一人とされ，政治評論と教育評論を中心に執筆活動を精力的に行った．

戦後は，文部大臣前田多門に迎えられ，社会教育局長に就任すると，*宮原誠一らを登用し，戦後社会教育の再建にあたった．局長辞任後は，教育刷新委員会委員となり，第七特別委員会 (*社会教育に関する事項) の主査も務め，特に戦後の*青年期教育の改革，*社会教育法制定に向けた社会教育の枠組みの形成等に大きな役割を果たした．

関口の教育評論の内容は，憲法教育，政治教育，*労働者教育，青年教育，婦人教育，教育行政と非常に多岐にわたっており，教育論の根幹をなしていたのが，終始一貫して公民教育論であった．関口は，戦前に示した公民教育論の体系を継承しながら，戦後教育改革，社会教育の再建に取り組んだ．
(上原直人)

〔文献〕1) 全日本社会教育連合会編：社会教育論者の群像，全日本社会教育連合会，1983．; 2) 関口泰文集，関口泰文集刊行会，1958．

責任団体制度　(英) responsible body system (in UK)

〔定義〕成人教育の「責任団体」を通して政府の補助金を交付する，英国における成人教育事業提供のシステム．1992年に廃止となるまで長年英国の成人教育を特徴づけた，*成人のための教育事業提供のシステムであった．責任団体 (responsible body)

とは，一般に英国法令上の用語として用いられ，一定の条件を満たすことによって，公的な資金が交付される事業を提供する責任を引き受ける非政府機関（民間の組織や団体）をさすものである．

〔歴史〕英国成人教育における責任団体制度は，1924年に成立した教育院（Board of Education）の「成人教育規定」によって初めて導入された．この制度のもとで，イングランドとウェールズにおける大学およびユニバーシティカレッジの構外教育部（extra-mural department）と*労働者教育協会（WEA）が対等の立場で成人教育の「責任団体」を組織し，それが提供する非職業的一般教養成人教育に対して，その教授費用の75％が中央政府から補助金として交付された．これにより，大学とWEAの連携のもと，主にWEAが学習者を組織し，大学が成人のための系統的な教育活動を展開してきたのである．

〔現状〕1924年の「成人教育規定」の制定当時，責任団体制度は5年を限度に見直されるとされていたが，その後改訂を重ねながら，1992年継続・高等教育法（Further and Higher Education Act, 1992年）の施行までの約70年間にわたって存続した．責任団体制度廃止の背景には，英国における一般教養教育から*職業教育への重点の移行がある．1992年継続・高等教育法は，それまでの大学補助金委員会（University Grant Committee：UGC）の代わりに，*継続教育基金委員会（Further Education Funding Council：FEFC）と高等教育基金委員会（Higher Education Funding Council：HEFC）に資金の交付権限を与えている．これにより，WEAは，大学とは別の継続教育というカテゴリーで，中央政府から補助金を受けることとなったのである．

（藤村好美）

⇨イギリスの成人教育（生涯学習），大学構外教育部

〔文献〕1）矢口悦子：イギリス成人教育の思想と制度―背景としてのリベラリズムと責任団体制度―，新曜社，1998．

セクシュアリティ　sexuality

愛とエロスをめぐる関係性，すなわち性にかかわる欲望，観念，行動，現象等を包括的に示す概念である．当初「性的欲望」，その後「性現象」という訳語があてられた．生物学的な性別を示すセックス（sex），社会的文化的な性別を示す*ジェンダー（gender），そしてそれらに関する自己認識を示す性自認（gender identity）といった概念にはまりきらない人間の性を，そうした概念をも包含しつつ総合的に捉えようとするものである．

したがって，性愛がどういう対象に向かうかという性的指向（sexual orientation）は，セクシュアリティの重要な構成要素の1つである．性愛の対象は，異性，同性，両性，アセクシュアルに分かれる．セックス，ジェンダー，性自認，性的指向の組合せからも，セクシュアリティの多様性を示すことができる．

〔セクシュアルマイノリティ〕現代社会は，セックス・ジェンダー・性自認が同一のカテゴリーに一致し，性的対象が異性である組合せをマジョリティとしており，それ以外は社会的マイノリティに位置づけられる．セクシュアルマイノリティには，上記の異性愛以外の性的指向，セックス・ジェンダー・性自認が同一のカテゴリーに一致しないトランスジェンダー（transgender）やトランスセクシュアル（transsexual），性分化および性発達に障がいのみられるインターセックス（intersex，半陰陽）が含まれる．セクシュアルライツの確立には，セクシュアリティの多様性を認め，セクシュアルマイノリティの人権を保障することが必須の条件である．ここに人権学習の必要性が指摘できる．

〔セクシュアリティ研究〕フロイト（Freud, S.）の精神分析に端を発し，フーコー（Foucault, M.）の『性（セクシュアリテ）の歴史Ⅰ～Ⅲ』を経て，ジェンダーの視点から批判的に検討されながら，理論的に発展してきた．近代のセクシュアリティの異性愛主義とその男性中心性が明らかにされている．

（中澤智恵）

〔文献〕1）井上俊ほか編：セクシュアリティの社会学（岩波講座現代社会学第10巻），岩波書店，1996．；2）竹村和子：愛について―アイデンティティと欲望の政治学―，岩波書店，2002．

セクシュアルハラスメント　sexual harassment

〔定義〕雇用における性差別の一形態を示す概念として，1970年代に米国で登場した．実態としては従来から存在していたにもかかわらず，*意識化されていなかった社会問題に名前を与えた典型的な例といえる．日本語に訳した場合「性的いやがらせ」となり，相手の意に反した性的な言動によって不快感や恐怖感を与えることをさす．この概念は，そうした言動の被害を受けることにより，就業や就学などの社会活動の自由や権利が脅かされる状態が生まれるという認識を含んでいる．

セクシュアルハラスメントに関する理論的整理は

様々な形で行われているが，現在，最も一般的なものは，対価（代償）型と環境型の2つに類型化する考え方である．職場を例にとると，対価型とは，権力関係を背景として雇用の継続や昇進・昇給などを引き替えに性的言動の*受容や性関係を強要するタイプのものを意味し，環境型とは，性的言動によって職場環境が悪化し，当該労働者の就労が困難になるような場合をさす．

〔経緯〕米国では，1970年代末から80年代にかけて，理論的検討や実態調査が進むとともに，司法の場でも法的救済の対象として認められるようになっていった．日本では，1980年代には米国の訴訟や運動を説明する文脈で紹介されるにとどまっていたが，福岡地裁で「日本初の性的いやがらせ訴訟」の審理が行われた1989年を境にマスコミで頻繁に取り上げられるようになり，「セクハラ」という略称はまたたく間に社会的に広く認知されるようになった．当初日本のマスコミは，セクシュアルハラスメントの問題を揶揄的に扱うことが少なくなかったが，1990年代には社会問題としての認識が広がり，1994年施行の改正*男女雇用機会均等法にはセクシュアルハラスメントに関する規程が盛り込まれるなど（2007年改正では事業主の雇用管理上の措置が義務化），防止のための公的措置も充実しつつある．

〔概念の拡大〕セクシュアルハラスメントが概念化された当初は，男性優位の職場において起こりがちな，男性から女性に対する差別問題として考えられていたが，その後この概念の適応範囲は拡大していった．1990年代後半には，大学における「キャンパスセクシュアルハラスメント」，学校一般における「スクールセクシュアルハラスメント」にも目が向けられるようになった．性的なことがら以外の嫌がらせに関しても，固定的な性別役割や特性観にかかわるものを「ジェンダーハラスメント」，大学での権力関係を背景としたものを「アカデミックハラスメント」，権力や地位を利用したハラスメントを総称して「パワーハラスメント」と呼ぶなど，新しい概念が次々と生まれている．以上のような各種のハラスメント概念において，女性が加害者で男性が被害者というパターンもありうるし，異性間だけでなく同性間でも起こりうるということが基本認識となりつつある．　　　　　　　　　　　　　　　（木村涼子）

〔文献〕1）鐘ヶ江晴彦・広瀬裕子：セクシュアル・ハラスメントはなぜ問題か―現状分析と理論的アプローチ―，明石書店，1994.

設置基準　⇨社会教育施設の設置基準

セツルメント　settlement movement

宗教家や医師・学生などの知識人が都市の貧民街に移り住んで，診察所や法律相談・職業斡旋・託児所といった活動を行い，住民の生活改善や教化に従事する社会事業である．わが国では「隣保事業」ともいわれた．

〔意義〕セツルメントとは「定住」の語意からきており，特定の地域における*貧困問題の解決のため，そこに住み込んで共同生活することで実態を把握し，人格的な接触や援助を通して，住民の自力による生活向上および社会参加を促していく活動である．篤志家の慈善事業や上からの保護施策としてではなく，貧民自身の自己変革を導く運動的な側面が，セツルメントという活動の特徴ともなっている．

〔欧米における展開〕1884年にロンドンの貧民街で設立されたトインビーホールが世界最初となる．トインビー（Toynbee, A.）が中心となり，オックスフォードやケンブリッジ両大学の学生によって行われた活動は，大学拡張運動に根ざす取組みとしての意味をもっていた．その後，1889年にシカゴで開設されたハルハウスを経て，セツルメント運動は世界へと広まった．特に，移民問題や黒人問題などの社会的な課題を抱えていた米国では，労働運動や*市民運動などとも結びつく形で，数多くのセツルメントが設けられている．

〔日本における展開〕宣教師アダムズ（Adams, A. P.）による岡山博愛会（1891年）や*片山潜のキングスレー館（1897年）が嚆矢となる．大正期には，賀川豊彦らの宗教系施設，大阪市立北市民館などの公立施設もつくられた．また，大学拡張運動の理念のもと，労働運動や社会運動とも結びついた学生セツルメントには，関東大震災の罹災者救済活動に始まった東京帝国大学セツルメント（1924年）がある．戦後は，学生が中心となる活動や同和隣保事業などの形で一定の成果を上げたものの，*公民館による事業の伸長，高度経済成長以後における社会保障・社会福祉の発展や地域環境の変化を受けて衰退していった．　　　　　　　　　　　　　　　（浅野俊和）

〔文献〕1）大林宗嗣：セッツルメントの研究，同人社，1926.；2）西内潔：日本セッツルメント研究序説，宗高書房，1959（増補版，童心社，1968）．

セマウル運動（韓国）　Semaeul (new community) Movement in Korea

〔概観〕セマウルは「新しい村」の意．韓国社会の近代化を基調として，社会・地域・産業間の格差の克服，伝統的なマウル（村）と新しい変化との折衷，農村の下部構造と教育など社会上部構造の調整・整備など，総じて農村の構造的な改編を目ざす運動である．韓国において1970年4月，当時の朴正熙大統領による地方長官会議への政策指示を契機として始まった．セマウル運動の理念は"ともに生きる共同体の建設"であり，ここでマウルとは空間的な*地域共同体と社会的な生活共同体を象徴的に意味している．

〔背景〕1945年，日本からの解放以後，南北分断，米軍政下の政府樹立，南北朝鮮戦争を経て4・19学生義挙（1960年），5・16軍事政府（1961年）などの激動の中，統治の安定と新しい指導力，生産向上などの政治的な課題を背景としていた．また農工間と地域間の格差是正，所得増大への経済的な要求，貧しい農村からの脱皮，健全で豊かな生活を求める国民意識形成という社会的な背景があった．

〔内容〕国家的規模での啓蒙運動の具体的な推進方向は，①農村セマウル運動：農村の生産基盤と生活環境の改善を住民との協同と資金援助によって推進し農家所得の増大に努める．②都市セマウル運動：都市社会の問題一掃と健全な都市生活の気風を醸成し，美しい都市をつくる．③職場・工場・文庫セマウル運動：円満な労使関係と隣人奉仕から始まり，特にセマウル文庫運動は農漁村社会教育事業として推進され，「平生」教育の一環として小図書館，社会教育活動，学生らの学習の場として機能してきた．

〔課題〕農村近代化啓蒙運動としてのセマウル運動は，地域において社会教育・平生学習の側面を内包する地域教育運動でもあった．実態としては軍事政権下において国家的規模で指導された運動となり，上から下達される性格を必然的に付与され，地域からの民衆運動としての展開は容易ではなかった．その提起，推進の組織から運営に至るまで巨大な官製事業としての性格をもっていた．その後，民主化抗争を経て文民政府登場後の経済・社会の発展にセマウル運動が歴史的意義を担っているという評価も一面ではある．今日の*市民運動や平生学習の展開にどのような関連をもっているかについては検討すべき課題とされる．　　　　　　　　　（魯在化）

⇨韓国の社会教育・平生教育，マウル文庫

〔文献〕1）南惠瓊：韓国における社会教育研究―1970年代の「セマウル運動」を中心に―．人間科学研究，**1**，大阪大学大学院人間科学研究科，1999．；2）野副伸一：朴正熙のセマウル運動―光と影―．アジア研究所紀要34，1997．

セルフエスティーム　self-esteem

〔概観〕一般的には，「自分が好き」「自分を大切に思う」といった自己に対する肯定的な感情や意識のことをさすが，ありのままの自分を受け入れ尊重することが重要なポイントであり，「自己の偏愛」とは区別されることが多い．セルフエスティームは*他者を信頼し，親密な人間関係を築いたり，社会に積極的に働きかけていくための基礎とされ，通常「自尊感情」や「自己肯定感」と訳されているが，いまのところ定着した訳語はない．「自己に対する肯定的感情をもちにくくさせられている社会状況」の中で，否定的な自己像をもちやすい傾向にある様々なマイノリティが，権利擁護や抵抗のための運動を展開し，自らの力づけを図ろうとする様々な教育実践（*多文化教育，*フェミニストカウンセリング，*同和教育，児童虐待防止など）においてセルフエスティームが注目された．近年は，より一般的な教育の文脈や，人間関係トレーニング，*人権教育，*国際理解教育といった領域でも，「自分を本当に尊重できなければ，他者を尊重することはできない」として，セルフエスティームの重要性が強調されるようになっている．

〔心理学研究〕心理学研究において，セルフエスティームは自己に対する評価意識とされ，「高い/低い」で表されることが多いが，従来あくまで分析的概念として扱われてきた．自分で把握している自己の姿や特徴が自己概念だとすれば，セルフエスティームはそのように把握された自己を全体としてどう*評価し*受容するかを表す．これは，乳幼児期における養育者の受容的な態度，その後の人間関係，および社会の中での何らかの役割を担い，「望ましい」とされている価値を達成することを通じて形成されていく．また，セルフエスティームは「社会の中で信奉される価値を実現し，有効な存在であると見なされ，社会集団から排除されずにできるだけ他者と良好な人間関係を維持したい」という欲求として，人の行動に影響を与える．　　　　　　　　　（野崎志帆）

⇨エンパワーメント

〔文献〕1）森田ゆり：エンパワメントと人権，解放出版社，1998．；遠藤辰雄・井上祥治・蘭千壽編：セルフ・エスティームの心理学―自己価値の探求―，ナカニシヤ出版，1992．；2）佐藤淑子：日本の子どもと自尊心―自己主張をどう育むか―，中央公論社，2009．

セルフヘルプグループ（SHG） self-help group
　セルフヘルプは「自助」と「相互扶助」の意味をもち，問題を抱えた者同士の協同による自助をさす．広義には同業者組合や地域通貨も含まれるが，一般に「セルフヘルプグループ」（SHG）は同じ病気や*障害をもつ本人あるいは家族の当事者グループをさし，1930年代・北米のアルコール中毒患者の会が発端とされる．SHGには社会の*差別や*偏見と一線を画して悩みや課題を*受容・共有し孤立から*解放される，当事者が援助役割を担うことで自己肯定につながる役割や*経験，社会参加への一歩を獲得するといった意味が指摘されている．またSHGは*専門職主義や官僚制への批判とも意味づけられており，*当事者主体の自立や学習や活動を育む新たな集団・組織の模索という側面ももつ．特に後者に関して，被抑圧的な集団の日本的展開をたどったセルフヘルプ研究者の岡知史が，昭和30年代のサークル活動や生活記録運動に着目し，日本の被抑圧的な集団の源流に「綴る・まじわり」があると指摘している[1]ことは注目される． （岡　幸江）

〔文献〕1）岡知史：日本のセルフヘルプグループの基本的要素「まじわり」「ひとりだち」「ときはなち」．社会福祉学，**33**(2)，1992．

1919年最終報告書（英）　Final Report of 1919 (in UK)
　1919年に提出された英国再建省（Ministry of Reconstruction）の成人教育委員会（Adult Education Committee）による4つの報告書の最終報告書で，成人教育のあり方に関する勧告をした．成人による*自己表現や社会的関心の高まりと英国の民主主義運動の高揚を背景としており，現在の英国成人教育のあり方にも多大な影響を与えた．

〔概要〕同書が示した*成人教育のあり方は，以下の点にまとめられる．①成人教育の主流を*職業教育から非職業教育にする．②教育の自由，表現の自由を保障し，民間団体による教育活動を主とする．③民間団体に対しては援助するがコントロールをしないという原則を確立する．④成人教育推進のために，労働条件等の改革を行う．⑤日本の*公民館と似かよった目的・機能をもつヴィレッジインスティチュート（village institute）を設置する．⑥女性や農業労働者が成人教育に参加できるように，住宅条件の改善や都市計画等を推進し，計画会議への女性参加を促進する．⑦国立中央図書館を中心とする*博物館，図書館網を整備する．⑧*図書館との関係を密にし，成人学級の*共同学習用に複数の図書，資料提供を可能にする．⑨大学に大学代表と*労働者教育協会（WEA）等の代表によって管理，運営される*大学構外教育部を設置し，労働者に高等教育の一部を開放する．

〔意義〕この報告書の勧告によって，それまで学習の機会を得ることができなかった工場労働者，女性，農業労働者らに対して高等教育を含めた教育の機会が拡大し，同時に非職業教育を中心とした教育の自由，表現の自由が保障されるようになった．同書にみられる学習者1人ひとりの幸福，最善の利益の追求という視点は，現在の*生涯学習の理念にもつながるものであった．

　また，同書の1800年以降の成人教育に関する記述は，最も優れたイングランド，ウエールズの成人教育史ともされている． （朝倉征夫・渡辺幸倫）

〔文献〕1）Jennings, B.: *The 1919 Repoet : the final and interim reports of the Adult Education Committee of the Ministry of Reconstruction, 1918-1919*, Dept. of Adult Education, University of Nottingham, 1980.

センゲ，ピーター　⇨学習する組織

全国学校図書館協議会　Japan School Library Association
　*学校図書館にかかわる整備・充実の運動，調査・研究，出版，研修，学校図書館向け資料の選定・普及，政策提言など多彩な活動を行っている団体．略称全国SLA．1950年2月に結成され，以後*学校図書館法制定，学校図書館法改正運動，*読書指導等，日本の学校図書館に大きな影響力をもち続けてきた．1998年9月*社団法人となり，2012年4月公益社団法人に移行した．各都道府県学校図書館協議会等の61団体が加盟しており，これらの団体と連携して活動している．正会員はこれらの団体の会長と目的に賛同して入会した個人だが，個人会員は少なく，組織活動が主である．

　毎日新聞社と共同で，1954年から学校読書調査，また1955年から青少年読書感想文コンクールを行っている．機関誌は，月刊『学校図書館』および月2回刊行の『学校図書館速報版』．隔年で各地持ち回りの全国大会を開催している． （篠原由美子）

　⇨学校図書館憲章

〔文献〕1）全国SLA創立50周年記念特集全国SLA50年の歩み．学校図書館，No.600, 15-46, 2000.

全国公民館連合会（全公連） National Kominkan Association

全国約1万7000ある公民館が，都道府県ごとに公民館連合組織をつくり，その47の組織が全国的な連合組織をつくるという形で成り立っている公益社団法人.

〔概要〕前身を全国公民館連絡協議会といい，1951（昭和26）年に結成された．

全公連は公民館の全国組織として，公民館の振興のため活動している．定款には，「公民館の充実発展のための事業を行い，地域社会の健全な発展に寄与することを目的とする」（第3条）とある．

〔事業〕発足当初は，公民館の条件整備のため，国に対して公民館建設の国庫補助や公民館職員に対する身分保障などの条件整備などを要望する，運動団体としての一面もあったが，1997（平成9）年に建設費補助が打ち切られ，現在ではそのような活動は行っていない．

全公連が1966年（昭和41）年に発表した「公民館のあるべき姿と今日的指標」は，当時の全国の公民館職員らが議論してつくりあげた公民館のあるべき理想像であった．

現在の全公連は，全国の公民館関係者の連携を図り，公民館のイメージを高め，全国の公民館職員の資質向上を図るため活動を続けている．具体的な活動としては，全国の公民館にかかわる情報の収集・提供や全国公民館研究大会や生涯学習研究協議会などの研修会を実施．また，研修資料の作成，『月刊公民館』という専門誌の発行や，ホームページなどの広報活動，表彰事業や公民館保険事業などの実施，さらに*文部科学省との協力関係も図っている．

（村上英己）

〔文献〕1）全国公民館連合会編：全公連50年史，全国公民館連合会，2001.；2）全国公民館連合会編：公民館のあるべき姿と今日的指標・総集編，全国公民館連合会，1982.

全国子どもプラン National Program to Promote Community-based Learning Activities for Children

1998年に文部省（当時）が打ち出した施策．「地域で子どもを育てよう緊急三ヶ年戦略」が正式名称である．2002年度からの完全*学校週5日制の施行を前に，3年間で地域の子どもの活動を振興し，健全育成を図る体制を整備することがめざされた．後継施策として，様々な体験活動を重視する「新子どもプラン」が2002年度から施行となったが，その中の「子どもたちの*居場所再生事業」がその後の施策の原型となり，与えた影響が大きい．これは地域住民の協力によって，子どもたちの放課後・週末などの自由な*遊びや自主性・*創造性を育む学習活動の拠点を確保する事業であるが，2004年には「地域教育力再生プラン」を構成する主要事業の1つとなった「地域子ども教室推進事業」に結実した．2006年，放課後児童健全育成事業との統合案である「放課後プラン」が示されたが，それは*児童館や校庭開放事業とも類似しており，地域子ども施設のあり方をめぐる議論や再編の動きを導くこととなった．

（立柳 聡）

〔文献〕1）下浦忠治：放課後の居場所を考える―学童保育と「放課後子どもプラン」―. 岩波書店，2007.

全国障害者スポーツ大会 National Sports Festival for the Disabled

2001年，別々に開催されてきた全国身体障害者スポーツ大会と全国知的障害者スポーツ大会が統合して誕生した．*障害者スポーツの領域では国内最大の祭典．第1回大会は，宮城県で開催された．大会の目的は，障害のある選手が競技等を通じ，スポーツの多様な楽しさを体験するとともに，障害に対する社会の理解を深め，障害者の社会参加の推進につなげていくことである．前身である全国身体障害者スポーツ大会は，1964年の東京*パラリンピック大会の成功を背景に，1965年の岐阜国体の後に第1回大会が開催されて以降，秋季国体の開催終了後に国体の会場と同じ施設を使って開催されてきた．また，全国知的障害者スポーツ大会は，「*ゆうあいピック」の愛称をもち，第1回大会は，1992年，東京で開催された．今後は，いままで以上の幅広い障害者の参加が課題となっている．

（尾崎正峰）

〔文献〕1）藤田紀昭：障害者スポーツの世界，角川学芸出版，2008.

全国女子青年集会 National Young Women's Conference

日本青年団協議会（日青協）が主催する研修会であり，内外の婦人運動を学ぶとともに，*労働，結婚・恋愛，女性リーダー，子育て，*ジェンダーなどにかかわる問題を，地域に暮らす男女青年が真剣に学びあう*共同学習の場である．戦後，再出発して間もない1954年に「女性の地位向上」を目標として掲げて以来，女子青年の問題への取組みを「女子活動」として推進してきた．農村に生きる「母の歴史」

や結婚の改善，生活の合理化や入院助産運動等の課題に取り組みつつ，女子青年の主体性の発揮と自立を目ざして*実践を展開してきたが，その成果をもち寄り，女子青年が結集して学び合う場を求め，1972年「第1回全国女子青年のつどい」が開催された．1976年より「全国女子青年集会」と名称を変更し，1978年には全国から458人の参加者を得て開催された．国際女性年（婦人年1975年）の機運もあり，世代を超えた女性たちと交流する*女性問題学習の場として，そして同世代の男女が学び合う場として大きな役割を果たしてきた．1990年には名称をレディースフォーラムと変更，2000年には男性のジェンダーを扱う分科会も登場した． （矢口悦子）

〔文献〕1）日本青年団協議会編：地域青年運動50年史―つながりの再生と創造―，日本青年団協議会，2001．

全国人権教育研究協議会（全人教） National Association for Human Rights Education

〔目的と構成〕1953年に結成された全国同和教育研究協議会（略称：全同教）が2009年6月に名称変更して設立された*社団法人である．全人教は，「*同和教育を人権教育の重要な柱として位置づけ，部落問題をはじめとするあらゆる人権問題の解決をめざす人権教育の研究実践活動・資料作成等を行うことにより，*人権文化の確立をめざし，人権を尊重する社会の実現に寄与することを目的」（定款第3条）としている．

〔歴史〕第2次世界大戦後，日本国憲法の制定などにより，一時は部落差別も解消するのではないかと期待されたが，現実には*差別は存続し，部落内外の生活格差は広がるばかりであった．このような実態的差別や各地の教育現場で相次ぐ差別事件に対して，それぞれの地域で取組みが進んでいった．そのような取組みは次第に連携を進め，1953年になると各地域の実践家が集まる形で全国同和教育研究協議会が結成され，その第1回研究集会が行われた．当時，使用される概念は「同和教育」「民主教育」「*福祉教育」「愛護教育」など，地域によって様々であった．実践の力点を差別事件に置くのか実態的差別に置くのかについても違いがあった．そのため，当初の議論はなかなかかみ合わなかった．しかしその後，次第に実態的差別への取組みを土台に据える実践が主流を占めるようになり，*被差別部落に集中していた長期欠席や*不就学の実態に取り組み，子どもたちが安心して学校に来られるようにすることが第1の課題であることが共通認識されるようになっていった．1965年になると，それまでの*経験を踏まえて「差別の現実から深く学び，生活を高め未来を保障する教育を確立しよう」という同和教育の原則が確認されるに至った．

〔現状〕以後も全人教はこの原則を掲げ続け，毎年2～3万人が参加する全国研究大会を開催し続けている．取り組む課題も，部落問題を中心にしながら，*在日外国人教育や*障害者教育など，現代の人権問題全般に広がりつつある．全同教から全人教への変更も，政府が*人権教育・啓発推進法を制定したことを受け，同和教育を軸とする人権教育をさらに広く展開するためのものである． （森 実）

〔文献〕1）全国同和教育研究協議会編集発行：全同教三十年史，1983．

全国総合開発計画（全総） Comprehensive National Development Plan

〔概観〕国土総合開発法に基づいて，国が策定した総合的な地域開発計画．1960年「国民所得倍増計画」以降の人口・産業の大都市集中を抑制し，地域間の均衡ある発展を標榜して，1962年に初めて策定された．計画の基本構想は，所得の地域格差，都道府県格差の是正を図る名目で拠点開発方式がとられ，太平洋臨海地帯と新産業都市の指定によって地方の拠点ごとの産業基盤を育成し，国土を有効適切に利用しようとするものであった．しかし，人口の都市集中や産業の集積化による地域格差は是正されず，*過疎・過密問題をはじめ，自然環境の破壊，乱開発や公害などの諸問題を全国各地にもたらした．

1969年には，大規模プロジェクト構想を掲げた新全国総合開発計画（新全総）が策定され，1977年に定住構想を柱とする第三次全国総合開発計画（三全総）へと引き継がれた．こうした1960年代後半から70年代にかけての高度経済成長政策のひずみは，全国各地に地域激動をもたらし公害問題等に対する*住民運動の高まりをみせた．1987年の四全総以後，2005年からは国主導による開発計画ではなく，「21世紀の国土のグランドデザイン」として国土形成計画を策定することになった．それ以降，人口減少社会の到来，国の財政悪化，低成長時代への対応が求められる経過となった．

〔沖縄開発〕1972年5月15日の沖縄返還に伴い，沖縄振興開発特別措置法が施行された．同年10月末に新全総が一部改訂され沖縄開発の基本構想を追記した．12月には沖縄振興開発計画が閣議決定され，沖縄ブロックの全国における位置づけと振興開

発の方向性を示した．自立的発展の基礎条件を整備し，基地経済からの脱却を図り，平和経済への移行を推進するため，これまでに3次の総合計画が実施された．しかし計画は「本土との格差是正」という目標の下，全総の拠点開発方式によって巨額な公共投資・大規模開発が進められた．CTS（石油備蓄基地）に反対する「金武湾を守る会」のような住民運動が起こり，字公民館を二分する闘争となった地域事例もあり，本土における拠点開発の失敗が繰り返されることとなった．

〔地域開発と住民運動〕経済高度成長・産業優先の開発政策は，必然的に地域破壊を阻止し生活を守る住民運動を拡大させることとなった．たとえば静岡県*沼津・三島コンビナート反対運動は，教師と住民が連帯し調査と学習を通して開発計画を見直す典型的事例となった．住民運動の進展の中で，地域と生活の現実を直視し，*住民自治と地域民主主義のあり方を考える学習活動を胚胎させることとなった．住民運動と地域の*社会教育・行政の関係は単純な構図ではなかったが，そのような学習活動が，それぞれの地域的条件の中で，社会教育の本質や住民運動との関連を新しく追究していく重要な契機となったことは確かであろう． （山城千秋）

⇨地域開発計画，沖縄の公民館

〔文献〕1）宮本憲一：地域開発はこれでよいか，岩波書店，1973.；2）国民教育研究所環境と教育研究会編：地域開発と教育の論理，大明堂，1975.；3）山本英治ほか：沖縄の都市と農村，東京大学出版会，1995.

全国同和教育研究協議会（全同教） ⇨全国人権教育研究協議会（全人協）

全国農事会 National Agricultural Affairs Association

1894（明治28）年に，前田正名，玉利喜造らによって*大日本農会より分離独立して設立された農事運動団体である．前田らは，小農技術による農事改良を農会の系統組織を通じて全国的に普及することを目ざしていた．全国農事会の活動により1899年農会法が公布，1910年には帝国農会が成立して全国的な系統農会が確立していく．ほぼ同時期（1900年）に法制化された*産業組合とは，わが国の農業団体中の両雄として並び立ち，それぞれ指導事業と経済事業とを自己の事業分野として相対峙をしていく．農業教育についてみると，全国農事会は，高等小学校における男子の農業科の必修化，甲種農業学校への研究科設置の奨励，札幌農学校大学昇格など，

文部省の諮問に応じて農業教育に関する答申や建議を行った．1943年団体統制令で全国農業会に統合．
（安藤義道）

〔文献〕1）栗原百壽：農業団体に生きた人々，pp.65-86，農民教育協会，1953.；2）杉林隆：明治農政の展開と農業教育，日本図書センター，1993.

全国PTA問題研究会（全P研） National Association for the Study of PTA

PTA問題に関する自主的な民間研究・運動団体．1971年，日本教職員組合・教育研究集会「PTAの民主化・地域住民との連携」分科会の論議を契機に，*宮原誠一，藤田恭平，室俊司などの研究者・ジャーナリストが発起人となり，学校教師，父母，市民（PTA活動家）の参加により発足した．PTAの自主性，民主的運営，父母・住民と教師の連携，地域教育問題への実践的取り組みを目ざし，実践的研究団体として，研究集会（分科会，全体シンポジウム），PTA講座，出版活動（「PTAとは何か」「PTA活動を考えよう」ほか）等を重ねてきた．機関誌として1971年『全国PTA問題研究会会報』が発行され，翌1972年からは『PTA研究』として全国的に普及した．しかし財政難のため350号をもって休刊（2005年）．これまで教育法や教育政策あるいは「*子どもの権利条例」等に積極的に発言し，全国各地のPTAの相互交流や実践交換に努め，電話相談等を行ってきた． （室　俊司）

〔文献〕1）全国PTA問題研究会発行：PTA研究，全350号，1972-2005.

全国レクリエーション大会 National Recreation Congress of Japan

〔概要〕*日本レクリエーション協会が主催する大会でレクリエーション運動の成果と今後の課題や方向性を探求するわが国のレクリエーション運動の中心的な大会の1つである．大会は，各種の研究フォーラムや種目別交流会，特別行事などで構成され，全国から*レクリエーションの活動者，指導者，関連団体関係者等が参加，参加者は毎年約3万人にのぼる．

〔動向と課題〕1938（昭和13）年に厚生省管轄で設立された「日本厚生協会」は，戦後，1946（昭和21）年に文部・厚生両省によって管轄される「日本厚生運動連合」と改称され，この連合の組織強化をねらいとして翌年，第1回全国レクリエーション大会（金沢市）が開催された．この大会を機に「日本レクリ

エーション協議会」が結成され，1948（昭和23）年，文部大臣の認可する「財団法人日本レクリエーション協会」が発足することとなる．第1期（第1〜15回＝1947〜61年）は，レクリエーションの啓蒙活動や組織，指導者養成など，運動の基盤整備，第2期（第16〜30回＝1962〜76年）は，高度経済成長期における余暇生活，職場レクリエーションの充実が中心的な課題となる．第3期（第31〜40回＝1977〜86年）は，オイルショック以後，地域レクリエーションの充実が課題となり，第4期（第41〜50回＝1987〜96年）は，*生涯スポーツの振興や21世紀に向けたレクリエーション運動の再生が目ざされた．第5期（第51〜60回＝1997〜2006年）は，21世紀の生涯スポーツ・レクリエーションのあり方と展望を*共生，共創，市民参加，生きがい等の視点から検討されてきた．わが国のレクリエーション運動は，地域や*生活課題，教育課題と不可分に結びつき展開されており，本大会はその時代的潮流と論点を顕現させ羅針盤としての機能がさらに期待されている． （松尾哲矢）

〔文献〕日本レクリエーション協会編：レクリエーション運動の50年—日本レクリエーション協会五十年史—，遊戯社，1998．

専修学校 ⇨専門学校・専修学校

先住民族 indigenous people
〔定義〕「独立国における人民であって，征服若しくは植民地化又は現在の国境が画定されたときに，その国又は国の属する地域に居住していた住民の子孫」をさす（先住民条約第1条 (b)）．「世界の多くの地域において，これらの人民がその生活する国の他の人びとと同程度に基本的人権を享有できていないこと，並びに，その法，価値，慣行及び願望がしばしばむしばまれてきている」と先住民条約の前文は述べている．世界各地の先住民族は，そのような不利益状態に対して，*基礎教育，*多文化教育の保障など，自分たちの権利保障を求めて運動を展開している．
〔日本における歴史〕日本における先住民族は，北海道を中心に住む*アイヌや，サハリンを中心に住むウィルタなどである．アイヌモシリ（北海道）には，中世以降和人の移住が進み，とりわけ明治以降に日本政府は米国に倣ってアイヌ民族の*同化政策を推し進めた．サケ漁など生活の糧を得るための仕事，言語，そして*生活文化をすべて禁止したのである．北海道旧土人保護法（1899年制定）がその裏づけとなり，同法は1997年に廃止されるまで存続した．それに替えてアイヌ文化振興法（アイヌ新法）が制定されたが，同法にはアイヌ民族が求めた*差別禁止や生活保障は含まれていない．2000年に北海道が行った調査によると，アイヌ民族の人口は約2万4000人である．諸外国では国の政策充実とともに先住民であることを隠していた人たちが名乗り始めている．日本でも政策が充実すればアイヌ民族の人口は増加すると予想される．
〔課題〕国連は1993年を国際先住民年，1995年から2004年を「国際先住民族の10年」と定め，世界に取組みを呼びかけた．アイヌ文化振興法もそれと関連して制定されたといえよう．2008年，日本政府はアイヌ民族を先住民族として認め，2009年7月には，アイヌ政策のあり方に関する有識者懇談会が，歴史と今後の政策に関する包括的な報告書を提出した．この報告書を踏まえた包括的政策が求められている． （森 実）
⇨アイヌ

〔文献〕1）アイヌ政策のあり方に関する有識者懇談会，報告書，2009．

全人的な健康 holistic health
人間を生物学的視点や身体的視点からのみ捉えるのではなく，丸ごとの人間として，心理的，社会的，スピリチュアルな側面をも視野に入れた健康についての考え方．
〔歴史・動向〕1946年の*WHO（世界保健機関）憲章前文では，「完全な肉体的，精神的及び社会的福祉の状態であり，単に疾病又は病弱の存在しないことではない」と健康を定義した．1998年，WHOは第52回世界保健総会において憲章全体の見直しを行い，健康の定義を「完全な肉体的，精神的，spiritual及び社会的福祉のdynamicな状態であり，単に疾病又は病弱の存在しないことではない」とする改正案を提出した．ここでは，spiritualは人間の尊厳や*QOL（生活の質，quality of life）を考えるために不可欠で本質的なものであるとし，dynamicについては，健康と疾病の連続性の意味が付与されており，いずれも加盟国それぞれの国民がもつ健康観によっておのずとその解釈に幅が生じている．
〔課題〕新しくWHOの健康定義に盛り込まれたspiritualやdynamicという言葉については，日本とはまったく異なる文化的，宗教的，社会的環境の

イスラム文化圏の影響を強く受けた健康価値観に基づいているものと考えられる．しかし，現代社会では健康を絶対的なものとして捉えるのではなく相対的なものとして捉え，生きがいや生きることの目標との調和において築かれるものと考えるほうがより自然であるといった考えが広まっている．

日本においても独自の文化，宗教的背景に基づいた健康観があり，また近年の看護，介護や高齢化など他国とは異なった健康政策上の問題点も数多く抱えている．今後は公衆衛生の視点から，健康を維持・増進していくための継続的かつ組織的な健康課題学習の*学習権の公的保障と，組織の中で健康課題について主体的に考えることができる学習活動の実現化が，全人的な健康を考えていく上での鍵となろう．　　　　　　　　　　　　　　　　（飯塚哲子）

〔文献〕1）近藤裕：全人的健康とは，春秋社，1984.

戦争と社会教育（沖縄）　issues of war and social education（adult and community education）（in Okinawa）

戦争は文字どおり生死を賭けた「極限」の行為であり，人間の能力を全面的に発揮させていく方向で遂行される．とりわけ現代の戦争は，必然的に国家をあげての「総力戦」となり，技術の総合化だけではなく，「思想」「精神」の総動員が企てられる．その基本的な推進力となるのが広い意味の教育である．

〔皇民化教育〕人類史上最大の総力戦が第2次世界大戦であり，その一環としてのアジア・太平洋戦争・「沖縄戦」においても，その悲惨な実態が典型的に示された．沖縄は，太平洋戦争の末期に本土防衛の「捨て石作戦」によって日・米決戦の戦場となり，県民のすべてが*動員され，あるいは巻き込まれ，結局4人に1人が戦死するという地獄の戦場となった．このような最も苛酷な地上戦に県民を動員していったのは，明治以来強化された天皇制国家であり，沖縄で最も徹底してなされた皇民化教育である．そのために県社会教育当局（課）は，標準語励行運動（方言撲滅運動）を全県的に徹底して遂行し，全き日本人＝皇民として「総力戦」に誘導していった．標準語運動は，昭和10年代の沖縄における単なる言語教育運動ではなく，沖縄県民を天皇制国家に組み入れ，戦争へ動員していく*社会教育政策の一環としての教化運動であった．

〔軍隊と結ぶ学校と地域社会〕沖縄戦へ向かう過程では，学校（中学校・女学校）は軍隊につながり，地域の*青年団や*婦人会も国家の戦争政策にパイプのように結びつけられ，日常の生活も「銃後」として戦場につながった．そのサイクルがすなわち，軍隊と学校と地域社会を結ぶ「社会教育」として機能した．こうして社会教育は，戦争を遂行していく「思想」と「戦闘能力」を日常的に支える*ネットワークを形成した．

このように，沖縄戦の「悲惨」は，日・米の決戦場となったことによって同時に，強力な天皇制教育の浸透がもたらしたものであった．　　　　（平良研一）

〔文献〕1）東京学芸大学社会教育研究室編：沖縄社会教育史料 7―戦争と社会教育―，1987.

全村学校　Zenson Gakko（whole village school）

大正末期から太平洋戦争後に行われた，地域社会の発展を目ざす，地域ぐるみの教育運動の総称．

〔山崎延吉・稲垣稔の全村学校〕全村学校は，愛知県安城在住の農本主義思想家・教育者*山崎延吉と弟子の碧海郡依佐美村の青年稲垣稔によって始められた．1923（大正12）年，稲垣が居村で開催した「農村文化講習会」に参加した福島県安達郡戸沢村の青年が，同様の講習会を自分の村でも開くことを要請．これに応えて，山崎・稲垣は 1924（大正13）年に同村で農村振興をテーマとする講習会を行った．これが全村学校と名づけられ，昭和初期まで全国数十ヵ所で行われた．参加者が寝食をともにし，知育偏重を避け，体験を重視することによって農業・農村の担い手としての自覚をもたせようとした．

〔昭和恐慌期から戦時期の全村学校〕山崎・稲垣の全村学校の末期に時期的に重なって現れたのが，内務省系官僚主導の全村学校である．福岡県知事松本学が 1930（昭和5）年，福岡県糸島郡福吉村で最初に行った．行政の監督指導のもとに竹細工やウニの缶詰製造の方法等が教えられ，村の経済的発展が図られた．これは*農山漁村経済更生運動の中で全国的に普及．教化的性格が強く，1939（昭和14）年には，財団法人日本文化中央聯盟の傘下に入った．

〔太平洋戦争後の全村学校〕太平洋戦争後，全村学校は，戦災からの地域の立て直しと，地域教育の模索の過程で復活し，静岡県庵原郡庵原村・岡山県児島郡興除村や青森県等で，地域社会を教育共同体にするという発想で行われた．この動きは，1950年代に入ると下火になったが，*公民館の役割が重視され，部分的には公民館活動の中に受けつがれていった．　　　　　　　　　　　　　　　　（岡田洋司）

〔文献〕1）山崎延吉・稲垣稔：農村の新教育　全村学校，泰

文館，1929.；2）岡田洋司：農村青年＝稲垣稔　大正デモクラシーと〈土〉の思想，不二出版，1985.；3）山田清人：全村学校　生産教育と地域教育計画，中教出版，1951.

センテナリアン　centenarian

100歳まで生きた人を，1世紀（センチュリー）生きた人という意味でセンテナリアンと呼ぶ．日本語では，「百寿者」といわれている．特に，100歳を超えても，ガンも認知症もなく自立して健康的な生活を営んでいる人のことをいい，日本が直面している超高齢社会の生活環境や健康への課題を考えるために，これらの人々を対象として研究・調査も行われている．人の加齢の究極の状態を知るとともに，長寿に寄与する遺伝的因子や環境因子が探索されている．

生涯学習の重要な領域として*高齢者教育が位置づけられてきつつある今日，人はいつまで学習することができるのかという問いに対して，米国ではセンテナリアンの学習に関する大規模な調査研究もなされ，高齢者の学習可能性が検証されている．

（葛原生子）

〔文献〕1）健康・体力づくり事業財団：長寿大国ニッポンにおける百寿者のくらし，「全国100歳老人の1/2サンプルの横断的研究」報告，2001.

全日本社会教育連合会　National Federation of Social Education

〔概要〕社会教育を振興させ，日本国憲法の精神に基づき健全な民主主義思想の普及徹底に寄与することを目的として，「各地域，職場における社会教育振興上必要な事業の実施，促進，斡旋および協力」「社会教育上必要な資料の編集，出版および頒布．同製作および提供」「社会教育に関する必要な研究会，講演会等の開催および講師，助言者の斡旋」「調査研究ならびにその結果の発表，利用および実施」「*社会教育関係団体に対する事業協力」「全国社会教育研究大会および全国7地区社会教育研究大会の後援」などを行っている*財団法人．上記を目的として，主として雑誌*『社会教育』（月刊）の刊行と答申集や用語集，法令解説など基本的な社会教育関係図書の出版，調査研究，国際成人教育団体との連携などの事業を行っている．

〔歴史〕信仰や修養などの目的で活動していた教化団体は，1924年に内務省とともに，全国の教化団体の組織化を目ざし「教化団体連合会」を設立した．現在の全日本社会教育連合会の前身である．1928年にはより強固な全国的組織を目ざし，「中央教化団体連合会」と改称し，翌年にはすべての道府県に知事を会長とし，社会教育課を主管とする地方組織が設立されている．個別の団体はすべて道府県単位の連合会に組織化された．1931年には文部省に移管され，次第に国の統制による組織となり，1945年1月には発展的に解消し，文部大臣を会長とする「大日本教化報国会」となったが，本格的な活動に入らぬまま，8月に終戦を迎えている．戦後の翌1946年2月に全日本社会教育連合会として，再出発した．

〔現在〕『月刊公民館』（*全国公民館連合会），『月刊社会教育』（社会教育推進全国連絡協議会，国土社）とともに，『社会教育』は社会教育・生涯学習の中心的な月刊雑誌として全国各地の*実践事例や研究成果，国や都道府県の動向をタイムリーに提供している．

（廣瀬隆人）

〔文献〕1）河野重男他編：財団法人全日本社会教育連合会（社会教育事典），第一法規，1971.

先任権制度　seniority system

〔定義〕先任権とは，人事の様々な決定において勤続期間のより長い従業員が勤続期間の短い他の従業員（先に就職した労働者が後から就職した者）よりも相対的に有利な取扱いを受けられるという制度であり，勤続期間の長さによって先任権すなわち優先順位が決定される．特に，レイオフ（解雇）の際には，この制度により，使用者の専断が排除されるため，人員整理に伴う無用の労使紛争を防止させる作用があるといわれている．また，先任権は，レイオフや再雇用順位の決定基準としてだけでなく，昇進，配転，職務割当，残業の割当にまで影響を及ぼす．また，年次有給休暇日数，企業年金，解雇手当，企業内失業補償手当等の期間や水準の重要な決定基準になっており，従業員の労働生活の様々な局面までまぎれのない基準（ルール）として用いられている．したがって，先任権は個々の従業員の権利でもある．米国では，先任権が個人の利害と全体の秩序を調整する役割を果たしている．

〔歴史的推移〕この制度は米国の鉄鋼産業における労働協約に採用されて以降，各産業に普及し，1940年までには労使関係の中心的な制度として確立した．当初はレイオフに際して，使用者の反組織的差別待遇を防止するものとして成立したが，次第に，昇進，休職順位など広く労働条件を規制する基準として用いられるようになった．また戦後においても，製造業において締結される労働協約のほとんど

に先任権が採用されている.

〔先任権制度と年功序列制〕このような制度は日本には存在しない.ただし,似たような慣行として「年功序列制」があり,勤続年数の長い人が勤続年数のより短い人よりも先に昇進したり,より高い給料を得るという点では,先任権と類似した制度である.しかし,あくまでも会社に人事決定権があり,年功序列制は従業員にとって確立した権利ではない.こうした点が先任権制度とは大きく異なっている.

(大木栄一)

〔文献〕1)小池和男:職場の労働組合と参加,東洋経済新聞社,1977.

全米退職者協会　⇨ AARP

専門学校・専修学校　specialized training college

専修学校とは,1975年の*学校教育法改正で制度化されたことによって「専修学校」としての位置づけを獲得した,従来の学校教育法においては正式な「学校」として認められることがなかった*各種学校などのことをいう.また専門学校とは,専修学校の高等課程,一般課程,専門課程という3つの課程のうち,量的に圧倒的なシェアを占める専修学校専門課程のことをさす.

〔制度〕専門学校の法的規定では,入学資格は高卒程度,その教育目的は「*職業や実際生活に必要な*能力や*教養の向上」とされており,中等後教育段階での*職業教育機関として位置づけられている.また,設置基準が緩やかであるため,学校の規模や教育分野が多種多様であることも専門学校の特徴の1つである.工業,農業,医療,衛生,教育・社会福祉,商業実務,服飾・家政,文化・教養の8分野にわたり多様な学科が設置されている.

〔近年の動向〕制度化以降,専門学校は主に高校卒業者の進学先として発展を遂げ,中等後教育段階では大学に次ぐ進学率となっている.特に,1990年代半ば以降の若年労働市場の変容の中で,公的職業資格の取得を目的とする分野への進学者数の増加は著しく,大卒者・短大卒者などの進学も目立っている.

他方,近年では,多様な付帯教育事業の展開に加えて,失業者等への委託訓練の実施も積極的に行うなど,成人を対象とした生涯職業教育機関としての性格も強めている.

〔課題〕このように,専門学校をはじめとする専修学校は青年・成人のキャリア形成要求に応える役割を果たしている.しかし,学費の高さや*公共職業訓練との棲み分けの問題など,課題も多い.*継続教育の観点から専修学校を捉え,青年・成人のキャリア形成を支援していくことが求められている.

(植上一希)

〔文献〕1)植上一希:専門学校の教育とキャリア形成,大月書店,2011.;2)韓民:現代日本の専門学校,玉川大学出版部,1996.

専門職　profession

高度な教育訓練を要し,公的な使命をもつものとして社会的に制度化され,独立性を有する職能組織をもつ職業とそれに就く人.弁護士や医師などが代表的な専門職である.

〔歴史〕専門職・プロフェッションとは歴史的には,ヨーロッパ中世における教会と大学制度と深く結びついた聖職者を起源としている.professionとは,神への宣誓を意味する.神学部を中心に,法学・医学の3学部と対応する聖職者・法職者・医師の3つが前近代に起源をもつ専門職である.中世を通じて領邦国家による大学の創設ともかかわって,教会・国家・大学の複合によって専門職は形づくられていく.18世紀の啓蒙主義と市民革命の時代,大学は教会・国家から自由な学術・研究の拠点として再定義され,伝統的な教会・国家に従属した*職業教育から自由な教育と研究が理念として掲げられる.こうした展開の中で,宗教に代わって,大学での研究に基礎づけられた専門技能が専門職の正統性を支えるものとして重要な柱となる.

〔専門職と大学制度〕19世紀末以後の米国における大学の拡大の中で,職業教育と大学院における学術研究との結びつきが制度化されていく.農業・工業・教育をはじめ,技術革新が求められる職業にかかわって大学教育の組織化が進み,*ショーンが技術的エキスパートと呼ぶ専門職が台頭してくる.近代日本の大学はその出発から「工学部」をもつ国立の総合大学を生み出しているが,大学院における研究と職業教育との結びつきは弱く,国家資格に基礎づけられて専門職が形成されていく.

〔技術的専門制批判〕技術的エキスパートとしての専門職は,とりわけ第2次世界大戦後の大学の爆発的な拡大,そして世界大戦と国家的な技術開発競争とも連動しながら社会的にも支配的な位置を占めるに至る.しかし,大学教育の急速な拡大ともかかわって1960年代の展開は,前近代の聖職者への信仰心の土壌に連なる,大学とそこでの専門知に対する

素朴な信頼を揺るがせる状況をもつくり出す．1960年代末の世界的な規模で大学を襲った学生による異議申し立て，大学の危機はこうした大学と専門職の威信への懐疑を象徴する出来事となる．

〔専門性の転換と専門職教育の改革〕こうした専門職のあり方への批判を受けて1980年代以後，新しい専門職と専門職教育のあり方への提起が進められていく．1983年，マサチューセッツ工科大学のショーンは『省察的実践者』で，専門職の知の核心を技術的な知と捉える従来の把握に対して，実践の中で，状況と対話しながら，脈絡に即して探究していく省察的実践として捉え，そうした力を培う専門職教育のあり方を提起し，プロフェッショナルスクール(*専門職大学院)のカリキュラム改革に大きな影響を与えた．

日本においては，2002年の*中央教育審議会答申「大学院における高度専門職業人養成について」を受けて法科大学院・会計専門職大学院等の各分野で制度化され専門職教育の大学院への転換が進みつつある．

〔専門職教育と生涯学習・成人の学習〕大学における教育訓練を基盤とする専門職にとって，展開する社会と専門領域における学術研究にかかわって，生涯にわたる学習・研究・研修，専門的力量形成とそのための機会の組織化が重要な課題となっている．専門職の生涯にわたる力量形成のモデルは，従来の*青年期における準備教育とは異なり，それまでの実践経験を踏まえて省察し，将来に向けて再構成していく省察的実践者としての学習の視点，成人の学習としての編成が求められる． (柳沢昌一)

〔文献〕1) Schön, D. A.: *The Reflective Practitioner*, Basic Books, 1983 (柳沢昌一・三輪建二監訳：省察的実践とは何か，鳳書房，2007).；2) パーキン，H. J.：イギリス高等教育と専門職社会，玉川大学出版部，1998．

専門職業人養成 training for professional workers

各分野において，目まぐるしく変化する新たな「知」に柔軟に対応できるような，高度で専門的な*知識や*技能を身につけた人材を育成すること．

〔目的〕科学の進展や急速な技術革新，経済や文化等のグローバル化の波の中で社会が多様に発展し，これまでの知識や技術の枠組みだけでは認識できない問題や，解決が不可能な問題が多く生じてきている最近，こうした専門職業人の養成教育や再教育，あるいは*継続教育をいかに提供するかが，生涯学習の重要な課題と目されている．また，人材養成の問題は，国際競争力を維持，向上するという国家的な高等教育戦略としても重視されている．1998(平成10)年の大学審議会答申，「21世紀の大学像と今後の改革方針について」において，専門職業人養成に関する高等教育への社会的要請が明確に指摘されて以降，この問題は，高等教育改革の重要な論点となっている．

〔動向〕高等教育における専門職業人養成のための代表的な事例としては，*専門職大学院があげられる．ともすると研究者養成に主眼をおいてきた既存の大学院課程とは別個に，高度な専門職業人養成に特化し，専門職学位という新たな学位を授与する課程が，2003(平成15)年度から開始されている．法科大学院，会計大学院，公共政策大学院，教職大学院などがそれに当たる．また，専門職業人の継続教育，あるいはキャリアアップなどに対応するためにも，高度生涯学習機関として大学の役割が重視されるようになっている．*社会人学生の受け入れに積極的な大学も多く，従来の科目等履修生制度や聴講生制度等に加え，夜間大学院や通信制大学院，*昼夜開講制，修業年限を超えて履修し学位等を取得できる長期履修学生制度など，働きながら学ぶ社会人に配慮した様々な制度的改善が図られている．今後ますます専門職業人からの学習ニーズが高まることが予想され，高等教育機関以外の生涯学習機関でも，こうした学習内容の高度化，多様化にいかに対応するかが課題となる． (志々田まなみ)

⇨大学開放

〔文献〕1) 江原武一・馬越徹：大学院の改革，東信堂，2004．

専門職大学院 professional graduate school

高度*専門職業人養成に特化した*実践的な教育を行う修士課程の大学院．2002年の*中央教育審議会答申「大学院における高度専門職業人養成について」を受けて法科大学院・会計専門職大学院等の各分野で制度化され，教職大学院の制度づくりも進んでいる．

〔モデルとしてのプロフェッショナルスクール〕専門職大学院は米国において発展してきたプロフェッショナルスクールをモデルとしている．近代の大学は19世紀以後研究を中心とするドイツの改革をモデルに制度化されてきたが，米国では伝統的なリベラルアーツカレッジを学部段階とし大学院段階で新しい研究型大学が創設され，*職業教育も大学院段階で行われる形で制度化された．ドイツの研究大学が職業からの独立を強調してきたのに対して米国に

おいては農業・商業・工業をはじめとする実業と深く結びついたプロフェッショナルスクールが20世紀を通じて発展していく．日本の大学制度は，一方で当初より工学部・農学部を設置するなど職業教育の部分を組み込みつつ，基本的には学部段階を中心とするドイツモデルを踏襲してきたが，21世紀に入って，大学院中心の米国型のプロフェッショナルスクールモデルが取り入れられつつある．

〔専門職大学院の構成〕従来の日本の大学院が研究者養成を目的としているのに対して専門職大学院は高度専門職業人養成を目的とし，教員組織も実務家を全教員の3割とし，またカリキュラムにおいても事例研究や*インターンシップ等の実践的内容を重視したものとなっている．法科大学院，会計専門職大学院の他各分野で専門職大学院づくりが進み，教員についても「教職大学院」の制度化が進められている．*社会教育・成人教育の分野でも*コミュニティの学習支援者の実践的力量形成を支える専門職大学院が検討されてきている． （柳沢昌一）

〔文献〕1) 山田礼子：プロフェッショナルスクール，玉川大学出版部，1998.

総合型地域スポーツクラブ　comprehensive community sports club

〔概要〕1995年度の文部省のモデル事業として始まり，2000年8月の*保健体育審議会答申「*スポーツ振興基本計画の在り方について」，翌9月の「スポーツ振興基本計画」（文部大臣告示）で示された地域スポーツクラブの組織，形態を表す用語．ヨーロッパの*スポーツクラブに範をとったとされるが，その特徴として，活動エリアは身近な*生活圏である中学校区程度，複数種目，多世代（子どもから高齢者まで），多様な*技術・*技能レベル（初心者からトップレベルの競技者まで），活動拠点としてのスポーツ施設および*クラブハウス，個々のスポーツニーズに応える質の高い指導者の配置，地域住民による主体的な運営，などがあげられている．また，*学校週5日制時代における子どものスポーツ活動の受け皿，地域の連帯意識の高揚，世代間交流等の地域社会の活性化にも寄与するものとされている．

〔現状と課題〕総合型地域スポーツクラブは，スポーツ参加率の底上げや従来までの地域スポーツクラブが抱える諸問題（単一種目で同年齢層でのメンバー構成，少人数で財政基盤が脆弱，施設の使い方が非効率，等）の解決の方途として政策的に推進された．特に，スポーツ振興基本計画では「2010年までに，全国の各市区町村において少なくとも1つは総合型地域スポーツクラブを育成」するという目標が提示された．しかし，目途とする時期間近になってもクラブ設立を果たした自治体は約65％（2009年7月現在）にとどまっている．設立準備の過程で既存クラブとの調整が順調に進んでいない事例も少なくない．さらには，モデル事業終了後，運営の担い手や財源の不足などのため解散したケースもある．こうした実態から，「はじめに総合型地域スポーツクラブありき」ではなく，地域スポーツクラブの*実践の蓄積を検証する中で，地域スポーツ振興と人々のスポーツ文化享受にとって有効なスポーツクラブのあり方を多面的に追求していくことが課題となっ

総合社会教育 integrated social education (adult and community education)

〔概念〕*社会教育各分野の事業・活動の調整，学校と社会教育の連携，一般行政と社会教育の関係の強化など，社会教育を様々な活動と結びつけて総合的に行う構想である．生活の諸問題を扱う社会教育の性格から，多様な分野における調整・協力体制が求められる．

〔歴史的経過〕1960年代に国によって高度経済成長政策が採られ，その中で地域開発も進められて，社会教育もそれに関連させることが図られるようになる．1962年，当時の文部省社会教育局長通達「社会教育総合計画」が示された．京都府*教育委員会では，1959年に社会教育各分野を総合的に行うことに重点を置き，1956年より行われていた社会教育研究指定地区事業を発展させて，地域の課題に総合的に取り組む社会教育を進めるためのモデルとなる地区（小学校区）を指定し，課題の科学的調査，総合*社会教育計画の樹立，*学級・講座の開設を行った．

〔論点〕第2次世界大戦後，教育が宣伝と化したり，政争の具となることを避けるために，教育行政の一般行政からの分離・独立の原則が立てられた．その一方，社会教育にあっては，*生活課題に取り組む学習を重視していて，生活にかかわる諸行政とも無関係ではありえない．社会教育が，行政の用具となるのではなく，住民の*生活学習を効果的にする観点から，どのように一般行政を活用するかが問われる．*地域づくりを進める人を育てる学習において，教育としての自律性を保ちながら，各行政がもっている資料や人材を利用することが課題となる．京都府では，集落単位で*地域課題を取り上げての住民の*話し合い学習「*ろばた懇談会」（1967〜79年）において，このことが試みられた． （上杉孝實）

〔文献〕1) 津高正文・森口兼二編：地域づくりと社会教育，総合労働研究所，1980.

総合的な学習の時間 period of integrated study

1998年12月の小中学校学習指導要領において創設された新たな学びの領域をさす行政上の固有名詞であり，地域・学校，児童生徒の実態に応じて行われる教科横断的な学習である．

〔概要〕各教科・領域で得た個々の*知識を統合したり，各教科の問題意識を育てる相互還流により，生きる力をつけるとしている．例示として*国際理解教育，情報，環境，福祉・健康があげられ，*環境教育の実施の時間としても期待される．

学習活動の実施に当たり，自然体験や*ボランティアなどの社会体験，ものづくりや生産活動などの体験的な活動や参加体験型の授業形態が重視されている．

児童生徒の興味関心を促し問題意識を育てる直接体験を重視し，地域の自然・社会環境に触れさせ，*公民館，*図書館，*博物館などの*社会教育施設や社会教育団体・*NGO・*NPO団体との連携を積極的に工夫する教師の*コーディネーターとしての役割が求められる．

源流をさかのぼれば，*デューイの教育思想にたどり着くが，日本では1970年代に日本教職員組合教育課程検討委員会で「総合学習」が提起され，知のあり方の検討がなされた．

〔課題〕基礎基本重視を謳った遠山文科大臣による「学びのすすめ」（2002年）などにより，教育現場は揺れ動き，総合的な学習の時間の扱いには学校により温度差が生じている．「ある一定のカリキュラムの内容をどの程度習得したかをみるのではなく，知識・*技能を使って実生活で直面する課題にどの程度対処できるかを*評価する」（国立教育政策研究所，2004年）PISA（生徒の学習到達度調査）を視野に，21世紀の学力をどのように捉え，これからの学校教育を構築していくのかが問われている．

（大森　享）

〔文献〕1) 教育制度検討委員会：日本の教育改革を求めて，勁草書房，1974.；2) 文部科学省：小学校学習指導要領解説総合的な学習の時間編，東洋館出版社，2008.

総合保養地域整備法（リゾート法） Act for the Development of Comprehensive Resort Area

〔内容〕良好な自然条件を有する土地を含む相当規模の地域について，民間事業者の能力の活用を重視して，国民が長期に滞在しながら，スポーツやレクリエーション，教養文化活動など多様な活動を楽し

むことができる施設等の整備を総合的に図っていくことを目的とし，1987年に制定された法律．通称リゾート法と呼ばれている．条文は大きく4つの内容を含み，1つは，整備対象になる地域や特定施設について，2つが，本法を所管する総務省，農林水産省，経済産業省および国土交通省が定めるべき基本方針の作成について，3つが，基本方針に基づき都道府県が作成することのできる基本構想について，最後が，基本構想を実施するための助成措置について記されている．

〔背景と課題〕本法制定の背景には，バブル期における金余り現象や，余暇の増大による国民の豊かな暮らしへの希求のほか，同年に閣議決定された，東京一極集中の是正を謳う第4次*全国総合開発計画の中の，過疎化対策としてのリゾート基地開発を軸にした地域開発構想があった．基本方針に基づき42の基本構想が作成され，指定総面積は国土の20％に及んだ．ところが，法の実態は，財政投融資や税の減免措置など大企業に有利なリゾート産業育成法の性格が強く，構想の多くはリゾート開発の3点セット（リゾートホテル・ゴルフ場・スキー場（マリーナ））を描く内容で，地域の自主性や主体性がみられず，環境破壊を引き起こす結果となった．

一方，2001～02（平成13～14）年にかけて，国土交通省と総務省が実施した本法にかかわる実態調査と政策評価によると，「基本方針及びそれに沿った基本構想において想定されていたようには特定施設の整備は進んでいない」ことや，「年間の利用者数と雇用者数について当初の見込みを大幅に下回っている」ことが指摘されており，主務大臣が定める基本方針および都道県の同意による基本構想を徹底的に見直す必要があると結論づけている． （小栗有子）

〔文献〕1）佐藤誠：リゾート列島，岩波新書，1990．；2）日本弁護士連合会：自由と正義，**42**（4），1991.

相互教育　peer education

学習者同士の相互交換的学び合い，あるいは学習者と教育者が相互に転化するような教育活動をいう．

〔経過〕*社会教育法に体現される社会教育の本質は「国民の*自己教育・相互教育」だとされてきた．しかし，自己教育に比して相互教育は必ずしも注目されてこなかった．

実践的には，1950年代の*共同学習運動において相互教育が重視されてきた．そこでは「一人の百歩よりも，百人の一歩を」といったスローガンのもと，講師＝専門的教育者の役割を消極的・否定的に評価して，学習者同士が学び合うことが重視された．その後，実践の現場では相互的学び合いの重要性が理解されてきたとはいえ，理論的あるいは行政的には相互教育の意義は見失われていった．

生涯学習政策の下では学習の個人化・私化が進んできたが，これに対して特に社会的不利益を受けがちな青年や女性のたまりば的づくり，仲間づくり，そして成長過程の相互支援，職員と地域住民の学び合いといった活動の固有の意義が認められてきている．学校教育では，競争的教育がもたらす諸問題への反省から「協同的学習」が提起されてきている．理論的には，*ハーバーマスの*コミュニケーション的相互行為論が導入されてから，相互主体形成論的な学習論がみられるが，その教育学的位置づけについては十分に議論されていない．

〔課題〕相互教育は（狭義の）自己教育と並んで，教育の基本形態である．実践的にも「相互教育なくして自己教育なし」という関係にある．自己認識，*アイデンティティ形成，さらに*自己実現は，互いに異なる人間の相互承認過程を抜きに成立しえないからである．特に青年・成人を主体とすることが多い社会教育・生涯学習においては，*個別化・私化された現代人の疎外された人間関係を乗り越えて，諸個人の学び合いによる相互理解を発展させる相互教育こそ基礎的な実践として位置づける必要がある．

（鈴木敏正）

〔文献〕1）鈴木敏正：新版　教育学をひらく―自己解放から教育自治へ―，青木書店，2009.

相互承認・相互主体性　mutual recognition, intersubjectivity

自己認識と他者認識の弁証法的実践や関係性を意味する．仏教の慈悲，儒教の「和を貴しと為す」と「和して同ぜず」，ソクラテス（Socrates）の無知の知と対話，キリスト教の敵をも愛せという隣人愛，パスカル（Pascal, B.）の重層的無限における有限な人間の存在論，カント（Kant, I.）の定言命法，ヘーゲル（Hegel, F.）の*労働を鍵概念とした主人と奴隷，支配と自立の弁証法，フッサール（Hussert, E.）の相互主観性・相互主体性（intersubjectivity）など，歴史を通して様々に考究されてきた．ヘーゲルの自由のための生命を賭けた戦いと相互承認からマルクス（Marx, K.）の階級闘争と共産制への発展において存在が意識を決定するという教条的マルクス主義が影響力を広げた時代にあって，フッサールは貴重

な観点を提示した．たとえば，皇室の紋章の菊の花はそれを尊ぶ者たちにとっては重要な意味を共有する象徴で，この主観的な意味を相互に承認する者たちの存在に対して現実的に作用しているが，そうではない者にとっては単なる図形である．これらの認識論的発展は*フレイレの『被抑圧者の教育学』に結実した．異文化理解や歴史の共通認識でも重要である．また，東西の思想哲学の統合に努めた西田幾多郎の「一即多多即一」の弁証法を踏まえ三木清は相互主観（主体）性の成立の根拠を問いつつ認識することの認識（メタ認識）を追究し[1]，天皇制ファシズムの軍国主義イデオロギーに対して「文化政策論」[2]を提起し，これを*宮原誠一は発展させた[3]．そして，筆者は相互主観（主体）性を*社会教育実践の認識論として提示した[4]．　　　　（山田正行）

〔文献〕1）三木清：問いの構造（全集第三巻），岩波書店，1984．；2）三木清：文化政策論（全集第十四巻），岩波書店，1967．；3）宮原誠一：文化政策論稿，新経済社，1943．；4）社会教育基礎理論研究会編：学習・教育の認識論，雄松堂出版，1991．

創造性 creativity

一般に，ある目的達成または新しい場面の問題解決に適したアイディアを生み出し，あるいは社会的，文化的に新しい価値あるものを創り出す能力，およびそれを基礎づける人格特性．創造性は「新しい価値」を生み出すことと，その価値をつくり出す「創造的能力」と「創造的人格特性」から成り立っている．創造性の出現は「人間と環境との諸関係における相互作用において現れる新たな行動様式」である．したがって，創造性はすべての人間の生き方の実践的様式でもある．社会教育・生涯学習における創造性の特質は，地域に住む人々と地域（環境）との相互関係において発揮されるもので，地域の課題・問題解決と創造性，新たなまちづくり・まちおこしと創造性との関係で展開される．そこに，新たな地域の価値実現と人々の創造的生き方の実現が同時に可能となる．つまり，地域の価値づくりと自己変革とがあざなえる縄のごとく，からみあって展開される．　　　　（比嘉佑典）

〔文献〕1）比嘉佑典：創造性開発の心理と教育，学苑社，1980．

掃盲教育（識字教育） ⇨東アジアの識字教育

ソクラテス計画 Socrates Project (the Community action programme in the field of education)

*EU条約第149条および第150条に基づく教育プログラムである．正規・非正規を問わずあらゆる教育・訓練を基盤とし，生涯学習を促進することにより，ヨーロッパ市民を育成し，その職業能力を向上させることを目的としている．第1次ソクラテス計画（Socrates I）は1995年から1999年まで，第2次ソクラテス計画（Socrates II）は2000年から2006年まで実施された．第2次ソクラテス計画は以下の8つの行動計画から構成されている．①コメニウス（学校教育行動計画），②*エラスムス計画（高等教育行動計画），③*グルントヴィ（成人教育行動計画），④リンガ（ヨーロッパ言語学習教育計画），⑤ミネルヴァ（教育情報コミュニケーション行動計画），⑥教育システム・政策刷新計画，⑦*職業訓練計画，青少年計画等の他の計画との共同計画，⑧その他諸活動の支援計画．　　　　（田村佳子）
⇨エラスムス計画

〔文献〕1）Tight, M. ed.：*International Relations: International Perspectives on Higher Education Research Vol. 3*, Elsevier. B.V., 2005.

祖国復帰運動（沖縄）Movement in Okinawa for Return to Japan

1960年代から盛んになる祖国日本への復帰をめざす民族主義的な運動．沖縄は1945年の日本の敗戦とほぼ同時に本土から分離され（法的には1952年対日平和条約第3条により），米国のアジア・世界戦略上の要（keystone）の軍事基地として占領統治が行われた．長く軍事優先の植民地的な占領政策が貫かれていく中で，異民族支配への民族的な抵抗が芽生え，やがて祖国復帰運動へと発展していった．最大の転機は，1960年の沖縄県祖国復帰協議会の結成であり，軍事支配下のすべての「沖縄闘争」を糾合する民族主義的な復帰運動の流れが形成された．1960年代後半からのヴェトナム戦争の激化と泥沼化に伴い，反戦・反基地，復帰運動が高まる中で，それらを吸収し日・米両政府の軍事戦略上の利益を確保する方向で返還合意が成合し，1972年に「復帰」が実現した．確かに「復帰」は異民族支配からの*解放であり，諸権利獲得を約束するはずであった．そのために，「*教育四法」民立法化のために中心的に闘った教職員は，復帰運動においても先頭に立ち，地域の*青年団は，地域と自らの自立のために復帰運動に大きくかかわった．しかし復帰の内実は矛盾

に満ち，安保条約の下で米軍基地は残り，むしろ再編強化されていった．沖縄県民は復帰の過程で多くのことを学び，また復帰後は憲法の下に諸権利が適用され，その恩恵にも浴するようになった．しかし同時に，平和憲法の「空洞化」問題をはじめ，戦後日本の矛盾を一挙に背負うことにもなった．

(平良研一)

〔文献〕1) 沖縄県祖国復帰闘争史編集委員会編：沖縄祖国復帰闘争史（資料編），沖縄時事出版社，1982.

ソーシャルキャピタル social capital

信頼や社会的紐帯が希薄化する現代社会において，家族や地域社会の結びつき，共有化された価値や規範，社会的ネットワークの現代的再構築の重要性を説く概念である．「社会的資本」や「社会関係資本」と訳される．一般的に，ソーシャルキャピタルは協調的行動を容易にするとみなされており，その蓄積を有する地域や社会では，効率的な経済活動のみならず，健康福祉，*地域の教育力，犯罪防止などの社会的安定・向上や民主主義の発展に貢献すると理解されている．その一方で，このような社会的結合は社会に便益を与えるものだけでなく，社会的不利益と排除の再生産や強化に結びつく危険性も指摘されており，そこに込められている期待や理解は必ずしも一様ではない．それゆえ，ソーシャルキャピタルがつくり出す「協同関係」の質と内実を，その形成過程を通して生じる学習活動とのかかわりにおいて検証することが求められている． (大高研道)

〔文献〕1) パットナム・ロバート（河田潤一訳）：哲学する民主主義，NTT出版，2001.；2) 松田武雄編：社会教育・生涯教育の再編とソーシャルキャピタル，大学教育出版，2012.

ソーシャルサービス social services

所得保障としての年金・公的扶助，保健・医療・介護に関連する福祉サービス（対人サービスともいわれる），教育，住宅および雇用など生活全般を総合的に保障するためには，政府による直接的間接的な供給が必要であり，これらにかかわるサービスをソーシャルサービスあるいは社会サービスという．民間部門の参入も可能である．「分散型社会への移行」という視点から捉え，地方都市において産業として成立するための方策や課題の積み上げが図られている．現代日本は，社会の経済・文化構造の急激な変化によって，必ずしも社会的弱者に限らずあらゆる人々が，*ライフコースの各ステージにおいて多様なサービスを利用することによって生活を維持し，生活の質の保持・向上を求めている．人々の生活を包括的に保障することを目的として，社会福祉・社会保障の内容をより広げて捉えようとする考え方である． (槇石多希子)

〔文献〕1) 篠崎次男・日野秀逸編著：社会サービスと共同のまちづくり：「構造改革」と保健・医療・介護・福祉，自治体研究社，2003.；2) 大谷強：自治と当事者主体の社会サービス―「福祉」の時代の終わり，マイノリティの権利の時代の始まり―（増補改訂版），現代書館，1999.

ソーシャルサポート social support

社会関係の下での支援．ソーシャルサポートでいうソーシャルは社会関係（social relation）や社会的相互作用（social interaction）でいうsocialであり，私的に対する公的の意味とは異なる．したがって，ソーシャルサポートは，公的機関による援助をさす*ソーシャルサービス（social services）やフォーマルサポート（formal support），パブリックアシスタンス（public assistance）と同義ではない．今日用いられているソーシャルサポートという用語は，公的機関による援助を含めることもあるが，主としてインフォーマルなサポートに関して用いられている．そのために，ときにはインフォーマルソーシャルサポート（informal social support）という表現も使われる．ソーシャルサポートとソーシャルネットワーク（social network）はしばしば混用される．それは，様々な生活問題に対する支援のための資源としてソーシャルネットワークが注目されるからであるが，概念的には，ソーシャルネットワークは個人間の結びつきの構造面をさし，ソーシャルサポートは機能面をさす用語として区別される．ソーシャルサポートの内容は様々であるが，一般的に，手段的／道具的（instrumental），情緒的／感情的（expressive/emotional），情報的（informational），評価的（appraisal），交友（companionship）のように類型化して捉えることが多い[1]．高齢者／高齢期のソーシャルサポートに関する研究では，ソーシャルネットワークのあり様がソーシャルサポートのあり様を左右し，ソーシャルサポートのあり様が生活満足感や幸福感，健康や寿命に，また，社会サービスの利用をはじめ様々な行動に影響を与えていること，ソーシャルネットワークの構造や機能が，性や婚姻上の地位，人種や民族，社会経済的地位，都市か農村かといった居住地の地域的性格によって異なることが明らかにされている． (小田利勝)

〔文献〕1) Rudkin, L. and Ivonne-Marie：Social Support. *Encyclopedia of Aging*, 4, 1312-1316, Macmillan References,

2002.

ソーシャルワーク　social work

ソーシャルワークとは社会福祉援助のことであり，人々が生活していく上での問題を解決なり緩和し，質の高い生活（*QOL）を支援し，個人のウェルビーイングの状態を高めることを目ざす．ソーシャルワークでは，人間の行動と社会システムに関する理論を利用して，人々がその環境と相互に影響し合う接点に介入する．この介入の範囲は，主として個人に焦点を置いた心理社会的プロセスから社会政策，社会計画および社会開発への参画にまで及ぶ．

ソーシャルワークにおける*社会教育という視点は，従来から特に*地域福祉領域に含まれていたが，今日，地域を基盤としたソーシャルワークの展開が注目される中，その重要性は増大している．

日本におけるソーシャルワーク専門職（ソーシャルワーカー）は，国家資格として社会福祉士と精神保健福祉士があり，職能団体として日本社会福祉士会，日本精神保健福祉士協会，日本ソーシャルワーカー協会，日本医療社会福祉協会がある．

（荒井浩道）

〔文献〕1）日本学術会議第18期社会福祉・社会保障研究連絡委員会：ソーシャルワークが展開できる社会システムづくりへの提案，2003.；2）国際ソーシャルワーカー連盟：ソーシャルワークの定義，2000.

ソチエタ・ウマニタリア（伊）　伊 Societ à Umanitaria

イタリア，ミラノ市に本部がある古典的な成人教育団体（訳語，博愛協会）．1893年に富裕な商人で社会主義的人道主義者ローリア（Loria, P. M.）がミラノ市に託した遺贈に基づいて*民衆教育に貢献する*公益法人として発足した．19世紀末の*労働運動の発展を背景として，労働者，職工の政治教育，職業技術訓練，*文化活動などを推進した．英国の*労働者教育協会（WEA）とも交流し，国際的な労働者教育運動の発展を支えた．宿泊学習センター，社会博物館，民衆図書館，民衆劇場，夏期休暇村などの施設も整備された．20世紀初頭には，ウマニタリアを中核として多くの民衆教育団体が連合してイタリア民衆教育連盟（Unione Italiana dell'Educazione Popolare）が設立されるが，1926年にはファシズム政権の弾圧を受け，さらに第2次世界大戦時に戦災で大きな被害を受けた．戦後，職業学校，労働者教育機関として再発足し，南部にも支部が設立されて*識字教育や成人文化活動の拠点となり，21世紀に入っても活動を継続している．（佐藤一子）

〔文献〕1）新海英行・牧野篤編：現代世界の生涯学習，大学教育出版，2002.；2）佐藤一子：イタリア学習社会の歴史像，東京大学出版会，2010.

ソフトツーリズム　⇨グリーンツーリズム

村塾　⇨塾風教育

た

体育指導委員 community sports commissioner
〔概要〕*スポーツ振興法第19条（体育指導委員）の規定に基づき市町村の*教育委員会が委嘱する，地域スポーツ振興に関する諸活動を担う役職名．*スポーツ基本法への全面改正に伴い，同法第32条の規定により名称が「スポーツ推進委員」に変更された．身分は非常勤公務員であるが，地域スポーツ振興の寄与への自発的参加という意味での*ボランティアとしての側面もある．

〔経緯〕1957年4月，文部次官通達「地方スポーツの振興について」の中で「全国の市町村に体育指導委員の設置」が掲げられ，全国で2万人程度が委嘱された．この制度の前身には，1946年通牒「社会体育の実施の参考」の中の「市町村体育委員」，埼玉県教育委員会の「社会体育委員」（1952年）などがある．1960年12月，「体育指導委員連絡組織相互の連絡を密にし，その活動の活発化を図ることにより，体育指導委員の機能を助長し，もって国民体育の振興に寄与すること」を目的として全国体育指導委員協議会が結成された（1975年に法人格を取得して社団法人全国体育指導委員連合となった）．1961年，スポーツ振興法第19条において法的に規定された．1999年の*地方分権一括法に伴うスポーツ振興法の「改正」によって必置ではなくなった．また，*市町村合併の進行等によって約6万2000人（1998年）から約5万2500人（2011年）に減少している．

〔役割・課題〕体育指導委員は，制度開始以来，地域スポーツ振興の人的資源として中核的な位置を占めている．活動内容は，実技指導のほか，様々な地域スポーツ関連事業の企画，立案，運営，クラブへのサポートなど多岐にわたり，*スポーツ振興審議会が設置されていない自治体では審議会の機能を代替する役割を担う部分もある．こうした多様な体育指導委員の活動を実効あるものとするには，これまでの優れた*実践が示しているように，行政（職員）と体育指導委員の連携を図ることが重要である．また，体育指導委員として活動する地域の人材の発掘と確保，さらなる資質向上のための学習機会の保障，なども課題である．　　　　　　　　（尾崎正峰）

〔文献〕1）全国体育指導委員連合：体育指導委員の基礎知識―生涯スポーツと地域の創造―，全国体育指導委員連合，2003.

「体育・スポーツの普及振興に関する基本方策について」（1972年*保健体育審議会答申）
Basic Policies Regarding Promotion of Physical Education and Sports（Proposition by the Council for Health and Physical Education of 1972）

これまでの選手中心主義的なスポーツ振興のあり方に対する反省の上に立ち，すべての国民のスポーツ*実践を保障する諸条件を整備するための基本方策を打ち出したもの．戦後初めての体系的な「スポーツ政策」といいうるものであった．

〔特徴〕学校の課外活動でのスポーツのあり方の問題，施設の運営や利用の問題，スポーツグループ育成の問題，指導者問題，市町村の体育・スポーツ行政機構と職員の役割の問題，そして，日常生活圏で設置すべき施設数の基準の問題など，国民のスポーツ振興にかかわって戦後の日本が未解決のまま抱えてきた問題が全面的に提示された．とりわけ「グループづくり」の重要性，そこから必然的に導かれてきた施設整備基準は，「答申」の長所を象徴するものであった．旧西ドイツの施設整備計画・*ゴールデンプランを範にして，施設別，地域の人口別に必要な施設数の基準を提示したことは，地方自治体に，施設整備の責任を喚起するとともに，施設建設への大義名分を与えたことを意味した．公立体育館の建設状況をみても，1970年代から1980年代にかけて全国的に急増した．

このように画期的な意味をもった「答申」は，実は，1961年に成立した「*スポーツ振興法」の論理的発展形態であり，その具体化であった．「スポーツ振興法」第3条（施策の方針）には，国および地方公共団体の諸条件整備義務が，第4条（計画の策定）には，文部大臣の基本計画策定義務および保健体育審議会からの意見の聴取義務が謳われていた．これに基づいて文部省は1964年6月「スポーツ振興に関する基本計画について」を保健体育審議会に諮問，その中間報告が7月に出された．本答申は出されないままに終わるが，この中に，後に「答申」が具体化した理念が既に提示されていた．そこには，国民のスポーツ振興にとって，施設の整備，指導者の養成，組織の育成が重要であり，「国及び地方公共団体は，これらの諸条件の整備確立によりいっそう努め

るべきであり」，そのために「長期的に，総合的な計画を樹立する必要がある」と述べられていた．その3年後の1967年に，この「答申」のための諮問がなされた．

〔成立の経緯〕「答申」が出された時代状況・背景には3つの特徴が指摘できる．①生活様式の急速な変化に伴う国民のスポーツ欲求・要求の増大．②「保健体育審議会令」により，委員は「文部大臣が任命する」とされていたように，具体的任命主体は文部省体育局であったが，ここがリベラルな勢力に担われていたことが，委員の人選に大きな影響を与えた．③1960年代後半から1970年代前半は，政治的激動の時代で，京都，東京，沖縄，大阪をはじめ全国各地に続々と革新自治体が誕生し，また，公害・都市問題，物価上昇などに対する*住民運動が至るところで噴出した．国は，スポーツの振興を社会政策の一環として位置づけ始めていた．このような時代の空気と運動の存在が「答申」の成立を支えた．

〔課題〕「答申」の成立は，理論的には，日本において，1970年代後半から1980年代に発展する*スポーツ権論を用意することになり，実践的には，同時期における自主的な*スポーツクラブの発展，全国の自治体での施設整備計画の策定とその具体化を推進した．今日の国民のスポーツ振興にとって，「答申」は，歴史的な役割を果たしたといいうる．だが，施設整備のための長期的展望をもった財政的裏づけを欠いていたため，1980年代前半から，この政策の具体化は頓挫し，政策転換に向かった．スポーツ政策において，財政的裏づけをいかにして確立していくかが，重要な課題として提起された． （関　春南）

⇨保健体育審議会

〔文献〕1) 関春南：戦後日本のスポーツ政策—その構造と展開—，pp. 201-218，大修館書店，1997．

大学開放　university extension

〔定義〕一部の特権階級に占有されてきた大学の恩恵を広く分配しようとする試みのことで，大学の民主化運動の中で生成し，発展をみてきた．その意味では，「大学の社会貢献」や，「大学と地域社会のパートナーシップ」「開かれた大学」といった言葉で表明されるものも，大学開放の今日的発露と見なすことができる．

〔歴史〕大学の埒外におかれている人々に大学教育の恩恵をもたらそうという意図から1873年に創始されたものが，英国大学拡張である．それでも，初期の巡回講義が，教授団の厳格な管理のもとにおかれ，かつ，あくまで正規の大学教育とは一線を画して提供されていた事実を考え合わせると，ケンブリッジにしても，オックスフォードにしても，大学当局は正規の教育を擁護することにいかに腐心していたかが推し量られる．

英国大学拡張の理念をもっと簡明直截なやり方で具現しようとしたのが，シカゴ大学であった．1892年ハーパー（Harper, W. R.）学長による新大学構想によると，大学拡張部は講義コース，夜間コース，通信コース，図書館拡張の4部門から構成されていた．新機軸は，通信や夜間クラスによる正規の大学教育そのものの開放（extension of university teaching）にあった．ここに至って，大学拡張は，"巡回講義システムによる高等教育（higher education）" 以上の事業を包摂することになる．しかし，シカゴ大学のように，大学開放をひとたび大学の本義的な機能の1つに取り込もうとすると，今度は，巡回講義のように正規の教育と異質なものは，学内の保守的な勢力から批判を浴びることになる．それが高じると，大学の社会的威信を損なうものとして教授団から排除される宿命にある．学内的には，むしろ正規の教育の開放のほうが肯定的に*受容されることになるから，歴史は皮肉である．

〔社会サービスとしての大学開放〕いずれにしても，大学開放と大学の伝統的な機能との軋轢は避けがたい．この難題を解決するには，新たな理念のもとに，大学観を再構築するしかない．その意味において，1904年，学長に就任するや，ヴァンハイス（Van Hise, C. R.）が高唱した「ウィスコンシン理念」（Wisconsin Idea）は興味深い．州税によるサポートへの対価として大学が担うべき州へのサービスという観念を拠に，彼は，大学の果たすべき役割を規定しようとした．したがって，州民のニーズがあるかぎり，大学は，自らが有する知的，人的，物的資源でもってすべからく応える義務を負う．そうしたウィスコンシン理念の発露が大学拡張事業であった．ウィスコンシン大学で復活した大学拡張が，事業の内容においても，方法・形態においても，比類なき柔軟性と多様性をもつことになったのは必然的帰結といえるだろう．

〔課題〕このようにみてくると，大学の恩恵に浴することができないでいる人々に，大学は何ができるかという試みを端緒とし，やがて「地域に対して大学は何ができるか」という課題に応えようと繰り広げられてきた壮大な実験が，大学開放の歴史にほかならない．したがって，今日，大学開放というとき，

「正課教育の開放」はもとより，大学が有する教育資源で地域社会のニーズに応えようとする「機能的開放」など，いわゆる教育による社会貢献をはじめ，研究による社会貢献を企図した「受託・共同研究」，あるいは，教師や学生など「人的資源の提供」から，「施設開放」に至るまで，実に多様な事業が包含される．しかも，その実験は，いまだ完結してはいない．今後，それらの事業を，自ら担うべき本義的機能としていかに受容するのか，他方，学外的には，地域社会といかにして対等にして互恵的な関係を構築することができるのかが，わが国の大学に問われているのである． (小池源吾)

⇨構外教育事業，労働者教育協会 (WEA)

〔文献〕1) 小池源吾：生涯学習における大学．社会教育と学校（鈴木眞理・佐々木英和編著），学文社，2003．; 2) 小池源吾：高度生涯学習社会に対応したコミュニティ・パートナーシップ・センター・モデルの開発．科学研究費補助金（基盤研究(C)(1)）研究報告書（課題番号15530506），2005, 2006．

大学拡張　⇨大学開放

大学構外教育部(英)　extra-mural department (in UK)

英国の大学における成人教育担当部局を代表させた総称である．英国の大学における成人教育は，19世紀，ケンブリッジ大学において「*大学開放」「大学拡張」として始まったのが起源であるが，その担当部局は，時代によって様々な名称で呼ばれてきた．たとえば，19世紀後半は大学構外教育の「常設委員会」(Delegacy)，1920年代からは大学の「成人教育部」(adult education department)，さらに近年では，大学の「成人・継続教育部」(department of adult and continuing education) や「継続教育センター」(continuing education center) などである．大学構外教育部は，「*労働者教育協会 (WEA)」とともに，英国の成人教育の「責任団体」として国家より認定され，英国成人教育の伝統である，非職業的一般成人教育を展開してきた．なお，英国における*責任団体制度は1992年で廃止となっている．(藤村好美)

⇨構外教育事業，大学開放，責任団体制度

〔文献〕1) 矢口悦子：イギリス成人教育の思想と制度―背景としてのリベラリズムと責任団体制度―．新曜社，1998．

大学公開講座　university extension course

〔概観〕大学外の一般社会人を対象に，大学教育や研究成果を広く社会に開放するための講座である．文部科学省の統計によれば，1990年で3173講座であった講座数は，1997年には1万86と1万件を突破し，2008年で2万5411件となった．近年はキャンパス外に講師が出向く*出前講座等も積極的に開催され，講座の開催方法もますます多様化している．そうした成果として，受講生数も2008年には，110万人に達した．ただし，1講座あたりの人数で換算すると，1990年時には134.6人であったのが，2008年は43.5人と，講座の増加に伴って減少する傾向もみられる．実際には，首都圏など都心の私立大学における大学公開講座の開設数が急増する中で競合も激しくなり，質の面から講座の淘汰が始まっている．*中央教育審議会の生涯学習分科会は，公開講座数の量的増加の意義を認めつつ，提供される内容が学習者のニーズに必ずしも適合していない講座があることを指摘した．なお，講座内容に関する文部科学省の統計でみると，2002年の場合で「一般教養」が30.0%と最も高く，「語学」(19.2%)，「専門・職業」(19.2%)，「現代的課題」(13.5%)，「趣味」(13.1%)，「スポーツ」(4.8%)，「その他」(3.4%)と続いている．

〔課題〕大学公開講座をめぐる課題は，大きく3点に要約することができる．第1は，講座の編成原理や学習方法等についての理論的基盤の確立である．近年は演習形式を導入するなど，新たな方法論による*実践の蓄積も進んできた．それらを，学習者の自律的な学習とその適切な支援という成人教育の原理によって精緻に理論化する必要がある．第2は，公開講座のねらいを*大学開放の事業全体に位置づけて設定することである．そのためには，現状において，講座運営の中心となっている部省が一括して諸事業を管轄することが望ましい．第3に，公開講座の担当教員を正当に*評価するシステムを確立する必要がある． (佐々木保孝)

〔文献〕1) 瀬沼克彰：第二ステージの大学公開講座．学文社，2009．

大学コンソーシアム　the consortium of universities

〔概観〕同じ地域に所在する大学が，大学間，あるいは地域社会や産業界との連携を図るために組織した連合（コンソーシアム）を大学コンソーシアムと呼ぶ．大学が，「知」の源泉として地域からのニーズに応える社会貢献を行い，かつ自らの教育活動や研究活動をも活性化させていく方途として，大学コンソーシアムに大きな期待が寄せられている．わが国では，1998（平成10）年に発足した「財団法人大学

コンソーシアム京都」が先例となり，2006（平成18）年現在，30を超える大学コンソーシアムが存在する．

〔事業内容〕多くの大学コンソーシアムが実施している事業内容を*分類してみると，大きく3事業に収斂することがわかる．第1は，従来の大学教育サービスの向上に資する事業である．単位互換や編入生の受け入れ，学生ボランティアや*インターンシップ事業の実施，*eラーニング等を導入した授業開発などがそれに当たる．中には，FD（faculty development）や事務職員研修などを主催して大学教育の改善に取り組む団体もある．第2に，地域社会への教育サービスを行う事業があげられる．公開講座を企画したり，*大学図書館情報システムを共同で整備するなどして，地域住民に対する生涯学習機会の提供につとめている．また，高校生の進路選択を助け，中等教育と高等教育の接続をスムーズにするための「高大連携」事業も，この種の事業として実施されている．第3は，産官学連携に関する事業である．国や自治体，民間企業等から寄せられる学術的なニーズに応えるために，あるいは外部機関からの研究資金獲得のために，受託研究や共同研究の受け入れ体制の整備を行っている．近年では，大学の研究成果を活用した新たなビジネス「大学発ベンチャー」の推進に積極的に取り組んでいるコンソーシアムもある． （志々田まなみ）

〔文献〕1）細野助博・大重史朗：消え去る大学！生き残る大学!!—ネットワーク多摩に見る，あるべき大学の姿—，中央アート出版社，2009．

大学成人教育　university adult education

大学成人教育は，大学が主体となって地域社会に提供する成人教育事業をさす．

〔歴史〕大学成人教育は，英国および米国で発展し，ヨーロッパ（特に北欧）やアジア諸国などにも影響を与えてきた．英国の場合，19世紀半ば以降，オックスフォード（Oxford），ケンブリッジ（Cambridge）両大学を中心に大学拡張運動がなされ基盤が形成された．19世紀後半から20世紀に設立された都市（市民）大学（civic university）を基盤に，大学成人教育は発展した．1920年代以降，*労働者教育協会（WEA）との連携による，少人数の*チュートリアルクラスでの成人教育講座開設（主に，社会科学と人文科学の内容）が行われ，大学によっては，構外教育部（Extra Mural Department：EMD）を設け，広く市民に門戸を開放した．また，レジデンシャルカレッジ（*宿泊型成人教育カレッジ）は，市民団体，*労働組合，大学と連携して事業を展開した．

〔変革〕大学成人教育は，第2次世界大戦後も継続発展してきたが，20世紀後半から21世紀初頭の大学改革期に大きな変動を迎えている．その理由は，①高等教育人口の拡大による市民の学習関心の変容，②1970年代以降は，公開（放送）大学（open university）の設置（1971年），ポリテクニックの増大および大学昇格（高等継続教育法，1992年）などの高等教育機会の拡大，③*資格，学位取得を目ざさない社会目的型，*教養重視のリベラル成人教育事業への補助金支出抑制などにより，成人継続教育学部の閉鎖，構外教育部の廃止が続き，大学成人教育は停滞・再編を余儀なくされている．

〔米国の大学成人教育〕米国では，英国の影響を受けつつ，19世紀から現代にかけて，独自な大学成人教育の発展がみられた．たとえば，20世紀初期のウィスコンシン大学は*地域課題解決のために「サービス」（Service），特に，農業講習会，実験農場などの拡張事業を開始し，1906年に「大学拡張部」（University Extension Division）を開設した．その後，他の大学も続き，1915年には，全米大学拡張協会が設立された．英国の非職業的リベラル成人教育に対し，米国は*職業資格や実学の重視がみられる．

⇨大学開放 （姉崎洋一）

〔文献〕1）田中征男：大学拡張運動の歴史的研究，野間教育研究所，1978．；2）姉崎洋一：高等継続教育の現代的展開，北海道大学出版会，2008．；3）五島敦子：アメリカの大学開放—ウィスコンシン大学拡張部の生成と展開—，学術出版会，2008．；4）安原義仁編訳：オックスフォード大学と労働者階級の教育—労働者の高等教育と大学との関係に関する大学ならびに労働者階級代表合同委員会報告書—，広島大学高等教育開発センター，叢書86，2006．

大学セツルメント　movement of university settlements

〔概要〕英国に始まり，大学がそれぞれの位置する都市やロンドンの貧民地区に奉仕拠点を設立し，学生はそこで地域の恵まれない人々とともに生活し社会改良を図る，という運動．大学と労働者階級との友好的接近が図られた領域の1つであり，これらの奉仕拠点は大学拡張運動の活動拠点としても機能したので，下層階級の人々と大学との接触はその面でも深められた．

〔起源〕1884年，ロンドンに始まった「トインビーホール」（Toynbee Hall）が最初である．トインビーホールはバーネット（Barnett, S.）らによりロンドンの貧民地区につくられたセツルメントハウスであ

り，そこでは，オックスフォード大学の学生たちが定住して，地域の貧しい人々と生活をともにしながら奉仕活動を展開した．トインビーホールという名称は，オックスフォード大学の歴史家のトインビー（Toynbee, A.）を記念してつけられたものである．バーネットは，トインビーホールについて，「それは，ある意味では教育センターであり，伝道所であり，ポリテクニックであり，博愛のための装置である」と述べている．

〔海外への波及〕運動はその後，英国国内ばかりか欧米各国や日本にも広がった．中でもアダムズ（Addams, J.）がシカゴに設立したハルハウス（Hull House）は有名である．日本におけるセツルメントとしては，1897（明治30）年に*片山潜によって建てられた「キングスレー館」が最初である．また，大正期に入り，1923年の関東大震災の被災地を拠点として東京帝国大学の学生の展開したセツルメント運動は，*ボランティアの原点ともいうことができるもので，*社会教育の観点からも大きな意味がある．

(藤村好美)

〔文献〕1）サンダーソン，M.（安原義仁訳）：イギリスの大学改革 1809-1914，玉川大学出版部，2003．

大学図書館情報システム the information system of university libraries

大学図書館が収集，蓄積している学術情報を，学外からでも検索できるシステム．国公私立を問わず，圧倒的多数の大学において整備されている．所蔵している書籍や雑誌の情報にとどまらず，学内で生産された研究成果についても学術情報として掲載し，*産学官連携や社会貢献活動に活用しようとする大学もある．これらの学術情報は，高等教育と学術研究を支えるだけのものではなく，地域社会全体の共有財産である．特に，高度生涯学習社会の実現に向け，地域の文化的な中心としての大学の役割が期待されているいま，大学図書館の有する知的資源をいかに地域社会に開放するかが問われている．さらに，近年，電子ジャーナルの普及や所蔵資料のデジタル化など，学術情報流通における電子化が急速に進んでおり，大学図書館情報システムがそれにいかに対応するかが課題となっている．

(志々田まなみ)

〔文献〕1）逸村裕・竹内比呂也：変わりゆく大学図書館，勁草書房，2005．

大学図書館の公開 opening of university libraries to the public

大学図書館が，本来のサービス対象である学生や教職員以外の人々へも資料やサービスを提供すること．大学図書館は社会における学術資源の相当量を保有している．生涯学習や市民の情報要求の高まりを受けて，大学図書館の公共的機能として，保有する資源を公開し社会全体へ還元することが求められるようになってきた．その結果1980年代より，多くの大学図書館が，学外の研究者や市民への公開を行うようになっている．近年では，学内者向けのサービスを学外者にも開放するという形のみならず，情報の探し方やインターネットの使い方などについて，学外者を主たる対象としたセミナーを行う大学図書館もある．

2007（平成19）年度の統計によれば，学外者の*図書館利用を認めている大学図書館は1374館中1271館（93％）と，大多数の大学図書館で，学外者への公開が行われている．学生や研究者，卒業生等以外に対しても利用を認める大学図書館も1097館あり，これは全大学図書館の80％に当たる．学外利用者も，1998（平成10）年度には64万人だったが，2007年度には204万人に達しており，急激に増加している．

(高鍬裕樹)

〔文献〕1）「平成19年度学術情報基盤実態調査」，2009.3.27，文部科学省（http://www.mext.go.jp/b_menu/toukei/001/index20/1260269.htm，最終アクセス日2009/07/09）．

体験学習 learning from experience

自らの体や技や知恵を使って*実践する直接体験による学習のことである．

〔概要〕多くは青少年を対象とし，体験学習によって学習理解を深めるだけでなく，主体性や問題解決能力を高め，協調性や感受性を伸ばす，あるいは集団づくりを行うことなどが目的とされる．本やテレビ，パソコンなどでの疑似体験は間接体験であり，直接体験とは異なる．種類としては，自然体験，社会体験，生活体験，異世代・異年齢交流体験，国際交流体験，科学体験，社会奉仕・*ボランティア体験，勤労・生産・職場体験，文化・芸術体験，農業体験，海洋体験など様々で，官・民を問わず広がりをみせている．また体験学習は地域人材を活用することも多く，*地域の教育力向上としても取り組まれている．

〔近年の政策〕*文部科学省は「生活体験や自然体験が豊かな子どもは，道徳観や正義感が身について

いる」という調査結果に基づき,「生きる力」を育む方針を示して以降,学校教育では「*総合的な学習の時間」で,また,地域においては「*全国子どもプラン」「新子どもプラン」などで体験学習の推進を図ってきた.2007年度からは「*放課後子どもプラン」として*学童保育と一体化した体験学習の場を地域に創出している.なお,地方自治体単位でも,兵庫県の「とらいやるウィーク」や福岡県の「アンビシャス運動」,福岡県飯塚市「生活体験学校」など独自の施策として取り組まれているものもある.

〔課題〕課題としては,①ゆとり教育批判延長上での学力重視・体験学習軽視の傾向.②体験学習のレジャー化や勤労体験のためのテーマパークなど,参加者が都合のいいところだけを体験できるプログラムの問題.③子どもが参画する体験学習のあり方や,*遊びを豊かにし自由な活動が保障される体験学習のあり方の検討が求められる. (末崎雅美)

〔文献〕1)小菅知二・手根豊:魅力ある農業農村体験学習(応用編),豊山村文化協会,2005.

第三期の大学 (U3A) the university of the Third Age

〔誕生〕第三期とは,引退後の元気な時期(通常60～75歳くらい)を,活動的な加齢過程として積極的に捉えようとする比較的新しい概念であり,第三期の大学(U3A)は,この概念に基づき,1972年にフランスのトゥルーズの大学で誕生した高齢者事業を起源とする学びの場である.1975年には国際協会(AIUTA:International Association of Universities of the Third Age)が同大学に設立された.今日,多くの国がU3Aを採用する中で,代表的な2類型が認められている.1つは,大学と提携し,アカデミックな知を重視するフランス型であり,もう1つは,第三期の人々自身が教え,運営するセルフヘルプ形式の英国型である.他の国々では,両要素を合併し,各国に合う形を進化させてきた.

〔内容・展開〕2類型の共通点は,入学試験も*資格付与もなく,誰もが学べることである.実際,1人暮らしの女性の参加が多いという報告もある.セルフヘルプ型は,成人教育では満たされない参加型形式,財政効率の良さ,科目別ネットワークによる選択幅の拡張などが成功し,今日,世界的な趨勢になりつつある.一方,フランスでは,提携大学の退却が進む中で,U3Aが主婦や青年層を含めた*地域学習組織へと再編成されたり,*職業教育への転換が進む傾向がみられる.特筆すべきは世界一のU3A数を誇る中国である.中国では,行政主導のもと,軍隊や大学が運営に当たる.人々の教育格差に対応する細やかな指導が心掛けられ,選抜が必要なほどの人気を集めている.

新たな動向として,1998年にはオンラインU3Aが,また,2009年1月には,ウィキペディア上の1つのサイトとして,バーチャルU3A(VU3A:Virtual University of the Third Age)が開設され,健康上の問題等でU3Aの集団に参加しにくい人々にも,参加の途が拓かれた.

〔課題〕各国に共通する課題として,ホスト組織からの財政的自立,第四期の人々の参加,*eラーニング開発と*メンター育成,オンラインを利用した組織づくりなどが指摘される.第三期とは第2次成長期ともいわれる.この30年のU3Aの歩みは,第三期の教育的可能性の豊かさを示唆するものといえよう. (中川恵里子)

⇨人生第三期

〔文献〕1)Swindell, R., Thompson, J.: An International Perspective of U3A. Educational Gerontology, 21, 1995.;2)中川恵理子:イギリスの第三期の大学.日本社会教育学会概要,No. 35, 77-86, 1999.

第三世界の成人の識字 adult literacy in the Third World

人権や*学習権の確保という観点から,いわゆる第三世界(発展途上国)の成人を対象に行われている*識字教育.発展途上国の場合,女性を対象に実施されていることが多い.社会文化的に不利益な立場,状況に置かれている女性にとって,文字の読み書き学習は社会参加を促す契機となる.識字教育は,*ノンフォーマル教育プログラムの一環として実施されており,とりわけ,国連が1990年に制定した*国際識字年(International Literacy Year)以降,女性が3R's(読み,書き,計算)を基本とする日常生活に必要なスキルの習得を通して,自信や主体性を獲得する学習こそ,「エンパワメント(力をつけること)である」と紹介されている.

識字教育の教授法には,ブラジルの教育学者*フレイレが主唱した「*意識化」(conscientization)を促す問題提起型の学習論が多くの国や地域で採用されてきている.しかし,その*実践においては識字率の向上のみを*評価するのではなく,学習に参加する人々(非識字状態に置かれている人々)の多様な社会文化的背景等にも着目し,彼らの社会参加の具現化を促進する支援策として,幅広い観点から,

学習の機会を提供していくことを忘れてはならないであろう． （長岡智寿子）

⇨基礎教育

〔文献〕1）パウロ・フレイレ（小沢有作ほか訳）：被抑圧者の教育，亜紀書房，1979．

第三世代の人権　the third-generation human rights

〔概要〕権力から個人を守る自由権的な権利としての「第一世代の人権」，平等を求める社会権的な権利としての「第二世代の人権」に続き，「友愛と連帯の権利」とされる権利である．「第三世代の人権」は1960年代の植民地独立運動の展開と国際社会の構造変化を背景に，1971年*ユネスコ人権・平和部長ヴァサク（Vasak, K.）らを中心に提唱されたといわれる．新国際経済秩序（NIEO）の提唱とも関係が深く，発展途上国が国際協力を前提とした新しい人権概念を主張し始めたことに端を発する．

〔特徴〕「発展の権利」（発展途上国が文化や情報面でも対等に*評価される権利．国連は「発展への権利に関する宣言」1986年採択）のほか，民族自決権，平和に生きる権利，環境への権利等が，その内容にあげられる．それらは南北問題や環境問題など国際社会の重要な争点に深く関係し，単に発展途上国の利害を超えた地球規模の議論としての流れをみせている．ただし既存の人権とは異質な一群の権利をグループ化した面もあり，環境への権利以外はどれも生成途上にある権利概念でもある．保障の主体は国家のみでなく社会活動すべての行為主体（個人，国家，公的および私的団体，国際共同体）の努力の結合による，集団的権利（ただし個人的側面も有する）とされている．

〔課題〕法的権利としての未成熟さの指摘に加え，特に権力に対する個人の保護という当初の人権目的を堅持する点から，第三世代の人権論が「個人および集団」を権利主体とすることへの反論もある．対してこの権利論は自由権を核とする西欧に伝統的な人権観と異なり，*他者との「開かれた関係性」を求めていく点に注目すべきという意見も提出されている．いずれも人権とは何かを根本から問い直すものであり議論の過程にあるといえよう． （岡　幸江）

〔文献〕1）岡田信弘：第三世代の人権論．人権論の新展開（高見勝利編），北海道大学図書刊行会，1999．；2）初川満：国際人権法の展開，信山社出版，2004．

大衆文化　popular culture

マスメディアの発達，人々の生活水準の上昇，教育の普及拡大等を背景にして，文化を享受する機会が大衆化していく社会状況，および，その下で成立する文化の性格をいう．

〔歴史的背景と性格・問題点〕日本において，大衆文化が成立し普及していくのは，第1次世界大戦を契機として重化学工業化が進み，労働者階級が1つの社会的勢力として形成され，都市社会化が進展していく1920年代以降である．そして，高度経済成長が始まる1950年代後半〜60年代にかけての大衆社会化の中で，大衆文化の発展は新たな段階を迎える．

大衆文化が成立する背景および基本的な性格・問題点としては，次の点が指摘できる．第1には，複製技術や情報メディアの発展に伴い，文化や娯楽の産業化が可能となり，文化の大量普及・商品化が進むことである．映画・レコード・雑誌・ラジオ・テレビ，そしてCD・ビデオ・DVD等の形で，多くの人々が手軽に文化を楽しむことができるようになった．しかし，それは同時に，文化の商品化・画一化を推し進め，「文化を消費する」という意識や行動スタイルを社会に広げることにもなった．第2には，産業やマスメディアを媒介としない民衆文化（民衆自身が，日常の暮らしの中で育み発展させてきた土着の文化）が衰退したことである．人々が日常の生活を通じて文化を創造し共同で文化を楽しむ機会が減少し，文化の創造・享受の主体性が弱められることになった．

〔民衆文化との関連〕近年の「ポピュラー文化」研究においては，このような「大衆文化」を「民衆文化」と対立的に捉える従来の見方をのりこえる新しい視点が提起されている．それは，商業主義という側面はありながらも，多くの人々に広く受け入れられている大衆文化に存在する魅力や可能性を積極的に探り出そうとする志向である．すなわち，ポピュラー音楽・映画・テレビ・マンガ・大衆文学等を民衆文化との関連で捉え直し，新たな民衆文化の創造へと向かう可能性を見いだそうとする試みである．大衆文化と民衆文化の対立を図式化して捉えることなく，その関連を深く分析し，民衆文化を再構成していく動きは，*社会教育・生涯学習の未来像を探る上でも重要である． （草野滋之）

〔文献〕1）北田耕也：大衆文化を超えて，国土社，1986．

退職準備教育（プログラム） pre-retirement education program（PREP）

主として定年退職期に，長年勤めた会社を退くことにより，仕事中心の生活から新たな退職後の生活に移行するときに生じる不安を和らげ，生活上の課題を解決し，新しい人生の展望を拓いていけるよう支援するために計画される教育プログラムである．1950年代に米国で開発され，日本では1970年代以降に，企業内教育の一環として取り組まれるようになった．*NPOが提供するものもある．

内容は，特に経済面での不安や課題に対応した社会保障制度や資産運用等の*知識を習得するもの，会社という準拠集団を離れ新たな*居場所や生きがいを見いだすための心構えや意識の変容を促すもの，具体的に退職後の生活設計を考え計画するライフプランづくり等が中心である．日本では定年後の就業率・希望率が高く，定年退職＝引退ではなく，生涯の*キャリア開発の一通過点として「もう1つの働き方」に焦点づけたプログラムも実施されている．

(葛原生子)

〔文献〕1) Lumsden, D. B.: *Preretirement Education*, ERIC Clearinghouse on Career Education, 1977.

第2言語習得 ⇨ ESL

第2言語としての英語 ⇨ ESL

第2の教育の道（独） 英 alternative way of education（in Germany），独 Zweiter Bildungsweg

通常の義務教育などを経ていない成人に対して，学校卒業資格（Schulabschluss）やドイツにおける大学入学資格（Hochschulreife）であるアビトゥーア（Abitur）等を付与する「成人のための学校」をさす総称である．具体的には，夜間学校，夜間リアルシューレ，夜間ギムナジウム（Abendgymnasium），さらにはコレーク（Kollegs）などが代表的なものといえる．その中でも，特に，夜間ギムナジウムとコレークは，「第2の教育の道」の中心的な施設といえる．すでに1920年代には夜間ギムナジウムが設置されて，1930年代には，この「第2の教育の道」という概念が成立するに至った．そして，1960年代に入ると，今度は*教育の機会均等に対する「補償」という見地からも，この理念が再び重要視されるようになったといえよう．しかし，1970年代以降，「第2の教育の道」の学生数は，「移民者」を別としてそれほど増加はみられないのも事実である．今後は，生涯学習（Lebenslange Lernen）の保障という側面からも，この「第2の教育の道」がより高度の資格の取得の場として期待されるべきであろう．

(黒柳修一)

〔文献〕1) 三輪建二：ドイツの生涯学習―おとなの学習と学習支援―，東海大学出版会，2002．；2) マックスプランク教育研究所研究者グループ（天野正治ほか訳）：ドイツの教育のすべて，東信堂，2006．

大日本青少年団 Greater Nippon Youth Organization

近衛内閣での新体制の確立，高度国防国家建設に即応するための青少年組織．

〔組織〕1941年1月16日，大日本青少年団，大日本連合女子青年団，大日本少年団連盟，帝国少年団協会の4団体が参加して，大日本青少年団が結成された．1938年12月，文部省は，社会教育局長内翰「大日本青少年団結成ニ関スル件」において，高度国防国家建設のために青少年の教育訓練の徹底を目的に，青少年団体を統合し，学校教育との一体化を図るため，大日本青少年団の結成式をする運びとなったことを明らかにした．学校教育との一体化の内実は，1939年度より義務化された*青年学校教育を根幹として，青少年団体と不離一体の下に修練の徹底を期するために，単位青年団および女子青年団の団長を青年学校長とした．大日本航空青少年隊および大日本海洋少年団については，国民学校を経由して大日本青少年団の一翼および関連づけが行われたが，組織上の統合はされなかった．

〔活動〕大日本青少年団は，日独青少年交驩，大東亜共栄圏構想に応じた興亜運動，*満蒙開拓青少年義勇軍，大陸花嫁のための結婚相談所，神宮御萱場地造成，食料増産，疎開学童の少年団訓練など，戦争の深化と翼賛体制に見合った後方援護・民間防衛などの諸活動を行った．

〔終焉〕大日本青少年団はヒトラー青少年団法のように，全青少年を青少年団が掌握し，学校教育の行われるときだけ学校に通えばよいという考え方を目ざしたが，学校教育を重視する文部省，青年学校を徴兵予備教育とする陸軍省の考え方を変えることはできず，結果としては1945年5月，戦時教育令により，大日本青少年団は解散され，大日本学徒隊に組み込まれた．終戦の翌月の9月21日，文部省は青少年団体設置要領を地方長官へ通牒した．この通牒と戦後青年団の復活との関係はいまだ十分な研究がない．

(多仁照廣)

⇨青年団（青年会）

〔文献〕1）大日本青少年団史，日本青年館，1970.

大日本農会　Agricultural Association of Japan

1881年に創立された国内初の全国農業団体であり，勧農機関の性格をもつ．同年第2回内国勧業博覧会の際に，内務省勧農局が*老農120人の賛同を得て，既に全国各地で開催されていた*農談会や勧業会などを基盤とし，「汎ク農事ノ経験知識ヲ交換シテ専ラ該業ノ改良進歩ヲ図ル」という，農業振興を目的に発足した．幹事長には品川弥二郎（内務卿），特別会員には皇族，政府関係者だけでなく，多数の老農が名を連ねた．

主な事業は，老農や農学者を講師とした集会，各種研究会，講演会などの開催，諸専門分野ごとの農芸委員による農村への技術指導，農業技術の啓蒙誌「大日本農会報告」の発行などである．また，東京農業大学の前身である東京農学校の経営，全国農業教育研究会議の開催など近代農業教育の基盤整備に貢献した．1895年には農政問題のみに特化した「*全国農事会（帝国農会の前身）」が同会より分離，1916年に同会が*社団法人化し，現在に至っている．

（佐藤（森尾）晴香）

〔文献〕1）平賀明彦：戦前日本農業政策史の研究，日本経済評論社，2003.

大日本武徳会　Dainippon Butoku Kai（All Japan Federation of Japanese Martial Arts）

第2次世界大戦前に存在した総合的武道団体．奠都千百年を記念して，平安京の大極殿を模造して平安神宮が創建されたが，大日本武徳会は，かつてその傍らに存在した武徳殿の再建を図り，桓武天皇の「神徳を慰め」「報国の志を忘れざらん」として，1895（明治28）年4月に京都で結成された．その後，皇族を総裁に，各府県知事を支部長とし，各種武道の保護奨励とそれによる国民の士気涵養を目的として掲げながら，警察組織等を通して，1905年には100万人，1921（大正10）年に200万人，1938（昭和13）年には300万人をこえる膨大な会員を獲得していった．各府県における武徳殿の設立，武道大会や講習会の開催，試合規則や形の制定，称号・段位の授与，武道専門学校の運営等の事業を展開し，武道理念や武道の学校体育への採用等にも大きな影響を及ぼした．1942年3月からは国家管理下に置かれ，1946年11月，GHQの指示によって解散．1219人が公職追放となった．

（坂上康博）

〔文献〕1）坂上康博：大日本武徳会の成立過程と構造―1895～1904年―．行政社会論集（福島大学），**1**（3・4），1989.；2）中村民雄：剣道事典，島津書房，1994.

体力章検定　Tairyokusho-kentei（Medal Test for Physical Strength）

戦時下における青少年の体力増強，人的資源の充実を目的として，厚生省が制定した運動能力検定制度．1939（昭和14）年10月より，数え年で15～25歳の男子を対象に実施された．基礎検定の種目は，走，走幅跳び，手榴弾投げ，運搬，懸垂であり，成績によって上級・中級・下級・級外に分け，下級以上の合格者には体力章が授与された．受検率は，1939～42年の4カ年の間に49.2％から60.1％へ，合格率も22.1％から34.8％へと増加した．太平洋戦争下の1942年からは，国民体力手帳に体力章検定結果が記載されるようになるなど，法的な強制力をもつ国民体力管理制度との結合が図られ，1943年9月には，女子に対しても女子体力章検定が実施された．さらに戦争末期の1944年には「筋骨薄弱者」を選別し，健民修錬施所に送致する基準としても機能した．第2次世界大戦の終結とともに廃止となる．

（坂上康博）

〔文献〕1）高岡裕之：戦争と「体力」―戦時厚生行政と青年男子―．男性史2モダニズムから総力戦へ（阿部恒久ほか編），日本経済評論社，2006.

体力・スポーツに関する世論調査　public opinion poll of physical strength and sports

総理府が1965年に初めて実施し，1976年調査以後3年ごとに実施されている人々の体力，運動・スポーツ参加等の実態に関する世論調査（対象は20歳以上）．2012年現在の所管は，内閣府大臣官房政府広報室である．「体力・スポーツに関する国民の意識を調査し，今後の施策の参考とする」ことを目的とするこの世論調査は，「健康・体力に関する意識」「運動，スポーツの実施状況と今後の意向」「地域社会におけるスポーツに関する意識」「スポーツ施設とスポーツ振興についての要望」などの柱で構成されている．調査結果は，内閣府のホームページで公開されており，都市規模，性別，年齢などとのクロス集計も公表されている．運動・スポーツ参加，スポーツ振興に対する要望，クラブ・同好会への加入状況等の現状，および，その時間的な推移など，日本における人々の運動・スポーツの概要を捉える上での基礎的なデータといえる．

（尾崎正峰）

〔文献〕1）東海大学社会体育学研究室編著：データとグラフ

でみる社会体育1〜3, 東海大学出版会, 1989.

体力つくり国民会議（体力つくり国民運動）
National Movement for Promoting People's Physical Fitness

　国民の健康・体力の増強を図るため，国民的な運動を推進しようと，政府が音頭をとり，民間関係団体を包摂して結成された会議体．

　東京オリンピックを契機に体力つくりの関心が高まり，政府は1964年12月18日「国民の健康・体力増強対策について」を閣議決定する．これに基づき，1965年3月25日，文部省をはじめ，11の政府関係省庁と，*日本体育協会加盟の各競技団体をはじめ，168の民間団体からなる官民一体の組織として，この会議体は設置された．また，都道府県段階では「体力つくり県民会議」が結成された．翌1966年4月，全国的規模で体力つくり事業を推進する団体として「体力つくり事業協議会」が設置された．このように，組織的には大規模に結成されたが，運動の実態と効果は，後の文部省調査報告「国民体力の現状」が示したように，所期の目的にかなってはいなかった．現在，体力つくり国民運動は（財）健康・体力づくり事業財団の事業の1つに位置づけられ，体力つくり国民会議には，スポーツ団体をはじめ医療，福祉，教育，マスコミなど幅広い分野の233団体（2009年4月現在）が参加している．　　　（関　春南）

〔文献〕1）関春南：体力つくり運動の現状と課題，体育科教育，1974．；2）（財）健康・体力づくり事業団：月刊「健康づくり」，（財）健康・体力づくり事業団．

対話　dialogue

〔語義〕一般的には「向かいあって話すこと」（conversation, colloquy）であり，「会話」と同義である．1対1の2人で行うのが基本であるが，3人あるいはそれ以上の小集団でも可能である．「対話者」という法律学上の概念はあるが，*社会教育・生涯学習の分野でこの言葉が重視されるのは，教育方法・学習方法の上での意義によってである．古くギリシャでソクラテス（Sokrates）が終日街頭や集会場で，青年・成人を相手に質問をしかけ，問答を通じて相手に自己の矛盾に気づかせ，真理に眼を開かせる教育を行った．この問答法（Dialektike）は，その後，西欧における教育方法の歴史で常に回想され続けた．子どもの自主性を尊重し，自発的学習を重視する近代学校において評価され，技術的に洗練されてきた．成人教育では，子ども以上に学習者の主体性が大切なので，「教授」方式よりも問答法（question and answer method）のほうが有効であることが確認されている．

〔意義〕戦後，公民館では討論会が盛んに行われ，市民として公論を形成する能力の涵養が目ざされたが，やがて学級における話し合いによる*共同学習が展開されるようになった．これは共通の*生活課題の発見と解決のために知恵を出し合う学習形態であり，メンバー間での対話と人間的交流が重視された．高度経済成長期を経て大衆民主主義社会に移行すると，マスコミの世論形成機能が強くなり，多数意見に安易に同調する傾向がみられるようになった．これに対して，自分の意見をしっかりもつとともに，*他者の意見にも耳を傾け，対話を通じて主体性を確立することの重要性が認識されるようになった．*ハーバーマスのコミュニケーション論的発話行為論，ブーバー（Buber, M.）の「我—汝」関係での対話の哲学，バフチン（Bakhtin, M. M.），クリステヴァ（Kristeva, J.）の記号論的な「対話原理」（ポリフォニー）が，理論的基礎を提供している．
　⇨共同学習，相互教育　　　　　　　（宮坂広作）

〔文献〕1）Buber, M.: *Ich und Du*, 1923.: *I and Thou*, 1958（植田重雄訳：我と汝・対話，岩波書店，1979）．；2）Habermas, J.: *Theorie des Kommunikativen Handelns*, 1981（河上倫逸ほか訳：コミュニケイション的行為の理論，未来社，1985-87）．

台湾の社会教育　social education (adult and community education) in Taiwan

〔概観〕台湾の社会教育は，①日本統治下，②戒厳令下，③民主化以降の3つに時期区分できる．①では統治体制に従順で勤勉な民衆の育成，②では反共・大陸への反攻・国家の復興および民族精神教育を掲げる思想善導，③では地域を核とした民衆主体による民主社会の再構築がその中心的課題であった．

〔植民地台湾〕植民地台湾の最大の問題は言語である．日清講和条約締結後すぐ，住民との意思疎通の急務から成人男子に日本語や算数等を教える「国語伝習所」（国語＝日本語）が伊沢修二の主導で開かれる．この実践が各地に広まると，総督府はそれらを廃して公学校（初等教育施設）を設置（1898年，公学校令）．そこでは学齢児童の教育以外にも，夜間や休業時に地域住民の教化が図られた．*社会教育施設としては*博物館，総督府図書館がつくられ，地方では通俗教育会が巡回講演を行った．

　1910年代には，世界的な民族自決の思潮を追い風

に，台湾人主導の政治的文化的な運動が展開する．台湾文化協会は台湾民報を刊行して各地に読報社を設置，夏季学校・講演会・映画・音楽会等により文化向上と民衆啓蒙に努めた．また蔡培火ら日本留学中の台湾人による雑誌『台湾青年』の発刊もみる．

　台湾人が総督府の「同化」概念を利用して自らを主張するようになると，総督府は民衆教化の体制を強めていく．1926年文教局内に社会課を創設し，社会教育事務官を配置．以降，各地の教育会や青年団体を社会教育団体として再編，1928年には各州，庁，市に社会教育書記を置く．さらに1930年に台北州が開設した「国語講習所」（対象は12〜15歳，日本語を常用しない者．無償．実業教育も実施）を端緒に，同様な社会教育施設が急増．戦局の悪化に伴い，*青年学校や皇民錬成所，青年特別練成所等を新設，戦時体制に従順な民衆養成に資する教化体制を敷いた．

　なお先住民の多い地区は警務局管轄の「特別行政区域」とし，教育（日本語教授と授産が主眼）も警察官が蕃童教育所で担ったが，霧社事件（1930年）を機に統制が強まる．青年団や各種団体の活動も「健全な皇国民の育成」に資するよう指導され（1939年，高砂族社会教育要綱），徴兵制が敷かれると，先住民族も兵力として軍需体制に組み込んだ．

　〔戦後〕中華民国の一省として「光復」（植民地支配からの解放）した台湾の社会教育事業の嚆矢は，日本語排除＝北京語による「失学民衆補習班」である．しかし1949年の二二八事件後，戒厳令が敷かれると反共・大陸反攻・国家の復興，民族精神の教育が前面に押し出され，加えて1966年に蔣介石総統は中国大陸の文化大革命に抗して「中華文化復興運動」を起した．1944年（重慶国民政府）制定，1976年改正の「補習教育法」は，労働力育成が主眼であった．1971年の国連脱退後は「本土化」意識が高潮し，*地域文化を普及する民間団体が興るが，1987年の戒厳令解除まで，国民党政府による思想善導が社会教育の中心であった．

　社会教育施設としては，1953年の「*社会教育法」によって「社会教育館」，その下に「社会教育工作站（ステーション）」を，さらに「終生教育（生涯教育）」が初めて明文化される1980年の改正によって各県市に「文化中心（センター）」が設置された．ただし，前者は*レクリエーション，後者は趣味的な活動を中心としたため，社会問題を扱う環境や*消費者運動等の民間団体はメディアやデモ集会による大衆啓蒙を図った．その過程で，1994年に「社区総体営造」（*コミュニティ単位の総合的なまちづくり）が提起され，また同年，民間団体である四一〇教改革聯盟の黄武雄らが教育の現代化を求める運動を展開した．政府も「教育改革審議会」によって「終身学習」を唱え，高等教育の市場化政策の下「大学拡張教育」が促進された．1998年に，*知識普及による民主社会建設を謳った文山社区大学が台北市に設置され，その後各地で社区大学が開設され（2009年96ヵ所），地域住民に学習機会を提供している．

　〔課題〕植民地下台湾の社会教育は，日本の社会教育史および台湾教育史の中に確固たる分野を形成してはいない．統治側の*日本語教育を軸とする「同化教育」，台湾側の知識人による啓蒙活動との関係で，個別に研究が進んでいるが，民衆の生活要求を利用した統治政策の中心となる社会教育の全体像の解明が急がれる．

　戦後の社会教育は，学校教育への依存が強く，独自の内容や方法の検討が欠けている．また*受益者負担や「終身学習」という用語の無批判な使用も問題視されるべきであろう．現代的課題として，マイノリティの先住民，新移民女性やWTO加盟後に疲弊した農村への対応があげられる．

（林　世堯・豊田明子）

〔文献〕1）台湾教育会編：台湾教育沿革誌，台湾教育会，1939.；2）中華民國成人教育學會編印：成人教育辭典，1995.；3）TOAFAEC：東アジア社会教育研究，7,11-15号，2002-2010.

ダカール行動の枠組み　Dakar Framework for Action

　2000年にセネガルのダカールで，*ユネスコ，*ユニセフ，国連開発計画（United Nations Development Programme：UNDP），国連人口基金（United Nations Population Fund：UNFPA），および*世界銀行の共催で開かれた世界教育フォーラムの場で決められた「万人のための教育」（Education for All：EFA）を達成するための具体的な目標．1990年にタイで開催された教育の世界会議において，2000年までにEFAを実現することを目標にした宣言が155ヵ国の政府によって採択されたが，その目標達成にほど遠い状況があったことから，この枠組みが決められた．すべての子どもたち，またすべての青年および成人のための教育を改善し，これを平等に保障するための6つの目標が定められている．この枠組みを採択した181ヵ国は，遅くとも2002年までにその目標の実現のために必要となる具体的な行動計画を策定することが求められた．

多言語教育　multi-lingual education

民主的,言語的多元主義を根底に,すべての人々の言語権を保障する教育のことである.

〔内容〕多文化・多言語教育と並列して記する場合が多い.その内容は,多言語を育てる教育,多様な言語を用いる教育,多様な言語を使用する人々への教育等と多義にわたる.

多様な言語が共存する社会において,異なる言語の存在を容認し,その使用および保持を認めるだけではなく,文化の重要な部分である言語の使用,ないし保持する権利を基本的な人権と捉え,個々の言語の価値を尊重し,必要に応じてその言語の維持・発展に対し政府による積極的な援助が求められる.この多言語主義に基づく多言語教育とは,マジョリティの人々のみならず,社会的マイノリティ(たとえば少数言語話者や移民,手話者等)における言語を使用・保持する権利も保障される教育である.

〔現状と課題〕日本では,多様な言語背景をもつ人々の増加に伴い,従来の単一言語の教育に対する再検討が迫られている.多言語教育の実践としてはバイリンガル教育,二言語教育等の実施が近年増加しているが,その多くは日本人を対象に英語と日本語を中心としたものである.少数言語話者や日本語を母語としない移民への多言語教育的対応が緊急な課題となっている.それは彼らに対する*日本語教育の充実が求められると同時に,彼らの民族言語・母語教育の実施と支援も重要な側面である.これについては,少数言語話者が自ら立ち上げる*民族学校,母語教室や,*NPO・*NGOの支援活動のほかに,群馬県や大阪府等地方自治体レベルで行われている日系ブラジル人や在日コリアンの子どもに対する実践も多言語教育の一環として捉えられる.しかし,国レベルでの対応の遅れが指摘できよう.

多言語教育においては,言語権の認識,民族言語・母語学習・継承への支援,学校教育と*社会教育の全体にわたる多文化・多言語主義についての教育の徹底が重要な課題となる.　　　　(朝倉征夫・裴暁蘭)

⇨多文化教育,多文化・多民族共生

〔文献〕1)渋谷謙次郎・小嶋勇:言語権の理論と実践,三元社,2007.;2)河原俊昭・山本忠行:多言語社会がやってきた,くろしお出版,2007.;3)言語権研究会編:ことばへの権利,三元社,1999.

田澤義鋪　Tazawa, Yoshiharu

1885(明治18)-1944(昭和19).父義陳,母みすの長男として佐賀県に生まれる.戦前の*青年団指導者.「青年団の父」と呼ばれる.

〔経歴〕熊本第五高等学校,東京帝国大学政治学科卒業後,内務官僚.静岡県安部郡長,明治神宮造営局総務課長,東京市助役等を勤めた後,勅選貴族院議員.そのかたわら,*修養団本部評議員,協調会常務理事,大日本連合青年団・日本青年館理事(長),淀橋青果*青年学校長等を歴任した.そのほか,政治結社「新政社」や壮年団期成同盟を設立した.

〔教育活動と役割〕田澤の教育活動は,主に青年教育,公民教育,*労働者教育の3つにまとめられる.特に青年教育には力を注ぎ,「青年団の父」と呼ばれている.安部郡長時代から「天幕講習会」の開催等を通じて青年団を育成し,青年たちの公民的資質の向上を図ることに尽力した.明治神宮造営局時代には,全国の青年団の勤労奉仕によって神宮造営を成功させた.その後,大日本連合青年団の結成や日本青年館の建設に中心的な役割を果たし,青年団の組織化に尽力した.田澤は,青年団を郷土における自然発生的で自治的な団体と捉え,青年の社会的・共同的な生活の訓練と修養を行う場であると捉えていた.また「一人一研究」を提唱し,青年団員ならではの郷土の産業に対する貢献策を提案し,郷土における中堅青年の育成を目ざした.

公民教育では,「国民の公的生活に関する教育」の必要性を早くから唱え,*実業補習学校での公民科の設置を主張した.労働者教育においては協調会常務理事を務め,修養団や青年団での*経験を生かして労務者講習会を開催し,労務者の資質向上,社会協調意識の涵養を図ろうとした.

田澤の教育活動は,理想主義的な皇国思想を基礎とした「道義国家」の建設を目ざそうとするものであった.　　　　　　　　　　　　　　(上野景三)

〔文献〕1)後藤文夫編:田澤義鋪選集,日本青年館,1967.

他者　the others

〔他者とは何か〕一般的な意味としては,自分以外の他の人をさすわけであるが,ここでいう他者とは,具体的に自己とは異なる肉体と精神を有する他人という存在だけを意味するものではない.それは,社会的な価値や規範等を代表する存在,すなわち「象徴的な他者」として,またそれを自己の中に内面化した「内なる他者」としても存在するのである.

〔関係としての他者〕人間は社会的な動物であるとい

う定義は，もともと人間は他者との関係の中において存在しており，それゆえ人間の意識の中に生まれたときから他者が入り込んでいる．現象学的にいえば，他者は私の自己経験や世界経験の中に初めから埋め込まれている，ということである．そしてその関係の中で自己意識が形づくられているがゆえに，このような他者との*コミュニケーションが豊かであるかどうかが，学習の質そのものを規定するということができる．

〔学習の前提としての他者〕そうした「象徴的な他者」や「内なる他者」も含めて学習は，自己と他者との一連のコミュニケーションの営みとして展開する．とりわけ*社会教育は，「*自己教育」および「*相互教育」が原則とされるが，そのような他者との*対話を含んで成立するという意味で，*ハーバーマスのいう「相互行為」としての「コミュニケーション的行為」としてあるといい換えることもできる．つまり，学習には必然的に他者の要素が含まれており，それとの相互作用によって営まれるという意味で，学習とは人と人との相互のコミュニケーションのプロセスであり，他者との関係によって初めて可能となるといえる． （小林　繁）

⇨自己教育

〔文献〕1) ハーバーマス, J. (河上倫逸ほか訳)：コミュニケイション的行為の理論, 未来社, 1985.；2) 社会教育基礎理論研究会編：社会教育実践の現在 (1), 雄松堂出版, 1988.

多重知性　multiple intelligences（MI）

英語の multiple intelligences の訳語であり，多重知能，多元的知能，マルチ能力などの表現でも，日本に紹介されている．米国のハーバード大学教育大学院教授で心理学研究者のガードナー（Gardner, H.）が 1980 年代から提唱し，世界的に知られるようになった．英語の頭文字をとって「MI 理論」とも呼ばれている．多重知性の考え方は，知性を 1 つのものとして捉えるのではなく，個人の中にそれぞれ独立した複数の知性が存在していると捉える点に特徴がある．ガードナーは脳研究の知見に基づいて 8 つの知性を例示し，それぞれ言語的知性，論理数学的知性，空間的知性，身体運動的知性，音楽的知性，人間関係調整的知性，自己観察・管理的知性，自然共生的知性としている．MI 理論を取り入れた教育実践は世界各地で活発に取り組まれているが，個々の学習者がもっている優れた知性を伸ばすことを通じて，自尊感情や生きる力の向上を図ろうとするところにポイントがある． （平沢安政）

〔文献〕1) ガードナー, H. (黒上晴夫訳)：多元的知能の世界―MI 理論の活用と可能性―, 日本文教出版, 2003.；2) アームストロング, T. (吉田新一郎訳)：「マルチ能力」が育つ子どもの生きる力, 小学館, 2002.

橘覚勝　Tachibana, Kakusho

1900-1978．大阪市で出生．浄国寺に生まれる．東京大学文学部心理学科卒業．大阪大学名誉教授．文学博士．わが国における先駆的老年学者の 1 人．東京帝国大学では，心理学の先駆者である松本亦太郎に師事した．1920 年代後半から東京にある浴風園を主なフィールドとして老年心理学の研究に着手し，『浴風会調査研究紀要』の中で多くの研究成果を示した．ここでは，老年心理学の研究だけではなく，高齢者の価値観といった思想研究や，近代の家父長制度の確立に深くかかわった穂積陳重の著作である『隠居論』の研究など，多角的に検討を行っている．戦後では，日本老年学会の創設にかかわり，老年心理学の領域における業績とともに，わが国における*老年学の基礎づくりにおいて多大な貢献を果たした．特に，晩年は*高齢者教育の重要性について言及を行っており，1962 年には，老人憲章を提起し，1971 年には，日本で初めて高齢者にかかわる体系的な著作である『老年学』を公刊した． （久保田治助）

〔文献〕1) 橘覚勝：老年学, 誠信書房, 1971.

脱施設　de-institutionalization

*障害のある人の居住・生活の場を入所施設から地域社会へ移行させていく取組みをさす．

欧米では，障害のある人への社会的対応の過程において，ときには 1000 人を超えるような大規模入所施設が建設されてきた．しかし，20 世紀後半から大規模施設での非人間的な処遇に対する批判が高まり，「人間としてふさわしいノーマルな生活」を求める*ノーマライゼーションの理念の広がりも背景として，脱施設が進められてきている．

日本でもコロニーと呼ばれる大規模入所施設の設置が 1960 年代後半から進められたが，近年では脱施設・地域生活実現を求める声が大きくなっている．しかし，社会福祉費削減のための入所施設整備抑制という政策的意図に脱施設の主張が利用される側面もあり，安易な「施設解体」「脱施設」に対しては異論も出されている．障害のある人が地域で豊かに暮らせるための保障，*地域づくりが重要であり，スポーツ・*文化活動・*レクリエーションも含めた生涯学習の機会の充実も求められる． （丸山啓史）

〔文献〕1) 鈴木勉・塩見洋介：ノーマライゼーションと日本

の「脱施設」，かもがわ出版，2003．

棚橋源太郎　Tanahashi, Gentaro

1869-1961．岐阜県に生まれる．日本の博物館学の祖．明治30年代から理科教育において観察・実験を重視した「直観教授」法を提唱するとともに，実物教育の場としての*博物館の基礎を築いた．1928年には，博物館事業促進会（後の*日本博物館協会）を発足させ，常務理事を務めた．1930年には，初の実質的な博物館学の専門書となる『眼に訴へる教育機関』を著して，博物館研究の体系化を図った．さらに第2次世界大戦後も，1950年に「博物館学」の名を冠した初の専門書『博物館学綱要』を著し，1951年の*博物館法制定に当たっても，棚橋法案をつくるなど尽力した．

地元岐阜県の尋常師範学校訓導を経て，東京高等師範学校博物科を卒業．1906年高等師範学校付属東京教育博物館主事となり，東京教育博物館長・東京博物館長（後の国立科学博物館）を歴任．1953年から7年間，立教大学で博物館学を担当．1959年に3人目の*国際博物館会議（ICOM）名誉会員となり，1961年に91歳で没．　　　　　　　　　　（浜田弘明）

〔文献〕1）宮崎惇：棚橋源太郎，岐阜県博物館友の会，1992．

WHO（世界保健機関）　World Health Organization

世界保健機関憲章によって1948年に設立された国際連合の専門機関であり，すべての人が可能な限りの最高の健康水準に到達することを目的としている．

健康とは身体的，精神的，社会的に良好な状態であると定義し，世界中で直面しているその問題の解決を第一義的な目標とする．そしてそのための情報や教育，トレーニングの提供を重視している．具体的には，食品，医薬品等の安全対策や国際基準の策定，特定の疾患の予防や根絶等，保健衛生に関する問題に対しての政策的支援や技術協力，援助，調査等を行っている．そのほか，疾病予防の最善策であるという認識から健康教育（health education）等も展開している．

しかし，経済的格差に伴う健康上の格差（アクセス可能な治療等の格差）の拡大や，健康と教育の因果関係についての証拠の不明瞭さ等も指摘されてきている．このことから，さらなる健康と教育に関する調査，研究が期待されている．　　　　　（飯田優美）

〔文献〕1）WHOのHP（http://www.who.int）．

ダブル　child of mixed parentage

国際結婚などにより，互いに異なる文化，人種，民族性をもつ男女の間に生まれた，いわゆる「混血児」のこと．「ハーフ」という和製英語で呼ぶ習慣が日本では一般的となっているが，英語の「ハーフ」（half）は「半分」という意味であることから，その表現に「不完全な存在」という否定的なニュアンスが感じられる，との異議申し立てが当事者の側から行われるようになった．そこで，異なる2つの文化をもつことを肯定的に意味づける言葉として，近年「ダブル」という新たな表現が使われるようになっている．現在，日本人の国際結婚は中国籍や韓国・朝鮮籍，フィリピン籍をもつ者との結婚が多いが，肌や眼の色など外見的な違いから，黒人との間に生まれたダブルの子どもを特別視するような風潮がみられる．特に沖縄においては，米国軍人および軍属と日本人女性との間に生まれた「アメラジアン」と呼ばれる子どもたちへの社会的差別の問題がある．

（野崎志帆）

〔文献〕1）新田文輝：国際結婚とこどもたち―異文化と共存する家族―，明石書店，1992．；2）S.マーフィ重松（坂井純子訳）：アメラジアンの子供たち―知られざるマイノリティ問題―，集英社，2002．

ダブルスクール　double schooling

大学に籍を置きながら，語学・情報処理・簿記等の専門学校に通うこと．「ダブルスクール族現象」とは，そのような若者が増加していることをさす．こうした現象は，グローバル化による国際競争の激化や産業構造の転換により，日本型*企業社会の構造が変化し，高度な専門性をもった人材を企業が求めるようになる1980年代後半以降に広がってきた．

終身雇用と年功序列が機能していた時代においては，高い学歴とそれを証明する卒業証書が大きな意味をもっていた．しかし，現在では，即戦力となる専門的な技術や*資格，特殊な*技能が求められるようになってきた．こうした企業社会の求める人材モデルの変化は，大学教育のあり方にも大きな影響を与えており，*教養教育・*基礎教育がゆがめられる傾向が出ている．大学教育はどうあるべきか，また，若者の職業能力形成に対して公共機関はどのような責任をもつか，このことを「ダブルスクール」現象は，問いかけている．　　　　　　　　（草野滋之）

多文化教育　multi-cultural education

同一国の中で，複数の言語，文化を公教育の中で是認し，教授することをいう．

〔概要〕本来国の教育は，公用語を定め，将来を担う子どもに「国民」としての教育を施すことである．しかし今日のように，社会全般のグローバル化により，人の移動や国際交流が活発化し，それに伴い外国人児童・生徒が多くなると，多文化共生のためには，特定の国家の公用語による，国民教育だけでは教育そのものが成り立たなくなる．

〔経緯〕日本でも近年の*ニューカマーの子どもたちの教育界への登場により，彼/彼女らの文化的・民族的な*アイデンティティ尊重のためにも，異文化理解，*異文化間教育の重要性がようやく教育界でも注目されている．そのため自治体によっては，*在日外国人教育基本方針を策定して，外国人児童・生徒の人権や母語，母文化を尊重する運動も盛んになっている．この場合，多文化教育と類似のものに*国際理解教育があるが，双方は異なる．国際理解教育は第2次世界大戦の反省に基づき，*ユネスコが提唱し，自国の文化を尊重しつつ他国の文化を理解し，人権を尊重しながら世界平和に寄与することを目的にする．この場合，国の中でも主流文化が想定されており，日本の場合，特に顕著なのは，欧米流の言語，文化の教育である．これに対して多文化教育とは，同一国の中にも複数の言語，文化が存在し，その1つ1つが平等であることを強調する．

〔海外の歴史〕具体的な例で考えてみよう．英国では，戦後，旧植民地から移民労働者が入国し，地域社会の多文化が進行していったが，1945年から1965年位までは，英語に基づく英国市民としての教育が採用されていた．しかし，カリブ系やインド亜大陸出身の子どもたちは，英語を覚えたからといって容易に英国的生活様式を採用しようとはしなかった．そのため地域社会での摩擦も多く，教育効果も少なかった．そこで採用されていったのが，マイノリティの言語や文化も考慮する統合政策だった．統合政策とはあいまいな施策だが，*差異は差異として認めて同化を強制しないことである．しかし統合政策は，マジョリティの言語や文化には継承する権利が認められているのに，マイノリティの文化にははっきりその権利が認められていなかった．そこで起きたのが多文化教育である．

この施策は，マイノリティの言語や文化の教授・継承もはっきり公教育の領域で権利として認めるものである．たとえば英国では，1976年に3回目の人種関係法が導入され，マイノリティをマジョリティと切り離して扱うことは人種差別とみられるようになった．今日一部のマイノリティの集住地域の*教育委員会では，さらに，はっきりと教育施策に人種差別を禁じる反人種差別教育を採用しているところもあるほどである．英国の場合，戦後の教育施策は，同化—統合—多文化—反人種差別教育と変化してきている．

カナダなども移民国であるだけに，1つの言語や文化政策では，統合できない悩みを抱えている．古くからのアングロサクソン系英国文化圏とケベックを中心としたラテン系フランス文化圏を擁しているからである．そこでカナダでも，複数の文化，複数の言語を公的に採用する多文化教育を採用している．アジア系の移民を大量に擁しているオーストラリアも同様である．

〔課題〕ひるがえって日本をみると，多文化教育は，地方自治体の中にはこの言葉を使用しているところもあるが，*文部科学省は使用していない．外国人集住都市会議に集う自治体の中には，多文化教育を一部取り入れようとしているところもあるが，公教育の中で多言語，多文化を教授するところまでは，外国語教育や総合的な学習を使用してのものにはみられても，まだ時間も制度も限られている．そもそも多文化共生なる言葉が，中央の省庁で採用されたのも，2006年3月の総務省の報告書が初めてである．多くの外国人の子どもが日本の学校にも現れ始めている中で，多文化教育をいかに充実させていくかは今後の課題である．

（佐久間孝正）

〔文献〕1）ジェームズ・A・バンクス（平沢安政訳）：多文化教育，サイマル出版会，1996．

多文化・多民族共生　multi-cultural and multi-ethnic coexistence

〔概観〕単なる異文化理解や民族間の交流にとどまらず，文化・民族等の違いを超えた平等な人権実現における制度上の保障を備えた共存のこと．この実現のために，*異文化間教育や*国際理解教育，*多文化教育等において，多文化・多民族共生を理念として掲げ，様々な教育・学習活動が展開されている．

〔歴史・動向〕多文化・多民族共生に関する議論は，米国の公民権運動にその淵源をみることができる．この運動は，アフリカ系住民が公民権としての教育や選挙，雇用上の平等な処遇を社会に対して求めたものであるが，今日の多文化教育の基礎を築き，ひいては多文化・多民族共生の理念を示すことになったといえる．

日本では，近年の東南アジア諸国や南米諸国からの労働者の移動といった「*内なる国際化」が進展

する中で，国内の文化的多様性を再認識する必要性が示されつつある．彼ら／彼女らが，地域社会で生活を行う際に不可欠な情報の多言語表記や日本語の学習に対する支援，学校におけるバイリンガル教員の配置，医療・保健・福祉分野でのサポート，外国人労働者の雇用にかかわるガイドラインの作成等が試みられている．これらにおいては，地域社会の隣人として，いかに多文化・多民族共生を進展させることができるかが議論されている．しかし，それ以前においてさえも国内では，在日韓国・朝鮮の人々や華僑・華人，時間を経て中国から帰国してきた人たち等もともに生活を送ってきたのである．また，単一民族的・文化的と捉えられてきた日本国民も，その内実は*アイヌの人々や沖縄出身の人々のように，多様性をもつものであることは，周知のとおりである．

この点を踏まえると，多文化・多民族共生は，単に文化的・民族的マジョリティとマイノリティの共存という関係性だけに特化されるものではないことがわかる．文化や民族をどのように定義するかによって争点は異なってくるが，文化とは，人間のもつ考え方や行動を決定する規準，一連の統制機構として捉えるならば，性や社会階級・階層，障碍の有無等によっても存在する．つまり，男女といった性別の違いや，障碍者もしくは健常者といった点も文化であるとすることができる．これらの異なる者との共存や人権としての制度上の保障として，多文化・多民族共生をめぐる議論をより活発化させるものとなるであろう．

その一方で，地域社会で生活を送る外国人への*差別や排斥が問題となっている．それは，労働や住居といった面で不利益を余儀なくされ，その地域・国の言語を獲得する機会が十分に与えられないことによる社会へのアクセスの制限等であるとされる．また日本の場合には，アジア諸国からの「*外国人花嫁」に対して，彼女らのもつ文化や言語を相対的に低いものとして捉え，日本的なものに同化することを強要したり，自分の子どもへ伝えることを禁止させられたりするケースもある．

〔施策〕2001年5月に外国人の集住する地域（静岡県浜松市や群馬県大泉町等の26市町；2009年6月現在）が連携して，地域で起きている問題を協議する外国人集住都市会議が組織化されている．また総務省は，2006年3月に多文化共生の推進に関する研究会の報告を取りまとめ，「多文化共生推進プログラム」をガイドラインとして示した．国が，「多文化共生」を施策のキーワードとして盛り込んだのはこれが初めてのケースである．

〔課題〕国が，多文化・多民族共生をキーワードとして施策を進めていく際に，地域社会によって異なる個々の状況を，いかにまとめていくことができるのか．また，ホスト社会もしくは社会での多数者の語る多文化・多民族共生が，マイノリティを同化させることではなく，人権の実現を保障し，展開することができるのかが課題となろう．

（朝倉征夫・帆足哲哉）

⇨在日コリアンと社会教育，民族教育

〔文献〕1）金侖貞：多文化共生とアイデンティティ，明石書店，2007.；2）移住労働者と連帯する全国ネットワーク編：多民族・多文化共生社会のこれから—NGOからの政策提言—（2009年改訂版），現代人文社，2009.

たまりば　gathering place

「たまりば」とは，一般的には，「仲間がいつも集まっている場所・店」（『広辞苑』）の意である．しかし，一部には，悪の巣窟，非行の温床などの否定的なイメージを伴って用いられる場合があった．

〔歴史〕*社会教育の場で，このコトバが否定的な意味ではなく，積極的・肯定的な意味で用いられたのは，主に1970年代から80年代にかけての青年教育実践の場であった．当時の*実践の言葉でいえば，生活集団と学習集団をまるごと組織して，仲間相互の信頼関係を築き，共同の時間と空間を共有する重要な場が「たまりば」であった．高度経済成長期から低成長期にかけて，若者たちは，幼少期の生育過程で，地域での*遊び集団の崩壊や学校教育の過度の競争的環境を*経験し，*コミュニケーションを交わすことが苦手となり，*他者への信頼や本音を言える関係が弱まっていたのである．

〔意義〕孤立感，自己肯定感の弱さ，強い劣等感などは，この時代の若者が共通に抱える問題であった．これに対して，出会い，ふれあい，わかちあいの共通の場（時空間）をつくり，相互の信頼関係を醸成していくことは重要な課題であった．そのような時代背景の中で自由な話し合いや学習の場として意識されたのが「たまりば」イメージであった．青年サークル員たちは，互いに拠出金を募ってアパートの一室を借りたり，あるいは地元町内会から場を提供してもらうなど多様な形態で，「たまりば」活動を生み出していった．そこでは，問わず語りの本音の語り合い，自然な人間関係づくりが目ざされた．「たまりば」は，相互の信頼関係，活動や学習を円滑に進めるための潤滑油，媒介役の機能を果たした．こ

の「たまりば」の積極面に注目して，日本青年団協議会に結集する農村部の青年団の中でも「たまりば」学習を取り入れる事例があった．

なお，「たまりば」論は，1990年代以降の「*居場所」論と接続する内容を含んでいたといえる．

(姉崎洋一)

〔文献〕1) 那須野隆一：青年団論, 日本青年団協議会, 1976.; 2) 愛知県青年団協議会：たまりば学習のすすめ, 1983.; 3) 日本青年団協議会：地域青年運動50年史, 2001.

多目的（多機能）施設 multi-purpose (multi-functional) facility

複数の設置目的をもち，多様な利用状況を前提とした施設のことをいう．多目的とはいえ施設そのものの存在がもたらす，地域の拠点，活動の結節点，地域振興などの役割がある．多機能ということは，多種多様な設備を所有して，様々な発生需要に対応できるということである．そこで大集会室をA団体の小集会とBグループの作業で共用する状態がある．また同じ使用者が複数の目的で使用（復用）する状態がある．共用も復用も同時に発生する場合と交替で発生する場合とがあり，この組合せを考えると多様な複合と連携の状況が想定できる．

施設内容をみて利用者が可能な使用方法を発見的に開発していくことがある．施設が多目的であればそれだけ多機能に展開していくことになる．そこで計画当初に設定した利用者が排除されることになれば，施設設置本来の目的は失われることとなる．施設使用規則などによる対応が必要である．

(浅野平八)

〔文献〕1) 複合型公共施設研究会編：複合と連携, ぎょうせい, 1997.

単位制高校 credit system high school

学年による教育課程の区分を定めないで，決められた単位を修得すれば卒業が認められる高校．

〔目的〕1988年の法改定（*学校教育法施行規則第64条の3など）により，定時制と通信制で毎年数校ずつ単位制高等学校に移行していたが，1993年度にその全日制課程への拡大と総合学科が制度化されたために，全日制高等学校の単位制への移行も生まれた．定時制・通信制課程の単位制高等学校においては特に，多様な科目を複数の時間帯や特定の時期に開設することの努力義務（単位制高等学校教育規程第6条），および，特定科目の履修のみを目的とする者も受け入れ可能であること（同第9条）が規定さ
れている．全日制課程では生徒の選択幅を拡大することがその導入目標として掲げられているのに対して，定時制・通信制課程では「生涯学習の観点から，誰でも，いつでも，必要に応じた高校教育を受けることができるようにする」こととされている．

〔事例〕東京都立新宿山吹高等学校は，昼夜間4部制で，定時制のほかに通信制も併設されており，社会人が聴講生として受講できる科目履修生制度が導入された．また，単位制高等学校では，学校外における学修の単位認定が*社会教育関連の施設などでも認められる事例もみられる．たとえば，埼玉県立芸術総合高等学校では，彩の国さいたま芸術劇場と提携しての学修が，単位の一部として認定された．あるいは，広島県立芦品まなび学園高等学校では，*公民館で行われている講座を受講して成果を上げると，校内で選択した授業に増加単位を付与する制度が導入された．

〔課題〕多様なカリキュラムを提供するための条件整備，特に教職員の勤務条件整備など課題は多い．

(荒井文昭)

〔文献〕1) 竹内常一ほか：講座高校教育改革（全5巻）, 労働旬報社, 1995.

単位累積加算制度（デンマーク） the credit transfer and accumulation system (in Denmark)

大学等への正規学生としての在籍を必須とせず，高等教育機関などで修得した単位を累積して加算し，一定の要件を満たした場合に学位が授与される制度．高等教育の大衆化と生涯学習体系化への対応の観点から，高等教育改革が世界的潮流になっている今日，この制度の拡充が期待されている．わが国では，1991年に「学位授与機構」（現在は「大学評価・学位授与機構」）が設立され，短期大学卒業者などを対象として，「単位積み上げ型の学位授与」による「新しい学士への途」が開かれた．

〔ヨーロッパの場合〕ヨーロッパ統合が進む中，ヨーロッパ域内での教育と研究の交流が盛んになっている．1989年には，学生の留学促進を目的として，欧州委員会によりECTS (European Credit Transfer and Accumulation System：欧州単位互換制度)が導入された．その後，ボローニャ宣言（1999年）やプラハ声明（2001年）で単位累積加算制度の可能性が示唆されたことを受けて，ECTSには単位累積加算の機能も付加されるようになった．ヨーロッパ各国のECTSへの対応には温度差があるが，2010年に向けて調整が進められている．たとえば，デン

マークでは，2000年の成人教育制度改革によって，成人教育での学習成果に対しても学位が授与されるようになり，また，2001年度からはECTSに準拠した単位認定システムが始まり，ECTSを利用した単位累積加算が可能になった．

〔韓国の場合〕韓国においても，平生（生涯）教育社会実現の観点から，高等教育改革が進められている．1982年に設立された「開放大学」（1993年からは「産業大学」）では，在学年限が限定されず，学点（単位）の積み重ねにより「学士」学位を取得できるという，勤労者の都合に合わせた柔軟な仕組みが採用された．1990年には独学学位制度が，1998年には学点銀行制（학점은행제，Credit Bank System）が始まり，大学以外の様々な教育機関での学習成果を学点として認め，その積み重ねで学士などの学位取得が可能になった． （木見尻哲生）

男女共同参画　gender equality

〔概要〕国連が主導してきた女性への*差別の撤廃を実現するために，日本政府が国内施策を実行する過程で使用してきた行政用語．英文ではgender equalityと訳されている．その意味は法的には「男女共同参画社会基本法」（1999年）において示されており，男女があらゆる活動や場面について，ともに参加，参画することを目的としている．

〔経緯〕1975年に開催された第1回*世界女性会議の決定事項を受け，日本政府の国内本部としては初めての機関である「婦人問題企画推進本部」（本部長は内閣総理大臣）が総理府に設置された．同本部は，1987年に「男女共同参画型社会の形成」をテーマに実現すべき目標を掲げるなど，「男女共同参画」という言葉は主として政策レベルで用いられてきた．1994年に「婦人問題企画推進本部」が「男女共同参画推進本部」に改組され，政令により「男女共同参画審議会」も設置された．同審議会は，1996年に「男女共同参画ビジョン」を答申，1999年には「男女共同参画社会基本法」が成立し，以後，政府や地方行政の用語として「男女共同参画」が用いられてきた．

〔内容〕「男女共同参画」の英文訳はgender equalityであるが，gender equalityの邦訳は通常は「男女平等」である．今日では，「男女共同参画」は男女平等を意味する政策用語として広く流通しているが，なにゆえ，「男女平等」ではなく，「男女共同参画」としたのか，その理由については「個人の個性，*能力が十分に発揮される質的に高い水準での男女平等を目ざし，男女が協力して推進しなければならない動態的な概念」として「男女共同参画」が用いられたと，説明されている．男女共同参画を法律的に規程したものが「男女共同参画社会基本法」（1999年）であり，「男女共同参画社会の形成」については次のように示されている．「男女が，社会の対等な構成員として，自らの意思によって社会のあらゆる分野における活動に参画する機会が確保され，もって男女が均等に政治的，経済的，社会的及び文化的利益を享受することができ，かつ，共に責任を担うべき社会を形成することをいう」．

〔課題〕1960年代より始まった第2波*フェミニズムは，女性差別の原因が*ジェンダーにあることを指摘し，第4回世界女性会議で採択された「行動綱領」においても，ジェンダーの語を用いて，女性差別をなくすためには社会的な意志決定の場に女性が参画する必要があることが確認された．日本政府による男女共同参画施策もこれらの国連による各種文書に基づいているため，男女共同参画はジェンダーの変革を示すものとして理解できる．しかし，2000年代の初頭から起こったバックラッシュによる影響を受けて，日本政府，地方行政の両者とも「男女共同参画」を「ジェンダーの変革」と直接的に結びつける見解を後退させ，男女共同参画施策は，様々な場面に男女がともに参画するという，どちらかといえば形式的平等に傾きつつある．*社会教育においては，「*女性問題学習」を重ねてきた実績と歴史があり，「男女共同参画」がむしろ「女性問題」を覆い隠すことを警戒する議論もある．いずれにしても，現実には男女の社会的ポジション，とりわけ雇用や意志決定の場における男女格差は明確にあり，女性の劣位は依然として続いている．男女格差または女性差別をなくすための具体策はなお必要であり，男女共同参画が実質的な性差別の解消に寄与することが望まれている． （朴木佳緒留）

〔文献〕1）古橋源九郎：男女共同参画社会基本法制定上の経緯と主な論点．21世紀の女性政策と男女共同参画社会基本法（大澤真理編），pp.84-134，ぎょうせい，2000．

男女共同参画センター　Gender Equality Center

男女の人権尊重や均等・対等な社会参画を進める男女共同参画推進を目的とする施策の実施や市民の活動の拠点施設を総称して男女共同参画センターという．

〔経緯〕性差別撤廃を目ざし，女性問題解決や女性の自立を図る拠点施設としての婦人会館や女性セン

ターが，1977年の「国立婦人教育会館」（当時）設立を機に，1980年代各地の自治体で次々に設置された．既婚女性をイメージさせる「婦人」や「女性」から，両性対象の「男女共同参画」へと改称も進み，1999年の男女共同参画社会基本法施行以降，施設名は「男女共同参画センター」が主流になってきた．そこでは*男性学講座の開催や男性の悩み相談窓口を設けるなどの取組みもみられ，男女双方の性差別克服課題を担う方向に変わってきた．

〔運営・管理〕設置・運営形態は主に自治体による「公設・公営型」，財団や外郭団体運営の「公設・民営型」，法人・民間団体の「民設・民営型」等があるが，それぞれに財源，専門性，先進性，持続性などの面でメリットとデメリットがある．近年は公設・公営から「*指定管理者制度」への移行が進み注目されている．

〔現状〕大方のセンターは，学習・研修事業，情報収集・提供事業，調査・研究事業，活動・交流支援事業，相談事業などの機能をもち，その数は全国で約387（2009年3月現在内閣府HP）となっている．条例で施設設置の法的根拠を謳っているところもあるが，その数は多くない．勤労婦人会館，働く婦人の家，農村婦人の家など類似の施設もあるが，それらは働く女性の福祉や家庭生活との調和，生活改善などを目的に厚生労働省，農林水産省が母体となり，設置・運営・管理を自治体や農協が行っている．内閣府系列にある男女共同参画センターは性差別克服を明確な主題にしつつも，*実践や活動は地域や各センターによって様々に展開されており，機能発揮の程度は様々である． （下村美恵子）

〔文献〕1) 横浜市女性協会編：女性施設ジャーナル1～8，学陽書房，1995～2003.

男女雇用機会均等法　Equal Employment Opportunity Act

女性の労働力化の進行や国連総会で採択された女性差別撤廃条約の発効など国内・外からの労働政策的対応の要請の高まりを背景に，勤労婦人福祉法（1972（昭和47）年施行）の改正法として1985（昭和60）年に新たに成立した「雇用の分野における男女の均等な機会及び待遇の確保等女性労働者の福祉の増進に関する法律」の通称（以下，「均等法」）．

〔沿革〕1985年の均等法が成立する過程では，男性中心の雇用慣行を続けてきた経営者側および*労働基準法の女子保護規定によるこれまでの保護既得権を失うことになる女性労働者側の労使双方から大きな反対意見が展開された．その結果，当初案から後退し，事業主の差別抑止義務の一部（募集・採用・昇進・配置に関して）が努力義務に留めおかれ，違反事業主の処罰や差別被害者に対する救済の定めもないなど実効性の点で不十分なものとなった．その後1997（平成9）年に法改正がなされ，一部を努力義務に留めおいてきた事業主の差別抑止義務が絶対的な義務へと強化された．また，同法の趣旨を側面から支援する育児介護休業法，*男女共同参画社会基本法，*次世代育成支援対策推進法などの法整備も進んだ．

〔課題〕1985年以降，均等法が果たした役割・意義はいくつかある．雇用における女性差別が基本的に良くないことであるという認識が社会に浸透したことは最大の功績といえる．しかしながら，女性の管理職への登用や職域の拡大等に関する統計数値は，期待されたほどの目覚ましい改善・向上を示しているとは必ずしもいえない．改正以降の残された問題を検討するために厚生労働省が発足させた「男女雇用機会均等政策研究会」の報告書では，①男女双方に対する*差別の禁止，②妊娠・出産等を理由とする不利益取扱い，③間接差別の禁止，④ポジティブアクションの効果的推進方策の4つの事項を均等法が抱える重要課題としている． （谷口雄治）

〔文献〕1) 浜田冨士郎：均等法の現状と課題．日本労働研究雑誌，No.538, 2-42, 2005.; 2) 厚生労働省：男女雇用機会均等政策研究会報告書，2004.

男女平等教育　gender equality education

〔概観〕戦前より用いられてきた言葉で，主として女性の教育レベルの向上を目的として「男女の立場や役割が異なっていても，価値は等しい」という主旨で理解されてきた．戦後も，しばらくの間は戦前期の用法を継承したが，1970年代に至って女性の社会的地位の向上を目的とした教育として認識され，1995年の第4回*世界女性会議以降は*ジェンダーに基づいた男女間の格差解消を求める教育として理解されるようになった．一般に，学校教育用語として使用される場合が多く，教育内容だけではなく，学校の慣習，慣行，子ども文化，学校を取り巻く環境など多様な側面を含み，政府の*男女共同参画計画でも重点項目としてあげられている．

〔内容〕英語ではgender equality educationと訳されているが，日本語では2つの異なる意味を含意している．1つは，男女には生得的な特性があることを前提として，それに応じた教育を行うという主

旨であり，もう1つは「ジェンダーの平等」を求める教育という主旨である．前者は特性教育論であり，特性に応じた教育は男女差別にあたらないとする．典型的な例は，1960年初頭から1990年代初頭まで行われた中学校や高校での女子必修家庭科，あるいは高校体育の女子はダンス，男子は格技を行うことを望ましいとした教材指定である．1985年に*女性差別撤廃条約が批准され，学習指導要領が改訂された段階で特性教育論は払拭されたかにみえたが，いまなお，男女平等教育を特性教育として捉える人々がいる．

今日では，根強い特性教育論を克服し，*性別役割分業（観）の払拭，男女の教育機会の実質的な均等，男女の高等教育レベルおよび進学領域の格差または相違の解消，学習内容と方法の改善，教育環境の整備，改善などを課題としている．近年では，ジェンダー平等を目ざす性教育およびセクシュアルマイノリティへの配慮ある教育が注目されている．

（朴木佳緒留）

〔文献〕1）日本女性学学会学会誌編集委員会編：女性学 Vol. 6, 新水社, 1998.

男性学講座　men's studies course

男性の生き方を男性自身が，男女平等の視点から検証・再考していく学問を男性学といい，男性中心社会のゆがみに気づき，男性の意識改革を目ざすためのあらゆる領域での学習を男性学講座という．その前提には，「男は仕事，女は家庭」という性別分業規範，「女性はこうあるべき，男性はこうあるべき」という性役割規範への批判がある．

〔成り立ち〕講座の多くは全国自治体の*男女共同参画センター等で実施されているが，大学でも履修科目の1つとして*ジェンダー論で実施しているところもある．男性とは異なる人生や*経験に関する女性の諸問題を，女性自身が検証し，学際的に捉え直す学問として*女性学が1970年以降*フェミニズムの浸透を背景に生まれたが，男性学や男性学講座はやや遅れてそれに呼応する形で誕生した．1985年に批准した国連の*女性差別撤廃条約を受けて，国は行政課題として男女平等政策を進めてきた．それを受けて各地方自治体は施策の*実践の場として女性センターを設立し，主に女性を対象に性差別克服に向けた学習の場と機会を提供してきたが，そこから女性問題は男性問題でもあるとの認識が一層進んだ．

〔課題〕1990年以降，*NGOや大学や自治体で男性学講座が行われるようになり，足立区女性総合センター（当時）が実施した「男性改造講座」はその先駆けとなった．しかし学習内容やプログラムの開発は女性学講座に比べればまだ途上にある．家事能力をつける第一歩との考えで，「男性の料理教室」を単発（委託事業）で行うところが多く，その着地点がみえない弱さもあって，就労現役世代の男性を巻き込むまでには至っていない．

また男性学講座は，未婚・晩婚男性の恋愛や結婚を支援する形で登場した「*花婿学校」とは一線を画すもので，男性自身が批判的に性差別構造と男性問題に気づいていくことが欠かせない視点となっている．

（下村美恵子）

〔文献〕1）足立区女性総合センター編：男性改造講座―明日の男たちへ―, ドメス出版, 1993.

単能工　specialized worker

単独の専門的な業務を担当することができる*熟練工のこと．

〔歴史〕昭和のはじめ，日中戦争下に起きた"熟練工論争"において「多能工」の対句として使用された．その明確な定義はないが，当時の意味としては「大工場等で専門工作機械の操作ができる専門工」であった．その業務は言葉のニュアンスとは異なり，たとえば「旋盤工」としての専門工であり，単純な作業をする単純労働者ではなかった．これは清家正らの機械工養成論に通じていた．

戦火が厳しくなるにつれ，熟練工養成は困難となり，単能工養成が強まるが，それも次第に合理化，短縮化され，訓練も形骸化，空洞化していった．

今日，わが国では*労働の範囲が明確になっていないため，常に多能化が求められ，これが教育訓練の大きな目標となる．つまり，正規社員に単能工が求められることはほんんどない．あえてあげれば，パート，アルバイトの業務は単能的とする場合があるが，今日ではパートの店長も珍しくなくなったように，パート・アルバイトでも単純の業務でよい，という考えは少なくなっている．

（田中萬年）

〔文献〕1）佐々木輝雄：職業訓練の課題, 多摩出版, 1987.

ち

地域開発政策 regional development policy

地域の経済の活性化，地域住民の生活の向上，地域問題の解決等のために，地域の社会的・自然的資源を組織的・計画的・効率的に利用することにより，地域社会を改変する諸施策をいう．

〔国土総合開発法と地域開発計画〕戦後の日本における地域開発政策の代表的なものとしては，「国土開発法」(1950年) に基づく「国土開発計画」がある．それは，① *全国総合開発計画 (国が全国の区域について作成)，② 都道府県総合開発計画 (都道府県がその区域について作成)，③ 地域総合開発計画 (都道府県が2以上の都道府県の区域について協議し作成)，④ 特定地域総合開発計画 (都道府県が国土交通大臣の指定する区域について作成) の4つの開発計画であり，政策・計画の主体はいずれも国・都道府県である．

〔市町村段階の開発計画〕上記の国・都道府県が策定する開発計画のほかに，市町村の開発計画やいくつかの市町村圏の開発計画，さらに市町村内のより狭域を単位とするものも策定されている．

なお，全国総合開発計画は，1962年の「全総」以降現在第5次 (2010〜15年目標年次) まで策定されているが，国土交通省は戦後の開発行政の指針となってきた全国総合開発計画の根拠法である「全国総合開発法」に代わる新法を準備中である (2007年現在)．

〔地域開発政策と*社会教育〕多くの地域開発計画は経済開発中心，中央集権的・行政主導的に行われていると批判されてきた．今後市町村段階では住民の生活向上など地域問題の解決に結びつく住民参加による開発計画を作成し，その中に住民の学習活動を組織するための地域生涯教育計画を位置づけることが必要である． (吉富啓一郎)

⇨全国総合開発計画 (全総)

〔文献〕1) 国生寿・吉富啓一郎編著：社会教育と現代的課題の学習―地域づくりの視点から―，あいり出版，2006.；2) 山田定市編著：地域づくりと生涯学習の計画化，北海道大学図書刊行会，1998.

地域学 regional science

〔概観〕地域にかかわる多様なテーマ・課題についての研究と関連する地域活動．地域学の活動として，市民，知識人，研究者，行政関係者等が共同して取り組む場合が多く，地域史の発掘，*市民運動への展開，生涯学習の組織化，地域の活性化等の様々な方向性と実践活動が広がってきた．地域の範囲は，東北あるいは九州など広域のものから，都道府県・市町村など自治体規模，さらに小さく集落をテーマとするものまで多彩であり，地域名を冠しての地域学が各地に展開されてきた．研究・運営の主体は，設立の経過によって一様ではないが，自治体行政当局，地域の大学・研究室，*NPO等の市民団体あるいは小サークル的な運営など多岐にわたる．関連して地域の生活や暮らしに立脚した「地元学」の提唱もある．

〔展開〕地域学の胎動の背景には，1970年代の「地方の時代」に象徴される地域分権・*住民運動・市民運動の潮流がある．地域の自然・環境・産業・自治・文化など諸課題に対応する地域分析・調査活動・地域運動さらに自治体計画策定の視座をもって，新しい地域主義的な研究が提起されてきた．

地域学の潮流は，アカデミックな学問研究・理論体系に対する地域の視点からの批判が内包されている場合が少なくない．地域的な条件としては市民運動による市民力量の形成があり，*社会教育・*生涯学習による地域の学習水準の向上が背景にみられる．自治体としての政策形成や計画構想の課題とも関連し，大学・研究者や知識人等による地域の知的*ネットワーク形成が地域学の展開に寄与している場合が多い．

地域学の特徴は多様であるが，ある程度共通して，① 地域に関する総合的テーマへのアプローチ，② 個別科学の枠を超える学際的な共同，③ 市民の学びと参加を含む共同研究・活動，④ NPO等とも連携する実践的運動的な志向，などをあげることができよう．

〔課題〕1980年代以降の地域的な生涯学習の動向は，地域学の展開と少なからぬ関連をもってきた．各地の市民大学や自治体生涯学習計画の中には地域学的な視点・内容を含むプログラムが少なくない．*日本社会教育学会は「ローカルな知」をめぐる学びや活動に着目する研究をまとめているが，今後，生涯学習と地域学の潮流がどのような結びつき

をもつことになるか課題であろう．市民の学習・運動の発展の視点から，地域学の蓄積を活用し，地域的な実践の相互交流を図っていく方向が期待される．さらに2011年の東日本大震災は，地域学の潮流に新たな課題を問いかけているといえよう．

(小林文人)

〔文献〕1) 榛村純一：地域学のすすめ，清文社，1981．；2) 日本社会教育学会編：ローカルな知の可能性—もうひとつの生涯学習を求めて—．学会年報52，東洋館出版社，2008．

地域学習拠点　community learning center

地域で行われる教育・学習，住民活動・市民活動の拠点．社会教育の分野では公民館が広く知られているが，最近は*コミュニティセンターや市民活動センター，福祉関連施設なども地域学習拠点としての機能をもち始めている．このような公的施設とともに，地域住民組織による*自治公民館や集会施設（町内会館，自治会館等），さらに*住民自治活動あるいは*NPO活動も含めて，特に大都市部において，地域における学習活動と市民活動の拠点づくりの必要性が積極的に論議され構想されるようになってきた．

このような動きは1990年代以降，伝統的な地域組織が解体する一方で，自主的な地域活動が活発になる動きがあり，*地域福祉，環境問題，防災対策，防犯活動，*子育て支援等の*地域課題が顕在化してきていることを背景としている．住みよい地域を自らの手でつくろうという住民活動・市民活動は，活動を担うための*知識や*技術を主体的に身につけ（*相互教育・学習），地域諸課題を自主的に解決していくための*ネットワークづくり（*地域づくり）が必要になる．

地域学習拠点の具体的な形態は，自治体の公的社会教育・*コミュニティ施設の歴史と実体に関連して，多様な展開を示す．その名称も様々に呼ばれるが，総称としての地域学習拠点のもつ現代的意義は大きい．特に公的視野をもちつつ，近隣，集落，小地域，自治会町内会など草の根からの住民自治的な活動拠点づくりがこれから重要な課題であろう．

(伊東秀明)

〔文献〕1) 日本公民館学会編：公民館・コミュニティ施設ハンドブック，エイデル研究所，2006．

地域課題　community issues

〔概観〕国民が自治的・集団的・日常的に生活を営む場所（地域）に生起する，様々な解決されるべき課題をさす．その内容は，教育・政治・経済・福祉等あらゆる分野に及ぶ．

*社会教育における学びとは，私が変わり（変え），*他者との関係・暮らしが変わる（変える）ことである．すなわち，国民1人ひとりが，他者の力も借りながら，善き人間と社会のあり方を問い，自己を変え，変化した自己にふさわしい家族や地域社会，政治や教育のあり方を追求し創造する力を自己の体の中に生み出す手段が*自己教育・*相互教育である．そして自己教育・相互教育の場所が「地域」であり，自己教育・相互教育の基本的な学習材が「地域課題」である．社会教育における地域課題は，地域に生起する諸問題をさすだけでなく，社会教育の根本にかかわる概念である．

〔歴史〕日本の社会教育は，「むら・まちづくり」政策の下で，一貫して地域課題を重視してきた．日本の*社会教育行政が本格的展開の第一歩を記し，農村中心，青年中心，教化中心等の骨格を形成したのは，日露戦後に展開された「むら・まちづくり」（内務省・*地方改良運動）を通してのことであったし，*社会教育委員制度を新設し，未整備であった市町村社会教育行政の戦前的水準を形成したのは，1932(昭和7)年に始まる「むら・まちづくり」（農林省・*農山漁村経済更生運動）の中でのことであった．戦後の社会教育もまた「むら・まちづくり」（文部省・郷土振興）を掲げて再出発した．日本の*社会教育施設を象徴する*公民館がその中核機関として誕生したことは周知の事実である．

歴史は，日本の社会教育が一貫して地域（むら・まち・郷土）課題を重視してきたことを証明している．しかし，戦前と戦後には明白な断絶がある．戦前のそれが国家を主権とする*自治民育と国家政策浸透の手段であったのに対し，戦後は，「国民の自己教育であり，相互教育であって，国家が指揮し統制して，国家の力で推進せらるべき性質のものではない．国家の任務は国民の自由な社会教育活動に対する側面からの援助であり，奨励であり，かつ奉仕である」[1]という社会教育理念の根本的転換と，その理念を支え実現する最重要の手段として位置づけ直された地域課題であるからである．

〔内容〕その地域にしか発生しない地域に固有の地域課題もあるけれども，我々の暮らしの関連が日本的・世界的・地球的規模にまで拡大した今日，固有の地域課題は多くはない．むしろ日本的・世界的・地球規模的な課題であって，その現れ方に地域的な特徴がみられるような地域課題のほうが日常化しか

つ深刻な問題を投げかけるようになっている．

たとえば，第1に，本来，児童・生徒に安全と未来の幸福を約束するはずの学校教育や*家庭教育が*いじめや児童*虐待の形で安全や幸福を保障しえない性格をもってしまったという点に象徴される教育問題．第2に，人類の生存と地球の存続との共存が困難になっているという環境問題．第3に，技術進歩は労働市場を狭小化し，失業者あるいは働いても十分な賃金を得られないワーキングプアを生み出しているという労働（生存）問題である．いずれも日本的・世界的・地球的規模の問題であると同時に，我々にとって身近で深刻な地域課題になっている．

〔課題〕地域課題を個人や家族の課題へ具体化する過程と個人・家族の課題を地域課題（日本・世界・地球的課題）へ普遍化していく過程が，課題の地球規模化と生活の個人化によって困難の度合いを高めている．この乖離を埋めることこそ社会教育の役割であり課題である．　　　　　　　　　（佐藤三三）

〔文献〕1）寺中作雄：社会教育法解説，社会教育図書，1949．

地域ガバナンス　community governance

「ガバナンス」とは，多様な組織のコントロールのスタイルとしての「統治」のことをさして使用される．もともと経営者や統治者が引き起こした「市場の失敗」や「政府の失敗」に対して，*ステークホルダーが関与できる共同統治的な概念として「ガバナンス」という用語が使用されるようになった．特に国家・政府の失敗に対しては，*市民社会組織の参加による「ソーシャルガバナンス」という概念が提起されている．

したがって，「地域ガバナンス」とは，従来の地方自治体による単独統治ではなく，地域社会をステージとして，地域社会を構成する様々な市民社会組織や地域組織，*NPO等のアクターの参加による共同統治的な*地方分権社会のイメージとして語られている．

このように「地域ガバナンス」は住民参加・市民参加の新たな可能性を拓く一方で，「平成の大合併」と「*規制緩和・民営化」によって自治体経営の効率化が求められるようになり，その手段として使用される場合には，地方自治や公共サービスのあり方の変質をもたらす危険性も指摘されている．今後，地方自治体の「自治基本条例」や「まちづくり条例」等と関連づけられながら議論される必要がある．
　　　　　　　　　　　　　　　　　（上野景三）

〔文献〕1）神野直彦・澤井安勇：ソーシャル・ガバナンス，東洋経済新報社，2004．

地域教育会議　community educational board

教育における*住民自治・市民参加の仕組みとして川崎市で独自に設置された，学校長の諮問にこたえる*学校評議員とは異なる，任意の住民自主組織．現在，7行政区と51中学校区のすべてに設置されている．

〔設置までの経緯〕この組織は，1980年代半ば，学校教育の現場が荒れた時代，地域からの教育改革を目ざして取り組まれた「教育懇談会」の報告書『いきいきとした川崎の教育をめざして』（1986年）によって提言された．この報告書は，「教育の社会化」「地域の教育化」「行政の市民化」を掲げて，その具体的な施策の1つとして，*地域教育会議を提案した．1990年度から3中学校区（田島，橘，柿生）で研究実践が始まり，その後年次別に設立が広げられて，1997年度に現在の状況となった．

〔地域教育会議の実際〕地域教育会議の目的は，①地域教育環境の整備，②地域住民の生涯学習の推進，③教育行政への地域住民の意思の反映，である．組織は，「選出委員（住民委員）」と「非選出委員（団体，等）」によって構成されている．住民委員は公募制となっていて，教育に関心をもつ人は一定数の推薦人を得れば誰でもが応募できる．活動は，①地域教育集会の企画（教育を語る集い，子ども会議，中学生集会），②調査・研究活動（地域教育力調査，遊び場マップ作成，各種アンケート，子育て相談），③地域活動の連絡・調整（グループ・団体の情報収集，地域活動情報の収集・提供，団体同士の連携），④広報活動，等である．2004年度の読売教育賞（地域社会教育賞）を受賞した「臨港中学校区地域教育会議」は，地域の祭りに地域教育会議が積極的にかかわり，子どもたちが参加することにより地域が活力を取り戻し，さらに地域の商店や工場，公共施設に協力を求めて，子どもたちの職業体験活動を実施することにより，近隣関係の希薄な地域で子どもと大人の交流が生まれ子どもたちが輝いてきた，という*実践を報告している．　　　　　　　　　　　（伊藤長和）

⇒教育の社会化と社会の教育化

〔文献〕1）伊藤長和：教育地域共同体の創造を目指す川崎の地域教育会議．学校評議員ガイド（葉養正明編），ぎょうせい，2000．

地域教育計画　community education planning

〔概要〕地域教育計画という概念は，二重の意味を有している．すなわち，それは第1に戦後教育改革期に日本の各地で構想され*実践された地域の教育計画とそのもとになった理論の総称であり，第2には第1の実践や理論を批判的に媒介しつつ1970年代から1980年代初頭にかけて構築された1つの教育（改革）理論，およびその影響を受けつつ構築された計画そのもの，である．後述のように，この概念は，1930年代米国の後期進歩主義運動の影響を受けつつ，第2次世界大戦直後に導入され実践されたものであるが，その後は戦後日本の教育史に沿って独特の展開を遂げるに至った．その意味で，それはきわめて歴史性をおびた概念である．

〔歴史〕地域教育計画は，まず敗戦直後から1940年代末にかけて展開された．そこでは，とりわけ1930年代の米国における*コミュニティスクール（地域社会学校）論やコアカリキュラム論が土台とされ，生活と教育の結合や教育による地域社会改造などが，その具体的な目標とされた．本郷プラン（広島県），川口プラン（埼玉県），西多摩プラン（東京都）などがよく知られている．

それに対して，1970年代の地域教育計画論は，人的能力開発政策の基礎理論としての長期総合教育計画論に対するカウンターセオリーとして展開された．中内敏夫と藤岡貞彦は，教育計画論を「教育の内容や方法などの内的事項を，制度の管理，行政，財政政策などその外的事項につなげていくそのつなぎについての諸問題の理論的構築」であるとし，「工業社会と公教育制度の結合を伝統的な国家主権の立場から構想したものが『長期総合教育計画』だとすれば，そのもう1つの結合のあり方—国民主権の立場からのその結合を前提にもつ教育計画論とその実現の可能性をさぐることこそが課題であろう」と述べた．中内・藤岡にとって，それは1960年代後半以降，学校統廃合反対運動や障害児の就学保障運動，高校増設運動，保育所づくり運動，*児童文化施設づくりや*学童保育運動，職業技術教育や*社会教育における民主化等の「地域教育運動」の担い手である教師や保護者たちによってすでに実現されはじめている過程であり，「*教育権は国民にありとする思想の実現の一形態」であった．

〔社会教育・生涯学習との関係〕地域教育計画と社会教育・生涯学習との関係は，前者の理論の形によって異なっている．戦後改革期の地域教育計画にあっても，たとえば大田堯に導かれた本郷プランには，「教育計画のための民衆組織」としての「（教育）懇話会」が当初から設置されていたが，それは「地域社会の生活編成」やそれと不可分の「成人教育」の役割を担っていたのだった．一方，藤岡の地域教育計画論は*宮原誠一の「教育の社会計画」論の発展として構想されたものであり，そこでは*社会教育計画論が—「『社会教育』の概念とその本質の再検討」作業を不可欠のものとしつつ—地域教育計画論の土台として位置づけられていた．また，同時代の海老原治善の地域教育計画論も，「*自己教育の復権と共同化」論を含むのであった．

〔論点〕地域教育計画とそれをめぐる議論は，1980年代半ば以降急速に衰微していった．それは教育問題の広がりが「教育の計画性」（久冨善之）そのものへの疑いへと展開し，地域教育運動が変貌し，また「社会教育の終焉」（松下圭一）や「生涯学習体系への移行」（*臨時教育審議会）が叫ばれ始めた時代であった．今日，教育振興基本計画という国家主権の立場に立つ新たな教育計画論が浮上する中で，その一連の過程についての総括が焦眉の課題となっている．それは，地域教育計画論の延長線上で展開された地域生涯学習計画論の検討のためはもとより，社会教育学の再設計のためにも不可欠の作業となるはずである．　　　　　　　　　　（安藤聡彦）

〔文献〕1）大田堯：地域教育計画，福村書店，1949.；2）藤岡貞彦：教育の計画化，総合労働研究所，1977.；3）中内敏夫・藤岡貞彦：子どもの発達を保障する教育運動と教育計画（岩波講座「子どもの発達と教育」第7巻），岩波書店，1979.；4）海老原治善：地域教育計画論，勁草書房，1981.

地域共同体　community

〔概要〕相互依存による自給的生活と共同労働を基盤に，包括的な機能と強い連帯意識を生み出すとされる共同体的性格を有する社会のことである．従来は「村落共同体」とほぼ同義に使われ，わが国の農山漁村の集落は，共同体的規制をもつ封建遺制として考えられてきた．それゆえ，村落は民主化・近代化の対象という否定的な視点のみが強調され，地域住民の自治的な面を内包している点に着目することは少なかった．

こうした流れを受け止め，*社会教育においても1960年代に展開された農村の青年や婦人の*小集団学習では，家父長制的家族関係も含めて，村落のもつ共同体的側面は打破されるべきものとして活動の中心に置かれてきた．そして1970年代になると，新しい*都市型公民館が模索される中で都市住民の自由で自己解放的な活動に注目が集まり，*自治公

民館などで行われていた村落に根を張った住民の自治的な活動および学習については，古い体質を反映したものと見なして，光が当てられることはあまりなかった．

〔現状〕しかし近年，これまでとは違った意味・期待をもって用いられるようになった．それは1つには，村落を基盤とした学習活動が各地で積み上げられてきたことが，現在に至って住民の手による*地域づくり*実践として多くの地域で花開いている点を*評価してのことである．さらには1990年代に入ってから，地域における住民の新たな協同*ネットワークの構築が模索されるようになり，小地域における活動と学習が真の*住民自治を生み出す地域連帯・協同を育むものとして見直されるに至った．ここでは地域社会に存在していた人々の互助や共同が失われることから生じた問題を受け止め，旧来の村落共同とは異なる地域協同が模索される過程で，地域住民の結びつきの基盤である文化的な蓄積に着目し，住民の協同と自治の地域母体として積極的に捉えられている． (星山幸男)

〔文献〕1) 鈴木宏監修：地域社会学の現在，ミネルヴァ書房，2002.；2) 日本社会教育学会編：現代公民館の創造，東洋館出版社，1999.；3) 日本公民館編：公民館・コミュニティ施設ハンドブック，エイデル研究所，2006.

地域（教育）コーディネーター　community (educational) coordinator

住民と住民・専門家・関係機関などとを仲介し，相談役や講座・事業などの企画者としての役割をもつ，*社会教育・生涯学習を担う職員．*公民館や*教育委員会などに配置され，一面では社会教育の専門的な業務を担っているが，*社会教育主事と異なり，専門性や身分の保障は十分ではない．

*中央教育審議会生涯学習分科会では「家庭・地域教育力の向上に関する特別委員会」でコーディネーターの果たすべき役割が重視されている．*家庭教育に限らず，住民の学習ニーズを把握し，それに応える学習情報の提供や学習機会に関する情報の提供，さらに学習した成果をいかす活動などについての情報提供を行う．教育委員会で養成講座が開催されている場合が多いが，*NPOが講師を務めている例も多い． (藤田昇治)

地域政策　local community policy

*地域づくりにかかわる国や自治体などの政策をさすが，政策策定の主体を考える中で*社会教育との関連が導かれる．

〔歴史〕近代国家にとって国民を政治的に統合することは重要な課題であり，地域住民の統合の手段として，政治権力だけではなく文化，宗教，イデオロギーなどが用いられるが，教育もまた重要なものとして位置づけられた．地域住民が国家を担う国民へと統合される過程の中で，近代公教育や社会教育が整備されていったといえる．明治以来の近代化政策の一環としてあった*地方改良運動や農山漁村経済更正運動などと同様に，戦後日本資本主義の展開も人づくり政策を伴わざるをえなかった．特に1960年代以降の高度経済成長政策は，*全国総合開発計画（全総）を中核として推進されたが，そこには，*コミュニティ政策や地域活性化政策など，既に用意された国の産業振興策に即した人材が，教育文化行政の再編を伴って養成され（コミュニティリーダー，地域活性化の担い手，ベンチャービジネスの担い手，など），開発政策を補完するという脈絡の中で，地域住民に対する教育の課題が提示されていた．また1980年代以降の低成長の時代には，産業構造調整の一環として生涯学習政策が現れ，「生涯学習のまちづくり」などの政策が展開された．地域づくりが「人づくり」を要求し，地域政策が教育政策を伴わざるをえないという形で展開されたのが，日本の近代化の特徴であるということもできる．

〔課題〕日本国憲法の制定とその後の*地方自治法の整備によって，初めて地域住民に地域をつくりだす権利が与えられ，地域政策策定の主体が問われるようになっている．全総路線の失敗などによって，国家主体による政策的に進められた地域づくりではなく，*住民自治に依拠した地域づくりが求められるようになってきたことから，住民自治能力形成や地域づくりの政策主体を形成する社会教育実践が求められている． (大坪正一)

⇨地域開発政策，地域づくり

〔文献〕1) 宮本憲一：社会資本論，有斐閣，1967.；2) 東北の社会教育研究会編：地域を拓く学びと協同，エイデル研究所，2001.

地域通貨　⇨エコマネー

地域づくり　community building

〔定義〕地域づくりは，まちづくり，地域振興，地域おこし，地域活性化ともいわれ，多義的な言葉であるが，人々の地域を創る主体的な営為が含意されている．ここでは地域づくりの本質を自治体，企業，

住民など，地域を構成するアクターによる，よりよい地域をつくろうとする過程と捉える．

〔歴史〕地域づくりが全国的に広がるのは1980年代以降だが，歴史的にさかのぼれば日露戦争後の疲弊した地方の立て直しを図ろうとする*地方改良運動や，世界恐慌後の農村不況からの脱却を目ざした*農山漁村経済更正運動などがあげられる．そこでの地域づくり政策は，人々を地域に囲い込む教化策が基調となっており，様々な社会教育事業がそれを担った．

高度経済成長が破綻し，様々なひずみが地方にしわ寄せされる1970年代後半，国家による支配から脱却し，地域の行政的，経済的，文化的自立を追求する「地域主義」「地方の時代」の主張が盛り上がり，「シマおこし」と名づけられた沖縄の地域振興の運動を皮切りに，地域の生き残りをかけた「地域づくり」運動が始まった．中でも1979年に大分県の平松知事が提唱した，特産品を開発して地域を活性化させようとする「一村一品運動」は，1980年代に一大ブームを巻き起こした．1988〜89年度に竹下内閣が実施した「ふるさと創生1億円事業」は，ばらまき行政の典型との批判もあったが，地域主導の地域づくりのきっかけとしての意義はあった．

とはいえ，地域の自立を目ざした上記の取り組みが，必ずしも十分な成果をおさめたとはいえなかった．それどころか，バブル経済が破綻した1990年代以降，経済のグローバル化に伴い，不況の長期化，失業・貧困問題の深刻化，地域間格差の拡大，*コミュニティの崩壊など，地域社会の閉塞感は一段と深まった．住民と行政が*協働することなしに，こうした状況を打開し，人らしく生きられる地域，豊かな関係が息づいている地域を創造することは難しい．こうして，内発的な地域づくり*実践が各地で見いだされる．

〔研究〕地域づくりにかかわる研究は，地域経済学・財政学，行政学・地方自治論，都市政策・都市計画，社会学，教育学等，多方面からなされてきた．地域づくりの内実を明らかにする実践研究の進展に伴って，住民自らが地域づくりの主体となる力量形成のプロセスや諸条件の解明する「地域づくり教育」実践研究への期待が高まっている．

〔地域づくりと公民館〕1980年代後半以降，*生涯学習政策が本格始動すると，高度化，多様化する学習ニーズに対応する*生涯学習センターや民間生涯学習機関の役割が期待され，*公民館の歴史的役割は終わったとする論調も現れる．が，1990年代後半になると，家族や地域の機能衰弱が問題となり，*ボランティア活動や住民組織の*ネットワーク化を通して地域住民の共同性の回復を図る拠点施設として公民館を据え直そうとする政策が新たに登場する．こうした動向が*社会教育を*市民活動の副次的な位置づけに押しとどめ，*社会教育行政の固有の役割を見失わせる危険性のあることが，懸念されている．

しかし，その一方で，初期公民館が地域づくりの拠点として大いに役割を果たしたことを踏まえれば，*公民館を「*教育機関」として狭く限定する見方から抜け出し，環境，福祉，保健，平和，人権などの*生活課題，*地域課題の学習や祭りなどを含む幅広い*文化活動，ボランティア活動や自治的活動，学校を地域に開く活動などを充実させることで，公民館を地域再生と創造の拠点施設とする可能性があると捉えることもできる． （千葉悦子）

⇨内発的発展論

〔文献〕1）玉野井芳郎：地域分権の思想，地域経済新報社，1977.；2）宮崎隆志・鈴木敏正編著：地域社会発展への学びの論理，北樹出版，2006.

地域の教育力 educational power of community

〔定義〕地域の教育力は多義的に用いられるが，第1に，広義には，地域の自然や社会など人間の生活そのもの，あるいは生活環境の総体がもつ「人間形成力」をさす場合がある．人間の形成にとって，地域で営まれている*労働，生活や人間関係や共同が決定的な役割をもつからである．また，環境問題，地域の産業的自立や，自治と共同を目ざす*地域づくりの*住民運動にその本質を求める見方もある．

第2は，より狭義に用いられる場合であり，子ども・若者の発達と教育に向けて，意図的・目的的な働きかけをさす．1970年代頃からは，学校教育とは相対的に区別して，地域で子どもを育てる活動をつくる「*学校外教育」や「子どもの*社会教育」という概念も強調されるようになった．*子育て支援，*児童館・*学童保育など子どもが育つ環境づくり，地域の*居場所づくりなども発展している．ここでも大人自身の共同・指導が求められている．また，「地域に根ざす教育」「地域に*開かれた学校」を目ざす学校教育の努力は，こうした力と結びつきながら，自らを地域の教育力の中に位置づけようとするものといえる．

〔歴史〕子どもを保護・養育し，「一人前」に育て上げていく子育ては，もともと人類の持続にもかかわ

る地域社会の不可欠の機能であった．子育ては地域住民の共同の事業として営まれ，それぞれの地域固有の習俗やシステムをつくりあげてきた．近代社会になって学校制度が誕生し，学校は子どもを教育する専門の*教育機関として発達し，地域の子育てから分離・独立するようになった．

わが国では，中等教育・高等教育への進学率が向上し学校制度が巨大になり，その一方で学校教育が地域と隔絶する傾向を強めた1960年代以降，その再生のために改めて地域の教育力が問われるようになった．2005年からは*文部科学省が「地域教育力再生プラン」を掲げて「地域子ども教室事業」を行うなど，国の政策的課題にもなっている．

(太田政男)

〔文献〕1) 朱浩東：戦後日本の「地域と教育」論，亜紀書房，2000．

地域博物館　community-oriented museum

〔概要〕地域資料に立脚しながらも行政区画に捉われることなく，自然や人文の各分野の視点を有機的に複合させた館のテーマをもち，教育普及活動を重視することにより，地域住民に何度も足を運んでもらえることを意図して設置，運営される博物館をいう．市民の*生活課題に軸を置いた活動を展開し，市民が地域を再発見し，新しい価値を見いだしていくための博物館であり，市民が自分たちの生活する地域をより深く理解し，地域への愛着を養い，その未来にかかわっていくための博物館であるといえる．1976年に開館した神奈川県の平塚市博物館が初めて構想し，実践したことで知られる．

〔定義〕*伊藤寿朗の「地域志向型博物館」の定義では，地域に生活する人々の様々な課題に博物館の機能を通して応えていくことを目的とし，調査研究の軸は人々の生活（地域）課題であり，資料と人間との関係の相互の規定性や媒介性を課題とし，そこに価値を見いだすことを中心としている．また，教育内容を地域の生活に基づいて編成し，ものを考え，組み立て，表現する能力の育成を中心とする教育方法を軸とする博物館ともされる．

加藤有次は「地域社会型博物館」を，地域住民の日常生活に必要なものでなければならないという方向性が必要であり，地域の住民を中心とする博物館であると定義づけているが，「地域」と「郷土」という用語を同等の空間認識として捉え，「郷土地域」という用語も用いながら，「郷土を愛するという態度と，そのための博物館建設との関連性は，現代地域博物館を考える上で非常に重要」としている．

〔理念〕理念の原点とされる『平塚市博物館年報』第1号（1977年）では，「従来，地方都市の博物館は，考古・民俗などの単科博物館で，しかも行政区域の中だけの資料を扱うものとして計画されるケースがほとんどであった．しかし現実の生活の中にあっては，自然条件と人間生活は切り離せない関係にあり，専門家ではない一般市民にとっては，一つの事柄を学問分野にとらわれないいろいろな見方から知ることのできるような博物館こそ必要ではないかと考えた．そうした博物館は，『総合博物館』と呼ばれるべきものだが，一般に数部門の展示室が併設されている館が，安易に総合博物館と呼ばれてきたようである．平塚では，各分野の視点を複合させた展示や普及活動，さらには調査研究を行なう真の『総合博物館』を目標とした」としている．

ことに，観光地や大都会に立地した博物館ではないので，地域の住民に何度も足を運んでもらえるような密接なつながりが，絶対必要条件として要求される．そのため，*常設展示だけでなく，活発な教育普及活動を行うことが重要とされている．

〔課題〕平塚市博物館が登場して以来，地域博物館の用語が流行し，*公立博物館を中心に地域博物館ブームが巻き起こった．しかし，単に「地域の資料を集めているから地域博物館」「地域の住民が利用しているから地域博物館」とする市町村の博物館，さらには県立博物館までもが登場し，用語の意味は混乱している．さらに，地域＝郷土と解釈している行政，博物館研究者も少なくなく，地域博物館と*郷土博物館との関係も混乱している．

⇨伊藤寿朗　　　　　　　　　　　(浜田弘明)

〔文献〕1) 小島弘義：地方博物館の建設プランニング．博物館学雑誌，1(2)，1976.；2) 伊藤寿朗：博物館と地域—地域博物館観の成立をめぐって—．平塚市博物館年報，3，61-66，1979.；3) 加藤有次：博物館と地域社会．新版博物館学講座3 現代博物館論，23-41，雄山閣，2000.；4) 伊藤寿朗：市民の中の博物館，吉川弘文館，1993．

地域福祉　community based social welfare

戦後日本の社会福祉行政の根幹を成していた属性分野ごとの社会福祉サービスのあり方を根本的に変え，児童分野，障害者分野，高齢者分野といった属性を超えて，何らかの生活上福祉サービスを必要としている人を発見し，その人々の地域での自立生活が可能になるように援助する横断的なサービスの提供とあり方とそのシステムのことである．地域福祉は，社会福祉の新しい考え方であり，新しいサービ

スシステムであり，2000年の社会福祉事業法の*社会福祉法への改正・改称以降は社会福祉のメインストリーム（主流）である．

〔定義〕地域福祉とは，属性分野にかかわらず，自立生活が困難な，福祉サービスを必要としている個人および家族が，地域において自立生活が可能になるように在宅福祉サービスと保健・医療その他関連するサービスとを有機的に結びつける．それとともに，近隣住民等による*ソーシャルサポートネットワークを組織化して活用し，個人および家族の主体的生活，主体的意欲を尊重しつつ，"求めと必要と合意"に基づき必要なサービスを総合的に提供し支援する活動である．また，その営みに必要な住宅，都市構造等の物理的環境の整備，ともに生きる精神的環境醸成を図る．

したがって，地域福祉という新しい社会福祉の考え方とサービスシステムが成立するためには，① 在宅福祉サービスの整備，② 在宅福祉サービスと保健・医療その他関連するサービスを有機的に，総合的に展開できるサービスシステムの構築，③ 近隣住民等の社会福祉への関心と理解を深め，ソーシャルサポートネットワークを展開できる福祉コミュニティづくり，④ 在宅生活が可能になるような住宅保障と社会交流サービスの保障，⑤ *ユニバーサルデザインによる都市環境や生活環境の整備の要件が連動して不可欠となる．

〔歴史〕日本の社会福祉の歴史において「地域福祉」という用語と考え方が登場してくるのは1970年頃である．英国において1968年にシーボーム報告（『地方自治体と対人福祉サービス』）が出され，入所型福祉サービスの提供や金銭給付というサービスとは異なる，地域での自立生活を支援する対人援助サービスを地方自治体において展開すべきであるという考え方が登場したことが大きな契機となった．岡村重夫が1970年に『地域福祉研究』（柴田書店）を上梓し，地域福祉の考え方を体系化したのが理論的な嚆矢である（岡村はその後より明確な理論書として1974年に『地域福祉論』を上梓する）．

岡村重夫は，"地域福祉は単に用語の問題ではなく，今後の社会福祉の発展方向ないし新しいサービスの分野を明確にすること"（『地域福祉研究』，p.1，柴田書店，1970年）とし，その機能として，① 地域組織化，② 予防的社会福祉サービス，③ *コミュニティケア，④ 収容保護の4つの要件をあげている．

しかしながら，当時は社会福祉行政が厚生省の機関委任事務であり，「措置行政」というまだ中央集権的な行政システムであったことや，政策的に入所型社会福祉施設の整備に重点が置かれていたこともあり，地域福祉の*実践とそれを踏まえた理論化はさほど進展しなかった．1990年に，戦後日本の社会福祉行政は"コペルニクス的転回"を行い，*地方分権化，団体委任事務（当時）化，在宅福祉サービスの法定化，市町村社会福祉行政の計画化を進め，地域福祉を実質的に位置づけることになり，地域福祉は主流化の道を歩むことになった．

地域福祉という考え方の戦前の源流は，明治期の*地方改良運動や大正期の隣保事業にあり，歴史的には*社会教育ともかかわりが深い．また，地域福祉が構成要件としてきた地域組織化や住民の主体形成と*福祉教育，あるいは活動拠点としての地域福祉センター等は社会教育実践上の課題としてもかかわりが深い．今日必要とされている*コミュニティソーシャルワークは戦前の社会教育ともかかわりの深い積極的社会事業と消極的社会事業の考え方の統合でもある．

（大橋謙策）

〔文献〕1）大橋謙策：地域福祉，放送大学教育振興会，1999．；2）日本地域福祉学会地域福祉史研究会編：地域福祉史序説―地域福祉の形成と展開―，中央法規出版，1993．；3）大橋謙策編集代表：新版地域福祉事典，中央法規出版，2006．

地域文化　local culture

〔定義〕文化の概念を，人間生活の全領域にわたる人間の生き方や生活の仕方全体，すなわち社会の行動様式や価値表現の総体を意味するものとして捉えれば，地域文化とはそれらの地域的形態のことである．この文化の担い手である地域住民においては，それぞれの地域において民衆の労働と生活によって生み出された諸活動の所産である．それは，長い歴史と伝統をもち現在に受け継がれてきたものであると同時に，新たに生み出され創造されるべきものでもある．

〔歴史〕日本において，産業革命期以前のものは民俗文化と呼ばれることもあり，伝統的かつ土着的な文化として地域の個性を反映したものであった．しかし，戦後の高度経済成長期以降，地域への資本主義の急速な進出に伴って，地域文化は中央から流れてくる文化との混交物となりその独自性を失いつつある．中央からの商業主義の浸透は受動的な*大衆文化を拡大しており，地域文化振興の名のもとに展開されている国家と地方行政による文化政策は，文化を国民統合の手段として政治的に利用しようとする傾向も示している．

〔課題〕社会教育の課題としては，第1に，地域文化そのものを学習課題としていくことである．それらを伝統や民俗文化ということだけではなく，地域の労働と生活を基盤に据えた根強いものとして学ぶことであり，掘り起こすことである．それは，かけがえのない地域の価値を発見し取り戻すこと，地域文化を見直して生活に生かすことにつながるものである．第2に，地域文化を創造する実践にかかわることである．現実の地域文化が中央の文化支配や商業主義との混在の中にあるならば，その地域でなければできない文化を創造するためにはある種の闘いが必要である．文化の創造を地域の変革（*地域づくり）と関連させて構想する社会教育実践が求められている．

(大坪正一)

⇨文化協同

〔文献〕1) 北田耕也・朝田泰編：社会教育における地域文化の創造, 国土社, 1990.; 2) 畑潤・草野滋之編：表現・*文化活動の社会教育学, 学文社, 2007.

地域文庫　⇨子ども文庫

地球温暖化　global warming

太陽から地表に届いたエネルギーが，赤外線となって宇宙空間に放射される際に，赤外線の一部が大気中に含まれる温室効果ガスに吸収されることで，地球の気温が暖められる自然現象である．ただし，近年の地球温暖化は，人間活動による大気中の温室効果ガス濃度の増加が問題の中心をなし，海面の上昇，異常気象の発生，生態系や食糧生産への影響等の問題が懸念されており，気候変動の問題とも呼ばれている．温室効果ガスの排出源と吸収源等に関する科学的知見には不確実性が残されており，予防措置の原則に基づいた政治経済的対応が求められている．地球温暖化対応は，1988年の気候変動に関する政府間パネル（Intergovernmental Panelon Climate Change：IPCC）の設立に始まり，気候変動枠組み条約（1992年），京都議定書の採択／発効（1997年／2006年）と推移しており，国際環境条約の枠組みが，国の政策や企業活動，家庭に影響を与えている．

(小栗有子)

〔文献〕1) 気候ネットワーク：よくわかる地球温暖化問題, 中央法規出版, 2009.; 2) 森田恒幸・天野明弘編：地球環境問題とグローバル・コミュニティ, 岩波書店, 2002.; 3) 文部科学省：IPCC地球温暖化第四次レポート 気候変動2007—気候変動に関する政府間パネル—, 中央法規出版, 2009.

地球サミット（Earth Summit/1992）（国連環境開発会議／1992年）　UN Conference on Environment and Development

冷戦終結後の1992年にブラジルのリオデジャネイロで開かれた史上最大規模の世界首脳会議で，120ヵ国の国家元首（参加国176）が会議に出席したほか，10万人近い非政府組織（*NGO）の関係者が，本会議と並行して初めて開催されたグローバルフォーラムに参加した．会議の目的は，1972年の人間環境国連会議で残された課題を引き継ぎ，地球の生態系（環境）の維持と開発（特に経済開発）との両立を図り，*貧困の克服に世界が協力して取り組むことであった．本会議は，環境と経済政策をめぐって途上国と先進国の双方が共有できる「持続可能な開発」という新しい理念の下で，初めて開催されたもので，環境と開発に関する指針を定めた*リオ宣言や，21世紀に向けて世界がとるべき行動の青写真を示した*アジェンダ21が成果文書として合意されたほか，生物の多様性に関する条約や気候変動に関する枠組み条約などが作成された．

(小栗有子)

〔文献〕1) 外務省国際連合局経済課地球環境室監修，環境庁地球環境部企画課編：国連環境開発会議資料集, 大蔵省印刷局, 1993.

地球市民教育　global citizenship education

〔概念と目的〕様々な社会問題が相互に絡まり合い，地球規模で展開している点に現代世界の特徴がある．もはや自分の属する国や集団の利害だけを考えていては，その集団や国にとっての未来もみえてこない．また，関心のある課題のことだけを考えていては，その課題自体の解決も望めない．地球市民教育とは，そのような地球規模の問題意識に基づいて，様々な課題を相互に関連し合うものとして捉え，それらを全体的に解決していこうとする意欲と行動力を育む教育である．

〔源流と展開〕地球市民教育にはその源流となるいくつかの教育実践がある．1つは*開発教育である．開発教育は，「発展途上国」の窮状を何とかしようと「先進工業国」の市民に問題を訴え，援助のための行動を生み出すことをめざして1970年代に取組みが始まった．その後，「発展途上国」の課題と「先進工業国」の課題は関連しているという問題意識が広がり，最近では自分の住んでいる地域を出発点として，その地域の発展を地球規模での公正の実現と結びつける生き方を育むような実践へと発展しつつある．

2つ目は*環境教育である．公害問題に取り組む

教育や，絶滅危惧種など自然を守ろうとする教育，および*自然体験学習などが相互に影響を与えながら環境教育が発展してきた．1980年代に地球環境の問題が指摘されるようになり，開発教育とも問題意識が重なるようになった．

3つ目はグローバル教育である．1980年代に広がったグローバル教育は，開発教育や環境教育とも結びつきながら，地球規模の諸問題が相互に結びついており，総合的に課題解決を図らなければならないことを明確に打ち出した．

4つ目にホリスティック教育をあげることができるだろう．ホリスティックとは，ものごとをバラバラに捉えるのではなく，自分とのかかわりを軸として総体的に捉えるべきことを示す概念であり，ホリスティック教育は地球市民教育を理論的に支える教育運動として発展してきた．

さらに2005年から「*持続可能な開発のための教育の国連10年」が始まり，「持続可能な開発のための教育」(ESD)が世界的に推進されているが，現代の地球市民教育はこの「持続可能な開発のための教育」として展開されているということもできる．

(森　実)

〔文献〕1) ワークショップミュー：「まなび」の時代へ―地球市民への学び・30人の現場―, 小学館, 1999.

知識　knowledge

〔定義と分類〕文明の早い段階から多様な定義と分類がなされてきた．たとえば，アリストテレス(Aristotles)の区分では，エピステーメ(episteme, 普遍的で理論化された知識としてのノウホワイ)，テクネ(techne, 技術的で，具体的，*実践に関連する知識としてのノウハウ)，フロネーシス(phronesis, 規範的で，経験に基づき，常識にかかわる実践的な知恵)があるという．また，最近では*OECD (経済協力開発機構) (2000年)が，何を知っているかという事実に関する知識としてのノウホワット(know what)，なぜかという原理や法則に関する知識としてのノウホワイ(know why)，どうすればいいかという*技能としての知識であるノウハウ(know how)，誰を知っているかに関する知識であるノウフウ(know who)の4つのカテゴリーに分けている[1]．いずれの場合も，知識は，単なる情報やデータではなく，それらが何らかの基準や方法により，体系化や理論化が図られ，蓄積されたものとして定義されている．その基準や方法によって知識の定義もまた異なっている[2]．

〔種類や類型〕① 常識：何らかの意味をもった知識の体系として最も日常的な知識の体系が「常識」である．常識とは，実際にはそれほど系統だてられてはいないが日常生活を送る人たちにとって自然で，実用的，単純な知識の体系である．

② 暗黙知と形式知：この日常的な知識を，ポランニー(Polanyi, M.)はさらに，暗黙知と形式知に分類している[3]．暗黙知とは，顔を判別するときのように，言語で説明できない非分析的な知をいう．他方，これに対する概念が形式知であり，言葉やシンボルを用いて書類や本など目に見える形を取るものとして定義されている．

③ 蓋然的知識と絶対的知識：ヒューム(Hume, D.)はさらに，数学，論理学のように観念の関係に関する知識や普遍化され絶対化された知識を絶対的知識という一方で，偶然的に知るという意味を含めた蓋然性(probability)を伴い，経験に依存する知識として，蓋然的知識があるという．これは，さらに確証的知識(proof)と狭義の蓋然的知識に区分される．

④ 知識の類型：シェフラー(Scheffler, I.)はさらに，知識への哲学的アプローチとして，合理論，経験論，プラグマティズムの3つの知識類型を取り上げている[4]．合理論の伝統に立つ知識は，数学のような論理的な知識が代表的例である．経験論は，経験や観察から発見し，法則をみいだす自然科学に代表される．プラグマティズムの立場は，知識の実用性に注目し，試行と経験を繰り返して社会に有効な知識を選別する．

〔知変化〕知識は，このように時代や地域，科学技術の進歩により変化する．異なる地域には，法律，言語や道徳などの異なる知識の体系がある．地域特有の知を人類学者のギアーツ(Geertz, C.)は，ローカルノレッジ(地方の知)として捉え，「ユニバーサルな知」と区別する[5]．時代によっては，各地の神話や伝説などの神秘主義的知識から，真理を求める宗教的知識，学問の基礎となった哲学的知識，近代の合理主義に立つ実証的知識，発達し消滅していく技術的知識などの発展がみられる．各時代の教育カリキュラムは，これらの知識から選択が行われ，教科書や教室の知識の内容となっていく．その内容は各社会で洗練されて選別され，世代間にわたり伝達されていく．特に，近年，知識の専門化が進行するにつれ，その生産と普及，活用などの運用(ナレッジマネジメント)が社会で重要な価値をもつようになり，日本を含めた世界の生涯学習は，知識社会の時代に入ったとされる[6]．

(立田慶裕)

〔文献〕1）CERI：Knowledge Management in the Learning Society-Education and Skills, 2000, OECD.；2）山本慶裕編：生涯学習の現代的課題, 全日本社会教育連合会, 1996.；3）ポランニー, M.（佐藤敬三訳）：暗黙知の次元, 紀伊國屋書店, 1980.；4）シェフラー, I.（村井実監訳）：教育から見た知識の条件, 東洋館出版社, 1987.；5）ギアーツ, C.（梶原景昭ほか訳）：ローカル・ノレッジ, 岩波書店, 1991.；6）Istance, D. et al.：International Perspectives on Lifelong learning, Open University Press, 2002.

知識構築　knowledge construction

知識は学習者の経験や認識から独立して存在するのではなく、学習者自身がその経験の解釈や認識の枠組みを変容させながら常に知識を構築し、再構築しているとする考え方。従来、知識は客観的に存在し、もつ者からもたざる者に与えられたり、伝達されたりするものとして捉えられてきた。しかし、*フレイレが銀行型教育モデルとして批判したように、学習者の空っぽの頭の中に外から知識が注入されるのではなく、すべての人が既に何らかの知識をもち、その知識を主体的につくりかえていくことに注目する必要がある。また知識構築の過程において、対話は極めて重要な意味をもつ。

知識は社会的に構成され、意味づけられるとする社会構成主義の立場は、知識が誰によって、何のためにつくり出され、どのように利用されるのかという形で、知識の政治性を問題にしてきた。支配的な知識やものの見方は、支配的な集団に有利に働くものであることから、被支配的な集団が支配的な集団と対抗するために、世界観や人間観も含む批判的な知識を構築することが重要である。　　　　（平沢安政）

〔文献〕1）フレイレ, パウロ（小沢有作訳）：被抑圧者の教育学, 亜紀書房, 1979.；2）Banks, J. ed.：Multicultural Education, Transformative Knowledge, and Action. Historical and Contemporary Perspectives, Teachers College Press, 1996.

知識の相互交換ネットワーク（仏）　英 Mutual Exchange Network of Knowledges（in France）, 仏 Reseau d'échange réciproque de savoirs

学校や生涯教育の場において、自分がもっている知識を互いに交換し合うことによって対等平等な相互承認の関係をつくり、広げることを目的に組織されたフランスの結社（*アソシアシオン）。1980年代に、クレール・エベール・スフラン（C. Héber-Suffrin）とマリー・エベール・スフラン（M. Héber-Suffrin）によって始められた。会員は3万人を超え、フランスだけでなくヨーロッパ的な広がりをみせている。

会員は相互に自己の経験を語ることによって、自己の経験をもとに得た知識を提供するが、他の会員が語る場合には、今度は自分が彼/彼女から知識を与えられ、学ぶ側に回るという相互性を特徴とする。また誰もが自分の経験をもち、誰もがその経験をもとにした「知識」をもっているという認識から出発する点において、その相互性は最も原初的な一対一の対等な人間関係の成立を意味する。この点から、この運動は憲章の中で自らを「市民の学校」と規定している。フランス語圏での*自己教育の展開の、代表的な事例である。類似の活動に、物の交換をもとに成り立つSEC（Le système d'échange local, 地域交換システム）がある。　　　　（末本　誠）

〔文献〕1）知識の相互交換ネットワークの会会則. 社会教育・生涯学習ハンドブック（第7版）（社会教育推進全国協議会編）, エイデル研究所, pp.220-221, 2005.

地方改良運動　Chiho-kairyo Movement（Campaign to instill the spirit of self-help in local administrations）

〔概要〕日露戦争後の疲弊した町村の建て直しのため「戦後経営」として官・民一体となって強力に展開された運動。内務・文部・農商務省等によって打ち出された諸政策を統一的に講習するために1909（明治42）年7月に開かれた「地方改良事業講習会」にちなんで、「地方改良運動」といわれている。日露戦争は、日清戦争の8倍にも及ぶ規模（戦費総計17億円）で遂行された。その戦費をまかなうために膨大な公債・外債の起債とともに非常時特別税が創設された。この増税は日露戦争後も継続され、巨大な重圧として農村社会にのしかかったのである。

〔地方改良運動と報徳会〕平田東助や一木喜徳郎らの内務官僚は、この運動を推進するイデオロギーとして勤倹を説く報徳主義を活用した。1905（明治38）年11月、二宮尊徳死去50周年の記念祭が各地で行われたが、東京では、平田東助、一木喜徳郎、井上友一、中川望、岡田良平、早川千吉郎、留岡幸助、桑田熊蔵ら、報徳社・報徳主義に関係の深い内務・文部の官僚、資本家、社会政策学者などが記念式典を開催した。翌1906年、「*報徳会」（のち「中央報徳会」と改称）が組織され、地方改良運動の推進母体ができあがった。

〔社会教育的意味〕この運動は町村振興に向けた町村民の「自治心」の喚起を必要不可欠の要素として遂行された。明治末年の文教政策を指導した小松原英太郎は、地方経済・産業の振興と地方自治の発達

とのために，自治自助・共同の精神を作興しなければならぬという方針から，平田東助内務大臣・一木喜徳郎次官によって指導された内務省系の地方改良＝*自治民育運動と呼応しつつ，社会教育の普及に尽力した．地方改良運動はきわめて教化運動的な色彩の濃いものであった．地方改良運動は第1次世界大戦後の1917（大正6）年頃から全国的には*民力涵養運動へと転換していった． (手打明敏)

〔文献〕1) 宮坂広作：近代日本社会教育政策史，国土社，1966.；2) 笠間賢二：地方改良運動期における小学校と地域社会，日本図書センター，2003.；3) 宮地正人：日露戦後政治史の研究，東京大学出版会，1973.

地方教育行政法　Act on the Organization and Operation of Local Educational Administration

〔概要〕教育委員会の設置，地方公共団体における教育行政の組織および運営の基本事項，さらに学校その他の教育機関の職員の身分取扱いについて定めている法律で，正式名称は「地方教育行政の組織及び運営に関する法律」（地教行法と略される場合もある）である．都道府県および市町村は，教育，文化，スポーツ，学術に関する事務を行っているが，その執行機関が行政委員会としての教育委員会である（*地方自治法第180の5，180の8）．

戦後の教育行政改革の理念は，教育行政の一般行政からの独立，地方自治，民衆統制にあり，1948年に制定された「教育委員会法（旧法）」は，教育委員の選任は住民の直接選挙によるものとされていた．1956年に制定された本法では，首長による教育委員の任命など大幅な修正が加えられたが，教育行政の政治的中立の確保，多元的および専門的観点からの政策決定などの保障を目的とした合議制による行政委員会とされている意義は大きい．

〔分権化改革以後の動向〕*地方分権一括法や構造改革特別区域法などにより，国と地方自治体との権限関係や学校・*社会教育のあり方に大きな変更が加えられたが，新*教育基本法下の改正（2007年）で，文部科学大臣による是正要求・指示（第49条，50条）が盛り込まれ，国による統制の復活が懸念される．

上記の改正では，教育委員会の必置を維持することを前提に，教育委員数の弾力化と教育委員への保護者の選任の義務化，首長と教委，教委と教育長の関係の見直しも行われた．またスポーツ・文化に関する事務を，条例で定めるところにより，首長が管理・執行することが可能となった（第24条の2）． (小野田正利)

〔文献〕1) 市川須美子他編：教育小六法，学陽書房，各年度版．；2) 木田宏：逐条解説地方教育行政の組織及び運営に関する法律（第3次新訂），第一法規，2004.

地方交付税　tax revenue allocated to local government

地方公共団体が，等しく地方行政の計画的運営を遂行できるよう，その財源の健全な運用を図るため，地方交付税法（1950（昭和25）年，法律第211号）に基づき，国税のうち所得税，法人税，酒税，消費税及びたばこ税のそれぞれの一定割合を割いて，一般財源（使途が特定されず，団体の裁量によって使用できる財源）が不足する団体に交付される税．本来，地方公共団体の財源は自ら徴収する地方税等の自主財源をもって賄うことが理想だが，現実には，税源等は地域的に偏在し著しい格差が生じている．こういった団体間の一般財源の不均等を是正し，一定水準の行政サービスを保障する「地方財政調整制度」としてこの税が機能している．地方交付税は普通交付税と特別交付税に分かれるが，前者は毎年度，基準財政需要額が基準財政収入額を超える団体に交付される．後者は，特別の財政需要（特別の事務）があるなどの事情を考慮して交付される．関係法に地方税法，地方財政法がある． (山崎 功)

地方社会教育職員制　local social education (adult and community education) staff system

勅令第324号（1925）による地方における*社会教育職員の配置のこと．社会教育に関する事務に従事する事務職員として，地方庁に*社会教育主事（専任60人以内，奏任官待遇），社会教育主事補（専任110人以内,判任官待遇）の設置を求めたものである．

1918（大正7）年，臨時教育会議は「*通俗教育ニ関スル件」を答申し，文部省と地方庁に通俗教育に関する「主任官」の設置を求めた．この答申により文部省では機構改革が進められ，地方庁では学務課内に社会教育担当の主任吏員の特設が求められた（「地方長官宛通牒」1920年）．これ以降，各府県に社会教育主事が設置され始め，その延長線上に「地方社会教育職員制」の成立をみた．

この背景には，大正中期以降の社会・労働問題対策として，社会事業や産業土木，保健衛生，地方農林といった地方行政分野の拡大に対応する「地方職員制」の成立があり，社会教育分野でも「主任官」を設置することによって地方の社会教育を進めていこうとする意図があった．1942（昭和17）年，戦時下の行政簡素化により廃止された． (上野景三)

〔文献〕1) 碓井正久編：社会教育（戦後日本の教育改革10），東京大学出版会，1971．；2) 国立教育研究所編：日本近代教育百年史7 社会教育 (1)，教育研究振興会，1974．；3) 大槻宏樹編：21世紀の生涯学習関係職員の展望—養成・任用性・研修の総合的研究，多賀出版，2002.

地方独立行政法人　local incorporated administrative agency

公共上の見地から確実な実施が必要な事務・事業を，地方自治体から切り離した別の法人（地方独立行政法人）によって運営するもの．国の独立行政法人制度（2001年4月〜）にならって，2004年4月から導入された．その仕組みは，地方独立行政法人と国の制度は，非常によく似ている（⇒独立行政法人）．

ただし，地方独立行政法人で運営できる事業は，試験研究機関，公立大学などに限られている（地方独立行政法人法21条）．国立の博物館や美術館は独立行政法人化したが，自治体が設置する博物館，美術館等の施設は，現在は，地方独立行政法人化することが想定されていない．現に設立された地方独立行政法人の大半は，公立病院，公立大学である．

なお，地方独立行政法人化した事業については地域住民による民主的な統制が及びにくくなるなど，行政の民営化が抱える問題点を，この制度も内包している．
（田中孝男）

〔文献〕1) 地方自治制度研究会：逐条解説 地方独立行政法人法，ぎょうせい，2006.

地方分権　decentralization of power

政治や行政において，中央政府の機能を地方政府に移し，権限を分散させること．より今日的には，地方分権推進法（1995年）によって設置された地方分権推進委員会（1999〜2001年）による勧告（中間報告および5次にわたる勧告）に基づく一連の地方制度改革・行政改革の理念をさす．

〔経緯〕中央政府に対する地方政府の依存度が高さを特徴としてきた日本の中央・地方関係をめぐっては，第2次世界大戦後には戦後改革とシャウプ勧告，1960年代後半には革新自治体運動など，その再編を求める動向がありながらも，それを上回る集権化の力学に阻まれてきていた．それが1980年代後半になると，①「地域の多様さ」に対応する柔軟な公共施策が求められ始めたこと，②高齢社会の到来に対応しうる福祉社会の形成が課題として認識され始めたこと，③政治改革（利権をめぐる構造改革）を求める国民の声が高まったこと，④国際社会への対応に向け，中央政府が内政から解放されることが不可欠と認識されだしたことなど，中央集権型システムの限界が各方面から指摘されるようになり，「地方分権」は政治的課題として急浮上する．第2次臨時行政改革推進審議会（行革審）（1989年），衆参両院での「地方分権に関する決議」（1993年），そして第3次行革審（1993年）を経て地方分権改革推進法が成立（1995年）．その後，同法を受けて首相の諮問機関として設立した地方分権推進委員会（1991〜2001年）の勧告をもとに地方分権推進法が成立し，その後の分権改革につながった．

〔課題〕「明治維新，戦後改革に次ぐ『第三の改革』」との位置づけで取り組まれてきた地方分権改革だが，①「平成の大合併」をめぐる強力な合併誘導策に現れているように，改革の性格が強力な中央主導であること，②最大の目標であった機関委任事務の全面廃止が達成できなかった（全体の45％が「法定受託事務」として残った）こと，③自治体の課税自主権や税源の地方委譲など財政面での改革が先送りされていることなど，取り残された課題は少なくない．

社会教育行政においては，①地方分権を根拠に，中央からの人的・財政的支援が削減される傾向にあること，②広域合併は，自治体によって異なる社会教育行政の仕組みの一元化や，社会教育委員の会議など住民参加制度の統合を招き，結果それぞれの地域の個性が軽視されかねないこと，③連動的に進められる自治体経営改革によって，財政削減，地域委託，首長部局への移管など，実質的な社会教育行政の解体につながる再編が検討されることもあるなど，大きな影響が現れている．
（石井山竜平）

〔文献〕1) 新藤宗幸：地方分権（第2版），岩波書店，2002.

チャータースクール　charter school

一定期間の契約に基づき，親や教員，地域団体，民間企業に公立学校の運営をゆだねる方式の学校で，1992年，米国のミネソタ州セントポール市に初めて創設されて以降，米国でその数は増加している．経費費は公費で維持され，一定期間の契約制をとることは共通していても，設置許可者も学校管理者も多様な形態が存在しており，学校の性格は一律ではない．民間営利会社としてはエディソンスクール株式会社などがある．

公立学校の自律性をより高めることを追求して，日本版チャータースクールの可能性をさぐる動きも生まれている（「湘南に新しい公立学校を創り出す会」など）．

ただし，学校が閉鎖した場合における子どもの*学習権保障（米国では，1992年に設置されてから2000年12月時点で，86校が公費の不正使用などで契約破棄された）など，残される問題も多い．

(荒井文昭)

中央環境審議会答申（1999年）Central Environmental Council Report（1999）

「環境の保全に関する教育，学習等」（第25条）を定めた*環境基本法（1993年）で法的に位置づけられた*環境教育の内容や方向性を，国（環境省）が指針として示したもの．1999年12月の中央環境審議会答申「これからの環境教育・環境学習―持続可能な社会をめざして―」である．この答申で環境教育・環境学習は，「人間と環境との関わりについての正しい認識にたち，自らの責任ある行動をもって，持続可能な社会の創造に主体的に参画できる人の育成を目指すもの」と位置づけられている．この答申には環境教育の対象に*貧困，消費，人口，健康，居住，意思決定等の社会的・経済的側面が含まれることが示されているが，その後に制定された「環境の保全のための意欲の増進及び環境教育の推進に関する法律」（*環境教育推進法，2003年）や「国連持続可能な開発のための教育の10年」もあわせ，こうした環境教育の理念を*社会教育・生涯学習において理論的実践的にいかに展開するが今後の課題といえる．

(降旗信一)

〔文献〕1）小澤紀美子：環境教育指導資料の重層的な継承．環境教育，17（2），19-25，2007．

中央教育委員会（琉球政府） ⇨琉球政府（沖縄）

中央教育審議会 Central Council for Education

文部科学大臣の諮問に応じて，教育の振興および生涯学習の推進を中核とした豊かな人間性を備えた創造的な人材の育成に関する重要事項，スポーツの振興に関する重要事項を調査審議し，文部科学大臣に意見を述べることを任務とした文部科学大臣の諮問機関．1953年7月に第1回の答申を出して以来，これまでに幾多の答申を出してきており，日本の教育行政全般に対して大きな影響を与えてきた．

〔構成等〕2001年1月に，中央省庁等改革の一環として組織の改変が行われ，それまで文部省に設置されていた*生涯学習審議会，理科教育及び*産業教育審議会，教育課程審議会，教育職員養成審議会，大学審議会及び*保健体育審議会の機能を整理・統合した形で，新しい中央教育審議会が発足した．

こうした整理・統合の結果，中央教育審議会には，本審議会のもとに，次の事項と審議する5つの分科会が置かれることになった．

〈教育制度分科会〉①豊かな人間性を備えた創造的な人材の育成のための教育改革に関する重要事項，②地方教育行政に関する制度に関する重要事項．

〈生涯学習分科会〉①生涯学習に係る機会の整備に関する重要事項，②*社会教育の振興に関する重要事項，③*視聴覚教育に関する重要事項．

〈初等中等教育分科会〉①初等中等教育の振興に関する重要事項，②初等中等教育の基準に関する重要事項，③教育職員の養成並びに資質の保持及び向上に関する重要事項．

〈大学分科会〉大学及び高等専門学校における教育の振興に関する重要事項．

〈スポーツ・青少年分科会〉①学校保健，学校安全及び学校給食に関する重要事項，②青少年教育の振興に関する重要事項，③青少年の健全な育成に関する重要事項，④体力の保持及び増進に関する重要事項，⑤スポーツの振興に関する重要事項．

なお，委員（任期2年）は30人以内となっており，これに加えて，臨時委員および専門委員を置いたり，あるいは必要に応じて部会を設置したりすることもできるとされている．

〔生涯学習・社会教育分野における答申〕中央教育審議会の答申は，生涯学習・社会教育分野においても，重要な意義をもつものが少なくない．たとえば，1971年6月の答申（統合される以前の審議会の答申）は，「これまで教育は，*家庭教育・学校教育・社会教育に区分されてきたが，ともすればそれが年齢層による教育対象の区分であると誤解され，人間形成に対して相互補完的な役割をもつことが明らかにされているとはいえない」として生涯教育の必要性に言及し，また1981年6月の答申は，「生涯教育について」というタイトルで，その意義，現状と課題，政策の方向性などについて具体的に提言している．ここでは，生涯教育と関連づけて，学校教育のあり方や勤労者の現職教育の方法などについても分析・提言を行っており，生涯教育全般にかかわる総合的な内容となっている．しかしながら，同答申の提言内容があまりに広範囲にわたるものであったこともあって，全体としてみれば，政策形成への影響は限られたものとなっている．

(笹井宏益)

⇨社会教育審議会

〔文献〕1）文部科学省：学制百二十年史，1992．；2）文部科学省のHP（http//www.mext.go.jp）のうち「白書・統計・出版物」．

中央青少年団体連絡協議会　National Council of Youth Organizations（in Japan）

〔概要〕全国組織を有する24の青少年団体を会員とする連絡組織であり，青少年の健全育成を目的に掲げ，国内外の青少年団体の連携を図り，青少年教育に関する調査研究，情報提供を行っている*社団法人．正式団体の会員数の合計は2005年現在，約1100万人とされる．正会員のほかに15団体が協力育成団体として登録している．

〔歴史・活動〕1951年国内青少年団体の育成と国際的な交流を目的として設立された．当初の加盟団体は，日本青年団協議会，*4Hクラブ，青少年赤十字，*ボーイスカウト，*ガールスカウト，*YMCA，YWCAであり，永井三郎が委員長を務めた．その後，会員団体が増え現在に至る．1954年には*世界青年会議（WAY）に加盟し，1961年の第4回総会には代表を派遣している．オリンピック開催時には青少年キャンプへ役員または青年を派遣し，そのほかにも国際青少年指導者セミナー等の開催を通じた国際交流に貢献してきた．1990年，社団法人としての認可がなされた．現在の主な活動としては，政府に対する政策提言，青少年関連教育施設との連携，*ボランティア活動「体験交流スタディズ」の運営，機関紙「なかまたち」の発行，加盟団体による「子どもの*居場所づくり」を支援する応援団活動などをあげることができる．今日青少年に対する事業への社会的な要請は高まる一方でありながら，各団体内部の青少年リーダーがなかなか育たない点などが共通の課題として語られている．　　（矢口悦子）

〔文献〕1）中央青少年団体連絡協議会編：中央青少年連絡協議会40年史，中央青少年団体連絡協議会，1993．

中華人民共和国教育法　Education Law of the People's Republic of China

〔性格〕中国の教育に関する全10章84条からなる総合法で，1995年3月に制定され，同年9月より施行された．日本の*文部科学省は*教育基本法相当法と位置づけている．中国における教育法はプログラム規定的な性格をもつところに特徴があり，本法も中国の教育に関する国家目的と民衆の権利義務規定のほかに，総則で生涯教育体系の整備・確立を進めることが明記（第11条）されている．

〔制定の経緯〕本法は本来1980年代後半に「中華人民共和国教育法通則」として議論・検討されていたものであったが，その後の社会変動の影響を受け，1995年にようやく「教育法」として制定された．中国の教育法整備の経過をみると，他の政策の実施過程と同じく，試行・実験→政策的追認→一般化という動きを踏襲している．中国では1978年に今日の経済発展につながる改革と開放の政策を策定し，急速な市場経済化を進めてきた．経済発展のポイントオブノーリターンを超えた1985年には，その後の教育改革を方向づけた「中国共産党中央委員会教育改革に関する決定」を公布し，学校教育体系の整備とともに教育の法治主義が明記された．その後，中国では，本法からみれば下位法に当たる各種の教育法が先行的に制定されていくが，それは，共産党中央委員会や国務院などの「決定」や「意見」「綱要」という準法規的な文書によって追認された試みが，法律の規定のされ方を方向づけるという関係の中で進展している．しかも，本法の制定は，1989年の民主化弾圧事件である天安門事件と，その後の1992年以降の急速な市場経済化の展開過程で*労働市場が完全に成立したことと深いかかわりがある．従来の学校教育を通した人材育成と分配のシステムだけでは社会的な統治と経済発展とを両立させることが困難となったのであり，市場経済への全面的移行にともなって国家と民衆との新たな関係を処理する法律が必要となったのである．ここに教育を学校教育から生涯教育へと大きく展開する必要が認識され，本法にその規定が盛り込まれることになった．本法の制定が1980年代末から議論されながらも，1995年になってようやく確定されたのは，このような政治的な事情を背景としている．

〔特徴〕本法は，「第1章 総則」「第2章 教育基本制度」「第3章 学校及びその他の教育機関」「第4章 教員及びその他の教育従事者」「第5章 教育を受ける者」「第6章 教育と社会」「第7章 教育投資及び条件保障」「第8章 教育の対外交流及び協力」「第9章 法律責任」「第10章 附則」からなる，教育の総合法であるが，その構造上大きな特徴がある．それは，民衆の教育を受ける権利と義務とに関連して，民衆統治のための政治的な構造の変化が反映しているということである．従来の中国社会の民衆統治は，計画経済と国家による就労分配を基本としており，民衆は就労先の機関や事業所（これを単位という）の共産党支部による管理を受けていた．しかし，急速な市場経済化の進展は，単位を基本とした就労のあり方を解体し，国家による就労分配を廃止へと

導くこととなった．民衆は単位の労働者としてではなく，労働力として市場を流動する存在へとそのあり方を変えており，共産党が直接支配することが困難となっている．そのため，民衆と共産党との間に法律を介在させ，教育を受けることによる生活の向上や就労機会の拡大，つまり教育への権利を共産党政権が保障しつつ，民衆に教育を受けて国家建設に貢献する義務を負わせるという間接的な統治関係に組み換えているのである．つまり，民衆が統治へと自発的に組み込まれることを促す構造へと，支配構造を組み換えているのである．この新たな構造においては，就労前の学校教育による学歴保障だけでは不十分であり，民衆がよりよい生活を求めるためのキャリアアップを保障する*リカレント教育を基本とした生涯教育こそが政策的な焦点となる．本法は，この生涯教育体系の確立をプログラムとして明記し，国家と民衆との関係を，法律を介在させて教育機会を保障することで管理する間接的なものへと組み換えているところに，大きな特徴がある．

(牧野 篤)

〔文献〕1) 篠原清昭：中華人民共和国教育法に関する研究―現代中国の教育改革と法―，九州大学出版会，2001．

中間集団　middle group

　国家と個人との間に存在し，公と私とを媒介したり，市民が相互に共通の利益を守るために結社したりする集団のこと．労働組合，地縁集団，社会運動団体などがそれにあたる．中間集団は，近代において共同体から解放された個の結合から生まれた共同性によって存立する．たとえば，労働者の団結禁止を規定したフランスのル・シャプリエ法（1791年）のもとで，個人は国家と裸で向き合うことになるが，この修正として労働組合などの中間集団が登場する．家族や地域コミュニティの解体が進む現代においては，地域課題の解決や多様な住民ニーズに対応するNPO/NGO，自治組織などのコミュニティオーガニゼーションが新たな中間集団として注目される．他方でこれらはコミュニティ政策との関連で現出することがあるため，中間集団として国家（行政）とどのように向き合うのかが問われる．　(櫻井常矢)

〔文献〕1) 佐々木毅・金泰昌編著：中間集団が開く公共性，東京大学出版会，2002.；2) 黒沢惟昭著：生涯学習とアソシエーション，社会評論社，2009．

中国の成人教育・生涯学習　adult education and lifelong learning in China

　〔概観〕思想的には社会主義国家建設の中核である労働者・農民に対する階級性を帯びた教育概念として，*労農教育（工農教育）と呼称されてきた．また制度的には，定型の学校教育に対して非定型の成人教育，さらに2つの労働体系に対応した正規の全日制普通学校と*半労半学の民衆学校という，「二本足で歩く」と形容される中国の教育体系の一方の「足」として組織化され，独自に展開されてきた．文化大革命以降には，1985年「教育体制改革に関する決定」に示された教育の方針に基づき，1987年「成人教育の改革と発展に関する決定」で制度的な位置づけが明確にされた．1990年代に入ると*ユネスコを中心とする生涯教育「終身教育・終身学習」思想を反映して，1995年制定の「*中華人民共和国教育法」には生涯教育体系の確立と完成が条文に盛り込まれた．

　〔中華人民共和国建国前〕1902年雑誌『教育世界』に佐藤善次郎『最近社会教育法』の翻訳が掲載されるなど，日本の*社会教育思想が同時代に並行して紹介される．また日本を範として教育制度が構築される中で，1905年清朝学部の管掌事項に「*通俗教育」が明記され，1912年には中華民国教育部に「社会教育司」が新たに設置される．五四運動以降は，デモクラシーやプラグマティズム思潮の高まりを受け，救国と国民改造を求める教育運動が広く展開された．とくに1919年の北京大学平民教育講演団を嚆矢に，1921年中華教育改進社を組織した*陶行知や1923年平民教育促進会を組織した晏陽初は，「平民千字課」などの*識字教本を利用した*平民教育運動を指導した．しかしこれらの運動は，1926年には晏陽初が河北省定県にて*郷村建設運動を展開，1927年に陶行知が南京郊外に暁荘師範を設立，1931年には梁漱溟が山東郷村建設研究院を設立するなど，1930年代にかけて都市から農村へ，平民教育から郷村教育へと，農村の改造と復興を志向する教育運動に転換する．他方，教育部では1934年に民衆教育委員会を招集し，孫文に依拠した三民主義教育を推進する観点から「*民衆教育」を推進するが，蔣介石国民党政権を支持する政治的イデオロギーを強く反映したものであった．

　〔中華人民共和国建国後〕1949年，中華人民共和国建国を宣言した中国共産党は，「共同綱領」で労働者の業務余暇教育（業余教育）および幹部の在職教育の強化を打ち出した．1951年「学制改革に関する決

定」では，労働者・農民の基幹要員の学校を重視する観点から，労農大衆の多様で未組織な教育方式を正規の教育系統に位置づけ直し，1958年には学校形式を「全日制学校」「業余学校」「半労半学学校」に類型化し，生産労働と教育を結びつける労農教育が正規化された．また並行して，1956年の「全国非識字者一掃協会（全国掃除文盲協会）」設立などにより，識字教育とも結びつきながら，*基礎教育から業余大学に至る労農教育が系統的に整備された．文革後の復興は，1978年「非識字者一掃に関する指示」により識字教育から取り組まれ，高等教育の空白を補填するための学歴取得を伴う「独学試験制度（*自学考試制度）」の創設や，放送通信教育（広播電視教育（*ラジオ・テレビ大学），函授教育）などが進められた．続いて職業技術教育に重点が移され，1987年の「成人教育の改革と発展に関する決定」には，在職教育や*継続教育を担う職工大学や成人学校教育が明記され，さらに*成人高等教育の発展が重視された．現在は生涯教育体系への移行が進められている中で，*実践レベルにおいて政治に従属した教育のあり方から，個人の自主性・自発性を尊重し，またそれらに依拠する教育に重点が移り，学習機会と内容を学習者自らが選択して，少子高齢化や情報化などの今日的課題に対処することが奨励されている．また，*コミュニティ（社区）を単位とした社会教育の展開を基本とする生涯学習社会（終身学習社会）の構築が模索されている．

〔法制〕上海市や福建省など地方政府レベルで「生涯教育促進条例」等が策定されているが，国家レベルでの法制化はいまだ検討段階にある．しかし「教育法」「職業教育法」「高等教育法」などには，成人教育，生涯教育に関連する条項が盛り込まれている．

(牧野　篤・上田孝典)

〔文献〕1) 呉遵民：現代中国の生涯教育，明石書店，2007.；2) 牧野篤：中国変動社会の教育，勁草書房，2006.

中国の文化施設・社会教育施設 cultural and education facilities in China

〔概説〕中国における文化施設・社会教育相当施設として日本で知られているものには，*図書館や*博物館・*美術館などのほかに人民文化宮・人民文化館を代表とする文化宮・文化館施設がある．ただし，中国においては*文化行政と教育行政とは厳密に区別され，文化宮・文化館は文化行政の範疇にある施設であるため，教育施設とは認識されていない．人民文化館施設は，設置される区域や施設の規模によって文化宮・文化館・文化ステーションなど系統性のある呼称をもっており，またクラブ，さらには文化棚と呼ばれる簡易な移動施設（天秤棒などで移動）が関連の組織としてある．文化宮は主に大都市に設けられ，現在では区レベルにほぼ1館設置されている．当該地区の*文化活動の総合拠点であるほか，文化館や文化ステーションへの指導的な役割を担っている．文化館は県や街道・鎮単位に設けられている施設で，当該地域の民衆の文化活動の拠点，文化ステーションは都市の街道や農村の行政区画単位に設けられ，住民生活に密着した文化活動の場として利用されている．このほかに，クラブは都市の工場や事業所，*労働組合さらには農村の旧人民公社単位に設けられた文化活動の場であり，文化棚（挑と書くところもある）は工作員が主に農村に入り，民衆の啓蒙活動を行う*実践の形態をいう．これらの施設は，上下の関係が明確であり，上級の宮や館は下級のステーションやクラブ・棚を指導する，*地域文化の*ネットワーク拠点として機能することとなっている．人民文化館の系列のほかに，工人（労働者）文化館の系列や少年宮・青年宮・民族文化宮などがあるが，対象の違いが名称となっているのみで，活動内容は似かよっている．主管行政部門は文化部の系列である．活動の内容は，民衆への啓蒙のほか，民衆への*識字・文化教育を基本とした教育機会の保障，民衆自身の文化活動の場の提供，さらには社会的な奉仕活動の組織と実践などがある．

〔沿革〕文化館施設の形成は，おおむね以下の3つの流れが考えられる．① 抗日戦争期・解放戦争期を通して形成されてきた共産党の根拠地における労働者・農民そして兵士への文化・娯楽・教育そして啓蒙活動の形態であったクラブが発展したもの．② 上記の革命根拠地における文化運動や娯楽活動が，文化工作隊と呼ばれるサークル活動へと展開し，それがさらに民衆に対する識字工作班・識字小組などとして学習活動へと組織化され，大衆の教育運動へと展開していたものが発展したもの．③ 施設として，中華民国当時の*民衆教育館など民衆啓蒙や識字そして民衆意識の高揚を目的として設置されていたものが発展したもの．これら3つの流れが，新中国成立後の民衆に対する社会主義的な啓蒙の必要を背景として，大衆の興味をひきながら，啓蒙・宣伝・教育という手段を用いて，民衆の文化的な水準を引き上げるという政治的な目的を帯びたものとして，整備されたのが文化館施設である．その後，社会の変動や民衆の教育水準の向上などを背景として，文

化館の役割や機能は変化しており，現在では，民衆生活を豊かにし，民衆の文化や娯楽などの要求に応える施設や，子どもたちの課外活動拠点として整備されてきている．

〔現状〕文化宮や少年宮・青年宮は，民衆の生活に密着した文化活動を推進する場というよりは，より大きな行政単位における優れた文化の紹介や促進に重点が置かれており，各種の展覧会やコンサートなどが催されている．また，各文化宮や少年宮・青年宮などには専属の劇団やオーケストラ，さらにはスポーツや演劇・音楽などの優れた人材を選抜して教育する選抜クラスを設けているところもある．民衆の生活により近い活動を進める場としては，文化館が活発な活動を展開しており，各種の講座の開設や文化館を活動拠点とする民衆のサークルやクラブの発表，当該地区の民衆の活動団体への支援などを行っている．文化ステーションレベルになると，民衆の娯楽への対応と行政的なキャンペーンの宣伝が主な役割となり，政治的な宣伝のほかに，衛生知識の普及や住民の融和などの宣伝工作がなされたり，民衆に囲碁や将棋，カラオケ，読書会などの場を提供することなどが行われている．総じて，文化施設は社会の経済的な発展と民衆生活の向上に伴って，民衆の文化的な要求の高まりに応えるために，各行政レベルに対応しつつ，文化活動のネットワークを構成している． (牧野 篤)

〔文献〕1) 古木弘造編：外国の社会教育施設（正・続），光文書院，正：1965，続：1967.

『中小都市における公共図書館の運営』
Management of Public Libraries in Smaller Cities (in Japan)

1963年に*日本図書館協会中小公共図書館運営基準委員会によって作成された，公共図書館の運営指針に関する報告書．通称「中小レポート」．戦後日本の公共図書館運営のあり方に大きな影響を与えた報告書．

〔作成の経緯と内容〕1960年10月，日本図書館協会に中小公共図書館運営基準委員会が設置された．委員会は人口5万から20万人の都市の図書館12館についての総合調査，埼玉県内14館の図書館，確認調査として全国45図書館，計71図書館の調査を実施し，その成果を踏まえ，中小都市における公共図書館の運営指針を提示した．

報告書は以下のような，画期的な内容および提起を行った．まず，公共図書館の基本的な役割が「国民の知的自由」の保障にあること．この役割を果たすための「本質的，基本的，核心的」機能として「資料提供」機能を位置づけたこと．「中小公共図書館こそ図書館の全てである」と，これまでの大図書館中心の考え方を批判し，地域住民に最も身近な中小図書館こそが重視されなければならず，公共図書館の運営指針を国民への図書館奉仕から再構成する必要があること．それゆえ，館内サービスではなく，館外奉仕に積極的に取り組むこと．こうした図書館奉仕の発展には図書費が決定的な役割を果たすことなどである．

〔果たした役割〕報告書は後に全国的期な討論にかけられ，特に報告書が提起した図書費の最低必要額（約262万円）の実現性に疑問が集中した．しかし報告書が提起した運営指針は共感を広げ，これに基づく*実践が各地で試みられていった．とりわけ日野市立図書館（1965年開館）の実践はこの報告書の有効性を証明するものとなった． (山口源治郎)

〔文献〕1) オーラルヒストリー研究会編：中小都市における公共図書館の運営の成立とその時代，日本図書館協会，1988.

中南米の成人学習 adult learning in Central and South America

〔歴史と特徴〕中南米社会の特徴は，1959年に社会主義革命を実現したキューバを除いて，欧米資本およびこれと結びついた一部の国内特権層が社会の富を独占し，多くの一般庶民が*貧困状態にあるという植民地的経済構造にある．このため，歴史的に公教育制度の整備は進まず，第2次世界大戦後に始まった成人教育の組織化も，*識字教育キャンペーンの実施や*基礎教育の普及など，学校教育の補足的な形態にとどまっていた．

これに対して，1960年代以降，貧困や抑圧からの解放や民衆の政治参加，組織化を目ざす社会運動と強く結びつきながら，成人教育のオルタナティブとしての*民衆教育（Educación Popular/Educação Popular）が発展してきた．*フレイレの思想と教育実践に強い影響を受けた民衆教育は，草の根の参加と*対話を方法の特徴としながら，中南米全体で，民主化や社会変革の主体形成を目ざす教育実践として取り組まれている．市民団体や*NGOによる活動も活発で，ラテンアメリカ成人教育協議会（El Consejo Educación de Adultos de América Latina：CEAAL）やカリブ成人教育協議会（Caribbean Council for Adult Education：CARCAE）などが，成人教育・民衆教育ネットワークの核として活動し

〔カリブ地域・中米の成人教育〕1977年にセントルイスで開かれた成人教育会議は，ジャマイカなど英語を公用語とするカリブ海の小国が集まるカリブ共同体（Caribeean Community : CARICOM）の各国政府に成人教育の重要性を自覚させる重要な会議となった．それまでの成人の学習は，教会などの民間セクターで，もっぱらボランティアによって担われており，成人教育としての自覚はその関係者にも希薄で，学校教育の補足として捉えられていた．翌1978年には，CARCAE が設立され，本格的な成人教育・民衆教育の組織化が始まる．今日においても識字教育は重要課題であるが，*成人教育者の養成，青年教育や受刑者教育，*ジェンダー・環境・健康をテーマとした学習なども重点課題として位置づけられている．

中米諸国は，グアテマラ，エルサルバドル，ニカラグアなど，長期にわたり内戦や政情不安が続いたことから，依然として成人教育の制度化は遅れており，NGO などを中心に，政治難民帰還のための*職業訓練や学習支援，若者の犯罪や暴力の背景にある失業や社会的排除の問題への取組みや*先住民族の言語・文化維持のためのバイリンガル教育がある．

〔南米およびブラジル〕アルゼンチンは1976年から1983年まで，ブラジルは1964年から1985年まで，チリは1973年から1990年まで軍事政権が続き，民衆主体の民主的な成人教育実践は徹底的な弾圧を受けた．1980年代から1990年代にかけて，民衆教育は，*新自由主義経済政策に対抗する社会運動と結びつきながら，教育を基本的人権として捉え，公的に保障することを強く求めてきた．2000年代は，平等や公正に加え，多様性，社会の包摂，持続可能性といった新しい理念に基づく実践も展開されている．

ブラジルにおいては，1990年代から民衆運動に支えられた中道左派・左翼政党による地方自治体首長や大統領が誕生し，公教育の整備が進んでいる．「青年・成人識字教育運動」など公権力の積極的な関与による大規模な識字教育運動も展開されており，識字率が上昇しているほか，「青年・成人教育」をめぐっては，法整備，予算配分の仕組みづくり，*専門職制の確立が進んでいる． （野元弘幸）

〔文献〕1）牛田千鶴編：ラテンアメリカの教育改革，行路社，2007．

昼夜開講制 day and evening courses system

大学，短期大学，大学院，専修学校の課程において，同一の学部や学科，研究科の中に，「昼間主コース」と「夜間主コース」を設け，昼間および夜間の双方の時間帯において授業を行う制度をいう．

〔法的根拠〕この制度は，大学については大学設置基準の第26条，短期大学については短期大学設置基準の第12条に，および大学院については大学院設置基準の第14条に，また専修学校については専修学校設置基準の第13条によって，それぞれ規定されている．

〔導入の時期と背景〕昼夜開講制の導入が認められるようになったのは，大学設置基準では1991（平成3）年の，短期大学設置基準では1991年の，専修学校設置基準では1994（平成6）年の改正によってである．大学院修士課程については，1974（昭和49）年の大学院設置基準の制定当初から一部認められてきたが，1989（平成元）年の改正により，従来の1年から2年にわたって昼夜開講制が実施できるようになり，正式に導入された．博士課程への導入が認められたのは，1993（平成5）年のことである．

こうした設置基準の改正がなされた背景としては，社会の急激な変化に伴い，*生涯学習や*リカレント教育への要求が個人的にも社会的にも高まってきたことが指摘できる．このため*文部科学省は，生涯学習社会にふさわしく，社会に開かれた大学づくりを推進しようと，大学教育の改革を図ってきた．その政策の起点となったのは，*中央教育審議会が1981（昭和56）年に取りまとめた答申「生涯教育について」であろう．その後も，1985（昭和60）年から1987（昭和62）年にかけて4次にわたる答申を行った*臨時教育審議会，1987年に設置された大学審議会，1990（平成2）年に発足した*生涯学習審議会において，*大学開放の実現に要する具体的な方策が生涯学習の観点から検討に付されてきた．

〔実施動向〕導入が認められて以来，昼夜開講制を採用する学部を擁している大学は，2003（平成15）年まで増加をみていた．同期間には，いわゆる夜間部とか二部と称される夜間学部は減少傾向にあった．ここから，夜間学部を廃止して昼夜開講制学部を導入する動きが，比較的改組を行いやすい私立大学において進行していたとみられている．しかし，近年，昼夜開講制学部を実施する大学は減少に転じている．文部科学省の調べによれば，2003年に国立27，公立3，私立46，あわせて76大学あったものが，2007（平成19）年度には国立24，公立3，私立23，

あわせて50大学となっている．
　一方，昼夜開講制を採用する研究科を擁している大学は，2007年度で国立76，公立42，私立189，あわせて307大学に達しており，導入以来，増加を続けている．
〔夜間大学院〕もっぱら夜間において教育を行う研究科をいう．これを規定しているのは，*学校教育法第66条の2である．設置が正式に認定されたのは，修士課程では1989年の，博士課程では1993年の昼夜開講制の導入による．これ以来，夜間研究科は夜間学部の退潮とは対照的に増加をみており，*夜間大学院を置く大学は，2007年度には国立10，公立2，私立16，あわせて28大学（文部科学省調べ）を数えるまでになっている．
〔課題〕昼夜開講制の採用や夜間大学院の設置は，これまで時間的アクセスの点から正規の大学あるいは大学院教育を断念せざるをえなかった社会人が，それを手に入れることを可能にした．しかし，そうした機会も総数としてはいまだ十分とはいいがたいであろう．入学者選抜方法の弾力化とか履修期間や方法の多様化といった制度改革，奨学金や学生ローンの充実といった支援方策，さらに*リフレッシュ教育に対する産業界の理解の促進など，他の施策と相まって，今後一層の拡充が図られることが必要である．　　　　　　　　　　　　　　　（天野かおり）
　⇨夜間大学・夜間大学院，大学開放
〔文献〕1) 新堀通也：夜間大学院―社会人の自己再構築―，東信堂，1999．

チューター　tutor

　個人指導における学習支援者．チューターの起源は，17世紀に英国の大学寮において学生によって個別に雇われた個人教師にあるといわれ，19世紀半ばにオックスフォード大学やケンブリッジ大学において大学における学習相談などの個人指導（チュートリアル）が正式に取り入れられた．20世紀には成人教育の領域にも取り入れられ，英国での*成人教育者の中心的な存在となっている．英国において，チューターは何らかの教科やテーマについての講師，自分の担当する講座・学級の企画・運営，個別指導，学習*カウンセリングや各種サポートなどに，幅広く責任を負うスタッフである．「チューター」と呼ばれるのは，生活背景などが多様な成人の教育において，個別的な指導も重要であるという考えに基づいている．　　　　　　　　　　　（倉持伸江）
　⇨成人教育者

〔文献〕1) 小林文人・佐藤一子：世界の社会教育施設と公民館，エイデル研究所，2001．

チュートリアルクラス（英）　tutorial class

〔歴史〕19世紀末，英国において，*ハートによって始められた教育方法による学級をきっかけとして，トインビーホールで展開された．チュートリアルとは，学寮に住み込んでいる学生が，寝食をともにしている教師のもとに定期的に通いながら，個人的に細かい指導を受けるという，英国の大学で古くから行われている方法であったが，それが正式な学生指導方式として取り入れられたのである．すなわち，それまでの教授法が個人のニーズに対応していないという批判を背景に，学生は教授の指導と並行して，2年間にわたり週に3～4時間，*チューター（個別指導教員）による個別指導を受け，レポートを作成するなどの方法をとったもので，これは「成人教育実践において，英国が果たした最も大きな貢献である」といわれている．
〔特徴〕20世紀に入り，チュートリアルクラスは，トーニー（Tawney, R. H.）による実践を経て，*労働者教育協会（WEA）の成人教養教育の主要な指導方法となった．当時の方法は，1人のチューターがおよそ30人の学生を担当し，それぞれの学生に対し，政治，歴史，社会といったテーマについて，1回2時間の個別指導を3年連続で計24回提供するという形式を取っていた．すなわちWEA成人教育におけるチュートリアルクラスにおいては，大学の教師がチューターとして学習者に継続的にかかわり，教師と学習者の親密な関係のもと，学習者側の*読書やレポート作成といった自己学習を伴う長期的・系統的な学習が展開された．当時の英国社会において，労働者階級の人々を大学教育に受け入れるための手段として，チュートリアルクラスは大きな意味をもっていた．　　　　　　　　　　　　（藤村好美）
　⇨イギリスの成人教育，責任団体制度，構外教育事業
〔文献〕1) Mansbridge, A.：*University Tutorial Classes：A Study in the Development of Higher Education among Working Men and Women*, New York, Longmans, 1913.

長期宿泊カレッジ（英）　long-term residential college（in UK）

　成人教育の歴史の古い英国には，成人に宿泊施設を提供し学ぶコースがある．このようなカレッジは，成人宿泊カレッジ連盟を構成し，その参加に宿

泊カレッジ委員会が組織され，長期，短期の宿泊カレッジが組織されている．現在長期宿泊カレッジ（1年間のもの）には，バーミンガムのフィルフルフトカレッジやオックスフォードの*ラスキンカレッジをはじめとして6校が，短期のものには，ノーリッチのベンサムロッジをはじめとして21のカレッジがある．このようなカレッジでは，成人のためにGCSE（General certificate of secondary education, 一般中等教育修了資格）の資格科目をはじめとして，さらには，本来の意味での社会，歴史，文学等の教養科目，さらには最近の情報や世界情勢に関する科目の学習ができるようになっている．宿泊コースの生徒の場合，多くは，種々の奨学資金を得て入学する生徒が多い． (佐久間孝正)
〔文献〕1）佐久間孝正：英国の生涯学習社会，国土社，1989.

町内会・自治会　urban ward association

日本の地域にあまねく組織されている住民組織．

〔内容〕世帯単位の加入であること，居住に伴って自動的あるいは半強制的に加入するものであること，機能的に未分化であること，市町村行政を補完する任務を果たしていること，などが特徴として指摘される．教育・学習集団として位置づけられ，考えられているものではないが，身近な*地域課題について定期的に議論し，解決に当たったりするだけでなく，*子ども会・老人会・*婦人会その他サークル組織が町内会・自治会の下部組織として活動していることも多い．

〔歴史〕第2次世界大戦において銃後の末端組織に法的に位置づけられ（1940（昭和15）年），そのことによって戦後GHQに解散させられたが（1947（昭和22）年），住民組織としては生き続けた．新しい*社会教育の象徴である*公民館が誕生した際にも，町内会・自治会に分館を設けることが奨励された．それは*自治公民館とも町内公民館とも呼ばれ，昭和30（1955）年代に隆盛をみた．いまでも設置を奨励している自治体があり，町内会・自治会の学習・教育の側面を担っている．昭和40（1965）年代後半になると町内会・自治会等の地縁の衰微が顕在化し，小・中学校区を地域集団の核として育てること等を内容とする*コミュニティ政策が展開された．*コミュニティセンターや体育施設，公園・広場などの*コミュニティ施設が，小・中学校区を中心に新設され，同地域が新たな地域社会として機能を発揮するようになった．しかし，依然として町内会・自治会は様々な方面に強い影響力をもっている．

〔課題〕教育・学習集団ではないが社会教育との関係は深い．その活用のみならず，教育構造の継続的な理論的実証の研究が不可欠である． (佐藤三三)
〔文献〕1）岩崎信彦ほか編：町内会の研究，御茶の水書房，1989.

著作権　copyright

〔著作権（法）とは〕文芸・学術・美術・音楽等のジャンルで，人間の思想，感情を，創作的に表現したものを著作物というが，これに伴う種々の権利を保護するのが著作権である．広く知的財産権（知的所有権）といわれるものは特許権，実用新案権等の産業財産権（工業所有権）と，文化的創造物を保護する著作権と，その他種苗法等の3つに大別される．産業財産権は登録しなければ権利が発生しないが著作権は権利を得るための手続きは不要で，著作物を創作した時点で自動的に権利が発生する．これを無方式主義といい，以後原則的には著作者の死後50年まで保護される．この著作者の権利＝著作権を法的に保護するのが著作権法である．

〔著作物の種類〕著作物と呼ばれるものには，言語の著作物，音楽の著作物，舞踊・パントマイムの振り付け等の著作物，美術の著作物（漫画，舞台装置も含む），建築の著作物（設計図は図形の著作物），地図・図形の著作物，映画の著作物（劇場用映画，テレビ映画，ビデオソフト，ゲームソフト等を含む），写真の著作物，コンピュータープログラム等で，そのほかに2次的著作物（現著作物を翻訳，編曲，変形，翻案したもの），編集著作物（百科事典，辞書，新聞，雑誌等），データベースの著作物（編集著作物のうちコンピューターで検索できるもの）がある．著作者の思想・感情が創作的に表現されていれば，著作者の年齢や上手下手で権利の発生が左右されることはない．一方，次に掲げるものは著作物であっても著作権は発生しない．①憲法その他の法令（地方公共団体の条例，規則も含む），②国・地方公共団体または*独立行政法人の告示，訓令，通達等，③裁判所の判決，決定，命令，④①〜③の翻訳物，編集物で国・地方公共団体・独立行政法人の作成するもの．

〔著作者の権利〕人格的な利益を保護する著作人格権と財産的な権利を保護する財産権（＝著作権）の2つがあり，前者では公表権，氏名表示権，同一性保持権が，後者では複製権，上映・上演・演奏権，公衆送信・伝達権，頒布権，貸与権等々の権利が保護されている．著作人格権は譲渡あるいは相続するこ

とはできない．財産的意味のある著作権は，一部または全部を譲渡・相続できる．保護期間はいずれも原則的には著作者の死後50年で，映画の著作物は公表後70年である．

〔著作隣接権〕創作者でなくても著作物の伝達にかかわる実演家，レコード製作者，放送事業者，歌手，演奏家，指揮者等に認められている権利である．この保護期間も50年である．

〔権利の制限〕一定の条件をもとに著作者の権利を制限して，著作物を自由に利用することが認められている．たとえば私的使用の複製，法で定められている*図書館に限って利用者への複製物の提供，学校で授業を担当する教師と生徒が授業の過程で使用するための複製である．

〔権利侵害の罰則〕権利者の許諾を得ずに無断使用をした場合の罰則は5年以下の懲役または500万円以下の罰金となる．著作権侵害は親告罪なので被害者が告訴しなければ処罰されないが，近年は著作者の権利を重視する傾向があり処罰も厳重になっている．

〔今日の著作権問題〕わが国の著作権制度は1899（明治32）年の著作権法（旧法）制定に始まる．1970（昭和45）年大幅な改正が行われ翌年から新法が施行された．その後複製機器の急激な普及，電子媒体の著作物の出現等，著作権を取り巻く環境の変化が著しく，「新法」でも対応しきれない状況で近年は毎年のように法改正が行われている．また図書館に対しては，著作者の側から図書の貸出しにかかわる経済的損失を補塡するための*公貸権設定の要求が出ている．2001年以降文化審議会著作権分科会の討議に向けて，権利者と図書館関係者の間で協議の場が設けられており，法改正または現行法をより合理的に運用するための取組みが進められた．その結果2006年1月に「複製物の写り込みに関するガイドライン」「図書館間協力における現物貸借で借り受けた図書の複製に関するガイドライン」が*日本図書館協会，国公私立大学図書館協力委員会，全国公共*図書館協議会により作られた．2009年6月には，障害者の情報保障を推進するための著作権法改正が採択され，2010年1月1日から施行される．

⇒公貸権　　　　　　　　　　　　　　（酒川玲子）

〔文献〕1）日本図書館協会著作権委員会編：図書館サービスと著作権 改訂第3版（図書館員選書10），日本図書館協会，2007.；2）日本図書館協会図書館雑誌編集委員会編：著作権法改正法案が成立（ニュース・文教科学委員会附帯決議）．図書館雑誌，**103**（7），日本図書館協会，2009.

治療教育　英 therapeutic education, 独 Heilpädagogik

〔定義〕先天的，後天的な精神・神経学的障害など心身の欠陥をもつ子どもの中に医学的な治療では直すことができない，また，一般的な教育方法でも十分な効果を期待できないものがいる．こうした子どもに対して，医学的および心理的治療の手段を取り入れた教育方法を治療教育と呼ぶ．

〔歴史〕19世紀半ばにドイツのゲオルゲウス（Georgeus, J. D.）が始めたとされるが，これを基礎づけ，体系づけたのは，1904年に『治療教育学綱要』を書いたヘラー（Heller, Th.）である．

日本では，1891年に石井亮一により滝野川学園が開設され，1901年に東京高等師範学校研究科において榊保三郎の教育病理学の講義が開始された．1904年には，石井の『白痴児　其研究及教育』が出版され，1909年には白川学園が創設された．その後，この方面の施設や研究が進み，1971年には*養護学校の教育課程に「養護・訓練」の領域が新設された．

〔内容・動向〕治療教育の対象とされる先天的，後天的な精神・神経学的障害をもつ児童について，ハイゼルマン（Hanselmann, H.）は，①感覚器の障害児（盲・弱視・聾・難聴・盲聾），②中枢神経系の発達障害児（精神薄弱・脳性まひ），③神経症児，精神病質児，病弱児，虚弱児，環境性問題児などをあげている．近年，医学的，心理的治療技術の著しい進歩や児童精神医学，児童心理学，発達心理学等の発展により*障害をもつ子どもの理解が深まり，治療教育の対象が広がっている．たとえば，情緒障害，非行など子どもの行動上の問題の背景に児童虐待があることが広く知られるようになり，被虐待児に対しても治療教育は不可欠であると捉えられている．

治療教育は，医学的，心理学的な正しい理解と診断，治療の技術が必要である．そのためには医師（小児科医，精神科医），臨床心理士，教師，養護教師，保育士，ケースワーカーなどあらゆる専門分野の緊密な協力が行われなければならない．

医学的治療や教育と治療教育の違いについては，次のようにいえよう．医学の場合は，病気や怪我を直接本人の身体に働き掛けて治すという側面が強いが，治療教育は本人のこころに働き掛けて自己治癒力を高め，本人が自らの力で治るのを援助するという心理療法による意味合いが強い．そのためには，顕在化している不適応行動をあるべき姿に導こうとする教育的なかかわりではなく，一見不適切と思われる行動にもその背後にはまだ顕在化していない可

能性が隠されていると見なす開かれた態度で，子どもにかかわる姿勢が大切である．マイナスの側面の切り捨ては子どもを全体的に捉えることにならないばかりか，かえって不適応行動を顕在化させる可能性があるからである．

また，治療教育では個々に異なる子どもがその個性を尊重され，実態に即したかかわりが必要とされるため，基本的には集団ではなく個別指導が必要とされる．

〔課題〕治療教育は表面的にはその効果がすぐにはみえにくく，個別指導であることなどから効率性は求めにくい．そのため，速さや効果を求める現代社会の価値観とは異なるものがある．治療教育の更なる発展のためには，緊密な協力に加えてそれぞれの専門家が互いの分野について理解し真の連携を行うことが求められる． （山田麻紗子）

〔文献〕1）相馬壽明：情緒障害児の治療と教育，pp. 19-27, 田研出版，1995.；2）川手鷹彦：隠された子どもの叡智，pp. 32-37, 誠信書房，2001.

チルドレンズミュージアム ⇨子ども博物館

つ

通学合宿 group-living for school-age children
小中学生を対象に週末や夏休み等の休暇中ではなく学期中に通学しながら行われる集団合宿．合宿中は自炊，洗濯，掃除，身の回りの整頓など身の回りのことはすべて自分で行う．本来は身近であるはずの生活を「体験」させなければならないほどの，子どもの生活体験や労働体験，自然体験の不足という現状に対し，より日常生活の形態に近い*体験学習を行うことにより問題解決するものである．通学合宿の起こりは1983年に福岡県庄内町（現飯塚市）で行われた通学キャンプで，その後，通学合宿専用施設「生活体験学校」を設置し，1年を通して通学合宿を行っている．そこでの通学合宿が*評価され，広く知られるようになり，九州を中心に全国に広がっている．一般的な合宿では，宿泊は*少年自然の家等の宿泊施設や*公民館等の*社会教育施設等で行われる場合が多く，調理や生活指導に地域ボランティアがかかわる．宿泊期間は事業により3日〜1ヵ月と幅広いが，多くは1週間前後である．（末崎雅美）

〔文献〕1）横山正幸ほか：子どもの生活を育てる生活体験学習入門，北大路書房，1995.；2）正平辰男：通学合宿・生活体験の勧め，あいり出版，2005.

通勤寮 center for assisting persons of intellectual disability for social participation
知的障害者の社会自立を促すために金銭管理，日常生活訓練，就労支援を行う施設である．定員30人，利用期間は原則として2年となっている．一般就労しているかもしくはその意欲があり，可能性が認められるというのが利用の条件であり，入所施設または自宅から入寮できる．ここで自立訓練を終了した後に，*グループホームを利用し，世話人の支援を受けながら地域で自立的生活を目ざすが，中には自宅へ帰りそこでより自立した生活を行う人もいる．また入所施設から入寮した人で，グループホームの普及が遅れた地域である場合には，2年の利用期限が過ぎてもやむをえず延長して利用するケースも多

い．今後，*養護学校の高等部を卒業した障害者が，将来の社会自立，社会参加を実現するために具体的生活に必要な*知識やスキルを学びその意欲を高める学びと交流の場として，希望すれば誰でも利用できるようにもっと多くの通勤寮開設が求められている．しかしながら，2006年の*障害者自立支援法の施行によってこの通勤寮制度は，グループホームの制度に吸収されていくことになった． （春口明朗）

⇨グループホーム

〔文献〕1）伊達市立通勤センター旭寮編：施設を出て町に暮らす，ぶどう社，1993．

通信教育　correspondence education

〔定義〕広義には，郵便，ラジオ，テレビなどの通信手段を利用して行う教育．しかし，情報通信技術の発展に伴い，これらを利用した教育といっても多様な形態が出現している．そのため，一般に通信教育といえば，*遠隔教育（distance education）の最も初期形態，すなわち，印刷教材を郵便によってやりとりする教育のみをさす．

〔歴史〕通信教育は，郵便の発達によって世界各国で1世紀以上も前に登場している．これにより，様々な物理的制約から通学することのできなかった人々にも，教育の機会が提供された．1880年代には英国のケンブリッジ大学において，通信制教育での学位授与が構想されている．大学当局の反対によって英国では実現しなかったが，その思想は米国へと伝播し，1892年，シカゴ大学において世界初の通信制大学教育プログラムとして結実している．

他方，日本でも明治時代から慶應義塾大学や早稲田大学などの私立大学が，大学の講義内容を大学講義録に取りまとめて出版し，それを教材に*個人学習を行う構外生制度が存在した．とはいえ，それらは正規の教育課程ではなかった．戦後になってようやく，わが国の通信教育は，*教育基本法に謳われた国民の*学習権の保障を体現するものとして制度化をみる．*学校教育法に基づき文部科学大臣からの認定を受けた高等学校，大学による学校通信教育，あるいは，*社会教育法に基づき*文部科学省の認可を受けた法人による*社会通信教育などが，それに当たる．

〔課題〕通信教育は，送付された教材を用いて個人学習を行う．そのため，対面学習に比べて孤立感や，学習上の不安，困難が生じやすい．こうした学習者の精神面を含めた学習支援のあり方が，さらに検討されなければならない． （志々田まなみ）

⇨遠隔教育

〔文献〕1）ムーア，M.G.，カースリー，G.著（高橋悟編訳）：遠隔教育―生涯学習社会への挑戦―，海文堂出版，2004．

通俗教育　popular education

〔定義〕庶民を対象として1880年代から1910年代に普及した平易な成人教育．文部省でも通俗教育を政策用語として用いて，その活動を奨励したが，通俗教育では広い社会の教育に対応できなくなり，やがて*社会教育に置き換えられる．

〔歴史〕社会教育という用語の登場に少し遅れて，それに類似した意味をもつ通俗教育という用語が現れる．通俗という言葉は，誰にもわかりやすいという意味をもっており，文部省においても，1882年12月に府県学務課長・学校長を招集した際の教育施設に関する示諭の中で，「通俗近易ノ図書」を備えた通俗図書館の設置を促している．

1885年刊行の庵地保『通俗教育論』が，通俗教育と題した最初の図書であった．本書は，普通教育（小学校教育）について「俗談平話を旨とし以て民間の父兄に便に」するために書かれたものである．つまり本書は，小学校教育の重要性について，親に対して通俗的にわかりやすく書かれたものであり，教育論の通俗化であって，庶民に対する教育活動としての通俗教育を説いた論ではない．1880年の教育令の改正において親の就学義務が強化されたが，庵地の本が出版された頃，小学校の就学率は50％を割っていた．庵地が本書を刊行したのは，そうした背景があった．

通俗的な教育活動を示す用語として通俗教育が用いられたのは，1885年12月に定められた文部省事務章程においてである．この文書の中で，通俗教育が文部省の管掌事項として初めて登場する．庵地は1886年に東京府学務課長に就任しており，文部省に通俗教育が位置づいた背景に庵地の積極的な役割があったと思われる．

しかし，通俗教育は，成人に対する通俗的な教育活動を担っていた「書籍館博物館及教育会」（学務局第四課の事務）とは別に，「師範学校小学校幼稚園及通俗教育」として第三課の事務とされた．つまり，通俗教育は，庶民に対する通俗的な教育活動というよりも，小学校への就学を促進するための親に対する付随的，手段的な教育活動と捉えられていたといえる．地域においては，教師の有志や教育会，郡長・戸長などが主催して，親を対象とする通俗教育の会（通俗教育談会，通俗教育談話会，通俗教育会

などと呼称）が開かれていく．幻燈や簡易な学術上の図解をおもしろく映し，説明するという内容であった．

1887年10月の「文部省官制中改正」により，通俗教育という事項は「図書館博物館及教育会」に続けて位置づけられ，小学校への就学促進のためのみならず，成人に対する通俗的な教育活動を表す用語としても受け止められるようになった．これ以降，通俗教育という用語は急速に普及し，各地で通俗教育談話会などが教育会を通じて実施されるようになった．日露戦後，小学校の就学率の上昇とともに，通俗教育はもはや親に対する教育というよりも成人教育としての意義を担うようになった．通俗教育の内容は，道徳・実業・学術・体育衛生・国勢等に関する講演を中心にしつつ，余興として，義太夫，講談，薩摩琵琶，幻燈・活動写真，蓄音機の実演などが行われ，庶民が楽しめるものを組み込んでいた．

〔通俗教育から社会教育へ〕1911年に*通俗教育調査委員会が設置され，計画に基づく通俗教育が全国的に実施されていくが，特に東京など都市部においては，その内容が高度化・専門化し，もはや通俗教育という名称では内容にそぐわなくなっていく．また，資本主義の確立に伴い，農村の疲弊，都市労働者の生活問題，貧困児童の問題など様々な社会問題が現れ，そうした社会問題に対応した教育が求められるようになった．それは通俗教育ではなく，社会教育という用語にふさわしい教育領域であった．

こうして1910年代後半には社会教育という用語が再び用いられ始めた．*乗杉嘉壽が，「単に通俗的であることが社会教育にはならぬ」と通俗教育を批判して意識的に社会教育という用語を用いたことも作用して，社会教育という用語が社会的かつ政策的に認知され，それに伴い通俗教育という用語は消滅していくことになる．　　　　　　　　（松田武雄）

〔文献〕1）松田武雄：近代日本社会教育の成立，九州大学出版会，2004．

通俗教育調査委員会　Commission of Investigating Popular Education

1908年に文相に就任した小松原英太郎が*社会教育を重視し，1910年の大逆事件をきっかけに「国民の思想を健全に発達せしむる」ことを目標に掲げて1911年5月に設置した政府の調査審議機関．第1回委員会で「通俗教育調査及ヒ施設ニ関スル件」が可決され，文部省は普通教育に関する費用の配当に際して，3/10の約半額まではなるべく通俗教育の施設奨励に充当するよう計画すべき旨の普通学務局長通牒を府県に発した．この措置により，各府県郡において通俗教育の計画が作成され，計画に基づく社会教育事業の実施という近代的な*社会教育行政が始まることとなる．その主たる担い手は*教育会であった．しかし，通俗教育の内容については統制がなされ，通俗図書審査規程や幻燈映画および活動写真「フィルム」審査規程が定められた．通俗教育調査委員会は行政整理のため1913年6月に廃止されたが，通俗教育を全国に浸透させた功績は大きかった．　　　　　　　　（松田武雄）

〔文献〕1）倉内史郎：明治末期社会教育観の研究，講談社，1961．

土田杏村　Tsuchida, Kyoson

1891-1934．新潟県佐渡郡新穂村に生まれる．本名茂（つとむ）．文明批評家．兄は日本画家の麦僊．
〔略歴〕1907（明治40）年新潟師範学校に入学，1911年に東京高等師範学校に進学し博物学を専攻する．1915（大正4）年，京都帝国大学哲学科に入学，西田幾多郎に学び，18年に大学を卒業した後も引き続き6年間大学院に籍を置いた．その間，1919年に文化学の研究機関として自宅に日本文化学院を設立し，1920年から機関誌『文化』を刊行した．土田は，自己の立場を「文化主義」と呼んだが，それは社会主義と理想主義を結合し，社会改造を主張したものであった．

〔自由大学〕1921年，長野県上田・小県地域の青年たちに協力して上田自由大学（創設当初は信濃自由大学）の創設にかかわり，以後，地域民衆の*自己教育運動である*自由大学運動の指導者として，理論の構築をはじめ，講師の人選や斡旋，組織づくりに尽力した．昭和期に入ると，公式的マルクス主義に対する批判を展開し，三木清・河上肇らとその唯物弁証法をめぐって論争，その後，下中弥三郎らの日本村治派同盟にかかわり，1920年代後半からの農村不況の深刻化とともに次第に農本主義への傾斜を強めた．それに伴って自由大学の捉え方にも変化をみせるようになり，はじめポール（Paul, Eden & Geader）夫妻の『プロレットカルト』（1921年）などにみられるプロレットカルト論から大きな暗示を受けて自由大学運動の理論を構築したといわれるが，中途でデンマークやドイツの国民高等学校（Volks-Hochschule）に近いものとして自由大学を捉えるようになった．

〔在野の哲学者〕土田の著作は，哲学・文学・経済

学・教育学など広範囲に及び，60冊の著書があるが，『土田杏村全集』全15巻に収録されたものは1/3程度といわれる．生涯大学の教壇には立たず在野の哲学者を貫き，1934（昭和9）年4月に死去した．

⇨自由大学運動　　　　　　　　　（山野晴雄）

〔文献〕1) 上木敏郎：土田杏村と自由大学運動, 278pp., 誠文堂新光社, 1982.；2) 山口宏：土田杏村の近代, 352pp., ぺりかん社, 2004.

デイケア　day care

在宅の高齢者や障害者もしくは保育を必要とする児童に対し，デイセンター等で食事・入浴などの生活支援や簡単な*レクリエーション，リハビリテーションを行うサービスの総称である．一般的には通所リハビリテーションとして理解され，介護老人保健施設や医療機関に通所して理学療法や作業療法によって心身機能の維持・回復を図り，日常生活の自立を支援する機能訓練のことをいうが，特に精神障害者のデイケアでは*学習文化的機能も重要である．*要介護高齢者の支援に関しては，要介護者の社会参加を促し，介護者の負担軽減を図ることにつながり，介護サービスを提供する以前に利用することで要介護状態を最小限にとどめ，その自立を図る「リハビリテーション前置」という考え方がもとにある．一方デイサービス（通所介護）は，入浴および食事の提供とこれに伴う介護を含むその他の日常生活上の世話や機能訓練，相談助言などを行う．

（宮島　敏）

〔文献〕1) 社会福祉学双書「編集委員会」編：医学一般, 全国社会福祉協議会, 2009.

定時制・通信制高校　part-time distance learning high school

戦後初めて*教育の機会均等の理念（憲法第26条1項および旧*教育基本法第3条1項）に基づき，六・三制（義務教育）に続く後期中等教育（全日制課程と制度的・内容的に同じ）の機会を広く勤労青少年に保障することを目的として，*学校教育法第44条・45条に規定され，1948年4月1日に発足した高等学校制度である．

〔沿革・目的〕1953年には高等学校の定時制教育及び通信制教育振興法，翌年には同施行法が制定され，定時制・通信制高校の推進が図られてきた．1961年には技能連携制度，通信制教育課程の独立（「独立校」），「広域の通信制の課程」の設置，さらに，1988年には*臨時教育審議会の答申に基づき「学年によ

る教育課程を設けない」「*単位制高校」（全日制への拡大は1993年）の設置など社会の変化に伴って理念的・制度的・内容的にも変容してきている．特に単位制度高等学校は，入試方法・入学・卒業時期・編転入学の弾力化や過去に在学した高校習得単位の加算など，高校教育の理念を揺るがしかねないものになっている．

〔課題〕定時制・通信制高校は今日困難な課題を抱えている．高校進学率の上昇に伴って定時制・通信制高校の在籍者が減少し（定・通生の占める比率をみると1955年の21%は1998年の3%にまで低下している），在籍者の属性も大きく変化している（勤労青少年の減少と全日制中退学者の増加）．あわせて定時制・通信制高校の統廃合，広域化が進行している．その中では定時制課程の衰退が顕著である一方で，通信制課程とりわけ広域通信制課程は無職の青年層と30歳以上の成人層を中心に生徒数の増加がみられる．他方では通信制高校生の通学指導に当たる「サポート校」問題を抱えている．単位制高校は系統的な学習の困難性，クラス活動やホームルームなど生徒間，生徒と教師の*コミュニケーションの希薄化などの問題を抱えており，かくて定・通高校（単位制高校を含む）は勤労青少年の*学習権保障という理念・目的から広く国民の*継続教育や再教育など生涯学習の機会の提供機関へと変容しつつある． （吉富啓一郎）

〔文献〕1）宮原誠一：青年期教育の創造（宮原誠一著作集第3巻），国土社，1977.

定住外国人の参政権 the suffrage of alien residents

〔概観〕現在，日本に暮らす外国籍住民に参政権（ここでは，国会，地方議会の議員および地方自治体の長に関する選挙権と被選挙権の意味で用いる）は認められていない．外国籍住民に参政権を認めないとする論拠として，憲法15条第1項の「公務員を選定し，及びこれを罷免することは，国民固有の権利である」という条文や「参政権を望むなら帰化を選択すればよい」との見解があげられるのが一般的である．一方で，国政レベルはともかく地方参政権については，*地方自治法の「住民」は外国人を排除するものではないとの解釈から，地域生活に結びついた*住民自治の実現のために，外国籍住民にも参政権が必要であるとの認識も広まっている．

〔歴史〕現在の日本における外国籍住民の参政権問題は，第2次世界大戦前・戦中から日本に暮らしてきた旧植民地出身者およびその子孫の参政権問題に始まる．1945年に日本の植民地統治が終了すると，旧植民地出身者らはそのうちの日本在住者のみに認められていた選挙権および被選挙権が停止され，1952年のサンフランシスコ講和条約発効とともに日本国籍の喪失を宣告された．それ以来，外国籍住民となった彼らは参政権を求める主張をたびたび行ってきた．1998年には地方参政権を求める法案（①選挙権のみ認める，②対象者は永住者および特別永住者，③申請した者のみ付与する）が国会に初めて提案されたが廃案となり，それ以降，同様の法案は提出と廃案を繰り返している．一方，近年の日本の多国籍・多民族化の進行とともに，自治体レベルでは「外国人市民代表者会議」（神奈川県川崎市）の設置や，永住外国人などに住民投票における投票権を認める条例の制定など，外国籍住民の住民自治・地方自治への参画の試みも始まっている． （野崎志帆）

⇒在日外国人

〔文献〕1）長尾一紘：外国人の参政権，世界思想社，2000.；2）河原祐馬・植村和秀編：外国人参政権問題の国際比較，昭和堂，2006.

ディスプレイ ⇒展示

ディーセントワーク decent work

ディーセント（decent）とは，上品な，品格のあるという意味である．ここではディーセントワークを，「人間的な尊厳をもった」*労働とする．

〔背景〕労働の現代的焦点は，労働時間，労働密度，賃金，企業福祉，雇用契約関係，などの基本問題とともに，労働の社会的価値や人間の尊厳をもった労働のあり方が問われてきている．特に，経済の*グローバリゼーションと多国籍企業展開，経済競争力重視，市場原理主義の強まりは，日本型雇用（年功型賃金など日本的労使関係）の崩壊をもたらし，労働条件は厳しさを増している．不安定非正規雇用の増大，失業や低賃金・底辺労働にあえぐ人々の困苦，すなわち，ワーキングプア，不払い残業，*過労死，多重債務などの解決には，雇用者側の労働基本権尊重や*ILO条約などの国際的労働基準の遵守が求められ，労働者側には，*労働組合の変革，*労働の人間化を目ざす*自己教育が求められる．たとえば，労働*技能・技術に関して働く側の立場に立った質的向上を目ざす取り組み，国家技能資格獲得や高等教育や継続職業教育への参加機会拡大の要求は，重要な課題である．

〔学習の重要性〕ところで,「人間的な尊厳をもった」労働（ILOの定義による）, 誇りある仕事を求めていくには,「労働」それ自身の見直し学習が不可欠である. その学習は, 学校教育での方法とは異なり, 仕事場, 職場での学習実態に即した不定形型の学習方法を必要とする. 無論, それは, 企業の収益と効率重視の狭い*OJTなどの方法とは異なり, 労働者の立場に立った学習・教育である. たとえば, 仕事の振り返り学習, *eラーニングなどの導入, 仕事・労働への多様な視点からの見直し*ワークショップ, 同僚者たちとのカンファレンスを重視した状況的・*拡張的学習, 徒弟訓練制度の教育的意義の再評価など, 多様である. 人間回復, 誇りある仕事には, ワークシェアリング, 労働環境と賃金の改善とともに「労働」の学習が必須である. （姉崎洋一）

〔文献〕1) ソマビアILO事務局長第89回総会基調報告, 2001. ILOジャーナル, 2001年5-6月号.; 2) 牛久保秀樹: 労働の人間化とディーセントワーク ILO発見の旅, かもがわ出版, 2007.

DPI（障害者インターナショナル）　Disabled Peoples' International

世界の障害者運動を担う国際組織である.

〔成り立ち〕1981年の*国際障害者年を機に, 世界的規模で障害の種別を超えて*障害をもつ人の権利を守り発展させていく活動をするための障害当事者団体として設立され, その影響を受けて1986年にDPI日本会議が発足する. 本部はカナダにあり, 加盟団体は世界150ヵ国以上に上っている.

〔目的〕その規約前文には「社会のすべての体系が障害のある人に開放されなければならない」とあり, そのためDPIは国連の社会経済理事会や*WHO（世界保健機構）, *ILO（国際労働機構）などの国際機関に対して影響力をもつ障害当事者による国際*NGO（非政府組織）として, これまで様々な活動を行ってきている. 日本では, 宇都宮病院事件を契機に精神病院内での精神障害者への劣悪な処遇や*虐待が国連で取り上げられた結果, 精神保健および精神障害者福祉に関する法律が成立したが, その際にDPIの働きかけがきっかけとなったといわれている. また, 2006年12月に国連総会で決議された*障害者の権利条約の策定に向け, 国際的なレベルで積極的な活動を展開したことでも知られている.

〔組織的特徴〕DPIの組織的特徴としてあげられるのは, 従来の障害者関係団体と異なり, ①障害者本人（当事者）によって組織され, 運営されていること, ②障害の種別（精神障害・知的障害・身体障害など）を超えた, クロスディスアビリティ（障害横断）の組織であり, その意味ですべての障害をもつ人の意思を代表している組織であること, そして③障害をもつ人の問題を人権保障という社会的な課題として捉え, その解決のための世界的運動を展開している組織である, という点である. このように障害当事者主体の運動を担う組織の中核としてDPIがあり, それを象徴的に表現しているのが, DPI日本会議の機関誌のタイトルにもなっている「Voice of our own＝われら自身の声」である.

⇨障害をもつ人の社会参加　　　（小林　繁）

〔文献〕1) ドリージャー, D.（長瀬修編訳）: 国際的障害者運動の誕生, エンパワメント研究所, 2000.

DV（ドメスティックバイオレンス）　domestic violence

〔言葉の意味と取組みの経過〕配偶者や恋人など親密な関係の男女間で, 主として家庭という私的領域で起こる暴力のこと. 日本においては第4回*世界女性会議（1995年, 北京）以降, 女性や子どもに対する暴力が深刻な女性問題・人権問題として取り上げられ, 2001年に*DV防止法（「配偶者からの暴力の防止及び被害者の保護に関する法律」）が成立して2004年と2007年に改正（2008年1月施行）されている.

〔実態と背景〕ドメスティックバイオレンスには様々な形態があり, ①身体的なもの（殴る蹴る, 怪我をさせるなど）, ②精神的なもの（嫌がらせ, 脅し, 無視など）, ③性的なもの（性行為の強要, 避妊への非協力など）, ④経済的なもの（お金を渡さない, 働かせないなど）, ⑤社会的なもの（外出させない, 行動を監視するなど）等があるが, 多くの場合いくつかの暴力が重なっている. 2009年の内閣府の調査によると, ①身体的, ②心理的, ③性的暴力のいずれかの行為を受けたことのある女性は33％, 身体的暴力だけに限ると25％にのぼる. DVは, パートナー間での暴力だとされながら圧倒的に男性から女性への暴力が多いが, 男女の社会的格差や「男らしさ・女らしさ」など男女の固定観念および「家庭内では女性が家族の情緒的ケアをするのが当然」とする性役割によって, 男性が私的な関係にある女性を暴力で思い通りに支配することが社会的に容認されてきたことが背景にある. 最近では, 交際中の男女にもDV関係が波及し女性の14％が交際相手から何らかの暴力を受けているという結果（内閣府,

同上）もある．

〔対策〕改正された「DV 防止法」は，各都道府県が基本計画を策定し「配偶者暴力相談支援センター」を設置して被害者の一時保護と*自立支援などに努めることを求めるとともに，被害者の住居からの加害者の退去（2ヵ月間）や接近禁止を命ずる「保護命令」を地方裁判所に申請して自分や子ども・親族などの身の安全を図ることなどを可能にしている．また，自治体の女性センターなどでの「DV 被害者相談」や「被害者支援グループ」なども増え，被害者の自立支援に向けて関係機関が連携して取り組むことの必要性も認識されつつある．最近では，被害者が安全な場所で心身の傷を癒し自立の準備をするための場として民間の「DV 被害者シェルター」や「フェミニストカウンセリングルーム」なども全国各地で活動している． （川喜田好恵）

〔文献〕1）小西聖子：ドメスティック・バイオレンス，白水社，2001．；2）日本 DV 防止情報センター：知っていますか？ドメスティック・バイオレンス一問一答（第4版），解放出版社，2008．

DV 防止法　Domestic Violence Prevention Act

*DV とは domestic violence の略で，夫婦間・パートナー間の暴力のことをいう．DV 防止法（配偶者からの暴力の防止及び保護に関する法律）は 2001 年，いままで家庭内に潜在してきた女性への暴力について，人権擁護と男女平等の実現を図り，パートナーからの暴力を防止し，および被害者の保護・支援を行うことを目的として成立，施行された．

DV 防止法で規定する「配偶者からの暴力」は，身体的あるいは性的・経済的暴力に限らず，広く心身に有害な影響を及ぼす言動をも含まれる．DV 被害者は配偶者暴力相談支援センターや警察等に相談と支援を求めることができ，センターでは被害者からの相談にのり，一時的な保護などの支援を行う．また，DV 被害者は裁判所に保護命令を求めることができる．保護命令には 6ヵ月間の「接近禁止命令」と 2ヵ月間の「退去命令」，6ヵ月間の「電話等の禁止命令」，子や親族への「接近禁止命令」があり，法には命令に違反した加害者には 1 年以下の懲役または 100 万円以下の罰金が科せられることが規定されている． （湯原悦子）

〔文献〕1）日本 DV 防止・情報センター：新版 ドメスティックバイオレンスへの視点―夫・恋人からの暴力根絶のために―，朱鷺書房，2005．

テサロニキ会議（環境と社会に関する国際会議/1997 年）　⇒環境教育，持続可能な開発のための教育

手で見る博物館　museum for persons with visual impairments

主に視覚障害をもつ人が手で触ることができるような*展示の工夫をしている博物館．

〔情報弱者としての視覚障害〕現在，必要とされる情報のほとんどが視覚情報として提供されている中にあって，視覚障害をもつ人は情報弱者として，大きなハンディキャップを負わされている．それゆえ，視覚的なイメージや文化を享受できるようにすることが必要であり，それは博物館の展示の課題にもつながる．こうした課題を踏まえ，近年「触る」ための博物館，つまり「手で見る博物館」の取組みが進められてきている．この間，点字や音声による案内や視覚障害をもつ人のために特別にガイドによる説明が行われたりすることが増えてきたが，しかしながらそれはあくまでも間接的情報であって，展示物そのものでないため，特に絵画などについては言葉の説明だけによる鑑賞にとどまっているのが実状である．

〔特徴〕そのような中で，触るという行為を通して直接視覚障害をもつ人の感覚に訴えようとするのがこの博物館の特徴である．そこでは，実物だけでなく模型や*レプリカを展示することで，貴重な文化財の破損等を防止することや絵画などの平面作品は，半立体のレリーフに翻案したものを用意することなどの工夫がされている．

〔百聞は一触にしかず〕こうした博物館の先駆は，1981 年に全盲で，当時岩手県立盲学校の教師であった桜井政太郎が，盛岡市の自宅に開設した私設の博物館であるといわれている．ここには，動物の剥製や標本，様々な模型など 3000 点以上にも上る作品が展示されており，多くの視覚障害をもつ人に利用されている．桜井が強調するのは，「百聞は一触にしかず」という言葉であるが，今後，このような博物館の普及とともに，言葉による十分な説明と触り方のポイントを指導できるスタッフ体制の充実などが課題とされている． （小林　繁）

⇨博物館をあらゆる人に解放する最も有効な方法に関する勧告

〔文献〕1）カセム，ジュリア（菅原景子ほか訳）：光の中へ―視覚障害者の美術館・博物館アクセス―，小学館，1998．

出前講座 outreach course

出張講座ともいう．住民生活の身近な場所に出かけて開設することをさす．地域の*集落公民館，集会施設，学校等で開催する．地域で住民のための講座実施の責務を負うのは基本的に公民館であるが，教育委員会事務局，図書館，博物館，体育施設等によっても行われるし，地域に出かけて行う場合は同様に出前講座といえる．

出前講座は地域からの要望で行う場合と，主催者が必要性を認識して問題提起的に開設する場合とがある．*アウトリーチ（手を差し伸べる）活動，いわば"集める"*社会教育から"届ける"社会教育として，身近な課題を取り上げることができる．そのためには企画準備段階から住民がかかわってこそ要求に沿った内容となる．*町内会・自治会あるいは地区*PTA，自主サークルとの協力など，多様な展開が試みられるのが望ましい． （佐藤　進）

⇨アウトリーチ

〔文献〕1）日本公民館学会編：公民館・コミュニティ施設ハンドブック，pp. 383-385, エイデル研究所，2006.

デュアルシステム（独）　dual system (in Germany)

〔語意・概要〕ドイツ連邦共和国をはじめとするドイツ語圏諸国にみられる若年者対象の公的な*職業養成訓練制度．職業学校と事業所の両方で*養成訓練を行うことからデュアル（二重）システムの名がある．1つの典型的な*職業訓練方式として世界的に知られており，各国の制度への影響も大きい．わが国でも最近「日本版デュアルシステム」が試行されている．以下はドイツ連邦共和国における概要である．

職業学校には週に1～2回通うが，職業学校は学校教育の一環として各州文化省が州の学校法等に基づいて所轄する．各職種ごとの訓練内容など，連邦全体として必要な調整は，各州文化相による常設委員会で行う．職業学校に通学することは州法によって義務化されており，その通学義務は，一般学校教育義務終了（15歳程度）後，事業所での養成訓練の終了まで続く．

事業所での養成訓練は，現在約360の職種で行われており，その期間は平均3年程度である．事業所の属性に応じて商工会議所，手工業会議所，農業会議所等，地域の事業主組織が所轄し，それぞれの関係省庁の管轄下にある．養成訓練は，連邦の関係省庁が連邦教育・研究省の同意を得て制定する，職種ごとの職業訓練規則に基づいて実施される．各会議所は，使用者，被用者，職業学校教師を含む職業訓練委員会および修了試験の実施のための試験委員会を設置する．

〔現状〕デュアルシステムは中世の*徒弟制度が近代化に対応して変化してきたものであるため，20世紀に至るまでその担い手は大企業ではなく中小企業（正確には手工業会議所に所属する事業所）であった．今日では，養成訓練生を受け入れている事業所の割合は500人以上規模で90％以上と最も高いが，1～9人規模の零細事業所でも16％以上が訓練生を受け入れており，企業規模50人未満の事業所で養成訓練全体（訓練生数約170万人，同年代人口の2/3弱）の半数を担っている． （小原哲郎）

〔文献〕1）職業訓練教材研究会編：もうひとつのキャリア形成，職業訓練教材研究会，2008.；2）"Berufsbildungsbericht 2005" Anhang. Bundesministerium für Bildungund Forschung.

デューイ，ジョン　Dewey, John

1859-1952. 米国バーモント州バーリントンに生まれる．米国を代表する哲学者．探究と*コミュニケーションの認識論を軸に，民主主義と教育をめぐる理論と実践に大きな影響を与えた．パース（Peirce, C. S.），ジェームズ（James, W.）らと並んでプラグマティズムの潮流を形づくる．

〔略歴〕バーモント大学を卒業後教師として働いた後ジョンズ・ホプキンス大学大学院で哲学を学ぶ．その後ミシガン大学を経て，新設されたシカゴ大学に哲学と教育学の教授として招かれ，ミード（Mead, G. H.）とともに経験と成長のプロセスを焦点とする認識論を展開し，同時に，附属実験学校において新しい探究プロジェクト中心の学校づくりを進める．この学校での実践とその意義を表明した著作『学校と社会』は，20世紀初頭の新教育に大きな影響を及ぼす．その後コロンビア大学に移り，『公衆とその問題』をはじめ，民主主義とそれを支える探究とコミュニケーションをめぐる問題にかかわって理論的，社会的な発言を続ける．

〔影響〕20世紀半ば，社会科学・人間科学における行動科学的研究の台頭とともにデューイの理論は後景に退けられた．しかし，1980年代に入って，ローティー（Rorty, R.）によるプラグマティズムの再評価，*ハーバーマスのコミュニケーション行為論，*ショーンの専門職論等によってデューイの理論は民主主義・社会的コミュニケーション・学習過程を捉える社会理論の中で重要な学的基盤として位

置づけ直されてきている．

デューイの教育理論は近代日本の学校教育改革にも大きな影響を与えてきた．20世紀初頭の新教育，戦後教育改革における教育課程改革，また現在進められつつある知的基盤社会を生きる知的な力を目ざすカリキュラム改革においても，デューイの理論は重要な理論的基盤となっている．

〔戦後の社会教育研究とデューイ〕第2次世界大戦後日本の社会教育研究を方向づけた*宮原誠一はデューイ研究者であり，デューイの教育論を学校の枠を超えて社会的な学習へと開くことを課題としている．民主主義という課題ともかかわって，社会教育研究にとってデューイの理論は重要な理論的バックボーンとしての位置を占めている． （柳沢昌一）

〔文献〕1) Boydston, J. A. ed.: *The Collected Works of John Dewey*, 37 volumes, Southern Illinois University Press, 1967-1991.；2) デューイ，J.（宮原誠一訳）：学校と社会，岩波書店，1957.

寺中作雄　Teranaka, Sakuo

1909（明治42）-1994（平成4）．神戸市に生まれる．*公民館の創設・*社会教育法の制定の中心的役割を果たした人物．敗戦後の初期公民館の構想をこの人物の名をとって「寺中構想」ということがある．

〔略歴〕1937年3月東京帝国大学卒業後，内務省に入り島根県・富山県などで地方自治の実態に触れる．戦後1945年10月文部省公民教育課長，翌年3月には社会教育課長，1952年1月文部省社会教育局長，1955年には，文部省の社会教育関係を離れ，駐仏日本大使館参事官へ．1958年国立競技場理事長，国立劇場理事長，実務技能検定協会長，日本視聴覚教材センター理事長を歴任し1994年10月21日，84歳の生涯を閉じた．著作には『公民館の建設』（1946年），『社会教育法解説』（1949年）等がある．

〔業績〕文部省公民教育課長時代に「公民教育の振興と公民館の構想」を発表し（『大日本教育』1946年1月号），最初に公民館を提唱した人として知られる．社会教育局内で公民館の推進を計画していた寺中は，1946年7月に地方長官宛に文部次官牒*「公民館の設置運営について」という政策文書を発し，公民館の設置を全国に指示した．

この通牒が全国に広まった後，公民館への情熱を自らが書き記した『公民館の建設―新しい町村の文化施設―』を発表した．本書で公民館の建設を奨励した努力は，教育基本法（1947年）を経て，1949年に制定された社会教育法において法文化されるところとなった．

社会教育法の制定にあわせて解説書『社会教育法解説』を刊行した．その序文で「社会教育の自由の分野を保障しようというのが社会教育法制化のねらいであって，その限度以上に進出して，かえって社会教育の自由を破るような法制となることを極力慎まなければならない」ことを明確にし，その点で寺中は戦後の社会教育の基本理念を示した．

寺中の掲げる「公民」像は，全体に奉仕するための公共の義務をもった存在として描かれている．また住民の生活に根ざした社会教育の本質を，「*自己教育，*相互教育」であると説いた．

なお，寺中について，文部省の同僚であった横山宏が親愛を込めてしたためた人物伝がある[4]．
 （上田幸夫）

〔文献〕1) 寺中作雄：公民館の建設・社会教育法解説，国土社，1995.；2) 横山宏・小林文人：公民館史資料集成，エイデル研究所，1986.；3) 朱善寺春三：公民館の原点―その発想から創設まで―，全国公民館連合会，1985.；4) 横山宏：「寺中作雄」．社会教育，1983年5月号．

手をつなぐ育成会　Inclusion Japan

知的障害のある子どもをもつ親を主な会員とする組織である．3人の母親の呼びかけを契機として，1952年に精神薄弱児育成会が設立されるとともに，各都道府県・地域でも知的障害のある子どもの親の会として「手をつなぐ親の会」などの結成が進んだ．精神薄弱児育成会は，1955年に*社団法人全国精神薄弱児育成会，1959年に*社会福祉法人全国精神薄弱者育成会，1995年に社会福祉法人全日本手をつなぐ育成会（Inclusion Japan）となった．全日本手をつなぐ育成会は47都道府県育成会と政令指定都市育成会によって構成されており，育成会の会員は2012年現在で約30万人になっている．育成会の活動としては，障害児者施設の運営，機関誌『手をつなぐ』の発行，相談事業，社会啓発，教育，*レクリエーションなどがある．1990年頃から，知的障害のある人自身による「本人の会」が育成会活動において位置づけを強めており，知的障害のある本人向けの本・資料の発行もなされてきている．（丸山啓史）

〔文献〕1) 全日本手をつなぐ育成会：手をつなぐ育成会（親の会）50年の歩み，2001.

展示（ディスプレイ）　display, exhibition

〔定義〕*博物館において，*博物館資料を特定の目的に基づいて配置・構成し，主に人間の視覚に働きかけることによって，資料の価値や属性などを人々

に提示する機能の総称．展示は来館者との主要な接点となることからしばしば「博物館の顔」と称される．

〔歴史〕戦前は，展示に類する用語として「陳列」「出陳」「観覧」などが使われていた．「展示」が一般的になったのは，*博物館法（1951年）に「展示」の語が登場してからのこととされる．1960年代以降，「陳列」などの語には「単に物を並べただけ」という否定的なイメージが伴うことから敬遠されるようになり，代わって，教育的配慮の下で「みせる」という意味を込めて，「展示」という語が自覚的に使われるようになる．

〔脱文脈化—再文脈化〕博物館における展示は，資料から特定の価値を切り取り再構成するプロセスとして特徴づけられる．この世に存在する物はすべて，もともとある特定の文脈の中に置かれている．この状態にあることを「原文脈」といい，「原文脈」から切り離し，展示利用などを前提に博物館に資料として収める行為を「脱文脈化」という．さらに，演出された展示空間の中で展示目的に沿った別の文脈に乗せて再配置することを「再文脈化」という．展示するという行為は，脱文脈化—再文脈化の往還作用でもある．

〔表現行為としての展示〕展示は，資料を特定の意図のもとに切り取り，再構成する一種の表現行為であるため，展示された資料は意図的構成の枠内で提示される．焼け爛れたガラス瓶を例にとると，空襲に関する説明パネル，被害状況を示した地図，焼け焦げた弁当箱，焼夷弾の破片などとともに置かれることで，われわれはそのガラス瓶を空襲の惨状を示すものとして認識する．つまり，そのガラス瓶を空襲の被害を示す物証と認識するのは，こうした文脈，参照枠に準拠しているからにほかならない．逆にいえば，参照枠の提示の仕方によっては，任意の価値の制御も可能になる．展示とは，その意味づけの恣意性があらかじめ仕込まれた危うい行為であり，価値を意図的にミスリードできるような陥穽をも内包していることは見逃すことができない．（金子 淳）

〔展示手法〕展示は普及教育活動の一部であり，突き詰めれば，展示を行わない博物館の可能性もある．特に*自然史系博物館では，野外にこそ一番の展示があると考えられるので，展示は野外への導入であることも多い．自然史博物館では，標本，*ジオラマ，静止画による展示から，近年はコンピューター端末の配置，*ハンズオン展示などが普通になってきている．普及教育目的の情報発信という意味では，インターネットを通じた展開を抜きには語れない．ホームページ上でバーチャルに展示をみせる環境が普及する中で，館内展示の意義には，本物を生で見せる，ハンズオンの機会を提供するといった点があげられる．

展示では，多かれ少なかれ展示物の解説が不可欠になる．そこで問題となるのは，解説文のわかりやすさと長さである．*学芸員が作成した解説文は，しばしば大人にとっても難解であることが多い．また解説の文字数が多すぎて，解説文を読むだけで疲れる場合も少なくない．子ども向けを想定した簡潔な解説をつけるなどの工夫が必要となる．

〔展示の補完〕展示をみてさらに詳しく知りたいとき，疑問をもったときの対応も重要である．展示の詳しい解説書を作成したり，学芸員が展示室に隣接するスペースに常駐して，質問に対応している場合もある．近年は展示のガイドボランティアや，端末貸し出しや携帯のQRコードを利用した*展示解説もみられる．さらに*ワークショップの実施や，クイズを配るなど，子どもを中心に展示を理解してもらうための試みも進んでいる．（和田 岳）

〔文献〕1）金子淳：戦争資料のリアリティ—モノを媒介とした戦争体験の継承をめぐって—．日常生活の中の総力戦（岩波講座アジア・太平洋戦争第6巻），岩波書店，2006．

展示解説（ギャラリートーク） gallery talk

*展示がもつ意味や概念のまとまりなどを，来館者が個々にもつそれぞれの世界観や*知識の文脈に位置づけ，展示からの発見や学びを促すことを目的とする，教育普及の手段である．解説には，文字によるものや音声機器や映像機器を使ったものもあるが，展示室での口頭での活動こそが展示解説の主である．それは，講堂などでの講話やレクチャーとは違い，人々と，展示もしくは展示物を前にして行われる，いま，ここに発生している活動で，*対話的な可能性のもと，場ごとの課題や疑問点，来館者によって変わる興味や*経験に応じて活動を進められることによる．活動対象は一般の場合と対象を絞る場合がある．形態も一方的な講話から対話型まである．解説者は*学芸員や解説員などの館職員，または講習を受けた*ボランティアであることが多い．すぐれた口頭の展示解説は他のどのような手段にもおきかえられないが，一方，展示解説は，人々と資料の接し方の誘導になる場合もある．（大嶋貴明）

〔文献〕1）フォーク，ジョンH．，ディアーキング，リンD．：博物館体験，雄山閣，1996．；2）齋正弘：SYNC IN ART VOL.

8「美術探検　鑑賞」，宮城県美術館教育普及部，2006．

点字図書館　braile library
＊図書館法に基づく図書館ではなく，1949（昭和24）年に制定された身体障害者福祉法において視覚障害者のための更生援護施設として規定された福祉施設である．
〔概要〕1990（平成2）年の身体障害者福祉法の改正により，「点字図書館」は「視聴覚障害者情報提供施設」と名称変更し，法律上「点字図書館」という名称は消えたが，「視聴覚障害者情報施設及び補装具製作施設の設備及び運営基準」（1990（平成2）年厚生省社会局長通知）において点字図書館という名称は残されている．この基準では点字図書館の業務として「点字刊行物及び盲人用録音物の貸出及び閲覧事業を主たる業務とし，あわせて点訳・朗読奉仕事業等の指導育成，図書の奨励及び相談業務をおこなうものであること」とし，加えて「関係行政機関及び障害者団体等と協力し，視覚障害者の文化，＊レクリエーション活動等を援助するとともに，その推進に努めること」と幅広い活動を求めている．
〔歴史・現状〕日本における点字図書館は，1935（昭和10）年に岩橋武夫が設立した日本ライトハウスが最初で，次いで1940（昭和15）年には本間一夫が日本盲人図書館（現在の日本点字図書館）を設立している．現在点字図書館は全国に約100館あり，その全国組織として全国視覚障害者情報提供施設協会（全視情協）がある．公共図書館との連携・協力も進んできており，特に近畿地区の点字図書館，公共図書館でつくる「近畿視覚障害者情報サービス研究協議会」では30年にわたり共同でサービスの向上に取り組んでいる．
　近年，点字図書館では録音資料のデジタル化が進んでおり，従来のカセットテープからデジタル録音図書の国際規格であるDAISY（Digital Accesible Information SYstem）に移行している．また，2004（平成16）年4月からは日本点字図書館と日本ライトハウス盲人情報文化センターが共同でインターネットで音声データ（DAISY）の配信を行う録音図書ネットワーク配信サービス「びぶりおネット」を開始した．また全視情協では1998年から「ないーぶネット」という点字データや点字・録音図書の＊目録システムも稼働した．さらに2010年にはこの2つのシステムが統合され，視覚障害者情報総合システム「サピエ」が運用を開始した．　　　　（前田章夫）
〔文献〕1）日本盲人社会福祉施設協議会点字図書館ハンドブック編集委員会：点字図書館ハンドブック，日本盲人社会福祉施設協議会，537pp．，1982．

電子図書館　digital library
　1998年にまとめられた「＊国立国会図書館電子図書館構想」では，電子図書館を「＊図書館が通信ネットワークを介して行う一次情報（資料そのもの）及び二次情報（資料に関する情報）の電子的な提供とそのための基盤」と定義した．電子図書館が実現し，いつでもどこにいても情報が入手できるようになれば，生涯学習は格段に容易になる．
〔1次情報の提供〕1次情報の提供は多くの場合，＊著作権が消滅した資料の電子化という形で実現されている．典型的なものとしては，国立国会図書館の「近代デジタルライブラリー」や「貴重書画像データベース」などがある．大学図書館においても，2004年の段階で132館がホームページで貴重書の提供を行っている．しかしながら著作権の制約が大きく，歴史的資料以外の図書館資料がインターネット経由で提供されるのは例外的である．近年，大学図書館では，著作権処理をした学内の研究者の成果物をインターネットを通じて公開する動き（「機関リポジトリ」）が広まっており，1次情報の提供において電子図書館的機能を実現したものとして注目される．
〔2次情報の提供〕電子図書館として長足の進歩を遂げているのは2次情報の提供である．国立国会図書館は自館の蔵書目録や雑誌記事索引，全国新聞総合目録データベースなどをインターネットで提供している．自館の所蔵資料については，大学図書館ではほとんどすべての館で，＊公立図書館でも70％の館でインターネットにOPACを公開していて，館外から所蔵状況が把握できるようになっている．複数の図書館の横断検索が可能なサイトも，国立情報学研究所のWebcat Plusを筆頭に数多くインターネット提供されており，2次情報の入手は格段に容易になっている．
〔電子的提供のための基盤〕これらの1次・2次情報を手にするためには，利用者はインターネットにアクセスできねばならない．そのためのアクセスポイントとされるのが公立図書館である．2000年の＊生涯学習審議会答申「新しい情報通信技術を活用した生涯学習の推進方策について」では，図書館は地域の情報拠点として，インターネットなどを活用してデジタルな資料・情報を地域住民に提供する役割を期待されている．　　　　　　　　（高鍬裕樹）

〔文献〕1) 宮井均・市山俊治：電子図書館が見えてきた（NECライブラリー），NECクリエイティブ，1999.；2) 日本図書館情報学会研究委員会編：電子図書館：デジタル情報の流通と図書館の未来（シリーズ図書館情報学のフロンティアNo.1），勉誠出版，2001.

伝統芸能　traditional performing arts

〔概念〕ある集団において歴史的に形成され，世代から世代へと伝承される芸術，*技能の総体をさす．日本の伝統芸能は，古くから地域集団の生活の中で，祭祀や年中行事，娯楽などの場で歌い踊り演じられてきたものと，特定の家柄や専門家集団によって継承されてきた芸能とがある．前者については民衆による民俗芸能，後者は，歌舞伎や能楽，狂言などを含み，古典芸能と称することができる．舞踊・演芸だけでなく，詩歌や音曲，工芸・生花・茶道など多岐にわたる．

各地には様々な伝統芸能が伝承されているが，それらを保持する地域社会の衰退が，同時に，伝統芸能の消滅を招く危うさをもつ．優れた伝統芸能は，重要有形・無形民俗文化財の指定や保持者・保持団体の認定によって，その保持・奨励が図られている．

〔沖縄の伝統芸能〕沖縄の伝統芸能は，地域の祭祀行事を通して各地に広く伝承され，多様な文化的広がりをもつ．歴史的には，琉球王府時代に冊封使を歓待するために踊奉行によって継承された古典芸能と，*民間伝承による民俗芸能に大別できる．明治に入って琉球処分後，士族や踊奉行らによって地方へ伝播した組踊や琉球舞踊は，各地の*豊年祭などの演目に組まれ演じられるようになり，民衆の伝統芸能として定着してきた．各島々の民俗芸能は，祭祀と密接に結びつき，獅子舞，棒踊り，舞踊，狂言，組踊など多彩な広がりをもち，特に*青年団によって演じられている点に特徴がある．沖縄の伝統芸能は，見る者と演じる者が未分化であり，地域行事と不離一体となって，地域社会教育としても重要な位置を占めている．

〔課題〕民衆の伝統芸能は，地域社会の各世代がかかわり，身体を介した学習によって文化的に伝承され，固有の教育的価値を内包しているといえる．しかしこうしたローカルな価値は，学校教育や情報化社会の中では伝えられず，地域社会の衰退とともに失われつつある．伝統芸能の伝承は，地域の各世代を結びつけ，地域再生・*地域文化継承につながり，その意味で単に「古き芸能」の保存にとどまらず現代的な意義を有している．地域の*社会教育・*生涯学習の展開の中でも大きな可能性をもっていることを再発見すべきであろう．　　　　（山城千秋）

⇨芸道，豊年祭，沖縄の公民館

〔文献〕1) 民俗芸能研究の会・第一民俗芸能学会：課題としての民俗芸能研究，ひつじ書房，1993.；2) 大城學：沖縄の祭祀と民俗芸能の研究，砂子屋書房，2003.

ドイツの生涯学習（成人教育・継続教育）
英 lifelong learning (adult/continuiing education) in Germany

〔概観〕現在のドイツの生涯学習は，一般継続教育や政治継続教育よりも*職業継続教育に焦点を定めつつあるが，その一方で，職業継続教育の中における一般教育的な資質の重視という傾向がみられる．他方で，長期的な経済停滞，外国人労働者や移住者をめぐる問題，ドイツ統一や*EU共通の教育政策などがもたらす諸問題を解決する役割も担っている．

〔歴史・動向〕ドイツの*民衆教育は18世紀の啓蒙期，19世紀の*労働者教育の伝統を踏まえつつ，ワイマール共和国の時代に急速に発展し，各地に，国家からの教育の自由を標榜する*民衆大学（フォルクスホッホシューレ）が叢生した．民衆大学における教育の自由は，デンマークの国民高等学校（*国民大学）の影響を受けたこともあって精神的自由の意味合いが強く民族主義と親近性をもっており，ナチス政権下では，ナチス文化の普及機関となっていった．

第2次世界大戦後，ドイツ連邦共和国（西ドイツ）ではナチズムの払拭が行われ，民衆教育から価値中立的な成人教育（Erwachsenenbildung）への概念の転換が進んだ．また1970年代以降は，一般教育・政治教育に傾斜していた成人教育から，*職業教育や*資格付与に重点をおく継続教育（Weiterbildung）へと概念の転換が進んだ．1970年ドイツ教育審議会の「教育制度に関する構造計画」では，継続教育は初等領域，中等領域，第三の領域（大学）に続く教育制度の第四領域と位置づけられている．

1990年3月のドイツ統一以後，ドイツの継続教育制度は，ドイツ民主共和国（東ドイツ）のものを解体し，西ドイツのものをほぼ踏襲する形で再建が進んだ．また1990年代半ば以降になると，EUの教育政策の展開の中で，継続教育よりは生涯学習（Lebenslanges Lernen）が鍵概念になり，EUの生涯学習政策のドイツへの*受容，およびEUの生涯学習政策の推進という役目を果たすようになって今日に至っている．

〔法制〕ドイツの生涯学習は，教育における州の文化高権の原則から，州ごとの法律が基本であり，全州で継続教育・成人教育関連の法律が制定されている．政治継続教育を保障する（有給）教育休暇法も過半数の州で制定されている．連邦レベルでは，雇用促進法（失業者等の不利益者の支援，労働力への需要とプログラム内容とのバランスなど），職業教育法（職業的研修や再教育についての規則，内容・目的・試験・修了証の統一と認証など），連邦奨学金法・雇用促進法（参加者への経済支援）のように，職業継続教育関連のものが中心に整備されている．また，雇用者と従業員・労働者との間で結ばれる労働契約の中に，継続教育への参加を組み入れることが多い．

〔研究と論点〕1980年代以降，生涯学習（継続教育）の論点は「職業継続教育」へと集約されつつある．継続教育を通して労働者の社会的地位の向上を目ざす*労働組合からの要請，失業者の救済，新州（旧東ドイツ領域）での新しい労働力需要といった雇用対策が背景にある．と同時に，職業継続教育においても，職業技術の獲得という短期的，即応的ニーズへの対応だけでなく，急激な社会変化に対応できる諸能力の開発という一般教育的資質の養成が，「鍵となる資質」という鍵概念とともに主張されている点が注目されよう．

統一後のドイツ国民の生涯学習熱は高いといわれている．しかし，継続教育の参加者研究からは，高学歴層やホワイトカラー層の継続教育参加率の高さ（低学歴層および労働者層の参加率の低さ）が指摘されている．女性参加者の場合も，職業上の資格が高くない層での女性就業者の参加率の低さ，女性のパートタイム労働者の参加率の低さなどが調査から浮き彫りになってきている．生涯学習・継続教育と社会的背景との関連をめぐる調査研究を通して，継続教育への参加の障壁となるものの発見と除去の努力が進みつつある．　　　　　　　　　（三輪建二）

〔文献〕1) マックス・プランク教育研究所研究者グループ（天野正治ほか監訳）：ドイツの教育のすべて，東信堂，2006.；2) 三輪建二：ドイツの生涯学習，東海大学出版会，2002.；3) Nuissl, E. and Pehl, K.: *Portraet Weiterbildung Deutschland*, DIE, 2004.

トインビーホール ⇨大学セツルメント

動員　mobilisation

〔概観〕第1次世界大戦が総力戦として戦われたことから，それ以後に予想される世界的な規模の戦争に備えて国家は平時から総動員を準備する必要に迫られた．それが1930年代以降の総動員政策として展開していくことになる．

〔内容〕総動員政策は物資と人員の両面から遂行されたが，物資に関しては平時において産業や資源の状態を正確に把握し，それを軍需生産に切り替える仕組みを容易にすることが必要であった．また，人員に関しては兵員や労働力を確保するために，*能力からみた人口調査とともに，平時から軍事訓練の普及，戦時動員を受け入れるための心構えの養成，動員政策を支援するための民衆組織の形成等が図られていく．

その民衆組織の一環として*青年団や教化団体，在郷軍人会等が国家により掌握され，国民の動員を補完する役割を担っていくことになった．

(山本悠三)

〔文献〕1) 古屋哲夫：民衆動員政策の形成と展開，季刊現代史（現代史の会編），第6号（夏季号），1975.

同化政策　assimilation policy

〔定義〕一般に，本国ないし支配民族が，植民地原住民や国内少数民族を，自分たちと一体化しようとする政策をさす．具体的には，本国の言語，文化，および参政権等の政治的権利を含めた法制の移入，同化といった施策においてなされる．

〔歴史的特徴〕欧米に比し，後発の弱小帝国主義国家であった日本の植民地同化政策は，包摂と排除という二面性において特徴づけられる．すなわち，「日本人」の枠外にある原住民に対し，「日本人」への同化を促しながら，一方で，部分的に，「日本人」との*差異が強調され，国内法の適用から排除した．こうした，包摂と排除の二面性は，被支配地域の「日本人」からみた地理的，民族的な近縁性，および，軍事上の位置，時代状況に応じて変化する．ただし，「国語」の習得と，国体への忠誠心を養成するという日本文化への同化は強要される形で実行され，そこで，*社会教育は学校教育と同様に大きな役割を果たした．

〔展開〕同化政策の社会教育における展開を台湾と朝鮮を例にみてみよう．台湾と朝鮮での現地住民を対象にした*青年団は，大正期にその設立の動きをみるが，総督府の*社会教育行政機構の整備と相まって，昭和初期に入り，系統的な組織化が図られる．その編成は，初等教育課程を修め，「日本人」化した中堅人物を主な対象にする選良団体であった．ところが，日中戦争が本格化すると，台湾と朝鮮は，大陸前進基地化に向けた労力，兵力の供給源としての期待から，青年団が皇民化政策において重要な役割を担うようになる．1938年，樺太とともに，台湾と朝鮮で連合青年団が結成される．同時に，国内連合組織である大日本連合青年団に加盟することで，植民地総動員体制を支える機関として，青年団が組み込まれていく．これにより，名目上は，現地のすべての青年に，青年団に加入することが強制された．このように，植民地同化政策は，社会教育団体を媒体とすることで，被支配民族の政治・文化統合に働きかけていったのである．

(中島　純)

〔文献〕1) 小熊英二：日本人の〈境界〉，新曜社，1998.

統合教育　integrated education

〔統合のレベル〕狭義の統合教育は*障害のある子どもが通常学級に在籍して障害のない子どもとともに学習活動を行うことを意味する．しかし，1978年に英国で出されたウォーノック報告（Warnock Report）のような視点に立てば，「分離」か「統合」かという二者択一ではなく，様々な統合の形態が想定されることになる．障害児教育の領域で世界的に影響を与えたウォーノック報告は，学校における統合（*インテグレーション）の重要性について述べ，統合の3つの形態を提示している．すなわち，通常学校と障害児学校・学級との空間的な共有・隣接としての位置的統合（locational integration），障害のある子どもと他の子どもが食事など主に授業外の活動をともにする社会的統合（social integration），学習活動をともにする機能的統合（functional integration）である．

〔インクルージョン〕1990年代からは*インクルージョンという用語が国際的に広がり，*ユネスコによる1994年の「サラマンカ宣言」の影響もあって，インテグレーションにとって代わってきた．インテグレーションが障害のある子どもの通常学校への適応というニュアンスをもっていたのに対し，インクルージョンは障害児教育と通常教育を一体的なシステムとして構想し，その中で障害のある子どもなど特別なニーズのある子どもに対応しようとするものだとされる．必ずしも障害児学校の存在を否定するものではなく，障害・民族・言語・社会的背景・業

成績などの面で多様な子どもたちを含み込むための，学校文化や教育実践などに関する学校改革のプロセスとして理解できる．

〔課題〕インテグレーションやインクルージョンは，主に子どもの学校教育に関して議論されてきた．*社会教育や成人教育の領域においても，特別なニーズのある人のための教育機会をつくるだけでなく，教育・学習の全体をそうした人々が参加可能なものにしていくことが求められる．　　（丸山啓史）

〔文献〕1）荒川智編：インクルーシブ教育入門，クリエイツかもがわ，2008．

陶行知（とう・こうち）　Tao Xing-zhi

1891?-1946．中国安徽省に生まれる．中国の教育家．ミッション系の金陵大学を卒業後，1914年に渡米，イリノイ大学に学んだ後，コロンビア大学に移り，*デューイらに師事，1917年に帰国して，南京高等師範学校（後，国立東南大学）教授に迎えられ，プラグマティズム教育学を講じた．その後，*識字による国民形成の運動である平民教育の指導者として活躍，官職を辞し，生涯在野を貫いた．*平民教育運動終息後，農村生活の改善と農村教師の育成を進めた暁荘学校（1927～30年），農民の文化向上と生活改善による社会変革を目ざした「工学団」運動（1931～36年），抗戦建国の人材育成を目ざし，教育の体系性を重視した育才学校（1939～52年），抗日戦争勝利後の民主社会実現のためのリーダー育成を目ざした社会大学（1946～47年）と，実験的な教育運動を展開した．この過程で，子どもが大人を教える小先生運動を創始した．その思想は「生活教育」思想と呼ばれ，民衆の本質的な存在を「動」として析出し，それを核とする生活改善への民衆相互の交渉を教育と見なし，その教育によって民族独立・民主社会の主体が形成されるとする．彼の影響力は教育界にとどまらず，中国民主同盟の指導者の1人として，抗戦建国事業に貢献した．没後，新中国の政治的な混乱の中で改良主義者として否定されたが，1981年に名誉回復され，今日では人民教育家としての*評価が確定している．　　（牧野　篤）

〔文献〕1）牧野篤：中国近代教育の思想的展開と特質—陶行知「生活教育」思想の研究—，日本図書センター，1993．；2）斎藤秋男：陶行知　生活教育理論の形成，明治図書，1983．

当事者主体　the subjectivity of a person in needs

ある問題の解決は，当該の問題を抱えているとみなされる本人の意思を中心として図られなければならないという理念．

〔概念〕*障害者問題の場合，医師をはじめとした専門家や親が問題解決のための主導権を握っていた時代があった．それに対して，専門家や親の目ざす解決が障害者本人の不利益につながることもある点を問題にし，障害者問題にかかわる意思決定への障害者の参画を求めた．政治的な意思決定への参画から，どのように生きるか，さらに具体的には何を食べるかといったことに至るまで，様々なレベルでの当事者主体のあり方を考えることができる．

〔動向〕障害者の政治的な意思決定への参画については，徐々にその意義が認められるようになってきている．たとえば1999年の身体障害者福祉審議会意見具申「今後の障害保健福祉施策の在り方について」では，「今後，障害者の当事者活動の強化を支援するとともに，障害者本人，障害者関係団体の代表者等の障害者施策推進協議会や関係審議会への積極的な参画の推進，行政との意見交換の実施等を通じて，障害者の意見が施策に反映されるように努めるべきである」と述べられている．日常生活レベルでは，*自立生活運動などを通して，障害者自身が自らの生活や生き方について自律的に決定し，それを周囲の人たちがサポートするという形での当事者主権が普及するようになってきている．

〔課題〕障害者の当事者主体は，従来身体障害者が念頭に置かれてきたが，知的障害者や精神障害者の当事者主体の取組みも大きな課題となっている．*ピープルファースト運動などを通して知的障害者の意思が政策に反映されるなどの成果が既にあり，その発展が求められる．　　（津田英二）

〔文献〕1）中西正司・上野千鶴子：当事者主権，岩波新書，2003．；2）日本福祉教育・ボランティア学習学会：福祉教育・ボランティア学習と当事者性，万葉舎，2006．

同職組合（仏）　英 fraternity (in France)，仏 compagnonnage

19世紀以来の伝統をもつ，同じ職種の*職人仲間による互助と教育訓練を目的とする組織．*労働組合とは異なる，働く意味の共有を基盤にした労働者組織．語源は「パンの共有」を意味する．秘密の入社式に基づいて維持されてきたが，ペルディゲ（Perdiguier, A.）の『同職組合の書』（1841年）によ

ってその全貌が明らかにされた．閉鎖的な同業組合（corporation）と異なり，同じ職人仲間としての自由な結合を旨とする．フランス巡礼の旅（Tour de France）という若者への試練と年長者による支援を通じて形成される，連帯と相互承認に基づく「徒弟」「職人」「*親方」という秩序の中で，*職業訓練と労働者としての連帯が図られた．現在でも3つの大きな組織が存在し，フランスの産業を支える一角を形成している．「ものづくり」を介した労働者の社会参加という伝統を体現している点が重要である．技の伝承やその熟達，ものづくりによる共同での社会参加，互助と連帯などが，その内容である．

(末本　誠)

〔文献〕 1) Benoit, L.：*Le compagnonnage et les metiers, Que-sais je?* 1203, 1975, (加藤節子訳：フランス巡礼の職人たち，文庫クセジュ，635，白水社，1979．)

答申・建議　report, recommendation

政策・行政のあり方に対する諮問機関の提言や意見．*社会教育分野の諮問機関は，国・都道府県・市町村それぞれに設置されているが，ここでは市町村を中心に述べることとする．

諮問機関には*社会教育委員の会議，*公民館運営審議会，*図書館協議会，*博物館協議会，スポーツ推進審議会（⇨スポーツ振興審議会），地方文化財保護審議会等がある．*生涯学習審議会が設置されている場合もある．法律が求める役割はそれぞれ異なるが，行政や機関の政策立案・事業運営に住民の意思を反映させるという点では共通の役割を担っている．

「答申」は，諮問機関の設置者が当該審議会等に特定の課題について諮問したことに応える公式意見表明である．「建議」は，諮問がなされない場合に，審議会等として必要と認める課題について自主的に意見を表明することであり，これは建議・提言・要望等名称は様々である．ただし，委員の選出や構成のあり方，答申・建議のつくられ方，設置者側の受け止め姿勢，住民側の活用の努力いかんによってその意味が変わる．

(佐藤　進)

⇨公民館運営審議会

〔文献〕 1) 岡山市職員労働組合公民館職員の会編：市民が輝き，地域が輝く公民館，pp.39-47，エイデル研究所，2002．

動物園　zoo, zoological garden

動物園はいろいろな年齢層の市民が広く利用する特徴をもち，*社会教育施設の観点からは，個々の来園者が楽しみながら学ぶことができる*生涯学習の場である．野生動物の収集，飼育，*展示を基本的な仕事とし，*レクリエーション，*社会教育，*自然保護，調査研究の4つの役割を担っている．

現在，動物園が重視している課題は，野生動物の「種の保存」と「*環境教育」である．「種の保存」とは，動物園の飼育繁殖技術をもって野生動物の保護に貢献することであり，動物園における「環境教育」とは，飼育や展示を通して人と自然との関係や地球環境の危機を気づかせる教育である．

動物園の原型は紀元前の中国やギリシャにみられ，近世ヨーロッパにおいては王権のもとに動物庭園が成立したが，市民が観覧できる近代動物園は1828年に創設されたロンドン動物園が最初である．日本では，1882年に上野動物園が開園し，現在，国内には日本動物園水族館協会に加盟する約90の動物園がある．

(桑原一司)

〔文献〕 1) 日本動物園水族館協会：新飼育ハンドブック動物園編4 教育，p.67-130，日本動物園水族館協会，2005．：2) 渡辺守男ほか：動物園というメディア，pp.1-278，青弓社，2000．

登録博物館　registered museum

*博物館法第2条1項に規定された*博物館のこと．その要件は「第2章 登録」に規定されており，「博物館を設置しようとする者は，…当該博物館の所在する都道府県の*教育委員会に備える博物館登録原簿に登録を受けるもの」とされる．第11条にはその登録申請書，第12条は登録要件の審査，特に第2条1項の目的を達成するために必要な①*博物館資料，②*学芸員やその他の職員，③建物および土地，を有すること，④1年間に150日以上開館していること，という登録要件が，第13条は登録事項の変更，第14条は登録取消，第15条は博物館の廃止について，を規定している．

登録博物館であることが博物館法上の「理想の博物館」であるにもかかわらず，現在では首長部局等の所管下で*博物館相当施設や*博物館類似施設になる館が多く，その意味が問われている．2008年6月に博物館法は改正されたが，館の運営状況の*評価や情報提供などの努力規定が加わった程度で，大きく変わることはなかった．今後，このような改正とならないよう，法と博物館のあり方も含め，これからの博物館制度を考えていく必要がある．

(井上　敏)

〔文献〕 1) 全国大学博物館学講座協議会西日本部会編：新しい博物館学，芙蓉書房出版，2008．

同和教育 *Dowa* (anti-*Buraku* discrimination) education

〔意義〕部落差別をはじめとするあらゆる*差別の解消を目ざして行われる教育活動である．*社会教育において取り組まれる同和教育を*社会同和教育と呼ぶことがある．

部落差別などの差別においては，「差別と全般的不利益の悪循環」がみられる．社会的な排除により被差別集団に属する人たちの生活機会が制約されるとともに，被差別者以外の多くの人たちの人間観をゆがめ，その才能や*能力を十分に生かせなかったり，社会に対立を広げて資源を浪費したりして，社会全般に不利益を発生させるのである．同和教育の課題は，様々な教育的な手だてによってこの悪循環を断ち切ることだということもできる．

〔*実践の歴史〕同和教育は，第2次世界大戦前には融和教育と呼ばれていたが，1941年に『国民同和への道』という冊子が政府から出されて以来，同和教育という名称が使われるようになった．第2次世界大戦後1950年代までは，長期欠席児童生徒，*不就学児童生徒の解消が重要な課題であった．社会教育の領域においても「腹のふくれる学習」，つまり地域の生活を豊かにすることに結びついた学習の大切さが強調された．

1965年に出された内閣*同和対策審議会答申は，*同和問題の早急な解決は「国の責務であり，同時に国民的課題である」とした．1969年には同和対策事業特別措置法が制定されて，同和地区に住環境の改善事業などが行われるようになった．これらと連動しつつ，住民の様々な願いを自ら調査し，交通量を測定し，公園の配置を検討し，病院の建設を進め，住宅計画を策定するなど，同和地区住民によるまちづくりが進んだ．

部落地名総鑑事件などをきっかけに，1980年頃からは人権啓発が展開され始めた．市民の意識調査が行われ，問題点が指摘されつつ新しい啓発プログラムが組まれるようになっていった．

1990年代以後になると，部落問題と他の人権課題を結んで啓発活動が進められるようになった．1995年から2004年までの「*人権教育のための国連の10年」により，この傾向は促進された．日本政府は1997年には「*人権教育のための国連10年行動計画」を策定し，2000年に「*人権教育・啓発推進法」を制定した．同法に基づいて2002年3月には「人権教育・啓発の推進に関する基本計画」が発表された．

〔課題〕2002年3月をもって，同和対策事業の裏づけとなる法律が失効した．しかし，「差別と全般的不利益の悪循環」そのものが解消したわけではない．その後は，一般行政に同和行政としての性格をもあわせもたせて一般施策を活用することが求められている．

同和事業はなくなったが，部落問題以外で特別措置は様々に行われているほか，既になくなった同和対策事業に対する批判意識も根強く，不平等是正策についての啓発は現在も必要である．たとえば2000年に大阪府で行われた府民意識調査によると，5割の府民が「同和地区への事業」に批判的であった．政府や自治体が，同和事業の根拠について十分な情報提供をしてこなかったこともあり，部落問題に限らず実質的平等観に根ざした施策が進められているにもかかわらず，市民がそれについて考える機会が少なかったのである．

部落問題にかかわる自然解消論も根強い．1993年に政府が実施した全国の意識調査によると，37%の人たちが「そっとしておけば部落差別はなくなる」と答えている．また，2000年に大阪府で行われた府民意識調査によっても約4割の人がこの考えを肯定している．それにもかかわらず，大阪府の場合，自然解消論の問題点について学習したことがある人は，回答者の3%程度にとどまっている．

2005年からは「持続可能な開発のための教育の10年」が始まっている．そこであがっている課題は，社会同和教育が取り組んできたことそのものである．今後の同和教育は，人権教育やさらに「*持続可能な開発のための教育」とのつながりを意識しながらの展開も追求されるべきであろう． (森　実)

〔文献〕1) 中野陸夫・池田寛・中尾健次・森実：同和教育への招待, 解放出版社, 2000.

同和対策 *Dowa* (anti-*Buraku* discrimination) measures

〔定義・開始期〕部落差別解消のための行政的取組み．戦後の国の総合的取組みは，1959年の同和対策要綱の閣議決定と実施が最初で，以後同和対策の用語が行政関係で用いられるようになる．その後10年ほどで基本方針と具体策が定められ，同和対策事業が本格化する．1960年に設置法が制定され，翌年発足した同和対策審議会は1965年8月に答申を出した．答申具体化は，1969年の同和対策事業特別措置法（同対法）制定と同和対策長期計画策定により開始された．

〔同和対策事業期〕同対法は，対策事業の目的と国・自治体・国民の責務を規定し，事業実施を担保する財政措置を定めた．長期計画は10年の年次計画で，前半5年地区実態面，後半5年教育文化意識面を重視して取り組むことにより，問題解決をめざした．だが，後半に取組みを開始する地域もある状況で，10年の時限立法であった同対法は，啓発重視・適正な事業執行等が付帯決議され，3年延長された．それでも課題達成は困難であったため，骨格はほぼそのままで名称を地域改善対策特別措置法（地対法）に変え，5年延長された．また事業名も地域改善（対策）事業と改称された．1966年に設置された同和対策協議会は，1982年に地域改善対策協議会（地対協）と改組・改称された．事業の展開と拡大とともに，営利追求のみを目的とした悪質な行為（エセ同和）が多くみられるようになり，その克服が新たな課題となった．以後，実態の改善・向上がかなり達成できたことにより，意識面に重点を移すとの方針が示され（1984年地対協意見具申「今後における啓発活動のあり方について」），1987年には「地域改善啓発センター」が設置されるなど，啓発の比重が増大した．

〔地対財特法期〕5年間の時限立法であった地対法の期限切れを間近にした1980年代半ばに，地域改善対策事業の見直しが進められた．同和地区の実態はかなり改善したので，以後は教育・文化面を重視して事業の見直しを進め，90近い国の補助事業のうち，それぞれ1/3ずつを廃止，継続，あるいは一般行政に移管し，5年後に終結するとの基本方針が1987年「地域改善特定事業に係る国の財政上の特別措置に関する法律」（地対財特法）によって示された．この法律は，国の財政援助規模を縮小しつつ2度延長され，最終的に2002年3月に終結した．この間の事業の重点は，人権啓発の推進とエセ同和行為への対応である．以後の*人権教育・人権啓発は，国連が提起した「人権教育のための国連10年」の国内行動の一環として取り組まれてきた．　　　　（村上博光）

〔文献〕1）総務庁編：同和対策の現況，大蔵省印刷局，初刊1973（以後1978年ほか数回刊）．；2）総務庁地域改善対策室編：同和行政四半世紀の歩み，中央法規出版，1994．

同和対策審議会答申　Council Report of *Dowa* (anti-*Buraku* discrimination) Measures

〔定義〕同和対策審議会が1965年8月に佐藤栄作内閣総理大臣に提出した1960年12月の諮問に対する答申．その正式名称は「同和地区に関する社会的及び経済的諸問題を解決するための基本的方策」である（以下「同対審答申」あるいは「答申」と略称）．

〔経過〕*部落解放運動の要請行動を通じて，*同和問題の解決が1950年代後半に国の政策課題となり，1958年には同和問題閣僚懇談会の設置，1959年には戦後初の国の同和対策要綱が閣議決定され，実施された．1960年に根本政策樹立のための審議会を内閣に置くとした同和対策審議会設置法が策定された．委員の人選で発足が遅れたが，同審議会は翌年発足し，予定審議期間の倍の4年後の1965年8月11日付で本答申を佐藤栄作総理大臣に提出した．

〔内容〕同和対策審議会には調査・環境改善・産業職業・教育の4部会が置かれ，答申本文に加えて各部会報告が付属書類として添付されている．調査は答申に先行し，1963年1月現在の全国の状況を把握するための基礎調査と，1962年7月以後実施の全国16地区精密調査とが実施された．戦後で2番目の全国調査である．答申本文は全文約5万字で，「前文」「第1部 同和問題の認識」「第2部 同和対策の経過」「第3部 同和対策の具体策」「結語」で構成されている．付属書類として提出された各部会報告は，それぞれ約2.3～3万字である．付属書類を含め，総合的・全面的に歴史・現状を整理・分析し，解決の基本方向と具体的方策とを提起した．前文は「同和問題は人類普遍の原理である人間の自由と平等に関する問題であり，日本国憲法によって保障された基本人権にかかわる課題で」あり，「未解決に放置することは断じて許されないことであり，その早急な解決こそ国の責務であり，同時に国民的課題である」と指摘したが，この指摘と第1部1の同和問題の定義は，その後，極めて大きな影響を与えた．

〔意義〕答申により問題解決の基本方向が示され，必要な計画と行政施策の根拠と基盤がつくられ，以後の取組みの基礎となった．すなわち，1969年に同和対策事業特別措置法が制定され，事業の目的と国・自治体・国民の責務，事業実施を担保する財政措置が示され，10年の年次実施計画として同和対策長期計画が策定された．また，答申は同和問題学習のテキストとして広く活用され，問題の理解と解決の展望づくりとに大きな役割を果たした．　　　（村上博光）

〔文献〕1）文部省社会教育局：社会教育における同和教育の実際（同和教育指導資料），1967．

同和問題　*Dowa*（anti-*Buraku* discrimination) issues

同和地区（被差別地区）に関する人権問題の総称．
〔経過〕第2次世界大戦前は協調融和を基本理念とした当時の事業・運動を反映し，融和事業・融和問題等の表現が用いられた．戦後は（分野によってはいまも）かなりの期間部落問題と称されてきたが，関連行政や対策事業の進展に伴い，主に行政関係者が同和問題と表現するようになり，今日に至っている．1965年の*同和対策審議会答申において，「同和問題とは，日本社会の歴史的発展の過程において形成された身分階層構造に基づく差別により，日本民族の一部の集団が経済的・社会的・文化的に低位の状態におかれ，現代社会においても，なおいちじるしく基本的人権を侵害され，とくに，近代社会の原理として何人にも保障されている市民的権利と自由を完全に保障されていないという，もっとも深刻にして重大な社会問題である」と定義され，以後この定義が広く一般に用いられている．

〔現状と課題〕同和問題は特定地区に誕生した，居住した，あるいは居住している等が要因となって引き起こされる人権侵害・差別問題である．差別というと対象地区関係者に対する差別言動・行為が想起されるが，戦後の*部落解放運動はその成立・展開過程で，差別・人権侵害は単に言動や意識だけの問題ではなく，地区外に比べて劣悪な生活環境・*職業産業・教育文化等の地区の実態そのものも差別なので，劣悪な状況の是正をも権利として行政に要求することで差別の解消を追求してきた．運動の展開に対応し，行政による同和対策事業は地区の生活環境改善・産業職業改善向上，(地区内外の)教育文化の向上発展を柱に進められた．

同和対策事業特別措置法から15年が経過した1984年，地域改善対策協議会は「同和地区住民の社会的経済的地位の向上を阻む諸要因の解消という目標に次第に近づいてきた」が「心理的な面にかかわる分野に問題が残されている」ので「同和問題解決のためには啓発活動の充実が重要である」との認識を示した．以後，地区の実態改善向上関連諸事業(への国の補助)は縮小され，2002年3月末で廃止された．1990年代半ばから国連が提唱する「*人権教育のための国連10年」の国内行動計画に基づき，*人権文化の創造・構築をめざす活動として取り組まれている．またこのような流れの中で，1996年に*人権擁護施策推進法，2000年に人権教育及び人権啓発の推進に関する法律が制定され，その具体化のために2002年に人権教育・啓発に関する基本計画が策定された．　　　　　　　　　　　　　　　（村上博光）

〔文献〕1）総務庁編：同和問題の現況，中央法規，1994（以後1996年ほか数回同名で刊行）．

独学・独学者　英 self-teaching, self-taught person, 仏 autodidacxie, autodidact(e)

他者からの教育的な働きかけを受けず，独力で何らかの*知識や*技能を習得しようとする行為ないしは，その当事者．他者からの働きかけの有無についての理解には幅があり，まったくの独力で行われる場合もあるが，何らかのアドバイスや本，資料の提供などの支援を受ける場合も含まれる．

〔概観〕独学は従来，19世紀の学校制度が普及する以前の*労働者や民衆の教育の一形態として論議されてきた．しかし近年，フランスで1971年法（「生涯教育の枠組みにおける継続職業訓練に関する法律」）の制定などによって生涯教育に関する制度が整備されるにつれ，学校制度が普及・完成した現代社会における独学や独学者の存在が，改めて論議されるようになっている．生涯教育の影の部分として，学習への努力やその成果の正当な*評価が不十分である点が論議され，従来の教育制度が見落としてきた未開の分野として，関心が集まっている．

〔論議〕1960年代から70年代にかけて米国やカナダで行われた，フール（Houle, C.）らの調査によって成人の50～80％が何らかの形で独力での学習に取り組んでいることが明らかになった．こうした独学や独学者の存在に目を向けるためには，学校を基本とする教育観から自由になる必要がある．しかし，その場合，学習において客観的な知識を不要としたり，学習が独善に陥るなどの可能性が問題点として指摘されている．こうした弱点は残るものの，独学が生活と結びついた独自の展開をすることによって，学校とは異なるもう1つの新しい知の構築が進んでいる点が強調されている．

〔課題〕日本での独学や独学者についての論議は，いまだ不十分である．しかし，生涯学習の実質的な定着のためには欠かせない問題であり，今後の展開が期待される．　　　　　　　　　　　　　　　（末本　誠）

⇨自己教育

〔文献〕1) Verrier, C.：*Autodidaxie et autodidactes*, Anthropos, 1999.

特殊学校　special school

〔目的〕盲学校，聾学校，*養護学校など*障害の種類に応じた専門的教育が行われるように設立された学校の総称である．ここでは「幼稚園，小学校，中学校，高等学校に準ずる教育を施し，併せてその欠陥を補うために，必要な*知識*技能を授けることを目的」としている．特殊学校に就学させるべき対象者は，*学校教育法施行令22条の2に「心身の故障の程度」が示され，この基準に基づいて都道府県は特殊学校を設置することが義務づけられている（学校教育法第74条）．

〔特色〕これらの学校の特色として，①個に応じた指導が行えるように，②少人数の学級編成を行っている．③それぞれの障害を克服するための自立活動を行い，④教育機器の活用を図り，⑤児童生徒の興味や関心を引き出すための教材教具の工夫が行われている．⑥学校が障害種別に分かれて健常者とふれあう機会が少ないので，特に交流教育を計画的に行っている．なお，特殊学校は，2006年の学校教育法の改正を受け，2007年より特別支援学校となった．

〔今後の課題〕個々の障害を克服して将来もてる力を十分に引き出し，社会自立・社会参加を果たすためには，上記のような教育条件の整った場で教育を受けることが有効である．しかしながら一方で，健常者の側は障害者とふれあう機会が少ないため障害に対する理解が進まず，その結果として*偏見や*差別を生みやすいという問題がある．そうしたことから障害者の社会参加を実現するには社会の理解と支援が不可欠である．今後，*特別支援教育の実施により，このような特殊教育が抱えてきた問題が改善されることが大きな課題である．あわせて*学校週5日制が普及定着している中で，障害児の地域活動を支援していくという面から，養護学校が行っている*ボランティア養成講座等の取組みも重要である．それが全国に広がっていくためには地域での*社会教育との連携が求められている　（春口明朗）

⇒特別支援教育

〔文献〕1）休日・放課後における障害児の地域活動促進事業，全国知的障害養護学校PTA連合会，2003．

読書　reading

本や雑誌などを読むこと．読書をしたり，資料を借り出す読書施設として，公共*図書館や*公民館図書室，*児童館の図書室などがある．

日本では，近世期より高い*識字率に支えられて読書が盛んであったが，近代になり，西洋から大量印刷の技術が導入され，また新聞や雑誌といった新しいメディアが生まれ，一層読書が盛んになった．なお，近代に入って図書館などの新たな読書空間が生まれ，従来の音読にかわって黙読が主な読書の形態となった．

最近では，パソコンや携帯電話などに文字や画像情報をダウンロードして読書するなど，その方法も多様化している．　（小黒浩司）

〔文献〕1）永嶺重敏：雑誌と読者の近代，日本エディタースクール出版部，1997．

読書運動　reading movement

読書の普及・促進を目的として，地方自治体や*図書館，社会教育機関などが行う，読書環境の整備，読書週間の実施，講演会の開催などの組織的な活動のこと．

〔歴史〕読書週間の起源は，1923年に始まる*日本図書館協会による図書館週間である（1939年読書普及運動に改称，1940年で中止）．また1933年には，出版業界と図書館協会の共催で図書祭が開始された．1942年，文部省・図書館協会共編の『読書会指導要綱』が刊行され戦時下の国民読書運動が始まったが，戦局の悪化により本格的な実施には至らなかった．

敗戦後の1947年，出版関係団体や図書館協会などによって読書週間が始まり，読書推進運動協議会（読進協）の主催で継続実施されている．図書館界では，不読者層の開拓を目的に，県立長野図書館を中心にしたPTA母親文庫（1950年）や，鹿児島県立図書館を中心とした母と子の20分間読書運動（親子20分間読書運動，1960年）などが取り組まれた．

〔最近の動向〕近年，子どもの読解力の低下などを背景に，子どもの読書活動に対する関心が高まっている．2001年，「*子どもの読書活動の推進に関する法律」が制定され，翌年同法に基づき子どもの読書活動の推進に関する基本的な計画が閣議決定された．また2005年に制定された文字・活字文化振興法でも，言語力の涵養が謳われている．

読書会（reading club, reading circle）とは，グループで定められた図書などを読み，読後に感想や意見を出し合う会のことで，*図書館法第3条6項に図書館の主催する行事の1つとしてあげられている．　（小黒浩司）

⇒親子読書運動

〔文献〕1）叶沢清介：読書運動，日本図書館協会，1974．

読書権　right to read

1960年代に入り本格化した視覚障害者による読書環境・学習環境の改善や，公共図書館の開放を求める運動の中から出てきた言葉で，「読みたい資料を，読みたい時に，読みたい形態で手にする権利」のこと．「読書する権利」ともいう．

〔成り立ち〕1970年6月に結成された「視覚障害者読書権保障協議会（視読協）」がその名称に「読書権」を使用し，積極的な運動を展開したことから知られるようになった．視読協は，視覚障害者も1人の市民・国民であり，晴眼者と同様に読書し文化的な利益を享受する権利があるとして，その保障を国および地方自治体に求めた．またその保障の方法として*図書館法を前面に出し，従来の厚生福祉行政ではなく，*社会教育行政・図書館行政の中での対応を求めた．これが今日の公共図書館の障害者サービス発展の大きな力となった．

〔権利の性格〕「読書権」の法的性格についてはいまだ確定していないが，憲法の諸条項につながる人権の1つであろうと考えられる．「読む」という行為は個人としての思想・人格を形成する上で不可欠のものであり，また読書を否定したところでの文化的生活は考えられないものである．したがって「読書権」は，憲法で規定された「健康で文化的な生活を営む権利」（第25条），「学問の自由」（第23条），「教育を受ける権利」（第26条），「思想・良心の自由」（第19条）などの権利を実現すること，つまり第13条の「個人として尊重」されるための基礎的な権利につながり，その基盤をなすものと考えられる．また1976年の学力テスト訴訟の最高裁判決において，国民すべてが「成長，発達し，自己の人格を完成・実現するために必要な学習をする固有の権利を有する」として，国民主権の実質を支える憲法上の権利とされた「*学習権」とも密接に関係しており，「学習権」の1つの側面として理解される．この意味で，国は「読書」環境の整備に向けての努力義務を課せられているといえる．　　　　　　　　　（前田章夫）

〔文献〕1) 市橋正晴著，視覚障害者読書権保障協議会編：読書権ってなあに―視読協運動と市橋正晴―（2分冊），579pp., 大活字，1998.；2) 前田章夫：「読書権」の成立とその法的性格. 公立図書館の思想と実践（森耕一追悼事業会編），森耕一追悼事業会，p.85-99, 1993.

特定非営利活動促進法（NPO法）　Law concerning the Promotion of Specific Non-Profit Organization Activities

特定非営利活動を行う団体に法人格を付与することを目的とした法律．ここでいう「特定非営利活動」とは，「不特定かつ多数のものの利益の増進に寄与することを目的とする」活動をさす．

〔目的〕一般に，市民団体が非営利活動を展開する際では，銀行口座の開設，事務所の賃貸契約，電話の設置，事業契約などといった法律行為が必要となる場面があるが，法人格をもたない*任意団体の場合，これらの手続きを団体名で行えず，それが活動の障壁となることが少なくない．この法律は，市民団体の法人格取得の道を開くなど，非営利団体が社会的信用を獲得しやすい条件を整備することで，「その活動の健全な発展を促し，もって公益の増進に寄与すること」をねらいとしている．

〔経緯〕市民団体への法人格付与に向けての議論は，1990年年代初頭に市民団体の側から起こり，いくつかの政党で検討が開始されていたが，阪神・淡路大震災（1995年）において*ボランティア団体の社会的重要性がクローズアップされたことが契機となって議論が具体化し，1998年3月に本法は全会一致で可決によって成立をみた．その後，2003年5月に，①特定非営利活動の種類の追加（12項目→17項目），②設立の認証の申請手続きの簡素化，③暴力団を排除するための措置の強化，をねらいとした改正がなされた．

市民団体の*ネットワークを背景に，党派を超えた推進によって成立したという点で，本法は画期的であり，今後の市民的活用と発展が期待される．

〔論点〕「特定非営利活動」として掲げられた17項目の1つに「*社会教育の推進を図る活動」があげられているが，本法の対象領域は，既存の「社会教育」認識を大きく越えている．ここで捉えられた市民団体の自立的な学習の組織化を，これからの生涯学習の体系にいかに位置づけるかが重要な論点となる．　　　　　　　　　　　　　　　　　　（石井山竜平）

〔文献〕1) 佐藤一子編：生涯学習と社会参加，東京大学出版会，1998.

特別学級　class for children with special needs

小・中学校，高等学校，中等教育学校において*障害のある児童生徒のために設置される学級である．2006年改正までの*学校教育法第75条では「特殊学級」として規定されており，「障害児学級」「75条

学級」とも呼ばれ，地域によっては「心身障害学級」「*養護学級」といった呼称も用いられてきた．相対的に軽度の障害のある児童生徒が対象として想定されており，通常学級と特別支援学校との中間的な位置づけともいえる．通常の学級に在籍する特別な教育的ニーズのある児童生徒を一定の時間特別な場に抽出して教育する通級指導教室とは異なるものであり，安定的な場としての特別学級の独自の意義は大きい．特殊教育から*特別支援教育への転換の中で，固定式学級としての「特殊学級」の廃止が議論されたが，親や教師など関係者の反対もあり，2006年の学校教育法改正では「特別支援学級」と名称を変えて維持された． (丸山啓史)

〔文献〕1）品川文雄：障害児学級で育つ子どもたち，全障研出版部，2004．

特別支援教育　supecial support education

〔概要〕これまで特殊教育の対象外であった学習障害児（learning disability：LD）・注意欠陥多動性障害児（attention deficit hyperactivity disorder：ADHD）・高機能自閉症児を支援対象に含め，同時に障害種別に盲学校・聾学校・肢体不自由養護学校・知的障害養護学校・病弱養護学校などに分かれていた*特殊学校を特別支援学校として複数の*障害に対応できる学校に統合する教育システムである．また一般の公立小中学校における特殊学級は特別支援学級と名称を改め，特別支援教室への移行が検討されている．特別な支援を必要とする児童・生徒に対し，「個別の教育支援計画」を作成し，1人ひとりのニーズに応じた支援ができる体制をつくろうとするものである．これを実現するために各小中学校には特別支援教育*コーディネーターを置き，校内委員会の設置を義務づけた．それによってこれまでの特殊学校は特別支援学校となり，地域の特別支援教育推進のセンターとしての役割を担うことになる．

〔課題〕この「個別の教育支援計画」は，障害者基本計画の「療育・教育」の中で明記されている「個別の支援計画」の学齢期版であり，「個別の移行支援計画」とともに1人ひとりの障害児者の社会参加と社会自立を促すために必要な支援を1人ひとりのニーズに応じて行えるように制度化したものであり，学校だけが独断では立てられないものになっている．それゆえ，児童生徒の住んでいる地域の医療・福祉機関および就労支援機関や福祉就労施設等とあわせて社会教育機関や地域活動団体などとの連携・協議が不可欠となる．同時に，この特別支援教育の理念を実現するにはその中核となって推進する「特別支援教育コーディネーター」の役割が大きいため，その人材養成と人材確保（予算）が喫緊の課題である． (春口明朗)

⇨特殊学校

〔文献〕1）冨永光昭・平賀健太郎：特別支援教育の現状・課題・未来，ミネルヴァ書房，2009．

特別展（企画展）　temporary exhibition

普段は*展示していない展示物を，比較的短い期間，展示すること．*常設展でも，数ヵ月程度で展示物を入れ替えることがあり，それとの区別はむずかしい．結局は，*博物館側の呼称の問題でしかないともいえる．ただし通常は，展示室で常設展と特別展が区別されることが多い．

博物館によって，特別展，企画展，特別陳列など様々な呼び方があり，それぞれ予算や準備などの面で違いがあるが，その定義は博物館によって異なる．開催形式によって，主催展，誘致展といった区別がある．

常設展と違って，様々なテーマで次々と展示を変えたり，季節・時節に合わせたタイムリーな展示ができるというメリットがある．また，特定のプロジェクトやイベントとの連携を図るなど，自由度が高い．一方で，特別展の開催には，多くの資金が必要であることがあり，博物館の運営主体だけではまかなえないことも多い．その場合，新聞社やテレビ局といったマスコミなどとの共同開催や，後援という形でのスポンサーの確保が重要になってくる．

近年，*博物館経営において，集客効果のみを重視する傾向が強まっている．こうした中で，その博物館の活動分野を離れて，集客のみを目的とした特別展が開催されることが多くなっている．普及教育効果を高める上で，多くの来場者にきてもらうのは重要である．しかし，集客のみを目的として，その博物館の普及教育目的に沿わない特別展を開催することは本末転倒といわざるをえない． (和田　岳)

〔文献〕1）小林　克：新博物館学―これからの博物館経営―，同成社，2009．

独立行政法人　Independent Administrative Agency

中央省庁における現業・サービス実施部門を分離し，これを担当する機関に独立の法人格を与えて，業務の活性化，効率性の向上，自律的な運営，透明性の向上を図ることを目的とする制度．橋本内閣に

よる中央省庁再編（2001年1月）と同時に創設されたアウトソーシングの一種．英国のエージェンシーがモデルとされた．

独立行政法人の運営は，主務大臣が決定する「中期目標」と，独立行政法人が作成する「中期計画」に基づいて行われる．その達成度合いが，「中期目標」年限終了時に，第三者機関（各府省の*評価委員会など）によって評価され，廃止・民営化も含めた業務・組織全般の定期的見直しがなされる仕組みとなっている．日常的な業務運営においては，業績主義に基づく人事管理，企業会計原則を基本とした会計処理が貫かれる．

なお，*行政改革大綱（2000年）を受け，本制度の地方自治体版である*地方独立行政法人制度が創設（2003年）されている． （石井山竜平）

〔文献〕1）福家俊朗・晴山一穂・浜川清：独立行政法人―その概要と問題点―日本評論社，1999.；2）独立行政法人制度研究会編：独立行政法人制度の解説（改訂版），第一法規，2004.

都市型公民館　urban-type Kominkan

農村地区を主流に普及されてきた公民館に対して，都市部の市民層を対象に構想され設置される公民館をいう．

戦後初期公民館構想は，公民館設置に関する文部次官通牒やいわゆる*寺中構想にみられるように，農村・町村民を主たる対象として打ち出された傾向が強く，実態としても都市部の公民館設置は微弱であった．一部には1950年代に首都圏（杉並区，国立市等）や関西圏（豊中市等），北九州（旧八幡市）等において都市部に立地する独自の公民館の胎動があったが，潮流としての都市型公民館への流れは，1960年代の地域変貌と都市化状況を背景として展開されていく．それまでの公民館の地域的基盤であった地縁集団（*青年団，*婦人会等）が後退し，他方で地域から遊離した多様な市民層との関係において公民館の新しい活動・運営・組織が求められるようになる．東京・三多摩では，*公民館三階建論（1965年）を前史として，「新しい公民館像をめざして」（*三多摩テーゼ，1973年）が1つの典型としての都市型公民館像を提示したといえる．孤独になりがちな市民の「たまり場」「集団活動」「市民大学」「文化創造」等の役割が構想され，市民主体の「参加」や事業編成等が積極的に唱導された．他方で地域活動や集落自治からの遊離，*地域づくりの視点の弱さ，事業・活動の定型化等が課題として指摘されている． （奥田泰弘）

⇨寺中作雄，三多摩テーゼ，公民館三階建論

〔文献〕1）日本公民館学会：公民館・コミュニティ施設ハンドブック，エイデル研究所，2006.

図書館　library

〔定義〕日本の*図書館法では，図書館を「図書，記録その他必要な資料を収集し，整理し，保存して，一般公衆の利用に供し，その*教養，調査研究，*レクリエーション等に資することを目的とする施設」と定義している．このような施設を「図書館」と呼んだ早い例は1877年の東京大学法理文学部図書館だが，当時はむしろ書籍館（ショジャクカン）との呼称が一般的であった．図書館という語が定着したのは1899年の*図書館令で，20世紀初めから中国，韓国，台湾でも使われるようになった．

〔歴史〕人類が文字社会に入ると，情報が文字として記録され，情報の伝達は時間や空間を超えることが可能になった．情報の記録である資料は利用できるように収集，整理，保存しなくてはならない．そのような機能を果たすものとして図書館が発展してきた．図書館は記録媒体の違い，時代，地域によって多様な形態を取ってきたが，資料の収集，整理，保存，利用という基本機能に変わりはない．しかし図書館の目的は時代によって異なった．古代や中世では聖職者や学者の宗教上，学術上の研究に利用されたが，*市民社会の発展とともに市民の読書要求に応える多様な図書館が生まれ，19世半ばに*公立図書館が成立すると，*成人教育やレクリエーションを目的に含むことになり，図書館は人々の社会生活，日常生活と密接に結びつくようになった．

〔種類〕図書館の種類は様々だが，現在では一般的に国立，公立，大学，学校，専門に区分される．国立図書館は国民全体に奉仕し，出版物の網羅的な収集と保存，全国書誌の作成，国際交流など，図書館の図書館としての役割を果たしている．公立図書館は地域住民の*生涯学習を支える重要な施設で，また地域における情報センター，ビジネス支援センター，さらには情報や思想が行き交う場でもある．とりわけ地域のニーズを的確に把握したサービスと，そうしたサービスの*評価が求められている．大学図書館は重要な学術情報源として国民への公開が求められるとともに，非伝統的学生（社会人，主婦，高齢者，留学生など）の増加，生涯教育機関としての役割の重視，地域社会との結びつきの強化といった傾向がみられ，生涯学習にとって重要な機関になりつつある．*学校図書館は，生涯学習の基礎力と

してのリテラシーや情報活用能力の育成を行っている．専門図書館は組織体が所属構成員を対象に，主題を限定した資料を有する図書館で，公開性は高くないが，公的機関の図書館（室）の公開は進むであろう．さらに*点字図書館，*刑務所図書館，病院図書館，患者図書館などがある．

〔課題〕図書館は情報爆発の時代にあって，サービスの提供には書誌記述の標準化，資源共有，相互貸借などが前提として不可欠になっている．同時に，各館種の図書館は館種固有の一層細分化された深いサービスを志向している．すなわち館種を超えた図書館全体としての活動と，各館種および各種内でのサービスの分化や専門化という両側面が，同時に顕在化してきている．こうした状況にあって，図書館総体として基本に置くべきは，情報や資料へのアクセスの保障と，利用者のプライバシーおよび図書館利用記録の秘密性（confidentiality）を守ることであり，それは国民の知る自由を保障する最も基礎になる．なお米国やヨーロッパでは，最近になって図書館，*博物館，*文書館などを文化遺産機関とまとめ，図書館と博物館，図書館と子ども科学館などとの共同事業が活発化している．これは生涯学習時代の文化諸機関の方向を模索することでもある．

(川崎良孝)

〔文献〕1) 日本図書館協会図書館ハンドブック編集委員会編：図書館ハンドブック（第6版），日本図書館協会，2005．; 2) 図書館情報学ハンドブック編集委員会編：図書館情報学ハンドブック（第2版），丸善，1999．

図書館員の専門性　the professionalization of library staff

図書館のもつ基本的機能を万全に行うための，固有の*知識とスキルをさしていう．

〔図書館員の役割〕図書館を構成する要素として施設，資料，職員の3つがあげられる．しかし，図書館という建物にたとえ万巻の書があったとしてもそれだけでは機能しない．人に利用されない図書館は存在意味はない．資料を媒介として人々の知的欲求に応えることで，初めて図書館として機能し始めるのである．そのためには資料を収集し，*目録と*分類によって資料の*個別化と主題群をつくり，利用しやすいように資料を並べ，利用者が必要とする資料へのアクセスを支援しなければならない．また図書館が利用者にとって快適な場所であるように環境を整え，管理しなければならない．しかもこれらの業務はいずれも「人」の手で行われるものであり，一定の専門的知識と*技能をもった者が行うことにより，効率よく遂行することが可能になるのである．

〔専門性の要件〕*日本図書館協会（日図協）「図書館員の問題調査研究委員会」は1974年に公表した報告の中で，図書館員の専門性の要件として，①利用者を知ること，②資料を知ること，③利用者と資料を結びつけること，をあげ，それは館界で受け入れられてきた．その後1990年代に同委員会はさらに検討を加え，第4の要件として図書館経営能力を加える論議がされたが，結果を公表しないままに終わった．以来現在に至るまで図書館員の専門性について関係者の共通理解をつくり上げるような結論は出ていない．従来図書館員の専門性を論じるとき，専門的職員として備えるべき特性が論点となることが多かったが，今後は専門的職員と非専門的職員とで，どのように業務の組織化を図るかという観点が必要になる．しかし一方何をもって専門と非専門とを分別するのかについては論議の分かれるところであり，この論議を進めるにはまず図書館業務の分析が必要になってくる．近年の事例では日図協の「専門性の確立と強化を目指す研修事業検討ワーキンググループ」による「公共図書館と大学図書館の業務分析」が参考になる．

一般的に「*専門職」の代表的なものとして医者・法律家があげられるが，それに対して教師・看護師・図書館員等は「準専門的職種」と位置づけられてきた．そこで医師・法律家ほどの「高度な専門性」をもたない準専門職は，真の専門職に近づくべく様々な努力を展開するという図式がつくられ，わが国の図書館界でもほぼこの枠組みの中で「図書館員の専門職化」が考えられてきた．しかしこのようなヒエラルキー的な考え方に対してバーゾール（Birdsall, W.F.）は図書館業務における専門職を非専門職・半専門職ないし発展段階にある専門職という枠組みで論ずることは不毛であるとし，「図書館員は人間志向的サービス専門職」と位置づけ，典型的専門職との比較で論じるのではなく固有の存在意義をもつものと考えるべきであると主張している．これは今後専門性を論議する上で重要な視点と考えられる．

〔図書館員の専門性の特質〕図書館員の専門性を考えるとき，他の専門職と大きく異なる点は，①本をはじめとする*図書館資料を媒体として利用者＝人に対して発揮される専門性であること，②利用者の検認によって高められていく専門性であること，③専門性が組織を前提として成り立っていること．つまり抜群に1人だけ優秀な職員がいればいいのでは

なく，図書館全体として組織的に専門性を発揮することが求められること，④日常業務の中で*実践と研修によって高められていく専門性であるが，それだけにとどまらず図書館学研究の場とも交錯しながら循環的に高められていく．図書館の現場と研究の場とが絶えず交流することで，より進歩する可能性をもっていること，⑤図書館相互の協力によって専門性をさらに発揮できること，などである．

わが国においては現在図書館員の専門性はほとんど省みられていないといえる．特に1990年代からの構造改革，*地方分権，さらには市場原理の導入により，図書館においても人件費削減を理由に外部委託や派遣職員が増え，専門性の維持はおろか職場集団さえ形成できない状況が生じている．そしてこのような状況で一番不利益を蒙るのは地域住民である．図書館員の専門性は図書館を利用する地域住民に検知されることによって発展することを再確認し，その制度化を図らなければならない．

(酒川玲子)

〔文献〕1) 日本図書館協会図書館政策特別委員会編：公立図書館の任務と目標解説（改訂版増補），日本図書館協会，2009．

図書館員の倫理綱領 Code of Ethics for Library Staff

図書館員の*専門職としての社会的責任や*職業倫理を，行動規範として成文化したものである．一般的に専門職の職務は*公共性を帯びていることが多く，その任務を遂行するに当たっての倫理規範を成文化し，公表することで社会的責任を明確にする意味がある．

〔制定の経緯〕図書館員の倫理については，*図書館法制定（1950年）以来様々な論議があったが1960年代後半から1970年代にかけて図書館活動が活発化する中で，図書館員のあり方が社会的に問われるようになってきた．また図書館を求める*住民運動でも施設の建設にとどまらず，専門的職員の配置を求める声も上がるようになり，*図書館員の専門性とは何かが改めて論議されることとなった．1970（昭和45）年*日本図書館協会（以後日図協と略す）は「図書館員の問題調査研究委員会」を設置し，図書館員をめぐる種々の問題を討議する場をつくったが，同委員会は1973年に「倫理綱領」を作成することを発表し，長年にわたる討議を経て1980年に発表，日図協総会で採択された．この綱領は前年に改定された「*図書館の自由に関する宣言」と表裏一体のものであると位置づけられており，知的自由を擁護する図書館員の責務が明確にされたといえる．

〔倫理綱領の特徴〕構成は前文と12の項目からなり，個人の守るべき倫理規定を基礎に，徐々に範囲を広げて社会における図書館員の任務に至っている．前文ではこの綱領の内容は図書館活動の*実践の中から生まれたものであり，それを「綱領」という形にまとめたのは，もはや個人の献身や一館の努力だけでは図書館本来の役割を果たすことができず，図書館員という職業集団の総合的努力が必要であるからだと述べ，また，図書館員は館種，館内の地位，職種，司書資格の有無等にかかわらず綱領実現の努力をすることを期待し，さらに図書館に働く*ボランティア，地域文庫にかかわる人々等へも理解を求めている．この点については当時委員長であった久保輝巳は「倫理綱領制定20年」[1)]の中で，当初は英米の倫理綱領のように専門職のみを対象にしたものを考えていたが，わが国の現状では専門職制度も確立しておらず，図書館現場の職員構成も複雑であったため，現実に則した内容にしたと記している．また，制定時点では20年後には図書館の発展に伴って専門職制度も確立し，専門職だけを対象にした拘束性のある新綱領ができていることを想定していたという．しかしその後図書館への専門職の配置は一向に進まず，むしろ「*地方分権」「構造改革」の名のもとに一層の悪化を辿っている．だがそれゆえにこそ図書館員の努力目標としてこの綱領を再確認する必要があるといえる．

(酒川玲子)

〔文献〕1) 久保輝巳：図書館雑誌，**94**(7)，2000．；2) 図書館員の問題調査研究委員会編：「図書館員の倫理綱領」解説，日本図書館協会，1998．

図書館協議会 library council

*図書館法第14条に規定された住民参加機関．*公立図書館の運営やサービスについて，図書館長の諮問に応じるとともに，図書館長に意見を述べることを任務とする（第14条）．設置は任意である．図書館協議会の設置，委員の任命基準，定数，任期等に関して当該自治体の条例で定めなければならない（第16条）．また図書館協議会の委員は*教育委員会が任命する（第15条）．委員の任命の基準を条例で定めるに当たり参酌すべき基準として，学校教育および*社会教育の関係者，*家庭教育の向上に資する活動を行う者，学識経験のある者の中から任命することとしている（図書館法施行規則第12条）．図書館法立法当時の文部省担当官の西崎恵は，この制度が図書館の*公共性を示す制度であり，「公

立図書館を住民全部のものにする上に大きな影響を及ぼす」ものであると指摘している．図書館協議会の機能を十分発揮させ，活発化させるためには，委員に*図書館づくり運動などにかかわる住民や公募委員，図書館の専門家などを任命するとともに，館長が図書館協議会に積極的に諮問を行うなどの姿勢が必要である．　　　　　　　　　　（山口源治郎）

〔文献〕1) 塩見昇・山口源治郎：新図書館法と現代の図書館，日本図書館協会，2009．

図書館コンソーシアム　library consortium

複数の図書館間において，一定の目的を達するため公式に組織化した協力形態．各図書館の地域・種類・主題に応じ資料やサービスの共同利用に関して協定を結び活動する．諸外国においては図書館の枠を超えた広範囲に及ぶ多様な組織がみられるが，日本の*公立図書館の活動は現在検討中であり今後の進展が期待される．大学図書館としては「山手線沿線私立大学図書館コンソーシアム」(1995 年) や「多摩アカデミックコンソーシアム（国際基督教大学，国立音楽大学，東京経済大学，津田塾大学，武蔵野美術大学の 5 つの大学で構成)」(2000 年) の図書館共同利用といった例がある．具体的には*図書館ネットワークとも関連するが，厳密な協定に基づき活動する点において，より狭義の組織そのものを称する．　　　　　　　　　　　　　　　　（前田　稔）

〔文献〕1) 倉田敬子：学術情報流通とオープンアクセス，勁草書房，2007．

図書館情報学　library and information science

伝統的な図書館学と，情報学の融合を目ざした新たな学問領域．

図書館学（library science, librarianship）は，*図書館にかかわる諸現象を研究対象とする学問分野であり，その呼称は米国で 1930 年代から始まった．また情報学（information science, informatics）は，情報の流通過程など，情報を対象とする研究の総称である．

図書館学は，第 2 次世界大戦後，とりわけ 1970 年代以降，コンピューターや通信技術の急速な発展に強く影響を受け，図書館情報学と呼ばれるようになった．しかしその概念・学問内容については諸説があり，表記も図書館・情報学，情報図書館学など一様でない．　　　　　　　　　　　　（小黒浩司）

〔文献〕1) 日本図書館協会図書館ハンドブック編集委員会編：図書館ハンドブック（第 6 版），日本図書館協会，2005．；2) 根本彰ほか編：図書館情報学の地平─50 のキーワード─，日本図書館協会，2005．

図書館条例　public library by-law

〔定義〕地方議会が*公立図書館に関して制定する地方自治体レベルの法律．戦後，日本国憲法，*地方自治法の下で，公立図書館は地方自治体の固有事務となった．これに伴い公立図書館の設置運営等に関する自治立法権が認められた．

〔種類〕公立図書館の設置，*図書館協議会の設置，委員等については，*図書館法第 10 条，第 16 条の規定により条例で定めることとなっている．条例の種類としては，図書館設置条例，図書館協議会条例などがある．なお，指定管理者に関する事項，*使用料徴収に関する事項なども地方自治法の規定により，条例で定めることとなっている．ただし，公立図書館の管理運営に関しては，*教育委員会が定める規則で規定することとなっている．規則の種類には管理運営規則，処務規則，資料管理規則等がある．また条例や規則ではないが，資料複写要綱，*資料選択方針などの図書館運営に関する要綱や細則などもある．

〔内容〕図書館条例の内容は多くの場合，図書館設置の意思表示，名称，位置，図書館協議会の設置，委員構成と任命等を簡略に定めるにとどまっている．しかし，1970 年代以降，*図書館づくり運動が高まる中で設置された地方自治体では，自治体が公立図書館を設置する目的や理念，図書館長および図書館職員の*専門職規定，利用者の秘密保持，維持すべき図書館の水準，市民団体への援助等を積極的に規定する図書館条例もみられる．特に利用者の秘密保持を盛り込むことは，「*図書館の自由」を法制化するものであり，その意義は大きい．

（山口源治郎）

〔文献〕1) 塩見昇・山口源治郎：新図書館法と現代の図書館，日本図書館協会，2009．

図書館資料　library material/resource

*図書館が収集・管理し，利用者に提供する資料の総称．

*図書館法第 2 条では，図書館を「図書，記録その他必要な資料を収集し，整理し，保存して，一般公衆の利用に供」する施設と定義している．また同法第 3 条 1 項では「郷土資料，地方行政資料，美術品，レコード，フィルムの収集にも十分留意して，図書，記録，視覚聴覚教育の資料その他必要な資料（電磁

的記録(電子的方式,磁気的方式その他人の知覚によっては認識することができない方式でつくられた記録をいう)を含む。以下,「図書館資料」という)を収集し,一般公衆の利用に供すること」を図書館のサービスの1つとしてあげている。

〔図書館資料の種類〕『日本目録規則』1987年版改訂3版では,図書館資料を,図書,書写資料,地図資料,楽譜,録音資料,映像資料,静止画資料,電子資料,博物資料,点字資料,マイクロ資料,継続資料の12に類型化している。以下主要な資料について概説する。

図書(book)とは,文字,絵,写真などを印刷し,製本したもので,相当量のページ数を有する。簡易な製本の小冊子をパンフレット,1枚の紙を2ページないし4ページに折ったものをリーフレットという。資料の多様化が進んでいるが,図書は依然として図書館の中心的なメディアである。

継続資料(continuing resources)とは,完結を予定せずに継続して刊行される資料のことで,逐次刊行物と完結を予定しない更新資料に分かれる。逐次刊行物(serial)は,1つのタイトルのもとに,終期を予定せず,巻次・年月次を追って継続刊行される出版物で,雑誌などの定期刊行物,紀要などの不定期刊行物,新聞などがある。更新資料には,加除式資料,更新されるウェブサイトなどがある。

録音資料(audio materials)とは,レコード,カセットテープ,CDなど,映像を伴わない音の記録物である。映像資料(image materials)とは,映画フィルム,ビデオテープなど,再生機器を用いて映像を表出する資料のことである。静止画資料(graphic materials)とは,写真,紙芝居,絵画など,再生装置を必要としない静止画のことである。録音資料,映像資料,静止画資料を総称して,視聴覚資料(audiovisual material)ということもある。

電子資料(electronic resources)とは,電子的な形で情報が記録された資料のことで,パッケージ系と*ネットワーク系に大別される。パッケージ系電子資料には,フロッピーディスク,CD-ROMなどがある。ネットワーク系電子資料には,インターネット上のウェブサイト,電子ジャーナル,オンラインデータベースなどがある。電子資料は,高速・多用な検索が可能であることなどの利点があり,近年注目を集めているが,一方情報の長期保存が困難などの欠点もある。

マイクロ資料(microform)とは,本や雑誌のページなどを写真技術により縮小した資料のことで,ロールフィルムやシートフィルムなどがある。マイクロ資料は,保存スペースの節約や資料の劣化対策に役立つ。

〔公の出版物の収集〕図書館法第9条で,国,地方公共団体の,*公立図書館に対するそれぞれの刊行物の提供を規定している。中央政府の刊行物を政府刊行物,地方行政に関する資料を地方行政資料という。国や当該地域の政策や現状を知る情報源で,図書館の基本資料である。なお特定地域に関する郷土資料,地方行政資料などを総称して,地域資料という。政府刊行物や地域資料には市販されていないものが多く,収集がむずかしい。こうした入手困難の資料を灰色文献(gray literature)と呼ぶ。

(小黒浩司)

〔文献〕1)日本図書館協会目録委員会編:日本目録規則1987年版改訂3版,日本図書館協会,2006.;2)三多摩郷土資料研究会編:地域資料入門,日本図書館協会,1999.

図書館政策 library policy

〔定義〕あるべき図書館の実現や,図書館に関する問題の解決のために策定される方針や計画。理念,達成すべき目標,施策の対象,法的,財政的,人的手段などからなる。主として中央,地方の政府によって策定されるが,政党,専門団体,市民団体などの政策提言を含む。

〔公立図書館政策の展開〕*図書館法は,図書館の「健全な発達を図り,国民の教育と文化の発展に寄与すること」(第1条)を国,地方公共団体の責務とし,専門的職員(*司書・司書補)の養成,配置,研修の実施(第5〜7条),「図書館の設置および運営上望ましい基準」の策定(第7条の2),補助金交付(第20条)などを規定している。しかし国は1990年代までは積極的な図書館政策を実施してこなかった。むしろその間,東京都,滋賀県などのように,地方自治体が積極的な図書館政策を実施し成果を上げてきた。東京都では1970年に「図書館政策の課題と対策」を策定し,10年間に180館の図書館の設置を目ざし,区に対し全額の建設補助,市町村に対し1/2の建設補助および図書購入費補助を実施した。この結果図書館設置率と図書館数は飛躍的に高まった。またこの政策は都下の市区町村図書館政策の公準の役割を果たした。

21世紀に入り,国による積極的な政策展開がみられるようになった。「*公立図書館の設置及び運営上望ましい基準」(2001年7月)の告示,「これからの図書館像」(2003年3月)などの政策提言,図書館

法改正（2008年6月）ならびに司書養成教育基準の改訂（2009年4月）などである．他方，構造改革政策の展開と国，地方の財政悪化を背景に，1990年代後半から地方公共団体において，公立図書館サービスの縮小と*指定管理者制度の導入など図書館運営のアウトソーシング政策が推進されている．

〔子どもの*読書と学校図書館政策〕1990年代後半以降，子どもの読書離れや学力低下論議などを背景に，子どもの読書活動や学校図書館充実政策が策定されている．*学校図書館の図書充実政策（1993年度以降），*学校図書館法の改正（1997年6月）による12学級以上の学校への*司書教諭の配置，「*子どもの読書活動推進に関する法律」の制定（2001年12月）ならびに国，地方公共団体による「子どもの読書活動推進計画」の策定などである．

従来，図書館や読書に関する政策は，図書館の設置や蔵書の充実，*専門職員の養成など，読書環境の整備に限定されていたが，近年の読書政策は，行政が家庭での読書や子どもの読書活動の内実にまで深く関与するものへとその性格を変化させている．

〔専門団体の政策提言〕戦後の図書館政策の特徴は，*日本図書館協会や*図書館問題研究会など図書館員の専門団体の政策提言が積極的な役割を果たしたことである．特に*『中小都市における公共図書館の運営』（1963年），*『市民の図書館』（1970年），「*公立図書館の任務と目標」（1987年）は，図書館員，地域住民の強い支持を得，*図書館づくり運動を媒介にして，地方公共団体の図書館政策の中身に大きな影響を与えた．　　　　　　　（山口源治郎）

⇨『中小都市における公共図書館の運営』，『市民の図書館』，公立図書館の任務と目標

〔文献〕1）塩見昇・山口源治郎：新図書館法と現代の図書館，日本図書館協会，2009．

図書館づくり運動　public library movement

〔意義〕主として地域住民，図書館員，教員などを担い手とし，図書館の設置や普及，図書館サービスの充実や発展を目ざす，組織的，集団的，継続的な活動．このうち地域住民が運動の主たる担い手となるものを図書館づくり*住民運動という．

図書館づくり運動は，行政との関係で自発性と自律性を特徴としており，また物的施設の設置とともに，利用者本位の質の高いサービス，専門性の高い職員，住民参加など，図書館運営のあり方を重視し，その実現を要求する点に特徴がある．

〔歴史〕図書館づくり運動は，戦前期にも*青年団による図書館づくりなど先駆的事例をみることができるが，本格的な展開は1960年代以降である．この時期，高度経済成長に伴う都市部の教育文化環境の劣悪化の中で，子どもの*読書に関心を寄せる地域住民を中心に，親子読書，地域文庫，家庭文庫づくりの運動が生まれ，1980年代には全国で4500を超える*子ども文庫が活動し，地域連絡会や全国連絡組織を生み出すまでに発展していった．そしてさらに地方自治体に*公立図書館の設置とサービスの充実を要求する運動へと発展していった．

また図書館員の側からも，*日本図書館協会による*『中小都市における公共図書館の運営』（1963年），*『市民の図書館』（1970年）など，新しい図書館サービスのあり方を提言し*実践する運動の展開，*図書館問題研究会などによる，地域住民との共同，連携を深める取組みなど，図書館づくり運動の広がりと発展が進められた．

視覚障害者読書権保障協議会（1970年結成）による「読書権」提唱は，公立図書館における障害者サービスの遅れを指摘し，権利としての障害者サービスを実現する運動へと展開していった．

*学校図書館に関しても，1990年代に入り，市民が学校図書館の改善に関心を向け，学校図書館づくり運動にかかわり始めるようになってきた．そこでは「正規，専任，専門」の職員の配置を求める運動が，可変性のある地方自治体に対し積極的に展開された．その結果，多くは嘱託身分ではあったが，*学校司書を独自に配置する自治体も現れてきた．なお，1997年の学校図書館法改正で，2003年度から*司書教諭が配置されることとなった．これに伴い学校司書の雇用をどう確保するかが現在大きな課題となっている．

〔成果〕戦後における図書館づくり運動の展開は，図書館の発展の原動力としての役割を果たしてきた．利用者本位のサービスへの転換，自治体図書館政策の策定と図書館の普及充実，図書館の基本的なサービスとして*児童サービスを定着させたこと，学校図書館への専門的職員の配置，自治体図書館計画の策定や*図書館協議会に，図書館づくり運動の関係者が参画し，参加型図書館づくりのスタイルをつくり上げたことなど，多くの成果を残してきた．

〔課題〕自治体財政の悪化に伴い，図書館サービスの縮小と民間化が行政によって進められる中で，知る権利の保障を実現する図書館サービスの水準の確保は図書館づくり運動の大きな課題である．また従来主として主婦を運動の担い手としてきたが，図書

館利用者の広がりと*成熟化に伴い，成人男性，高齢者，在住外国人など，担い手の多様性と広がりを求めていく必要がある．また狭い意味での「図書館づくり」から，地域の*NPO，自治体行政などとの連携を深め，コミュニティ形成型運動へと発展させていくことも課題となっている．　　　（山口源治郎）
〔文献〕1）図書館問題研究会：図書館づくり運動入門，草土文化，1976.；2）学校図書館を考える会：近畿―わがまちの学校図書館づくり―，教育史料出版会，1998.

図書館同種施設　library-equivalent facility
*図書館法上の*公立図書館，私立図書館ではないが，図書館と同様の活動を行う*読書施設．具体的には，個人，団体，企業などが設立し運営する，*子ども文庫，資料室などの読書施設をいう．図書館法は地方公共団体が設置する「公立図書館」と，一般*社団法人，一般*財団法人および日本赤十字社が設置する「私立図書館」という2種類の「図書館」を規定している（第2条）．しかし同時に，それ以外の主体によって設立される「図書館と同種の施設」については，「何人もこれを設置することができる」（第29条）とし，読書施設の自由な設立と活動を保障した．また名称独占を行っていないため，それらの施設に図書館という名称を使用することも自由である．他方，地方公共団体が公立図書館の民間委託を行うため，図書館法に基づかない「公立」の図書館同種施設を設置する例が1990年代に入り現れ，立法趣旨との関係が問題となっている．
　　　　　　　　　　　　　　　（山口源治郎）
〔文献〕1）塩見昇・山口源治郎：新図書館法と現代の図書館，日本図書館協会，2009.

図書館友の会　friends of the library, library associates
特定の*図書館に関心をもつ人々が，その図書館を支援するためにつくった組織．利用者が自発的に組織し，活動を行う場合もあるが，図書館からの働きかけによってつくられることもある．その活動内容は，特に定まったものはないが，書架整頓，読み聞かせなどの行事の開催，館内外の美化，広報などがある．
*図書館法第14条では，*公立図書館の運営に関して，館長の諮問に応ずるとともに，図書館の行う図書館サービスについて，館長に対して意見を述べる機関として，*図書館協議会の設置が規定されている．図書館友の会は*任意団体であり，そのメンバーは図書館の運営に公的にかかわることはできないが，住民の意思を図書館の運営に反映させる役割を担うことができる．　　　　　（小黒浩司）
⇨図書館ボランティア
〔文献〕1）公立図書館の設置及び運営上の望ましい基準について，文部科学省（告示），2001.；2）図書館ボランティア編：図書館ボランティア，丸善，2000.；3）図書館友の会全国連絡会ウェブサイト（http://www.totomoren.com）．

図書館ネットワーク　library network
図書館間における広義の相互協力形態．内容は資料の相互貸借，複写，資料の収集・提供・保存，図書館の相互利用，*目録作成，*レファレンスサービスなど多岐に及ぶが，国内では狭く相互利用システムのみをさす場合もある．情報の増大と複雑化に伴い，限られた各図書館の資源を共有してサービスを有効化する目的であるために，強力な情報システムの整備のもとに国内のみならず国際的にも様々なレベルにおける組織化が活発に行われている．固有の図書館からすべての図書館へと資料者へのサービスは格段に拡大することになるが問題点がないわけではない．例をあげれば，1つは図書館それぞれが固有の領域，種類，規模，目的をもつ中でネットワークの進展とともに必然的に不均衡が生まれること，1つはインターネットが常識化している現在，利用者にとって図書館という存在が不明瞭になっている点である．ネットワークが強化されることによって逆に図書館とは何かという原点が厳しく問い直されている．　　　　　　　　　　　　　　（前田　稔）
〔文献〕1）大串夏身：最新の技術と図書館サービス，青弓社，2007.

図書館の基準　library standards
〔意義〕図書館のサービス，資料，職員，施設などについて達成すべき水準を示したもの．基準には，最低限到達すべき水準を示す最低基準と，政策目標として目ざすべき望ましい基準がある．また*図書館法令などに規定された法的基準と，専門団体や地域住民などにより求められる，社会的合意の水準としての基準がある．こうした基準が相互に関係し合いながら現実の*公立図書館のサービス，施設等の基準が形づくられる．基準はまた，図書館サービス等を*評価する指標として機能する．
〔図書館法の基準〕1950年に制定された図書館法は，第18条に「*公立図書館の設置及び運営上望ましい基準」（望ましい基準）を，第19条および図書館法施行規則に「国庫補助を受けるための*公立図

館の基準」（最低基準）を規定していた．しかし，望ましい基準が制定され告示されたのは，法制定後51年を経た2001年のことであった．その間最低基準が唯一の法的基準として機能した．最低基準は人口規模に応じた資料，職員，施設規模および図書館長の*資格など先駆的な内容をもっていたが，それらは国庫補助金の受給条件を示したものであり，達成すべき望ましいサービス水準等を示したものではなかった．しかもその基準値は法制定後一度も改訂されず，社会的合意水準からみて極めて低い水準にとどまっていた．そして1999年の図書館法改正の際には，国による規制に当たるとして廃止された．

他方，望ましい基準は何回か策定が試みられたが案にとどまり，正式な告示はなされなかった．その中で1972年の望ましい基準案は，案にもかかわらず，公立図書館関係者から高く評価され，*図書館づくり運動の目標となった．この基準案は「すべての国民は」「市町村によって設置される図書館の直接サービス圏に置かれるべきだ」という基本的見地から，1.5km以内に図書館分館を整備し，人口の15％の登録率，人口の2倍の年間貸出冊数，1/8の購入図書冊数を達成すべき水準として提示した．2001年に正式に告示された望ましい基準では，公立図書館が実施すべき現代的なサービスや運営の方向性を示したが，達成すべき数値目標は示さず，財政措置を伴う施策の展開はみられなかった．また2008年の図書館法改正で，これまで公立図書館に適用されてきた望ましい基準は，私立図書館にも適用されることとなった．これは私立図書館に対する不干渉原則との関係で問題視されている．

〔専門団体，地方自治体による基準策定〕他方，*日本図書館協会など専門団体による基準づくりと基準実現のための運動が展開されたことは，戦後公立図書館の特質である．それらの基準には*『中小都市における公共図書館の運営』（1963年），*『市民の図書館』（1970年），「*公立図書館の任務と目標」（1987年策定，2004年改定），「図書館による町村ルネサンス（Lプラン21）」（2001年）などがある．また，東京都の「図書館政策の課題と対策」（1970年）にみられるように，地方自治体の政策公準として基準が策定されたことも注目される．これらの基準は，法的基準が社会変化に対し硬直性をもたざるを得ないのに対し，社会変化や地域性の即応した基準である．

〔基準の課題〕地域的格差が今なお大きい現状からすれば，全国レベルの最低基準（ナショナルミニマム）の策定と達成のための施策が必要とされている．他方で，これとともに地域の実情に即した都道府県レベルのローカルミニマムともいうべき基準の策定が今日的には重要である．　　　　　　（山口源治郎）

〔文献〕1）日本社会教育学会：社会教育関連法制の現代的検討，東洋館出版社，2003．

図書館の自由　freedom of the library

基本的人権としての知る自由の保障として，誰もが自由に資料・情報を共有し活用できるために，*図書館または*専門職としての図書館員が有する自由をいう．図書館活動の基本的なの働きと自立性を支える理念である．

〔内容〕図書館の自由の具体的な内容としては，知る自由を奪う検閲に反対すること，権力的な介入を恐れての自己規制を排すること，すべての人に対し可能な限り制約を除くこと，利用事実に関してプライバシーを保護すること，表現活動に対する集会室等の施設を公平に提供すること，図書館員の身分を保持することを含む．

〔歴史〕朝鮮戦争勃発，レッドパージ，破壊活動防止法の混乱の中，1952年に*日本図書館協会は「図書館の抵抗線」特集を行った．1953年10月の「図書館憲章」では，知る自由による資料と施設の提供を図書館の重要な任務とし，資料の収集と提供の自由および検閲の拒否を掲げ，これに反するときは団結して関係諸団体との協力を期するとした．マッカーシズムでの米国図書館協会の動きに影響を受け，1954年に全国図書館大会で「図書館の自由に関する宣言」が採択された．図書館の自由は図書館固有の自由の意味に誤って解されることがあるため，宣言案が提案される際には，第2次世界大戦前の思想善導の体験を踏まえた上で，国家権力からの自由という図書館の中立性に根拠を求めている．

1970年代には，特定の利用者の貸出記録開示に関するプライバシー問題や，ピノキオ問題のような差別問題資料の回収や公開制限の可否が議論され，1974年に山口県立図書館の図書封印事件（同館課長が自己判断により反戦図書を書棚から排除し，ダンボール箱に封印した事件）をきっかけに，日本図書館協会内に「図書館の自由に関する調査委員会」が設置された．1979年5月日本図書館協会総会において図書館の自由に関する宣言の大幅な改訂が行われ，その後，宣言を軸に実践活動を通じて図書館の自由は浸透していった．

〔図書館の自由に関する宣言〕図書館の自由に関する宣言は，図書館の国民に対しての決意表明文書で

ある．図書館の自由に関する宣言は4つのブロックに分かれている．最初に「図書館は，基本的人権のひとつとして知る自由をもつ国民に，資料と施設を提供することをもっとも重要な任務とする」と記されている．2つめのブロックは，図書館の任務についての6ヵ条であり，①思想・意見を自由に発表し交換する表現の自由および知る自由，②いつでもその必要とする資料を入手し利用する権利を社会的に保障する機関としての図書館，③権力の介入または社会的圧力に左右されない資料収集と施設提供，④「思想善導」の機関として，知る自由を妨げた歴史的事実への反省，⑤*差別の禁止および外国人への権利保障，⑥すべての図書館への妥当性，に言及している．3つめのブロックでは，「第1 図書館は資料収集の自由を有する」「第2 図書館は資料提供の自由を有する」「第3 図書館は利用者の秘密を守る」「第4 図書館はすべての検閲に反対する」という4テーマの確認と*実践を詳細に示し，4つめのブロックで団結による自由保持を訴えている．

〔船橋市西図書館蔵書廃棄事件〕新しい歴史教科書をつくる会の会員らの著書が集中的に除籍・廃棄されたため，職員と船橋市が訴えられ，最高裁判所が2005年に判決を下した．判決では，船橋市西図書館の一司書職員が「公正に*図書館資料を取扱うべき職務上の義務」に反して新しい歴史教科書をつくる会とその賛同者に対する「否定的評価と反感」から「独断で」廃棄したことは，*公立図書館において著作物が閲覧に供されている著作者の，思想・意見等を「公衆に伝達する」「法的保護に値する人格的利益」を侵害するものであり，国家賠償法上違法と判示し，船橋市への損害賠償請求を認めた．　　　　（前田　稔）
⇨ALA図書館の権利宣言
〔文献〕1）日本図書館協会図書館の自由委員会編：図書館の自由に関する事例集，日本図書館協会，2008.；2）日本図書館協会図書館の自由委員会：「図書館の自由に関する宣言1979年改訂」解説，日本図書館協会，2004．

図書館の無料制　principle for free-use of the library
〔意義〕図書館が提供するサービスの利用に関し，利用者から利用対価を徴収しない制度．近代図書館の基本原則と考えられている．図書館は，人々があらゆる思想や情報にアクセスすることを保障する社会的装置であり，無料制は人々の知る権利，学ぶ権利を実質的保障する制度である．
〔無料制の成立〕図書館の無料制は19世紀半ば英米の*公立図書館において成立した．米国では，民主政体を支える国民の育成という観点から，公教育の無償制と同様の原理で公立図書館の無料制が唱えられた．英国では，労働者階級に対する改良主義的観点から無料制が唱えられた．1949年の「*ユネスコ公共図書館宣言」は，公開，公費経営などとともに「無料公開」を公立図書館の原則として確認している．

日本において無料制が確立するのは，*図書館法制定（1950年）によってである．図書館法は第17条で，「公立図書館は，入館料その他図書館資料の利用に対するいかなる対価をも徴収してはならない」と，例外を認めない厳密な無料制を規定した．第2次世界大戦以前には，1899年の*図書館令第7条が「公立図書館ニ於テハ図書閲覧料ヲ徴収スルコトヲ得」と，有料制を容認していたため，県立図書館など比較的規模の大きな図書館では，有料制が一般的であった．

〔有料制議論〕図書館での有料制を容認すべきとする議論は，繰り返し起こされてきた．米国では1960年代に図書館利用が私的利益である，利用は一部の裕福な階層に偏っているなどの理由から有料制導入が主張された．また1970〜80年代には，私的利益論に加え，自治体財政の悪化，オンラインサービスの導入などを理由に有料論が主張された．しかし有料制導入には至らず無料制が維持されている．

日本では，図書館法制定過程において日本の図書館関係者の間では有料制容認論が強かったが，占領軍担当者の強い指導で無料原則が法的に確定し，その後有料制に関する議論はほとんど表面化することはなかった．

〔有料制の容認と無料制の範囲〕1990年代後半から，地方財政の悪化と，公共サービスに市場原理を導入すべきとする論調が強まる中で，図書館においても有料制容認論が唱えられた．*生涯学習審議会図書館専門委員会は1998年の報告書で，インターネットなど「外部の情報源」へのアクセスは，「図書館資料の利用」には当たらないとし，これに関しては有料制を容認するとした．1999年に図書館法が改正された．この改正では無料制を規定する第17条の条文改正はなかったが，この専門委員会報告を受けて，外部情報源へのアクセスに関しては，有料か無料かは図書館を設置する自治体の判断によるとし，有料制を容認する解釈上の変更を行った．

図書館法第17条の無料制に関しては，その適用範囲について次のような解釈の相違がみられる．1つは無料制を「図書館資料の利用」に狭く限定し，

相互貸借や予約サービス，集会展示スペースの利用などは範囲外とする解釈である．いま1つは，図書館法の立法趣旨から広く第3条に規定する「図書館奉仕」を範囲とする解釈である．そこでは図書館が提供するサービスと施設利用が含まれる．

⇨図書館法　　　　　　　　　　　（山口源治郎）

〔文献〕1）塩見昇・山口源治郎：新図書館法と現代の図書館，日本図書館協会，2009.

図書館法　Library Act

1950年に制定された，現代日本の公共図書館に関する基本法．

〔制定の意義〕日本国憲法は第26条で国民の「教育を受ける権利」を規定し，これを受けて制定された*教育基本法（1947年）は，第7条第2項で，「国及び地方公共団体は，図書館，*博物館，*公民館等の施設の設置，学校の施設の利用その他適当な方法によって教育の目的の実現に努めなければならない」と規定した．図書館はこの規定によって，国民の「教育を受ける権利」を実現する機関としての法的性格を獲得した．

また，戦前の図書館が*図書館令という勅令に規制されていたのに対し，戦後は国会（地方議会）が制定する法律（条例）によって規制されることとなった．すなわち法形式における国民主権が実現した．このように図書館法は戦後教育改革と深く結びついて制定された．なお図書館法公布日の4月30日は図書館記念日となっている（1971年制定）．

〔理念と内容〕図書館法の内容とその特質は，①「図書館奉仕」中心理念として明記したこと．②専門的職員としての*司書および司書補の配置，*資格，養成を規定したこと．③条例による*公立図書館の設置，*図書館協議会を規定し，地方自治と*住民自治の原則を示したこと．④例外規定のない厳格な無料制原則を規定したこと．⑤私立図書館に対する行政の不干渉原則．⑥国および地方自治体の図書館の条件整備に関する責務を明記したこと．⑦「*教育機関」（*地方教育行政法第30条）としての図書館の専門性と自律性を認めたこと，などにみられる．

〔改正〕1999年6月の図書館法一部改正は*規制緩和の方針の下に，①国庫補助の条件である図書館長の司書資格要件の削除，②図書館協議会委員の選出区分の大綱化，③国庫補助を受けるための*公立図書館の基準（最低基準）の削除を行い，無料制原則についても，インターネットの利用や有料データベースの提供については無料制の範囲外とし，有料制を容認する解釈を行った．1999年改正は図書館の専門性や行政の条件整備義務，無料制原則など法の基本理念にかかわる初めての改正であった．

教育基本法改正（2006年）を受け，2008年図書館法一部改正が行われた．主な改正点は，①「図書館奉仕」に*家庭教育の向上に資すること等を加えたこと．②司書養成を司書講習から大学での養成を主とすることとしたこと．③図書館が運営状況の*評価を行うこと等を規定したこと．④望ましい基準を私立図書館にも適用したこと．⑤図書館協議会委員に家庭教育の向上に資する活動を行う者を加えたこと，である．

〔課題〕教育基本法の全面改正（2006年）は，1947年教育基本法理念を前提とする図書館法との間に構造的な矛盾を生じさせた．また1990年代後半からの構造改革政策の中で，*地方自治法改正による*指定管理者制度創設や*PFI法の制定など，関連法の改正によって，図書館法理念の空洞化や図書館の変質が生じるという現象が起こっている．こうした中で，今日的な視点から図書館法理念を再検討し，知る権利と読む自由の保障という図書館の*公共性と専門性を法制度的に確保する方途を探ることが課題となっている．

　　　　　　　　　　　　　　　　（山口源治郎）

〔文献〕1）西崎恵：図書館法，日本図書館協会，1970.；2）裏田武夫・小川剛：図書館法成立史資料，日本図書館協会，1968.；3）塩見昇・山口源治郎：新図書館法と現代の図書館，日本図書館協会，2009.

図書館ボランティア　library volunteer

図書館の活動を支援するために，自発的に無報酬で参加する人，またはその活動のこと．

図書館は*ボランティアの受入れによってサービスの充実を図り，住民は図書館の活動への参加によって図書館に対する理解・関心を深めることが可能である．

図書館側には，ボランティア活動の推進のために，希望者に対する情報の提供，養成・研修の実施など，諸条件の整備が求められている．また，不十分な職員配置の補完を目的とせず，ボランティアの自主性を尊重し，その活動内容を明確化して，ボランティアを受け入れる必要がある．　　　　（小黒浩司）

⇨図書館友の会

〔文献〕1）公立図書館の設置及び運営上の望ましい基準について，文部科学省（告示），2001.；2）図書館ボランティア編：図書館ボランティア，丸善，2000.

図書館問題研究会（図問研） *Tomonken*（Organization for Study on Library Issues）

1955（昭和30）年に結成された図書館研究団体．綱領によれば「公共図書館の発展は新しい時代の担い手である民衆の支援を受けてのみ可能であり，図書館奉仕も，平和な，明るい民衆の生活向上を目指してこそ，その意義を果たすことができる」として公共図書館の問題を捉え科学的，実践的な理念を確立することを目ざした．

戦後日本公共図書館発展の1つのメルクマールとなった「中小都市における公共図書館の運営」（通称「中小レポート」，*日本図書館協会，1963）の刊行に当たっては，同研究会会員が多数かかわり，公共図書館発展の理論を全国の図書館員と共有するなど，公共図書館の発展に大きな役割を果たした．また図書館利用に*障害のある人々へのサービス，*図書館の自由，町村図書館の振興など重要な問題提起を行っている．

会員はすべて個人参加で2006年5月現在1196人．県を単位とした支部組織をもつ． （酒川玲子）

〔文献〕1）図書館問題研究会編：図書館問題研究会の40年（みんなの図書館別冊3），図書館問題研究会，1995．

図書館利用に障害のある人々へのサービス
library services for persons with disabilities

〔概要〕*図書館が施設・設備，資料，サービス方法，*コミュニケーション手段などの面で身体障害など様々な図書館利用上の*障害をもつ住民に対応できるものをもたないために，図書館利用を阻害されている人々へのサービスのこと．単に「障害者サービス」と呼ばれることもあるが，「障害（者）」という言葉が心身障害（者）など，いわゆる医学的な意味での機能欠損，機能障害と狭くとられることから，このサービスの対象者が心身障害者だけでなく，寝たきりの高齢者や入院患者，矯正施設入所者，在住外国人など，より広汎な人たちを対象としたサービスであるとして，1980年代半ばから「図書館利用に障害のある人々へのサービス」が使われるようになった．

〔経緯〕日本の公共図書館では，視覚障害者による図書館開放運動に応えて，1970年に東京都立日比谷図書館が対面朗読サービスを開始したのを皮切りに各地で対面朗読，郵送貸出，自宅配本などのサービスが進められていった．そしてこれらのサービスが定着していく中で，視覚障害者と同様に利用したくてもできない人の存在に気がついた．また図書館を利用できないのは，その人たちに問題があるのではなく，図書館側がその人たちの利用を保障するための環境を整えていないことが原因であり，図書館が利用障害の原因をつくり出しているのではないかと考えたのである．すなわち図書館利用の権利をもっている住民に対して負っている「図書館側の障害」と考えたのである．

この発想の転換によって，これまでみえていなかった在住外国人や矯正施設入所者といった新たな図書館利用に障害のある人の存在も明らかになり，サービスの幅がさらに拡大されることになった．

〔対応と課題〕図書館がつくり出している障害としては，①図書館の施設・設備の不備に起因する障害，②所蔵資料に起因する障害，③コミュニケーション手段に起因する障害，の3つに大別されるが，これらが絡み合って様々な利用障害をつくり出しているといえる．

たとえば，施設・設備については，図書館の入口や館内に段差がある，書架が高すぎる，書架間隔が狭すぎるといったものが該当するが，この面での対策はかなり進んできた．これ以外にも図書館までの交通手段がなかったり，来館経路の安全が保障されない，さらには矯正施設や病院に入っているなどの理由により図書館まで自由に足を運ぶことが困難な人も少なくない．こうした人たちには*移動図書館でその人たちのもとに本を運んだり，巡回バスを運行して図書館まできてもらい，自分で本を選んでもらうといった対応が必要となっている．

資料に関しては，これまでの図書館は，「漢字混じりの日本語で書かれた小さな活字の本」を中心に収集してきたため，たとえば視覚に障害がある人の場合には点字化や音声化，あるいは文字の拡大といった方法が必要となる．また聴覚に障害がある人の場合には，漢字にルビをふったり，手話や字幕の挿入された映像資料が重要な役割を果たすが，それらの資料を所蔵している図書館は少ない．さらに近年，知的障害者や発達障害者への対応が課題となっており，LLブック（やさしく読みやすい本）やマルチメディアDAISY資料（音声やテキスト画像等が同期して出力されるアクセシブルなデジタル資料）の充実が求められている．

またこのような視聴覚障害者の求めるものを的確に摑むためには，点字や手話などのコミュニケーション能力を備えておく必要があるが，そうした技術をもった職員のいる図書館は多くない．同様に日本に在住する外国人に対しても，彼らが求める母語資

料は少なく，円滑なコミュニケーションを進めるための外国語のできる職員もそれほど多くない．まさに視聴覚障害者と同様の問題を抱えている．こうした図書館側が抱えている「障害」をいかに取り除くかが問われているのである． (前田章夫)

〔文献〕1) 日本図書館協会障害者サービス委員会編：図書館員選書12 障害者サービス（補訂版），316pp., 日本図書館協会, 2003.；2) 服部敦司・藤澤和子：LLブックを届ける，読書工房，2009.

図書館令　Library Ordinance

戦前日本の公共図書館に関する基本的法令．1899年制定．

〔制定と改正の経緯〕図書館に関する法令上の規定は，1879年の教育令第1条に「書籍館」が文部卿の「監督内」にあることが示されたことを嚆矢とする．その後1899年に単独法令として図書館令が制定された．戦前において教育法令は勅令であった．図書館令も勅令とされた．制定当初の図書館令は8条からなり，図書館の目的及び設置に関する規定（設置主体，設置認可，開申等），公立図書館職員に関する規定（職員の種類，任免，待遇），図書閲覧料などから構成され，公立は文部大臣の認可制，私立は文部大臣への開申制，有料制の容認，*専門職員規定の欠如などの特徴をもっていた．その後1906年の改正で新たに「*司書」の職名と任用資格が規定され，1921年の改正で，職員規定の部分を独立させ，新たに「公立図書館職員令」が制定された．

〔1933年改正〕1933年大改正があり，図書館の目的及び機能規定の拡充，中央図書館制度，奨励金交付規定の創設などが盛り込まれた．また新たに図書館令施行規則も制定され，細部にわたる法規定の整備が行われた．この改正の最大の特徴は，中央図書館制度を創設したことである．これは道府県内の図書館の一館を中央図書館に指定し（多くの場合県立図書館），管内公私立図書館の指導，連絡，統一に当たらせようという制度である．これによって県立図書館を頂点とする集権的な図書館指導体制が整備され，後の図書館の戦時体制の基盤となった．またこのとき，第1条第2項の「社会教育ニ関シ附帯施設ヲ為スコトヲ得」という規定の解釈をめぐり*中田邦造（石川県立図書館長）と松尾友雄（文部省）との間で，図書館と社会教育の関係をめぐる論争が起こった．

⇨附帯施設論争　　　　　　　　(山口源治郎)

〔文献〕1) 西崎恵：図書館法，日本図書館協会，1970.

土地下附大学　(米)　land grant college (in US)

1862年にランドグラントカレッジ法が連邦議会を通過することによって成立をみた米国に固有の大学制度をさす．同法は，それまで伝統的な大学が頑なに拒んできた*産業教育を推進することを意図したもので，起案者モリル（Morrill, J. S.）に託けてモリル法とも呼ばれる．

それによると，連邦は，連邦議会に選出された上院および下院議員の人数に応じ，1人あたり3万エーカーの国有地を州に賦与し，州は，それを基本資金として，農業と機械製作技術に関する教育の振興を図ることが企図された．この基本資金をもとに農科大学を新設した州もあれば，ウィスコンシンやミネソタ，ミズーリ，ジョージア，テネシー，アイオワなどのように，既存の私立もしくは州立の大学に資金を充当して，産業教育に着手した場合もある．

しかし，大学や学問そのものに対する農民の不信感は根強く，土地下附大学は，さしたる成果を上げることができないでいた．そうした事態を打開したのが，ハッチ法（Hatch Act, 1887年）である．同法は，*農事試験場の付設を推進し，土地下附大学を，農業に関する実践的な知の生産者たらしめたからである．その後，スミス-レーバー法（Smith-Leber Act, 1914年），スミス-ヒューズ法（Smith-Hughes Act, 1917年）によって，連邦，州，大学と農民が*協働して，農学の成果を農民にもたらすための仕組みが構築される．こうして，農業生産の向上に資する短期，長期の研修はもとより，農業地域や農家の生活改善に資する様々な教育事業の展開が可能となった． (小池源吾)

〔文献〕1) Scott, R. V.: *The Reluctnat Farmer The Rise of Agricultural Extension to 1914*, University of Illinois Press, 1970.；2) Hofstadter, R. and Smith, W. eds.: *American Higher Education A Documentary History*, The University of Chicago, 1961.

特権　privilege

一般的に，特定の人や集団にだけ与えられている権利をさす．人権論や差別論においては，「生まれなど，本人の努力に関係なく与えられている特徴により発生する有利な状況」をさす．この意味での特権概念は，1980～90年代にかけて，米国のマッキントッシュ（McIntosh, P.）らによってつくられた．彼女は，*差別によって被差別者に不利益がもたらされる一方で，差別を受けない層が特権を手にすることに注目する必要があると論じた．特権層は自らの特権になかなか気づくことができず，またそれを手

放そうともしない．結果として抑圧者が自己の抑圧性を自覚することなく，被差別者に不利益が集中することになる．差別問題を解消するためには，被差別者自身の批判的認識や立ち上がりを支援する教育（被抑圧者の教育学）に加えて，*抑圧してきた側の自覚を促し，差別をなくすために行動することにつなげていく教育（抑圧者の教育学）の必要がある．特権という概念は，そのための鍵となる．（森　実）

〔文献〕1) Heldke, L. and O'Conner, P. ed.: *Oppression, Privilege & Resistance*, McGraw-Hill, 2004.

徒弟制度　the apprentice system

中世以来の手工業者組織における職人養成制度である．この制度においては*親方のもとで働きながら仕事を身につけ，一定期間の後に必要水準の技量を確認されて一人前の*職人の身分が与えられる．だが，反面では安価な補助労働力として使われたり，わが国では徒弟が親方の家に住み込むのが普通であったため職能にかかわりない家事仕事までさせられたり，徒弟期間が必要以上の長期間にわたる等，教育訓練としては不合理な点も多々あった．

第2次世界大戦後の民主化教育の中で，わが国の徒弟制度は急速に姿を消したが，ヨーロッパでは*職業教育訓練の制度，生産技術教育のシステムとして近代化された形に変化しながら今日に活かされている（⇨デュアルシステム）．徒弟制度における*能力形成には，*実践的な職業能力の教育訓練手法として優れた点が含まれていることが注目される．（小原哲郎）

〔文献〕1) 斎藤隆介：職人衆昔ばなし，文藝春秋，1967.；2) 斎藤隆介：続職人衆昔ばなし，文藝春秋，1968.

戸畑区（北九州市）公害学習　citizens' study on public health hazards in Tobata-ward, Kitakyushu-city

1963年*公民館職員（社会教育主事）林えいだいの呼びかけにより，主婦らを中心に共通した*地域課題としての生活環境問題が取り上げられ，*婦人学級の全体的取組みとして*実践された学習である．講師なき婦人学級として，皆が講師となり学級生となり進められた．

当初は企業都市特有の企業意識が強く，学級生の中には企業に勤務する主人をもつ主婦が多かったため，学習から手を引くようにいわれ学習を中断する者も出た．しかし，自分たちの学習が自己満足で終わり，地域の人々に理解されていないことに気づき，夫や家族さらには住民らへ働きかけるため，次第に自分たちの健康の大切さや，利益を優先する大企業の横暴と行政上の無策を指摘するようになった．1965年には，「戸畑区婦人会協議会」内に「公害問題委員会」を組織して，緻密なねばり強い調査を行い，専門家の協力によって，大気汚染度や病欠率や死亡率などを対数グラフ化し，統計的に分析した．その結果，*婦人会の運動は，単なる補償金を勝ち取るためだけではなく，問題の解決には「公害を発生源でおさえること」が不可欠であり，そのために*住民運動を展開する必要を感じて，公害問題に6年間取り組むに至った．この運動により，北九州市内だけで当時約130億円の防塵装置が設置された．一連の学習が婦人らに権利意識を目覚めさせたのである．

現在，戸畑区で公害学習を実践した婦人会協議会は，環境保護に力を注ぐ*NPOとして，地球環境問題，美化活動，リサイクル活動，エネルギー問題，消費者保護，まちづくり，子どもの健全育成，*社会教育，国際協力活動等を引き続き実践している．

（関上　哲）

〔文献〕1) 林えいだい：婦人団体の公害学習活動．月刊社会教育，132号，1968.；2) 林栄代：八幡の公害，朝日新聞社，1971.

トビリシ会議（環境教育政府間会議/1977年）
⇨環境教育，持続可能な開発のための教育

ドーピング　doping

スポーツの競技能力を増強させる目的で，その可能性がある薬物を不正に使用すること，あるいはそのような行為を企てることをいう．ドーピングは，スポーツの基本理念であるフェアプレーの精神に反するだけでなく，その副作用によって突然死に至るまでの様々な健康障害を引き起こす．また，子どもへの影響や薬物汚染の助長など，社会に及ぼすマイナスの影響も小さくない．このようなことから，ドーピングを禁止し，根絶するためのアンチドーピング活動が国際的に展開されている．しかし，スポーツの商業化が急激に進む中，度を超えた勝利至上主義の蔓延に一層拍車がかかっている状況も見受けられ，思うようにそれを根絶できないでいる実状もある．たとえば，2002年に開催された冬季オリンピック・ソルトレイク大会では7件，2004年に開催されたオリンピック・アテネ大会でも26件のドーピングが判明した．いまこそ，スポーツそのもののあり

方に関する議論も含めたアンチドーピング活動が期待されているといえよう． （野井真吾）

〔文献〕1）Bette, K. H. and Schimank, U.（木村真知子訳）：ドーピングの社会学—近代競技スポーツの臨界点—，不昧堂出版，2001.

ドメスティックバイオレンス ⇨ DV

トリム運動 Trimming exercise Movement

1960年代に現れ，1970年代に入ってヨーロッパ各国に波及した*スポーツフォーオールの理念と結びついたシンボル的な用語で，心身の調整や健康・体力づくりのための活動の普及のムーブメントを表す．ノルウェー・スポーツ連盟「スポーツ振興15ヵ年計画」（1967年）の中心人物であったモア（Moe, P. H.）連盟事務局長が，エリートではなく一般市民のスポーツ参加を呼びかけるには新しい用語が必要であるという意図から創案したといわれる．Trimm（英語ではTrim）とは，「手入れをする」「船のバランスを保つ」などの語意ももつ．スウェーデン，オランダなど北欧圏を中心に広がりをみせたが，特に，旧西ドイツでは*ゴールデンプランに対応したスポーツフォーオールのアクションプログラムとしてトリム運動を1970年にスタートさせた．日本では，1960年代末頃，*体力つくり国民会議による運動の中で紹介された． （尾崎正峰）

〔文献〕1）北欧スポーツ研究会編：北欧のスポーツ，道和書院，1993.

ドレイファスの技能習得モデル Dreyfus Model of Skill Acquisition

1980年代に，数学者と哲学者のドレイファス兄弟（Dreyfus, Stuart E. and Dreyfus, Hubert L.）がチェスプレーヤーやパイロットなどの実践行為を調査した結果をもとに開発した，技能習得についてのモデル．習得の様態が，「初心者」「新人」「一人前」「中堅」「達人」の5段階に分かれるとする．

このモデルによれば，実践者は以前の*経験の記憶からいま起こっている状況の予測を立て，状況対応的に行為するようになる．初心者は状況がみえず，単に原則を当てはめて行為するが，一人前になると状況の中から意味ある情報を抽出するようになる．達人になると状況を直観的に理解し，身体に習慣化した*熟練技能をもって行為するようになる．

*ベナーによって看護師の研究に適用され，熟達した看護師の*ケアリング技能を可視化したことで看護の理論化を推進した．他方このモデルには，経験からどう学習するのかの説明に乏しい，達人でも過ちを犯す事実を説明できない，などの問題が指摘されている． （平河勝美）

〔文献〕1）Dreyfus, H. L. and Dreyfus, S. E.：*Mind Over Machine*, Free Press, 2000.

トレーナー trainer

訓練の場における指導者．特定の仕事・作業を的確に行うために，個々人に必要とされる態度，*知識，技能パターンについての体系的な開発，ある種の技芸や仕事のすみやかな改善に向けて，自分のもつ専門性を手がかりに，*技能の*実践を指導する役割を担う．ビジネス・産業界においては，*産業教育，経営教育の教授者，社員教育や能力開発，*職業訓練や継続職業訓練における講師のこと．スポーツや音楽などの分野では身体的活動や実技活動において能力向上のための訓練の指導的役割を担う者をさす．訓練とは一定の目標に到達させるための実践的教育活動であることから，*トレーナーは知識や技術を獲得すること，つまり*ハーバマスのいう道具的知識を強調することが多い．ビジネス・産業界においてトレーナーと呼ばれる人々は成人教育を学んでいることは少ないが，成人の学習を支援する役割を担うことから，*成人教育者として捉えることができる． （倉持伸江）

⇨成人教育者

〔文献〕1）ダン・チョンシー（菅原良監修）：企業研修トレーナーのためのインストラクショナルデザイン，大学教育出版，2008.

ドロール，ジャック Delors, Jacques

1925-．パリに生まれる．フランスの経済学者，政治家．

〔略歴〕ミッテラン大統領のもとで蔵相を務め（1981〜84年），フランスの経済復興を助けた．また，1985〜95年まで欧州委員会（European Commission：*EC）の委員長を務めた．ドロール委員会は，経済通貨同盟（Economic and Monetary Union：EMU）の基礎をつくった．1993年には単一市場を完成させ，*EU（欧州連合，European Union）の創設にかかわった．

〔ドロール報告書〕当時EU委員長であったドロールを委員長として，*ユネスコ「21世紀教育国際委員会」（1993〜96年）が21世紀のための教育および学習について考察することを要請して設置され，世

界各国14人の委員で構成された．1996年には『学習―秘められた宝―』（ドロール報告書）[1]が提出された．報告書のタイトルは，農夫が賢明にも*労働は宝であると子どもたちに教えた「農夫とその子どもたち」というラ・フォンテーヌ（La Fontaine）の寓話をもとにしており，学習によって自己の内に秘められている宝，すなわち諸能力を掘り起こすことができるという意味が含蓄されている．本書の基調は，教育の諸原則としての「学習の4本柱」であり，「知ることを学ぶ」（learning to know），「為すことを学ぶ」（learning to do），「ともに生きることを学ぶ」（learning to live together）の3本柱とそこから必然的に導き出されるものとして第4の柱「人として生きることを学ぶ」（learning to be）からなっている．これらの4本柱を同等に重視し，相互にかかわりあって不可分の一体をなすことが強調されているが，特に「ともに生きることを学ぶ」は今日の教育の最重要課題の1つとされている． （安川由貴子）

〔文献〕1）UNESCO：*Learning: The Treasure within, Report to UNESCO of the International Commission on Education for the Twenty-first Century*, 1996（天城勲監訳：学習：秘められた宝（ユネスコ「21世紀教育国際委員会」報告書），ぎょうせい，1997）.

な

内発的発展論 spontaneous development theory

〔概観〕欧米の工業化をモデルとして，伝統社会から近代社会へと，どの社会も単線的に発展するとする近代化論に立脚した，先進国の開発途上国に対する資金援助という名の開発や，国内での外来型開発に対抗し，地域の個性的な自然や歴史・文化や人々の人間的諸能力の発展を重視する理論である．近代化論に対し，オールターナティブな発展のあり方として提起された理論と実践である．

〔成立・展開〕内発的発展論が議論される契機は，1975年にスウェーデンのダグ・ハマーショルド財団が『国連経済特別総会報告』で「もうひとつの発展」という概念を提起したのが最初である．日本では，1979年国連大学の委託研究「内発的発展論と新しい国際秩序」が始まりで，この研究の中から，鶴見和子の社会学的な立場から地域の多様性と文化の土着性を重視する内発的発展論，西川潤の地域分権と生態系重視の自主管理，協同主義に基づく発展途上国の開発政策理論，宮本憲一の地域経済論からの内発的発展論の3つの流れが生まれた．1980年代には先進的な取組みをしている個別事例発掘が中心だったが，1990年代になると，農村から都市へと多様な地域類型に広がり，地域経済の歴史的・実証的分析に基づく内発的発展の可能性と客観的条件を分析するという研究にも焦点が当てられていく．宮本憲一は環境保全を優先した「維持可能な発展」（sustainable development）の枠組みのもとで内発的発展論を考える必要を提起し，①地域の技術・文化・産業などの地域資源の活用，②地域産業連関の重要性，③環境・生態系・アメニティの重視，④住民の学習機会の保障，⑤*住民自治と*住民参加を，内発的発展のための5つの視点として提起している．

〔内発的発展と*社会教育〕宮本憲一が「住民の学習」を内発的発展の視点として提示したように，内発的発展を進めるためには，住民の自主的・主体的な学習実践が不可欠である．最近では，内発的発展を「潜在的能力」を引き出す人間発達と関連づける理論や，教育を内発的発展に不可欠なものとして捉える理論が提起されている．しかし，それらが内発的発展に必要な文化や教育の実践の展開論理を十分に提起できているとはいいがたい．つまり，社会教育実践の固有の意味を明らかにした内発的発展論はまだほとんど見いだせない状況であるが，その中で鈴木敏正らは，内発的な*地域づくりを担う「地域づくり教育」の展開論理を明らかにしようとしており，注目される．鈴木は，内発的な発展に不可欠な「地域をつくる学び」を育てる地域づくり教育の6つの領域として，①学びの*ネットワークを基盤とした，*地域課題について学ぶ「公論の場」の形成，②地域調査学習・地域研究，③ボランタリーな地域行動，協同活動としての地域づくり実践，④地域社会発展計画づくり，⑤地域生涯学習計画づくりをあげている．
(千葉悦子)

⇒地域づくり

〔文献〕1）鶴見和子：内発的発展の系譜．内発的発展論（鶴見和子・川田侃編），東京大学出版会，1989.；2）西川潤：内発的発展論の起源と今日的意義．内発的発展論（鶴見和子・川田侃編），東京大学出版会，1989.；3）宮本憲一：環境経済学，岩波書店，1989.；4）江原裕美：内発的発展と教育，新評論，2003.；5）宮崎隆志・鈴木敏正編著：地域社会発展への学びの論理，北樹出版，2006.；6）セン，アマルティア（池本幸生ほか訳）：不平等の再検討―潜在能力と自由―，岩波書店，1999.

内面化された抑圧 internalized oppression

〔定義〕被抑圧状況に長期間さらされたとき，自らを*抑圧している支配的な価値観や基準，および「まなざし」を自分のものとして心理的に内面化してしまう傾向．内面化された抑圧は，*他者への抑圧行動や，自分で自分を抑圧する態度として表れ，その結果，自責，自信のなさ，劣等感，*無力感，無気力などの状態が恒常化し，自分の置かれている状況を被抑圧状況として認識することができなかったり，あたかもそれを「自然なこと」「運命」であると思い込んだり，自らの被抑圧状況を認識していても「仕方がないこと」と諦め，無力感からその状況に甘んじてしまうようになる．

〔概観〕米国の公民権運動に始まる様々なマイノリティによる異議申し立て運動がもたらした重要な成果の1つは，*差別や*偏見，剥奪や搾取がいかにして人々の力を奪い（非力化），社会全体をコントロールする役割を果たすのかを明らかにしたことである．社会には，経済的搾取や剥奪，操作，肉体的暴力，差別や偏見，*虐待，疎外など，個人や集団間の

物理的抑圧・心理的抑圧から，加害者を特定しにくい社会的・構造的な抑圧まで，様々なレベルの抑圧が存在する．これらの抑圧には，社会における何らかの権力や権勢が関与しており，抑圧される人々の物理的・心理的・構造的な自由を制限するなどの影響を与える．こうして抑圧が内面化され，抑圧される人々が力を奪われて沈黙を余儀なくされることにより，ますます力の格差が広がるという悪循環が生じる．

〔内面化された抑圧からの*解放〕マイノリティがこのような非力化の状態を克服し，自らのために行動をとっていくためには，まず抑圧の構造を理解し，自分が置かれている状況や内面化された抑圧が，自分自身に与えている様々な影響を*意識化するプロセスが重要とされている．　　　　　　（野崎志帆）

⇨エンパワーメント

〔文献〕1) 久木田純・渡辺文夫：現代のエスプリエンパワーメント―人間尊重の新しいパラダイム―，至文堂，1998．

中田邦造　Nakata, Kunizo

1897-1956．滋賀県に生まれる．1925年から1940年まで石川県主事，社会事業主事，石川県立図書館長等を歴任し，ついで1940年から1949年まで東京帝国大学附属図書館*司書，東京都立日比谷図書館長等に就任して，一貫して*図書館とともに生きた．この間，いわば「中田邦造図書館学」および「中田図書館社会教育論」を確立し，その*実践に全力を尽した．なお，1949年以降は*IFEL（教育指導者講習）の図書館学専任講師，日本*図書館協議会顧問等，変わることなく図書館の理念化を究明し続けた．

石川県時代は，まさに中田邦造得意の世界で，中田の主単著『公共図書館の使命』はこの時期のものであり，日常生活における*読書の意義をはじめ「社会教育の中核としての*自己教育」などを柱としている．

「中田邦造図書館学」は，生活の全期を通じての自己教養や図書を通じた自己教育力の獲得を主眼としている．「中田図書館社会教育論」は，学ぶ心を主体とする教育を図書館に求め，成人の学習機関としての図書館こそ自己教養の場とした．　　　　（大槻宏樹）

〔文献〕1) 中田邦造：公共図書館の使命，日本図書館協会，1978（復刻図書館学古典資料集）．; 2) 梶井重雄：中田邦造，日本図書館協会，1980．

ナショナルトラスト　national trust movement

1895年に英国で3人の市民が始めた，貴重な*文化遺産や自然を守るために，建物や土地を個人から寄付を募って購入または寄贈を受け，あるいは所有者と契約を結んで保存・管理・公開をする団体とその活動．『ピーターラビットのおはなし』の著者ポター（Potter, B.）が湖水地方の土地を寄贈したことでも知られ，40ヵ国以上に広がる．日本には1960年代半ばに作家の大佛次郎によって紹介され，神奈川県鎌倉市の鶴岡八幡宮裏山の景観を守る運動として始まった．その後，北海道斜里町の知床半島や和歌山県田辺市の天神崎など自然環境を守る取組みとして広がり，今日では長野県南木曽町の妻籠宿など歴史的環境の保存・再生例も増加している．環境破壊対策に取り組んできた*住民運動や自治体運動の系譜を踏まえ，その発展形態として環境を幅広く捉え快適な環境を住民主体でつくりだしていこうという先見性と積極性を備えている．　　　　（大島英樹）

〔文献〕1) 木原啓吉：ナショナル・トラスト（新版），三省堂，1998．

ナトコ映画　NATOCO film

〔概略〕16ミリ映写機の名称であるナトコ（NATCO）に由来するもので，日本の敗戦後（1945年），戦後占領政策の一環として行われたCIE（Civil Information and Education，連合国軍総司令部民間情報教育局）映画のことである．わが国の民主化を促進するために米国側から1300台の16ミリ発声映写機，映画（1府県最低毎週1種），幻灯機，スクリーン，電蓄，レコード等が無償貸与され，*社会教育関係者によって全国で実施・上映された．たとえば『岐阜県の教育』（岐阜県教育委員会，1951年）によれば，岐阜県視聴覚ライブラリーに329本が貸与され，内容は，①ニュース・地理風俗，②保健衛生，③教育，④産業，⑤スポーツ，⑥音楽・芸術，⑦科学・*図書館，⑧法律・国際情勢，⑨児童保護・青少年運動，⑩婦人，⑪その他，⑫CIE特報映画と分類されている．同書では，CIE映画のもたらした教育的効果について「連合軍総司令部からCIE映画の貸与を受けてから既に二年六ヶ月，…県民に対する国際的理解，*視聴覚教育の普及促進，県民の生活態度の民主化と合理化の促進，文化水準の向上への貢献，映画技術の大衆化」とまとめられている．

〔意義〕文部省は，実施に先立って1948年4月から6月にかけて，全国14ヵ所でわが国で最初の「視覚教育」の名を付した全国視覚教育指導者講習会を

開催し，その指導者養成を行った．また，ナトコ映写機の活用については文部次官通達・発社103号（1948年10月26日）によって，毎月各映写機とも少なくとも20回以上の上映を要求した．戦後の荒廃したわが国の状況と人々の生活意識のもとでは，CIEフィルムだけでは人々は集まらず，邦画も併映された．しかし，ナトコ映画が戦後わが国の視聴覚教育の発展にもたらし影響は大きく，1949年5月には文部省設置法に基づく組織令が定められて視聴覚教育という名称が初めて法令の上にのせられ，また，*社会教育法にも視聴覚教育が規定された．

（長澤成次）

〔文献〕1）新海英行：占領下社会教育と『ナトコ映写機，CI&E映画』．香川大学附属教育工学センター研究報告，1975．

ナトルプ，パウル　Natorp, Paul Gerhart

1854-1924．ドイツ・デュッセルドルフに生まれる．新カント派のマルクブルク学派に属するドイツ・ワイマール期における哲学者・教育学者である．

〔概観〕ナトルプはペスタロッチ（Pestalozzi, J. H.）の教育思想をはじめ，プラトン（Platon）やカント（Kant, I.）の哲学をもとに，さらに倫理学，論理学，美学，心理学を基礎に教育学の体系化を目ざした．その代表的な成果が*社会的教育学（Sozialpädagogik）である．そこでは，「人は，ただ人間的な社会においてのみ人となる」と述べ，教育を社会的な側面から捉えた．

〔内容〕ナトルプの教育理論においては知，情，意の発達，とりわけ意志の教育が重視され，意志は衝動，意志，理性意志の3つの段階に分かれ，理性意志が究極の目標とされた．幼児期の教育環境としての家庭では父母や兄弟・姉妹の慈しみの中で，また*遊びや*労働を通して成長し，学校では規律や秩序への服従とともに教授を通して衝動が意志に高められ，そして成人の*民衆大学では自由な理性的な批判力が陶冶されるとされた．家庭では感性的な段階であったものが学校段階では知性的なものに高められ，成人の自由な*自己教育の段階において初めて理性的な道徳に導かれると考えられた．

〔教育改革への影響〕ナトルプの教育論は第1次世界大戦前後を中心にそれ以降のドイツ・ヴァイマル期おける教育改革に大きな影響を与えた．統一学校運動への思想的影響をはじめ，ライヒ学校会議での積極的役割，形而上学的，民族主義的な「新方向」の民衆大学の方向づけなどがそれである．また，大正期文部省*社会教育行政関係者（川本宇之介ら）の社会教育観の形成に，さらに*自由大学運動の指導者（*土田杏村ら）の社会教育論の構築にも少なからず影響を及ぼした．

（新海英行）

〔文献〕1）Natorp, P.: Sozialpädagogik, Theorie der Willenserziehung auf der Grundtage der Gemeinschaft, 1899.；2）土田杏村：教育と社会（土田杏村全集第6巻），第一書房，1935．；3）川本宇之介：社会教育概論．1936．

ナラティブアプローチ　narrative approach

〔理論的基盤としての社会構成主義〕ナラティブ（語りや物語）を用いて治療や援助を行おうとする*実践方法の1つ．ポストモダンの思想に支えられた社会構成主義（social constructionism，構築主義ともいう）を理論的基盤にしている．社会構成主義は，言語からなる*知識が我々の日常世界を構成するという前提に立つ．この考え方では，動かしがたいと感じられる現実とは，当該社会のその時点において社会的に構成されたものであると捉えるとともに，個々人のもつ知識は相互作用によって不断に構築され続け，現実は可変的だとも仮定する．社会構成主義では言葉が現実を創造する力を重視しており，言葉を組み合わせてできる「物語」が現実を組織化すると考える．また，「自己」も，自己について物語る行為によって構築されると仮定する．

〔治療・支援論および研究方法論としてのナラティブアプローチ〕治療や支援におけるナラティブアプローチでは，自己についての物語がしばしば定型的な，その社会のドミナントストーリー（支配的物語）を下敷きに構成されていることを問題にする．ドミナントストーリーは，そのストーリーにうまくおさまらない「生きられた*経験」を排除したり無視したりすることで成立しているものである．ナラティブアプローチとは，そのストーリーから排除された「生きられた経験」に注意を向け，光を当てることで，それを揺るがそうとする．そして，そこから，ドミナントストーリーとは別種の新しい物語（オルタナティブストーリー）を紡ぎ出し，それを周囲と共有させていくことで新しい社会的現実を構成していくことを志向する．

また，ナラティブアプローチは，医療や看護，福祉などでの人々の経験を理解するための分析上の理論としても用いられている．*不登校や*貧困など様々な困難を抱える青少年や成人が自らの経験をどう意味づけているのかを探ったり，彼らが支援を受けて変容していく過程を捉えることもできる．

（酒井　朗）

〔文献〕1）野口裕二：物語としてのケア―ナラティヴ・アプ

ローチの世界へ―，医学書院，2002．

難民条約 Convention relating to the Status of Refugees

「難民の地位に関する条約」の略称．1951年に国連全権会議で採択された（1954年発効）．また，1966年に難民条約の時間的・地理的適用制限（第1条B(1)）を撤廃する「難民の地位に関する議定書」（難民議定書）が採択された（1967年発効）．日本は両者に加入している（1982年に日本について発効）．難民条約・議定書は，人種・宗教・国籍・特定の社会的集団構成員性・政治的意見を理由に迫害を受けるおそれがあるなどの者を難民と定義し（第1条A(2)），その保護のための付与すべき権利・自由を詳細に規定している．しかし，保護する難民の範囲が限定的であり，戦争や内乱，自然災害などにより国外に避難する者や，同様の理由で国内各地を避難する者（国内避難民）には保護が及ばないこと，また，難民にとって死活問題となる入国の保障がなく，迫害国への追放・送還禁止原則に例外措置があることなど，いくつかの問題点がある．

欧米諸国に比べ，日本は難民の受け入れに消極的であったため，今後国内において難民をめぐる現実や難民条約に関する認識を高める必要がある．

(村上正直)

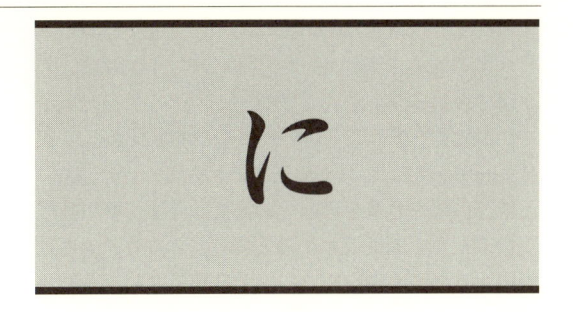

に

日常生活活動 ⇨ ADL

ニート（NEET） not in employment, education or training

〔定義〕若年無業者を意味する言葉で，*教育機関に所属せず，雇用されておらず，職探しもせず，*職業訓練にも参加していない者のことである．1999年に英国の内閣府社会的排除防止局（Social Exclusion Unit）が作成した調査報告書 Bridging The Gap: New Opportunities For 16-18Year Olds Not In Education, Employment or Training に由来する言葉である．

〔日本型ニートの定義とその人数〕日本におけるニートの定義については，英国とは社会状況が異なることから，いわゆる日本型ニートとして再定義されている．厚生労働省の定義は，15歳から34歳までの非労働力人口のうち，① 未婚で家事・通学をしていない者，② 学籍はあるが通学をしていない者，③ 既婚者で家事をしていない者，となっている．この定義に基づき，総務省統計局「労働力調査」を利用してニートを推計した厚生労働省『労働経済白書2005年版』によれば，2004年では約64万人のニートが存在している．そして，これらの若者のうちの20％が，これまで一度も求職活動を行っていない．ちなみに，1993年には40万人であった．

他方，内閣府の行う調査で採用しているニートの定義は，15歳から34歳までの就業に向けた活動をしていない非労働力人口のうち「未婚で通学をしていない者」としており，「家事手伝い」を含めている点が厚生労働省の定義と若干異なっている．この定義に基づき，総務省統計局「就業構造基本調査」を利用してニートを推計した内閣府『青少年の就労に関する研究』（2005年）によれば，1992年の67万人に比べ，2002年には約85万人のニートが存在し，これらのニートのうち，49％の者が将来ともに就労を希望していないことが明らかにされている．

⇨ フリーター (大木栄一)

〔文献〕1) 玄田有史・曲沼美恵：ニート，幻冬舎（幻冬舎文庫），2006.

「二本足で歩く」制度（中国） Dual-track (Liang-tiao-tui-zou) System of Education (in China)

中国の教育体系を形容する言葉．元来，新中国成立後の社会主義的改革の過程で，2つの労働制度に対応する2つの教育制度——全日制労働制度と全日制教育制度，すなわち全日制の正規の学校教育における教育と学校を修了した後の就労と，労働に従事しつつ教育を受けることを保障する制度，すなわち半日労働・半日学習や業務余暇学校の体系の整備など——が形成されたときに，全日制の学校体系とノンフォーマルな成人教育体系の並存という中国の教育体系の特色を示す言葉として，「二本足で歩く」制度と形容された．鄧小平が毛沢東の思想を受けて，1958年の共産党中央委員会書記局会議で用いたのが嚆矢とされる．

その後，正規の学校教育体系と非正規の成人教育体系の相互補完による総合的な教育体系を意味する言葉という性格は保たれながらも，近年の市場経済の進展による教育制度の大きな変容に伴って，次のような意味にも用いられるようになっている．①正規の学校体系に普通教育体系と*職業教育体系が並存しているという意味で，普通教育と職業教育の「二本足で歩く」制度，②学校体系に従来の公立学校の体系と民営学校の体系とが並存しているという意味で，公立学校と民営学校の「二本足で歩く」制度，③さらには，公立学校の中に民営学校が併設される事態に至って，1校の中で「二本足で歩く」学校（これはまた「一校両制」[1つの学校の中に公立学校＝社会主義と民営学校＝市場主義が並存している]ともいわれる）制度．

以上のように，従来は，就労前の完成教育としての全日制学校教育と就労後の職業教育としてのノンフォーマルな成人教育の並存を意味していた言葉であるが，今日では社会の大きな変容にともなって文脈依存的な意味に変わっている． （牧野　篤）

⇨半労半学（中国）

〔文献〕1) 牧野篤：民は衣食足りて―アジアの成長センター・中国の人づくりと教育―，総合行政出版，1995.

日本公民館学会 Japan Society for the Study of Kominkan

公民館をはじめとする社会教育・生涯学習に関する施設・機関についての理論的研究を深める専門学会として2003年5月，東京において発足した．学会設立の背景として，公民館等の戦後60年にわたる歴史と多様な実践の蓄積，近年の公的施設をめぐる*規制緩和や*指定管理者制度導入等にみられる諸問題，地域諸施設に関する学際的研究や国際交流への関心の増大があった．歴史資料の収集，実態の調査研究，研究大会開催，出版物刊行，関連団体との研究交流等を通して，「公民館学」の構築，公民館等施設の未来の展望の探求が目ざされている．

大学・研究機関だけでなく自治体の社会教育実践や*NPO活動に携わる関係者が参加している（約200人，2009年現在）．『自治体改革と公民館』（創刊号，2004年），『公民館改革の現代的潮流』（2005年），『公民館60年の総括と展望』（2006年）等の研究年報が刊行されている．毎年次の研究大会と並んで，中間集会として「七月集会」が開催される．学会として『公民館・コミュニティ施設ハンドブック』（2006年），次いで『公民館のデザイン』（2010年）が刊行された． （小林文人）

〔文献〕1) 日本公民館学会編：公民館・コミュニティ施設ハンドブック，エイデル研究所，2006.

日本語教育 Japanese language education

〔概観〕一般に「第二言語または外国語としての日本語」の教育を意味し，主として国内の外国人住民を対象とするものと，海外の外国人を対象とするものに大別される．国内では従来からの留学生に加えて難民や中国帰国者，国際結婚の配偶者，日系人労働者等の定住者が増加し，学習者が多様化している．また海外では中等教育以下の学校教育課程に組み込まれている国や観光業に必要な「観光日本語」の教育が盛んな国もある．

〔歴史・動向〕日本語教育の嚆矢を辿れば，古くは16世紀後半のキリシタン宣教師による日本語学習にまでさかのぼることができるが，特にその広がりを顕著なものとしたのは，日清戦争以降，日本がアジア諸国に対してとった植民地政策の一環としての日本語教育である．この時期には中国をはじめとする植民地・占領地からの留学生・研修生の受け入れも推進され，それに伴う形で日本語教育研究が活性化した．これらの「研究成果」は第2次世界大戦後にも継承されるが，その流れは国内において1970年代以降大きく変化する．1972年の日中国交回復による中国からの帰国者や1975年に終結したベトナム戦争による難民に加えて，1980年代以降のアジア諸国からの就労者，1990年代に激増した中南米日

系人の就労者，都市や農村における国際結婚の配偶者等の新しいタイプの外国人が増加し，その定住を促進するための日常生活に即した日本語の教育が求められたのである．そして1990年代の前半には，このような地域の定住外国人の日本語学習支援を目的とした*ボランティアによる*日本語教室が各地で開設され始め，その*ネットワークが徐々に広がってきている．近年これらの活動は「地域日本語教育」と称され，1つの*実践・研究領域を形成するとともに，従来から*社会教育の領域において展開されてきた*識字教育活動との交流や連携をも深めつつある．

〔研究〕戦後の日本語教育研究のパラダイムは，欧米における外国語教授法研究や国内の学習者の多様化等に影響を受けて大きく変化してきた．1970年代までは主として習慣形成による言語習得をめざして文型の正確な模倣を反復させる「オーディオ・リンガル法」や学習者の母語および第3の言語を使わずに日本語のみを使う「直接法」等のいわば「教師主導」のアプローチが重視されたのに対し，1980年代以降は欧米の研究や学習者の多様化の影響を受け，学習者自身による問題解決行動のプロセス，すなわち実際の*コミュニケーションが言語習得を促すとする「コミュニカティブ・アプローチ」が注目されるようになる．このアプローチは，学習者のニーズ分析や日本人との直接的な接触場面を意識した会話教育を重視するなど，「学習者中心」の教授法の開発に大きく寄与した．さらに近年では，このような学習者中心主義のパラダイムに立脚して，学習者自身が自己の学習を管理する「自律学習」や*フレイレの識字教育理論を応用した「課題提起型日本語教育」，教室内外の具体的な相互活動への参加による学習を重視する「状況論的アプローチ」等の新たな視点が提起されており，成人教育や識字教育における学習論との接点も数多く見いだされる．

〔課題〕ボランティア活動を基盤として急速に広がりつつある地域日本語教室に対する政策的な支援の問題等を含む，定住外国人に対する日本語教育の公的保障のあり方や，定住外国人の増加に伴い1990年代以降急増した公立学校に在籍する外国人児童・生徒に対する日本語指導，教科学習指導のあり方等を検討することが特に急務の課題となっている．
(岩槻知也)

⇨日本語教室，日本語ボランティア，識字，在日外国人，自己決定学習

〔文献〕1）青木直子ほか編：日本語教育学を学ぶ人のために，世界思想社，2001．；2）日本語教育学会編：新版日本語教育事典，大修館書店，2005．；3）国立国語研究所編：日本語教育の新たな文脈，アルク，2006．

日本語教室　Japanese language class
〔概観〕地域において外国籍住民あるいは日本語を母語としない住民に日本語を教える場．*文化庁文化部国語課の調査によれば，2010年11月1日現在「*日本語教育の実施機関・施設等数は1836機関・施設，日本語教師数は3万3416人，日本語学習者は16万7594人」といわれる．実施機関・施設等の内訳は「大学等機関」が555，「一般の施設・団体」が1281で，その内訳をみると国際交流協会，日本語教育振興協会認定施設，*任意団体，地方公共団体，*教育委員会，株式会社・有限会社と*社団法人・*財団法人，特定非営利活動法人となっている．このように日本語教育を実施している機関・施設といってもその形態は多様に存在している．また，調査から*国際交流協会と任意団体の日本語教育は多くの*日本語ボランティア等によって支えられていることがわかる．地域の日本語教室については，各地の日本語ボランティアネットワークや国際交流協会などが*識字マップ，日本語教室ガイドブック等を刊行，あるいはインターネット上で公開している．

〔課題〕識字を基本的人権として捉えるならば，日本語教室は外国人の人権としての*学習権を地域で保障する場であり，また*多文化共生を実現する重要な場でもある．その意味で地域自治体の関連行政，中でも*社会教育行政の果たす役割は大きい．*公民館主催事業としての日本語教室の開催，学習者の生活と結びついた教材や資料の刊行，ボランティアの養成・研修，日本語ボランティアグループのための会場確保と援助，などが求められる．また，日本語を母語としない子どものための日本語学習支援の課題も多い．学習者の生活・労働現実と結びついたJSL（第二言語としての日本語）学習方法の開発．子どもを対象にした日本語教室の開催，集中学習などの効果的な取組み，教科学習支援教室，高校進学ガイダンス，*母語保障・母文化保障のための教室，日本語ボランティア・学校・地域との連携が求められている．その意味で川崎市外国人教育基本方針のような地域自治体の教育施策が注目される．
(長澤成次)

⇨識字

〔文献〕1）月刊社会教育編集部編：日本で暮らす外国人の学習権，国土社，1993．；2）日本語教育学会：ひろがる日本語教

育ネットワーク　最新事例集，1995．；3）日本社会教育学会編：多文化・民族共生社会と生涯学習，東洋館出版社，1995．

日本語ボランティア　volanteer for teaching the Japanese language

〔概観〕1980年代後半から急増した外国籍住民あるいは日本語を母語としない人々の日本語学習を支援する*ボランティア．外国籍あるいは日本語を母語としない住民が日本で生活を営む場合，多くの場合は日本語習得が生活上不可欠の課題となるが，日本語ボランティアとは，日本における多文化・多民族化の進行に伴って必然的に生まれた社会現象である．*文化庁文化部国語課の調査によれば，2010年11月1日現在「*日本語教育の実施機関・施設等数は1836機関・施設，日本語教師数は3万3416人，日本語学習者は16万7594人」であり，教員数を職務別にみると「ボランティア等」が1万8526人で全体の55.4％を占めている．日本語学習においてボランティアが果たしている役割は大きい．

〔課題〕国際人権宣言・ユネスコ学習権宣言・*子どもの権利条約等の国際的な人権・*識字思想や，わが国における在日韓国・朝鮮人，中国人などのオールドカマー，インドシナ難民，中国帰国者に対する日本語学習支援や識字学級・夜間中学等の*実践に学びつつ，日本語学習を基本的人権として捉えることが必要である．また，日本語学習の公的保障を進める運動と結びつけて，日本語ボランティアのあり方，養成と研修，自治体・*国際交流協会・*教育委員会さらには関連する外国人支援ネットワークや日本語ボランティアネットワーク等との連携を進めていくこと，日本語学習支援においては戦前の植民地支配のような同化主義に陥ることなく*共同学習者として*多文化共生社会を創造する視点が求められる．

（長澤成次）

⇨在日外国人

〔文献〕1）日本社会教育学会編：国際識字10年と日本の識字問題，東洋館出版社，1991．；2）日本語フォーラム全国ネット：「東京宣言」多文化・多言語社会の実現とそのための教育に対する公的保障を目指す東京宣言（略称：東京宣言）及び行動計画，2003．

日本自然保護協会　⇨自然保護，自然観察

日本社会教育学会（JSSACE）　Japan Society for the Study of Adult and Community Education

1954年10月に設立された日本における*社会教育・*生涯学習の全国的な研究団体であり，日本教育学会，日本教育社会学会などと並ぶ日本国内有数の教育学関連学会の1つである．毎年6月前後に六月集会，秋には研究大会が行われている．主な出版物に『日本社会教育学会紀要』，学会年報（『日本の社会教育』）があり，2004年には創立50周年を記念し『講座現代社会教育の理論』（東洋館出版社）を刊行した．

設立当初から社会教育の原理論・歴史に関する研究が行われ，*成人教育・青少年教育の*実践を踏まえた学習方法・内容などの研究は多岐にわたっている．近年では*グローバリゼーションや*NPO，*ジェンダーといった時代に即した課題についての研究も数多く蓄積されてきている．また，*国際成人教育協議会（ICAE），*アジア南太平洋成人教育協議会（ASPBAE）に加盟しており，国際会議や研究会への参加も積極的に行っている．

（朝倉征夫・若園雄志郎）

〔文献〕1）日本社会教育学会：日本社会教育学会50年のあゆみ，2003．；2）日本社会教育学会編：現代教育改革と社会教育，東洋館出版社，2004．；3）日本社会教育学会編：現代的人権と社会教育の価値，東洋館出版社，2004．；4）日本社会教育学会編：成人の学習と生涯学習の組織化，東洋館出版社，2004．；5）http://www.jssace.jp/

日本障害者スポーツ協会　Japan Sports Association for the Disabled

1964年の東京*パラリンピック大会の成功を受けて，1965年5月に日本身体障害者スポーツ協会として設立され，1999年8月，寄付行為の改正により現在の名称に変更された．障害者のスポーツの普及・振興や社会復帰の援助を図り，そのことを通じて障害者の福祉の増進に寄与することを目的としている．活動内容は，大会の開催奨励，指導者養成，都道府県・指定都市障害者スポーツ協会など国内関連団体・組織との連絡調整などである．また，1998年に日本で初めて開催された冬季パラリンピック長野大会における日本の選手の活躍などによって，遅れがちであった競技スポーツの分野の促進のための選手強化や大会派遣を担当する「日本パラリンピック委員会」が同協会の内部組織として1999年8月に発足した．今後は，協会内部の組織の充実，地域組織の拡大，より多様な団体との連携などが課題とされる．

（尾崎正峰）

〔文献〕1）日本身体障害者スポーツ協会：創立20年史，日本身体障害者スポーツ協会，1985．

日本青年団協議会（日青協） ⇨青年団（青年会）

日本体育協会（JASA） Japan Sports Association

〔定義と歴史〕1912年ストックホルムオリンピック参加のために嘉納治五郎らによって設立された「大日本体育協会」が前身であり，各種目の組織と都道府県組織の全体的統括組織である．略称は日体協．1942年，傘下の運動競技団体を解消，部会を編成して大日本体育会に組織替えし，会長に総理大臣，副会長に厚生・文部両大臣を置いて大政翼賛会化した．戦後は1948年に現行名で復活し，表面的には自立したが，実質は保守政党，財界依存を脱しきれず，また国家への従属の関係は克服できていない．

〔組織〕1946年に第1回*国民体育大会を開催した．戦後初期の課題は，種目連盟を中心に競技力の復興に重点が置かれていた．その後，1964年の東京オリンピックをにらみ，また徐々に高揚しつつあった自治体のスポーツ行政とその下請けとしての地域体育協会の創設を基盤に，1960年には都道府県体育協会が加入した．このように種目組織と地域組織という両輪で飛躍するという構想であった．しかし地域体育協会自体の組織基盤が脆弱であったから，もっぱら前者に活動の比重がかかっていた．1986年のアジア大会（ソウル），1988年のオリンピック（ソウル）では，韓国にも抜かれて，中国をトップとするアジア3位に転落した．これは「ソウルショック」として政財界への衝撃が大きく，スポーツ政策の再編が迫られた．1つには文部省体育局内に競技スポーツ課を設けて競技力の向上を目ざすことになった．また，1980年のモスクワ五輪以降，懸案であった日本オリンピック委員会（Japan Olympic Committee：JOC）が1990年に独立し，高度化を目ざす種目組織はJOCへ移行した．このため，日体協の組織構成はスポーツの大衆化を目ざす地域組織のみとなった．しかし，これまでの不活発さ故に活路を見いだせず，1961年設立の日本*スポーツ少年団活動と*国民体育大会だけが残った．

〔活動〕2000年の*スポーツ振興基本計画による*総合型地域スポーツクラブ設立の方針によって，その主体となり活動するべく期待されたが，現実は困難を抱えている．絶対的に不足するスポーツ施設の整備の進展が期待されているが，日体協としても地域スポーツ施設増設の運動に取りかかるべきである．　　　　　　　　　　　　　　（内海和雄）

〔文献〕1) 内海和雄：戦後スポーツ体制の確立, 不昧堂出版, 1993.；2) 内海和雄：日本のスポーツ・フォー・オール―未熟な福祉国家のスポーツ政策―, 不昧堂出版, 2005.

日本的雇用慣行 Japanese employment practices

終身雇用（長期雇用），年功賃金，企業別労働組合をもって日本的雇用慣行の3つの柱といわれている．これは1972年に*OECD（経済協力開発機構）の『対日労働報告書』（日本労働協会，1972年）で，日本の高い経済成長の秘訣として取り上げられた．

〔終身雇用（長期雇用）とは〕正社員として，学校を卒業後（新規学卒者）にすぐ入社し，大きなミスがない限り定年（60歳）まで，おおむね，企業グループで雇用されるという暗黙の雇用契約のことである．一般に企業は業績の悪化に伴って大規模な人員の削減などを行うが，日本企業では，可能な限り従業員の削減という雇用調整は避けられる傾向がある．

〔年功賃金とは〕年齢，勤続年数および学歴に応じて賃金や地位が上がっていくことである．年功賃金はある意味では意図的に年齢と賃金・地位が逆転しないように制度が組まれており，終身雇用（長期雇用）と密接に関連した制度である．従業員が企業内で高い*技能や技術を育成・向上する上で，終身雇用（長期雇用）の有する機能は重要である．

〔企業別労働組合とは〕管理職を除いた企業の従業員が，職種を問わず，*労働組合が主として企業単位に組織されていることをいう．企業単位で労働組合が形成されていると，従業員側も労働組合側も企業の将来を考える傾向が強くなり，労使の間で対立関係は生まれにくくなる．これに対して，欧米では，労働組合は産業別もしくは職種別で形成されている．

しかしながら，経済社会の構造変化や企業の経営環境が厳しくなる中で，従来のような「終身雇用」や「年功賃金」がこのまま維持することが困難になってきており，修正が迫られている．　　（大木栄一）

〔文献〕1) 労働大臣官房政策調査部：日本的雇用慣行の変化と展望, 大蔵省印刷局, 1987.

日本図書館協会（日図協） *Nittokyo*（Japan Library Association：JLA）

創設は1892（明治25）年で，米国，英国図書館協会に次いで3番目に古い歴史をもつ．当初は「日本文庫協会」と称したが，1908（明治41）年に現在の名称に改めた．*文部科学省を許可官庁とする*社

団法人である．公共図書館をはじめとする各館種および*読書施設も包括して連絡，提携を図り，図書館事業の推進を図ることを目的としている．

戦後いち早く*図書館法制定に取り組みそれを実現させ，また「日本十進分類法」をはじめ図書の整理技術にかかわるツール類を編集刊行し，標準化に努めた．その後『*中小都市における公共図書館の運営』『*市民の図書館』（いずれも日図協刊）を発表し，日本の公共図書館発展の基礎を築くとともに，「*図書館の自由に関する宣言」「*図書館員の倫理綱領」を制定し，図書館員の規範を明確にした．

組織は館種別の部会があり，事業遂行のための委員会も設置されている．会員は個人会員と施設会員で構成され2012年3月現在個人会員4322人，施設会員2357施設である．

現在国が推進している新公益法人制度に移行するため「新公益法人移行準備委員会」を設けて準備を進めており，協会設立から120年を経て新組織への移行が始まろうとしている． （酒川玲子）

〔文献〕1）日本図書館協会編：近代日本図書館の歩み（本篇・地方篇），日本図書館協会創立百年記念，日本図書館協会，1992・1993．

日本博物館協会　Japanese Association of Museums

〔概要〕日本博物館協会は，博物館のジャンルや設置機関，さらに*博物館法の規定の枠を超えて，多様な種類の博物館を含む国内唯一の組織である．生涯学習の進展を図るため，博物館振興のための調査・研究開発並びに指導・援助を行い，わが国の文化の発展に寄与することを目的としている．加盟博物館は1000館を超える．*国際博物館会議（ICOM）の日本委員会事務局が設置されている．

〔歴史〕1928（昭和3）年3月に昭和天皇即位大礼の記念事業として，博物館思想の普及と建設促進を目的に創設された「博物館事業促進会」が前身．1931年12月に名称を「日本博物館協会」と変更，1940年に文部省所管の*社団法人，1986年に同じく*財団法人となる．1928年6月から機関誌『博物館研究』を発行している．機関紙は，戦争による中断はあったが，誌名・発行間隔・巻号のつけ方などを変えながら継続している．1928年からの継続巻数は1973年45巻でいったん終了し，現在の『博物館研究』は，1966年に創刊され同誌と並行発行されていた『博物館協会ニュース』の巻数を1974年（9巻）から引き継いでいる．毎年3月の『博物館研究』に掲載される館種別の博物館数，博物館入館者数の統計は，わが国の博物館の現状を把握するのに有効な資料である．

〔活動〕毎年1回，全国博物館大会，館種など部門別の博物館指導者研究協議会，全国博物館館長会議（*文部科学省と共催）を開催する．文部（科学）省などの委嘱を受け，博物館に関する種々の調査研究を実施．1974年から数年ごとに，運営全般に関する調査を実施し，博物館総合調査報告書（博物館白書）を発行している．1998～2000年には「博物館の運営改善のための調査研究事業」を受託し，博物館運営の指針となる「*対話と連携の博物館」を報告書として発行した．このような省庁からの受託事業および活動に対する補助金は，必ずしも安定しているとはいえない協会の財政基盤を支える大きな柱となっている． （西　源二郎）

〔文献〕1）財団法人日本博物館協会：「対話と連携」の博物館，2000．；2）財団法人日本博物館協会：日本の博物館総合調査研究報告書，2009．

日本PTA全国協議会　National Congress of Parent-Teacher Association of Japan

〔概要〕日本におけるPTAの全国的な協議体として，1952年に結成された．学校単位のPTAを一般会員とし，都道府県・政令指定都市のPTA地方協議会を正会員とする連絡協議組織である．*社団法人として「小・中学校におけるPTA活動を通して，わが国の*社会教育，*家庭教育と学校教育との連携を深め，青少年の健全育成と福祉の増進をはかり，社会の発展に寄与することを目的とした*社会教育関係団体」であり，綱領では「教育を本旨とする民主的団体であり，不偏不党・自主独立の性格を堅持し，PTAの健全な発展の維持，並びに青少年の幸福な成長を図る」ことが目的とされている．

〔展開〕PTAは戦後米国占領軍および文部省（当時）の強い指導奨励のもと急速な普及をみせるが，単位PTAの結成率が90％を超えた1950年頃より全国組織の論議が始まった．その過程では文部省や連合国軍総司令部民間情報教育局（GHQ/CIE）側との度重なる協議が行われている．結成当初は「日本父母と先生の会全国協議会」と称したが，「日本PTA協議会」を経て，1957年に現在の名称が確定した．毎年次に日本PTA全国研究大会が開催され，またブロック研究大会や国際交流事業，調査研究事業，指導者研修等が重ねられてきた．機関誌『日本PTA』が隔月発行され，調査研究報告書や実践事

例集等の刊行，教育環境浄化活動の推進，日中友好「少年少女の翼」の実施，人権尊重の普及・啓発活動などが行われてきた．

〔課題〕1990年代に日本PTA全国協議会は*学校週5日制に関して積極的な検討・提言を出しているが，その過程では，教育の重要問題を論議し必要な政策提言に対応する常設の政策委員会として「企画委員会」が設置された経過がある．PTA組織は役員が交代していく宿命があり，他方で全国組織としての役割を担っていく上で組織体制を活性化していくことが課題となる．PTAの全般的な退潮と組織率の低下傾向の中で，父母・住民からの活動を再生していく日本PTA全国協議会の役割が期待される． (室　俊司)

⇨PTA

〔文献〕1) PTA史研究会編：日本PTA史，日本図書センター，2004．

日本婦人有権者同盟 League of Women Voters of Japan

女性の政治参画，地位向上，政治浄化など，市川房枝の参政運動を継承する団体．戦後対策婦人委員会 (1945年8月25日設立) の中で戦前より婦人参政権獲得運動を行っていたメンバーによって，1945年11月に新日本婦人同盟が結成され，1950年に改称されたのが「日本婦人有権者同盟」である．「平等，平和の政治と*福祉社会の建設」「参政権行使のための政治教育の実施」「国及び地方の予算，法律，政策等に対する意見の提出」「婦人の地位向上」などを目的として，「婦選会館」の設立，機関紙『婦人有権者』の発行を通して，政治活動，政治的啓蒙活動に努める．会長の市川房枝は，1919 (大正8) 年，平塚らいてふらと「新婦人協会」を設立，女性の政党加入や政治活動を禁じた治安警察法第5条の改正に取り組み，その後，1924 (大正13) 年に婦人選挙権獲得期成同盟を設立．婦人参政権の獲得，東京市政の浄化，選挙粛正，*消費者運動，母性保護運動を行い，戦後は理想選挙を掲げて，有権者同盟の活動を牽引，政治と女性運動の結節点となった． (村田晶子)

〔文献〕1) 日本婦人有権者同盟編：婦人参政権の市川房枝を継承する―「婦人有権者」にみる50年―，1995．

日本武道館 Nippon Budokan (Japanese Martial Arts Hall)

皇居北の丸公園内に設立された正八角形の大屋根をもつ建物および*財団法人組織．

〔設立の経緯〕1961 (昭和36) 年6月のIOC総会で柔道がオリンピック東京大会の正式種目となることが決定されたのを受けて，翌7月，正力松太郎や木村篤太郎らの国会議員によって，武道会館建設議員連盟が結成された．同連盟の賛同者は，衆参両院で525人に達したが，これを母体として翌1962年1月に設立されたのが，財団法人日本武道館 (会長正力松太郎) である．さらに同年8月には，衆議院本会議において自民・社会・民社の三党共同提案による「国技の総合会館建設に関する決議案」が可決された．こうして，総工費22億円をかけた収容人員1万5000人の日本武道館の建設が急ピッチで進められ，1964年10月の完成とともにオリンピック東京大会の柔道会場として使用された．

〔教育政策への影響〕他方，この間に学習指導要領が改訂され，1962年4月より中学校で，1963年4月より高校で，それぞれ剣道，柔道，相撲が正課必修となり，さらに1964年7月には，文部省が剣道，柔道の高校教員検定制度を新設した．後者は，同年6月の国会における「教育職員免許法の一部を改正する法律案」の可決をもって実施に至ったが，それは日本武道館と日本志道会 (全日本剣道連盟，全日本柔道連盟，日本弓道連盟，日本相撲連盟による統一組織) が，文部省に要請した武道振興策の一項目を具体化したものであった．このように日本武道館は，一種の圧力団体として文部省の教育政策にも大きな影響を与えたのであり，このようなあり方に対して，教育関係者等から「教育行政の自立性」や「武道の近代化」等々の観点から疑問や批判が出された．その後，日本武道館は，各種の武道大会や研修会，国際セミナー等の開催，日本武道学会や国際武道大学などへの支援活動といった武道振興事業を展開し，また，建物はコンサート等の会場にも使用されている． (坂上康博)

⇨武道振興大会

〔文献〕1) 老松信一：柔道百年，時事通信社，1976．；2) 全剣連三十年記念史編集委員会編：全日本剣道連盟三十年史，1982．

日本レクリエーション協会 National Recreation Association of Japan

わが国のレクリエーション運動の中心的な役割を担う*財団法人で，各都道府県レクリエーション協会，各種目団体，その他レクリエーション関係団体の統括団体である．国民のレクリエーション活動の普及振興を目ざし，関係団体の支援，指導者養成，地域，職域，学校，社会福祉領域等での啓蒙・啓発

活動，*実践，研究活動等を推進している．前身は1938（昭和13）年4月に厚生省管轄で設立された「日本厚生協会」である．戦後1946（昭和21）年に文部・厚生両省によって管轄される「日本厚生運動連合」に名称を改め，1947（昭和22）年第1回*全国レクリエーション大会を機に「日本レクリエーション協議会」が結成され，1948（昭和23）年，文部省管轄の「(財)日本レクリエーション協会」となる．1993（平成5）年，特定公益増進法人，1998（平成10）年，紺綬褒賞の申請団体（内閣府）に認定されている．

（松尾哲矢）

〔文献〕1）日本レクリエーション協会編：レクリエーション運動の50年—日本レクリエーション協会五十年史—，遊戯社，1998.

ニューカマー　new immigrant worker

戦前より滞日していた旧植民地の朝鮮半島や中国，台湾の人々，すなわちオールドカマーと区別して，戦後，特に1970年代後半から増えつつある来日外国人をさす言葉．戦前のオールドカマーは，自分の意思で来日した人もいたが，多くは，日本の植民地政策により，土地や仕事がなく，来日を余儀なくされたか，戦時中の強制連行による者が多く，研究者の中には，オールドカマーという表現には，来日を強制された意味が欠如するところからオールドタイマーといい換える人もいる．そのときは，ニューカマーもニュータイマーとなろう．ニューカマーは，日本経済の躍進により，高い賃金を求めて自分の意思で来日する人が多い．特に1990年の「出入国管理及び難民認定法」の改正により，日系南米人の入国が事実上自由になったこと，改革開放以後海外への移動が自由化された中国，さらに興行ビザによる東南アジアからの女性の来日，*技能研修・実習生等の来日が盛んになっている．今後，世界的・地域的な経済連携協定（EPA：Economic Partnership Agreement）や自由貿易協定（FTA：Free Trade Agreement）により，一層ニューカマーの到来が予想される．

（佐久間孝正）

〔文献〕1）梶田孝道ほか：顔の見えない定住化，名古屋大学出版会，2005.

ニュースポーツ　new sports

既存のスポーツを改良，変形して，様々な要求に応じて行われているスポーツのことをいう．従来あまり一般的とはいえなかったが，古くから特定の国や地域等で伝統的に行われてきたスポーツのことをいう場合もある．たとえば，ソフトバレーボールやターゲットバードゴルフ等は，既存のスポーツを簡略化したもの，フライングディスクやペタンク等は諸外国から紹介されたものといえる．したがって，ニュースポーツとはいうものの，決して新しいスポーツだけを意味しているわけではない．「楽しさ」を追求することが第1の特徴とされているニュースポーツは，*生涯スポーツへの関心の高まりとも相まって，技術やルールが比較的簡単であるため，子ども，障害者，高齢者等々，あらゆる人々を対象に，「いつでも，どこでも，誰でも」が手軽に楽しめるスポーツとして普及してきた．その点では，万人の*スポーツ権を確実に保障していくという観点からも一層注目されるべきスポーツといえる．

（野井真吾）

〔文献〕1）松本芳明・高木勇夫・野々宮徹編：近代スポーツの超克—ニュースポーツ・身体・気—，叢文社，2001.

ニューメディア　new media

これまでのオールドメディア（出版・テレビ・ラジオ・電信電話等）に代わる，近年のコンピューター技術と高度デジタル通信技術の発達により生まれた新しいメディアの総称である．こうしたメディア文化の革新と大衆的普及は，時間と空間を超えた人々の新しい結びつきや，映像・音声を用いた表現の多様な可能性を拓き，市民の学習活動の発展においても重要な意味をもっている．従来は，情報の受け手であった市民が，ニューメディアを利用することにより，情報の発信・表現・創造の担い手として登場することが可能になってきた．また，*公民館等の*社会教育施設も，地域情報化の拠点施設としての可能性を期待されている．

しかし，ニューメディア事業が産業界主導のもとで発展してきたことや，軍事技術との密接な結びつき，また，利用者の情報倫理に対する意識が十分に*成熟していないこと等の問題を考えると，今後のメディア文化の発展において，民主主義の構築や市民の公共圏形成，さらには情報倫理の確立の視点が大切なものとなってくるであろう．

（草野滋之）

任意団体　arbitrary voluntary group organization

法令上の用件を満たさないために法人としての登記ができないか，あえて登記を行っていないために法人格を有しない団体のこと．法人格を有したいわゆる*公益法人に対して，権利能力なき社団あるい

は人格なき社団ともいう．典型としては，町内会のような地縁団体や設立登記前の会社組織，政党要件を満たさない政治団体などがある．権利能力を有していないため，構成員の責任や財産の帰属など，団体活動をめぐる権利・義務の関係をいかに処理するかが問題となる場合がある．特に契約行為の場合には，団体代表者の個人名で締結する場合が多く，任意団体であることが団体としての行動を制約してしまうこともある．

(櫻井常矢)

〔文献〕1) 釜井英法：任意団体の実務，新日本法規出版，2009．

人形劇カーニバル飯田　Puppet show carnival Iida (in Japan)

日本で最大規模の人形劇の祭典．国際児童年の1979年に，第1回目の「人形劇カーニバル飯田」が開催された．長野県飯田市には伝統的な人形浄瑠璃の「今田人形」「黒田人形」が地域に伝承されており，このような文化風土の基盤の上に，全国の人形劇関係者が一堂に会する場として始められた．1999年からは，市民主体の実行委員会方式が採用され，新たに「いいだ人形劇フェスタ」して再出発している．毎年，8月の第1木曜から日曜にかけて開催されている．演じる側も観る側も共通のワッペンを購入することによって，2007年には，4日間の期間中125会場で359作品が上演されるという．地区分散型のいずれの公演にも参加できるよう工夫されている．*公民館の役員を中心にした地区公演が実施されているほか，公募市民や*ボランティアによって企画運営される多彩なイベントが展開し，2000人を超える市民が運営の主体になっている．人形劇という文化に多くの市民がかかわることで，このイベントは飯田市民が一体となる，文化を通したまちづくりのモデルとして定着している．2011年度のキャッチフレーズである，「みる，演じる，ささえる，私がつくるトライアングルステージ」というタイトルは，この催しの趣旨を端的に表現している．

(木下巨一)

〔文献〕1) 佐藤一子編：文化協同のネットワーク，青木書店，1992．

人間開発指標　⇨環境教育

認知症　dementia

元来「痴呆症」として，医学的には知能，記憶，見当識の*障害や人格障害を伴った症候群と定義される．しかし，差別的という意見を踏まえて2005年の介護保険法の改正により行政用語が改正され認知症とされた．心理学会関係からは認知概念を病名とすることに異論もある．原因となる主な疾患の*分類の1つとして血管障害性と変形性が用いられるが，わが国では最近，血管障害性より変形性のアルツハイマー型が増加している．初期の認知症の特徴は，たとえば大切なものを隠しわからなくなり，お金がないなどというようになり，進行するにしたがい同じことを繰り返したり聞いたりするようになり，落ち着きがなくなる．この時期は，地域社会においていままで過ごしてきた生活の延長線上で起こることが多いので，家族の気づきが遅れることもある．症状の特徴や，それに見合った接し方を身に着けておくことが望まれる．

(宮島　敏)

〔文献〕1) 黒沢尚：重度認知症治療の現場から，へるす出版新書，2009．

沼津・三島コンビナート反対運動
Movement against the Construction of Numazu-Mishima industrial complex

　静岡県沼津市，三島市，清水町の2市1町において1963年から翌年にかけて展開された，巨大石油化学コンビナート進出計画に反対しそれを撤回に追い込んだ大規模な*住民運動．高校教師を中軸とする地元知識人によって，四日市等の先進コンビナート地帯での公害被害実態調査や地域での環境影響予測が実施され，それらの成果を資料とする学習会が地域全体で数百回にわたって組織されることによって，計画の問題性と計画反対の意思の幅広い住民の間での共有化が導き出された．その後の日本各地での公害反対等の住民運動に与えた影響も大きく，今日では「日本的新環境運動の嚆矢的事例」（飯島伸子）と位置づけられている．この運動を支えた高校生や住民による調査・学習活動は当初から*宮原誠一や藤岡貞彦らの研究者によって注目され，*青年期教育論や*社会教育学習論の展開に影響を与え，*公害教育論の成立を促すことになった．　　　（安藤聡彦）
　⇨公害教育
〔文献〕1）宮本憲一編：沼津住民運動の歩み，日本放送出版協会，1979.

ネイチャーゲーム　nature game

　野外での様々なゲームを通して，自然の仕組みや成り立ちを学び，自然と人間が一体であることに気づく自然体験プログラムのこと．主に，見る，聞く，触れるなど五感を用いて自然を直接的に体験するものである．1979年，米国のナチュラリスト，コーネル（Cornel, J.）により発表され，日本のみならず英国やフランス，ドイツなどでも広がりをみせている．ネイチャーゲームの目的は，ゲームの勝敗を競うことではなく，ゲームを契機として自らの感覚を用いて自然に気づくことにある．ゲームの段階として熱意を喚起し，感受性を高め，自然との一体感を感じ，感動を分かち合うという段階を設定して内容を構成する工夫がなされている．場所は，森林に限らず身近な公園などでも手軽に老若男女が楽しめる．遊びながらできる*環境教育プログラムとしても注目される．　　　　　　　　　　　　（松尾哲矢）
〔文献〕1）コーネル，J. B.（吉田正人・品田みづほ・辻淑子訳）：ネイチャーゲーム1，柏書房，2000.

ネットワーク　network

　人と人あるいは組織と組織が何らかの価値を共有して継続的な関係を構築していく様態をいう．
〔概要〕*生涯学習の文脈では，まず学びのネットワークが思い浮かぶ．その例として，*イリイチは，1970年代に教師中心の他律的な学びが強制されている学校教育に代えて，自律的に学習をしたい人と教えたい人が出会うことのできる学びのネットワーク（learning webs）を構想した．それは，①教育的事物等のための参考業務，②技能交換，③仲間選び，④広い意味での教育者のための参考業務，の4つから構成されている．イリイチは，これを学校教育制度に代わるものとして構想したが，実際には学校の外側に無数の学びのネットワークを構築していくことを構想したほうが現実味があるといえよう．
　今日，そうした学びのネットワークは，日本の各自治体において「生涯学習インストラクターバンク」

などの名称で機能しつつある．リップナック（Lipnack, J.）とスタンプス（Stamps, J.）は，1980年代の米国社会において，治療，共有，資源利用，価値，学習，成長，進化といった横型の*市民運動にかかわるネットワークが発達していた状況を背景に，ネットワークを，「価値や関心の共有を通じて結びついている自由な立場からの参加者の網」と定義した．彼らはネットワークの構造について，①部分と全体の統合，②様々なレベル，③分権化，④複眼的，⑤多頭的の5つの特性をあげ，ネットワークの過程について，①種々の関係，②境界の不明瞭性，③結節点とリンク，④個人と全体，⑤価値観の5つの特性をあげている．いまや，ネットワークは，学びの世界だけにとどまらない広範かつ多岐にわたる分野で構築されつつある．それはインターネット上においても展開されつつある．

日本では，金子郁容が，1990年代からの情報化社会の進展を背景に，ネットワークを*ボランティア活動と関連づけて，「共通の価値や関心を通じて，強制によらない自由な選択によってつくられる，参加者中心を目ざす網である」と規定している．人々は，1つの集団や組織に所属しているわけではなく，複数の集団や組織に所属しており，その*アイデンティティも複合的になっている．したがって，ネットワークへのかかわり方も人様々である．

〔課題〕今日の日本社会では，ボランティア活動によるネットワークとして*NPOや*NGOが脚光を浴びている．これらは社会において，環境，国際理解，*男女共同参画，福祉といった課題に即した学びを基底に据えた「新しい公共」を実現していく活動主体として注目されている．場合によっては，自治体行政と*協働しながら，自らの理想を実現していくこともありうる．しかし，これらのネットワークは人々の自発的な参加を中心に組織されている共同体であるために，その組織のあり方にある種の弱さを抱え込んでいることも確かである．ネットワークを構成する人と人の関係は，縦型の上下関係や官僚主義とは異なる，横型のより対等で水平的な関係が目ざされているが，そこには微妙な権力関係が働いていることも否めない．また，構成している人同士の意見の対立や葛藤によっては，内部で分派行動が生じたり，最終的には解体することもありうる．今後，ネットワーク経営のあり方について，予定調和的ではない観点からの実証的な研究が積み重ねられる必要があろう． （赤尾勝己）

〔文献〕1）イリッチ, I.（東 洋・小澤周三訳）：脱学校の社会, 東京創元社, 1977．；2）リップナック, J., スタンプス, J.（正村公宏・社会開発統計研究所訳）：ネットワーキング, プレジデント社, 1984．；3）金子郁容：ネットワーキングへの招待, 中央公論社, 1996．；4）平成7年度生涯学習に関する大阪市教育委員会と大阪大学との共同研究報告書, 生涯学習とネットワーク, 大阪市教育委員会, 1996．

ねんりんピック *Nenrinpikku*（National Festival for Health and Welfare）

全国健康福祉祭の愛称．第1回大会は厚生省（現厚生労働省）の創立50周年を記念して1988年に兵庫県で「いのち輝く 長寿社会」をテーマとして開催され，その後，各都道府県もち回りで毎年開催されている．主催は，厚生労働省，長寿社会開発センター，開催地の地方自治体である．健康および福祉に関する普及啓発活動を通して，高齢者を中心とする国民の健康の保持・増進，社会参加，生きがいの高揚等を図り，ふれあいと活力のある長寿社会の形成に寄与することを目的としている．60歳以上の高齢者を中心として，各種スポーツ競技や*ニュースポーツの紹介のほかに，美術展，音楽文化祭や健康福祉機器展など，文化，福祉に関する内容が盛り込まれている．また，子どもフェスティバルなど，あらゆる世代の参加による世代間交流等をねらったイベントも含まれている． （尾崎正峰）

〔文献〕1）長寿社会開発センター：生きがい研究, 長寿社会開発センター, 1995年以降毎年1回発行．

の

農業協同組合 agricultural cooperative

主として農民が生産・生活にかかわる要求の実現と社会的地位の向上を目ざして組織する協同組合.

〔概観〕欧米では19世紀の世界的農業不況とそれに伴う農民経営の危機が農業協同組合の時代背景をなしてきたが,その組織や活動は各国の農業構造によって異なっていた.ドイツの信用組合,デンマークの酪農組合,米国の農産物販売組合,農業資材購買組合,農業保険組合など,欧米の農業協同組合はおおむね事業別の専門農協を特徴としている.また,政策要求を掲げた農民運動とのかかわりも多くの国にみられた.

日本の第2次世界大戦前の農村協同組合は,産業組合法(1900年制定)下の*産業組合を軸にして農業政策との密接なかかわりのもとで農村支配層としての地主階級の主導で組織化された.戦後の農業協同組合は,農業協同組合法(1947年)の制定を契機に農地改革後の自作農を主な担い手として新たに展開した.

〔現状と課題〕地域(市町村)に存立の基礎を置く単位農協は,信用,農産物販売,生産資材・生活用品の購買,共済(保険),加工,営農・生活指導,医療,福祉,生活・文化,共同利用施設の設置・管理などの諸事業を行う総合農協がその主軸をなしており,事業ごとの専門農協がこれと併存している.特に総合農協は経済事業とともに営農・生活指導事業や農村福祉・医療,生活・文化事業などを通して農民の営農・生活と広く結びついて地域社会のセンターとしての役割を果たしており,このことが海外からも注目されてきた.しかし最近は広域合併が進む中で組合員や地域との結びつきが希薄になっていることも否めない.今後,食の安全・安心や子どもの食育(*食農教育),環境問題など*地域づくりについて生協や地域内の諸組織・機関(学校,*公民館,商工会,農業改良普及センターなど),*NPOなどとの協同を広げることが新たな課題となっている.

(山田定市)

〔文献〕1)田代洋一編著:協同組合としての農協,筑波書房,2009.;2)田中秀樹:地域づくりと協同組合運動,大月書店,2008.

農業後継者青年 young farmer of a succeeding generation

〔概要〕農業の担い手となる青年をさす.農業に従事する青年人口が減少を続ける中,世代間の継承による農家後継者育成という発想にとどまらず,地域農業の担い手の育成という発想で,各種事業が展開されている.2005年より「全国担い手育成総合支援協議会」は,農業後継者対策の機構として,アクションプランに基づいた施策を展開している.

〔歴史〕農業後継者青年をめぐる*社会教育研究は,農業青年教育として捉えることができる.第2次世界大戦後まもなく導入された*4Hクラブは,プロジェクトメソッドによる農業経営の指導を中心として,若者を農業後継者として育てることを目ざした.農業改良普及員がその指導に当たったが,単に営農指導にとどまらず,農民大学や生産大学と呼ばれる学びの場を農民たち,とりわけ農業青年たちと生み出し,農業とともに生きる上での*アイデンティティの確立をその基底に据えていた.4Hクラブは,1962年から「全国農業青年会議」と名称を変え,今日に至る.農業後継者青年については,経営にかかわる問題と同時に,結婚問題が課題として捉えられている.1980年代末から後継者を確保するための国際結婚などが行われ,新たな課題も生まれている.

(矢口悦子)

〔文献〕1)農業技術通信社:雑誌 Agrizm,季刊.

農業補習学校 agricultural school for further education

明治後期に農村地域の小学校に付設され,小学校教育の補習と簡易な農業知識技能を農村青年に授けた*実業補習学校である.1881(明治14)年に農商務省が開設され,農業教育機関の管轄をめぐって,文部省との間で争いが起きたが,内務省所管のものを除き文部省が所管することとなった.文部省が農業教育を一元的に管理することとなり,各種の農業学校論が展開した.1891(明治24)年に農学会がまとめた『勧農論策』では,農業教育を農学校の行う直接の教育と*農事試験場・農会の行う間接の教育の2種に分けた.直接の教育を行う農学校は,農区学校(全国を5農区に分け各区に1校),地方農学校(府県に1校),郡村農学校(1府県に約40校)の3層に区分された.井上毅文政期には,学校教育の3

階梯に応じた各種の農業教育機関が系統化された．そのうち，初等農業教育機関として位置づけられたのが農業補習学校で，1893（明治26）年11月22日文部省令第16号で制定された実業補習学校規程で制度化された．その結果，各地で設置が進み，農業補習学校の数は，1897（明治30）年に62校，1902（明治35）年に503校に達した．農業補習学校は，*青年団の補習教育の場として位置づけられ発達した．　　　　　　　　　　　　（手打明敏）

⇨実業補習学校

〔文献〕1）三好信浩：日本農業教育成立史の研究，風間書房，1982．

農山漁村経済更生運動　Campaign for Economic Independence in Farming, Mountain, Fishing Villages

〔概説〕1932年度から40年度までの約9年間にわたって全国的に展開した農村救済運動．この間，更生計画を策定した更生指定町村は全国地方自治体の約8割に達し，その事業は農産物の増収や，農家負債の整理，生活改善や郷土教育の充実などにも及んだ．

〔事業内容〕運動の背景には世界大恐慌の影響を受け，1930年からの生糸や米価の大暴落により，農村の社会経済問題が全国的に深刻化したという事情がある．1932年早々から自治農民協議会が中心となった窮乏対策署名運動が広がり，政府に強く働きかけて同運動が閣議決定された．しかしながら，政府による指導や補助金などはほぼ皆無であったため，「行政施策」でありながら，民間における自主的な農業振興という「社会運動」としての2側面を有していた．そのため，同運動は「隣保共助ノ精神ヲ活用」するとして各地方自治体の手腕に委ねられ，多様な地域住民が担い手となった．同運動が別名「*自力更生運動」と呼称される所以である．その一方，同運動の展開過程において，1932年には*産業組合法改正により部落が食糧や軍事物資の供給の場として位置づけられ，1936年には満蒙開拓事業が推進されるなど，農村が戦時体制を支える機能を付与されることとなった．

〔担い手と*社会教育〕多様な地域住民が運動の担い手となり，村内の学習活動が活発化した．重要な担い手は第1に部落単位の農事実行組合である．農会技師を講師に様々な*農事講習会を開催し，農業簿記の記帳，堆肥増産などを学習した．第2に部落のリーダーである「中堅人物」の活躍である．中堅人物の養成は村の大きな関心事であり，村で村塾を開講し，青年幹部講習会を奨励した．第3に小学校，主婦会などの社会集団である．小学校は農事品評会や農事講習会，郷土教育の場として活用され，児童も村の実情について学んだ．また，主婦会は各種講習会や会合を通して，家庭での児童教育だけではなく，家計に即した共同購入や副業奨励，衣食住の改善を学び，生活改善を担った．　（佐藤（森尾）晴香）

〔文献〕1）大門正克：近代日本と農村社会，日本経済評論社，1994.；2）戦後日本の食料・農業・農村編集委員会編：戦時大戦期（戦後日本の食料・農業・農村　第1巻），農林統計協会，2003.

農事講習会　seminar for agricultural training

1897（明治30）年頃に道府県農会，市町村農会によって開設された農民を対象とした農業技術普及を意図したノンフォーマル教育機関．1891（明治24）年，農学会（駒場農学校卒業生が中心となって結成）は『興農論策』をまとめた．この起草委員は*横井時敬，大内健，澤野淳，古在由直，志岐守秋の5人であった．『興農論策』は農業を振興する積極的手段は農業教育であるとし，農学校や*農事試験場，農会等が相互に協同して総合的に農事改良を進めていく方策を提唱した．当時の全国的農政団体「中央農事会」の指導者の1人であった玉利喜造は，農事改良の実行者養成の場として農事講習会を位置づけ，その普及を積極的に推進した．農事講習会は，講習日数1〜2週間という期間で，農事試験場や農会の技術者が講師となって，学理に裏づけられた農業技術や*知識を講義する形態が多かった．1908（明治41）年の「農会調査農事統計」によれば，農学校，農事講習所等の修了者は約13万人に対して，農事講習会等の修了者は約50万人であった．

（手打明敏）

〔文献〕1）手打明敏：近代日本農村における農民の教育と学習，日本図書センター，2002.

農事試験場　Agricultural Experiment Station

1893（明治26）年に発布された「農事試験場官制」により創設された農商務省農事試験場と1894（明治27）年の「府県農事試験場規程」に基づく府県農事試験場のことで，農業に関する試験研究とその成果の普及奨励の役割を担った．農務省農事試験場は東京府滝野川村西ヶ原（現北区西ヶ原）を本場として，ほかに6カ所の支場からなる．初代場長は駒場農学校の卒業生である澤野淳．開設の目的は，「*老農の実験と学者の研究をもって農法改進の道を講ずる」

（澤野）とあるように，伝統技術と近代科学の融合であった．この農事試験場の開設を機に，蚕業・畜産・園芸・茶業などの国立試験場が整備された．またそれまでばらばらであった国と地方の協力体制も整備された．全国を「地方の事情を斟酌して」農区に分け，農事試験場の本場と支場がこれを分担する．府県ごとの「風土に対応する」試験は府県農事試験場が受けもつ．今日においても，こうした国と都道府県が結ぶ研究体制は，基本的に維持されている．
（安藤義道）

〔文献〕1）農林水産技術情報協会編：百年をみつめ21世紀を考える，pp.24-25，農山漁村文化協会，1993.；2）鞍田純編：農業指導の理論と行動，農山漁村文化協会，1958.

農村歌舞伎　farmers' Kabuki

日本の多くの地域で農民たちが奉納や娯楽を目的として季節的なサイクルの中で行ってきた歌舞伎であり，座と呼ばれる組織が演じ，*青年団などが運営の主体となることが多い．上演に際してハナと呼ばれる祝儀を集める．

終戦後，「封建遺制」の打破が叫ばれた時代にあっては，主従関係を軸とした上演内容やハナの共同体経済的な性格が批判の的となった．また，高度経済成長の流れの中で，農村歌舞伎が存在するそもそもの母体であった村落共同体が崩れ，担い手が減少してその多くが姿を消した．

だが同時に，農村歌舞伎の復興に取り組む地域も多く存在する．それらは*地域文化の再生を目ざしつつ，地域の中での人々の交流や，町おこし村おこしを企図したものであるが，多数の人々がそれぞれの役割を担いつつ協力して立ち上げ，同時に文化伝承の意味をもつ農村歌舞伎の社会教育的意義が見直されている．
（小川　史）

〔文献〕1）大崎起夫：農村歌舞伎，朝文社，1995.

農村女性起業　farm women's enterprise

女性が主体となって行う農業生産・加工・販売活動等の経済活動をいう．「農山漁村の女性に関する中長期ビジョン」（農林水産省，1992年）以降，農家女性の補助労働力的な位置づけを変更し，女性農業者の役割の明確化，女性の「個」としての地位向上が打ち出され，家族経営協定の推進や農業委員などの政策決定過程への参画が推進されてきた．農村女性起業も政策的に推進されてきたものの1つである．農村女性起業の伸張は著しく，9000件を越える（2006年）．農産加工や朝市・直売所が主流で，小規模事業体が6割，個人が3割，グループ経営が7割，50歳以上が9割を占める．長年，*アンペイドワークに甘んじていた農家女性にとって，小規模ながら自らが主体となって経済活動を行うことは，経済的自立の第一歩と評価できる．加えて，地域の活性化や農村生活の再評価に結びつく「志」を様々な形で事業にしていることが注目される．
（千葉悦子）

〔文献〕1）岩崎由美子・宮城道子：成功する農村女性起業，家の光協会，2001.

農談会　Nodankai（workshop for agricultural development）

〔概要〕種子交換（会）・農事巡回指導などの形で幕末以来かなり広汎に行われていた，*老農を中心とした農民による自主的な品種改良，農業技術の改善・普及の活動の一環．いつごろから行われるようになったかは定かではない．

〔農談会の始まり〕明治10年代になると，明治新政府が推進した西洋式大農法の導入による日本農業の近代化政策の失敗が明らかとなってきた．1881（明治14）年の政変による大隈重信の失脚は，大久保利通以来の積極的勧業政策の転換を決定づけ，松方正義の主張と企図に沿った勧業勧農政策が実現されることとなった．それは直接勧業政策から間接勧業政策への変更，模範奨励，直接保護主義から間接誘導主義への転換を意味した．この方向転換を象徴するように，勧農局は，1891（明治14）年3月に第2回内国勧業博覧会の開催に合わせ全国の老農を東京浅草本願寺に集め，第1回全国農談会を開催した．全国農談会において政府勧業当局は，老農に対して農業指導者としての役割と，農談会での彼らの交流によって全国的に農事改良の効果があがることを期待したのである．

〔農談会の趨勢〕政府の勧奨を受けて，老農を中心とする農業技術改善の運動は，飛躍的に広まり高まり，技術普及に大きな役割を担った．それらは，農談会，勧業会，農事会，勧業談会，農事研究会，集談会など，様々な名称で呼ばれていた．農談会は勧業会とともに当時最も一般的に用いられていた名称であったが，内容においては明確に区別できるようなものではなかった．明治20年代後半になると，*農事試験場的技術も発達をみせたため，農談会は技術研究会的性格を失っていった．（手打明敏）

〔文献〕1）西村卓：「老農時代」の技術と思想，ミネルヴァ書房，1997.；2）梅根悟監修：農民教育史（世界教育史体系37），講談社，1977.；3）宮坂広作：近代日本社会教育政策史，国土

社, 1966.

農のあるまちづくり　conservation of farming and farmland by urban community

都市に存在する農業・農地の役割を，生産・消費・都市計画・防災・福祉・教育などの視点から総合的に見直し，まちづくりに位置づけることをさす．都市農業を単なる農業・農業者の問題としてではなく，まちづくりの重要な構成要素であるとの全市民的観点から，渡辺らが初めて提起し[1]，全国に広がった．
社会教育実践として注目されたのは，東京都国分寺市立もとまち公民館の事例（市民講座「国分寺のまちづくりと農業を考える」）[2]が，*地域づくり教育実践の典型例として紹介されてからである．この事例は，社会教育実践の側から学習＝自己変革＝地域づくり活動に発展した経過を通して，学習・教育活動＝主体形成とまちづくりとの関係を明らかにした．
(菊池 滉)

〔文献〕1）渡辺善二郎ほか：農のあるまちづくり，学陽書房，1989.；2）鈴木敏正：自己教育の論理，筑波書房，1992.

納本制度　legal deposit

新しく出版された図書その他の印刷物の一部，またはそれ以上の一定部数を国内の特定*図書館に納入することを法令によって定めた制度．1537年フランソワ1世（François Ier de France）がフランス王室図書館に出版物を納める義務を定めたことに始まるといわれる．日本では国立国会図書館法で*国立国会図書館に納本が義務づけられており（第24条，25条），2000年の法改正により図書，逐次刊行物等に加え記録媒体としての電子出版物も対象とされることとなった．1部は無償であるが，それ以上の部数に対しては定価の半額程度が代償金として支払われる点は諸外国と比して独特である．また，全出版物の納本という理想に対して現実が隔たっている点が問題となっている．
(前田 稔)

⇨国立国会図書館

〔文献〕1）国立国会図書館監修，NDL入門編集委員会編集：国立国会図書館入門，三一書房，1998.

農民教育　farmers' education

農民への農業技術伝達を通じて生産力の向上による経済的合理性の奨励とともに農民の精神形成を図ることを目ざす教育．
〔農業教育と農村教育〕明治以降の*実業教育では，商業教育や工業教育などと同じ農業教育が一般的である．しかし，商業教育や工業教育が明治，大正，昭和と，実業に従事する人材を養成して，日本の資本主義の発展に大きく貢献したのとは裏腹に，農業教育を担った農業学校は，駒場農学校や札幌農学校の高等農業教育はいうに及ばず，府県の中等農業教育においても官吏に代表される「主として農業を処理すべき者」（1873年の農学校通則）の養成が主流で，農業実務者である「主としてみずから善く農業を操るべき者」（同）の養成にあまり寄与してこなかった．大正期には資本主義経済の飛躍的発展で，都市社会に比べて近代化に立ち遅れる農村の人たちを対象として農村教育が普及した．
〔農業改良事業の発足〕第2次世界大戦後には農地制度の大改革を軸とした農民解放や農村の民主化政策を効果的に進める上からの積極的，進歩的な農民育成の大切なこと，さらには農業に従事する農民たちへの基礎的な農業技術を学習させ直さねばならないとする農業改良普及事業の発足などから農民教育が，農業教育に代わって用いられることが多くなった．その背景には，明治以降の農業教育が，商業教育・工業教育とは異なって，実務（農業）に従事しない，各種の農業関係の官公吏や団体職員などを多数生み出してきたことから，この農業教育と区別して，農民教育は積極的，進歩的，創造的な農業従事者の養成を期待したとの指摘もある．
〔今日的状況〕このように農民教育は時代が生んだ用語であるが，今日では，「農民」は古く*差別的な意味合いもあるとして，農業行政ではこれを避け，「農業者」に統一している．したがって，かつて頻繁に使用されてきた農業改良普及事業でも，農民教育という言葉は現在ではまったく使われていない．
(安藤義道)

〔文献〕1）鞍田純：農業近代化の理念と農民，pp.186-195，農山漁村文化協会，1971.

農民芸術　Farmers' Art Movement

農民とかかわる美術上の運動，あるいは作品をさす．1910年代以降，1つの潮流を形成していく．例として，*山本鼎の農民美術運動，*宮沢賢治の農民芸術などがあげられる．山本鼎は農民の手仕事から生まれる制作物の芸術性を*評価し，農民に工芸品の製作を呼びかけ，農民美術研究所を設立するなどして，農民の中から芸術作品が生み出されることを支援しようとした．山本の運動は美術的な側面での*社会教育活動と位置づけられる．また，1920年代中盤には，宮沢賢治が「農民芸術」の名でそうし

た傾向の一翼を担った．宮沢は1926年に『農民芸術概論要綱』を著して自らの宇宙観と芸術観を述べ，また，羅須地人協会を設立し，農民への講義や音楽演奏などを行っている．

こうした潮流は同時期の*プロレタリア芸術運動やロシアの思想文化の影響を受けたものであり，同様の活動としては他に茨城における飯野農夫也の農民版画の活動があげられる．　　　　　　　(小川　史)

〔文献〕1) 新校本宮沢賢治全集第13巻(覚書・手帳) 本文篇，筑摩書房，1997．

農民工（出稼ぎ農村労働者）の技能訓練（中国） vocational training for migrant farmers (in China)

中国の農村人口は全国人口の約57%を占めている．近年，市場経済の急速な発展に伴い，都市への出稼ぎ農村労働者の数は毎年1億人を超えている．その農村労働者のうち，中学校卒業とそれ以下の教育レベルの者は88%，その上，技能訓練を受けたことがない者は76%を占めているのである．このため，農民工向けの技能訓練を強化することは，農村労働者の資質，技能と就業能力の向上および収入の増加だけでなく，国の人的資源の開発，工業化・都市化・現代化の促進や都市と農村の格差の是正などにおいても重要な意義をもっている．

中国では近年，農民工訓練を強化する"陽光プロジェクト"が実施されている．このプロジェクトによって，2004年には250万人の農村労働力が訓練され，そのうち220万人が出稼ぎの職に就いた．中国政府の『2003〜2010年の全国農民工教育・訓練計画』は，2006年から2010年まで，約3億人の農民工に技能訓練を提供することを計画し，公的経費の増加，機会と提供者の多様化，質の向上および*職業指導と情報サービスの強化などの措置を打ち出した．農民工訓練の内容は職業技能のほか，法律教育と権益保護，都市生活常識，就職技能なども含まれている．

(韓　民)

〔文献〕1) 牧野篤：中国変動社会の教育，明石書店，2007．；2) 諏訪哲郎ほか：沸騰する中国の教育改革，東方書店，2008．；3) 植village広美：中国における「農民工子女」の教育機会に関する制度と実態，風間書房，2009．

農民大学運動　farmers' college movement

〔農民大学運動とは〕農業・農村の危機的状況を打開する方向を共同の学習の中で明らかにし，自らの経営と生活を発展させ，*地域づくりの主体となる農民の力量形成を目ざす学習運動である．1961年の農業基本法制定を契機にして，農業「近代化」，農産物の輸入自由化が推進され，農業・*農民教育も政策的には一部の上層農家に限ってその育成に的が絞られるようになった．農業「近代化」政策がその実施過程で矛盾を深め，農業・農村と農民生活が激動にさらされる中で，これを批判し，主体的に克服することが目ざされた．

〔農民大学運動の歩み〕1960年に長野県駒ヶ根市の支援を受けて始まった*信濃生産大学はその嚆矢であるが，学習内容論としては「生産学習と政治学習の結合」，学習組織論としては「学習サークル，セミナー，農民大学」の三重構造を定式化し，研究者や農業関連労働者が講師や*チューターとして加わり，それまでの「*共同学習運動」では不十分だった系統的な学習が取り組まれるようになった．1970年代にこの影響のもとで，地域の農民と労働者，地域住民が連帯して行う労農大学運動に発展し，全国に広がり，別海労農学習会，庄内労農大学，北村山農民大学，岩手農民大学，宮城農民大学などが始まり，地域的特徴をもった独自の学習運動として展開し，農協活動や*社会教育などの地域のリーダーとして活躍する農民や地域住民を輩出した．信濃生産大学が長野労農学習会，長野県地域住民大学へと受け継がれるなど，その取組みは地域ごとに様々に継承され，1975年には第1回の全国農民大学交流集会が開催された．

〔近年の動向〕近年は，有機農業，地産地消，*グリーンツーリズム，マイペース酪農，*スローフード運動など国民の食糧問題から環境問題に及ぶ課題について農民と都市住民の共同の学びの場として運動の広がりと学習の深まりがみられ，その過程で共同*ネットワークがつくられつつある．そこでは個別経営の発展を土台にしつつ，地域農業の自主的発展を*住民自治に基づく自主的，民主的地域づくりの一環として実現することが重要な学習課題となるとともに農業と農村の現代社会においてもつ価値をあらためて見直す運動となっている．　(木村　純)

〔文献〕1) 山田定市：地域農業と農民教育，日本経済評論社，1980．；2) 美土路達雄：農民教育・生活論(美土路達雄選集第4巻)，筑波書房，1994．

農民道場　⇨塾風教育

農民版画　⇨農民芸術

農民美術研究所　⇨山本　鼎

能力　ability

〔教育学的定義〕辞書的な定義は，何らかの物事をなしうる力とされる．それに対して，教育学の分野において能力に関する先駆的な研究者である勝田守一によれば，能力とは人間が特定の物事を自分の意志によってなしとげることのできる力であるとともに，そのことで社会が価値を認める結果が生み出されるような身に具わっている力とされている．ここでの要点は，人間が精神と身体によって何かができることだけではなく，それが社会的に*評価されるという点にある．つまり能力とは，普遍的に存在するのではなく，その社会状況によって規定されており，何を能力と見なすかはその社会の価値に左右されるということである．

〔能力主義と教育〕そのことが，いわゆる「能力主義」の問題として，今日の教育政策，とりわけ学校教育の中に端的に表現されている．すなわち，学校教育での社会的に価値のあるとされる能力向上の程度や有無によって，生活条件や経済的地位さらには権力などが社会的に配分されることが当然といった意識が形づくられてくるのである．それは，かつての出自や性別などではなく，能力によってそうした配分が行われるという近代合理主義的な価値観に支えられている点で，進歩的な側面を有していたのである．

〔問題と課題〕しかしながらその一方で，*障害等の理由によって能力が低いとされる人たちにとっては，生活や*労働での*差別的処遇を正当化する役割を果たしていることの問題も指摘されている．そうしたことから，*教育の機会均等の原則を明記した憲法第26条の「能力に応じてひとしく」の意味が重要となる．
　　　　　　　　　　　　　　　　　　（小林　繁）
　⇨障害

〔文献〕1）勝田守一：能力と発達と学習，国土社，1964．；2）黒崎勲：現代日本の教育と能力主義，岩波書店，1995．

ノーサポートノーコントロール　the principle of no support and no control

〔概観〕*社会教育に対して国や地方公共団体（行政）は「援助もしてはならないし，統制もしてはならない」という意味である．行政による統制支配から国民の社会教育の自由と自立性を守るための近代的な自由権的原則である．

〔内容〕日本国憲法第89条は「公金その他公の財産は」「公の支配に属しない」「教育の」「事業に対し，これを支出し，又はその利用に供してはならない」とし，公の機関が国民の自由な教育活動を指揮，監督等を行うことを禁止している．この規定に基づいて，*社会教育法は，行政は社会教育（関係団体）に「不当に統制的支配を及ぼし，又はその事業に干渉を加えてはならない」（第12条）とし，行政の役割を*社会教育関係団体の「求めに応じ，これに対して，専門的技術的指導又は助言を与える」（第11条）ことに限定している．

さらに制定時の社会教育法は補助金の支出を禁止した（第13条）．また，*「公民館の設置運営について」（文部次官通牒1946年7月5日）は，公民館は「上からの命令で設置されるのでなく，真に町村民の創意と工夫によって維持せられていくのが理想である」と述べている．

〔課題〕社会教育法第13条は，前述の憲法規定に抵触する恐れが十分あるにもかかわらず，1959年いわゆる社会教育法大改正の一環として補助金が支給できるものと改正された．この法改正以後，戦後社会教育改革の近代的原則の1つであったノーサポートノーコントロール原則におけるノーサポートがサポートへと転換するに伴って，行政による補助金を通しての社会教育関係団体への統制・支配もみられるようになり，社会教育の自由と自立性が後退する危険が広がった．しかし他方では，1960年代以降，地域住民の学習・文化・スポーツ活動が活発化する中で，「*権利としての社会教育」意識も深められ，また社会権としての*教育権保障の必要性に着目するなど，サポートバットノーコントロール原則の実質化を追求する理論的，実践的な取組みが活発化した．
　　　　　　　　　　　　　　　　　　（新海英行）

〔文献〕1）室井力・鈴木英一編：教育法の基礎，青林書院新社，1978．

ノーマライゼーション　the normalization principle

〔理念〕1960年代に北欧諸国から始まった社会理念で，*障害のある者と障害のない者が特別に区別されることなく，社会生活を共存することが正常であり，しかも本来の姿であるとする考え方とそれを実現する運動や施策をさす．この理念は，障害のある者を排除するのではなく，また障害を軽減して正常に近づけたりするというものではなく，障害をも

っていても障害のない者と均等にあたりまえに生活できるような社会こそがノーマルな社会である，という考え方であるので，このことを可能とするための条件整備を行うことが中心課題となる．なおわが国の国立国語研究所はノーマライゼーションが難解な外来語であるとして，等生化やその他として*共生化，福祉環境づくりといういい換え例を提案(2006年3月13日「外来語」いい換え提案，第1回〜第4回，総集編)しているが，一般的にはノーマライゼーションという言葉が日常的に用いられている．

〔概念の広がり〕デンマークのミケルセン(Bank-Mikkelsens, N. E.)によって「障害者をノーマルにするのではなく，生活条件をノーマルにしていく環境を提供すること」として初めて提唱されたが，1959年法(精神遅滞者ケア法)によってこの原理は成文化された．またスウェーデンも1968年に同様の法律を制定したが，スウェーデンのニィリエ(Nirje, B.)によって「ノーマルな生活リズム，マルな理解と関係，経済的条件や住宅環境などのノーマルな生活基盤」をつくるという考え方が1969年に「知的障害者の日常生活の様式や条件を社会にある人々の標準や様式に可能な限り近づけること」として世界中に広められた．一方，現時点で最も進んだ，法的に整備されているものとして米国障害者法(Americans with Disabilities Act of 1990)がある．ノーマライゼーションの概念は広がりをもち，現代では障害のある者，高齢の者，児童などにも適用され，国際的に普及した福祉の基本理念の1つとなっている．近年における著しい福祉概念の転換は，医療モデルから自立生活モデルに，*ADL(日常生活活動)から*QOL(生活の質)に，施設から地域に，保護主義から人権尊重や当事者の主体性の尊重にと多様に変化してきたが，この背景にはノーマライゼーションの理念がある．

〔施策の広がりと課題〕ノーマライゼーションの理念は，福祉施策の中で具体化されている．福祉六法体制を基盤とする福祉施策と現実の社会ニーズへの法外援助との整合性は，関係法改正や社会福祉基礎構造改革を通じて取り組まれてきた．わが国の社会福祉事業の枠組みを規定した社会福祉事業法の見直しと改正された*社会福祉法に至る過程で，ノーマライゼーションの理念に基づくことが条文化され，現法に至っている．福祉施策では5〜9人の少人数で家庭的な環境のもとで共同生活をおくる*認知症対応型共同生活介護(*グループホーム)であり，体育活動では*パラリンピックや*ゆうあいピックの普及が一例である．また融合的な施策として*地域福祉の拡充，医療・福祉・教育の統合化など，様々な動向が現れている．教育においては，ノーマライゼーションの思想を実現する方法の1つとして統合がある．それは学習困難と特別な教育的な営みとを組み合わせることで成り立つ特別な教育的ニーズの概念である．だが障害をもつ者を障害のない者を中心とした地域社会に受け入れるというのであれば，焦点がずれる．わが国の場合，*インクルージョンのように地域社会を共生の場と位置づけ，個別的な教育計画による学習到達目標やカリキュラムを確立することで，要因分析からニーズに焦点を当てるという国際的な教育視点にたつことが課題である．

〈宮島　敏〉

〔文献〕1)佐藤久夫・小澤温：障害者福祉の世界，有斐閣アルマ，2006．；2)曽和信一：障がい者・児共生とは何か，ミネルヴァ書房，2007．

乗杉嘉壽　Norisugi, Kaju

1878-1947．富山県東砺波郡出町真壽寺・乗杉壽貞の次男として東京府に生まれる．日本の*社会教育行政の本格的な出発点をなした文部省*普通学務局第四課の課長として，*実践的にも理論的にも現代日本の社会教育の原型を確立するのに大きな役割を果たした．

〔略歴〕1904年7月に東京帝国大学哲学科を卒業後，大学院に入学して実践哲学を専攻するが，同年10月には文部省普通学務局に勤務し，第三課長となる．ここで乗杉は，1905年12月に出された文部省通牒「青年団体ニ関スル件」を起案した．その後，1907年に第二課長に就任し，1908年には第五高等学校教授となった．1910年に関東都督秘書官に任ぜられたが，1913年に再び文部省普通学務局に勤務して*青年団の事業に携わり，1915年の内務・文部両省の共同訓令「青年団体ノ指導発達ニ関スル件」を起案した．1917年3月から1918年12月まで，米国を中心として英国，フランスなどを視察し，特に米国の進歩主義教育の実際をみて大きな衝撃を受け，帰国後，第四課長に就任した．

〔功績〕欧米視察後，「教育改造」の意義を説き，社会教育担当でありながら，義務教育年限延長，教員の待遇改善，「教育の実際化」，児童中心主義，能率的な学校経営，「教育の自主独立」など，具体的な学校教育改革の提案を行った．また，社会教育主務課の課長として，*社会教育主事の設置，*生活改善運動や*教育的救済への着手，成人教育講座の開設，

青年団や少年団の指導などを通じて，戦後日本の社会教育行政の基盤を築いた．「学校の*社会化と社会の学校化」を唱え，学校教育の改革と関連づけた社会教育論を提唱した点が特徴的である．著書『社会教育の研究』(1923年) は，日本で初めての社会教育概論の書となった．「油乗杉」(油乗り過ぎ) といわれていたように，文部省内で敵も多く，結局，1924年6月に更迭され，松江高等学校長に転出させられた．1928年に東京音楽学校校長に就任し，1945年10月に退官するまで，音楽教育に力を尽くした．
(松田武雄)

〔文献〕1) 松田武雄：近代日本社会教育の成立，九州大学出版会，2004.

ノール，ヘルマン　Nohl, Herman

1879.10.7-1960.9.27. ベルリンに生まれる．ゲッチンゲン大学教授．主な著作は，"*Jugendwohlfahrt*" (『青少年福祉』，1927年)，"*Die pädagogische Bewegung in Deutschland und ihre Theorie*" (『ドイツの教育運動とその理論』，1935年) である．

ディルタイ (Dilthey, W.) の生の哲学に影響を受け，教育現実とのかかわりをもちつつ，精神科学的な教育学の大系の発展に努めた．19世紀末から20世紀初めにおける，学校や教育のあり方を刷新しようとする様々な取組みを総称する改革教育学運動の中心的な人物である．

また，青年運動や女性運動などの社会運動を積極的に受け止め，*社会的教育学 (Sozialpädagogik) の基礎を形成した．すなわち，社会的教育学の核に，日常の生活から出発する人間の生の権利への，幸福への，そして人格の発展への要求を指定し，家庭と学校と並ぶ，重要な教育場面としての青少年援助の位置づけと*専門職化を後に行うきっかけをつくった．

ノールの社会的教育学は，分業化する産業社会における文明批判的な側面とともに，共同体の仲間意識の形成など理想主義的な志向性をもっていた．
⇨社会的教育学　　　　　　　　　(生田周二)

〔文献〕1) 坂越正樹：ヘルマン・ノール教育学の研究，風間書房，2001.；2) 生田周二・大串隆吉・吉岡真佐樹：青少年育成・援助と教育―ドイツ社会教育の歴史，活動，専門性に学ぶ―，有信堂，2011.

ノールズ，マルカム　Knowles, Malcolm S.

1907-1997. 米国モンタナ州に生まれる．米国の成人教育学者．

〔略歴〕ハーバード大学卒業後，青年育成事業や*YMCAの活動などにかかわり，その後シカゴ大学で修士号と博士号を授与される．1951年から1959年まで米国成人教育協会の事務局長に就き，その後ボストン大学とノースカロライナ州立大学で成人教育の教授を務めた．彼の修士論文の内容は，"*Informal Adult Education*" (インフォーマルな成人教育，1950年) として単著で刊行されたが，そこでは人間性の理解，学習の方法とプログラム，成人教育の組織化，*評価といった点が網羅されている．博士論文の内容は，1962年に "*The Adult Education Movement in the United States*" (邦訳『アメリカの社会教育』) として刊行されたが，これが最初の米国成人教育史の本とされている．退職後も，成人教育の研修会指導や執筆活動などを精力的に続けた．

〔理論〕彼は，ヨーロッパの成人教育や*リンデマンの成人教育論，ロジャーズ (Rogers, C.) らの人間性心理学，発達課題論などに触発されつつ，主著『成人教育の現代的実践』(1970年) の中で，*アンドラゴジー (成人教育学) 概念の提唱を行い，あわせて，その考え方を踏まえた成人教育プログラム開発の手順を示した．彼のアンドラゴジー論の柱は，① 自己主導性・*自己決定性 (self-directedness) を踏まえた学習支援，② 学習資源としての成人の*経験，③ 社会的な役割からの学習へのレディネス，④ 学習への方向づけの即時性と問題解決中心の学習，⑤ 内在的な動機づけなどである．彼はこのアンドラゴジーの考え方を，実際の学習の計画・実行・評価のサイクルの中に組み込んでいった．さらにこのアンドラゴジープロセスを，看護・行政・経営・学校教育などの実践領域での基本原理として位置づけた．

1973年には "*The Adult Learner*" (*成人学習者) を刊行し，*成人学習者の特性を人間性心理学や成人教育論の潮流を絡ませて論じ，成人教育を人的能力開発 (human resource development) 論へとつなげていった．ともあれ彼の功績の最たるものは，具体的な成人教育プログラムのプロセスとともに，成人教育の学問としての体系 (=アンドラゴジー) を示した点にあるといえよう．
(堀　薫夫)
⇨アンドラゴジー

〔文献〕1) ノールズ，マルカム (堀薫夫・三輪建二監訳)：成人教育の現代的実践，鳳書房，2002.；2) ノールズ，マルカム (岸本幸次郎訳)：アメリカの社会教育，全日本社会教育連合会，1977.；3) ノールズ，マルカム (渡邊洋子監訳)：自己主導性型学習ガイド，明石書店，2005.

ノンフォーマル教育 non-formal education
「フォーマル（定型）教育」と「インフォーマル（非定型）教育」の中間にあり，フォーマル教育の外部で行われている学習活動を援助する組織的な教育活動．実際生活に即した多様なテーマと教育形態をもつ．

〔概観〕代表的形態としては，地域集会，市民セミナー，課題解決型講座，*地域づくり教育などがある．「ノンフォーマル（不定型）教育」の重要性は，1960年代以降，第3世界の教育開発の現場において注目され，その後，欧米諸国の地域教育開発でもその意義と役割が重視されてきている．今日では，生涯教育全体の中にノンフォーマル教育をどのように位置づけるかが，直面する政策的・実践的課題に応えつつ国および地域レベルの教育改革を進める上での焦点となっている．

第2次世界大戦後の日本の*社会教育は，学校教育の課程を除くもので，国民の実際生活に即する*自己教育・*相互教育活動を促進するための組織的教育活動であると考えられてきた限りで，ノンフォーマル教育であるといえる．したがって日本では，ノンフォーマル教育の重要性を踏まえ，国際的な経験に学びながら，21世紀型の「ノンフォーマル教育としての社会教育」の可能性をどのように現実化していくかが大きな課題となっている．

〔歴史〕ノンフォーマル教育という概念は，1960年代の後半，第3世界の教育開発・*開発教育の活動の中から，クームス（Coombs, P. H.）らによって提起されたものである．しかし，歴史的には，帝国主義的な国家によって組織化された学校型教育に対するものとして，19世紀後半のデンマークから北欧諸国に広まっていった国民教育運動，あるいは欧米全体で展開された新教育運動や*自由大学運動において共通する論理と実践をもっていたといえる．それらは，戦前の日本にも影響を与えたが，ノンフォーマル教育的な考え方は，戦後日本の社会教育の基本的な枠組みともなった．

1970年代以降のノンフォーマル教育は，一方では，財政的・人的あるいは文化的・心理的要因によって欧米型の学校の整備が困難な発展途上国・中進国に広がっていくと同時に，他方では，欧米先進国の貧困地域や過疎の地域での教育活動における実践的意義が認められ，多様な形で取り組まれてきた．こうした経験を経て，ノンフォーマル教育の普遍的意義が地球的規模で認められつつある．それを端的に示すのはユネスコ成人教育会議の「*ハンブルク宣言」（1997年）であり，フォーマル教育およびインフォーマルな学習と並んで，ノンフォーマルな学習・教育活動を発展させることの重要性が強調されている．

〔課題〕ノンフォーマル教育の本質は，教育専門家が組織するフォーマル教育や学習者が組織する*インフォーマル教育と異なり，教育実践者と学習者が協同して組織化する教育活動であるというところにある．そのことによって，それまでのフォーマル教育とインフォーマル教育を批判し革新するという役割ももっている．それは，常に「組織化の道程にある教育」であり，「構造化する実践」として，「過程としてのカリキュラム」を求めるものである．これらは地域における生涯学習・社会教育，特に地域社会の再建・創造にかかわる地域づくり教育の重要な特徴であり，それらを革新的に発展させることが教育と社会の民主的改革にとっても大きな焦点となってきている．

なお，ノンフォーマル教育は，ユネスコだけでなく，国際的な*NGOである*国際成人教育協議会（ICAE），その地域支部である「*アジア南太平洋成人教育協議会（ASPBAE）」などでも重視されており，国際的な交流と連帯，特にアジア地域における諸実践と連携して日本の社会教育＝不定型教育を発展させることが重要な21世紀的課題となっている．

⇨インフォーマル教育　　　　　（鈴木敏正）

〔文献〕1) 鈴木敏正：学校型教育を超えて―エンパワーメントの不定型教育―，北樹出版, 1997.；2) 鈴木敏正：新版　生涯学習の教育学―学習ネットワークから地域生涯教育計画へ―，北樹出版, 2008.

は

排外主義　chauvinism

　他国・他民族を排斥しようとする運動や政策のこと．自国・自民族のほうが優越していると考えるエスノセントリズム（自民族中心主義）や偏狭なナショナリズムと強く結びついていることが多い．具体的には，外国出身者を社会的・経済的に排除あるいは弾圧したり，外国からの商品や文化の流入を拒んだりする動きとして現れる．

　歴史的な代表例としては，20世紀前半の欧米における反ユダヤ主義をあげることができる．現代では，移民や外国人労働者を大量に受け入れている国々において，外国人の流入が雇用状況や治安を悪化させる原因になっていると捉え，自国民の安定のために外国人の排斥を主張する動きが，右翼的な勢力の活発化とともに起こっている．

　日本の場合は，在日コリアンをはじめとして外国籍・外国出身の人々の市民権を十分に保障せず，また外国からの移民や難民，労働者の受け入れに積極的ではないなど，そもそも排外主義が強い国として，国際的な批判を浴びることが多い．また，日本の特殊性を論じる日本人論は，日本人単一民族論や日本人および日本文化の絶対的な優越性の主張に陥り，排外主義と結合しがちである．生涯学習においては，外国人の*教育権を保障することはもちろん，日本人や日本文化を学習テーマとして取り上げる際に排外主義に着目する必要がある．　　　（木村涼子）

〔文献〕1）小熊英二：単一民族神話の起源―「日本人」の自画像の系譜―，新曜社，1995．

ハイランダーフォークスクール（ハイランダー研究教育センター）（米）　Highlander Folk School, Highlander Research and Education Center (in US)

〔歴史〕ハイランダーフォークスクールは，1932年，米国成人教育運動の巨人と称されるホートン（Horton, M.）が，ウェスト（West, D.）やダムブロウスキー（Dombrowski, J.）らとともに，テネシー州モンティーグルに開校した民衆学校である．キリスト教神学者のニーバー（Niebuhr, R.）もその設立にかかわっている．開校の前年，ホートンはデンマークで，*グルントヴィの理念を引き継ぐ国民高等学校（*民衆大学，フォルケホイスコーレ）を訪ね，宿泊型カレッジにおけるインフォーマルな成人の学びと民族固有の文化の継承に大きな感銘を受ける．彼は祖国に戻り，白人と黒人が共同で生活しながら学ぶことのできる学校づくりを決心したのである．同フォークスクールは1961年に閉校となるが，その後テネシー州ノックスビルに移転し，ハイランダー研究教育センターとして，地域の諸課題の解決のために，現在も活動を続けている．

〔特徴〕ハイランダーフォークスクールは，フォルケホイスコーレと同様，宿泊型をとり，*地域課題の解決と民衆の*エンパワーメントのために，今日まで数多くの*ワークショップを展開してきた．その活動は大きく次の3期に分けることができる．

（1）1932～40年代：*労働運動とかかわり，実質的にCIO（Congress of Industrial Organization，産業別組織会議）の教育センターの役割を果たした．

（2）1950年代～60年代：公民権運動とのかかわりやシティズンシップスクールにおける*識字教育，南部の人種隔離政策との闘いに特徴がある．

（3）1972年～現在：運動の革新性ゆえに，州当局から財産を没収される．その後ハイランダー研究教育センターとして，環境問題，移民を取り巻く問題など，社会問題に積極的に関与している．

〔意義〕ハイランダーにおける民衆の学習と運動は，*参加型調査，変容的学習，民衆のエンパワーメント，社会変革を目ざす成人教育として，大きな意味がある．　　　（藤村好美）

〔文献〕1）黒沢惟昭・佐久間孝正編著：世界の教育改革の思想と現状，理想社，2000．

博学連携　⇨ミュージアムエクステンション

博物館　museum

〔概要〕人々が資料と接する場である．このことで博物館は，人々の楽しみ，感動，知的欲求に応え，文化の維持，伝達，発展，創造，環境の育成・保全に資している．このため，博物館活動には資料の蓄積だけではなく，蓄積された資料を主に*展示によって接する将来世代を含む公衆としての人々（市民，来館者，利用者）が必要であり，この不特定の人々への公開が公共的な博物館の第1の要件である．そ

して，公開された博物館での体験を契機に個々の人々に生みだされる文化的意味や価値も，文化財や資産としての資料の維持管理，保存の観点からの永続性だけではなく，博物館という場の常設性や恒久性を必要とする．また，自然や人工の様々な事物から*博物館資料を選別し形成していくには，各専門分野の内的な理念，理論に基づき，分野外の世俗的価値からの影響は限定される．この点も公共的な博物館の重要な要件である．また，博物館活動には，資料収集や調査研究をつかさどり文化的意味や価値の公開性を支える*学芸員（専門家）が必要である．

〔法制〕博物館は，国際的には*国際博物館会議（ICOM）規約第2条，国内では*博物館法第2条で定義されている．博物館法は，社会教育法の下位法として1951年に制定され，このため，国内的には博物館は社会教育機関とされた．しかし，先に*文化財保護法が制定された関係で，*国立博物館には現行の博物館法は適用されず，また，博物館法で定める*登録博物館と*博物館相当施設は，国内に現存する博物館の2〜3割程度にすぎない．法の下位にある「公立博物館の設置及び運営に関する基準」は，国内博物館の水準向上に一定の寄与を果たしてきた．2003年，学芸員定数規定外し等を経て「*公立博物館の設置及び運営上の望ましい基準」へと改定され，2011年には，私立博物館も対象に加え，「博物館の設置及び運営上の望ましい基準」と改称のうえ，全文改訂された．また*指定管理者制度の導入を通じ，管理運営上の*規制緩和が進んでいる．

〔種類〕館種には，総合，科学，歴史，民俗，美術，動物，植物，水族，産業等があり，これらが複合ないし細分化される場合もある（⇨理工系博物館，自然史系博物館，歴史系博物館，美術館，動物園，植物園，水族館）．また*野外博物館等，分野横断的なものもある．ICOM規約第2条(b)の定義には，*自然保護地域や遺跡等の博物館的性格をもつ現地，非営利*ギャラリー等も博物館に含まれていた（2001年版）．また，設置主体によって，国立博物館，公立博物館，*私立博物館の別があり，また管理運営形態も，国立館の*独立行政法人，公立館の直営，指定管理，私立館の財団運営，個人運営等多様になった．

〔略史〕公共的な博物館の成立は，西欧近代社会の成立を前提としている．啓蒙主義および市民革命を背景として，アシュモレアン博物館（英国）の公開，大英博物館法の制定，ルーブル宮の国立博物館としての公開等が行われ，国民国家の成立は，博物館を殖産興業に対応した実物教育の場として機能させた．博物館は日本には幕末に紹介され，明治維新以降，*博覧会開催と結びついて啓蒙・教育・勧業を目的に設立された．戦前の帝国博物館・帝室博物館のように博物館は統治のシンボルともなり，また戦後の自治体立博物館のように，自治体の奥座敷機能を果たす場合もある．また，博物館設立運動や資料収集・調査研究に地域住民やアマチュア研究者らが深くかかわる例もある．1970〜80年代には，博物館建設ブームを迎え，また*文化庁の補助事業による市町村単位での歴史民俗資料建設も進み，2008年現在，約5700館の博物館および博物館に類する施設が国内にある．また近年では，博物館建設に対する住民の反対運動もある．

〔課題〕博物館は，武力・経済力・学問的力量差による資料収奪の歴史を負い，展示も恣意的な文化的押しつけから免れえず，利用者には偏りがみられる．このため，これらのことを意識した教育普及活動や，博物館を契機とした市民の活動が欠かせない．また，戦後日本の自治体は，横並びでハードとしての博物館建設を進めた一方で，学芸員の専門性の保障，資料購入費等に不備を抱えている．母体企業の経営難や自治体財政の悪化から，博物館の存続基盤は揺らいでおり，その*公共性と市民にいかに支持されるかが厳しく問われている．（大嶋貴明・瀧端真理子）

〔文献〕1）伊藤寿朗・森田恒之：博物館概論，学苑社，1978.；2）倉田公裕・矢島國雄：新編博物館学，東京堂出版，1997.

博物館環境　museum environment

博物館の環境は，ヒト（職員および観覧者などの利用者）の利用する環境と，モノ（資料）が*展示・保存・修復されたり移動される環境からなる．

〔ヒトのための環境〕博物館の環境は，その中において博物館活動を遂行するために十分な利便性を提供するものである．利用される環境としての基本的な博物館の意義は，「有用性」である．利便性を決定するものは，その建物を利用するユーザーだが，これには，博物館の管理・運営者と*学芸員等職員，そして来館者・利用者があり，それぞれ立場の異なる要求に対して応えられなければならない．この施設側と来館者側の立場の違いはしばしば対立することがあり，たとえば管理のための動線を優先すると連続的な観覧動線を妨げることになるなど，現実の建築には両者に満足される結果が得られにくいのが現実である．「有用性」に次いで「快適性」も重要となる．しばしば指摘されるのが，博物館の来館者の感じいわゆる「博物館疲労」である．疲労感をもた

らす要因は，① 長時間立って歩くことの下肢疲労，② 長時間，頭脳を使用したことによる精神的・肉体的疲労，③ 眼精疲労，④ 来館者の受け身的立場からくる倦怠感，⑤ 解説等に対する不満足感，⑥ 展示物過多，⑦ 混雑・喧噪，⑧ 適度な休憩空間の不備，⑨ 閉鎖的空間・均質空間による位置感の喪失，などで，これらを軽減する息抜き空間の配置などの環境が求められている．

〔モノのための環境〕博物館の環境は，資料（モノ）の価値を引き出し，引き立たせるための空間的支援，資料の保護のための管理を行うものである．このためには，資料の環境条件による劣化や損傷を防ぎ，安全にそして盗難などからの防御をする施設環境が必要である．まず温熱・空調については，一般的には展示室全体を 20～25℃，標準湿度 50～60％ にしておき，極力かびの発生を防止したい．温湿度が変化すると，資料の膨張収縮や化学変化，また害となる生物の繁殖などを誘発するので，できるだけ変化しないようにすることが必要である．また，資料に損害を与えやすい紫外線などの光線にさらされることを避け，日本画などのデリケートな資料の公開されるところでは照度を抑えることも必要となる．収蔵庫においても，温湿度の変化の起きないように配慮が必要で，また，風が直接資料に当たると一部分や一側面だけが乾燥しやすくなり，それは資料の変形やひびなどを引き起こすため，空調のための風量は極力少なくする．また，建物の建材としてコンクリートを採用する場合には，建設当初からしばらくは，アルカリ成分が放出されることにより，絵画等の資料に対してダメージを与えることがある．このため，コンクリート打設から十分に換気をして期間を経た環境において収蔵するなどの配慮が必要で，収蔵庫などでは特に留意したほうがよい．

〔課題〕モノの保存のための最適環境条件を追求すると，特に来館者にとって有効な利用の仕方を提供することと対立することも，しばしば生じる．たとえば，資料劣化を防ぐための照度下に資料を展示することによって，みえにくくなったり，また，手にとって触ることが有効な資料でも，損傷を防ぐために触れることができなかったり，様々なケースが考えられる．このような保存と公開のジレンマについては，もちろん科学的な判断規準が必要ではあるが，これを画一的に決定するのではなく，個々の現場でその博物館活動における目的に即し重要度を判断するという，環境を決定していくプロセスの方法論が必要となっている． （大原一興）

〔文献〕1) アンブローズ, T.：博物館の設計と管理運営, 東京堂出版, 1997.；2) トムソン, ギャリー：博物館の環境管理, 雄山閣, 1988.；3) 半澤重信：博物館建築, 鹿島出版会, 1991.

博物館機能 museum functions

博物館は，内部的には収集や採集，選別から始まる保存・管理や*展示などの一連の機能とそこに教育普及や広報の仕組みを付加したものと考えられる．しかし，設置者など社会にとっては，機能を社会的な役割と捉え，博物館の目的として地域や*文化活動への貢献や経済効果ではかられ，さらに，利用者，来館者など個々の市民には，博物館に対する期待の充足としてある．このように，博物館機能は3つの範疇から考えられてきた．また，博物館は，社会に流通する博物館のイメージがあることからわかるように，現在でも，当該社会の象徴機能とイメージを形成させる有形無形の教育機能を有している．

〔概要〕博物館は，2つの機能である① 市民と資料が接する，② 自然や社会の事物を資料として編成する，の2つが場として重なりあっていることで成立している．市民と資料の接面は，展示見学だけではなく，市民による研究・学習活動，教育普及活動など多様にある．このような接面は開館日数や公開時間などのように数量化して定義できるものもあるが，*博物館体験を契機として起こる，内的なあるいは文化的な意味や価値の変化はほとんど数値化できない．博物館活動の核心はこの数値化しにくい点にあり，博物館機能はその働きとしてある．博物館学的な狭義の博物館機能論は，事物の資料化とその編成について説明したもので，収集，整理，保管（保存），調査，研究，教育普及などの各プロセスが相互に関連しながらある．このとき，資料にはものではなく情報形態のものもあり，また，存在が変化するものや存在する場所を移動できないものもある．諸機能の実際の働きの方針に，科学的や学問的理念や合理性，資料や環境に対する倫理規範が必要とされる．また，不特定の市民と接する場所では，人権に対する倫理規範が機能に組み込まれなければならない．そして，機関としての博物館には，博物館を博物館としている諸機能群のほかに，運営（経営），資金調達，広報，サービス事業，環境や施設の維持管理，*博物館評価などの業務がある．

〔略史〕近代的な博物館以前，博物館の起源には，王宮や学園に付属する*教養的学芸的な役割の発生と，人間の所有欲や本能的獲得性からのコレクショ

ンが知られ，そのどちらも一定の社会的象徴性をもち，博物館諸機能の萌芽もしくは原初形態ももっていた．*博物館資料の編成が社会的象徴性や所有欲からある程度独立に行われ，目的が公衆の教育にある，つまり，公共の博物館の機構が十分な形でみられるのは，19世紀の米国の博物館活動，特に国立スミソニアン博物館を中心に考えることができる．日本においても，前博物館的な場や施設は，各時代にみられる．明治以降，近代の博物館がつくられ，博物館機能が充足されてきたが，機構的機能についての一定の整理は戦後の*博物館法制定前後である．しかし，現在でも，博物館の象徴機能の変化については検討段階にある．

〔課題〕近年の情報技術の進化や時代風潮によって，博物館は新機能を要求されているかにみえるが，博物館の役割が変化しているのではなく，これまでの博物館機能の多面的な充実が指向されている．また，館の規模や職員数によっては，機構的に諸機能を満たすことができない場合もある．しかし，現実の博物館*実践においては，博物館学的な博物館機能をすべて満たせなくても，すぐれた博物館活動になることもある．また，博物館内の諸機能の充足だけでは，博物館の社会的な目的的役割の機能が軽視されて，博物館の*公共性があいまいになる場合がある．一方，私的な財産の維持や権力誇示の役割が弱くなってきた現在に至っても，象徴的，教育的，経済的な役割としての社会的機能だけでは，博物館の目的や使命が変質することがある． （大嶋貴明）

〔文献〕1）加藤有次：博物館機能論，新版博物館学講座4，雄山閣，2000.；2）上山信一・稲葉郁子：ミュージアムが都市を再生する，日本経済新聞社，2003.；3）松宮秀治：ミュージアムの思想，白水社，2003.

博物館教育　museum education

博物館で行われる普及教育活動のこと．基本的には*社会教育の一環である．

〔概観〕近年，ともすれば博物館を単なる集客施設と見なす向きもあるが，博物館は*社会教育施設であり，教育活動こそが博物館の重要な目的の1つである．教育を目的としない単なるアミューズメント施設は，博物館とは呼べない．ただし，これは博物館の娯楽性を否定するものではないことは確認しておいたほうがいいだろう．娯楽性を伴うことで，より効果的に普及教育事業を展開できるなら，娯楽性はむしろどんどん取り込んでいくべきである．

博物館が展開する普及教育事業の内容に関していえば，市民の*学習権を担保することが重要であり，現在のニーズのみに捉われず，必要なプログラムあるいは学習の機会を整える必要がある．また，それぞれの博物館の目的をみすえた展開をしていく必要があるだろう．

〔範囲〕博物館教育の中身は，*展示，展示ガイド，*ワークショップ，講演会，観察会，室内や野外での実習など多岐にわたる．さらに，博物館実習生や*職業体験の受入れ，友の会やサークルの育成も含め，博物館の対外的な活動は基本的に普及教育活動の一環として位置づけられる．近年盛んに博物館施設に導入される博物館ボランティアも，普及教育の一環と位置づけることができる．

博物館の専門性を活かして，学校教育との連携も盛んになっている．その舞台は，以前は主に博物館であったが，近年は学校などに出向いての，いわゆる出前授業も盛んに行われるようになっている．学校教育との連携をあくまでも学校教育の一環と考えるなら，その主体は学校側にあり，責任分担を明確にしつつ，十分な打合せの下に実施する必要がある．また，限られた博物館の*学芸員では，すべての学校のニーズに対応できない場合が十分にありうる．公平なサービスの提供という観点からすると，学校側からのニーズに逐次対応するのではなく，博物館側の対応可能な範囲をあらかじめ明らかにしておく必要がある．

〔分担〕博物館教育の内容は，*専門職員である学芸員が責任をもつ必要がある．しかし，普及教育事業のコーディネートや，低年齢層へのインタープリテーションに関しては，学芸員が専門知識をもっているとは限らない．したがって，学芸員以外の専門知識をもったスタッフと協調して展開したほうが，より効果的である．また，学芸員ではカバーしきれない分野に関しては，外部講師の導入も必要である．

〔特徴〕博物館教育の対象は，博物館を設立した地方公共団体の範囲にとどまらないと考えるのが普通である．博物館利用者の年齢，目的，関心の度合いは幅広く，利用期間もバラバラである．したがって，博物館は幅広い利用者の多様なニーズに応えていく必要がある．この点において，基本的に単位や*資格を目的とする比較的まとまった年齢層に対する教育を一定期間行う，小中学校・高等学校や大学といった学校教育と大きな違いがある．他の社会教育施設と比較した場合，博物館は専門性が高く，*博物館資料といういわば"本物"をもっている点が大きな違いとなる．専門性と博物館資料という利点を活かして，学校教育や，他の社会教育施設と連携するこ

とによって，博物館はより効果的に普及教育活動を展開することができるだろう．

〔課題〕博物館教育では，広く普及すると同時に，高度な*知識を求めるニーズにも対応する必要がある．しかし，多くの博物館では，幅広いニーズに対応するシステムが十分にはできていない．実態として，個別に対応するか，断っているのが現状である．利用者のニーズを十分に把握した上で，初心者から専門家まで，一時的な利用から長期利用まで，利用者の求める内容に応じた対応の仕方を整理しておく必要がある．もし博物館として対応できない部分があるのなら，それを利用者に明らかにしておく必要がある． (和田　岳)

〔文献〕1) 加藤有次ほか編：生涯学習と博物館活動，247pp., 雄山閣，1999.；2) 浜口哲一：放課後博物館へようこそ，239pp., 地人書館，2003.；3) 環瀬戸内地域（中国・四国地方）自然史系博物館ネットワーク推進評議会編著：自然史博物館—「地域の自然」の情報拠点—，172pp., 高陵社書店，2002.；4) 徳島博物館研究会編：地域に生きる博物館，325pp., 教育出版センター，2002.

博物館協議会　museum council

〔概要〕都道府県および市町村が設置する*公立博物館の運営上の様々な問題について，専門家や地域の教育関係者等から意見を聞くための組織．法的には任意設置の館長諮問機関であるが，市民参画の博物館運営に向けて，多くの公立博物館に設置されている．

〔法的規定〕*博物館法第20条～第22条に規定され，*公民館の*公民館運営審議会，*図書館の*図書館協議会と同様の任意設置機関．同法第20条第1項において，「公立博物館に，博物館協議会を置くことができる」とし，その第2項で「博物館の運営に関し館長の諮問に応ずるとともに，館長に対して意見を述べる機関とする」と規定している．同法第21条では，「委員は，学校教育及び*社会教育の関係者，*家庭教育の向上に資する活動を行う者並びに学識*経験のある者の中から」選任し，「当該博物館を設置する地方公共団体の*教育委員会が任命する」としている．また同法第22条で，「設置，その委員の定数及び任期その他博物館協議会に関し必要な事項は，当該博物館を設置する地方公共団体の条例で定めなければならない」としている．

〔現状〕委員数に関しては5～15人程度と，博物館によってまちまちであるが，学識経験者として文化財保護委員・文化財協会役員・郷土史家・大学教授などが，学校教育関係者として校長代表や小中学校・高校の教諭，社会教育関係者として*社会教育委員・*PTA役員・地域婦人団体役員などが参画するケースが一般的である．さらに，2008年の法改正では，家庭教育関係者が追加された．近年は，博物館運営の市民参画を推進するため，博物館利用者を委員に入れたり，一般市民から委員を公募する公立博物館もある．

博物館の活動・運営方針や年間計画・予算などの協議のほか，視察研修なども行われている．しかし，形式的に年2～3回程度しか開催しない博物館も少なくなく，名誉職化・形骸化しているとの批判もある． (浜田弘明)

〔文献〕1) 社会教育推進全国協議会編：社会教育・生涯学習ハンドブック（第7版），エイデル研究所，2005.；2) 生涯学習・社会教育行政研究会編：生涯学習・社会教育行政必携（平成21年版），第一法規，2009.

博物館経営　museum governance and management

〔概要〕経営には様々な側面が包含される．ここでは，①人事，財務，ブランドや資産など経営資源のマネジメント，②組織統治（いわゆるガバナンス）の二面に分けて議論したい．これらは，博物館の設置目的を社会に向けて示した「使命」をよりよく実施するための根幹である．また，社会的信用の基盤となる「博物館倫理」の下での活動であるべきだ．博物館という組織が信頼され，長期にわたり最も望ましいパフォーマンスを発揮できるようにするための努力，といえよう．営利組織ではないのでそのパフォーマンスを経済的指標のみで計測することはできないが，非営利組織におけるマネジメント・ガバナンス論も数多く提出されている．永続性の担保，専門性を基礎とした*学芸員の広範な役割といった，博物館の特殊性はあるが，原則的にはこれら非営利組織の経営論から外れてはいない．

〔経営資源の最大活用〕博物館のもつ経営資源としては，館蔵品や展示設備，各種プログラム，蓄積された成果などがあり，何よりも学芸員をはじめとするスタッフが有形無形に抱えている経験と人的資源がある．これらが最大の効果を上げるよう活用することが，経営の要所となる．集客，公的支援や寄付の獲得などに影響する博物館活動の基礎である．広報や改装への投資だけでなく，人事，学芸員の研究，活動環境の整備，友の会を含む博物館周辺の*コミュニティ運営すらも資産の拡大，最大化，活用という経営の一部である．博物館が現在もつ「経営資源」は何なのか，その上で限られた人・時間・また資金をどのような活動に振り向けるべきなのか，博

物館経営者は判断していく必要がある．

〔組織統治〕博物館の*ステークホルダーは市民とその代弁者である行政だけではなく，利用者，学術団体，学校，職員，と多様である．博物館経営において日常の運営責任者である現場の館長は，これらステークホルダーの要請に対し利害調整や説明の責任を負う．この指針となるのが，設置目的に基づく使命である．日常の運営を超える組織の存続，将来像については設置者（行政，首長またはオーナーなど）の責任が大きい．

〔監督と執行の緊張関係〕この両者に建設的な緊張関係と説明責任をもつためには，自立的な現場運営を担う館長への権限委譲と，監督者の側に博物館に対する理解と*社会教育戦略，評価能力が必要となる．公立館の場合，行政部局が監督者，事業所としての館が執行者となり権限が分化していないことも多い．現在，*独立行政法人化や指定管理という，形式的には監督者と執行機関の分化を促す制度への移行が進んでいる．しかし，評価の形式化や行政部局の評価能力不足などねじれた現象が起きている．国内にはいまだ博物館と行政の良好な緊張関係としてみるべき事例がない．使命書・評価書策定への動きはガバナンス改善への胎動とみることはできるが，先に独法化した*国立博物館群を含め，いまだ混迷，模索の動きは続く．指定管理で施設経営はできても組織経営向けの制度ではないことが明らかになりつつある．このため学芸員組織を中心に人的資源を抱える博物館への適用は，中長期的な運営を困難にしており，今後の制度設計は工夫を要する．また従来，博物館のあり方や理想像は学芸員らの実践に基づき現場から構想され，政策へ還元されていた．監督と執行の分離はこのフィードバックを難しくしている点も注意を要する．

〔人材面での課題〕博物館の使命を担い，中長期の戦略を担った運営のためには，豊富な現場経験，広い視野と*コミュニケーション能力をもつ，「博物館のプロ」が経営に当たる必要がある．これらの人材は現状では学芸員以外に見当たらないが，本来学芸員は専門性に立脚する存在だ．学校経営同様，財務や人事，コミュニティ運営といった異質な専門性で貢献，補佐する多様なプロフェッショナル層を確立し，博物館のマネジメントやガバナンスの充実を図る必要がある． (佐久間大輔)

〔文献〕1) P.F.ドラッカー（上田惇生・田代正美訳）：非営利組織の経営―原理と実践―，ダイヤモンド社，1991.；2) 上山信一・稲葉郁子：ミュージアムが都市を再生する，日経新聞社，2003.；3) 布谷知夫：博物館の理念と運営―利用者主体の博物館学―，雄山閣，2005.

博物館建築　museum architecture

博物館の活動を行う文字どおり「館」としての建築物，または資料としての文化財建築であったり，見られ体験される展示空間等そのもののこと．

〔概要〕博物館建築は，一般の建築物同様次のような両面性をもつ．1つは，人々や生活を包み込むシェルターとしての物理的環境の側面であり（前者），もう1つは，建築物そのものが美や芸術の対象となる視覚的対象物としての側面である（後者）．この両側面は建築が同時に保持する特性であって，表裏一体の関係として一方を切り離すことができない．

〔特徴〕前者は*博物館環境として，ヒトおよびモノに対して忠実に機能することが必要となる．また，ヒトやモノの時間的変化に対応した成長変化の視点も必要である．

後者では，建築物を保護する上での留意点として，建築物単体をモノとして保存するだけではなく，環境全体を保護し再現することが重要である．たとえば民家を移築して設置する場合には，その周辺環境条件や方位をそもそも立地していた土地と同様に再現することである．一方，来館者は，その建物の内部に入り実際に空間を体験することとなる．建築を資料として単に保存するだけではなく，内部で人が利用できるような形態で*展示することが必要とされているのである．また，転用などにより保存されている建物を別用途に活用して展示空間とする場合は，当初の建物用途の記憶を忍び込ませておくことが必要となる．写真などによる解説や部分的に部材や利用のされ方を展示するなどの工夫が望ましい．博物館であるからこそ，その建物の歴史的な生命やその将来にわたる持続性を表現することが求められる． (大原一興)

〔文献〕1) 半澤重信：博物館建築，鹿島出版会，1991.

博物館資料　museum materials

〔定義〕*博物館において収集・保管され，*展示や教育事業などによって活用される状態にある関係資料の総称で，すべての博物館活動の基本となるもの．

〔博物館資料へのプロセス〕この世に存在するすべての物が博物館資料になるわけではない．物から博物館資料になるにはいくつかの工程があり，それらの手続きを経て初めて博物館資料となる．一般には「素資料」から「原資料」を経て「博物館資料」に到

達するとされる．「素資料」とは潜在的価値を有する資料のことをいい，人類の創造物および自然界に存在するすべての物をさす．この「素資料」が価値判断・選択され，学術的・教育的価値が顕在化すると「原資料」になる．さらにこの「原資料」のうち，一般市民による利用が可能となる活用方法が決定されたものを「博物館資料」という．

こうした一連の工程においてなされる価値判断は，*学芸員の資料収集や資料調査の蓄積があって初めて可能となる．

〔一次資料と二次資料〕博物館資料は，資料が実物であるか否かを基準に，一次資料（直接資料）と二次資料（間接資料）に大別できる．一次資料は，複製すると価値が減じる性質をもつものとされ，一般には実物資料と呼称される．一方，一次資料についての情報を伝達するために人為的に作成された資料（二次資料）も，最近では重要な意味をもつようになっている．二次資料は，複製しても価値が減じないものであり，複製，模型，図書，写真，映像などをさす．この一次資料と二次資料という考え方は，「*公立博物館の設置及び運営に関する基準」（1973年）に明記されていることから普及したとされる．

（金子 淳）

二次資料としては，本や論文などの文献も重要であり，近年はビデオや CD-ROM，ハードディスクに収められたデジタルデータもある．特に*自然史系博物館の場合，生物の分布情報などの情報自体が重要な博物館資料であり，精力的に収集している場合がある．さらに*エコミュージアムなどの場合，景観や自然環境自体を一次資料と見なすこともできる．

〔収集の制約〕あらゆる資料を集めることは，資金的にも労力的にも不可能なので，各博物館はそれぞれの収集方針に基づき資料の収集を行う．収集方針は，その博物館の目的だけでなく，資料の収集にかけられる資金や労力といったコストによって決まることも多い．

〔収集方法〕資料の収集方法は，購入，寄贈，交換，寄託，採集に大別される．購入には資金が必要だが，寄贈においても寄贈物の市場価値に応じた一部対価が支払われることがある．交換は博物館同士で行われるのが普通で，事前に明示されたあるいは暗黙に了解された交換のルールに基づく．寄託とは，所有権は変更せずに，保管だけを博物館が行う場合で，その際の条件は様々である．自然史系博物館が，生物や岩石などの標本を入手する場合には，採集という形が多い．ただし，採集物がすなわち博物館資料としての標本ではない．採集物を標本化するというプロセスが必ず必要であり，それには相当な時間や手間または資金が必要となる．採集したものの標本化のコストをかけられず，そのまま保管されている場合も少なくない．

〔利用〕博物館資料は，調査研究，普及教育・展示に活用されてこそ意味をもつ．一方で一次資料の利用は，必然的に資料の劣化をもたらす．長期にわたって保存していくためには，死蔵に近い状態であるのが望ましい場合も少なくない．したがって，資料の価値に応じた利用と保存のバランスを考える必要がある．博物館資料の利用の促進には，資料の所蔵情報の公開が望まれる．現在ではインターネット上での収蔵資料目録の公表が普通になってきている．公開のためには，資料の登録などの整理作業が不可欠だが，残念ながら十分な資料の整理ができず，それが所蔵資料の利用の妨げになっていることが多い．

（和田 岳）

〔文献〕1）伊藤寿朗：市民のなかの博物館，吉川弘文館，1993.；2）徳島博物館研究会編：地域に生きる博物館，教育出版センター，2002.

博物館相当施設　museum-type facilities

*博物館法第 29 条に規定された博物館事業に類する事業を行う施設で，正確には「博物館に相当する施設」という．*登録博物館は博物館設置者の申請に基づいて，都道府県の*教育委員会に審査，認可され，博物館登録原簿に登録されるが，博物館相当施設は指定される形をとる．指定は国立の施設は文部科学大臣が，国立の施設以外は都道府県教育委員会が行う．これらの指定は 1955（昭和 30）年の文部省令第 24 号による「博物館法施行規則」の第 3 章（第 18 条，第 19 条，第 23 条，第 24 条）「博物館に相当する施設の指定」「博物館に相当する施設指定審査要項」（1971 年文部省通知）に基づいて行われる．相当施設としての指定要件は登録博物館に準じており，博物館の事業に類する事業を達成するために必要な資料や専用の施設を整備していること，*学芸員相当の職員がいること，一般公衆利用のために公開すること，1 年を通じて 100 日以上開館すること，である．

（井上 敏）

〔文献〕1）全国大学博物館学講座協議会西日本部会編：新しい博物館学，芙蓉書房出版，2008.

博物館体験　museum experience

利用者の博物館における様々な体験を捉えるための概念.

〔背景〕博物館が収集・保管から教育へと機能的関心を広げるにつれて，特に，1920年代以降の米国において来館者の館内行動に対する関心が高まった．来館者が博物館を成り立たせる要素として認識され始めたことを意味するが，その研究成果は効果的な展示空間づくりに活用された．現在の来館者研究（visitor studies）では，「誰が来ているか」を問う属性調査の一方，「博物館に何を求め，実際どのような体験をしているか」という来館者のニーズや実態の把握も課題である．フォーク（Falk, J. H.）とディアーキング（Dierking, L. D.）は，後者の観点に基づき，個人的コンテクスト（個々の知的関心），社会的コンテクスト（同伴者や職員等との*コミュニケーション），物理的コンテクスト（建物のつくりや雰囲気）の総合として博物館体験をモデル化した（「ふれあい体験モデル」(interactive experience model)）．

〔"博物館体験"の多様化〕博物館体験は，展示室等において館が用意した教育普及活動を享受するという受動的体験だけにとどまらない．『博物館の望ましい姿―市民とともに創る新時代博物館―』（*日本博物館協会，2003年）や「*博物館の設置及び運営上の望ましい基準」（2011年）第11条第2項が示すように，博物館利用者の学習成果や*知識・*技能を生かした市民参画が注目を集めている．博物館ボランティアの活躍は，展示解説や講演会等の企画・実施補助，資料の調査・整理まで，多岐にわたっている．出品者として自らの作品やコレクションを展示することもある．また，付帯設備のレストランやミュージアムショップの利用に加え，インターネット上のデジタルミュージアムにおける体験も見逃せない．利用形態の多様化につれて，博物館体験も一層幅広いものとなっている．　　　　　　　　　（山本珠美）

⇨来館者調査，利用者教育

〔文献〕1）フォーク，ジョンH.，ディアーキング，リンD.（高橋順一訳）:博物館体験―学芸員のための視点―，雄山閣，1996．

博物館友の会（メンバーシップ）　friends of a museum (museum membership)

〔概観〕博物館を，活動や学習の場として，積極的に活用しようとする博物館利用者の組織．利用者が自主的に集まって形成される場合もあれば，博物館側が組織する場合もある．いずれにしても，その活動展開に博物館の協力は欠かせない．

友の会の活動の中には，博物館活動への*ボランティアとしての参加も含まれることがあるが，一方でボランティア組織が友の会とは別に立ち上げられていることも多い．友の会と単なるボランティア組織とを比較すると，どちらも何らかの形で博物館に貢献することに積極的である一方で，友の会のほうは学習しようという意欲，あるいは博物館を楽しもうとする意識が根底にある点で違っている．

米国など海外には，高額の会費をとる代わりに，多くの特典が受けられ，同時にステイタスシンボルにもなるパトロン的な会員システムがある．日本の博物館友の会にも賛助会員・維持会員制度をもっているところがあるが，その多くは年会費1万円程度であり，特典・ステイタスともにさほど高いものではない．そのような中で，国立民族学博物館友の会には，1口10万円の維持会員制度がある．

〔運営・活動〕友の会の運営形態は，博物館によって様々である．博物館側によってつくられた友の会の場合，博物館から運営資金の一部が出されていることがあるが，多くの場合は会員から会費を集めて，独立採算制をとっていることが多い．

友の会の活動内容としては，会員向けの行事の開催と，会報の発行の2つが中心となる．ただし，規模の小さな友の会の場合は，会報を発行していないこともある．そのほか，ミュージアムショップの運営，出版物の発行，オリジナルグッズの作成など様々な活動を展開している友の会もある．

〔意義〕博物館側からすると，友の会は一番密接な関係をもった利用者集団であり，普及教育のターゲット集団として重要になる．また，様々な側面におけるサポート集団としての意味もある．さらに友の会と連携することで，効果的に利用者のニーズをくみ上げることも可能である．

博物館利用者にとっても，博物館と連携した友の会の存在は，効率よく博物館を利用する上でのメリットが大きい．

〔課題〕博物館と友の会の関係が良好である場合は，一体として博物館コミュニティの発展が期待できる．しかし，友の会が博物館側から圧力集団としかみられていない場合，博物館側のリアクションの悪さに友の会側が不満を抱いているなど，必ずしも良好な関係が構築できていない場合も多い．そうした懸念があってか，ボランティア組織や様々なサークル組織を抱えながらも，友の会をもっていない博物館もある．　　　　　　　　　　　　　　　（和田　岳）

〔文献〕1) 千地万造：自然史博物館, 253pp., 八坂書房, 1998.; 2) 加藤有次ほか編：生涯学習と博物館活動, pp.247, 雄山閣, 1999.; 3) 浜口哲一：放課後博物館へようこそ, 239pp., 地人書館, 2000.; 4) 環瀬戸内地域（中国・四国地方）自然史系博物館ネットワーク推進評議会編著：自然史博物館—「地域の自然」の情報拠点—, 172pp., 高陵社書店, 2002.; 5) 大阪自然史センター・大阪市立自然史博物館編：「学校」・「地域」と自然史博物館, pp.64, 特定非営利活動法人大阪自然史センター・大阪市立自然史博物館, 2002.

博物館の基本方針　museum policy

〔定義〕機関として*博物館がつくられ活動していくために、*博物館法、博物館基準、博物館倫理綱領などを踏まえた上で、個別の博物館がどの分野を扱い、どのような目的で何を目ざして活動するか、そのために、どのような形態、組織、運営方法をとるかについての、理念、構想、計画．主権と基本的人権をもった多様な市民が集まる*市民社会において、博物館などの機関は、その理念や性格が社会的に認識され理解されなければ安定的に存在しえない．理念、方針が地域社会などに共有されることが公共の博物館の必要条件となる．

〔内容〕近代的で、*公共性のある博物館となるためには、まず、当該博物館の分野、専門性が、私的で恣意的な嗜好に終わらぬようにその社会的な意味、位置づけを明らかにし、それが、社会のどのような面に貢献していくかを明らかにする必要がある．このような理念的なあり方が明確になると、その理念を具体化するための、運営方法、多様な機能の組織化やその重点、中長期計画が形成され、その博物館の公共性を担保する要件について、公開性、非営利性、恒久性、保存、学問的な公正などを具体的に考慮した文書をつくることができる．これは、理解しやすい言葉で明文化され、それ自体が公開されねばならない．明文化されたものの最短のものは当該博物館の名称であるが、名称だけではなく、公開された基本方針は、市民にとっても、様々な*文化活動や教育資源の中からその博物館を選択するための判断材料になる．そして、方針をまとめた文書は、その博物館が公共的に十分に運営されているか、合理的に判断するための基礎的な資料となる．

〔課題〕実質的な基本方針の文書化（ミッションステートメント化）が進められているが、社会的な認知は進んでいない．また、数値化されやすい目標のみが表面化し、理念や公共性の変質につながる．一方、目標作成と*評価のコストは、具体的な活動の阻害要因や疲弊の原因にもなっている．（大嶋貴明）

〔文献〕1) 日本博物館協会：博物館の望ましい姿—市民とともに創る新時代博物館—, 日本博物館協会, 2003.; 2) 日本博物館協会：博物館の望ましい姿シリーズ1「使命・計画の手引き」, 日本博物館協会, 2004.

博物館の政治性　museum politics

〔概観〕*博物館が、特定のイデオロギーや価値観を普及する手段となり、人々の行動や思想に何らかの影響をもたらすという性質をもっていることをいう．この場合の「政治」とは、狭義の政治領域を示すのではなく、「人が人を動かす」という広義の政治関係、すなわち人々の間に働く力関係＝権力関係を意味する．

博物館は、ものを集め、それをみせるという根本的な機能を有するが、この〈集める〉あるいは〈みせる〉という行為は、価値のコントロールが組み込まれているために、すぐれて政治的な営みである．とりわけ、社会に対して発話するという特徴をもつ*展示は、特定の解釈や意図に基づいて配置・構成されるため、そこから発せられるメッセージは、決して価値中立的なものではない．博物館は、そのメッセージによって人々の行動を規制、変化、あるいは馴化させるなど、何らかの影響を与え、方向づけるという性質をもつ．

〔研究〕これまでの博物館に関する研究においては、博物館の「理想的な姿」を追い求める規範的アプローチに基づくものが主流であったため、理想的な姿ではないとされる事例は対象外とされ、博物館を政治的な存在として捉えその権力性を問う研究はほとんどみられなかった．ところが1980年代以降、欧米圏の文化研究（カルチュラルスタディーズ）の影響を受けて文化の権力性についての関心が高まると、社会学、美術史などの分野において、博物館を「文化を表象する装置」として捉え、展示空間のもつ政治性やイデオロギー性を批判的に検討しようとする研究が増加した．

一方、対象を展示空間だけに限定するのでなく、博物館という存在自体に潜む政治性についても注目されつつある．1968（昭和43）年の明治100年や自治体の周年事業などにおいて、それを記念して博物館を建設する事例などが典型的なものであり、さらに*公立博物館の場合、博物館を設立することが首長の業績誇示の手段となっていたり、自治体間競争の駒であったりする例もよくみられる．これらのことを、「モニュメントとしての博物館」あるいは「博物館の記念碑的性格」と指摘されることもある．

近年の研究では、明治時代初期における近代国民国家の成立過程において、博物館を国家の制度に取

り入れ，国民統合の手段としていたことが明らかになりつつある．一方，戦争とのかかわりの中で，博物館が戦争動員に積極的に加担していた事例や，植民地における博物館活動の実態も徐々に判明している．このような実証的な研究がベースになり，博物館に潜む政治性の内実が具体的に解明されつつある． (金子　淳)

〔文献〕1) 金子淳：博物館の政治学，青弓社，2001.

博物館の設置及び運営上の望ましい基準 ⇨ 公立博物館の設置及び運営上の望ましい基準

博物館評価 museum evaluation
*博物館に関する*評価．

〔概観〕博物館評価は，*博物館協議会への諮問や，マスコミ等による展覧会批評，*伊藤寿朗による市民の視点からのチェックシートの提案等の形で存在してきたが，*NPMによる行政評価の大きな流れの中で，2000年頃から*展示評価，続いて設置者側からの一律的な事業評価に抗する形で，館側が取り組む*自己評価が始まっている．一方，*市民活動*NPOやマイノリティグループ等，利用者側からの評価も行われ，また新館建築に際しては，ハコもの行政批判の立場から事前評価や開館後の運営状況をモニタリングする動きも始まっている．

〔動向〕滋賀県立琵琶湖博物館でのシンポジウム「博物館を評価する視点」(2000年)，東京都での行政評価制度導入の試行段階で，東京都立7館に対して出された厳しい評価(2000年)，東京都江戸東京博物館での「博物館における評価と改善　スキルアップ講座」(2001年)，*国立博物館の*独立行政法人化(2001年)等が引き金となり，博物館関係者の中で評価に対する関心が高まった．*日本博物館協会は，「*公立博物館の設置及び運営に関する基準」の改定に際し*文部科学省からの委嘱を受け，自己点検・評価の目安として『博物館の望ましい姿』を刊行(2003年)，静岡県立*美術館等で自主的な評価への取組みが始まった．財政状況悪化の中，独立行政法人化した国立博物館のみならず，各自治体での行政評価の実施と*指定管理者制度の導入により，公立館も博物館評価を避けて通れない状況となった．さらに，2008年の*博物館法改正により，「運営状況に対する評価と改善」が*登録博物館の努力義務とされた．

〔課題〕何のための評価かを明確にしなければ，仕事量の増加を生み出し，評価という手段が目的化しかねない．評価自体の効率化も必要であるし，予算削減が進む中での右肩上がりの事業計画は，職員の疲弊による公的サービスの低下をもたらしかねない．また，英米の基準・登録制度を参考にした新しい博物館基準ないし登録制度の立ち上げと運用には，博物館法改正問題と合わせて，研究や議論の蓄積と合意の形成が必要である． (瀧端真理子)

⇨ NPM, 公立博物館の設置及び運営上の望ましい基準, 来館者調査, 日本博物館協会, 伊藤寿朗, 博物館の基本方針, 博物館経営, 独立行政法人, 博物館協議会

〔文献〕1) 日本博物館協会：博物館の評価基準に関する調査研究，日本博物館協会，2008.

博物館法 Museum Act

〔概観〕狭義には1951(昭和26)年12月1日に公布された，「*社会教育法の精神に基づき，博物館の設置及び運営に関して必要な事項を定め，その健全な発達を図り，もって国民の教育，学術及び文化の発展に寄与することを目的」とした法律(1951年12月1日法律第285号)のこと．5章29条(「第1章　総則」「第2章　登録」「第3章　*公立博物館」「第4章　*私立博物館」「第5章　雑則」)からなる．社会教育法制の1つとして捉えられ，社会教育法，*図書館法とともに社会教育三法とも称される．

広義には日本の*博物館を対象とする，すべての「法」の総体のこと．上記の「博物館法」以外にも「*公立博物館の設置及び運営上の望ましい基準」(2003年に「公立博物館の設置及び運営に関する基準」(1973年11月30日　文部省告示第164号)を改正したもの)や国立の博物館等の設置に関する法律や規則等が含まれる．その中には*独立行政法人通則法および各個別法(独立行政法人　国立文化財機構法，独立行政法人　国立美術館法，独立行政法人国立科学博物館法等)や大学共同利用機関法人　人間文化研究機構を構成する国立民族学博物館・国立歴史民俗博物館や国立大学に設置されている博物館等を対象としている国立大学法人法等がある．

〔歴史〕図書館側では，1899年という早い時期から「*図書館令」(勅令第429号)の制定が行われた．同様に博物館側にも戦前から，博物館学の父と呼ばれる*棚橋源太郎を中心に「博物館令」制定の動きがあったが，結果として実現しなかった．戦後は社会教育法制定に際して，当初は博物館や図書館の設置・運営に関する諸規定を含んだ総合的な法律として構想されていたが，結局社会教育法とは分離した

形で博物館法，図書館法が制定された．博物館法は最新改正の2008年6月まで，あわせて18回の改正が行われたが，1955年の*博物館相当施設の改正における追加などの例を除けば法文の構成はそれほど変わってはいない．

〔課題〕日本の博物館制度は国の機関・独立行政法人によって設置された国立系の博物館と博物館法に基づく公・私立の博物館という二本立ての制度となっており，制度を複雑なものにしている．これは文化財保護法が法隆寺金堂壁画焼失を契機として緊急に制定され，東京・奈良・京都の*国立博物館は文化財保護法を根拠とする文化財の保存・活用のための機関とされたことが一因である．また，*文部科学省・*文化庁系の国立博物館はすべて独立行政法人化されており，事業の効率化が求められている．効率化と文化の振興は相容れないという批判もあり，これからの博物館の振興を考えていく上で，一層検討していかなければならないことである．

また，東京国立文化財研究所と奈良国立文化財研究所が統合され，設立された「独立行政法人文化財研究所」は2007年度より「独立行政法人国立博物館」と統合され，「独立行政法人国立文化財機構」となった．この点もこれまでの「研究所」と「博物館」という機能も目的も異なった組織の統合が，果たしてどのような結果をもたらすのか，今後の推移を見守る必要がある．

このように国立博物館では独立行政法人制度が，公立博物館では*地方自治法の改正により*指定管理者制度が既に導入され（⇨公立博物館），私立博物館や公立博物館の一部では新しい*公益法人制度が2008年12月から導入された．このように博物館にも様々な改革の波が及んでいるのが現状であるが，さらに博物館の法制度の根本法である「博物館法」の改正が文部科学省から提起され，2008年6月に改正が行われた．この改正では第9条と9条の2に博物館運営の状況に関する*評価と情報提供の条文が入れられるなどはあったものの，それ以外はほとんど語句などの修正に終わり，関係者からも「空振り」に終わったという程度の評価となった．このような結果に終わった理由の1つに，博物館の業界において「博物館」と「法」の関係をこれまで十分に議論してきたとはいえないことがある．文部科学省から初めに改正ありきで議論を進め，短期間のうちに議論を行っても，博物館界がどのような法を必要としているのか十分に反映しているとはいいがたく，生涯学習機関としての博物館を利用する国民にとっても，その意見が反映されているとは到底いえないからである．今後はこれらの議論について十分に深め，法律にいつでも反映できるようにしておく必要がある．
(井上 敏)

〔文献〕1) 全国大学博物館学講座協議会西日本部会編：新しい博物館学，芙蓉書房出版，2008．

博物館類似施設 museum-like facilities

*文部科学省が実施する「*社会教育調査」に基づく分類上の施設のこと．*博物館法には規定がなく博物館法に基づく分類の用語ではない．「*登録博物館」や「*博物館相当施設」以外の施設を総称した呼称である．文部科学省の社会教育調査では「博物館と同種の事業を行う施設」で，以下の条件を満たしているものをいう．

① *動物園と*植物園にあっては，およそ1320 m^2 以上の土地があるもの．

② *水族館にあっては，展示用水槽が4個以上でかつ水槽面積の合計が360 m^2 以上である施設．

③ それ以外の施設にあっては，建物がおよそ132 m^2 以上の延べ面積を有する施設．

日本の博物館の現状は，この「博物館類似施設」がその多くを占めており，博物館法の効力が及ばない施設が多い．所管も*教育委員会ではなく，首長部局に置くことが多く，積極的に「登録博物館」にならない傾向が強い．博物館法の存在意味からも非常に問題のあるところである．
(井上 敏)

〔文献〕1) 全国大学博物館学講座協議会西日本部会編：新しい博物館学，芙蓉書房出版，2008．

博物館をあらゆる人に解放する最も有効な方法に関する勧告 Recommendation Concerning the Most Effective Means of Rendering Museums Accessible to Everyone

〔内容〕1960年の第11回*ユネスコ総会において採択された全18節からなる勧告．ユネスコの任務が，教育・文化へ刺激を与え，人種・性または経済的・社会的*差別のない*教育の機会均等を推進するために協力しつつ人々の相互理解を促進し，*知識を保存・増進・普及すること（ユネスコ憲章第1条第2項）であることを考慮し，同勧告第2節は「加盟各国は，各自国内の博物館が経済的又は社会的地位に関係なく，すべての人に利用されるようあらゆる適切な措置をとる」と述べている．具体的には，*展示の工夫（4節），開館時間（5節），諸設備（6節），入館料（7～10節），広報（11～12節），さら

に，各種地域団体（14節）やメディア・企業（15節），学校および成人教育（16節）との協力関係等について規定されている．

〔その後の動向〕勧告は，その前文にみられるように勤労階級の利用奨励が主たる目的であったが，アクセスしやすさ（accessibility）や統合（integration）の考え方が一層広がるにつれ，障害者や多様な出自および文化的背景をもつ人々の利用奨励という観点からも，博物館のハード・ソフト両面で改善が重ねられつつある．来館できない人のための*アウトリーチ活動もその一環と位置づけられる．国際博物館会議（ICOM）の職業倫理規定（1.4）では，博物館とその収蔵品はすべての人に公開されること，特殊なニーズをもった人々には特別の配慮がされなければならないことが定められている．なお，日本では，2011（平成23）年，博物館法第8条に基づく「博物館の設置及び運営上の望ましい基準」が告示され，高齢者，障害者，乳幼児の保護者，外国人等に対応したサービスの提供（第10条第1項），青少年が関心・理解を深めるための取組（第10条第2項），学校や社会教育施設・団体等の関係機関との連携（第11条第1項）が謳われている． （山本珠美）

⇨教育の機会均等，ユネスコ「大衆の文化的生活への参加および寄与を促進する勧告」

〔文献〕1) American Association of Museums：*The Accessible Museum, model programs of accessibility for disabled and older people*, AAM, 1992.

博覧会 exposition

〔概要〕発明品のような新しい技術，世界各国・各地の優れた生産物や文化財などを一堂に集めて，期間を区切って広く人々に*展示・展覧する催し物をいう．*福澤諭吉の『西洋事情』（1866年）では，「西洋の大都会には，数年毎に物産の大会を設け，世界中に布告して各々其国の名産，便利の器械，古物奇品を集め，万国の人に示すことあり．之を博覧会と称す．（中略）千万種の品物を一大廈の内に排列して，五，六ヶ月の間，諸人の展覧に供し（後略）」と説明している．

博覧会というと，万国博覧会に代表される国際博覧会を連想しがちであるが，菓子博覧会，未来博覧会，食と緑の博覧会など国内博覧会も多数開催されている．また，博覧会には，産業的色彩の強い英国型博覧会，文化的色彩の強いフランス型博覧会，商業的色彩の強い米国型博覧会などがあり，お国柄を示すものとなっている．

〔歴史〕第1回の万国博覧会（以下，万博）が，1851年にロンドンで開催されたことは有名であるが，博覧会は英国が創始したというものではなく，既に1798年にフランス政府は，産業発展を目的とした国内博覧会を開催している．

日本国内においては，江戸時代に薬草・薬物等を展覧した「薬品会」や「本草会」，諸国の産物等を展覧した「物産会」，あるいは珍獣・奇鳥・からくり等の「見世物」などが開催されているが，これらは博覧会の前身といえよう．国内で最初に博覧会と名のつくものが開催されたのは，1871年開催の京都博覧会となる．次いで，1872年には東京の湯島聖堂を会場として文部省博覧会が開催され，好評であったことから終了後，文部省博物館として存続することとなり，これが後の東京*国立博物館の基礎となった．さらに明治政府のもとでは，殖産興業政策と相まった形で，産業系の内国勧業博覧会が1877年から1903年にかけて，東京・京都・大阪で開催されるとともに，各地で様々な博覧会が開催された．

〔万国博覧会〕1862年開催の第4回ロンドン万博では，日本コーナーが初めて設けられたが，日本が参加したのは，幕府・薩摩藩・佐賀藩共同による1867年開催第5回のパリ万博が最初で，政府としての公式参加は1873年第6回のウィーン万博からである．

1970年に大阪で日本初の万博（日本万国博覧会）が開催されたが，それ以前に1912年の日本大博覧会と1940年の紀元2600年記念万博の2回の万博計画があった．しかし，日露戦争後の不景気，日中戦争の悪化の影響によりいずれも中止とされた．大阪万博以降の国内開催の国際博覧会としては，1975年の沖縄国際海洋博覧会（沖縄海洋博），1985年の国際科学技術博覧会（つくば科学万博），1990年の国際花と緑の博覧会（大阪花博），2005年の日本国際博覧会（愛知万博）がある．

〔国際博覧会条約〕1928年に成立した国際条約で，パリに事務局が置かれている．日本は成立年に一度締結するが，第2次世界大戦時に脱会し，1965年に再び32番目の加盟国となった．国際博覧会は「2以上の国が参加」し，「公衆の教育を主たる目的とする催し」とされる．期間・規模などの違いにより，一般博覧会と特別博覧会とに区分されていたが，1995年からは登録博覧会と認定博覧会とに区分されている．愛知万博は，従来区分では特別博覧会であったが登録博覧会として開催された． （浜田弘明）

〔文献〕1) 吉田光邦：改訂版　万国博覧会，NHKブックス

477, 1985.；2）吉田光邦編：図説万国博覧会史, 思文閣出版, 1985.；3）吉田光邦編：万国博覧会の研究, 思文閣出版, 1986.；4）別冊太陽133「日本の博覧会」, 平凡社, 2005.

派遣社会教育主事　dispatched social education (adult and community education) director

人材の確保がむずかしい市町村の求めに応じて, 都道府県が派遣する*社会教育主事.

〔意義〕派遣社会教育主事の制度は, 社会教育主事不在の市町村教育委員会を解消するといった意味において一定の評価もなされているが, 派遣される社会教育主事によって県や国の方針がそのまま市町村にもち込まれるといった問題など, *住民自治・市町村自治を旨とする社会教育の本質から考えても多くの課題を抱えてきた制度である.

〔経緯〕文部省は, 1974年度の概算要求として社会教育主事給与費補助を予算に盛り込んだ（翌年度には「スポーツ担当」も別枠で設定）. この国庫補助制度は, 都道府県が市町村に派遣する社会教育主事給与費の1/2を国が負担するというもので, 1998年に廃止されるまで24年間実施された. 県から市町村への社会教育主事の派遣は,「地方教育行政の組織および運営に関する法律」（第48条2項第8号）や「*地方自治法」（第252条の17）等を根拠にそれまでもなされており, 1974年時点で18県が独自に実施していた. 文部省は, 補助金を出すことでそれらを追認するとともに, 初年から5年間で3000人の派遣社会教育主事の増員を見込んでいた. 本制度の実施に関する基本的考え方は, 国の*社会教育審議会答申「市町村における社会教育指導者の充実強化のための施策について」（1974年6月）に拠っている. とはいえ制度導入に関しては,「*社会教育法改正に関する15の問題点」（文部省, 1970年）での社会教育参事制論やいわゆる「人材確保法」（1974年2月）における学校教員との交流論等がその背景にあることを考慮する必要がある. 1974年の答申では, *社会教育行政の専門化, 高度化, 広域化への対応が指摘され, 市町村社会教育主事とは異なる役割を期待された派遣社会教育主事像が示されるとともに, その人材源として, 有資格者で教育的な職務にも通じている等から学校教員に期待が寄せられている. いずれも, 派遣社会教育主事が市町村社会教育主事の上位に位置するような事態や学校管理職養成としての人事対策の性格を強くもつなどの問題を抱えていた. 東京都では都および都内自治体の社会教育関係職員による「派遣社会教育主事問題検討委員会」が数度開催され, 独自な調査に基づいて社会教育主事の派遣に慎重な姿勢を示した結果, 一度もこの制度が実施されてこなかった.

〔現状と今後の課題〕1998年, 派遣社会教育主事の制度は, 算定基準が*地方交付税交付金の中に組み込まれる形で一般財源化され, 事実上廃止された. *文部科学省指定統計『社会教育調査報告書』によると, その規模は, 1996年度に46道府県で1643人（スポーツ担当579人）であったものが, 1999年度41道府県1326人（スポーツ担当404人）, 2005年度には33道府県693人（スポーツ担当193人）となっている. 2005年度は1996年度の42.2％にまで減少してきている. *市町村合併による自治体数の減少割合を考慮してもそれを上回る数値である. 制度廃止後にあっても独自に派遣を続けている道府県は33に及ぶが, そのうち2002年から2005年にかけて11県が減少率50％を超えている. 減少率が1桁である県は, 岐阜, 兵庫, 山口で, 2005年の派遣人数は, 順に42人, 54人, 59人である.

*地方分権時代といわれる中にあって, 市町村住民の学習課題を真摯に受けとめる人材を独自に養成していく新たな支援を考えていく必要がある.

(内田純一)

〔文献〕1）大槻宏樹編著：21世紀の生涯学習関係職員の展望, 多賀出版, 2002.；2）小林繁：現代社会教育―生涯学習と社会教育職員―, クレイン, 2008.

派遣労働者　dispatched temporary worker

労働者派遣法において, 事業主に雇用された労働者（いわゆる登録型派遣労働者を含む）で, 労働者派遣の対象になる者（労働者派遣法第2条）をいう. 労働者派遣（人材派遣ともいう）とは,「自己の雇用する労働者を, 当該雇用関係の下に, かつ, 他人の指揮命令を受けて, 当該他人のために*労働に従事させることをいい, 当該他人に対し当該労働者を他人に雇用させることを約しているものを含まないもの」としている. 労働者派遣法は, 派遣労働者保護のため, 講ずべき措置および使用者責任を派遣元と派遣先に分けて明確にしている.

〔労働者派遣法の歴史的推移〕労働者派遣法は派遣労働者によって常用労働者が代替されることを防止する観点から, 港湾運送, 建設, 警備, 医療関係（紹介予定派遣は除く）の各業務について派遣事業を禁止している. 加えて, 対象業務とされている26業務を除き, 派遣期間は最長3年（製造業は最長1年）となっている. また, 2000年より, 派遣期間終了時に派遣先と直接雇用契約を結ぶことを目的とする紹

介予定派遣が解禁されている．

〔「常用型」派遣と「登録型」派遣〕労働者派遣事業には，自己の雇用する常用労働者のみを派遣する「常用型」と，それ以外の主に登録スタッフをそのつど雇用して派遣する「登録型」とに分かれ，前者を特定労働者派遣事業，後者を一般労働者派遣事業と呼んでいる．2004年度の派遣労働者数は226万6044人，常用換算派遣労働者数は89万234人である．常用換算派遣労働者数の内訳は，一般労働者派遣事業が74万3847人，特定労働者派遣事業が14万6387人となっており，労働者派遣法施行直前の1986年度～87年度には特定労働者派遣事業のほうが多かったが，1988年度に一般労働者派遣事業が逆転し，以後，その差は拡大している． （大木栄一）

〔文献〕1) 髙橋康二：労働者派遣事業の動向，労働新聞社，2006．

パターナリズム　paternalism

「父権的温情主義」「保護主義」などとも訳され，「本人の意志にかかわらず，本人の利益のために，本人に代わって意思決定をすること」をいう．言葉としては，「父親的権威」の意味で既に19世紀後半に用いられていたが，社会的な問題を論じる用語となったのは，1970年代にフリードソン（Freidson, E.）が医者と患者の権力関係をパターナリズムとして告発したことが契機である．

たとえば親が「子どもによかれと思って」代理決定することや，医療において十分な判断材料を提供しないこと（*インフォームドコンセントの欠如）もパターナリズムの例である．

パターナリズムの背景には，相手（例：子ども，患者）は無知であり，自ら正しい判断をすることができないという認識がある．パターナリズムは悪意からではなく，主観的には思いやりから発せられることが多いため問題化しにくいが，結果として弱い立場に置かれた人の主体性や権利を奪いかねない．

*社会教育・生涯学習の指導者は，学習者にとって何が最善かを（本人よりも）自らが知っているというパターナリズムや独善に陥らないように注意すべきである．*ボランティア養成などにおいても取り上げるべき主題であろう． （松波めぐみ）

〔文献〕1) 中西正司・上野千鶴子：当事者主権，岩波書店，2003．

波多野完治　Hatano, Kanji

1905-2001．東京に生まれる．生涯教育論の構築に貢献した研究者．東京帝国大学文学部心理学科卒業．1947年東京女子高等師範学校教授，1950年お茶の水女子大学教授．1969年同大学学長．心理学を専門としピアジェ（Piaget, J.）やワロン（Wallon, H.）の研究者として知られる．同時に生涯教育論の日本への紹介者として貢献した．1960年*ユネスコのフェローとなり，1965年パリにて開催された第3回ユネスコ成人教育推進国際委員会に出席し，*ラングランの提出したワーキングペーパーをもとに議論をした．帰国後，ペーパーを翻訳し『*社会教育の新しい方向—ユネスコ国際会議を中心として—』（日本ユネスコ国内委員会）と題して1967年に刊行した．ラングランの提起した概念を「生涯教育」と翻訳紹介した日本における最初の文献となった．その後，同じくラングランによる1970年の著作を，『生涯教育入門　第1部・第2部』として翻訳紹介した．それらの翻訳は，いずれもユネスコによる生涯教育論を理解する基本文献として読み継がれてきた．

（矢口悦子）

〔文献〕1) 波多野完治：生涯教育論，小学館，1972．；2) ポール・ラングラン（波多野完治訳）：生涯教育入門（第1部），全日本社会教育連合会，1980．；3) 同前（第2部），1984．

発達保障　development guaranteeing

〔内容〕人間の発達を権利として保障していこうとする理念や*実践をさす．発達保障の考え方は，より高度な*能力の獲得といった「タテへの発達」だけでなく，能力の適用範囲を拡大させ人やものとの関係を豊かにしていく「ヨコへの発達」に注目することを強調し，能力の高度化に限定されない発達観を提示している．また，「発達保障における3つの系の統一的発展」として，個人の発達の系を集団の発展の系，社会の進歩の系とのかかわりで捉える見方も出されてきた．

〔歴史〕滋賀県の知的障害児施設「近江学園」や重度心身障害児施設「びわこ学園」における糸賀一雄らによる実践と研究の中から，1960年代に発達保障の考え方が提起された．その後，発達保障の考え方は，1967年に結成された全国障害者問題研究会の研究運動の基本理念として位置づけられ，発展させられてきた．1979年の*養護学校義務制実施につながる障害児の就学保障運動の理念的・理論的基盤となり，1960年代後半から広がった共同作業所運動にも大きな影響をもった．障害児者の教育・福祉にとど

まらず，教育・社会福祉の全般を含む他領域にも影響を与えてきている．

〔動向〕発達保障の考え方が成立した当初は，発達心理学的な視点から子どもの発達が捉えられる傾向が強かった．しかし，*青年期・成人期障害者の発達保障を目ざす取組みの拡大もあり，より社会的な文脈で人間の発達が把握されることが多くなっている．近年では「自立」の概念や，アマルティア・セン（Amartya Sen）の「潜在能力アプローチ」との共通性に注目して発達保障を考える議論も出されており，「発達保障」は青年・成人の人間発達を考えるための概念・視点としても重要性・有効性が高まっている．　　　　　　　　　　　　　　　（丸山啓史）

〔文献〕1）清水寛：発達保障思想の形成，青木書店，1981．；2）加藤直樹：障害者の自立と発達保障，全障研出版部，1997．

パットナム，ロバート　Putnam, Robert D.

1941-．米国ニューヨーク州に生まれる．米国の政治学者．ミシガン大学教授を経て，2009年現在ハーバード大学教授．ソシアルキャピタル（社会関係資本）論の代表的研究者として知られる．彼のソシアルキャピタル論の出発点は，1970年代に導入された地方制度改革に伴うイタリア各州における民主主義のパフォーマンスの測定にある．ソシアルキャピタルを信頼，規範，*ネットワークと定義しながら，イタリア南北の対比をソシアルキャピタルの質の違いによって分析した．近年は，「1人でボウリングをする」ことに象徴されるように米国の*コミュニティや市民参加が衰退していることを指摘し，それを米国におけるソシアルキャピタルの低下として検討している．彼の研究は現在のソシアルキャピタル論に大きな影響を与えており，教育学のみならず，社会学，政治学，経済学などの多領域で活発な理論的・政策的議論を巻き起こしている．　　　（松本　大）

〔文献〕1）パットナム，R.D.（河田潤一訳）：哲学する民主主義―伝統と改革の市民的構造―，NTT出版，2001．；2）パットナム，R.D.（柴内康文訳）：孤独なボウリング―米国コミュニティの崩壊と再生―，柏書房，2006．

ハート，ロジャー　Hart, Roger A.

1950-．環境心理学者．ニューヨーク市立大学教授．子どもに関する発達理論の環境デザインへの適用と，子どもの*環境教育を専門としている．持続可能な*コミュニティづくり，民主主義の発展のために，「*子どもの参画」が希求されることを強調する．日本では「参画」の段階を示した「参画のはしご」論，「参画」にかかわる*ファシリテーターの役割，「参画」の方法論的アプローチとしての*アクションリサーチなどの指摘が有名であり，*社会教育のみならず，学校教育，環境教育，都市計画（まちづくり），*児童福祉などの分野に大きな影響を与えている．　　　　　　　　　　　　　　　（森本　扶）

⇨子どもの参画

〔文献〕1）ハート，ロジャー（木下勇ほか監修）：子どもの参画，萌文社，2000．

パートタイム学習　part-time learning

学齢期の児童や学生が昼間に学校で学ぶフルタイムの学習に対して，労働者・勤労青年が労働の合間や夜間に学ぶような形式をパートタイム学習と呼ぶ．勤労青年に対するフォーマルな学校である定時制高等学校は，その具体的な例であろう．また，*社会教育・成人教育の現場では，労働者や主婦などが仕事の休暇などを用いて学習をしており，社会教育・成人教育の現場で展開している学習活動は，パートタイム学習であるということもできる．

近年では，高等教育機関などが積極的にパートタイム学習を行う，パートタイム学生を入学させており，また大学院に進学を希望する*社会人学生も増えている．そのため，有給教育休暇のように働きながら学習をすることができるようにする制度がより求められている．　　　　　　　　　（倉知典弘）

〔文献〕1）シャラン・B・メリアム，ローズマリー・S・カファレラ著（立田慶裕，三輪建二監訳）：成人期の学習―理論と実践―，鳳書房，2005．

パートナーシップ　⇨協働（パートナーシップ）

パートナーシップガバナンス　partnership governance

社会を構成する多様なアクターの*協働による統治の仕組み．「共同（協働）統治」や「共治（協治）」と訳される．

〔概観〕「ガバナンス（統治）」という用語は，政治や経営の世界において，従来型の一部権力者による一元的な管理や支配の構造を，多様な社会的アクターの参加と協力によって形成される協働的な運営や秩序の仕組みに置き換える試みの中で用いられる．日本では，経営者への権力集中の弊害が明るみになった1980年代後半以降，「コーポレートガバナンス」（corporate governance）（企業統治）という考え方が急速に普及し，株主，従業員，顧客，消費者，環

境や地域社会などの多様な*ステークホルダーとの相互性や協力関係が重視されるようになった．今日では，その形態や理解も多様化し，広く社会一般や地方自治に適用される概念となっている．特に，公共領域の再編過程において，国家・政府による一方的な統治という意味での「ガバメント」からの脱却を含意する用語として「ガバナンス」が用いられる．前者が「パブリックガバナンス」(public governance) とも呼ばれるのに対し，政府・市場・*市民社会組織の協働による統治は，「ソーシャルガバナンス」(social governance)，あるいは「パートナーシップガバナンス」と称される．

〔課題〕「パブリックプライベートパートナーシップ」(public private partnership，官民協働) に代表されるように，地方自治や*公共性の担い手の多元化と参加が新しいガバナンスの特徴である．しかし，現状では公共サービス供給を軸としたパートナーシップに偏重し，市民主体の協働社会システムの拡大・充実といった視点は希薄である．住民参加による地域計画・地域生涯学習計画づくりの内実が形骸化されないためにも，民主的な意思決定システム構築の可能性を，多様な利害関係によって構成されるガバナンス構造がもつ矛盾的契機および力関係（権力構造）を踏まえつつ検討することが求められている． (大高研道)

〔文献〕1) 山口二郎ほか：ポスト福祉国家とソーシャル・ガヴァナンス，ミネルヴァ書房，2005.

バトラー，ロバート　Butler, Robert N.

(1927-2010)．ニューヨーク市に生まれる．米国の精神医学，老年医学者．1963 年に，ライフレビュー（人生の回顧），1969 年に，*エイジズム（高齢者差別・年齢差別）という語を提唱した．専門とする医療のみならず，社会保障，*労働，経済，住宅，*ソーシャルサービス，介護，教育など，多数の分野にわたって，高齢者に対する否定的で紋切り型の考え方を変えることに尽力した．人生を統合し課題を解決する*回想法の創始者でもある．

さらに，*プロダクティブエイジングという概念を用いて，高齢者や*エイジングについて，依存性だけではなく，生産性 (productivity) という枠組みから新たな発想ができないかと提起した．高齢化の進展する社会では，健康に富み，活動的，かつ生産性によって，自らと社会に貢献する高齢者が増えていると論じ，注目された． (矢野　泉)

⇨エイジング

〔文献〕1) Butler, R. N.: *Why Survive ? Being Old in America*, Haper & Row, 1975.

話し合い学習　learning by dialogue in a small group

〔概観〕継続的な小集団の中で特定の主題(テーマ)について，話す，聴く・聞く，応答する・伝え返す，といった主に言葉の直接的なやりとり（相互行為）を通して*他者とともに思想形成を行っていく学習形態．*社会教育において自覚化されてきたのは 1950 年代以降である．お仕着せの教育内容に対する疑問と学習における学習者の主体性回復の意味を込めて民間から編み出され，青年の学習や*婦人学級，サークル活動の中で実践的に蓄積されてきた．とりわけ*青年団の*共同学習と静岡県稲取町（当時）で行われた実験社会学級（婦人学級）は，その原点とされる．1960 年代以降も青年や女性の学習活動の中で継承され，*差別・*抑圧から対等・平等な関係・社会を展望する学習として実践されてきた．

〔特徴〕① *自己表現とそれを受けとめる他者との共感的な関係に裏づけられた自己解放性，自己受容感，自己肯定感の醸成．② 思考や感情を整理して言葉に表現する過程およびそこでの葛藤，他者との相互のやりとりを経て行われる価値観や認識の吟味（自己の思想形成・主体の確立）．③ 身近な生活や*経験あるいは小集団を通して発見される問題の共有，そして問題解決への展望と実践の展開．④ 小集団内における価値観や認識の*差異とそこから生じる葛藤や対立，そしてさらなる相互対話の過程を経て，新たな共通理解や共同の価値の創出．以上のように，その集団的思考・集団的吟味が話し合い学習の最大の特徴であり，ゆえに民主主義社会の主体形成において果たす意義が指摘されてきた．

〔課題〕小集団の中の関係性（相互に尊重し合う基本的な信頼関係に支えられた対等で率直な関係性），職員や助言者の役割，記録・調査・講義などとの*学習の構造化，学習者による学習方法の自覚的獲得の過程．とりわけ形式的・表面的に話し合い学習を標榜しながら実質的には形骸化される側面には注意が必要である． (辻　智子)

⇨共同学習，小集団学習，グループワーク

〔文献〕1) 村田晶子：女性解放に向かう社会教育実践の組織化（その 1）—「話し合い学習」の意義をめぐって—．早稲田大学教育学部学術研究—教育・社会教育・教育心理・体育編—，**34**，1985.

花婿学校 school for bridegrooms for gender sensitivity

1989年から11年間開催された日本初の男性専用講座（最期の3年間は、同じ主旨で文部省委託事業「東京21世紀カレッジ」の名称で開催）．1980年代、女性の社会進出に伴う生き方や意識の変化は「女性の時代」といわれたが、その一方で「男性の結婚難」が社会問題とされた．企業戦士といわれ仕事一辺倒の生き方を強いられる男性に、評論家・樋口恵子、ジャーナリスト・斎藤茂男、日本青年館結婚相談所所長・板本洋子がそれぞれの立場で危機感をもち「対等平等な男女の関係」という人間らしい生き方を考えようと主宰した．「花婿学校」は「花嫁修業」のアンチテーゼとして名づけられた．

日本青年館を会場に夜間学校として毎週1回2時間半の半年間に及ぶ連続講座．カリキュラムは事前に50人の30代男性へのヒアリングを実施、男性の課題を集約、「*ジェンダー」「男性学」を基調に、新たな人間関係、結婚・家族、性、男性の働き方をテーマとした．専門家の講義のほか、指導講師のサポートで自主ゼミも同時並行して実施した．3年目からは女性の参加希望も相次いだことから男女共学となり、受講生は延べ1000人を超えた．同事業は、文部省委託終了と、労働環境の激変などに対応した事業内容再検討のため2000年以降は休止となった．

（板本洋子）

〔文献〕1）樋口恵子・斎藤茂男・板本洋子編：花婿学校―いい男になるための10章―, 三省堂, 1990.

パネル panel

*博物館*展示における解説計画の基本を担うのがパネル（解説パネル）である．パネルは、文字だけのものもあるが、写真や図版等を併用して、ビジュアルに仕上げられるものもありグラフィックパネルと呼ばれることもある．紙や金属等の素材に直接印刷されたものに加えて、内照式のものや駆動装置を組み込んで参加性をもたせたもの、解説内容を逐次、入れ換えることができるものなど、様々なタイプがある．

今日の博物館展示では、展示シナリオに従って、大項目、中項目、小項目等、展示構成の各段階の解説を行うパネルを体系的に設定していくことが基本となっている．最小のものは、実物資料に1対1対応で添付されるもので、パネルとはいわずにネームプレート等と称する場合が多い．

展示意図を伝達する上で文字表現が使えるパネルは、大変に便利な手法であり、映像や造形物等の手法と比べて安価に設定できるところも魅力である．しかしながら、それに頼りすぎると展示全体がパネルだらけになってしまうという危険性ももっている．

（若月憲夫）

〔文献〕1）ディスプレイの世界編集委員会編：ディスプレイの世界, 六耀社, 1997.；2）日本展示学会「展示学辞典」編集委員会編：展示学辞典, ぎょうせい, 1996.

ハーバーマス, ユルゲン Habermas, Jürgen

1929-. ドイツ・デュッセルドルフに生まれる．ドイツの哲学・社会学者．彼の『コミュニケーション的行為の理論』によれば、われわれの社会が到達している（学習過程の）段階においては、法や道徳といった規範の妥当性の基準は、日常言語を媒体とした批判的な討議そのものの中に見いだすことができる．この理論がこの社会に批判的なのは、この社会が到達しているはずの段階の学習の潜在力が活用されず、一方で、高度に分化された専門家文化が、人々の日常言語による相互行為の調整から分断化され（文化的貧困）、他方で、貨幣・権力といった非言語的な媒体に依拠する経済および行政システムが、日常言語を媒体とするコミュニケーション的行為に基づく生活世界に固有なあり方を歪曲している（生活世界の植民地化）からである．その上で、この理論はこの潮流に抗する社会運動等の組織・団体から成り立つ*市民社会や、政治的意見の*ネットワークとしての市民的公共圏（*公共性）の積極的な役割を解明しようとしている．

（林　美輝）

〔文献〕1）ハーバーマス, J.（河上倫逸ほか訳）：コミュニケイション的行為の理論（上・中・下）, 未來社, 1985-1987.；2）ハーバーマス, J.（河上倫逸ほか訳）：事実性と妥当性（上・下）, 未來社, 2002, 2003.

パラサイトシングル parasite single

学校卒業後も親に基本的生活を依存しながらリッチに生活を送る未婚者のこと．まるで、親に寄生（パラサイト）しているようにみえることから、山田昌弘が1997年に使い始めた言葉．親に家事を任せ、収入のほとんどを小遣いとして自由に使えるため、時間的経済的に豊かな生活を送ることができる．

このような若者が発生した理由は、1つには、1980年代頃から50, 60代の親世代の経済状況が良好で、子どもを寄生させる経済的ゆとりができたこと、そして、親が子どもに楽な生活をさせることを望むという文化的条件がある．

日本では、欧米とは異なり、事情がない限り、結

婚までは親元で暮らすのが一般的である．親元での生活がいごこちがよくなると，結婚して独立すると生活水準が低下するから，結婚への動機づけが弱まる．日本では，2005年時点で，成人親同居未婚者は約1200万人いる．パラサイトシングルの存在は，日本で未婚化が進行する一因となっている．

しかし，1990年代半ばからパラサイトシングル現象に翳りがでてきた．もはや，親同居未婚者＝リッチな生活という図式が成り立たなくなっている．1つは，若年者の雇用状況が悪化し，自立したくても収入が低いので親に生活を依存せざるをえない若者が増えたことである．もう1つは，パラサイトシングルが壮年化していることである．35歳から44歳までの親同居未婚者は，1980年にはわずか39万人だったのが，2010年には，298万人，当該年代の14％に達している．その中には，経済力が低い者が多く含まれている．親も高齢となれば子どもを経済的に支えることができなくなり，亡くなれば，自力で生活をしなくてはならない．今後，このような元パラサイトシングルをどのように自立させるかが，社会的課題になるだろう． （山田昌弘）

〔文献〕1）山田昌弘：パラサイト・シングルの時代，ちくま新書，筑摩書房，1999．；2）山田昌弘：パラサイト社会のゆくえ，ちくま新書，筑摩書房，2004．

パラリンピック　Paralympic Games

国際身体障害者スポーツ大会（国際パラリンピック委員会主催）をパラリンピックと呼ぶ．

〔もう1つのオリンピック〕1948年，英国のストーク・マンデビル病院で，第2次世界大戦で脊髄損傷となった兵士たちに対して，「手術よりもスポーツで」を理念に行われたレクリエーション大会が最初とされる．脊髄損傷者（パラプレジア）のオリンピックという意味で，パラリンピックと呼ばれるようになった．その後，参加者の*障害の種別が広がり，1985年からパラリンピックは，平行（Parallel）＋オリンピック（Olympic），つまり「もう1つのオリンピック」と解釈されることになった．1960年，オリンピック・ローマ大会以降は，オリンピックと同じ年に同じ開催地で4年に1回，身体障害者の国際競技会が開かれ，1988年のオリンピック・ソウル大会以降は，オリンピック開催後に同じ場所でパラリンピックを開催することが義務づけられるようになった．競技参加者の障害種別としては，「運動機能障害」「脳性麻痺」「切断など」「視覚障害」「聴覚障害」がある．

〔障害者スポーツの行方〕日本では，東京パラリンピックの開催翌年の1965年から全国身体障害者スポーツ大会が，*国民体育大会開催都道府県で毎年実施されてきた．そして2001年には，全国知的障害者スポーツ大会（通称*ゆうあいピック）と統合され，*全国障害者スポーツ大会として開催されるようになった．障害をもつ人たちが，記録に挑戦するアスリート（競技者）として，国際的にも注目されるようになっていくとともに，障害への人々の理解や，スポーツが生活を豊かにするという認識が障害者自身にも広まってきた．スポーツが，障害をもつ人たちの*QOL（生活の質）を図る1つの指標となっている中で，障害者の地域スポーツ活動を支援する条件整備の充実が求められる． （打越雅祥）

〔文献〕1）高橋明，障害者とスポーツ，岩波新書，2004．

バリアフリー　barriers-free

高齢者や*障害をもつ人に対して，社会生活において「バリア（障壁）」になっているものを取り除いていくデザインの手法である．1960年代に欧米の建築家の間で生まれ，日本では，1980年代に*ノーマライゼーションの考え方が急速に拡大する中で取り組まれるようになり，「福祉のまちづくり」の重要な課題として捉えられるようになってきた．

ここでいうバリアは，①物質，②制度，③文化情報，④意識に*分類される．①については，1994年の「高齢者，身体障害者などが円滑に利用できる特定建造物の建築の促進に関する法律」（通称ハートビル法）や2000年の「高齢者，身体障害者等の公共交通機関を利用した移動の円滑化の促進に関する法律」（通称交通バリアフリー法）の制定，そして技術の向上により，ここ20年間で確実に進んでいる．しかし社会参加や文化的アクセスさらに目にみえない意識改革（心のバリアフリー）などにおいてはまだまだ課題が多く，そうした面で*人権教育としての*社会教育の役割が重要となっている．

⇨ユニバーサルデザイン （杉野聖子）

〔文献〕1）川内美彦：バリア・フル・ニッポン―障害を持つアクセス専門家が見たまちづくり―，現代書館，1996．；2）古瀬敏編著：ユニバーサルデザインとはなにか―バリアフリーを超えて―，都市文化社，1998．

春山作樹　Haruyama, Sakuki

1876-1935．兵庫県に生まれる．戦前の日本教育史研究者．東京帝国大学教授・文学博士であった春山は2つの視点を示した．第1は，教育学の中でもその基軸となる教育史の研究方法である．そこでは

教育と社会との関連を「教育の組織化」の目的と内容，方法と形態，さらにその対象と主体の問題を通して全面的かつ構造的に究明する点にあった．同時に春山の教育学の基本は，学問が生活遊離の状況から生活密着へという，日常の*経験がことごとく学問の対象とされた点にあった．学校道場が世間道場となるように，世態人情の機微に触れる教育学をめざした．

 第2は，*社会教育への深い関心であった．すなわち社会生活そのものの中での教育作用を重視する立場から，学校の狭い世界から教育の概念を大胆に*解放する社会教育に着目した．春山は社会教育こそが教育の根本形式であると捉え，歴史的に最初の原型としての機能であると認識した．教育の組織化過程として理解する社会教育論は，戦後社会教育理論に大きな影響を与えた． （大槻宏樹）

〔文献〕1）春山作樹：婦人世間道場，大日本図書，1936.；2）春山作樹：教育学講義，東洋図書，1934.；3）春山作樹教育論集刊行委員会編：日本教育史論，国土社，1979.

ハローワーク（公共職業安定所） Hello Work（public job placement office in Japan）

 *職業安定法に基づいて設置される国の行政機関（厚生労働省）である．

〔様々なハローワーク〕従来は，「職安」あるいは「安定所」という略称が広く使われていたが，1990年頃からは，一般公募で選定された「ハローワーク」という呼称が主に用いられるようになっている．全国477ヵ所（2003年）に設置されている．また，子育てをしながら就職を希望している者に対して，子ども連れで来所しやすい環境を整備し，個々の希望やニーズに応じたきめ細やかな就職支援を行う両立支援（マザーズ）ハローワーク（12ヵ所），パート労働希望者のためのパートバンク，中高年のホワイトカラーを対象にした人材銀行などが設置されている．

〔ハローワークの業務〕ハローワークの業務は大きく分けて，以下の3つに分けられる．第1の業務は職業安定法に基づく*職業紹介，*職業指導等の職業安定に関する業務である．具体的には，求人・求職の申し込みを受理し，求職者に就職についての相談・指導，適性や希望にあった職場への職業紹介を行うことである．加えて，学生・生徒等に対して情報の提供，助言援助を行うとともに求人開拓も行っている．こうした業務はハローワークのメイン業務である．また，職業安定法により，ハローワークは求職者から手数料を徴収することは禁じられている（無料職業紹介）．

 第2の業務は*雇用保険法に基づく失業給付の支給で，具体的には，雇用保険の受給手続きの業務である．

 第3の業務は雇用保険法に基づく雇用安定事業等に関する業務で，雇用主に雇用に関する国の助成金・補助金の申請窓口業務などのサービスを提供している．

 こうした業務を遂行するに際しては，ハローワークは中間監督機関としての都道府県知事の指揮監督を受けることになっている（労働大臣は公共職業安定所の業務の連絡統一について都道府県知事を指揮監督するものとされている；職業安定法第8条）． （大木栄一）

〔文献〕1）労働新聞社編：職業安定法の実務と解説，労働新聞社，2006.

反差別国際運動（IMADR） International Movement against All Forms of Discrimination and Racism

 世界中のあらゆる差別と人種主義の撤廃を目ざす国際*人権NGOである．*部落解放運動の呼びかけにより，国内外の差別撤廃を目ざす各種被差別団体や個人によって1988（昭和63）年に設立された．1993（平成5）年には，日本に本部をもつ国際人権NGOとして初めて国連との協議資格が与えられた．アジア，北米，南米，欧州のそれぞれに地域委員会が組織されており，地域人権課題に取り組むとともに，被差別マイノリティ当事者による国際的な連帯を促進している．日本国内においても日本委員会（IMADR-JC）が1990（平成2）年に組織され，日本における差別撤廃と人権確立の活動を展開するとともに，国際的な人権問題の解決に向けた様々な活動を推進している．特に各種被差別集団に属する女性に対する複合差別撤廃や人身売買の根絶に向けた取組みが注目される． （北口末広）

〔文献〕1）反差別国際運動日本委員会：IMADR-JCブックレットシリーズ，解放出版社，1995～2008.；2）反差別国際運動日本委員会：現代世界と人権シリーズ，解放出版社，1990～2009.

ハンズオン hands-on（museum）

〔概観〕資料（作品）保護の観点から「手を触れないで！」（hands-off）とされる*博物館の*展示方法と発想を逆転させ，「自発的に見て，触れて，試して，理解する」という方法で，利用者の興味を引き出し，

学習効果を高めようとする手法．「参加型」（participatory）または「インタラクティブ」（interactive）も，ほぼ互換性のある言葉として用いられる．

〔歴史〕参加型展示のルーツは，第1回ロンドン万国博覧会（1851年）の機械の動態展示，その後ヘンリー・コール（Henry Cole）によって創設されたサウスケンジントン博物館（1857年開館）を経て分離したロンドン科学博物館（1909年）での「動くモデルでの動態展示（観客がハンドルで動かす）」にあると考えられる．その後，この参加型モデルは，ドイツ博物館（1925年完成）の科学技術展示にも導入された．日本では1912年に*棚橋源太郎が，サウスケンジントン博物館等を参考に，東京教育博物館内の*通俗教育館で，観覧者自らが操作できる展示を導入した．ハンズオン手法の開発は，*デューイらの教育論やピアジェ（Piaget, J.）の発達心理学，スプートニクショックに由来する米国での科学教育改革を背景としている．ボストンチルドレンズミュージアムの展示改革や，サイエンスセンターであるエクスプロラトリアムの開館（1969年）は，世界各地の博物館に大きな影響を与えた．エクスプロラトリアムの創始者オッペンハイマー（Oppenheimer, F. F.）は，一般公衆は*能力を欠くのではなく手段がないだけで，適切な実験装置さえ用意されれば，通常は科学者のみに許されている，隠された現象を自ら発見する喜びを味わえると考えた．日本では，1980年前後に科学館の設立・増築が第2のブームを迎え，「参加体験型展示」が導入された．1990年代にはチルドレンズミュージアム（*子ども博物館）が出版等を通じて盛んに紹介され，滋賀県立琵琶湖博物館など総合博物館の中にもハンズオン展示が導入されはじめた．*学校週5日制実施を前に文部省は*全国子どもプランの中で「親しむ博物館づくり事業」を委嘱し（1999〜2001年度），子ども向けハンズオン型普及事業は，全国の博物館に広がった．

〔課題〕一過性の「参加体験」を与え・与えられることに終わらない取組みにすることが，館・利用者双方の課題である． （瀧端真理子）

⇨子ども博物館

〔文献〕1）Hein, H.：*The exploratorium*, Smithsonian Institution Press, 1990.；2）目黒実：チルドレンズ・ミュージアムをつくろう，ブロンズ新社，1996.；3）高橋雄造：博物館の歴史，法政大学出版局，2008.

ハンセン病回復者 former Hansen's disease patient

ハンセン病をかつて患った人のこと（ハンセン病元患者）．1950年代以降，ハンセン病は確実に治癒する病気となった．現在療養所にいる人々（平均年齢約80歳），および少数ながら社会復帰した人々は，いずれも「回復者」であるが，*差別を受けやすい立場であることには変わりない．

〔特徴〕ハンセン病（かつては「らい病」）は古くからある感染症であるが，もとよりその感染力は微弱であった．症状として手足や顔面などの異形・変形を伴うことが多く，治療薬のない時代にはそれが後遺症として残った．そうした可視的な特徴と，感染への恐れとが重なり，ハンセン病に罹った人（およびその家族）は厳しい差別と排除の対象となった．隔離政策が人々の差別感を強化してきた点に，ハンセン病問題の特徴がある．

〔歴史〕日本では社会防衛上の理由から「らい予防法」（1907年）が制定され，官民一体となった強制隔離政策が実施された．療養所に送られた患者の多くは家族と絶縁した．療養所内では強制労働，強制断種，強制妊娠中絶など，人権を顧みない処遇がまかり通っていた．「らい予防法」には退所規定がなく，病気が治癒した後も社会復帰はほとんど許されなかった．遅すぎた「らい予防法」廃止（1996年），ハンセン病国家賠償訴訟（国賠訴訟）における原告勝訴（2001年）を経た後も，なお社会復帰した者はごく少数にとどまる．積極的に講演活動などを行う回復者がいる一方で，2003年秋の黒川温泉宿泊拒否事件は，社会に根強く残るハンセン病への*偏見を表出させるものであった．2009年4月「ハンセン病問題基本法」が施行され，そこでは「ハンセン病及びハンセン病対策の歴史に関する正しい知識の普及啓発」を国が行うよう規定されている．

〔社会教育における課題〕国賠訴訟後，自治体による人権啓発においてハンセン病が扱われる機会が増えた．ハンセン病は過去の問題ではなく，「医療と人権」「感染症とどう向き合うか」といった今日的課題を考える上でも不可欠の問題である．一般市民への啓発，医療・福祉職従事者の理解促進がともに求められる．ハンセン病回復者の体験を聞き取った出版物は多い．歴史的事実から普遍的課題を読み解くような学習が求められる． （松波めぐみ）

〔文献〕1）畑谷史代：差別とハンセン病「柊の垣根」は今も，平凡社，2006.；2）高波淳：生き抜いた―ハンセン病元患者の肖像と軌跡―，草風館，2003.

伴走・伴走者(仏) 英 accompaniment, accompanist, 仏 accompagnement, accompagneateur

フランス語圏を中心にして展開している成人教育にかかわる教育的な支援および支援者に関する議論，およびそこで提唱されている教育的な役割をもつ職員に関する新しい呼称．*ファシリテーターや*トレーナー，コーチなど，多様に展開する支援者の活動や職種を総合しようとする理論的な試みである．2004年にフランス，トゥール市郊外のフォントヴローで第1回目の国際的な研究集会が開かれている．

日本語訳は，「伴奏・伴奏者」とすることも可能である．いずれの場合にも，走ったり演奏したりというパフォーマンスの当事者が他にいることを前提に，そのよりよい実現のために付き添い，側面から支援する役割を強調する用語である．フランス語圏での*自己教育論に関する*実践および理論の展開過程から生まれ，原理的には自己形成の過程を成人教育の本質として重視する考えを基本にしている．*他者からの介入を極力控えた，成人教育や生涯学習のあり方を探求しようとする新しい動きである． (末本　誠)

〔文献〕1) Pineau, G. (éd)：*Accompagnements et histoire de vie*, L'Harmattan, 1998.

万人のための教育世界宣言　World Declaration on Education for All

〔概観〕別名「ジョムスティエン宣言」．「基礎的な学習のニーズを満たすための行動の枠組み」とともに1990年に採択され，2000年までに「すべての人に教育を」(Education for All：EFA) という目標実現のために国際機関が協力していくことを確認した宣言である．同年，タイのジョムスティエンで，*ユネスコ，*ユニセフ，UNDP (United Nations Development Programme，国連開発計画)，*世界銀行の共催により，「万人のための教育世界会議 (WCEFA：World Conference on Education for All)」が開かれた．日本を含む165ヵ国の政府代表，137の*NGO の代表をはじめ1500人が参加した．

この宣言は，1985年に出された「学習の権利に関するパリ宣言」(*学習権宣言) の流れを汲んでいる．同年の「*国際識字年」にちなんで同会議で開かれた「識字サミット」において，識字教育を推進するための10年計画が幕を明けた．2000年には，WCEFAのフォローアップ会議として，ユネスコ，ユニセフ，UNDP，UNFPA (United Nations Fund for Population Activities，国連人口基金)，世界銀行の共催により，185ヵ国の政府代表がセネガルのダカールに集まり「世界教育フォーラム」が開かれた．

〔内容〕第1条第1項では，「子ども，青年，成人を含むすべての人は基礎的な学習のニーズを満たすための教育の機会から恩恵を得ることができなければならない」し，「(基礎的な学習の) ニーズは人間が生存し，自らの*能力を十分に伸ばし，尊厳をもって生活し，働き，開発に全面的に参加し，生活の質を高め，*知識に基づいて判断し，学習を続けるのに必要な不可欠の学習手段 (識字，音声による表現，算数，問題解決能力など) や基礎的な学習内容 (知識，*技能，価値観，態度など) の双方からなるものとする」と述べられている．この宣言は，それまで初等教育を中心に理解されてきた*基礎教育の概念を拡大し，より包括的な基礎教育のあり方を提起した点および，少女や女性に対する教育機会の提供にも力点が置かれている点で意義深い．　(安川由貴子)

⇨ ダカール行動の枠組み

〔文献〕1) *World Declaration on Education for All and Framework for Action to Meet Basic Learning Needs* (adopted by the World Conference on Education for All：Meeting Basic Leaning Needs, Jomstien, Thailand 5-9 March 1990), WCEFA, 1990.

万人のための高等教育　higher education for all

すべての人に高等教育機会を保障するという，知識基盤社会を特徴づける理念．米国の社会学者トロウ (Trow, M.) は，高等教育システムの発展段階を，①該当年齢層の15%までが大学に在籍するエリート型，②大学在籍率が15～50%までに拡大したマス型，③50%以上にまで拡大したユニバーサルアクセス型という3つのタイプに整理している．彼によれば，現在米国の高等教育はすでにユニバーサルアクセス型の，誰もが高等教育に進学する機会を保障される段階にある．ユニバーサルアクセス段階では，高等教育は万人の義務となり，その主要な機能は産業社会に適応しうる全国民の育成とされる．また学生の進学・就学パターンとしては，入学の遅れや中途退学がみられるとともに成人・勤労学生の進学や職業経験者の再入学が激増し，高等教育機関は極度の多様性をもち，学生の選抜原理は「万人のための高等教育」の保障となる．現在，日本の高等教育 (大学・短大等) 進学率 (2007年) は54.6%で，ユニバーサルアクセス段階に突入しており，高等教育をめぐる状況の激変を裏づけている．　(藤村好美)

[文献] 1) トロウ，マーティン（喜多村和之編訳）：高度情報社会の大学，玉川大学出版部，2000．

ハンブルク宣言　Hamburg Declaration on Adult Learning

第5回*ユネスコ国際成人教育会議（1997年7月，ハンブルクで開催）で採択された「成人の学習に関するハンブルク宣言」のことをさす．

〔概要〕同会議開催の2年以上前から準備され，草案も早くから提示されてきた．会議時に多数の修正意見を受け，この宣言の内容を詳しく行動提起にまとめた「未来への課題（アジェンダ）」とともにまとめられた．第5回会議は*NGOに討議への参加がより広く開かれていたこともあり，政府関係者のみならず，様々なNGOの意見が反映されている．しかし*グローバリゼーションに関する考え方等あいまいな部分もあり，各国の事情，政府・NGOそれぞれの立場を配慮した妥協的合意という側面ももつ．
　全体は27章からなり，基本的考え方を示した総論部分，個別課題と，配慮すべき諸階層に対応した課題とを列記した各論部分，宣言の内容を実現するための課題を示した部分と，大きく3つに分けて捉えられる．

〔内容〕この宣言はその冒頭で，来るべき未来社会を「人間中心の開発」「参加」「民主主義」「正義」「人権」「平和」「平等」等のキーワードをもって提示し，この未来社会を築くためには「生活のあらゆる局面での」人々の「効果的な」「参加」が「必要」であるとし，そしてこの「効果的な」「参加」のためにまさに成人教育が重要なのだと，その基本的な考え方を明記している．これは，急激な社会変動・開発への対応，「教育無権利層」の接近・参画等の形で成人教育の意義・あり方を主張してきた従来の考え方からさらに一歩踏み込んで，成人教育を，社会全体に対して「参加」を軸に構造的に位置づけたものといえる．この考え方は，成人教育の目的の筆頭に「人々と地域社会の自律性および責任感を発達させること」を掲げ，*基礎教育はすべての人にとって「権利であるのみならず，他者に対する，また，社会全体に対する義務であり，責任でもある」と主張しているところ，各論の女性，高齢者に言及している部分で，「社会の発展」へのそれらの階層による貢献という事実認識の上に成人教育の課題が提起されているところ，そして最後に大会参加者の決意として，この宣言を実現することが掲げられているところにも，共通した「責任」感覚としてその現れをみることができる．
　この宣言はまた「原住民・遊牧民」にかかわって，成人教育への接近の保障という従来の主張を超え，文化の「多様性」，独自の「文化」の尊重，「口承の知恵」の保存・記録，「口承文化を支える識字環境」等の指摘をしており，そこには母語による*識字教育の重要性および口承文化へのわずかな言及というそれまでの議論の段階をも超えた新たな課題提起を読み取ることができる．
　この他，新しい「青年・成人教育」概念の使用，国家の役割の変化への言及，公・私・地域社会間での協力等様々な組織による協力の必要性の強調など，制度・推進体制に関する変革的姿勢も打ち出している．
　なお最後の文章の一節「成人の学習を，よろこび，手段，権利，共同の責任にするために」にある「よろこび」という言葉には，ユネスコ「学習権宣言」で不足が指摘されていた観点の追加による，「成人の学習」のさらに豊かな捉え返しを読み取ることもできるだろう．
（荒井容子）
⇨ユネスコ国際成人教育会議

[文献] 1) 藤田秀雄・荒井容子訳：成人の学習に関するハンブルク宣言，月刊社会教育，1997, 12ほか．原文はユネスコ教育研究所（旧）の当該サイト（http://www.unesco.org/education/uie/confintea/）から入手可．; 2) 荒井容子：「成人の学習に関するハンブルク宣言」解説—合意と課題—，月刊社会教育，1998, 9．

反偏見教育　anti-bias education

〔概念〕偏見について学び，それをなくすための教育をさす．反バイアス教育や反差別の教育とも呼ばれる．バイアス（bias）はもともと「ゆがみ」を意味する英語だが，見方をゆがませる偏見と，関係をゆがませる力関係の両方をさす．国際的には，偏見やバイアス，対立解決や平和，*参加・体験型学習などの理論に基づいて，反偏見教育のプログラムが開発されている．

〔内容〕偏見に関する理論は，オルポート（Alport, G.）による総合的な研究を土台にしつつ，実証的な研究に裏づけられて発展してきた．偏見の理論から「事実」「意見」「ステレオタイプ」「偏見」「スケープゴート」「うわさ（デマ）」などの基本的な概念が形成された．対立解決の理論では，対立の概念，ウィンウィン解決，アサーティブネストレーニングなどが参考とされた．参加型学習の理論により，これらの諸概念や理論を，事例学習，疑似体験，ゲーム的な活動などの形で具体的に参加しながら学ぶ方法が

開発されている.

米国における反バイアス教育では，次のようなステップを整理している. ①学習のためのルールづくりを行う. ②自分自身のかけがえのなさを実感する. ③われわれの間にある様々な違いを認識する. ④違いの中でも*差別につながりやすい要因を学び，その歴史的・社会的背景を知る. ⑤偏見的態度や差別行為を批判的に捉えるために，様々な概念や理論を学ぶ. ⑥目の前で起こった差別言動に対してどう働きかければよいかを学ぶ. ⑦差別的な仕組みを変えるために社会を変えるためにどう行動すればよいかを学ぶ. このような流れで学ぶことにより，自分自身から出発しながら社会を変える行動力を身につけることを可能にするような*学習プログラムを構想することができる.

〔課題〕これらの教材や方法論の多くは，米国の現実や研究に根ざして開発されてきたものである. 日本社会と米国社会には様々な違いがあるため，日本の現実に即した偏見の理論や概念を産み出し，それらを踏まえた学習プログラムの開発が求められている. (森 実)

〔文献〕1) 大阪多様性教育ネットワーク・森実：多様性教育入門, 解放出版社, 2005.

半労半学（中国） half working and half learning (in China)

中国の大躍進期からその後の経済調整期（1958～1966年頃）において，生産労働と教育を結びつけ，頭脳労働と肉体労働の両方に対応できる新しい人材養成のあり方を意味する言葉であり，基本的には働きながら学ぶ活動を指す. 半工半読・半農半読ともいう. 1958年の『教育活動に関する指示』によって，半労半学学校は正規の教育制度として位置づけられた. 全日制学校を中堅技術者養成，半労半学学校を中級・下級の技能者養成とする2本立ての学校体系を提唱したのは劉少奇であった.

半労半学学校は1958年から59年にかけて一時的に多く創設されたが，その後の3年間にわたる自然災害などの影響で，経営を維持できたのはごく少数であった. 1964年になると，半労半学は中等職業教育から中等技術専門学校と高等教育へと発展した. 文化大革命期（1966～76）に入ると，半労半学は資産階級の複線型教育体系の亜種とみなされて，否定された.

半労半学学校には，工場と学校が一体となったもの，工場や企業が学校を経営しているものなど，様々な形態があった. 農村部における農業中学の創設もその一環であった. (王 国輝)

⇨「二本足で歩く」制度（中国）

〔文献〕1) 王国輝：中国社会主義建設期における労農教育の展開―半労半学制度を中心に―, アジア文化研究, **12**, 2005.

ひ

ピアカウンセラー　peer counselor

「ピア」とは，同じような社会的立場にある同輩や仲間，狭義には，病気や*障害など抱えている問題に同一性のある仲間を意味する．「ピアカウンセラー」とは，同じような問題を*経験した仲間による相談援助活動者である．専門的，指示的立場ではなく，当事者だからこそ理解できる状況や心理を共有し，生活上や生き方の問題を具体的に考えていく．また，生活技術や方法の伝達も行いながら，相手自らが解決策を見いだせるように支援する．*カウンセリングの到達目標は実施される領域によって異なるが，多くは自己信頼の回復と人間関係の再構築を通しての社会参加と，当事者の自立を支える社会への変革を担う主体の形成を目ざしている．

〔展開〕1970年代，米国における障害者の*自立生活運動の中で広まったといわれる．日本では1980年代頃から，障害者の*自立生活センターや病気やアルコール依存症などのセルフヘルプ活動で導入され，*社会教育活動においても，子育てや*不登校・引きこもりなどの問題解決を目ざす活動で広く普及するとともに，*公民館や*生涯学習センター，*NPO活動などでカウンセリング講座が開催されている．

〔養成〕問題を克服した体験者というだけでなく，相談者としての人格的適性をもち，問題を客観的に把握する力が必要とされる．養成では，基本的には，講義や，ロールプレイ等の*体験学習を通じて，相談者への注視や傾聴，共感的理解といったカウンセリングのスキルや，守秘義務や責任の所在など決まりごとを習得する．

〔課題〕医療モデルの治療とは異なり，個人の問題の解決にとどまるのでなく，当事者集団としての立場や抱える問題への社会的理解を促し，自立を支える地域社会への展望を実現させていくことが求められる．そのためにも当事者，ピアカウンセラー同士，社会機関との相互の*ネットワーク形成が課題となるだろう．

（西原亜矢子）

〔文献〕1) 安積遊歩・野上温子：ピア・カウンセリングという名の戦略，青英舎，1999．

ピアカウンセリング　peer counseling

自己信頼の回復と人間関係の再構築に向け，*障害という共通点をもつ人たちが，カウンセリングの手法を用い互いに仲間（peer）として助けあう方法の1つである．

〔基本的特徴〕1970年代初めに米国でスタートした*自立生活運動の中から生まれた*実践である．それまでの障害をもつ人は福祉サービスの受け手であるといった考え方から，自分たちが必要としていることは障害当事者が一番よく知っているという認識に基づいて，障害をもって生きてきた*経験や知恵を自立生活に活かし，同時にそれを同じ障害をもつ仲間に伝え合うことを目的として始められた．

〔具体的な取組み〕日本で最初にピアカウンセリングの取組みが行われたのは，1986年に東京都八王子市でスタートした*自立生活センター・ヒューマンケア協会においてであり，それ以降全国に広がってきている．そこでは，同じ障害をもつ*ピアカウンセラーが障害当事者と共同で否定的に自己をイメージしたり卑下するのではなく，障害をもちながらも精一杯生きてきた自分を肯定し障害を*受容することを支援しながら，自立生活に向けての主体的な意思と行動力の獲得が目ざされている．あわせてピアカウンセラーは，住居，仕事，所得保障，介助，移動など自立生活をしていく上で必要な技術の習得や情報の提供などのサポートも行っている．

〔自己決定を支える〕このようにピアカウンセリングの目的は，障害をもった自分を認め，これまでのように*他者によって生き方を決定されるのではなく，自分らしくありのままに生きることができる方法を障害をもつ人が自ら選択し，*自己決定していくことを*エンパワーメントすることにある．同時に，障害によって生きにくくされている社会を変革していく力をともにつくりだしていこうとする取組みであるといえる．

（小林　繁）

⇨当事者主体

〔文献〕1) 安積遊歩・野上温子編：ピア・カウンセリングという名の戦略，青英舎，1999．

PFI　Private Finance Initiative

公共施設等の建設，維持管理，運営等を，民間の資金や経営*能力および技術的能力を活用して行う手法．中曽根内閣期に，民間事業者の能力の活用に

よる指定施設の整備の促進に関する臨時措置法（1986年）によって脚光を浴びた第三セクター方式が，行政と民間事業者の共同出資企業によって公共的事業を行う手法であるのに対し，PFIは，民間事業者が単独で公共的事業を実行する手法をさす．

もともとは，1980年代の英国で誕生した，「小さな政府」の実現を目ざした保守党政権の*行政改革手法であるが，近年の日本では，「民間資金等の活用による公共施設等の整備等の促進に関する法律」（PFI法）の制定（1999年7月），「基本方針」の策定（2000年3月），ガイドラインの作成と，その導入に向けた制度的な地ならしが進められてきている．このような日本の対応の背景には，①深刻な財政危機のもと，公共事業予算の圧縮が避けられなくなっていること，②第三セクター方式の破綻が広がる中，新たな手法が望まれたこと，③平成不況の下で，民間企業からの新たな事業機会を求めるニーズが高まっていること，があげられる．　　　　　（石井山竜平）

ビオトープ　biotop

ドイツ語のバイオ（生き物）Biotoとトープ（場所）Topの合成語であり，生物生息空間，生物生活圏のことである．国土交通省・地方自治体が河川敷や公園にビオトープを造成している．学校では，児童生徒が生態系を学ぶ場としても活用され，地域の自然と連続した生態系を生み出している学校もある．トンボ池ビオトープは全国的に広がっている．児童生徒の興味・関心を引き出しながら，自分たちで環境をつくり直す活動としても教育力を発揮する．また，多様な野生生物との日常的な触れ合いは，感性をときめかせ，*他者認識を深め，そのことにより自己認識を深める場ともなる．「自然の権利」（ナッシュ，Nash, R. F., 1993年）を考える契機ともなるだろう．　　　　　　　　　　　　（大森享）

〔文献〕1) ロデリック・F・ナッシュ（松野弘訳）：自然の権利，TBSブリタニカ，1993.；2) ドイツ環境自然保護連盟編，エーリッヒ・ルッソ，ミヒャエル・ネッチャー著（今泉みね子訳）：環境にやさしい幼稚園・学校づくりハンドブック，中央法規出版，1999.

被害体験　victimized experience

〔概観〕直接的には犯罪被害の体験をいうが，幅広く，学校や職場等での「*いじめ」や*セクシュアルハラスメントなどの*被害体験や，家庭内の暴力的な被害体験も含めて論じることが多い．特に，発達途上にある子どもが，親や教師等の絶対的に優位な立場にある者から，一方的にかつ継続的に受けた被害体験は，消えがたい心身のダメージを伴う．

〔犯罪被害〕犯罪の被害体験者は，精神的，身体的のみならず経済的，社会的にも過大な負担を強いられる．自分を責めたり，心的外傷（トラウマ体験）となって不眠症やフラッシュバック等の症状に悩むことも少なくない．犯罪被害は被害者の家族全体にも影響を与え，犯罪で家族（子ども）を失う被害体験は，残った家族の関係まで変えてしまう．近年，刑事や少年事件の審理で，被害者感情が尊重されるようになった．犯罪被害者等給付金支給法（1980年）が制定され，その後，各県の警察本部，弁護士会や民間の被害者支援団体が，被害者の支援，心のケア，加害者との和解等に取り組んでいる．

〔学校，職場での被害〕日常生活の範囲での被害体験は，*学習権や成長権，働く権利も奪うことがある．学校で，子どもが暴力，脅しや無視されたとき，追い詰められて心身の変調をきたし，*不登校の原因ともなる．教師からの体罰やセクハラ等の被害体験は健全な成長をゆがめる．職場での「いじめ」や性的嫌がらせ等の被害体験も深刻な影響をもたらす．「被害者も落ち度がある」とみられることは，2次的な被害体験となる．

〔家庭での被害〕児童虐待や配偶者間の暴力（*DV）等について社会的関心が高まっている．幼少期に*虐待の被害体験を受けた子どもの場合，非行との相関関係が高い．「児童虐待の防止等に関する法律」（2000年）や「配偶者からの暴力の防止及び被害者の保護に関する法律」（2001年）が制定され，*親密圏の私事とみなされたものが，法的に被害者（子ども）の救済や家族支援ができる途が開けた．

（佐々木光郎）

〔文献〕1) 藤森和美：被害者のトラウマとその支援，誠信書房，2001.；2) 楠凡之：いじめと児童虐待の臨床教育学，ミネルヴァ書房，2002.

東アジア近代の社会教育　social education (adult and community education) in modern East Asia

〔概説〕日本周辺の東アジア地域においては，日本の社会教育（*通俗教育）が，日本における制度化以前に，開明的知識人や官僚たちによって導入され，近代学校制度を普及して，近代的国家観念をもつ民衆を育成する促進要因として用いられた．このような社会教育の導入と利用はまた，民意の啓発，民衆生活の改善，そして中国などでは憲政準備，地方自治制度と結びつけられつつ，近代国家形成のための

運動，そしてヨーロッパ列強・日本の侵略に対する抵抗運動へと練り上げられていく契機を内包するものであった．さらに，日本の周辺諸国・地域への強権的圧迫と侵略そして植民地統治が強化される1910年代以降，社会教育は，一面で民衆の思想統制・教化という性格を強めつつも，他方でそれらをも取り込んで民衆生活の向上と職業保障という方向へと展開し，また民衆運動においても，抵抗のためという目的をもちつつ，生活向上のための*実業教育において実践化されるという動きを示していた．

戦後，各国・地域では，各地の実情に応じた形で，社会教育・成人教育の行政と*実践が展開されていくが，1980年代後半以降のグローバル化の動きの中で，各国・地域とも生涯教育への傾斜を強め，とくに市場経済を基礎として，民衆生活の向上と社会の安定を求める*職業教育を重視する*コミュニティ教育の振興へと展開している．

〔中国〕佐藤善次郎の『最近社会教育法』の翻訳を通じて，1902年に社会教育概念が紹介された．社会教育（通俗教育）に関する行政は，清朝末期の教育行政機関である学部の専門司・普通司・実業司が分担していた．その後，社会教育（通俗教育）をめぐる議論は，実業教育重視へと傾き，*農業補習学校や半日学校・*夜学校などの設置が進められた．後に近代産業振興と近代国家の形成を模索する過程で，教育行政機関が家庭・学校・社会の三分類へと移行し，1912年に成立した中華民国の中央教育行政機関である教育部は，普通教育司・専門教育司・社会教育司という3部門制を採用，社会教育司が通俗教育・風俗改良・*図書館・*博物館を担当し，感化事業もその中に組み込まれた．その後，社会教育司は中華民国時代を通して一貫して設置され続けている．また，実業教育は，初等・中等教育レベルのものは普通教育司が，中等後教育レベル以上のものは専門教育司が担当していたが，実態としては，社会教育に近いものであった．

1915年には，政権内部に通俗教育研究会が組織され，いわゆる通俗読み物や小説などの審査を行うなど，民衆の思想善導・治安維持対策的な性格をも帯びることとなる．社会教育（通俗教育）における実業教育は，新しい共和国＝中華民国の建設のために，民衆を共和国民へと育成するとともに，その生活を改善し，かつ国力を増強し，ヨーロッパ列強・日本の侵略を防ぐ経済的な基盤を整備するとともに，その担い手である民衆の人格的な陶冶をも進めるものとしてとらえられていた．

〔韓国〕韓国は1910年の日韓併合により，「植民地朝鮮」へと転換された．大韓帝国末期には，日本の社会教育が近代学校制度普及の促進要因として，開明的な知識人たちによって導入されていたが，植民地化された後は，日本の設置した公学校への入学を督励するために社会教育が重視されることとなった．ロシア革命の影響を受けた「三・一独立運動」が失敗に終わった後，民衆の教育熱が高まり，総督府は，既存の学校を利用した社会教育的措置を採用することとなる．それは，一方で民衆の教育要求に応えつつそれを回収し，彼らに実際生活上の知識や技能を伝授し，他方で民衆教化を進める意図をもつものであった．そこへ，*実業補習学校が導入されているのである．

また，卒業生指導施設と呼ばれる施策が1920年代後半より採用され，実践化されている．これは，公学校卒業後，離農傾向の強い青年に対して，国語（日本語）教育と実業教育を中心とした教育を継続して与える施設として，公学校の校舎を使って開設されたもので，対象は未就労の朝鮮人青年であった．さらに，教育熱の高まりから，夜学が朝鮮民衆の手によって多数経営され，民衆の間に広まることになった．この夜学運動は，大韓帝国末期に開明的知識人が導入した日本の社会教育（通俗教育）の実践形態と酷似したものであった．

〔台湾〕植民地台湾においては，社会教育は当初，公学校への就学督励と民衆生活の改善を目的に導入され，近代学校制度を普及させるための成人の意識変革と生活改善による教育重視という，教育による利益システムの確立のために利用されるものとして存在していた．結果的に，公学校は普及することとなった．台湾における社会教育も，実業教育への強い志向をもつものであった．たとえば，1910年代に，国語（日本語）普及と纏足禁止などの風俗改良・生活改善のために様々な民衆啓蒙運動が展開され，民衆の国民化とともに，生活の改善と職業技術・技能の訓練による生活向上の施策・運動が始められている．また，1904年には公学校に補習科が設けられ，後に6年制公学校に補習科を前身とする実業科の併設が可となり，さらに1919年には台湾教育令の公布によって教育は「普通教育・実業教育・専門教育及師範教育」に区分されて，実業教育の一部に簡易実業学校が規定された．同年，公学校実業科は簡易実業学校に改称され，1922年に簡易実業学校が実業補習学校に改称されて，独立設置を主体として，併設も可とされることとなった．さらに，公学校の

卒業生指導講習が開設されており，実業補習学校以上の普及をみせている． 　　　　　　　　（牧野 篤）

〔文献〕1）牧野篤・上田孝典・李正連・豊田明子：近代東北アジアにおける社会教育概念の伝播と受容に関する研究—中国・韓国・台湾を中心に／初歩的な考察—．名古屋大学大学院教育発達科学研究科紀要（教育科学），49（2），2003．；2）同上：近代北東アジアにおける社会教育概念の行政的・実践的実態化に関する研究—1910〜20年代，中国・韓国・台湾における社会教育行政と実践の展開を中心に—．同上紀要，50（2），2004．；3）同上：近代北東アジアにおける社会教育概念の実践的展開に関する研究—1910〜20年代，中国・植民地朝鮮における社会教育概念を中心に—．同上紀要，51（2），2005．

東アジア植民地・占領地における社会教育
social education (adult and community education) in Japanese colonies in East Asia

日本軍占領下の植民地・占領地においては，民衆を支配下に置くため，学校教育とともに社会教育が重視された．社会教育では，特に*日本語教育および青年訓練が重点的に実施された．以下「満洲国」・華北占領地，朝鮮，台湾に分けて検討する．

〔満洲国〕・華北占領地〕「満洲国」（1932〜45年）では，建国直後の1932年，文教部に社会教育科が設置された．もともと1912年に成立した中華民国では学齢児童の就学率が低いため，失学民衆に*識字教育を行う民衆学校や社会教育の拠点である*民衆教育館が重要な役割を果たしていたが，「満洲国」の建国によってこれらの機関が監視下に置かれた．民衆教育館でも，政治宣伝を目的とした講演会や展覧会が行われることになった．

また植民地支配を強固にするため民衆工作が重視され，官製の御用団体として1932年に満州国協和会が創設された．協和会は*青年訓練所を運営し，青年男子に軍事教練や日本語，協和精神等の教育を行った．その目的は自衛団員を育成し，抗日運動を抑制することにあった．指導には協和会の日本人職員があたり，ほぼ各県に1ヵ所の青年訓練所が設置された．また修了生を中心として，協和青少年団の組織化を進めた．

一方，盧溝橋事件（1937年）を契機として日本軍は華北を軍事占領下に置き，御用団体である新民会を組織した．新民会は，青年の組織化を図り，中央青年訓練所を北平（北京）に設立した．同訓練所では，青年（20〜25歳）に訓練（2〜6ヵ月）を行い，修了後は新民会の職員や各青少年組織の幹部とした．その後，各地に青年訓練所が置かれ，訓練後には，新民青年団などに組織化された．

〔朝鮮〕学校教育以外の朝鮮人民衆に対する日本語教育は，1937年の日中戦争拡大後から国語普及講習会によって推進された．これは皇民化政策の一端をなした．

一方，朝鮮における徴兵制度は，1942年に実施が発表されたが，当時，朝鮮では日常的に朝鮮語が話されており，体育や教練などの予備教育も不十分であった．そのため，1942年，国民学校初等科未修了者の朝鮮人青年（17〜21歳）を対象として，朝鮮青年特別錬成所を設けた．錬成期間は1年間で，訓育，学科，教練，勤労作業を内容とする訓練を行った．訓育では「教育ニ関スル勅語」を暗記させるとともに，宮城遙拝のやり方を教えた．一方，青年訓練所は，在留日本人青年の訓練機関となっていたが，1944年に別科が設置され，同年に20歳となる初等教育を受けた朝鮮人青年を対象として，入営準備教育を行った．

〔台湾〕日本統治下（1895〜1945年）の社会教育は，日本語の普及と同化を主要な目的として進められた．1931年には，日本語教育を社会教育を通じて実施するため「国語講習所」が設立された．これは，台湾先住民（高砂族）の反乱事件である霧社事件（1930年）の発生によって衝撃を受けた台湾総督府が日本語普及や皇民化を進めるため設置した．「国語講習所」は，公学校教育を受けなかった日本語を常用しない青年（12〜25歳）に対して，無料で1〜2年間，日本語や修身を学ばせるものであった．また，新聞の中国語欄も日本語普及の妨げになっているとして，総督府は1937年に中国語欄を廃止させた．中文書籍の流通も禁止し，当時，最大の蔵書量を誇った台湾総督府図書館には，1912年の民国時期以降に出版された中国語図書の所蔵は皆無であった．

さらに太平洋戦争の勃発で，台湾は日本の南進拠点として期待され，1942年より志願兵制度が，1945年には徴兵検査が実施された．現地の青年を部隊に編成するため，特設青年訓練所や青年特別錬成所が設立され入営準備教育が行われた． （新保敦子）

⇨民衆教育館

〔文献〕1）斉紅深主編：日本侵華教育史，人民教育出版社，2002．

東アジアの識字教育　literacy eduation in East Asia

〔中国〕近代的学校教育が中国に本格的に導入されるのは，1912年の中華民国建国後である．しかし政治的不安定や経済的困難のため，初等教育の普及が

遅れ，多くの非識字人口を抱えていた．そのため社会教育が重要な役割を果たすことになった．たとえば1919年の五四運動を契機とするデモクラシーの高まりの中で，晏陽初を指導者とする平民教育促進会が組織され，識字教育（掃盲教育）運動は全国的に盛り上がりをみせた．1920年代末になると，国民政府も識字教育の実施を図り，民衆の*基礎教育のため各地に民衆学校を設立した．また日中戦争時期に共産党の支配地区である解放区においては，大規模に識字教育が展開され，抗日戦争勝利へ向けての民族解放運動の原動力となっていった．

1949年の人民共和国建国当時，総人口の約5億5000万のうち，約80％が読み書きのできない状況であった．中国共産党は，国家の根幹を担う労働者や農民に対する識字教育を重視し，大衆を巻き込んでの識字運動が全国的に推進された．

また読み書きのできない非識字者にとって，複雑で画数の多い漢字の学習は困難なことから，漢字の簡体化を主な内容とする文字改革が連動して行われた．識字運動と文字改革がセットになって進められてきた点は，中国の識字運動の特色といえる．

建国後は識字教育が積極的に展開されたことに加え，学校教育の普及が順調であったため，非識字者は減少している．人口センサスによれば，非識字人口は1982年2.3億人，1990年1.8億人，2000年8500万人と着実に減少しつつある．

〔朝鮮〕朝鮮では15世紀半ばまで漢字により表記がされてきたが，李氏朝鮮王朝（1392～1910年）の第4代世宗が固有の文字であるハングルを1446年に公布した．しかし支配者層は漢文を使用してハングルを軽視したため，全国的に普及することはなかった．

19世紀末に朝鮮は東学党の乱（1894年），その後の日本軍の侵略など激動の時代を迎えるが，その過程で民族意識が高揚し，ハングルが普及した．とりわけキリスト教聖書のハングル翻訳の出版および新聞の発行がハングル普及に大きな役割を果たした．また，1910年の韓国併合後も，1920年代後半から民間団体や有志が識字教育運動を推進した．特に，『朝鮮日報』や『東亜日報』が学生の農村啓蒙運動を組織し，全国的に講習会や夜学が普及した．しかし満州事変（1931年）に伴う「内鮮一体」の方針によって，朝鮮人の皇国臣民化と戦時教育体制への方向転換が図られることになった．朝鮮人が運営していた学校や夜学も閉校へと追い込まれ，ハングル普及活動は強制的に中止を余儀なくされたのである．

1945年に日本の植民地統治からの解放後，ハングルによる「文解教育」（識字教育）運動が展開され，高い識字率を記録することになった．ちなみに韓国では，識字教育を文字を学び，人間が社会的・文化的に解放されていくことと捉えて，文解教育という概念が使われている．

〔台湾〕台湾では，日本植民地下においては，日本語の使用が奨励されていた．そのため日本敗戦に伴う中国への復帰後，国語（北京語）および文字の普及は重要な課題であった．1951年の全省の非識字者実態調査によれば，未就学者は約140万人（総人口の17.5％）であり，国民政府は識字教育を推進した．1987年に戒厳令が解除された後，台湾人および先住民の言語や文化が重視されるようになり，非識字の高齢者も識字教育に積極的に取り組んでいる．

⇒平民教育運動（中国）　　　　　　（新保敦子）

〔文献〕1）大原信一：中国の識字運動，東方書店，1997.；2）黄宗建：民族の独立と文解教育運動―韓国識字運動の歴史的考察―．国際識字10年と日本の識字問題，東洋館出版社，1991.

ひきこもり　social withdrawal

様々な要因によって自宅以外での生活の場が長期にわたって失われている状態のことをさし，基準として，①家族以外との親密な対人関係がない状態が6ヵ月以上続いている，②精神障害が第1の原因とは考えにくいものという点があげられている[1]．実態としては従来から存在していたと考えられるが，1990年代以降社会問題化されてきた．民間を中心に支援団体が各地につくられているが，第三者が家庭から導き出すことやその方法については様々な立場がある．本人が望んでいなくても導き出すべきなのか否か，*コミュニケーション能力や社会性の低下が指摘されるが，それらを身につけることが必要なのか，それともそうしたプレッシャーをかけないようにすることが必要なのか，学校や*社会教育行政，社会福祉行政など公的機関がいかにかかわるべきか等議論されるべき課題である．　　（新谷周平）

〔文献〕1）斎藤環監修：ひきこもり　hikikomori@NHK，日本放送出版協会，2004.

「非行」と向き合う親たちの会（「あめあがりの会」）　Ameagari-no-kai（parents group of juvenile delinquents）

1996年11月，東京総合教育センター相談員・能重真作のもとに非行の子をもつ母親，元*家庭裁判所調査官，元教員らが集まって発足した，子の非行

に苦しむ親の自助グループ．東京都内および近県で毎月例会が開かれ，会報が刊行されている．全国にも同趣旨の会が生まれ2012年現在，北海道から九州まで30ヵ所に達し，全国ネットが2006年3月に発足している．全国集会も2001年から毎年開かれ，参加者は300人に達する．活動の核となる例会は親への指導や第三者的関与を排し，傾聴・共感に徹する運営に特色がある．参加者は会の受容的な雰囲気に包まれて茫然自失・自己否定等の苦境から心のバランスを回復，自己の苦悩を吐露し共感される体験を得て孤立から脱却，陥っている事態を客観的に理解する．会で成長した親は体験を活かして少年事件の付添人や非行相談にも進出している．　（浅川道雄）

〔文献〕1) 能重真作ほか：いつか雨はあがるから，かもがわ出版, 2004.；2)「非行」と向き合う親たちの会編：手記・親と子の「非行」体験―嵐・その時―, 新科学出版社, 1999.

非行臨床　clinical approach to juvenile delinquency

〔定義〕非行問題の*司法福祉的解決をめざして，非行少年と認定された子どもを中心に，非行を克服する過程を援助する心理・社会臨床活動のことである．*少年法では，非行少年を，① 犯罪少年（14歳以上20最未満で罪を犯した者），② 触法少年（14歳未満で法に触れる行為があった者），③ ぐ犯少年（20歳未満で，特定の行為があり犯罪蓋然性が強い者）に区分している．

〔具体的実践〕*家庭裁判所では，少年法による法律的解決（処遇）を枠組みとしながら，個別の少年に適合した保護，教育の体制を整える．最近では，「いい子」非行や，*虐待による愛着障害あるいは軽度発達障害の影響が認められる非行への援助に注目が集まっている．保護処分が決定されると，① *保護観察，② *少年院での*矯正教育，③ *児童自立支援施設（旧*教護院）等での育ち直し支援の選択が行われる．*家庭裁判所調査官が直接少年の立ち直りを支援しつつ最終的な処遇を決める試験観察制度もある．少年院では，規律ある生活のもとで，① 自身の内省（内観法など），② *他者の視点の導入（ロールレタリングなど），③ *資格取得による*能力開発などが行われている．近年は，被害者支援の視点が明確になり，非行臨床においても被害者との関係修復（修復的司法）を重視する方向性が強まっている．

〔展開〕非行臨床の専門家の役割として，犯罪心理鑑定が注目される．2000年少年法改正による刑事処分増加に伴い，少年の刑事事件において，非行過程および少年の人格発達とその心理社会的背景を明らかにする実務の必要性が高まっている．

（加藤幸雄）

〔文献〕1) 加藤幸雄：非行臨床と司法福祉, ミネルヴァ書房, 2003.；2) 藤原正範：少年事件に取り組む, 岩波新書, 2006.

被差別部落　*Hisabetsu-Buraku* (discriminated community)

〔概観・定義〕被差別部落（以下「部落」と記述）とは，日本社会の東北地方より西，沖縄を除く地域において，歴史的，社会的な原因により，実態と意識・交際・婚姻・就職等々の面で差別を被ってきている集落，それゆえにこうした差別からの*解放運動を行う集落もある，と定義できる．第2次世界大戦後，*同和対策事業が開始されてから，多くの被差別部落は行政上「同和地区」とされ，環境改善や差別解消のための行政各種施策の対象地域となってきた．

部落に対する差別は「部落差別」，部落にかかわる社会問題は「部落問題」，部落差別からの解放をめざす社会運動は「*部落解放運動」と表現されているが，部落民を明確に定義することはむずかしい．一般に江戸時代の被差別身分の子孫として考えられているが，近代社会において地縁が大きく変化し，血縁関係が複雑化したために，部落民の系譜を辿ることは困難である．また，「同和地区住民」やその中の「同和関係人口」を部落民と見なす考え方もあるが，後述するように同和地区における人口流動性の高まりにより，同和地区外にも系譜的部落出身者が存在している．したがって，現代の部落民は社会通念によって部落民と見なされてきた人，あるいは部落民として差別される可能性をもっている人と定義することができるであろう．この定義の特徴は社会的関係性によって定義しているところにあり，定義する主体や何のために定義するかによって，部落民の定義は変化しうる．

〔歴史・動向〕部落の起源に関して，古代賤民制との直接的つながりはないとされている．中世被差別民の系譜を引きつつ，豊臣時代から徳川時代初期に身分制度が確立される過程において，多様な形態をとりながら成立したと考えられている．江戸時代中期以降民衆支配を強化する目的で差別政策がとられ，他方ではそれに対する被差別民衆による抵抗運動があった．明治政府は1871年に「エタ・非人等」の身分呼称を廃止し，身分や職業を平民同様とする

太政官布告（通称「解放令」）を出した．しかし，日常生活において依然厳しい差別が続いたため，1922年3月3日，部落差別撤廃のための当事者組織として「全国水平社」が京都で結成（約2000人参加）された．そのときに読まれた「*水平社宣言」は日本最初の人権宣言といわれている．

1965年，内閣総理大臣に「*同和対策審議会答申」が出され，1969年に「同和対策事業特別措置法」が成立して以降，部落問題を解決するための特別な施策・事業が2002年3月まで33年間にわたって実施されてきた．政府レベルの実態調査は1993年調査が最後であるが，地方レベルでは2000年以降，大阪府，三重県，神奈川県，鳥取県，福岡県などで行われている．これらの調査によれば，自立層を中心とした部落外への人口流出，および生活困難層を中心にした部落外からの人口流入という形で流動性が高まり，同時に部落の地域内部においても二極化現象が顕著になっている．

〔法制・教育〕1996年5月に出た「地域改善対策協議会意見具申」においては「依然として存在する差別意識の解消に（中略）これまでの同和教育や啓発活動の中で積み上げられてきた成果とこれまでの手法への評価を踏まえ，すべての人の基本的人権を尊重していくための人権教育，人権啓発として発展的に再構築すべきである」と提言された．同年12月には「*人権擁護施策推進法」が，そして翌1997年には「人権教育のための国連10年」国内行動計画が策定され，2000年には人権教育と啓発を目的とした初めての法律として「*人権教育・啓発推進法」が制定された．

21世紀に入り，定住外国人の増大と多様化など，日本はますます多文化の社会に変化しつつある．また同和行政・同和教育の時代から，*人権行政・人権教育の時代へと移行しつつある．

一方で人権問題が多様化し，他方で部落差別・解放への視点が弱まる傾向も一部にみられるが，今後も被差別部落をめぐる新たな現実を直視しながら，引き続き部落問題の解決に向けた取組みを継続する必要がある．

国連段階では，2005年より「人権教育のための世界プログラム」に取り組むことを求めた決議が2004年末に採択された．日本国内で，*新自由主義による社会的格差の拡大や国権主義の台頭が顕著になっている今日，部落差別をはじめとするあらゆる差別を解決するための取組みや法的措置は重要である．

⇨部落解放運動，ケガレ意識，同和対策審議会答申，同和対策，同和問題，同和教育，水平社宣言，人権行政，人権教育・啓発推進法　　　　（森山沾一）

〔文献〕1）野口道彦：部落問題のパラダイム転換，明石書店，2000.；2）部落解放・人権研究所編：部落問題・人権事典，解放出版社，2000.；3）森山沾一共編著：教育における格差研究委員会最終報告書，国民教育文化総合研究所，2006.

PC（政治的に正しい表現）　⇨差別表現

非識字者　⇨識字

ビジネスキャリア制度 business career system

いわゆるホワイトカラー職種の従事者が，職務を遂行する上で必要とされる専門的知識を段階的，体系的に習得することを支援するため，厚生労働省が「*職業に必要な専門的知識の習得に資する教育訓練の認定に関する規定」（1993（平成5）年労働省告示第108号）に基づき創設した制度である．

〔制度の枠組みと理念〕労働省告示では，ビジネスキャリア制度の目的を次のように説明している．「労働者の職業能力の開発及び向上と労働者の経済的社会的地位の向上とに資するため，労働者に対して主として知識の段階的かつ体系的な習得を促進する上で奨励すべきものを（…中略…）認定する．」創設の背景には，ブルーカラー職種の生産性の高さに比して，ホワイトカラーの生産性が相対的に低いと考えられ，ホワイトカラーの生産性向上に向けた学習システムが必要であると認識されたことがある．

ビジネスキャリア制度は，厚生労働省が別に整備しているブルーカラー職種を中心とした*技能検定制度と比較されることがあるが，ビジネスキャリア制度は能力の程度を検定する制度ではなく，体系的な学習を支援する制度である．その概要は次のようなものである．人事・労務・能力開発，経理・財務など8分野について初級（基礎），中級（実務），上級（企画戦略）の各レベルを設定した能力マトリックスを想定する．この1つの枠をユニットとし，それぞれのユニットごとに学習すべき項目を設定する．各ユニットの学習項目を基準として各教育機関で行われている教育訓練コースを認定し，学習の目安とする．これがビジネスキャリア制度である．

〔他制度との連携〕こうした制度の主旨とは別に，ホワイトカラー職種の従事者に対する能力評価が必要との意見も根強く示された．こうした意見に対応

して，ビジネスキャリア制度の各ユニットの修了を認定するビジネスキャリアユニット試験，職務部門単位で専門的知識と実践的職業能力の評価を行うビジネスキャリアマスター試験を中央職業能力開発協会が実施している．

なおビジネスキャリア制度とビジネスキャリアユニット試験，ビジネスキャリアマスター試験は，2007年8月にビジネスキャリア検定試験に改組された．改組の主旨は，学習の体系を明確にする制度から能力評価の制度への転換にある．　（新井吾朗）

美術館　art museum, gallery

美術作品の収集，保存，調査研究，*展示，教育普及を主な活動とし，未来世代を含む不特定の市民が作品を鑑賞し，楽しみ，また，それらを契機とした諸活動を始めるための*博物館の一種である．

〔特徴〕他分野の博物館と異なり，美術館のもつ象徴的な権威性は，コレクションの質だけではなく収集や展示に先行する選別にある．このため，美術館は芸術的価値の確立と，それに基づくコレクション形成が要求される．したがって，美術館の*公共性は，① 不特定の市民への公開，② 政治性や経済性，大衆的な人気などから自律した芸術的価値の問い直し，の2点にある．以上から，美術館は，慣用的に「*ギャラリー」と呼ばれる展示場や作品販売の場とも，あるいは，収蔵作品をもたずに市民の美術活動（作品制作，発表，*協働など）の拠点となる「アートセンター」とも性格の異なる施設である．また，美術館の独自性は美術と美術作品のもつ性格に由来する．美術館のコレクションは，人間によってつくられ，その制作者固有の*創造性によって代替のきかない唯一の「作品」である．このため，美術館での展示も，ニューヨーク近代美術館（1929年開館）の展示以来，ホワイトキューブと呼ばれる中性的な壁面に独立した作品のみを一段に展示することが主流である．博物館での，資料の集合状態によってまとまりある概念を伝える解説的展示に対して，美術館の展示は個々の作品そのものを重視している．

〔成立〕欧米の美術館の成立には，19世紀以降の，美術にかかわる市民の感性の変化，*市民社会の成立，コレクションの意味の変化，美術作品のあり方などがかかわっている．日本においては，美術館の成立が，明治以降に移入された，それまでの日本にはなかった「美術」概念の浸透や定着とも平行している．その中で，私立，公立，国立美術館では設立理念や歴史が異なり，戦後の公立美術館のあり方が，現在の，日本的な美術館像をつくり出してきた．

（大嶋貴明・貝塚 健）

〔文献〕1) 神奈川県立近代美術館：小さな箱 鎌倉近代美術館の50年 1951-2001，求龍堂，2001. ; 2) 並木誠士ほか編：現代美術館学，昭和堂，1998.

美術館教育　art museum education

美術館それ自体に存する教育機能をもとに，市民が美的，文化的な生を改変し生きていくために行う活動である．

〔教育力〕美術館では，活動として顕在化した教育プログラムによるものだけではなく教育力が有形無形に働く．教育力の第1は，美術館や美術，美術作品について社会的に流布するイメージを形成することにある．第2に，美術館体験からは教育活動で目的とされない学習が様々なレベルで起こる．このように，美術館の教育機能は美術館自体がもつもので，教育普及活動や教育プログラムと呼ばれているものより大きな教育力をもつ．美術館教育は，上記の教育力を意識しつつ起こる，本来，普及や広報とは違った活動である．

〔概要〕市民の*文化活動や美術活動の中の美術館セクターを切り分けると，そこでの美術館教育活動の目的は，まず第1に，美術館のイメージ形成の働きを市民が個々に意識し，美術館を利用するためのミュージアムリテラシーの教育にある．第2に，美術教育の全領域内での美術館教育の中心は，美術作品や美術文化資料を使った教育にあり，制作的活動とは違った面からの学習である．このため，美術館教育は，教育普及のための企画*展示，*ワークショップ，*ギャラリーツアーなど様々な方法がとられるが，手段やプログラムの独自性よりは，その目的や内容，*実践形態に特徴がある．1970年代後半以降，それまでの列品解説や講話型講座，実技講座などの教育普及活動から，*対話的，創造的，個性重視的な内容で特徴づけられた活動が始められた．いまでは，多くの館で教育普及活動が行われ，美術館での教育資源としての作品や情報の利用と，学校教育との連携が図られている．しかし，現在でも，方法的に確立してきた作品や美術館の普及的な活動だけではなく，主体としての市民の側からの創造的な教育活動の捉え直しが必要とされている．　（大嶋貴明）

〔文献〕1) 全国美術館会議教育普及ワーキンググループ編：教育普及ワーキンググループ活動報告1 美術館の教育普及活動・実践理念とその現状，全国美術館会議，1997. ; 2) 降旗千賀子：特論 美術館の教育普及活動「博物館学シリーズ3 博物館展示・教育論」，樹村房，2000.

ピーターソン，デビッド Peterson, David A.

1937- ．1976年に*教育老年学について，最初に定義づけと枠組みづくりを試みた教育老年学研究の第一人者である．ミシガン大学で博士号（成人教育）取得後，1972年から1978年までネブラスカ大学で*老年学プログラムのディレクターを務める．1978年より全米で最初の老年学部である南カリフォルニア大学レオナルド・デイビス老年学部の学部長となる（現在は同大学名誉教授）．そこで他大学での老年学コースのモデルとなる全米で最初の老年学博士プログラムを開発した．また，彼は1974年に創設された高等教育機関老年学協議会（Association for Gerontology in Higer Education: AGHE）の創始メンバーであり，1984年から1985年には会長を務めている．*エイジングの領域への多大な貢献により1991年にAGHEからクラークティベット賞，また，2001年にはエイジング領域での教育訓練への貢献に対して，全米老年学会から最初のグローリアガバナー賞を授与されている． (新井茂光)

⇨教育老年学

〔文献〕1) Peterson, D. A.: Educational Gerontology: The State of the Art. *Educational Gerontology*, 1(1), 61-73, 1976.; 2) Peterson, D. A.: *Facilitating Education for Older Learners*, Jossey-Bass, 1983.; 3) Sherron, R. H. and Lumsden, D. B. (ed.): *Introduction to Educational Gerontology* (3rd ed.), Hemisphere, 1990.

PTA Parent-Teacher Association

主に学校単位で組織されて，父母と教師が対等な立場で協力して，子どもの成長・発達のために活動する団体をいう．*任意団体であるが多くの学校に組織されており，非政党，非営利，非宗教の民主的な団体であるとされる．日本でPTAが発足した当時は「父母と先生の会」と呼ばれることもあり，関西地方や私立学校のPTAは「育友会」などの呼称をもつことが多い．

〔概要〕第2次世界大戦前から日本には，父兄会，母姉会などの呼称で学校後援会的な性格の団体は存在していた．それらは学校や教師が教育において主導的な立場に立ち，父母や家庭はそれに従属的に協力する形を取ることが多かったが，PTAの本来的なあり方はそれとは異なる．もともと子どものためというヒューマンな理想から出発したものであり，父母の運動が土台にある．また，戦後教育法制の基本理念とされる国民の*教育権の理念では，子どもの*学習権の保障が第一義的に求められ，そこから父母の教育権と，それを信託された教師の権限と教育の自由が根拠をもつことになるが，PTAをその文脈で捉えることも可能である．

諸外国では父母，教師のほかに，地域住民も加わる場合もあるが，日本では子どもを学校に通わせる父母に限定することが多い．また，本来は有志的な参加を理念とするが，日本ではすべての親，教師が会員になる「網羅的な団体」である場合が圧倒的に多い．活動の内容は，学校の教育活動への要求と協議，学校の教育条件の整備，教育行政への要望と運動，地域の子どもの安全など環境問題への取組み，校外生活指導，父母や教師の研修・学習活動などである．活動の場は学校，家庭，地域に及び，活動の内容は，*実践，運動，学習と多岐にわたる．学習活動を目的の1つとすることから，制度としては*社会教育団体と規定されてもいる．

〔起源と沿革〕PTAは，もともとはバーニー夫人（Birney, A. M.）らによって，1897年に米国のワシントンで設立された全国母親協議会に起源をもつとされている．これは，女性の自立と社会的進出を背景とするものでヒューマニズムと民主主義を標榜した．20世紀に入ってから父親や教師が加わるようになって，PTAとして発展することになった．

日本には戦後米国占領軍の強力な指導によって導入された．1946年の第1次*アメリカ教育使節団報告書では「父母と先生の会」の重要性を指摘しており，連合国総司令部民間情報教育局（CIE）も文部省に対してPTAの設立を示唆した．1947年3月に文部省は『父母と先生の会―教育民主化への手引き―』を刊行し，PTAに関する啓蒙と普及に努めることになった．PTAは急速に発展し，1952年に，日本父母と先生全国協議会が結成され，同年，全国高等学校PTA協議会も発足した．

〔現状と問題点〕PTAは依然として日本で最大の教育団体である．しかし，それぞれの単位PTAは会員の自主性を引き出し活発な活動を行う点で困難を抱えている．それには，父母が*個別化し個人主義的に問題解決を目ざす傾向があるという原因もあるが，PTA自身が後援会的な性格を抜け出せなかったり，網羅組織のために運営が形式化して父母の教育要求を引き出せないという問題もある．

また，ヨーロッパの学校評議会や，日本で試行され始めている地域運営学校（*コミュニティスクール）のように，父母の学校運営参加を制度として保障することも重要である． (太田政男)

〔文献〕1) PTA史研究会：日本PTA史，日本図書センター，2004.

批判的思考　critical thinking

〔解放実践のキーワード〕人間解放や社会変革を志向する学習支援実践において重視されるキーワードの1つ．被抑圧者の視座にたって近代教育学の再構築を試みた*フレイレは，長い歴史の中で定着した制度・慣習・価値を，学習者が，自分たち自身の手で変革しうるものと捉え，その変革行動に加わることにロマンを抱くような思考方式を，「批判的思考」と名づけた．絶対的真理を学習者に内面化させようとする教条的な教育実践（銀行型教育）に生起する「埋没的な思考」(naive thinking)（歴史を重みと捉え主体性が埋没するような思考の方式）に対峙する概念である．

〔2つの批判的思考〕批判的思考は，フレイレ教育論を成立させる重要な条件であるが，2つの異なる意味をもっている．1つは，学習の成果として学習者が身につけるべき態度・姿勢としての批判的思考，もう1つは，フレイレ教育論の「*意識化」「*対話」「文化行動」を統合的に推進するために必要な集団内コミュニケーションの様式としての批判的思考である．フレイレの教育論においては，個人の内的コミュニケーションと，実践場面における集団的コミュニケーションの両者が，批判的思考様式に変化することが重視される．

〔対話の条件〕学習者が批判的思考能力を発達させることと，実践集団の中で批判的思考を特徴とする*コミュニケーションが活性化されることは，フレイレの提唱する「課題提起教育」ではパラレルなものである．それゆえ，共同探究者（*ファシリテーター・教師）に求められるものは，「対話」を成立させる条件として批判的思考を常に意識すること，すなわち，批判的思考が生み出されるように，課題をアンカー（碇）とした「対話」をファシリテートすることとなる．カウンセリング系の*ワークショップや学校教育での参加体験型学習において，ややもすると軽視されがちなポイントということができよう．

（松岡広路）

〔文献〕1) フレイレ，P.（小沢有作ほか訳）：被抑圧者の教育学，亜紀書房，1979．

PPP　Public Private Partnerships

官民連携とか公民連携と表現されることもあるが，日本の政府と産業界では，PPPを「公共サービスの民間開放」と定義する（日本版PPP）．

〔意義と歴史〕社会資本の整備や，公共サービスの提供について，1980年代から1990年代前半の英国では保守党政権の下で，*新自由主義思想に基づき，ニューパブリックマネジメント（*NPM）と呼ばれる民営化や効率化を重視した一連の改革が進められてきた．しかし，労働党ブレア（Blair）政権は，NPMでは公共サービスの質的改善は不十分であったと*評価し，「行政のスリム化，官から民への考え方に加え，行政，民間企業そして国民・住民との役割と責任の再構築」をめざす考え方として，このPPPの概念を提示した．英国では，*PFI（private finance initiative, 民間の資金・ノウハウを活用した社会資本の整備）が，その重要な一形態と位置づけられている．

〔日本における展開〕PPPは全世界に広がっているが，日本版PPPは，民間の企業の公共サービスへの参入を主眼としている．具体的施策として，*指定管理者制度（2003年〜），公共サービス改革法に基づく官民競争入札制度（2006年）がある（⇨指定管理者制度）．

〔社会教育とPPP〕指定管理者制度は*社会教育施設に泥縄的に導入されているが，今後は，*社会教育・*生涯学習の事業そのものについて，自治体の部門は民間企業との競争入札にさらされるおそれがある．各地域では，社会教育・生涯学習の*公共性と，その担う主体のあり方について，いま一度しっかりと議論しなければならない．なお，民間部門には*NPO（民間非営利活動団体）もある．これからは，営利企業だけではなくNPOとの協力もPPPの一形態として重視していくことが期待される．

（田中孝男）

〔文献〕1) 石井晴夫ほか：公民連携の経営学，中央経済社，2008．

ピープルファースト　people first

セルフアドボカシーを行っている，知的障害者自身が運営し自らの権利擁護のために組織化されたグループのことをさす．単位グループから全国組織まで組織化されている．1974年に米国で最初のセルフアドボカシーの集会が開かれた際，1人の知的障害者が次のような発言をしたことから，ピープルファーストが一般名詞として用いられるようになった．「私たちはまず最初に，障害者，あるいは知恵おくれ，あるいは身体障害者としてみられることは嫌です．私たちは，まず，人間としてみられたいのです．」

日本にも，1990年頃から同様のグループが組織されるようになった．「本人の会」という名称が一般

的であるが，ピープルファーストを名乗るグループも多い．1994年から毎年ピープルファースト大会が開催され，2004年には全国組織も誕生した．

（津田英二）

〔文献〕1）Williams, P. and Shoultz, B.（中園康夫監訳）：セルフ・アドボカシーの起源とその本質，西日本法規出版，1999.

ひめゆり平和祈念資料館　*Himeyuri* Peace Museum（in Okinawa）

「戦争の実相を語り継ぎ，平和の尊さを訴える」ということを目的とし1989年に開館した施設．第2次世界大戦における沖縄戦では，県下の学徒動員で沖縄県師範女子部と第一高等女学校の計240人が看護隊に編入された．ひめゆり部隊はその通称である．沖縄戦で散った「ひめゆり」を祀っているのが「ひめゆりの塔」で，幾度か映画にもなり，数々の「戦争美談」も現れ，事実がゆがめられる事態も起こった．そこで，その批判的検討を経て建設されたのである．資料展示室は6室に広げ，「ひめゆり」の「地獄の戦場体験」の証言，映像を通して沖縄戦の「真実」が明示され，平和への希望をアピールしている．2004年には若い世代への体験の継承を目ざして資料館の全面的な改装を行い，「平和の広場」を設置した．時に歴史認識，戦争観にかかわる権力の「介入」がある中で，戦争資料館としてのあり方を常に検証し，活動を続けている．

（平良研一）

〔文献〕1）沖縄県女師・一高女ひめゆり同窓会編：ひめゆり平和祈念資料館―開館とその後の歩み―，2002.

ビューロクラシー　英 bureaucracy，独 Bürokratie

社会学的・組織論的な概念としてウェーバー（Weber, M.）の定義が代表的で官僚制と訳される．この定義によると，複雑で大規模な組織の目的を能率的に達成するために，「生命のある機械」のように，活動が合理的に分業化されて組織化される管理運営の体系を官僚制という．

現代社会では，行政組織だけではなく大規模な団体（企業，政党，*協同組合，学校，病院，非営利組織など）にもみられる組織編制であるが，現代的問題がいくつかある．間場寿一によれば，第1に，いわゆる「目的と手段の転倒」で，目的を達成するための手段（制度，規則，権限など）に拘束されて規則万能主義を生み非能率的な組織となること．第2に，人間の組織を「機械」と模したように，私情を禁じ職務役割に「従順という自己否定」を要することによって組織行動に軋轢や逸脱が生じること．第3に，官僚制の「合法的支配（形式的に正統な手続きに基づく規則は正当でありこれに従うこと）」と人間の自由の問題にかかわり構造的緊張を生むことなどである．

（槇石多希子）

〔文献〕1）森岡清美ほか編集代表：新社会学辞典，有斐閣，1993.

評価　evaluation, assessment

〔定義〕成人の学習活動，*学習プログラムの提供を含む生涯教育実践において，そのプロセス，そこに含まれる*経験，生み出された成果などを組織的に調査し，一定の判断を下すこと．成人教育における評価は，学習者を対象とする学習の達成度の評価と，機関・スタッフを対象とするプログラムや実践の評価に大別される．

〔学習の評価〕あらかじめ設定した到達目標が，学習を通してどの程度達成されたかを測ることで，「評価査定」（assessment）と呼ばれることが多い．従来，学習の成果を知る上で適切な基準や尺度が様々に模索されてきた．「*学習契約」（*ノールズ）のように，学習者自身が，自ら設定した到達目標や評価尺度で，自らの学習の達成度を評価する方法も提起されている．

〔プログラム・実践の評価〕プログラム評価（program evaluation）は，実施された学習プログラムについて，①学習者に感想や意見を求めるアンケート，②外部評価者による学習者やスタッフへの直接的な聞き取り，③学習者，スタッフ，提供責任者，外部評価者の4者による到達点や改善点等についての協議，などの方法により，多面的に振り返ることである．これらは，プログラムの企画・運営・評価という教育者側の一連の仕事に位置づけられ，効果的な学習機会の提供に不可欠の重要な段階と見なされる．実践評価（practice evaluation）は，学習機会に直接かかわるスタッフが自らの記録や学習者からのフィードバックなどを通して，自らの*実践をふりかえるものである．近年，ふりかえり（省察，reflection）による*専門職研修が重視され，「省察的実践者」の育成が重要課題とされる．

（渡邊洋子）

〔文献〕1）ジャーヴィス，P.編（渡邊洋子ほか監訳）：生涯学習支援理論と実践―「おしえること」の現在―，明石書店，2011.；2）ノールズ，M.（渡邊洋子監訳）：学習者と教育者のための自己主導型学習ガイド―ともに創る学習のすすめ―，明石書店，2005.；3）ショーン，D.（佐藤学ほか訳）：専門家の知恵―反省的実践家は行為しながら考える―，ゆみる出版，2001.

費用対効果 cost performance

投下した費用から生まれる生産物の価格の変化を効果として示すことをいう．たとえば，100万円の投資で100個の製品を製造するより，50万円で100個の製品を製造することができれば，コストパフォーマンスがいい，これは明らかである．企業であれば新しい技術を導入することになろう．

このように，費用対効果という考え方は，一般には，経済・経営や工学の領域で使われる．したがって，これを教育に適用するとすれば，教育を1つの投資と見なし，その結果としての収入や生産性によって測定することを通して，最少の費用で最大の結果を出す手段の代替案を選択することが想定される．

ここで大事なことは，教育の効果は目標ないし目的との関係で測定されるということである．①教育の目標をどこに置くのかということ，②効果をどのように測定するのかということ，③教育のプロセスの意義をどのように*評価するのかということ，などの問題がある．システムの質の改善，維持あるいは行為の達成を目ざす代替案の選択などの意思決定の際には，こうした限界や要素を十分踏まえる必要がある． 　　　　　　　　　　　　　　　（高橋　満）

『被抑圧者の教育学』　⇨フレイレ

枚方テーゼ　Hirakata Thesis

大阪府枚方市教育委員会が「社会教育は国民の権利である」などと謳った指針のことで，*社会教育法の国民的再解釈運動のきっかけになった．

〔歴史〕1959～61年の自治労・大阪府衛星都市連合会の賃金闘争の総括から，「地域住民の繁栄なくして自治体労働者の幸福はない」などを明記した衛都連行動綱領がつくられた．この運動に参加した井上隆成*社会教育主事が，1963年に地域民主主義（大衆）運動に参画する実践の中で社会教育の役割について起草し，『枚方の社会教育』という5冊の冊子が刊行された．しかし，起草者は1963年度末に配転され，テーゼの存在すら忘れ去られた．その後，枚方テーゼの理念を受け継いだ唯一の事業といえる委託婦人学級に参加した市民が，自らの自己形成を可能にした社会教育に関心をもち，1978年に社会教育史婦人学級を開設し，枚方テーゼを発掘することになった．

〔内容〕5冊の冊子のうち，「社会教育をすべての市民に」と題した2冊目の第1章が「社会教育とは何か」であり，「1．社会教育の主体は市民である」「2．社会教育は国民の権利である」「3．社会教育の本質は*憲法学習である」「4．社会教育は*住民自治の力となるものである」「5．社会教育は大衆運動の教育的側面である」「6．社会教育は民主主義を育て，培い，守るものである」という6節にわたる指針が提起されている．この部分が藤岡貞彦らによって「枚方テーゼ」と名づけて紹介され，公的社会教育の可能性を示すものとして全国の実践に大きな影響を与えた． 　　　　　　　　　　　　　　　（大前哲彦）

〔文献〕1）藤岡貞彦ほか：地域民主主義と公民館―公民館の現代的性格（その4）―．月刊社会教育，1965，9月号．；2）社会教育研究所：社会教育を生きるための権利に―「枚方テーゼ」の復刻と証言―，せせらぎ出版，1984．

開かれた学校　school open to community

学校を開くとは，教師中心の閉鎖的な学校を子ども・父母・地域住民とともに，豊かな学びの場にすることである．その内容は多様である．第1には，学校のもつ教育資源の開放である．施設の開放に加えて公開講座などで知的資源を地域社会へ提供することである．特に，特別教室，空き教室を開放することで，住民の交流と学びが広がり，かつ子どもとの交わりが生まれている．第2には，教育活動への住民の参加である．学校の教育計画のもとに，住民の知恵と技が授業や行事を通して子どもに豊かな学びの世界を広げていることである．第3には，子ども・父母・地域住民の意見を尊重する学校運営である．名称は「*学校評議員制」「学校評議会」「学校理事会」など，多様である．なお，「学校評議員制」は*学校教育法で規定され，委員は学校長の推薦，委嘱は*教育委員会で，性格は諮問機関となっている．子どもの参加についての位置づけがないこと，また父母との合意形成も重視されていないという問題点が指摘されている． 　　　　　　　　　　　　　　　（境野健児）

〔文献〕1）渋谷忠男：学校は地域に何ができるか，農山漁村文化協会，1998．

開かれた大学　⇨大学開放

平林広人　⇨信濃木崎夏期大学

貧困　poverty

生活に必要な資料を欠いた状態をいう．この概念には心身の荒廃状態や社会的排除なども含む．

〔対比的把握〕みえにくい「貧困」を一定の貧困基

準を設定して計測し，普通の労働者の中に広く分布していることを見いだしたのは，20世紀への移行期英国におけるブース（Booth, C.）やラウントリー（Rountree, S.）である．ラウントリーが，労働者の肉体的再生産を最低限可能にする基本的必要を基準に測った貧困は「絶対的貧困」と呼ばれている．それに対して，タウンゼント（Townsent, P.）が捉えた社会の多数の人々が行っているような生活状態を基準にする貧困は「相対的貧困」と呼ばれている．また，貧困問題を古典的形態と現代的形態に分けて捉える捉え方もある．「古典的貧困」は，生活資料の欠乏を，所得や生活水準を指標として把握し，個々人や家族の生活資料の不足状態，この状態が帰結する心身の荒廃状態をさす．それに対して所得水準の上昇が個人的消費の拡大のみに結びつき，本来共同的に処理しなければならない共通の社会的消費手段への配慮を欠いた状況を「現代的貧困」や「新しい貧困」と呼ぶ．なお，ヨーロッパ等で「新しい貧困」という場合には，豊かな社会における若年者の長期失業，ひとり親世帯，移民労働者等の貧困をさし，生涯教育の課題として取り組まれる．

〔貧困と課題〕現代社会における「貧困」層には，日本の人口の2割の人々が含まれるという．「貧困」は生活への意欲を減退させるものでもあるが，重層的な社会的排除によってより深刻化している．家族や市場からの排除，雇用保険，教育保障，住環境保障，医療保障，所得保障等生活保障システムからの排除，ナショナルミニマムからの排除等が指摘されている．社会教育・生涯学習においては，社会的排除の事実と仕組みを学習し，当事者ならびに援助者がその克服の主体として成長することが課題である．　　　　　　　　　　　　　　　（遠藤由美）

〔文献〕1）青木紀・杉村宏編：現代の貧困と不平等，明石書店，2007.；2）湯浅誠：貧困襲来，山吹書店，2007.

貧困の世代的再生産 generational reproduction of poverty

資本主義の「自由な競争」の中に貧困問題が一定の層として存在しつづけることを「貧困の再生産」というのに対し，社会的に許容できないほどの*貧困な生活状態が，一定の集団あるいは層として形成され2世代以上にわたって継続する場合に用いるのが「貧困の世代的再生産」という概念である．前者は，ある世代が貧困状態にあっても次の世代がそこから抜け出す，あるいはある世代が貧困状態になくても次の世代が陥る場合を含む．しかし，後者「貧困の世代的再生産」は，2世代以上にわたる貧困の「固定化」「長期化」を示すとともに，社会的不平等や排除の構造が「みえない形」で作用している（貧困の「隠蔽化」）ことで生じる．その克服のために，子ども世代の進路保障が「*教育の機会均等」論に基づいて取り組まれてきたが，社会的排除の論理とその克服の学習の推進が課題である．　（遠藤由美）

〔文献〕1）浅井春夫・松本伊智朗・湯澤直美編：子どもの貧困，明石書店，2008.；2）阿部彩：子どもの貧困，岩波新書，2009.

貧民学校 charity school

貧困層の子弟のために設けられた学校．ヨーロッパでは，長い間，教会の慈善事業として行われてきたが，近代になると，救貧法を制定するなど，徐々に国家がそれを担うようになってくる．

わが国では，近代学校制度の始まりとされる学制（1872年）の第24章に「貧人小学ハ貧人子弟ノ自活シ難キモノヲ入学セシメン為ニ設ク其費用〔或〕ハ富者ノ寄進金ヲ以テス是専ラ仁恵ノ心ヨリ組立ルモノナリ仍テ仁恵学校トモ称スヘシ」と小学校の一種として貧人学校が規定され，一般の小学校とは異なる学校が構想された．その実態は地方によって異なるが，公費によって経営される学校もあった．学制期以降も，小学教場，小学簡易科などの形で，一般の小学校とは異なる形態の小学校が設けられ，貧困層の子弟はそれらの学校で学んだ．特に，子守で就学できない子どもを対象とした子守学校は，明治期・大正期に多くの地域で設立され，学校に行く機会に恵まれなかった貧困層の子弟の教育の拡大に役立った．

（米山光儀）

〔文献〕1）神津善三郎：教育哀史，銀河書房，1978.；2）長田三男：子守学校の実証的研究，早稲田大学出版部，1995.；3）戸田金一：明治初期の福祉と教育，吉川弘文館，2008.

ふ

ファシリテーション facilitation

チーム・グループ・組織のメンバーの主体性を尊重し，参加意欲やアイデアを引き出し，問題解決や合意形成に向けた*協働・話し合いのプロセスを支援する技法や機能．狭義には*参加・体験型学習や*ワークショップ，会議，研修などにおける学習支援者のスキルや理念をさす．

〔概要〕ファシリテーションとは英語のfacilitate=「たやすくする」「促進する」「容易にする」からきた言葉であり，主体性・多様性を尊重しながら，チームワークを引き出し，組織や集団の協働の過程をデザインし，支援することである．プロセスに注目し，双方向で創造的な議論の場づくりをする．こうした学習場面では，管理・決定を行う権威者のイメージを呼び起こす「教師」「先生」という言葉を避け，学習者を尊重し，ともに学習プロセスにかかわる学習支援者のことを*ファシリテーターと呼んでおり，社会教育・成人教育の*実践で広く用いられている．

〔役割〕学習・教育場面におけるファシリテーションは，学習者の主体性を尊重し，学習者のニーズに応える人間主義的な支援を行う．指示したり，管理したりする「教える─教えられる」という関係ではなく，学習者がやりたいことの手助けをする．ただし，学習者が特定の技能を獲得しようとしたり，基礎的な事実を理解しようとしている場合には適していない．わが国においては，教育者・指導者が知識を一斉・一方的に伝達する伝統的な学習方法を偏重してきたことへの反省から，学習者が主体的に学ぶことができるような参加・体験型の学習方法へ注目が高まり，これを積極的に取り入れ推進しようという動きとともに，ファシリテーションという言葉が広まった．なお，ワークショップや会議で出された意見を模造紙やホワイトボードなどに文字や図を使って書き出し，話し合いの内容や流れをわかりやすく示す技法として，ファシリテーショングラフィックがある．

〔分野〕ファシリテーションは，社会教育，学校教育，*人権教育，*環境教育，*国際理解教育，*看護教育，医療教育，*企業内教育，*NPO/*NGO活動，*市民活動，スポーツ指導，まちづくりなど，様々な分野で関心を集めている．ビジネスの分野においては，合理的で効率的な会議の進行技術としてだけではなく，人材育成，組織の活性化，組織変革のための新しいリーダーシップモデルとして，ファシリテーションやファシリテーターが注目されている．
⇨ファシリテーター　　　　　　　　　（倉持伸江）

〔文献〕1）クラントン，P.（入江直子ほか訳）：おとなの学びを拓く，鳳書房，1999.；2）中野民夫：ファシリテーション革命，岩波書店，2003.；3）堀公俊ほか：ファシリテーション・グラフィック，日本経済新聞出版社，2006.

ファシリテーター facilitator

講義など一方的な知識伝達のスタイルではなく，参加者が自ら主体的に参加し多様な体験を通して共同で学びあったりつくり出したりすることにかかわる新しいタイプの教育的な支援者．様々な場面で*実践されている「学びと創造のスタイルとしての*ワークショップ」などで活躍することが多い．ワークショップの場において，参加者の主体的参加を促し，それぞれの興味や意欲を引き出しながら場を展開し，参加者の意思を反映した新しい形をつくり出していく支援の役割を担っている．これは，元来の促進する（facilitate）という意味から，学びや創造の場を促進する人として意味づけられたものである．

こうした支援の観点から，ファシリテーターには指導者ではなく援助者として，参加者とともに主体的にその場に存在し，参加者を信頼・尊重し，率先して自己開示をし，評価的な言動を慎みながら必要に応じてプロセスへ介入してその場をつくり出していくなどのスキルが求められる．　　（名賀　亨）

〔文献〕1）岩手県立大学社会福祉学部ワークショップ研究会：ワークショップガイドブック，p.26，岩手県立大学，2005.；2）中野民夫：ワークショップ，p.11, p.147，岩波新書，2000.；3）伊勢達郎：キャンプの現場から，春秋 No.472, p.10，春秋社，2005.

黄宗建 Hwang Jong-gon

1929-2006．ソウルに生まれる．韓国における*社会教育研究を開拓した第一人者．ソウル大学校師範大学教育学科卒業後，コロンビア大学，マンチェスター大学に留学し，教育社会学，成人教育学を学ぶ．帰国後，啓明大学校，明知大学校教授等を歴任し，この間，韓国社会教育協会会長，韓国文解

教育協会会長，*アジア南太平洋成人教育協議会（ASPBAE）第3地域会長等を務めた．日本，モンゴル，ベトナムなどとの研究交流を深め，比較研究に深く携わった．スイスの教育実践家ペスタロッチ（Pestalozzi, J. H.）の影響を受け，常に貧しい人，弱い人，助けを求めている人の役に立ちたい，働きたいという考えをもっていた．すべての人間が*自己実現の機会を得て，社会的，文化的，職業的に適応できるように支援する教育本来の機能が発揮されるよう民主的な社会教育を目ざし，韓国の社会教育研究と運動の基礎を築いた．
(肥後耕生)

〔文献〕1）小林文人・金子満：黃宗建氏・自分史をかたる―金済泰氏の証言も―．東アジア社会教育研究，**4**，1999．；2）小林文人・金子満：黃宗建氏・自分史をかたる―金済泰氏とともに―．東アジア社会教育研究，**5**，2000．

ファンタジー　fantasy

〔概観〕日常の現実世界を知覚的に把握するリアリズムに対して，非現実的世界を想像力によって描いたものをファンタジーと称する．ファンタジーは文学の方法であると同時に，人間の精神活動の方法であり，外的世界と内的世界の結びつけ方の方法であり，想像力によって目にみえないものを思い描き，生きる目標やエネルギーを生み出していく力をもっている．人間精神の基本的な営みである想像力と*創造性の育成に深くかかわり，それによってより根本的な事柄を把握することも可能となる．

児童文学の世界では，『不思議の国のアリス』（キャロル，Carroll, L.）に始まり，『ナルニア国物語』（ルイス，Lewis, C. S.），『モモ』（エンデ，Ende, M.），『ハリー・ポッター』（ローリング，Rowling, J. K.）などに描かれたファンタジーの世界が多くの読者を魅了し続けている．絵本や物語の世界にとどまらず*遊びの世界では，「秘密基地」をつくったり「お化け屋敷」を想像したり，子どもだけが知っている「子ども道」に潜りこみ，「かくれんぼ」や「鬼ごっこ」などを通じてファンタジーの世界を共有する．「見える世界」の中に「見えない世界」を取り込み，両者を行き来しながら内面世界を耕していく．

〔論点〕「ファンタジーはメルヘンを母としリアリズムを父として生まれた」[1]といわれる．「ファンタジーを強調せんとするあまりに相対的に過小評価する論理性も，それがすっかり取り払われてしまったら，悟性とともに人間理性までも失われる可能性がある」[2]という指摘も重要である．シュタイナー学校では，9歳前後の時期を発達上の転換点とみて，そこで意識的にファンタジーからリアリズムの世界へとはっきりと節目をつけて指導の転換を行い，子どもがファンタジーの中で漂い遊んでいた世界から抜け出し，はっきりした現実へ眼をむけさせ，新しい学びの世界に誘うとしている．リアリズムとファンタジーに注目して，両者の関連，両者の行き来を保障することは，社会教育学が対象とする*文化活動・教育活動の意味を考察する場合，重要な視点を提供している．
(増山　均)

⇒ファンタジー空間

〔文献〕1）佐藤さとる：ファンタジーの世界，講談社，1978．；2）エンデ，M.，エプラー，E.，テヒル，H.：オリーブの森で語りあう―ファンタジー／文化／政治―，岩波書店，1984．；3）ヴィゴツキー，L. S.（広瀬信雄訳）：子どもの想像力と創造，新読書社，2002．

ファンタジー空間　fantasy space

日常の生活空間をリアリズムの視点ではなく想像力・空想力によって捉え直すこと．人間は「見える世界」の中に「見えない世界」を取り込み，両者を行き来しながら想像力を働かせ，*ファンタジーの世界をつくり出す．想像力は，自分の内面をみつめ*他者の想いを受け止める力となり，過去や未来などのみえない世界を思い描く力ともなるが，想像力の豊かな発達のためには，ファンタジー空間の保障が必要である．

子どもは児童文学や演劇などが提供するファンタジーによって，自分の内面や人間関係を捉え直すばかりでなく，仲間との*遊びを通じて空想・想像の世界を共有しあい，*生活圏をファンタジー空間に変えていく．今日，映像メディアの急速な発展に伴いヴァーチャルリアリティーに基づくファンタジー空間が無限に拡大しているが，生活空間における自然や人間とのかかわりが失われると，妄想や幻想が肥大化して現実と非現実の倒錯が起こる危険性もあり，現実の世界との行き来の視点を忘れてはならない．
(増山　均)

〔文献〕1）内田伸子：ごっこからファンタジーへ，新曜社，1986．；宮里和則・北島尚志：ファンタジーを遊ぶ子どもたち，いかだ社，1986．；3）遠藤祐：宮澤賢治の〈ファンタジー空間〉を歩く，双文社出版，2005．

フィットネス　fitness

「フィット（fit，適合する，合わせる）」の名詞形であり，「適合」「適切」等がその第一義的な和訳である．ただし，一般的には体育や医学の領域で活用されることが多いため，身体的なイメージが先行して，厳密にはフィジカルフィットネス（physical fitness）と表されるべき「体力」と解されることも多い．また元来，極めて広い意味をもつフィットネスという言葉は，「"何に"適合（フィット）させるのか」という目的が常に存在しているため，その環境や状況，目的，対象等々によって多様に変化する．たとえば，フィジカルフィットネスの場合，「健康」のための体力ということばかりでなく，競技スポーツの分野では健康を害してまでトレーニングを行って追求する「競技成績」のための体力ということもあるし，歴史的には「戦争」に勝つための体力を養成した時代さえあるといえる．したがって，"何のため"の体力なのかということをはっきりさせることが大切である． （野井真吾）

〔文献〕1）城丸章夫編集代表：戦後民主体育の展開〈理論編〉，新評論，1975．

フィットネスクラブ　fitness club

フィットネスとは，多義的な用語であるが，一般的には，医学やスポーツの領域において，身体の健康，あるいは，体を引き締めシェイプアップすることの意味で使われることが多い．いわゆるフィットネスクラブとは，プール，ジム，スタジオを中核的な施設設備として，*インストラクターや*トレーナーを配置し，個人の身体状況や要望に応える形での運動メニューを提供している民間スポーツ施設をさす．フィットネスクラブは，1970年代以降に展開しはじめ，特に，1980年代に入ると余暇の多様化，および，バブル経済の影響もあり急速に拡大し，中には高級感をセールスポイントにして入会金や会費の高額設定をするものも登場した．しかし，バブル崩壊によって事業所の整理統合が進んだ．経済産業省の調査（『特定サービス産業実態調査』2005年度）では，全国で1880の事業所数，個人会員385万人，年間延べ利用者数2億2000万人弱となっている．
 （尾崎正峰）

〔文献〕1）社会経済生産性本部：レジャー白書（各年版），社会経済生産性本部，毎年1回発行．

フィランソロピー　philanthropy

ギリシャ語のフィル（愛する）とアントロポス（人類）を語源にもち，狭義には社会のための寄付活動をさし，広義には「時間の寄付」である*ボランティア活動を含める概念である．英国では「チャリティ」，フランスでは「メセナ」という表現が一般的である．米国では，「ロックフェラー財団」の活動の開始時（1880年）から，「チャリティ」にかわりこの語句が使われ，助成財団の活動や企業の従業員ボランティア支援制度・マッチングギフト制度などをフィランソロピーという．

日本ではバブル経済時の1990年頃から企業におけるフィランソロピー活動（コーポレートフィランソロピーともいい社会的貢献活動と同義）が盛んになり始めた．日本経済団体連合会（経団連）の1％クラブや*企業メセナ協議会の設立などにより組織内に社会貢献担当部署を新設する企業が相次ぎ，1990年を「フィランソロピー元年」と呼ぶことがある． （槇石多希子）

⇨企業メセナ

〔文献〕1）林雄二郎・今田忠編著：フィランソロピーの思想―NPOとボランティアー，日本経済評論社，2000．；2）林雄二郎・加藤秀俊：フィランソロピー―こころ豊かな社会を築くために―，TBSブリタニカ，2000．；3）出口正之：フィランソロピー―企業と人の社会貢献―，丸善，1993．

フィールドワーク　fieldwork

現地調査ともいい，もともとは社会学，人類学，地理学，民俗学などでの研究方法をさす．その方法とは，現地・現場に身を置いて，観察・調査をしたり，聞き取りを行ったりすることである．

*社会教育においては，フィールドワークは学習方法の1つとして，環境学習をはじめ，様々な学習分野で用いられている．その意義は，学習者が地域の実態を自ら知り感じることができ，*地域課題や地域の中の価値あるものに気づくことができることにある．*他者によって与えられたのではないこの気づきは，仲間との共有によって，課題解決や*地域づくりの活動に発展する契機となろう．戦後の社会教育では学習方法として「調査学習」が行われてきたが，フィールドワークという学習方法は「調査学習」の中に位置づけられよう． （浅野かおる）

⇨アクションリサーチ

風化　weathering

風紀（風気）や風俗によって民衆が受ける道徳上の影響・作用．さらには地方の風紀・風俗そのものを矯正・善導しようとする取組み．前者の用例は明治初期より一般的にみられる．後者の用例は特に日露戦後，*地方改良運動や*感化救済事業において地方自治の作用を示す目的概念として使われ，具体的には学校・団体・篤志家らによる児童救済，民衆の勤倹・*読書・娯楽・節酒等の取組みが，この概念で説明された．また，この運動・事業を主導した内務官僚井上友一の救済制度論（『救済制度要義』1909

年）は，この概念を救済制度の鍵概念（「救貧は末にして*防貧は本なり，防貧は委にして風化は源なり」）としていた．井上は「風化的救済制度」に児童救済，勤倹勧奨，庶民教化，庶民娯楽，家居整善，節酒普及を位置づけ，さらに義務教育猶予・免除者の教育機会拡大，大学拡張や公共図書館の必要性をも論じており，その理論は社会事業的社会教育論の古典としての意義をもつ．　　　　　（石原剛志）

⇨防貧，地方改良運動，感化救済事業

〔文献〕1）小川利夫：教育福祉の基本問題，勁草書房，1985．；2）辻浩：住民参加型福祉と生涯学習，第1章，ミネルヴァ書房，2003．

フェミニストカウンセリング feminist counseling

女性の悩みや心理的・社会的困難を*ジェンダー問題の視点で理解し，当事者の回復と*エンパワーメントのために*実践的な援助を行うことを目ざす*カウンセリング活動．

〔沿革〕18～19世紀に発展した近代*フェミニズム思想が，男女間の社会・経済的不平等を告発し女性の市民権の獲得を目標にしたのに対し，1960年代以降欧米を中心に高まった「第2波フェミニズム」は社会慣習や家族関係における女性の*抑圧にも目を向け，家庭内の男女の性役割や女性への性的・身体的搾取からの*解放を目ざした．1963年，フリーダン（Friedan, B.）が The Feminine Mystique（邦訳：『新しい女性の創造』）で家庭の主婦に広くみられる不安・うつなどの症状を「名前のない病気」として明確にフェミニズムの視点で分析したのを機に，「これまで男性の専門家によってきた女性の心理分析に対する異議申し立て」が女性専門家や当事者から表現され始め，「当事者としての女性の*経験と視点を重視して対等な立場で心理的な援助をする試み」が始まった．日本でも1980年代からフェミニストカウンセリング（FC）が導入され始め，現在では日本フェミニストカウンセリング学会を中心に全国各地でフェミニズムの視点に立ったカウンセリング臨床が実施されている．

〔理論と技法〕フェミニズムは「個人の問題・悩みは，個人に起因するのでなく社会的な根をもつ＝personal is political」と考える．*性別役割分業の社会においては，家庭・職場・地域のどこでも「*DV被害，*セクシュアルハラスメント被害，性被害，就労・賃金*差別，家事・介護負担」など女性であるがゆえに受ける差別や被害があり，その被害の中で生きのびることの困難が女性の悩みや心身の症状につながるとするのである．そのため，フェミニストカウンセリングは，①他の心理臨床と同様，クライアントへの傾聴を重視しつつ，②同じ女性としてジェンダー格差の社会を生きる共感と連帯（「シスターフッド」）をその底にもち，③悩みや症状を個人の病理としてみて治療するのでなく（「問題・症状の脱病理化」），④認知行動療法やナラティブセラピーなどによって，当事者の「エンパワーメント」を図ることで問題解決と*自己実現を目ざす．また，⑤支援の*ネットワークを広げて当事者の孤立化を防ぐとともに，⑥*アドボカシー（専門家による当事者の代弁活動）などによる社会の変革をも視野に入れている．　　　　　　　　　　　（川喜田好恵）

〔文献〕1）井上摩耶子：フェミニストカウンセリングへの招待，ユック舎，1998．；2）三浦富美子訳：新しい女性の創造（改訂版），大和書房，2004．

フェミニズム feminism

〔概観〕社会に，女性差別など性別による不公正が存在すると認識し，それらを撤廃しようとする思想や運動の総称．個人の尊重と平等，公正な社会を目ざすヒューマニズムの一種である．人間と市民の権利を謳った革命によって近代国民国家が成立したとき，国民，市民とは，家族としかるべき財産をもつ限られた成年男子でしかなかったことへの反問から生まれた．フェミニズムの思想には，性別による不公正の歴史的な成り立ちの分析や，*差別の撤廃，公正の実現の展望の仕方によって，リベラルフェミニズム，ラディカルフェミニズム，社会主義フェミニズム，マルクス主義フェミニズム，ポストマルクス主義フェミニズム，エコロジカルフェミニズム，レズビアンフェミニズム，ポストモダンフェミニズムなど，いくつかの立場，理論枠組みがある．

〔歴史〕フェミニズムの歴史は，19世紀から20世紀前半にかけて各国で闘われた参政権を中心とする女性の市民権の確立を求めた第1波フェミニズム運動と，1960年代以降に台頭した，性別分業を核とする性別役割分担の慣習・通念の解消や，性と生殖における女性の*自己決定権を主張する第2波フェミニズム運動に区分される．日本では，雑誌『青鞜』（1911～16年）を舞台に，同誌同人平塚らいてう，伊藤野枝らが展開した堕胎論争，貞操論争，廃娼論争に始まり，それに続く，与謝野晶子，平塚らいてう，山川菊栄，山田わからによる母性保護論争（1918～19年），市川房枝らが結成した新婦人協会（1919～

22年），婦選獲得同盟（1924～40年）による婦人参政権獲得運動までが第1波フェミニズムに当たる．第2波フェミニズムは，田中美津らによる*ウーマンリブ運動（1970～75年）に始まり，その後，種々の女性運動に引き継がれ，*女性学を生み出していった．しかし，日本でこれらの主張，運動がフェミニズムという語で概念化されたのは1980年代になってのことである．

〔フェミニズムの意義〕家族，*労働，政治，経済，教育，文化，医療，福祉など，近代国家のあらゆる社会生活領域が，性別という秩序軸を深く組み込んできた．フェミニズムの意義は，人種に並ぶ広範さ，深さをもって社会に組み込まれている性別という秩序軸を問題化したことである．性別という秩序軸の社会への浸透の広範さ，深さゆえに，フェミニズムは衝撃力をもった．

〔フェミニズムと女性問題学習〕フェミニズムと*社会教育の交点に成り立ったのが，女性問題解決とその主体の形成という視点で行われる学習，すなわち*女性問題学習である．女性問題は，社会的に女性と位置されることによって生じる不利益をさす語として，従来の婦人問題に替わって主に1970年代以降使用されるようになった．現在は，女性問題学習に対して，*男女共同参画学習という語が用いられることもあるが，*ジェンダー研究が発展してもなお女性学が有効であるのと同様，以下のような認識をもって取り組まれる女性問題学習は，フェミニズムを体現した社会教育として意義をもっている．すなわち，女性問題は，社会構造が生み出す人権問題であるという認識，女性問題学習は，女性問題解決のための学習であるという認識，女性問題学習は，学習者間の相互尊重と対等な関係に基づく*共同学習を通じて，自己対峙，自己変革，連帯して問題解決の主体となっていくことを可能にする学習であるという認識等である．　　　　（内藤和美）

⇨女性学，女性問題学習

〔文献〕1）江原由美子・金井淑子編：ワードマップ　フェミニズム，新曜社，1997．

フォーマル教育　formal education

一般に，公的なものとして制度化された教育をいう．それは，社会の構成員に共通に必要なものとして規格化された「定型」的なものであり，具体的には「学校型」の教育をさす．

〔概観〕*社会教育・生涯学習の領域では，学校的形態をとる*学級・講座などによって進められる教育が定型的教育と考えられるが，「*青年学級振興法」（1953年）以来，それが青年や成人の学習のあり方にふさわしいものであるかが問われてきた．しかし，学級・講座，あるいは「市民大学」などの「大学」形態の教育は，今日，社会教育・生涯学習の領域では支配的な形態となっている．それらは，現代を生きるための*教養について学び，系統的な学習を進めるのに適合的なあり方とされてきたが，定型教育＝学校型教育の限界を踏まえた上で，21世紀的に発展させていくことが必要となってきている．

〔経過〕近代以降，学校型教育は，官僚的に組織化された行政制度のもと，専門化された教師と学習を義務づけられた生徒の関係において成り立つものとされ，階層化された構造をもち，年次的に順序づけられた教育システムとして，初等教育から高等教育，さらには，様々な形態の*職業・技術教育にまで広がっている．教育の大衆化が進んだ現代においては，定型教育としての学校教育の影響は社会全体にまで及び，現代社会は「学校化社会」とまでいわれるようになってきた．

しかし，1960年代の後半以降，制度化された教育は*教育権の保障，そして，より民主的で平等的な社会の創造に貢献するという本来の役割を果たしていないのではないかということが指摘されてきた．さらに，*新自由主義的な政策が展開していく1980年代以降になると，制度化された公的な教育を縮減するという「教育改革」政策が生まれた．特に社会教育はその対象とされ，*臨時教育審議会（1994～97年）の前後から，民間活力を活用した「生涯学習」が制度化され，21世紀の教育改革の中で，公的な社会教育は危機に立たされている．

〔内容〕フォーマル教育には，公的（制度的）教育，定型教育，学校型教育の意味が含まれており，そのいずれをとるかによって内容理解は異なる．公的教育は，日本においては憲法・*教育基本法・*社会教育法に基づいて，国民の教育権を保障するものとしてその存在意義＝*公共性を主張できる．しかし，その共通性と平等性を実現するために定型＝学校型教育の形態を取る場合，必ずそれに参加できない人々が生まれるから，それら排除されがちな人々が参加できるような学習を組織化することが求められる．そうした学習は，定型的・学校的なものと異ならざるをえない．したがって，定型＝学校型教育がその役割を果たすためには，それと異なる形態の教育（不定型的・非定型的教育）を位置づける必要が

生まれる．それらを含めた教育全体の充実の中で初めてフォーマル教育の発展も可能となるという関係にある．

〔課題〕今日，教育の公共性と「公的教育」の存在意義が問われ，教育を改めて公共化・再公共化することが実践的課題となっている．また，子どもと親・地域住民が参加する教育が教育改革として進められる中で，固定的・排除的な教師—生徒関係を前提とした「定型教育」の変革が課題となっているが，生涯学習の展開によって，年齢的に組織化され，授業・講義形式で進められる「学校型教育」は時代にそぐわないものとなってきている．この点でもより柔軟なフォーマル教育への転換が求められている．
(鈴木敏正)

⇨インフォーマル学習，ノンフォーマル学習

〔文献〕1) 鈴木敏正：新版 教育学をひらく—自己解放から教育自治へ—，青木書店，2009.；2) 鈴木敏正：教育の公共化と社会的協同—排除か学び合いか—，北樹出版，2006.

フォール，エドガー Faure, Edgar

1908-1988．フランスに生まれる．フランスの弁護士．政治家．

〔略歴〕フランスの元首相(1952年，1955～56年)．法学博士．その他，蔵相(1950～51年)，農相(1966年)，文相(1968年)，社会問題相(1969年)，国民議会議長(1973～79年)などを歴任した．1968年の文相の際には大学改革のプロジェクトを実施し，高等教育基本法を立案，実施した(フォール改革)．

〔フォール報告書〕1971年にフォールを委員長として*ユネスコ教育開発国際委員会(フォール委員会)が設けられ，世界各地域を代表する学者6人が参加し，世界の教育の現状を分析してその問題点を明らかにし，教育の未来像について検討した．1972年には，"Learning to be"(『未来の学習』)[1]という報告書が提出された．そこでは，人間の身体的，知的，情緒的，倫理的統合による「完全な人間」(the complete man)の形成が教育の目標として掲げられている．また，「すべての人は生涯を通じて学習を続けることが可能でなければならない．生涯教育という考え方は*学習社会の中で中心的思想である」と述べられており，1968年にハッチンス(Hutchins, R. M.)が提起した「学習社会」論が継承されている．加えて，フロム(Fromm, E.)の影響を受けて，財産や社会的地位，権力，*知識などを「もつということを学ぶ」(learning to have)ことから，自己の*能力を能動的に発揮し，生きることを喜びとする「あるということを学ぶ」(learning to be)ことへと価値の移行が提唱されている．
(安川由貴子)

⇨学習社会

〔文献〕1) UNESCO：*Learning to be: The World of Education Today and Tomorrow*, 1972 (国立教育研究所内フォール報告検討委員会(代表平塚益徳)訳：未来の学習，第一法規，1975).

フォルクスホッホシューレ(独) ⇨市民大学運動，民衆教育運動(独)

普及指導員 agricultural adviser for development

1948年に農業改良助長法によって発足した協同農業普及事業(国と都道府県とが協同で行う普及事業)に従事させるため，都道府県に設置された職員のこと．専門の事項または普及指導活動の技術および方法についての調査研究と農業者への普及指導をあわせて実施する．

〔法制〕従来は改良普及員と呼ばれ，農業者に直接接し農業生産方式の合理化その他農業経営の改善または農村生活の改善に関する科学的技術および*知識の普及指導に当たることをその職務とした．

しかし，最近の食料・農業・農村をめぐる課題の多様化，農業者のニーズの高度化等に伴い，改良普及員に求められる*能力も高度化多様化していることから，2004年の法律改正に伴い，政策課題に対応した高度かつ多様な技術・知識をより的確に農業現場に普及していくため，専門技術員(専門項目または普及指導活動の技術および方法について調査研究を行うとともに，改良普及員を指導する役割をもつ)と改良普及員を一元化し，普及指導員を置くこととされた．これにより，受験資格に一定年数以上の実務経験(例：実務経験年数大学院2年，大学等4年)が義務づけられた．

〔研究〕活動対象が農業者(法律改正後は対象者が広義になっている)の*青年期から老年期にわたり，普及方法も指導，アドバイス，コンサルテーション，*カウンセリングなどを日常的に用いて「啓発」「動機づけ」を行い，その活動は教育や人間形成の要素を伴うことから，生涯教育の一分野ともいわれる．普及に伴う研究は広義の教育学，社会学，心理学，*コミュニケーション学などに方法論的(理論的)基礎を置いて展開されてきた．
(西村いつき)

〔文献〕1) 日本農業普及学会企画編集：農業普及事典，全国農業改良普及支援協会，2005.

複合施設　facilities complex

　一般的に建築基準法上の建物用途が異種のものを同一敷地内，または一体として建てられた場合，あるいは異種の補助金で建てられた別の用途の建物が，同一敷地内で一体的に建設されている場合をさす．

　社会教育の複合施設の場合，*社会教育施設間では*図書館と*公民館，社会教育センターと*少年自然の家等，文教施設間では公民館と学校，図書館と学校，異種建物間では公民館と*勤労青少年ホーム，公民館と役場支所，公民館と*保健センターや老人福祉施設等の複合の場合がある．複合施設として設置される背景には，過疎地域では補助金を獲得するための手法であったり，大都市部では用地取得の困難さという問題があり，施設のリニューアルの際に複合化が進められるケースが多い．

　複合施設では，施設の相互利用や共用スペースの拡大といった相乗効果がある一方で，縦割り行政の中で管理運営の仕組みが複雑化し，施設としての機能を十分発揮できないといった問題点も生じている．
　　　　　　　　　　　　　　　　　　（上野景三）

〔文献〕1）日本公民館学会：公民館・コミュニティ施設ハンドブック，エイデル研究所，2006．

福澤諭吉　Fukuzawa, Yukichi

　1835-1901．大阪に生まれる．明治時代の代表的な啓蒙思想家．慶應義塾の創設者．適塾などで蘭学を学び，1858年に江戸で塾を開いた．彼は，幕末に3度の洋行の機会をもち，『西洋事情』『学問のすゝめ』『文明論之概略』などの著作で，民心を文明に導こうとした．著作のほかにも，1874年に一般の聴衆も参加できる三田演説会を発会させる，1878年には講義所や講義会を設け，講義を公開する，1882年には新聞『時事新報』を発刊するなど，積極的な民衆啓蒙を展開した．福澤は1877年の三田演説会で「人間社会教育」という言葉を用い，実社会がもっている教育機能を社会教育という言葉で表したが，これはわが国での「社会教育」という言葉の早い用例として知られている．晩年にも福澤は1900年に弟子たちに作成させた『修身要領』の普及講演会を各地で行うために，本の印税を使用するなど，1901年に死去するまで，民衆への働きかけは継続された．
　　　　　　　　　　　　　　　　　　（米山光儀）

〔文献〕1）福澤諭吉：福澤諭吉全集（全22巻），岩波書店，1958-1964．；2）同：福澤諭吉書簡集（全9巻），岩波書店，2001-2003．；3）福澤諭吉事典編集委員会編：福澤諭吉事典，慶応義塾，2010．

福祉教育　social welfare education

　社会福祉への理解と関心を深め，*福祉国家・*福祉社会に生きる国民の自己形成を図るものである．

　福祉教育は，学校教育の一環として生徒を対象にする学校福祉教育，子どもの*学校外教育と成人の地域での教育を含む社会福祉教育，福祉従事者およびそれを目ざす人を対象にする福祉専門教育に大別される．

　〔目的と方法〕福祉教育の目的は，*差別や*偏見に敏感に反応できる人権感覚を磨き，社会福祉の仕組みやその歴史を理解し，困難を抱えた人の支援にかかわろうとする実践意欲を喚起することである．また，このことを通して，社会的な有用感を感じ自己に確信をもつこと，立場の違う人とともに生きていく姿勢と能力を養うこと，少子高齢社会の到来や社会福祉制度の改革に主体的に対応することが目ざされる．

　福祉教育の方法としては，まず，講義や講演を聞く，視聴覚教材を使う，*ワークショップ形式で課題を考えることがある．また，車いすの試乗や目隠しをして人に誘導してもらうといった体験をするとともに，困難を抱えている当事者からの話を聞くということがある．そして，施設を訪問したり，自分たちの学校や活動に高齢者を招待したり，*ボランティア活動に出かけて学ぶということがある．さらに，広報紙やインターネットでの情報収集，福祉のまつりやコンサートなどイベントへの参加，*地域福祉計画を策定するための座談会での意見交換などもある．

　〔歴史〕第2次世界大戦後，日本の福祉教育は，1947年から共同募金についての児童・生徒の学習として展開され，同年に徳島県で子供民生委員活動が始まった．また1949年には，大阪市市民局が社会科副読本として『明るい市民生活へ―社会事業の話―』を配布し，1950年代に入ると，神奈川県で社会福祉事業研究普及校の指定がなされた．

　このような福祉教育は1970年代に全国*社会福祉協議会や東京都社会福祉協議会に研究委員会が設置され理論的な検討が行われるとともに，1977年から厚生省が福祉教育協力校を募り「学童・生徒のボランティア活動普及事業」をはじめ，全国的に広がっていった．

　1980年代半ばに21世紀の教育のあり方を審議した*臨時教育審議会の議論は，福祉教育にも大きな

影響を与えた．学校教育で生徒が身につける力として，「関心」や「意欲」さらに「生きる力」が掲げられ，「*総合的な学習の時間」が導入されると，体験を重視する福祉教育には大きな関心が集まった．また，自由時間の増大に伴い生涯にわたる学習が重視されると，ボランティア活動を含めた福祉教育が注目された．さらに，生涯にわたる*職業能力の開発が課題とされ，社会福祉関連の資格取得をめざした*リカレント教育が盛んになった．

また，2000年に設置された教育改革国民会議が「奉仕活動の義務化」を提案し，2001年に*学校教育法と*社会教育法が改正され，「ボランティア活動など社会奉仕体験活動」に取り組むことが明記された．

〔課題〕福祉教育は道徳的な価値規範にふれることが多いだけに，教育に携わる者と学習する者の自由な意思が尊重されなければならない．また，福祉教育はボランティア活動を含むことが多いだけに，行政的な力による*動員ではなく自主的な参加によって進められる必要がある．とりわけ，高齢化が急激に進行し，地域で自分らしい生活を維持するための福祉が標榜されている今日，福祉教育をめぐる国家からの要請と個人の主体性が，地域の活動と学習の中で，どのように調和できるかが問われている．

(辻　浩)

〔文献〕1) 一番ヶ瀬康子ほか監修：シリーズ福祉教育（全7巻），光生館，1987〜1993.；2) 村上尚三郎ほか編：福祉教育論，北大路書房，1998.；3) 辻　浩：住民参加型福祉と生涯学習，ミネルヴァ書房，2003.

福祉国家　welfare state

〔定義〕公的な社会保障制度を通して，国民の生活保障に国家が責任をもとうとする社会・政治体制．基本的人権思想と民主主義的政治体制を基礎とする．福祉国家の具体的な姿はその成立をめぐる歴史的・社会的・政治的要因によって実に多様であり，アンデルセン (Andersen, E.) は，格差の程度をみる「階層化」と市場との距離をみる「脱商品化」を指標にして，ドイツやオーストリアなどの「保守主義モデル」，米国などの「自由主義モデル」，北欧諸国の「社会民主主義モデル」に類型化して，経済成長に伴って福祉国家が発展するという収斂論を批判した．このように福祉国家といっても，その制度や政策は多様性をもつ．

〔経緯〕系譜的には，ナチス体制の権力国家，戦争国家に対抗する用語として1930年代に英国で生まれたものであるが，制度的には，1942年に出された社会保障制度に関する報告書「ベバリッジ報告」やケインズ主義的経済政策が基礎づけるものである．また社会主義体制との対抗ということも福祉国家の成立と施策の内容に大きな影響を与えてきたことも忘れてはならない．

福祉国家のもとで社会教育・生涯学習を含む教育は，社会的権利の1つとして制度化され，政策的に整備されてきた．そこでは社会的に平等に，また能力に応じて教育を受けることが権利として保障されることになる．1960年代・70年代には*ユネスコの生涯教育論，*OECDの*リカレント教育論など，生涯学習の見地から生涯にわたって教育は権利として保障されるべきだという国際的合意がつくられたとの意義は大きい．しかし，他方で，制度化・施策の浸透を通して，教育の官僚制化が進む一方，女性，障害者，外国人などの市民が排除されたり，彼らが受動的にサービスを受ける受益者としての地位に置かれる関係が築かれてきたことも見逃すべきではない．

〔課題〕福祉国家は国民経済の成長・発展を経済的基礎とする国民国家体制である．しかし，1970年代以降の成長の停滞は福祉国家体制の経済的基盤を掘り崩しつつある．新しい社会運動など排除された人たちによる異議申し立て，*新自由主義の台頭による国家介入への批判，社会主義体制の崩壊によって福祉国家は危機に陥っている．

(高橋満)

〔文献〕1) アンデルセン, G. E.（岡沢憲芙・宮本太郎訳）：福祉資本主義の三つの世界，ミネルヴァ書房，2001.；2) 高橋満：ドイツ福祉国家の変容と成人継続教育，創風社，2004.

福祉社会　welfare society

〔定義・歴史〕あるべき社会として，一般的には理念や理想として語られることが多く，すべての者がどんな状態にあるときでも，その尊厳を十分に保持して，豊かに，充実した人間らしい生活を営める社会といえる．「*市民社会が市民の福祉に責任をもつ社会」ともいわれる．1970年代末から80年代前半にかけて提唱された「日本型福祉社会」は，*福祉国家に対するものとして「福祉国家から福祉社会へ」とする議論や政策に基づき，家族（特に女性）は「含み資産」として，他方，企業は終身雇用制のもとで生活保障の役割を担うとされた．しかしながら，1980年代以降の日本社会の変化は「日本型福祉社会」の維持を不可能とさせ，新しい福祉社会論を生起させた．

武川正吾によれば，この福祉社会の立論理由は，福祉国家の限界，すなわち，① 人口高齢化や低成長

による資源的・財政的限界，②画一主義的サービス提供にみる質的限界，③権力的支配的な組織的限界，に関連づけられる．そうであっても福祉国家と福祉社会とを対立的に捉えず，両者の協働を指向することが重要であり，相互に補完しあう現実がある．

〔課題〕この新しい福祉社会では，*ボランティア，*NPO，*自助組織，ワーカーズコレクティブのような市民の主体的な活動が期待されており，これらには阪神・淡路大震災時（1995年）のボランティアの活躍（「ボランティア元年」といわれた）や「*特定非営利活動促進法（NPO法）」の成立（1998年）が大きな影響を与えた．また，*地方分権化のもとで，自治体の政策形成における市民の役割は大きくなり，地域への市民参加が課題とされている．しかも，市民がそれを担う力量をもちうるのかどうか，すなわち各自治体の*地域づくりに取り組む*市民活動の活性化と*市民的専門性の形成という2つの課題が問われ，社会教育や生涯学習の新たな中核的な課題となっている．それは，何を市民活動の主たるものとするかにかかわらず，*自己実現と社会的使命の達成とが結びつき，活動と自己学習・相互学習とが一体となり，1つの使命共同体として広い*ネットワークを形成していこうとする多元的な社会への試みを支援することである．　　（横石多希子）

〔文献〕1）武川正吾・大曽根寛編著：新訂福祉政策Ⅱ　福祉国家と福祉社会のゆくえ，放送大学振興会，2006．；2）高橋満：社会教育の現代的実践―学びをつくるコラボレーション―，創風社，2003．；3）武川正吾：社会政策のなかの現状―福祉国家と福祉社会―，東京大学出版会，1999．

福祉的就労　working with welfare assistance

〔概要〕*障害をもつ人が授産施設や小規模*作業所で支援を受けながら働くこと．社会参加を果たし，生きがいをもって地域生活を行うことを目的としている．現在，法定施設としては，福祉作業所（身体障害者授産施設，知的障害者授産施設，精神障害者授産施設など）があり，また法定外の施設として小規模作業所や福祉訓練事業所等がある．これらの福祉的就労の場では，支援員（指導員）が配置されている．法内施設職員の人件費は支援費によって賄われており，法外施設職員の場合は補助金によって賄われているが，しかしその予算は決して十分とはいえない．

〔現状と課題〕ここで行われている仕事の内容は，一般企業からの受注作業，独自製品の製造販売，公園清掃など様々であるが，利用者の平均工賃は月1万5000円程度である．*養護学校卒業生の約6割が福祉的就労である．卒業時点で一般企業に就労しても定着できず福祉的就労の場を選ぶ人はいるが，福祉的就労の場から一般企業を目ざす人は極めて少ない．その大きな理由は，失敗した場合の受け皿がないため安心してチャレンジできないことがあげられる．こうした福祉的就労の実情を踏まえ，*障害者自立支援法では福祉的就労の場から一般企業就労への移行を大きな課題としている．そのためには障害者自身が働く意欲と*能力を高めるとともに，一方で障害者が働きやすい環境をつくるための一般企業の配慮が進み，*法定雇用率を達成する努力が必要である．同時に，企業就労が困難な障害者にとっては福祉的就労の場が保障され，適正な所得保障が講じられる必要がある．

なお自立支援法の施行によって利用者の1割自己負担が実施され，その結果，働いて貰う工賃よりも多くの負担金を払うことになった利用者も出てきている．これは働く意欲を低下させ，生き甲斐をもって地域生活を送るという福祉的就労の目的に反するため，改善策が求められる．　　（春口明朗）

⇨作業所

〔文献〕1）小倉昌男：福祉を変える経営，日経BP社，2003．

福祉ひろば　Fukushi Hiroba（square for welfare activities）

1995年から始まる，ともに支え合う*地域づくりを目ざした，松本市独自の地域福祉づくりシステム（事業）をいう．正式には「地区福祉ひろば」という．同事業を推進するため小学校区程度の全地区に設置された「福祉ひろば」（活動拠点施設）は，共助のひろば（福祉の公民館）としての性格を有し，地区から推薦された市の職員も配置されている．

福祉ひろばは，従来の福祉施設の発想を超えた，自治型・創造型の*地域福祉の拠点であり，各地区では，住民の運営組織を核として，*介護予防教室，介護者の集い，給食サービス，地区の福祉を語る集い等の取組みが住民主体で進められている．現在は，町内公民館（*自治公民館）を活用した「町会福祉」，地区ごとの地域福祉計画の策定，防災ネットワークづくり等で実績をあげている．

今後は，公民館との連携をさらに深め，*住民自治による総合的な地域づくりを進めるとともに，地域づくりの担い手を育成していくことが課題である．　　（矢久保　学）

〔文献〕1）辻　浩：住民参加型福祉と生涯学習，ミネルヴァ

書房，2003.；2）大森彌・菅原弘子編：市町村が挑む高齢者ケア―未来モデル事例集―，ぎょうせい，2001.

福祉文化　culture of welfare

広義にはおしゃれ・*遊び・旅行・食事・ライフスタイル等をあたりまえのものとして捉えることで文化土壌を醸成し，狭義には福祉介護現場における*レクリエーション・行事や高齢期のアウトドア活動や学び等を促進させ，福祉に文化の息吹を吹き込もうとする概念．

社会福祉は救貧対策（選別主義）として出発した歴史をもつ．現代社会では少子高齢社会における家族機能の変化や福祉サービスの多様化，自立生活や社会参加があたりまえの社会となってきたため，健康で文化的な暮らしを求めて，誰でも・どこでも・いつでも必要なサービスが受けられるものへと一般化（普遍主義）した．*ノーマライゼーションの理念と思想に基づけば，人間としての幸せを求める日常生活における営み（福祉）にとって，文化と切り離された成り立ちはありえない．しかし歴史的には，むしろ福祉現場では切り離されていたきらいがあった．この認識の下での上記の概念である．

(宮島　敏)

〔文献〕1）一番ヶ谷康子・河畠修・小林博・薗田碩哉編：福祉文化論，有斐閣ブックス，2006.；2）増子勝義：福祉文化の創造，北樹出版，2006.

福祉ミックス　welfare mix

福祉の供給主体として政府・公的セクター，市場セクター，ボランタリーセクター，インフォーマルセクター等の複数の部門が混合して多元的な福祉活動を促進する考え方や政策をいい，市場部門とインフォーマル部門の役割分担を再評価する．これらの背景には，少子高齢化や経済成長率の低下等により福祉財政の構造的改革を求める議論があるが，福祉ニーズの充足によって最適かつ有機的な関連をもつ複合化を目ざしている．すなわち，市場重視の*新自由主義の主張を取り入れつつも，*福祉国家論を発展させようとするのが福祉ミックスの積極的な理念である．具体例としては，全体を*公的年金制度と私的年金制度との最適組合せで検討する丸尾直美らの立場がある．

福祉の受け手からみれば，自分のニーズに合う福祉を自分で選択することになるが，そのためには受け手側の主体性の確立や福祉に関するリテラシーが重要になる．これらは成人教育や生涯学習の現代的な学習課題の1つとして急務の取組みとされている．

(槇石多希子)

〔文献〕1）加藤寛・丸尾直美編著：福祉ミックス社会への挑戦：少子高齢化時代を迎えて，中央経済社，1998.；2）加藤寛・丸尾直美編：福祉ミックスの設計：第三の道を求めて，有斐閣，2002.；3）川口清史：ヨーロッパの福祉ミックスと非営利・協同組織，大月書店，1999.

不就学　children not in compulsory education

義務教育の就学年齢にありながら，国公私立義務教育諸学校や外国人学校等のいずれにも就学していないことである．2005（平成17）年度学校基本調査・不就学学齢児童生徒調査によれば，就学免除者数は学齢児童（6～11歳）872人，学齢生徒（12～14歳）296人，計1168人であり，就学猶予者数は学齢児童903人，学齢生徒365人，計1268人となっている．学校教育法第23条によれば，病弱，発育不完全その他やむを得ない事由のため，就学困難と認められる者の保護者に対して，市町村教育委員会は就学義務を猶予または免除することができる．「その他やむを得ない事由」として，児童生徒の失踪，*児童自立支援施設・*少年院への入所，そして日本語能力の欠如，などがある．

〔就学猶予・免除と障がいのある子ども〕就学猶予・免除の制度は小学校令以来のものであり，義務教育が確立する中で障がいのある子どもを排除し放置する意味を含んでいた．日本国憲法・*教育基本法体制では，すべての者の教育を受ける権利の保障が保障されたが，盲学校，聾学校設置義務施行（1948（昭和23）年）に比べて，*養護学校設置義務の施行が1979（昭和54）年と遅れたこともあり，障がいを理由に不就学とされ，*教育権を剥奪されることにもなった．

〔不就学外国人児童生徒〕日本社会の経済規模の拡大による多民族化の進行によりさらに多文化社会となっており，また，国際人権規約や子どもの権利に関する条約からみても，増加する外国人児童生徒の不就学への対応が重要な課題となってきた．実態調査や不就学要因の教育学的分析が進められ，母語による教育情報の提供や*教育相談など就学支援への取組みの充実が求められている．また，学校という空間に限定するのではなく，地域の学習室で，日本語指導，学習指導，そして母語教育が*NPOや*ボランティアグループなどにより行われている．　(米村健司)

〔文献〕1）熊野純彦：差異と隔たり，岩波書店，2003.；2）田中昌人：障害のある人びとと創る人間教育，大月書店，2003.；3）宮島喬ほか編：外国人の子どもと日本の教育，東京大学出

版会, 2005.

婦人会　local women's group

校区, 町村単位等で組織され, 教養, 社会奉仕, 娯楽などを目的として, 成人女性, 家庭の主婦によって構成される団体. 地域婦人会の通称.

〔歴史〕明治時代中期, 生活改良や道徳涵養を目的として宗教系婦人会が結成される. 大正時代, *民力涵養運動の中で, 女性たちを経済的思想的に奉仕させる組織として積極的に位置づけられていった. 全国組織をもつ代表的な婦人会としては, 愛国婦人会, 大日本連合婦人会, 大日本国防婦人会がある. 1942年にそれらを統合して大日本婦人会が組織され, 戦時総力戦体制を内側から支える役割を担った.

戦後は, 民主化, 女性解放を求める様々な女性団体が組織される一方で, 地域婦人会は, 戦前の体質との断絶と民主的な団体としての再生を求められた. 1952年, 会員数600万人の「全国地域婦人団体連絡協議会」が結成され, 各地域の単位婦人会が, 郡市単位の連合体・連絡協議会に参加, それらが都道府県単位に組織されている. 自治体においては, 行政が開く*婦人学級と連携し, 婦人の教育に取り組んできた.

〔課題〕婦人会は, 消費者問題, 福祉問題, 環境問題など生活に直結する問題に幅広く取り組みながら, 会員の教養の向上, 家庭および社会生活の改善に取り組んできた. 都市化の進行の中で, 婦人会が組織されない, 会員数が減少するなどの傾向にある. 後継者の育成, 高齢化への対応など組織が抱える課題が指摘されているが, 社会教育史において果たしてきたその役割についての研究が求められる.

(村田晶子)

〔文献〕1) 千野陽一:近代日本婦人教育史, ドメス出版, 1979.

婦人学級　women's class

婦人教育の一形態. *社会教育行政が, 公費によって開設, 運営するものと, 婦人団体が公費の補助を得て開設する場合がある.

〔歴史〕戦後直後の被占領期の婦人教育政策は, 連合国総司令部(GHQ/SCAP)の指導の下にあって, その方向は揺れた. 敗戦直後, 文部省は戦前を継承する形で方針を打ち出している. 五大改革指令(1945年10月)において婦人解放が打ち出された後も, 「昭和二十年度婦人教養施設ニ関スル件」, 「婦人教養施設ノ育成強化ニ関スル件」(1945年11月)を出し, 「母親学級」の開設を求め, *家庭教育の担い手としての「主婦」「母親」の育成を求めた. 1946年に入ると戦前の体制からの変更を迫られるが, 占領軍内部は, 婦人だけを対象とする教育は男女平等に反するので両性を対象にするべきとする考え方と, 地方の実態に即してこれまで教育の機会に恵まれなかった女性をこそ対象とする意義があるとする考え方に分かれ, 中央の婦人教育政策は, 前者の考え方に沿って組まれた. 1946年9月以降は, 家庭教育は母だけが担うものではないという理由から「母親学級」の名称の使用も中止され, 「*両親学級」の名称が使われていく. また, *憲法学習等の男女の性別に関係なく成人を対象として行われるものについては「社会学級」という名称が使われている.

このように婦人教育をめぐって「婦人」を特立することについて議論が分かれていたにもかかわらず, *「公民館の設置運営について」(1946年7月)では, 「婦人学級」の名称が使われ, 「婦人学級は女性青年学校卒業者其の他一般成人女子の受講生を以て編成し, 左の教育を為すこと」とあり, 「イ 婦人に必要なる時事問題, 公民常識, 社会道徳に関する教育　ロ 家庭生活の科学化に必要な教育　ハ 家政, 育児, 家庭衛生, 裁縫等に関する教育」を内容としてあげている.

1951年独立後初めて「婦人教育」の名を公式に冠した「都道府県婦人教育事務担当者研究集会」が開催され, 女性たちが民主主義社会をつくる担い手になるための力の獲得が, 「婦人学級」の運営に託された. 文部省でも, 形態のみならず, 学習内容, 方法を革新していくことを試み, 講師の話を承るだけの学習から, 主体的な学習の形態・方法が模索された. その一例として「話し合い」学習, 調査等を位置づけた静岡県稲取町における「実験社会学級」があげられる.

1970年度までは, 「委嘱婦人学級」として, 対象や学習内容, 方法, 運営等について研究的な意味をもって開設されたが, 1971年度からは「補助事業」に切り替わった.

1975年の「国際婦人年」とそれに続く「国連女性の10年」では, 真の男女平等の実現, *性別役割分業制の見直し, 国際化への対応などの新たな学習課題が提起された. 1985年度から「婦人問題学習講座」が国庫補助事業とされ, 2001年から「婦人教育」にかえて「女性教育」という表現に変更されている.

〔課題〕「統計にみる女性の現状」(1994年度版)によれば, 1980年度の講座数は, 3万5601, 参加者145万1720人であるが, 1990年度の講座数は, 3万

432（婦人学級，婦人問題学習講座，婦人の職業生活準備セミナーを含む），参加者142万3183人で，減少傾向にある．今日，婦人学級の歴史的総括，積み重ねられた*実践の事実をもとに女性問題解決のための学習内容，方法，条件を明らかにしていくことが重要になっている． （村田晶子）

〔文献〕1）伊藤雅子：女性問題学習の視点，未來社，1993.；2）中藤洋子：女性問題と社会教育，ドメス出版，2005.；3）村田晶子：女性問題学習の研究，未來社，2006.

婦人教育会館 women's education center

婦人教育関係者や一般女性のために各種の研修や交流，情報提供などの事業を実施したり，婦人教育に関係する団体等が行う婦人教育活動の拠点として，婦人の資質・能力の開発や知識・技術の向上を図ることを主たる目的として設置された社会教育施設である．国においては，「国連女性の10年」の取組みの女性問題解決の拠点として，1977年11月，文部省の附属機関として「国立婦人教育会館」が設置され，2001年「*独立行政法人国立女性教育会館」となる．*男女共同参画社会の形成を目ざした研修・調査研究・情報・交流を行う「女性教育に関するナショナルセンター」と位置づけられている．各自治体においても「女性会館」などの名称で設置された．「社会教育調査報告書」によれば，その数は1975年度に90ヵ所あったが，1996年の225ヵ所をピークとして減少している．近年，「*男女共同参画センター」に名称変更される自治体も少なくない．
（村田晶子）

〔文献〕1）辻智子：社会教育施設・女性関連施設の現状と課題．ジェンダーと社会教育（日本の社会教育第45集）（日本社会教育学会），東洋館出版社，2001.

附帯施設論争 debate on the independence of the public library from adult education

〔意義〕1933年6月に改正された*図書館令第1条第2項の条文「社会教育ニ関シ附帯施設ヲ為スコトヲ得」の解釈をめぐり，1934年に*中田邦造（石川県立図書館長）と松尾友雄（文部省）との間で行われた論争．図書館と社会教育の関係を問い直し，戦後の*図書館法制定過程での単独法化の動きや，図書館法改正論，図書館活動と社会教育の関係に大きな影響を与えた．

〔論争の経緯と内容〕1933年図書館令が改正された．この改正は，中央図書館制度の創設，設置の認可制の復活など，主として準戦時体制下での市町村立図書館，私立図書館に対する統制強化をねらいとしていた．ところが論争はこれらのねらいに関してではなく，図書館令第1条第2項に規定された社会教育に関する「附帯施設」（付帯事業）について起こされた．

中田邦造は，この条文にいう社会教育に関する「附帯施設」と，図書館の本来的業務はいかなる関係にあるのかを問いかけ，図書館の使命は図書の利用を通して人々の*自己教育力を育てることにある，したがって「附帯施設」は図書館の本来的使命を助けるものだけでよいと主張した．これに対し松尾友雄は，改正図書館令のねらいが，社会教育の全面的振興に図書館をいかに活用するかにあり，図書館業務とは直接関係のない事業であっても，地域の要望があれば実施してかまわないと述べた．特に町村図書館は将来的に「町村社会教育館に変化してゆく運命」にあるとの認識を示した．

中田―松尾論争は，その後，1934年2月に*日本図書館協会に設置された図書館社会教育調査委員会に引き継がれ，『図書館雑誌』上での3次にわたる問題提起と議論を経て，1937年に「図書館社会教育調査報告」としてまとめられた．

「図書館社会教育調査報告」は，ほぼ中田邦造の主張を基調に構成されていたが，図書館関係者の図書館認識の到達点を示すものとなった．報告はまず，図書館の基本的機能には文化的機能と教育機能とがあり，教育的機能，特に社会教育的機能に狭く限定されるものではないことを強調した．それは松尾友雄にみられた図書館機能を社会教育に吸収解消させる議論への批判であった．

また報告は，図書館における社会教育（図書館社会教育）とは，自己教育力をもっていない人々に対し，図書を教材として，自己教育力を育てる作用であるとし，利用者の自己教育力の程度に応じた対象の*分類と，対象にふさわしい図書の編成を考える必要があるした．そして，第1種から第3種対象を設定し，それに対応して第1種から第3種図書を構想する．特に自己教育力のない第3種対象に対しては*読書指導の必要性が提起され，これらは後に国民読書指導運動の全国的展開につながっていく．

論争の争点であった「附帯施設」（付帯事業）に関して報告は，図書館の固有の事業にかかわる「直接付帯事業」と，図書館にかかわりのない「間接付帯事業」に分け，「間接付帯事業」は必ずしも実施する必要性はないが，図書館に間接的な効果をもたらす場合もあるとし，実施に関しては明確な判断を避け

た．

〔論争の影響〕図書館は法制度的にも行政的にも社会教育の領域に属している．しかし，図書館関係者の間ではそれに対し批判的であった．図書館法の単独法化経緯や，図書館での社会教育的事業への消極性などにもこの論争が強く影響を及ぼしている．

⇨図書館令　　　　　　　　　　　　（山口源治郎）

〔文献〕1) 国立教育研究所：日本近代教育百年史（第8巻），教育研究振興会，1974.

普通学務局第四課　Fourth Division of the General Education Bureau

*臨時教育審議会の*通俗教育に関する答申（1918年12月）に基づいて通俗教育の専任事務官を設置したことに伴い，文部省普通学務局に創設された通俗教育を管掌する部署．第四課は実質的に*社会教育課であり，*乗杉嘉壽が初代課長となり，*川本宇之助らがそのもとで働いた．乗杉の更迭後，*小尾範治が課長に就任した後，1924年12月に社会教育課となった．第四課では，創設期の*社会教育行政として精力的な活動が行われた．府県への*社会教育主事の設置と養成のための*社会教育主事講習会の開催，*青年団や少年団などの団体指導，図書館員講習所の設置，*博物館・展覧事業の振興，*生活改善運動の着手，*民衆娯楽の調査，*教育的救済事業への着手，*職業指導と成人教育講座の開設など，第四課が着手した事業は多方面にわたった．第四課は，「*教育的デモクラシー即ち*教育の機会均等」という理念に基づいて，学校教育から排除された子どもたちの教育保障に取り組み，成人の教育活動の促進などに取り組んだ．しかし，そのデモクラシー理解は，乗杉が「秩序ある自由」と定義づけたように体制の枠内を超えるものではなかった．

（松田武雄）

〔文献〕1) 国立教育研究所編：日本近代教育百年史7 社会教育（1），教育研究振興会，1974.

不登校　refusal to school attendance

不登校とは，「何らかの心理的，情緒的，身体的あるいは社会的要因・背景により，登校しないあるいはしたくともできない状況にあるため年間30日以上欠席した者のうち，病気や経済的な理由による者を除いたもの」（文部科学省）をいう．

不登校は当初，学校恐怖症，登校拒否などと呼ばれ，子どもの側の怠けや甘え，心因性の問題に起因するものとして考えられていた．しかし，1980年代半ば以降学校に行かないことを個人の病理としてではなく，社会や学校側にも問題があるとする視点が出され，不登校という言葉が用いられるようになった．2007（平成19）年度の不登校児童・生徒数は12万9254人となっており，中学校では34人に1人が不登校という状況になっている．

また外国籍の子どもについても，言語習得や学習面での困難や*いじめが子どもの*不就学に影響を与えており，不登校と似た背景がみられる．さらにまた，生活保護世帯，離婚・単身世帯などに不登校の発生率が高いことなどをみても，不登校を個人の病理・問題としてではなく社会的問題として捉える視点が不可欠である．

（阿比留久美）

〔文献〕1) 森田洋司：「不登校」現象の社会学（第2版），学文社，1997.

武道振興大会　Budo Shinko Taikai (Conference for the Promotion of Japanese Martial Arts)

1977（昭和52）年4月，*日本武道館と武道9団体（柔道・剣道・弓道・相撲・空手・合気道・少林寺拳法・薙刀・銃剣道）によって，武道団体の統一組織として日本武道協議会が設立され，1978年2月には，国会議員132人が発起人となり国会武道議員連盟が設立された．以上の団体の年次総会あるいは総決起集会として，翌1979年より開催されるようになったのが武道振興大会である．武道振興大会で採択される決議は，特に青少年層にみられる自制心や責任感の欠如などに憂慮を示し，心身を一体的に育む武道教育の必要性を強調し，学校教育および*社会教育における武道教育の推進を図るための具体的な施策を示すというものであり，体育政策に大きな影響を与えてきた．1979年度に始まる文部省の柔・剣道教育推進施策，1989年の改訂学習指導要領（中学・高校）における格技から武道への名称変更などは，まさに武道振興大会決議の具体化であり，こうしたあり方に対しては，教育関係者等から疑問や批判の声も上がっている．

（坂上康博）

〔文献〕1) 中村民雄：武道を推進する人々．体育科教育，**35**(7), 1987.

不当配転問題　the issue of unfair treatments for adult educator

社会教育の本来的な目的や課題が達成しにくくなるような*社会教育職員の人事異動をめぐって生ずる問題状況をいう．

〔概念と用語〕一般に社会教育職員にかかわる不当

人事は，当人の職務継続意思が示されたにもかかわらずその意に反して社会教育以外の領域に配置換えされることをいう．その際，それまでの社会教育活動実績やその資質や力量にかかわる評価が客観的になされることなく，また採用時に重視ないし条件とされた*社会教育主事などの*専門職資格を無視して強行されることが多く，その点での不当性が特徴的である．しかしその不当性は専門職員に対する労働基本権の侵害という側面にとどまらない．多くのケースにみられるように，その背景には社会教育活動による住民の政治意識や自治意識の高まりを嫌うという政治的な動機や意図がみられる点で，住民の自由な学習文化活動を妨げるという住民にとっての不当性をも生じさせる．これが「不当配転問題」といわれるゆえんである．

〔歴史と課題〕1950〜60年代には日本政治の逆コース状況の中での政治問題・社会問題などが，1960〜70年代には高度経済成長政策下の過密・過疎問題，開発・公害問題などが積極的に学習課題として取り上げられた．その際，それへの政治的・行政的干渉や社会教育職員に対する不当配置転換問題がしばしば生じた．この状況下では自由な裁量権をもつ当局の人事権の行使は，明白な違法性がない限り無効となることは少なくなかったが，住民の学習を援助する体制や条件は明らかに後退をみることになった．この中で不当配転問題は，当初は職員の側から不利益処分撤回を求める運動として提起されたものの，それは住民の*学習権の擁護運動として捉え直される中で，社会教育活動の発展を保障させる自治体民主化運動として発展をみせることになった．現職復帰が勝ちとられた例をみると，不利益処分の撤回を求めた運動は，自治体教育行政の責任を明らかにして，住民共同の力で住民の生活と権利を守る自治体づくりに歩を進めている．*社会教育職員の教育労働は住民の学習活動の中で豊かに創造されるものであるという認識はここから育っていった．

(島田修一)

〔文献〕1）島田修一：不当配転の法理的分析．日本社会教育学会紀要，7，1971.；2）島田修一：地域をつくる社会教育実践，エイデル研究所，1985.

部落解放運動　*Buraku* liberation movement

部落差別の完全撤廃を目ざす社会運動．1871（明治4）年に太政官布告（通称「解放令」）が出されたことによって，封建的身分制度に基づく被差別民は法制度上なくなった．しかし，明治以降も旧身分に基づく部落差別は厳然と存続した．部落解放運動はこれらの差別を撤廃するために，1918（大正7）年に起こった米騒動などの大衆運動を背景にして，部落差別の完全撤廃を目ざす全国水平社を1922（大正11）年3月3日創立した．多くの府県・地域においても地方水平社が組織され，地域で発生する差別事件に精力的に取り組んだ．戦後の1946（昭和21）年2月には，戦前の水平社運動を発展的に継承する部落解放全国委員会が結成され，1955（昭和30）年には部落解放同盟とその名称を変更した．以降，国策樹立運動を展開し，内閣*同和対策審議会答申や同和対策事業特別措置法の制定に結びつけた．その後も「部落地名総鑑」事件をはじめ，多くの差別事件に取り組むとともに，*反差別国際運動（IMADR）などを組織し，国内外の差別撤廃に大きな影響を与えている．

(北口末広)

⇨被差別部落

〔文献〕1）部落解放・人権研究所編：人権年鑑，部落解放・人権研究所（解放出版社発売），2009.；2）部落解放・人権研究所編：写真でみる戦後60年─部落解放運動の歩み─，部落解放・人権研究所（解放出版社発売），2004.

部落問題学習　*Buraku*-issues study

〔概念と目的〕部落差別をなくすために部落問題について学ぶことをさす．1965年に内閣*同和対策審議会は*同和問題の重要性を指摘し，「その解決は国の責務であり，同時に国民的課題である」と明確に提言した．同答申は，「『寝た子を起こすな』式の考えで，同和問題はこのまま放置しておけば社会進化に伴いいつとはなく解消すると主張することにも同意できない」とし，部落問題学習の必要性を述べた．「同和地区に限定された特別の教育ではなく，全国民の正しい認識と理解を求める」教育として構想されている．社会教育においても，「地域の実情に即して同和問題について理解を深めるよう社会教育活動を推進すること」を求めている．その後，この答申に代わる国の同和問題に関する提言は出されておらず，この答申が現在においても国の施策の土台に据えられていると考えるべきであろう．

〔原則〕部落問題学習に当たっては，①「*差別はいけない」という心がけを育てようとするだけでは決定的に不十分である．②心理的差別についても実態的差別についても現実に即した実践的教材を開発する必要がある．③学習者の疑問や問題意識を的確に把握し，それに応える形で進めなければならない．④学習者が安心して学べるような条件づく

りが求められる．⑤学習者にとって部落差別と自己とのかかわりがわかるように学習を組むべきである．⑥知的な理解だけでなく，人権感覚を育み，問題解決のための実践的行動力を培う必要がある．そして，⑦学習者から出発して，社会を変えることへとつながる学習の組立を構想する必要がある．これらを実現するためには，これまでの同和教育の成果を踏まえるとともに，世界的に展開されている反差別の教育から学ぶことが求められよう．

〔実践上の課題〕部落問題学習では，担当者や講師などの姿勢が基本的な課題として問われる．学習者に求める以前に，担当者や講師が上記の7点を自分に即してふりかえり，点検し，深めていくべきである． （森 実）

〔文献〕1) 中野陸夫・池田寛・中尾健次・森実：同和教育への招待，解放出版社，2000．

フランスの生涯教育・生涯学習 life-long education and life-long learning in France

〔概観〕フランスの*生涯教育・生涯学習にかかわる論議は，*労働や*職業にかかわる成人教育（「生涯教育」(éducation permanente)）領域と社会的な*文化活動（「社会文化の活性化」(animation socio-culturelle)）領域に分かれる．近年は，1971年の「生涯教育の枠組みにおける継続職業訓練に関する法律」が定着したことに伴って，議論が前者に限定される傾向が強まり，当初の両者を統合する理念の後退が懸念されている．

〔歴史・動向〕フランスの生涯教育・生涯学習に関する議論は，既に革命期の公教育計画にかかわる論議の中に様々な形で現れていた．学校を使った日曜日の公開講座のような知識の普及を目的とした成人教育の形態のほか，革命祭典を「大人の学校」と位置づける議論が存在した．19世紀前半，ギゾー法(1833年)の制定によって初等教育制度の整備が本格化すると，その一部として成人講座についての論議が開始され，19世紀を通してその整備と制度化が進む．また，職人同士のものづくりを介した共感と連帯に依拠した「*同職組合」(compagnonnage)は独自に，労働者の文化を基本にした教育的な要素を有していた．さらに19世紀の後半には，学校制度が整備されるのに伴って市民的な教養を労働者にも普及しようとする議論が高まる．19世紀末のドレフュース事件を背景に展開した*民衆大学運動は，その典型である．

20世紀に入ると，労働運動と結びついた*労働学校運動などが展開する．また大戦間の人民戦線期には，労働者を対象とした文化・余暇政策がゼイ(Zay, J.)らによって展開される．第2次世界大戦のレジスタンス運動の中では知識人と労働者が出会い，そこから戦後になって，両者が協同する民衆の知的・文化的な向上を目ざす「*民衆と文化」が生まれた．こうした*民衆教育の歴史は，1950年代に入るとスポーツを中心とした青年教育政策に引き継がれ，*青年と文化の家が建設される．1970年代からは，「社会的な文化の活性化」政策が新たに展開し，*アニマトゥールという*専門職員制度の整備が進む．他方の職業に関する分野では，1960年代に労働者の昇進を職業に限定せずに社会的な参加として位置づける「*社会的昇進」策が展開し，今日のフランスの生涯教育政策の基本的な枠組みを形成することになった．

〔法制〕1971年の「生涯教育の枠組みにおける継続職業訓練に関する法律」が高等教育基本法，テクノロジー基本法などとともに，労働者の教育に関する制度を構成している．

〔研究〕民衆教育や社会的な文化の活性化に関する研究は，1970年代に民衆教育研究所を中心に展開したが1980年代に入り停滞した．最近改めて，民衆教育の役割に関する論議が始まっている．革命期に創設された国立工芸院(Conservatoire Nationale des Arts et Métiersm：CNAM)が労働に関する成人教育研究の拠点の1つになっているほか，パリ第7大学，パリ第8大学，トゥール大学，ナント大学などを拠点にした研究が展開している．

〔論点〕労働の場における成人の学習を対象にした研究では，成人という学習者の特徴に注目した研究が展開し，学ぶことや知識とは何かという原理的な問い返しが進み，学校をモデルとした教える行為としての教育よりも，自分の経験をもとに自らを形成する形成論的な教育論が展開している．その中で成人教育としての特色を踏まえた自己教育論という独自の教育論が形成されてきていることが注目される． （末本 誠）

⇨アソシアシオン，アニマトゥール，文化の家

〔文献〕1) Cacérès, B.：*Histoire de l'éducation populaire*, Seuil, 1964.；2) Terrot, N.：*Histoire de l'éducation des adultes en France*, edilig, 1983 (nouvelle édition, L'Harmattan, 1997).；3) Poujol, G.：*L'éducation populaire: histoires et pouvoirs*, les éditions ouvrières, 1981.；4) 末本誠：フランスの生涯教育の新展開．教育改革の国際比較（大桃敏行ほか編），ミネルヴァ書房，2007．

フリースクール　free school

国家や行政主導による画一的な教育を行う既存の学校に対して，子どもの声を土台にした教育実践を中心に据えようと取り組まれている自主的な学校づくりに対する総称．

その歴史は，20世紀初頭に，国家主導による画一的教育に対する批判として，児童を中心とした学校教育のあり方が新教育運動として展開されたことから始まる．*デューイ，ニール（Neil, A. S.）らによる実験学校が影響を与え，欧米では子どもを中心にした学校が，私立学校などとして開校されてきている．

日本におけるフリースクールの草分け的存在としては，東京シューレ（1985年）や東京シュタイナーシューレ（1987年）があげられる．ともに構造改革特別区域計画申請が認可（東京シューレは2006年7月，東京シュタイナーシューレは2004年3月）されて，前者は2007年から葛飾区内に，後者はすでに，2004年から神奈川県藤野町に学校法人を設立している．ほかにも，1992年から学校法人「きのくに子どもの村学園」が開校されている．　　（荒井文昭）

フリースペース　free space

日本では1980年代半ばに登場した，主に学校に行かない*子どもの居場所，学校外の学びの場．

欧米では制度的な学校教育と異なる独自の教育思想，教育方法をもつ学校として*フリースクールが位置づけられているのに対し，日本ではフリースペース・フリースクールともに*不登校との関連が強い点に特徴がある．フリースクールに比べ，フリースペースはより小規模でプログラム化されていない傾向がある．自由に過ごせる場所，安心してほっと過ごせる場所という意味合いをもって運営されており，「*居場所」などとも呼ばれている．

フリースペースの多くが*NPOなどの民間団体によって運営されており，公教育としての助成を受けることができないために，厳しい財政状況に置かれている．　　（阿比留久美）

⇨子どもの居場所

〔文献〕1）西野博之：居場所のちから―生きてるだけですごいんだ―，教育史料出版会，2006．

フリーター　part-time working youth

〔定義〕フリーターという言葉は，1987年に，アルバイト情報誌『フロム・エー』によってつくられ，広められた言葉である．当初は，英語のフリー「free」，ドイツ語で労働を意味し日本語では非正規雇用を意味するアルバイト「arbeit」および「〜する人」，英語のフリー「-er」，の3つをつなげた和製英語風の造語（「フリーランスアルバイター」の略称）であった．しかしながら現在，「フリーター」という言葉でさすものは人によって違うことが少なくない．

〔人数〕内閣府『国民生活白書』では，15歳以上35歳未満の学生・主婦でない者のうち，パート・アルバイト・*派遣労働者等で働いている者および，働く意志のある無職の者と定義している．他方，厚生労働省『労働経済白書』では，15歳以上35歳未満の学校卒業者で主婦でない者のうち，パート・アルバイトで働いている者および，パート・アルバイトで働く意志のある無職の者と定義している．『労働経済白書』の定義によれば，フリーターは2002〜04年には，200万人超（各209万人，217万人，213万人）存在している．1982年には50万人に過ぎなかったが，1992年には101万人，1997年には151万人，2000年に193万人と急増してきた[1]．

〔類型化〕フリーターを「どうしてフリーターになったか」という主観的な観点から，類型化すると，①「モラトリアム型」（*職業を決定するまでの猶予期間としてフリーターを選択し，その間に自分のやりたいことを探そうとするタイプ），②「やむをえず型」（正規雇用を何かしら志向しながらそれが得られない者），③「夢追求型」（芸能関係志向，*職人など自分の*技能・技術で身を立てる職業を志向），に分けることができる[2]．　　（大木栄一）

⇨ニート

〔文献〕1）厚生労働省：2005年版労働経済白書，国立印刷局，2005．；2）日本労働研究機構：フリーターの意識と実態，調査研究報告書No.136，2000．

ブルーカラー　⇨ホワイトカラー

布令教育法（沖縄）　Code of Education for the Ryukyus

米軍統治時代の沖縄において，米国民政府が布令に基づいて実施させた教育法．1952年4月施行の布令66号「琉球教育法」は一般行政と教育の分離や*地方分権を根幹に，*教育税の実施と地方に教育区*教育委員会を設置するなどの点に特徴があった．第1章8節*社会教育では「（略）中央政府及び地方政府に無料の*図書館，*博物館の機関の設置維

持，*公民館の利用，その他適当な方法により広く教育の目的を達成するように努めなければならない」とある．

*琉球政府文教局はこれにかわる教育四法の立法案を立法院に提出し可決されたが，米国民政府はそれを拒否し新たに布令165号「教育法」を1957年3月に交付した．これは家庭派遣教師制度や社会教育の重視などの注目すべき点もあったが，教職員の契約制の明確化と政治活動の禁止などで沖縄教職員会の反発をかい，紆余曲折を経て1958年1月民立法（琉球政府立法院）による教育四法が*高等弁務官の承認を得て公布された．　　　　　　　　（宮城能彦）

〔文献〕1) 沖縄県教育委員会：沖縄の戦後教育史，1977．；2) 琉球政府文教局：琉球史料（第三集），1958．

プレイパーク　play park movement

〔概要〕既成の遊具がある公園とは違い，子どもが自らの好奇心や創意工夫で「自分の責任で自由に遊ぶ」ことができるようにつくられた遊び場のこと．木登りや水遊び，たき火などの火を使った遊び，廃材を使った小屋づくりや工作など，自然遊びを中心に展開されており，*プレイリーダーと呼ばれる大人を環境整備役，子どもの代弁者として置くこともある．子どもの*遊び環境が貧弱化する中で，住民主体の自発的な運営によって広がりを見せ，2012年現在300を超える団体が遊び場づくりに取り組んでいる．冒険遊び場（adventure playground）とも呼ばれる．

〔経緯〕1943年デンマークのコペンハーゲンにおいて，造園家のソーレンセン（Sorensen, J.）が「エンドラップ廃材遊び場」を設計しつくったのが発祥である．その後，英国を中心に欧米諸国に普及していき，関係者が中心となって1961年 IPA（International Playground Association, 現在は International Association for the Child's Right to Play）という国際ボランティア組織も設立された．日本へはヨーロッパの実情を視察して回った建築家の大村虔一・璋子夫妻によって紹介された．1979年には世田谷区立羽根木公園に日本で最初の常設プレイパークが誕生，同年 IPA 日本支部も発足した．

〔研究〕子どもの*社会教育の分野では，1980年代以降，*青年の家などの集団指導施設が停滞化する中で，集団づくりを直接の目的としない「*居場所づくり」*実践が注目され，その代表的な試みとして位置づけられている．　　　　　　　　（森本 扶）

⇨プレイリーダー，公園・ひろば

〔文献〕1) 遊びの価値と安全を考える会編：もっと自由な遊び場を，大月書店，1998．；2) 大村璋子編著：遊びの力，萌文社，2009．

プレイリーダー　play leader

一般に「冒険遊び場」と呼ばれる*プレイパークで子どもの遊びをサポートする支援者をさす．子どもが安全にかつ自発的に自分たちのアイディアとスタイルで自由に遊べる環境づくりを目的とする遊びの支援者のことである．プレイパークは，1943年，造園家ソーレンセン（Sorensen, C. Th.）が構想したコペンハーゲン市郊外の「エンドラップ廃材遊び場」が始まりといわれ，プレイリーダーの歴史もそれとともに始まる．プレイパークは，ヨーロッパを中心に1950年代から徐々に増え，日本では，羽根木プレイパークが1979（昭和54）年に開園して以来，自己責任による「自由な遊び」を実現する公園・緑地を舞台にした*市民活動としてその数も200ヵ所を超え，各地でプレイリーダーが活躍している．

（松尾哲矢）

〔文献〕1) 羽根木プレーパークの会編：冒険遊び場がやってきた，晶文社，1987．

フレイレ，パウロ　Freire, Paulo

1921-1997．ブラジル，ペルナンブコ州レシフェ市に生まれる．『被抑圧者の教育学』の著者として世界的に知られるブラジルの教育学者．

〔略歴〕1960年代初頭のブラジル東北部の民衆文化運動に参加しながら，「*意識化」を伴う*識字教育の新しい方法を生みだし，全国識字教育計画のコーディネーターとなるが，1964年の軍事クーデターで亡命を余儀なくされ，1980年まで欧米を中心に，第三世界の識字教育や*民衆教育の発展に努める．1989～91年，サンパウロ市教育長．

〔理論〕教育は人間の解放のためにあり，虐げられている者・抑圧されている者こそが批判的意識を獲得し，社会変革の主体として自己形成すべきと主張し，その教育の基本原理として「課題提起型教育」を提案した．教師と生徒の垂直な上下関係の中で，教師が生徒に一方的に知識を注入し，生徒は求められたときにそのまま提示するといった教育を，銀行の預金の出し入れに似ていることから「銀行型教育」と呼び，生徒の客体化と非人間化を進めるものとして否定した．これに対して，教師と生徒が水平的な関係の中で，課題を共有化し，その課題をめぐる*対話を深め，新たな知見を獲得し，現実変革の実践をともに進めていくという「課題提起型」こそ

が人間解放の教育の本質であると主張した．

〔実践〕一方，フレイレは，識字教育実践では，「文字を読むこと」と「世界を読むこと」を統一的に捉える方法で，極めて短期間に識字力を獲得できる新しい識字教育方法を開発した．識字教室の学習者の多くが抱えている課題や困難，とりわけ，学習者の労働や生活，地域にかかわる課題をテーマとして選択し，教材をつくり，それらテーマと教材を使いながら，コード化と脱コード化を繰り返しつつ識字力を身につけるとともに，具体的な課題解決の実践に踏み出していく識字教育を提起した．彼の方法は，一般の成人であれば，40時間程度でアルファベットが読み書きできるようになることを証明した．

(野元弘幸)

〔文献〕1) モアシル・ガドッチ(里見実・野元弘幸訳)：パウロ・フレイレを読む，亜紀書房，1993．

フレックスタイム　flex-time

フレックスタイム制とは，*労働基準法第32条の3に規定されており，労働者が一定の定められた時間帯の中で，始業および終業の時刻を自由に決定することができる変形労働時間制の1つである．形態としては，1日の労働時間を固定し，始業・終業の時刻を前後させる1日単位の方式と，週または月を単位とし，1日の労働時間は伸縮できる方式がある．具体的には，必ず勤務しなければならない時間（コアタイム）と，その時間帯の中であればいつ出退勤してもよい時間帯（フレキシブルタイム）とに分けて実施するのが一般的である．フレックスタイム制を導入するに際しては，一定範囲の労働者について始業および終業の時刻をその決定に委ねることを就業規則等で定め，かつフレックスタイム制をとる労働者の範囲，精算期間，精算期間内の所定労働時間の合計等を労使協定で定めなければならない．

(大木栄一)

〔文献〕1) 全国労働基準関係団体連合会：労働時間ハンドブック，全国労働基準関係団体連合会，2006．

プロダクティブエイジング　productive aging

生産的な活動に従事し続けながら年を取っていくこと，あるいは高齢期においても生産的な活動に従事し続けること．プロダクティブエイジングは，1980年代初頭に高齢期や高齢者に対する従来とは異なる新たな見方や考え方を表す用語として提起され[1,2]，今日では，*サクセスフルエイジングやアクティブエイジングと並んで，高齢期の課題が議論されるときに頻繁に使われている．生産的活動というのは，有償・無償あるいは雇用・自営にかかわらず，物財やサービスの生産に従事することを通じて個人の満足や自己充足を超えて家族や地域，社会に貢献することである．高齢化が進み，社会保障費が増大し，労働力不足が問題になるにつれて，プロダクティブエイジングの議論は，高齢者（の*能力）をいかに活用すべきかといった問題により一層重点が置かれるようになってきている．

(小田利勝)

〔文献〕1) Butler, R. N. and Gleason, H. P. eds.：*Productive Aging : Enhancing Vitality in Later Life*, Springer, 1985.（岡本祐三訳：プロダクティブ・エイジング―高齢者は未来を開く―，日本評論社，1998．）；2) Butler, R. N.：The Study of Productive Aging. *The Journals of Gerontology Series B*, **57**, S323, 2002.

プロレタリア芸術運動　Proletarian Arts Movement

社会の階級分化が顕在化した1920年代以降，労働者や無産者，農民を中心として，資本家など富裕層に対する批判的行動の組織化が目ざされつつあったが，その一翼として行われた芸術家や作家による先鋭な運動の総称が，プロレタリア芸術運動である．1928年に全日本無産者芸術連盟（通称ナップ）が結成されて以後盛り上がりをみせるが，その前後からこの運動は複雑な組織化と離反を繰り返しながら進展していった．プロレタリア芸術運動の中で，芸術家や作家は作品の発表だけでなく，機関紙の発行，演劇の巡演などを通して労働者に働きかけ，労働争議や組合運動を支援した．運動の影響は農村部にも及んでいるが，こうした動向は，戦前の社会教育的な芸術活動の一側面をみる際，重要である．

この運動は表現のあり方としてリアリズムを志向する．それは現実の社会矛盾を直視するための方法と見なされており，労働者や農民の階級意識を高める役目を果たした．

(小川　史)

〔文献〕1) 秋田雨雀・山田清三郎：文化運動史．日本資本主義発達史講座（第2部），岩波書店，1932．；2) 蔵原惟人：日本プロレタリア芸術論（上・下），和光社，1955．

文解教育（識字教育）　⇨東アジアの識字教育

文化遺産　cultural heritage

後世に残すべき貴重な価値を有するものや現象のこと．「文化財」や「文化資源」という用語も使われる．

〔概観〕日本では1950年の*文化財保護法が制定

されて以降,「文化財」という言葉が一般に定着してきた.しかし,1992年の*世界遺産条約締結後,この条約の人気もあり,「文化遺産」という用語も以前より使われるようになり,ポピュラーになってきている.「文化財」や「文化遺産」という用語について,国際的な枠組みを決めている国際条約の名称からみてみると「文化財」(cultural properties) を使っているものはハーグ条約(1954年「武力紛争の際の文化財の保護のための条約」)や*ユネスコ条約(1970年「文化財の不法な輸入,輸出及び所有権移転を禁止し及び防止する手段に関する条約」),そのユネスコ条約を補完するユニドロワ条約(1995年「盗取され又は不法に輸出された文化財に関するユニドロワ条約」)で採用されている.一方,「文化遺産」(cultural heritage) を使用した例としては世界遺産条約(1972年「世界の文化遺産及び自然遺産の保護に関する条約」)がある.また文化財保護法を所管する*文化庁の*独立行政法人である東京文化財研究所や奈良文化財研究所では部署名も「文化遺産」という言葉を名称に使うようになってきている(例:「東京文化財研究所文化遺産国際協力センター」や「奈良文化財研究所文化遺産研究部」等).

〔内容〕その「文化遺産」という用語を使用している世界遺産条約では「自然遺産」「文化遺産」「複合遺産」の3種類が定義されており,さらに文化遺産の種別として「記念工作物」(monuments),「建造物群」(buildings),「遺跡」(sites) の3つがあげられている.これは石材など,木材や日干し煉瓦等と比べて比較的堅固な材質によって構成される文化をもつ国々によってイメージされた「文化遺産」の像である.またこれを日本でいえば不動産の有形文化財であって,基本的に動産や無形の文化財は含まれていない.動産文化財については*博物館関係の条約やユネスコ条約によって保護が図られ,無形に関しては「無形文化遺産の保護に関する条約(略称は無形文化遺産保護条約)」があるため,別の保護の仕組みが存在しているのが実情であるが,そもそも欧米諸国では「無形遺産」を文化遺産としてみる考え方はそれほど主流ではない.一方で日本の文化財保護法では1950年に制定されたときには「有形文化財」等とともに「無形文化財」というカテゴリーが設けられ,この時点で「無形」の文化財を保護するという意識がはっきり出ていた.しかし,文化財保護法でいう「文化財」は英語の cultural properties を日本語に訳したものといわれ,その本来の意味には無形のものを含むニュアンスは入っていない.つまり,文化遺産にしても文化財にしても,それを守ろうとする人間の意識の中に,どういうものを後世に残し,保存していくのか意識することによって,その中身が変わるということである.また文化財保護法でも制定の当初は「有形文化財」「無形文化財」「史跡名勝天然記念物(1954年に「記念物」になる)」しかなかったが,時代が下るにつれ,これらのカテゴリーに「民俗文化財」や「埋蔵文化財」「伝統的建造物群」「文化的景観」などが加わり,いままた制定時には予期していなかった「近代化遺産(あるいは「産業遺産」)」や「戦争遺産」といったものまで加わろうとしている.その概念は拡大する一方である.

世界遺産条約の文化遺産は北米やヨーロッパに,自然遺産は発展途上国に多く存在することや,文化遺産のほうが自然遺産に比べて圧倒的に多いこと等があげられ,全体としてのバランスがとれていない.

(井上 敏)

〔文献〕1) 日本ユネスコ協会連盟監修:ユネスコ世界遺産年報,日経ナショナルジオグラフィック社.

文化活動 cultural activities

〔概観〕市民による自主的な文化の鑑賞・表現・創造の活動.社会教育・生涯学習の世界において重要な位置を占めており,合唱・演劇・ミュージカル・舞踊等の舞台芸術,手づくり絵本や民話を語り伝える活動,紙芝居や映画づくり,文学の鑑賞・創作活動など,その領域は近年さらに広がりをみせている.これらの文化活動は,*世界人権宣言(1948年)の第27条に規定された「文化的生活への参加権」「文化芸術を享受する権利」,そしてユネスコ学習権宣言(1985年)に示された「想像し創造する権利」「自分自身の世界を読み取り歴史をつづる権利」を具現化するものであるといえよう.

〔意義〕このような,市民による文化活動がもっている生涯学習としての意義は,第1には,文化活動においては,子どもから高齢者まで様々な世代の市民が参加して展開されることが多くあり,世代を超えた交流がみられることである.たとえば,合唱組曲「ぞう列車がやってきた」の上演活動では,この歌のテーマである「平和」をめぐって,大人と子どもが交流し,お互いに育ちあう関係づくりが深められたという報告が,数多くされている.世代ごとの文化の断絶が進む現在,文化活動を通じての,世代をこえた交流と文化の継承は重要な意味をもっている.

第2には,文化活動が,魅力的な*地域づくりの

きっかけとなり，地域の内発的な発展の原動力となっていることである．長野県・飯田市の国際人形劇フェスティバル（⇨人形劇カーニバル飯田），大分県・湯布院町の映画祭，最近では，浜松市や八王子市で取り組まれている，国際的な音楽コンクールによるまちづくりも注目される．

第3には，文化活動・表現活動の経験には，様々な「出会い」と「発見」が埋め込まれており，その経験を通して自己を見つめ直し，*他者との関係をつくり直し，文化創造主体としての自己形成を深めていくという意味がある．とりわけ，書く・歌う・演じる・語る・描く等々の*自己表現活動には，既存の文化のあり方を問い直し，生活者としての市民の文化的土壌を豊かなものにしていく意義がある．

〔最近の動向〕文化活動をめぐる最近の動向として注目されるのは，従来は福祉サービスの受け手であった人々が，文化活動の主体として積極的に社会参加していく動きである．東京・日野市の高齢者劇団「ごったに」の活動，東京・豊島区の*地域福祉研究会「ゆきわりそう」のベートーベン『第九』を歌う活動，演出家・蜷川幸雄が主催する高齢者劇団「さいたまゴールド・シアター」の活動は，マスコミでも紹介されて広く注目されるようになった．今後，*高齢社会・*バリアフリー社会がさらに進展していく中で，このような「福祉」と「文化」をつないでいくような市民の文化活動は，いちだんと重要性を増していくであろう．

〔課題〕市民の文化活動が，さらに発展していく上で重要な課題となっているのは，地域の*文化行政，文化活動支援の取組みである．最近の，社会公共サービスの「官」から「民」への流れは文化行政の領域にも及んでおり，*文化ホールをはじめとする文化施設の民間委託，民間の文化振興財団を中心とした文化支援，文化関連の*NPOへの文化事業委託等が進みつつある．このような，民間財団・*市民文化団体・NPOが，地域の文化的*公共性の担い手として登場してきていることは，新しい公共圏を形成していく上での可能性を示すと同時に，近年拡大してきている教育・文化格差をさらに広げていく危険性も内包している．そして，現在の*教育基本法「改正」の動向にも示されているように，愛国心や日本の伝統文化や誇り，日本人としての自覚などが強調されることにより，市民の文化活動に対して一定の方向づけや統制がされていく恐れも出てきている．こうした状況からみて，社会権と自由権の両側面から，市民の*文化権を保障していくことが，改めて文化行政の大きな課題となっているといえるだろう．

(草野滋之)

〔文献〕1) 畑潤・草野滋之編：表現・文化活動の社会教育学，学文社，2007.

文化教育学（独）　英 cultural pedagogy (in Germany)，独 Kulturpädagogik

20世紀初頭にドイツで興った教育学の一思潮．文化価値の意義を重視する点に特徴がある．その中心となったのはディルタイ（Dilthey, W.），シュプランガー（Spranger, E.），ケルシェンシュタイナー（Kerschensteiner, G.）といった人物で，彼らの理論は1920年代から30年代にかけて日本の教育学界を席巻した．

〔思想〕文化教育学は，通常の教育現場での教授-学習から，文化的事象がもつ教育的意義へと，教育学の観点を拡大する．特に文化に内在する価値を重視し，それが人間形成にとってもつ意義を追及する．文化は人間の精神的活動，人間の生が，何らかの事物に結びついて客観化したものであり，成長する者は先行の世代までに形づくられた文化をよりどころとして，それを創造的に再生する役目を担う．したがって文化教育学では，主観と客観，心理と環境，心の法則と事物の法則が，最終的に融和するヴィジョンを描く．このように，人間の生をその外部にある文化的客観物とのかかわり合いで捉えようとする点で，同じく文化を対象範囲に収める*社会教育の研究領域と重なり合う．

もともと文化教育学は，量的決定，要素的分析，実験を主な手段とする自然科学的発想が教育学に入り込んできたことへの，また，現実を離れて形式化した論理が普遍妥当的性格をもってしまうことへのアンチテーゼの意味を含みもつ．したがってそこでは，具体性や個性の質を回復することが目ざされる．ディルタイは個々の体験を重視し，それを理解（Verstehen）によって内側から捉えようとした．

〔現代的意義〕文化教育学はその傾向として有機的，全体的性質をもつが，たとえばジンメル（Simmel, G.）のように，貨幣経済の浸透で有機的つながりが部分的にしか成立しなくなった状況から生を捉えようとする視点も存在する．現在の文化を考えるに当たっては，そうした疎外状況を考慮に入れる必要があるだろう．

(小川　史)

〔文献〕1) 乙竹岩造：文化教育学の新研究，目黒書店，1926.；2) シュプランガー著（小塚新一郎訳）：文化教育学研究，刀江書院，1935.

文化行政　cultural policy and development

文化財保護・芸術文化・*地域文化振興を目的とする国および自治体の施策とその推進を文化行政という．

〔伝統的な文化行政と文化財保護〕戦後から1970年代までの文化行政は，文部省設置法に基づき，主として*文化庁が所管する文化財保護，芸術・*国民娯楽，*著作権などの事項に関する行政として狭く理解されてきた．この中で文化財保護は明治期から法的基盤をもち，国立（*独立行政法人）の*博物館，西洋美術館，文化財研究所などの施設を所管していることから，文化庁予算の6〜7割を占める中心的な文化行政の分野であった．文化の普及として芸術祭や青少年芸術劇場の巡回公演，文化会館設置の助成などが行われてきたが，これらは実質的に地方*教育委員会・*社会教育行政における文化課などの社会教育活動として推進されてきた．諸外国では，文化財保護とともに芸術文化振興が重要な柱となっているが，日本の文化政策では芸術文化振興の領域の立ち後れが課題とされてきた．

〔芸術文化の振興と文化芸術振興基本法の制定〕1970年代以降，文化行政に大きな発展がもたらされた．1つは自治体文化行政の広がりによる地域文化振興の動きであり，もう1つは舞台芸術を中心とする芸術文化振興の動きである．前者は国の行政に捉われない地方独自の*生活文化・地域文化を自治体政策の一環に据えて，首長部局主導で進められた．後者は，文化芸術振興に関する基本法の制定，芸術予算の増額，芸術文化創造・普及の支援の自立的なシステムの確立など，新たな文化芸術振興の法制度的基盤を求める動きである．*企業メセナ協議会発足と相まって，1990年に芸術文化振興基金が設立され，舞台芸術振興のための予算が大幅に拡充された．1998年には「文化振興マスタープラン—文化立国の実現にむけて」が提案され，さらに2001年には議員立法で*文化芸術振興基本法が制定された．この法律で文化芸術の各分野の振興が謳われるとともに，従来，一般の集会施設にすぎなかった劇場・音楽堂などが「文化施設」として法的に規定され，さらに「文化審議会」の意見聴取のもとで政府による基本方針が策定されることになった．長く芸術文化振興の法的根拠をもたなかった文化行政は，新たな段階に入ったといえる．

〔自治体文化行政の推進と行政の文化化〕1970年代から1980年代にかけて，地方自治体では首長部局に文化室を設置するようになった．行政全体をアメニティや市民の生活の質という視点で捉え直し，市民参加によって「個性的な文化の根づいた地域社会」をつくることが「行政の文化化」として提唱された．ハコモノづくりを脱却して文化会館の事業を文化的なまちづくりに発展させていくユニークな試みが取り組まれ，歴史文化や地域の資源を活用した音楽祭や演劇祭も各地に誕生した．文化の1パーセントシステムや景観条例，自治体文化振興条例制定などによって文化的なまちづくりが目ざされ，行政と市民団体・*NPOなどとの*協働も発展した．他方で，地域文化振興が総合行政化することで独自の課題があいまいになり，1990年代後半以降，財政難と相まって自治体文化行政は転機を迎えている．

〔地域文化振興の方法と課題〕文化行政において，地方自治体が主体となり，市民参加を通じて地域文化を育むことが重要であることは文化芸術振興基本法の考え方でもある．しかし他方では，文化施設の事業展開や施設間の*ネットワーク化などで，国・都道府県・市町村の役割分担と協力が求められている．また，地道に*文化活動を定着させていくために，市民と常に*対話しうる地域文化の*コーディネーターなどの専門的な人材も求められている．文化を一時的な流行に終わらせないために，政策面の枠組みづくりとともに，それを日常的に実行し発展させていく*アートマネジメントや，芸術教育的視点にたつ人づくりも課題となる．「国民すべてが文化芸術を享受し得るための諸条件を整えること」（「文化芸術の振興に関する基本方針について」）を実現する文化行政のあり方は，なお今後の進展に待たなければならない．　　　　　（佐藤一子）

〔文献〕1）松下圭一・森啓：文化行政—行政の自己革新—，学陽書房，1981.；2）佐藤一子：文化協同の時代—文化的享受の復権—，青木書店，1989.；3）後藤和子編：文化政策学—法・経済・マネイジメント—，有斐閣，2001.；4）根木昭：文化政策の法的基盤—文化芸術振興基本法と文化振興条例—，水曜社，2003.；5）小林真理：文化権の確立に向けて—文化振興法の国際比較と日本の現実—，勁草書房，2004.

文化協同　cultural cooperation

〔市民文化運動の叢生〕文化協同は，1970年代に広がりをみた協同運動（非営利社会的セクターの市民活動）の一環をなす文化をテーマとする活動および諸団体の*ネットワークである．多くの市民や子どもたちが芸術文化を享受できるような文化振興に関心をよせた文化団体や行政の関係者が，互いに協力・*協働する活動形態やビジョンを「文化協同」と表現するようになった．1980年代には「文化の時代」が提唱される中で，市場的な文化普及システム

とは異なる，市民参加型の非営利的な文化発展の方向性が模索された．そこでは，文化の創造主体と享受主体がともに*地域文化振興の担い手となるという新しい協働形態が発展した．文化協同は，多様な芸術文化分野における地域文化の公共的な発展と個人，団体，事業者，行政の協力・協働を目ざす理念・方法を表す用語として定着してきた．ヨーロッパ諸国や*ユネスコの文化政策においても cultural cooperation（文化協同・協力）は同様の意味あいで用いられる．

〔創造団体・鑑賞団体・行政の協働〕文化協同の発展期，1980年代に中心的な役割を果たしたのは，映画および舞台芸術創造団体と市民・親子鑑賞組織である．会員数50万人を擁した全国子ども劇場やこ劇場連絡会，各地で数千人を超える会員が入会している全国演劇鑑賞団体連絡会議，公共上映に取り組む映画鑑賞団体全国連絡会議や上映館を設立・運営する*コミュニティシネマなどが，楽団，劇団，映画制作団体などの文化創造団体と直接連携し，文化鑑賞機会を地方にも広げていった．1990年代後半以降，芸術文化領域の*NPOが多数誕生し，*文化行政との協働，文化施設の受託，子ども文化活動の支援，実行委員会による市民参加型地域文化振興などの担い手となっている．飯田市人形劇フェスタ（⇨人形劇カーニバル飯田），湯布院映画祭，木曽音楽祭などは約30年間にわたり市民主体・市民参加型で取り組まれている地域文化活動として知られている．文化協同は*世界人権宣言第27条「文化生活に参加し，芸術を鑑賞し，及び科学の進歩とその恩恵にあずかる権利」の理念を具体化する実践的，社会的な取組みであるといえる． （佐藤一子）

〔文献〕1）佐藤一子：文化協同の時代―文化的享受の復権，青木書店，1989.；2）佐藤一子：文化協同のネットワーク，青木書店，1992.

文化経済学 cultural economics

文化と経済の相互関係を対象とし，*文化活動の経済的意義を解明する理論のこと．

〔内容〕文化・芸術活動は，一般に，市場による貨幣的評価だけでは計測できない社会的価値をもち，経済的価値とあわせて文化的価値を供給する．文化経済学の出発点を築いたとされている19世紀のラスキン（Ruskin, J.）は，この文化的価値を内包した財貨の価値を固有価値（intrinsic value）と名づけた．文化的価値を内在させたこの固有価値は，市場の取引では必ずしも正当に評価されないために，舞台・演劇活動や各種の文化事業が示しているように，しばしば採算のとれないものとなる．文化経済学は，この非市場的価値を公共的価値として捉え直し，文化・芸術を公共財的性格をもつものと捉える．

〔歴史〕第2次世界大戦後，この文化経済学の方法論を確立したのは，ボーモル（Baumol, W.）とボーエン（Bowen, W.）の『舞台芸術：芸術と経済のジレンマ』（1966年）であった．ボーモルらは，舞台芸術活動の公共的価値を理論化し，公的な支援政策の必要性を根拠づけた．文化と経済の関係の研究を促進する目的で，1979年に最初の国際文化経済学会が開催された．これに先だって米国では1975年に文化経済学会が設立され，日本では1992年に発足している．

〔展開〕文化活動では，文化的な財・サービスに触れ，鑑賞し，享受する消費者が問題になる．文化・芸術活動に内在する固有価値を適切に評価する主体の発達が，文化活動の発展を促進するという関係にある．したがって文化経済学では，文化・芸術を享受し，評価する消費者側の享受能力の発達が課題視されることになる．文化の供給面と享受面の両方を統一した見方にたつと，文化活動は*地域づくりや街づくりの一環に位置づけられ，生涯学習，*地域文化，創造都市，文化産業等の発展に結びつけて捉えられることになった． （二宮厚美）

〔文献〕1）池上惇：文化経済学のすすめ，丸善ライブラリー，1993.；2）スロスビー，デイヴィッド（中谷武雄・後藤和子監訳）：文化経済学入門，日本経済新聞社，2002.

文化芸術振興基本法 Fundamental Law for the Promotion of Culture and Arts

2001年11月30日制定，12月7日施行の，目的，基本理念，国および自治体の責務，基本的施策等を示した3章35条からなる，文化に関する基本法．芸術だけでなく幅広い意味での文化芸術を対象とし，第7条第1項に基づき「文化芸術の振興に関する基本的な方針」が定められる．

戦後日本においては，第2次世界大戦までの文化統制の反省から行政の文化への関与は消極策をとってきた．しかし1970年代以降*文化活動の環境整備を求める市民の声が高まり，大平内閣「文化の時代」報告書（1980年）に文化振興法構想が明記され，さらに1990年代以降，*地域文化運動の担い手や実演家による基本法を求める活動，文化政策研究の進展等を背景に制定をみた．

制定過程が拙速であった等の批判がある一方で，

位置づけは不明確であるものの第2条で*文化的権利が明記されたことの意義は大きく、*文化行政にはその保障を目ざす具体的な制度設計が求められる．

(新藤浩伸)

〔文献〕1) 小林真理：文化権の確立に向けて，勁草書房，2004.；2) 畑潤・草野滋之編：表現・文化活動の社会教育学，学文社，2007.

文化権　right to culture

*文化的権利に関する包括的な概念．

〔概観〕第2次世界大戦後の国際条約レベルにおいて，1948年に*世界人権宣言第27条「文化生活に関する権利」で，「1. すべて人は，自由に社会の文化生活に参加し，芸術を鑑賞し，及び科学の進歩とその恩恵にあずかる権利を有する．2. すべて人は，その創作した科学的，文学的又は美術作品から生ずる精神的及び物質的利益を保護される権利を有する」と謳われた．世界人権宣言よりも拘束力のある「経済的，社会的及び文化的権利に関する国際規約」(1979年) においてもその第15条において，「文化への権利」を定めている．この第1項において，この規約の締結国は，すべての者の次の権利を認めるものとして，「(a) 文化生活に参加する権利，(b) 科学の進歩及びその利用に関する利益を享受する権利，(c) 自己の科学的，文学的又は芸術的の作品により生ずる精神的及び物質的利益が保護されることを享受する権利」を列挙している．さらに，「子どもの権利に関する条約」において第31条に「休息，余暇，遊び，文化的・芸術的生活への参加」があり，「1. 締約国は，休息及び余暇についての子どもの権利並びに子どもがその年齢に適した遊び及びレクリエーションの活動を行い並びに文化的生活及び芸術に自由に参加する権利を認める．2. 締約国は，子どもが文化的及び芸術的な生活に十分に参加する権利を尊重しかつ促進するものとし，文化的及び芸術的活動並びにレクリエーション及び余暇の活動のための適当かつ平等な機会の提供を奨励する」としている．

〔内容・動向〕この文化的権利をどのように考えるかは，各国が抱える社会・経済・文化状況，さらには一国の中においても国家レベルと地域レベルにおいてその射程が異なってくる．原則として権利は，対国家を想定した個人の権利と考えるのが基本である．国家による個人の*文化活動への介入・統制・干渉・弾圧，あるいは文化の政治的利用といった歴史的経験からの反省に立ち，国家からの文化の自由が保障され（自由権的特徴），文化へのアクセスが政策的に保障されることを要求できる社会権的特徴を有するものと解される．本来ベクトルの異なる自由権的特徴と社会権的それを包括的に考えることには矛盾が生ずるとの考え方もあるが，文化の自由が保障されるからこそ，国家に政策的関与を許すという選択可能性が出てくることを考えれば，不可分に考えることが肝要である．

日本国憲法において「文化」の文言を有する条文は「健康で文化的な最低限度の生活を保障する」とする第25条であるが，この「文化的な最低限度の生活」は，第2項から社会福祉，社会保障，公衆衛生政策により実現されるものとされる．したがって，文化権は第13条における個人の尊重および幸福追求権により，解釈しうるものと考えられる．しかしながら，人間らしい生き方に文化が不可欠であるという事実が自明視されながらも，その権利の具体的な内容について十分に議論がされてきたとはいえない．そのような状況の中で，文化権の保障を謳う文化関連条例を制定する地方公共団体も出てきた．

さて，このような個人の権利としての文化権に対して，近代国家形成の過程で，マイノリティという位置づけがなされてしまった民族あるいは社会的集団の集団的権利を認めようとする観点から文化権が語られることもある．たとえば，*アイヌ民族の聖地といわれる二風谷ダム地域にダム建設の事業認定をしたことは違法であるとの判決において，アイヌ民族が少数・*先住民族として民族固有の文化享有権を保障されていると判断した（札幌地判平9.3.27判時1598-33）．これを契機に，「アイヌ文化の振興並びにアイヌの伝統等に関する知識の普及及び啓発に関する法律」が制定されるに至った．

⇨文化的権利　(小林真理)

〔文献〕1) 小林真理：文化権の確立に向けて―文化振興法の国際比較の日本の現実―，勁草書房，2004.；2) 佐藤一子・増山均編：子どもの文化権と文化的参加，第一書林，1995.；3) Sax, J. L.: *Playing Darts with a Rembrandt*, The University of Michigan Press, 1999.

文化財保護法　Law for the Protection of Cultural Properties

〔概観〕狭義には1949年1月26日の法隆寺金堂壁画の焼損が直接の契機となって，1950年に制定された法律のこと．13章（「第1章 総則」「第2章 文化財保護委員会」(1968年削除)，「第3章 有形文化財」「第4章 無形文化財」「第5章 民俗文化財」「第6章 埋蔵文化財」「第7章 史跡名勝天然記念物」「第8章 重要文化的景観」「第9章 伝統的建造物群保存地区」

「第10章 文化財の保存技術の保護」「第11章 文化審議会への諮問」「第12章 補則」「第13章 罰則」）からなる．1929年制定の「國寶保存法」（寺社所有物件を対象とした1897年制定の「古社寺保存法」の対象を拡大，制定した法律）や1919年制定の「史蹟名勝天然紀念物保存法」，國寶級の物件の海外流出を防ぐために1933年制定された「重要美術品等ノ保存ニ関スル法律」を統合・強化して制定された．その後改正により文化財概念の拡大・制度の整備が行われ，2005年に現在の形となる．大きな改正は1954年（埋蔵文化財が有形文化財から独立ほか），1968年（*文化庁設置による「第2章 文化財保護委員会」の削除），1975年（伝統的建造物群保存地区の制度の新設，文化財保存技術の保護ほか），1996年（文化財登録制度の新設），2000年（*地方分権推進による改正），2002年（*ユネスコ条約締結に伴う関係条文の改正と文化財不法輸出入等規制法の制定），2005年（文化財の定義に「文化的景観」を加える）に行われている．

広義には1965年の「古都保存法（古都における歴史的風土の保存に関する特別措置法）」や1980年「明日香保存法（明日香村における歴史的風土の保存及び生活環境の整備等に関する特別措置法），「都市計画法」の風致地区，2002年の「文化財不法輸出入等規制法（文化財の不法な輸出入等の規制等に関する法律）」，2008年「歴史まちづくり法（地域における歴史的風致の維持及び向上に関する法律）」等も含めた文化財保護に関わる「法」の総体．

〔課題〕高松塚古墳壁画の保存問題から，総合的な保護を図るため，文化財保護制度の再検討が行われている． （井上　敏）

〔文献〕1) 中村賢二郎：わかりやすい文化財保護制度の解説，ぎょうせい，2007.；2) 文化財保護法研究会監修：文化財保護関係法令集（第3次改訂版），ぎょうせい，2009.

文化資本　英 cultural capital, 仏 capital culturel

〔定義〕フランスの社会学者ブルデュー（Bourdieu, P.）の階級社会論の用語．文化資本とは，各々の階級ないし社会集団に固有の文化，*教養，感性，価値観，趣味，習慣等々であり，各個人はそれを家庭等の生育環境の中で身につけ（身体化された文化資本；ハビトゥス（habitus）），あるいは蔵書や絵画，インテリア等々の物財（客体化された文化資本）として所有し，また，あらかじめ支配的階級文化と親和性の高い学校教育を通じて学歴資格として獲得し（制度化された文化資本），それらによって，社会の中での優位さ（階級的位置）を示す．近代社会では，社会的地位の露骨な世襲が否定される一方で，家庭の中で相続された文化資本が学校教育によって学歴へと転換され，さらに学歴社会の中で社会的地位へと再転換される．これは個人主義，能力主義的見せかけによって隠蔽された，階級の社会的再生産である．

〔博物館と文化資本〕*博物館はその社会の所有する文化資本を管理し提供する機関だが，そこにはその社会の支配的階級（あるいはより具体的に*学芸員等の専門家集団）のハビトゥスが反映される．一方でブルデューの*美術館研究は，来館者が高学歴層に偏っていることに注目する．つまり，美術館を活用する習慣，芸術を愛好し作品を味わう感性はそれ自体，特定の文化資本の所有者特有のものである．文化の需要と供給をめぐるこうした階級的偏頗は，皮肉にも，博物館，美術館の実物主義的な理念（本物の価値は捉われのない万人の眼に理屈ぬきに届きうる）によって隠蔽され，再生産されるとブルデューはいう．

〔論点〕階級社会フランスの理論をわが国の現状に直接適用することには留保が必要だが，① 博物館の公共的性格と*アカウンタビリティ，② 学校との連携をはじめとする教育機能，③ 大衆メディア社会における文化変容，といった論点に文化資本の観点は不可欠である． （石飛和彦）

〔文献〕1) ピエール・ブルデュー著（石井洋二郎訳）：ディスタンクシオン―社会的判断力批判―(1,2)，藤原書店，1990.；2) ピエール・ブルデューほか著（山下雅之訳）：美術愛好―ヨーロッパの美術館と観衆―，木鐸社，1994.

文化庁　Agency for Cultural Affairs

1967年に閣議決定された一省一局削減の方針に従って，文部省文化局と文化財保護委員会との統合により，1968年に誕生した*文部科学省（当時は文部省）の外局である政府機関．

〔概観〕現在でも2つの機関の性格を受け継ぎ，文部省文化局は「文化部」に，文化財保護委員会は「文化財部」にそれぞれ受け継がれ，二部一官房の体制で維持されている．文化部は国語や芸術振興等に関する事務を，文化財部は文化財保護にかかわる事務を所管している．なお，*著作権に関しては長官官房下の著作権課が所管している．現在の組織は文化部には「芸術文化課」「国語課」「宗務課」が，文化財部に「伝統文化課」「記念物課」「美術学芸課」の3課と旧「建造物課」が参事官付という形で置かれている．また長官官房には「政策課」「著作権課」「国

際課」が設置されている．

〔課題〕2003年に*文化芸術振興基本法が制定され，ようやく文化芸術政策に具体的な根拠法が与えられたが，さらに「文化芸術の振興に関する基本的な方針」に基づいて，国や地方自治体は具体的な政策の実行が求められている．また技術の進展に応じた著作権制度の見直しも求められている．一方，文化財保護に関して，戦後は行政委員会である文化財保護委員会は政治的中立性を確保することや文化に関して高い識見をもった文化人によって構成されることが適当と考えられて設置されたが，1968年の改革によって，あまり議論されることなく委員会が消えたことに問題はなかっただろうか．また高松塚古墳壁画の保存問題に関して，作業にかかわっていた東京文化財研究所と文化庁との関係や，文化庁内の美術学芸課と記念物課の情報共有がうまく行われていなかったこと等の反省から，総合的に文化財を保護する仕組みをつくる必要性が認識され，現在，改善にむけた取組みが行われている． (井上 敏)

〔文献〕1) 中村賢二郎：わかりやすい文化財保護制度の解説, ぎょうせい, 2007.；2) 文化財保護法研究会監修：文化財保護関係法令集（第3次改訂版），ぎょうせい, 2009.

文化的葛藤　cultural conflict

自己を支える価値感や*アイデンティティ, 生活観, あるいは, 自己を取り巻く社会経済状況等において, *他者との相違を違和感として覚えることから芽生える心理的状態をさす．とりわけ, 自己の社会的付置状況が社会の主流派, または, 少数派に属するか否かにより, 各人のものの見方, 言動, 思考等に心理的な影響が生じてくるものと考えられる．

*社会教育, *生涯学習の文脈では, 自身と「異なる他者」との関係性を直接的に学ぶ場は, 主として地域社会や学校外の活動を通してであると考えられる．グローバル化する今日の社会では, 外国籍をもつ人々との交流も日常的なものとなる一方, 日本国内の経済的格差も拡大傾向にあり, これまで以上に異なる立場にある他者を尊重し, 建設的な人間関係の構築を目ざす営みが重視されなければならない．文化的葛藤は, 人間社会が織り成す様々な軋轢を集積した感情とも考えられる．人と人の交流において生じかねない溝や隙間をどのように埋めていくことができるのか, 社会教育, 生涯学習の領域においても, 社会問題として真正面から向き合っていくことが課題となる． (長岡智寿子)

〔文献〕1) ポール・ウィリス（熊沢誠・山田潤訳）：ハマータウンの野郎ども（ちくま学芸文庫），筑摩書房, 1996.；2) ホワイト, W.F.（奥田道大・有里典三訳）：ストリート・コーナー・ソサエティ, 有斐閣, 2000.；3) オスカー・ルイス（高山智博訳）：貧困の文化—五つの家族—（新潮選書），新潮社, 1970.

文化的享受　cultural gratification

〔概要〕自らの知的・文化的向上を通じて, 人間的により豊かな生活を実現することをいう．芸術・文化政策を充実させ, 市民の*文化的参加により豊かな文化的享受を保障することは, *市民社会の発展にとって不可欠である．しかし, 現代の消費社会においては*文化的消費が市場競争のターゲットとなり, 市場操作の強制により文化の商品化のもとでその肥大化や低俗化や浪費が起こる．それまで共同的に維持・共有されてきた文化的資源と文化的享受の形態が衰退し, 資本の手による開発が支配的になり, 市民1人ひとりの自立性, 能動性, *創造性が失われるという問題をもつ．

〔課題〕ボードリヤール（Baudrillard, J.）は, 享受を「自立的で合目的的な自己目的としての消費」[1]と規定したが, 現代消費社会では, 文化的消費が自立性・主体性によって精神的充実を選び取るべき享受の否認の上に成り立つという矛盾をはらむ．文化の自立的・主体的享受のためには, 労働時間の短縮, 余暇の獲得によって文化的参加を保障する*文化権の確立が不可欠である．*世界人権宣言や国際人権規約を踏まえて, *ユネスコは「大衆の文化的生活への参加および寄与を促進する勧告」（1976年）を行い, ヨーロッパ諸国では, デンマークの「劇場法」（1990年）のように文化的享受を保障する参加型文化政策が重視されている．「子ども時代のしかるべきときに, 上質の*ファンタジーに接することなしに大人に育ったものは, 成人してからそうした世界には容易に入りがたい」[2], 「芸術鑑賞能力は訓練や出会いに適した時期をはずしたら獲得できるものではない」[3]といわれるように, その*能力の獲得は子ども期・*青年期をはずすと容易ではない．文化的享受能力の形成は共同体の後継者全体に関する問題でもあり, 芸術文化への公的支援が不可欠である． (増山 均)

〔文献〕1) ボードリヤール, J.（今村仁司・塚原史訳）：消費社会の神話と構造, 紀伊國屋書店, 1995.；2) 今江祥智：子どもの国からの挨拶, 晶文社, 1972.；3) ボウモル, W.J., ボウエン, W.G.（池上惇・渡辺守章監訳）：舞台芸術—芸術と経済のジレンマ—, 芸団協出版部, 1994.

文化的権利　cultural right

〔定義〕すべての国民が生涯にわたって文化的生活を営むために，文化の創造や継承，文化的所産の活用等の活動を不当な支配および侵害を受けることなく自由に行い，また文化的環境の整備を求め，さらにその整備の民主的な過程に参画する権利．「文化」の多義性により定義は確定しておらず，生成途上にある権利概念である．

〔歴史的展開〕第2次世界大戦までの文化統制の反省から，戦後，憲法第13条，19条，21条に国際的にも先駆的に規定された自由権的側面と，明文化されなかったが第25条(生存権)，26条(*教育権)に関連する社会権的側面をもつ．後者は特に，① 1970年代以降の生活環境の悪化に伴う「生活権」への注目，② 市民の文化的環境整備への要望の高まり，③ 1980年代以降の*文化行政の進展等を背景に注目を集め，*文化芸術振興基本法(2001年)第2条第3項(「文化芸術を創造し，享受することが人々の生まれながらの権利である」)において初めて法律上に明記された．

〔課題と可能性〕国際的には，近代以降の*労働運動や反ファシズム運動の過程で市民の権利として自覚され，*世界人権宣言(1948年)以後*公共性が確認され文化政策の基盤とされてきた．それに対し，日本では*文化活動が私事や営利行為とみなされ，文化の公共性が認識されにくい傾向もあり，特に社会権的側面で歴史的に法的基盤が脆弱である．行政は本権利の実現に向け，国民の自由を侵害しない範囲で環境整備を充実させていくことが求められる．

〔社会教育・生涯学習との関連〕本権利の実現は，法律による保障とともに，文化活動を行う人々の力に待つものである．また，*子どもの権利条約(1989年)第31条，ユネスコ学習権宣言(1985年)の「想像し，創造する権利」，ユネスコ文化多様性条約(2005年)などと関連させ，国際的な視野のもとに文化を人間の生活に不可決な要素として深めることが，本権利をすべての国民に保障された*文化的参加の原理として位置づける上で求められる．　　(新藤浩伸)

⇨文化芸術振興基本法，文化権

〔文献〕1) 佐藤一子：文化協同の時代，青木書店，1990.；2) 小林真理：文化権の確立に向けて，勁草書房，2004.

文化的参加　cultural participation

文化の権利を実現する政策と活動を通じて，子ども・青年の豊かな成長・発達を保障すること．*世界人権宣言(1948年)の第27条，国際人権規約(1966年)の第15条を踏まえ，*ユネスコは「大衆の文化的生活への参加および寄与を促進する勧告」(1976年)を行った．子どもに関しては，*子どもの権利条約(1989年)第31条で「文化的生活・芸術への参加の権利」が規定されている．ヨーロッパ諸国では1960年代から労働時間の短縮による余暇・自由時間の保障と結びついた社会政策として，文化的参加が発展してきた．デンマークでは1968年に*余暇教育法が制定され，1990年には劇場法により演劇などへの手厚い公的支援がなされ，特に青少年期の文化・芸術への参加体験が重視されている．文化的参加の重視は*福祉国家建設に向けて，生活の質を向上させ，社会における民主主義を実現・発展させる鍵として捉えられている．　　(増山 均)

〔文献〕1) 佐藤一子：文化協同のネットワーク，青木書店，1992.；2) 佐藤一子・増山均編：子どもの文化権と文化的参加，第一書林，1995.

文化的消費　cultural consumption

〔概観〕1980年代以降，日本の産業構造の転換に伴い，産業の文化化・ソフト化が進む中で，従来のような「物の消費」とは異なる，新しい消費の形態として脚光をあびるようになったものである．「物の豊かさから心の豊かさへ」という国民意識の変化に対応して，低成長期以降の企業の新しい産業テーマとして，余暇・文化・娯楽が注目されるようになった．生涯学習の分野でも，*カルチャーセンターをはじめとする民間教育文化産業が伸張し，1980年代以降の政府筋の生涯教育政策においても重要な位置づけを与えられていく．

〔生涯学習の概念・政策との関連〕市民の生涯学習を，文化的消費の1つの形態として捉える学習概念を形成・普及していく上で重要な役割を担ったのは，当時の通産省である．通産省では，1983年頃から「産業構造研究会」「サービス産業研究会」が組織化され，経済のソフト化に合わせた社会サービス産業の振興政策が検討され始める．1987年に刊行された『時間と消費―21世紀に向けての消費のシナリオ―』(経済企画庁総合計画局「消費・貯蓄の展望研究会」報告書)では，現代における「消費」の性格が「生きがいそのものと深くかかわりはじめ，*自己実現や*自己表現の手段としての意味あいを濃くしつつある」と述べられ，生涯学習や*文化活動も，新しい消費活動の一環として位置づけられている．

1990年に制定・施行された，日本で初めての生涯学習という名前を冠した法律である「生涯学習振興

整備法」では，このような「文化的消費としての生涯学習」という概念を基本的な視点に据えて条文が構成されている．生涯学習への民間活力の導入が，その柱となっており，文部省とともに通産省が深く関与する仕組みになっている．このように，「文化的消費」という概念は，1980年代以降推進された，日本の政策的な生涯学習の本質的な性格を示すものでもあるといえよう．

（草野滋之）

〔文献〕1) 日下公人：新・文化産業論，東洋経済新報社，1978.；2) 瀬沼克彰：生涯学習と企業および行政の役割，ダイヤモンド社，1990.

文化的多元主義　cultural pluralism

いかなる人種，民族，集団に属する人々にも文化，言語，民族性などに関する権利を認め，その存在を許容する考え方．他の文化をヨーロッパ中心主義に入れ込むことでより強固な文化が形成されるとする，同化主義（assimilationism）への批判から，1910～20年代の米国でカレン（Kallen, H.）らによって多元主義の理論が提唱された．多様性（diversity）を通して結合（unity）が得られるとするこの考え方は，1960年代の公民権運動の動乱を経て，1970年代に入って再定義化，体系化され，すべての文化的意味合いを含むものとなった．

近年では，文化，言語の保持，使用の権利として国際条約化され，日本も批准している．しかし，*アイヌ，在日韓国・朝鮮人，沖縄・奄美出身者の文化的処遇の改善など，国内には文化的多元主義の視点から解決すべき問題がいまだ存在している．

（朝倉征夫・大谷　杏）

〔文献〕1) Banks, J. A.：*Pluralism, Ideology and Curriculm Reform, The Social Studies, volume LXVII, no. 3, pp. 99-105, 1976.；2) 松尾知明：アメリカの多文化教育の再構築―文化多元主義から多文化主義へ―，明石書店，2007.

文化的貧困　⇨ハーバーマス

文化の家（仏）　英 House of Culture (in France)，仏 Maison de la Culture

1959年の文化事業省の創設と同時に担当大臣となったマルロー（Marlraux, A.）の提唱によって，1960年代から1970年代にかけて全国の地方都市に設置されたフランスの総合的文化会館．そこでの活動を通して，高度な文化的価値を中核にした社会の形成という文化主義と，パリに集中した芸術・*文化活動を地方に分散し普及させるという文化民主主義の実現が目ざされた．文化の家は，当初の規模を実現できなかったが，高度な文化・芸術活動の核心として多かれ少なかれ地方の文化発展に功を奏したといわれる．他方マルローは，民衆の文化創造を促す*民衆教育を啓蒙的教育のレベルにとどまるとして「文化」とは認めなかった．その後「民衆教育」と「文化」は相補的というより対立的に捉えられ，その論争は今日まで続いている．また，*地方分権化の中での財源の確保の困難や，演劇など一部の活動への偏り，地方自治体と芸術家との方針の対立，地方民衆不在の文化という問題が指摘され，その施設と活動の再編が余儀なくされている．　（岩橋恵子）

〔文献〕1) Sous la direction de Marie-Claire Mussat：*Action et Pratiques culturelles La Maison de la Culture de Rennes*, Editions du Layeur, 2002.

文化の家（独）　英 House of Culture (in Germany)，独 Kulturhaus

旧東ドイツ時代，「文化的大衆活動」のために法規に基づき整備された地域センター型施設．開設は1946年に始まり，1988年には1838館存在した．設置者は，市町村など地方行政機関だけでなく，独ソ友好協会などの「社会的組織」や企業（国有）の設置も多かった．

規模や事業内容は多様であるが，館長をはじめとする専門職員が，文化・芸術・教育・政治社会・地域振興・社交娯楽など多目的・総合的性格の事業を，特に青年層に重点を置いて実施していた．住民の文化的生活の振興を目ざし，利用者のクラブ（サークル）活動の場という役割を重視していた点で，日本の*公民館にも類似している．

ドイツ統一後は，存在意味や財政基盤を喪失して危機に陥った．現在では①廃館，②縮小された職員での低調・惰性的な活動の継続，③商業的興行施設化，④市民NPO団体を運営の担い手とする*社会文化センターとしての再生といった状態にある．

（谷　和明）

〔文献〕1) 谷和明訳解説：東ドイツの文化館に関する法規．社会文化研究，**9**，2007.

文化のまちづくり　cultural community development

文化とは人間の生活様式全体をさすが，市民や住民の地域での芸術や表現活動とその*地域づくりへの発展を重視して使用される用語．日本において1980年代後半頃から「行政の文化化」が唱えられ，自治体の「まちづくり」における文化的要素の重要

性が注目されるようになった．*公民館などの住民の学習の場では，一般の市民による美術や音楽・書などの活動が活発に展開しており，これらの活動から新たな*地域文化の創造されることが期待されている．住民自身が単なる文化の享受者ではなく，その創造主体になることが重要視され*実践されている．人が人として生きるための証としての文化を，自分たちが主体となり，組織的につくりだす営みを通して関係性の厚い地域社会をつくることが，文化のまちづくりの目ざすところである． （木下巨一）

〔文献〕1）佐藤一子：文化協同の時代，青木書店，1989．

文化批判（独）英 culture critic, 仏 Kulturkritik

〔概観〕科学や工業の発展，相対主義や物質主義の拡大，そして知的啓蒙主義の浸透などへの嫌悪が示され，民族固有の生活や共同体に根ざしたドイツ的な価値や文化の創造が志向された．ドイツにおいて反近代，反西欧的なロマン主義思潮を背景に，ヴィルヘルム時代に顕著となり，第1次世界大戦前後，青年運動や教育界に大きな影響を及ぼした．

〔内容〕その思想的パイオニアはラガルド (Lagarde, P. de, 1827-1891)，ニーチェ (Nietzshe, F., 1844-1900)，そして教育思想家ではラングベーン (Langbehn, J., 1851-1907) である．彼らの教育論に注目すると，以下のようである．ラガルドは，その著『ドイツ論集』（1866年）で「普遍的な教育という幻想を追うことをやめ，また知識が教育の基盤だという思想から決別しなければならない」と述べ，ドイツに固有なドイツ魂（精神）への回帰を訴えた．ニーチェも『わが教育機関の未来』（1872年）において「偉大な仕事に備える人にとって大衆教育はわれわれの目標ではない．一人一人の教育が必要なのだ」と主張した．ラングベーンは，「血と土のロマン主義」に基づいて「ドイツ人の再生」の必要を説いた．彼の教育論は改革教育学，特に文化教育運動に影響を与えた．

〔民衆教育への影響〕文化批判を基底に置くこれらの思想はフィッシャー (Fisher, K.) らを指導者とするワンダーフォーゲルを中心に青年運動を方向づけ，青年たちを人為的な世界から自然に，都市から農村に，近代文化から民族文化に導いた．また，第1次世界大戦後から高揚したエルトベルク (Erdberg, R.) らが指導した*民衆大学を中心とするロマン主義・民族主義的な「新方向」*民衆教育運動も知的啓蒙主義を批判し，ロマン主義的・民族主義的な教育観を特色とした．その多くはナチスファシズム体制下の国民教化に再編・包摂された．

（新海英行）

〔文献〕1）斎藤成史：世紀転換期ドイツの文化と思想—ニーチェ・フロイド・マーラー・トーマス・マンの時代—，九州大学出版，2006．

文化ホール hall for performing arts

舞台芸術を意識し，舞台芸術の上演を主たる目的として設計されたホール．

〔歴史〕日本における文化ホールの源流は，大正期後半〜昭和初期に，東京・大阪・名古屋等の大都市に建設された公会堂に求めることができる．しかし，それらは，講演会や大会など市民の集会施設としての性格が強かった．戦後になってから，神奈川県立音楽堂（1954年），東京文化会館（1961年）の建設にみられるように，舞台芸術を意識した本格的な文化ホールが登場するようになってきた．そして，1970〜80年代にかけて，地方自治体において*文化行政に力が入れられるようになったこともあり，公立文化ホールの整備が急速に進んでいった．

〔問題点・課題〕これらの文化ホールに関して，様々な問題点・課題が指摘されるようになってきた．たとえば，「貸しホール」としての性格が強く，*地域文化の振興を図る自主事業の展開が不十分であること，館長・職員に，文化に深い見識をもって地域文化の創造に意欲的に取り組んでいく専門性を有した人材が配置されていないこと，ホールの建設・設計・運営の過程で，市民の要望が十分に反映されず利用しにくい施設になっていること等の批判である．

〔最近の動向〕1990年代以降，文化ホールの設計・運営については様々な注目すべき試みがなされてきている．地域の歴史や文化的資源を生かした独自の自主事業の取組み，事業の企画・運営と実際の活動への市民参加，舞台芸術の専門家とホールの密接な結びつき，地域文化の掘り起こしや担い手の育成を視野においた*アウトリーチ活動や*ワークショップ事業の展開等，多彩な取組みが広がりつつある．たとえば，沖縄では1990年代以降，ホールを拠点とした文化による地域興しや，市民参加の理念を明確にした，勝連町「きむたかホール」，佐敷町「シュガーホール」等の公共ホールの建設が進み，その活動は全国的にも注目されている． （草野滋之）

〔文献〕1）衛紀生・本杉省三編：地域に生きる劇場，芸団協出版部，2000．

文化マネジメント（文化経営） culture management

文化経営とは，芸術あるいは文化にかかわる個人，団体，機関，地域等が，目的あるいは使命を達成するためにとる経営手法・戦略のことであり，その目的は，芸術あるいは文化の成果物の制作・生産と，それらを聴衆および観衆に届けるところまでの過程が含まれる．この目的を達成するためにとられる経営手法・戦略は，経済的な文脈だけでなく，法的，行政的，財政的，そして政治的な制度までを視野に入れられる．したがって，どの過程を重視するかにより，マーケティングや文化政策との関係が密接になる．

〔概要〕日本においては，*アートマネジメントという言葉で普及している．1970年代後半以降の地方公共団体における*文化行政の取組みにより，全国中に国法に根拠をもたない文化施設が数多く設置された．これらの施設の多くは，観客席の仕様は似ているが，公会堂や市民会館等の集会型施設とは異なる，一般的には劇場，コンサートホールといわれる舞台芸術および公演芸術に適する機能を有した施設である．これらの専門的機能を有した文化施設は全国に激増したが，それを運営するための予算等を措置できない上，舞台芸術の公演およびこれらを活用した諸事業の開発に必要な*能力を有した人材を配置できていないことから，十分に活用されていないということが問題視されてきた．さらに1990年代以降，企業によるメセナ（芸術文化支援）活動が積極的に展開される中で，アートマネジメントの必要性は強く認識された．

〔動向〕そのような背景の中で，1991年には慶応義塾大学がアートマネジメント講座を開講した．1993年には*文化庁主催で，公立文化施設の運営者を対象とした第1回アートマネジメント研修会が開催された．さらに1996年にはトヨタアートマネジメント講座が，アートを通して地域社会を活性化する"地域のアートマネージャー"を各地で育成し，地元密着型のアートマネジメントが盛んになることを目的に開催され，2004年まで続いた．現在では，地方公共団体が，市民の企画力を高めるために，公立文化施設設置と連動させてアートマネジメント講座を開催する事例もみられる．したがって，日本におけるアートマネジメントは，公演をつくるという最も狭い意味から，文化施設の総合的な運営というあり方を経由して，アートを通して地域社会の*コミュニケーションを活性化というところまで意味を拡大させてきたといえる．2003年に*地方自治法が改定され，*指定管理者制度が導入される中で，民間企業からもアートマネジメントへの関心が高まっている．
　　　　　　　　　　　　　　　　　　（小林真理）

〔文献〕1) 小林真理・片山泰輔監修：アーツマネジメント概論，水曜社，2009.；2) 伊東正伸ほか：アートマネジメント，武蔵野美術大学出版会，2003.；3) 清水裕之ほか：アーツ・マネジメント，放送大学教育振興会，2006.；4) Heinrichs, W. und Klein, A.: *Kulturmanagement von A-Z*, Deutscher Taschenbuch Verlag, 1996.

文庫運動　⇨子ども文庫，親子読書運動

文書館 archives

ぶんしょかん，またはもんじょかん．広義には，行政機関，企業，団体および個人の「記録史料（*アーカイブズ）」を，人類共有の歴史的，文化的遺産として組織的に保存，継承し，一般の利用に供する公共的使命を有する施設である．ここでいう「記録史料」とは，「ある特定の機関や団体ないしは個人が，組織的・社会的活動を遂行する過程で作成したり受け取ったりした，一次情報としての記録情報の総体（実際にはそのうち永久保存価値のあるもので，現用を終えたのちに，歴史的価値を有するということで永久保存される記録史料（アーカイブズ）を歴史文書，歴史資料と略称することもある）であって，その外形や記録媒体の如何を問わない」ものである．

日本では，公文書館法により国および地方公共団体の記録史料を扱う機関を「公文書館（こうぶんしょかん）」，企業や大学などの組織の記録保存，長期的利用提供を目的とする「文書館（ぶんしょかん）」，江戸時代の庄屋文書などの古文書等を保存する「文書館（もんじょかん）」と称することが多い．公文書館を含む文書館は，①主権者としての知る権利を実現する機関，②歴史的文化的遺産を保存し将来へ継承する機関，③行政的経営の価値を保存・活用する機関であり，さらに*図書館・*博物館などと同様，社会教育機関・生涯学習機関としての役割をもつことに留意しなければならない．
　　　　　　　　　　　　　　　　　　（福島正樹）

⇨図書館，博物館，資料館，アーカイブズ

〔文献〕1) 小川千代子ほか：アーカイブ事典，大阪大学出版会，2003.；2) 国文学研究資料館編：アーカイブズの科学（上・下），柏書房，2003.

分類 classification

*図書館資料をその内容・主題によって，所定の分類表を用いて，分類記号を付与すること．資料を

書架上に体系的に排列するための分類を書架分類（shelf classification）という．

日本十進分類法（Nippon Decimal Classification : NDC）は，森清が，*デューイ（Dewey, M.）創案のデューイ十進分類法（Dewey Decimal Classification : DDC）やカッター（Cutter, C. A. ; 1837-1903）の展開分類法（Expansive Classification : EC）に基づいて考案した分類法である．1929年初版刊行，最新版は新訂9版（*日本図書館協会編集・刊行）．公共図書館のほぼ100%が使用する日本の標準分類法である．

十進分類法（decimal classification）とは，1桁上がるごとに10倍になる十進記号法を使用した分類法のこと．たとえばNDCでは，教育は37，*社会教育は379と表される．　　　　　（小黒浩司）

〔文献〕1）日本図書館協会分類委員会編：日本十進分類法 新訂9版，日本図書館協会，1996.

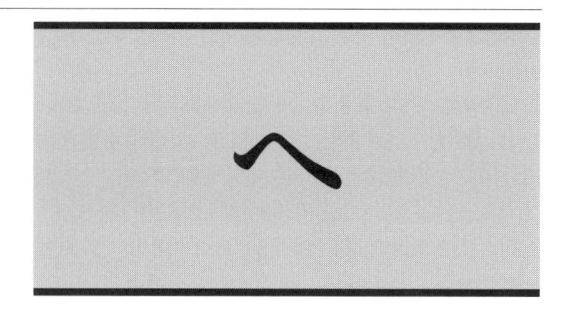

平生学習都市（韓国）　lifelong learning city（in Korea）

〔概観〕韓国における平生学習都市は，教育人的資源部（現教育科学技術部）の平生学習都市事業によるもので，2001年に光明市など3つの都市が選定されて以来2011年末現在82の平生学習都市がある．平生学習都市事業は，教育行政と一般行政が厳格に分離され，多くの教育施設が一般行政に属している状況から，「地域中心の平生教育」というビジョンを実現していくために地方自治体と教育庁との連携を導き出すことを目的に実施された．

平生学習都市は，選定初年度に国から財政的に支援され，選定後は平生学習都市コンサルティング，優秀プログラム支援などを通して支援される仕組みとなっている．平生学習都市に指定された各自治体は，平生学習都市宣言，条例制定，平生学習フェスティバル開催，施設設置，地域のネットワーク構築など，地域状況に即した諸施策を進めている．

〔背景〕平生学習都市が登場する背景には，1990年代に韓国で行われた一連の教育改革があった．今までの教育体制を学習者中心のものへと転換していく中で，1999年に従来の社会教育法が*平生教育法へと全面改正され，多様な学習機会の提供や平生学習館などの地域平生教育体制のための条項など，支援・助長行政としての平生教育体制の整備が図られたが，この法整備とともに地域中心の平生教育体制構築の一環として取り組まれるようになったのが，平生学習都市事業である．

〔展開〕平生学習に対する関心が高まっていく中で2007年12月に改正された平生教育法には，地域社会の平生教育の活性化のために平生学習都市を指定および支援することができるという法条項として「平生学習都市」（第15条）が条文化された．同時期に発表された「第2次平生学習振興5ヵ年総合計画」においても，2012年までに平生学習都市を110都市まで拡大することが明記され，韓国の平生教育における主要政策の1つとして平生学習都市事業は位置

づけられている．

〔課題〕平生学習都市は，教育者中心から学習者中心への韓国平生教育のパラダイム転換を示すものであるとともに，学習者の*学習権を地域社会から保障していこうとするものである．平生学習に注目する自治体が増えるにつれて平生学習都市の数は急増し，量的な拡大とともに平生学習文化が地域社会に根をおろしつつあるが，その内実化に関するさらなる分析が今後の課題である． （金侖貞）

⇨韓国の社会教育・平生教育, 平生教育法

〔文献〕1）金侖貞：地域平生教育の発展と課題に関する一考察．日本社会教育学会紀要, 41, 21-30, 2005.；2）黄宗建ほか編著：韓国の社会教育・生涯学習, エイデル研究所, 2006.

平生教育 ⇨韓国の社会教育・平生教育

平生教育法（韓国） Lifelong Education Act (in Korea)

〔概観〕韓国における社会教育・平生教育の法制化は日本や欧米諸国に比べて比較的遅く，1980年に憲法に平生教育振興条項が盛り込まれたことを機に，長年成立に至らなかった社会教育法が1982年にようやく制定された．ところが，これらの法律は宣言的な性格が強く，実際政策面においては学校教育中心の政策方針によって後回しにされ，機能不全に陥っていた．その後，1995年5月31日の「新教育体制樹立のための教育改革方案」の中で，国民の平生教育振興が新教育体制のビジョンとして掲げられ，平生教育に関する様々な政策が打ち出されるようになった．その一環として社会教育法（1982年制定）が全面改正され，1999年8月31日に平生教育法として新たに制定された．同法では，「『平生教育』とは，学校教育を除いたすべての形態の組織的な教育活動を示す」（第2条）と規定し，平生教育に関する事項を定めている．

〔最近の動向〕1999年に制定された平生教育法は，制定当初から法制上の構造的問題や他の法律との重複などの問題を抱えており，2005年頃から本格的な法改正論議が始まった．2007年11月には与野党議員がそれぞれ発議した2つの平生教育法改正案を統合・修正した改正案が，国会法案審査小委員会（第8次委員会）において採択され，国会審議を経て，2007年12月14日（法律第8676号）に公布された．

〔課題〕2008年2月15日に施行された新たな平生教育法は，平生教育の振興のための国および地方自治体の責任と，平生教育制度およびその運営に関する事項をより充実化させたものとして高く評価できる．しかし，他の法律との関係において「他の法律に特別な規定がある場合」には依然として平生教育法の適用ができないと規定されている点（第3条），そして憲法，教育基本法等における平生教育概念の捉え方との齟齬などは，同法の課題として指摘されよう． （李正連）

⇨韓国の社会教育・平生教育

〔文献〕1）李正連：韓国における平生教育法の改正論議と課題．東アジア社会教育研究, 12, 東京・沖縄・東アジア社会教育研究会（TOAFAEC）, 2007.；2）李正連：韓国の改正平生教育法に関する考察―その意義と課題―．東アジア社会教育研究, 13, 東京・沖縄・東アジア社会教育研究会（TOAFAEC）, 2008.

平民教育運動（中国） the Chinese Mass Education Movement

中国において1919年から始まる五四運動時期に生まれた教育運動．中国におけるデモクラシー思想の高まりは，教育界にも大きな影響を及ぼした．特に1919年の*デューイの訪中によって，デモクラシーの教育理論が開花し，平民の教育レベル向上によって社会の矛盾を解決しようとする動きが生まれた．こうした平民教育運動は，大学生の運動などいくつかの流れに分かれている．その中で，晏陽初を総幹事として1923年に結成された全国組織である中華平民教育促進会は，平民学校を各地に開設し『平民千字課』をテキストに用いて*識字教育を全国的に展開し，教育の普及を目ざした．1920年代後半になると，平民教育促進会は，中国の根本問題は農村にあるとして，農村に活動の場を移していく．こうして都市を中心とした平民教育運動は，農村を舞台とする郷村教育運動，*郷村建設運動へと変貌を遂げていった． （新保敦子）

⇨東アジアの識字教育

〔文献〕1）小林善文：平民教育運動小史, 同朋舎, 1985.；2）宋恩栄編著（鎌田文彦訳）：晏陽初―その平民教育と郷村建設―, 農山漁村文化協会, 2000.

平和学習（沖縄） peace learning (in Okinawa)

沖縄の平和学習は，「沖縄戦」とその連続としてある「基本問題」を軸に行われている．沖縄戦を中心とする学習は，特に「慰霊の日」（6月23日，沖縄戦終結の日）から8月にかけての「平和月間」での取組みが多く，学校をはじめ県・自治体の「追悼」の行動の一環として，あるいは地域の生涯学習に組み込まれ多彩に行われている．特に戦争体験の「*風

化」が叫ばれている中，戦争の「記憶」を語り継ぐ活動が重視されている．「*ひめゆり」戦争体験者の「証言」活動，「沖縄県平和ネットワーク」の平和ガイドの活動は，自らも常に定例の学習や研修を積みつつ，*ボランティアのガイド活動を続けており，それ自体が平和のための社会教育活動ともなっている．現在行われている平和学習の実践は，*公民館における「講座」や「戦争展」等々を含めて実に多彩である．そこで共通する根本の課題は，戦争体験・「記憶」の継承と平和学習の理論的，体系的な展開である．その点で，現在の「基地問題」と現代の典型的な「総合戦」である沖縄戦を結びつける学習は，ガルトゥング（Gartung, J.）のいう「構造的暴力」（*貧困・人権，*抑圧，*差別等）の問題群を含んでいるので，「戦争と平和」について総合的，体系的に学ぶことができ，平和学習に共通する課題の解決につながる．
(平良研一)

〔文献〕1）ガルトゥング, J.（木戸衛一ほか訳）：グローバル化と平和創造, 法律文化社, 2006.；2）佐貫浩：平和的生存権のための教育, 教育史料出版会, 2010.

平和祈念資料館　Okinawa Prefectural Peace Museum

〔概要〕未曾有の犠牲をもたらした第2次世界大戦の「追悼」と「反省」の証として世界中に数多く設置されたいわゆる「戦争博物館」．日本は先の大戦では，広島，長崎の原爆だけではなく，ほとんどの都市が米軍の激しい空爆を受け焼土と化した．こうした空襲体験を記念する資料館を含めて，日本の戦争資料館は，「戦争記念館」「平和記念館」「平和祈念資料館」等々の名称で各々の資料展示と並んで広く*平和学習，運動にかかわっている．

〔広島の平和記念資料館〕日本の代表的な「平和祈念（記念）資料館」は，日本が人類史上初の原爆被爆国となった広島（長崎）の平和記念資料館であり，いま1つは日本で唯一の地上戦が戦われた沖縄の「資料館」である．広島の「資料館」は平和記念公園内にあり，原爆ドームや記念碑，平和研究センター等と結んで，戦争の悲惨な本質を知り，平和について学び，平和を誓う場となっている．「核戦争」の危機の時代に，「広島」は憲法，*教育基本法の理念に基づき戦争と暴力を拒否し，平和の実現を目ざす学びと*実践の「拠点」としての重要性が一層高まっている．とりわけ核兵器廃絶へ向けて，世界への平和発信のセンターとして重要である．そのためには，米国による原爆投下の「真実」を客観的に明らかにし，現在の核問題と歴史的に結びつけるリアルな資料編成と展示が求められている．

〔沖縄資料館と課題〕広島と同様，沖縄戦は「悲惨の極致」といわれた地上戦であり，その終焉の地，摩文仁（糸満市）に「平和祈念資料館」と「平和の礎」（戦没者刻銘碑）が建っている．近くには，「*ひめゆり平和祈念資料館」があり，それらが互いに連携して沖縄戦の実相を伝え，また戦後の基地問題のコーナーを設けて先の戦争と結びつけることによって，現実の戦争の危機をリアルに学び，平和実現への実践とつなげていく方向を目ざしている．「資料館」では，かつて展示資料の「改ざん」問題が起こり，それを教訓に「運営協議会」を中心に展示内容の検証，改善に努めている．戦争観歴史認識の違いを巡って論争が絶えない現在，「資料館」の*学芸員や研究体制の充実，強化が改めて問われている．
(平良研一)

〔文献〕1）村上登司文：戦後日本の平和教育の社会学的研究（第7章），学術出版, 2009.

平和教育　peace education

戦争の現実を教えることを通して，戦争に反対する精神や資質，および平和を守り，さらに積極的に広げる力量を育成する教育である．1955年の『社会教育事典』では「平和教育」の項目があったが，その後刊行された第一法規の『PTA事典』(1964年)，『社会教育事典』(1971年)，『新社会教育事典』(1983年)，および東京書籍の『生涯学習事典』(1990年)にはないように，その重要性に比して位置づけは低かった．しかし，実践的には広島・長崎の原爆大虐殺，各地の無差別空襲，沖縄戦，三光作戦，七三一部隊，「慰安婦」，家永教科書裁判，朝鮮戦争，ベトナム戦争，アウシュヴィッツ等々にかかわり様々に展開している．その中で*宮原誠一は人間教育を基礎に平和教育と生産教育を統合的に示した．彼の平和教育と生産教育を「二にして一」と捉える観点には，西田＝三木の「一即多多即一」の弁証法が応用されている[1]．五十嵐顕は宮原の継承発展に努め「わだつみのこえ」に即して戦争責任を反省的に追究し，またアウシュヴィッツを通した平和教育に努めた．藤田秀雄は平和教育の国際的動向を伝えるとともに，第五福竜丸を通した原水爆禁止平和運動を進めている．
(山田正行)

〔文献〕1）山田正行：平和教育の思想と実践, 同時代社, 2007.

平和・人権・民主主義のための教育宣言
Declaration on Education for Peace, Human Rights and Democracy（UNESCO）

1994年，ジュネーブで開催された*ユネスコ第44回国際教育会議において採択された教育宣言．人種的・民族的な*差別表現，テロリズムの台頭，「異質」と見なされる人々に対する差別や暴力，貧富の格差の増大といった世界的課題を克服すべく，基本的自由・人権・民主主義を保障し，持続可能で公平な経済的・社会的発展を進めることを志向している．

宣言の中では，個人，性，集団，文化の多様性の中に存在する価値を認識し，人間の尊厳と違いを尊重し，暴力的な方法を防ぎ，それを解決する思いやりと責任感のある市民の育成に取り組むことに努めるとし，具体的方策についてふれている．特に，不寛容，人種主義，外国人への嫌悪感情の刺激を受けやすい青少年の教育を最優先すべきとし，青少年の人格形成の過程で*学校外教育の果たす役割の重要性を指摘した． （福井庸子）

〔文献〕1）福田弘：人権・平和教育のための資料集，明石書店，2003．

平和の文化　culture of peace

優勝劣敗，弱肉強食，*差別，*偏見，憎悪，復讐，貪欲，衝動，破壊，殺戮など戦争を助長する暴力的な文化に対して，共存，協力，相互理解，友好，和楽，理性，生産，創造などを尊重する平和をもたらす文化である．

〔永遠平和思想と国際連合〕仏教の不殺生，儒教の文治主義，キリスト教の愛（アガペー）などには平和の文化の淵源が認められる．動物が食べ物を求め，雄が雌を求めて争うことを踏まえれば，人類はその起源から争ったが，その野蛮を乗り越える中でこれらが生まれた．ただし，このような争いは生存や生殖に必要であったが，その後，生存のための富が蓄積し，これが私有をもたらし，それが権力や支配になり，欲望が増大し，不平等が生じ，階級が形成され，争いを超えた戦争が起こるようになった．「相手を殺したすえに勝つことはよくあるが，勝ってから相手をわざわざ殺すほど残虐な人間は一人もいないのだ」という人間理解は，無階級社会の自然状態の場合に当てはまる[1]．これを踏まえてルソー（Rousseau, J. J.）は社会契約を提起し，さらにそれを国家の枠を超えて構想し，またカント（Kant, I.）は普遍化して定言命法に基づく「永遠平和」を提唱し，これは現在の国際連合に結実した．

1995年に*ユネスコは「平和の文化」を提唱し，1997年の国連総会は2000年を「平和の文化国際年」とし，1999年の国連総会は「平和の文化に関する宣言及び行動計画」を決議した．そして新たなミレニアムに当たり「戦争と暴力の20世紀」から「平和と非暴力の21世紀」を展望し，2001年から10年を「世界の子どもたちに平和と非暴力の文化をつくる国際10年」とした．さらに，2007年度のノーベル平和賞が地球環境問題に取り組む者たちに授与されたように，現在では環境問題も反戦平和の課題として認識されている．

〔日本近現代史と憲法9条〕産業革命以降，資本主義から帝国主義へと進んだ欧米列強は世界的規模で侵略を拡大し，この動向に対して世界史的立場の国際主義が提唱され，またガンディー（Gandhi, M.）やトルストイ（Tolstoi, L. N.）は非暴力の抵抗を提起したが，帝国主義戦争は世界大戦にまで至り，その中で国民や民族を無差別に殺戮するジェノサイドさえ起きた．列強の帝国主義的侵略は日本にも向けられ，その対応の中で戊辰戦争が起きたが，西郷隆盛と勝海舟の談判を通して江戸城の無血開城がなされた．この非暴力による近代国家建設の歴史的意義は大きい．ところが，日本は近代国家として出発するとまもなく台湾出兵（1974年），八ヵ国連合軍の北京攻略（1900年），日清戦争（1894～95年），日露戦争（1904～05年），第1次世界大戦（1914～18年），シベリア出兵（1918～22年），山東出兵（1927～28年），柳条溝事件（1931年）と傀儡満州国建国（1932年），盧溝橋事件（1937年）と侵略の全面的拡大，第2次世界大戦（1941～45年）等々，侵略戦争を繰り返した．さらに，国内と支配地域では治安維持法による弾圧を強め，反戦平和の言論と運動を圧殺した．

しかしこの結果は敗戦であり，日本は平和で民主的な文化国家として再出発すべく，憲法と*教育基本法を制定した．ところが，民主化を主導した米国が中国大陸や朝鮮半島における共産主義の拡大に対して，戦前の反共保守勢力（その中には戦犯も含まれる）を復権させ，これにより反動（いわゆる「逆コース」）が始まり，警察予備隊，保安隊，自衛隊と防衛力の強化，あるいは再軍備が進められた．その中で，戦争と軍隊の永久放棄を謳った憲法9条の改定が繰り返し主張されてきた．しかし，現在，国際社会は憲法9条を高く*評価するようになっている．1999年の「ハーグ平和アピール市民社会会議」で表明された「公正な世界秩序のための十の基本原則」の第一では「各国議会は，日本国憲法第9条の

ような，政府が戦争をすることを禁止する決議を採択すべきである」と提起されている[2]．憲法9条は先駆的で，それが次第に国際社会に認められてきたのである．

現在，戦争は戦闘行為だけでなく，外交，政治，経済，科学技術，教育文化，慣習，イデオロギー，情報操作などが複雑に組み合わされた構造的暴力と捉えられている．不平等や格差のもとで*貧困により教育を受けられず，そのため無知，差別，偏見を克服できない人々が憎悪や欲望などに駆られ，またプロパガンダに動かされて，攻撃と報復という暴力の応酬を続ける状況は，この観点なしには止められない．それゆえ，平和の文化も，*平和教育に加えて，戦争を防止する（勃発後は終息させる）ために実状を正確に多角的に伝える情報システム，敵対する当事者に第三者を加えた国際的な調停機関とその抑止機能，平和を指向した産業経済や社会システムの発展，武器や兵器の拡散に関する監視や管理のシステムの整備等々を総合的に認識する必要がある．

そして，構造的暴力が国家の枠組みを超えた問題であることから，憲法9条の意義を踏まえて「国権の発動たる戦争と，武力による威嚇又は武力の行使」を「永久に」「放棄」した段階よりもさらに進むことが現代の課題となっている．　　　　　　（山田正行）

〔文献〕1）ルソー，ジャン・ジャック：戦争についてのほかの断片．ルソー全集第4巻，白水社，1978．；2）リアドン，ベティ・カベスード，マリシア（藤田秀雄ほか監訳）：戦争をなくすための平和教育，明石書店，2005．

ベオグラード会議（国際環境教育ワークショップ／1975年）　⇨環境教育，持続可能な開発のための教育

北京世界女性会議　United Nations World Conference on Women in Beijing

1995年北京で開催された第4回*世界女性会議．女性の地位向上と*エンパワーメントを目ざす「北京宣言」と「北京行動綱領」が採択され，様々なレベルにおける*女性の人権侵害の打破，*ジェンダーの視点に立った開発政策の推進，意思決定への参画を西暦2000年までに達成することが国際機関や各国政府に課せられた．教育は*職業訓練とともに12の重要分野の2番目に位置づけられ，北京行動綱領B：「女性の教育と訓練」では，戦略目標として，教育への平等なアクセスの確保，女性の非識字者の根絶，職業訓練・科学・技術および*継続教育へのアクセスの改善などの具体的な行動計画が示された．*NGOとのパートナーシップが模索され，政府代表と並んでNGOが公式の参加者としての発言権を獲得した．同時開催のNGOフォーラムでは，全体会議と5000の*ワークショップが活発な議論を展開し，草の根の*ネットワークが形成された．日本から5000人が参加した．　　　（上村千賀子）

〔文献〕1）上村千賀子ほか：現代的人権と社会教育の価値，pp.245-257，東洋館出版社，2004．

ベナー，パトリシア　Benner, Patricia E.

1941-．バージニア州ハンプトンに生まれる．1970年カリフォルニア大学サンフランシスコ校で修士号，1982年同大学バークレイ校で博士号を取得．1982年同大学サンフランシスコ校看護学部准教授，1989年より教授．*専門職者の能力育成を俯瞰しつつ，看護の実践的知識，*熟練看護師の*技能などを研究している．その主な思想的基盤はハイデッガー（Heidegger, M.）の現象学的人間論にある．

1984年に発表した研究では，参与観察と面接調査の結果を現象的に解釈し，7つの看護領域と31の臨床的実践能力を抽出した．また「*ドレイファスの技能習得モデル」を適用し，状況の把握，状況に応じた*ケアリング技術において看護師の技能が5段階に分かれるとした．この研究はわが国では「ベナー看護論」と称され，看護師の現任教育の準拠枠に定着している．1990年代以降は看護実践を語ることの省察的，倫理的，教育的な意義を主張し，看護師のナラティヴを記述してケアリング技術や臨床的知識を解明に取り組んでいる．　　　（平河勝美）

〔文献〕1）ベナー，パトリシア（井部俊子監訳）：ベナー看護論（新訳版）―初心者から達人へ―，医学書院，2005．；2）ベナー，パトリシア（井上智子監訳）：看護ケアの臨床知―行動しつつ考えること―，医学書院，2005．

ヘルスプロモーション　health promotion

人びとが自らの健康をコントロールし，改善することができるようにするプロセス．

〔歴史・動向〕*WHO（世界保健機関）は，1946年「世界保健機関憲章」，1978年「プライマリヘルスケア（Primary Health Care）に関する*アルマアタ宣言」に続き，1986年11月カナダのオタワにおいて「ヘルスプロモーションに関するオタワ憲章」を提唱した．オタワ憲章は「健康のための基本的な条件と資源は，平和，住居，教育，食物，収入，安定した生態系，生存のための諸資源，社会的正義と公正である」として健康を保障する社会を目ざすための前提条件を提示している．

アルマアタ宣言が1次医療に重点を置き，政治的，社会的，経済的に発展途上にある国に向けて感染症対策，衛生環境の整備，個人と地域社会との連携を中心とした世界における健康状態の水準向上をめざしたのに対し，オタワ憲章では，既に衛生環境が整っている先進国に向け，個人，家族，地域と政治が一体となり，より幸福な人生実現への積極的なプロセスとしてヘルスプロモーションに重点を置いているところが対照的である．

〔課題〕今日の健康問題は，生活と労働条件の悪化による身体的，精神的，社会的側面に深刻な影響を与えている一方で，国策は財政的課題に焦点をおき医療制度改革を打ち出し，生活習慣病予防を掲げ「健康自己責任論」を強調している．ヘルスプロモーションの概念にある公衆衛生の視点から，今後の課題として，① 地域住民が健康課題をみつけていく力を備えるための力量形成，② 憲法第25条との関連から，継続的・組織的な健康課題学習の*学習権の公的保障，③ *社会教育法第2条との関連から，組織の中で健康課題について主体的に考えることができる住民の学習活動の実現，などが指摘されよう．

(飯塚哲子)

〔文献〕1) 日本教職員組合養護教員部編：「健康増進法」のねらいを考える「健康日本21」の法制化，アドバンテージサーバー，2003.

偏見　prejudice

〔概観〕職業，人種，民族，性，年齢あるいは個人の外見（身長，眼鏡の有無）など，人を区分する何らかのカテゴリーに基づいて，そのカテゴリーに含まれる人が共通してもっていると信じられている紋切り型の特徴を，ステレオタイプ（stereotype）というが，偏見とはそのような認識に，十分な根拠に基づかない否定的評価を伴う感情や態度をいう．類似語には，偏った見方を表すバイアス（bias）があるが，偏見の場合は，実際の経験に基づかない先入観や予断というニュアンスが強い．ステレオタイプや偏見に基づく否定的判断が，相手に対する差別的な行動として現れたときに社会問題化する．

〔社会心理学における偏見研究〕偏見の形成要因については，これまで主に，① 個人の成育歴などによる個人差，② 集団間の現実の葛藤状況や，自分が所属する集団の価値や評価を上げようとする傾向などの集団間関係，そして，③ 個人のより一般的な認知メカニズムに偏見を形成しやすい要因を見いだす研究がある．情報過多で多様な現実社会を生きていくには，人間の情報処理能力や容量には限界がある．そのような状況で，自分たちが生きている複雑で多様な社会をカテゴリー化によって主観的に単純化し整理し，認識しやすくしようとする認知傾向をもつことが，ステレオタイプや偏見を生じやすくしている．また偏見は既に述べたように感情を含む態度であり，個人の自尊心を維持したり，社会全体のシステムを維持するために利用されることがあるため，たとえ反証として客観的なデータや情報が与えられても，その変容には強い抵抗が生じる場合がある．

⇨人権意識

(野崎志帆)

〔文献〕1) 上瀬由美子：ステレオタイプの社会心理学，サイエンス社，2002.

変容的学習　⇨意識変容の学習

ほ

ボイス, ヨーゼフ　Beuys, Joseph

1921.5.12-1986.1.23. ライン工業地域の中都市クレーフェルトに生まれる．戦後西ドイツの代表的な芸術家．「社会彫刻」論に基づく多彩な創作・表現活動，教育活動，政治活動は1960年代以降の社会運動や教育・文化運動に影響を与えた．

「誰もが芸術家」，つまり人間の本質は創造能力だと考えたボイスは，それが社会の全分野で発揮された際に実現する「有機的組織体」としての理想社会を最高の芸術作品と見なす「拡張された芸術概念」を主張した．芸術とは本来，人間＝社会の陶冶を目ざす「社会彫刻」「社会芸術」なのである．代表作「脂肪の椅子」などの作品群はもちろん，直接民主制のための学生党結成，芸術大学での志願者全入闘争，緑の党からの立候補，*創造性と学際的研究のための自由国際大学設立，「7000本の樫」植樹のような社会的活動もまた，「社会彫刻」の*実践であった．

（谷　和明）

〔文献〕1) ハイナー・シュタッヘルハウス（山本和弘訳）：評伝ヨーゼフ・ボイス，美術出版社，1994.

ボーイスカウト　Boy Scouts

1907年に英国の陸軍軍人であったベーデン-パウエル（Baden-Powell, R.）が創設した青少年団体である．その訓練法は『スカウティング・フォア・ボーイズ』（少年のための斥候術，1908年）に著されていて，その主な特長は，① 少年が小集団で自主的に活動するパトロールシステム，② キャンプなど野外での集団活動（ウッドクラフト），③ 様々な技能に与えられるバッジシステム，の3点である．

英国で始められたボーイスカウトはその後世界各地で組織されることになる．当初は軍事訓練なのか*市民教育なのかという点で論争があったが，第1次世界大戦を経てベーデン-パウエルは市民教育の側面と野外活動を強調した国際的な青少年運動としての転換を図る．1920年には世界のスカウトを集めて国際ジャンボリーが開催され，国際事務局がロンドンに設置される．

ボーイスカウトは日本においては乃木希典，田中義一らによって早い時期から紹介されている．最初の少年団は1914（大正3）年に小柴博によって創設された東京少年団である．1921（大正10）年には後藤新平を総裁として少年団日本連盟が設立された．第2次世界大戦中は一時活動を休止するが，戦後は1949（昭和24）年にボーイスカウト日本連盟として再出発した．

1950年にはボーイスカウト国際連盟に復帰を果たしている．

戦後は，特にアジア・太平洋地域のスカウトとの交流という点で発展があった．1971年には第13回世界ジャンボリーを静岡県の朝霧高原で開催している．1983年には団員数が33万人を超えてスカウト史上最大の団員数となった．その後は少子化や青少年の意識の変化により団員は減少に転じた．1995年には女子を団員として加盟登録することを認めた．これにより2002年には英文名を従来の「Boy Scout of Nippon」から「Scout Association of Japan」へと変更し「Boy」の文字を削除している．

（田中治彦）

〔文献〕1) 田中治彦：ボーイスカウト，中央公論社，1995.；2) 上平泰博ほか：少年団の歴史，萌文社，1996.

放課後子どもプラン　after-school program for children

文部科学省と厚生労働省の合意に基づき2007年度から始まった放課後の子どもの安全な*居場所づくりのための補助金事業．文部科学省が2004年度から3ヵ年計画で取り組んできた委託事業「地域子ども教室推進事業」を「放課後子ども教室推進事業」と改め，それと厚生労働省管轄の「放課後児童健全育成事業」（*学童保育）とを「一体的あるいは連携して実施する総合的な放課後対策」であり，学童保育2万ヵ所，放課後子ども教室1万ヵ所の設置が目標とされている．教育委員会が主管部局となり，すべての小学校区内での開設が目ざされている．従来の縦割り行政の弊害により，子どもの生活と発達に必要な学校外の子どもの施設づくりが進まなかったことを踏まえると，両省の連携に期待が寄せられる反面，専門職員が不可欠な学童保育の機能を曖昧にして，放課後の居場所づくりとしての「全児童対策」に解消するのではないかとの危惧も出されている．

（増山　均）

〔文献〕1) 全国学童保育連絡協議会：よくわかる放課後子ど

奉仕体験活動　activities for community service experience

社会奉仕の体験を通じて社会人としての基礎を培う活動をいう．2000年12月，教育改革国民会議は「教育を変える17の提案」の中で，「奉仕活動を全員が行うようにする」を提案し，初等中等教育機関や満18歳後の青年期における奉仕体験活動の必要性を主張した．

この提案を受けて2001年に法改正が行われ，学校教育法に「小学校での社会奉仕体験活動の充実」（第18条の二），社会教育法に「青少年に対する社会奉仕体験活動の機会の提供」（第5条）が加えられた．さらに，2002年には中央教育審議会が「青少年の奉仕活動・体験活動の推進方策等について（答申）」を出した．こうした潮流の中で，奉仕体験活動を授業科目に設定する自治体も現れている．半強制的な奉仕への従事が青少年の従順性を促進するのではなく，むしろ主体的に社会問題の解決に取り組む批判性と創造性を備えた市民への成長を促すことが期待される．　　　　　　　　　　　　　　（田中雅文）

〔文献〕1）佐々木正道：大学生とボランティアに関する実証的研究，ミネルヴァ書房，2003．；2）長沼豊：新しいボランティア学習の創造，ミネルヴァ書房，2008．

法人立公民館　corporate Kominkan

公民館の設置者は社会教育法第21条の規定により，市町村または公民館設置の目的をもって設立された民法第34条の法人（*公益法人）に限られているが，この法人が設置する公民館を法人立公民館（または法人公民館）と呼んでいる．

初期には町内会や村落組織などの*地域共同体がそれまで所有してきた集会施設を維持するために，名称を公民館と変更して管理する目的で法人を設立したものが多かったといわれているが，2005（平成17）年社会教育調査報告書によれば，全国でわずか9館（神奈川県2，岐阜県3，大阪府4）が，同2008（平成20）年調査では5館（岐阜県2，大阪府2，鹿児島県1）が存在するのみである．初期の事例については中根公民館（東京都目黒区）の資料によりその実態をうかがうことができる．また最近では，鉄筋2階建1018 m^{2}の本館施設をもち，資料館や*ビオトープも付属施設として設置して，周辺地域の大人と子どもがともに歴史や環境の学習を展開している*財団法人池田町屋公民館（岐阜県多治見市）のような事例も紹介されている．　　　　（水谷　正）

⇨自治公民館

〔文献〕1）東京都公民館連絡協議会：東京の公民館30年誌，東京都公民館連絡協議会，1982．；2）日本公民館学会：公民館コミュニティ施設ハンドブック，エイデル研究所，2006．

放送大学　Open University of Japan

〔概観〕テレビ・ラジオによる大学教育を提供する放送大学は，3コース6専攻からなる*教養学部として，1983年に設立された．開学当初は関東圏のみの放送であったが，1998年からは衛星放送を利用した全国放送を開始した．さらに，2001年には，大学院文化科学研究科が開設されている．「全科履修生」として入学した学生は，学部の場合，4年以上在学し，直接指導を受ける面接授業の20単位分を含めた124単位を取得すると，「学士（教養）」の学位を得る．大学院では，2年以上在籍し，30単位の取得と修士論文に合格すれば，「修士（学術）」となる．この他，希望科目の単位取得のみを目的に，「選科履修生」（在1年），「科目履修生」（在6ヵ月）となることもできる．全国57ヵ所には，「学習センター（サテライトスペースを含む）」が設置され，面接授業や単位認定試験，授業の再視聴，研究レポートの報告会等が実施されている．学習センターは，非対面式の弱点を補うよう，学習相談による学習支援や学生同士の交流拠点としての役割も担っている．2009年3月末で学部の卒業生は約5万6000人，大学院の修了生は約2400人となっており，社会人に大学教育の機会を提供する機関として社会に定着しつつある．

〔課題〕学生との双方向性をいかにして高めていくのかという点が，継続的な課題となっている．特に，放送授業との関係から面接授業の位置づけや学習相談のあり方を検討したり，進展著しい情報通信技術を適切に活用した研究指導体制を充実させていくことが求められている．また，専門職業能力の向上や資格取得といった学習ニーズが高まりをみせる中で，主として教養教育を提供してきた放送大学の今後の対応も注目される．　　　　　　（佐々木保孝）

〔文献〕1）放送大学二十年史編纂委員会編：放送大学二十年史，放送大学学園，2004．；2）石　弘光：新・学問のススメ―生涯学習のこれから―，講談社現代新書，2012．

放送利用　learning by the broadcasting media

不特定多数の視聴者に向けて放送される公共番組を教材に利用して行う学習．情報の速報性と操作の簡便性において遠隔教育の一角を構成する．ユネスコが放送の集団的利用を模索する1950年代に，日本でも放送番組を素材の1つにして集団で話し合う青年学級や婦人学級が生まれ，*共同学習に向けて制作された放送番組「NHK婦人学級」により全国的な放送利用学習運動が展開した．放送網が整備されテレビが各世帯に浸透した1970年代には，教育行政と放送事業者が連携して個人聴取と集合学習を組み合わせた「アカデミー方式」が開発される．インターネット等の情報通信技術の発展に伴い，ビデオオンデマンドで放送時間に拘束されない非同期の学習や*eラーニングのように*ネットワークを利用した分散学習によって個人学習の可能性を強めている．放送や情報通信など多様なメディアを主体的に活用していく*メディアリテラシーの育成が急務となっている．　　　　　　　　　　　　　（片岡　了）

⇨遠隔教育，eラーニング，放送大学

〔文献〕1）岡原都：戦後日本のメディアと社会教育，福村出版，2009．；2）藤岡英雄：学びのメディアとしての放送―放送利用個人学習の研究―，学文社，2005．

法定雇用　legally-required employment of disabled persons

障害者の雇用の促進等に関する法律によって身体障害者，知的障害者の雇用を義務づけた制度であり，それにより現在は民間企業は全従業員の1.8％，国，地方公共団体は2.1％，*教育委員会は2.0％，特殊法人は2.1％の障害者を雇用する義務を負っている．未達成の企業には納付金の納付を義務づけたが，現在大企業で雇用率を達成しているのは33％余にすぎない．それに対して中小企業では43％余となっている．最近になって，子会社に雇用されている労働者を親会社に雇用されているものと見なし，雇用率の達成をめざす特例子会社制度を導入することによって大企業の雇用促進に道を開き，その結果，2005年11月現在180社の特例子会社ができた．今後，こうした制度の推進によって企業の障害者理解が進み，職場の*ノーマライゼーションが実現し，障害者がその*能力を最大限発揮し社会参加・社会貢献が果たせることが求められている．（春口明朗）

⇨ジョブコーチ

〔文献〕1）秦政：障がい者雇用促進のための119番，UDジャパン，2007．

報徳会　Houtokukai

〔報徳思想と報徳社〕近世末期，二宮尊徳（1781-1865）は報徳仕法という独自の生活様式を創始した．それは尊徳の体験から「財を抱くもの必ずしも永安ではなく貸借必ずしも約束を果し難い」現実に鑑み，勤労・分度・推譲の精神をもって困窮を救い永安の生活を保ち，生々発展の社会を建設するため，徳に報いることを指導原理とする道徳経済一元の生活様式であった．報徳仕法は個から超越した組織を，組織には道徳を必要とし，私益から公益への仕法であった．この報徳仕法による農民救済を行うため相互扶助組織である報徳社が結成された．報徳社は，五常講から出発したもので，結社の初期は1843年の下館信友講および小田原報徳社で，ついで遠江の下石田報徳社，牛岡組報徳社等が1847年へと続いていく．

〔報徳主義と報徳会〕近代日本の結社形式は明六社にさかのぼれるが，自由民権期以後は政治結社が多くみられる．一方，大日本報徳社，日本弘道会（東京修学社），斯文会，国柱会，奉公会など，信仰・道徳・修養・風教刷新等を目的として結成された団体は，やがていわゆる教化団体へと編入されていく．特に日露戦争後，国民の間の荒怠の風潮や，個人主義，社会主義思想に対する国家側の危機感から「戊辰詔書」が出され，去華就実を求める民衆教化運動が進められていく．この*地方改良運動は，日露戦争後の地方財政の補強と地方公共団体や農村自治の再編強化を意図したものである．この中で「報徳会」の役割があった．

報徳会は1905年に二宮尊徳没後50周年に当たり，平田東助・早川千吉郎・岡田良平・一木喜徳郎・久米金弥・桑田熊蔵・鈴木藤三郎・田村武治・井上友一・清野長太郎・留岡幸助の11人の発起人を中心メンバーとして企画立案されて，翌1906年に成立する．これらの発起人は「報徳内務省」と俗称されるほど内務省関係をはじめ財界・学識者ら報徳主義信奉者で占められていた．

報徳会の目的は「誠実勤労の民風，協同推譲の精神を作興し，道徳，経済，自治，教育の各方面に亘りて，互に其連絡一致を計り，之が改良発展を期す」であった．報徳会はその結社直後に機関紙〈斯民〉を発行する．当然のことながら報徳会および斯民は，教化団体を相補う関係をもちながら発展していくが，それは報徳思想によるものよりは，もはや報徳主義によるものとなっていた．斯民の「開刊の辞」は，「報徳の義を始として分度の法推譲の道を示し，

富の聚散禍福の由と岐るる所以の理を明かにし，小は家道の恢復より難村の救済に及び，大は治国の経論」に至る道筋を説いている．内務官僚のトップであり報徳信奉の代表でもある一木喜徳郎の「自治制は推譲を基礎とし，更に大に国民の推譲心を長養して，憲政自治の基礎を鞏固に」し，「推譲心の基礎なき自治制は全く死物」である方針と一致する．こうして地方改良・*自治民育・地方自治の基本に報徳主義が見事に据えられていた．

〔教化団体とその後〕教化団体の動向は，1923年の「国民精神作興ニ関スル詔書」が発せられた翌年に教化団体連合会が結成され，会長に一木喜徳郎が就任し，その教化網は道府県にそれぞれ教化連合機関が設置された．ここでも中央報徳会はその中核を担うこととなる．1928年には中央教化団体連合会，さらに教化総動員運動等へと連動していく．

なお報徳会に連なるものとしては，1936年報徳経済学会が組織され，報徳経論協会へ改組される．さらに戦後から現代にかけても大日本報徳社を中心に，全国報徳関係団体は300余にのぼり，報徳社・報徳会の活動が続いている．一方で報徳博物館も開館し，2004年には国際二宮尊徳思想学会が設立され，機関紙『報徳学』を核に活動が行われている．

(大槻宏樹)

〔文献〕1) 中央報徳会：斯民 (1編1号大正15年1月以降)，不二出版復刻版，2000-2002．；2) 八木繁樹：報徳運動100年の歩み，龍渓書舎，1980．；3) 国際二宮尊徳思想学会：報徳学，報徳文庫，2004．

豊年祭（沖縄） harvest festival (in Okinawa)

琉球弧における五穀豊穣を祈願する祭祀行事の総称．沖縄諸島では稲の収穫の済んだ旧暦8月10日前後に行い，村遊び，村踊り，十五夜などと呼ばれる．八重山諸島では，旧暦6月中に行われるプーリィや8，9月の結願，10月の種子取なども豊年祭に含まれる．宮古諸島の多良間島では旧暦8月8日から3日間，八月踊りが催される．

豊年祭は，年中行事の正月，盆とともに三大行事の1つとされ，各地で盛大に行われる．沖縄諸島では，旧盆が終わると早々に豊年祭の準備が始まる．集落の広場に舞台が設けられ，そこに五穀豊穣をもたらす長者の大主や弥勒などの来訪神を迎え，若者らによる芸能が奉納される．八重山諸島では，集落の象徴である旗頭を立て，収穫された藁で編んだ大綱を引き合うところや，黒島のようにユークイと呼ぶ舟漕儀礼を行うところもあり，その祝祭の内実は，各集落によって多彩である．

(山城千秋)

〔文献〕1) 沖縄タイムス社：おきなわの祭り，沖縄タイムス社，1991．

防貧 prevention of destitution

*貧困に陥った者を事後的に救済する救貧に対して，事前に貧困に陥らないよう防ぐ政策上の理念・概念．第2次世界大戦後は，主に社会保険が防貧機能を担っている．社会保険以外で戦前に防貧を担った事業には，米騒動や恐慌などへの対応を契機として勃興した経済保護事業（住宅，共同宿泊所，公益浴場，公的質屋等）や失業者保護事業がある．

日本の防貧論は，既に明治期より，後藤新平・井上友一ら内務官僚や金井延ら社会政策学者によって展開されている．防貧は，救貧と相まって国民の最低限度の生活保障を担うものではなく，救貧を抑制し社会主義思想・運動を防止するものとされた．また，*感化救済事業を主導した井上は，救貧を抑制するための防貧や*風化の重要性を説いた（『救済制度要義』，1909年）．救護法制定以前に展開されたこうした防貧論は，公的義務主義の救済を否定し，救貧法制そのものの成立を牽制する役割をもった．

(石原剛志)

⇨風化，地方改良運動，感化救済事業

〔文献〕1) 玉井金五：防貧の創造，啓文社，1992．

方面委員 commissioned welfare volunteer

1920年前後から，貧困家庭が多く居住する地域（＝方面）において，生活状態の調査や相談・指導，*職業の斡旋，生業資金の貸付などの事業を担った，知事の委嘱による委員．1918年に大阪府が方面委員規定を公布したことが始まりであり，前史として，1917年に岡山県で発足した済世顧問制度がある．大阪の方面委員制度は，当時の大阪府知事・林市蔵の発案とされ，府嘱託の小河滋次郎が具体化したもので，小学校区に十数人の委員が委嘱された．1928年までには全国に広がり，1936年には方面委員令が制定・公布されて内務省管轄の全国統一の制度となった．隣保相扶・互助共済の精神で保護指導の任に当たり，救護法（1929年公布・1932年施行）による不十分な公的扶助制度を補う役割を果たした．1946年の民生委員令により方面委員は民生委員と改称，1948年の民生委員法（Commissioned Welfare Volunteers Law）により改めて法的に規定され，社会奉仕の精神をもって*地域福祉活動の最前線を担い続けている．

(望月 彰)

〔文献〕広川禎秀：近代大阪の地域と社会変動，部落問題研究

所, 2009.; 2) 社会政策学会: 格差社会への視座—貧困と教育機会—, 法律文化社, 2007.

法律扶助　legal aid

　自己の権利実現のために法的救済を得たいけれども, 経済的困難などのために訴訟費用等を負担できない人に対して, その費用を立て替える制度である. 総合法律支援法によれば, 裁判所における民事事件, 家事事件または行政事件に関する手続において自己の権利を実現するための準備および追行に必要な費用を支払う資力がない国民等を援助することとされている（同法第30条1項2号）. 民事法律扶助の業務内容は, ①代理援助, ②書類作成援助, ③法律相談援助, ④附帯援助の4種類である.

　総合法律支援法（2004（平成16）年6月2日法律第74号）によって法律扶助の仕事は大きく変化した. 日本司法支援センター（「法テラス」と略称される）が設立され, 従来, 法律扶助協会が行ってきた民事法律扶助業務を引き継ぐとともに, ①情報提供業務, ②民事法律扶助業務, ③国選弁護関連業務, ④司法過疎対策, ⑤犯罪被害者支援, という各業務を総合的に行うこととなったからである.

(前野育三)

〔文献〕1）法律扶助協会: 市民と司法—総合法律支援の意義と課題—, エディックス, 2007.; 2) 仙台弁護士会編: 暮らしの法律便利帳—弁護士がアドバイス—, 河北新報出版センター, 2006.

暴力の再生産　reproduction of violence

　暴力をふるわれた被害者がその後, 立場を変え, 加害者となって暴力をふるう側に回ることを「暴力の再生産」という. 子ども時代に受けた暴力は, その人の後の人間関係, 社会生活にも大きな影響を及ぼす. 子どもや高齢者への*虐待や*DV, 非行の事例の中には, この暴力の再生産がみられるものが少なくない. たとえば幼少期に暴力を受けて育った子どもが大人になり, 配偶者や子どもを虐待する, *いじめの*経験をもつ子どもが思春期になって非行少年に転じる, あるいは親に*抑圧され続けた子どもが大人になり, 要介護状態になった親に暴力をふるうなどである.

　〔暴力の再生産が生じる理由〕継続する暴力, いじめなどの虐待的環境におかれると, 人は無力感, 不安感を抱くようになる. 暴力をふるわれる自分への評価は低くなり, 子どもであれば変えようのない事態を生き延びるために感情をまひさせ, 孤立していく. 思春期になると自分を痛めつけた両親や社会に怒り, 仕返しとばかりに反社会的な非行行為を繰り返す者も現れる. また暴力的な環境に育った者の中には, 自分が経験した暴力的な子育てを特に虐待とは思わず, そのまま自分の子どもに行ってしまう, あるいは泣きやまないなど乳幼児としては自然な行動を自分への攻撃と捉え, いらだち, 自分の思うままに子をコントロールしようとして暴力的行為に及んでしまう場合などもある.

　〔対策〕暴力の再生産を防ぐためには, まず子ども時代の虐待をなくすこと, 暴力の連鎖を早い段階で断ち切ることが重要である. 虐待や家庭崩壊を早期に発見し, 社会全体で適切に対処・支援していく取組みが求められる. そのために市民に対する虐待への啓発活動, 相談できる場を増やすこと, 関連機関の連携を図り適切な対応システムを構築することなどが緊急の課題であろう. また, 暴力を受けた傷を抱え, 生きづらさを感じている者を受け止め, 必要な支援を提供していくシステムを整えることも重要な課題である.

(湯原悦子)

〔文献〕1）藤岡淳子: 非行少年の加害と被害—非行心理臨床の現場から—, pp.178-206, 誠心書房, 2001.

北欧の成人教育・生涯学習　adult education and lifelong learning in Nordic countries

　〔概観〕北欧諸国は歴史的に密接なかかわりをもち, 政治的な結びつきのみならず文化や言語の面でも類似する点が多い. 生涯学習の様相にもそうした類似性は反映されており, 特にスカンジナビア諸国（デンマーク, スウェーデン, ノルウェー）が共有する*民衆教育の伝統は, 北欧諸国における*生涯学習の大きな柱となっている. 他方, 1960年代以降の産業構造の変化への対応として*リカレント教育政策をいち早く導入し, その結果として公的な*成人教育制度が豊かに整えられていることも北欧諸国の特徴である.

　〔民衆教育の伝統〕北欧の民衆教育に共通する思想的ルーツは, *グルントヴィによる「folkeoplysning（民衆の*自己啓発／社会的自覚）」の理念にあるとされる. グルントヴィの思想に基づいて1844年にデンマークで設立された民衆のための教育機関「フォルケホイスコーレ（*国民大学）」は, まもなくノルウェー, スウェーデン, フィンランドに伝わり, 主として農村青年を対象とする教育機関として定着した. 「フォルケホイスコーレ」は寄宿生活の中での*対話や議論を通じて「内発的な教育」を促すことをめざし, 民衆の日常経験に即した学習を重視す

る．こうした教育理念は，1902年にスウェーデンにおいてウールソン（Olsson, O.）が体系化した「学習サークル（*スタディサークル）」にも継承された．「学習サークル」は，各自の関心に基づいて選んだ書物をもとに少人数で議論を行うものであり，読書と議論を通じて問題解決能力を培うことを目ざす．スウェーデンの学習サークルは禁酒運動や労働運動などにおいて運動推進の手段として導入され，後に組織化されて普及した．

これら民衆教育の担い手は主として民間の教育団体であるが，地方自治体が運営するものも一部にみられる．多くは国からの補助金を得ている．北欧諸国にほぼ共通して存在する「学習協会」では，「学習サークル」のほか，講義形式の啓発活動や*文化活動プログラムが提供されており，一部では大学レベルの高度な専門教育も行われている．活動内容の編成は個々の「学習協会」の自主性に任されている．また「フォルケホイスコーレ」も各国で異なる発展を遂げており，学歴や*職業資格が付与されるものもあればそうでないものもある．一言で民衆教育といっても，その内実や制度的位置づけは多様である．

〔制度〕北欧諸国では公的支出の20〜25%が教育に費やされており，生涯学習・成人教育の領域に対しても厚い財政支援がなされている．デンマーク，スウェーデン，ノルウェーでは地方自治体が成人学校を設置して初等中等教育を提供しており，フィンランドでは成人向けの*オープンユニバーシティが活発である．民衆教育も含め多様な成人教育機関が存在することによって，成人学習人口は比較的高い水準を維持している．デンマーク，スウェーデン，ノルウェー，フィンランドにおける*成人学習者は，延べ人数にして18歳以上人口の約3割から5割に匹敵する．成人学習支援のための政策は各国で推進されており，特にリカレント教育理念の発祥の地であるスウェーデンでは，1960年代後半から再分配政策の一環として成人教育政策が積極的に導入された．1975年施行の*有給教育休暇法や各種の修学援助制度のもとでリカレント教育が*実践されており，職業生活を中断して，あるいは職業生活を継続しながら教育機関に在籍する人々が少なくない．

〔労働市場教育〕失業者対策と結びついた労働市場教育・*職業訓練プログラムが各国で整備されており，労働省の管轄による職業訓練センターのほか，公立成人学校や民衆教育機関の一部においても労働市場教育が実施されている．また，成人教育における学習プロセスと*労働の質との関連を分析する研究が近年盛んに行われていることも注目される．

（太田美幸）

⇨国民大学（デンマーク），スウェーデンの成人教育・生涯学習

〔文献〕1）オーヴェ・コースゴー：光を求めて—デンマークの成人教育500年の歴史—，東海大学出版会，1999.

保健師　public health nurse

主に地域住民など一定の集団や組織を対象に，その共通の健康課題をターゲットにし，保健指導による疾病予防や健康増進に取り組む保健領域の*専門職である．保健師助産師看護師法第2条では，「厚生労働大臣の免許を受けて，保健師の名称を用いて，保健指導に従事することを業とする者」と規定されている．健康課題は*地域文化などを背景にした生活習慣等の結果であるため，その保健指導の内容は時代とともに変化し，また地域や対象集団によっても異なる．たとえば，*貧困を背景に感染症が蔓延していた時代には，衛生知識の普及啓発や，栄養失調を防ぐための食事指導などを，脳卒中増加の時代では，高血圧予防のための減塩指導などを行ってきた．活動を通じこれまで公衆衛生の向上と平均寿命の延長に寄与してきた．

保健指導は，対象者自身が選択する「暮らし方」に向けられるため，対象者自身が自己の健康課題に気づき，自らの行動変容につながるよう支援する過程，つまり学習の場の提供である．知識の普及だけでなく，体のメカニズムや疾病発症の科学的根拠を用いながら，対象者が自らの生活を選択することを支援する仕事である．

（野口緑）

〔文献〕1）星旦二・麻原きよみ：これからの保健医療福祉行政論—地域づくりを推進する保健師活動—，日本看護協会出版会，2008．：2）松下拡：健康学習とその展開，勁草書房，1990．

保健センター　health center

母子保健法の改正（1994年）等によって成立した地域保健法で法定化された市町村保健センターをさす．地域住民の健康の保持や増進を目的として，急速な高齢化の進展，保健医療を取り巻く環境の変化等に即応し，公衆衛生の向上や増進を図り，地域住民の多様化，高度化する保健・衛生・生活環境などの需要に的確に対応できるよう，地域特性を踏まえ社会福祉などの関連施策と有機的に連携，推進することを基本理念とする（法第2条）．また市町村は，地域保健対策の円滑実施に向け必要な施設整備や人材確保と資質向上に努める（法第3条）．ここでは

健康診査や保健指導などの基本的な対人保健サービス（母子保健・成人保健など）を行い，健康教育との連携が学びの場に期待される．企画・調整・指導や事業を行う都道府県，指定都市，中核市，特別区に設置される保健所とは一線を画す．また似た呼称として保健所と福祉事務所が一体となった保健福祉センターがある．　　　　　　　　　　（宮島　敏）

〔文献〕1）山縣文治監修：社会福祉の基礎資料，ミネルヴァ書房，2009.；2）東京都保健福祉局：社会福祉の手引，2011.

保健体育審議会　Advisory Council for Health and Physical Education

1949年の保健体育審議会令によって，「文部大臣の諮問に応じて体育，学校保健及び学校給食に関する事項を調査審議し，及びこれらに関し必要と認める事項を文部大臣に建議すること」を課題として発足した行政機関．

〔概要〕学校保健，学校給食，学校体育，社会体育の4分科会から構成され，委員は40人以下で文部大臣により任命された．2000年の*行政改革の組織再編で，*中央教育審議会の「スポーツ・青少年分科会」へ吸収されたが，51年間に答申31回，建議6回，報告4回，要望1回，中間報告2回，計44回，文部省におけるスポーツ，健康行政の基本方針を議論した．このうち，学校給食に関するもの9本，行政組織などに関するもの4本，*スポーツテスト・健康対策に関するもの7本，そしてスポーツの振興に関するもの22本である．

〔福祉とスポーツ〕特に社会体育の振興に関しては1972年の答申*「体育・スポーツの普及振興に関する基本方策について」が重要であり，スポーツ・レジャー分野での国の条件整備責任が明記された．「福祉元年」（1973年）と謳われるなど，1970年代は日本における「*スポーツ権」論が最も盛んであった時期であり，この答申も「*スポーツフォーオール」の日本版と考えられる．その年のオイルショック，1980年代の不況，1980年代末から1990年代初頭に掛けてのバブル経済とその後のバブル崩壊によって，1972年答申が示した人口規模に対応した必要なスポーツ施設数の建設はその半数程度で放置された．

この答申に至る経緯は，1964年の東京オリンピックに向けて諮問された「スポーツの振興に関する基本計画について」の議論の中で，「表面的な議論では何も変わらない」との認識のもとに，オリンピックの直前に中間報告（1964年7月24日）が出され，オリンピック後に，改めて諮問され，1969年には大規模な全国施設調査を踏まえて，さらに欧米の先進的事例に学びながら1972年に答申されたものであり，極めて優れた歴史的答申であった．残念ながら，その前後，そして現在に至るもこれに匹敵する重厚な答申は出されていない．　　　　　　（内海和雄）

⇨「体育スポーツの普及振興に関する基本方策について」

〔文献〕1）内海和雄：戦後スポーツ体制の確立，不昧堂出版，1993.；2）内海和雄：日本のスポーツ・フォー・オール―未熟な福祉国家のスポーツ政策―，不昧堂出版，2005.

保護観察　probation

〔歴史〕1945年以前は「思想犯保護観察法」で市民思想信条等を取り締まる法として運用され，司法保護，少年保護等といわれた犯罪や非行をした人を絶対的権力者である天皇の臣民（赤子）として社会復帰させる方策として存在した．

第2次世界大戦敗戦は，思想犯保護観察法を廃止，民主主義的現行憲法制定後，*更生保護の基幹法は犯罪や非行をした人を民主主義社会の一市民として社会復帰するべく支援する理念と法制度として改革された．

新*少年法では，*少年非行は*家庭裁判所を中核に子どもの健全育成が目ざされ，*少年院，*児童自立支援施設（制定時は*教護院），児童養護施設（制定時は*養護施設）だけでなく地域，学校，家庭等広く社会内での処遇を予定し，保護観察（保護観察処分少年・1号観察）も多くの社会内処遇の1つとして配置された．また，少年院送致となった子どもの仮退院後も保護観察（仮退院少年・2号観察）を受けることで社会復帰を支援する制度とした．

一方，成人においては仮釈放後の社会復帰を支援する制度（仮釈放者・3号観察），1954年執行猶予者保護観察法で執行猶予者（保護観察付執行猶予者・4号観察）へ，1957年売春防止法の婦人補導院仮退院者（5号観察）へと拡大された．2008年，保護観察関係法の分立等を理由に「更生保護法」に統合され，治安的視点が強化されたといわれる．

〔保護観察の中核〕保護観察は，法定および特別遵守事項を遵守することを保護司，保護観察官が見守り，社会復帰を支援することを義務づけられている．遵守事項違反には号種により要件等微妙な*差異があるが裁判所や地方更生保護委員会の決定等をもって，不利益処分をされることもある．

〔動向〕20世紀末から*新自由主義の傾向は刑事政

策の分野にもみられ，犯罪・非行をした者の個人責任追及強化，犯罪・非行の背景としての社会病理認識の後退，*福祉国家論の後退等複合的要素が絡まって厳罰化，監視・管理化，等が進み，犯罪・非行をした人が民主主義社会の権利主体として立ち直る機会を弱める傾向が強まっている．すなわち，後退傾向は子どもの分野では，刑罰年齢の引き下げ，刑事責任年齢の実質的引き下げにつながる14歳未満の少年院送致，*児童相談所や家庭裁判所の先議権の形骸化，遵守事項違反による少年院送致等にみられる．これら動きが国連の人権規約や*子どもの権利条約の流れと異なるものがあることに留意したい．

「更生保護のあり方を考える有識者会議」の最終報告書「更生保護制度改革の提言」は，いくつかの犯罪者処遇に関する前進的な提案を行いつつも全体としては国連の諸規則や現行法から後退を含む提言がされ，犯罪や非行等をした人々の社会内処遇の今後の政策動向に影響を与え，2008年「更生保護法」制定へと導いた．　　　　　　　　　（加藤暢夫）

〔文献〕1）若穂井透：少年法改正の争点，現代人文社，2006.；2）服部朗：少年法における司法福祉の展開，成文堂，2006.；3）加藤暢夫：少年の処遇と保護観察．法律時報，日本評論社，2005年6月号．；4）加藤暢夫：未来の更生保護．名古屋美術大学研究紀要，29，2008.；5）加藤暢夫：裁判員裁判と子どもと大人，三学出版，2011.

母語保障　guarantee of the mother tongue

母語とは，子どもが生まれたときから自然な状態で最初に習得する言語のことであり，母語保障とは，*アイデンティティ形成等に母語が重要な役割を果たすという考え方に基づいて，その習得を制度的に保障することである．

〔概観〕近年，国境を越えた人の移動が活発になり，日本においても1990年代頃から，外国籍をもち，ほとんど日本語が話せない「*ニューカマー」と呼ばれる人々が急増し，家族とともに年少者が自分の母語とは異なる言語圏（日本）に移動するケースが数多くみられるようになった．滞在が長期化する中，子どもたちが親よりも日本語を早く習得していく一方で，母語を喪失していくことによる家庭内コミュニケーション不全の問題や文化的アイデンティティの喪失といった問題などが生じている．また，日本の義務教育諸学校にニューカマーの子どもたちが在籍するようになるにつれ，学校の言語（日本語）と家庭の言語（母語）のギャップによる教育達成上の問題が浮上している．先行研究によると，言語には日常会話で用いられる文脈に依存した言語（生活言語）と，学習場面など抽象的思考に必要な言語（学習言語）の2種類があり，抽象的思考に必要な母語能力は，第2言語における思考力の獲得を容易にするという見解もある．このことは，学習者の母語の発達と第2言語の発達の関係を考慮しながら，子どもの言語教育や教科学習のあり方を検討する必要があることを意味し，母語保障への関心を一層高めることとなった．

〔課題〕母語教育が伴わない*日本語教育のみの支援が中心となっている今の日本の学校体制では，日本語も母語も中途半端なセミリンガルの子どもたちを増加させるおそれもある．現在母語教育を受けることのできる場は主に外国人学校，または当事者コミュニティ有志や外国人支援*NPOが運営する母語教室などである．問題の重要性を考えれば，今後は*社会教育・学校教育両面から，公的支援による母語保障の視点も必要となろう．
　　　　　　　　　　　　　　　（野崎志帆）

〔文献〕1）神戸定住外国人支援センター編：在日マイノリティスタディーズⅠ　日系南米人の子どもへの母語教育，神戸定住外国人支援センター，2001.；2）ジム・カミンズ，マルセル・ダネシ著（中島和子・高垣俊之訳）：カナダの継承語教育―多文化・多言語主義をめざして―，明石書店，2005.；3）ジム・カミンズ著（中島和子訳著）：言語マイノリティを支える教育，慶應義塾大学出版会，2011.

ポストリテラシー　post-literacy learning

生活能力ならびに学習能力としての基礎的リテラシー能力の獲得後の，その保持と応用を目的にした段階．

リテラシー能力を身につけても，その*能力を活用する場や継続した学びの機会がないことによってリテラシー能力は後退してしまうことがある．ポストリテラシーの主な役割として，個人が生活の質的な向上に寄与することができるようになるために，リテラシーの学習の継続をはじめとし，積極的な社会参加，自律的学習能力の育成，継続的な学習機会，*学習社会の構築を目ざすことがあげられている．

ポストリテラシーの学習は，学習者が生活の中で直面する問題，住んでいる環境状況，*職業的背景などを考慮し，日常的生活に即した総合的な内容で構成されている．対象者は，リテラシープログラムを修了した段階の人に限らず，初等教育の修了者や中途退学者などを含む．　　　　　　　　　（猿山隆子）

〔文献〕1）中山玄三：リテラシーの教育，近代文藝社，1993.

ホスピス　hospice

　患者とその家族を中心に据え，それに医療関係者だけでなく*ボランティア，宗教家，地域住民を巻き込んで，同じ*コミュニティの一員として死にゆく人びととかかわっていく空間．

　延命医学至上主義に代表される現代医療への疑義と批判から，近代ホスピスの思想は誕生した．1967年，ロンドンにセントクリストファホスピスを創設したシシリー・ソンダース（Dame Cecily Saunders）のホスピス運動は，患者の権利運動とともに医療革命，社会運動として世界に広まった．

　大阪市淀川キリスト教病院では，1973年にホスピスケアの*実践が始められ，当時の担当医師柏木哲夫は，「ホスピスの根本精神というのは，人が*経験する痛みをともに分かちあおうということ」と述べ，ホスピスの心をもったケアを掲げている．ホスピス理念に立脚した実践からは，万人にいずれ訪れる死，衰退，喪失を身近に感じながら，互いに生かされている存在を認め合うという教育の基本である人間理解の原点がみえよう．　　　　　　　（飯塚哲子）

〔文献〕1）シシリー・ソンダース，シャーリー・ドゥブレイ（若林一美訳）：日本看護協会出版会，1989．；2）小原信：ホスピス―いのちと癒しの倫理学―，筑摩書房，1999．

ポートフォリオ　portfolio

　「生きる力」などの新学力観の呈示とともに教育界で注目されるようになった評価法または学習法の1つ．本来，ポートフォリオとは，二つ折りにしてもち運びできるファイルという意味をもつ．「ポートフォリオ方式」「ポートフォリオ評価」「ポートフォリオ学習」などの用法がある．いずれも学習の途上における成果や資料などを学習者自身が集積・整理し，学習の過程が学習者自身によって振り返れるようになることを本質とする．従来の教育評価にみられる他者評価・プロダクト評価に対して，*自己評価・プロセス評価が重視されるとともに，これまでの学習プロセスを可視化することによって，その後の学習プランを学習者自身が構想することも企図される．*評価と学習計画作成を一体化させた支援システムの1つである．*自己決定学習を推進するツールでもあり，学校教育・*社会教育の両領域で共有・共用されている．　　　　　　（松岡広路）

〔文献〕1）久保田敬一：ポートフォリオ理論，日本経済評論社，1989．

ホームレス　homeless people

　何らかの理由により定まった住居をもたず，都市公園・路上・公共施設・河原・架橋の下など，公共の場所等を起居の場所とし，日常生活を営んでいる者のことをいう．野宿者・路上生活者などとも呼ばれる．日雇い等の*労働に就く者も含む．

　〔現状〕2003年の厚生労働省調査によればホームレスの数は全国で2万5296人とされる．ホームレスに至った要因としては，倒産や病気・けが・高齢などによる失業が最多である．中高年男性が大半であるが，近年の雇用の不安定化，社会保障の脆弱さ等を背景に，20～30歳代の若年層のホームレスも増えている．多くは就労による自立を希望しているが，住居・住民票がないこと，保証人が得られないことなどが障壁となっている．

　2002年8月，「ホームレスの自立の支援等に関する特別措置法」が施行された．しかし公的機関による支援はいまだ行き届かず，民間団体の*ボランティアによる声かけ，相談（生活，医療など），食べ物や衣類などの必需品の提供といった活動が支援において大きな役割を果たしている．

　深刻な事態として，若者などによるホームレス殺傷事件が相次いでいる．これは極端な形ではあるが，一般社会によるホームレスへの「迷惑」視の表れともいえ，地域住民の理解促進が急がれる．

　〔社会教育における課題〕1点目に，地域住民を含む市民への啓発が急務である．その際，ホームレスが生みだされる社会的背景への理解を土台に，ホームレス当事者の声や思いを紹介するなどして共感が醸成される仕掛けが必要であろう．同時に，近隣住民とホームレスの間に利害対立が存在する実態を踏まえ，「まちづくり」の観点からの話し合いを促進することも重要であろう．

　2点目はホームレスの人々自身の学習機会の保障を視野に入れることである．大阪市の釜ヶ崎地区では日雇い労働者らのための「識字教室もじろうかい」が，ボランティア養成講座を経た後に開設された．このような取組みはホームレス当事者の*エンパワーメント，住民の学習という点からも重要であり，今後の広がりが期待される．　　　（松波めぐみ）

〔文献〕1）花立都世司：釜ヶ崎での成人教育活動．現代のエスプリ 2006/5　生涯学習社会の諸相，pp.203-217, 至文堂，2006．；2）松繁逸夫・安江鈴子：知っていますか？　ホームレス人権　一問一答，解放出版社，2003．；3）生田武志：「野宿者襲撃」論，人文書院，2005．

ボランタリズム　voluntaryism

一般に民間委任主義などと訳される．哲学上，主意主義ともいう．もとはヨーロッパ社会における教会の国家からの自立を維持しようとする思想，および*実践である．英国の成人教育では，キリスト教精神と社会主義の思想に根ざして大学人と民衆啓蒙家，指導者たちによる自主的自発的な教育運動が展開された．勤労者カレッジ，大学*セツルメント運動，大学拡張運動，*労働者教育協会（WEA）などにその具体的な姿をみることができる．知的精神的指導者たちのイニシアティブによるこうした「下から」の運動がいわば先導する形で，その「公共的」意義と内容が国家による承認，支援を得てきた．しかし，民間に委ねられた教育運動におけるそれらの事業に補助金を付与することを通して，公権力が関与することには様々な議論が生じた．組織と運動の自立性と自律性が損なわれるという見方の一方，運動の主導性や持続性の中にボランタリズムが脈々と流れ続けているという見方も成り立つ．　　　（左口眞朗）

〔文献〕1）小堀勉編：欧米社会教育発達史，亜紀書房，1978．

ボランティア　volunteer

〔定義〕自由で，自発的な意志に基づき利他的な貢献をしようとする人，もしくは活動をいう．歴史的には，騎士団や十字軍などの宗教的な団体にまでさかのぼることができるが，語源的には，ラテン語のボランタス（Voluntas）という言葉に由来する．この言葉には「意志」という意味が含まれており，したがって，「自由意志」であるかどうか，ということが重視される．

現代社会は，人間関係が貨幣によって媒介される市場関係を原理とする社会である．有償ボランティアや時間貯蓄ボランティアなどの試みなどが行われているが，ボランティアは*他者を援助したいという共感と共同関係に基づく利他主義による行為であり，経済的な見返りを求めない贈与としての行為を基本とする．この活動は*NPOなど*サードセクターと異なり，固有の原理に基づくわけではなく，行政やNPOなどの組織的な活動を援助するという形をとることが一般的である．

〔実態〕具体的なボランティア活動の中心は社会福祉領域であったが，阪神・淡路の大震災はボランティアへ活動の社会的注目と，加えて，まちづくり，防災，文化，スポーツ，環境活動，教育など，活動の多様な広がりをつくりだす契機となった．社会生活基本調査（平成18（2006）年度）によれば，何らかの形で1年間にボランティア活動に参加した人は26.2％であり，その領域としては「まちづくりのための活動」12.0％，「自然や環境を守るための活動」が6.5％となっている．「スポーツ・文化・芸術・学術に関係した活動」も4.2％である．しかし，活動の形態では，ボランティア団体での参加は少なく，「町内会・*老人クラブ・*青年団など」の9.7％，「地域の人と」6.1％というように，地縁的な関係が契機となっているという特徴をもつ．

〔課題〕近年，学校教育課程の一環としてボランティア活動が取り組まれ，2002年の「教育国民会議」の奉仕活動の義務化の提言以降，義務化を進めようという意見があるが，行政が前面に出ることは，自発性や主体性を基調とするボランティアのもともとの趣旨が損なわれ，また，活動という*経験を通した学びの意義も失われることが危惧される．

（高橋　満）

〔文献〕1）金子郁容：ボランティア―もうひとつの情報社会―，岩波新書，1992．

ボランティア保険　volunteer insurance

ボランティア活動中の事故による活動者の傷害や賠償責任等を補償する保険で，事故補償制度の1つ．三重県津市の*子ども会活動で起きた児童溺死事故（1976年）および同事故で引率したボランティアの注意義務違反の過失が認められた判例（津地裁，1983年）をきっかけに補償への気運が高まった．1977年，全国*社会福祉協議会が保険契約者となり，民間保険会社が引き受ける「ボランティア保険」が発足．続いて「子ども会賠償責任保険」「子ども会指導者・育成者傷害保険」制度などが新設されている．

津地裁判決では，自治体の法的過失は否定された．しかし同年には，東京都東久留米市で「社会教育活動主催者賠償責任保険」が制定されるなど，人々の学習する権利を積極的に保障する立場から，事故補償に関する条件整備が進められるようになる．ボランティア保険に代表される事故補償制度の確立は，行政の重要な課題の1つである．　　　　（内田純一）

〔文献〕1）徳村烝：社会教育の紛争と法，阿吽社，2000．

ホワイトカラー・ブルーカラー　white-collar /blue-collar worker

ホワイトカラーの呼び方は，ワイシャツにネクタイを締め背広を着用することに由来し，これに対して，ブルーカラーは青いシャツの作業着を着用するところからきている．ブルーカラーは工場などの生

産現場で肉体的*労働に，これに対して，ホワイトカラーはブルーカラーに対応する非筋肉労働に従事している者を意味していた．

日本標準職業分類の中では，ホワイトカラーは専門的・技術的職業従事者，管理的職業従事者，事務従事者，販売従事者に分類された*職業をさし，その人数は6352万人で（「労働力調査」，2005（平成17）年4月現在），全就業者数の51%と大きな割合を占めている．これに対して，ブルーカラーは農林漁業作業者，採堀作業者，運輸・通信従事者，保安職業従事者，サービス職業従事者，*技能工・生産工程作業者および労務作業者に分類された職業をさしている． (大木栄一)

〔文献〕1）八幡成美:職業とキャリア，法政大学出版局，2009.

ま

マイスター（独） 英 master（boss）（in Germany），独 Meister

〔語義〕ドイツの上級*職業資格の1つ．現在ドイツの若者のおよそ2/3は，3年程度の職業養成訓練を経て修了試験に合格し，職業資格を得る．その後一定の職業経験を経て定められた継続訓練を修了することによって各種の上級職業資格が得られる．その中でもマイスター資格は大きな比重を占め，わが国にも広く知られている．

今日のドイツには手工業会議所管轄のマイスターのほかに商工会議所系の工場マイスター，農業会議所系の農業マイスターと呼ばれるものがあるが，わが国で一般に知られており，また数も多く，最も伝統と権威のあるのは第1の手工業会議所系マイスターである．手工業マイスターには，その*資格を取得するための継続訓練修了試験（マイスター試験）に際して，①当該職能の高い水準（*技能と*知識），②養成訓練生に対する指導能力，③経営にかかわる法的知識等の*能力が求められる．すなわち手工業マイスターの資格は，その技量の高さの証明であるだけでなく，ドイツの職業養成訓練制度（⇨*デュアルシステム）における訓練指導者資格でもあり，かつ，手工業経営資格でもある．したがってこの分野で*養成訓練を終えて*職業に就いた若者にとっては，一定職業経験ののち早めにマイスターコースを修了して将来の独立経営に備えることが1つの夢であるという．

〔現況〕2002年の継続訓練統計をみると，マイスターコースの修了試験受験者・合格者は，手工業マイスター2万7328人（合格者2万6674人，合格率97.6％），工場マイスター9342人（合格者7818人，合格率83.6％）である（対応する分野の養成訓練の修了試験受験者数は年間約50万人である）．このためのマイスターコースの平均授業時間数は，手工業マイスターが458時間，工場マイスターが289時間であった[1]．　　　　　　　　　　　　　（小原哲郎）

〔文献〕1）Grund-und Strukturdaten 2003/2004, 6 Witerbildung, 4.2, Bundesministerium für Bildungund Forschung.；2）平沼高ほか編：熟練工養成の国際比較，ミネルヴァ書房，2007.

マイノリティ文化　minority culture

〔定義と特徴〕社会には人種，民族，*ジェンダー，階層，社会的出身，*障害の有無，性的指向などの違いにより，社会的，政治的な権力関係において劣位に置かれた各種のマイノリティ集団が存在する．これらのマイノリティ集団がつくりだし，共有している独自文化をマイノリティ文化と呼ぶならば，その中には「貧困の文化」もあれば，対抗的な文化もある．文化剝奪理論によれば，マイノリティは社会の一員として有能に機能するために必要な文化（言語，*経験，習慣など）を奪われているため，そのような文化を獲得する必要があるとされる．しかし文化相違理論によれば，マイノリティの文化はマジョリティの文化と単に異なるだけであり，主にマジョリティの利益維持と拡大のために機能している社会の諸機関（学校を含む）においては，マイノリティの文化を尊重し，文化の多様性を承認することが大切であり，場合によってはマイノリティが対抗的なやり方でその文化の承認をマジョリティに求めることが必要であるとされる．*多文化共生や*多文化教育の主張はこの文脈において登場する．

〔マジョリティ文化との関係〕マイノリティ文化には，障害者の文化，*先住民族の文化，同性愛者の文化，子どもの文化など，マジョリティ文化とは異なるオールタナティブな文化も多く，マイノリティ文化から学ぶことによって，マジョリティ文化がより豊かに変容するという場合がある．また，マイノリティ文化には，たとえば米国黒人の音楽や公民権運動のように，米国社会全体の文化（ジャズや民主主義）を豊かにする上で大きな貢献をしたものもあるが，このプロセスは，マイノリティ文化が一方的にマジョリティ文化に作用するだけでなく，その結果として変容したマジョリティ文化がマイノリティ文化に影響を与え，そうして変容したマイノリティ文化がさらにマジョリティ文化に影響を与えるという形で，相互作用しながら螺旋状に展開していることに注意する必要がある．　　　　　　　　（平沢安政）

〔文献〕1）ルイス，オスカー（高山智博ほか訳）：貧困の文化，筑摩書房，2003.；2）明石紀雄監修：21世紀アメリカ社会を知るための67章，明石書店，2002.

マウル文庫(韓国) Maeul (community) library (in Korea)

韓国の農村啓蒙運動・地域社会開発運動としての*セマウル(新しい村)運動の一環として,公共図書館の未整備な農漁村を中心に小図書館運動として推進された.1961年,厳大燮によって「マウル文庫普及会」が創設され,1963年からは政府補助がなされるようになり,1975年からは*セマウル運動の一環として展開されるようになった.地域社会教育センターとしての機能をもち,*識字教育事業,生産知識普及,教養および生活文化の向上,地方自治振興など,地域社会の発展に寄与する活動の側面をもっていた.具体的には本棚(施設),図書(資料),文庫会(運営)で構成され,後に政府の積極的な支援を受け,各地で多彩な事業がみられた.文庫の設置育成,図書講座の運営,*移動図書館の設置,国民読書大会の開催,優良図書選定,図書交換,避暑地・地下鉄・観光地・公園・駅待合室などへの文庫設置,出版普及事業,国民読書キャンペーン等の展開などである.多くは文庫指導者が1人ずつ配置されている.マウル文庫はセマウル運動中央本部に所属し,その支援事業により全国各地の洞里(町村,集落)に設置・運営されてきた. (魯在化)

⇨韓国の社会教育・平生教育,セマウル運動

〔文献〕1) 浪江虔:韓国のマウル(村落)文庫運動—鮮やかな難問解決ぶり(となりの国の文庫活動)—. 図書館雑誌, **78**(3), 157-159, 1984.

マクラスキー,ハワード McClusky, Howard Y.

1900-1982.ニューヨークに生まれる.米国の*教育老年学者・成人教育学者.もともとはミシガン大学で心理学を講じていたが,その後成人教育に関心を移行させ,1951年には米国成人教育協会初代会長になる.晩年には*高齢者教育独自の高齢者教育論を開拓し,1970年代初頭に,ミシガン大学大学院で教育老年学のプログラムの設立に貢献した.

1971年にはホワイトハウス・エイジング会議の草案を書き,次のような視点を含む高齢者教育論を示した.①マージン理論:高齢者のマージン(余裕)とは,パワー(資源,*能力など)に対するロード(個人的・社会的負担)の割合をさす.高齢期になると,このバランスがくずれやすくなり,マージンを再調整する必要が出てくる.②高齢者特有の教育的ニーズ論:高齢者には,対処的・表現的・貢献的・影響的・超越的ニーズという独自の教育的ニーズがある. (堀 薫夫)

⇨教育老年学

〔文献〕1) 堀薫夫:教育老年学の構想, 学文社, 1999.;2) McClusky, H. Y.: *Education* (Report for 1971 White House Conference on Aging), U. S. Government Printing Office, 1971.;3) Hiemstra, R.: The Contribution of Howard Yale McClusky to an Evolving Discipline of Educational Gerontology. *Educational Gerontology*, **6**, 209-226, 1981.

マーストリヒトグローバル教育宣言(2002年) Maastricht Global Education Declaration of 2002

2015年に向けたヨーロッパのグローバル教育の戦略的枠組みを示した宣言文書であり,2002年11月にマーストリヒトで開催された欧州グローバル教育会議において採択された.「ミレニアム開発目標」(2000年)の達成や,国連*持続可能な開発のための教育の10年の取組みに向けて,グローバル教育をより効果的に実施,普及,強化していくことを求めている.グローバル教育は,開発協力への投資に対する民衆の支持を得るために不可欠であり,正義と平和,持続可能性に満ちた世界に貢献するためにグローバル教育へのアクセスはニーズであると同時に権利であると述べている.*EU加盟国はもとより,国会,地方行政,市民組織に対してグローバル教育への資金援助や政策的な支援等の必要性を説いている.一方,本宣言の草案作成が,南の視点からのグローバル教育の概念化や,課題を整理する分析と対話が十分ではなかった点が指摘されている.

(小栗有子)

〔文献〕1) 開発教育協会:開発教育NO.47, 明石書店, 2003.

マズロー,アブラハム Maslow, Abraham H.

1908-1970.米国ニューヨーク市に生まれる.ワトソン(Watson, J. B.)の*行動主義心理学と,フロイト(Freud, S.)の精神分析学の双方とは異なる人間主義心理学の主唱者であり,人間の基本的欲求を階層化した欲求階層論を説いた.

〔理論〕マズローは,人間の欲求の中で「*自己実現への欲求」を最高位に位置づけ,その下位に位置づく,①「生理的欲求」,②「安全の欲求」,③「所属と愛情の欲求」,④「尊重の欲求」を,「欠乏欲求」(deficiency-needs)と呼んだ.マズローの理論は,その生涯の中で徐々に変化していったが,最終的には,自己実現を,一部の高齢者しか到達しえない,世俗から超越した人格の完成された静的な状態としてではなく,人間が日々の生活の中で少しでも成長する方向に向けて,瞬間的な「至高体験」を積み重

ねながら進んでいく，誰でも接近可能なプロセスとして捉えている．

〔課題〕今日の日本社会は，マズローが理論を提示した第2次世界大戦期とは異なる．「豊かな時代」において人々の①と②の欲求は満たされやすいが，③と④の欲求については必ずしも満たされているわけではない．*生涯学習の文脈においては，自己実現を規範ではなく事実として捉える視点から，指導者や支援者が学習者を画一的ではなく，1人ひとりの学習者が目ざす目標に向けて支援していくことに力が注がれることが必要となる．つまり，指導者や支援者が，学習者各人にその人なりの自己実現のあり方があることを承認することが大前提であり，それに向けて学習を導いていく際には，柔軟な姿勢が必要とされるのである． (赤尾勝己)

〔文献〕1) マズロー, A.H. (上田吉一訳)：完全なる人間, 誠信書房, 1964.；2) マズロー, A.H. (上田吉一訳)：人間性の最高価値, 誠信書房, 1973.；3) マズロー, A.H. (小口忠彦訳)：人間性の心理学, 産業能率大学出版部, 1987.；4) 松山哲也：マズローの自己実現論 (教育科学セミナリー第35号), 関西大学教育学会, 2004.

町ぐるみ博物館　⇨現地保存

まちなみ保存　⇨現地保存

松永健哉　Matsunaga, Kenya

1907-1996．韓国水原に生まれる．教育運動家，児童問題研究者．幼少期は長崎県下の漁村で育ち，苦学により1926年に長崎師範学校第二部を卒業後，代用教員として対馬の小学校に赴任．その後，高知高等学校を経て1930年に東京帝国大学文学部教育学科に入学．東京帝国大学セツルメントや新興教育運動にかかわる．社会運動への弾圧の中で1932年に検挙されるが，釈放後の1933年4月にはセツルメント児童部に児童問題研究会を結成，7月には雑誌『児童問題研究』を創刊．その1934年1月号付録として作成した紙芝居「人生案内」は教育紙芝居の第1号となった．

1934年に卒業後，東京で小学校教員となり底辺の子どもに目を向けた生活教育を*実践しつつ，戸塚廉 (1907-2007) らと雑誌『生活学校』の編集に携わるなど，生活教育運動，*児童文化運動，校外教育運動等の理論的枢軸を担う．一方，1938年2月の東京帝国大学セツルメント閉鎖後，日本教育紙芝居協会を設立．同年末には陸軍省報道部員として中国戦線に従軍し，紙芝居による宣撫工作に携わる．戦後は，6・3制下での中学校*不就学生徒に中卒資格を与えることを目的に「黄十字会」発足させ，「山谷分室」などの実践を展開．著作は，『校外教育十講』(1937年)，『少年団精講』(1942年) など多数．その激動の人生は，自伝的小説『五分の魂の行方』(大空社，1988年) に描かれている． (望月 彰)

〔文献〕1) 松永健哉監修：校外教育基本文献集, 大空社, 1988.

ママさんバレー　*Mamasan* (Moms') volleyball games

既婚女性を中心としたバレーボール活動．正式名称は「家庭婦人バレーボール」で9人制が主流．

〔歴史〕1964 (昭和39) 年の東京オリンピックにおける日本の女子バレーボールチームの優勝は，日本国民を熱狂させるとともにバレーボールブームを引き起こし，愛好者を増大させた．こうした中で，中学高校の*運動部活動の経験者を中心に，*PTAや*公民館活動等を基盤とした女性のバレーボールチームが各地で誕生し，1968年には東京都家庭婦人バレーボール連盟が設立され，1970年には，日本バレーボール協会と朝日新聞社主催の第1回全国家庭婦人バレーボール大会が開催された．この第1回大会に参加したのは，予選を含めて855チームであったが，参加チーム数は年々増加し，1979年の第10回大会以降は5000チームを超え，1995年には過去最高の6740チームが参加した．

〔参加者の実態〕全国家庭婦人バレーボール大会の参加資格は，25歳以上 (全日本レベルの大会への出場経験者は35歳以上) の女性 (未婚者を含む) であり，大会には一度しか出場できない．同大会の隆盛は，ママさんバレーの隆盛をまさに象徴するものであるが，実際のママさんバレーの裾野はさらに広い．たとえば，1997年度時点で，全国家庭婦人バレーボール連盟 (1980年設立) に加盟しているのは9532チームだが，このうち全国大会予選に参加しているのは6402チーム (67%) にすぎない．他方，同連盟に加盟していないチームは，それよりも多いといわれている．しかし，全国家庭婦人バレーボール大会の参加チームは，1996年以降減少に向かい，2009年には3086チームと，ピーク時の半分以下に落ち込んでいる．近年における女性の晩婚化や少子化，スポーツ経験やニーズの多様化等の影響もあり，ママさんバレーの人口は減少傾向にある． (坂上康博)

〔文献〕1) 内海和雄：「ママさんバレー」の実態と意義．一橋論叢, **125**(2), 2001.

満蒙開拓青少年義勇軍　Manchuria-Mongolia Youth Volunteer Army of Japan troops

1932（昭和7）年に建国された「満州国」の建設にあたるため1937年から1945年まで送り込まれた，全国から集まった15歳から18歳の青少年からなる義勇軍．昭和恐慌で疲弊した農村を建て直すためには耕地に対する人口の割合を少なくする目的で20年間で500万人を旧満州（中国東北部）へ送り出すという国策に従い，1937年に創設が決まった．「わが青少年を編成して勤労報国の一大義勇軍たらしめんがために，全満数カ所の重要地点に大訓練所を設けてここに入所」（建白書）させることを目的に設置された．茨城県内原町（現水戸市）に内地訓練所が開設され，300人前後の中隊を編成，農地開拓のための基礎訓練を積んだ．しかしながら，応募者が予定をはるかに越えたのは当初だけで，年を追うにつれてその数は減少し，19歳以上の受け入れも行われた．家庭の*職業は農業が多いが，それ以外も多く多様となった．終戦までの8年間で，義勇軍8万6500余人が渡満したとされるが，正確な数は不明である．　　　　　　　　　　　　　（安藤義道）

〔文献〕1）上笙一郎：満蒙開拓青少年義勇軍, pp.37-49, 中公新書, 1973.

三鷹方式　*Mitaka* Method

地方自治体の行政機関が中心となり開催する*スポーツ教室から，自主的な*スポーツクラブを組織化し，育成する方式である．1960年代後半から1970年代前半に，東京都三鷹市で積極的に取り組まれ，1つのモデルがつくり出され全国に広がっていったため，このように呼ばれるようになった．三鷹方式は，地域に根ざしたスポーツクラブの発展にとって，大きな役割を担った．その特徴として，①スポーツの価値は，生活の中で日常的に行って初めて実現するものであり，その場が，自主的なスポーツクラブ（「*自主グループ」）である，という理念．②この理念の実現に当たっての，*体育指導委員の主導的な役割の存在．すなわち，「体育指導員協議会」を組織化し，独自の「三鷹市スポーツ指導員」制度を設立し，実態に即した活動を行った．③地域住民の*スポーツ要求を実現しようとする積極的・先進的な働き手の存在とそれに応えようとした行政の姿勢，などが指摘されている．　　　　　（関　春南）

〔文献〕1）三鷹市体育指導委員協議会，三鷹市教育委員会：体指のあゆみ，1968（1966年以降2年に1回発行）．

水俣病　⇨公害教育（公害学習）

身元調査　family background check

個人の素性や身上に関することがらを調べること．

〔概観〕身元調査には，結婚や就職の際に行われるもののほか，商行為上における契約の相手方の信用調査などもある．特に結婚や就職に際しての身元調査については，人権侵害に結びつくことが多い．

〔現状〕結婚や就職の際に行われる身元調査では，結婚相手や就職希望者について，その本籍地，家系，家族構成，素行，友人関係，思想，宗教，資産などを，聞き込みや戸籍などの公簿類により調べることが多い．1976年の戸籍法改正により，第三者が自由に他人の戸籍を閲覧することはできなくなったが，

行政書士や社会保険労務士などの専門資格職にある者が他人の戸籍謄本や住民票の写しを不正入手し，興信所に転売するという事件が，全国各地で発覚している．1985年に大阪府が「部落差別事象に係る信用調査等の規制等に関する条例」を制定したのをはじめ，熊本県や福岡県，香川県などでも同様の条例が制定されている．しかし，法律を改正したり条例を制定しても，こうした事例が後を絶たない．これは，身元調査に対する根強い需要があるためといえる．

〔課題〕企業が従業員の採用にあたって，本来，業務の遂行に関する個人の*能力や適性とは関係のない家族構成や家系などを調べ，それを理由に採用を拒否することは人権侵害であるが，そのような認識がすべての企業に共有されているわけではない．誰を雇うかは企業の自由だと考えている企業経営者も依然として存在する．また，結婚に際して，当事者2人の合意よりも両者の家柄や家格のつりあいを重要視する〈イエ〉意識も残存しており，結婚によって新たに生じる親戚関係にこだわる家族や親戚も少なくない．こうした現状が身元調査に対する根強い需要を生み出しているのである．身元調査の需要を低下させるためには，*人権教育・啓発の推進が重要な課題となる． 　　　　　　　　　　　　　　　　　（石元清英）

〔文献〕1）北口末広，部落解放・人権研究所：人権社会のシステムを—身元調査の実態から—人権ブックレット—解放出版社，1999.

宮沢賢治　Miyazawa, Kenji

1896（明治9）-1933（昭和8）．現在の岩手県花巻市に生まれる．詩人・童話作家・農事指導者．盛岡高等農林学校在学中に法華経への関心を深め，卒業後，宗教家を志すが，文学によって大乗仏教の真意を普及することを決意する．以後，花巻農学校で教鞭を執りつつ，詩作と童話執筆を行った．1926（大正15）年，教職を辞して自ら農耕生活に入り，羅須地人協会を設立．*労働と芸術が融合した農村生活を実現させるべく，農学・芸術講座，演劇・演奏活動を主導し，一方では無償で肥料設計を行うなど稲作指導にも尽力した．1928（昭和3）年夏から病臥し，以後療養生活へ．一時回復するも，1933（昭和8）年に病没した．

羅須地人協会は，従来より宮沢の思想が高く*評価され，農山漁村経済更正運動前の農村における*自己教育活動として注目に値するものである．しかし，活動は短く，会員も篤農と農学校卒業生が中心であったことなど，実態に即した評価が求められる部分も多い． 　　　　　　　　　　　　　　（安藤耕己）

〔文献〕1）堀尾青史：年譜宮澤賢治伝，中央公論社，1991.

宮原誠一　Miyahara, Seiichi

1909-1978．東京に生まれる．戦後日本の*社会教育研究の基礎を築き，教育科学研究会，日教組教育研究集会，日本子どもを守る会，国民教育研究所，*社会教育推進全国協議会などの教育運動に参与してその理論的支柱となった教育学者である．

〔経歴〕水戸高校時代にマルクス主義や*デューイの教育哲学の影響を受け，1930年代初頭に新興教育研究所，日本教育労働者組合の創立に参加．東京帝国大学文学部教育学科卒業後，NHKを経て法政大学講師，教授となるが，教育科学研究会に属して軍国主義体制に抵抗し，治安維持法により検挙されて辞職する．戦後，1949年東京大学教育学部創設に際し社会教育講座に赴任，1954年*日本社会教育学会発足とともに初代会長に選任される．1970年に東京大学を定年退職するまで*アクションリサーチの方法を用いて社会教育の現場に根ざした社会教育実践創造を目ざす社会教育研究を発展させた．斎藤喜博と協力した島村総合教育計画，長野県駒ヶ根市*教育委員会と連携した*信濃生産大学はその実験的な試みとして知られる．

〔理論的功績〕代表的著作は*『教育と社会』（1949年），『青年の学習』（編著，1960年），『日本現代史大系　教育史』（編著，1963年），『*青年期の教育』（1966年），『生涯学習』（編著，1974年）などであり，夫人喜美子との共著を含む2冊の*PTA論がある．またデューイ（*宮原誠一訳）『学校と社会』（1957年）は，岩波文庫で50年間以上を重ねている．宮原の学説は教育再分肢論にたって「形成と教育」を統一的に把握する教育本質論に独自性があり，社会改造に結びつく教育計画論を基底においている．英国の大学拡張，米国の*コミュニティカレッジ研究を踏まえて日本における成人の継続的な生涯学習の計画化を追究し，働く青年の権利としての教育を発展させる立場から先駆的な青年期教育論を提唱するなど，その理論は今日なお影響を及ぼしている． 　　　　　　　　　　　　　　　　（佐藤一子）

〔文献〕1）デューイ，ジョン（宮原誠一訳・解説）：学校と社会，岩波文庫，1957.；2）宮原誠一編著：日本現代史大系　教育史，東洋経済新報社，1963.；3）宮原誠一：青年期の教育，岩波新書，1966.；4）宮原誠一：PTA入門，国土社，1967.；5）宮原誠一：宮原誠一教育論集（全7巻），国土社，1976〜77.

宮本常一 Miyamoto, Tsuneichi

1907-1981. 山口県大島郡家至西方村長崎（周防大島町）に生まれる. 民俗学者. 16歳まで「百姓」として育ったが, 1923（大正12）年に大阪に出て天王寺師範学校に学ぶ. 教員としての*経験から民俗学へ接近し, 1935（昭和10）年頃に*柳田國男, 渋沢敬三と相次いで知遇を得, 特に渋沢とはアチックミューゼアム（現神奈川大学日本常民文化研究所）を通じて深い親交を結んだ.「周防大島の百姓」との自己認識と圧倒的な量の*フィールドワーク（旅）を方法的特徴として,「体験の学問であり, *実践の学問」としての民俗学を構想, 項目, 語彙中心の「民俗誌」に対して, ライフヒストリーを主軸として「民衆の生活自体」を捉える「生活誌」を主張した.「地域的な富の偏在」を疑問視し, 農山漁村の振興に多大な功績を残したが, 地域住民自身の自覚と主体性を重んじるその姿勢は極めて*社会教育的である. 小学校教員時代には, 芦田恵之助の影響下に『とろし』（大阪府泉北郡取石村生活誌, 宮本常一著作集別集第1巻）を編んだ. 1965（昭和40）年, 武蔵野美術大学教授. 1981（昭和56）年没（73歳）.

（宮前耕史）

〔文献〕1) 宮本常一：民俗学の旅, 講談社, 1993. ; 2) 宮本常一：宮本常一著作集, 未来社, 1968-.

ミュージアムエクステンション museum extension service

*展示や教育普及活動が館施設外の様々な場で行われ, 活動範囲が他の施設や団体等と共同する*博物館活動.

〔概要〕博物館は通常, 施設として場が設定されている. この制約を超えるべきいくつかの理由がある場合, また, 博物館の物理的諸条件が恵まれない場合, もしくは, 博物館開館前の施設がない状態での普及的教育的活動として, 施設の枠を超えて博物館は活動する.

〔アウトリーチ〕「移動博物館」など様々な名称をつけられた「*アウトリーチ」活動は, *博物館資料と*学芸員などの館職員がそろって行う場合やどちらだけなど様々な形態があり, 内容も展示を中心にしたものから, 講演や授業や活動を主にしたもの, また, 館外での活動期間も, 数時間や1日程度のものから, 長期のものまで様々である.「アウトリーチ」については, 博物館と移動先の主体との関係を並列にする立場からは「アウトブリッジ」という呼称も使われている. 日本では, 普及的, 啓蒙的観点からのアウトリーチ活動が中心に行われてきた. 多くの地域に*公立博物館が設置された現在においても, 設置体の領域全体に対する博物館活動の責務が生ずるために, 地理的条件の差を埋めるため, サテライト型の博物館活動やアウトリーチが必要とされる. 諸外国においては, 社会階層や*コミュニティの性質, 生活スタイルなどによって博物館活動と文化的なギャップがある場合, 地域に入って活動する博物館や職員がある.

〔課題〕社会教育機関としての博物館には, 他の教育領域にある学校教育機関との「博学連携」や「学博連携」あるいは「*学社連携」と呼ばれる連携活動が, 教育施策的にも, 実質的にも必要とされる. これは, 単に学校単位で博物館を*レクリエーション的に利用し, その場合の障壁を低くするということではない. 博物館は学校にはない教育資源をもっているが, 両者の教育目的の提示が必要とされ, 教育の手段や範囲の違いなど, 教育を受ける主体に立って検討すべき課題がある.

（大嶋貴明）

〔文献〕1) 川俣正・熊倉敬聡ほか編：セルフ・エデュケーション時代, フィルムアート社, 2001. ; 2) 日本・ドイツ美術館教育シンポジュームと行動1992報告書編集委員会編：「日本・ドイツ美術館教育シンポジュームと行動 1992―街から美術館へ 美術館から街へ」報告書, 1992.

未来ワークショップ 英 future workshop (in Germany), 独 Zukunftswerkstatt

〔概念〕ドイツ語圏を中心に普及している*ワークショップの手法. 未来研究者で反核, 平和, 環境運動の理論家ユンク（Jungk, R.）らによって考案され, 1970年代以降, *市民運動のための参加的, 共同的, *自己決定的な学習法として発展してきた. 現在では成人教育や学校教育でも, 社会問題の学習などに利用されている.

市民が企業や行政の専門家を超えた対案を提起し, 人間的な未来社会の創造主体となるための鍵的能力として, 想像力（ファンタジー）を重視するのが特徴で, 直観・感情活動と理性・分析活動を組み合わせて参加者の想像力を展開し, 現実化する構成となっている.

〔手法〕標準モデルでは, 会場設営, 進行説明などの準備段階を経て, 以下の3段階の活動を行う.

① 批判段階：問題に関する不満・批判の標語形式での列挙. 類似・関連した標語のグループ化. 各グループを表現する批判的標語の考案. 重要な批判的標語の選択による問題認識の深化と共有. ② 想像段階：非日常的雰囲気の醸成（音楽, 散歩など）. 問題解決のアイディア（夢や願望）の自由な列挙（描

画やロールプレイも活用）とグループ化．斬新で魅力的なアイディアの「空想的標語」や「ユートピア構想」への展開．③現実化段階：最も望ましいアイディアの選択．現実下でのアイディア実現に必要な事項の列挙．それを整理しての実現プロジェクト計画作成．その第一段階を具体化した現実化プランの作成．

この3段階が終了すると，現実社会でプロジェクトの実行，検証，再検討を反復していく「永続的ワークショップ段階」が始動する．しかし，3段階形式に固執して時間内に消化しようとすると，相互に関係のない不十分な作業の並列に終わる危険性も指摘されている． (谷 和明)

〔文献〕1) Jungk, R. and Müller, N. R.：Zukunftswerkstätten. Mit Phantasie gegen Routine und Resignation, Hamburg, 1981.

ミレニアム開発目標 ⇒持続可能な開発のための教育

民間営利社会教育事業者 private business for social education (adult and community education)

社会教育に関する事業を行う民間事業者で，*カルチャーセンターなどの民間教育事業をさす．

*社会教育法第23条は，*公民館の営利，政党，宗教活動についての運営方針を規定している．旧文部省では特に営利事業について厳しい姿勢をとり，住民グループがわずかな料金を徴収する場合でも第23条に反するとして，公民館の利用を認めていなかった．

1980年代以降民間委託やカルチャーセンター等の民間事業が強調されるようになり，生涯学習局では広島県教育長の照会に対する回答という形で，「社会教育法における民間営利社会教育事業者に関する解釈について」（1995年）を示して，「民間営利社会教育事業者」の「営利事業」が「公共的利用」と認められ，また公民館を利用させることが「営利事業を援助すること」に該当しないなら，施設を利用させることは社会教育法第23条に反しないとの解釈を示した．

これにより，公民館を住民の様々な活動にも開放することができるようになる一方，公民館がカルチャーセンター等に占拠されるような事態が生じないか，住民の*自主グループの利用が制限されないかという危惧も生まれている．これらの事業と公的社会教育の連携協力状況（委託事業数）は，1998年の8448事業から，2001年には3万1125，2004年には4万812と大幅に増加している（平成14年度および平成17年度社会教育調査報告書）． (国生 寿)

⇒カルチャーセンター

〔文献〕1) 日本社会教育学会編：生涯教育政策と社会教育（日本の社会教育第30集），東洋館出版社，1986．；2) 日本公民館学会編：公民館コミュニティ施設・ハンドブック，エイデル研究所，2006．

民間学 ⇒地域学

民間教育産業 education business in the private sector

〔概観〕教育産業，教育文化産業，民間教育文化産業などとも呼ばれ，民間企業等の営利組織等が*学習プログラムおよび教材の開発と教育サービスの提供を通して行う学習支援事業の総称である．1970年代より大都市を中心に発展した*カルチャーセンターに代表される．学習塾，英会話学校，趣味・習い事，*通信教育，企業研修，*資格取得，*eラーニングなど情報産業の発展とともに対象とする事業分野は拡大の一途にある．

〔動向〕*臨時教育審議会が「生涯学習体系への移行」を提唱し，教育改革の方策に民間活力の導入を掲げてから注目され始め，1989年に全国民間カルチャー事業協会が結成される．「生涯学習振興のための施策の推進体制等の整備に関する法律」（1990年）を契機に都道府県で生涯学習の振興を目的に民間事業者の活用を目ざす施策が動き出す．*公民館に*民間営利社会教育事業者の参入を認める解釈を示す文部省生涯学習局長通達（1995年）をはじめ，人々の多様なニーズに柔軟に応えて多様な学習機会の提供を地域に求めた答申「地域における生涯学習機会の充実方策について」（*生涯学習審議会，1996年）や，生涯学習社会に向けて*ネットワーク型行政の推進を図り民間教育事業との連携を求めた答申「社会の変化に対応した今後の*社会教育行政の在り方について」（同上審議会，1998年）によって，市町村レベルで民間教育産業と連携・協力する*生涯学習行政が伸張した．

〔課題〕民間教育産業は，教育への自由な発想，多様な学習機会の提供，効率のよい経営，旺盛なサービス精神が認められる一方，利益優先の商業主義，中長期的教育計画の欠如，景気動向に依存した不安定さなどの難点を抱えて，教育行政機関との*協働による補完関係の構築が課題となる． (片岡 了)

⇒カルチャーセンター，民間営利社会教育事業者

〔文献〕1) 山本思外里：大人たちの学校―生涯学習を愉しむ

一，中央公論新社，2001.；2）市川昭午：臨教審以後の教育政策，教育開発研究所，1995.

民間社会教育機関　private institution for social education (adult and community education)

*社会教育機関とは，社会教育に関する事業を主目的とする機関で*社会教育施設とほぼ同義に使われ，施設・設備，職員，運営・財政を含む総合体である．法律で定められている社会教育機関（施設）に*公民館，*図書館，*博物館があり，その中に国公立と私立が含まれ，私立のものは民間社会教育機関といえる．その他に民間社会教育機関として主に都市部では新聞社，放送局などを母体とする*カルチャーセンターがあり，従来から各地域にあった比較的小規模の習いごと，稽古ごとの機関もこの中に加えることができる．近年では*NPO法人，さらには*指定管理者制度の導入によって社会教育機関・施設に関する民間団体，民間業者の役割期待が増大している動向がある．その過程で社会教育に関する事業を主目的とする機関・施設のあり方が変わろうとしており，いまこそ「社会教育」そのものの*公共性を問い直しながら社会教育機関・施設の適切な発展を期していかなければならない．　　　　（木全力夫）

〔文献〕1）文部科学省中央教育審議会：新しい時代を切り拓く生涯学習の振興方策について―知の循環社会の構築を目指して―（答申），2008.

民間伝承　folklore

民族や地域社会において長年にわたって培われ，伝えられてきた言語や行動様式，さらには観念などをさす．より具体的には，衣食住等の生活様式や農林漁業等の生産様式，誕生・婚姻・葬送等の儀礼，祭礼・産育等の行事，社会組織・集団，さらには民間信仰や禁忌等の伝統的慣行・習俗を総称する言葉として使われていることが多く，今日においては民俗学の研究対象である民俗とほとんど同義語として用いられている．

なお，民間伝承は常民（common people）によって文字を媒介とすることなく日常生活において伝承されてきたという点で，民族や地域社会の文化の基層を形成してきた文化でもある．その意味で，民間伝承が，ときには国家権力の統制に抵抗する文化として，また民族や地域社会の維持・存続を図る文化として，その機能を発揮してきたという側面を改めて検証・*評価することが求められている．
（新妻二男）

〔文献〕1）野口武徳ほか編：現代日本民俗学1, 2, 三一書房, 1974-1975.

民芸運動　*Mingei* (forkarts) Movement

〔成り立ち〕*柳宗悦，河井寛次郎，浜田庄司らが民衆的工芸という意味の「民芸」という言葉を提案し（1925年），民芸の再発見と創作活動を進めた運動のこと．民芸運動の中心的な担い手の柳は，『白樺』創刊（1910年）のころより志賀直哉や武者小路実篤らとも親しく交流していたが，エッチングの素養をもつリーチ（Leach, B.）が来日し交友関係が広がる．そのリーチによって柳と若い陶芸家浜田との出会いがもたらされる．また柳は，浅川兄弟（伯教・巧）との出会いにより李朝朝鮮の白磁を知り，広く朝鮮民族の芸術に目覚めることとなる．柳は浅川兄弟と「朝鮮民族美術館」の設立を構想し，1924年に開設する．その設立には，信州の『白樺』読者たちの教育運動の担い手であった赤羽王郎も協力している．柳らは，無名の工人たちがつくり出した「雑器」に美を発見し，「民芸」という言葉を着想し，その美の思想を深めていった．

〔思想と展開〕柳らは「日本民藝美術館設立趣意書」を発表し（1926年），大原孫三郎の支援も得て東京駒場に「日本民芸館」を設立する（1936年）．その間，雑誌『工芸』などを舞台にして，日本の民芸の調査や収集，展覧会・出版などの啓蒙活動を進めていく．さらに新しい工芸を生み出すために，モリス（Morris, W.）やラスキン（Ruskin, J.）の思想に共鳴しつつ，共同の工芸製作組織としての協団を提案し試みている（上加茂民藝協団）．また，山陰地方や各地で，陶芸や木工，染織などの新作の民芸運動が試みられていく．1934年には，その運動を推進する日本民芸協会が設立された．この民芸運動には染色家の芹澤銈介や版画家の棟方志功ら多くの人が参加しその担い手になっていった．またこの運動において，沖縄や*アイヌの工芸と文化が「発見」されていった．さらに民芸の思想は，大衆と美との結合を原理とする社会改革の理念としても主張された．この東洋の工芸と美の思想は，リーチによる紹介もあり西洋にも知られるものとなった．このような民芸の思想と運動は，*地域文化と*博物館の先駆的な探究・*実践として示唆に富む．
（畑　潤）

〔文献〕1）柳宗悦：工藝の道，講談社，2005.；2）熊倉功夫・吉田憲司編：柳宗悦と民藝運動，思文閣出版，2005.

民際交流 grassroots international exchange

国や地方自治体の行政機関だけでなく，自治体の第三セクター，企業，*財団法人や*社団法人などの民間団体，学校，民間の国際交流*NPO，*ボランティア団体，市民個人など，民間が活動主体となる国際交流活動．

〔概観〕従来，「国際交流」といえば，国家を単位とする政府間レベルでの外交活動として展開されるものがイメージされてきたが，近年，その裾野は広がりつつある．草の根の民間団体レベルや市民レベルの国境を越えた交流活動の重要性が認識されるに伴い，国レベルの国際交流と区別してそれらを「民際交流」と呼ぶようになった．たとえば，民間団体の各種国際交流活動や学校における姉妹校交流，スポーツなどイベントを通じての交流，留学，ホームステイ，インターネット，文通といったレベルまで，民際交流の形態には様々なものがある．

〔内なる国際化〕ただし，「国境を越えた交流活動」は，単に海外との交流や「外向き」の国際交流をさすだけではない．特に，近年の日本国内に在住する外国籍住民の増加は，「*内なる国際化」現象を生じさせており，国内における国際交流の視点は重要度を増してきている．また，地域からの国際化に直接かかわるのは，まさに地域住民なのであり，政府主導の上からの交流だけでなく，地域における下からの草の根民際交流の必要性がますます高まっている現状がある．そのような状況に応えて，各種の民際交流活動がみられるようになっており，地域の住民やNPOなどが主体となって，地域に暮らす外国籍住民との交流を深めるためのイベントや，留学生との交流機会を積極的に広げようとする活動などはその一例といえよう． (野崎志帆)

〔文献〕1）原田種雄・赤堀侃司：国際理解教育のキーワード，有斐閣，1992．

民衆教育 popular education

〔広義の民衆教育〕一般的には，特権的少数者ではなく幅広い社会層に対して，国家による公教育に限定されない様々なセクター（民間教育団体・教育者，宗教，*NGOなど）によって行われる教育を意味する．その語義は時代背景や使用者によって様々な含意をもつが，代表的には次の2つの用法がある．

〔ヨーロッパの民衆教育〕ヨーロッパでは民衆教育という用語は通常，様々なグループが組織するノンフォーマルな教育（主に成人教育）を意味してきた．たとえばデンマークの場合，*グルントヴィが19世紀後半に創始した国民高等学校（*国民大学，フォルケホイスコーレ，Folkehøjskole）は，民衆が自ら運営し自由に学ぶ民衆教育（費用は行政も負担）として，現代まで発展してきた．またフランスにおける民衆教育（Éducation populaire）も，19世紀後半に始まり人民戦線内閣期の文化運動を経て戦後も発展した民衆の*自己教育運動を意味し，現在でも様々な*アソシアシオン（非営利の民間団体）による多様な教育活動として展開している．このように民衆教育はヨーロッパの成人教育の底流をなす，民衆参加の伝統であるといえる．

〔第三世界の民衆教育〕南米をはじめ第三世界で民衆教育という語が用いられるときは，民衆の民衆による民衆のための教育を目ざす運動であり，社会改革や*コミュニティ活動と結びついた実践的な教育という含意がある．特に*フレイレの流れを汲む*民衆教育運動においては，学習を通じた「*意識化」によって自らの*経験と社会認識を結びつけ，現状変革のためにエンパワーしていくことを重視する．これらはフィリピンのPEPE（民衆のエンパワーメントのための民衆教育）のような，アジア・アフリカの*コミュニティ教育や民衆運動はもちろん，北米・ヨーロッパなどでも民主的な社会参加と結びついた*エンパワーメントを目ざす課題解決型の教育実践の思想としても影響を与えている．

(吉田正純)

〔文献〕1）ガドッチ，M.（里見実・野元弘幸訳）：パウロ・フレイレを読む，亜紀書房，1993．；2）コースゴール，O.，清水満編著：「フォルケホイスコーレ」の世界，新評論，1993．

民衆教育運動（独） 英 people's education movement (in Germany)，独 Volksbildung sbewegung

〔概観〕教養市民の主導下，民衆（労働者，農民，中小商工業自営者等）を対象とする，近代ドイツにおいて生成・展開した教育運動である．この運動はおおむね国家的な支援のもと，民衆への補習教育に関心をもつ地方自治体，民間組織および教会等が担い手となって取り組まれた．狭義では民衆教育（普及）協会による教育活動や*民衆大学（フォルクスホッホシューレ，Volkshochshule）運動を中心とするそれであるが，広義には通俗講演・講義をはじめ，民衆図書館，*民衆娯楽等を含む．

〔歴史的経緯〕その嚆矢はドイツ・プロイセン帝国統一（1871年）以降，民衆教育普及協会（1891年に民衆教育協会と改称）が「公民形成」を目ざして取り組んだ知的啓蒙運動である．同協会の運動はその

指導者テウス（Tews, J.）の影響下で次第に国家的動機が希薄化し，文化的色彩を濃くした．民衆大学がこの運動の中核的な存在である．第1次世界大戦前後から英国の大学拡張やデンマーク*国民大学の影響を受け，民衆大学がドイツ全土に設置され，都市型の夜間民衆大学は文化財の知的啓発を，農村型の宿泊民衆大学はドイツ文化の内面性や民族性を重視する教育運動を展開した．ナチス体制が確立されるとこれまでの民衆教育運動はナチスの国民教化的な教育活動に再編・包摂された．

〔到達点〕第2次世界大戦後は戦前の民衆運動的な性格は後退し，民衆大学は教育制度の中に位置づけられ，東ドイツでは政治・*職業教育施設として，西ドイツでは継続成人教育施設として再生した．東西ドイツ統合後の旧東ドイツ地域では再度旧西ドイツ地域と同様の市民的教養形成に取り組む民衆大学に戻った． （新海英行）

⇨市民大学運動

〔文献〕1）新海英行：現代ドイツ民衆教育史研究，日本図書センター，2004．

民衆教育館（中国） Center for Mass Education (in China)

中華民国時期（1912～49年）に設立された社会教育の中心機構．国民政府の成立後，民衆に対する補習教育を意味する民衆教育が積極的に推進され，民衆教育の拠点として民衆教育館が各地に建設された．教育部は民衆教育館に法的根拠を与えるため，1932年に「民衆教育館暫行規程」を制定して，民衆教育実施の中核機関とした．

具体的な活動としては，民衆学校を開設し，図書閲覧，児童のための読書会，科学講演会や，園芸や農事の改良などの職業訓練を実施した．健康・衛生方面では，種痘や衛生巡回展覧会などの活動があり，また同好会や青少年団体の組織化も行った．民衆教育館の中には，博物館機能をあわせもつところもあった．民衆教育館はいわば地域における教育・文化の総合センターとしての役割を担っており，民衆の教育レベルの向上や生活改善に一定の役割を果たしていた． （新保敦子）

〔文献〕1）新保敦子：中国における民衆教育に関する一考察．早稲田教育評論，15（1），57-78，2001．

民衆娯楽 people's leisure activities

近代産業が誕生させた都市労働者を基盤に戦前に人気を博した主に活動写真をはじめとする低廉で刺激的な新しい娯楽（近代レジャー）である．

〔民衆娯楽の改善指導〕民衆娯楽について，労働，勤勉に対して有害なものとして取り締まるか，大衆を惹きつける魅力を利用し健全な方向に導くべきかが議論になった．1920年文部省*普通学務局第四課において「民衆娯楽の教育的利用対策の考究」を目的に*社会教育調査委員会を設け，委員として迎えられた*権田保之助，菅原教造，星野辰男，橘高広は民衆娯楽の専門家であり，設置後数年間は彼らの主導で行われた．

〔社会教育調査委員の活動〕1920年11月府県に通牒し民衆娯楽の基本調査を実施したが，第四課課長*乗杉嘉壽は特に活動写真（映画）に注目した．すでに1911年文部省は*通俗教育調査委員会において「幻燈及活動写真フィルム審査規程」を制定したが，1920年12月映画推薦制度を設け社会教育的観点から興行映画の推薦を行うことになった．推薦は社会教育調査委員が担当し，1921年2月に第1回文部省推薦映画が発表された．また活動弁士の向上を図るべく活動写真説明者講習会を開催し，活動写真各社の説明者は大日本説明者協会を設立した．さらに活動写真に対する一般の関心を喚起し，活動写真の制作者や興行関係者の意識を高めるために活動写真展覧会が開かれた．この間社会教育調査委員により，第1次世界大戦後の新興無産階級の増大に伴う都市社会問題の解決が志向されたのである．しかし*社会教育行政の整備に伴い，次第に文部官僚と調査委員会との相克は深まり，1923年5月権田は他の委員とともに辞任した．昭和期に文部省に復職した（1927年4月教育映画調査，1931年1月民衆娯楽調査を，文部省より嘱任される）．

〔教育映画事業の展開〕1923年4月社会教育奨励費に映画制作費が計上され，12月より皇室関係映画・教育映画の制作が始まり，行政の焦点は教育映画問題に絞られていく．

〔民衆娯楽の調査〕昭和戦前期，文部省の全国民衆娯楽調査において，農村娯楽問題，労働者娯楽問題，学生娯楽問題が取り上げられた． （坂内夏子）

〔文献〕1）権田保之助：民衆娯楽問題，同人社書店，1921．

民衆大学 英 People's College, 独 Volkshoch-shule, デンマーク語 Folkehojskole

〔意義〕国の統制から離れた，民衆のノンフォーマルな大学．19世紀に*市民社会形成の中で創設され，民衆の学びの場として，世界的な規模で広がり，各国で多様な展開をみた．その起源は，デンマーク国民教育の父*グルントヴィのアイディアのもとに1844年に始まった成人教育機関フォルケホイスコーレ（Folkehojskole）である．日本語では「国民高等学校」，英語では"Folk High School"と訳されることが多いが，デンマーク語のHojskoleが「高校」ではなく「（単科）大学」を意味することから，「民衆大学」と訳したほうが適切であろう．

〔歴史〕19世紀前半，グルントヴィによって構想された民衆大学（フォルケホイスコーレ）は，デンマーク人教師のコル（Kold, C.）によって実行に移された．主として若い世代の一般民衆を対象とする寄宿制の学校である．1864年の第2次ドイツ・デンマーク戦争を契機に起こった民衆大学運動の胎動期を経て，20世紀初頭には最盛期を迎えた．またデンマークのみならず，19世紀後半には，ノルウェー，スウェーデン，フィンランドに，次々と同様の学校が設置され，北欧成人教育を代表する教育機関として，今日なお重要な位置を占めている．

〔特徴〕原型としての特徴は，5点あげることができる．第1に寄宿制をとり，教師との交流を通じて，学習者の人間的成長が促される点，第2に入学試験がなく，すべての成人に開かれている点，第3に点数による*評価がなく，免許や*資格とも関係がない点，第4に国からの統制がなく，独自の教育理念による自由な運営がなされている点，そして第5に専門教育ではなく幅広い一般教育を提供する点である．

〔展開〕北欧の*民衆教育運動は，20世紀には，ドイツ（フォルクスホッホシューレ），米国，英国，日本，チェコスロバキア，スイスにまで波及した．米国における民衆大学の例としては，ペンシルベニア州のポコノス民衆大学やテネシー州の*ハイランダーフォークスクールがある．また，英国や北アイルランドにおける*セツルメントやレジデンシャルカレッジ運動にも影響を与えている．日本においては独自の民衆大学の歴史を辿り，戦前の*自由大学運動，戦後の*鎌倉アカデミア，*信濃生産大学，各地の農民大学，労農大学，市民大学等の多彩な*実践がみられる． （藤村好美）

⇨北欧の成人教育・生涯学習

〔文献〕1) 小林文人・佐藤一子編著：世界の社会教育施設と公民館―草の根の参加と学び―，エイデル研究所，2001.；2) 佐々木正治：デンマーク国民大学成立史の研究，風間書房，1999.

民衆と文化（仏） 英 People and Culture (in France), 仏 Peuple et Culture

フランスの代表的な*民衆教育団体．第2次世界大戦中のレジスタンス運動を背景にした，労働者と知識人との出会いの中から生まれた民衆教育の運動．デュマズディエ（Dumazedier, J.），カセレス（Cacérès, B.），*ラングラン，ロバン（Rovan, J.）の4人によって，1945年に創設された．

「文化的な不平等と一生を通じて学ぶ権利の拡大のために闘うこと」を通して，民衆の市民としての自律と民主主義の普及を目的とする活動を展開している．具体的には，①蒙昧主義や不寛容と闘い，民衆の社会参加を可能にする*文化活動，②「民衆のヨーロッパ」を標榜する国際活動，③民間と公共の中間に位置する「連帯の経済」と民衆教育の結合，④教育活動，⑤地方の活性化，⑥*遊びの普及の6つを軸とした活動が展開されている．教育活動では，「精神的コーチ」(entraînement mental)と呼ばれる，現実と想念を結ぶ独特の「思考方法」の普及に取り組んでいる． （末本　誠）

⇨フランスの生涯教育・生涯学習

〔文献〕1) Chosson, J. F.: *Peuple et Culture 1945-1995*, Peuple et Culture, 1995.

民衆文化 ⇨大衆文化

民族学校 school for ethnic Koreans in Japan

特定の民族の学習者を対象とする学校であるが，日本の場合は，特に国内にある韓国・朝鮮学校のことをいう．民族学校は，在日朝鮮人が自らの歴史的文化的伝統を次世代に受け継いでいく意味を込めて設立され，日本語と同時に自分たちの民族言語を教える，いわゆるバイリンガル教育の体制を取っている．

法的には*学校教育法第83条で指定されている「*各種学校」として位置づけられるが，この各種学校は同法1条の「学校」とは枠組みが大きく異なり，重要な点で学校ほどの地位をもっていない．そのため，民族学校は通常の学校に比べ，通学者およびその家族の不利益が大きい．たとえば，国庫による助成がないため保護者の負担が大きいこと，また，民族学校の卒業者はほとんどの大学および短大への受

験資格がないことなどである.
　民族学校が生まれた歴史的経緯をしっかりと受け止め，そこに通い，それを支えている人々の努力に正当な位置づけが与えられること，それが多文化社会に向けた日本社会の課題である. （小川　史）

〔文献〕1）朴三石：外国人学校, 中公新書, 2008.

民族教育　education for ethnic identity

　ある民族がその民族文化（言語・価値観・生活様式等）を次世代に継承し，民族的*アイデンティティを涵養するために行う教育をいう.

〔背景〕近代国民国家は，主流・多数派民族の言語や歴史教育を中心とした国民教育を普及させ，実際には多民族からなる構成員の文化的同化を遂げた. この文脈において多数派民族にとっての民族教育は，国民教育として重ね合わせられうる. しかし民族的少数者にとっての民族教育とは，国民教育から排除された固有文化やアイデンティティの再建のための教育を意味し，近代国民教育への抵抗的価値を内包する教育運動として展開される傾向をもつ.

〔在日朝鮮人の民族教育史〕日本において民族教育要求を最も先鋭的に示したのは，戦後の在日朝鮮人であった. 在日朝鮮人の民族教育は帰国へ向けた「国語講習所」の展開から始まり，在日本朝鮮人聯盟（朝聯）により制度化が進められた. 1949年の団体等規制令による朝聯解散後は，自主学校や公立朝鮮人学校等，多様な形態をとったが，1955年に在日本朝鮮人総聯合会が結成されると自主的な民族教育の組織化と大学までの体系化が進んだ. 一方，関西を中心とした一部自治体では公立学校での課外民族学級設置による民族教育も行われている. また韓国系の*民族学校も存在する.

〔課題〕国際諸条約において外国人や民族的少数者の*教育権や*学習権が謳われているにもかかわらず，日本における民族教育の制度的保障は不十分である. *社会教育としても川崎市の*青丘社「ふれあい館」の先進的事例があるものの，概してその保障は十分とはいえず，青年組織や*NPO等の自主的社会教育実践が重要な役割を担っている. また近年，日系南米人や中国帰国者，*ダブルの子ども等，*在日外国人の教育保障において「民族教育」を共通語としにくい多様な状況が生じており，民族教育の内実について，現代的再検討が求められているともいえよう. （成　玖美）

⇨在日コリアンと社会教育，少数民族教育，多文化・多民族共生

〔文献〕1）小沢有作：在日朝鮮人教育論歴史篇, 亜紀書房, 1973.；2）金泰泳：アイデンティティ・ポリティクスを超えて—在日朝鮮人のエスニシティ, 世界思想社, 1999.

民力涵養運動　Policy for Cultivation Movement of People's Power

〔概観〕1919（大正8）年3月原敬内閣の内相床次竹二郎の提唱により開始された. 明治後期の*地方改良運動の課題が地方自治体の再編策であったのに対して，この運動の課題は第1次世界大戦後の社会不安の緩和策にあった.

〔内容〕この頃内務省の地方局社会課が社会局となり（1920年），社会行政領域の再編・拡大が進行した. 社会局の分掌事項に「民力涵養ニ関スル事項」がみられるが，それは民力涵養運動がこの動向と結びつくものであったことを示している. 内相訓示で「協調諧和の精神は社会問題解決の根本思想」であるから「今後益々此の精神を社会の各方面に普及せしめ」るとともに，「一層社会政策上の施設を盛にし，生活の不安を匡救する」ことが説かれたが，そこにこの運動の趣旨が集約されていたといえよう.

（山本悠三）

〔文献〕1）金原左門：大正期の政党と国民, 塙書房, 1975.

む

無料職業紹介 ⇨職業紹介

無力 helplessness

対象者に対して何もできない，何も役に立たないという思いから生じる使用価値が低くなりやすい心の状態．日常生活行動を直接的に支援する医療，福祉の*専門職者が実践を通してときとして陥る．使用価値とは自己肯定感を支える尺度の1つで，自己肯定感にはそのほか，何かと交換することで自分を生かそうとする交換価値や，ただそこにいるだけでいいという存在価値が含まれる．何かの役に立つという使用価値の考え方を超越して，何もできず無力でただそこにいる存在価値こそ，自己肯定感を支える上で最も重要なことなのである．

たとえば死を前にした人間の前では，何もしてあげられない，という自分の無力さを誰しも痛感するであろう．無力である自分を承認することは，自分も存在していていいのだ，という生命の存在意義を認めることであり，かついかなるものからをも*解放されることであり，*他者との関係をとり結んでいこうとする他者理解の基本姿勢である．

(飯塚哲子)

〔文献〕1) ピーターソン，C., マイヤー, S. F., セリグマン, M. E. P., (津田彰監訳)：学習性無力感，二瓶社，2000.

め

明治神宮体育大会 *Meijijingu Taiikutaikai* (Meiji Shrine Sports Festival)

1924 (大正13) 年から1943年 (昭和18) まで，20年間にわたって計14回開催された戦前における最大規模の国内総合競技大会．現在の*国民体育大会の前身．

〔名称と主催者〕明治神宮体育大会という名称が実際に用いられたのは，1926年の第3回大会から1937年の第9回大会までであり，最初は明治神宮競技大会，戦時下には明治神宮国民体育大会および明治神宮国民錬成大会と呼ばれた．また，こうした名称の変更と併行して主催者も，内務省から民間の明治神宮体育会，そして厚生省へと移った．

〔大会の内容〕明治神宮外苑陸上競技場の完成を記念して，1924年に内務省主催で始まったこの大会は，約1週間の日程で行われたが，明治天皇の「御聖徳」を追慕する奉納神前競技大会という性格から，常に11月3日の明治節をはさんで日程が組まれ，また，選手団による明治神宮参拝などが行われた．実施種目は，陸上，水泳，野球，テニス，サッカー，ラグビー，ホッケー，バレー，ボート，相撲，剣道，柔道，弓道，馬術などであり，各府県の代表選手やチームが優勝を争った．また，その一部として，府県対抗形式による青年団競技 (陸上競技) も実施され，これによって，全国市町村の*青年団の*動員にも成功した．昭和天皇が観覧したのは3度，1929年の第5回大会，1939年の第10回大会，1942年の第13回大会であるが，御大礼を記念して観覧した第5回大会では，参加選手数が2万3610人にのぼった．なお，第5回から第10回大会の間は，オリンピックと極東選手権大会との重複を避けながら，隔年で開催された．

〔文部省の対応〕明治神宮体育大会と呼応して文部省は，11月3日の明治節を「全国体育デー」とし，全国の学校，青年団，*処女会，在郷軍人会等を動員して，一斉に競技会や講演会などを開催した．その規模は，1929年で参加団体2万6320 (うち植民地

3081団体），参加者838万2027人にのぼり，「体育的国民総動員」と呼ぶにふさわしい光景を生み出した． (坂上康博)

〔文献〕1) 入江克巳：昭和スポーツ史論，不昧堂出版，1991．；2) 坂上康博：権力装置としてのスポーツ，講談社，1998．

メカニクスインスティチュート（英）mechanics' institute（in UK）

〔起源〕19世紀英国の成人教育運動において，熟練労働者に有用な知識を普及することを目ざして設立された成人教育機関である．英国初のインスティチュートは，1823年にバークベック（Birkbeck, G.）によって，グラスゴーにつくられたものである．インスティチュート設立から20年余りさかのぼる1799年，グラスゴーのアンダーソンズインスティチューション（Andersons Institution）の自然哲学の教授であったバークベックは，機械一式を注文していた工場で，知的探求心にあふれた顔つきの*熟練工のグループに出あう．彼らが貧しいというだけの理由で学ぶことができないという状況に衝撃を受け，バークベックは自ら，労働者を対象に，哲学，科学，技術の講義を提供し始める．講義は，バークベックがグラスゴーを去る1804年まで続けられ，その後も，ユーア（Ure, A.）に引き継がれるが，学内の理事の反発にあい，大学本部から独立する．これが，グラスゴーメカニクスインスティチュートである．

〔運動の進展と意義〕1823年にはロンドンメカニクスインスティチュート（後のバークベックカレッジ）が，1824年にはマンチェスターメカニクスインスティチュート（後のUMIST，マンチェスター科学工科大学）が設立され，19世紀の中頃には，英国内外に700以上のインスティチュートがつくられた．メカニクスインスティチュートは，機械工や技術工といった熟練労働者が，新しい技術と原理を学ぶために設けられたものであり，それは労働者階級の成人にとっての学習の場であり，「図書室」でもあった．メカニクスインスティチュート運動は，中産階級が推進者となった英国における*労働者教育運動の1つの到達点として意義があるとされている．

⇨イギリスの成人教育 (藤村好美)

〔文献〕1) スティーブンス，マイケル・D（渡邊洋子訳）：イギリス成人教育の展開，明石書店，2000．

メジロー，ジャック Mezirow, Jack

1927- ．ノースダコタ州ファーゴに生まれる．姓はロシアからのユダヤ人移民だった祖父に由来．メ ズィロー，メジロウ，メズィロウとも表記される．米国の成人教育研究者．

〔経歴〕1970年代後半に「パースペクティブ変容」の概念（思考・情緒・行為のパターンを形づくる無意識的な"枠"＝意味パースペクティブを，意識的な振り返りを通じて批判的に見直し，よりよく変容させること）を提唱し，その後*ハーバーマスの批判理論などからもヒントを得つつ，思考の様式や解釈のプロセスに着目した独自の包括的な成人学習理論（「変容理論」「変容的学習の理論」）を構築した．

〔理論〕メジローによれば，学習とは，物事や状況に対して行った意味づけや解釈を，行為を導くために用いることである．彼は，モノや環境をいかにうまく制御するかを志向する「道具的学習」のほかに，*コミュニケーションや事柄の意味を深く理解することを目ざす「コミュニケーション的学習」の領域があるとし，前者の領域での学習支援のみに偏りがちであった当時の北米の成人教育研究・実践の傾向を批判した．また，*成人教育者はどちらの領域においても，学習者に自らの思考の前提を問い直す機会や自分とは異なる考え方に触れる場を提供するなどして，「批判的省察」のプロセスを促進すべきとした．個人の内面を焦点にした心理学的理論との批判に対し，メジローは変容を経験した個人の社会的行動は社会の変容にもつながりうると主張したが，教育の目的を学習者の理性的・自律的思考の促進に置き，社会の構造的変革ではなく個々人の選択・行動の総和としての社会変革の可能性に期待する彼の立場は，政治的にはリベラルと解釈すべきであろう．主な著書にTransformative Dimensions of Adult Learning（1991年），Learning as Transformation（2000年，共著）など． (常葉-布施美穂)

⇨アンドラゴジー，意識変容の学習（変容的学習）

〔文献〕1) 常葉-布施美穂：生涯学習理論を学ぶ人のために（赤尾勝己編），pp.87-114，世界思想社，2004．；2) メジロー，J.（金澤睦・三輪建二監訳）：おとなの学びと変容，鳳書房，2012．

メセナ ⇨企業メセナ，フィランソロピー

メディアリテラシー media literacy

〔定義〕メディアが伝達する情報を，それぞれの社会的文脈において批判的（critical）に分析および評価するとともに，それらを主体的に使いこなす力，さらにはメディアにアクセスし，メディアによって自ら発信する力を意味する．テレビの登場に象徴されるようなマスメディアの高度大衆化段階を迎えた

現代社会において，各種のメディアが発信する大量の情報をいかに処理するのかということは，市民生活上の大きな課題となっている．氾濫するメディア情報をただ受動的に視聴するだけではなく，能動的に読み解く能力が求められているといえよう．メディアリテラシーという言葉は，急速な技術革新を背景に次々と開発・導入されていく新しい形態の情報メディアを使いこなす能力（*知識・*技能）という意味で使われる場合もあるが，*社会教育・生涯学習の視点から重要なのは，メディアのあり方およびメディアの情報内容に対する批判的知性を育むことである．

〔経緯〕メディアリテラシーの概念は，1970年代に英国やカナダなどで生まれ，1980年代から90年代にかけて米国や日本にも広がり，いまや世界的に注目されている．カナダ・オンタリオ州では，AML（Association for Media Literacy）などの市民組織による活動の蓄積をもとに，1987年にはメディアリテラシーが公教育のカリキュラムの中に組み込まれた．1990年代以降は，英国や米国，オーストラリアでも，メディアリテラシーを柱としたメディア教育に取り組む教育実践が盛んになっている．

日本におけるメディアリテラシー概念の発達と広がりに関しては，1977年に鈴木みどりが創設したFCTメディア・リテラシー研究所（Forum for Cytizens' Television，市民のテレビの会）が大きな役割を果たしてきたといえよう．FCTが行ってきた，子どもや女性，高齢者などの「マイノリティ市民」（FCT）の視点を重視した調査研究およびメディア政策提言などの活動は，様々な分野に影響を与えた．いまや日本においても，メディアリテラシーは子どもに対してはもちろん，成人に対する学習課題としても重要性を高めつつある．

〔理論的課題〕メディアリテラシーをめぐる理論的検討は英国を中心に各国でなされてきた．メディアリテラシーの根幹となる「批判的な分析」の視点とは何か．それは，メディアが「現実」を構成することを前提として，「現実」がどのように構成されているのか，その「現実」はいかなる商業的関心／歴史的文脈／政治的力学の下に構成されているのか，特定の「現実」が構成された結果何が起こるのか（オーディエンスにいかなる効果を及ぼすのか）など，多岐にわたる．英国においてメディアリテラシーの理論研究を牽引したマスターマン（Masterman, L.）は，メディアリテラシーが最終的に目ざすものは，メディア社会を生きるための主体性の確立だと主張した．主体性の確立といった場合，成長過程においてマスメディアの影響を受けざるをえない子ども，あるいは，女性／高齢者／障害者／エスニックマイノリティなど社会的差別を受ける立場にある人々にとってどのような意味をもつのかということが，常に中心に据えられなければならないだろう．生涯学習で目ざすメディアリテラシーは，単なる機能的なリテラシーではなく，何よりも社会や社会が抱える問題を批判的に分析する批判的リテラシーなのである．

(木村涼子)

〔文献〕1）鈴木みどり編：メディア・リテラシーを学ぶ人のために，世界思想社，1997.；2）鈴木みどり編：メディア・リテラシーの現在と未来，世界思想社，2001.

メンター　mentor

相互決定型学習における学習支援者であり，助言者と友人が組み合わさった役割をもつ．ギリシャ神話のオデュッセウスの友人であり，助言者だったメンターに由来する．主な特徴は助言することで，個人が認め合い，それぞれ自立しているときに用いられる．「教育者と学習者」という上下関係ではなく対等な関係で，お互いの興味・尊敬・好みに基づく相互的，個人的，長期的な関係が成り立つ場合のみ生じる．お互いの関係性が進展するにつれて，考えを共有したり，共通の興味について話し合ったりするようになる．フォーマルな教育よりもインフォーマルな学習場面においてこの役割の発展性があり，友人や同僚という関係で進展することがある．また，無意識的にメンターの役割を担っている場合がある．メンターの役割は学習者にとって大きい影響力をもつものなので，学習者の依存と成長という微妙なバランスを自覚していないと誤用が生じる場合もある．

(倉持伸江)

⇨成人教育者

〔文献〕1）クラントン, P.（入江直子ほか訳）：おとなの学びを拓く，鳳書房，1999.

メンバーシップ　⇨博物館友の会

も

燃え尽き症候群　burn-out syndrome

主に子どもスポーツで指摘される一種の精神的状態である．子どもが自分の意志で活動している場合はたいして問題化しないが，大人の要求するままに練習や試合に熱中しすぎると，一定の成績を残しながらも，ある段階で「燃え尽き」「焼き切れ」という現象に襲われ，その後意欲，関心が極端に減少する状態をいう．多くの場合はその競技・運動から，時には運動一般からも離れてしまう．一時的なこともあれば，かなり長期に及ぶ場合もある．米国では「リトルリーギズム」(little-leaguism) として，子どものスポーツ場面における大人による過熱現象とそこでの子どもの「燃え尽き」が問題化され，その後日本でも勝利至上主義が強まる中で問題化した．また，受験競争，受験戦争の中で小学生段階からの過度の学習漬けによって，成績は上昇していても，ある段階で急激に学習意欲，参加意欲を喪失することをいう場合もある．　　　　　　　　　　（内海和雄）

〔文献〕1）内海和雄：がんばれスポーツ少年，新日本出版社，1987．

目標管理（MBO）　Management by Objective

*人事考課の対象になる期初に，従業員個人が達成すべき目標を設定し，期末にその達成度を*評価する制度である．目標は，上司との相談の上で，会社目標や部門目標と整合するように設定され，目標達成度の評価は，昇給，賞与，昇進などの処遇に大きな影響を与える．これまでの日本の人事考課が，業績評価を軽視し，評価が年功制の枠内にとどまっていたことを転換させる成果主義人事制度の一環として広まった．目標管理は米国で開発され，大きな成果が期待され，自己判断や裁量が任される職務に就いている個人のパフォーマンスを評価する制度である．したがって，集団ではなく，個人の業績を評価することと，成果を上げる過程ではなく，結果がすべてであるという特徴をもっている．日本では職務を基礎にしていることが考慮されず，導入企業の中には，全従業員に等しく業績を追求するために過重な労働を生み出したり，職場の共同性を危うくする傾向もみられる．　　　　　　　　　　（木下武男）

〔文献〕1）木下武男：日本人の賃金，平凡社新書，1999．

目標グループ活動　英 target group activity, 独 Zielgruppen arteit

目標グループ（ターゲットグループ，target group）とは，成人教育の事業者が*学習プログラムを提供する際のターゲット（目標）となる特定のグループ層のことである．元来は，ある製品を販売する際に相手となる特定の顧客・買い手・消費者を意味する経営学の用語であり，それが成人教育の実践分野にも転用された．

欧米では1980年代から，成人教育の学習の恩恵を受けにくい特に社会的不利益者・社会的弱者層のことを目標グループと名づけ，彼らを対象に学習プログラムを提供する活動を，あるいは彼らの日常生活の中から学習を組み立てていく活動を，特に目標グループ活動（ターゲットグループ活動）と呼ぶようになっている．この場合の目標グループには失業者，外国人労働者とその家族・子弟，移民，非識字者，障害者，中等教育未修了者などが含まれるが，またより広く高齢者，女性を含める考え方もある．
　　　　　　　　　　（三輪建二）

〔文献〕1）三輪建二：現代ドイツ成人教育方法論，東海大学出版会，1995．

目録　library catalog

図書館が所蔵する*図書館資料を管理し，利用者の検索の手がかりとするために，書名や著者名などの書誌的な情報を記録し，またそれらを検索手段として，一定の順序で排列したもの．2館以上の図書館の所蔵データを一元的に編成・排列したものが，総合目録である．形態としては，カード目録，冊子目録，コンピューター目録がある．

書誌的情報をコンピューターで処理したものが機械可読目録（MAchine Readable Cataloging：MARC）である．利用者が使えるコンピューター化された目録をOPAC（online public access catalog）といい，インターネットを経由して利用するOPACを，Web OPACといい，目録の主流となっている．

日本における標準的な目録規則が「日本目録規則」（Nihon Cataloging Rules：NCR）である．
　　　　　　　　　　（小黒浩司）

〔文献〕1）日本図書館目録委員会編：日本目録規則1987年

版改訂3版，日本図書館協会，2006．

モジュール訓練 the modular training system
「能力主義」の教育訓練思想で体系化された訓練方式．つまり，単位としての仕事課題を完全に修得しなければ修了できない，という方式である．
〔意味〕「単位制訓練」ともいう．従来の教育訓練は年限を決めた「期間主義」，あるいは「課程主義」であるが，これとはまったく異なる「単位制」である．従来の教育訓練も卒業試験等は行っているが，それでは1人ひとりを厳密に評価していず，能力が一定していない，とする．「単位」は課程主義のそれではなく，ひとつひとつの仕事単位で完結しており，同時期に他の単位を学ばないカリキュラム構成となる．
〔体系〕労働者が失業することは，技能がないからだ，という立場から失業者の能力（技能）をつけることを目的として*ILO（国際労働機関）が体系化した．単位にはテストを含むカリキュラムが学科と実習の区分なく編成されている．
　受講者は単位のテストに合格しないと次の単位に進めないので，訓練の修了は個人により異なり，個別の進度となる．結果的に単位を組み合わせた技能を修得する期間には受講者による差が生じる．指導員の役割は「指導」ではなく，自己学習している受講者の修得方法の援助と結果の評価や助言が中心となる．
　類似した大系に第2次世界大戦後の*公共職業訓練で，失業したときに入所，修了を再就職が決まった時期に定め，技能のレベルは重視されていなかった「自由入所制」があった．
〔応用〕わが国も1978（昭和53）年より失業者訓練に応用した．しかし，既存の*職業訓練制度に応用せざるをえなかったために，期間主義を取らざるをえず日本的モジュール訓練となった．それでも同じ1年コースで2ヵ月ごとに入退所式を行うようにして，既存の制度よりも受講機会が拡大するというメリットが生まれた．
　しかし，わが国では教材の整備が間に合わず，指導員の負担が過大となり，今日では一般の施設ではほとんど実施されていないが，障害者の訓練に今日でも活用されている．　　　　　　　　　　　（田中萬年）
〔文献〕1）宗像元介：職人と現代産業，技術と人間，1996．

求めに応ずる原則 principle of "upon"
戦後社会教育法制の基本原理である非権力的助長行政の理念を表した文言．社会教育法では，行政から住民の学習活動へのかかわりは，あくまで「求めに応じ」（社会教育法第11条）て行われるものとされ，その助言は「専門的技術的な」内容に限定され（第9条3），「命令及び監督」や「統制的支配」は禁止（第12条）されている．このことは，戦前の社会教育が国家主義的な教化型であった反省を踏まえ，戦後においては*社会教育の自由に対する公権力の介入を阻もうとした，社会教育法の立法意図に由来している．
　その後の社会教育法改正（*社会教育主事の設置（1951年）と必置（1959年），関係団体への補助金支出禁止の解除（1959年）など）によって，公的社会教育の行政主導性が強められてきたのに対し，「求めに応ずる」*社会教育行政の確立は，それに対抗する日教組・教育制度委員会をはじめとする民間教育運動にとって主要なスローガンとされた．
　この原則追求をめぐっては，公金支出による関係団体と社会教育行政との依存関係が最大の争点であったが，民間非営利組織の活動の広がりなどを受け，*市民活動と行政とのかかわり方に多彩なバリエーションが現れている今日では，あらためて行政と「団体」の健全なパートナーシップの保障原則の再検討が求められている．　　　（石井山竜平）
〔文献〕1）小川利夫編：住民の学習権と社会教育の自由，勁草書房，1976．

問題解決学習 problem solving learning
〔概念〕「社会的問題や課題の解決に向けての試行錯誤」というプロセスを重視する教育実践の総称．類似概念に「問題解決的な学習」「課題解決学習」「課題提起教育」（problem posing education）などがある．それぞれ使われる文脈や志向性が異なるが，米国の経験主義教育者*デューイの，社会的活動や仕事と連結した教育実践を源流にもつという点で共通する．
〔歴史的展開〕デューイが，シカゴ大学附属実験校で社会科の新しい教育方法を実践したのは，19世紀末から20世紀初頭にかけてである．彼は，生徒に固定的な知識を注入するのではなく，現実の問題や課題を解決するための思考過程を生徒がいったんくぐることによって，生きた知識や科学的思考または主体性が身につくと考えた．その本質は，『学校と社会』[3]等にまとめられ，プラグマティズムやコミュ

ニズム思想と連動して世界の教育界に影響を与えた．道徳教育や合科教育にその手法は広がり，今日では，「総合的な学習の時間」の中核的授業にも応用されている．*参加・体験型学習（*ワークショップ方式）や*サービスラーニングなどの原点でもある．

〔成人・社会教育における展開〕成人・社会教育あるいは生涯学習論への影響も大きく，*ラングランの「生涯教育論」，*フレイレの「課題提起教育論」，*ノールズの「*アンドラゴジー」，あるいは戦後日本の「*共同学習論」などの理論的基盤でもある．また，*看護教育などの*専門職教育や経営学を背景とする職業能力開発の分野にも影響をみて取ることができ，問題解決学習は，適応・解放等の志向性の違いにかかわらず，広汎な領域で共有されている学習支援技法の1つということができる．

〔実践的な特徴〕問題解決学習に通底する実践上の特徴は，大きく3つある．1つは，学習者が潜在的に知っている問題を学習の軸に据えるということ．たとえば，提示される素材（テーマや場）は，複数の課題を包含すると同時に，学習者が問題性ないしその関係性を直感しうるものでなければならない．2つ目は，学習者自身が実際に行動するということ．問題解決に向けて試行錯誤するのは学習者自身であり，自ら参加して初めて新たな経験を付与しうる．3つ目は，試行錯誤の経験を意味化するための「ふりかえり」が重視されるということ．その方法や目的は，答えや解決策が一様ではない現実的問題の場合と，一定の学習成果が想定される「系統学習」に連動している場合とで異なるが，基本的に，学習者の経験を学習者が主体となって意味づけるプロセスが重視される．

〔ファシリテーターの重要性〕問題解決学習では，特定の価値，知識あるいは技術を教える一方的な存在としての教師・指導者ではなく，学習者が主体となるのを促進する*ファシリテーターの役割が重要となる．教師・指導者は，学習者とともに課題に向き合い，学習者と対話する中で，学習者とともに現実世界を理解することが理想とされる．ファシリテーターによって，フレイレのいう「教師であると同時に生徒であるような教師と，生徒であると同時に教師であるような生徒」という新しい関係が生まれるといってよい．

〔課題〕ファシリテーターの役割の明確化と育成が現実的急務であるが，多様な領域でその技法が応用されているだけに，目的・志向性を明確にすることも望まれる．学習者の主体性を育む実践であるだけではなく，現実の問題解決にいかに寄与するものであるのかも検証されなくてはならない．（松岡広路）

〔文献〕1）デューイ，J.（市村尚久訳）：経験と教育，講談社，2004.；2）フレイレ，P.（小沢有作ほか訳）：被抑圧者の教育学，亜紀書房，1979.；3）デューイ，J.（宮原誠一訳）：学校と社会，岩波文庫，1957.

文部科学省 Ministry of Education, Culture, Sports, Science and Technology（MEXT）

文部科学省設置法によってその設置，任務，所掌事務，組織が定められている国の行政機関．

〔歴史〕1871年7月，幕藩体制を一掃して国家統一体制を創出した廃藩置県の実施された年と同じ年に設置された．文部省の任務は，学校を所管するだけではなくて，全国の教育行政事務を総括することとされ，設置当初から，日本の近代化と中央集権化を推進する機関としての性格を有することとなった．翌1872年には学制が公布され，日本の近代教育が開始された．

1885年12月，これまでの太政官制度に代えて内閣制度が発足し，その最初の内閣において初代文部大臣として森有礼が就任，学校教育の確立と普及に精力が注がれた．その後，大日本帝国憲法の発布に伴い，公教育を含む国政全般が憲法の規定に従って運営されることになったが，同憲法には，直接教育にかかわる規定は設けられておらず，天皇の勅令に基づいて教育にかかわる基本的事項が決定されるという「勅令主義方式」が用いられた．こうした中で，1890年10月，「教育に関する勅語」が文部大臣に示され，文部省は，これを国民道徳・国民教育の基本として，全国の学校に普及した．

〔政策〕文部省は設置されて以来，近代的な学校教育制度の建設に重点を置いたために，当初の*社会教育分野の政策としては，わずかに，東京に書籍館（*国立国会図書館の前身）と*博物館（国立科学博物館の前身）を設置しただけであった．ところが，日露戦争以後の急速な社会の近代化に伴い，本格的な社会教育の整備が必要とされるようになり，「*通俗教育（社会教育のこと）の振興」と「*青年団の育成」が政策として掲げられるようになった．実際の政策内容としては，教育的な観点からみた優れた書籍や映画の認定・推奨，地方青年団体の指導・育成とそれらの組織化である．

1921年6月，文部省は，これまでの「通俗教育」を「社会教育」と改称し，1924年12月には，同省の普通学務局の中に社会教育課を新設，*社会教育行政の充実を図った．1925年12月には，地方社会教

育職員制を公布し，府県に専任＊社会教育主事と専任社会教育主事補を配置した．さらに，1929年7月には，社会教育行政を統一的に行う部局として社会教育局を新設した．

この頃の社会教育行政としては，優れた書籍や映画等の認定・推奨に加えて，成人に対する各種講座の実施，青年に対して軍事教練や農業技術などを教える＊青年学校の整備，青年団の全国的普及などが行われている．

1937年8月，日中戦争の全面化ととともに，政府は，国民精神総動員を決定し，挙国一致のスローガンのもとで，国民生活の全面的組織化を推進した．こうした状況のもとで，社会教育分野においても，＊図書館の系統化，映画や書籍に対する統制の強化，＊社会教育関係団体の全国的な統合などが進められた．1942年には，翼賛体制下のもとで宗教局と社会教育局が統合されて教化局が新設され，社会教育局は廃止された．

〔戦後改革〕戦時中，教化的な性格を強めていた社会教育は，戦後の教育改革の中で，本来の住民の自主的な学習活動を基盤とする形に再構築されることになった．1945年10月，文部省に社会教育局が復活し，1946年5月には，都道府県・市町村に＊社会教育委員制度が設けられ，同年7月，文部省は「公民館設置運営の要綱」を通達した．また，社会教育関係の法整備も進められ，1949年6月には＊社会教育法，1950年4月に＊図書館法，1951年12月に＊博物館法がそれぞれ制定され，戦後の社会教育制度の枠組みが確立した．

戦後の社会教育行政は，国民が自主的に学習できるような環境を整備することを主要な任務としたことから，＊社会教育施設，とりわけ＊公民館の整備充実に対して，財政的な援助をはじめとする莫大な政策的努力が払われた．また，＊地域づくりの要として，青年団体や婦人団体の再編成が行われ，＊PTAの組織化も進められた．これらとあわせて，＊社会教育主事，＊司書，＊学芸員といった社会教育にかかわる専門職員の＊資格が制度化され，それらの確保策や資質向上策などについても，様々な措置が講じられるようになった．

戦後の社会教育行政を担ってきた文部省社会教育局は，1988年6月，生涯学習局に改変される．それは，＊臨時教育審議会の答申に基づいて，生涯学習体系への移行を旨とする行政機構を整備する必要があったからである．こうした理由で新設された生涯学習局は，初等中等教育局や高等教育局よりも権限や責任の面で上位に立つ「筆頭局」とされている．文部省は，こうした「生涯学習推進体制」を全国に広げるため，様々な手立てを講じた．

文部省に＊生涯学習の推進を専門に行う部局が設置されたことにより，従来の社会教育の政策に加えて，生涯学習にかかわる啓発普及（生涯学習フェスティバルなど），学習情報提供や学習相談といった形での学習支援，民間による教育事業に対する支援などが政策に取り込まれた．また，＊大学公開講座など学校による国民一般への生涯学習機会の提供等も奨励されるようになった．

なお，2001年1月の中央省庁等の組織改変に伴い，文部省は科学技術庁と統合して文部科学省となった．文部省生涯学習局は，省全体の総合調整機能も取り込んで規模を大きくし，文部科学省生涯学習政策局と名称を変えている．　　　　（笹井宏益）

⇨社会教育行政

〔文献〕1）国立教育研究所編：日本近代教育百年史，第七巻第八巻，社会教育，1974．

野外活動センター ⇨野外教育

野外教育　outdoor education

1996年，文部省の「青少年の野外教育の振興に関する調査研究協力者会議」によって発表された「青少年の野外教育の充実について（報告）」では，「自然の中で組織的，計画的に，一定の教育目標をもって行われる自然体験活動の総称」と定義されている．1961年の*スポーツ振興法において「野外活動」が定義され各地に野外活動センターなどが設置されたが，スポーツの一環として位置づけられたことからその広がりは限定的なものであった．これに対し，この報告書では，日本の野外教育の課題を「野外教育プログラムの充実と開発」「野外教育指導者の養成や確保」「野外教育の場の整備と充実」「野外教育の安全確保や安全教育」「行政の支援と調査研究の充実」として示した．またその目標などが示され，1999年の*生涯学習審議会答申やその後の*文部科学省の*自然体験学習推進方策に方向性を与えた．学校教育においても「*総合的な学習の時間」の導入などを契機にその導入が進められている．

（降旗信一）

〔文献〕1）星野敏男・川嶋直・平野吉直・佐藤初雄：野外教育入門，小学館，2001．

野外博物館　open air museum

屋外に民家などを展示する open-air museum と，自然環境などを主体とする公園的な博物館施設との両者を含むものと考えられる．北欧で1880年頃から試みられていたものがその創始とされる．伝統的建築物，民家や農場，庭や自然環境などを野外に展示し，環境全体を理解させようとする博物館である．

このような野外博物館は現在では全世界に広がっているが，今後2つの側面での展開が考えられる．1つは，博物館技術論にかかわる手法的な展開で，生活全体を統合的にみせる方法，生きた展示の手法でこのための体験型展示・教育に重点が置かれる．

もう1つは博物館のそもそもの存在や本質論にかかわる展開として，自分の住む地域の伝統や文化を知り，地域の*アイデンティティを確認することに博物館はその重要な意義を見いだす．すなわち*エコミュージアム的な展開につながっていくと考えられる．

（大原一興）

〔文献〕1）新井重三：野外博物館総論，博物館学雑誌，14巻1・2合併号，1989．；2）杉本尚次：世界の野外博物館―環境との共生をめざして―，学芸出版社，2000．

夜学校　night school

昼間に*労働に従事している者を主な対象として，夜間に授業を行う学校．英国の*メカニクスインスティテュートなどが有名であるが，18世紀から19世紀にかけて，欧米各国で多く設置された．わが国でも，近代学校制度の始まりとなる学制（1872年）の第25章には「年已ニ成長スルモノモ其生業ノ暇来リテ学ハシム是等ハ多ク夜学校アルヘシ」とあり，小学校の一種として夜学校が考えられた．1893年には，*実業補習学校規程が公布され，勤労青少年のために小学校の補習教育と簡易な*実業教育を行う実業補習学校がつくられるが，それらの学校は小学校の校舎を用い，主に夜間に開かれた．実業補習学校は，進学できない地方青年たちによって組織された青年会の夜学会などを背景として，その数を増やしていった．そのほかにも，戦前には夜間中学や夜間実業学校などがあり，勤労青少年の教育の機会の拡大に役立った．

（米山光儀）

⇨実業補習学校

〔文献〕1）桑村寛：近代の教育と夜学校，明石書店，1983．；2）三上敦史：近代日本の夜間中学，北海道大学図書刊行会，2005．

夜間大学・夜間大学院　night college, night graduate school

働きながら学ぶ人々のために大学教育を開くことを目的に夜間に開講される学部・大学院．

〔歴史〕働く人々のために夜間に行われる教育・学習，「夜学」の歴史は近代日本の学校教育においては，明治期以来の「*夜学校」や*青年団の夜学会，夜間制*各種学校，実業補習学校以来の歴史をもち，勤労青年教育の重要な制度として展開されてきた．大学における夜間課程は戦前にも存在したが，戦後における大学改革の中で大学教育をより多くの国民に開くことを目ざし大学教育の抜本的な転換と大幅な拡大が図られる中で，勤労青年に大学を開く制度と

して制度化され拡大していく．

〔進学率の高まりと機能の転換〕大学進学率の高まりとともに，学部教育における勤労青年を対象とする学部教育という役割は縮小していくが，成人・社会人の再学習・再研究の場としての夜間課程という役割が高まり，1989年の大学審議会答申「大学院制度の弾力化」を受けて社会人を対象とする大学院レベルにおける夜間課程が進められていく．これに伴い，昼夜ともに授業を行う大学院の課程も拡大している．1993年以後夜間の博士課程も実現している．

現在組織されつつある高度専門職のための大学院である*専門職大学院においても夜間課程を併設する場合が少なくない．

〔成人・職業人の学習・研究の場としての大学院〕夜間学部・大学院・専門職大学院は生涯にわたって働きつつ，大人として職業人として学び研究するための機関，生涯学習における研究と学習の中心的機関としての役割を果たす可能性をもっている．そのためには，従来の大学・大学院の準備教育・青年教育の枠組みを超えて，成人・職業人としての経験を活かした研究・学習を実現していくことが必要であり，成人の学習の視点からの再構築が求められる．

(柳沢昌一)

〔文献〕1) 新堀通也：夜間大学院，東信堂，1999．

夜間中学校　night middle school

〔概観〕正規の公立中学校において夜間に授業をしている学校をいうが，教育法規上に公式の名称はなく，「二部授業」規定（*学校教育法施行令第25条）を活かして中学校二部あるいは中学校夜間学級と呼ばれている．戦争，貧困，家庭事情，病気など社会的経済的家庭的等様々の事情により義務教育を受ける機会をもちえなかったいわゆる*不就学・長期欠席者に対して教育機会を保障し，さらに近年は義務教育の機会を奪われていた在日韓国・朝鮮人や中国帰国者，難民や移民，国際結婚や仕事の関係等で来日した外国人やその家族等に対する*基礎教育・日本語学習の場として独自の役割を果たしてきている．

〔歴史〕戦後教育改革期に不就学・長欠生徒対策として1947年大阪に初めて開設された．その後13都府県の主要都市に設置され，1955年前後には全国87校，生徒数5708人を数えたが，国の施策は夜間中学早期廃止を求め（行政管理庁勧告，1966年），1970年前後には20校，416人にまで減少した．その後，夜間中学の増設を求める運動が広がり，2008年現在において，35校（東京，神奈川，千葉，京都，大阪，奈良，兵庫，広島），生徒数2478人に達している．加えて全国各地（北海道，埼玉，千葉，東京，高知，福岡，沖縄など）に30前後の自主夜間中学や夜間中学開設運動が取り組まれている．

〔実践〕戦後60年にわたる夜間中学関係者による教育実践は，単に義務教育未修了者に対する補習教育としてだけでなく，非識字者など充全な学校教育機会をもちえなかった成人そして外国籍市民に対する基礎教育としての大きな役割を果たしてきた．独自の教科書・学習教材の開発，*識字教育・日本語学習，*多文化教育，人権学習等についての学習内容・方法・実践を蓄積してきた歩みをもち，成人学習の視点から高く評価されてきた．同時に夜間中学校研究会による毎年度の政府機関・地方自治体への諸要望と運動は，すべてのものの*学習権保障の立場から義務教育未修了者の基礎調査，夜間中学校の増設，必要な条件整備について行政努力を求める取組みを重ねてきている．

〔課題〕日本弁護士連合会に対する夜間中学関係者による「人権救済申し立て」（2003年）に応えて，同連合会は「学齢期に修学することのできなかった人々の教育の権利の保障に関する意見書」を国に提出している（2006年）．ここに提起されている全国的調査，地方自治体への指導助言と財政措置，必要な諸施策の推進が当面の課題として問われている．

⇨識字　　　　　　　　　　　　　　(小林文人)

〔文献〕1) 全国夜間中学校研究会編：第50回全国夜間中学校研究大会記念誌，同　資料集，2005．；2) 見城慶和：夜間中学の青春，大月書店，2002．

野球害毒論争　Yakyu-Gaidoku-Ronso (Controversy on evil influences by "Student Baseball Games")

「東京朝日新聞」が1911（明治44）年に連載した学生野球に対する批判記事とそれをめぐる論争．記事の連載は，同年8月20日から「野球界の諸問題」，8月29日からは「野球と其害毒」と題して計26回掲載され，野球は「対手を常にペテンに掛けよう，計略に陥れよう」などとする「巾着切の遊戯」である，といった新渡戸稲造の辛辣な批判をはじめ，各界著名人や教育家らが野球批判を次々と展開した．また，全国の中学校長からの回答の集計結果も掲載され，野球部がある学校の7割に当たる73校の校長が，野球は利益よりも弊害が大きいと答えているなど，野球の「害毒」ぶりを読者に印象づける内容

となっている．これに対して，阿部磯雄や鎌田栄吉ら早稲田・慶応両校の野球部関係者らが，「東京日日新聞」や「読売新聞」などを通して徹底した反論を展開し，また，「国民新聞」「萬朝報」「中央新聞」「日本」「都新聞」などにも野球擁護の記事が掲載された．
(坂上康博)

〔文献〕1）秦真人・加賀秀雄：「野球害毒論争」(1911年）の実相に関する実証的検討．総合保健体育科学（名古屋大学），**13**(1), 1990.

野球統制令　Yakyu Toseirei (Control Ordinance on "Student Baseball Games")

1932（昭和7）年3月に出された文部省訓令第4号「野球の統制並施行に関する件」の略称．1927年のラジオによる野球中継の開始は，野球人気を一気に高め，「野球狂時代」などと形容されるほど沸騰したが，プロ野球がない当時，人気の中心は東京六大学野球と全国中等学校野球大会であった．このような学生野球のすさまじい人気の中で，その興行化，大会や対外試合の増加，応援の過熱化，選手の獲得競争や学業との両立問題，入場料の是非等々の問題が噴出したが，当時まだそれらを統轄できる野球組織が存在しなかった．野球統制令は，こうした状況下で，「教育の本義」に基づいて，学生野球を学校長・府県体育協会・文部省の管理下に置き，小学校から大学に至る全国すべての対外試合の回数や日程，対戦相手，応援団のあり方などを規制したものである．戦後，1947年5月に廃止され，学生野球は，ようやく日本学生野球協会（1946年12月設立）による自主管理下に置かれることになった．
(坂上康博)

〔文献〕1）草深直臣：「野球統制令」の廃止と「対外競技基準」の制定過程の研究．立命館教育科学研究，**2**, 1992.

安井　郁　Yasui, Kaoru

1907-1980．大阪府門真市に生れる．国際法学者として法政大学等で研究・教育活動に従事する傍ら，杉並区立図書館や同区立公民館の館長を務め「地域で民衆とともに学ぶ」ことを実践した．社会教育の目的は「真実を見抜く力を人びとに養わせること」で，社会教育は地味であるが「民主社会の基礎工事」と説いた．

杉並公民館では，地域の女性が社会思想にふれる*読書会「杉の子会」が開かれた．「杉の子会」は，ビキニ水爆実験による第五福竜丸被爆（1954年）を契機として，公民館を拠点に*原水爆禁止運動へ積極的にかかわった．

安井郁はまた，原水爆禁止日本協議会（日本原水協）の初代理事長を務めるなど，初期原水禁運動の顔であった．ヒューマニズムの見地から運動の統一を説き続けた．

安井郁の活動には，妻・田鶴子の存在が大きかった．安井郁亡き後も，田鶴子の手で守られてきた安井家の原水禁運動・社会教育関連資料の整理作業が進められた．
(竹峰誠一郎)

⇨原水爆禁止運動

〔文献〕1）「道」刊行委員会編：道—安井郁　生の軌跡—，法政大学出版会，1983.；2）原水禁運動（安井家）資料研究会：ひたすらに平和願えり—原水爆運動（安井家）資料研究会報告書—, 2009.

柳田國男　Yanagita, Kunio

1875.7.31-1962.8.8．兵庫県神東郡田原村に生まれる．日本民俗学の創始者．

〔略歴〕東京帝国大学法科大学政治学科卒業後，農商務省農務局・法制局参事官・貴族院書記官長，国際連盟常設委任統治委員，東京朝日新聞社論説委員などを歴任する．1949年，日本民俗学会を設立，初代会長となる．

〔学校教育批判〕学制公布以降の画一的・*知識注入・生活不在型の学校教育を批判し，農商務省時代には教育の実際化・地方化，論説委員時代には義務教育制度や師範教育の改善を唱えた．学校教育の改善案として，①教員は赴任先の地域の実情や生活を理解・認識できる資質を身につけること（郷土研究），②文字や言葉の暗記暗誦ではなく，文字や言葉の裏に隠された意味を摘み取るような地域の生活に即した教育を*実践すること（郷土教育），③教育とは児童を「一人前」にする「世渡りの手段」を教えるものであること（世間教育）を主張した[1]．

〔郷土研究と郷土教育〕雑誌『郷土研究』の刊行，各府県*教育会での講演・講話，郷土誌・郷土読本・郷土学習帳の編纂などを通じて，各地の小学校教員や青年を郷土研究者として育成した．1935年，郷土研究者の全国組織で日本民俗学会の母胎となる「*民間伝承の会」を組織し，郷土研究と郷土教育を両輪に，民俗を発見し郷土に着目する教育運動を奨めた．

戦後は，「史心」を育成する社会科教育論や伝承的世界を重視する国語科教育論を主張，あわせて日本民俗学の普及に貢献した．
(伊藤純郎)

⇨郷土教育運動

〔文献〕1）柳田国男：義務教育の条件．教育学術界（大日本学術協会編集），**63**(4), 263, 1931.；2）伊藤純郎：柳田国男

がみた学校教育．日本近代史概説（奥田晴樹編），pp. 155-172，弘文堂，2003.；3）伊藤純郎：柳田国男と信州地方史，pp. 1-205，刀水書房，2005．

柳　宗悦　Yanagi, Soetsu (real name : Muneyoshi)

1889-1961．東京市に生まれる．「民芸」運動の祖として知られる．学習院高等科を卒業し，東京帝国大学文科大学哲学科で学ぶが，『白樺』（1910年創刊）を舞台に，早くから宗教哲学や芸術などの論文・批評を発表している．西洋美術やブレイク（Blake, W.）の研究に打ち込んでいるが，若いときに米国ルネサンスの担い手の1人ホイットマン（Whitman, W.）の芸術にも共鳴している．特に浅川兄弟（伯教・巧）との出会いは朝鮮民族のもつ芸術（李氏朝鮮の工芸など）に対する目覚めを促すものとなり，「芸術の美はいつも国境を越える」と述べ（「朝鮮の友に贈る書」，1920年），日本の朝鮮政策批判も行っている．また日本古美術を含む東洋美術の見直しを進め，名もない陶工たちが生み出した生活用具（「雑器」）の美しさを見いだした．「民芸」（民衆的工芸）という言葉を着想し，「日本民芸館」を設立する（1936年）．その準備期間より戦後にかけて，広範な*民芸運動を推進し地方文化を発見・擁護した．柳は美を，人間としての本然（小我を脱した状態）に由来するものとして直感しているが，その思想は*社会教育・*博物館原論としての質をもつ．　　（畑　潤）

⇨民芸運動

〔文献〕1）柳宗悦：民芸四十年，岩波文庫，1984.；2）水尾比呂志：評伝 柳宗悦，筑摩書房，2004．

山形自治講習所　⇨加藤完治

山崎延吉　Yamazaki, Nobukichi

1873-1954．石川県金沢に生まれる．明治〜昭和前期の教育家・農本主義思想家・農政家．「のぶよし」とも読む．「えんきち」は通称．

〔略歴〕東京帝国大学農科大学卒業．福島県蚕業学校・大阪府立農学校を経て，1901（明治34）年，愛知県碧海郡安城に設立された愛知県立農林学校校長となる．かたわら県立*農事試験場長・県農務課長等を兼任．日露戦争後から「農村自治」という理念によって農業と農村社会の発展を説く．1920（大正9）年，帝国農会幹事．この頃より「農村計画」の名の下に農村の総合的な発展策を構想．1928（昭和3）年，衆議院議員．戦後は，知多半島に水を引く愛知用水の実現に尽力．著書は，『農村自治の研究』（1908年）をはじめ膨大である．

〔地域教育へのかかわり〕山崎は農業・農村こそ国家の基礎と考え，学校教育だけではなく，*社会教育等を通じて農業や地域社会の担い手を養成しようとした．愛知県立農林学校長としては教育の*社会化を掲げ，地域との連携を図った．農事試験場長としても，篤農家懇談会を行ったり，地元への農業技術の普及に尽力したりするなど地域とのかかわりを重視した．また，愛知県の公職を辞してからは，「興村行脚」の名の下に全国を講演してまわった．講演の回数は，生涯に1万5000回を超えた．大正末期からは，弟子の碧海郡依佐美村の青年稲垣稔と*全村学校を全国で行った．この全村学校は，農業と農村の発展の方法を説くと同時に，農業・農村の担い手としての自覚を喚起するものであった．昭和初年代以降は，国家主義的傾向を強め，皇国の農民としての自覚を説く「農民道」を唱道し，農道講習会を行った．
　　　　　　　　　　　　　　　　　　（岡田洋司）

〔文献〕1）山崎延吉全集刊行会：山崎延吉全集全7巻，同刊行会，1935.；2）安達生恒：山崎延吉，リブロ・ポート，1992.；3）岡田洋司：農本主義者山崎延吉，"皇国"と地域振興，未知谷，2010．

山名次郎　Yamana, Jiro

1864-1957．鹿児島県に生まれる．日本で最初の「社会教育」の語を冠した書物の著者．1892年に出版された『社会教育論』は，わが国における社会教育論の嚆矢として評価されている．

〔略歴〕1883年に慶應義塾に入学，1885年に同校を卒業．在学中は，*福澤諭吉と親しく接した．卒業後は，岐阜県警察六等警部，時事新報社記者を経て，1890年に北海道尋常師範学校校長となり，同校在職中に『交詢雑誌』第399号に，さらに『北海道教育会雑誌』第3号に「社会教育」と題する論考を寄稿した．この2つの論考は，ほぼ同じ内容であるが，これらは『社会教育論』の原型となっている．1891年には同校を退職し，一時，時事新報社に復帰するが，後に実業界に転じ，日本郵船会社，日本勧業銀行，東京製絨会社，日本麦酒鉱泉株式会社，千代田生命保険会社などに勤務し，晩年は慶應義塾嘱託となり，学生の就職の斡旋などに当たり，93歳で死去した．

〔理論〕山名は社会の教育力を認め，学校や家庭の教育を完全にするためには社会教育が必要だという．彼は「自治独立」の私的な結社が社会に多くつくられ，それによって社会教育がなされていくことを期待した．彼は社会教育を国家教育と別個のもの

と認識し，両者の分業による協業を考えたが，教育の方針は国家教育が示し，社会教育はそれに従属するものとされた．山名の社会教育論は，国家が展開していた学校教育の目的を，社会の私的な結社も共有し，その目的を実現していくという構図となり，社会教育の独自の意義は強調されながらも，社会教育は国家が行う学校教育を補完するものになるという限界を有していた．そのような限界を有しながらも，彼が*市民社会の教育力に注目し，国家とは別個に教育主体として社会を発見したことは評価されなければならない．山名の『社会教育論』はわが国の社会教育論の1つの源流といえよう．　（米山光儀）

⇨福澤諭吉

〔文献〕1）宮坂広作：近代日本社会教育史の研究，法政大学出版会，1968.；2）松田武雄：近代日本社会教育の成立，九州大学出版会，2004.

山本　鼎　Yamamoto, Kanae

1882（明治15).10.14-1946（昭和21).10.8. 愛知県岡崎市に生まれる．大正デモクラシーの風潮のもとで，自由画教育運動を提唱した画家．1906（明治39）年東京美術学校洋画科選科を卒業．1912（大正元）年渡欧．1916（大正5）年ロシアを経て帰国．山本は1919（大正8）年に長野県神川村の金井正と連名で村内に「日本農民美術建業の趣意書」を配布し，農民美術運動を起こした．この運動はロシアの農民美術に学んで「農民美術教習所」を設置し，志望者に産業美術製作の手ほどきをしようというものであった．1923（大正12）年には，民家風の3階建の「農民美術研究所」を建築し，全国から研究生が集まり，山本の影響は広く全国に及んだ．農民美術は昭和初年の農業恐慌の深まりの中で，農家副業という面で評価され，地方当局の勧奨も受けて普及していった．他方で，山本は学童への自由画教育を提唱するなど多角的な活動を行った．日本美術院，春陽会，文展，帝展でも活躍した．1946（昭和21）年10月8日，上田市において64歳で死去．　（手打明敏）

〔文献〕1）宮坂広作：近代日本社会教育史の研究，法政大学出版局，1968.

山本瀧之助　Yamamoto, Takinosuke

1873.11.5-1931.10.26. 広島県沼隈郡草深村（現福山市千年）に，山本孫次郎・サタの長男として生まれる．日清・日露戦間期から，都市の「青年」概念を地方に拡張し，地方青年の教育と全国組織化に先駆的役割を果たした．

〔略歴〕小学校中等科卒業後の1887年，数え15歳で村の若者入り．1888年旧暦1月1日より日記を書き始める．以後，1930年まで書き続け，日本の*社会教育揺籃期の貴重な史料となっている．地方の青年の存在を訴えたことにより「青年の父」と称され，地方青年団体の全国組織化をリードしたことにより「*青年団の母」とも称される．

〔業績〕1890年，*若者組とは別組織として「青年会ノ起ラン事ヲ望ム」を書いた．小学校で教鞭をとりながら，1894年，千年村で少年会を組織した．1896年，地方にも有為の「青年」が存在することを訴えた『田舎青年』を自費出版する．1901～02年にかけて眼病治療をかねて立身出世を求め上京するも帰郷し，以後，居村を離れることはなかった．

1903年1月，沼隈郡長に若連中改善について話し，10月に千年村青年会連合会を設立する．翌年，井上友一内務書記官と面接．第5回連合教育会で，地方青年団体と補習教育について演説．日露戦争の銃後活動として地方青年団体が国政上で注目される契機となる．1909年，主著『地方青年団体』出版．チラシの夜学会の絵を竹久夢二が描く．1911年創刊の『良民』は地方青年団体機関誌と題された初めての雑誌となった．同年，沼隈郡立*実業補習学校長となる．1913年，『一日一善』出版．全国に「一日一善」が広がる．常識カルタ，模範日，早起きなど，平易な修養方法を提起した．

1924年より29年まで，120回に及ぶ「巡回青年講習所」で全国を回り，第20回は日本青年館の開館を飾った．死後，阿武兎岬に頌徳碑が建立された．

（多仁照廣）

〔文献〕1）多仁照廣：山本瀧之助日記全4巻，日本青年館，1985～89.；2）多仁照廣：山本瀧之助全集復刻版，不二出版，1985.；3）沼隈町教育委員会編：退一歩而待人，沼隈町教育委員会，1988.；4）多仁照廣：山本瀧之助の生涯と社会教育実践，不二出版，2011.

ヤングアダルト　young adult

〔定義〕大人ではなく子どもでもない，不安定な心性を抱えた年齢層．この年齢層は中高校生代に当たり，類似した言葉に，ヤングピープル，ユース，ティーンエイジャーなどがある．しかしこれらは，そのような意味を含んだ言葉としては，十分に表現しきれないものがある．*社会教育においては，そうした年齢層を「青少年」と呼んだり，「青年」と呼んだりすることが主だが，前者は12歳以下の低年齢の子どもも含んでおり，後者は18歳以上の実社会に出たての成人期前期から30歳前後の若者層の

意味も含む．そのどちらでも捉えきれない中間的な層を言い表そうとしたのがヤングアダルトといえよう．

〔概要〕「ヤングアダルト」という言葉は，1957年に発足した米国図書館協会のヤングアダルトサービス部会（現在はヤングアダルト図書館サービス協会）が，図書館サービスの新たな年齢層として注目したことから普及したものである．ここでは，ヤングアダルトを「自分ではもう子どもではないと思っているのに，社会からはまだ大人ではないと思われている利用者」と定義し，年齢を12歳から18歳としている．

日本において，このような意味で使われ始めたのは，1979年にヤングアダルト出版会が設立され，店頭企画がなされたことを契機として，公共図書館サービスの新たな取組みとして「ヤングアダルトコーナー」を設置するようになってからである．

〔青少年教育の新しい視点〕社会教育実践においては図書館サービスが先行しており，彼ら特有の関心に基づく資料提供だけではなく，当事者同士の情報交換や交流機能，*居場所・*たまりば機能など，伝統的な青少年教育にはなかった手法がとられている点が注目される．また，このようなアプローチは居場所型といわれる青少年施設にコーナーとして設置するところもあり，広がりをみせている．課題はそうした彼ら特有の心性や人との距離のとり方などを熟知し，ニーズをつかむことができる職員の力量形成である． (萩原建次郎)

〔文献〕1) ヤングアダルト図書館サービス協会（ヤングアダルト・サービス研究会訳）：ヤングアダルトに対する図書館サービス方針（第2版），日本図書館協会，1999．；2) 日本図書館協会編：公共図書館におけるヤング・アダルト（青少年）サービス実態調査報告，日本図書館協会，1993．

ゆ

ゆいまーる（いーまーる）（沖縄） *Yuimaru* (communal mutual help in Okinawa)

沖縄における，賃金の支払いを伴わない*労働交換の慣行のことで，単にゆい（結）ともいう．生産力の水準が低く，労働力が賃金で*評価されない段階では，他所からの労働力の受入れに対して労働力をもって返す方法がとられた．この労働力のやり取りは，血縁・地縁で結ばれた数個の農家同士で行われた．一般的には共同的，相互扶助的なものとして捉えられている．沖縄ではサトウキビの刈り取り，製糖，田植え，稲刈り作業を中心に耕起作業，家・墓の普請などのゆいもあった．しかし，農業の多様化，高度化によりこれらの労働交換の風習は徐々に薄れていった．昨今，福祉や防災，生涯学習などの分野において助け合いの社会づくり，*地域づくりの手法としてこれらの取組みが注目を集めている．特に福祉の分野においては相互扶助の精神に着目して，*地域福祉の実践の1つである字公民館における*ボランティア活動時の心構えのことを"ゆいまーる精神"と表現することもある． (上地武昭)

〔文献〕1) 沖縄大百科事典刊行事務局編：沖縄大百科事典，沖縄タイムス社，1983．

ゆうあいピック *Yuaipikku* (National Athletic Meeting for the Mentaly Deficient)

全国知的障害者スポーツ大会の呼称．

〔障害者スポーツ組織の統合〕ゆうあいピックの「ゆうあい」は，「友・愛」という意味と，「You（あなた）とI（わたし）」という意味を含んでいる．参加する人たちの友情の輪を広げようという願いが込められ，第1回から大会名としても使用されている．1992年，「国連障害者の10年」の最終年を記念し，第1回ゆうあいピック，全国精神薄弱者体育大会が東京都で開催され，その後，2000年の岐阜大会まで開催された（兵庫・神戸大会は，阪神・淡路大震災のため中止）．2001年以降は，全国身体障害者スポーツ大会と統一開催されることになり，2つの大会

組織も統合され，*全国障害者スポーツ大会となった．
〔自立と社会参加〕ゆうあいピックの趣旨は，知的障害者の自立と社会参加であった．この取組みを全国各地で開催することにより，人々の知的障害に対する理解と認識を深め，知的障害者の健康の維持・増進を図ることを目的としていた．財政的には非常に厳しく，大会運営や移動の費用において，選手をはじめ関係者に対して支援をしていくことがむずかしい状況にあったが，それが結果的には*ボランティアや企業の社会貢献活動の裾野を広げることにつながった．またゆうあいピックをきっかけに，地域で知的障害者を対象にした*スポーツ教室やクラブ活動が盛んになり，競技スポーツの普及を通して，*余暇活動としてスポーツに親しむ文化が障害者自身にも浸透していったという点で，大きな役割を果たしたといえる． (打越雅祥)

〔文献〕1) 遠藤雅子：スペシャルオリンピックス，集英社新書，2004.

有給教育休暇　paid educational leave

〔ILO有給教育休暇条約・勧告〕*ILO条約・勧告第140号（1974年）に規定された労働者の教育訓練の支援制度．第1条に「労働時間中に一定の期間教育の目的のために労働者に与えられる休暇であって，十分な金銭的給付を伴うものをいう」と謳われている．第2条で，休暇を使って参加できる教育・訓練の機会は，①あらゆる段階での訓練，②一般教育，社会教育および市民教育，③労働組合教育の3種類とされた．また第3条では，有給教育休暇の実現の目的として以下の4点があげられている．①科学技術，経済の構造的な変容のもとでの雇用の保障・促進，②企業や地域活動への労働者の参加，③労働者の人間的，社会的および文化的向上，④現代の諸要請に対する労働者の適応を援助するような継続的な教育および訓練の促進．

〔歴史的背景と批准状況〕有給教育休暇制度は，ILO条約・勧告によって国際的な制度化の促進が図られたが，その背景には西欧諸国の労働組合や労働組合国際組織が，それぞれの政府と事業者連合に働きかけて独自の制度化を進めてきた動きがあった．*ユネスコは1960年代半ばからこの制度への関心を示しており，第3回国際成人教育会議（東京，1972年）の最終報告に有給学習休暇（paid study leave）実現の文言が盛り込まれている．*OECD(経済協力開発機構)も1971年の報告で労働者の*継続教育・訓練に関連して有給教育休暇制度の導入に言及している．2009年現在，有給教育休暇条約・勧告の批准国は34ヵ国で，当初批准したヨーロッパ諸国に続き，1980年代から1990年代にかけてアフリカ，中南米，東欧諸国などに広がっている．日本などのように条約採択当時から独自の制度を国内では導入しているが，条約自体は未批准という国もある．2000年代には*EU(欧州連合)が域内での生涯学習政策の推進を重視し，有給教育休暇制度の促進を提唱している．

〔各国の有給教育休暇法制度〕有給教育休暇制度は，各国の*職業教育訓練制度の慣行や労使関係，事業者側の意向と労働者の希望の調整，金銭的給付の形態などの点で多様性がみられる．フランスでは1971年に「生涯教育の枠組みにおける継続職業訓練に関する法律」が制定された．労働者自身の意向で1年を限度とした「教育休暇」(congé de formation)（定時制では1200時間まで）が認められ，国家と企業の拠出金による教育訓練休暇基金から休暇中の賃金も支払われる．法的には労働者の権利性が反映されているが，現実には企業主の自由裁量の余地が大きい．利用者は1990年代には2万人台である．スウェーデンでは教育訓練休暇法によって賃金の8割を支給するとともに，学習にかかわる費用も給付・貸付けなどで助成する仕組みがあり，年間2万人が利用している．ドイツでも1970年の構造改革以来，継続教育を受けるための労働免除を推進しており，10を超える州が教育休暇を制度化している．一般教育，市民教育講座の受講も認められ，労働者の利用は5％程度といわれる．イタリアでは，産業別の労使協定と教育省の政策によって中学校未修了の労働者のために優先的に有給教育休暇を保障することが合意され，義務教育未修了者をなくす社会的な取組みの一環としてこの制度が効果を上げた．

〔日本における教育訓練支援制度〕日本では*雇用保険法のもとで1998年から教育訓練給付金制度が実施されている．雇用保険の在籍者や離職者が厚生労働大臣の指定する教育訓練を受講する場合，自発的な*能力開発の支援として経費の40％を限度として*ハローワークが支給する制度で，利用者は年間数十万人に達する．また*職業能力開発促進法に基づき事業主が行う職業能力開発について有給教育訓練休暇，長期教育訓練休暇制度が適用され，事業主に生涯能力開発給付金が支給される制度が実施されている． (佐藤一子)

〔文献〕1) 藤田秀雄編：学習権保障の国際的動向，東洋館出

版社，1975．；2）田中萬年・大木栄一：働く人の「学習」論，学文社，2005．

優生思想　eugenic ideology

〔基本的な価値観〕一般に優秀な人間を残すという社会的価値観に根ざす考え方であり，ダーウィン（Darwin, C.）の進化論を社会の構成原理に当てはめた社会優生学がそのルーツといわれている．この思想が極端な形で表れたのが，ユダヤ人や障害者を抹殺したナチスドイツの優生思想であることはよく知られているが，今日これが，程度の差こそあれ，障害者差別の思想的根拠となっている．

〔堕胎をめぐる問題〕そこでとりわけ看過できないのが，障害児の堕胎の問題である．日本の刑法でいう堕胎罪に該当せず，障害児の人工妊娠中絶を認める法律が優生保護法であり，その第1条に「この法律は，優生学的見地から不良な子孫を防止し，母体の健康のために施行する」と明記されていた．それがようやく改訂されて現在の母体保護法となったのは1996年であるが，優生思想の問題は新たな形で提起されてきている．それが，羊水検査から始まりさらに最近の診断技術の進歩によって可能となった受精卵検診の問題である．すなわち，受精卵の段階で何らかの障害があると認められた場合には堕胎罪には該当せず，しかも母体を傷つけないという理由で，*障害をもつ人の排除をもたらしているのではないかという問題である．

〔新たな差別への懸念〕これに対して，障害当事者たちが，受精卵検診に反対する運動を展開しているが，最近の医学の進歩はさらにDNAの解読へと進むことで，そうした流れが一層強まることが危惧されている．つまり，DNAの解読で自分の生む子どもの障害の有無が予想できるということになれば，障害などの異常とされる遺伝子をもつ人間は，結果として子どもを生むことができなくなるという意味で，人権侵害と新たな*差別を生む危険性があるという指摘である．　　　　　　　　　　（小林　繁）

⇨差別

〔文献〕1）中村満紀男編著：優生学と障害者，明石書店，2004．

優良公民館　superior Kominkan

〔概要〕公民館のうち，特に事業内容・方法等に工夫をこらし，地域住民の学習活動に大きく貢献していると認められ，文部科学大臣から表彰された公民館をいう．優良公民館の選考は，毎年度，都道府県教育委員会から推薦のあった被表彰候補公民館について，優良公民館審査委員会において審査の上，文部科学大臣が被表彰公民館を決定することとなっている．

〔歴史〕1947年度に，社団法人生活科学協会と毎日新聞社が，文部省の後援のもと，初めて優良公民館の表彰を行い，優良公民館4館，準優良公民館8館が表彰された．翌1948年度から，文部省が優良公民館の表彰を始めた[1]．文部省の第1回「優良公民館表彰要綱」（1948年8月30日，発社203号，都道府県知事宛，社会教育局長）には，「社会教育と文化の向上，産業の振興，生活の合理化に顕著な実績をあげ，すべての集会において民主的な討議が行われ新しい諸法律について討論がかわされることにより町村の民主化に貢献した公民館であること」が，「表彰されるべき公民館の条件として」あげられていた．

その後，表彰の内容や選考条件には変化がみられ，優良公民館に次ぐものとして準優良公民館が表彰された年度もあり，また，「施設優良公民館」と「運営優良公民館」に区分された表彰が実施された年度もあった．

〔現状〕2011年度においては，全国で67館が，優良公民館として，文部科学大臣から表彰された[2]．また，都道府県レベル（教育委員会，公民館連合会・連絡協議会等）でも，様々な選考基準に基づいて，優良公民館表彰が行われているところもある．

（益川浩一）

〔文献〕1）全国公民館連合会編集・発行：全公連35年史，1987．；2）文部科学省ホームページ（http://www.mext.go.jp/，2012年1月30日閲覧）．

有料職業紹介　⇨職業紹介

ユースサービス　youth service

一般的な意味としては「青少年の余暇における健全育成のための援助施策一般を包括する概念」[1]と捉えられているが，英国で発展してきた，民間の青少年団体の活動と行政施策を両輪とする青少年育成の営みが，日本に多く紹介され影響を与えてきたことから，それについていい表す場合が多い．英国においてユースサービスは，非形式的な青少年教育に福祉的な対策の一部が統合される形で発展してきた．特に第2次世界大戦中から法的な整備が進み，1960年の政府レポート（*アルブマール（Albemarle）レポート）により，教育行政が学校外での青少年教育に責任をもって取り組むべきとの提起が行われ，それを画期として全国的に取組みが進んだと

される.当初は青少年が,①集い,②トレーニングし,③挑戦することができる,自主的な活動の機会を設けることでの成長の支援を標榜していたが,近年においては,自己理解・*他者理解を通しての*社会化,*コミュニティにおいても社会自体に対しても発言し,影響を与えるような位置づけを青少年に与えることが目標とされるとともに,困難な課題をもつ青少年に対する支援への資源の集中が行われている[2].日本においては,神戸市,京都市などにおいて青少年施策の計画にユースサービスの考え方が取り入れられたほか,各地域の青少年施策に影響を与えている. (水野篤夫)
⇨ユースワーク

〔文献〕1) 柴野昌山:現代の青少年―自立とネットワークの技法―,学文社,1995.;2) National Youth Agency:The NYA guide to Youth Work and Youth Services, 2007.

ユースハローワーク Youth *Hello Work* (job placement services for young people in Japan)

若者の失業率の高さが社会的問題と認識された中で,*ハローワーク(*職業安定所)が十分,個別の若者の状況に応じた対応ができにくいことから,若年者(おおむね30歳までの人)の就職活動を専門に支援する機関として,厚生労働省が1998年大阪に開設したものである.対象を若者に限定して,就職斡旋とともに,個別相談や求職活動に求められるスキル(面接での自己アピール方法,履歴書の書き方ほか)の指導,相談にとどまらない個別就業支援,*インターンシップなどまで一貫して行っている.名称は異なるが東京(渋谷),横浜,名古屋,神戸に同種の機能をもつ施設が開設されている(ヤングハローワーク,ヤングワークプラザなど).全国にある学生就業センターに対して主に学生以外を対象としているところに特徴がある. (水野篤夫)

〔文献〕1) 厚生労働省:厚生労働白書平成17年度版―地域とともに支えるこれからの社会保障―,ぎょうせい,2005.

ユースホステル 英 yourh hostel,独 jugend herberge

青少年(野外)教育運動および,そのために設置された青少年向けの簡素な宿泊施設を意味する.1909年創始者の1人であるドイツの小学校教師,シルマン(Schirrmann, R.)が子どもたちを徒歩旅行に連れ出した折に簡易な宿泊場所の必要性を感じ,青少年向けの宿泊施設の展開を発想した.それが後のユースホステルである.1910年に最初のユースホステルがドイツにつくられて以降,ヨーロッパ各国にユースホステルがつくられるとともに協会組織ができ運動として広がっていった.1934年には米国にも運動が広がり最初のユースホステルが開設された.日本にこの運動が紹介されたのは第2次世界大戦後であり,米国のユースホステルを視察してきた*青年団関係者などが,日本への導入をめざして活動した結果,1951年になって日本ユースホステル協会が設立された.

2007年時点で国際連盟に加盟する協会は約80ヵ国にあり,4000ヵ所あまりのユースホステルが存在する.日本には250ヵ所余りが開設されており,年間約43万泊(うち外国人宿泊7万2000泊)の利用がある(2010年度日本ユースホステル協会統計).会員となれば世界中のユースホステルが利用でき,国境を越えた青少年による旅行運動,国際交流運動として展開されている.発祥においては,10歳代の子ども・青年の*野外教育運動としての意味が強かったが,日本においては青年運動として紹介・展開された面があり,経済的に豊かになった青年層がユースホステルから離れていったこと,少年層の参加を得られなかったことで,運動としての退潮を招いているといえ,会員数・宿泊数・ユースホステル数なども減少してきている. (水野篤夫)

〔文献〕1) (財)日本ユースホステル協会:日本ユースホステル運動50年史,2001.

ユースワーク youth work

〔役割と領域〕一般的に家庭,学校,*職業訓練外で提供される,青少年のための様々な支援の営みをさす.ユースワークの対象は各国・地域によって異なるが,おおむね12歳から25歳前後の,子どもから大人への移行期にある人を対象としている.担う役割について共通項としては,それぞれの国や地域における青少年をめぐる問題,非行・暴力・薬物誤用・性や身体の健康・失業・*ホームレス・*貧困・メンタルヘルスや自殺・*多文化共生・*虐待・学校や社会からの離脱などへの対処,学校外の活動を通した青少年の*社会化や成長の促進・支援といえる.ユースワークは,青少年施設(ユースセンター等)におけるワークや,青少年団体の事業活動を通したワーク,問題のある地域や地域団体との連携による*コミュニティワークとしてのワーク,*少年院や学校といった場に出掛けて行われる*アウトリーチワーク,デタッチトワークのような特別なチームによるワークなど,多様な形をとって展開される.

〔概念〕ユースワークには広く*ソーシャルワークの一部として捉える考え方と，それとは切り分けて教育的な営みとして位置づける考え方があり，現実の施策や活動においても各国においてその境界線は異なり，重なり合いもある．ユースワークの独自性を強調する立場からは，①子どもから大人への移行期における独特の課題にかかわる点，②問題があるからかかわるのではなく青少年に焦点づけた支援を目ざす点，③福祉，教育，雇用などの区分けを超えた包括的な成長への支援が求められる点において，ソーシャルワークとの違いが指摘される．また，英国などで*ユースサービスという言葉と重複して用いられるが，それが青少年の*余暇活動における援助施策一般を示すのに対し，ユースワークは方法論や技法として，もしくはより包括的な支援を示すものとして捉えられている．

〔ユースワーカー〕ユースワークを企画運営する専門スタッフがユースワーカーである．その位置づけは各国において異なっているが，ヨーロッパにおいては*専門職として認知された存在として位置づけられている国が多い．中でも英国のユースワーカー養成制度はよく整備されていることもあり，日本にもよく紹介されている．英国では約30の大学・高等教育機関で養成コースが開設され，おおむね2年間の履修により基礎的なユースワーカー資格を得ることができるとともに，大学院レベルのコースでさらに上位の資格を取得することもできるようになっている．イングランドおよびウェールズの地方教育当局（Local Education Authority）に雇用されているユースワーカーは，フルタイム3000人，パートタイム2万1000人といわれている．同時に，*ボランティアワーカーの存在も非常に大きく，概数で50万人が活動しているとされる[1]．日本においては，ユースワーカーに対しての社会的な位置づけは十分されていない．ボランティアとしてのユースワーカー養成は愛知県，大阪府ほかで行われているが，専門職としての養成は，1975年に労働省が開設した勤労青少年指導者大学講座が，英国のユースワーカー養成コースをモデルとした先駆的なものとしてあげられる．初めての大学院における専門職養成コースは2006年度から京都で始まっている．複雑化する青少年問題への対応に当たる専門職として，ユースワーカーという存在は近年再度注目されつつあるといえるだろう．　　　　　　　　　　（水野篤夫）

⇨ユースサービス

〔文献〕1) National Youth Agency：The NYA guide to Youth Work and Youth Services, 2007.

豊かな環境体験　⇨SLE

UNICEF（ユニセフ）　United Nations Children's Fund（United Nations International Children's Emergency Fund）

1946年，大戦被災児童らの緊急救済のために設置された国際連合国際児童緊急基金（United Nations International Children's Emergency Fund）の略称がユニセフである．その後，発展途上国の子どもが活動の主な対象となったことから，1953年に現在の国際連合児童基金に改められたが，ユニセフという略称はそのまま残された．

ユニセフは子どもの生命・生存と発育・発達を擁護するため，医療，衛生，教育等の支援事業を行っている．支援内容は幅広く，「児童の権利に関する条約（子どもの権利条約）」で規定されている積極的権利（十分な栄養や基礎保健，基礎教育等）の保障や，次世代の子どもへの効果の期待から女子教育の拡充にも注目している．近年では，子どものためのグローバルムーヴメント（the Global Movement for Children）の一翼を担うほか，生活技術を基礎とした教育（life skills-based education）や，女性が男性と平等の権利を獲得すること，地域社会の政治や社会，経済発展に参加できるようにすること等も目ざしてきている．　　　　　　　　　　（飯田優美）

〔文献〕1) ユニセフのHP（http://www.unicef.org）．

ユニバーサルデザイン　universal design

米国の建築家メイス（Mace, R.）が提唱した考え方で，「できる限り多くの人が利用可能であるように製品，建物，空間をデザインすること」を意味している．そこでは，①公平性，②柔軟性（自由度が高いこと），③単純性，④認知性，⑤安全性，⑥効率性，⑦アクセスしやすいスペースと大きさを確保することの7つを原則とし，「*バリアフリー」が障壁に対処するという考え方であるのに対して，初めから*障害をもつ人だけではなく誰に対しても安全で使いやすいものをデザインするという広い概念を含んでいる点が特徴である．

製品，建物，空間などをつくり上げる過程において様々な立場の人が意見を交わし理解を進めることで，違っていてもともに使えるもの，ともにいられる環境，そして社会を創造することを目ざしている．プロセスを重視するため，建築や商品開発だけでな

く，まちづくり，生活づくり，人づくり，教育など広い分野で活用されており，その意味で社会制度を変革し，すべての人が生き生きと暮らすことができる社会を構築するためのソーシャルデザインといえる．
(杉野聖子)

〔文献〕1) 北岡敏信：ユニバーサルデザイン解体新書，明石書店，2002.；2) 井上滋樹：ユニバーサルサービス，岩波書店，2004.

ユネスコ（UNESCO） United Nations Educational, Scientific and Cultural Organization

国際連合教育科学文化機関の略称．国連設立の翌年である1946年，UNESCO憲章の理念のもと，教育，科学，文化，コミュニケーションの分野の国際協力を通じて，世界の平和に貢献すべく設立された．第2次世界大戦中期の1942年，ロンドンに亡命中のヨーロッパ諸国政府が英国の主導のもとに連合国文部大臣会議を開催し，戦争によって荒廃した教育上の問題を検討したことが発端である．2006年現在加盟は191ヵ国．日本は1952年に加盟，政府機関として日本ユネスコ国内委員会を設立した．

〔事業と動向〕初期のUNESCOは，教育，科学，文化の領域では唯一の国際機関で，これらの分野の国際的な知的交流や協力に大きな影響を与えた．

教育の分野：*国際理解教育，生涯教育，機能的識字，万人のための教育等の新しい理念や概念の創始者として大きな役割を果たしてきた．中でも1965年，*ラングランがユネスコ成人教育推進国際委員会で提唱した生涯教育は当時の先進諸国のみならず，*識字や*開発教育の観点から開発途上国の教育，行政機関に大きな影響を与えた．万人のための教育達成目標として，2000年「*ダカール行動の枠組み」が採択され，2015年までに識字率の改善，女子や社会的弱者に対する教育，エイズ教育等が含まれた．現在注目されているのは2005年に開始された持続可能な発展のための教育と高等教育の質の保証である．

文化の分野：UNESCOは憲章起草の段階から恒久的国際機関の創造の中心として教育と文化の協力を重要視した．東西の冷戦構造下においては「東西の文化価値の相互理解重要事業計画」を実施し，思想文献および文学作品の翻訳事業等を行った．また有形無形の世界文化遺産の保護と修復を実施してきた．現在，デジタル技術を用いた無形文化遺産の保存，文化遺産に関する情報の保存，流通，発信を推進している．2005年UNESCOは「文化多様性条約」を採択した．この条約は文化的表現の多様性の保護と促進を目的とし締約国の権利と義務を定め，教育啓発の必要性や途上国に対する協力，国際ファンドの設置，紛争処理の仕組み等を定めている．

科学の分野：恒久平和の根本条件をつくる上で，科学は重要な役割を果たしてきた．社会科学は多くの国家的特性を含み，社会的，経済的，法律的制度の多様性を反映する広大な領域である．国際理解推進のために貢献し，また各国において異なる諸制度を理解することにより諸国民相互の理解を促進，敵愾心を起こさせるような緊張関係を除去する手段を探究してきた．1948〜52年には人種的偏見と不平等の基礎的研究が実施され，『近代科学における人種問題叢書』として刊行された．2005年「生命倫理と人権に関する世界宣言」を採択．生物学や遺伝学の進歩が社会に与える影響（社会変容，文化の多様性，*グローバリゼーション）をどう発展させていくかが課題となっている．自然科学分野は経済的社会的発展が人類共通の目標であるという認識のもと，原子力の平和利用，海洋資源の開発事業を実施してきた．現在，水科学を中心とする水資源問題，人類とその環境をグローバルに改善するための人間と生物圏計画，津波問題が重要な課題となっている．

マスコミュニケーション分野：設立の当初より，UNESCOはマスコミを目標促進のための重要なツールと位置づけ，発展のための情報と公正なアクセスの促進，表現の自由，マスコミュニケーションの促進事業を実施してきた．現在，情報における貧富の差を縮小し，すべての人の情報社会構築を目ざす「すべての人々のための情報計画」を実施している．また「コミュニケーション開発計画」では出版の自由，メディアの多様性，地域メディアの開発促進，能力開発，パートナーシップの構築を目標にしている．

ユネスコの事業を横断的にみると，①「知的フォーラム」の役割（委員会報告，国際会議），②国際的な規範設定（条約，勧告，宣言），③知識の増進，移転，共有の促進（調査・研究，研修，情報収集提供），④開発協力（専門的助言，技術協力）ということができる．事業の具体的な実施機関・団体としては日本ユネスコ国内委員会，ユネスコアジア文化センター（ACCU：Asia/Pacific Cultural Center for UNESCO），日本ユネスコ協会連盟（NFUAJ：National Federation of UNESCO Associations in Japan）がある．
(山口 眞)

〔文献〕1) 山志田長博訳編：ユネスコの基本的研究，葛飾印

刷製本出版部, 1949. ; 2) 日本ユネスコ国内委員会編：日本ユネスコ活動十年史, unesco, 1962. ; 3) Unesco : *Unesco on the eve of its fortieth anniversary*, unesco, 1986. ; 4) 日本ユネスコ国内委員会：ユネスコ―国際連合教育科学文化機関―, unesco, 2004.

ユネスコ学校図書館宣言　UNESCO School Library Manifesto

〔概要〕1999 年 11 月に開催された第 30 回ユネスコ総会で批准された*学校図書館の宣言．「すべての者の教育と学習のための学校図書館」という副題をもつ．IFLA（International Federation of Library Associations and Institutions, 世界図書館連盟）の学校図書館リソース分科会が中心になって作成し，IFLA の調整委員会と理事会の採決を経て，ユネスコで承認されるに至った．学校図書館メディア奉仕宣言（School Library Media Service Manifesto, 1980 年承認）の改訂版．

〔内容と特徴〕前文と「学校図書館の使命」「財政，法令，ネットワーク」「学校図書館の目標」「職員」「運営と管理」「宣言の履行」の項目からなる．「学校図書館の使命」では，学校図書館の構成員全員に対して学習のための多種多様な情報源を提供すること，教師と協力することによって児童・生徒の*識字や*読書，学習等の*技能向上が可能なこと，各人の平等な利用，自由なアクセスの保証などが謳われている．1994 年に批准された*ユネスコ公共図書館宣言に形式・内容を類似させ，「より広範な図書館・情報ネットワークと連携する」としている．宣言の理念に基づいて学校図書館を振興させるため，2002 年に *The IFLA/UNESCO School Library Guidelines*（イフラ・ユネスコ学校図書館ガイドライン）が刊行された．ガイドラインは，宣言とともに，多くの言語に翻訳されて利用されることが奨励されている．　　　　　　　　　　　　（篠原由美子）

⇨ユネスコ公共図書館宣言

〔文献〕1) 堀川照代：ユネスコ学校図書館宣言・解説．図書館雑誌, **94**(3), 172, 2000. ; 2) 長倉美恵子：新世紀を導くユネスコ学校図書館宣言．学校図書館, No.592, 91-92, 2000.

ユネスコ公共図書館宣言　UNESCO Public Library Manifesto

〔概要〕ユネスコ加盟国が公共図書館の本質的役割や運営の原則についての共通認識を表明した宣言．その基本は公共図書館を教育，文化，情報面での活力源とみなし，民主主義を支え平和を推進する機関として位置づけていることであり，世界の公共図書館活動のあり方やその発展を促す大きな要因をなす．公共図書館自体の状況の変化に応じて数度の改定が行われている．

〔内容〕ユネスコは 1945 年 11 月に設立されたものであるが，1949 年「公共図書館が教育，文化，情報の活力として，また平和を育成し，人間間，国家間の理解を増すための主要な機関である」との所信に基づき公共図書館の必要性，機能，可能性について述べた宣言に始まる．ここでは① 全住民に対する平等な公開，② 無料利用，③ 経費の公費負担，④ 法律に基づく設置・運営，⑤ 民主的な機関としての運営，の 5 原則を明示する．1972 年，国際図書年を記念して行われた改定では「ユネスコと公共図書館」「公共図書館―教育・文化・情報のための民主的な機関」「叢書とサービス」「児童による利用」「学生による利用」「身体に*障害のある利用者」「地域社会における公共図書館」についてそのあり方と目標について具体的に述べている．1994 年の改定では公共図書館を「あらゆる種類の知識と情報をたやすく入手できる地域の情報センター」と規定し，その使命として，子どもの読書習慣の育成，自主的な教育支援，青少年の創造的な活動支援，文化遺産に対する認識の喚起，情報アクセスの保障など 12 点をあげ，さらに運営上，管理上の基本を提示している．

〔評価〕ユネスコ加盟国における宣言という限定性があり，ユネスコ自体と密接に関連するものであるが，多様な価値観が存在する現在，公共図書館のあり方に対する基本的な問題点が常に浮き彫りにされる点において高く評価されるものである．

⇨ユネスコ学校図書館宣言　　　　　　　　（前田　稔）

〔文献〕1) 塩見昇編：図書館概論（4 訂版）, 日本図書館協会, 2004. ; 2) 日本図書館協会ホームページ（http://www.jla.or.jp/yunesuko.htm）

ユネスコ国際成人教育会議（CONFINTEA）　International Conference on Adult Education

ユネスコ（1946 年設立）主催で継続開催されている成人教育の政府間会議．ユネスコの規則ではカテゴリーⅡに位置する会議である．

〔概要〕第 1 回は，1929 年の英国での試み以来のものとして，1949 年にエルシノア（デンマーク）で開催された．わずか 27 ヵ国，ほとんどがヨーロッパからの参加だったが，第 2 次世界大戦後の国際社会の中での平和・信頼の回復，今後の交流に向けたユネスコへの期待が強調された．以後，1960 年第 2 回（モントリオール），1972 年第 3 回（東京），1985 年

第4回（パリ），1997年第5回（ハンブルク）とほぼ12年置きに開催されてきた．毎回，前回大会以降の成人教育をめぐる動向が分析され，これをもとに分科会に分かれて審議を行い，結果は，各国の政策，運動に反映させるべく，決議，宣言，勧告等の形でまとめられてきた．成人教育の定義，方法，体制等，幅広く議論しつつも，時代の変化を反映し，急激な社会変動への対応，開発にとっての成人教育の重要性，生涯教育の促進とその不可欠な部分としての成人教育の確認，教育無権利層の成人教育への参加・参画の重要性など時々に強調されてきた．

〔近年の動向〕会議への参加国数，参加者数は回を追うごとに増え，第5回では135ヵ国（非メンバー国とパレスチナを含む）1507人にまでに至っている．運営は，当初，民間成人教育関係者を中心に行われたものが，いったん，政府関係者中心の様相に変わり，その後*国際成人教育協議会（ICAE）による積極的働きかけが行われた第4回（「学習権宣言」に結実）を経て，第5回では改めて，討議への*NGOの参加が広く受け入れられた．この第5回ではその後のフォローアップ会議も企画され，2003年9月に中間総括会議がバンコクで開催された．ここでは過去6年間の厳しい政策状況がユネスコ教育研究所とICAEの双方から調査結果として報告され，分科会討議も踏まえて，今後の課題を確認する「成人の教育と学習に対する再度の決意」がまとめられた．第6回は市民社会組織が準備過程にも深くかかわり2009年12月にベレン（ブラジル）で開催され（144か国，約1500人），諸施策実現を目ざす「ベレン行動枠組」がまとめられた．

（荒井容子）

⇨国際成人教育協議会，成人教育の発展に関する勧告，学習権，ハンブルク宣言，カナダの成人教育・生涯学習

〔文献〕1）ユネスコ教育研究所（旧）の当該サイト（http://www.unesco.org/education/uie/confintea/）；2）ユネスコ生涯学習研究所の当該サイト（http://www.unesco.org/en/confintea/）；3）荒井容子：成人教育運動の国際的連帯（1）〜（4），月刊社会教育，2008.10.，2009.2.，2009.5，2010.5．

ユネスコ「体育・スポーツ国際憲章」
UNESCO International Charter of Physical Education and Sports

〔概要〕1978年11月21日，ユネスコ（国際連合教育科学文化機関）第20回総会において，満場一致で採択されたもので，「体育・スポーツの*実践は，すべての人にとって基本的権利である」から，「公的機関は，スポーツ活動を促進するための財政措置を保障するものとする」と，体育・スポーツの権利性を謳い，その必然性を原理から解き明かし，保障の体系を提示した，画期的なものであった．国際社会は，この「憲章」を踏み台にして，体育・スポーツの新たな発展の歩みを開始する．

「憲章」は，体育・スポーツの実践が，なぜ「すべての人にとって基本的権利」なのかを次のようにいう．人はすべて，身体的，知的，道徳的能力を発達させる自由と権利をもつ．その権利の実現にとって，体育・スポーツの実践は不可欠である．さらに，人格の全面的発達は，国民的，国際的レベルでみれば，社会進歩であり生活の質の改善に役立つと．そして，この権利を実現していくために，必要なことを具体的に提示した．

〔「憲章」の理念〕「憲章」のもつ「*スポーツ権」思想は，第2次世界大戦後の国際社会形成の機軸となった2つの国際的文書を踏まえている．1つは，1945年の「国際連合憲章」（基本的人権と人間の尊厳・価値への信念及び社会進歩と生活向上促進への決意の宣言）であり，いま1つは，1948年の「*世界人権宣言」（人間の平等な権利と自由の保障宣言）である．

〔成立の背景〕背景には，1960年代の後半からヨーロッパを中心に始まったみんなのスポーツ運動があった．その象徴は，1975年3月，ヨーロッパスポーツ大臣所管会議による「*ヨーロッパスポーツフォーオール憲章」の採択である．ここで「スポーツ権」の基本理念は表明された．翌年，ユネスコ「青少年・体育スポーツ担当大臣会議」が開催され，体育・スポーツ国際憲章作成の勧告が行われた．これを受けて「体育・スポーツ国際憲章」は成立した．

（関　春南）

〔文献〕1）関春南：スポーツ権確立への道．スポーツは誰のために—21世紀への展望—（関春南・唐木国彦編），大修館書店，1995．

ユネスコ「大衆の文化的生活への参加および寄与を促進する勧告」
UNESCO Recommendation on Participation by the People at Large in Cultural Life and their Contribution to it

ユネスコ総会が1976年第19回会期の会合（ナイロビ）で採択した勧告．文化とは「本質的には，個々人が創造的活動に参加し，そこで協力する結果起こる社会現象」であるとし，専門的芸術家が*他者に与えるものという狭い理解を排し，*文化活動の社

会発展における意義，すべての人の文化活動への参加の意義を強調．そしてそのような文化活動を発展させるために加盟各国が踏まえるべき考え方，実行課題を「諸定義と勧告の範囲」「法規」「技術的，行政的，経済的，財政的方法」「国際協力」「連邦国家，同盟国家」の5章を設けて提起している．第3章では文化活動推進の課題を A.「方法と手段」，B.「政策」に分け，「道具，活動，決定の分権化」「協同的取り組み」「*労働組合ほかの労働組織」「活気を与えること」「芸術的創造活動」「文化産業」「普及」「調査研究」「交流」「協力」「青年」「環境」と細かく項目をあげて課題を提起している． (荒井容子)

〔文献〕1) 原文，日本語訳とも日本ユネスコ国内委員会ウェブサイトから入手可．原文は UNESCO ウェブサイト関連ページへのリンクによる．

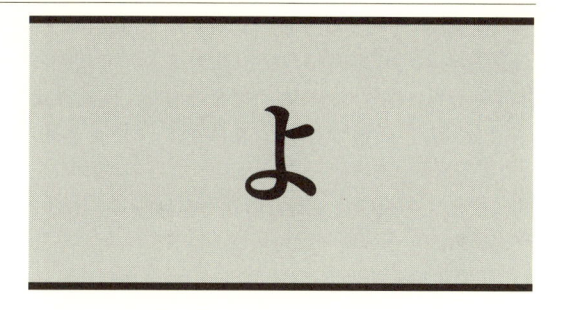

要介護高齢者 elders who need care

一般的には，日常生活を営む上で支障をもつために*他者の介護を必要とする寝たきりや*認知症の高齢者をいう．介護保険法では，身体上または精神上の*障害があるために，入浴，排泄，食事等の日常生活における基本的な動作の全部または一部について，おおむね6ヵ月間継続して常時介護を要すると見こまれ，5段階の要介護状態区分にある65歳以上の者をいう．介護保険制度では，要介護の状態に陥る前の「*介護予防」の適切なサービス利用により，状態の維持・改善が可能な高齢者（要支援高齢者，介護予防対象高齢者）という集団区分にすることもある．高齢者の心身の状況によっての集団区分は，*高齢者福祉の*実践のための便宜的システムによるものであり，人生の連続性と包括性を失念し，人間1人ひとりを*評価する基準となってしまう危険性があるともいえよう．*社会教育の課題としては，要介護者の心身機能向上のためのみならず，人間の尊厳維持のための教育実践の探求があるだろう． (新井茂光)

⇨高齢者介護

〔文献〕1) 天田城介：〈老い衰えること〉の社会学（普及版），多賀出版，2007.；2) 新井茂光：高齢者の福祉と教育．高齢社会における社会教育の課題（日本社会教育学会年報第43集，日本社会教育学会編），東洋館出版社，1999.；3) 大井玄：痴呆の哲学，弘文堂，2004.

養護 protective care

〔概念〕一般には「危険がないように保護し育てること」（広辞苑）の意味だが，教育と福祉の分野では，その対象や領域によって使われ方が異なる概念である．*高齢者福祉の分野では世話の意味で用いられ，子どもの分野でも多義的で，保育分野ではその理念が「養護と教育の統一」と捉えられる．学校保健分野では，担い手が「養護教諭」，*障害児教育分野では，子どもの学校・学級を「養護学校」「養護学級」という．*児童福祉分野では，要保護性をもつ保護者のいない子ども，*虐待されている子ども等

の入所施設として「児童養護施設」がある．

〔歴史と現状〕「養護」は教授・訓育と並んで教育の三本柱として位置づけられた歴史をもち，養護教諭の前身，養護訓導の任務は身体ケア（普通養護）と*貧困家庭へのケア（特別養護）とされた．大正期に文部省が設けた虚弱児転地療養施設に「養護」が用いられ，その後障害児学校・施設にも用いられた．*児童福祉法成立過程で育児院が養護施設にされ，戦後戦災孤児対策としての疎開学寮等が養護施設に転換され，「養護」が児童福祉分野の施設名称に用いられるようになった．このように「養護」は教育と福祉にまたがる用語としての歴史的性格をもち，特別な教育的福祉的ケアを求める用語でもある．

〔課題〕児童養護施設では子どもの*発達保障の対応が遅れていたが，1970年代の後半以降，進路保障が進められた．1997年児童福祉法改正により*自立支援が目的の1つとされた．子どもの心身のケアとともに養護の生命線である生活のケアの見直し，個人へのケアとともに生活集団を育てるケアの創造が施設養護の課題である．*社会教育・生涯学習関係者にとっては，「養護」の歴史的性格と内容をよく理解して，当事者や援助者の*学習権保障を進めることが課題となる． （遠藤由美）

〔文献〕1）長谷川眞人監修：しあわせな明日を信じて，福村出版，2008．

養成訓練　initial training

新規学校卒業者（大卒者を除く）を対象とした*職業訓練をいう．

〔成立〕「養成訓練」の用語は1963（昭和38）年の「人的能力の向上」政策の経済審議会答申において，「転職訓練」の用語の対句として最初に用いられた．その後，養成訓練は若年者，特に新規学校卒業者を対象とした職業訓練を意味するように使用され，1969（昭和44）年の新「職業訓練法」において，「能力再開発訓練」「*向上訓練」の用語とともに職業訓練の種類を表す用語として用いられた．

新「職業訓練法」に規定された「養成訓練」は，新規中学校卒業者対象をⅠ類と称し，2年または3年制の「高等訓練課程」と1年制の「専修訓練課程」を設定した．そして高卒者訓練をⅡ類とし，訓練期間はⅠ類の半分としたが，訓練目標はⅠ類と同じであった．カリキュラム基準はⅠ類では普通学科も必修であったが，Ⅱ類では不要とした．

やがて，高卒者対象の訓練課程として「専門課程」が1978（昭和53）年に設定され，短期大学校で開設することとなった．また，1997（平成9）年に2年制の「応用課程」が設定され，「専門課程」の上にこの課程を続けた2＋2年の四大相当のコースになるように整備された．

ただ，今日の「*職業能力開発促進法」では制度的な用語として「養成訓練」は用いられていない．つまり，今日では職業訓練の種類を対象者別には規定していないことによる．しかし，慣習的には用いられている．

〔今日的展開〕新卒者は当初，中学校卒業者であったため，特に企業内の訓練生は定時制高校に大量に通学していた．この事態を経済界は憂慮した．経済界の要望に応えるために，「*学校教育法」が1961（昭和36）年に改正され，「技能連携制度」が制度化された．企業における専門的な訓練はそのまま認められ，普通教育の高校基準を満たせば3年制の（企業の）訓練生は高校に通学せずに高卒の*資格が取得できるようになった．

近年話題になっている「日本版*デュアルシステム」は若年者対象であるが，訓練界においては各種の訓練課程によって実施されている． （田中萬年）

〔文献〕1）田中萬年：職業訓練原理，職業訓練教材研究会，2006．

余暇活動　英 leisure activities, 仏 activités de loisir

*労働（*職業的な仕事や家事，食事・睡眠などの生命維持に要する活動，勉強など）から*解放された自由な時間を使って行われる，人間の休息や気晴らし，自己の成長にかかわる取組みなどの活動，ないしはそのあり方をさす用語．

〔概観〕人間の労働以外の余暇活動に意義を見いだそうとする営みは，労働者の労働における*抑圧や疎外に対する異議申し立て，および労働時間の短縮を求める運動と密接にかかわって展開してきた．余暇の不平等を告発しながら，労働者が3時間の労働で残りの時間は「旨いものを食べ，怠けて暮らす」ことを主張したラファルグ（Lafargue, P.）の『怠ける権利』（1880年）は，記念碑的意味をもつ．20世紀以降の工業化や都市化の進展の中での労働における人間疎外を「*細分化された労働」として捉えたフリードマン（Friedmann, G.）は，その克服を「能動的な余暇」に求めた．また余暇社会学者として有名なデュマズディエ（Dumazedier, J.）は，余暇を労働に対する「補償」として捉えることを批判し，*労働過程に規制されつつ，余暇が労働そのものに影響

を及ぼす相互的な作用を重視した．そして労働者が余暇活動を通して情報を獲得し，幅広い視野から自己形成を果たすことによって，社会的な活動に参加する新たな可能性を提起した．*社会教育や生涯学習は，こうした要請に応えることを課題にしている．
〔論議〕内閣府の世論調査（2003年）によれば，65％を超える人が自由時間を活用していると答えているが，自由時間の不足や金銭的余裕のなさなどの課題も示されている．少子高齢化社会の進展を見越した，様々な条件の一層の整備が求められている．余暇活動の中には，休息や気晴らしなど無為に過ごす時間も含まれるが，自己の再発見や再創造につながるような能動的な取組みを可能にする条件も求められている．また，子どもの頃から働くことの意味を考え，あわせて余暇活動の意義を理解するための教育的な働きかけを発展させることも必要である．
(末本　誠)

〔文献〕1）デュマズディエ，J．（中島巖訳）：余暇文明へ向かって，東京創元社，1972．；フラスチェ，J．（小関藤一郎訳）：開かれた時間，川島書店，1976．

余暇教育法（デンマーク）　英 Leisure Time Act（in Denmark），デンマーク語 Lov om fritidsundervisning

デンマークは，労働者教育連盟（Arbejdernes Oplysnings Forbund：AOF）や国民教育連盟（Folkeligt Oplysnings Forbund：FOF）などの民間教育組織が*民衆教育を担ってきたが，1960年代の経済発展と余暇需要の増大を受けて，行政による余暇教育支援の機運が高まり，1968年に「余暇教育法」が制定された．この法律により，子ども・若者の*余暇活動（*ボーイスカウトや*スポーツクラブなど）や成人の余暇教育（イブニングスクールや学習サークルなど）に対する公的責任と補助金支出，特に，教室や体育施設の利用料などへの補助に法的根拠が与えられ，余暇教育の急速な発展を可能にした．

本法は1990年に失効し，余暇教育に対する補助規定は，「民衆教育への助成に関する法律」（Lov om støtte til folkeoplysning）に引き継がれた．この法律は，「余暇教育法」と同様に補助金支出を行政の責任としているが，地方自治体の裁量権を拡大する一方，助成金額の減少を招き，2003年には，国による補助は廃止された．(木見尻哲生)

⇒北欧の成人教育・生涯学習

余暇善用　good use of leisure time

余暇善用（論）とは，明治以来の産業化の進展により大正中期に民衆に拡大された余暇を，社会的，道徳的により良いものにしようという体制のイデオロギーである．第1次世界大戦後*ILO（国際労働機関）が設定した「工業的企業における労働時間を1日8時間かつ週48時間に制限する条約」（1919年），「労働者の余暇用施設の発達に関する勧告」（1924年）は，労働者の社会的・文化的要求の充足のために余暇の積極的活用を権利と捉えた点で意義深い．

また同時代の娯楽論者が民衆の教化や娯楽の統制を論じたのに対して，*権田保之助は*民衆娯楽を人々の「生活美化」の欲求を礎とする生活表現と捉えた点が注目される．戦時下にあっては，国民の余暇を善用して体力や精神力の向上を図ろうとする厚生運動が提唱された．米国で始まった*レクリエーション運動を範としたものであるが，ファシズム体制は余暇の健全利用という発想を好み，日本はドイツ，イタリアにならい，国民の余暇を組成し，銃後の支えとすることを目論んだ．(坂内夏子)

〔文献〕1）石川弘義監修：余暇・娯楽研究基礎文献集，大空社，1990．

余暇総覧　Complete Guide to Leisure Activities

1974年に公刊された産業構造審議会答申の全文．通商産業省余暇開発室の設置（1972年）や余暇開発センターの設立（1972年）などの政策展開，そして，ボウリングブームに象徴される*スポーツ産業のサービス部門成長の兆候など，当時の政治，経済，社会状況を反映している．構成は，「第1部　現代と余暇」「第2部　外国の余暇と余暇対策」「第3部　余暇関連産業の現状と将来」「第4部　余暇問題への公的対応」となっており，日本と海外の余暇の歴史と現状を総合的に取り上げている．2分冊，1516ページにもわたる大部のものであるが，全体として，余暇が今後の日本の社会の中で大きな位置を占めてくるという予測に基づいて，産業構造の転換を図る国家戦略の1つの環としてスポーツ産業を含む余暇関連産業の育成を位置づけたことが特徴といえる．
(尾崎正峰)

〔文献〕1）尾崎正峰：新自由主義改革と地域スポーツの行方．変貌する〈企業社会〉日本（渡辺治編），旬報社，2004．

抑圧　oppression

抑制し圧迫すること．心理-社会的に人を押し込め自由を奪うこと．

〔人類的命題〕人間のあらゆる生活領域に埋伏する心理・身体的，経済・文化・政治的，間人・構造的な抑圧から*解放されるために，人間は，自然・社会環境を統御しようとしてきた．ところが，歴史的事実として，人間は抑圧からの解放を求めながらも，別の抑圧を生みまた解放を望むというジレンマの中にいる．それゆえ，教育・学習支援は，*ジェルピが看破したように，基本的に「抑圧と解放の弁証法」的な関係の中に位置している．

〔2つの視点と支援実践〕「抑圧」は，おおむね2つの視点で捉えられる．1つは，抑圧を自我の基本的な防衛機制と捉える心理学的視点，もう1つは，抑圧の機能を社会・構造的に把持しようとする社会学的視点である．前者は，人間が適応のために自らの欲動を無意識下に抑えつけることと病理的な逸脱・変調行動との相関に着目する．この視点に基づき，*カウンセリングや心理療法（ナラティブセラピー，*回想法など）等のアプローチが発達してきた．一方，後者の視点は，人種・性・*障害等にかかわる社会的差別の運動論的アプローチにおいて重視される．社会・構造的枠組みの中で「被抑圧者（＝抑圧された人）」が同定され，解放運動や解放教育を通して抑圧構造の変革が目ざされてきた．

〔統合的実践の課題〕本来，2つの視点は，同一のものへの異なる見方であり，具体的な支援実践は統合的に連動されたものでなくてはならない．ところが，現実には，各視点から把持しやすい人々がクライアントないし当事者と弁別され，分離的に実践が進んできた．生涯学習を支援するには，心理学的視点と社会学的視点を統合的に捉えつつ，あくまでも人間（当事者性の高い人々）が解放の主体であることを踏まえて，柔軟なアプローチ活用を可能にする体制づくりが急務といえる． （松岡広路）

〔文献〕1) 松岡広路：生涯学習論の探究，学文社，2006．

横井時敬　Yokoi, Tokiyoshi

1860-1927．安政7年1月7日，肥後国藩士，横井久右衛門時教の四男として生まれる．明治期の代表的な農政学者であり，農業教育者．熊本洋学校卒業後，1877（明治10）年，東京駒場農学校農学本科に入学する．卒業後，1885（明治18）年に福岡農学校教諭となるが，1893（明治26）年，33歳のときに東京帝国大学農科大学講師となり，翌年，教授に就任した．1899（明治32）年，最初の農学博士の1人となる．1922（大正11）年に東京帝国大学を定年退官後，1925（大正14）年から東京農業大学学長を務めた．

横井は農業の進歩発展には農業教育を通じて，農民に科学的農業知識を普及する必要があるという考え方から，農業教育に情熱を注いだ．わが国の農学校の体系的整備案ともいうべき『興農論策』(1891(明治24)年)は横井が起草したものである．農本主義者であった横井は，中産階級の中軸として農民をみていた．横井のイメージする一国の元気のもとである中産的農民とは，自ら創意し工夫する能力と指導性を具える農民を意味した． （手打明敏）

〔文献〕1) 金沢夏樹・松田藤四郎編：稲のことは稲にきけ，家の光協会，1996．

吉田　昇　Yoshida, Noboru

1916-1979．東京に生まれる．戦後の社会教育研究および実践を先導した研究者．東京帝国大学文学部教育学科卒業後，東京女子高等師範学校講師となり，大学院を修了すると東京帝国大学助手となる．1945年10月より東京女子高等師範学校教授．学制の改革により1949年6月よりお茶の水女子大学助教授となり，以後1979年に急逝するまで同大学で教鞭をとった．戦後占領軍によって指導された文部省の青少年指導者講習会が同大学にて開催され講師を務める．紀元前アテナイにおける青年教育や欧米の青年心理学についての見識が深く，戦後青年教育再出発に当たり，日本青年団協議会の助言者としてかかわり，「*共同学習」論の原点とされる「共同学習の本質」を執筆した．また，戦後女子教育研究の発展に力を注いだ．「生きて働く学力」という言葉に集約される学力論においても多数の著作を残している．社会教育学会創設にもかかわり，1967年から71年，73年から76年にかけて会長を務めた．教育は常に実践にかかわる必要があると考え，深い教養に裏打ちされた哲学をもちながら，若者や女性が主体性をもって生きていくために支えとなるような社会教育学のあり方を追究し続けた． （矢口悦子）

〔文献〕1) 吉田昇著作刊行委員会編：吉田昇著作集全3巻，三省堂，1981．

ヨハネスブルクサミット（持続可能な開発のための世界首脳会議/2002年） Johannesburg Summit Meeting of 2002（World Summit on Sustainable Development）

10年前に開催された*地球サミットの進捗具合をレビューする目的で南アフリカのヨハネスブルクで開かれた持続可能な開発をテーマにした世界首脳会議．リオ原則（*リオ宣言）に基づき首脳（政府）レベルの会合と同時に*NGO（非政府組織）の会合が開催され，8月26日〜9月4日の日程で191の政府と非政府あわせて2万1324人が参加した．会議の成果として，「政治文書」「実施文書（行動計画）」「約束文書」が参加国の間で合意された．10年前に比べより一層，経済発展と環境保全だけでなく，社会開発を含む3つの領域の総合的な発展が議論されたことが特徴で，特に資金・貿易を中心とした開発問題をめぐって最後まで協議は難航した．一方，日本のNGOの働きかけと日本政府の提案が実を結び，実施計画書117の中に「2005年から始まる『*持続可能な開発のための教育の10年』の採択の検討を国連総会に勧告する」の一文が盛り込まれることになった．　（小栗有子）

〔文献〕1）大田宏・毛利勝彦編著：持続可能な地球環境を未来へ—リオからヨハネスブルグまで—，大学教育出版，2003．

ヨーロッパ成人教育協会　European Association for the Education of Adults

1953年にヨーロッパ成人教育事務局（European Bureau of Adult Education）として創設されたヨーロッパの*NGO団体．その後，ヨーロッパ成人教育協会と名称変更した．キプロスから北欧諸国，アイスランドからロシアまでヨーロッパ全域の43ヵ国から127団体が参加している（2012年6月現在）．主要な事務局はブリュッセルに置かれている．ヨーロッパ成人教育協会は，成人学習の発展の促進およびヨーロッパレベルでの成人学習の協働の促進，成人学習の政策・計画を立案する国際団体への働きかけ，NGO団体間の協力の促進などを目的としており，ヨーロッパレベルでの生涯学習政策の提唱，プロジェクトや出版活動を通じての成人教育実践の開発，加入団体への情報提供などを行っている．また，*EUや欧州評議会（Council of Europe），*国際成人教育協議会（ICAE），*ユネスコ，*ILO（国際労働機関）などの国際団体や，各国政府と連携し，成人教育の発展を図っている．　（田村佳子）

〔文献〕1) Bax, W.：*From Bureau to Association, a short history 1953-1998*, EAEA, 1998. (www.eaea.org)

ヨーロッパ評議（協議）会　⇨EC

ヨーロッパスポーツフォーオール憲章　European Sports for All Charter

1975年3月，欧州評議会（Council of Europe：*CE）加盟各国のスポーツ所管大臣会議で採択されたスポーツ振興に関する憲章．会議では，憲章の諸原則を各国が実施するための「確認事項」もあわせて決議された．憲章主文は全8条．第1条で「すべての個人は，スポーツに参加する権利をもつ」と*スポーツ権の理念を謳いあげている．他の条項では，公的財源による援助，施設整備，専門的な職員の配置など，スポーツ振興のための基盤整備の必要性を説いている．本憲章は，1966年，スポーツの推進が欧州評議会の主要中期目標として位置づけられて以来，「ドイツスポーツ憲章」（1966年），フランス「体育及びスポーツの発展に関する1975年10月29日法律」などに象徴される．各国で展開されたスポーツ振興の潮流の結節点に位置づき，1978年の*ユネスコ「体育・スポーツ国際憲章」へとつながっていく．1992年5月，新たにヨーロッパ・スポーツ憲章（The European Sports Charter）が採択された（2001年に改訂）．　（尾崎正峰）

〔文献〕1）影山健・川口智久・中村敏雄・成田十次郎編：スポーツ政策，大修館書店，1978．

4Hクラブ　4H club

1949年発足の農村青少年クラブ．米国の4Hクラブを範とする．4Hとは，クラブが掲げる4つの目標，Hand（農業，生活の改善に役立つ腕を磨くこと），Head（科学的に物を考えることのできる頭を訓練すること），Heart（誠実で，友情に富む心を培うこと），Health（楽しく暮らし，元気で働くための健康を増進すること）の4つの頭文字からくる．青少年クラブ活動育成については農林・文部両省が協議，協力して将来の農山漁村を担う青少年につき，実際的知識，技術進歩，健康増進，公民資質の向上を図るため，自主的なクラブ活動の助長に努めることとした．現に正規の学校教育を受けていない青少年を主とするクラブは農業改良普及組織が，現に学校教育を受けている青少年を主とするクラブは教育組織が行うこととした経緯があり，前者を4Hクラブ，後者を学校農業クラブと呼んでいる．　（安藤義道）

〔文献〕1）日本4H協会史，全国農村青少年教育振興会，pp. 13-14，1980．

ら

来館者調査　visitor studies

来館者を対象とする調査.

〔概観〕博物館の来館者調査には,大別すると,①*博物館建築や展示の設計・改良を目的とする動線・滞留時間調査,②来館者のコミュニケーションや理解に焦点を当てる教育学ないし心理学的調査,③来館者・非来館者の属性等に着目する社会学的調査,の3タイプが存在し,これらが併用される場合もある.具体的手法としては,行動観察,面接調査,アンケート調査,録音による会話分析等がある.いずれも被調査者にあらかじめ調査の趣旨や方法が告知ないしは説明され,了解・同意のもとに行われるべきものであり,来館者の自由で快適な博物館利用を妨げてはならず,プライバシーへの配慮も欠かせない.

〔動向〕日本では1960年代に,椎名仙卓らにより先駆的な来館者調査が行われた.建築学では,野村東太らにより観覧行動と空間計画に関する研究が蓄積されている.展示の意図と来館者の受け取り方のずれが,篠原徹によって提示されたこと(1988年)や,フォーク(Falk, J. H.)とデュアキング(Dierking, L. D.)の『博物館体験:学芸員のための視点』の翻訳出版(1996年)等を契機に,来館者研究が増加する.*文化資本概念に基づくブルデュー(Bourdieu, P.)らの『美術愛好』が翻訳出版され(1998年),訳者山下雅之による*美術館の観衆調査は,従来日本では正面から取り組まれることのなかった学歴・家庭環境・美術館訪問の3要因の分析を行った(1998年).2000年には滋賀県立琵琶湖博物館で「博物館を評価する視点」の*ワークショップが行われ,展示評価の一環として来館者調査が行われた.一方,来館者理解の観点からは,並木美砂子による一連の研究(2000年ほか)がある.また*ジェンダーの視点に立つ森理恵らは,来館者が展示物だけでなく,入館者やスタッフの性別をみていることを示した(2004年).

〔課題〕*行政改革の波の中で,*博物館評価の一環として来館者調査への関心も高まっており,経営的視点からの利用者や支援者開拓のための社会調査も求められよう.　　　　　　　　　(瀧端真理子)

⇨博物館評価,博物館建築,文化資本,博物館体験

〔文献〕1) ピエール・ブルデューほか著(山下雅之訳):美術愛好—ヨーロッパの美術館と観衆—,木鐸社,1994.;2) 並木誠士・吉中充代・米屋優:現代美術館学,昭和堂,1998.

ライフコース　life course

〔概観〕この世に生を受けてから死に至るまでの道筋のこと.人生行路と訳されることもある.生涯を通じて辿る筋道は個人それぞれによって多様であるが,誰にでも共通することは,そのときどきの年齢段階における発達課題や様々な人生上の出来事(event)に対応しながら自らの役割を遂行していくということである.そして,発達課題や経験する出来事,遂行すべき役割は,その時代の社会構造や文化,歴史的変動に左右される.

〔具体的内容〕こうしたライフコースの概念に基づいて,1960年代以降米国において生涯発達(life-span development)の観点から成人期の発達と加齢(adult development and aging)の研究が試みられるようになり,1990年代以降になると,ライフコースは人間発達と加齢(human development and aging)の研究をはじめ人間の生活や行動にかかわる研究における主要な理論的枠組みの1つになった.しかしながら,ライフコースの理論はなお発展途上にあるために,ライフコース理論(life course theory)という表現は滅多に使われることはなく,多くの場合,ライフコースの観点(life course perspective)とかライフコースアプローチ,ライフコースモデルという表現が用いられている.エルダー(Elder, G. H.)は,ライフコースの理論へ向けた次のような5つの原則を提起している[1].①生涯発達と加齢:人間発達と加齢は生涯を通じての過程(lifelong process)である,②時期(timing):出来事が生起する時期によってライフコースが左右される,③*他者と連関した生活(linked lives):個人のライフコースは他者との関係の中で形成される,④時間と場所(time and place):ライフコースは歴史的時間と場所の中で形成される,⑤人間の力(human agency):ライフコースは社会構造や歴史的環境によって左右されるだけではなく,個人の選択や決定で形成される.　　　　　　　　　(小田利勝)

〔文献〕1) Elder, G. H. Jr. : Life Course. In Maddox, G. L. ed. :

The Encyclopedia of Aging, (3rd ed.), **1**, 593-596, Springer, 2001.

ライフストーリーの成人教育への応用にかかわる国際的研究協議会　⇨ ASIHVIF

ライフヒストリー　英 life history, life story, 仏 histoires de vie, récit de vie

個人が，過去の経験の中に自ら見いだす生活や人生の意味，または意味を構築しようとする方法．語り手が聞き手と共同して見いだす，自己の人生の「物語」のこと．用語としては，ライフストーリーが用いられることもある．

用語法では，ライフストーリーが語る行為性を重視するのに対し，ライフヒストリーは語られた内容の客観性や歴史性を重視する．しかし教育的観点からは，これら双方が必要になる．学習方法論としては，ライフストーリーを語られた経験の断片ないしは素材と考え，ライフヒストリーはそれらを結んで見出される意味と整理することができる．

〔概観〕ライフヒストリーは，社会科学や人間科学の科学主義的な行き過ぎへの反省から始まったエスノメソドロジーの1つとして，社会学や人類学，心理学など多様な学問領域でその応用が試みられている実践・研究の方法である．ヨーロッパや北米大陸では，この方法を成人教育の領域に応用する動きが活発になっている．国際的な組織としては，英語圏を中心にした ESREA (European Society for Research on the Education of Adults Life Histroy and Biographical Research Network) があり，フランス語圏を中心にし*ASIHVIF (Association Internationale d'Histoires de Vie en Formation 国際ライフヒストリー成人教育研究協議会) が活発な活動をしている．日本での試みはいまだ低調だが，1950年代の生活記録運動，名サ連（名古屋*サークル連絡協議会）や日本*青年団協議会の「おいたち学習」の取組み，最近の*自分史ブームなどは，類似の活動とみることができる．また沖縄で活発に展開する「*字誌づくり」も，共同化したライフヒストリーとみることができる．

〔内容〕ライフヒストリーを，生涯学習や成人教育に応用するに当たっての教育的な観点としては，①人は誰しも過去の「*経験」をもっている．②人は誰でも過去の経験をもとにした「*知識」をもっている．③成人にとって「経験」は，現在の自分を判別し未来を見通す基礎になる．④人は誰しも「経験」を「遡及する（さかのぼる）」ことによって，そこに自分の「意味の発見」をすることができる．⑤「発見された意味」は，他の誰のものでもなく本人のものである．経験から自己の意味を見いだす過程で，成人は自己形成をする．⑥自己形成は，周囲から孤立した自己を見いだすことではない．個人主義的な自己ではなく，社会の発展や変革に参加する社会的な主体の形成が目的である，などがあげられる．

実践において重視されるのは，①自由で対等な関係をつくる．②経験をもとにした「知識」の交換を重視する．③共同で経験を振り返りながら「意味の発見」をする．④無数に存在する「経験」から何を「語る」かは本人にまかされる．⑤語り手には嫌なことを話さない自由と権利がある．⑥「語り」の内容について参加者は意見を述べ論議することができる．⑦「発見された意味」が「強制」されてはならない．⑧「発見される意味」には，社会的，歴史的な文脈がある，などである．

成人の学習の特徴は過去の経験に規定されていることであるといわれる．自己の経験をもとに自分の人生の意味の発見と再構築を目的にするライフヒストリーは，成人にはふさわしい学習方法である．しかし，その具体的な実践のプロセスには不明な部分が多い．

〔課題〕欧米での理論や実践は，キリスト教文化を背景にした「強い個我」の存在を前提にしている．生涯学習や成人教育への応用において日本的な文化との接合を果たすには，一定の工夫が必要である．
（末本　誠）

〔文献〕1) Pineau, G' et Marie-Michèle: *Produire sa vie, Autoformation et autobiographie*, edilig et éditions Saint-Martin, 1983. ; 2) Dominicé, P.: *Histoire de vie comme processus de Formation*, L'Harmattan, 1990. ; 3) Lainé, A.: *Faire de sa vie une histoire*, Desclée de Brouwer, 1998.

ラジオ体操　radio exercises

ラジオ放送による伴奏と号令によって行う保健体操の1つ．

〔誕生〕1928（昭和3）年，逓信省簡易保険局の発案により，日本生命保険会社協会，日本放送協会の3者が協議し，具体案づくりを文部省に委嘱するという経緯を経て創案された．当初「国民保健体操」と呼ばれ，御大典記念事業として，同年11月1日より東京で，翌年2月11日の紀元節からは全国規模で放送されるようになる．1932年以降には，文部省，内務省，帝国在郷軍人会などの後援のもとで，全国各地に結成された「ラジオ体操の会」を基盤にして

爆発的に普及していった．

〔集団運動としての機能〕ラジオ体操は，単に国民の健康の保持増進のために普及が図られたのではない．たとえば，1932年のラジオ体操の会は，7月21日から8月31日まで，全国1933会場で実施され，参加者は延べで約2600万人に達したが，東京ラジオ体操の会会長，東京市長の永田秀次郎が力説したように，「八百万の老若男女の総動員」であるラジオ体操がもつ「規律統一の精神を養ふ」効果，つまり集団運動としての規律訓練機能に関心が寄せられるようになるのである．1937年の日中戦争以降には，ラジオ体操の会が国民心身鍛錬運動の1つの主軸として実施されるようになり，その参加者は1939年には延べ1億8600万人にも達した．他方，1931年からは，11月3日の明治節に合わせて体操祭が実施され，ここでもラジオ放送に合わせて全国一斉にラジオ体操が実施された．その規模は，1934年には7052団体，321万8158人にのぼり，ラジオ体操によって心身ともに「全国一体」となる時空間を創出し，国家との一体化が図られた．

〔戦後〕第2次世界大戦後，ラジオ体操の改訂版が考案され，1946年4月より放送が開始されたが，翌年9月に中止となる．その後，1951年5月より再度改訂されたラジオ体操が放送開始となるとともに，小学校等の学校教材として全国的に普及し，また，夏休みの*子ども会行事などにも採り入れられていった．1962年には全国ラジオ体操連盟が結成され，1000万人ラジオ体操祭等のイベントも開催されるようになるが，近年では都市部を中心にその実施率が低下し始めている．　　　　　　　　　　（坂上康博）

〔文献〕1）黒田勇：ラジオ体操の誕生，青弓社，1999．；2）坂上康博：権力装置としてのスポーツ，講談社，1998．

ラジオ・テレビ大学（広播電視大学・中国）
China Radio and Television University (in China)

中国都市部を拠点にラジオ・テレビ・郵便を用いた教育を展開する高等教育機関で，1960年3月の北京テレビ大学の開校を嚆矢とする．文化大革命中に中断されたが，1979年2月に，中央と地方，職業と専門別のラジオ・テレビ大学という重層的システムが創設されて，再開された．ラジオ・テレビ大学は，学校教育の拡大として，高等教育学歴取得を主たる目的とする教育を提供し，*教育の機会均等，遠隔地の教育普及と拡充に力を入れた．「中国高等教育法」第15条に基づき，ラジオ・テレビ大学は，中央に1大学，省レベルに44大学，市県レベルに949分校，1823の学習施設が開設され，学生数225万人を擁する（2008年現在）．近年，情報通信技術を駆使し，衛星通信，WBT（web-based training），人的な*ネットワーク化を重視する公開の遠隔高等教育機関となりつつある．反面，中国の一般総合大学がインターネット大学を急展開させる中で，ラジオ・テレビ大学とインターネット大学との関係の見直しは，中国の生涯教育体系における*遠隔教育の課題となっている．　　　　　　　　　　　　（趙楊）

〔文献〕1）劉勇：中国農村部の遠隔高等教育―「広播電視大学」学習センターにおける在学者と学習の実体―，高等教育研究8，2005．；2）「中央広播電視大学教育管理統計信息」中央広播電視大学ホームページ，2009.3．

ラスキンカレッジ　Ruskin College

1899年2人の米国人によってオックスフォードに開設された*宿泊型成人教育カレッジで，英国における数少ない*長期宿泊カレッジの1つ．19世紀の社会批評家ジョン・ラスキン（Ruskin, J.）の名にちなむ．当初は宿泊制，通信制および地方の拡張コースをもっていた．1907年来，カレッジの独立性や教育内容をめぐる内部対立が高まり，学長の解任をきっかけに1909年学生たちによるストライキが起こった．対立は，オックスフォード大学とカレッジとの提携路線と独立労働者階級教育路線を軸に展開した．カレッジはたびたび財政難に直面したが，*労働組合による奨学金を通じて多くの学生が派遣されてきた．第2次世界大戦後は労働組合会議（TUC：Trade Union Congress）や教育省の援助に大きく支えられてきた．労働組合教育，女性の学習，国際労働問題などに教育の特色が現れている．学生たちは，国の内外から参加しており，短期コースやサマースクール，1年制のコースの後，正規の大学教育へと進学する者や労働組合の活動家としての役割を果たしている者が多い．　　　　　　（左口眞朗）

〔文献〕1）Pollins, H.：*The History of Ruskin College*, Ruskin College History Workshop, 1984．

ラーニングコントラクト　⇨学習契約

ラングラン，ポール　Lengrand, Paul

1910-2003．フランスに生まれる．パリ大学卒業．フランスの生涯教育の理論家・実践家．

〔略歴〕フランスでリセの教授，カナダのマギル大学（McGill University）仏文学教授を務めるかたわら，「*民衆と文化」（Peuple et Culture）というフランスの全国民衆教育協会の協力創設者となり，その

会長も務めた．その後，*ユネスコにおいて，成人教育計画課長や教育局比較教育専門員，成人教育部長などを担った．

〔理論〕ラングランは，*生涯教育にかかわる国際的な理論展開のきっかけをつくった人物である．1965年12月にパリで開催された第3回成人教育推進国際会議において，議長かつ当時のユネスコ成人教育部長であったラングランは「生涯教育（éducation permanente）について」というワーキングペーパーを提出した[1]．そこでは，生涯教育が必要となる社会的状況として，世界の加速度的変化，人口の増加，科学技術の進歩，政治の領域における挑戦，情報環境の変化，余暇の増大，生活様式と人間関係における危機，肉体と精神の分離，イデオロギーの危機という9つの要因をあげている．そして，従来の教育の機会を単に拡大するだけではなく，人の一生という時系列に沿った垂直的統合と個人および社会の生活全体にわたる水平的統合の双方を目ざしていくという生涯教育のあり方を提言した．その真意を伝えるために，ユネスコの公式用語は lifelong integrated education とされた．これは学校教育に対する1つの大きな挑戦でもあり，成人教育の充実を促すものであった．また，自己を常に成長させていく過程という*自己教育の必要性を説いた人でもあった．
(安川由貴子)

⇨生涯教育・生涯学習

〔文献〕1) Lengrand, P.: *An Introduction to Lifelong Education*, UNESCO, 1970（波多野完治訳：生涯教育入門，全日本社会教育連合会，1976）．

リ

リオ宣言 Rio Declaration on Environment and Development

1992年の*地球サミットで採択された文書の1つであり，環境と開発をめぐる各国の主権の範囲や開発の権利として世代間の公平性を謳うなど，今後世界が目ざす持続可能な開発の達成のために各国が指針とすべき基本的な考えを27の原則として定めたものである．特徴としては，環境管理と開発における女性（第21原則），青年（第22原則），先住民（第23原則）の役割の重要性や，意思決定の場への市民参加を促す（第10原則）など，環境と開発問題の解決に市民の参加と情報公開が不可欠とした点や，*貧困の撲滅（第5原則）や共通だが*差異ある責任（第7原則）のように開発途上国への配慮がみられる点があげられる．これら諸原則は，経済活動と環境保護の優先順位のあり方に言及する，予防的アプローチ（第15原則）や汚染者負担原則（第16原則）とあわせて，地球サミット以後の国際交渉においても，立ち返るべき原則としてたびたび取り上げられている．
(小栗有子)

〔文献〕1) 環境庁外務省監訳：アジェンダ21実施計画（'97），エネルギージャーナル社，1997．

理学療法 ⇨作業療法・理学療法

リカレント教育 recurrent education

〔概略〕1970年代に*OECD（経済協力開発機構）の CERI（Centre for Educational Research and Innovation，教育研究革新センター）が提唱した生涯学習の中核的概念．その定義は次のとおりである．「リカレント教育は，すべての人に対する義務教育または*基礎教育修了後の教育に関する総合的な戦略であり，その本質的特徴は，個人が生涯にわたって教育を交互に行うという仕方にある．つまり，教育を他の諸活動と交互に，特に*労働と，しかしまた余暇及び隠退生活とも交互に行うことにある」．CERIはさらに，リカレント教育構想のエッセ

ンスは教育を個人の生涯全般に還流させることである，とする．すなわち，いわゆる「フロントエンドモデル」といわれるような就業前の時期に長く続くフルタイムの学校教育というそれまでの慣習を打ち破り，教育の代替として仕事や余暇，隠退活動までも視野に入れるというのである．

〔背景〕 "recurrent education" という用語は，1969年スウェーデンの文相（当時）のパルメ（Palme, O.）がヨーロッパ文相会議で新しい教育構想として用いたのが始まりであるとされている．その後1973年，OECDのCERIが『リカレント教育—生涯学習のための戦略—』と題する報告書を出し，その概念は世界に広まった．その背景には，1960年代に*ユネスコの*ラングランによって生涯教育の理念が提唱されたことがある．報告書が示すように，リカレント教育は生涯教育を実現するための戦略的方法論なのである．

〔特徴〕リカレントという言葉がもつ還流・循環という意味には，人間の体内に血液が行きわたるように人生の隅々に教育を還流させようとする考え方が含まれており，教育と他の諸活動を交互に繰り返すことにその特徴がある．それは中断した教育への回帰であって，より高い教育への接近を意味し，フォーマルでフルタイム制をとる．したがってリカレント教育実現のためには，教育制度や社会制度の改革，雇用形態や労働条件の改善，さらには高等教育そのものの改革等が必要であり，リカレント教育論がラディカルな側面を有するゆえんである．

〔スウェーデンの動向〕スウェーデンでは1970年代以降，リカレント教育を教育政策の指導原理として採用し，成人の学習機会の拡充をねらった諸改革を断行した．たとえば，25歳以上で労働経験4年以上（育児も含む）の者に大学入学定員の半数を確保する，いわゆる「25：4」プランなどがそれである．しかし1990年代に入り，「25：4」プランが廃止されるなど，リカレント教育離脱の動きが目立つ．その背景には，グローバル化の進展により，大学における初歩的学習による人材育成から企業における国際競争力を担う人材育成へとシフトせざるをえない現状がある．スウェーデンにおいて四半世紀近く続いたリカレント教育をめぐる状況は，大学による現職教育から企業内教育へと変貌しつつあり，成人教育と労働との結合方法が，リカレント教育（組織外の教育）から学習組織（組織内の教育）へと転換し始めている．

〔日本の生涯学習施策とリカレント教育〕日本では，OECDの議論を参考としながらも，リカレント教育を，「職業人を中心とした社会人に対して学校教育の修了後，いったん社会に出た後に行われる教育であり，職場から離れて行われるフルタイムの再教育のみならず，職業に就きながら行われるパートタイムの教育も含む」として，高等教育機関と連携協力し，日本独自の社会人を対象としたリカレント教育や*リフレッシュ教育を実施している．

(藤村好美)

⇨リフレッシュ教育，専門職業人養成，生涯学習，北欧の成人教育・生涯学習

〔文献〕1) OECD編（森隆夫訳）：生涯教育政策—リカレント教育・代償教育政策—，ぎょうせい，1974.；2) 黒沢惟昭・佐久間孝正編著：苦悩する先進国の生涯学習（増補改訂版），社会評論社，2000.；3) 中央教育審議会生涯学習分科会：今後の生涯学習の振興方策について（審議経過の報告），平成16年3月29日．；4) http://www.mext.go.jp/b_menu/shingi/chukyo/chukyo2/toushin/04032901.htm.2006.8.31

理工系博物館 science and technology museum

物理学，化学，天文学，電気・機械・建築・土木等の工学，産業技術を扱う博物館の総称として使用される．今日では，宇宙科学，環境科学，情報科学，生命科学等の新しい領域も含まれると考えられる．

博物館をその資料や内容によって大きく人文科学系博物館と自然科学系博物館とに分けるとするならば，自然科学系博物館の中で，自然史博物館や生態館園（*動物園，*植物園，*水族館等）と対をなすものとして分類されるのが理工系博物館である．博物館という名称のように，産業技術に関する歴史的資料を収集・公開する館もあるが，最先端の科学技術やその将来像の理解促進に重きを置くところも多く，それが特色となっている．専門館は，その産業分野をリードする企業が設置するケースも多くみられる．

また，子どもたちへの科学教育の振興を目的に設置されるサイエンスセンター（科学館）も理工系博物館の範疇に含まれる．公立館が多く，プラネタリウムや参加体験型展示の採用などの共通点をもっている．

(若月憲夫)

〔文献〕1) 加藤有次ほか編集：博物館学概論（新版博物館学講座1），雄山閣，2000.；2) 大堀哲編著：博物館学教程，東京堂出版，1997.

リサイクル運動 recycling movement

1970年代以降，都市生活型社会生活の中で発生する廃棄物や産業上の廃棄物を，積極的に資源として再利用する運動である．1973年の石油ショックを

機に生まれた使い捨て型の大量生産・大量消費に対する反省から始まり，環境問題やゴミの最終処理場不足問題と結びついて全国的な運動となった．1974年には日本リサイクル運動市民の会が発足している．従来の古紙やアルミ缶の回収などに加え，再生可能なプラスチックの開発や，飲料用容器の回収に当たって，販売金額に回収料金を上乗せするデポジット制の導入なども進められた．1991年4月にリサイクル法（再生資源の利用の促進に関する法律），1995年6月に容器包装リサイクル法，1998年6月に家電リサイクル法，2000年5月に建設リサイクル法，2000年6月に食品リサイクル法，2002年7月に自動車リサイクル法などが次々と施行された．最近では，リサイクル活動をさらに進めて，ゴミにならないプレサイクルの運動などが開始されたり，廃プラスチックを分解してオイルに変えたりする技術や，植物性のプラスチックなども開発されている．この運動の一環として，リサイクル，リデュース，リユースの3R活動がある． （関上 哲）

〔文献〕1）日本リサイクル運動市民の会の書籍を参考．；2）寄本勝美：リサイクル社会への道，岩波新書，2003．

リスクアセスメント　risk assessment

リスク（危険）の大きさを*評価し，そのリスクが許容できるか否かを決定する全体的なプロセスのことである．日本では1980年代に環境問題に関して頻繁に使用されるようになり，一般に広まった．そして，自動車の安全性能の査定，人事査定，企業評価，*社会教育分野，児童虐待など幅広い領域で使用されるようになった．

児童虐待を例にあげて説明すると，リスク要因の研究は1970年代から米国で盛んになり，日本でも1990年代末から*虐待の通告件数の急増とともに進んでいる．その結果，①複数のリスク要因，家族の解決力，家族のもつ資源，連携を取りうる機関や団体を見つけ出す，②子どもと家族，特に弱い立場に置かれている子どもの状況把握と介入方法，一時保護の時期を的確にする，③ケースの優先性，ハイリスクを見分ける力を養う，④介入決定に一貫性をもたらすなどの効果がリスクアセスメントの使用によって現れている． （山田麻紗子）

〔文献〕1）加藤曜子：児童虐待リスクアセスメント，中央法規出版，2001．

リスク社会　risk society

ドイツの社会学者ベック（Beck, U.）が，環境問題や原発事故などの地球的規模のリスクを背景として，現代社会を特徴づけた概念である．予想し，制御しえないが，危機が普遍化した社会として捉えられる．科学やテクノロジーの進歩とともに近代化が達成されてきたが，その近代化の進展ゆえにリスクが増大し社会自体を危うくしている．その結果，リスク社会では富の生産や分配の問題よりもリスクの生産や分配が社会的・政治的争点となり，それに伴い伝統的な社会構造や生活様式が変容する．ベックによればこの脱伝統の様式は個人化の過程として現れる．かつては家族や階級などに準拠することで克服してきた不安や不確実性に，個々人は自分自身で対処しなければならなくなる．しかしまた一方で，ベックは個人化された市民が不安を共有することで社会的に連帯し，それが政治的な力を喚起しユートピア的な世界社会の鍵となると想定している．

（松本　大）

〔文献〕1）ベック，U.（東廉・伊藤美登里訳）：危険社会—新しい近代への道—，法政大学出版局，1998．：2）ベック，U. ほか（松尾精文ほか訳）：再帰的近代化—近現代における政治，伝統，美的原理—，而立書房，1997．

リゾート法　⇨総合保養地域整備法

離脱理論　disengagement theory

カミング（Cumming, E.）とヘンリー（Henry, W.）によって機能主義的社会システム論に依拠して構成された高齢期の適応に関する理論[1]．その骨子は次の3点にまとめられる[2]．①高齢者と社会（の他の成員）が相互に撤退していく過程は自然な過程である，②この相互撤退の過程は不可避的である，③離脱は*サクセスフルエイジングにとって必要なことである．それまで多くの人が疑うことのなかった見解—活動的であることが満足のいく老後生活を送る最もよい方法である（この見解は離脱理論登場後に活動理論と呼ばれるようになった）—を否定することになったので多くの論争を巻き起こした．しかし，離脱理論と活動理論は真っ向から対立するものではない．離脱は業績達成を目的とする束縛・拘束的，義務的な道具的役割からの*解放であって，まったく活動的でなくなるということではないからである．離脱を，活動をまったくしないことと誤解している人が少なくないことが離脱理論の理解を妨げているといえる． （小田利勝）

〔文献〕1）Cumming, E. M. and Henry, W. E.：*Growing Old*：

The Process of Disengagement, Basic Books, 1961.；2）小田利勝：サクセスフル・エイジングの研究，学文社，2004.

リフレッシュ教育（日本） refresh education (in Japan)

1992年3月の文部省（当時）の調査報告書『リフレッシュ教育の推進のために』において提案された日本独自の概念．高等教育機関において社会人，中でも職業人を対象に，知識・技術のリフレッシュや新たな修得のために，高等教育機関が行う教育のこと．＊OECD（経済協力開発機構）の提唱する＊リカレント教育に類似する．文部科学省では，「近年における技術革新の進展や産業構造の変化に伴い，職業人が大学院など高等教育機関において継続的に教育（リフレッシュ教育）を受け，生涯にわたり最新かつ高度の知識・技術を修得することが重要となっている．また，リフレッシュ教育を推進することは，生涯学習機関としての役割を期待される大学等の社会的責務であるとともに，教育研究の多様化，活性化を図り，高等教育改革を推進していく上でも重要な課題となっている」として，大学等と産業界との連携・協力の推進，情報提供体制の整備，大学等における教育内容の改善，＊ニューメディアの活用などの施策を推進している． （藤村好美）

⇨高等成人教育，リカレント教育，生涯学習，専門職業人養成

〔文献〕1）文部科学省：リフレッシュ教育—社会人に開かれた大学ガイド　学部編—，ぎょうせい，1997.

リヤドガイドライン ⇨少年非行の予防のための国連ガイドライン

リュウキュウアユを呼び戻す運動 Revival movement of *Ryukyu-Ayu* (sweetfish) (in Okinawa)

リュウキュウアユは日本本土のアユの亜種とされ，沖縄島と奄美大島に生息した．沖縄島では北部ヤンバル西海岸の諸河川に生息したが，主要河川の源河川（名護市）では1978年頃を最後に姿を消した．河川改修と養豚汚水が原因とされた．源河の住民にとって清流を再生することは地域共通の希望と課題であり，その象徴がリュウキュウアユであった．1年の準備と活動を経て，1986年3月ムラぐるみ（字公民館を拠点とする全住民参加）で「源河川にアユを呼び戻す会」を設立し，具体的な運動を展開する．行政・議会への陳情をはじめ，関係団体との連携によるアユフォーラム開催や広報活動，奄美大島や高知大学の協力によるアユ種苗の確保，人工孵化，そして1992年の第1回放流など．これ以降，源河小学校の子どもたちの手で稚アユが毎年5月頃放流される．この運動は住民ぐるみ・主導による，水生生物を重視する河川環境の回復，さらに内外多くの人がアユを食べること（産業化）を目標とする点に特色がある．

集落ぐるみの環境問題への取り組みとして注目され，推進の中心となってきた字公民館の役割が重要であった．河川環境の改善，行政や予算上の条件，住民運動としての展開など，多くの課題をかかえつつ，集落（字）公民館の可能性が試されている運動といえよう． （中村誠司）

⇨集落公民館

〔文献〕1）小林文人・島袋正敏編：おきなわの社会教育，エイデル研究所，2002.

琉球社会教育法（沖縄） Ryukyu Social Education Act

米軍統治下の沖縄で米国民政府による布令165号「教育法」にかわって1958年1月に交付された法律．教育関係者念願の民立法（＊琉球政府立法院制定）による「＊教育四法」のうちの1つ．日本本土の「社会教育法」（1949年）を基本とするが，琉球政府文教局はその基本方針として，①（琉球）政府及び地方公共団体の任務を明確にし，政府のみに依存している財政を漸次市町村も経済力に応じて負担していく，②市町村住民が主体的に地域の復興を図るため＊公民館に関する規定を中心とする，を掲げ，提案理由の中で，民間の＊社会教育関係団体の自主性を確保するために「不当に統制的支配を及ぼしたり，その事業に干渉を加えたり」せず，補助金も与えないとしている．＊社会教育委員，＊通信教育，＊青年学級に関する規定が不十分であること等が指摘されるが，「われわれは日本国民として」で始まる＊教育基本法に則った，沖縄住民の自治意識の具現として＊評価される． （宮城能彦）

⇨布令教育法

〔文献〕1）沖縄県教育委員会：沖縄の戦後教育史，1977.；2）琉球政府文教局：琉球史料（第三集），1958.；2）小林文人・平良研一編：民衆と社会教育—戦後沖縄社会教育史研究—，エイデル研究所，1986.

琉球政府 （沖縄） Govenment of the Ryukyu Islands

1952年4月1日から1972年5月15日までの20年間，米軍統治下での沖縄住民の中央政府で，行政主席，立法院，琉球上訴裁判所の三権を備えていた．しかし施政権は米国にあり，琉球政府の権限はあくまでも米国政府の出先機関である*琉球米国民政府（USCAR）の布告・布令および指令に従うという条件であり，外交事務を行う権限もなかった．さらに，米国側の現地最高責任者である民政副長官（1957年より*高等弁務官）は，琉球政府立法院の可決法案に対する拒否権と琉球政府行政主席，副主席の任命権を有していた．沖縄住民の直接選挙による主席公選が実現したのはようやく1968年になってからである．教育行政に関しては，中央教育委員会制度が置かれた．

戦後沖縄の政府組織は「沖縄諮詢会」1945年8月～，各（沖縄，宮古，八重山）「民政府」1946年3・4月～，各（奄美，沖縄，宮古，八重山）「群島政府」1950年11月～，琉球政府1952年4月～，沖縄県1972年～と変遷した． （宮城能彦）

〔文献〕1) 新崎盛暉：戦後沖縄史，日本評論社，1976．

琉球米国民政府 （USCAR） United States Civil Administration of the Ryukyu Islands

沖縄占領統治のための米国政府の出先機関で，正式名称は琉球列島米国民政府．1950年，従来の軍政府を廃して新設されたものである．統治責任者も米極東軍司令官から「民政長官」へ，琉球軍司令官から「民政副長官」へと名称を変えた．実質的な権限の多くは民政副長官が委任を受けて行使した．司法，立法，行政にわたって絶大な権限を振るったが，副長官が1957年に「*高等弁務官」に替わり，沖縄統治の「帝王」として君臨した．弁務官の就任は，民政とはいえ，実質的には米軍による軍政が貫かれ，「自治は神話」（第3代，キャラウェー（Caraway, P. W.））とされた．一方で占領統治の懐柔策としての教育，文化政策を展開，それが1950年代沖縄独自の*社会教育行政が形成されて活動が活発化していく時期と重なり，占領期の沖縄社会教育・成人教育の「二重構造」を成した． （平良研一）

⇨高等弁務官

〔文献〕1) 大田昌秀：沖縄の帝王，久米書房，1985．

琉米文化会館 Ryukyuan-American Cultural Center

第2次世界大戦後の沖縄において，住民に復興への自助努力を促し，米国への理解と反共産主義（「自由主義」），民主主義の啓蒙活動を目的として設置された，米国民政府渉外報道局の直轄機関．1947年に「情報センター」として始まり，1952年頃までに6館が設置された（石川，名護，那覇，宮古，八重山，奄美）．一種の宣撫機関的な役割を担っていたが，実際には，特に強い規制はなく，占領政策の一環として柔軟な教育・*文化活動が展開された．一般の住民にとって，14～15人の専従スタッフをもつモダンな都市型の文化・学習施設は魅力的であった．しかし同館は，米国民政府の許す範囲での学習・文化活動の場であり，住民自らの地域諸活動の拠点である*公民館とは異質なものであった．復帰前の沖縄*社会教育は，主に琉米文化会館と公民館によるものとが二重構造をなす形で進められていた．その文化会館は，復帰の前年1971年にはその役割を終え，復帰後大幅に整理，縮小して各自治体に移管された． （平良研一）

〔文献〕1) 小林文人・平良研一編：民衆と社会教育―戦後沖縄社会教育史研究―，エイデル研究所，1986．

利用者教育 education for library users

*日本図書館協会利用教育委員会が策定した「図書館利用教育ガイドライン」では「すべての利用者が自立して*図書館を含む情報環境を効果的・効率的に活用できるようにするために，体系的・組織的に行われる教育である」と定義されている．

図書館で利用者が十全に情報を活用する*能力を養成するために，図書館が利用者に提供する便宜すべてをさす．利用教育，利用案内，利用指導，*ガイダンスなどと呼ばれることもある．もともとは図書館の資料を利用者が使いこなすための援助として*レファレンスサービスの一環などの形で行われ，図書館サービスとしては副次的なものと見なされていた．しかし，図書館サービスの多様化・高度化により利用者教育の必要性が高まり，現在では利用者サービス（public service）の1つとされる．

ガイドラインによれば，利用者教育の内容は，①印象づけ，②サービス案内，③情報探索法指導，④情報整理法指導，⑤情報表現法指導，の5つの領域に分けられる．図書館の利用法や情報探索のみならず，図書館の存在を認識していない人に対する印象づけや，整理法や表現法など情報リテラシーの育成

も，利用者教育に含まれることに注意する必要がある．
（高鍬裕樹）

〔文献〕1）日本図書館協会図書館利用教育委員会編：図書館利用教育ガイドライン合冊版—図書館における情報リテラシー支援サービスのために—，日本図書館協会，2001．

利用者（団体）懇談会　user (user group) meeting

*公民館・*図書館・*博物館など地域社会教育施設の利用者が，利用者あるいは住民という立場から運営や事業に対して自由に意見を述べることのできる場として生み出されてきたものである．出された意見は必ずしも拘束力をもつものではないが，できる限り尊重されるべきであるのは当然といえよう．

〔概要〕公民館・図書館・博物館にはそれぞれの根拠法によって制度化された審議機関がある．1999年の*社会教育法改正で*公民館運営審議会が任意設置とされた現在では，いずれの審議機関も任意設置となっている．これらの審議機関は住民代表機関という性格をもちながらも，委員は*教育委員会が委嘱し人数も限られる．それを補う意味が利用者（団体）懇談会にはある．なぜなら利用者，住民の希望と職員・行政の努力とが結び合わされてこそ，それらの施設は地域に存在感のあるものとなるからである．制度的な審議機関と自由な立場からの意見が相互に呼応しあうことが必要である．

〔公民館の「懇談会」と「連絡会」〕公民館については「懇談会」と「連絡会」という2種類の自由に意見を述べられる場がある．

公民館利用者懇談会は，次年度予算や事業計画を準備する時期，年度のスタート時期等に公民館が呼びかけて開催される．公民館によっては定例的に年間を通じて開催し日常運営に反映させている場合もある．

一方，公民館利用者連絡会・利用団体連絡会は，公民館活動を続けている団体・個人が自主的に組織しているものである．主に日常の活動・利用を通して感じている課題や公民館のあり方等について，自主的に公民館や行政に意見を出したり，お互いの交流を図るための集まりという性格が強い．会員制で，ニュースを発行したり，公民館との懇談，事業の共催を行ったりしている．

以上のほか，公民館運営審議会の任意設置化によって運営審議会を廃止し，法に拠らない公民館運営協議会を無報酬で独自に設置している自治体もある．
（佐藤　進）

〔文献〕1）日本公民館学会編：公民館・コミュニティ施設ハンドブック，pp.180-182，エイデル研究所，2006．

両親学級　class for parents

両親を対象にして，親としての学習・啓発講座や，*レクリエーション等を用いた親同士の連携を図る活動である．両親学級の用語は，もともとは，一般的に母親学級として普及していた活動であるが，父親を含めて保護者の役割を発展的に捉えようとするものである．

両親学級は，出産前から既に開始されており，分娩準備，乳幼児保育，乳幼児健康指導などの学習を出産予定保護者に提供しており，出産予定保護者に講座の受講を義務化している自治体も少なくない．出産後では，児童センター・保育所等が子育て相談や育児アドバイザーの役割を果たしながら，両親学級を開設しているところも少なくない．小学校期では，学校や*教育委員会が，生活指導の一環として，家庭での*遊び方・生活習慣の確立・しつけ・家庭学習・子どもとのかかわり方等の啓発講座や懇談会を開設するものが多い．

近年，児童虐待・養育放棄・しつけの欠如など，様々な*家庭教育のあり方が問われており，保護者の意識啓発の取組みや，保護者同士の情報交換・*協働活動の場の提供が，ますます重要になっている．
（玉井康之）

〔文献〕1）長澤成次編：社会教育，学文社，2010．

緑陰子ども会　⇨子ども会

臨時教育審議会　National Council on Educational Reform (in Japan)

1984年8月，当時の中曽根康弘総理大臣による「戦後政治の総決算」の一環として，政府全体の責任で長期的展望に立って教育改革に取り組むことを目的に設置された，総理大臣の諮問機関．

こうした事情から，審議事項は多岐にわたり，本審議会のもとに，運営委員会と4つの部会が設置された（各部会のテーマは「21世紀を展望した教育の在り方」「社会の教育諸機能の活性化」「初等中等教育の活性化」「高等教育の改革」）．

〔答申の概要〕1985年6月には第1次答申が出され，1986年4月に第2次答申，1987年4月に第3次答申，そして第4次答申が同年8月に出された．この間，会議の開催総数は668回を数え，また「審議経過の概要」が公開されたこともあって，国民全体

に大きな議論を巻き起こした．

　これらの答申のうち，第2次答申は，教育改革の全体像を明らかにしたものとされており，①生涯学習体系への移行，②初等中等教育の改革（徳育の充実，基礎・基本の徹底，学習指導要領の大綱化など），③高等教育の改革（大学設置基準の大綱化・簡素化，大学院の飛躍的充実と改革など），④教育行財政の改革等を提言している．また，第4次答申は，文部省の機構改革（生涯学習を担当する局の設置）等について提言するとともに，これまでの3次にわたる答申の総括を行い，教育改革を進める視点として，①個性重視の原則，②生涯学習体系への移行，③変化への対応，の3つを示した．

　これらの視点のうち，②については，「学校中心の考え方を改め，生涯学習体系への移行を主軸とする教育体系の総合的再編成を図っていかなければならない」として，生涯学習概念に基づく教育制度全般の改変を提言したものである．また①については，教育を個人投資とみる考え方に基づく「教育の自由化路線」の帰結としてこのような原則を示したものである．これらは，以後の文部省の政策に大きな影響を与えている． 　　　　　　　　（笹井宏益）

〔文献〕1) 文部科学省：学制百二十年史，1992．；2) 文部科学省のHP（http//www.mext.go.jp）のうち「白書・統計・出版物」．

リンデマン，エデュアード　Lindeman, Eduard C.

1885-1953．米国ミシガン州に生まれる．米国の成人教育学者で，*デューイの経験主義教育学とデンマークの国民高等学校の理念を背後におきつつ，主著『成人教育の意味』（1926年）などで，今日の成人教育の理念的基盤を示した．この本の中では，彼は，成人教育の目的を「生活の意味の探求」に求めた上で，その特徴として，①教育は生活（life）である，②成人教育は非職業的な性格をもつ，③成人教育は状況を経由するものであって，教科を経由するものではない，④成人教育の資源は学習者の*経験に求められる，の4点を示した．特に，②のリベラルな成人教育の視点は，ヨーロッパの成人教育論の彩りがある．1926年に米国で最初に*アンドラゴジー概念を用いたが，彼のキー概念は，あくまで歴史性と社会性を重視した成人教育（adult education）であった．また民主主義の砦としての成人教育の重要性を訴え，成人教育独自の方法として小集団ディスカッション法を提起した． 　　　　　（堀　薫夫）

⇨成人教育・学習

〔文献〕1) リンデマン，エデュアード（堀薫夫訳）：成人教育の意味，学文社，1996．；2) 堀薫夫：エデュアード・リンデマンの成人教育学．日本社会教育学会紀要，No.27, 15-24, 1991．；3) Brookfield, S.：*Learning Democracy: Eduard Lindeman on Adult Education and Social Change*, Croom Helm, 1987.

れ

レイシズム　racism

人種主義，あるいは人種差別主義と訳される．人種間には生来的な優劣があるという考え方と，そのことを根拠として人種による*差別を正当化する立場をさす．レイシズムの立場からすれば，現存する人種間の社会的状況の格差は生来的な優劣の表れであり，そのために人種によって異なる扱いをする制度や慣習が存在することは当然だと見なすことになる．

しかしながら，国際的な人権尊重の流れにおいては，特定の人種の生物学的な優位性や劣位性には科学的根拠はなく，現存する格差は，歴史的経緯の中で構築されてきた人種間の不均衡な権力関係と，それを背景とした先入観や*偏見によって生み出されたもの，すなわち社会的な差別の結果と捉えるようになってきている．

20世紀にみられたレイシズムの代表的なものは，欧米における白人優位主義と黒人（/有色人種）差別であるが，日本社会はそれらのレイシズムと無縁でないだけでなく，他のアジア諸国に対する優越意識，在日コリアン・*アイヌ・沖縄問題など，レイシズムに関連しての克服すべき課題を抱えている．現代日本社会における*社会教育・生涯学習もまた，レイシズムこそが人種間の格差や搾取，*抑圧を生み出すとの認識に立って行われるべきである．

（木村涼子）

〔文献〕1）ファノン，F.（海老坂武ほか訳）：黒い皮膚・白い仮面，みすず書房，1998．；2）岡本雅享：日本の民族差別―人種差別撤廃条約からみた課題―，明石書店，2005．

歴史系博物館　history museum

〔概観〕歴史や考古，民俗に関する分野の*展示を行う*博物館の総称で，展示内容や扱う資料の種類によって博物館を分類する際の指標の1つ．歴史博物館，考古博物館，民俗博物館，民族博物館，*郷土博物館などが該当する．

歴史系博物館は，博物館の中で最も数が多く，全体の約57％を占める（*文部科学省『社会教育調査』，2005年）．特に地方自治体により設置される*公立博物館においては，歴史系博物館への傾倒が顕著である．

〔開発行為との関係〕大量の歴史系博物館が誕生した主要な原因として，開発行為との関係が指摘されている．高度経済成長期以降，日本全国で開発が行われ，過去の生活の痕跡が失われていくこととなったが，こうした開発行為とともに増大したのが，遺跡発掘に伴って出土した大量の遺物であり，また，民家や納屋などの取り壊しなどによって不要となった膨大な民具であった．行政が開発を推し進めていくためには，開発によって生じたこれらの文化財の処理が焦眉の課題となり，大量の文化財をしまっておく倉庫としてだけでなく，同時にそれらを公開して活用できるような施設の存在が求められるようになる．つまり，開発と保護という矛盾を，表面上取り繕うことができる制度的な装置が必要となったのである．その結果，開発による文化財の破壊とその保存・活用という，相反する命題を同時に実現させるための合理的再編の一環として「活用」されることになったのが歴史系博物館であり，開発を進めるためのスケープゴートとして重用されることになった．そのため，各自治体においては歴史・民俗に傾倒した博物館が量産されることになり，1970年に開始された*文化庁による歴史民俗資料館への国庫補助をはじめとする補助金行政の申し子として，各自治体において続々と建設されていったという経緯をもつ．

〔歴史への関心〕自治体史の編纂事業により資料の集積がなされ，市民の歴史への関心が高まったこと，また文化財保護行政の進展により指定文化財の物件が増加したことなども，歴史系博物館の設立を増加させる一因となったという指摘もある．（金子　淳）

⇨郷土博物館

〔文献〕1）国立歴史民俗博物館編：歴史展示とは何か―歴博フォーラム歴史系博物館の現在・未来―，アム・プロモーション，2003．

歴史民俗資料館　⇨歴史系博物館

レクリエーション　recreation

〔定義〕余暇時間に行われる自発的な活動であり，その活動を目的的に楽しむことを通して身体的・精神的な満足と生活の充実をもたらす諸活動の総称である．その活動から価値を引き出し，気晴らし，健

康増進，生活の質の向上等，生活の活性化や人間性の回復を期待する点に特徴がある．語源は，ラテン語 RE-CREARE であり，RE-（再び）CREARE（創る）から「再創造」を意味し，そこから精神的，肉体的なエネルギーの再創造を意味したが，そのための気晴らしや喜びをもたらす活動をも意味するようになった．

〔歴史〕まず教育学の父コメニウス（Comenius, J. A.）は 1632 年，『大教授学』において休み時間を「レクリエーション」として授業への活力回復の重要な時間と位置づけた．この用語の一般化は米国の社会運動によるところが大きい．19 世紀末，青少年の非行や暴力等が社会問題化する中で，シカゴの母親を中心とした遊び場づくり運動「プレイグラウンド運動」が全土に広がり，1911 年には「全米児童公園・レクリエーション協会」，1930 年には「全米レクリエーション協会」が設立され，日本においても 1948 年に「*日本レクリエーション協会」が設立されるなど世界的にこの運動が広がった．一方，近代産業社会の発展に伴い 1919 年，*ILO（国際労働機関）が成立，労働時間が規制されるにつれて余暇時間が獲得され，*余暇善用と労働力の再生産としてのレクリエーションが問われる．さらに第 2 次世界大戦後，国連による「*世界人権宣言」（1948 年）が採択され，「余暇権」が基本的人権として認識された．

〔課題〕現在，余暇時間の増大，少子高齢社会を背景として生きがいの創出や生活の質の向上に向けたレクリエーションのあり方が問われている．またすべての人に余暇権が開かれ，享受されているか，その保障のための社会環境の整備が急務である．

(松尾哲矢)

〔文献〕1）薗田碩哉：レクリエーション概論（日本レクリエーション協会編），pp. 20-32, 日本レクリエーション協会，1990.

レクリエーションコーディネーター　recreation coordinator

レクリエーションやスポーツの各種目や活動プログラムを理解し，人々を楽しませる技法をもつ支援者．地域をはじめ，学校，企業，社会福祉領域など幅広い領域で活動する一方で，組織運営や事業の企画立案，種目団体の連携や協力関係づくり，支援していく仕組みづくり，単発イベントから継続的な活動への支援など，レクリエーション活動の場づくりをその主な役割としている．1993（平成 5）年，*日本レクリエーション協会の公認資格の名称として採用されて以来一般的な呼称となった．同年，「レクリエーションコーディネーター」は，*文部科学省の「スポーツ指導者の知識・技能審査事業」による事業認定の対象資格として位置づけられ，主に*生涯スポーツを担ってきたが，2006（平成 18）年 3 月，*規制緩和による国の事業認定の廃止に伴い，今後，生涯スポーツのみならず，わが国のレクリエーション運動の推進者としての役割が期待される．

(松尾哲矢)

〔文献〕1）日本レクリエーション協会編：レクリエーション運動の 50 年―日本レクリエーション協会五十年史―，遊戯社，1998.

レファレンスサービス　reference services

情報を求める利用者に対し*図書館員が行う人的援助のことをいう．

〔概観〕レファレンスサービスの歴史は古く，19 世紀末には既に米国で "aid to readers" という言葉があったとされる．日本においても，志智嘉九郎が『レファレンス・ワーク』を著したのは 1962 年で，貸出が*公立図書館のサービスとして定着する前のことであった．

レファレンスサービスには直接サービスと間接サービスがある．直接サービスは求められた情報や文献を提供したり探索法の指導を行うことであり，間接サービスは，直接サービスで用いる情報資源を選択・収集・組織化して利用可能な状態にしておくことである．日本の図書館では，間接サービスとしてのレファレンスコレクションの構築は行われてきたが，直接サービスはそれほど活発であったとはいえない．原因として，レファレンスサービスを行いうる*専門職の*司書が配置されていない図書館が多くあることが指摘されている．

〔ビジネス支援サービス〕ビジネス支援サービスとは，ビジネス活動を支援するための情報提供活動であり，主題分野を絞ってより深い情報提供を目ざすレファレンスサービスであると考えることができる．近年では単に図書館の資料を使って情報を提供するにとどまらず，起業に関連する資料やビジネス関連書を積極的に整備するほか，産学交流センターや中小企業診断士などと連携して相談を受けたり，当該地域の産業に関連する統計資料・データベースを充実させるなど，さまざまな活動が行われている．

〔展望〕日本においては，レファレンスサービスは利用者に十分認知されているとはいいがたい．しかし 2006 年の報告書『これからの図書館像―地域を支える情報拠点をめざして―』では，これからの図

書館サービスに求められる新たな視点として「レファレンスサービスの充実と利用促進」をあげており，地域の課題解決支援機能を充実させる必要があると提言している．今後の発展が期待される．

(高鍬裕樹)

〔文献〕1) 高田高史：図書館が教えてくれた発想法, 柏書房, 2007.；2) 長澤雅男・石黒祐子：問題解決のためのレファレンスサービス（新版), 日本図書館協会, 2007.

レプリカ replica

実物を原型として復元，複製されたものをいう．原資料が重要文化財等の指定を受け，公開期間が制限される場合や原資料の損傷が激しく*展示等に向かないため，往時の姿を復元する場合，さらに重量の関係や*現地保存の原則から実物展示が不可能な場合にその代替として作成される．また，他館の所蔵品でありながらも展示構成上，その資料が必要な場合にレプリカで代用するというケースも多い．

できるだけ原資料と同じ素材や技法を用いることが基本だが，石造物や骨格標本など，外観や形態が重視されるレプリカでは，シリコンを使った型取りやFRP (fiber reinforced plastic) による再現等が用いられる．近年ではデジタル画像技術の著しい発達によって平面物の複製は，極めて簡単にできるようになってきている．絵図などの高精画像データを紙として印刷するのではなくモニター上で再現し，移動や拡大等の参加性をもたせることも試みられている．さらに3次元データを使った立体物の自動再現等の技術も開発されつつあるなど，今後の技術革新が期待される．

(若月憲夫)

〔文献〕1) ディスプレイの世界編集委員会編：ディスプレイの世界, 六耀社, 1997.；2) 日本展示学会「展示学辞典」編集委員会編：展示学辞典, ぎょうせい, 1996.

ろ

労音（勤労者音楽協議会） *Ro-On* (Worker's Music Conference)

1949年11月に大阪で発足し，その後，京都・神戸など関西を中心に広がり，1950年代には全国各地に広がった，職場サークルを拠点とした労働者自身による自主的・共同的な音楽鑑賞組織．その理念は，音楽専門家や文化事業者と協力しながら「良い音楽を安く聴く多くの機会を働くものの力で作り出すとともに健全な音楽文化の擁護と発展を図る」(『設立趣意書』より) というものであった．

この運動は，1950年代～60年代前半にかけて発展するが，その後は会員数が急速に減少し停滞していく．その要因として，高度成長期に進行した，レジャーとしての鑑賞，消費としての鑑賞というスタイルに有効に対抗することができなかったことが指摘されている．しかし最近，戦後の労音運動の成果を記録化していく動き[1]もあり，運動の歴史的な意義を検証することが課題となっている． (草野滋之)

〔文献〕1) 東京労音運動史編さん委員会編：東京労音運動史, 東京労音, 2004.

老化 ⇨エイジング

老人虐待 ⇨高齢者虐待

老人クラブ senior citizens' club

わが国の代表的な高齢者の自主組織．1950年に大阪市住吉区と旭区で結成された老友会，常盤老人クラブが，老人クラブの嚆矢とされている．老人クラブが全国的に展開する起点となったのは，1953年に東京都で実験的に始められた老人クラブである．このような老人クラブの発展を背景にして，1962年に全国組織としての全国*クラブ連合会が結成された．「老人の*知識および*経験を生かし，生きがいと健康づくりのための多様な社会活動を通じ，老後の生活を豊かなものとするとともに明るい長寿社会づくりに資すること」(「老人クラブ運営要領」) を目

的とし，おおむね60歳以上を加入資格としている．おおむね50人以上の会員によって小地域ごとに構成されたのが単位老人クラブとされ，2005年現在では，全国で13万人，会員総数は830万人を数える．なお，1963年制定の老人福祉法に基づき，老人クラブの運営には，国，都道府県，市町村からそれぞれ費用負担の助成金が交付されている．　（久保田治助）

〔文献〕1）全国老人クラブ連合会：全老連三十年史，全国老人クラブ連合会，1993．

老人大学　senior citizen's college

〔概観〕第2次世界大戦後，高齢者の学習活動を行うために設立され地域行政が中心となって運営されている学習組織の名称．ほかに高齢者大学，シルバーカレッジ，市民カレッジ，ことぶき大学，高年大学など様々な名称で呼ばれている．老人大学は1970年代から全国的に展開していった．この老人大学の運営のほとんどが地域の社会福祉行政によって行われているが，*社会教育行政によって運営されている組織もある．また，民間団体が行っている老人大学も数多くある．講座の内容は幅広く，高齢者の生活に関するものや地域の歴史，園芸や陶芸などの趣味に関するものをはじめとして，より専門的な社会福祉，政治，経済，哲学やスポーツにまで及んでいる．

主な老人大学としては，先駆的高齢者教育論者である小林文成の「楽生学園」，4年制の大学・大学院・*通信教育と幅広く行っている「*いなみ野学園」，宿泊型専用施設をもつ北九州市福祉協議会が行っている「周望学舎」，農村青年の学習実践であった信濃自由大学の理念をもとにつくられた老人福祉行政が2年制で行っている「世田谷区老人大学」，社会教育行政主導で，現在では多くの高齢者の学習実践で行われている*自分史学習を取り入れていた「中野区ことぶき大学」などの実践がある．

〔歴史・動向〕日本における老人大学の原型となったのは，1954年から長野県伊那市で行われた小林文成の楽生学園の実践である．この楽生学園の学習目標は，① 現代の若い人と話し合える老人になる，② 家庭で老人が明朗であれば，その家庭は円満である，したがって老人が愛される，③ 老人が家庭なり，社会なりに役立っているという自覚をもつようになる，④ 健康維持のために老人病に関する*知識を学び，早老・老衰予防のために，老人心理の研究をする，⑤ 老人の生活を歴史的に研究する，⑥ 老人が広く交流交歓を図り，社会性を深め，組織力をもつようになる，⑦ 先進国の社会保障に照らして，国や社会に向かって，老人の福祉を増進するための施策を要求する，⑧ 幸福な寿命を願って，自ら現代に適応するような学習を続ける，の8つであり，この学習目標は，その後の老人大学の理念の基礎となる．行政主体の老人大学として日本で初めて設立されたのは，1969年に兵庫県加古川市につくられた福智盛の兵庫県いなみ野学園である．いなみ野学園の学習は，高齢者個人の潜在能力を引き出し，その成長過程を援助するという教育の視点を目ざした実践であった．このいなみ野学園がその後の老人大学の学習実践モデルとなった．

〔研究〕これまでの老人大学の研究は，個々の実践分析が中心であり，体系的に論じてこられなかった．それは，老人大学研究において論点となるのが，高齢者の学習が，社会教育行政と社会福祉行政の間にあるために，問題点が曖昧にされているからである．その一方で，高齢者の学習が高齢者の独自の教育性として教育と福祉の両義性として捉えることもできるであろう．このような問題として考える必要となったのは，老人大学とともに*老人クラブの組織化にも尽力した小林文成の高齢者教育観が深く影響しているからである．今日では，大学の*エクステンション事業として*高齢者教育が盛んになり，老人大学も多様化している．なお，中国においては，「老年大学」の名称で，老人大学が展開しており，インターネットを利用した老人大学である「网上老年大学」も盛んに行われている．　（久保田治助）

〔文献〕1）小林文成：老人は変わる—老人学級の創造—，国土社，1961．；2）三浦文夫編：老いて学ぶ老いて拓く，ミネルヴァ書房，1996．；3）堀薫夫編：教育老年学の展開，学文社，2006．

老人福祉センター　social welfare center for the elderly

老人福祉法に規定されている，無料または低額な料金で，高齢者に関する各種の相談に応ずるとともに，健康の増進，*教養の向上および*レクリエーションのための便宜を総合的に提供する利用施設である．特A型，A型，B型の3種類がある．特A型では，日常生活相談，健康増進や生業・就労に関する指導，機能回復訓練，教養講座，*老人クラブへの援助等を行う．最も数の多いA型では，健康増進に関する指導以外のすべての事業を行う．規模の小さなB型では，日常生活相談および教養講座，老人クラブへの援助のみを行う．

老人福祉センターは，*高齢者福祉の領域で*高齢

者の社会参加活動促進を担う施設であると捉えられる．具体的には，多くの施設で，絵画や音楽，体操，社交ダンス，料理，文学，歴史などの講座が開催され，地域活動や*ボランティアについての情報提供，グループ活動の場を提供している．その点で*公民館や*生涯学習センター，*老人大学等の事業と似かよっており，明確な区別がつきにくいといえよう．さらに，講座の開発や運営に当たる*専門職員の養成という課題も残る．

（新井茂光）

⇨高齢者の社会参加

〔文献〕1）日本地域福祉学会編：地域福祉事典，中央法規出版，2006．；2）小笠原祐次・小国英夫・福島一雄編：社会福祉施設（これからの社会福祉7），有斐閣，1999．

老人ホーム　care home for the elderly

老人福祉法第20条に規定される老人（高齢者）のための入所施設．わが国の老人ホームは，1895年の「聖ヒルダ養老院」を原点とする．公的には1929年の救護法に規定された養老院があるが，1946年の旧生活保護法で保護施設に名称を変え，1949年の新生活保護法で養老施設と規定された．1963年に世界初の単独法として制定された老人福祉法では，養老施設を引き継ぐ*養護老人ホーム，要介護状態の軽減または悪化の防止に資する特別養護老人ホーム，自由契約型の軽費老人ホームの3種類の社会福祉施設に体系化された．軽費老人ホームには主に給食，自炊，身体機能の低下等の区分で，A型，B型，ケアハウスがある．ほかに福祉や介護・保健・医療の機能を総合的に提供する有料老人ホームもある．介護保険法に基づく介護施設としては特別養護老人ホームが相当する．運営上，施設内のサービス向上を前提に，利用高齢者が地域社会とのつながりを通じて，自己存在感の確認，学習意欲の継続等の可能な社会参加型のコンセプトが望まれている．

（宮島　敏）

〔文献〕1）社会福祉養成講座編集委員会編：高齢者に対する支援と介護保険制度，中央法規，2011．；2）直井道子・中野いく子・和気純子：高齢者福祉の世界，有斐閣アルマ，2008．

労働　labor

労働は，素材の自然状態を変更してその有用性を高める行為のことである．動物が巣をつくる行為も，人間が自然に働きかけ，その形態を変え，有用なものにする活動も，同じ労働である．人間の労働が，動物の労働と異なるのは，素材の形態変化だけでなく，素材をどのように変えるのかを考え，構想し，その目的に基づいて実行するところにある．知性に導かれた合目的的行為としての労働は人間独自の活動である．したがって人間は労働を通じて創造性を発揮し，潜在的な能力を発展させることができる．

〔労働の疎外〕資本主義のもとでは，労働力は商品化し，資本に売られ，その価格として賃金が支払われる関係がつくられるので，労働は商品化した賃労働として現れる．賃労働のもとでは，労働過程の中で自らの労働によって生みだされた生産物は，他者である資本家の所有物になる．また，労働者が，労働過程における資本家の指揮命令のもとで，生産の1つの素材として扱われることになるので，人間労働が本来もっていた創造性や構想力は，削ぎ落とされる．労働者はこのような労働過程における敵対的関係を疎外として感受することになる．これが労働の疎外である．

〔賃労働と労資対抗〕資本主義のもとでの賃労働の諸相は，まず生産手段を購入した資本家が次に労働力商品を購入する労働市場に現れる．労働市場における労働者と資本家は，労働力商品の価格としての賃金をめぐって対立する．購入された労働力商品が生産手段と結合して消費されるところが労働過程である．労働過程においては労働力を過度に消費しようとする資本家と，長時間労働や過重労働を規制しようとする労働者との労資の対立が生じる．*労働組合を中心にして労働運動を展開しようとする労働者と抑圧しようとする資本家との間に労資関係が生じる．このように賃労働をめぐる労働市場と労働過程，労資関係の各分野で労資の対抗と調整がなされている．

（木下武男）

〔文献〕1）ブレイヴマン，H.：労働と独占資本，岩波書店，1978．；2）佐々木隆治：マルクスの物象化論，社会評論社，2011．

労働学校　labor college

労働者のための，学校という名称をもった教育機関のこと．ただし，労働者にも教育の機会を開放している大学の*社会人入学，大学夜間部，*夜間中学校などの正規の学校教育は除外される．

〔労働者の学校〕この種の学校は，労働者の知的要求を満たすために，*労働者教育の一形態として設けられるものである．その授業時間は労働者の生活時間にあわせて少なく，かつ重い財政的負担は望めないため，通常の私立の全日制・定時制学校のように卒業に必要な単位などの規定はなく，正規の学校との連続性はない．

〔歴史〕労働者教育の形態は，学習会のようにサークルの形態もあるが，労働学校は，通常の学校のように系統的なカリキュラムを設け，授業として提供するところに特色がある．なぜなら，英国の*ラスキンカレッジ，日本の大阪労働学校，日本労働学校，東京帝大*セツルメントの労働学校のように大学レベルの*教育の機会均等の要求から生まれたからである．日本では，これらが*社会教育として考えられていた．

これらの労働学校は，労働運動の担い手を養成する科目を設けるようになったが，京都労働学校において山本宣治による*性教育の科目が設けられていたことは，性教育が*抑圧されていたため注目に値する．

第2次世界大戦後，わが国では*労働組合が公認されることによって，労働組合や労働者教育団体により労働運動の担い手を養成する労働学校が設けられるようになり，今日まで続いている．また，労働問題を解決するための社会科学的*知識を提供する大学レベルの中央労働学園専門学校が設立された（1947年）が，法政大学に吸収されている．

（大串隆吉）

〔文献〕1）法政大学大原社会問題研究所編：大阪労働学校史，法政大学出版局，1982．

労働過程　labor process

〔歴史貫通的なものとしての労働過程〕どのような社会にあっても，人々の欲求を充足する様々な有用物が継続的に生産されなければならない．それは，目的意識的に*労働を行う人間が，道具，機械などの労働手段を用いて，原料，中間生産物などの労働対象に働きかける過程である．それはまた労働を通じて労働者が陶冶され，肉体的・精神的*能力を発展させる場でもある．こうした営為は人間独自のものであり，マルクス（Marx, K.）は「最も拙劣な建築士でも最も優れたミツバチより最初から卓越している」と述べた．

〔資本主義のもとでの労働過程〕資本主義においても以上の一般的性格は変わらないが，資本主義的生産は，生産物の有用性そのものではなく，生産物を販売し，投資した資本の価値を上回る剰余価値を獲得することを目的としているため，労働過程の性格もその目的に規定される．すなわち，剰余価値が生み出されるために必要な時間の間，労働が無駄なく秩序に沿って行われるよう，労働過程をコントロールしようとする要請が飛躍的に強まるのである．

〔矛盾と対応〕しかし，こうした資本の論理はスムーズに貫徹するわけではない．生産に必要な*熟練，*知識を労働者に依存する技術的条件のもとでは，労働過程における労働者（または労働者集団）の自治的な裁量を認めざるをえないからである．それゆえ，こうした隘路を突破し，労働過程における資本側のコントロールを確保すべく，労働者の熟練を解体しようとする試みが歴史上繰り返されてきた．テイラー（Taylor, F. W.）によって提唱された，労働者の動作研究，時間研究に基づく作業の標準化（科学的管理法，テーラーシステム）や，自動車企業フォードに先駆的に導入された，ベルトコンベアに従った部品組立て工程の流れ作業化（フォーディズム）などがその代表的な例とされる．　　（岩佐卓也）

労働基準法　Labor Standards Law

〔制定〕「日本国憲法」第27条の「賃金，就業時間，休息その他の勤労条件に関する基準は，法律でこれを定める」ことを受けて1947（昭和22）年に「*工場法」を廃止して制定された法律．法では労働契約，賃金，労働時間，休暇，休日および年次有給休暇，安全および衛生，年少者，女性，技能者の養成，災害補償，就業規則，等々の労働者保護に関する様々な事項について規定している．

〔課題〕近年の「*規制緩和」という政策により，様々な制限の後退・撤廃が行われ，労働条件の改悪が進められている，といえる．たとえば，"労働者派遣事業"は労働者派遣の「適正な運営の確保」の法であるが，この悪用により，労働者の保護が空文化しつつある．

また，いわゆる"*男女雇用機会均等法"により，女性の保護規定である深夜労働の制限，育児休暇の保障等の労働条件の制限が軽減・撤廃されているという問題もある．

〔*職業訓練〕「日本国憲法」第27条第3項「児童は，これを酷使してはならない」の規定から企業内における訓練の制度である「技能者養成制度」が第7章に規定された．第7章を受けて「技能者養成規程」が労働省令で公布され，さらにその訓練基準である「教習事項」が労働省告示で公布された．この基準では，養成工の保護のため，訓練期間（一人前にする年限）は最高を，訓練内容は最低を規定していた．この技能者養成は1958（昭和33）年に独立し，公共職業補導と統合され「職業訓練法」へと発展した．

ただ，当初「労働基準法」に「徒弟の禁止」が謳

われ，他の先進国とは異なった*徒弟制度への位置づけとして発足した．また，技能者養成が「職業訓練法」に独立した後にも，条文には徒弟制度ついては何ら規定されていないにもかかわらず，今日もなお「徒弟の弊害排除」のタイトルが残っているという問題がある． (田中萬年)

〔文献〕1）厚生労働省労働基準局：労働基準法，労務行政，2005.

労働組合 labor union/trade union

〔概観〕賃金，労働時間，雇用保障等の労働条件が企業と個々の労働者との自由な交渉によって決定されるのであれば，交渉力において劣る大部分の労働者にとって不利な帰結がもたらされることは必至である．それゆえ，労働者間相互の競争を制限し，団結した集団として交渉や争議を展開することによって労働条件の向上・維持をはかる営みが追求されてきた．このことを恒常的に行う組織が労働組合である．労働組合は通常，*職業，産業，企業，地域等を単位として結成される．

〔歴史〕歴史的に労働組合の結成や活動は治安問題として弾圧・制限を受けてきたが，社会権思想の定着に伴い保護されるべき対象となり，戦後日本でも労働組合は法的な保護を受けている．すなわち，労働組合を結成すること，団体交渉や争議行為をすることは憲法上の権利であり（第28条），使用者が労働組合に加入したことの故をもって労働者を不利益に取り扱うこと，団体交渉を拒否すること，労働組合へ支配介入すること等は不当労働行為として禁止されている（*労働組合法第7条）．

〔実態〕しかし，今日の実態をみると，労働組合の組織率は長期的な低落傾向にある（『平成17年労働組合基礎調査』によれば推定組織率は18.7％，1970年代までは30％で推移）．このことの背景は様々であるが，1つには，1990年代以降における*新自由主義的改革に伴うリストラ，成果主義，過密労働，非正規雇用の拡大といった労働者の受難に対し，多くの労働組合が積極的に対応してこなかったことがあげられよう（企業に協力的な場合さえ少なくない）．労働組合の役割自体はかえって大きくなっているにもかかわらず，多くの労働者にとって，それが頼れる存在とは見なされていない状態は極めて深刻である．そうした中にあって，上述した問題を積極的に取り上げ，成果をあげている管理職ユニオンや青年ユニオンなどの活動が注目される．

(岩佐卓也)

労働組合法 Trade Union Law

労働者は企業主に比して基本的に権利が弱い立場にある，との認識から，「労働者が使用者との交渉において対等の立場に立（ち）…労働者の地位を向上させる」ために1949（昭和24）年に制定された．法には労働組合のほかに労働協約，労働委員会について規定している．

労働者の団結権・団体交渉権・争議権等の保障について定めた法律で，「*労働基準法」「労働関係調整法」と合わせて「労働3法」と呼ばれている．

具体的な権利要求を労働組合によって行うことが可能なように，労働者が団結するために組合を組織し，企業主側と対等の交渉を行うこと，また，その活動の一環としてたとえばストライキ等の組合行動を保障している．

なお「労働協約」とは争いを防ぐために労働等の条件について労働組合と使用者とで結ぶ契約である．労働協約は書面の作成と双方の署名捺印が義務づけられている． (田中萬年)

〔文献〕1）厚生労働省労政担当参事官室：改正労働組合法の解説，労働新聞社，2005.

労働権 right to labor/work

「労働権」（または日本国憲法第27条が規定する「勤労の権利」）がいかなる内実をもつのかは必ずしも一義的ではない．ここでは2つの意味について触れたい．

〔失業救済としての労働権〕まず失業を救済する理念的根拠としての労働権である．歴史的に，失業は，当該労働者の自己責任，つまりその無能力や怠惰に起因するものと理解されてきた．これに対して，失業は個人的ではなく社会構造的な原因によるものであり，それゆえ国家によって救済されなければならないとの異議申立てが登場し，労働権の思想として結実する．その結果，現代国家は完全雇用政策を採ることが要請されており，日本の*雇用対策法（1966年）等もそのことを定める．

とはいえ，労働権の保障によって，国は失業救済のための政策上の義務を負うにすぎず，国民が国に対して具体的な請求権を有するものではないと解されている（多数説）．その意味において，労働権の権利性は限界を免れない．

〔就労請求としての労働権〕もう1つの意味は，就労を請求する権利としての労働権である．すなわち日本では，解雇事件において解雇無効が認められたとしても，通常，使用者は賃金支払いの義務を負う

にとどまる．そのため，労働者が実際の就労を希望しているにもかかわらず，使用者がそれを拒否した場合，労働者側は労働権を根拠に争うことになる．こうした主張の背景には，日々の就労を通じて蓄積・維持される労働者の*経験や*技能や人間関係がそれ自体として保護すべきものであるとの考え，または労働者にとって労働は単なる生活の糧を得る手段ではなく，それを通じた*自己実現であるとの考えがある．

しかし判例上，就労請求権は，「労働者が労務の提供について特別の合理的な利益を有する場合」に限るとされ，それを認めた事例はごくわずかである．ここでもまた労働権には大きな限界が画されている．

〔岩佐卓也〕

労働者教育 workers' education

雇われて働いている労働者を対象とした，あるいは労働者による教育活動．

〔労働者教育と成人教育・社会教育〕労働者は成人でもあるため，成人教育の対象になる．しかし，労働者教育は労働者としての独自の課題を取り上げるため，*成人教育に解消することはできない．また，*社会教育の一部にもなる．特に社会教育を社会問題を解決する教育と捉えた場合に，社会問題の1つとして労働問題があるため，労働者教育は不可欠の領域になる．わが国では，文部行政の担当する社会教育で公民教育の一環として捉えられ，労働問題に対応する教育は労働行政の担当とされてきたため，社会教育では重要な領域とは扱われなかった．

〔労働者教育と職業訓練〕*ILO（国際労働機関）は労働者教育を，労働者の社会問題から生まれ，社会の中での労働者の不利益をつくり出している不平等をなくすための一環であると同時に，現代社会において複雑となった社会活動のあらゆる面にかかわる労働者の*能力を発展させることを目的とする教育活動，と定義している．

しかし，ILO は*職業訓練（vacational training）を労働者教育と区別している．労働者教育は，労働者の社会問題解決―社会の改善のための能力育成であるのに対し，職業訓練は社会における人間の尊厳を*職業を通じて確保しようとする教育活動だとしている．

〔概念〕この ILO の区分は，形式的である．なぜなら，労働者の教育機会の不平等を問題にするときに，その教育機会には職業訓練の機会が含まれるのは当然である．また，労働者の*教育権は生存権・社会権から生まれるものであるから，生存権を保証するには職業訓練がなければならないからである．

そこで，労働者教育は，賃金労働者を対象とした，あるいは賃金労働者自身による教育の複合体と捉えるのが適当である．ILO の*有給教育休暇条約は，労働者に必要な教育として社会問題・労働問題の教育だけではなく，職業訓練，*市民教育，一般教育，*労働組合教育をあげている．

〔主体〕労働者教育の主体には，労働者団体―労働組合，文化・教育団体，行政（労政事務所，職業能力開発校など），使用者あるいは使用者団体によるものがある．

使用者による教育は，一般に企業内教育と呼ばれており，*OJT と*OffJT からなっているが，企業内学校を設ける伝統がわが国にはある（⇨企業内教育訓練）．

労働者団体は，すでにヨーロッパでは19世紀中葉から生まれ，すべてのものに教育の機会を要求するとともに，学習・*文化活動の時間の確保のために8時間労働制を要求した．これらの要求を表現した言葉が，ドイツのリープクネヒト（Liebknecht, W., 1826-1900）による「知は力なり―力は知から」（Wissen ist Macht, Macht ist Wissen）である．

1919年に ILO は8時間労働制のための国際条約を採択した．さらに進んで，ILO は労働者の生涯学習を社会権として捉え，労働時間中に有給で学習・文化活動を保証する先述の有給教育休暇条約を1975年に採択した．

労働者の教育機会の実現は，英国の*労働者教育協会や*セツルメントに代表され，わが国でも1920年代に大阪労働学校などの*労働学校運動が起こった．今日，わが国には，労働組合の組織率が10％台に低下してはいるものの，労働者教育協会や教育文化協会，労働者協同組合などの活動がある．

〔大串隆吉〕

〔文献〕1) G. D. H. コール著（林健太郎・河上民雄・嘉見治元郎訳）：イギリス労働運動史，岩波書店，1952～1957.：2）新海英行：現代ドイツ民衆教育史研究，日本図書センター，2004.

労働者教育協会（WEA）（英）Workers' Educational Association (in UK)

1903年マンスブリッジ（Mansbridge, A.）夫妻によって創設された，高等教育を通じての労働者の知的精神的向上を目的とした英国の教育運動組織．1905年に現名称に変更．誕生の社会的背景には，当時の大学拡張運動への批判，労働者階級の教育要求

運動があった．WEA は，大学，*労働組合，*協同組合の3者の結合により誕生した．1906年結成された労働党との結びつきが強く，WEA・大学の合同事業を通じて多くの政治家，労働組合指導者を育てた．トーニー（Tawney, R. H.）による大学*チュートリアルクラス運動は WEA・大学事業の代名詞となったが，2つの大戦間期以降の教育ニーズの多様化に伴い人気は衰えた．100周年を経た WEA は，一時期労働者教育の独立性をめぐって厳しい対抗関係を*経験したが，英国成人教育の伝統とされる*ボランタリズム，官民のパートナーシップ，リベラル成人教育の担い手であるとともに，一貫して学校教育を含む公教育要求の組織者としての役割を果たしている． (左口眞朗)

〔文献〕 1) Roberts, S. K.: *A Ministry of Enthusiasm: Centenary Essays on the Workers' Educational Association*, OUP, 2004.

労働者協同組合 worker's collective

〔概観〕労働者が出資者となって所有し，管理・運営にあたる協同組合であるが，日本では*労働者協同組合としての法人格が認められていないため，法人格の形式にかかわりなく協同組合原則に準じた運営によって労働者協同組合を志向する組織を総称している．

〔展開過程〕労働者協同組合は19世紀初期にフランスや英国で模索された生産者協同組合を淵源にもつ．これらは機械化によって駆逐される手工業労働者の自立を目ざし，キリスト教社会主義・ギルド社会主義等と結びついたが，19世紀半ばには大半が消滅した．労働者協同組合が再び脚光を浴びるのは，*グローバリゼーションが進展し，産業構造の再編に伴う雇用・失業問題が深刻化した20世紀末においてであった．労働者の共同所有・自主管理に基づく企業再生運動，雇用創出と*コミュニティ再生を結びつけるコミュニティ企業運動，オルタナティブな生活の実現を目ざす社会運動などの潮流は，*社会的経済を志向する運動として総括され，その中核的な担い手として労働者協同組合が位置づけられている．

日本では現在，日本労働者協同組合連合会とワーカーズコレクティブネットワークジャパン（WNJ）という2つの連合組織が結成されている．前者は失対事業を「地域住民に役立つ良い仕事」を創造する事業へと転換する運動の中で結成された中高年・雇用福祉事業団を母体とし，後者は生活クラブ生協運動を母体としている．

〔意義〕現代の労働者協同組合運動は，協同して労働する人々の協同組合であることに自らの固有性を見いだし，市民が担う「新しい公共」を実現しようとしている．人間らしい暮らしを実現する経済活動を通した*自己教育と，それに基づく新たな公共的主体の形成は，生涯学習と社会変革の関連を考える場合の不可欠の論点である． (宮﨑隆志)

〔文献〕 1) メロー, メアリー：ワーカーズ・コレクティブ, 緑風出版, 1992.

労働疎外 alienation of labor

労働疎外の実証的な分析を試みたブラウナー（Blauner, R.）は『労働における疎外と自由』で，労働疎外のメルクマールとして，労働者が雇用条件や直接の作業工程に対する統制力を欠き企業の一機構として位置づけられてしまうこと＝*無力性（powerlessness）と，労働者が仕事の協同的な性格や社会的意義を理解しにくくなり，自分の仕事に目標感をもつことができなくなること＝無意味性（meaninglessness）の2つをあげている[1]．

労働疎外は，技術的・経済的・社会的条件に応じて多様な形で現れる．たとえばベルトコンベア労働のような，労働者の裁量や創意工夫の余地が基本的に奪われ単調な作業を強いられる職種では，疎外は強度であるが，逆に依然として*熟練を必要とするような職種では，その度合いは低いといえる．また，労働者の希望や欲求の水準が高まるほど，疎外は強く感じられることになる． (岩佐卓也)

〔文献〕 1) ブラウナー, R. (佐藤慶幸監訳)：労働における疎外と自由, 新星社, 1971.

労働の人間化 英 humanization of work, 独 Humanisierung der Arbeitwelt

〔概観〕*労働の人間化はヨーロッパでよく使われ，北米では労働生活の質的向上（quality of working life）という言葉がよく使われる．いずれにしても，労働をより人間的なものにしようとする運動であり，働き方に対する変革を意味している．1970, 80年代において*ILO（国際労働機関）が提唱し，社会主義諸国も含め，世界的規模でこの運動は展開された．

〔具体的内容〕労働の人間化の具体的内容は，大きく，マクロの用法とミクロ的用法に分かれる．マクロ的用法は，国際機関，各国政府，*労働組合などがよく使う内容であり，伝統的な人間化の方向を示し

ている．具体的には，①安全・衛生などの物理的作業条件の改善，②賃金に関する団体交渉，③病気・疾病からの保護，④経営者の専制的行動からの保護，⑤社会生活における労働者の人格の保護と拡大，⑥有意義で満足な労働や参加への欲求の充足などである．これらは，ILOが中心となり，労働者の生活を向上させる施策として実施されてきたものである．

他方，ミクロ的用法の具体的内容としては，作業内容それ自体を変革する職務再設計があげられる．1970，80年代に注目された職務再設計はベルトコンベアシステムにおける単調作業に対して，新しい作業方式を含んだ作業組織の導入であった．

ベルトコンベアシステムにおける単調労働は*労働疎外の典型と見なされ，それに代わる職務再設計が労働の人間化の具体的内容とされた．職務再設計の中では，①職務転換，②職務拡大，③職務充実，④半自律的作業集団の導入がその中心とされ，人間に適した作業組織の導入が労働の人間化と同一視されるようになった．1980年代以降は，情報技術の普及に伴い，新しい作業組織が，労働の人間化という概念を使わず，技術的要請や効率の観点から，普及している．　　　　　　　　　　　　　（奥林康司）

〔文献〕1）奥林康司：労働の人間化―その世界的動向―，有斐閣，1987.

老年学　gerontology

高齢者と*エイジングを研究する総合的・学際的な学問分野である．この下位分野としては，生物学・医学・看護学・社会福祉・社会学・心理学・建築学・人口学などがあり，生涯学習と近い分野では*教育老年学がある．大きく老年医学（geriatrics）と社会老年学（social gerontology）に分ける場合もある．米国のエイジングハンドブックは，生物学・心理学・社会科学に区分している．

老年学という語は，1944年に米国老年学会が設立され，1946年に同学会誌 *Journal of Gerontology* が発刊されたあたりから普及したとされている．当初は生物学的・医学的側面の研究が主であったが，徐々に心理学的・社会学的側面の研究が増え，最近では教育学的側面の研究も出てきている．日本では1958年に日本老年学会が設立されるが，その後，日本老年医学会と日本老年社会科学会とに分化した．

⇨教育老年学　　　　　　　　　　　　　　（堀　薫夫）

〔文献〕1）橘覚勝：老年学，誠信書房，1975.；2）ビリン，J. E.，シャイエ，K. W. 編（藤田綾子・山本浩市監訳）：エイジング心理学ハンドブック，北大路書房，2008.；3）Binstock, R. H., George, L. K. (eds.): *Handbook of Aging and the Social Sciences* (6th ed.), Academic Press, 2006.；4）堀薫夫編：教育老年学の展開，学文社，2006.

老農（日本）　Rōno（sage old farmer）

〔概要〕老農とは，自然と平和を愛し，神仏を敬し，因果応報を信じ，大地の上に原始的生産業を営むことをもって無上の天職と信じ，もって農耕者の楽土の自主的建設に精進することを厭わない体の精神のもち主であり，農蚕林業に功労の多かった人物のことである．従来篤農家，精農，力農等と呼ばれてきた中で最もすぐれた人々に対するの思慕的敬称である．

〔老農時代〕明治新政府によって老農が注目されるようになるのは，明治10年代から20年代にかけてである．農業史では，この時期を「老農時代」と称しているが，それは，この時代に，明治三老農といわれた中村直三，奈良専二，船津伝次平らの老農が，日本の農業の改良のために活躍したからである．彼らに活躍の場が与えられたのは，1868（明治初）年に始まる明治新政府の勧農政策（西洋式大農経営）が失敗に帰し，在来農法の見直しが進められたからであった．

しかし，老農たちの伝統農法による「稲作の常識」は，帝国大学等で近代農学を学んだ農学士との論争（「稲作論争」）の中で，農学士たちから「妄説」「非科学的」と攻撃され，それをきっかけとして老農とその思想は農事改良の表舞台から排除されていった．農学士たちは，その後の勧農政策の主導権をにぎり，系統農会，*農事試験場を介した農事指導体制の中で，中心的位置を占めるようになったのである．

〔社会教育指導者としての老農〕社会教育史上における老農の活動の意味は，第1に，彼らの農業技術改善を目ざす教育＝学習活動は，実利をもって農民をいざなうことできわめて説得力に富むものであったこと，第2に彼らは単なる農業技術の伝習者たるにとどまらず，彼らの処世法によって農民の生活指導に当たり，その人格的感化によって農民の心裡に深く浸透していったことにある．　　（手打明敏）

〔文献〕1）西村卓：「老農時代」の技術と思想，ミネルヴァ書房，1997.；2）内田和義：老農の富国論，農文協，1991.；3）大西伍一：日本老農伝（改訂増補），農文協，1985.；4）宮坂広作：近代日本社会教育政策史，国土社，1966.

労農教育（中国） education for laborers and farmers (in China)

1949年中華人民共和国成立から1970年代まで，人民民主専制政権の強化や経済の復興と発展の要求に基づいて，その政権の基礎である労働者と農民に対して，計画的，組織的に行われた各種各レベルの教育の総体である．

〔概観〕新中国成立後，共産党政権は労働者・農民における文化的な疎外状況を克服する道筋を示すため，従来の国民形成のための*社会教育を，階級概念を帯びた労農教育（中国語で「工農教育」）へと組み替えた．1978年からの「改革開放」期になると，「階級闘争を主要な任務とする」という指導方針が廃止されることによって，教育の主要任務は経済建設を中心とする軌道に修正され，労農教育に替わって「成人教育」という専門語が用いられ始めた．

〔歴史・動向〕1949年に成立した中国は，建国直後の1949年12月に第1次全国教育工作会議を開き，『共同綱領』の規定に基づいて，教育は国家建設に奉仕し，学校は労働者・農民の子弟と労農青年に対して，門戸を開かねばならないと定義した．1950年9月の教育部と全国総工会（労働組合総同盟）との共催による第1回全国労農教育会議では，労農教育は，人民民主専制を固め，強大な国防力と強力な経済力を建設するために不可欠の条件であると規定された．さらに，1951年の『学制改革に関する決定』では，普通教育と並んで労働者・農民のための業務余暇（業余）学校と労農速成学校を学校制度に組み込んだ労農教育が重視され，いわゆる「二本足で歩く」教育体制が確立された．そして，1958年9月に公布された『教育活動に関する指示』では，中国の学制は「全日制学校」「*半労半学学校」「業務余暇学校」の3つの系統に分けられ，いずれも正規の学校として認められた．

〔内容・方法〕主に労働者と農民に対して，多種多様な方法で基礎学力を身につける，人材養成の有効な方法として実施されたものである．その内容的特徴としては，速成的で実用性が強いものであり，*識字教育に重点をおき，学力に応じた大衆の政治意識の涵養，および各職業領域に必要な専門的*知識・*技能教育が進められたことがあげられる．また，修業年限は不定期で，学習の組織形態と方法は，労働者の実際の*労働や生活の現実によって調整できるものであった． （王　国輝）

〔文献〕1）王国輝：中華人民共和国建国初期における労農教育，名古屋大学大学院教育発達科学研究科紀要，**52**(12), 2005.

労農大学運動　⇨農民大学運動

ロシアの生涯教育・生涯学習　life-long education and learning in Russia

〔概観〕ロシア（旧ソ連）では生涯教育・生涯学習は，1970年代に国内の教育制度発展に対する統一的アプローチとして承認され，1986年に具体的な教育政策として打ち出された．1992年以降の新生ロシア連邦における生涯教育は，市場経済への移行という条件の下で，ペレストロイカ期の教育遺産を継承しつつ，社会生活の変容と関連した教育サービスの柔軟なシステムへの転換が課題とされている．

〔用語〕政策用語としては生涯学習ではなく，生涯教育が用いられている．生涯教育関連の用語を英語との対比で示せば，以下のようになる．① lifelong learning 生涯学習＝пожизненное учение，② lifelong education 生涯教育＝пожизненное образование，③ continuing education*継続教育＝непрерывное образование，④ further education 継続教育＝дальнейшее образование，⑤ adult education 成人教育＝образование взрослых，⑥ recurrent education*リカレント教育＝возобновляющееся образование．これらの言葉のうち，ロシアでは③の継続教育を表す непрерывное образование が生涯教育として一般的に用いられるようになり，これを日本では生涯教育と訳出している．

〔歴史・動向〕ロシアには，ソ連時代から生涯教育という言葉を使わなくても，人格の全面発達をあらゆる時間と場所において促す営みとしての教育という考え方があり，教育制度や教育内容の継承性（垂直的統合）と学校・家庭・地域の連携（水平的統合）を図る様々な試みが行われてきた．*学校外教育施設（ピオネール宮殿や青少年スポーツ学校等）や職業資格向上システム，夜間制普通教育学校等を通して「生涯教育」が展開されてきたが，それらは今日でも部分的に形や名称を変えて存続している．

ロシアにおいて生涯教育の議論が広く現れるのは，1970年代以降のことである．この時期，全世界で生涯教育に関する議論が展開されたが，これらの諸論議の影響を受けて，ロシアでもこうした観点からの教育論が展開されるようになる．1975年1月号の『ソビエト教育学』誌上に掲載されたダリンスキー（Дарцнскцй, А. В.）の論文「生涯教育」はその代表的なものである．この期における生涯教育の概念は，教育を統一的に把握するための体系的思想

であり，教育活動を推進するための基礎および指針として解釈されている．

生涯教育が具体的な政策課題として登場するのは，1986年の第27回党大会における「統一的な生涯教育体系を創設する課題が日程に上っている」とするゴルバチョフ演説である．これ以降生涯教育は，様々な基本的諸法令で引用されるようになり，1989年に策定された「生涯教育の基本構想」に，その考え方と政策課題が体系的にまとめられている．

新生ロシア連邦では，市場経済の需要に見合う専門分野の再編とカリキュラム改革が実施されるとともに，教育の一定の*地方分権化が進行している．2005年策定の「2006〜2010年における教育発展連邦プログラム」（政府命令）は，生涯教育を「国家的教育制度と社会的教育制度を利用した個人と社会の要請に応じた全生涯にわたる個人の教育的（普通教育および*職業教育上の）潜在力を増大する過程」と位置づけている．

〔研究・課題〕今日のロシアにおける生涯教育の研究には，基本的に次の3つの方向がある．すなわち，①各学校段階や*教育機関の制度的継承性に関する組織・管理的研究，②教育内容の継承性に関する研究，③活動アプローチに基づく*自己実現の*能力形成に関する研究，である． （岩崎正吾）

〔文献〕1) Л. Г. Петерсон, Непрерывное образование на основе деятельностного подхода, Педагогика, No. 9, 2004 г..；2) А. П. Владиславлев, Единая система непрерывного образования, Советская педагогика, No. 6, 1982 г..；3) А. В. Дарцнскцй, Непрерывное образование, Советская Педагогика, No. 1, 1975 г..；4) 川野辺敏監修：世界の生涯学習―日本と世界―（下），エムティ出版，1995．

魯迅 （ろ・じん） Lu Xun

1881.9.25-1936.10.19．本名は周樹人，字は豫才．浙江省紹興に生まれる．中国の近代文学を代表する作家，批評家．代表作に『狂人日記』『阿Q正伝』などがある．1902年に官費留学生として東京弘文学院，仙台医学専門学校に学ぶ．1912年中華民国が建国されると，許寿裳が仲介し，初代教育部長*蔡元培の招聘で1926年まで教育部に勤務．社会教育司科長，僉事など教育官僚として要職を歴任，北京大学等でも講義をした．公務の傍ら金石，墓誌拓本や古書などを熱心に収集し，社会批評や国民改造をテーマとした小説・評論も多数発表した．離職後は厦門大学教授，中山大学教授を経て，1927年から上海を拠点に文筆活動に専念し，1931年には木版画講習会を開催するなど，近代版画の振興にも寄与した．1936年に結核で死去．教育部時代には，主に文化・芸術に関する業務を担当し，芸能や文化財，史跡，博物等に関する調査，保存に尽力した．ほかに1912年6月には，主催した夏期講演会で「美術略論」を講義，1915年からは*通俗教育研究会の小説部会主任として，通俗小説の調査，審査を指導するなどした． （上田孝典）

〔文献〕1) 片山智行：魯迅―阿Q中国の革命―，中公新書，1996．；2) 顧明遠著・横山宏訳：魯迅―その教育思想と実践―，同時代社，1983．

ろばた懇談会 Robata-Kondankai (fireside discussion)

京都府*教育委員会が1967年から実施した「自治意識を高めることを目的」とした*社会教育事業．炉端で懇談するイメージから命名された．*総合社会教育と*同和教育の反省（生活に追われて社会教育に参加しない住民を意識が低いと嘆いていた視点の反省）から構想されたもので，届ける社会教育として注目された．末端の自治組織（区・*町内会・自治会）単位に開催することで暮らしの問題を学習内容にし，一般行政職員を助言者に呼ぶこと（*社会教育法第8条の活用）で具体的な解決の見通しを得ることが目ざされ，住民活動への発展が期待された．趣味・*教養主義の打破や男子成人層の参加を保障したことで*評価されたが，*話し合い学習の限界も指摘された．1977年から京都府成人大学（府立高校の開放）につなげる構想であったが，保守府政が登場した1978年に終止符がうたれた． （大前哲彦）

〔文献〕1) 大前哲彦：ろばた懇談会と社会教育法第八条（現代社会教育実践講座第4巻），民衆社，1975．；2) 部落問題研究所：戦後京都府社会教育史，部落問題研究所，1985．

ロールモデル role model

社会において何らかの役割を果たすことを目ざす際に，模範・規範となるような人物や人物像をさす．ロールモデルは，人々が社会に対して自分なりの適応を果たしながら発達するという*社会化のプロセスにおいて，非常に重要な位置を占めている．適切なロールモデルを得ることができるかどうかは，将来展望やキャリア形成のあり方に大きな影響を及ぼす．生涯を通しての発達や学習を考える視点からすれば，ロールモデルはライフステージごとに変化したり，生活領域ごとにそれぞれ存在したりするなど，多様な形で求められるものといえよう．

女性，性的マイノリティ，*被差別部落出身者，エ

スニックマイノリティ，*高齢者など，現代社会において被差別の立場にあるために活躍の場が限定されている，あるいは，固定的な役割期待から多様な選択肢がみえにくい状況に置かれている人たちにとって，新しい可能性を拓いてくれるロールモデルとの出会いはとりわけ重要な意味をもつ．人生の時間軸で考えれば「先導者」であり，精神生活におけるヨコのつながりでいえば「伴走者」であるロールモデルの存在が，生涯学習の豊かさを生み出すといえよう． 〔木村涼子〕

〔文献〕1）G.H.ミード著，稲葉三千男ほか訳：精神・自我・社会，青木書店，1973．

わ

YMCA, YWCA　Young Men's (Women's) Christian Association

〔歴史〕YMCA（キリスト教青年会）およびYWCA（キリスト教女子青年会）は，19世紀に英国で結成された青少年団体である．YMCAは1844年，ウィリアムズ（Williams, G.）によってロンドンで設立されたものであり，産業革命下の英国で過酷な*労働に従事する青少年の「心，知性，身体」（赤い三角形のマークの意味）の健康維持を目標とする．YWCAはロバーツ（Roberts, E.）による祈祷の会とキーナード（Kinnaird, M. J.）による看護婦ホーム設立に由来し，1877年に合同して英国YWCAが結成された．健全な精神，肉体，道徳の発達する機会提供を目的とし，多くの労働する女性を組織した．ともに世界的青少年運動として発展し多くの会員が現在も活動を継続している．

〔日本のYMCA, YWCA〕1880年，小崎弘道，神田乃武らによって東京基督教青年会が設立された．小崎が使用した「青年」という言葉は，参加した森有礼をはじめ，明治以降の*青年期理解に大きな影響を与えた．1887年には，東京専門学校，高等商業学校，第一高等学校等に学生YMCAが発足し，また，英語夜学会が開始されて英語教育を通じたキリスト教を含む西欧理解の場ともなった．日本YWCAは1905（明治38）年に結成され，初代会長は津田梅子が務めた．キリスト教主義に基づいた女性の地位向上や社会的活動を進めた．

なお，大阪YMCA会館（1886年），神田青年会館（1894年），東京の室内総合体育館と室内プール（1917年），日本初の教育キャンプである大阪YMCAの天幕生活（1920年）は，日本の*社会教育，青少年教育の施設観や教育方法に大きな影響を与えることになった．英国での発足時よりエキュメニカル（非宗派的）な運動であるが，現在も，キリスト教的人道主義を基本とした国際理解と*平和教育の事業を進めている．　　　　　　　　　（矢口徹也）

〔文献〕1) 奈良常五郎：日本YMCA史，日本YMCA同盟，1959.；2) 日本YWCA編：水を風を光を，日本基督教女子青年会, 1985.

ワーカーズコレクティブ　⇨労働者協同組合

若者組　village youth organization

〔概観〕日本の民俗社会に広く存在する年齢集団で，おおよそ15歳くらいから大厄の42歳くらいまでの男性で構成される．25歳の厄年と結婚が退団または役割区分の年齢となっている．ただし，村を維持するための労働力が不足する場合には，上限年齢は上昇し，50歳を退団年齢とする場合もある．

若者組の起源については，未開社会に起源を求める考え方もある．1935年に日本青年館から発刊されて以来，今日でも若者組研究の基本文献となっている『若者制度の研究』では，当時の*青年団の軍事教育機関化を阻止する意図から台湾高砂族の若者制度を原型と位置づけている．

〔歴史・動向〕青年団の前身と位置づけられた若者組については，戦前の*社会教育の中心的な施設が青年団であったが故に社会教育学や教育社会学の関心を集めた[1,2]．教育学以外の分野では，1970年代以降，民族学および民俗学研究において進展がみられる．たとえば，年齢階梯制研究[3]や娘組とともに若者組をみた研究[4]，能登の若者組の詳細なモノグラフ[5]，日本の東西地域民俗文化の違いを「番」と「衆」に分けて新たな分析視角を提起した研究[6]などがある．若衆宿については，その成立過程を近代社会の変化と関連して明らかにした玉江浦の青年宿の研究がある[7]．歴史学では，若者組としてひとくくりにしないで，中世の「若衆」[8]は禰宜になる前の存在として捉えられ，近世の「若者仲間」は村の役儀としての「若者役」として考えられるようになってきている[9]．宮座の若衆と村の若者仲間が重層的に存在することも明らかにされている[10]．

江戸時代後期になると若者組に対する取締法令が多く出されるようになるが，その背景には俄祭礼や休日を村役人に要求するなどの生産性の阻害となる行為があった．こうした若者組の行為に対して村役人などの指導者は「家業余力之輩」として読み書き算盤の学習を要求した．たとえば，1869年に静岡県庵原郡杉山村で片平信明が始めた夜学会がある．これは実業補習教育の嚆矢と位置づけられている．自由民権運動と憲法制定・国会開設は地方の青年に影響を与え，たとえば*山本瀧之助は，若連中の改善から地方青年団の全国組織を提唱し，大日本連合青

年団の結成へつながった．

若者になると一人前の扱いを受け，自宅や母屋から離れて，一定の施設や人望のある家，あるいは蔵の庇の前蔵の部屋に寝泊まりして独り立ちの準備が行われる．たとえば，伊勢湾口の答志島のように宿親と擬制的な親子関係を結ぶものや，有明海竹崎の鬼の忌み屋と称される厳格な秩序をもつ若者宿が現在も存在する．また，娘宿も存在したが現在はない．

〔課題〕今日，青年団がなくなった地域が増えているが，祭礼行事を支える若者組は残っている地域も多い．伝統行事の継承の必要性から若者組が存在し続けている．「一人前」とは何かという観点からも検討する必要がある．　　　　　　　　　(多仁照廣)

〔文献〕1) 佐藤守：近代日本青年集団史研究，お茶の水書房，1970.；2) 平山和彦：日本青年集団史研究序説，新泉社，1978.；3) 高橋統一：村落に近代化と文化伝統，岩田書院，1994.；4) 瀬川清子：若者と娘をめぐる民俗，未来社，1992.；5) 天野武：若者組の研究，柏書房，1978.；6) 福田アジオ：番と衆，吉川弘文館，1997.；7) 中野泰：近代日本の青年宿，吉川弘文館，2005.；8) 脇田晴子：日本中世商業発達史，お茶の水書房，1969.；9) 多仁照廣：若者仲間の歴史，日本青年館，1984.；10) 多仁照廣：地方青年団報と地域青少年教育の歴史研究．科学研究補助金基盤研究（B）成果報告書，2004.；11) 福田アジオ編：結衆・結社の日本史，p.69-80，山川出版社，2006.

ワークシート　worksheet

ワークシートの直訳は，作業用シートであるが，社会教育や生涯学習の場面においては学習活動における補助シートの意味で捉えられている．*ワークショップなど参加型*体験学習では，一方的な知識の伝達ではなく参加者の主体的な参加を通した学びが重要視される．そのため，アクティビティによっては，あらかじめ学びの到達点に向けて設定された質問やクイズに答えたりしながら「参加者自身の中に学びを創出していく」方法が用いられることがある．ワークシートはその際に使われるシートのことを意味する．これは，知識を一方的に伝達する手法とは異なり，学習者の五感を通して学びを創出する手法として様々な教育場面で活用されている．

一方，社会活動実践等の現場では，イベントなどを運営する際にプログラムに添ってスタッフの動向や備品の流れなどを詳細に記しておくことで，そのプログラムをよりスムーズに運営するために使われるスタッフ用の運営シートの意味でも捉えられてもいる．　　　　　　　　　　　　　(名賀　亨)

〔文献〕1) 大阪ボランティア協会出版部編：市民参加でイベントづくり，大阪ボランティア協会出版部，2002.；2) 中野民夫：ワークショップ，岩波書店，2001.

ワークショップ　workshop

〔概観〕参加者自身が実践的課題をもち寄り，その改善や解決策を小集団による自主的な研究・討議によって進める研究集会，あるいは研修方法をさす．もともとは，「作業場」「工房」などの意味であった．

現在は，参加者の主体的な討議や各種の*参加・体験型学習の手法を組み合わせながら，小集団による参加者同士の共同作業，討議や話し合い，ふりかえりなどによって進める一連の学習活動をいう．研修や講習，指導者養成など*社会教育・生涯学習の場でも広く用いられている．1934年に米国の進歩主義教育協会（Progressive Education Association：PEA）で初めて実施された．

〔方法〕参加者によって構成された小グループでの話し合いや共同作業が行われる．学習活動の進行，促進を担当するのが*ファシリテーターである．ファシリテーターは，講師や指導者ではなく，学習者と対等な関係で学習者の主体性を尊重し，意見を引き出し，開放的な雰囲気をつくる支援者としての役割を果たす．問題の解答を教えるのではなく，学習者自身が発見するように促すのが特徴である．

〔展開〕ワークショップは，心理学，教育学，演劇，まちづくり，*人権教育，自然体験，*環境教育，*美術館教育・*博物館教育など多くの領域で独自に発達している．したがってワークショップという言葉の意味も使用される場や主体によって変化している．

特に社会教育・生涯学習の場では，指導者養成，人権教育などで発達しており，*美術館や*博物館ではワークショップは，芸術創作活動やものづくり体験など教育活動の中核をなしている．

ワークショップは効果的な学習活動であるが，ファシリテーターや小集団のメンバーの個性に強く影響される傾向もあり，万能ではない．目的やテーマに沿った方法と展開を選択することが大切である．

(廣瀬隆人)

〔文献〕1) 廣瀬隆人ほか：生涯学習支援のための参加型学習のすすめ方，ぎょうせい，2000.

ワークプレスラーニング　workplace learning

字義的には，職場学習，仕事場学習をさす．欧米では，ワークプレスラーニングは，1980年代後半から生涯学習*実践で比重を増してきた概念である．1990年代以降，産業構造，労働組織，技術訓練の構造的変容により，労働市場と労働力編成に大きな変化が生じ，学習・訓練の実質的な対応が求められた．

教育有給休暇や職業能力開発が，労使間の協議課題であった段階を超えて，労働者の職場での力量開発をいかに高めていくかが課題となった．ワークプレスラーニングの定義は多義的である．たとえば，①雇用主・資本は，従業員の技術水準，業務遂行能力，雇用可能性など，生産性，効率性，労働力の質向上に関心が高く，②労働組合側は，就労可能性だけでなく*ジェンダー，人種，教育歴などの差異をなくし，労働の場での職業能力開発の民主主義や公正性，人間的発達，生産システムへの参加と批判力量形成が対置されている．　　　　　　　　　（姉崎洋一）

〔文献〕1) Forrester, K. et al.: *Workplace Learning: Perspectives on Education, Training and Work*, Avebury, Ashgate Publishing, 1995.；2) Osborne, M. et al.: *The Pedagogy of Lifelong Learning*, Routledge, 2007.

忘れられた人々　neglected people

〔概要〕主に*教育的無権利層への着眼を意味する言葉．1972年に東京で開かれた，*ユネスコ第3回成人教育会議で初めて提起された．論議で重要な役割を果たしたのは，独立間もなく南北問題の解決や都市化工業化による生活の激変に直面していた，アフリカ・ラテンアメリカ新興諸国の代表だった．彼らは直接*労働と生活に結びつき，人々の自立と参加に寄与する教育を求めた．同会議の結論は次のようであった．「最も教育を必要としている成人が，これまで最も無視されているのである．つまり，彼らは忘れられた人々なのだ．だから国連の第2次開発の10年の成人教育の主要な仕事は，これらの忘れられた人々を探し出して，その人たちにサービスすることである．」

〔特徴・展開〕いわば「忘れられた人々」は，第1・2回同会議から第3回会議への議論の発展を象徴する1つの観点といえる．佐藤一子は第3回会議を国際社会における成人教育観の転換を示す論点が多く取り上げられたとし，中でも，①教育的無権利層の問題，②職業再訓練と*識字教育の重要性（経済的社会的発展の一要素としての成人教育），③芸術活動やグループサークル活動の意義（文化的発展の一要素としての成人教育），④教育計画との関連（生涯教育の枠組み）による総合的な教育制度における成人教育の役割と位置の4項目に注目する．ここに，*教養的な学習内容を伴うリベラル・スタディーズ中心であった成人教育観からの拡張・深化が具体的にうかがえる．それは先進国を中心とした技術革新への対応と社会開発軽視への反省，また新興諸国の台頭により国際協同への関心が広がる世界的な転換期に呼応するものであった．これらは1970年代成人教育の国際的到達点とされる「*成人教育の発展に関する勧告」（1976年）につながるものともなった．　　　　　　　　　　　　（岡　幸江）

⇨アウトリーチ

〔文献〕1) 佐藤一子：現代社会教育学，東洋館出版社，2006.；2) 日本社会教育学会編：生涯学習体系化と社会教育（日本の社会教育第36集），東洋館出版社，1992.

欧文索引

A

AARP（旧全米退職者協会） 36
ability（能力） 479
Abilympics（アビリンピック） 10
abuse（虐待） 94
academic freedom of social education（adult and community education）（社会教育の自由） 255
acceptance（受容） 274
accompaniment, accompanist（accompagnement, accompagneateur, 伴走・伴走者） 503
accountability（アカウンタビリティ） 5
ACFE 50
Act for the Development of Comprehensive Resort Area（総合保養地域整備法，リゾート法） 376
Action Plan for the Disabilities（障害者プラン） 285
action research（アクションリサーチ） 5
activities for community service experience（奉仕体験活動） 555
activities of daily living（ADL，日常生活活動） 39, 153
activity division of Kominkan（公民館専門部） 143
activités de loisir（余暇活動） 598
Act on Adult Education（成人教育法，ノルウェー） 351
Act on Enhancing Motivation on Environmental Conservation and Promotion of Environmental Edcuation（環境教育推進法，環境の保全のための意欲の増進及び環境教育の推進に関する法律） 84
Act on Promotion of Children's Reading（子どもの読書活動の推進に関する法律） 178
Act on the Organization and Operation of Local Educational Administration（地方教育行政法） 412
ADIDAS 200
adjunct staff（嘱託職員） 304
ADL（日常生活活動） 39, 153
administration for lifelong learning（生涯学習行政） 276
administration of human rights enforcement（人権行政） 317
administrative reform（行政改革） 109
administrative work and activities of social education（adult and community education）（社会教育の事務・事業） 254
admission for adult students（社会人入学） 258
adolescence（青年期） 354
adult basic education（成人基礎教育） 347
adult education, adult learning（成人教育・学習） 348
adult education and lifelong learning in China（中国の成人教育・生涯学習） 416

adult education and lifelong learning in Nordic countries（北欧の成人教育・生涯学習） 558
adult education and lifelong learning in Sub-Sahara Africa（アフリカの生涯学習・社会教育） 10
adult education and lifelong learning in Sweden（スウェーデンの成人教育・生涯学習） 325
adult education and lifelong learning in the U.K.（イギリスの成人教育・生涯学習） 15
Adult Education Centre（in UK）（成人教育センター） 349
adult education in the Islamic World（イスラムの成人教育） 19
adult education, lifelong learning in Canada（カナダの成人教育・生涯学習） 78
adult education NGO（成人教育 NGO） 348
adult educator（成人教育者） 349
adult higher education（in China）（成人高等教育） 351
adulthood（成人性） 351
adult learner（成人学習者） 346
adult learning in Central and South America（中南米の成人学習） 418
adult literacy in the Third World（第三世界の成人の識字） 386
adult student（成人学生） 346
adult student（社会人学生） 258
Advisory Council for Health and Physical Education（保健体育審議会） 560
advocacy（アドボカシー） 8
aerobics（エアロビクス） 33
affirmative action（アファーマティブアクション） 10
after-school care（学童保育） 66
after-school program for children（放課後子どもプラン） 554
aged society/aging society（高齢社会，高齢化社会） 153
ageism（エイジズム） 34
Agency for Cultural Affairs（文化庁） 542
Agenda 21（アジェンダ 21） 6
aging, ageing（エイジング，老化，加齢，老い） 34
aging quiz（エイジングクイズ） 35
agricultural adviser for development（普及指導員） 524
Agricultural Association of Japan（大日本農会） 389
agricultural cooperative（農業協同組合） 474
Agricultural Experiment Station（農事試験場） 475
agricultural school for further education（農業補習学校） 474
AIDS patient, HIV carrier（エイズ患者，HIV 感染者） 35
Ainu(s), Ainu people（アイヌ） 2
ALA Library Bill of Rights（ALA 図書館の権利宣言） 36

欧文索引

Albemarle Committee Report（アルブマール報告書）　13
ALBSU（Adult Literacy and Basic Skills Unit）　347
alienation of labor（労働疎外）　620
alien resident（在日外国人）　192
alliance of sports clubs（クラブ連合）　118
alternative school（オルタナティブスクール）　53
alternative way of education（第2の教育の道）　388
Ameagari-no-kai（parents group of juvenile delinquents）（「非行」と向き合う親たちの会，「あめあがりの会」）　510
American Association of Retired Persons（AARP，旧全米退職者協会）　36
AMES　50
AML　579
andragogy（アンドラゴジー）　14
Angel Plan, the New Angel Plan (in Japan)（エンゼルプラン・新エンゼルプラン）　45
animacion sociocultural（animazione culurasociale, animation socioculturelle, 社会文化アニマシオン）　264
animater（animateur, アニマトゥール）　9
anti-bias education（反偏見教育）　504
Antigonish Movement (in Canada)（アンティゴニッシュ運動）　13
anxiety in child care（子育て不安）　171
APDL　39
a place of one's own（居場所）　23
apprentice system（徒弟制度）　457
aquabics（アクアビクス）　5
aquarium（水族館）　324
arbitrary voluntary group organization（任意団体）　470
archives（アーカイブズ）　4
archives（文書館）　547
ARCI（伊）　33
artisan（職人）　304
art museum education（美術館教育）　513
art museum, gallery（美術館）　513
arts management（アートマネージメント）　9
ASC（オーストラリアスポーツ委員会）　49
Asian South Pacific Bureau of Adult Education（ASPBAE，アジア南太平洋成人教育協会）　6
ASIHVIF（国際ライフヒストリー成人教育研究協議会）　36, 603
ASPBAE（アジア南太平洋成人教育協会）　6, 482
assimilation policy（同化政策）　436
association（アソシアシオン）　7
association（アソシエーション）　7
Association for International Exchanges（国際交流協会）　159
Association Internationale d'Histoires de Vie en Formation（ASIHVIF，国際ライフヒストリー成人教育研究協議会）　36
Associazione Ricreativa Culturale Italiana（ARCI）　33
athletic meeting（in community）（運動会）　32
audio-visual education（視聴覚教育）　221
audio-visual library（視聴覚ライブラリーセンター）　222
Australian Sports Commission（ASC，オーストラリアスポーツ委員会）　49
autodidacxie, autodidact(e)（独学・独学者）　441
autoformation（自己教育）　208

autonomous group（自主グループ）　212
awareness（アウェアネス）　3

B

barriers-free（バリアフリー）　500
Basic Act for Persons with Disabilities（障害者基本法）　281
Basic Act on Education (2006), the Fundamental Law of Education (1947)（教育基本法）　99
basic education（基礎教育）　90
Basic Environmental Act（環境基本法）　82
Basic Outline of Education for Working Youth（勤労青年教育基本要綱）　116
Basic Plan for the Promotion of Sports（スポーツ振興基本計画）　330
Basic Policies Regarding Promotion of Physical Education and Sports (Proposition by the Council for Health and Physical Education of 1972)（「体育・スポーツの普及振興に関する基本方策について」1972年保健体育審議会答申）　381
Basic Sports Act/Basic Act on Sport（スポーツ基本法）　327
behaviorism（行動主義）　139
benefit principle（受益者負担）　270
Benner, Patricia E.（ベナー，パトリシア）　552
Beuys, Joseph（ボイス，ヨーゼフ）　554
Bildung（教養）　114
biotop（ビオトープ）　507
board of education（教育委員会）　97
bookmobile/mobile library（移動図書館）　21
botanical garden（植物園）　305
Boy Scouts（ボーイスカウト）　554
braile library（点字図書館）　433
Budo Shinko Taikai（Conference for the Promotion of Japanese Martial Arts）（武道振興大会）　531
bullying（いじめ）　18
Buraku-issues study（部落問題学習）　532
Buraku liberation movement（部落解放運動）　532
bureaucracy（ビューロクラシー）　516
Bürgerhaus（市民館）　236
burn-out syndrome（燃え尽き症候群）　580
Bürokratie（ビューロクラシー）　516
business career system（ビジネスキャリア制度）　512
Butler, Robert N.（バトラー，ロバート）　498

C

CAE　49
Cai Yuan-pei（蔡元培，さい・げんぱい）　191
Campaign for Economic Independence in Farming, Mountain, Fishing Villages（農山漁村経済更生運動）　475
CAP（キャップ）　203
capability（ケーパビリティ）　127
capital culturel（文化資本）　542
caption（キャプション）　94
CARCAE　418
career consulting（キャリアコンサルティング）　96
career design（キャリアデザイン）　97
career development（キャリア開発）　95
career education（キャリア教育）　96
care home for the elderly（老人ホーム）　616

caring（ケアリング）　122
Casa del popolo（人民の家，カーサ・デル・ポポロ）　323
CE（ヨーロッパ評議（協議）会）　203
CEAAL　418
CEDAW　167
centenarian（センテナリアン）　372
center for assisting persons of intellectual disability for social participation（通勤寮）　423
center for children's outdoor activities（少年自然の家）　291
center for cultural activities（カルチャーセンター）　80
Center for Education and Research on Lifelong Learning（生涯学習教育研究センター）　276
center for fostering the culture of human rights（人権文化センター）　318
center for independent living（自立生活センター）　312
center for lifelong learning（生涯学習センター）　279
Center for Mass Education (in China)（民衆教育館）　574
center for social culture（社会文化センター）　265
center for the youth（青少年センター）　345
center for youth activities（青年の家）　358
Central Council for Education（中央教育審議会）　414
Central Environmental Council Report (1999)（中央環境審議会答申（1999年））　414
CERI　47, 605
certification system of community sports instructors（社会体育指導者資格付与制度）　260
character education（人格教育）　313
charity school（貧民学校）　518
charter class（委託学級）　20
charter school（チャータースクール）　413
chauvinism（排外主義）　483
Children's Charter（児童憲章）　228
Chiho-kairyo Movement (Campaign to instill the spirit of self-help in local administrations)（地方改良運動）　411
Child Abuse Prevention Act（児童虐待防止法）　228
Child Assault Prevention (CAP，キャップ)　203
child consultation center（児童相談所）　229
child of mixed parentage（ダブル）　394
child prostitution（児童買春）　227
children not in compulsory education（不就学）　528
children's assembly（子ども議会）　174
children's culture（児童文化）　231
Children's Goodwill Cruise（少年の船）　291
children's library（子ども図書館）　175
children's museum（子ども博物館）　179
children's participation（子どもの参画）　177
child-support（子育て支援）　170
child welfare（児童福祉）　229
Child Welfare Act（児童福祉法）　230
child welfare center（児童館）　227
China Radio and Television University (in China)（ラジオ・テレビ大学，広播電視大学）　604
Chinese Mass Education Movement（平民教育運動）　549
CIDOC　26
CIE　80, 222, 461
circle movement（サークル運動）　195
citizens' activities（市民活動）　235
citizen's college movement（市民大学運動）　237

citizens' hall（市民館）　235, 236
citizenship education（シティズンシップエデュケーション）　226
citizenship education in Meiji Era（自治民育）　221
citizens' marathon（市民マラソン）　239
citizens' movement against industrial public health hazards（公害反対住民運動）　134
citizens' movement for institution-building（施設づくり運動）　216
Citizen's Movement for the Regislation of Four Educational Laws (in Okinawa)（「教育四法」民立法運動）　108
citizen's movement, grassroots campaign（市民運動）　235
Citizen's Public Library（『市民の図書館』）　239
citizens' study on public health hazards in Tobata ward, Kitakyushu-city（戸畑区（北九州市）公害学習）　457
citizens' summit meeting（市民サミット）　237
citizens' theater（市民劇場）　236
City Lit (in UK)（シティリット）　226
civic education（市民教育）　236
Civic Trust（シビックトラスト）　233
civil culture（市民文化）　239
civil professionalism（市民的専門性）　238
civil society（市民社会）　237
CLAIR　160
class, course（学級・講座）　69
class for children with special needs（特別学級）　443
class for Japanese as a second language（国際学級）　158
class for parents（両親学級）　610
classification（分類）　547
clinical approach to juvenile delinquency（非行臨床）　511
CNAM　533
coaching（コーチング）　171
Code of Education for the Ryukyus（布令教育法）　534
Code of Ethics for Library Staff（図書館員の倫理綱領）　447
coffee-time space（喫茶コーナー）　91
collaboration (partnership)（協働，パートナーシップ）　110
collaboration（コラボレーション）　189
collaboration by industries, universities and goverment（産学官連携）　199
collective, cooperation, collaboration（共同・協同・協働）　110
collective learning（共同学習）　111
coming-out（カミングアウト）　79
commissioned child welfare volunteer（児童委員）　226
commissioned welfare volunteer（方面委員）　557
Commission of Investigating Popular Education（通俗教育調査委員会）　425
Committee for Youth Education（青少年委員）　343
communication（コミュニケーション）　181
community（コミュニティ）　182
community（地域共同体）　404
community art（コミュニティアート）　182
community based social welfare（地域福祉）　407
community building（地域づくり）　405
community care（コミュニティケア）　184
community center（コミュニティセンター）　186
community college (in US)（コミュニティカレッジ）　183
community cooperative（コミュニティ協同組合）　183

欧文索引

community (educational) coordinator（地域（教育）コーディネーター） 405
community development（コミュニティ開発） 182
community development by music undertakings（音楽のまちづくり） 53
community (She-qu) education (in China)（社区教育） 266
community education（コミュニティ教育） 183
community educational board（地域教育会議） 403
community education planning（地域教育計画） 404
community issues（地域課題） 402
community learning center（地域学習拠点） 402
community museum（コミュニティミュージアム） 187
community-oriented museum（地域博物館） 407
community school（コミュニティスクール） 185
community service（コミュニティサービス） 184
community shop (in Okinawa)（共同店） 112
community social work（コミュニティソーシャルワーク） 186
community sports（コミュニティスポーツ） 186
community sports club house（クラブハウス） 117
community sports commissioner（体育指導委員） 381
community sports director（社会体育主事） 260
community-supported scholarship（集落育英活動） 270
community worker（コミュニティワーカー） 187
compagnonnage（同職組合） 437
Complete Guide to Leisure Activities（余暇総覧） 599
comprehensive community sports club（総合型地域スポーツクラブ） 375
Comprehensive National Development Plan（全国総合開発計画，全総） 368
CONE 218
CONFINTEA（ユネスコ国際成人教育会議） 595
conscientization（意識化） 16
consciousness raising (CR) 202
conservation of farming and farmland by urban community（農のあるまちづくり） 477
consortium of universities（大学コンソーシアム） 383
constructivism（構成主義） 137
consumer education（消費者教育） 294
consumerism（消費主義） 294
consumer movement（消費者運動） 293
consumers' cooperative（生活協同組合，生協） 337
continuing higher education 139
continuing vocational-training institute（実業補習学校） 224
continuity theory（継続性理論） 125
Controversies on Housewives' Issues（主婦論争） 274
Convention on the Elimination of All Forms of Discrimination against Women（女性差別撤廃条約） 307
Convention on the Protection of the Rights of All Migrant Workers and Members of their Families（移住労働者条約） 18
Convention on the Rights of the Child（子どもの権利条約） 176
Convention relating to the Status of Refugees（難民条約） 463
cooperation in child raising（子育て協同） 169
cooperative（協同組合） 112

Cooperative Conference of Circles（サークル連絡協議会） 196
cooperative learning（協同学習） 111
coordinator（コーディネーター） 172
copyright（著作権） 421
corporate Kominkan（法人立公民館） 555
corporate social responsibility（CSR，企業の社会的責任） 203
corporate staff development training（企業内教育訓練） 88
corporation aggregate（社団法人） 266
corporation-based society（企業社会） 88
correctional education（矯正教育） 110
correctional salvation work（感化救済事業） 81
correspondence education（通信教育） 424
cost performance（費用対効果） 517
Council for Sport Promotion（スポーツ振興審議会） 331
Council of Europe (CE, ヨーロッパ評議（協議）会) 203
council of social welfare（社会福祉協議会） 264
Council Report of *Dowa* (anti-*Buraku* discrimination) Measures（同和対策審議会答申） 440
counseling（カウンセリング） 59
counseling mind（カウンセリングマインド） 60
course for credits (in US)（クレジットコース） 121
CR 32, 202
creativity（創造性） 378
credit system high school（単位制高校） 397
credit transfer and accumulation system (in Denmark)（単位累積加算制度） 397
critical thinking（批判的思考） 515
CSD 7
CSR（企業の社会的責任） 203, 326
CTP 21
cultural activities（文化活動） 537
cultural and education facilities in China（中国の文化施設・社会教育施設） 417
cultural capital（文化資本） 542
cultural community development（文化のまちづくり） 545
cultural conflict（文化的葛藤） 543
cultural consumption（文化的消費） 544
cultural cooperation（文化協同） 539
cultural economics（文化経済学） 540
cultural gratification（文化的享受） 543
cultural heritage（文化遺産） 536
cultural participation（文化的参加） 544
cultural pedagogy（文化教育学） 538
cultural pluralism（文化の多元主義） 545
cultural policy and development（文化行政） 539
cultural right（文化の権利） 544
culture（教養） 114
culture critic（文化批判） 546
culture in daily life（生活文化（運動）） 339
culture management（文化マネジメント，文化経営） 547
culture of human rights（人権文化） 317
culture of peace（平和の文化） 551
culture of the elderly/the senior citizen（高齢者文化） 158
culture of welfare（福祉文化） 528
culture right of the child（子どもの文化権） 179
curator（学芸員） 60

D

Dainippon Butoku Kai（All Japan Federation of Japanese Martial Arts）（大日本武徳会）　389
DAISY　433
Dakar Framework for Action（ダカール行動の枠組み）　391
day and evening courses system（昼夜開講制）　419
day care（デイケア）　426
death education（死への準備教育）　234
death from overwork（過労死）　81
debate on the independence of the public library from adult education（附帯施設論争）　530
decentralization of power（地方分権）　413
decent work（ディーセントワーク）　427
Declaration of Alma Ata（アルマアタ宣言）　13
Declaration of the *Suiheisha*（水平社宣言）　324
Declaration on Education for Peace, Human Rights and Democracy（UNESCO, 平和・人権・民主主義のための教育宣言）　551
Declaration on the Rights of Disabled Persons（障害者の権利宣言）　284
Declaration on the Rights of Persons Belonging to National or Ethnic, Religious and Linguistic Minorities（少数者の権利宣言）　289
de-institutionalization（脱施設）　393
Delors, Jacques（ドロール，ジャック）　458
dementia（認知症）　471
depopulation・overpopulation（過疎・過密）　67
deregulation（規制緩和）　90
descent-based discrimination（世系に基づく差別）　341
designated administration system（指定管理者制度）　225
determination proceedings, conciliation proceedings for domestic relation cases（家事審判・調停）　67
development education（開発教育）　57
development guaranteeing（発達保障）　496
Dewey, John（デューイ，ジョン）　430
dialogue（対話）　390
difference（差異）　191
digital library（電子図書館）　433
diorama（ジオラマ）　205
disability（障害）　275
disability studies（障害学）　276
Disabled Peoples' International（DPI, 障害者インターナショナル）　428
discrimination（差別）　198
discriminatory expression（差別表現）　198
disengagement theory（離脱理論）　607
dispatched social education（adult and community education）director（派遣社会教育主事）　495
dispatched temporary worker（派遣労働者）　495
display, exhibition（展示，ディスプレイ）　431
distance education（社会通信教育）　261
distance education（遠隔教育）　44
domestic human rights institution（国内人権機関）　164
domestic violence（DV, ドメスティックバイオレンス，家庭内暴力）　77, 428
Domestic Violence Prevention Act（DV防止法）　429
doping（ドーピング）　457

double schooling（ダブルスクール）　394
Dowa（anti-*Buraku* discrimination）（社会同和教育）　263
Dowa（anti-*Buraku* discrimination）education（同和教育）　439
Dowa（anti-*Buraku* discrimination）issues（同和問題）　441
Dowa（anti-*Buraku* discrimination）measures（同和対策）　439
DPI（障害者インターナショナル）　428
Dreyfus Model of Skill Acquisition（ドレイファスの技能習得モデル）　458
dual system（in Germany）（デュアルシステム）　430
Dual-track（Liang-tiao-tui-zou）System of Education（in China）（「二本足で歩く」制度）　464
DV（ドメスティックバイオレンス）　77, 428, 429, 507, 522, 558
DV防止法　308, 428, 429

E

eco-house（エコハウス）　37
eco-money（エコマネー）　37
ecomuseum（écomusée, エコミュージアム）　38
eco-tourism（グリーンツーリズム）　119
ECTS　397
educational counseling（教育相談）　103
educational democracy（教育的デモクラシー）　103
educational gerontology（教育老年学）　108
educational grant（教育助成金）　102
educational institution（教育機関）　99
educationally deprived group（教育的無権利層）　104
educational power of community（地域の教育力）　406
educational salvation（教育的救済）　103
educational technology（教育工学）　101
education as investment（教育投資）　104
education business in the private sector（民間教育産業）　571
education for adults（in UK）（成人のための教育）　352
education for ethnic identity（民族教育）　576
education for international understanding（国際理解教育）　163
education for laborers and farmers（in China）（労農教育）　622
education for library users（利用者教育）　609
education for persons（children）with disabilities（障害者（児）教育）　282
Education for Sustainable Development（ESD, 持続可能な開発のための教育）　219
education for the elderly（高齢者教育）　154
education group（教育会）　98
Education Law of the People's Republic of China（中華人民共和国教育法）　415
education/learning on public health hazards（公害教育，公害学習）　133
education on diet and agriculture（食農教育）　304
education tax（in Okinawa）（教育税）　102
education welfare（教育福祉）　107
educazione permanente（イタリアの生涯教育）　107
EFA　220
Eisa-dance in Okinawa（エイサー）　34
elbstbildungs-raum（自己形成空間）　208

Elderhostel（hostel for elderly people）（エルダーホステル） 43
elderly abuse/elder abuse（高齢者虐待，老人虐待） 153
elderly citizens' cooperative union（高齢者協同組合） 155
elderly, elder（高齢者，老人，シニア） 152, 232
elders who need care（要介護高齢者） 597
e-learning（eラーニング） 25
emancipation（解放） 58
Employment and Human Resources Development Organization of Japan（雇用・能力開発機構） 188
Employment Insurance Law（雇用保険法） 189
Employment Measures Law（雇用対策法） 188
employment of the elderly（高齢者の就労） 156
Employment Security Act（職業安定法） 295
empowerment（エンパワーメント） 45
EMU 458
encounter group（エンカウンターグループ） 44
English as a Second Language（ESL, 第2言語としての英語） 15
environmental education（環境教育） 82
Environmental Education Act of 1970（in US）（環境教育法） 84
environmental rights（環境権，自然の権利） 84
EPA 470
EQ 157
EQF 25
Equal Employment Opportunity Act（男女雇用機会均等法） 399
equality of educational opportunities（教育の機会均等） 105
Erasmus Project（the European Community Action Scheme for the Mobility of University Students）（エラスムス計画） 43
Erikson, Erik H.（エリクソン，エリク） 43
ESD（持続可能な開発のための教育） 219
ESL（第2言語としての英語） 15
ESREA 603
ethics of acquisition（収集倫理） 267
EU
EU（欧州連合） 25, 43, 262, 378
eugenic ideology（優生思想） 591
European Association for the Education of Adults（ヨーロッパ成人教育協会） 601
European Sports for All Charter（ヨーロッパスポーツフォーオール憲章） 601
European Union（EU，欧州連合） 25
evaluation, assessment（評価） 516
Examination System for the Self-taught（in China）（自学考試制度，独学試験制度） 206
expansive learning（拡張的学習） 66
Expected Standards for the Establishment and Management of the Public Museum（公立博物館の設置及び運営上の望ましい基準） 151
experience（経験） 123
experience learning of life needs（生活体験学習） 339
exposition（博覧会） 494
extension（エクステンション） 37
external degree（構外学位） 133
extra curricular school sport（運動部活動） 32

extra-mural department（in UK）（大学構外教育部） 383
extra-mural studies（in UK）（構外教育事業） 133
eラーニング 25, 44, 209

F

facilitation（ファシリテーション） 519
facilitator（ファシリテーター） 519
facilities complex（複合施設） 525
facility for community activities（コミュニティ施設） 184
facility similar to Kominkan（公民館類似施設） 148
Factory Act（工場法） 137
family background check（身元調査） 568
Family Court, Juvenile Court（家庭裁判所） 77
Family Court Provation/Investigation Officer（家庭裁判所調査官） 77
family therapy（家族療法） 68
fantasy（ファンタジー） 520
fantasy space（ファンタジー空間） 520
FAO（国際連合食糧農業機関） 41
Farmers' Art Movement（農民芸術） 477
farmers' college movement（農民大学運動） 478
farmers' education（農民教育） 477
farmers' Kabuki（農村歌舞伎） 476
farm women's enterprise（農村女性起業） 476
Faure, Edgar（フォール，エドガー） 524
feminism（フェミニズム） 522
feminist counseling（フェミニストカウンセリング） 522
fieldwork（フィールドワーク） 521
Final Report of 1919（in UK）（1919年最終報告書） 366
Fish House 324
fitness（フィットネス） 520
fitness club（フィットネスクラブ） 521
five-day school week（学校週5日制） 72
flex-time（フレックスタイム） 536
Folkehojskole（folk high school, 民衆大学，国民大学，デンマーク） 165, 575
folk-high-school movement（国民高等学校運動） 164
folklore（民間伝承） 572
Food and Agriculture Organization of the United Nations（FAO, 国際連合食糧農業機関） 41
formal education（フォーマル教育） 523
former Hansen's disease patient（ハンセン病回復者） 502
for the elderly care（高齢者介護） 153
Foundation for Children's Future（こども未来財団） 181
Fourth Division of the General Education Bureau（普通学務局第四課） 531
fragmentation of labour（細分化された労働） 193
fraternity（同職組合） 437
freedom of the library（図書館の自由） 452
free school（フリースクール） 534
free space（フリースペース） 534
Free University Movement（自由大学運動） 267
Freire, Paulo（フレイレ，パウロ） 535
friends of a museum（museum membership）（博物館友の会，メンバーシップ） 490
friends of the library, library associates（図書館友の会） 451
FRP 614
FTA 470

Fukushi Hiroba（square for welfare activities）（福祉ひろば）　527
Fukuzawa, Yukichi（福澤諭吉）　525
Fundamental Law for the Promotion of Culture and Arts（文化芸術振興基本法）　540
fund for training skilled workers（技能者育成資金）　94
further/continuing education（in UK）（継続教育）　123
further education college（in UK）（継続教育カレッジ）　124
future workshop（未来ワークショップ）　570

G

gallery（ギャラリー）　95
gallery talk（展示解説，ギャラリートーク）　432
GATB　304
gateball（croquet-like game）（ゲートボール）　126
gathering place（たまりば）　396
GCSE　421
Geido（artistic expertise）（芸道）　125
Gelpi, Ettore（ジェルピ，エットーレ）　203
gender（ジェンダー）　204
gender equality（男女共同参画）　398
Gender Equality Center（男女共同参画センター）　398
gender equality education（男女平等教育）　399
gender equality policy（女性施策）　307
gender/sex role assignments（性別役割分業）　360
generational reproduction of poverty（貧困の世代的再生産）　518
gerogogy（ジェロゴジー）　204
gerontology（老年学）　621
Girl Scouts（ガールスカウト）　80
global citizenship education（地球市民教育）　409
global feminism（グローバルフェミニズム）　122
globalization（グローバリゼーション）　121
global warming（地球温暖化）　409
Golden Plan（in Germany）（ゴールデンプラン）　189
Gonda, Yasunosuke（権田保之助）　190
good use of leisure time（余暇善用）　599
Govenment of the Ryukyu Islands（琉球政府）　609
GRAF　208
Gramsci, Antonio（グラムシ，アントニオ）　118
grassroots international exchange（民際交流）　573
Greater Nippon Youth Organization（大日本青少年団）　388
grief work（グリーフワーク）　118
Groundwork movement（グラウンドワーク運動）　117
group home（グループホーム）　119
group-living for school-age children（通学合宿）　423
group of multi-aged children（異年齢集団）　23
group work（グループワーク）　119
Grundtvig, Nikolaj Frederik Severin（グルントヴィ，ニコライ）　120
guarantee of the mother tongue（母語保障）　561
guidance（ガイダンス）　56
guide for healthy and sound youth（青少年健全育成）　344
Guidelines for the Administration of Community Sports（社会体育指導要項）　260

H

Habermas, Jürgen（ハーバーマス，ユルゲン）　499
half working and half learning（in China）（半労半学）　505
hall for performing arts（文化ホール）　546
Hamburg Declaration on Adult Learning（ハンブルク宣言）　504
handicraft education, sloyd（手工教育）　273
hands-on（museum）（ハンズオン）　501
Hart, Roger A.（ハート，ロジャー）　497
Haruyama, Sakuki（春山作樹）　500
harvest festival（in Okinawa）（豊年祭）　557
Hatano, Kanji（波多野完治）　496
health center（保健センター）　559
health promotion（ヘルスプロモーション）　552
health study（健康学習）　127
Heilpädagogik（治療教育）　422
Hello Work（public job placement office in Japan）（ハローワーク，公共職業安定所）　501
helplessness（無力）　577
hidden curriculum（隠れたカリキュラム）　67
High Commissioner（Fund）（in Okinawa）（高等弁務官（資金））　140
higher adult education（高等成人教育）　139
higher education for all（万人のための高等教育）　503
Highlander Folk School, Highlander Research and Education Center（in US）（ハイランダーフォークスクール（ハイランダー研究教育センター））　483
Himeyuri Peace Museum（in Okinawa）（ひめゆり平和祈念資料館）　516
Hirakata Thesis（枚方テーゼ）　517
Hisabetsu-Buraku（discriminated community）（被差別部落）　511
histoires de vie, récit de vie（ライフヒストリー）　603
history museum（歴史系博物館）　612
holistic health（全人的な健康）　370
home education（家庭教育）　75
Home Education Study Class for Parents（家庭教育学級）　75
homeless people（ホームレス）　562
horticultural therapy（園芸療法）　44
hospice（ホスピス）　562
House for People（人民の家，カーサ・デル・ポポロ）　323
House for Youth and Culture（青年と文化の家）　358
House of Culture（文化の家）　545
Houtokukai（報徳会）　556
HRD　300
human development（人材開発）　320
Humanisierung der Arbeitwelt（労働の人間化）　620
humanization of work（労働の人間化）　620
Human Resources Development Promotion Act（職業能力開発促進法）　302
human rights awareness（人権意識）　314
human rights education（人権教育）　315
Human Rights Education and Awareness-Raising Law（人権教育・啓発推進法）　316
human rights museum（人権博物館）　317
human rights NGO（人権 NGO）　315
Human Rights Protection Measures Act（人権擁護施策推進法）　319
Hwang Jong-gon（黄宗建）　519

I

IADL　39
Ibasho（comfortable space for a child）（子どもの居場所）　176
IBRD　360
ICA　159
ICAE（国際成人教育協議会）　6, 162, 482
ICF　161
ICIDH（国際障害分類）　161
ICOM（国際博物館会議）　41, 163, 484
IDA　360
Idea of Three-storied Kominkan（公民館三階建論）　142
identity（アイデンティティ）　2
ideology in adult education（成人教育のイデオロギー）　350
IFEL（教育指導者講習）　1, 120
IFLA（国際図書館連盟）　180, 595
IFTS　21
IFWEA　349
Iha, Fuyu（伊波普猷）　24
Illich, Ivan（イリイチ，イヴァン）　26
ILO（国際労働機関）　1, 189, 298, 299, 619
ILO 条約　427
ILO 有給教育休暇条約・勧告　590
ILY（国際識字年）　160
IMADR（反差別国際運動）　315, 501
immigrant and migrant work（移民と出稼ぎ）　24
immigrant-bride from Asian countries（外国人花嫁）　55
Inamino Gakuen（school for the senior citizens）（いなみ野学園）　22
inclusion（インクルージョン）　26
Inclusion Japan（手をつなぐ育成会）　431
in-company training school（企業立学校）　89
incorporated foundation（財団法人）　192
Independent Administrative Agency（独立行政法人）　444
Independent Living Movement（自立生活運動）　311
indigenous people（先住民族）　370
individualization（個別化）　181
individualized learning（個人学習）　169
indoor game（インドアゲーム）　28
industrial co-operative（産業組合）　201
industrial education（産業教育）　200
informal education（インフォーマル教育）　28
information system of university libraries（大学図書館情報システム）　385
information system on lifelong learning（生涯学習情報システム）　277
informed consent（インフォームドコンセント）　29
initial training（養成訓練）　598
Institiute for Educational Leadership（IFEL, 教育指導者講習）　1
institutionalization of adult education（成人教育の制度化）　350
institutional standards for establishing the facilities of social education（adult and community education）（社会教育施設の設置基準）　247
instructor（インストラクター）　27
integrated education（統合教育）　436
integrated social education（adult and community education）（総合社会教育）　376
integration（インテグレーション）　27
intelligence of the elderly（高齢者の知能）　157
intercultural/cross cultural education（異文化間教育）　24
internal and internalized internationalization（内なる国際化）　31
internalized oppression（内面化された抑圧）　460
International Classification of Impairments, Disabilities and Handicaps（ICIDH, 国際障害分類）　161
International Conference on Adult Education（CONFINTEA, ユネスコ国際成人教育会議）　595
International Convention on the Elimination of All Forms of Racial Discrimination（人種差別撤廃条約）　321
International Co-operative Movement（国際協同組合運動）　159
International Council for Adult Education（ICAE, 国際成人教育協議会）　162
International Council of Museums（ICOM, 国際博物館会議）　163
International Human Rights Standards（国際人権基準）　161
International Labour Organization（ILO, 国際労働機関）　1
International Literacy Year（ILY, 国際識字年）　160
International Movement against All Forms of Discrimination and Racism（IMADR, 反差別国際運動）　501
International Movement for the New Museology（MINOM, 新博物館学のための国際運動）　41
International Olympic Committee（IOC, 国際オリンピック委員会）　158
International Year of Disabled Persons（国際障害者年）　160
International Year of Older Persons（国際高齢者年）　160
International Year of Youth（IYY, 国際青年年）　162
internship（インターンシップ）　27
intimate sphere（親密圏）　323
IOC（国際オリンピック委員会）　158
IPCC　409
issue of unfair treatments for adult educator（不当配転問題）　531
issues of war and social education（adult and community education）in Okinawa（戦争と社会教育）　371
issues of working women（女性労働問題）　309
IT（infomation technology）course（IT 講習）　1
Ito, Toshiro（伊藤寿朗）　22
IT 化　42
IT 講習　1
IUPN　219
IYY（国際青年年）　162

J

Japan Association for the Promotion of Social Education（社会教育推進全国協議会）　252
Japanese Association of Museums（日本博物館協会）　468
Japanese employment practices（日本的雇用慣行）　467
Japanese language class（日本語教室）　465
Japanese language education（日本語教育）　464
Japan School Library Association（全国学校図書館協議会）　366

Japan Society for the Study of Adult and Community Education（JSSACE，日本社会教育学会） 466
Japan Society for the Study of Kominkan（日本公民館学会） 464
Japan Sports Association（JASA，日本体育協会） 467
Japan Sports Association for the Disabled（日本障害者スポーツ協会） 466
JEC（子どもエコクラブ） 172
Jiritsu (independent) theater movement（自立演劇運動） 311
JLA（日本図書館協会，日図協） 467
job café（ジョブカフェ） 309
job coach（ジョブコーチ） 310
job placement（職業紹介） 301
job-site training（現場実習） 129
Johannesburg Summit Meeting of 2002（World Summit on Sustainable Development）（ヨハネスブルクサミット（持続可能な開発のための世界首脳会議/2002年）） 601
Journal of Education and Soceity（『教育と社会』） 105
Journal of Social Education（『社会教育』） 242
JSL 15, 465
JSSACE（日本社会教育学会） 466
judicial case on social education (adult and community education)（社会教育の裁判） 254
jugend herberge（ユースホステル） 592
Junior Chamber（青年会議所） 352
Junior Eco-Club（JEC，こどもエコクラブ） 172
junior, senior leader（ジュニアリーダー/シニアリーダー） 274
junior sports club（スポーツ少年団） 330
juvenile classification home（少年鑑別所） 290
juvenile delinquency（少年非行） 292
Juvenile Division of Police Department（少年警察） 291
Juvenile Law（少年法） 293
juvenile reform（教護） 109
juvenile training school（少年院） 290
Jyukufu Kyouiku Ultra-nationalistic and Physiocratic Education in the Early Years of the Showa-Era（塾風教育） 271

K

Kamakura Academia（鎌倉アカデミア） 79
Katayama, Sen（片山潜） 68
Kato, Kanji（加藤完治） 77
Kawamoto, Unosuke（川本宇之助） 81
Kenmin college (college for prefectural residents)（県民カレッジ） 130
Kiyose principle（清瀬構想） 115
knowledge（知識） 410
knowledge construction（知識構築） 411
Knowles, Malcolm S.（ノールズ，マルカム） 481
Kodomo Bunko (neighborhood library for children)（子ども文庫） 180
Kodomo-Gekijo (Children's Theater Movement)（子ども劇場） 174
Kominkan（公民館） 140
Kominkan chief coordinator（公民館主事） 142
Kominkan crèche（公民館保育室） 147

Kominkan design（公民館の設計） 144
Kominkan festival/convention（公民館まつり・公民館大会） 147
Kominkan in Okinawa（沖縄の公民館） 48
Kominkan library（公民館図書室） 144
Kominkan lobby（公民館ロビー） 148
Kominkan steering committee（公民館運営審議会） 141
Kulturhaus（文化の家） 545
Kulturkritik（文化批判） 546
Kulturpädagogik（文化教育学） 538
kyoyukai/goyukai group（郷友会（沖縄，奄美）） 114

L

labor（労働） 616
labor college（労働学校） 616
labor process（労働過程） 617
Labor Standards Law（労働基準法） 617
labor union/trade union（労働組合） 618
land grant college (in US)（土地下附大学） 456
later life family（高齢期家族） 152
later old age（後期高齢期） 134
law and forensic social services（司法福祉） 234
Law concerning the Promotion of Specific Non-Profit Organization Activities（特定非営利活動促進法，NPO法） 443
Law for the Promotion of Nature Restoration（自然再生推進法） 217
Law for the Protection of Cultural Properties（文化財保護法） 541
LDCs 10
League of Women Voters of Japan（日本婦人有権者同盟） 469
learing record（学習記録） 62
learning activities for social science（社会科学学習） 241
learning activities of the Constitution of Japan（憲法学習） 130
learning by dialogue in a small group（話し合い学習） 498
learning by the broadcasting media（放送利用） 556
learning contract（学習契約，ラーニングコントラクト） 62
learning contract paper (in US)（学習契約書） 62
learning culture（学習文化） 65
learning from experience（体験学習） 385
learning needs of the elderly（高齢者の学習ニーズ） 155
learning organization（学習する組織） 64
learning process（学習過程，学習プロセス） 61
learning program（学習プログラム） 65
learning society（学習社会） 63
learning throughout daily living（生活学習） 336
Learning to be 524
Lebenskreis（生活圏） 338
legal aid（法律扶助） 558
legal deposit（納本制度） 477
legally-required employment of disabled persons（法定雇用） 556
leisure activities（余暇活動） 598
Leisure Time Act（余暇教育法，デンマーク） 599
Lengrand, Paul（ラングラン，ポール） 604
liberating education（解放の教育） 59

librarian（assistant librarian）（司書（補））　212
librarian system（司書職制度）　215
library（図書館）　445
Library Act（図書館法）　454
library and information science（図書館情報学）　448
library catalog（目録）　580
library consortium（図書館コンソーシアム）　448
library council（図書館協議会）　447
library-equivalent facility（図書館同種施設）　451
library material/resource（図書館資料）　448
library network（図書館ネットワーク）　451
Library Ordinance（図書館令）　456
library policy（図書館政策）　449
library service for children（児童サービス）　228
library services for persons with disabilities（図書館利用に障害のある人々へのサービス）　455
library standards（図書館の基準）　451
library volunteer（図書館ボランティア）　454
life course（ライフコース）　602
life environmentalism（生活環境主義）　337
life history（自分史）　233
life history learning（生活史学習（おいたち学習））　338
life history, life story（ライフヒストリー）　603
Lifelong Education Act（in Korea）（平生教育法）　549
lifelong education and learning in Australia（オーストラリアの生涯教育・生涯学習）　49
life-long education and learning in Russia（ロシアの生涯教育・生涯学習）　622
life-long education and life-long learning in France（フランスの生涯教育・生涯学習）　533
lifelong education in Italy（イタリアの生涯教育）　21
lifelong education, lifelong learning（生涯教育・生涯学習）　281
Lifelong Learning Act（in US）（生涯学習法）　280
lifelong learning city（in Korea）（平生学習都市）　548
Lifelong Learning Council（生涯学習審議会）　278
lifelong learning（adult/continuiing education）in Germany（ドイツの生涯学習（成人教育・継続教育））　435
lifelong learning in the USA（アメリカの生涯学習）　12
Lifelong Learning Promotion Act（生涯学習の振興のための施策の推進体制等の整備に関する法律（生涯学習振興法））　280
lifelong sports（生涯スポーツ）　286
lifelong vocational training（生涯職業訓練）　285
life review/reminiscence therapy（回想法）　56
life sphere of the child（子どもの生活圏）　178
Lindeman, Eduard C.（リンデマン，エデュアード）　611
literacy（識字）　206
literacy eduation in East Asia（東アジアの識字教育）　509
litigation for personal affairs（人事訴訟）　320
living zone（生活圏）　338
LLブック　455
local branch Kominkan（公民館分館）　146
local children's group（子ども会）　173
local community policy（地域政策）　405
local culture（地域文化）　408
local government legislative power and ordinance（自治立法権と条例）　223

local incorporated administrative agency（地方独立行政法人）　413
local social education（adult and community education）staff system（地方社会教育職制）　412
local women's group（婦人会）　529
LOM　352
long-term residential college（in UK）（長期宿泊カレッジ）　420
Lov om fritidsundervisning（余暇教育法，デンマーク）　599
Lov om voksenopplaring（成人教育法，ノルウェー）　351
Lu Xun（魯迅，ろ・じん）　623

M

Maastricht Global Education Declaration of 2002（マーストリヒトグローバル教育宣言（2002年））　566
Maeul（community）library（in Korea）（マウル文庫）　566
Maison de la Culture（文化の家）　545
Maison des Jeunes et de la Culture（MJC，青年と文化の家）　358
Mamasan（Moms'）volleyball games（ママさんバレー）　567
Management by Objective（MBO，目標管理）　580
Management of Public Libraries in Smaller Cities（in Japan）（『中小都市における公共図書館の運営』）　418
Manchuria-Mongolia Youth Volunteer Army of Japan troops（満蒙開拓青少年義勇軍）　568
MARC　580
marginal village（限界集落）　127
Maslow, Abraham H.（マズロー，アブラハム）　566
master（boss）（マイスター）　565
master/boss（親方）　52
Matsunaga, Kenya（松永健哉）　567
maturity（成熟）　342
MBO（目標管理）　580
McClusky, Howard Y.（マクラスキー，ハワード）　566
mécénat by enterprises（企業メセナ）　89
mechanics' institute（in UK）（メカニクスインスティチュート）　578
media literacy（メディアリテラシー）　578
Meijijingu Taiikutaikai（Meiji Shrine Sports Festival）（明治神宮体育大会）　577
Meister（マイスター）　565
men's studies course（男性学講座）　400
mentor（メンター）　579
Mezirow, Jack（メジロー，ジャック）　578
ME化（micro-electronification）　42
MI（多重知性）　393
middle group（中間集団）　416
Mingei（"forkarts"）Movement（民芸運動）　572
minimum wages（最低賃金）　192
Ministry of Education, Culture, Sports, Science and Technology（MEXT，文部科学省）　582
MINOM（新博物館学のための国際運動）　41
minority culture（マイノリティ文化）　565
minority education（少数民族教育）　289
Missions and Objectives of the Public Library（公立図書館の任務と目標）　150
Mitaka Method（三鷹方式）　568
Miyahara, Seiichi（宮原誠一）　569

Miyamoto, Tsuneichi（宮本常一） 570
Miyazawa, Kenji（宮沢賢治） 569
MI 理論 393
MJC 358
M-line curve（M字型曲線） 42
mobilisation（動員） 436
modular training system（モジュール訓練） 581
Monthly Journal of Social Education（『月刊社会教育』） 126
Movement against the Construction of Numazu-Mishima industrial complex（沼津・三島コンビナート反対運動） 472
movement for education on local study（郷土教育運動） 113
movement for improving daily living（生活改善運動） 335
Movement for Industrial and Regional Clusters（産業クラスター運動） 201
Movement for Promoting Child-Parent Reading（親子読書運動） 53
Movement for Promoting Child-Parnet Cinema-viewing（親子映画運動） 52
movement for self-governing by community youth groups（青年団自主化運動） 357
movement for writing the memoirs of daily life（生活記録運動） 338
Movement in Okinawa for Return to Japan（祖国復帰運動） 378
Movement International pour la Nouvelle Muséologie（MINOM，新博物館学のための国際運動） 41
movement of creating a wooded space in the school compound（学校の森づくり） 74
movement of university settlements（大学セツルメント） 384
multi-cultural and multi-ethnic coexistence（多文化・多民族共生） 395
multi-cultural education（多文化教育） 394
multi-lingual education（多言語教育） 392
multiple intelligences（MI，多重知性） 393
multi-purpose (multifunctional) facility（多目的（多機能）施設） 397
municipality-centered principle（市町村中心主義） 222
municipality merger（市町村合併） 222
museum（博物館） 483
Museum Act（博物館法） 492
museum architecture（博物館建築） 488
museum council（博物館協議会） 487
museum education（博物館教育） 486
museum environment（博物館環境） 484
museum evaluation（博物館評価） 492
museum experience（博物館体験） 490
museum extension service（ミュージアムエクステンション） 570
museum for persons with visual impairments（手で見る博物館） 429
museum functions（博物館機能） 485
museum governance and management（博物館経営） 487
museum interpreter（インタープリター） 27
museum-like facilities（博物館類似施設） 493
museum materials（博物館資料） 488
museum of local history and artifacts（郷土博物館） 113

museum of natural history（自然史博物館） 217
museum policy（博物館の基本方針） 491
museum politics（博物館の政治性） 491
museum-type facilities（博物館相当施設） 489
Mutual Exchange Network of Knowledges（知識の相互交換ネットワーク） 411
mutual recognition, intersubjectivity（相互承認・相互主体性） 377
M字型曲線 42

N

Nakata, Kunizo（中田邦造） 461
narrative approach（ナラティブアプローチ） 462
National Agricultural Affairs Association（全国農事会） 369
National Assembly on Youth Problems in Japan（青年問題研究集会） 359
National Association for Human Rights Education（全国人権教育研究協議会，全人教） 368
National Association for the Study of PTA（全国PTA問題研究会，全P研） 369
National Congress of Parent-Teacher Association of Japan（日本PTA全国協議会） 468
National Council for Social Education（社会教育審議会） 251
National Council of Youth Organizations (in Japan)（中央青少年団体連絡協議会） 415
National Council on Educational Reform (in Japan)（臨時教育審議会） 610
National Council on the Promotion of the Sound Development of Youth（青少年育成国民会議） 343
National Diet Library（NDL，国立国会図書館） 166
National Federation of Social Education（全日本社会教育連合会） 372
National Institute of Adult Continuing Education in England and Wales（NIACE，イギリス成人継続教育全国協議会） 39
National Kominkan Association（全国公民館連合会，全公連） 367
National Movement for Promoting People's Physical Fitness（体力つくり国民会議，体力つくり国民運動） 390
national museum（国立博物館） 166
National Program to Promote Community-based Learning Activities for Children（全国子どもプラン） 367
National Recreation Association of Japan（日本レクリエーション協会） 469
National Recreation Congress of Japan（全国レクリエーション大会） 369
National Sports Festival（国民体育大会） 165
National Sports Festival for the Disabled（全国障害者スポーツ大会） 367
National Standards for the Establishment and Management of Kominkan（公民館の設置及び運営に関する基準） 145
national trust movement（ナショナルトラスト） 461
National Young Women's Conference（全国女子青年集会） 367
NATOCO film（ナトコ映画） 461
Natorp, Paul Gerhart（ナトルプ，パウル） 462
nature conservation（自然保護） 218
nature exploration（自然観察） 217

欧文索引

nature game（ネイチャーゲーム）　472
nature learning through experience（自然体験学習）　218
NCR　580
NDC　548
NDL　166
needs for sports（スポーツ要求）　334
neglected people（忘れられた人々）　627
neighborhood based education program (in Okinawa)（教育隣組運動）　105
Nenrinpikku（National Festival for Health and Welfare）（ねんりんピック）　473
neo-liberalism（新自由主義）　320
network（ネットワーク）　472
new immigrant worker（ニューカマー）　470
New Japan Sport Federation（NJSF，新日本スポーツ連盟）　322
New Life Movement (in Okinawa)（新生活運動）　322
New Life Movement（新生活運動）　321
new media（ニューメディア）　470
New Public Management（NPM）　40
new sports（ニュースポーツ）　470
NGO　39, 315
NIACE（イギリス成人継続教育全国協議会）　39
night college, night graduate school（夜間大学・夜間大学院）　584
night middle school（夜間中学校）　585
night school（夜学校）　584
NII　66
Nippon Budokan（Japanese Martial Arts Hall）（日本武道館）　469
Nittokyo（Japan Library Association, JLA）（日本図書館協会，日図協）　467
NJSF　322
Nodankai（workshop for agricultural development）（農談会）　476
Nohl, Herman（ノール，ヘルマン）　481
non-formal education（ノンフォーマル教育）　482
Non-Governmental Organization（NGO）　39
Non Profit Organization（NPO，民間非営利組織）　40
non-profit organization for assisting children's growth（子どもNPO）　172
Norisugi, Kaju（乗杉嘉壽）　480
normalization principle（ノーマライゼーション）　479
North-South cooperation for adult education（成人教育における南北の相互交流）　349
Notice on the Establishment and Management of Komikan（「公民館の設置運営について」）　144
not in employment, education or training（ニート，NEET）　463
NPM　40, 246, 515
NPO（民間非営利組織）　7, 40, 41 110, 198, 262, 315, 401
NPO支援センター　41
NPO法　235, 443
nursing education（看護教育）　85

O

OA化　42
Obi, Hanji（小尾範治）　50
occupational disease（職業病）　303
occupational therapy, physiotherapy/physical therapy（作業療法・理学療法）　194
OECD（経済協力開発機構）　47, 224, 526, 605
Oeffentlichkeit（公共性）　136
OffJT（Off-the-Job Training）　48, 49, 50, 88, 209
OJT　48, 50, 88, 129, 209
Okinawa Prefectural Peace Museum（平和祈念資料館）　550
Okinawa *Seinendan*（youth group）Council（沖縄県青年団協議会）　47
Okinawa Women's Association（沖縄婦人連合会）　48
ombudsperson（オンブズパーソン）　54
on-site conservation（現地保存）　129
On-the-Job Training（OJT）　48
OPAC　580
open air museum（野外博物館）　584
open college（オープンカレッジ）　51
opening of university libraries to the public（大学図書館の公開）　385
open learning（オープンラーニング）　52
open space（オープンスペース）　52
open university（オープンユニバーシティ）　52
Open University of Japan（放送大学）　555
oppression（抑圧）　600
organisation related to social education（adult and community education）（社会教育関係団体）　243
Organization for Economic Cooperation and Development（OECD，経済協力開発機構）　47
organize, support jointly, support/sponsor（主催・共催・後援）　273
organizing method of a planning and steering comittee by residents（企画・運営委員会方式）　87
outdoor education（野外教育）　584
outlook on the child（子ども観）　173
out-of-school education（学校外教育）　70
outreach（アウトリーチ）　3
outreach course（出前講座）　430
outreach lecturer program（講師派遣事業）　136
"Overall Revision" of the Social Education Act of 1959（社会教育法「大改正」1959年）　257
Overseas Vocational Training Association（海外職業訓練協会）　55

P

paid educational leave（有給教育休暇）　590
PAN　175
panel（パネル）　499
parallel-positioning form of Kominkan（公民館並列方式）　146
Paralympic Games（パラリンピック）　500
parasite single（パラサイトシングル）　499
Parent-Teacher Association（PTA）　514
park, open space for the public（公園・ひろば）　132
participatory investigation（参加型調査）　199
participatory learning（参加・体験型学習）　200
partnership governance（パートナーシップガバナンス）　497
partnership of the school and social education（adult and community education）（学社連携）　61

part-time distance learning high school（定時制・通信制高校） 426
part-time learning（パートタイム学習） 497
part-time working youth（フリーター） 534
paternalism（パターナリズム） 496
PC 198
peace education（平和教育） 550
peace learning (in Okinawa)（平和学習） 549
peer counseling（ピアカウンセリング） 506
peer counselor（ピアカウンセラー） 506
peer education（相互教育） 377
People and Culture（民衆と文化） 575
people first（ピープルファースト） 515
People's College（民衆大学） 575
people's education movement（民衆教育運動） 573
people's leisure activities（民衆娯楽） 574
period of integrated study（総合的な学習の時間） 376
permanent exhibition（常設展） 290
personal performance evaluation（人事考課） 320
Peterson, David A.（ピーターソン，デビッド） 514
Peuple et Culture（民衆と文化） 575
PFI 246, 506, 515
philanthropy（フィランソロピー） 521
PISA 47
plan for social education (adult and community education)（社会教育計画） 245
plan for the promotion of lifelong learning（生涯学習推進計画） 278
play（遊び） 8
play leader（プレイリーダー） 535
play park movement（プレイパーク） 535
policy advising activities（政策提言活動） 341
Policy for Cultivation Movement of People's Power（民力涵養運動） 576
Policy for Self independent Movement by Villages（自力更生運動） 310
policy for social education (adult and community education)（社会教育政策） 252
Polytechnic University（職業能力開発総合大学校） 302
popular culture（大衆文化） 387
popular education（民衆教育） 573
popular education（通俗教育） 424
population education（人口教育） 319
portfolio（ポートフォリオ） 562
post-literacy learning（ポストリテラシー） 561
poverty（貧困） 517
PPP 515
practice, praxis（実践） 224
pratique（実践） 224
prejudice（偏見） 553
pre-retirement education program（PREP，退職準備教育（プログラム）） 388
prevention measures against nursing care（介護予防） 55
prevention of destitution（防貧） 557
principle for free-use of the library（図書館の無料制） 453
principle of no support and no control（ノーサポートノーコントロール） 479
principle of "upon"（求めに応ずる原則） 581

principle of using facilities (Social Education Act, Article 23)（施設使用原則（社会教育法第23条）） 216
prison（刑務所） 126
private business for social education（民間営利社会教育事業者） 571
Private Finance Initiative（PFI） 506
private/independent museum（私立博物館） 312
private institution for social education（民間社会教育機関） 572
privilege（特権） 456
probation（保護観察） 560
problems in daily life（生活課題） 336
problem solving learning（問題解決学習） 581
Production-based Education Theory（生産教育論） 341
production school（Produktionsschule，生産学校） 341
productive aging（プロダクティブエイジング） 536
profession（専門職） 373
professional graduate school（専門職大学院） 374
professionalization of library staff（図書館員の専門性） 446
Proletarian Arts Movement（プロレタリア芸術運動） 536
promoter of lifelong learnig（生涯学習奨励員） 277
Promotion Measures Act to Support the Development of the Next Generation（次世代育成支援対策推進法） 215
promotion of worker's social position（promotion sociale, 社会的昇進） 262
protection of personal information（個人情報の保護） 169
protective care（養護） 597
PTA 173, 468, 514
『PTA研究』 369
PTA母親文庫 442
PTA問題 369
public facility（公の施設） 47
public health nurse（保健師） 559
public interest advanced by the citizen（市民的公共性） 238
public interest and participation advanced by the state（国家的公共性） 171
public lending right（公貸権） 138
public library（公立図書館） 149
public library by-law（図書館条例） 448
public library movement（図書館づくり運動） 450
public museum（公立博物館） 150
publicness（公共性） 136
publicness (public sphere) of social education (adult and community education)（社会教育の公共性） 253
public opinion poll of physical strength and sports（体力・スポーツに関する世論調査） 389
public pension system（公的年金制度） 139
Public Private Partnerships（PPP） 515
public services corporation（公益法人） 132
public sphere（公共空間） 134
public sports facilities（社会体育施設） 259
public vocational training（公共職業訓練） 135
Puppet show carnival Iida (in Japan)（人形劇カーニバル飯田） 471
Putnam, Robert D.（パットナム，ロバート） 497

Q

QOL（生活の質，Quality of Life） 97

qualification course for the social education (adult and community education) director（社会教育主事講習） 249
qualification licence, certificate（資格） 205

R

racism（レイシズム） 612
radio exercises（ラジオ体操） 603
reading（読書） 442
reading movement（読書運動） 442
real competence（実際的能力） 224
REB 39
reciprocity（互酬性） 168
Recommendation Concerning the Most Effective Means of Rendering Museums Accessible to Everyone（博物館をあらゆる人に解放する最も有効な方法に関する勧告） 493
Recommendation on the Development of Adult Education（成人教育の発展に関する勧告） 350
Recommendations by the United Nations Committee on the Rights of the Child（国連子どもの権利委員会勧告） 167
recreation（レクリエーション） 612
recreation coordinator（レクリエーションコーディネーター） 613
recurrent education（リカレント教育） 605
recycling movement（リサイクル運動） 606
recycling-oriented society（循環型社会） 275
Reference Guide for the Practice of Community Sports (of 1946)（社会体育実施の参考） 259
reference services（レファレンスサービス） 613
reform education（感化教育） 81
refresh education (in Japan)（リフレッシュ教育） 608
refusal to school attendance（不登校） 531
regional development policy（地域開発政策） 401
regional science（地域学） 401
registered museum（登録博物館） 438
regulation for the rights of the child（子どもの権利条例） 177
rehabilitation of offenders（更生保護） 138
rental fees (free, reduced, exempt)（使用料（無料，減免，免除）） 294
replica（レプリカ） 614
report, recommendation（答申・建議） 438
reproduction of violence（暴力の再生産） 558
Reseau d'échange réciproque de savoirs（知識の相互交換ネットワーク） 411
resident autonomy（住民自治） 269
residential adult education（宿泊型成人教育） 271
residents' campaign（住民運動） 268
residents participation（住民参加・参画） 268
responsible body system (in UK)（責任団体制度） 362
restorative justice（回復的司法） 58
Revival movement of *Ryukyu-Ayu* (sweetfish) (in Okinawa)（リュウキュウアユを呼び戻す運動） 608
rights to sports（スポーツ権） 329
rights to technical and vocational education（職業教育権） 297
right to culture（文化権） 541
right to education 100
right to education（学習権） 62
right to education（教育権） 100
right to labor/work（労働権） 618
right to learn 100
right to read（読書権） 443
right to social education (adult and community education)（権利としての社会教育） 131
Rio Declaration on Environment and Development（リオ宣言） 605
risk assessment（リスクアセスメント） 607
risk society（リスク社会） 607
Robata-Kondankai (fireside discussion)（ろばた懇談会） 623
role model（ロールモデル） 623
Rōno (sage old farmer)（老農，日本） 621
Ro-On (Worker's Music Conference)（労音，勤労者音楽協議会） 614
Rural Reconstruction Movement (in China)（郷村建設運動） 138
Ruskin College（ラスキンカレッジ） 604
Ryukyuan-American Cultural Center（琉米文化会館） 609
Ryukyu Social Education Act（琉球社会教育法） 608

S

Sagyo-ka (vocational training course)（作業科） 194
Sakima Art Museum（佐喜眞美術館） 194
Salamon, Lester M.（サラモン，レスター） 198
sandlot baseball game（草野球） 117
Sankaku baseball (baseball game played with three bases, created by Japanese children)（三角ベース） 199
Santama thesis on Kominkan（三多摩テーゼ） 202
SC（スポーツカウンシル） 327
Schön, Donald（ショーン，ドナルド） 310
school board（学校評議員） 74
school district（学区） 69
school district Kominkan（校区公民館） 136
School Education Act（学校教育法） 71
school extention（学校開放） 71
school for bridegrooms for gender sensitivity（花婿学校） 499
school for ethnic Koreans in Japan（民族学校） 575
school for vocational training（職業訓練校） 298
schooling in nature（自然学校） 217
school librarian（学校司書） 71
school library（学校図書館） 73
School Library Act（学校図書館法） 74
School Library Charter（学校図書館憲章） 73
school open to community（開かれた学校） 517
school violence（校内暴力） 140
school volunteer（教育支援ボランティア） 101
science and technology museum（理工系博物館） 606
Science Information System（学術情報システム） 66
SEC 411
Seikatsu Gakko (consumer education for housewives)（生活学校） 337
Seikatsu-tsuzurikata Movement (Movement for Writing Life Stories in School)（生活綴り方運動） 339
Seikyusha (cultural center for Korean residents in Kawasaki, Japan)（青丘社） 340

Sekiguchi, Tai（関口泰）362
selection of library materials（資料選択）312
self actualization（自己実現）211
self-assessment（自己評価）211
self-determination（自己決定）209
self-development（自己啓発）209
self-directed learning（自己決定学習，自己決定型学習，自己主導型学習）210
self-directives in the advanced stage of illness（終末期宣言）268
self-education（in Japan）（自己教育）207
self-esteem（セルフエスティーム）365
self-expression（自己表現）212
self governing by children（子どもの自治）177
self-governing of education（教育自治）102
self-help group（SHG，セルフヘルプグループ）366
self-help group（自助組織）215
self help, mutual help, public help（自助・共助・公助）214
self-teaching, self-taught person（独学・独学者）441
Semaeul（new community）Movement in Korea（セマウル運動）365
seminar for agricultural training（農事講習会）475
seminar of the reemployment of women（再就職講座）191
senior citizens' club（老人クラブ）614
senior citizen's college（老人大学）615
senior citizen volunteer（シニアボランティア）233
seniority system（先任権制度）372
Senior Net（シニアネット）232
sense of defilement（ケガレ意識）126
service learning（サービスラーニング）197
services and supports for persons in needs to live independent daily social life（自立支援）311
Services and Supports for Persons with Disabilities Act（障害者自立支援法）282
settlement movement（セツルメント）364
sex education（性教育）340
sexual harassment（セクシュアルハラスメント）363
sexuality（セクシュアリティ）363
sheltered workshop（作業所）194
SHG（セルフヘルプグループ）366
Shimoina Thesis（proposal for the role of Kominkan chief coordinator made by a group of adult coordinators in Nagano prefecture）（下伊那テーゼ）240
Shimomura, Kojin（下村湖人）240
Shinano Farming Producers' College（信濃生産大学）232
Shinano-Kizaki Summer College（信濃木崎夏期大学）231
Shojokai（female youth group）（処女会）306
Shuyo-Dan Organization（修養団）270
Significant Life Experiences（SLE，豊かな環境体験）39
Silver（senior citizens'）Human Resources Center（in Japan）（シルバー人材センター）313
situated learning（状況に埋め込まれた学習）288
skill（技能）92
skill acquistion（技能形成）93
skilled, mastery（熟練）272
skilled worker（熟練工）272
Skills Olympics（技能オリンピック）92
skill test（技能検定）93

SLE（豊かな環境体験）39
slöjd（手工教育）273
slow food campaign（スローフード運動）335
small group learning（小集団学習）289
social capital（ソーシャルキャピタル）379
social culture movement（社会文化運動）265
social economy（社会的経済）261
social education（adult and community education）（社会教育）241
Social Education Act（社会教育法）256
social education（adult and community education）administration（社会教育行政）244
social education（adult and community education）in Amami Islands（奄美の社会教育）11
social education（adult and community education）adviser（社会教育指導員）248
social education（adult and community education）advisory committee member（社会教育委員）242
social educational（adult and community education）work（社会教育労働）257
social education（adult and community education）and lifelong education in Korea（韓国の社会教育・平生教育）86
social education（adult and community education）director（社会教育主事）248
social education（adult and community education）facility（社会教育施設）246
social education（adult and community education）facility design（社会教育施設設計）247
social education（adult and community education）finance（社会教育財政）245
social education（adult and community education）for Korean residents in japan（在日コリアンの社会教育）193
social education（adult and community education）in Japanese colonies in East Asia（東アジア植民地・占領地における社会教育）509
social education（adult and community education）in modern East Asia（東アジア近代の社会教育）507
social education（adult and community education）in Taiwan（台湾の社会教育）390
social education（adult and community education）staff（社会教育職員）250
social exclusion, social inclusion（社会的排除・社会的包摂）262
social inclusion of persons with disabilities（障害をもつ人の社会参加）287
social indoctrination（社会教化）258
socialization（社会化）240
socialization of education and educationalization of society（教育の社会化と社会の教育化）106
social participation by the elderly（高齢者の社会参加）156
social partnership（社会的パートナーシップ）263
social pedagogy（in Japan）（社会的教育学）261
social rehabilitation（社会リハビリテーション）266
social services（ソーシャルサービス）379
Social Skills Training（SST，生活技能訓練）38
social support（ソーシャルサポート）379
Social Welfare Act（社会福祉法）264

欧文索引

social welfare center for the elderly（老人福祉センター） 615
social welfare education（福祉教育） 525
social welfare for the elderly（高齢者福祉） 157
social withdrawal（ひきこもり） 510
social work（ソーシャルワーク） 380
Societ à Umanitaria（ソチエタ・ウマニタリア） 380
socio-cultural animation（社会文化アニマシオン） 264
Socrates Project（the Community action programme in the field of education）（ソクラテス計画） 378
Soziokulturelle Bewegung（社会文化運動） 265
Soziokulturelles Zentrum（社会文化センター） 265
space for self-formation（自己形成空間） 208
special district for education（教育特区） 105
specialized training college（専門学校・専修学校） 373
specialized worker（単能工） 400
Special Regulations Act for Educational Public Service Personnel（教育公務員特例法） 101
special school（特殊学校） 442
spontaneous development theory（内発的発展論） 460
sport injury/disorder（スポーツ外傷・障害） 327
Sport Promotion Act（スポーツ振興法） 331
sports activities in the workplace（職場スポーツ） 305
sports center（スポーツセンター） 332
sports class（スポーツ教室） 328
sports club（スポーツクラブ） 328
Sports Council（in UK）（SC，スポーツカウンシル） 327
sports for all（スポーツフォーオール） 333
sports for persons with disabilities（障害者スポーツ） 283
sports for the elderly（高齢者スポーツ） 155
sports industry（スポーツ産業） 329
sports nationalism（スポーツナショナリズム） 332
sports test（スポーツテスト） 332
sports union（スポーツフェライン） 333
Sports Vision 21（スポーツビジョン21） 333
sports volunteer（スポーツボランティア） 334
Sportverein（スポーツフェライン） 333
SRI 203
SST（生活技能訓練） 38
staff group（スタッフ集団） 326
staff training（職員研修） 295
stakeholder（ステークホルダー） 326
standard for inter-varsity games（学徒の対外競技基準） 66
state-controlled pastime（国民娯楽） 165
stress coping（ストレスコーピング） 327
structuring of learning（学習の構造化） 64
studies on women's issues（女性問題学習） 308
study circle（スタディサークル） 326
sub-culture（サブカルチャー，下位文化） 197
subjectivity of a person in needs（当事者主体） 437
successful aging（サクセスフルエイジング） 195
suffrage of alien residents（定住外国人の参政権） 427
supecial support education（特別支援教育） 444
superior Kominkan（優良公民館） 591
support center for non-profit organizations（NPO支援センター） 41
support facility for the development of children's self-sustaining ability（児童自立支援施設） 229
support for home education（家庭教育支援） 76
Suzuki, Kenjiro（鈴木健次郎） 325
Suzuki, Michita（鈴木道太） 325
symbiosis（共生） 109
systematic learning（系統的学習） 125

T

Tachibana, Kakusho（橘覚勝） 393
TAFE 49
Tairyokusho-kentei（Medal Test for Physical Strength）（体力章検定） 389
Tanahashi, Gentaro（棚橋源太郎） 394
Tao Xing-zhi（陶行知，とう・こうち） 437
target group activity（目標グループ活動） 580
tax revenue allocated to local government（地方交付税） 412
Tazawa, Yoshiharu（田澤義鋪） 392
teacher librarian（司書教諭） 214
Teacher's Guide for Environmental Education（環境教育指導資料） 83
Technical Intern Training Program for Foreign Workers（外国人技能実習制度） 55
technology, skill（技術・技能） 90
temporary exhibition（特別展，企画展） 444
temporary worker, part-time worker（期間労働者，非正規雇用，アルバイト，パートタイマー） 88
Teranaka, Sakuo（寺中作雄） 431
theatre education study（演劇教育学） 45
theory of lifespan development（生涯発達論） 287
theory of social education（adult and community education）space（社会教育空間論） 244
the others（他者） 392
therapeutic education（治療教育） 422
therapeutic horseback riding（乗馬療法） 293
third age（人生第三期） 322
third-generation human rights（第三世代の人権） 387
third sector（サードセクター） 196
TLO 199
Tomonken（Organization for Study on Library Issues）（図書館問題研究会，図問研） 455
Trade Union Law（労働組合法） 618
traditional parenting in a community（子育ての習俗） 170
traditional performing arts（伝統芸能） 434
trainer（トレーナー） 458
training for professional workers（専門職業人養成） 374
training for the staff of social education（adult and community education）（社会教育職員養成） 251
training for vocational upgrading（向上訓練） 137
transformative learning（意識変容の学習（変容的学習）） 17
transition stage of late adulthood（向老期） 158
transport-aid supporter（ガイドヘルパー） 57
travail en miettes（細分化された労働） 193
Treaty on the Rights and Dignity of Persons with Disabilities（障害者の権利条約） 284
Trimming exercise Movement（トリム運動） 458
Tsuchida, Kyoson（土田杏村） 425
tutor（チューター） 420
tutorial class（チュートリアルクラス） 420
TWI 135

U

U3A（第三期の大学） 386
Uehara, Senroku（上原専祿） 30
UN Conference on Environment and Development（地球サミット（Earth Summit/1992）（国連環境開発会議/1992 年）） 409
UNESCO 594
UNESCO International Charter of Physical Education and Sports（ユネスコ「体育・スポーツ国際憲章」） 596
UNESCO Public Library Manifesto（ユネスコ公共図書館宣言） 595
UNESCO Recommendation on Participation by the People at Large in Cultural Life and their Contribution to it（ユネスコ「大衆の文化的生活への参加および寄与を促進する勧告」） 596
UNESCO School Library Manifesto（ユネスコ学校図書館宣言） 595
United Nations Children's Fund（United Nations International Children's Emergency Fund, UNICEF）（ユニセフ） 593
United Nations Committee on the Elimination of Discrimination against Women（CEDAW, 国連女性差別撤廃委員会） 167
United Nation's Decade（国連の 10 年） 167
United Nations Educational, Scientific and Cultural Organization（UNESCO, ユネスコ） 594
United Nations Guidelines for the Prevention of Juvenile Delinquency, (the Riyadh Guidelines)（少年非行の予防のための国連ガイドライン（リヤドガイドライン）） 292
United Nations Principles for Older Persons（高齢者のための国連原則） 156
United Nations World Conference on Women in Beijing（北京世界女性会議） 552
United Nations World Programme for Human Rights Education, 1995-2004（人権教育のための国連 10 年行動計画） 316
United States Civil Administration of the Ryukyu Islands（USCAR, 琉球米国民政府） 609
United States Education Mission to Japan（アメリカ教育使節団） 11
Universal Declaration of Human Rights（世界人権宣言） 361
universal design（ユニバーサルデザイン） 593
university adult education（大学成人教育） 384
university extension（大学開放） 382
university extension course（大学公開講座） 383
university of the Third Age（U3A, 第三期の大学） 386
university without walls（壁のない大学） 79
unpaid overtime work（サービス残業） 197
unpaid work（アンペイドワーク） 14
urban-type Kominkan（都市型公民館） 445
urban ward association（町内会・自治会） 421
user (user group) meeting（利用者（団体）懇談会） 610
Usui, Masahisa（碓井正久） 31
Utagoé movement（うたごえ運動） 31

V

victimized experience（被害体験） 507

Vienna Declaration and Programme of Action（ウィーン宣言） 30
village Kominkan（集落公民館） 270
village-stay program for children（山村留学） 201
village youth organization（若者組） 625
visitor studies（来館者調査） 602
vocation（職業） 295
vocational education（実業教育） 223
vocational education（職業教育） 296
vocational guidance（職業指導） 301
vocational qualification（職業資格） 300
vocational readiness（職業レディネス） 303
vocational rehabilitation（職業リハビリテーション） 303
vocational school（各種学校） 65
vocational training（職業訓練） 298
vocational training for migrant farmers (in China)（農民工（出稼ぎ農村労働者）の技能訓練） 478
vocational training instructor（職業訓練指導員） 299
Vocational Training Recommendation（職業訓練に関する勧告） 299
volunteer for teaching the Japanese language（日本語ボランティア） 466
Volksbildung sbewegung（民衆教育運動） 573
Volkshochshule（民衆大学） 575
voluntaryism（ボランタリズム） 563
voluntary Kominkan（自治公民館） 220
volunteer（ボランティア） 563
volunteer insurance（ボランティア保険） 563

W

WAY 362
WBT 25, 44
WCS 219
WEA（労働者教育協会） 15, 363, 380, 383, 420, 563, 619
weathering（風化） 521
welfare mix（福祉ミックス） 528
welfare society（福祉社会） 526
welfare state（福祉国家） 526
wellness（ウエルネス） 30
Wenger, Etienne（ウェンガー，エティエンヌ） 30
white-collar/blue-collar worker（ホワイトカラー・ブルーカラー） 563
white paper on Kominkan（公民館白書） 146
white paper on youth（青少年白書） 345
WHO（世界保健機関） 13, 370, 394, 552
women's class（婦人学級） 529
women's education center（婦人教育会館） 530
women's liberation movement（ウーマンリブ） 32
women's rights（女性の人権） 307
women's studies（女性学） 306
worker's collective（労働者協同組合） 620
workers' education（労働者教育） 619
Workers' Educational Association (in UK)（WEA，労働者教育協会） 619
working with welfare assistance（福祉的就労） 527
working youth home（勤労青少年ホーム） 116
workplace learning（ワークプレスラーニング） 626
work restriction（就業制限） 267

worksheet（ワークシート） 626
workshop（ワークショップ） 626
work training（勤労訓練） 115
World Bank（世界銀行） 360
World Conference on Women（世界女性会議） 361
World Declaration on Education for All（万人のための教育世界宣言） 503
World health Organization（WHO，世界保健機関） 394
World Heritage（世界遺産） 360
world movement against atomic and hydrogen bombs（原水爆禁止運動） 128
World Youth Congress（世界青年会議） 362
writing activities of Aza（community）histories（字（集落）誌づくり） 6
WYC 362

Y

Yakyu-Gaidoku-Ronso（Controversy on evil influences by "Student Baseball Games"）（野球害毒論争） 585
Yakyu Toseirei（Control Ordinance on "Student Baseball Games"）（野球統制令） 586
Yamamoto, Kanae（山本鼎） 588
Yamamoto, Takinosuke（山本瀧之助） 588
Yamana, Jiro（山名次郎） 587
Yamazaki, Nobukichi（山崎延吉） 587
Yanagi, Soetsu（real name：Muneyoshi）（柳宗悦） 587
Yanagita, Kunio（柳田國男） 586
Yasui, Kaoru（安井郁） 586
YMCA 415, 625
Yokoi, Tokiyoshi（横井時敬） 600
Yoshida, Noboru（吉田昇） 600
young adult（ヤングアダルト） 588
young farmer of a succeeding generation（農業後継者青年） 474
Young Men's（Women's）Christian Association（YMCA, YWCA） 625

young woman（女子青年） 305
yourh hostel（ユースホステル） 592
Youth Assembly（青年議会） 355
youth center（青年会館） 352
youth class（青年学級） 353
youth class for persons with disabilities（障害者青年学級） 283
Youth-Class Promotion Act（青年学級振興法） 353
youth club house（青年倶楽部） 355
youth community service work experience activity（青少年の奉仕体験活動） 345
youth educational facility（青少年教育施設） 343
Youth Friendship Boat（青年の船） 359
youth gathering for cultural and athletic activities（青年大会） 356
youth group（青年団，青年会） 357
youth hall（青年館） 354
Youth *Hello Work*（job placement services for young people in Japan）（ユースハローワーク） 592
youth school（青年学校） 354
youth service（ユースサービス） 591
youth theater（青年演劇） 352
youth training institute（青年訓練所） 356
youth work（ユースワーク） 592
Yuaipikku（National Athletic Meeting for the Mentaly Deficient）（ゆうあいピック） 589
Yuimaru（communal mutual help in Okinawa）（ゆいまーる，いーまーる） 589
YWCA 305, 625

Z

Zenson Gakko（whole village school）（全村学校） 371
Zielgruppen arteit（目標グループ活動） 580
zoo, zoological garden（動物園） 438
Zukunftswerkstatt（未来ワークショップ） 570
Zweiter Bildungsweg（第2の教育の道） 388

和文索引

(項目名として採用されている用語のページは**太字**で示した)

数字

150時間コース 21
1901年のアソシアシオン法 7
1919年最終報告書（英） **366**
21世紀教育国際委員会 458
21世紀の国土のグランドデザイン 368
3R活動 607
4Hクラブ 415, 474, **601**

ア

アイスブレーキング 338
アイデンティティ 2, 43, 355, 561, 576
　——の政治 191
アイヌ 2, 370
アイヌ文化振興法（アイヌ新法） 3, 370
アイヌ文化の振興並びにアイヌの伝統等に関する知識の普及及び啓発に関する法律 541
アウェアネス 3
アウトソーシング 110, 235
アウトドアゲーム 28
アウトリーチ 3, 37, 430, 494, 570
アウトリーチ活動 9, 546
アウトリーチサービス 149
アウトリーチワーク 592
青い芝の会 311
アーカイブズ 4, 547
アカウンタビリティ 5
アカデミックハラスメント 364
アカデミー方式 556
アガペー 551
アクアビクス 5
アクションリサーチ 5, 225, 569
アクセスしやすさ 187, 494
アクティブエイジング 34, 156, 536
アグリツーリズム 119
浅川兄弟（伯教・巧） 572, 587
字公民館 48, 148, 220, 221, 270
字（集落）誌づくり 6
アサーティブ 211
あさやけ第二作業所 194

アジア観光子ども買春根絶国際キャンペーン 227
アジア太平洋障害者の10年 285
アジア的人権 318
アジア南太平洋成人教育協会（ASPBAE） **6**, 482
アジア南太平洋成人教育協議会 482
アジェンダ21 **6**, 219, 409
明日の親のための学級 76
あしたの日本を創る協会 321
アージリス, C. 310
アセスメント法 82
アソシアシオン **7**, 358, 411, 573
アソシエーション **7**
遊び **8**, 173, 178
遊び集団 396
遊びや表現と結びつけた活動 179
アダムズ, A. P. 364
新しい価値 378
新しい公益法人制度 312, 493
新しい公共 214, 473, 620
新しい公民館像をめざして（三多摩テーゼ） 140, 202, 248, 445
新しい時代の義務教育を創造する 53
新しい社会運動 265
新しい情報通信技術を活用した生涯学習の推進方策について 433
新しいスポーツ文化 328
新しい貧困 518
「新しい文化政策」理念 265
アチックミューゼアム 570
アチュリー, R. C. 125
アート 212
アート行為 182
アートセンター 513
アドボカシー **8**, 341
アートマネジメント 539, 547
アートマネージメント **9**
アートマネージャー 547
アニマ 264
アニマトゥール **9**, 265, 533
アビトゥーア 388
アビリンピック **10**
アファーマティブアクション **10**
アフリカ識字成人教育協会 11
アフリカの生涯学習・成人教育 **10**

アマチュア 199
天野藤男 306
奄美の社会教育 11
あめあがりの会 510
アメリカ教育使節団 **11**, 56, 67
アメリカ教育使節団報告書 514
『アメリカの社会教育』 481
アメリカの生涯学習 12
あらゆる形態の人種差別の撤廃に関する国際条約 321
あらゆる専門分野の緊密な協力 422
アルーシャ宣言 11
アルスターピープルズカレッジ 16
アルチ協会 33
アルバイト 88
アルブマール報告書 13
アルブマールレポート 591
アルマアタ宣言 **13**, 552
アーレント, H. 323
アンガマ 34
アーンスタイン, S. R. 269
アンチエイジズム 34
アンチエイジング 34, 152
アンチドーピング活動 457
アンチゴニッシュ運動 **13**, 78
アンドラゴーギク 14
アンドラゴジー **14**, 204, 210, 346, 348, 481
アンビシャス運動 386
アンペイドワーク **14**
暗黙知 410
晏陽初 138, 510, 549

イ

いいだ人形劇フェスタ 471
〈イエ〉意識 569
家永教科書裁判 63
庵地保 424
『怒りの葡萄』 36
移管 40, 413
生きがい 313
生き方の幅 127
生きて働く学力 600
イギリスの成人教育・生涯学習 **15**
生きる力 83, 179, 376, 386, 562
育児介護休業法 399

和文索引

意見表明権　177
遺産　38
石井桃子　180
石井亮一　422
意識化　**16**, 386, 461, 515, 535
意識構造　350
意識高揚　17
意識変容　17
　　──の学習（変容的学習）　**17**
意思決定　437
意志決定の場　398
思想善導　194
いじめ　**18**, 178, 507, 558
移住労働者条約　**18**
委嘱婦人学級　529
石綿（アスベスト）　303
イスラムの成人教育　**19**
遺跡　537
委託学級　**20**
イタリアの生涯教育　**21**
イタリア民衆教育連盟　380
市川房枝　469
1次情報　433
一次資料　489
一校両制　464
一即多多即一　378, 550
一村一品運動　201, 406
一般教育　281
一般職業適性検査　304
一般中等教育修了資格　421
一般的互酬性　168
一般的人権条約　161
移動図書館　**21**
伊藤寿朗　**22**
移動博物館　570
糸賀一雄　496
稲垣稔　371
『田舎青年』　588
稲作論争　621
いなみ野学園　**22**, 154, 615
異年齢集団　**23**
井上友一　521, 557
居場所　**23**, 73, 176, 353, 367, 397, 534
居場所づくり　415, 535
伊波普猷　**24**
イフラ・ユネスコ学校図書館ガイドライン　595
異文化間教育　**24**, 395
異文化コミュニケーション　163
異文化接触　24
異文化理解　163, 193, 395
意味パースペクティブ　17, 123
異民族支配　108, 378
移民と出稼ぎ　**24**
イリイチ, I.　**26**, 472
『岩手の保健』　335
インクルーシブ　276
インクルージョン　**26**, 28, 436, 480

インストラクショナルデザイナー　26
インストラクター　**27**
インターネット　149
　　──と人権　169
インタープリター　**27**
インタラクティブ　502
インターンシップ　**27**, 199, 375
インテグレーション　26, **27**, 436
インドアゲーム　**28**
インドクトリネーション　18
インフォーマル教育　10, **28**, 225, 482
インフォーマルセクター　14
インフォーマルソーシャルサポート　379
インフォームドコンセント（説明と同意）　**29**, 268

ウ

ヴァサク, K.　387
ヴァッサー青年平和誓約　362
ヴァンハイス, C.R.　382
ウィークエンドカレッジ　12
ヴィゴツキー, L.S.　137
ウィスコンシン理念　382
ウィルソン, A.L.　65
ヴィレッジインスティチュート　366
ウィーン宣言　**30**
ウィーン宣言及び行動原則　164
上田自由大学　267, 425
ウェーバー, M.　516
上原専禄　**30**
ウエルネス　**30**
ウェンガー, E.　**30**
ウォーノック報告　436
宇佐川満　220
碓井正久　**31**
うたごえ運動　**31**
内なる国際化　**31**, 573
内なる他者　392
ウーマンリブ　**32**, 306, 523
ウーマンリブ運動　202, 307
ウールソン, O.　559
運営優良公民館　591
運動会（地域）　**32**
運動能力検定　389
運動部活動　**32**

エ

エアロビクス　**33**
永遠平和　551
エイサー　**34**
エイサーコンクール　34
エイジズム　**34**, 152, 158, 498
エイジング（老化, 加齢, 老い）　**34**, 152, 287, 621
エイジング教育　35
エイジングクイズ　**35**
エイジング研究　195

エイズ患者（HIV感染者）　**35**
永続的ワークショップ段階　571
衛都連行動綱領　517
栄養教育　41
営利社団法人　266
営利目的　216
エクステンション　**37**
エクパット　227
エコツーリズム　119, 217
エコノミソシアル　261
エコハウス　**37**
エコマネー　**37**, 185
エコミュージアム　**38**, 584
エスニシティ　197
エスノグラフィー　5
エスノセントリズム（自民族中心主義）　483
エセ同和　440
『エミール』　173
エラスムス計画　**43**, 378
エラスムスムンダス　25
エリクソン, E.H.　2, **43**, 152, 287, 351, 355
エルダー, G.H.　602
エルダーホステル　**43**, 154
エンカウンターグループ　**44**
遠隔教育　3, 25, **44**, 424, 556
園芸療法　**44**
演劇鑑賞会　236
演劇教育学　**45**
エンゲストローム, Y.　66
援助　11
援助つき雇用　310
エンゼルプラン　215
エンゼルプラン・新エンゼルプラン　**45**, 170
エンデ, M.　520
エンドラップ廃材遊び場　535
エンパワーメント　17, 34, **45**, 59, 288, 308, 314, 522, 573
エンプロイアビリティ　201

オ

老い　35
おいたち学習　338, 603
欧州グローバル教育会議　566
欧州人権条約　203
欧州単位互換制度　397
欧州中央銀行　25
欧州評議会　601
欧州文化センターネットワーク　265
応用課程　598
応用実習　130
大阪人権博物館　317
大阪府人権尊重の社会づくり条例　317
大阪労働学校　619
大牟羅良　335

公の施設　**47**, 99
　　　──の管理主体　225
公の支配　136
おかざき世界子ども美術博物館　179
小川利夫　220, 242
沖縄学　24
沖縄教職員会　535
沖縄県青年団協議会　**47**
沖縄諮詢会　609
沖縄振興開発特別措置法　368
沖縄青年連合会　**47**
沖縄占領統治　140
沖縄闘争　378
沖縄の公民館　**48**
沖縄婦人連合会　**48**
小崎弘道　625
オーストラリアスポーツ委員会
　（ASC）　**49**
オーストラリアの生涯教育・生涯学習
　49
オタワ宣言　13
乙類　67
大人の学校　533
おとなの生活綴り方運動　338
帯祝い　171
小尾範治　**50**, 531
オープンカレッジ　**51**
オープンスペース　**52**
オープンユニバーシティ　**52**
オープンラーニング　**52**
面白さ・楽しさ・歓び　265
おもちゃ　231
おもちゃライブラリー　179
親方　**52**, 272, 457
親・教師の教育権　100
親子映画運動　**52**
おやこ劇場　174
親子読書運動　**53**
親子読書地域文庫全国連絡会　53, 180
親と子の良い映画を見る会　**53**
オリンピック　158, 467
オリンピック東京大会招致　331
オルセン，E. G.　185
オルタナティブスクール　**53**
オルタナティブストーリー　462
オルタナティブツーリズム　119
オールドカマー　192
オールドメディア　470
音楽鑑賞組織　614
音楽のまちづくり　**53**
温室効果ガス　409
女らしさ　32
オンブズパーソン　**54**
オンブズマン　54
オンライン U3A　386

カ

会員制図書館　149

海外職業訓練協会　55
階級　197
階級意識　311, 536
階級社会　542
会計専門職大学院　374
介護　153
外国語学校　65
外国人学校　65
外国人技能実習制度　**55**
外国人研修制度　55
外国人市民会議　193
外国人市民代表者会議　427
外国人集住都市会議　395, 396
外国人住民　192
外国人花嫁　**55**
外国人への差別や排斥　396
外国人労働者　192
外国籍市民　192
外国籍住民　427
介護保険　55
介護予防　**55**, 597
介護予防対象高齢者　597
開催県の総合優勝　165
会社化　159, 337
解説パネル　499
解説文　432
蓋然的知識　410
階層別研修　89
回想法　**56**, 498
ガイダンス　**56**, 609
ガイドヘルパー　**57**
ガイドヘルプサービス　57
開発教育　**57**, 409
開発教育協会　57
外部委託　447
回復的司法　**58**
外部評価　5
解放　17, **58**, 600
解放会館　318
解放教育　59
解放の教育　**59**
解放令　532
改良普及員　524
カウンセラー　60
カウンセリング　**59**, 506, 522
カウンセリングマインド　**60**
科学館　502, 606
科学技術　90
学位授与　397
学位取得　133
学芸員　**60**, 486
学芸員資格　151
格差社会　69
学事奨励会　105, 270
学社融合　136
学社連携　**61**, 570
学社連携推進会議　61
学習援助労働　258

学習過程（学習プロセス）　**61**
学習技能協議会　125, 226
学習技能評議会　123
学習協会　559
学習記録　**62**
学習契約（ラーニングコントラクト）
　62, 516
学習契約書　**62**
学習権　21, **62**, 107, 216, 443, 549
　　　──の公的保障　371
　　　──の擁護運動　532
学習言語　561
学習権宣言　63, 90, 100, 348, 504, 596
学習権保障　414
学習サークル　325, 326, 559
学習支援者　420, 579
学習社会　**63**
　　　──に向けての教えと学び　25
学習者中心の学び　52
学習者のエンパワーメントに向けた学
　習　46
学習障害　44
学習小集団　289
学習情報　277
学習する組織　**64**, 65
学習センター　555
学習組織　606
学習としての託児　147
学習ニーズ　65, 181
学習の４本柱　459
学習の構造化　**64**
学習の支援者　326
学習プログラム　**65**
学習文化　**65**
各種学校　**65**, 90, 373, 575
学術資源　385
学術情報　385
学術情報システム　**66**
学俗接近　231
拡張された芸術概念　554
拡張的学習　**66**
学点銀行制　398
学童・生徒のボランティア活動普及事
　業　525
学童保育　23, **66**, 173, 178
学徒の対外競技基準　**66**
学博連携　570
学歴教育　351
隠れたカリキュラム　**67**
賢い消費者　294
家事事件　77
家事審判・調停　**67**
家事労働　14
カースト差別　341
過疎化　113
過疎・過密　**67**
家族計画　319
家族的責任条約　42

和文索引　　　　　　　　　　　　　　　650

家族療法　**68**
過疎対策法　68
カーソン, R.　84
課題提起型教育　535
課題提起型日本語教育　465
課題提起教育　59, 581
片山潜　**68**, 364
価値概念としての地域　30
学級・講座　**69**, 136, 212, 376
　　――の自主化運動　102
学区　**69**
学校週5日制　469
学校運営協議会　75
学校外教育　**70**, 281, 406
学校外教育施設　622
学校開放　**71**
学校型教育　523
学校記念誌　6
学校教育　281
　　――の社会政策的施設　107
学校教育計画　245
学校教育施行規則　75
学校教育法　**71**, 373, 598
学校教育法施行令22条の2　442
学校公園（神戸市）　71
学校支援ボランティア　101
学校司書　**71**, 73, 450
学校週5日制　**72**
学校体育施設開放事業　71
『学校中心自治民育要義』　221
学校通信教育　424
学校づくり　534
学校読書調査　366
学校図書館　**73**, 74, 445
　　――に人を置く運動　72
　　――の権利宣言　73
学校図書館憲章　**73**
学校図書館司書教諭講習規程　214
学校図書館職員　71, 214
学校図書館担当職員　72
学校図書館づくり運動　450
学校図書館法　73, **74**, 214, 450
　　――の改正　214
学校図書館法改正運動　74, 366
学校図書館メディア奉仕宣言　74, 595
学校農業クラブ　601
学校の社会化と社会の学校化　107, 481
学校の森づくり　**74**
学校評議員　61, **74**, 517
学校福祉教育　525
合唱運動　31
勝田守一　115
活動アプローチに基づく自己実現　623
活動写真　190, 221, 574
葛藤状態　210
活動理論　125, 607

合併特例法　222
家庭学校　82
家庭教育　**75**, 145, 610
家庭教育学級　**75**
『家庭教育学級の開設と運営』　76
家庭教育支援　**76**
家庭教育支援ボランティア　101
家庭裁判所　67, **77**, 292, 293, 320, 511
家庭裁判所調査官　**77**
家庭内暴力　**77**
家庭の教育力　75, 76
家庭婦人バレーボール　567
加藤完治　**77**, 164, 272
過度使用症候群　327
ガードナー, H.　393
金井延　557
神奈川県立音楽堂　546
カナダ成人教育学会　78
カナダ成人教育協会　78
カナダの成人教育・生涯学習　**78**
金子郁容　473
加配　159
ガバナンス　497
壁のない大学　12, **79**
鎌倉アカデミア　**79**, 575
鎌倉大学校　79
鎌倉文化会　79
紙芝居　567
カミングアウト　**79**
カムアウト　79
科目等履修生制度　259
カリブ成人教育協議会　418
ガールガイド　80
ガールスカウト　**80**, 305, 415
カルチャーセンター　**80**, 571, 572
加齢　372
カレッジ図書館　149
画廊　95
過労死　**81**
河井寬次郎　572
川口プラン　404
川本宇之助　**81**, 103, 104, 106, 207, 531
カーン, R.L.　195
簡易実業学校　508
感化救済　103
感化救済事業　**81**, 521, 557
感化救済事業講習会　81
感化教育　**81**, 109
環境アセスメント　82
環境運動　133
環境学習　172
環境型　364
環境基本計画　82
環境基本法　**82**, 85
環境教育　**82**, 83, 217, 218, 409, 438
環境教育指導資料　**83**

環境教育推進法（環境の保全のための意欲の増進及び環境教育の推進に関する法律）　**84**, 218, 414
環境教育等による環境保全の取組の促進に関する法律　84
環境教育プログラム　472
環境教育法（米）　**84**
環境権（自然の権利）　82, **84**
環境社会学　337
「環境醸成」責務　244
環境体験学習過程論　39
環境的行動　39
環境デザイン　497
環境の保全のための意欲の増進及び環境教育の推進に関する法律　84, 414
環境破壊　377
環境問題　608
観魚室　324
関係団体への補助金　243
看護学　85
看護技術　86
看護教育　**85**
韓国の社会教育・平生教育　**86**
看護継続教育　85
看護職者　85
観護の措置　290
慣習国際法　162
観衆調査　602
感じる知能　157
間接サービス　613
間接差別　67, 167, 309
間接資料　489
館長権限　147
カント, I.　114
監督者訓練　49, 135
『勧農論策』　474
官民協働　498
管理委託問題　150
管理職ユニオン　618
官僚制　516

キ

記憶　38
機械可読目録　580
機会均等　321
企画委員会　469
企画・運営委員会方式　**87**
基幹館　147
期間主義　581
期間労働者（非正規雇用, アルバイト, パートタイマー）　**88**
企業　64
企業運動部　305
起業講座　191
企業市民　203
企業社会　**88**
企業統治　497

企業内教育　296, 297, 619
企業内教育訓練　50, **88**, 302
企業文化　89
企業別労働組合　467
企業メセナ　**89**
企業メセナ協議会　89
企業立学校　89
技芸（わざ）　125
気候変動に関する政府間パネル　409
キーコンピテンシー　224
木崎夏期大学　268
擬似通貨　37
技術　92
技術移転機関　199
技術革新　42
技術・技能　**90**
技術継続教育カレッジ　49
技術・職業教育に関する改正勧告　297
技術的エキスパート　310, 373
規制緩和　**90**, 110, 617
基礎技能　93
基礎教育　**90**, 347, 503, 585
喫茶コーナー　10, **91**
キッズプラザ大阪　179
キッド, R.　78, 162
ギデンズ, A.　121
記念工作物　537
技能　**92**
　　──の空洞化　90, **93**
技能オリンピック　**92**
技能グランプリ　92
技能形成　92, **93**
機能・形態障害　161
技能検定　**93**
技能者育成資金　**94**, 286
技能者養成　296, 298
技能習得　458
技能習得手当　286
技能審査認定規定　93
技能セクター評議会　124
技能尊重　92
機能的開放　383
機能的識字　206
技能連携制度　426, 598
基本的人権　85
きむたかホール　546
逆差別　10
虐待　77, **94**, 558
キャプション　**94**
ギャラリー　**95**, 513
ギャラリーツアー　513
キャリアアンカー　95
キャリアエデュケーション奨励法　96
キャリアガイダンス　56, 96
キャリア開発　**95**, 388
キャリア教育　**96**
キャリア形成　**95**, 201, 373

キャリア形成支援システム　96
キャリア形成促進助成金　102
キャリアコンサルティング　**96**
キャリアデザイン　**97**
ギャングエイジ　140
キャンパスセクシュアルハラスメント　364
キャンプ　554
救護法　557
休息権・余暇権　179
救貧対策　528
救貧法　298, 518
教育　208
　　──と福祉　597
　　──における住民自治　403
　　──に関する勅語　582
　　──による社会貢献　383
　　──の機会均等　**105**, 315
　　──の権利　104
　　──の自主性　99
　　──の自主独立　480
　　──の社会化と社会の教育化　**106**, 242
　　──の組織化　501
　　──へのアクセス拡大　52
　　──への権利　100, 347
　　──を受ける権利　296
　　──を変える17の提案　555
教育委員会　**97**, 242, 243, 412
教育委員会事務局　249
教育委員会制度　98
教育会　**98**
教育改革　252, 349, 523
　　──におけるサービスラーニング連盟　197
教育改革国民会議　526, 555
教育格差　11
　　──の是正　70
教育ガバナンス　102
教育機会均等　90
教育機関　**99**, 246
　　──としての自律性　254
　　──の所管　99
　　──の独自性　47
教育技能省　125
教育基本法　76, **99**, 100, 178, 454
教育休暇　590
教育休暇法　435
教育空間　245
教育訓練休暇法　590
教育訓練給付金　102, 189
教育計画論　342, 404
教育権　90, **100**, 107, 528
　　──の保障　104, 290
教育権・学習権保障　107
教育研究革新センター　47, 605
教育工学　**101**
教育口座　87

教育公務員特例法　**101**
教育国民会議　563
教育根本法　99
教育財政　245
教育刷新委員会　243, 256
教育支援ボランティア　**101**
教育資源の開放　517
教育自治　**102**, 247
教育上の機会均等　104
教育助成金　**102**
教育税（沖縄）　**102**
教育政策　469
教育制度分科会　414
教育専門性　103
教育相談　**103**
教育勅語　99
教育的救済　**103**, 104
教育的デモクラシー　**103**
教育的無権利層　**104**, 627
教育投資　104
『教育と社会』　**105**
教育特区　**105**
教育隣組運動（沖縄）　**105**
教育福祉　**107**
教育保障　201
教育四法　**108**, 140, 378, 608
「教育四法」民立法運動（沖縄）　**108**
教育労働　257
教育老年学　**108**, 514, 621
教員講習　98
公益信託　233
教化　18, 255, 258
教化運動　371
教科横断的な学習　376
教化局　583
教化団体　372, 436, 556
教化団体連合会　372, 557
共感的理解　59, 60
競技大会　577
教護　81, **109**
教護院　109
きょうされん　194
教職大学院　375
共生　**109**, 178
行政委員会　543
行政改革　**109**
行政改革推進審議会　413
矯正教育　**110**, 290
行政研修　295
共生社会　288
矯正処遇　126
強制的な教育　12
行政の文化化　539
行政評価　492
業績評価　580
競争的な教育制度　167
きょうだい間虐待　94

和文索引

協働（パートナーシップ） **110**, 189, 498
協同 159
協同運動 539
共同開催 444
共同学習 **111**, 241, 289, 359, 390, 498, 600
協同学習 **111**
共同学習運動 377, 478
共同・協同・協働 **110**
協同組合 **112**, 159, 201
協同組合運動 337
共同研究 199
共同作業所 194
共同作業所運動 496
共同制作 189
協同的学習 377
協同的社会化 337
共同店（沖縄） **112**
協同農業普及事業 524
競闘遊戯会 32
京都議定書 409
郷土教育 113, 586
郷土教育運動 **113**
郷土研究 586
郷土資料 448
郷土博物館 **113**
業務独占資格 300
業務分析 446
業務余暇学校 464
郷友会（沖縄，奄美） **114**
教養 **114**
教養市民層 114
業余学校 417
漁業協同組合 112
清瀬構想 **115**
拠点 117
拠点開発方式 368
キリスト教女子青年会 625
キリスト教青年会 625
ギルド 304
ギルピン, R. 121
記録史料 4, 547
記録保存機関 4
近畿公民館主事会 257
キングスレー館 385
銀行型教育 200, 411, 535
均衡的互酬性 168
近代化遺産 537
『近代科学における人種問題叢書』 594
近代的人間 311
均等・対等な社会参画 398
均等配置 245
近隣ハウス 49
勤労訓練 **115**
勤労者音楽協議会 614
勤労青少年指導者大学講座 593
勤労青少年フレンドシップセンター 116
勤労青少年ホーム **116**, 343
勤労青少年ホームの設置及び運営についての望ましい基準 116
勤労青年 356
勤労青年教育基本要綱 **116**, 359
勤労の権利 296

ク

草野球 **117**
楠原祖一郎 135, 285
クッターブ 19
クヌストンホール 271
クーパー, K. H. 33
クーベルタン, P. de 158
グラウンドワーク運動 **117**
くらしの工夫運動 337
グラスゴーメカニクスインスティチュート 578
グラフィックパネル 499
クラブ活動 601
クラフトユニオン 272
クラブハウス **117**
クラブ連合 118
グラムシ, A. **118**
クラントン, P. A. 17, 210
グリーフ 118
グリーフワーク 118
グリーンスカウト 172
グリーンツーリズム 37, **119**
グリーンピース 40
グループ回想法 56
グループカウンセリング 44
グループダイナミクス 120
「グループづくり」の重要性 381
グループホーム **119**
グループワーカー 120
グループワーク 1, **119**
グルントヴィ, N. F. S. **120**, 164, 165, 558, 575
グレイパンサー 34
クレジットコース **121**, 183
グレンデニング, F. 108
クロスディスアビリティ 428
グローバリゼーション 58, **121**, 326
グローバル化 191
グローバル教育 410, 566
グローバルフェミニズム 122
軍事教練 356
軍事訓練 436
群島政府 609
訓練受講手当 135
訓練税 189

ケ

ケアの倫理 123
ケアマネジメント 187
ケアリング **122**
ケア労働 15
経学院 86
経験 **123**
経済更生計画 310
経済審議会・地域部会 68
経済通貨同盟 458
経済的虐待 94
経済的，社会的及び文化的権利に関する国際規約 541
経済連携協定（EPA） 470
形式知 410
芸術文化振興基金 539
芸術文化振興政策 9
芸術文化振興連絡会議 175
形成 208
啓成社 299
継続学習 205
継続教育 16, 39, **123**, 124, 352, 374, 435
継続教育カレッジ **124**
継続教育基金協議会 125
継続教育基金評議会 124
継続教育センター 383
継続教育ユニット 12
継続訓練 300, 565
継続高等教育 139
継続性理論 **125**
芸道 **125**
系統的学習 **125**
系統農会 621
啓発 316
啓発教育 201
軽費老人ホーム 616
刑務所 **126**
ケガレ意識 **126**
劇場法 544
欠格条項 287
結果の効率性 321
結果の平等 106
『月刊社会教育』 **126**, 252
結晶性知能 157
結晶性知力 152, 156
ゲーテ, J. W. 114
ゲートボール **126**
ケーパビリティ **127**
ゲームリザーブ 218
ケルシェンシュタイナー, G. 341, 538
限界集落 68, **127**
戒厳令解除 391
研究者 60
健康 239, 394
健康学習 **127**
健康観 370
健康教育 394, 560
健康自己責任論 553
健康生活推進協会 30
健康増進 559

和文索引

健康・体力づくり事業財団　390
健康で文化的な最低限度の生活　541
健康被害　133, 134
言語権　392
研修制度　215
現象学的人間論　552
原資料　488
原水爆禁止運動　128, 586
言説の政治　134
健全育成　227, 229, 230
建造物群　537
現代的課題　168
現代的人権　62
現代的貧困　518
現代徒弟制度　124
現代の名工　273
現地調査　521
現地保存　129, 267
顕著な普遍的価値　360
現場実習　129
原文脈　432
憲法学習　130
憲法第12条　131
県民カレッジ　130
減免・免除措置　294
権利としての社会教育　131, 479
権利能力なき社団　470
権利擁護　8, 515

コ

広域スポーツセンター　332
広域的生涯学習サービス網　130
公運審　141
公営セツルメント　235
公益社団法人　266
公益性　136
公益法人　132, 192
後援　444
公園・ひろば　132
公害　84, 133, 472
構外学位　133
公害教育（公害学習）　82, 133
構外教育　363
構外教育事業　133
構外教育部　384
公開講座　71, 276, 517
構外生制度　424
公開大学　52
公害対策基本法　82
公会堂　546
公害反対住民運動　133, 134
公害問題　268, 457
後期高齢期　134
公教育　289
公共空間　134
公共空間論　135
公共劇　45
公共圏　323

公共財　246
公共サービスの民間開放　515
公共職業安定所　295
公共職業訓練　135, 299
公共職業訓練施設　51
公共職業補導　299
公共性　108, 134, 136, 172, 238, 253, 491
公共図書館　418, 442, 595
公共図書館振興プロジェクト　239
『公共図書館の使命』　461
校区公民館　136
講座　125
公私協働　268
公私の境界　135
講師派遣事業　136
向上訓練　137, 286
工場法　69, 137, 298
構成主義　137
構成的グループエンカウンター　44
更生保護　138
更生保護法　138, 560
更生保護ボランティア　110
「公設民営」方式　238
公選制　98
構造改革特区　105
郷村建設運動（中国）　138, 416, 549
公貸権　138
高大連携　384
交通バリアフリー法　500
公的教育　524
公的社会教育　241
公的職業訓練　302
公的職業資格　373
公的職業紹介事業　301
公的第三者機関　54
公的年金制度　139
高等技術教育・訓練　21
高等教育機関老年学協議会　514
高等教育自学考試試行条例　206
高等・継続教育法　124
行動綱領　204, 361, 398
行動主義　139
高等職業訓練カレッジ　124
高等成人教育　139
行動的シティズンシップ　236
高等弁務官（資金）　140, 609
高度熟練技能者　272
　　　──の認定制度　273
校内暴力　140
購入受入れ　313
高年齢者雇用開発協会　156
高年齢者等の雇用の安定等に関する法律　313
工農教育　622
『興農論策』　475, 600
光復　391
公文書館　4

公文書館法　547
皇民化教育　371
皇民化政策　436, 509
公民館　100, **140**, 144, 145, 246, 402, 431, 555
　　　──のしおり　145
　　　──の設計　144
公民館委員会　141
公民館運営協議会　610
公民館運営審議会　100, **141**
公民館学　464
「公民館三階建」論　140
公民館三階建論　64, **142**
公民館史　146
公民館主事　11, **142**, 250
　　　──の性格と役割　240
公民館職員無用論　186
公民館設置運営要綱　143
公民館設置奨励について　48
公民館専門部　143
公民館単行法運動　257
公民館長　142
公民館づくり住民運動　202
公民館図書室　144
公民館のあるべき姿と今日的指標　147, 367
『公民館の建設』　431
「公民館の設置運営について」　144
公民館の設置及び運営に関する基準　145, 248
公民館白書　146
公民館分館　146
公民館並列方式　146
公民館保育室　**147**, 308
公民館まつり・公民館大会　**147**
公民館利用者懇談会　610
公民館利用者連絡会・利用団体連絡会　610
公民館類似施設　146, **148**
公民館ロビー　**148**
公民教育　226, 392
公民教育論　362
公民形成　573
公民権運動　325, 395
郷友会（沖縄，奄美）　114
公立成人学校　325
公立図書館　**149**, 445
公立図書館職員令　213, 456
公立図書館の設置及び運営上望ましい基準　150, 451
公立図書館の任務と目標　**150**
公立博物館　**150**
公立博物館の設置及び運営上の望ましい基準　151, 152
公立博物館の設置及び運営に関する基準　151, 489
公立博物館の設置及び運営に関する基準の取り扱いについて　151

和文索引

公立文化施設 547
甲類 67
高齢化 160
高齢学習者 154
高齢期 195
高齢期家族 **152**
高齢者 126, **152**, 473, 621
　——の生きがいづくり 154
　——の学習ニーズ **155**
　——の社会参加 **156**, 616
　——の就労 **156**
　——の人権 156
　——のための教育運動 43
　——のための国連原則 **156**, 160
　——の知能 **157**
高齢社会（高齢化社会）**153**, 155
高齢者介護 **153**
高齢社会対策基本法 156, 157
高齢者虐待（老人虐待）**153**
高齢者教育 22, 109, **154**, 615
高齢者教育学 204
高齢者教育論 566
高齢者協同組合 **155**
高齢者劇団 538
高齢者スポーツ **155**
高齢者スポーツ活動推進事業 155
高齢者（老人）大学 154
高齢者特有の教育的ニーズ 566
高齢者能力開発情報センター 156
高齢者福祉 **157**
高齢者文化 158
高齢者保健福祉推進十か年戦略 157
高齢・障害・求職者雇用支援機構 188
向老期 **158**
コーオプ教育 27
国語講習所 509, 576
国語伝習所 390
国際オリンピック委員会 **158**
国際開発協会 360
国際学力調査 47
国際学級 **158**
国際協同組合運動 159
国際協同組合同盟 112, 159
国際協力 57
国際結婚 55, 394
国際交流 357, 573
国際交流協会 **159**
国際高齢者年 156, **160**
国際識字年 **160**, 207, 386
国際自然保護連合 218
国際児童年 176
国際週間 167
国際障害者年 **160**, 428
国際障害者年日本推進協議会 160
国際障害分類（ICIDH）**161**, 275
国際職業訓練競技大会 92
国際人権NGO 501
国際人権基準 **161**, 315, 318

国際人権規約 161, 289, 297
国際人権章典 361
国際人権文書 362
国際生活機能分類 161
国際成人教育協議会（ICAE）6, **162**, 482
国際青年年（IYY）**162**
国際青年の年推進協議会 162
国際青年の村 163
国際先住民年 370
国際デー 167
国際年 167
国際博物館会議
国際博物館会議（ICOM）41, **163**, 484
国際博物館の日 163
国際博覧会 494
国際パラリンピック委員会 500
国際婦人年 307
国際復興開発銀行 360
国際文化資料センター 26
国際ライフヒストリー成人教育研究協議会 603
国際理解教育 **163**, 395
国際リハビリテーション協会社会委員会 266
国際連合国際児童緊急基金 593
国際連合児童基金 593
国際連合食糧農業機関 41
『獄中ノート』118
国土開発計画 401
国土総合開発法 368
国内人権機関 164
国内博覧会 494
国民 289
国民教育 395, 576
国民教育連盟 599
国民更生運動 310
国民高等学校 43, 483, 573
国民高等学校運動 121, 164
国民国家 40, 226
国民娯楽 165
『国民生活白書』534
国民精神総動員 86, 115
国民精神総動員運動 113
国民体育大会 **165**, 467
国民大学（デンマーク）121, 164, **165**, 558, 573, 574
国民体力の現状 390
国民読書指導運動 530
国民に対する直接責任性 99
「国民の学習権」論 63
国民の教育権 514
国民の参加 334
国民の自己教育運動 207
国立工芸院 533
国立国会図書館（NDL）**166**
国立国会図書館電子図書館構想 433

国立市公民館 308
国立情報学研究所 66
国立女性教育会館 306
国立青少年教育振興機構 358
国立青少年交流の家 358
国立青年の家 358
国立博物館 **166**
国立婦人教育会館 530
国立民族学博物館友の会 490
国連開発の10年 168
国連憲章 315
国連子どもの権利委員会 167
国連子どもの権利委員会勧告 **167**
国連持続可能な開発のための教育の10年 219
国連女性差別撤廃委員会（CEDAW）**167**
国連女性の10年 122, 307, 529
国連人間環境会議 219
国連の10年 167
国連の児童の権利宣言 176
国連婦人の10年 168, 361
五穀豊穣 557
互酬性 **168**
個人アドボカシー 9
個人学習 **169**, 261
個人指導 420
個人情報の保護 **169**
個人的なことは政治的 202
個人の力 45
戸籍 568
子育て協同 **169**
子育て・子育ち 70
子育てサークル 169
子育てサポーター 339
子育て支援 45, 147, **170**, 181
子育てネットワークの会 170
子育ての習俗 **170**
子育て不安 **171**
子育て・文化協同 170
五大改革指令 529
子宝・子やらい 174
コーチング **171**
国会武道議員連盟 531
国家およびコミュニティサービス協会 197
国家教育 588
国家的公共性 **171**, 253
国境なき医師団 40
国境を越えた交流活動 573
国庫補助制度 495
国庫補助を受けるための公立図書館の基準 451
コーディ，M. 13, 78
コーディ国際研究所 14
コーディネーター **172**, 278, 405
古典芸能 434
古典的貧困 518

和文索引

後藤新平　557
コード化　536
個としての高齢者　152
子どもNPO　**172**
こどもエコクラブ（JEC）　**172**
子ども会　8, 23, **173**, 178
子ども・家庭福祉　230
子ども観　**173**, 228
子ども期　173
子ども議会　174
子ども劇場　8, 23, 172, **174**, 178
子ども支援　70
子ども時代の虐待　558
子ども組織　23
子ども読書活動の推進に関する法律　180
子ども読書年　178
子ども図書館　**175**
子どもの意見表明権　176
子どもの居場所　**176**, 177, 534
子どもの居場所づくり　23
子ども農村漁村交流プロジェクト　201
子どもの健全育成　172
子どもの権利条約　8, **176**, 177, 178, 230
子どもの権利条例　**177**, 223
子ども（児童）の権利に関する国際条約　176
子どもの権利に関する条約　541
子どもの参画　**177**, 497
子どもの自治　**177**
子どものシビルミニマム　178
子どもの生活圏　**178**
子どもの読書活動推進計画　450
子どもの読書活動の推進に関する基本的な計画　179
子どもの読書活動の推進に関する法律　**178**, 442, 450
こどもの日　228
子どもの文化権　**179**
子ども博物館　**179**, 502
子ども文化　231
子ども文庫　8, 23, 53, **180**, 450, 451
子どもへの暴力防止　203
こども未来財団　**181**
子どもゆめ基金　180
コーネル　472
小林文成　615
コーヒーハウス　91, 353
個別化　**181**
個別指導　3, 423
個別的人権条約　161
個別の移行支援計画　444
個別の教育支援計画　444
コーポレートガバナンス　497
コーポレートフィランソロピー　521
小松原栄太郎　425

コミュティカレッジ　183
コミュニカティブ・アプローチ　465
コミュニケーション　**181**, 338, 396
コミュニケーション的学習　578
コミュニケーション的行為　393
コミュニケーション論的発話行為論　390
コミュニティ　30, **182**, 183, 487
コミュニティアート　9, **182**
コミュニティインテグレーション　28
コミュニティオーガニゼーション　262, 416
コミュニティ開発　**182**
コミュニティカレッジ　**183**, 184, 569
コミュニティ教育　**183**
コミュニティ協同組合　183
コミュニティケア　**184**, 186, 187
コミュニティ再編政策　186
コミュニティサービス　**184**
コミュニティサービス法　197
コミュニティ施設　**184**
コミュニティスクール　75, **185**, 514
コミュニティスポーツ　**186**
コミュニティスポーツ施設整備計画調査　186
コミュニティ政策　186, 405, 421
コミュニティセンター　186, 402
コミュニティソーシャルワーク　**186**, 408
コミュニティづくり構想　185
コミュニティとの連携　187
コミュニティビジネス　262
コミュニティマネー　37
コミュニティミュージアム　**187**
コミュニティワーカー　**187**
子守学校　518
小舎夫婦制　229
固有価値　540
雇用改善事業　189
雇用・失業問題　620
雇用促進事業団　188
雇用対策法　**188**, 618
雇用・能力開発機構　188
雇用の分野における男女の均等な機会及び待遇の確保等女性労働者の福祉の増進に関する法律　399
雇用福祉事業　189
雇用保険法　102, **189**, 302, 501
コラボレーション　**189**
ゴールデンプラン（独）　**189**
ゴールドプラン　45, 157
ゴルバチョフ演説　623
『これからの図書館像―地域を支える情報拠点をめざして―』　613
コロニー　393
コンヴィヴィアリティ　26
混合経済化　262

今後における学術情報システムの在り方について　66
コンソーシアム　383
権田保之助　165, **190**, 574, 599
コンドルセ, M. J. A. N. de C.　281

サ

差異　**191**
サイエンスセンター　606
在学青少年の社会教育　70
再教育　286
在郷軍人会　436
三枝博音　79
再訓練　156
蔡元培　**191**, 623
最後に残された人権条約　284
財産権　421
祭祀行事　557
再就職講座　**191**
採集のない観察会　129
在職者訓練　135
済世顧問制度　557
再生産　542
再生資源の利用の促進に関する法律　607
財政制度審議会　271
在宅福祉サービス　408
財団法人　132, **192**
最賃　192
最低賃金　**192**
差異と承認　191
在日外国人　**192**
在日外国人教育基本方針　395
在日外国人教育の基本指針　193
在日コリアン　340
　　――の社会教育　**193**
在日朝鮮人　576
裁判事例研究法　234
再非行防止教育　290
細分化された労働　**193**, 598
再分肢的機能　277
佐喜眞美術館　**194**
作業科　**194**
作業所　**194**
作業療法・理学療法　**194**
サクセスフルエイジング　125, **195**, 536, 607
桜井政太郎　429
サークル　212
サークル運動　**195**
サークル活動　232, 338
サークル連絡協議会　**196**
ささえる　334
雑芸員　60
雑誌　449
佐藤善次郎　241, 261
サードセクター　40, **196**, 238, 563
里山　37

和文索引

サドラー, W. 322
サバルタン 121
サービス残業 **197**
サービスラーニング 184, **197**, 345
サブカルチャー（下位文化）**197**
差別 126, **198**
差別意識 314
差別解消措置 10
差別表現 **198**
サポート校 427
サポートバットノーコントロール 479
サミット 237
サラマンカ声明 106
サラマンカ宣言 26, 436
サラモン, L. **198**
澤野淳 475
参加型 502
参加型開発 269
参加型学習 58, 200
参加型社会 269
参加型調査 **199**
参加型文化政策 543
参画型学習 200
産学官連携 **199**
参画のはしご 177, 497
三角ベース **199**
参加する福祉 155
参加体験 502
参加・体験型学習 **200**, 519
産業遺産 537
産業教育 **200**, 224, 296
産業教育振興法 224
産業組合 112, **201**
産業クラスター運動 **201**
産業構造審議会 599
三歳児神話 171
三者事前学習方式 87
参政権問題 427
山村留学 **201**, 339
三多摩テーゼ 64, 142, **202**, 240, 251, 445

シ

シェルター 429
ジェルピ, E. **203**, 281, 348
ジェロゴジー **204**
ジェンダー 42, 197, **204**, 309, 363, 367, 398, 400, 522
──の平等 400
ジェンダーエンパワーメント測定 205
ジェンダー開発指標 205
ジェンダー学連絡協議会 306
ジェンダーハラスメント 364
ジェンダー表象 205
ジェンダー論 305
支援団体 510

支援費 527
ジオラマ **205**
資格 205
自覚化 16
自学考試制度（独学試験制度）（中国） 206, 417
視覚障害者読書権保障協議会 443
自我発達理論 351
識字 91, **206**, 465
識字学習 181
識字キャンペーン 11
識字教育 20, 386, 465, 510, 535, 566
識字教室もじろうかい 562
識字サミット 503
識字センター 160
事業内訓練 299
資源共有 446
資源循環型社会 275
思考停止 198
自己概念 211
自己教育（仏）**208**
自己教育（日本）**207**
自己教育運動 267, 348, 425, 573
自己教育活動 28, 100, 252, 256
自己教育論 533
自己形成 208
自己形成空間 **208**
自己形成史学習 195
自己啓発 89, **209**
自己決定 **209**, 506
自己決定学習（自己決定型学習・自己主導型学習） 14, **210**, 346, 562
自己決定権 209
自己決定性 210
自己研修 295
自己肯定感 365, 577
自己実現 **211**, 567
──と社会変革 207
自己主導型学習 348
自己主導的学習論 62
自己情報コントロール権 169
自己・相互教育 195
仕事の中での能力形成 48
仕事場学習 626
仕事（職務）を離れた訓練 50
自己評価 211
自己表現 212
自己表現学習 181
自己変容的な発達 215
事故補償制度 563
私事性 253
字誌づくり 603
自主グループ 212, 568
自主的なスポーツ組織 322
思春期セミナー 76
司書（補）**212**
自助 366
司書課程 213

自助・共助・公助 **214**
司書教諭 71, **214**
自助グループ 511
司書講習 213
司書資格 72
司書職制度 **215**
自助組織 **215**
司書養成 213
システムアドボカシー 9
システム思考 64
死生学 274
次世代育成支援対策推進法 170, **215**, 399
施設機能 144
施設使用原則（社会教育法第 23 条） **216**
施設整備基準 381
施設づくり運動 **216**
施設優良公民館 591
自然学校 **217**
自然観察 **217**
自然再生推進会議 217
自然再生推進法 **217**
自然史系博物館 **217**, 432
自然体験学習 **218**, 219
自然体験学習推進方策 584
自然体験活動 84, 217
自然体験活動推進協議会 218
自然の権利 85, 507
自然保護 **217**, **218**
自然保護教育 219
持続可能性 83
持続可能な開発 82, 218, 219, 409, 605
持続可能な開発委員会（CSD）7
持続可能な開発のための教育 83, **219**, 410
持続可能な開発のための世界首脳会議 601
持続可能な観光 119
維持可能な発展 460
持続可能な発展のための教育 594
持続的な関係性 323
自尊感情 211, 365
親しむ博物館づくり事業 179
志智嘉九郎 613
自治権 223
自治公民館 11, 48, 146, 148, 216, **220**, 270, 421
自治公論争 220
自治組織 222
自治体計画 216
自治体国際化協会 160
自治体生涯学習計画 401
自治体の広域化 222
自治独立 587
自治民育 **221**
視聴覚教育 **221**, 462
視聴覚障害者情報提供施設 433

視聴覚資料　222, 449
視聴覚ライブラリーセンター　**222**
市町村合併　**222**
市町村主義　256
市町村中心主義　**222**
市町村の合併の特例に関する法律　222
自治立法権と条例　**223**
自治労・大阪府衛星都市連合会　517
失学民衆補習班　391
実業学校　223
失業救済　618
失業給付金　189
実業教育　**223**, 296
失業者訓練　581
実業専門学校　223
実業団スポーツ　305
失業に対する保護　298
失業保険法　189
実業補習学校　**224**, 354, 508, 584
実業補習学校規程　475
シックスフォームカレッジ　124
実験社会学級　498, 529
実験大学連合　79
実験的世界識字プログラム　206
実験婦人学級　111
実際的能力　**224**
実践　**224**
実践共同体　288
実践評価　516
疾病予防　559
実用的知能　157
指定管理者　448
指定管理者制度　47, 61, 99, 151, **225**, 246, 330, 493, 515, 547
指定校制度　301
シティズンシップエデュケーション　**226**
シティリット（英）　**226**
私的職業訓練　302
指導　56, 171
児童委員　**226**
児童買春　**227**
児童館　8, 173, **227**
児童虐待　94, 227, 507
児童虐待防止法　**228**
児童劇団　174
児童憲章　173, 174, **228**, 231
児童厚生施設　227
児童サービス　**228**, 450
自動車学校　65
指導者講習会　1
自動車図書館　22
指導者の資格審査基準　260
自動車文庫　22
指導者養成　626
指導主事　249
児童自立支援施設　109, **229**

児童相談所　**229**
児童相談所職員　228
児童溺死事故（1976年）　563
児童の権利に関する条約　99, 177, 223
『児童の世紀』　173
児童福祉　**229**
児童福祉司　229
児童福祉施設　229
児童福祉法　226, **230**, 293
児童文化　**231**
児童文化センター　343
学童保育　8
児童保護事業　230
児童保護法　230
児童問題　230
『児童問題研究』　567
児童養護施設　228, 598
信濃木崎夏期大学　**231**
信濃生産大学　64, **232**, 478, 569, 575
シニア　**232**, 233
シニア協力専門家事業　232
シニアネット　**232**
シニアネットジャパン　232
シニアプラン開発機構　232
シニアボランティア　**233**
死の臨床研究会　274
柴田敏române　129
師範学校小学校幼稚園及通俗教育　424
シビックトラスト　**233**
自分探し　211, 359
自分史　**233**, 603
自分史学習　234
死への準備教育　**234**
脂肪の椅子　554
司法福祉　**234**, 293
シーボーム報告　184
資本主義　121
シマおこし　406
島ぐるみ闘争　108
斯民　556
市民アドボカシー　9
市民運動　216, **235**, 268, 401
市民活動　**235**, 237
市民活動資料　144
市民館　**235**
市民館（独）　236
市民教育　226, **236**
市民劇場　236
市民サミット　237
市民参加　216
市民参加の梯子　269
市民参画　490
　——の計画づくり　279
市民社会　7, **237**
市民社会学派　237
市民社会組織　41
市民性教育　314

市民セクター組織　41
市民セクター　238
市民大学　401
市民大学運動　237
市民的教養教育　348
市民的公共圏　499
市民的公共性　136, **238**
市民的専門性　238
市民の学校　411
『市民の図書館』　149, 180, 228, **239**, 450, 452
市民の文化活動　538
市民の文化権　538
市民文化　**239**
市民マラソン　**239**
使命　487
下伊那郡青年会　358
下伊那テーゼ　202, **240**, 251
地元学　401
下村湖人　**240**
諮問機関　438
シャイン, E. H.　95
社会運動　236
社会化　**240**
社会改良　384
社会科学学習　**241**
社会学級　529
社会関係資本　269
『社会教育』　126, **242**, 372
社会教育　**241**
　——の公共性　253
　——の裁判　254
　——の事務・事業　254
　——の自由　244, **255**
　——の主義　106, 242
社会教育委員　242
社会教育館　391
社会教育関係団体　**243**
社会教育関係団体補助金　257
社会教育機関　572
　——の首長部局移管　244
社会教育行政　**244**, 425
社会教育局第4課　252
社会教育空間論　**244**
社外教育訓練　89
社会教育計画　242, **245**, 279, 376
社会教育研究全国集会　252
社会教育財政　**245**
社会教育裁判　254
社会教育裁判例　254
社会教育司　623
社会教育施設　47, 144, **246**, 345
社会教育施設設計　**247**
社会教育施設の設置基準　**247**
社会教育実践　31
社会教育実践研究　2
社会教育指導員　**248**, 250
社会教育主事　142, **248**, 250, 412, 495

和文索引

社会教育主事講習 **249**
社会教育主事講習等規定 250
社会教育書記 391
社会教育職員 **250**, 257
社会教育職員養成 **251**
社会教育審議会 61, **251**
社会教育審議会答申 255
社会教育推進全国協議会 126, **252**
社会教育政策 **252**
社会教育調査 493
「社会教育の終焉」論 235
社会教育費 245
社会教育法 76, 140, 142, 195, 243, 244, 248, 249, 254, **256**, 261, 492, 549, 581
社会教育法改正 252
社会教育法第 2 条 331
社会教育法第 3 条 131
社会教育法「大改正」(1959 年) 256, **257**
社会教育連合会 105
社会教育労働 **257**
『社会教育論』 587
社会教化 **258**
社会権 329
社会貢献 383
社会構成主義 411, 462
社会サービス 379
社会参加 163, 262, 269
社会参加・参画 174
社会人学生 **258**
社会人特別選抜 259
社会人入学 **258**
社会生活力 266
『社会体育・考え方進め方』 260
社会体育施設 **259**
社会体育実施の参考 **259**
社会体育指導者資格付与制度 **260**
社会体育指導要項 **260**
社会体育主事 **260**
社会体育法 332
「社会彫刻」論 554
社会通信教育 **261**, 424
社会的企業 196
社会的基盤整備 41
社会的教育学 **261**, 462, 481
社会的協同組合 262
社会的経済 **261**
社会的貢献活動 521
社会的災害 133
社会的資本 379
社会的弱者の救済 103
社会的昇進（仏） **262**, 533
社会的責任投資 203
社会的な力 45
社会的な文化の活性化 533
社会的排除 26, 517
社会的排除・社会的包摂 **262**

社会的パートナーシップ **263**
社会的不平等 518
社会的不利 161
社会的労働者 9
社会同和教育 **263**, 439
社会不安の緩和策 576
社会福祉 407
社会福祉援助 380
社会福祉基礎構造 264
社会福祉教育 525
社会福祉協議会 264
社会福祉法 184, **264**, 480
社会文化アニマシオン **264**
社会文化運動 **265**
社会文化センター **265**
社会保険 557
社会優生学 591
社会リハビリテーション **266**
社会老年学 125, 621
社区学院 266
社区教育 **266**
若衆宿 625
社区総体営造 391
社区大学 391
社全協 252
社団法人 132, **266**
社内教育訓練 89
社内検定認定規定 93
ジャービス, P. 350
自由意志 563
自由意志に基づく自己教育 81, 261
就学困難 528
就学猶予・免除 528
就業制限 **267**
就業体験 27
自由権 209, 329
集合学習 169
集合教育訓練 50
収集方針 312
収集倫理 **267**
自由主義 609
終身学習 391
終身教育・終身学習 416
終身雇用 88, 467
『修身要領』 525
終生教育 391
収蔵資料目録 489
自由大学 281
自由大学運動 **267**, 425, 575
自由大学協会 268
集団学習 169
集団的アイデンティティ 2
集団の思考 498
重点的に推進すべき少子化対策の具体的計画 45
自由な遊び 535
自由入所制 581
修復的司法 58

自由貿易協定（FTA） 470
終末医療 122
終末期医療 3
終末期宣言 234, **268**
終末認識 3
住民 38
住民運動 180, 235, **268**, 369, 401, 472
住民参加 141, 230, 273
住民参加・参画 268
住民参加方式 87
住民自治 102, 178, **269**
修養団 **270**
集落育英活動 **270**
集落公民館 48, 146, 220, **270**
集落（字）公民館 608
集落誌 6
集落支援員 127
自由利用スペース 52
就労請求 618
就労分配 415
受益者負担 104, **270**, 294
シュガーホール 546
宿泊型成人教育 **271**
宿泊型の社会教育施設 291
塾風教育 **271**
熟練 **272**, 617, 620
熟練工 **272**
熟練工論争 272, 400
手工教育 **273**
手工業マイスター 565
主催・共催・後援 **273**
種子交換 476
主事講習 251
主体形成 87, 477
受託研究 199
手段的 ADL（IADL） 39
出席停止 140
出入国管理法 25
ジュニアリーダー／シニアリーダー **274**
主任官 412
主任児童委員 227
ジュネーブ宣言 173, 176
主婦 337
　　——の存在価値 274
　　——の問題 308
主婦意識 274
シュプランガー, E. 538
主婦論争 **274**
種目組織 467
受容 59, **274**
シュルツ, T. W. 104
循環型社会 **275**
純潔教育 340
準公選 102
準公選条例 98, 223
準専門的職種 446
準則訓練 299

情意考課　320
障害　275
障害学　276
生涯学習　286, 419, 435, 606
生涯学習インストラクターバンク　472
生涯学習教育研究センター　276
生涯学習行政　276
生涯学習局　276, 571, 583
生涯学習情報システム　277
生涯学習奨励員　277
生涯学習審議会　251, 278, 280, 414
生涯学習振興整備法　544
生涯学習振興のための施策の推進体制等の整備に関する法律　571
生涯学習振興法　280
生涯学習推進委員　248
生涯学習推進計画　278
生涯学習推進センター　279
生涯学習推進体制　278
生涯学習政策局　583
生涯学習センター　279
生涯学習体系への移行　280, 286
生涯学習体制の整備　206
生涯学習の基盤整備について　276
生涯学習の振興のための施策の推進体制等の整備に関する法律（生涯学習振興（整備）法）　80, 280, 287
生涯学習のまちづくり　53, 279, 405
生涯学習分科会　414
生涯学習法　12, 280
障害基礎年金　119
生涯教育　285, 605
生涯教育訓練　286
生涯教育・生涯学習　281
生涯教育の枠組みにおける継続職業訓練に関する法律　262, 441, 533
生涯教育論　204, 496
生涯継続教育　348
障害児学級　443
障害児の地域活動　442
障害者　284
　――の社会参加　367
障害者インターナショナル　428
障害者運動　284, 428
障害者基本計画　285, 444
障害者基本法　281, 282, 287
障害者（児）教育　282
障害者権利条約　276
障害者雇用促進法　287, 310
障害者雇用率　136
障害者サービス　450, 455
障害者自立支援法　119, 282
障害者自立生活運動　312
障害者スポーツ　283
障害者青年学級　51, 283, 353
障害者に関する世界行動計画　160

障害者の機会均等化に関する基準規則　161
障害者の権利条約　284, 285, 428
障害者の権利宣言　284
障害者の職業リハビリテーションに関する勧告　303
障害者福祉　282
障害者福祉関係の法体系が整備　282
障害者プラン　45, 282, 285
生涯職業訓練　285
生涯スポーツ　5, 286, 470, 613
生涯スポーツコンベンション　287
生涯スポーツ社会　330
生涯大学システム　130
生涯能力開発給付金　590
生涯発達論　287
障害をもつ人の社会参加　287
小学簡易科　518
小学教場　518
上級職業資格　565
状況に埋め込まれた学習　288
少国民文化　231
省察　18, 62, 197, 348, 516
省察的実践家　238
省察的実践者　310, 374, 516
少子化社会対策基本法　215
少子化問題　215
小集団　111
小集団学習　289, 404
小集団活動　196
小集団ディスカッション法　611
少数者の権利宣言　289
少数民族教育　289
常設委員会　383
常設展　290, 444
小先生運動　437
象徴的な他者　392
情緒的知能　157
少年院　290
少年鑑別所　290
少年警察　291
少年事件　77
少年自然の家　61, 291, 343, 345
少年司法　292
少年審判　292
少年団日本連盟　554
少年の翼　291
少年の非行　77, 291
少年の船　291
少年非行　292, 560
少年非行の予防のための国連ガイドライン（リヤドガイドライン）　292
少年法　234, 293, 511, 560
少年法改正　138
少年リーダー　274
乗馬療法　293
消費組合　112
消費者運動　293

消費者基本法　293
消費者教育　294
消費主義　294
消費生活問題　293
情報学　448
情報格差　277
情報弱者　429
情報センター　609
情報や資料へのアクセスの保障　446
情報リテラシー　73, 277
情報リテラシー教育　1
常民　572
剰余価値　617
使用料（無料，減免，免除）　294, 448
条例公民館　136
除架　313
ジョギングブーム　239
食育　304, 335
職員研修　295
職業　295
職業安定所　501
職業安定法　188, 295, 298, 301, 501
職業化　10
職業学科　224
職業学校　430
職業観　96
職業教育　92, 96, 281, 296
職業教育権　297
職業興味検査　303
職業訓練　21, 49, 50, 55, 92, 102, 296, 298, 619
職業訓練校　298
職業訓練指導員　299, 302
職業訓練に関する勧告　298, 299
職業訓練方式　430
職業継続教育　435
職業資格　92, 93, 205, 272, 296, 300, 565
職業指導　297, 301
職業準備教育　297
職業紹介　188, 295, 301
職業生活設計　302
職業選択　96
職業的継続訓練　137
職業転換給付金　188
職業能力開発　96, 296
職業能力開発基本計画　303
職業能力開発施設　135
職業能力開発総合大学校　302
職業能力開発促進法　137, 188, 298, 302, 590
職業能力の開発　201
職業病　303
職業補導　135, 298
職業リハビリテーション　303
職業レディネス　303
職業レディネステスト　303
嘱託職員　304

職人 **304**, 457
職人養成 457
食農教育 **304**
職能別研修 89
職場学習 626
職場研修 295
職場・工場・文庫セマウル運動 365
職場スポーツ **305**
職場青年学級 353
職場体験 310
職場適応援助者 310
職場レクリエーション 370
植物園 **305**, 493
植民地同化政策 436
職務権限の特例 99
職務評価 320
食料安全保障 41
女工 305
女子活動 367
書誌サービス 166
女子青年 **305**
女子青年団 306
女子に対するあらゆる形態の差別の撤廃に関する条約 307
書籍館 445
処女会 **306**
処女会中央部 306
女性会館 530
女性解放運動 202
女性解放論 274
女性学 202, **306**, 308, 360
女性学講座 308
女性教育 529
女性差別 204, 360, 522
女性差別撤廃委員会 307
女性差別撤廃条約 167, **307**, 308, 360, 361, 400
女性施策 **307**
女性センター 191, 307
女性の人権 **307**
女性の当事者性 306
女性への暴力 429
女性問題学習 43, 191, 306, **308**, 309, 398, 523
女性問題は男性問題 400
女性労働問題 **309**
書籍館博物館及教育会 424
所蔵資料 433
職工大学 417
職工養成 296
初等中等教育分科会 414
所得保障 527
ジョブカフェ **309**
ジョブコーチ 310
ジョムスティエン宣言 503
ショーン, D. 61, 238, **310**, 348, 373, 430
シラー, F. C. S. 114

『白樺』 572, 587
自力更生運動 **310**, 475
自立 111
自立演劇運動 **311**
自立共生 59
自立訓練 423
自立支援 81, **311**
自立生活運動 **311**, 437, 506
自立生活センター **312**
自立生活プログラム 311
私立博物館 **312**
資料選択 **312**
資料の更新 313
知る自由 452
知る自由の保障 150
シルバー人材センター 156, **313**
シルバーハラスメント 154
シルマン, R. 592
白色倫理運動 270
素人演劇 352
城戸幡太郎 342
人格 342
人格教育 **313**
人格なき社団 471
新規学校卒業者 598
審議機関 610
新教育 73
シングルステークホルダー 326
新劇界 311
人権委員会 164, 361
人権意識 **314**
人権 NGO **315**
人権オンブズパーソン条例 223
人権教育 163, 263, 276, **315**, 316
人権教育及び人権啓発の推進に関する法律 316, 441
人権教育・啓発推進法 **316**, 319, 512
人権教育・啓発の推進に関する基本計画 439
人権教育・啓発白書 316
人権教育のための国連10年 315, 317
人権教育のための国連10年行動計画 **316**
人権行政 **317**
人権条約 161
人権侵害 317
人権宣言 324
人権としての社会教育 131
人権の促進・保護 164
人権の保障 161
人権博物館 **317**
人権文化 **317**, 441
人権文化センター **318**
人権保護 161
人権保障の視点 153
人権問題 317
人権擁護行政 317
人権擁護施策推進法 **319**

人権擁護法案 319
人権論的市民的公共性 253
人口教育 **319**
新興教育運動 567
新高齢者保健福祉推進十か年戦略 157
新ゴールドプラン 157
人材開発 **320**
人材確保法 495
人材銀行 501
人材派遣 495
人材養成 374
人事異動 531
人事考課 **320**, 580
人事訴訟 **320**
人事訴訟事件 77
新市町建設促進法 222
新自由主義 197, **320**, 523
新自由主義的教育改革 105
新自由主義的「公共性」 253
新自由主義的政策 255
人種差別主義 612
人種差別撤廃条約 **321**, 341
人種主義 612
新障害者プラン 285
心身障害学級 444
心神喪失等の状態で重大な他害行為を行った者の医療及び観察等に関する法律 138
親性 171
新生活運動 **321**, 337
新生活運動（沖縄） **322**
新生活国民運動 321
人生行路 602
新政社 392
人生第三期 **322**
人生第三期の大学 322
『人生の創造』 208
新性別役割分業 360
新全国総合開発計画 368
身体拘束ゼロ運動 154
身体障害者福祉法 433
身体的虐待 94
新体力テスト実施要項 332
人的資本 104
人的資本論 361
人的能力開発 481
新日本スポーツ連盟 **322**
新日本婦人同盟 469
新入社員教育 89
新婦人協会 469
新聞 449
新方向 462, 546
進歩主義教育協会 626
親密圏 **323**
新民会 509
人民の家（カーサ・デル・ポポロ） 33, **323**

和文索引

人民文化宮・人民文化館 417
信用組合 112, 474
新予防給付 56
心理的虐待 94
進路指導 57

ス

水族館 **324**, 493
水中エクササイズ 5
水平社 532
水平社宣言 58, **324**, 512
スウェーデンの成人教育・生涯学習 **325**
図画工作 273
杉並公民館 128, 586
スクールセクシュアルハラスメント 364
鈴木健次郎 **325**
鈴木道太 **325**
鈴木みどり 579
スタッフ集団 **326**
スタディクラブ 13
スタディサークル **326**
スタディツーリズム 119
スタンプス, J. 473
ステークホルダー 203, **326**, 488
ステレオタイプ 553
ストックホルム会議 83, 220
ストレスコーピング **327**
すべての移住労働者及びその家族構成員の権利保護に関する国際条約 18
すべての移住労働者とその家族の権利保護に関する条約 193
すべての世代のための社会を目ざして 160
すべての人々のための情報計画 594
すべての者の教育と学習のための学校図書館 595
スポーツ運動 323
スポーツ外傷・障害 **327**
スポーツカウンシル **327**
スポーツ関係団体 243
スポーツ基本法 **327**
スポーツ基本法要綱案 328
スポーツ教室 **328**
スポーツ教室からクラブづくりへ 328
スポーツクラブ 117, 118, **328**, 330, 568
スポーツ権 322, **329**, 560, 596, 601
スポーツ産業 **329**, 333, 599
スポーツ産業研究会 333
スポーツ施設 259, 334
スポーツ指導者の知識・技能審査事業 613
スポーツ指導者の知識・技能審査事業の認定に関する規程 260

スポーツ種目 283
スポーツ少年団 **330**
スポーツ振興基本計画 **330**, 332, 375
スポーツ振興審議会 **331**
スポーツ振興投票の実施などに関する法律 328
スポーツ振興法 259, 330, **331**, 381
スポーツ政策 381
スポーツ・青少年分科会 414, 560
スポーツセンター **332**
スポーツ組織 328
スポーツテスト **332**
スポーツナショナリズム **332**
スポーツの公共性 329
スポーツは万人の権利 329
スポーツビジョン21 330, **333**
スポーツフェライン 329, **333**
スポーツフォーオール 286, 329, **333**, 458, 560
スポーツ・文化に関する事務 255
スポーツボランティア **334**
スポーツ要求 **334**
スミソニアン博物館 486
すみだ学級 283
隅田川市民サミット 237
すみだ教室 353
スロイド 273
スローフード運動 304, **335**

セ

成員の相互作用 68
正課教育の開放 383
成果主義 580, 618
生活改善運動 322, **335**
生活科学協会 591
生活学習 **336**
生活課題 321, **336**, 338
生活学校 **337**
生活環境改善 441
生活環境主義 **337**
生活・環境博物館 38
生活関連動作（APDL） 39
生活技能訓練 38
生活教育 567
生活協同組合（生協） 112, **337**
生活記録運動 195, **338**, 339
生活記録学習 241, 338
生活圏 **338**
生活言語 561
生活史 233
生活誌 570
生活史学習 233, **338**
生活指導 56
生活習慣病 553
生活習慣病予防 127
生活集団 598
生活世界の植民地化 499
生活体験学習 **339**

生活体験学校 386, 423
生活綴り方運動 233, 336, **339**
　おとなの── 338
生活綴り方教育 326
生活の質 97, 122
生活の文化化 **339**
生活破壊 133, 134
生活文化（運動） **339**
生活保全 337
正規職員化 304
青丘社 **340**
生協 337
性教育 35, **340**, 617
世系に基づく差別 **341**
清家正 400
政策提言活動 **341**
性差別 363
性差別構造の解明 306
性差別克服 399
生産学校 **341**
生産教育思想 232
生産教育論 **341**
生産性 498
政治学習 355
政治教育 226
政治的に正しい表現 198
成熟 **342**
成熟した成人 346
青少年委員 **343**
青少年育成 591
青少年育成国民会議 **343**
青少年育成推進本部 345
青少年演劇研究会 352
青少年及び成人の学習活動に係る知識・技能審査事業の認定に関する規則 93
青少年教育 218, 281
青少年教育施設 **343**, 345, 358
青少年健全育成 **344**
青少年健全育成条例 344
青少年自然の家 291
青少年指導者講習会 600
青少年赤十字 415
青少年センター **345**
青少年読書感想文コンクール 366
青少年の健全育成と非行防止対策 343
青少年の参画 70
青少年の社会参加 177
青少年の奉仕体験活動 **345**
青少年白書 **345**
『青少年福祉』 481
青少年問題 344, 345
生殖性 351
成人親同居未婚者 500
成人学習者 **346**
成人学習理論 578
成人学生 258, **346**

和文索引

成人学校　559
成人期　348
成人期以降の発達　287
成人基礎教育　**347**
成人教育　39, 226, 281, 350, 435
　　──における南北の相互交流　**349**
　　──のイデオロギー　**350**
　　──の制度化　**350**
成人教育委員会　366
成人教育 NGO　**348**
成人教育学　14, 204
成人教育規定　363
成人教育協議会　49
成人教育者　**349**, 458
成人教育・成人学習　**348**
成人教育センター　**349**
『成人教育の意味』　611
『成人教育の現代的実践』　481
成人教育の発展に関する勧告　350, 627
成人教育部　383
成人教育法　**351**
精神教化運動　310
成人訓練　286
成人・継続教育部　383
成人高等教育　**351**
成人コミュニティ継続教育局　50
成人性　**351**
成人多文化教育サービス　50
成人の学習に関するハンブルク宣言　504
成人のための教育　**352**
精神薄弱児育成会　431
精神保健および精神障害者福祉に関する法律　428
生成語　206
成績考課　320
生前発効遺言　268
生存権　229
生存権保障の遵守　264
性的いやがらせ　363
性的虐待　94, 227
性的指向　363
正統的周辺参加　288
「正統的周辺参加」論　30
制度設計　247
青年演劇　**352**
青年会館　**352**, 355
青年会議所　**352**
『青年歌集』　31
青年学級　69, **353**, 608
青年学級主事　353
青年学級振興法　116, **353**
青年学校　**354**, 356
青年学校制度　224
青年館　**354**
青年期　**354**
青年議会　**355**

青年期教育　354
青年期教育の二重構造　224
青年技能者技能競技大会　92
青年教育　338, 396
青年教室　353
青年クラブ　216
青年倶楽部　**355**
青年訓練所　354, **356**, 509
青年訓練所令　224
成年後見制度　9, 154
青年サークル　69
青年集会所　344
青年宿泊所　343
青年・成人識字教育運動　419
青年セミナー　353
青年大会　**356**
青年団（青年会）　321, 325, 344, **357**, 359, 434, 476, 625
　　──の父　392
　　──の母　588
青年団活動　352, 355
青年団講習所　240
青年団自主化運動　**357**
青年団指導者　240, 392
青年団事務所　355
青年と文化の家　**358**, 533
青年の家　343, 345, 354, **358**
青年の父　588
青年の船　291, **359**
青年問題研究集会　116, **359**
青年ユニオン　618
青年リーダー　352
性の商品化　340
聖ビルダ養老院　616
政府刊行物　449
生物生息空間　507
生物相条約　218
生物多様性　335
生物多様性条約　219
政府の失敗　40, 197
性別による不公正　522
性別役割分業　147, 308, 309, **360**, 522
性別役割分業意識　42, 360
性役割規範への批判　400
世界遺産　**360**
世界遺産条約　537
世界教育フォーラム　503
世界銀行　**360**
世界女性会議　46, 307, **361**, 552
世界人権会議　30
世界人権宣言　297, 298, **361**, 541
世界成人教育協会　98
世界青年会議　**362**
世界青年の船　359
世界的人権条約　161
世界図書館連盟　595
世界の中の日本人　163

世界の文化遺産及び自然遺産の保護に関する条約　360
世界保健機関　13, 370, 394, 552
世界保全戦略　219
世界民主青年連盟　362
関鑑子　31
関口泰　362
責任団体　362
責任団体制度　**362**
セクシズム　34
セクシュアリティ　**363**
セクシュアルハラスメント　**363**, 507
セクシュアルマイノリティ　363
セクシュアルライツ　363
セクションイレブン教員　15
世代　197
世田谷区老人大学　615
接客サービス　91
積極的改善措置　10
設計業務　247
絶対的知識　410
絶対的貧困　518
設置基準　247
説明責任　5
セツルメント　173, **364**, 567, 575
セツルメント運動　187
セーフティネット　214
セマウル運動（韓国）　86, **365**, 566
セミリンガル　561
セルフアドボカシー　9
セルフエスティーム　314, **365**
セルフヘルプ活動　506
セルフヘルプグループ（SHG）　**366**
セルベロ, R. M.　65
セン, A.　127
センゲ　64
全国 PTA 問題研究会（全 P 研）　**369**
全国学校図書館協議会　73, 74, **366**
全国喫茶コーナー交流会　91
全国勤労青少年会館　116
全国健康福祉祭　473
全国公民館連合会（全公連）　142, 220, **367**
全国子ども劇場おやこ劇場連絡会　174, 540
全国子どもプラン　**367**
全国視覚教育指導者講習会　461
全国視覚障害者情報提供施設協会　433
全国識字教育計画　535
全国社会文化センター連盟　265
全国障害者技能競技大会　10
全国障害者スポーツ大会　**367**, 500, 590
全国障害者問題研究会　496
全国消費者団体連絡会　293
全国女子青年集会　**367**

和文索引

全国自立生活センター協議会　311, 312
全国人権教育研究協議会（全人教）　263, **368**
全国成人継続教育連盟　349
全国成人・生涯継続教育協会　348
全国青年大会　356
全国総合開発計画（全総）　**368**, 377, 401
全国地域婦人団体連絡協議会　529
全国同和教育研究協議会　263
全国担い手育成総合支援協議会　474
全国農業会　369
全国農業青年会議　474
全国農事会　**369**, 389
全国レクリエーション大会　**369**
潜在能力　127
潜在能力アプローチ　497
全児童対策　554
全児童対策事業　66
専修学校高等課程　90
専修学校制度　65
先住民族　3, **370**
先進国　349
全人的な健康　**370**
戦争遺産　537
戦争資料館　516, 550
戦争体験　549
戦争と社会教育（沖縄）　**371**
全村学校　**371**, 587
選択議定書　167
センテナリアン　**372**
全日本社会教育連合会　105, 242, **372**
全日本無産者芸術連盟（通称ナップ）　536
先任権制度　**372**
全米ケア研究会議　122
全米芸術基金　9
選別主義　528
専門家　437
専門家集団　60
専門学校　394
専門学校・専修学校　**373**
専門課程　598
専門技術員　524
専門職　**373**
専門職員　295
専門職業人養成　**374**
専門職大学院　**374**
専門性不要論　87
専門的機能を有した文化施設　547
専門的教育職員　101
専門図書館　446
専門農協　474
専門別研修　89
占領期　73

ソ

相互依存関係　111
総合型地域スポーツクラブ　117, 330, **375**
総合型地域スポーツクラブの全国展開　330
総合学科　397
総合協同組合　155
総合社会教育　**376**
総合的な学習の時間　**376**, 526
総合的な図書館奉仕　74
総合農協　474
総合博物館　113
総合法律支援法　558
総合保養地域整備法　280
総合保養地域整備法（リゾート法）　**376**
相互教育　**377**
相互行為　498
相互主観（主体）性　378
相互承認・相互主体性　**377**
相互性　2
相互貸借　446
相互扶助　366, 589
創造性　**378**
創造的人格特性　378
創造の能力　378
想像力　212, 570
想像力・空想力　520
相対的貧困　518
壮丁準備教育　224, 356
総動員政策　436
双方向コミュニケーション　25, 44
掃盲教育　510
総力戦　371
疎外　45, 193, 538
ソクラテス計画　43, **378**
祖国復帰運動　11, 48
祖国復帰運動（沖縄）　**378**
ソーシャルキャピタル（ソシアルキャピタル）　**379**, 497
組織的教育過程　348
組織内記録　4
ソーシャルインクルージョン　214
ソーシャルガバナンス　498
ソーシャルサービス　**379**
ソーシャルサポート　**379**, 408
ソーシャルスキル　327
ソーシャルデザイン　594
ソーシャルネットワーク　379
ソーシャルワーカー　380
ソーシャルワーク　**380**, 593
素資料　488
ソチエタ・ウマニタリア（伊）　**380**
措置行政　408
卒業生指導講習　509
卒業生指導施設　508

ソフトツーリズム　119
ソーレンセン　535
ソロー, H. D.　114
尊厳死　122
存在価値　577
存在のかけがえのなさ　323
ソンダース, D. C.　562
村落共同体　404

タ

体育運動の生活化　259
体育指導委員　**381**
体育・スポーツ国際憲章　190, 329, 331
「体育・スポーツの普及振興に関する基本方策について」　331, 334, **381**, 560
体育的国民総動員　578
対外試合　66
対価（代償）型　364
大学改革　259
大学開放　133, 276, **382**, 383, 419
大学拡張　133, 382
大学拡張運動　15, 37, 237, 348, **384**, 619
大学拡張部　384
大学教育の改革　419
大学構外教育部　134, **383**
大学公開講座　**383**
大学コンソーシアム　**383**
大学審議会　258
大学成人教育　69, **384**
大学セツルメント　**384**, 563
大学図書館情報システム　**385**
大学図書館の公開　**385**
大学と地域社会のパートナーシップ　382
大学における生涯学習機会の提供　51
大学の社会貢献　382
大学発ベンチャー　384
大学評価・学位授与機構　397
大学分科会　414
体験学習　**385**
体験活動　291
体験活動支援　291
体験交流スタディズ　415
体験的参加型学習　200
体験的な活動や参加体験型の授業形態　376
対抗性　197
第三期の教育　155
第三期の大学（U3A）　154, **386**
第三次全国総合開発計画　368
第三世界の識字教育　535
第三世界の成人の識字　**386**
第三セクター　507
第三世代の人権　**387**
第三世代博物館論　22

大衆消費社会 294
大衆操作 17
大衆の文化的生活への参加および寄与を促進する勧告 544
大衆文化 231, **387**
大正教養主義 114
退職準備教育（プログラム） **388**
対人サービス 379
大政翼賛運動 258
体操 603
第2言語習得 15
第2言語としての英語 15
第二言語としての日本語 465
第2次臨時行政調査会 90
第2の教育の道 **388**
第2波フェミニズム 205
第2波フェミニズム運動 32
大日本学徒隊 388
大日本教育会 98
大日本教化報国会 372
大日本幻燈教育会 221
大日本少年団連盟 388
大日本青少年団 173, **388**
大日本青年団 325, 388
大日本体育協会 115, 467
大日本農会 **389**
大日本婦人会 529
大日本武徳会 **389**
大日本報徳社 258
大日本連合女子青年団 306, 388
第2臨時行政調査会 109
体力章検定 **389**
体力・スポーツに関する世論調査 **389**
体力つくり国民会議（体力つくり国民運動） **390**
体力問題 332
対話 16, 59, **390**
台湾の社会教育 **390**
台湾文化協会 391
タウンゼント, P. 518
ダカール行動の枠組み **391**, 594
託児つき講座 147
ターゲットグループ 580
多言語教育 **392**
多言語主義 392
多元主義 545
多元的な福祉活動 528
田澤義鋪 240, **392**
他者 **392**
　　——との共同関係 208
多重知性 **393**
正しい理解と診断 422
橘覚勝 **393**
「脱学校化社会」論 26
脱施設 **393**
脱文脈化 432
ターナー, T. 39

棚橋源太郎 113, **394**
ダブル **394**
ダブルスクール **394**
ダブルスクール族現象 394
多文化教育 **394**
多文化共生 109, 193, **395**
多文化共生社会 340
多文化社会 55
多文化主義 191
多文化・多民族共生 10, **395**
多文化理解 32
多摩アカデミックコンソーシアム 448
たまりば 195, 202, 323, **396**
多民族共生 32, 109
多目的（多機能）施設 **397**
多様性 545
ダリンスキー, A. B. 622
ダール・アル・モナサバート 20
ダン, H. L. 30
単位空間 144
単位互換 384
単位制 581
単位制高校 **397**, 427
単位制高等学校教育規程 397
単位累積加算制度 **397**
短時間労働者の雇用管理の改善等に関する法律（略称；パートタイム労働法） 88
男女共同参画 **398**
男女共同参画計画 399
男女共同参画施策 307
男女共同参画社会基本法 308, 398, 399
男女共同参画センター 191, **398**
男女雇用機会均等法 308, **399**, 617
男女平等教育 **399**
男女平等政策 307
男性学講座 399, **400**
男性の結婚難 499
単能工 **400**

チ

地域運営学校 514
地域改善啓発センター 440
地域改善対策協議会 319
地域改善対策特別措置法 440
地域開発政策 **401**
地域開放 73
地域学 **401**
地域格差 68
地域学習拠点 **402**
地域課題 143, 146, 147, 336, 376, **402**, 421, 521
地域活動 357
　　——としての居場所づくり 23
地域からの教育改革 403
地域教育会議 **403**

地域教育計画 **404**
地域教育計画論 31
地域教育支援ボランティア 101
地域教育力再生プラン 407
地域協議会 222
地域協同 405
地域共同体 **404**
地域交換システム 411
地域公民館活動 144
地域（教育）コーディネーター **405**
地域子ども会 105, 326
地域子ども教室推進事業 23, 61
地域子ども文庫 175
地域コミュニティ 38, 214
　　——の再編成 153
地域再生 434
地域史 6
地域志向型博物館 407
地域自治区 222
地域社会 182
地域社会開発 187
地域社会型博物館 407
地域社会学校 185
地域社会教育計画立案権 256
地域住民組織 148
地域生涯学習振興基本構想 280
地域生涯教育計画 401
地域生涯教育センター 21
地域審議会 222
地域スポーツ 328, 375, 381
地域スポーツ活動 328
地域スポーツクラブ連合育成事業 118
地域政策 182, **405**
地域センター型施設 236, 265, 545
地域総合開発計画 401
地域組織 467
地域通貨 37, 185
地域づくり 143, 182, 221, 376, **405**, 409, 477, 521, 537, 589
地域づくり学習 251
地域づくり教育 460
地域的人権条約 161
地域で子どもを育てよう緊急三ヶ年戦略 367
地域に根ざす教育 406
地域日本語教育 465
地域の教育力 **406**
地域の自然 217
地域のまちづくり委員会 143
地域博物館 **407**
地域博物館論 22
地域福祉 157, 184, 187, 282, **407**, 527, 557
地域福祉事業 264
地域婦人会 529
地域文化 **408**, 546
地域文化運動 540

地域文化継承　434
地域文化振興　408
地域文庫　180
地域平生教育体制　548
地域まるごと博物館　38
地域レクリエーション　370
知恵　157
地球温暖化　**409**
地球サミット（国連環境開発会議／1992年）　6, 219, **409**, 605
地球市民　236
地球市民教育　**409**
地区福祉ひろば　527
地産地消　304, 336, 338
知識　**410**
知識基盤型社会　348
知識構築　**411**
知識社会　410
知識人―大衆の弁証法　118
知識の相互交換ネットワーク（仏）　**411**
知的財産権　421
知的資源　385
知的自由　447
知的障害　51
知的障害者　515
知的創造サイクル　199
知の協働　51
地方改良運動　81, 221, 406, **411**, 521, 556
地方教育行政法（地方教育行政の組織及び運営に関する法律）　98, 141, 246, **412**
地方教育費　246
地方行政資料　448
地方交付税　**412**
地方財政危機　246
地方財政調整制度　412
地方参政権　427
地方自治原則　222
地方自治の本旨　269
地方自治法　225
地方社会教育職員制　412
地方独立行政法人　**413**, 445
地方分権　110, **413**
地方分権一括法　354
チャータースクール　413
チャリティ　521
中央環境審議会答申（1999年）　**414**
中央教育審議会　75, 278, **414**
中央教育審議会答申「生涯教育について」　64
中央教化団体連合会　372
中央慈善協会　81
中央社会福祉協議会　264
中央職業訓練所　299, 302
中央青少年団体連絡協議会　362, **415**
中央青少年問題協議会　345

中央図書館制度　456, 530
中華人民共和国教育法　415
中学校夜間学級　585
中華文化復興運動　391
中華平民教育促進会　549
中間集団　**416**
中間的社団法人　266
中堅人物　475
中国帰国者　192
中国教育法　206
中国共産党中央委員会教育改革に関する決定　415
中国高等教育システム　351
中国高等教育法　206, 604
中国の成人教育・生涯学習　**416**
中国の文化施設・社会教育施設　**417**
中国民権保障同盟　191
『中小都市における公共図書館の運営』　180, 228, **418**, 450, 452
中小レポート　418, 455
中南米の成人学習　**418**
昼夜開講制　419
チューター　26, **420**
チュートリアルクラス　16, 37, 384, **420**
長期安定雇用　88
長期雇用　467
長期宿泊カレッジ　**420**, 604
超高齢社会　153
調査学習　521
調査研究　5
長寿社会文化協会　158
朝鮮総督府　86
町村合併促進法　222
町内会・自治会　173, **421**
町内公民館　220, 270, 421
直接サービス　613
直接資料　489
直接体験　385
勅令主義　244
勅令主義方式　582
著作権　**421**
著作権制度　138
著作権法　138
著作人格権　421
著作物　421
著作隣接権　422
「直観教授」法　394
治療教育　**422**
治療の技術　422
チルドレンズミュージアム　180, 502
賃金　618
賃金不払い残業　197
『沈黙の春』　84

ツ

追加言語としての英語　15
通学合宿　291, 339, **423**

通学区・通学区制　70
通勤寮　**423**
通所介護　426
通所リハビリテーション　426
通信教育　89, 209, 261, **424**
通信制教育課程　426
通信制大学教育プログラム　424
通俗教育　86, **424**, 507, 531, 582
通俗教育研究会　508
通俗教育談話会　425
通俗教育調査委員会　**425**
通俗大学会　231
土田杏村　207, 267, **425**
『綴方新教授法』　231
つながりへのニーズ　155
坪内逍遙　45
鶴田総一郎　129
ツルネンフェライン　333

テ

定期講座　69
デイケア　**426**
帝国　121
帝国教育会　98
帝国少年団協会　388
帝国図書館　166
デイサービス　426
定時制・通信制高校　**426**
定住外国人の参政権　**427**
定住圏構想　338
ディスプレイ　431
ディーセントワーク　**427**
低能児教育調査会　103
ディルタイ, W.　481, 538
適職選択権　297
デーケン, A.　118
テサロニキ会議　83, 220
デジタルデバイド　277
手島精一　221
デタッチトワーク　592
手で見る博物館　**429**
出前講座　3, 383, **430**
出前事業　37
デモクラシーの教育的原理　104
デュアルシステム　**430**, 565
デューイ, J.　111, 200, **430**, 534, 581
デューイ, M.　548
デュマズディエ, J.　598
寺子屋大学　79
テーラーシステム　193, 617
寺中構想　431, 445
寺中作雄　140, 220, 325, **431**
手をつなぐ育成会　9, **431**
転業補導所　135
展示（ディスプレイ）　431
展示解説（ギャラリートーク）　**432**
展示空間　488
電子資料　449

和文索引

点字図書館 **433**
電子図書館 **433**
展示物の入れ替え 290
転職訓練 598
伝統芸能 **434**
伝統的慣行・習俗 572
伝統的教育 125
天幕講習会 392

ト

ドイツスポーツ連盟 189
ドイツの生涯学習（成人教育・継続教育） **435**
トインビーホール 364, 384, 420
ドヴァリーン, H. 38
動員 **436**
同化教育 391
同化主義 466, 545
同化政策 **436**
東京都高齢者事業団 313
東京都美術館 95
東京農学校 389
東京文化会館 546
道具的学習 578
道具的知識 458
統合 27
統合教育 28, **436**
陶行知 416, **437**
東西の文化価値の相互理解重要事業計画 594
当事者グループ 366
当事者主体 366, **437**
当事者の主体性の尊重 480
同職組合 **437**, 533
『同職組合の書』 437
答申・建議 **438**
到達目標 516
統治 497
道徳意識 314
道徳的徳目 314
動物園 **438**, 493
棟梁 52
トゥルーズ 386
登録博物館 151, **438**, 484, 489, 493
同和教育 263, 315, 368, **439**
同和行政 317
同和対策 **439**
同和対策事業 439
同和対策審議会 317
同和対策審議会答申 **440**, 512
同和地区 511
同和問題 **441**, 532
独学・独学者 **441**
特殊学級 283
特殊学校 **442**
特殊教育 103
読書 **442**
——のアニマシオン 265

読書運動 442
読書活動 180
読書活動推進 178
読書権 **443**, 450
読書施設 451
読書指導 530
読書週間 74, 442
読書する権利 443
特性教育論 400
特定公益増進法人 470
特定地域総合開発計画 401
特定の者 294
特定非営利活動促進法 41, 235
特定非営利活動促進法（NPO法） **443**
特定非営利活動法人 348
特別学級 **443**
特別交付税 412
特別支援学級 444
特別支援教育 26, 107, 442, **444**
特別支援教育コーディネーター 444
特別展（企画展） **444**
特別養護老人ホーム 616
読報社 391
匿名空間 208
独立行政法人 **444**
——への市場化テスト導入 166
独立行政法人化 166
独立行政法人制度 493
特例子会社制度 556
戸坂潤 114
都市型公民館 202, **445**
都市型青年学級 69
都市型青年施設 354
都市計画法 271
都市セマウル運動 365
図書館 100, 246, **445**
——の基準 451
——の権利宣言 36, 149
——の自由 448, **452**
——の自由に関する宣言 149, 312, 447, 452, 468
——の抵抗線 452
——の無料制 453
図書館員の専門性 446
図書館員の問題調査研究委員会 215, 446, 447
図書館員の倫理綱領 149, **447**, 468
図書館学 448
図書館側の障害 455
図書館記念日 454
図書館機能の開放 73
図書館協議会 100, **447**, 448, 451
図書館コンソーシアム **448**
図書館サービス 149, 228, 239, 450, 451, 589, 609
図書館事業基本法案問題 150
図書館事業基本法要綱（案） 150

図書館指導体制 456
図書館社会教育調査報告 530
図書館情報学 **448**
図書館条例 **448**
図書館資料 446, **448**
図書館政策 **449**
——の課題と対策 449, 452
図書館設置条例 448
図書館づくり運動 180, 239, **450**
図書館同種施設 451
図書館友の会 451
図書館ネットワーク 451
図書館法 212, 254, **454**, 492
図書館奉仕 149, 454
図書館ボランティア 454
図書館問題研究会（図問研） **455**
図書館利用教育ガイドライン 609
図書館利用記録の秘密性 446
図書館利用に障害のある人々へのサービス **455**
図書館令 454, **456**, 492, 530
図書室活動 144
図書封印事件 452
都市緑地保全法 233
土地下附大学 **456**
特権 **456**
鳥取県倉吉市 220
徒弟制度 304, 430, **457**
徒弟の禁止 617
都道府県障害者基本計画の策定 282
都道府県総合開発計画 401
ドナヒュー, W. 154
トーニー, R. H. 420, 620
戸畑区（北九州市）公害学習 **457**
トビリシ会議 83, 220
ドーピング **457**
ドミナントストーリー 462
留岡幸助 82
ドメスティックバイオレンス 77
ともに生きることを学ぶ 459
友の会 486, 490
とらいやるウィーク 386
トリム運動 **458**
ドレイファスの技能習得モデル **458**
トレーナー **458**
トロウ, M. 503
ドロール, J. **458**
トンプキンス, J. 13
トンボ池ビオトープ 507

ナ

ナイ, J. S. 121
内閣同和対策審議会答申 532
内閣府大臣官房政府広報室 389
内国勧業博覧会 476, 494
ナイチンゲール, F. 85
内発的発展論 **460**
内面化された抑圧 **460**

ナイロビ 350, 596
中田邦造 456, **461**, 530
名古屋サークル連絡協議会 338
ナショナリズム 332, 483
ナショナルトラスト **461**
ナッシュ, R. F. 507
ナトコ映画 **461**
ナトルプ, P. G. 261, **462**
『怠ける権利』 598
ナラティブアプローチ **462**
ナレッジマネジメント 410
軟式野球 117
南原繁 114
南北の相互交流 350
難民条約 **463**
難民の地位に関する条約 463

ニ

ニィリエ, B. 480
2次情報 433
二次資料 489
西多摩プラン 404
21世紀の大学像と今後の改革方針について 374
ニーチェ, F. 546
日常生活活動 153
日常生活圏域における体育・スポーツ施設の整備基準 259
日常生活の形態に近い体験学習 423
日琉同祖論 24
日教組教育研究集会 569
ニート 355, **463**
新渡戸稲造 114
二宮尊徳 556
日本BBS連盟 110
日本PTA全国協議会 **468**
二本足で歩く 622
「二本足で歩く」制度 **464**
日本ウエルネス協会 30
日本親子読書センター 53, 180
日本型福祉社会 526
日本教育学会 466
日本教育社会学会 466
日本ゲートボール連合 126
日本厚生運動連合 369
日本厚生協会 470
日本更生保護女性連盟 110
日本弘道会 258
日本公民館学会 **464**
日本語教育 **464**, 509
日本語教室 **465**
日本国憲法 454, 617, 618
日本国民高等学校 166
日本子どもNPOセンター 172
日本子どもの本研究会 180
日本子どもを守る会 228, 569
日本語ボランティア 465, **466**

日本語ボランティアネットワーク 466
「日本史史料センター」構想 129
日本自然保護協会 219
日本司法支援センター 558
日本社会教育学会（JSSACE） 131, **466**
日本十進分類法 468, 548
日本障害者協議会 160
日本障害者スポーツ協会 **466**
日本女子補導団 80
日本人単一民族論 483
日本スポーツクラブ協会 328
日本青年館 352, 354
日本青年団協議会 69, 111, 116, 128, 353, 356, 357, 359, 367, 415
日本体育協会 115, 260, 330, 331, **467**
日本的経営 88
日本的雇用慣行 **467**
日本図書館協会（日図協） 150, 450, **467**
日本軟式野球協会 117
日本博物館協会 **468**
日本版デュアルシステム 430, 598
日本標準職業分類 295, 564
日本婦人有権者同盟 **469**
日本武道館 **469**, 531
日本武道協議会 531
日本文化学院 425
日本文化中央聯盟 371
日本文化への同化 436
日本文芸家協会 138
日本弁護士連合会 585
日本民芸館 572, 587
日本盲人図書館 433
日本目録規則 580
日本ユースホステル協会 592
日本ユネスコ協会連盟 **594**
日本ユネスコ国内委員会 594
日本ライトハウス 433
日本レクリエーション協会 370, **469**
日本労働者協同組合連合会 620
入場税撤廃運動 175
乳幼児学級 76
ニューカマー 191, 192, 395, 470, 561
ニュースポーツ **470**
ニューパブリックマネジメント 515
ニューメディア 8, **470**, 608
ニューレーバー 124
ニール, A. S. 534
任意団体 470
人形劇カーニバル飯田 **471**, 538
人間開発指標 83
人間環境宣言 84
人間形成 241
人間形成力 406
人間主義心理学 566
「人間的な尊厳をもった」労働 427

人間の解放 59
人間発達 320
認識変容学習 348
認知概念 471
認知症 **471**
認知心理学 137
認定職業訓練 299, 302
任命制 98
任用資格 249

ヌ

沼津・三島コンビナート反対運動 134, **472**

ネ

ネイチャーゲーム **472**
ネイチャートレイル 27
ネガティブリスト化 296
ネグレクト 94
ネットいじめ 18
ネットワーキング 225
ネットワーク **472**
ネームプレート 95, 499
ネルソン, J. M. 141
年金 156
年金制度 139
年功序列制 320, 373
年功賃金 467
年功的賃金・昇進制度 88
ねんりんピック **473**
年齢差別 34

ノ

農業改良普及事業 477
農業改良普及助長法 335
農業学校 477
農業技術普及運動 37
農業教育 475, 477, 600
農業協同組合 112, 201, **474**
農業近代化 232
農業後継者青年 474
農業コーポラティズム 159
農業補習学校 **474**, 508
農山漁村経済更正運動 271, 335, 406
農山漁村経済更生運動 371, **475**
農山漁村経済更生計画 310
農山漁村の女性に関する中長期ビジョン 476
農産物販売組合 112, 474
農事改良 310, 369
農事講習会 **475**
農事試験場 **475**, 621
農事実行組合 475
農事巡回指導 476
農村歌舞伎 **476**
農村休暇法 119
農村救済運動 475
農村教育 477

和文索引

農村協同組合　474
農村計画　587
農村自治　587
『農村自治の研究』　587
農村女性起業　476
農村青少年クラブ　601
農村セマウル運動　365
農村に於ける塾風教育　271
農村復興運動　138
農村文化講習会　371
農談会　389, 476
能動的な余暇　598
農のあるまちづくり　**477**
納付金　556
納本　166
農本主義　371, 587
納本制度　**477**
農民教育　**477**
農民芸術　**477**
農民工（出稼ぎ農村労働者）の技能訓練　**478**
農民大学運動　64, 125, **478**
農民道　587
農民道場　271
農民版画　478
農民美術運動　477
農民美術研究所　588
能力　**479**
『能力開発基本調査』　209
能力開発事業　189
能力形成　48, 50
能力検定　300
能力再開発訓練　286
能力査定（昇任試験）　215
能力主義　479, 581
能力主義的競争管理　88
能力障害　161
能力に応じて　106
能力評価　320
ノーサポートノーコントロール　243, **479**
ノーザンカレッジ　16
野宿者　562
ノディングズ, N.　122
ノーマライゼーション　27, 119, 282, 287, **479**, 500
ノーマライゼーション7ヵ年戦略　285
ノーマルな社会　480
『のらのら』　304
乗杉嘉壽　103, 104, 107, 242, **480**, 531, 574
ノルウェー・スポーツ連盟　458
ノールズ, M. S.　14, 62, 65, 123, 139, 210, 346, 348, **481**
ノール, H.　**481**
ノンクレジットコース　12, 183
ノンフォーマル教育　28, **482**, 573

ハ

バイアス　504, 553
灰色文献　449
バイオエシックス（生命倫理学）　234
排外主義　483
配偶者からの暴力の防止及び被害者の保護に関する法律　428
配偶者からの暴力の防止及び保護に関する法律　429
配偶者暴力相談支援センター　429
パイデイアー（教養）　114
ハイデッガー, M.　552
ハイランダーフォークスクール（ハイランダー研究教育センター）　**483**, 575
バイリンガル教育　419, 575
バーガー, P.　137
博学連携　570
ハーグ条約　537
白人優位主義　612
朴正煕　365
博物館　100, 150, 166, 246, 312, 431, 438, **483**, 612
　——の顔　432
　——の記念碑的性格　491
　——の基本方針　491
　——の政治性　491
　——のもつ経営資源　487
博物館運営　60
博物館学　41
博物館活動　485
博物館環境　484, 488
博物館基準　492
博物館機能　485
博物館教育　486
博物館協議会　100, **487**
博物館経営　**487**
『博物館研究』　468
博物館建築　488
博物館コミュニティ　490
博物館事業促進会　394, 468
博物館資料　431, 486, **488**
博物館総合調査報告書　468
博物館相当施設　151, 166, 438, 484, **489**, 493
博物館体験　490
博物館友の会（メンバーシップ）　490
博物館の設置及び運営上の望ましい基準　494
『博物館の望ましい姿』　492
博物館の倫理規定　267
博物館評価　**492**
博物館疲労　484
博物館法　254, 432, 468, 484, 486, **492**
博物館ボランティア　486
博物館類似施設　151, 438, **493**
博物館令　492

博物館をあらゆる人に解放する最も有効な方法に関する勧告　**493**
ハーグ平和アピール市民社会会議　551
バークベック, G.　578
バークベックカレッジ　578
博覧会　**494**
バークレイ報告　186
派遣社会教育主事　**495**
派遣職員　447
派遣労働者　**495**
バスケットボール　28
パースペクティブ変容　578
バーゾール, W. F.　446
パターナリズム　**496**
波多野完治　**496**
働く親のための学級　76
バーチャル U3A　386
バーチャルユニバーシティ　25, 44
バッジシステム　554
発達　34, 342
発達段階論　354
「発達」の視点　127
発達保障　**496**
発達論　287
ハッチ法　456
ハッチンス, R. M.　63
発展途上国　349, 386
発展の権利　387
パットナム, R. D.　168, 269, **497**
ハート, R. A.　177, 269
パートタイマー　88
パートタイム学習　**497**
パートナーシップ　110, 117
パートナーシップガバナンス　**497**
パートバンク　501
ハートビル法　500
バトラー, R. N.　34, 56, **498**
ハート, R. A.　**497**
パトロールシステム　554
話しあい学習　289
話し合い学習　**498**
花婿学校　400, **499**
羽根木公園　535
パネル　95, **499**
パノラマ　205
ハーバー, W. R.　382
母親学級　75, 529
母親の居場所づくり　175
母と子の20分間読書運動　53, 442
母の歴史　367
ハーバーマス, J.　323, 430, **499**
ハビトゥス　542
パブリックアシスタンス　379
パブリックガバナンス　**498**
パブリックプライベートパートナーシップ　498
パブリックライブラリー　149

浜田庄司　572
パラサイトシングル　**499**
パラリンピック　283, 466, **500**
バリアフリー　275, **500**
バルテス, P. B.　195
ハルハウス　385
パルモア, E. B.　34, 35
春山作樹　**500**
バレーボール　28, 567
ハローワーク（公共職業安定所）　295, **501**, 592
パワーハラスメント　364
反共産主義　609
ハングル　510
半工半読　505
万国博覧会　494
犯罪被害　507
反差別国際運動（IMADR）　315, **501**
半熟練工　272
ハンズオン　**501**
ハンセン病回復者　**502**
ハンセン病問題基本法　502
伴走・伴走者（仏）　**503**
半日学校　508
万人の教育に対する権利　63
万人のための教育　220, 391
万人のための教育世界宣言　**503**
万人のための高等教育　**503**
半農半読　505
反バイアス教育　505
ハンブルク宣言　91, 106, 122, 226, 482, **504**
反偏見教育　**504**
反ユダヤ主義　483
半労半学　416, **505**

ヒ

ピアカウンセラー　**506**
ピアカウンセリング　311, 312, **506**
ピアジェ, J.　137
非営利　196
非営利活動促進法　40
非営利セクター　198
ビオトープ　**507**
被害者加害者対話の会運営センター　58
被害者と加害者の対話　58
被害者への補償　292
被害体験　**507**
比較成人教育　31
非学歴教育　351
東アジア近代の社会教育　**507**
東アジア植民地・占領地における社会教育　**509**
東アジアの識字教育　509
ひきこもり　**510**
非行　292, 344, 511
非行児童　230

「非行」と向き合う親たちの会（「あめあがりの会」）　**510**
非行臨床　511
被差別地区　441
被差別部落　325, 368, **511**
非識字　160
非識字者　347, 585
ビジネスキャリア制度　**512**
ビジネスキャリアマスター試験　513
ビジネスキャリアユニット試験　513
ビジネス支援サービス　613
美術館　95, **513**
美術館教育　513
非常勤公務員　381
非正規雇用　618
非正規雇用者　88
非正規職員　304
ピーターソン, D. A.　108, **514**
悲嘆者　118
美的表現　212
ひとしく教育を受ける権利　99
日野市立図書館　22, 239, 418
批判的識字　206
批判的思考　294, **515**
批判的省察　18, 578
批判的知性　579
批判的リテラシー　579
ピープルファースト　9, 437, **515**
非暴力　551
ひめゆり平和祈念資料館　**516**
百寿者　372
ヒューマニティ　212
ヒューマンケア協会　506
ヒューマンデベロップメント　320
ビューロクラシー　**516**
評価　**516**
評価査定　516
標準語励行運動　371
費用対効果　**517**
平等な人権実現　395
被抑圧者　600
『被抑圧者の教育学』　348, 457, 535
被抑圧状況　460
枚方テーゼ　202, 240, 268, **517**
『枚方の社会教育』　517
開かれた学校　**517**
「開かれた学校」づくり　71
開かれた学校づくり　74
平塚市博物館　407
『平塚市博物館年報』　407
平林広人　231
非力化　460
ヒルクロフトカレッジ　271
貧困　8, 462, **517**, 518
　──の再生産　518
　──の世代的再生産　518
貧困児童　230
貧民学校　518

フ

ファシリテーション　519
ファシリテーター　519, 582, 626
ファストフード　335
ファーロング, M.　232
黄宗建　519
ファンタジー　**520**
ファンタジー空間　520
フィジカルフィットネス　520
フィッシャー, K.　546
フィッツパトリック, A.　78
フィトネス　**520**
フィットネスクラブ　328, **521**
フィードバック　4
フィランソロピー　**521**
フィールドワーク　**521**
風化　**521**
風化的救済　103
風紀改善運動　270
フェミニストカウンセリング　**522**
フェミニストセラピー　202
フェミニズム　14, 122, 307, 400, **522**
フェミニズム教育学　309
フェミニズム論争　274
フォーディズム　617
フォーマル　606
フォーマル教育　11, 482, **523**
フォーマルサポート　379
フォール, E.　**524**
フォルクスホッホシューレ　435, 573
フォルケホイスコーレ　483, 573, 575
『フォール報告』　63
部活漬け　33
部活動は学校教育の一部　33
普及教育活動　486
普及事業　**524**
普及指導員　**524**
複合差別　198
複合施設　**525**
複合と連携　397
福澤諭吉　**525**, 587
福祉　538
福祉教育　**525**
福祉国家　321, **526**
　──の第2段階　334
　──の発展の第2段階　327
福祉サービス　264, 379
福祉社会　**526**
福祉専門教育　525
福祉的就労　**527**
福祉のまちづくり　500
福祉ひろば　**527**
福祉文化　**528**
福祉ミックス　**528**
複数性　323
福智盛　22, 615
父権的温情主義　496

和文索引

不就学　528
婦人会　48, 321, 322, **529**
婦人学級　69, 457, **529**
婦人教育（女性教育）　75
婦人教育課　76
婦人教育会館　**530**
婦人政策　307
婦人問題企画推進本部　398
ブース, C.　518
不殺生　551
附帯施設論争　**530**
不断の努力　130, 255
普通学務局第四課　104, 480, **531**
普通交付税　412
フッサール, E.　377
武道　389, 469, **531**
不登校　18, 178, 462, **531**
武道振興大会　**531**
不当人事　**531**
不当配転問題　**531**
父母両系血統主義　308
プライバシー　149, 446
プライベートライブラリー　149
ブラウナー, R.　620
部落解放運動　173, 318, 440, 501, 511, **532**
部落公民館　48, 220, 270
部落差別　341, 368, 439, 511, 532
部落地名総鑑事件　439
プラグマティクス　157
プラグマティズム　430
プラグマティズム教育学　437
部落問題　319, 511
部落問題学習　**532**
プラチック　225
プラトン　114
フランクフルト宣言　63
ブランケットオーダー　313
フランス自己教育研究会　208
フランスの生涯教育・生涯学習　**533**
フランソワ1世　477
不利益層　4
ふりかえり　17, 200, 516
フリースクール　53, 176, **534**
フリースペース　176, **534**
フリーター　355, **534**
フリードソン, E.　496
フリードマン, G.　193
ブルーカラー　563
ふるさと創生1億円事業　406
ブルジョア社会論　237
ブルデュー, P.　224, 542
ブルーマー, H.　137
ふれあいサロン　146
ふれあい体験モデル　490
布令教育　108
布令教育法（沖縄）　**534**
プレイグラウンド運動　613

プレイパーク　8, 23, 132, 178, **535**
プレイリーダー　**535**
フレイレ, P.　16, 17, 59, 111, 196, 200, 348, 411, 515, **535**, 582
フレックスタイム　**536**
プログラム　65
プログラム評価　516
プロセス　61
プロダクティブエイジング　498, **536**
プロフェッショナルスクール　374, 375
プロフェッション　373
プロレタリア演劇運動　311
プロレタリア音楽運動　31
プロレタリア芸術運動　**536**
プロレタリア文化運動　195
プロレットカルト論　425
フロンティア・カレッジ　78
文解教育　510
文化遺産　461, **536**
文化活動　**537**, 544
文化教育学　538
文化行政　239, 538, **539**, 547
文化協同　**539**
文化宮・文化館　417
文化経営　547
文化経済学　**540**
文化芸術振興基本法　539, **540**, 543, 544
文化芸術の振興に関する基本的な方針　540
文化権　182, **541**
文化財　129
文化財建築　488
文化財保護　539, 542, 612
文化財保護委員会　541
文化財保護法　536, **541**
文化施設　539, 547
文化資本　224, 542
文化主義　425
文化振興条例制定　239
文化ステーション　417
文化棚　417
文化多様性条約　594
文化中心　391
文化庁　**542**
文化的価値　540
文化的葛藤　**543**
文化的環境整備　544
文化的享受　**543**
文化的教養　126
文化的景観　537
文化的権利　541, **544**
文化的公共性　538
文化的参加　**544**
文化的消費　544
文化的生活・芸術への参加権　179
文化的生活への参加権　537

文化的大衆活動　545
文化的多元主義　545
文化的多様性　318, 396
文化的貧困　499
文化的掠奪　267
文化統制　540, 544
文化の家（仏）　545
文化の家（独）　545
文化のまちづくり　545
文化剥奪理論　565
文化批判　546
文化ホール　546
文化マネジメント（文化経営）　**547**
文化民主主義　545
文化・余暇政策　533
文化レクリエーション協会　33
文化を表象する装置　491
分館　270
文庫指導者　566
文治主義　551
文書館　**547**
分担収集・分担保存　313
フンボルト, K. W.　114
分類　**547**

へ

兵員養成　356
米国コミュニティカレッジ協会　183
米国成人教育協会　12
米国図書館協会　36
平生学習　365
平生学習都市　**548**
平生教育　86
平生教育士　87
平生教育法　86, 548, **549**
平成の大合併　222, 413
平民教育　437
平民教育運動　416, **549**
平和運動　158, 357
平和学習（沖縄）　**549**
平和祈念資料館　**550**
平和教育　**550**, 552
平和・人権・民主主義のための教育宣言　**551**
平和の文化　**551**
平和文化　318
ベオグラード会議　83, 220
北京行動綱領　552
北京世界女性会議　**552**
北京宣言　308, 552
北京宣言および行動綱領　46
北京テレビ大学　604
ヘゲモニー　118
ヘーシオドス　114
ベーシックエンカウンターグループ　44
ペスタロッチ, J. H.　462, 520
ペダゴジー　14, 204, 210

ベッカー, G. S.　104
ベック, U.　607
ベナー, P. E.　458, **552**
ヘラー, Th.　422
ヘルシンキ宣言　29
ヘルスプロモーション　13, **552**
ベルトコンベアシステム　621
ベルトコンベア労働　620
ペレストロイカ　622
ベレン行動枠組　596
変形労働時間制　536
偏見　198, 314, **553**
変容的学習理論　137, 139
変容理論　578

ホ

ボーイスカウト　80, 173, 415, **554**
ボイス, J.　**554**
放課後子ども教室推進事業　554
放課後子どもプラン　66, 386, **554**
放課後児童クラブ　66
放課後児童健全育成事業　66
放課後プラン　367
法科大学院　374
冒険遊び場　535
奉仕　345
奉仕活動や体験活動　145
奉仕体験活動　**555**
法人立公民館　**555**
放送大学　4, 52, 222, **555**
放送利用　**556**
法定雇用　**556**
法定雇用率　527
法テラス　558
報徳会　411, **556**
報徳仕法　**556**
報徳主義　411
豊年祭（沖縄）　434, **557**
防犯ボランティア　336
防貧　522, **557**
方面委員　**557**
法律扶助　**558**
法隆寺金堂壁画の焼損　541
暴力　77, 429
　　──の再生産　**558**
ボーエン, W.　540
北欧の成人教育・生涯学習　**558**
保健師　**559**
保健師助産師看護師法　86
保健指導　**559**
保健センター　**559**
保健体育審議会　**560**
保健福祉サービス　187
母語　159
保護観察　138, **560**
母語教育　561
保護主義　496
母語保障　**561**

母語保障・母文化保障　465
ポジティブアクション　307
ポジティブエイジング　34
補習教育法　391
補償金　138
補助金　243, 479, 527
補助執行　255
補助シート　626
ポストリテラシー　**561**
ホスピス　**562**
ポーター, M. E.　201
母体保護法　591
北海道旧土人保護法　370
ポートフォリオ　**562**
ボードリヤール, J.　543
ホートン, M.　483
ホームレス　**562**
ホメーロス　114
ボーモル, W.　540
ボランタス　563
ボランタリーアソシエーション　7
ボランタリズム　**563**, 620
ボランティア　173, 184, 334, 454, **563**
ボランティア活動　14
ボランティア元年　527
ボランティア保険　**563**
ボランティア養成講座　442
ホリスティック教育　410
ポリテクカレッジ　299
ポリテクセンター　299
ホワイトカラー　**563**
ホワイトキューブ　513
本郷プラン　404
本人の会　9, 431, 515

マ

マイクロ資料　449
マイスター　**565**
マイノリティ　10, 24, 79, 104, 209, 395
マイノリティ市民　579
マイノリティ集団　**565**
マイノリティ文化　**565**
埋没的な思考　515
マウル　365
マウル文庫（韓国）　86, **566**
マクラスキー, H. Y.　155, **566**
マジョリティ　24
マジョリティ文化　565
マスターマン, L.　579
マーストリヒトグローバル教育宣言
　（2002年）　**566**
マーストリヒト条約　25
マスミーティング　13
マスメディア　578
マズロー, A. H.　211, **566**
まちづくり　477
まちづくり権　269
末期医療　3

マッキーヴァー, R. M.　182
マッキントッシュ　456
松下圭一　235
松下拡　61
松永健哉　**567**
まつり　147
祭り　265
マドラサ　19
学び捨てる　122
学びのネットワーク　472
ママさんバレー　328, **567**
マラソン　239
マルクス, K.　342
マルクス主義フェミニズム　360
マルチステークホルダー　326
マルチチュード　121
マルチメディアDAISY　455
満州国協和会　509
マンスブリッジ, A.　15, 619
満蒙開拓事業　475
満蒙開拓青少年義勇軍　78, 164, **568**

ミ

三木清　340
ミケルセン, N. E.　480
未成年者　292
三田演説会　525
三鷹方式　**568**
道の駅　119
ミッションステートメント化　491
ミード, G. H.　430
緑の少年団　172
水俣病　133, 134
美濃部革新都政　178
見計らい　313
見守り安心ネットワーク　146
身元調査　**568**
宮沢賢治　477, **569**
宮原誠一　105, 232, 431, **569**
宮本常一　**570**
ミュージアムエクステンション　**570**
ミュージアムリテラシー　513
未来への課題（アジェンダ）　504
未来ワークショップ　**570**
ミレニアム開発目標　220, 566
民家　584
民間営利社会教育事業者　20, **571**
民間活用型管理運営方式　186
民間教育産業　294, **571**
民間教育文化産業　346, 544
民間社会教育機関　**572**
民間スポーツ施設　521
民間伝承　**572**
「民芸」（民衆的工芸）　587
民芸運動　**572**
民際交流　**573**
民衆教育　21, 59, 416, 418, 558, **573**
民衆教育運動　**573**

民衆教育館　417, **574**
民衆教育館暫行規程　574
民衆教育（普及）協会　573
民衆教育への助成に関する法律　599
民衆教育連合　21
民衆教化　391
民衆娯楽　165, 190, **574**, 599
民衆娯楽の教育的利用対策の考究　190, 574
民衆史　233
民衆自己教育機関　267
民衆大学　231, 232, 435, 546, 573, **575**
民衆大学運動　533
民衆と文化　533, **575**, 604
民衆のエンパワーメントのための民衆教育　573
民衆文化　387
民生委員法　557
民政長官　140, 609
民俗学　572, 586
民族学校　**575**
民族教育　**576**
民俗芸能　434
民族的又は種族的，宗教的及び言語的少数者に属する者の権利に関する宣言　289
民俗文化　408
民族文化　**576**
みんなの館　265
民力涵養運動　412, **576**

ム

無形文化遺産　594
無形文化財　537
ムーディ, H. R.　108
村田宇一郎　221
むら・まちづくり　402
村屋　48, 270
無料制　453, 454
無力　**577**
無力感　460

メ

名義後援　273
明治三老農　621
明治神宮　**577**
明治神宮体育大会　165, **577**
名称付与　206
明倫学院　86
メカニクス　157
メカニクスインスティチュート　123, 125, **578**, 584
メジロー, J.　137, 139, 348, **578**
メセナ　89, 521, 547
メディア　4
メディア教育　**579**
メディア空間　208
メディア文化　470

メディアミックス　231
メディアリテラシー　181, 556, **578**
メンター　26, **579**

モ

モア, P. H.　458
もう１つのオリンピック　500
もうひとつの発展　460
盲・聾教育　81
燃え尽き症候群　**580**
模擬議会　174, 355
黙示的メッセージ　67
目標管理（MBO）　**580**
目標グループ活動　**580**
目録　**580**
文字・活字文化振興法　442
モジュール訓練　**581**
モスク　19
モスクワ会議　220
モデル事業　375
求めに応ずる原則　**581**
モニュメントとしての博物館　491
ものづくりを通した社会参加　193
モラトリアム　355
モリス, W.　572
森づくり　74
モリル法　456
文書館　4
問題解決学習　**581**
モンテーニュ, M.　114
問答法　390
文部科学省　**582**
文部科学大臣　591
文部次官通牒　100, 445
文部省婦人学級委嘱要項　20

ヤ

野外活動　584
野外活動センター　584
野外教育　**584**
野外博物館　**584**
夜学　584
夜学運動　508
夜学会　625
夜学校　**584**
夜間ギムナジウム　388
夜間大学・夜間大学院　420, **584**
夜間中学校　**585**
夜間中学校研究会　585
野球　117, 199, 585
野球害毒論争　**585**
野球狂時代　117, 586
野球統制令　**586**
安井郁　128, **586**
家賃補助制度　119
柳田國男　23, 177, **586**
柳宗悦　**587**
山形県立自治講習所　166

山形自治講習所　77, 271
山崎延吉　371, **587**
山田清人　342
山手線沿線私立大学図書館コンソーシアム　448
山名次郎　106, **587**
山本鼎　477, **588**
山本瀧之助　**588**, 625
ヤングアダルト　588
ヤングアダルト（YA）サービス　228
ヤングアダルト図書館サービス協会　589
ヤングハローワーク　592
ヤングピープル　588
ヤングリーダー　274

ユ

ゆいまーる（いーまーる）　270, **589**
友愛と連帯の権利　387
ゆうあいピック　367, 500, **589**
有給学習休暇　590
有給教育休暇　21, 497, **590**
有給教育休暇条約　619
有給教育休暇制度　201
有給教育訓練休暇　189
有形文化財　537
有酸素運動　5, 33
優生思想　**591**
優生保護法　591
優良公民館　**591**
有料制　453
融和教育　263, 439
融和事業　441
融和問題　441
野球　586
ユース　588
ユースサービス　13, **591**
ユースセンター　20
ユースハローワーク　**592**
ユースホステル　43, **592**
ユースリーダー　13
ユースワーク　**592**
ゆたか作業所　194
豊かな環境体験　39
ゆとり教育　72
ユニオンインスティテュート・アンド・ユニバーシティ　79
ユニセフ（UNICEF）　**593**
ユニドロワ条約　537
ユニバーサルアクセス段階　503
ユニバーサルデザイン　**593**
ユネスコ（UNESCO）　163, 298, 526, **594**, 601
ユネスコアジア文化センター　594
ユネスコ学習権宣言　99
ユネスコ学校図書館宣言　**595**
ユネスコ教育開発国際委員会　524
ユネスコ公共図書館宣言　**595**

和文索引

ユ（続き）

ユネスコ国際成人教育会議（CONFINTEA） **595**
ユネスコ条約 537
ユネスコ成人教育推進国際委員会 496
ユネスコ第3回成人教育会議 627
ユネスコ「体育・スポーツ国際憲章」 **596**, 601
ユネスコ「大衆の文化的生活への参加および寄与を促進する勧告」 **596**
ユネスコの技術・職業教育に関する条約 297

ヨ

要介護高齢者 **597**
容器包装に係る分別収集及び再商品化の促進等に関する法律 275
養護 **597**
陽光プロジェクト 478
養護学級 444
養護学校義務化 28
養護学校進路指導研究会 51
養護訓導 598
養護老人ホーム 616
要支援高齢者 597
養成訓練 286, 430, **598**
養成工 90
要保護 293
養老院 616
余暇開発センター 334
余暇活動 **598**
余暇教育法 **599**
余暇権 613
余暇善用 235, **599**
余暇総覧 **599**
抑圧 460, **600**
抑圧者の教育学 457
横井時敬 **600**
吉田昇 **600**
欲求階層論 566
ヨハネスブルクサミット（持続可能な開発のための世界首脳会議/2002年） 84, 219, **601**
予備校 65
読み聞かせ 175, 180
ヨーロッパ言語年2001 203
ヨーロッパ・スポーツ憲章 601
ヨーロッパスポーツフォーオール憲章 190, 596, **601**
ヨーロッパ成人教育協会 **601**
ヨーロッパ中心主義 545
四大公害訴訟 133

ラ

来館者研究 490, **602**
来館者調査 **602**
ライフイベント 134
ライフコース **602**
ライフサイクル 2, 43
ライフサイクル論 158
ライフステージ 623
ライフストーリー **603**
ライフヒストリー 56, **603**
ライフプランづくり 388
ライフレビュー（人生の回顧） 56, 498
らい予防法 502
ラウントリー, S. 518
ラガルド, P. de 546
楽生学園 615
酪農組合 112, 474
ラジオ 603
ラジオ体操 **603**
ラジオ・テレビ大学（広播電視大学） 417, **604**
ラスキン, J. 540, 572
ラスキンカレッジ 16, **604**
羅須地人協会 569
ラスレット, P. 322
ラッセルレポート 16
ラテンアメリカ成人教育協議会 418
ラーニングウェブ 26
ラーニングシティ 266
ラベット, W. 281
ラングラン, P. 203, 281, 594, **604**, 606
ランジュヴァン, P. 114
ランドグラントカレッジ法 456

リ

リアリズム 520, 536
リアルジャスティス 58
リヴィエール, G. H. 38
リオ宣言 409, 601, **605**
利害関係者 65
理学療法士及び作業療法士法 194
リカレント教育 266, 281, 325, 416, 419, 558, **605**
リカレント教育論 526
理工系博物館 **606**
リコーナ, T. 313
離婚訴訟 320
リサイクル運動 **606**
履修単位 121
リスクアセスメント **607**
リスク社会 **607**
リスク要因の研究 607
理性意志 462
リゾート開発 377
リゾート法 376
離脱理論 125, **607**
リターニングスチューデント 347
リーチ, B. 572
リップナック, J. 473
リーディングキャンプ 78
リテラシー 206, 446
リテラシー能力 561
リトルリーギズム 580
リバティおおさか 317
リハビリテーション前置 426
リビングウィル 234, 268
リープクネヒト, W. 619
リフレッシュ教育 606, **608**
リプロダクティブヘルス/ライツ 308, 340
リプロダクティブヘルスライツ 209
リベラルアーツカレッジ 374
リュウキュウアユを呼び戻す運動 608
琉球教育法 102, 534
琉球社会教育法 **608**
琉球政府 **609**
琉球米国民政府（USCAR） **609**
流動性知能 157
流動性知力 152
琉米文化会館 **609**
領域 38
利用期限 423
利用者教育 **609**
利用者（団体）懇談会 **610**
利用者サービス 609
両親学級 529, **610**
両親教育 75, 76
梁漱溟 138
緑陰（夏休み）子ども会 173
林間・臨海学校 70
臨港中学校区地域教育会議 403
臨時教育審議会 80, 98, 281, 286, 525, 571, **610**
臨床的知識 552
リンデマン, E. C. **611**
隣保館設置運営要綱 319
隣保事業 364
倫理規定 163
倫理規範 447

ル

類似公民館 220
ル・シャプリエ法 416
ルソー, J. J. 114

レ

レイヴ, J. 269, 288
レイオフ（解雇） 372
レイシズム 34, **612**
レヴィン, K. 5
歴史系博物館 **612**
歴史博物館 113
歴史民俗資料館 612
レクリエーション 173, 330, **612**
レクリエーション運動 369
レクリエーション活動 469, 613
レクリエーションコーディネーター **613**

レクリエーションセンター 260
レジデンシャルカレッジ 271
『レジャー白書』 330
レファレンスサービス 609, **613**
レプリカ **614**
連携 172
連合国軍総司令部民間情報教育局（CIE） 80, 222, 461
連帯行動 185

ロ

ローウェ, J. W. 195
労音（勤労者音楽協議会） **614**
労作教育運動 341
労作教育論 342
老人クラブ **614**
老人憲章 393
老人大学 154, **615**
老人福祉センター **615**
老人福祉法 157, **616**
老人ホーム **616**
労働 **616**
　　——の権利 96
　　——の人間化 **620**
労働3法 618
労働安全衛生法 267
労働学校 **616**
労働学校運動 533, 619
労働過程 **616**, 617
労働基準法 197, 298, **617**
労働協約 618
労働組合 617, **618**
労働組合会議 16
労働組合期成会 68

労働組合法 **618**
『労働経済白書』 534
労働権 297, **618**
労働交換 589
労働時間（の）短縮 72, 543
労働市場教育 325, 559
労働者階級 384, 578
労働者教育 236, 309, 616, **619**, 620
労働者教育協会（WEA） 15, 363, 380, 383, 420, 563, **619**
労働者教育国際連盟 349
労働者教育連盟 599
労働者協同組合 155, **620**
労働者派遣法 495
労働者保護 236
労働者輔導学級 69
労働生活の質的向上 620
『労働世界』 68
労働疎外 **620**, 621
労働における基本的原則及び権利に関する宣言 1
『労働の未来』 203
労働問題 252
労働力調査 564
老年医学 621
『老年学』 393
老年学 36, 195, 514, **621**
老年心理学 393
老農 389, 476, **621**
労農教育 416, **622**
労農大学運動 478
労務者講習会 270
ローカル・アメニティ・ソサイエティ 233

ローカルノレッジ 410
六・三・三・四制 71
ロシアの生涯教育・生涯学習 **622**
ロジャーズ, C. R. 60
路上生活者 562
魯迅 **623**
ロッチデール原則 112
ローティー, R. 430
ろばた懇談会 376, **623**
ロビー空間 148
ロビー類型 149
ロマン主義 546
ローリア, P. M. 380
ロールモデル **623**

ワ

わいがや 91
若い成人 346
ワーカーズコレクティブネットワークジャパン 620
若者組 171, 357, **625**
若者自立・挑戦プラン 309
『若者制度の研究』 625
若者宿 23
ワークシート **626**
ワークショップ 120, 513, 515, 519, 570, 582, **626**
ワークプレスラーニング **626**
忘れられた人々 **627**
ワトソン, J. 139
『われら共通の未来』 219
ワンストップサービスセンター 310
ワンダーフォーゲル 546

社会教育・生涯学習辞典　　　定価はカバーに表示

2012年11月30日　初版第1刷
2013年 2月25日　　　第2刷

編　集　社会教育・生涯学習
　　　　辞典編集委員会

発行者　朝　倉　邦　造

発行所　株式会社　朝倉書店
　　　　東京都新宿区新小川町 6-29
　　　　郵便番号　　162-8707
　　　　電　話　03（3260）0141
　　　　ＦＡＸ　03（3260）0180
　　　　http://www.asakura.co.jp

〈検印省略〉

Ⓒ 2012〈無断複写・転載を禁ず〉　　中央印刷・牧製本

ISBN 978-4-254-51033-1　C 3537　　Printed in Japan

JCOPY　〈(社)出版者著作権管理機構 委託出版物〉
本書の無断複写は著作権法上での例外を除き禁じられています．複写される場合は，そのつど事前に，(社) 出版者著作権管理機構（電話 03-3513-6969, FAX 03-3513-6979, e-mail: info@jcopy.or.jp）の許諾を得てください．

前日文研 山折哲雄監修

宗教の事典

50015-8 C3514　　B5判 948頁 本体25000円

宗教の「歴史」と「現在」を知るための総合事典。世界の宗教を宗教別（起源・教義・指導者・変遷ほか）および地域別（各地域における宗教の現在・マイノリティの宗教ほか）という複合的視座で分類・解説。宗教世界を総合的に把握する。現代社会と宗教の関わりも多面的に考察し、宗教を政治・経済・社会のなかに位置づける。〔内容〕世界宗教の潮流／世界各地域の宗教の現在／日本宗教（"神々の時代"〜"無宗教の時代"まで）／聖典／人物伝／宗教研究／現代社会と宗教／用語集ほか

文教大 中川素子・前立教大 吉田新一・
日本女子大 石井光恵・京都造形芸術大 佐藤博一編

絵本の事典

68022-5 C3571　　B5判 672頁 本体15000円

絵本を様々な角度からとらえ、平易な通覧解説と用語解説の効果的なレイアウトで構成する、"これ1冊でわかる"わが国初の絵本学の決定版。〔内容〕絵本とは（総論）／絵本の歴史と発展（イギリス・ドイツ・フランス・アメリカ・ロシア・日本）／絵本と美術（技術・デザイン）／世界の絵本：各国にみる絵本の現況／いろいろな絵本／絵本の視覚表現／絵本のことば／絵本と諸科学／絵本でひろがる世界／資料（文献ガイド・絵本の賞・絵本美術館・絵本原画展・関連団体）／他

日大 横田正夫・東京造形大 小出正志・
宝塚造形芸術大 池田 宏編

アニメーションの事典

68021-8 C3574　　B5判 472頁 本体14000円

現代日本を代表する特色ある文化でありコンテンツ産業であるアニメーションについて、体系的に論じた初の総合事典。アニメーションを関連諸分野から多角的に捉え、総合的に記述することによって「アニメーション学」を確立する。〔内容〕アニメーション研究の範疇と方法／アニメーションの歴史（日本編、アジア編、ヨーロッパ編、アメリカ編、その他諸国編）／文化としてのアニメーション／サブカルチャー／日本の教育における映像利用／専門教育／キャラクターの心理学／他

世界地名大事典〈全9巻〉

元一橋大 竹内啓一●総編集　お茶の水大 熊谷圭知／九大 山本健兒●編集幹事

A4変型判　各巻1200〜1400頁

本事典の特色

① 日本を除く世界の地名約48000を選定し、大地域別に五十音順に配列して解説．
② 自然，地理，歴史，政治，経済，文化等幅広い分野を網羅した読み応えのある記述．
③ 情報データ欄（人口・面積等）と別称欄を設けた，ひと目でわかりやすい構成．
④ 国および主要地域の地図，特色ある景観をもつ地名の写真を数多く収録．
⑤ 学校教育の参考書，各企業・官公庁の資料，各種図書館の必備書．

全巻構成

1. アジア・オセアニア・極Ⅰ　(16891-4)
2. アジア・オセアニア・極Ⅱ　(16892-1)
3. 中東・アフリカ　(16893-8)
刊行記念特価29925円(本体28500円)[2013年3月末迄]
　　定価33600円(本体32000円)
4. ヨーロッパ・ロシアⅠ　(16894-5)
5. ヨーロッパ・ロシアⅡ　(16895-2)
6. ヨーロッパ・ロシアⅢ　(16896-9)
7. 北アメリカⅠ　(16897-6)
8. 北アメリカⅡ　(16898-9)
9. 中南アメリカ　(16899-0)

上記価格（税別）は2013年1月現在